admirador *m*, **~a** *f* admir[er]
campeón *m*, **-ona** *f* chan[pion]
salvapantallas *m inv* INFOR screensaver
ronquido *m* snore; **~s** *pl* snoring *sg*
enemigo 1 *adj* enemy *atr* **2** *m* enemy; ***ser ~ de*** *fig* be opposed to, be against
lleno *adj* full (***de*** of); *pared* covered (***de*** with)

Información gramatical
Grammatical information

debatir <3a> **1** *v/t* debate, discuss **2** *v/i* struggle **3** *v/r* **~se**: ***~se entre la vida y la muerte*** fight for one's life

División de artículo en categorías gramaticales
Entries divided into grammatical categories

uva *f* BOT grape; ***estar de mala ~*** F be in a foul mood; ***tener mala ~*** F be a nasty piece of work F
fiambre *m* cold cut, *Br* cold meat; P (*cadáver*) stiff P
profiláctico 1 *adj* preventive, prophylactic *fml* **2** *m* condom

Marcas de registro
Register labels

acomedido *adj L.Am.* obliging, helpful; **acomedirse** <3l> *v/r Méx* offer to help
residencial 1 *adj* residential **2** *f Arg, Chi* boarding house
sablear <1a> *v/t & v/i L.Am.* F scrounge (***a*** from)

Español latinoamericano
Latin American Spanish

riñonera *f* fanny pack, *Br* bum bag
rotonda *f* traffic circle, *Br* roundabout

Variantes del inglés británico
British variants

Langenscheidt Diccionario Básico Inglés

Español-Inglés
Inglés-Español

Editado por la
Redacción Langenscheidt

Totalmente actualizado

L

LANGENSCHEIDT

BERLÍN · MÚNICH · VIENA
ZÚRICH · NUEVA YORK

Redactado por el equipo LEXUS.
Coordinadores:
José A. Gálvez · Roy Russell
Jane Goldie · Peter Terrell
Monica Tamariz-Martel Mirêlis · Rafael Alarcón Gaeta
Andrew Wilkes · Stephanie Parker
Mike Gonzalez

Ni la ausencia ni la presencia de una indicación expresa de patentes o marcas registradas significa que una denominación comercial que figure en este diccionario carezca de protección legal.

Impreso: Graph. Betriebe Langenscheidt, Berchtesgaden/Obb.
Printed in Germany · ISBN 3-468-96105-7

1. 2. 3. 4. 5. 6. 06 05 04 03 02

Prólogo

Tiene usted en sus manos un nuevo diccionario de inglés y español, una obra con 50.000 referencias para aquéllos que estudian inglés o español a nivel principiante o intermedio.

El diccionario abarca el lenguaje cotidiano, centrándose en su uso moderno e incluyendo vocabulario de áreas como la informática y los negocios. El inglés incluye tanto la variedad americana como la británica; el español cubre tanto las de América como la peninsular.

Los redactores han preparado una obra de referencia que permitirá a los usuarios encontrar rápidamente la traducción que necesitan para cada contexto específico. Los indicadores permiten identificar las acepciones. La traducción de tren *expreso*, por ejemplo, ¿es la misma que la del café *expreso*? *Salado* describe un sabor, pero ¿cómo expresar en inglés esa gracia en las personas que indica la misma palabra en español? En este diccionario abundan las distinciones semánticas de este tipo y hay traducciones vinculadas a acepciones específicas.

Todo vocabulario necesita una gramática sobre la que apoyarse. En este diccionario se señalan las formas verbales irregulares, tanto en inglés como en español, las formas plurales irregulares en inglés, y se dan orientaciones sobre las terminaciones femeninas en español y el régimen preposicional de los verbos.

En muchas ocasiones el vocabulario sólo se entiende claramente cuando aparece contextualizado. El diccionario contiene numerosas construcciones idiomáticas que muestran cómo interactúan en contexto los dos idiomas.

En definitiva, ésta es una obra repleta de información que esperamos se convierta en una de las herramientas más valiosas a su alcance para el aprendizaje del idioma.

LANGENSCHEIDT

Índice

Cómo utilizar el diccionario

Para sacar el máximo partido al diccionario es necesario saber dónde y cómo buscar la información. En las próximas páginas encontrará información que le ayudará tanto si está escribiendo en el idioma extranjero como si quiere entender algo escrito en ese mismo idioma.

1. ¿Dónde encuentro las palabras?

1.1 Lemas españoles e ingleses. La lista de lemas de cada idioma está ordenada alfabéticamente. Contiene las formas irregulares de verbos y nombres, ordenadas también alfabéticamente.

Habrá ocasiones en las que busque términos formados por dos palabras, por ejemplo **shooting star**, o palabras compuestas como **absent-minded**. Estas palabras reciben el mismo tratamiento que las palabras sencillas y aparecen por tanto en orden alfabético.

La única excepción a esta ordenación alfabética estricta son los *phrasal verbs* ingleses, palabras como **go off**, **go out**, **go up**, que aparecen en un bloque, inmediatamente después del verbo principal (en este caso **go**), en vez de estar desperdigadas en su correspondiente posición alfabética.

Las palabras españolas que empiezan con **ch** y **ll** están colocadas en orden alfabético dentro de las letras C y L. Las palabras que empiezan con **ñ** aparecen después de N.

1.2 Las formas femeninas del español aparecen así:

abogado *m*, **-a** *f* lawyer
pibe *m*, **-a** *f Rpl* F kid F
bailarín *m*, **-ina** *f* dancer
fumador *m*, **~a** *f* smoker
edil *m*, **~a** *f* council(l)or

Cuando un lema español tiene una forma femenina cuya traducción es diferente a la de la masculina, la forma femenina aparece presentada como un lema aparte, en orden alfabético:

empresaria *f* businesswoman; **empresario** *m* businessman

1.3 Título de página

Los **títulos de página** le permiten encontrar palabras españolas e inglesas. Éstos aparecen en negrita en la esquina superior de cada página. En el título de la izquierda aparece la *primera* palabra (azul o negra) de la página izquierda mientras que en el de la derecha aparece la *última* palabra (azul o negra) de la página derecha.

1.4 ¿Cómo se escribe una palabra?

Con este diccionario también podrá comprobar cómo se escriben correctamente las palabras. Las variantes del inglés británico aparecen marcadas con *Br*. En los casos en los que en el inglés americano se omite una sola letra, ésta aparece entre paréntesis:

colo(u)r - hono(u)r - travel(l)er

2. ¿Cómo se parte una palabra?

La partición de palabras inglesas es muy difícil para los hablantes de español. En este diccionario no tiene más que buscar los círculos negros que aparecen entre las sílabas. Estos círculos muestran dónde se puede partir una palabra al final de una línea, aunque es mejor evitar dejar una sola letra colgada como en **a•mend** o **thirst•y**. En esos casos es mejor pasar toda la palabra a la línea siguiente.

3. Tildes y rayas

3.1 Una tilde (~) reemplaza al lema cuando éste aparece dentro de una entrada:

face [feɪs] **1** *n* cara *f*; ***~ to ~*** cara a cara

En este caso ***~ to ~*** quiere decir ***face to face***.

rencor *m* resentment; ***guardar ~ a alguien*** bear s.o. a grudge

Aquí ***guardar ~ a alguien*** quiere decir ***guardar rencor a alguien***.

3.2 En los casos en los que el lema cambia de forma en la entrada, por ejemplo si aparecen pasados o plurales, se le añade al lema la terminación del pasado o del plural, pero sólo si el resto de la palabra no cambia:

flame [fleɪm] *n* llama *f*; ***go up in ~s*** ser pasto de las llamas
parch [pɑːrtʃ] *v/t* secar; ***be ~ed*** F *of person* estar muerto de sed F

En cambio:

sur•vive [sər'vaɪv] **1** *v/i* sobrevivir; ***how are you? – I'm surviving*** ¿cómo estás? – voy tirando
saltón *adj*: ***ojos saltones*** bulging eyes

3.3 A los lemas compuestos los sustituye una única tilde:

Pan•a•ma Ca'nal *n*: ***the ~*** el Canal de Panamá
one-track 'mind *hum*: ***have a ~*** ser un obseso

3.4 En la parte Español-Inglés del diccionario se utiliza una raya para reemplazar el lema cuando éste aparece repetido en una frase o articulado con otro elemento para formar un grupo:

escaso *adj* ... ***-as posibilidades de*** not much chance of, little chance of

Aquí ***-as posibilidades*** quiere decir ***escasas posibilidades***.

4. ¿Qué significan los diferentes tipos de letra?

4.1 Todos los lemas españoles e ingleses y los números que diferencian las diferentes partes gramaticales aparecen en **negrita**:

neoyorquino 1 *adj* New York *atr* **2** *m,* **-a** New Yorker
splin·ter ['splɪntər] **1** *n* astilla *f* **2** *v/i* astillarse

4.2 *la cursiva* se utiliza para:

a) las abreviaturas de categorías gramaticales: *adj, adv, v/i, v/t,* etc.

b) marcas de género: *m, f, mpl*, etc.

c) todas las palabras que se utilizan para indicar cuál es la traducción correcta para cada contexto:

sport·y ['spɔːrtɪ] *adj person* deportista; *clothes* deportivo
♦**work out 1** *v/t problem, puzzle* resolver; *solution* encontrar, hallar **2** *v/i at gym* hacer ejercicios; *of relationship etc* funcionar, ir bien
completo *adj* complete; *autobús, teatro* full
grano *m* grain; *de café* bean; *en la piel* pimple, spot

4.3 Todas las frases (ejemplos y expresiones idiomáticas) aparecen en ***negrita y cursiva***:

sym·pa·thet·ic [sɪmpə'θetɪk] *adj* (*showing pity*) compasivo; (*understanding*) comprensivo; ***be ~ toward a person / an idea*** simpatizar con una persona / idea
salsa *f* GASTR sauce; *baile* salsa; ***en su ~*** *fig* in one's element

4.4 El tipo de letra normal se utiliza para las traducciones.

4.5 Si una traducción aparece en cursiva y no en el tipo de letra normal, quiere decir que esta traducción es más una *explicación* en el otro idioma, explicación necesaria porque no hay un equivalente natural:

'walk-up *n apartamento en un edificio sin ascensor*
adobera *f Méx type of mature cheese*

5. Acento

La marca de acento tónico ' aparece delante de la sílaba sobre la que recae el principal acento en las palabras inglesas:

mo·tif [moʊ'tiːf] motivo *m*
rec·ord¹ ['rekɔːrd] *n* MUS disco *m*; SP *etc* récord *m*
re·cord² [rɪ'kɔːrd] *v/t electronically* grabar; *in writing* anotar

El acento aparece en la transcripción fonética o, si ésta no aparece, en el mismo lema o palabra compuesta:

'rec·ord hold·er plusmarquista *m/f*

6. ¿Qué indican los diferentes símbolos y abreviaturas?

6.1 Un rombo azul identifica un *phrasal verb* (verbo con partícula):

♦ **call off** *v/t* (*cancel*) cancelar; *strike* desconvocar

6.2 El rombo blanco se utiliza para organizar entradas largas: quedan entonces bloques de texto armónicos que resultan más fáciles de leer:

de *prp* ◊ *origen* from; **~ *Nueva York*** from New York; **~ *... a*** from ... to ◊ *posesión* of; ***el coche ~ mi amigo*** my friend's car ◊ *material* (made) of; ***un anillo ~ oro*** a gold ring ◊ *contenido* of; ***un vaso ~ agua*** a glass of water ◊ *cualidad*: ***una mujer ~ 20 años*** a 20 year old woman ◊ *causa* with; ***temblaba ~ miedo*** she was shaking with fear ...

6.3 La abreviatura F indica que la palabra o frase se utiliza más en contextos coloquiales que formales. La abreviatura V alerta sobre una palabra vulgar o tabú. Tenga cuidado al utilizar estas palabras. Las palabras con la abreviatura P son de argot.

Las abreviaturas F, V y P aparecen tanto con lemas y ejemplos (colocadas detrás) como con sus traducciones (colocadas detrás). Cuando no aparece ninguna abreviatura la palabra o frase es neutra.

6.4 Los dos puntos delante de una frase o ejemplo en inglés o español indican que el uso se restringe al ejemplo que aparece en el texto (por lo menos en lo que respecta a la traducción ofrecida en este diccionario):

catch-22 [kætʃtwentɪ'tuː]: ***it's a ~ situation*** es como la pescadilla que se muerde la cola
co-au·thor ['kouɒːθər] ... **2** *v/t*: **~ *a book*** escribir un libro conjuntamente
decantarse <1a> *v/r*: **~ *por*** opt for

7. ¿Este diccionario contiene también información gramatical?

7.1 Todos los lemas ingleses llevan una marca de categoría gramatical:

tooth·less ['tuːθlɪs] *adj* desdentado

top·ple ['tɑːpl] **1** *v/i* derrumbarse **2** *v/t government* derrocar

Pero cuando un lema sólo se puede utilizar como nombre (en inglés corriente), no aparece marca de categoría gramatical alguna porque no hace falta:

'tooth·paste pasta *f* de dientes, dentífrico *m*

7.2 Todas los lemas españoles llevan abreviatura de categoría gramatical y, si corresponden, marcas de género:

barbacoa *f* barbecue
bocazas *m/f* F loudmouth F
budista *m/f & adj* Buddhist

7.3 Si la traducción al inglés de un adjetivo español sólo se puede utilizar delante de un nombre, y nunca detrás, se identifica con la marca *atr*:

bursátil *adj* stock market *atr*
campestre *adj* rural, country *atr*

7.4 Si la forma del plural del español es invariable, al contrario que la del inglés, se identifica con la marca *inv*:

cortacircuitos *m inv* circuit breaker
metrópolis *f inv* metropolis

7.5 Cuando, a pesar de su apariencia, el inglés no es una forma plural, se identifica con *nsg*:

bil•li•ards ['bɪljərdz] *nsg* billar *m*
mea•sles ['mi:zlz] *nsg* sarampión *m*

Las traducciones inglesas reciben una marca *pl* o *sg* (para plural o singular) en los casos en los que no se corresponden con el español:

acciones *pl* COM stock *sg*, *Br* shares
entarimado *m* (*suelo*) floorboards *pl*

7.6 Los plurales ingleses irregulares aparecen identificados:

the•sis ['θi:sɪs] (*pl* ***theses*** ['θi:si:z]) tesis *f inv*
thief [θi:f] (*pl* ***thieves*** [θi:vz]) ladrón(-ona) *m*(*f*)
trout [traʊt] (*pl* ***trout***) trucha *f*

7.7 Palabras como **physics** o **media studies** no llevan una marca que las identifique como singular o plural porque pueden ser ambas, dependiendo de cómo se utilicen.

7.8 Las formas irregulares y semi-irregulares de los verbos aparecen identificadas:

sim•pli•fy ['sɪmplɪfaɪ] *v/t* (*pret & pp* ***-ied***) simplificar
sing [sɪŋ] *v/t & v/i* (*pret* ***sang***, *pp* ***sung***) cantar
la•bel ['leɪbl] **1** *n* etiqueta *f* **2** *v/t* (*pret & pp* ***-ed***, *Br* ***-led***) *bags* etiquetar

7.9 Se incluyen remisiones a las conjugaciones verbales españolas:

gemir <3l> *v/i* moan, groan
esconder <2a> **1** *v/t* hide, conceal ...

7.10 Se ofrece información gramatical sobre las preposiciones necesarias para formar frases:

'switch•o•ver *to new system* cambio *m* (***to*** a)
sneer [sni:r] **1** *n* mueca *f* desdeñosa **2** *v/i* burlarse (***at*** de)
escindirse <3a> *v/r* (*fragmentarse*) split (***en*** into); (*segregarse*) break away (***de*** from)
enviciarse <1b> *v/r* get addicted (***con*** to)

Abreviaturas

and	&	y
see	→	véase
registered trademark	®	marca registrada
abbreviation	*abbr*	abreviatura
abbreviation	*abr*	abreviatura
adjective	*adj*	adjetivo
adverb	*adv*	adverbio
agriculture	AGR	agricultura
anatomy	ANAT	anatomía
architecture	ARCHI	arquitectura
Argentina	*Arg*	Argentina
architecture	ARQUI	arquitectura
article	*art*	artículo
astronomy	AST	astronomía
astrology	ASTR	astrología
attributive	*atr*	atributivo
motoring	AUTO	automóvil
civil aviation	AVIA	aviación
biology	BIO	biología
Bolivia	*Bol*	Bolivia
botany	BOT	botánica
British English	*Br*	inglés británico
Central America	*C.Am.*	América Central
chemistry	CHEM	química
Chile	*Chi*	Chile
Colombia	*Col*	Colombia
commerce, business	COM	comercio
comparative	*comp*	comparativo
computers, IT term	COMPUT	informática
conjunction	*conj*	conjunción
Southern Cone	*CSur*	Cono Sur
sports	DEP	deporte
contemptuous	*desp*	despectivo
determiner	*det*	determinante
Ecuador	*Ecuad*	Ecuador
education (schools, universities)	EDU	educación, enseñanza (sistema escolar y universitario)
electronics, electronic engineering	EL	electrónica, electrotecnia
electronics, electronic engineering	ELEC	electrónica, electrotecnia
Spain	*Esp*	España
especially	*esp*	especialmente
euphemistic	*euph*	eufemismo
familiar, colloquial	F	familiar
feminine	*f*	femenino
feminine noun and adjective	*f/adj*	sustantivo femenino y adjetivo
railroad	FERR	ferrocarriles
figurative	*fig*	figurativo
financial	FIN	finanzas
physics	FÍS	física
formal	*fml*	formal
photography	FOT	fotografía
feminine plural	*fpl*	femenino plural
feminine singular	*fsg*	femenino singular
gastronomy	GASTR	gastronomía
geography	GEOG	geografía
geology	GEOL	geología
geometry	GEOM	geometría
grammatical	GRAM	gramática
historical	HIST	histórico
humorous	*hum*	humorístico
IT term	INFOR	informática
interjection	*int*	interjección
interrogative	*interr*	interrogativo
invariable	*inv*	invariable
ironic	*iron*	irónico
ironic	*irón*	irónico
law	JUR	jurisprudencia
Latin America	*L.Am.*	América Latina
law	LAW	jurisprudencia
linguistics	LING	lingüística
literary	*lit*	literario
masculine	*m*	masculino
masculine noun and adjective	*m/adj*	sustantivo masculino y adjetivo
nautical	MAR	navegación, marina
mathematics	MAT	matemáticas

mathematics	MATH	matemáticas
medicine	MED	medicina
meteorology	METEO	meteorología
Mexico	*Mex*	México
Mexico	*Méx*	México
masculine and feminine	*m/f*	masculino y femenino
masculine and feminine plural	*m/fpl*	masculino y femenino plural
military	MIL	militar
mineralogy	MIN	mineralogía
motoring	MOT	automóvil
masculine plural	*mpl*	masculino plural
music	MUS	música
music	MÚS	música
mythology	MYTH	mitología
noun	*n*	sustantivo
nautical	NAUT	navegación, náutica
negative	*neg*	negativo
noun plural	*npl*	sustantivo plural
noun singular	*nsg*	sustantivo singular
ornithology	ORN	ornitología
oneself	o.s.	sí mismo
popular, slang	P	popular
painting	PAINT	pintura
Paraguay	*Parag*	Paraguay
past participle	*part*	participio pasado
Peru	*Pe*	Perú
pejorative	*pej*	peyorativo
photography	PHOT	fotografía
physics	PHYS	física
painting	PINT	pintura
plural	*pl*	plural
politics	POL	política
possessive	*pos*	posesivo
possessive	*poss*	posesivo
past participle	*pp*	participio pasado
predicative usage	*pred*	predicativo
prefix	*pref*	prefijo
preposition	*prep*	preposición
preterite (past tense)	*pret*	pretérito
pronoun	*pron*	pronombre
preposition	*prp*	preposición
psychology	PSI	psicología
psychology	PSYCH	psicología
chemistry	QUÍM	química
radio	RAD	radio
railroad	RAIL	ferrocarriles
relative	*rel*	relativo
religion	REL	religión
River Plate	*Rpl*	Río de la Plata
South America	*S.Am.*	América del Sur
singular	*sg*	singular
someone	s.o.	alguien
sports	SP	deporte
Spain	*Span*	España
something	*sth*	algo, alguna cosa
subjunctive	*subj*	subjuntivo
superlative	*sup*	superlativo
bullfighting	TAUR	tauromaquia
also	*tb*	también
theater, theatre	TEA	teatro
technology	TÉC	técnica
technology	TECH	técnica
telecom-munications	TELEC	teleco-municaciones
theater	THEA	teatro
typography, typesetting	TIP	tipografía
transportation	TRANSP	transportes
television	TV	televisión
vulgar	V	vulgar
auxiliary verb	*v/aux*	verbo auxiliar
verb	*vb*	verbo
Venezuela	*Ven*	Venezuela
intransitive verb	*v/i*	verbo intransitivo
impersonal verb	*v/impers*	verbo impersonal
reflexive verb	*v/r*	verbo reflexivo
transitive verb	*v/t*	verbo transitivo
West Indies	*W.I.*	Antillas
zoology	ZO	zoología

La pronunciación del inglés

A. Vocales y diptongos

[ɑː] sonido largo parecido al de *a* en *raro*: *far* [fɑːr], *father* ['fɑːðər].

[ʌ] *a* abierta, breve y oscura, que se pronuncia en la parte anterior de la boca sin redondear los labios: *butter* ['bʌtər], *come* [kʌm], *color* ['kʌlər], *blood* [blʌd], *flourish* ['flʌrɪʃ].

[æ] sonido breve, bastante abierto y distinto, algo parecido al de *a* en *parra*: *fat* [fæt], *ran* [ræn], *after* ['æftər].

[ɒː] vocal larga, bastante cerrada, entre *a* y *o*; más cercana a la *a* que a la *o*: *fall* [fɒːl], *fault* [fɒːlt], *inaudible* [ɪn'ɒːdəbl].

[e] sonido breve, medio abierto, parecido al de *e* en *perro*: *bed* [bed], *less* [les], *hairy* ['herɪ].

[aɪ] sonido parecido al de *ai* en *estáis*, *baile*: *I* [aɪ], *lie* [laɪ], *dry* [draɪ].

[aʊ] sonido parecido al de *au* en *causa*, *sauce*: *house* [haʊs], *now* [naʊ].

[eɪ] *e* medio abierta, pero más cerrada que la *e* de *hablé*; suena como si la siguiese una [ɪ] débil, sobre todo en sílaba acentuada: *date* [deɪt], *play* [pleɪ], *obey* [oʊ'beɪ].

[ə] 'vocal neutra', siempre átona; parecida al sonido de la *a* final de *cada*: *about* [ə'baʊt], *butter* ['bʌtər], *connect* [kə'nekt].

[iː] sonido largo, parecido al de *i* en *misa*, *vino*: *scene* [siːn], *sea* [siː], *feet* [fiːt], *ceiling* ['siːlɪŋ].

[ɪ] sonido breve, abierto, parecido al de *i* en *silba*, *tirria*, pero más abierto: *big* [bɪg], *city* ['sɪtɪ].

[oʊ] *o* larga, más bien cerrada, sin redondear los labios ni levantar la lengua: *note* [noʊt], *boat* [boʊt], *below* [bɪ'loʊ].

[ɔː] vocal larga, bastante cerrada; es algo parecida a la *o* de *por*: *abnormal* [æb'nɔːrml], *before* [bɪ'fɔːr].

[ɔɪ] diptongo cuyo primer elemento es una *o* abierta, seguido de una *i* abierta pero débil; parecido al sonido de *oy* en *doy*: *voice* [vɔɪs], *boy* [bɔɪ], *annoy* [ə'nɔɪ].

[ɜː] forma larga de la 'vocal neutra' [ə], algo parecida al sonido de *eu* en la palabra francesa *leur*: *word* [wɜːrd], *girl* [gɜːrl].

[uː] sonido largo, parecido al de *u* en *cuna*, *duda*: *fool* [fuːl], *shoe* [ʃuː], *you* [juː], *rule* [ruːl].

[ʊ] *u* pura pero muy rápida, más cerrada que la *u* de *burra*: *put* [pʊt], *look* [lʊk].

B. Consonantes

[b] como la *b* de *cambiar*: *bay* [beɪ], *brave* [breɪv].

[d] como la *d* de *andar*: *did* [dɪd], *ladder* ['lædər].

[f] como la *f* de *filo*: *face* [feɪs], *baffle* ['bæfl].

[g] como la *g* de *golpe*: *go* [goʊ], *haggle* ['hægl].

[h] se pronuncia con aspiración fuerte, sin la aspereza gutural de la *j* en *Gijón*: *who* [huː], *ahead* [ə'hed].

[j] como la *y* de *cuyo*: *you* [juː], *million* ['mɪljən].

[k] como la *c* de *casa*: *cat* [kæt], *kill* [kɪl].

[l] como la *l* de *loco*: *love* [lʌv], *goal* [goʊl].

[m] como la *m* de *madre*: *mouth* [maʊθ], *come* [kʌm].

[n] como la *n* de *nada*: *not* [nɑːt], *banner* ['bænər].

[p] como la *p* de *padre*: *pot* [pɑːt], *top* [tɑːp].

[r] Cuando se pronuncia, es un sonido muy débil, más bien semivocal, que no tiene nada de la vibración fuerte que caracteriza la *r* española; se articula elevando la punta de la lengua hacia el paladar duro: *rose* [roʊz], *pride* [praɪd], *there* [ðer]. (v. también 'Diferencias entre la pronunciación del inglés americano y la del inglés británico').

[s] como la *s* de *casa*: *sit* [sɪt], *scent* [sent].

[t] como la *t* de *pata*: *take* [teɪk], *patter* ['pætər].

[v] inexistente en español; a diferencia de *b*, *v* en español, se pronuncia juntando el labio inferior con los dientes superiores: *vein* [veɪn], *velvet* ['velvɪt].

[w] como la *u* de *huevo*: *water* ['wɒːtər], *will* [wɪl].

[z] como la *s* de *mismo*: *zeal* [ziːl], *hers* [hɜːrz].

[ʒ] inexistente en español; como la *j* en la palabra francesa *jour*: *measure* ['meʒər], *leisure* ['liːʒər]. Aparece a menudo en el grupo [dʒ], que se pronuncia como el grupo *dj* de la palabra francesa *adjacent*: *edge* [edʒ], *gem* [dʒem].

[ʃ] inexistente en español; como *ch* en la palabra francesa *chose*: *shake* [ʃeɪk], *washing* ['wɒːʃɪŋ]. Aparece a menudo en el grupo [tʃ], que se pronuncia como la *ch* en *mucho*: *match* [mætʃ], *natural* ['nætʃrəl].

[θ] como la *z* de *zapato* en castellano: *thin* [θɪn], *path* [pæθ].

[ð] forma sonorizada del anterior, algo como la *d* de *todo*: *there* [ðer], *breathe* [briːð].

[ŋ] como la *n* de *banco*: *singer* ['sɪŋər], *tinker* ['tɪŋkər].

El alfabeto inglés

a [eɪ]	g [dʒiː]	m [em]	s [es]	y [waɪ]
b [biː]	h [eɪtʃ]	n [en]	t [tiː]	z [ziː], *Br* [zed]
c [siː]	i [aɪ]	o [oʊ]	u [juː]	
d [diː]	j [dʒeɪ]	p [piː]	v [viː]	
e [iː]	k [keɪ]	q [kjuː]	w ['dʌbljuː]	
f [ef]	l [el]	r [ɑːr]	x [eks]	

Diferencias entre la pronunciación del inglés americano y la del inglés británico

Entre la pronunciación del inglés en Gran Bretaña (British English, BE) y la del inglés en Estados Unidos (American English, AE) existen múltiples diferencias que es imposible tratar aquí en forma adecuada. Señalamos únicamente las diferencias más notables:

1. Las palabras que tienen dos sílabas o más después del acento principal ['] llevan en AE un acento secundario que no tienen en BE, p.ej. ***dictionary*** [AE ''dɪkʃə'nerɪ = BE 'dɪkʃənrɪ], ***secretary*** [AE ''sekrə'terɪ = BE 'sekrətrɪ].
2. La **r** en posición final después de una vocal o entre vocal y consonante es normalmente muda en BE, pero se pronuncia claramente en AE, p.ej. ***car*** [AE kɑːr = BE kɑː], ***care*** [AE ker = BE keə], ***border*** [AE 'bɔːrdər = BE 'bɔːdə].
3. Una de las peculiaridades más notables del AE es la **nasalización** de las vocales antes y después de las consonantes nasales [m, n, ŋ].
4. La **o** [BE ɒ] suele pronunciarse en AE casi como una **a** oscura [AE ɑː], p.ej. ***dollar*** [AE 'dɑːlər = BE 'dɒlə], ***college*** [AE 'kɑːlɪdʒ = BE 'kɒlɪdʒ], ***lot*** [AE lɑːt = BE lɒt], ***problem*** [AE 'prɑːbləm = BE 'prɒbləm].
5. La **a** [BE ɑː] se pronuncia en AE como [æ] en palabras del tipo ***pass*** [AE pæs = BE pɑːs], ***answer*** [AE 'ænsər = BE 'ɑːnsə], ***dance*** [AE dæns = BE dɑːns], ***laugh*** [AE læf = BE lɑːf].
6. La **u** [BE juː] en sílaba acentuada se pronuncia en AE como [uː], p.ej. ***Tuesday*** [AE 'tuːzdeɪ = BE 'tjuːzdeɪ], ***student*** [AE 'stuːdnt = BE 'stjuːdnt], pero no en ***music*** [AE, BE = 'mjuːzɪk], ***fuel*** [AE, BE = 'fjʊəl].
7. La sílaba final **-ile** (BE generalmente [-aɪl]) se pronuncia a menudo en AE como [-əl] o bien [-ɪl], p.ej. ***missile*** [AE 'mɪs(ə)l, 'mɪsɪl = BE 'mɪsaɪl].
8. Hay otras palabras que se pronuncian de distinto modo en BE y AE, p.ej. ***lever*** [AE 'levər = BE 'liːvə], ***lieutenant*** [AE lʊ'tenənt = BE lef'tenənt], ***tomato*** [AE tə'meɪtoʊ = BE tə'mɑːtəʊ], ***clerk*** [AE klɜːrk = BE klɑːk], ***vase*** [AE veɪz = BE vɑːz], ***leisure*** [AE 'liːʒər = BE 'leʒə].

Diferencias entre la ortografía del inglés americano y la del inglés británico

Existen ciertas diferencias entre el inglés escrito de Gran Bretaña (British English, BE) y el inglés escrito de Estados Unidos (American English, AE).

Son las principales:

1. La **u** que se escribe en BE en las palabras que terminan en **-our** (p.ej. col*our*) se suprime en AE: col*or*, hum*or*, hon*or*able.
2. Muchas palabras que en BE terminan en **-re** (p.ej. cent*re*) se escriben en AE **-er**, p.ej. cent*er*, met*er*, theat*er* (pero no massacre).
3. En muchos casos, las palabras que en BE tienen **ll** en posición media en sílabas no acentuadas se escriben en AE con una **l**, p.ej. counci*l*or, quarre*l*ed, trave*l*ed. Sin embargo, hay palabras que en BE se escriben con una **l** que en AE se escriben con **ll**, p.ej. enro*ll*(s), ski*ll*ful, insta*ll*ment.
4. En ciertos casos, las palabras que en BE terminan en **-ence** se escriben en AE con **-ense**, p.ej. def*ense*, off*ense*.
5. Ciertas vocales finales, que no tienen valor en la pronunciación, se escriben en BE (p.ej. catalog*ue*) pero no en AE: catalog, dialog, prolog, program, envelop.
6. Se ha extendido más en AE que en BE la costumbre de escribir **e** en lugar de **ae** y **oe**, p.ej. an(a)*e*mia, an(a)*e*sthetic.
7. Algunas consonantes que en BE se escriben dobles pueden en AE escribirse sencillas, p.ej. kidna(p)*p*ed, worshi(p)*p*ed.
8. En AE se suprime a veces la **u** del grupo **ou** que tiene BE, p.ej. m*o*(*u*)ld, sm*o*(*u*)lder, y se escribe en AE pl*ow* en lugar del BE pl*ough*.
9. En AE suele suprimirse la **e** muda en las palabras como judg(*e*)ment, acknowledg(*e*)ment.
10. Hay otras palabras que se escriben de distinto modo en BE y AE, p.ej. BE cosy = AE *cozy*, BE moustache = AE *mustache*, BE sceptical = AE *skeptical*, BE grey = AE *gray*.

A

a *prp* ◊ *dirección* to; ***al este de*** to the east of; ***a casa*** home; ***ir a la cama / al cine*** go to bed / to the movies; ***vamos a Bolivia*** we're going to Bolivia; ***voy a casa de Marta*** I'm going to Marta's (house) ◊ *situación* at; ***a la mesa*** at the table; ***al lado de*** next to; ***a la derecha*** on the right; ***al sol*** in the sun; ***a treinta kilómetros de Quito*** thirty kilometers (*Br* kilometres) from Quito; ***está a cinco kilómetros*** it is five kilometers (*Br* kilometres) away ◊ *tiempo*: ***¿a qué hora llegas?*** what time do you arrive?; ***a las tres*** at three o'clock; ***estamos a quince de febrero*** it's February fifteenth; ***a los treinta años*** at the age of thirty ◊ *modo*: ***a la española*** the Spanish way; ***a mano*** by hand; ***a pie*** on foot; ***a 50 kilómetros por hora*** at fifty kilometers (*Br* kilometres) an hour ◊ *precio*: ***¿a cómo*** *or* ***cuánto está?*** how much is it? ◊ *objeto indirecto*: ***dáselo a tu hermano*** give it to your brother ◊ *objeto directo*: ***vi a mi padre*** I saw my father ◊ *en perífrasis verbal*: ***empezar a*** begin to; ***jugar a las cartas*** play cards; ***a decir verdad*** to tell the truth ◊ *para introducir pregunta*: ***¿a que no lo sabes?*** I bet you don't know; ***a ver ...*** OK ..., right ...

ábaco *m* abacus

abadía *f* abbey

abajo **1** *adv situación* below, underneath; *en edificio* downstairs; ***ponlo ahí ~*** put it down there; ***el cajón de ~*** *siguiente* the drawer below; *último* the bottom drawer ◊ *dirección* down; *en edificio* downstairs; ***cuesta ~*** downhill; ***empuja hacia ~*** push down ◊ *con cantidades*: ***de diez para ~*** ten or under, ten or below **2** *int*: ***¡~ los traidores!*** down with the traitors!

abalanzarse <1f> *v/i* rush *o* surge forward; ***~ sobre algo / alguien*** leap *o* pounce on sth / s.o.

abalear <1a> *v/t S.Am.* shoot

abandonar <1a> **1** *v/t lugar* leave; *objeto, a alguien* abandon; *a esposa, hijos* desert; *idea* give up, abandon; *actividad* give up **2** *v/r* **~se** let o.s. go; **~se a** abandon o.s. to

abanicar <1g> **1** *v/t* fan **2** *v/r* **~se** *v/r* fan o.s.; **abanico** *m* fan; *fig* range; ***~ eléctrico*** *Méx* electric fan

abaratar <1a> *v/t* reduce or lower the price of; *precio* reduce, lower

abarcar <1g> *v/t territorio* cover; *fig* comprise, cover; *L.Am.* (*acaparar*) hoard, stockpile; ***el libro abarca desde ... hasta ...*** the book covers the period from ... to ...; ***~ con la vista*** take in

abarrotado *adj* packed; **abarrotar** <1a> **1** *v/t lugar* pack; *L.Am.* COM buy up, stockpile **2** *v/r* **~se** *L.Am. del mercado* become glutted; **abarrotes** *mpl L.Am.* (*mercancías*) groceries; (***tienda de***) ***~*** grocery store, *Br* grocer's; **abarrotería** *f Méx, C.Am.* grocery store, *Br* grocer's; **abarrotero** *m*, **-a** *f Méx, C.Am.* storekeeper, shopkeeper

abastecer <2d> **1** *v/t* supply (***de*** with) **2** *v/r* **~se** stock up (***de*** on *o* with); **abastecimiento** *m* supply

abasto *m*: ***no dan ~*** they can't cope (***con*** with)

abatí *m Rpl* corn, *Br* maize; *Parag*: *fermented maize drink*

abatible *adj* collapsible, folding *atr*; **abatido** *adj* depressed; **abatimiento** *m* gloom; **abatir** <3a> *v/t edificio* knock *o* pull down; *árbol* cut down, fell; AVIA shoot *o* bring down; *fig* kill; (*deprimir*) depress

abdicación *f* abdication; **abdicar** <1g> *v/t* abdicate

abdomen *m* abdomen; **abdominal** *adj* abdominal; **abdominales** *mpl* sit-ups

abecedario *m* alphabet

abedul *m* birch

abeja *f* ZO bee; **abejorro** *m* bumblebee

aberración *f* aberration

abertura *f* opening

abeto *m* fir (tree)

abiertamente *adv* openly; **abierto** **1** *part* → **abrir** **2** *adj tb persona* open; ***está ~ a nuevas ideas*** *fig* he's open to new ideas

abigarrado *adj* multicolo(u)red

abismo *m* abyss; *fig* gulf

ablandar <1a> **1** *v/t tb fig* soften **2** *v/r* **~se** soften, get softer; *fig* relent; **ablande** *m Arg* AUTO running in

abnegación *f* self-denial; **abnegado** *adj* selfless

abocado *adj* doomed; ***~ al fracaso*** doomed to failure, destined to fail

abochornar <1a> **1** *v/t* embarrass **2** *v/r* **~se** feel embarrassed

abogacía *f* law

abogaderas *fpl L.Am.* F (*discusiones*) arguments

abogado *m*, **-a** *f* lawyer; *en tribunal superior* attorney, *Br* barrister; ***no le faltaron ~s*** *fig* there were plenty of people who defended him; **abogar** <1h> *v/i*: ***~ por*** *alguien* defend; *algo* advocate

abolición *f* abolition; **abolir** <3a> *v/t* abolish

abollado *adj* dented; **abolladura** *f* dent; **abollar** <1a> *v/t* dent

abombado *adj S.Am.* F *comida* rotten, bad; F (*tonto*) dopey F; **abombarse** *S.Am. de comida* go off, go bad

abominable *adj* abominable; **abominar** <1a> *v/t* detest, loathe

abonado *m*, **-a** *f* subscriber; *a teléfono, gas, electricidad* customer; *a ópera, teatro* season-ticket holder;

abonar <1a> **1** *v/t* COM pay; AGR fertilize; *Méx* pay on account; ***~ el terreno*** *fig* sow the seeds **2** *v/r* **~se** *a espectáculo* buy a season ticket (***a*** for); *a revista* take out a subscription (***a*** to); **abono** *m* COM payment; AGR fertilizer; *para espectáculo, transporte* season ticket

abordar <1a> *v/t* MAR board; *tema, asunto* broach, raise; *problema* tackle, deal with; *a una persona* approach

aborigen **1** *adj* native, indigenous **2** *m/f* native

aborrecer <2d> *v/t* loathe, detest

abortar <1a> **1** *v/i* MED *espontáneamente* miscarry; *de forma provocada* have an abortion **2** *v/t plan* foil; **abortivo** *adj* abortion *atr*; ***píldora -a*** abortion pill; **aborto** *m espontáneo* miscarriage; *provocado* abortion; *fig* F freak F; ***tener un ~*** have a miscarriage

abotonar <1a> *v/t* button up

abra *f L.Am.* clearing

abrasador *adj* scorching (hot); **abrasar** <1a> **1** *v/t* burn **2** *v/i del sol* burn, scorch; *de bebida, comida* be boiling hot **3** *v/r* **~se**: ***~se de sed*** F be parched F; ***~se de calor*** F be sweltering F; ***~se de pasión*** *lit* be aflame with passion *lit*

abrazar <1f> **1** *v/t* hug **2** *v/r* **~se** embrace; **abrazo** *m* hug; ***dar un ~ a alguien*** hug s.o., give s.o. a hug; ***un ~*** *en carta* best wishes; *más íntimo* love

abrebotellas *m inv* bottle opener; **abrelatas** *m inv* can opener, *Br tb* tin opener

abreviar <1b> *v/t* shorten; *palabra* abbreviate; *texto* abridge; **abreviatura** *f* abbreviation

abridor *m* bottle opener

abrigado *adj* warmly dressed; **abrigar** <1h> **1** *v/t* wrap up; *esperanzas* hold out; *duda* entertain **2** *v/r* **~se** wrap up warm; ***~se del frío*** (take) shelter from the cold; **abrigo** *m* coat; (*protección*) shelter; ***ropa de ~*** warm clothes; ***al ~ de*** in the shelter of

abril *m* April

abrir <3a; *part* **abierto**> **1** *v/t* open; *túnel* dig; *grifo* turn on; ***le abrió el apetito*** it gave him an appetite **2** *v/i de persona* open up; *de ventana, puerta* open; ***en un ~ y cerrar de ojos*** in the twinkling of an eye **3** *v/r* **~se** open; ***~se a algo*** *fig* open up to sth; ***~se paso entre*** make one's way through

abrochar <1a> **1** *v/t* do up; *cinturón de seguridad* fasten **2** *v/r* **~se** do up; *cinturón de seguridad* fasten; ***tendremos que abrocharnos el cinturón*** we'll have to tighten our belts

abrumador *adj* overwhelming; **abrumar** <1a> *v/t* overwhelm (***con*** *or* ***de*** with); ***abrumado de*** *or* ***con trabajo*** snowed under with work

abrupto *adj terreno* rough; *pendiente* steep; *tono, respuesta* abrupt; *cambio* sudden

absentismo *m* absenteeism; ***~ escolar*** truancy

absolución *f* absolution

absolutamente *adv* absolutely; ***no entendió ~ nada*** he didn't understand a thing; **absolutismo** *m* absolutism; **absoluto** *adj* absolute; ***en ~*** not at all

absolver <2h; *part* **absuelto**> *v/t* JUR acquit; REL absolve

absorbente *adj* absorbent; **absorber** <2a> *v/t* absorb; (*consumir*) take; (*cautivar*) absorb; **absorto** *adj* absorbed (***en*** in), engrossed (***en*** in)

abstemio 1 *adj* teetotal **2** *m*, **-a** *f* teetotal(l)er

abstención *f* abstention; **abstenerse** <2l> *v/r* refrain (***de*** from); POL abstain; **abstinencia** *f* abstinence; ***síndrome de ~*** MED withdrawal symptoms *pl*

abstracto *adj* abstract; **abstraerse** <2p; *part* **abstraido**> *v/r* shut o.s. off (***de*** from); **abstraído 1** *adj* preoccupied; ***~ en algo*** engrossed in sth **2** *part* → ***abstraer***

absuelto *part* → ***absolver***

absurdo 1 *adj* absurd **2** *m*: ***es un ~ que*** it's absurd that

abuchear <1a> *v/t* boo; **abucheo(s)** *m(pl)* booing *sg*, boos *pl*

abuela *f* grandmother; F *persona mayor* old lady; ***¡cuéntaselo a tu ~!*** F don't try to put one over on me! F, *Br* pull the other one! F; **abuelo** *m* grandfather; F *persona mayor* old man; ***~s*** grandparents

abultado *adj* bulging; *derrota* heavy; **abultamiento** *m* bulge; **abultar** <1a> *v/i* be bulky; ***no abulta casi nada*** it takes up almost no room at all

abundancia *f* abundance; ***había comida en ~*** there was plenty of food; **abundante** *adj* plentiful, abundant; **abundar** <1a> *v/i* be plentiful *o* abundant

aburguesarse <1a> *v/r desp* become bourgeois *o* middle class

aburrido *adj* (*que aburre*) boring; (*que se aburre*) bored; ***~ de algo*** bored *o* fed up F with sth; **aburrimiento** *m* boredom; **aburrir** <3a> **1** *v/t* bore **2** *v/r* **~se** get bored; ***~se de algo*** get bored *o* fed up F with sth; ***~se como una ostra*** F get bored stiff F

abusado *adj Méx* F smart, clever; ***¡~!*** look out!; **abusar** <1a> *v/i*: ***~ de*** *poder, confianza* abuse; *persona* take advantage of; ***~ del alcohol*** drink too much; ***~ sexualmente de alguien*** sexually abuse s.o.; **abusivo** *adj* JUR unfair; **abuso** *m* abuse; ***~s*** *pl* ***deshonestos*** indecent assault *sg*

A.C. *abr* (= ***antes de Cristo***) BC (= before Christ)

acá *adv* here; ***de ~ para allá*** from here to there; ***de entonces para ~*** since then

acabado *m* finish

acabar <1a> **1** *v/t* finish **2** *v/i de persona* finish; *de función, acontecimiento* finish, end; ***acabé haciéndolo yo*** I ended up doing it myself; ***~ con*** put an end to; *caramelos* finish off; *persona* destroy; **~ *de hacer algo*** have just done sth; ***va a ~ mal*** F *persona* he'll come to no good; ***esto va a ~ mal*** F this is going to end badly **3** *v/r* **~se** *de actividad* finish, end; *de pan, dinero* run out; ***se nos ha acabado el azúcar*** we've run out of sugar; ***¡se acabó!*** that's that!

acacia *f* acacia

academia *f* academy; **~ *de idiomas*** language school; **~ *militar*** military academy; **académico 1** *adj* academic **2** *m*, **-a** *f* academician

acalenturarse <1a> *v/r L.Am.* (*afiebrarse*) get a temperature *o* fever

acallar <1a> *v/t tb fig* silence

acalorarse <1a> *v/r* (*enfadarse*) get worked up; (*sofocarse*) get embarrassed

acampada *f* camp; ***ir de ~*** go camping; **acampar** <1a> *v/i* camp

acantilado *m* cliff

acaparar <1a> *v/t* hoard, stockpile; *tiempo* take up; *interés* capture; (*monopolizar*) monopolize

acápite *m L.Am.* section; (*párrafo*) paragraph

acaramelado *adj fig* F lovey-dovey F

acariciar <1b> *v/t* caress; *perro* stroke; **~ *una idea*** *fig* contemplate an idea

acarrear <1a> *v/t* carry; *fig* give rise to, cause

acaso *adv* perhaps; ***por si ~*** just in case

acatar <1a> *v/t* comply with, obey

acatarrarse <1a> *v/r* catch a cold

acaudalado *adj* wealthy, well-off

acceder <2a> *v/i* (*ceder*) agree (***a*** to), accede (***a*** to) *fml*; **~ *a*** *lugar* gain access to; *cargo* accede to *fml*

accesible *adj* accessible; **acceso** *m tb* INFOR access; *de fiebre* attack, bout; *de tos* fit; ***de difícil ~*** inaccessible; **accesorio 1** *adj* incidental **2** *m* accessory

accidentado 1 *adj terreno, camino* rough; *viaje* eventful **2** *m*, **-a** *f* casualty; **accidental** *adj* (*no esencial*) incidental; (*casual*) chance *atr*; **accidente** *m* accident; (*casualidad*) chance; GEOG feature; **~ *de tráfico*** *or* ***de circulación*** road traffic accident, RTA; **~ *laboral*** industrial accident

acción *f* action; ***acciones*** *pl* COM stock *sg*, *Br* shares; ***poner en ~*** put into action; **accionar** <1a> *v/t* activate; **accionista** *m/f* stockholder, *Br* shareholder

acebo *m* holly

acechar <1a> *v/t* lie in wait for; **acecho** *m*: ***al ~*** lying in wait

aceite *m* oil; **~ *de girasol* / *oliva*** sunflower / olive oil; **~ *lubricante*** lubricating oil; **aceitera** *f* TÉC oilcan; GASTR cruet; **aceitoso** *adj* oily; **aceituna** *f* olive

aceleración *f* acceleration; **acelerador** *m* accelerator; **acelerar** <1a> **1** *v/t motor* rev up; *fig* speed up; ***aceleró el coche*** she accelerated **2** *v/i* accelerate **3** *v/r* **~se** *L.Am.* F (*enojarse*) lose one's cool

acelgas *fpl* BOT Swiss chard *sg*

acento *m en ortografía, pronunciación* accent; (*énfasis*) stress, emphasis; ***poner el ~ en*** *fig* stress, emphasize; **acentuar** <1e> **1** *v/t* stress; *fig* accentuate, emphasize **2** *v/r* **~se** become more pronounced

acepción *f* sense, meaning

aceptable *adj* acceptable; **aceptación** *f* acceptance; (*éxito*) success; **aceptar** <1a> *v/t* accept

acequia *f* irrigation ditch

acera *f* sidewalk, *Br* pavement; ***ser de la otra ~, ser de la ~ de enfrente*** F be gay

acerca *adv*: **~ *de*** about

acercar <1g> **1** *v/t* bring closer; **~ *a alguien a un lugar*** give s.o. a ride (*Br* lift) somewhere **2** *v/r* **~se** approach; (*ir*) go; *de grupos, países* come closer together; *de fecha* draw near; ***se acercó a mí*** she came up to me *o* approached me; ***acércate*** come closer; ***no te acerques a la pared*** don't get close to

the wall
acero *m* steel; ~ ***inoxidable*** stainless steel
acertado *adj comentario* apt; *elección* good, wise; ***estar muy*** ~ be dead right; **acertar** <1k> **1** *v/t respuesta* get right; *al hacer una conjetura* guess **2** *v/i* be right; ~ ***con algo*** get sth right
acertijo *m* riddle, puzzle
achacar <1g> *v/t* attribute (***a*** to)
achantarse <1a> *v/r* F keep quiet, keep one's mouth shut F
achaque *m* ailment
achatado *adj* flattened; **achatarse** <1a> *v/r* be flattened
achicharrar <1a> *v/t* **1** burn **2** *v/r* **~se** *fig* F roast F
achinado *adj L.Am.* oriental-looking
achinero *m C.Am. vendedor* peddler
achiquitarse <1a> *v/r L.Am.* become frightened *o* scared
achisparse <1a> *v/r* F get tipsy F
acholar <1a> *v/t S.Am.* embarrass
achuchar <1a> *v/t fig* F pester, nag; **achuchón** *m* F squeeze, hug; (*empujón*) push; ***le dio un*** ~ *desmayo* she felt faint
achuras *fpl S.Am.* variety meat *sg*, *Br* offal *sg*
aciago *adj* fateful
acicalarse <1a> *v/r* get dressed up
acidez *f* acidity; ~ ***de estómago*** heartburn; **ácido** **1** *adj tb fig* sour, acid **2** *m* acid
acierto *m idea* good idea; *respuesta* correct answer; *habilidad* skill
aclamación *f* acclaim; **aclamar** <1a> *v/t* acclaim
aclaración *f* clarification; **aclarar** <1a> **1** *v/t duda, problema* clarify, clear up; *ropa, vajilla* rinse **2** *v/i de día* break, dawn; *del tiempo* clear up **3** *v/r* **~se**: ***~se la voz*** clear one's throat; ***no me aclaro*** F I don't understand; *por cansancio, ruido etc* I can't think straight
aclimatarse <1a> *v/r* acclimatize, become acclimatized
acné *m* acne
ACNUR *abr* (= ***Alto Comisionado de las Naciones Unidas para los Refugiados***) UNHCR (= United Nations High Commission for Refugees)
acobardar <1a> **1** *v/t* daunt **2** *v/r* **~se** get frightened, lose one's nerve
acodarse <1a> *v/r* lean (one's elbows) (***en*** on)
acogedor *adj* welcoming; *lugar* cozy, *Br* cosy; **acoger** <2c> **1** *v/t* receive; *en casa* take in; ~ ***con satisfacción*** welcome, greet with satisfaction **2** *v/r* **~se**: ***~se a algo*** have recourse to sth; **acogida** *f* reception; ***tener buena*** ~ get a good reception, be well received
acojonar <1a> **1** *v/t* V (*asustar*) scare the shit out of P; (*asombrar*) knock out F, blow away P **2** *v/r* **~se** V be shit scared P
acolchado *adj Rpl* quilted; **acolchonar** <1a> *v/t Rpl* quilt
acomedido *adj L.Am.* obliging, helpful; **acomedirse** <3l> *v/r Méx* offer to help
acometer <2a> **1** *v/t* attack; *tarea, proyecto* undertake, tackle **2** *v/i* attack; ~ ***contra algo*** attack sth
acomodado *adj* well-off; **acomodador** *m* usher; **acomodadora** *f* usherette; **acomodar** <1a> **1** *v/t* (*adaptar*) adapt; *a alguien* accommodate **2** *v/r* **~se** make o.s. comfortable; (*adaptarse*) adapt (***a*** to)
acompañamiento *m* accompaniment; **acompañante** *m/f* companion; MÚS accompanist; **acompañar** <1a> *v/t* (*ir con*) go with, accompany *fml*; (*permanecer con*) keep company; MÚS, GASTR accompany; **acompaño** *m C.Am.* (*reunión*) meeting
acomplejar <1a> **1** *v/t*: ~ ***a alguien*** give s.o. a complex **2** *v/r* **~se** get a complex
acondicionar <1a> *v/t un lugar* equip, fit out; *pelo* condition
acongojar <1a> *v/t lit* grieve *lit*, distress

aconsejable *adj* advisable; **aconsejar** <1a> *v/t* advise

acontecer <2d> *v/i* take place, occur; **acontecimiento** *m* event

acopio *m*: ***hacer ~ de*** gather, muster

acoplar <1a> **1** *v/t piezas* fit together **2** *v/r* **~se** *de persona* fit in (***a*** with); *de nave espacial* dock (***a*** with); *de piezas* fit together

acorazado *adj* armo(u)red

acordar <1m> **1** *v/t* agree **2 ~se** *v/r* remember; ***¿te acuerdas de él?*** do you remember him?; **acorde 1** *adj*: ***~ con*** appropriate to, in keeping with **2** *m* MÚS chord

acordeón *m* accordion; **acordeonista** *m/f* accordionist

acordonar <1a> *v/t* cordon off

acorralar <1a> *v/t tb fig* corner

acortar <1a> **1** *v/t* shorten **2** *v/i* take a short cut **3** *v/r* **~se** get shorter

acosar <1a> *v/t* hound, pursue; *con preguntas* bombard (***con*** with)

acosijar <1a> *v/t Méx* badger, pester

acoso *m fig* hounding, harrassment; ***~ sexual*** sexual harrassment

acostar <1m> **1** *v/t* put to bed **2** *v/r* **~se** go to bed; (*tumbarse*) lie down; ***~se con alguien*** go to bed with s.o., sleep with s.o.

acostumbrado *adj* (*habitual*) usual; ***estar ~ a algo*** be used to sth; **acostumbrar** <1a> **1** *v/t* get used (***a*** to) **2** *v/i*: ***acostumbraba a venir a este café todas las mañanas*** he used to come to this café every morning **3** *v/r* **~se** get used (***a*** to); ***se acostumbró a levantarse temprano*** he got used to getting up early

ácrata *m/f & adj* anarchist

acre *adj olor* acrid; *crítica* biting

acrecentar <1k> **1** *v/t* increase **2** *v/r* **~se** increase, grow

acreditar <1a> **1** *v/t diplomático etc* accredit (***como*** as); (*avalar*) prove; ***un documento que lo acredita como el propietario*** a document that is proof of his ownership **2** *v/r* **~se** acquire a good reputation

acreedor *m*, **~a** *f* creditor; **acreencia** *f L.Am.* credit

acribillar <1a> *v/t*: ***~ a alguien a balazos*** riddle s.o. with bullets; ***~ a alguien a preguntas*** bombard s.o. with questions

acrílico *m/adj* acrylic

acristalar <1a> *v/t* glaze

acróbata *m/f* acrobat; **acrobático** *adj* acrobatic; ***vuelo ~*** stunt flight

acta(s) *f(pl)* minutes *pl*

actitud *f* (*disposición*) attitude; (*posición*) position; **activar** <1a> *v/t* activate; (*estimular*) stimulate; **actividad** *f* activity; **activista** *m/f* POL activist; **activo 1** *adj* active; ***en ~*** on active service; ***población -a*** labo(u)r force **2** *m* COM assets *pl*

acto *m* (*acción*), TEA act; *ceremonia* ceremony; ***~ sexual*** sexual intercourse; ***~ seguido*** immediately afterward(s); ***en el ~*** instantly, there and then

actor *m* actor; **actriz** *f* actress

actuación *f* TEA performance; (*intervención*) intervention; **actual** *adj* present, current; ***un tema muy ~*** a very topical issue; **actualidad** *f* current situation; ***en la ~*** at present, presently; (*hoy en día*) nowadays; ***~es*** current affairs; **actualizar** <1f> *v/t* bring up to date, update; **actualmente** *adv* currently

actuar <1e> *v/i* (*obrar, ejercer*), TEA act; MED work, act

acuarela *f* watercolo(u)r

acuario *m* aquarium

Acuario *m/f inv* ASTR Aquarius

acuático *adj* aquatic; ***deporte ~*** water sport

acuchillar <1a> *v/t* stab

acuciante *adj* pressing, urgent

acudir <3a> *v/i* come; ***~ a alguien*** turn to s.o.; ***~ a las urnas*** go to the polls

acueducto *m* aqueduct

acuerdo *m* agreement; ***estar de ~ con*** agree with; ***llegar a un ~***, ***ponerse de ~*** come to *o* reach an agreement (***con*** with); ***de ~ con***

algo in accordance with sth; ***¡de ~!*** all right!, OK!
acumulación *f* accumulation; **acumular** <1a> **1** *v/t* accumulate **2** *v/r* **~se** accumulate
acunar <1a> *v/t* rock
acuñar <1a> *v/t monedas* mint; *término, expresión* coin
acuoso *adj* watery
acupuntura *f* acupuncture
acurrucarse <1g> *v/r* curl up
acusación *f* accusation; **acusado** *m*, **-a** *f* defendant; **acusar** <1a> *v/t* accuse (***de*** of); JUR charge (***de*** with); (*manifestar*) show; ~ ***recibo de*** acknowledge receipt of; **acuse** *m*: ~ ***de recibo*** acknowledg(e)ment
acusetas *m/f inv S.Am.* F tattletale F, *Br* tell-tale F; **acusica** *m/f* F tattletale F, *Br* tell-tale F
acústica *f* acoustics
adaptable *adj* adaptable; **adaptación** *f* adaptation; ~ ***cinematográfica*** screen *o* movie version; **adaptador** *m* adaptor; **adaptar** <1a> **1** *v/t* adapt **2** **~se** *v/r* adapt (***a*** to)
A. de C. *abr* (= ***año de Cristo***) AD (= Anno Domini)
adecentar <1a> *v/t* straighten up, tidy up
adecuadamente *adv* properly; **adecuado** *adj* suitable, appropriate; **adecuar** <1d> **1** *v/t* adapt (***a*** to) **2** *v/r* **~se** fit in (***a*** with)
adefesio *m fig* F monstrosity F; *persona* freak F; ***estar hecho un ~*** look a sight
a. de J.C. *abr* (= ***antes de Jesucristo***) BC (= before Christ)
adelantado *adj* advanced; ***por ~*** in advance; ***ir ~*** *de un reloj* be fast; **adelantamiento** *m* AUTO passing maneuver, *Br* overtaking manoeuvre; **adelantar** <1a> **1** *v/t mover* move forward; *reloj* put forward; AUTO pass, *Br* overtake; *dinero* advance; (*conseguir*) achieve, gain **2** *v/i de un reloj* be fast; (*avanzar*) make progress; AUTO pass, *Br* overtake **3** *v/r* **~se** *mover* move forward; (*ir delante*) go on ahead; *de estación, cosecha* be early; *de un reloj* gain; ***se me adelantó*** she beat me to it, she got there first; **adelante** *adv en espacio* forward; ***seguir ~*** carry on, keep going; ***¡~!*** come in; ***más ~*** *en tiempo* later on; ***de ahora*** *or* ***de aquí en ~*** from now on; ***salir ~*** *fig*: *de persona* succeed; *de proyecto* go ahead; **adelanto** *m tb* COM advance
adelfa *f* BOT oleander
adelgazante *adj* weight-reducing, slimming *atr*; **adelgazar** <1f> **1** *v/t* lose **2** *v/i* lose weight
ademán *m* gesture; ***hacer ~ de*** make as if to
además **1** *adv* as well, besides **2** *prp*: ~ ***de*** as well as
adentrarse <1a> *v/r*: ~ ***en*** *territorio* penetrate; *tema* go into; **adentro** **1** *adv* inside; ***¡~!*** get inside!; ***mar ~*** out to sea; ~ ***de*** *L.Am.* inside **2** *mpl*: ***para sus ~s*** to oneself
adepto *m* follower; *fig* supporter
aderezar <1f> *v/t con especias* season; *ensalada* dress; *fig* liven up
adeudar <1a> *v/t* owe
adherente *adj* adhesive; **adherir** <3i> **1** *v/i* stick, adhere *fml* **2** *v/t* stick **3** *v/r* **~se** *a superficie* stick (***a*** to), adhere (***a*** to) *fml*; ***~se a una organización*** become a member of *o* join an organization; ***~se a una idea*** support an idea; **adhesivo** *m/adj* adhesive
adicción *f* addiction; ~ ***a las drogas*** drug addiction
adicional *adj* additional
adictivo *adj* addictive; **adicto** **1** *adj* addicted (***a*** to); ***ser ~ al régimen*** be a supporter of the regime **2** *m*, **-a** *f* addict
adiestrar <1a> *v/t* train
adinerado *adj* wealthy
adiós **1** *int* goodbye, bye; *al cruzarse* hello **2** *m* goodbye; ***decir ~*** say goodbye (***a*** to)
aditivo *m* additive
adivinanza *f* riddle; **adivinar** <1a> *v/t* guess; *de adivino* foretell
adjetivo *m* adjective

adjudicar <1g> **1** *v/t* award **2** *v/r* **~se** win
adjuntar <1a> *v/t* enclose
adm. *abr* (= ***administración***) admin (= administration)
administración *f* administration; *de empresa etc* management; (*gobierno*) administration, government; ***~ pública*** civil service; **administrador** *m*, **~a** *f* administrator; *de empresa etc* manager; **administrar** <1a> *v/t medicamento, sacramentos* administer, give; *empresa* run, manage; *bienes* manage; **administrativo 1** *adj* administrative **2** *m*, **-a** *f* administrative assistant
admirable *adj* admirable; **admiración** *f* admiration; ***signo de ~*** exclamation mark; **admirador** *m*, **~a** *f* admirer; **admirar** <1a> **1** *v/t* admire; (*asombrar*) amaze **2** *v/r* **~se** be amazed (***de*** at *o* by)
admisible *adj* admissible; **admisión** *f* admission; ***derecho de ~*** right of admission; **admitir** <3a> *v/t* (*aceptar*) accept; (*reconocer*) admit
admón. *abr* (= ***administración***) admin (= administration)
ADN *abr* (= ***ácido desoxirribonucleico***) DNA (= deoxyribonucleic acid)
adobar <1a> *v/t* GASTR marinate; **adobera** *f Méx type of mature cheese*; **adobo** *m* GASTR marinade
adoctrinar <1a> *v/t* indoctrinate
adolecer <2d> *v/t* suffer (***de*** from)
adolescencia *f* adolescence; **adolescente** *m/f* adolescent
adonde *adv* where
adónde *interr* where
adopción *f* adoption; **adoptar** <1a> *v/t* adopt; **adoptivo** *adj padres* adoptive; *hijo* adopted
adoquín *m* paving stone
adorable *adj* lovable, adorable; **adoración** *f* adoration; **adorar** <1a> *v/t* love, adore; REL worship
adormecer <2d> **1** *v/t* make sleepy **2** *v/r* **~se** doze off; **adormidera** *f* BOT poppy; **adormilado** *adj* sleepy; **adormilarse** <1a> *v/r* doze off
adornar <1a> *v/t* decorate; **adorno** *m* ornament; *de Navidad* decoration
adosar <1a> *v/t*: ***~ algo a algo*** put sth (up) against sth
adquirir <3i> *v/t* acquire; (*comprar*) buy; **adquisición** *f* acquisition; ***hacer una buena ~*** make a good purchase; **adquisitivo** *adj*: ***poder ~*** purchasing power
adrede *adv* on purpose, deliberately
adrenalina *f* adrenaline
aduana *f* customs; **aduanero 1** *adj* customs *atr* **2** *m*, **-a** *f* customs officer
aducir <3o> *v/t razones, argumentos* give, put forward; (*alegar*) claim
adueñarse <1a> *v/r*: ***~ de*** take possession of
adulación *f* flattery; **adular** <1a> *v/t* flatter; **adulón 1** *adj S.Am.* fawning **2** *m*, **-ona** *f* flatterer
adultera *f* adulteress; **adulterar** <1a> *v/t* adulterate; **adulterio** *m* adultery; ***cometer ~*** commit adultery; **adúltero 1** *adj* adulterous **2** *m* adulterer
adultez *f* adulthood; **adulto 1** *adj* adult; ***edad -a*** adulthood **2** *m*, **-a** *f* adult
adusto *adj paisaje* harsh; *persona* stern, severe; *L.Am.* (*inflexible*) stubborn
adverbio *m* adverb
adversario *m*, **-a** *f* adversary, opponent; **adverso** *adj* adverse
advertencia *f* warning; **advertir** <3i> *v/t* warn (***de*** about, of); (*notar*) notice
adyacente *adj* adjacent
aéreo *adj* air *atr*; *vista, fotografía* aerial; ***compañía -a*** airline
aerobic, aeróbic *m* aerobics
aerodinámico *adj* aerodynamic
aeroespacial *adj* aerospace *atr*
aerolínea *f* airline
aeromozo *m*, **-a** *f L.Am.* flight attendant
aeronáutico *adj* aeronautical
aeropuerto *m* airport
aerosol *m* aerosol

afable *adj* pleasant, affable
afamado *adj* famous
afán *m* (*esfuerzo*) effort; (*deseo*) eagerness; ***sin ~ de lucro*** *organización* not-for-profit, non-profit (making); **afanar** <1a> **1** *v/i C.Am.* (*ganar dinero*) make money **2** *v/t C.Am. dinero* make; *Rpl* F (*robar*) pinch F **3** *v/r* **~se** make an effort
afección *f* MED complaint, condition; **afectado** *adj* (*afligido*) upset (***por*** by); (*amanerado*) affected; **afectar** <1a> *v/t* (*producir efecto en*) affect; (*conmover*) upset, affect; (*fingir*) feign; **afectivo** *adj* emotional; **afecto** *m* affection; ***tener ~ a alguien*** be fond of s.o.; **afectuoso** *adj* affectionate
afeitada *f* shave; **afeitado** *m* shave; **afeitadora** *f* electric razor; **afeitar** <1a> **1** *v/t* shave; *barba* shave off **2** *v/r* **~se** shave, have a shave
afeminado *adj* effeminate
aferrarse <1k> *v/r fig* cling (***a*** to)
Afganistán Afghanistan
afianzar <1f> **1** *v/t fig* strengthen **2** *v/r* **~se** become consolidated
afición *f* love (***por*** of); (*pasatiempo*) pastime, hobby; ***la ~*** DEP the fans; **aficionado 1** *adj*: ***ser ~ a*** be interested in, *Br tb* be keen on **2** *m*, **-a** *f* enthusiast; *no profesional* amateur; ***un partido de ~s*** an amateur game; **aficionarse** <1a> *v/r* become interested (***a*** in)
afiebrarse <1a> *v/r L.Am.* develop a fever
afilado *adj* sharp; **afilador** *m* sharpener; **afilalápices** *m inv* pencil sharpener; **afilar** <1a> **1** *v/t* sharpen; *L.Am.* F (*halagar*) flatter, butter up F; *S.Am.* (*seducir*) seduce **2** *v/r* **~se** *S.Am.* F (*prepararse*) get ready
afiliarse <1a> *v/r*: ***~ a un partido*** become a member of a party, join a party
afinar <1a> *v/t* MÚS tune; *punta* sharpen; *fig* perfect, fine-tune
afincarse <1g> *v/r* settle
afinidad *f* affinity
afirmación *f* statement; *declaración positiva* affirmation; **afirmar** <1a> *v/t* state, declare; **afirmativo** *adj* affirmative
afligido *adj* upset; **afligir** <3c> **1** *v/t* afflict; (*apenar*) upset; *L.Am.* F (*golpear*) beat up **2** *v/r* **~se** get upset
aflojar <1a> **1** *v/t nudo, tornillo* loosen; F *dinero* hand over **2** *v/i de tormenta* abate; *de viento, fiebre* drop **3** *v/r* **~se** come *o* work loose
afluente *m* tributary
afmo. *abr* (= ***afectísimo***): ***su ~*** Yours truly
afónico *adj*: ***está ~*** he has lost his voice
aforo *m* capacity
afortunado *adj* lucky, fortunate
afrecho *f Arg* bran
África Africa; ***~ del Sur*** South Africa; **africano 1** *adj* African **2** *m*, **-a** *f* African
afrodisíaco *m* aphrodisiac
afrontar <1a> *v/t* face (up to)
afuera *adv* outside; **afueras** *fpl* outskirts
agachar <1a> **1** *v/i* duck **2** *v/r* **~se** bend down; (*acuclillarse*) crouch down; *L.Am.* (*rendirse*) give in
agalla *f* ZO gill; ***tener ~s*** F have guts F
agarrado *adj fig* F mean, stingy F; **agarrar** <1a> **1** *v/t* (*asir*) grab; *L.Am.* (*tomar*) take; *L.Am.* (*atrapar, pescar*), *resfriado* catch; *L.Am. velocidad* gather, pick up; ***~ una calle*** *L.Am.* go up *o* along a street **2** *v/i* (*asirse*) hold on; *de planta* take root; *L.Am. por un lugar* go; ***agarró y se fue*** he upped and went **3** *v/r* **~se** (*asirse*) hold on; *L.Am. a golpes* get into a fight; **agarrón** *m Rpl* P (*pleito*) fight, argument; *L.Am.* (*tirón*) pull, tug
agarrotado *adj* stiff; **agarrotarse** <1a> *v/r de músculo* stiffen up; TÉC seize up
agasajar <1a> *v/t* fête
agazaparse <1a> *v/r* crouch (down); (*ocultarse*) hide

agencia *f* agency; ~ ***inmobiliaria*** real estate office, *Br* estate agency; ~ ***de viajes*** travel agency; **agenciarse** <1b> *v/r* F get hold of

agenda *f diario* diary; *programa* schedule; *de mitin* agenda

agente 1 *m* agent **2** *m/f* agent; ~ ***de cambio y bolsa*** stockbroker; ~ ***de policía*** police officer

ágil *adj* agile; **agilidad** *f* agility

agilizar <1f> *v/t* speed up

agitación *f* POL unrest; **agitar** <1a> **1** *v/t* shake; *brazos, pañuelo* wave; *fig* stir up **2** *v/r* **~se** become agitated *o* worked up

aglomeración *f de gente* crowd; **aglomerar** <1a> *v/t* pile up

aglutinar <1a> *v/t fig* bring together

agobiante *adj* oppresssive; **agobiar** <1b> **1** *v/t de calor* oppress; *de problemas* get on top of, overwhelm **2** *v/r* **~se** F feel overwhelmed; **agobio** *m*: ***es un ~*** it's unbearable, it's a nightmare F

agolparse <1a> *v/r* crowd together

agonía *f* agony; ***la espera fue una ~*** the wait was unbearable; **agonizante** *adj* dying; **agonizar** <1f> *v/i de persona* be dying; *de régimen* be crumbling

agorero *adj* ominous

agosto *m* August; ***hacer su ~*** F make a fortune

agotado *adj* (*cansado*) exhausted, worn out; (*terminado*) exhausted; (*vendido*) sold out; **agotador** *adj* exhausting; **agotar** <1a> **1** *v/t* (*cansar*) wear out, exhaust; (*terminar*) use up, exhaust **2** *v/r* **~se** (*cansarse*) get worn out, exhaust o.s.; (*terminarse*) run out, become exhausted; (*venderse*) sell out

agraciado *adj persona* attractive

agradable *adj* pleasant, nice; **agradar** <1a> *v/i*: ***me agrada la idea*** *fml* I like the idea; ***nos ~ía mucho que ...*** *fml* we would be delighted *o* very pleased if ...

agradecer <2d> *v/t*: ~ ***algo a alguien*** thank s.o. for sth; ***te lo agradezco*** I appreciate it; **agradecimiento** *m* appreciation; **agrado** *m*: ***ser del ~ de alguien*** be to s.o.'s liking

agrandar <1a> **1** *v/t* make bigger **2** *v/r* **~se** get bigger

agrario *adj* land *atr*, agrarian; *política* agricultural

agravar <1a> **1** *v/t* make worse, aggravate **2** *v/r* **~se** get worse, deteriorate

agravio *m* offense, *Br* offence

agredir <3a> *v/t* attack, assault

agregado *m*, **-a** *f en universidad* senior lecturer; *en colegio* senior teacher; POL attaché; ~ ***cultural*** cultural attaché

agregar <1h> *v/t* add

agresión *f* aggression; **agresividad** *f* aggression; **agresivo** *adj* aggressive; **agresor** *m*, **~a** *f* aggressor

agreste *adj terreno* rough; *paisaje* wild

agriarse <1b *or* 1c> *v/r de vino* go sour; *de carácter* become bitter

agrícola *adj* agricultural, farming *atr*; **agricultor** *m*, **~a** *f* farmer; **agricultura** *f* agriculture

agridulce *adj* bittersweet

agriera *f L.Am.* heartburn

agrietarse <1a> *v/r* crack; *de manos, labios* chap

agringarse <1h> *v/r L.Am.* become Americanized

agrio *adj fruta* sour; *disputa, carácter* bitter

agrios *mpl* BOT citrus fruit *sg*

agropecuario *adj* farming *atr*, agricultural

agrupar <1a> **1** *v/t* group, put into groups **2** *v/r* **~se** gather

agua *f* water; ~ ***corriente*** running water; ~ ***dulce*** fresh water; ~ ***mineral*** mineral water; ~ ***oxigenada*** (hydrogen) peroxide; ~ ***potable*** drinking water; ***es ~ pasada*** it's water under the bridge; ***está con el ~ al cuello*** *con problemas* he's up to his neck in problems F; *con deudas* he's up to his neck in debt F; ***se me hace la boca ~*** it makes my mouth water; **~s** waters; **~s** *pl* ***residuales*** effluent *sg*, sewage *sg*

aguacate *m* BOT avocado
aguacero *m* downpour
aguachento *adj CSur* watery
aguafiestas *m/f inv* partypooper F, killjoy
aguaitar <1a> *v/t S.Am.* spy on
aguamala *f S.Am.* jellyfish
aguamiel *f L.Am. mixture of water and honey*; *Méx* (*jugo de maguey*) agave sap
aguanieve *f* sleet
aguantar <1a> **1** *v/t un peso* bear, support; *respiración* hold; (*soportar*) put up with; ***no lo puedo ~*** I can't stand *o* bear it **2** *v/i* hang on, hold out **3** *v/r* **~se** *contenerse* keep quiet; ***me tuve que ~*** *conformarme* I had to put up with it; **aguante** *m* patience; *física* stamina, endurance
aguar <1a> *v/t fiesta* spoil
aguardar <1a> **1** *v/t* wait for, await **2** *v/i* wait
aguardiente *m fruit-based alcoholic spirit*
aguarrás *m* turpentine, turps F
aguatero *m*, **-a** *f S.Am.* water-seller
agudeza *f de voz, sonido* high pitch; MED intensity; (*perspicacia*) sharpness; ***~ visual*** sharpsightedness
agudizar <1f> **1** *v/t un sentido* sharpen; ***~ un problema*** make a problem worse **2** *v/r* **~se** MED get worse; *de un sentido* become sharper
agudo *adj* acute; (*afilado*) sharp; *sonido* high-pitched; (*perspicaz*) sharp
agüero *m* omen; ***ser de mal ~*** be an ill omen
aguijón *m* ZO sting; *fig* spur
águila *f* eagle; ***¿~ o sol?*** *Méx* heads or tails?; ***ser un ~*** *fig* be very sharp; **aguilucho** *m* eaglet
agüita *f L.Am.* F (*agua*) water; (*infusión*) infusion
aguja *f* needle; *de reloj* hand; ***buscar una ~ en un pajar*** *fig* look for a needle in a haystack
agujerear <1a> **1** *v/t* make holes in **2** *v/r* **~se** develop holes; **agujero** *m* hole
agujetas *fpl* stiffness *sg*; ***tener ~*** be stiff
aguzar <1f> *v/t* sharpen; ***~ el ingenio*** sharpen one's wits; ***~ el oído*** prick up one's ears
ah *int* ah!
ahí *adv* there; ***está por ~*** it's (somewhere) over there; *dando direcciones* it's that way
ahijada *f* goddaughter; **ahijado** *m* godson
ahínco *m* effort; ***trabajar con ~*** work hard
ahogado *adj en agua* drowned; **ahogar** <1h> **1** *v/t* (*asfixiar*) suffocate; *en agua* drown; AUTO flood; *protestas* stifle **2** *v/r* **~se** choke; (*asfixiarse*) suffocate; *en agua* drown; AUTO flood; ***~se en un vaso de agua*** *fig* F get in a state over nothing
ahondar <1a> *v/i*: ***~ en algo*** go into sth in depth
ahora *adv* (*en este momento*) now; (*pronto*) in a moment; ***~ mismo*** right now; ***por ~*** for the present, for the time being; ***~ bien*** however; ***desde ~, de ~ en adelante*** from now on; ***¡hasta ~!*** see you soon
ahorcar <1g> **1** *v/t* hang **2** *v/r* **~se** hang o.s.
ahorita *adv L.Am.* (*en este momento*) (right) now; *Méx, C.Am.* (*pronto*) in a moment; *Méx, C.Am.* (*hace poco*) just now
ahorrar <1a> **1** *v/t* save; ***~ algo a alguien*** save s.o. (from) sth **2** *v/i* save (up) **3** *v/r* **~se** *dinero* save; *fig* spare o.s., save o.s.; **ahorro** *m* saving; ***~s*** *pl* savings; ***caja de ~s*** savings bank
ahulado *m C.Am., Méx* oilskin
ahumar <1a> *v/t* smoke
ahuyentar <1a> **1** *v/t* scare off *o* away **2** *v/r* **~se** *L.Am.* run away
AI *abr* (= ***Amnistía Internacional***) AI (= Amnesty International)
airado *adj* angry
airbag *m* AUTO airbag

aire *m* air; ~ ***acondicionado*** air-conditioning; ***al ~ libre*** in the open air; ***a mi ~*** in my own way; ***estar en el ~*** *fig* F be up in the air F; ***hace mucho ~*** it is very windy; **airear** <1a> *v/t tb fig* air
airoso *adj*: ***salir ~ de algo*** do well in sth
aislado *adj* isolated; **aislante 1** *adj* insulating, insulation *atr* **2** *m* insulator; **aislar** <1a> **1** *v/t* isolate; EL insulate **2** *v/r* **~se** cut o.s. off
ajardinado *adj* landscaped; ***zona -a*** area with parks and gardens
a. J.C. *abr* (= ***antes de Jesucristo***) BC (= before Christ)
ajedrez *m* chess
ajeno *adj propiedad, problemas etc* someone else's; ***me era totalmente ~*** it was completely alien to me; ***estar ~ a*** be unaware of, be oblivious to; ***por razones -as a nuestra voluntad*** for reasons beyond our control
ajete *m* BOT young garlic
ajetreo *m* bustle
ají *m S.Am.* chili, *Br* chilli; **ajiaco** *m Col spicy potato stew*; **ajillo** *m*: ***al ~*** with garlic; **ajo** *m* BOT garlic; ***estar*** *or* ***andar en el ~*** F be in the know F
ajuar *m de novia* trousseau
ajustar <1a> **1** *v/t máquina etc* adjust; *tornillo* tighten; *precio* set; ***~ cuentas*** *fig* settle a score **2** *v/i* fit **3** *v/r* **~se** *el cinturón* tighten; ***~se a algo*** *fig* keep within sth; ***~se a la ley*** comply with the law; **ajuste** *m*: ***~ de cuentas*** settling of scores
ajusticiar <1b> *v/t* execute
al *prp* ***a*** *y art* ***el***; ***~ entrar*** on coming in, when we / they *etc* came in
ala *f* wing; MIL flank; ***~ delta*** hang glider; ***cortar las ~s a alguien*** clip s.o.'s wings
alabanza *f* acclaim; **alabar** <1a> *v/t* praise, acclaim
alacena *f* larder
alacrán *m* ZO scorpion
alambrada *f* wire fence; **alambrar** <1a> *v/t* fence; **alambre** *m* wire; ***~ de espino*** *or* ***de púas*** barbed wire
álamo *m* BOT poplar; ***~ temblón*** aspen
alarde *m* show, display; ***hacer ~ de*** make a show of; **alardear** <1a> *v/i* show off (***de*** about)
alargador *m* TÉC extension cord, *Br* extension lead; **alargar** <1h> **1** *v/t* lengthen; *prenda* let down; *en tiempo* prolong; *mano, brazo* stretch out **2** *v/r* **~se** *de sombra, día* get longer, lengthen
alarido *m* shriek; ***dar ~s*** shriek
alarma *f* (*mecanismo, miedo*) alarm; ***dar la voz de ~*** raise the alarm; **alarmante** *adj* alarming; **alarmar** <1a> **1** *v/t* alarm **2** *v/r* **~se** become alarmed
alba *f* dawn
albahaca *f* BOT basil
Albania Albania
albañil *m* bricklayer
albaricoque *m* BOT apricot
albatros *m inv* ZO albatross
albedrío *m*: ***libre ~*** free will
alberca *f* reservoir; *Méx* (swimming) pool
albergar <1h> *v/t* (*hospedar*) put up; (*contener*) house; *esperanzas* hold out
albergue *m* refuge, shelter; ***~ juvenil*** youth hostel
albino *m*, **-a** *f* albino
albóndiga *f* meatball
albornoz *m* bathrobe
alborotador *m*, **~a** *f* rioter; **alborotar** <1a> **1** *v/t* stir up; (*desordenar*) disturb **2** *v/i* make a racket **3** *v/r* **~se** get excited; (*inquietarse*) get worked up; **alboroto** *m* commotion
álbum *m* album
alcachofa *f* BOT artichoke; *de ducha* shower head
alcalde *m*, **-esa** *f* mayor
alcalino *adj* alkaline
alcance *m* reach; *de arma etc* range; *de medida* scope; *de tragedia* extent, scale; ***al ~ de la mano*** within reach; ***¿está al ~ de tu bolsillo?*** can you afford it?; ***dar ~ a alguien*** catch up with s.o.; ***poner al ~ de alguien*** put within s.o.'s reach

alcancía *f L.Am.* piggy bank
alcantarilla *f* sewer; (*sumidero*) drain
alcanzar <1f> **1** *v/t a alguien* catch up with; *lugar* reach, get to; *en nivel* reach; *cantidad* amount to; *objetivo* achieve **2** *v/i en altura* reach; *en cantidad* be enough; ***~ a oír / ver*** manage to hear / see
alcaparra *f* BOT caper
alcayata *f* hook
alcázar *m* fortress
alce *m* ZO elk
alcista *adj en bolsa* rising, bull *atr*; ***tendencia ~*** upward trend
alcoba *f S.Am.* bedroom
alcohol *m* alcohol; MED rubbing alcohol, *Br* surgical spirit; ***~ de quemar*** denatured alcohol, *Br* methylated spirits *sg*; **alcoholemia** *f* blood alcohol level; ***prueba de ~*** drunkometer test, *Br* Breathalyzer® test; **alcohólico 1** *adj* alcoholic **2** *m*, **-a** *f* alcoholic; **alcoholismo** *m* alcoholism
alcornoque *m* BOT cork oak; ***pedazo de ~*** F blockhead F
alcurnia *f* ancestry
aldea *f* (small) village
aleación *f* alloy
aleatorio *adj* random
aleccionar <1a> *v/t* instruct; (*regañar*) lecture
aledaños *mpl* surrounding area *sg*; *de ciudad* outskirts
alegador *adj L.Am.* argumentative; **alegar** <1h> **1** *v/t motivo, razón* cite; ***~ que*** claim *o* allege that **2** *v/i L.Am.* (*discutir*) argue; (*quejarse*) moan, gripe
alegrar <1a> **1** *v/t* make happy; (*animar*) cheer up **2** *v/r* **~se** cheer up; F *bebiendo* get tipsy; ***~se por alguien*** be pleased for s.o. (***de*** about); **alegre** *adj* (*contento*) happy; *por naturaleza* happy, cheerful; F *bebido* tipsy; **alegría** *f* happiness
alejar <1a> **1** *v/t* move away **2** *v/r* **~se** move away (***de*** from); *de situación, ámbito* get away (***de*** from); ***¡no te alejes mucho!*** don't go too far away!
alelar <1a> *v/t* stupefy
aleluya *m & int* hallelujah
alemán 1 *m/adj* German **2** *m*, **-ana** *f persona* German; **Alemania** Germany
alentado *adj L.Am.* encouraged; **alentar** <1k> **1** *v/t* (*animar*) encourage; *esperanzas* cherish **2** *v/r* **~se** *L.Am.* get better
alergia *f* allergy; **alérgico** *adj* allergic (***a*** to)
alerta 1 *adv*: ***estar ~*** be on the alert **2** *f* alert; ***dar la ~*** raise the alarm; ***poner en ~*** alert; **alertar** <1a> *v/t* alert (***de*** to)
aleta *f* ZO fin; *de buzo* flipper; *de la nariz* wing
aletargarse <1h> *v/r* feel lethargic
aletear <1a> *v/i* flap one's wings
alevosía *f* treachery
alfabético *adj* alphabetical; **alfabetizar** <1f> *v/t lista etc* put into alphabetical order; ***~ a alguien*** teach s.o. to read and write; **alfabeto** *m* alphabet
alfalfa *f* BOT alfalfa
alfanumérico *adj* alphanumeric
alfarero *m*, **-a** *f* potter
alfil *m* bishop
alfiler *m* pin; ***~ de gancho*** *Arg* safety pin; ***no cabe un ~*** *fig* F there's no room for anything else; **alfiletero** *m* (*cojín*) pincushion; (*estuche*) needlecase
alfombra *f* carpet; *más pequeña* rug; **alfombrado** *m L.Am.* carpeting, carpets *pl*; **alfombrar** <1a> *v/t* carpet; **alfombrilla** *f* mouse mat
alga *f* BOT alga; *marina* seaweed
álgebra *f* algebra
álgido *adj fig* decisive
algo 1 *pron en frases afirmativas* something; *en frases interrogativas o condicionales* anything; ***~ es ~*** it's something, it's better than nothing **2** *adv* rather, somewhat
algodón *m* cotton; ***criado entre algodones*** F mollycoddled, pampered
alguacil *m*, **~esa** *f* bailiff
alguien *pron en frases afirmativas*

somebody, someone; *en frases interrogativas o condicionales* anybody, anyone
algún *adj en frases afirmativas* some; *en frases interrogativas o condicionales* any; **~ día** some day
alguno 1 *adj en frases afirmativas* some; *en frases interrogativas o condicionales* any; ***no la influyó de modo ~*** it didn't influence her in any way; ***¿has estado alguna vez en ...?*** have you ever been to ...? **2** *pron*: *persona* someone, somebody; ***~s opinan que ...*** some people think that ...; ***~ se podrá usar*** *objeto* we'll be able to use some of them
alhaja *f* piece of jewel(le)ry; *fig* gem; ***~s*** jewelry *sg*
alhelí *m* BOT wallflower
aliado *m*, **-a** *f* ally; **alianza** *f* POL alliance; (*anillo*) wedding ring; **aliarse** <1c> *v/r* form an alliance (***con*** with)
alias *m inv* alias
alicaído *adj* F down F
alicatar <1a> *v/t* tile
alicates *mpl* pliers
aliciente *m* (*estímulo*) incentive; (*atractivo*) attraction
alienar <1a> *v/t* alienate; **alienígena** *m/f* alien
aliento *m* breath; *fig* encouragement
aligerar <1a> *v/t carga* lighten; ***~ el paso*** quicken one's pace
alijo *m* MAR consignment
alimentación *f* (*dieta*) diet; *acción* feeding; EL power supply; **alimentar** <1a> **1** *v/t tb* TÉC, *fig* feed; EL power **2** *v/i* be nourishing **3** *v/r* **~se** feed o.s.; ***~se de algo*** *de persona, animal* live on sth; *de máquina* run on sth; **alimento** *m* (*comida*) food; ***tiene poco ~*** it has little nutritional value; ***~s dietéticos*** (***de régimen***) slimming aids
alineación *f* DEP line-up; **alinear** <1a> **1** *v/t* align **2** *v/r* **~se** (*ponerse en fila*) line up; POL align o.s. (***con*** with)
aliñar <1a> *v/t* dress; **aliño** *m* dressing
alioli *m* GASTR garlic mayonnaise
alisar <1a> *v/t* smooth
alistarse <1a> *v/r* MIL enlist
aliviar <1b> *v/t* alleviate, relieve; **alivio** *m* relief
allá *adv de lugar* (over) there; ***~ por los años veinte*** back in the twenties; ***más ~*** further on; ***más ~ de*** beyond; ***el más ~*** the hereafter; ***~ él / ella*** F that's up to him / her
allanamiento *m*: ***~ de morada*** JUR breaking and entering; **allanar** <1a> *v/t* (*alisar*) smooth; (*aplanar*) level (out); *obstáculos* overcome
allegado *m*, **-a** *f* relation, relative
allí *adv* there; ***por ~*** over there; *dando direcciones* that way; ***¡~ está!*** there it is!
alma *f* soul; ***se me cayó el ~ a los pies*** F my heart sank; ***llegar al ~*** *conmover* move deeply; *herir* hurt deeply; ***no se ve un ~*** there isn't a soul to be seen; ***lo siento en el ~*** I am truly sorry
almacén *m* warehouse; (*tienda*) store, shop; ***grandes almacenes*** *pl* department store *sg*; **almacenamiento** *m* storage; ***~ de datos*** data storage; **almacenar** <1a> *v/t tb* INFOR store; **almacenero** *m*, **-a** *f* storekeeper, shopkeeper
almanaque *m* almanac
almeja *f* ZO clam
almenas *fpl* battlements
almendra *f* almond; **almendro** *m* almond tree
almíbar *m* syrup; ***en ~*** in syrup; **almibarado** *adj fig* syrupy
almidón *m* starch
almirante *m* admiral
almirez *m* mortar
almohada *f* pillow; ***consultarlo con la ~*** sleep on it; **almohadilla** *f* small cushion; TÉC pad; **almohadón** *m* large cushion
almorranas *fpl* piles
almorzada *f Méx* lunch; **almorzar** <1f & 1m> **1** *v/i al mediodía* have lunch; *a media mañana* have a mid-morning snack **2** *v/t*: ***~ algo*** *al*

mediodía have sth for lunch; *a media mañana* have sth as a mid-morning snack
almuerzo *m al mediodía* lunch; *a media mañana* mid-morning snack; **~ de trabajo** working lunch
¿alo? *L.Am.* hello?
alocado **1** *adj* crazy **2** *m*, **-a** *f* crazy fool
áloe *m* BOT aloe
alojamiento *m* accommodations *pl*, *Br* accommodation; **alojar** <1a> **1** *v/t* accommodate **2** *v/r* **~se** stay (**en** in); **alojo** *m L.Am.* → **alojamiento**
alondra *f* ZO lark
alopecia *f* MED alopecia
alpaca *f animal*, *lana* alpaca
alpargata *f Esp* espadrille
alpinismo *m* mountaineering; **alpinista** *m/f* mountaineer, climber
alpiste *m* birdseed
alquilar <1a> *v/t de usuario* rent; *de dueño* rent out; **alquiler** *m acción*: *de coche etc* rental; *de casa* renting; *dinero* rental, *Br tb* rent; **~ de coches** car rental, *Br tb* car hire
alquitrán *m* tar
alrededor **1** *adv* around **2** *prp*: **~ de** around; **alrededores** *mpl* surrounding area *sg*
alta *f* MED discharge; **dar de ~** MED discharge; **darse de ~** *en organismo* register
altanero *adj* arrogant
altar *m* altar; **llevar al ~** marry
altavoz *m* loudspeaker
alteración *f* alteration; **alterar** <1a> **1** *v/t* (*cambiar*) alter; *a alguien* upset; **~ el orden público** cause a breach of the peace **2** *v/r* **~se** get upset (**por** because of)
altercado *m* argument, altercation *fml*
alternar <1a> **1** *v/t* alternate; **~ el trabajo con el descanso** alternate work and study **2** *v/i* mix **3** *v/r* **~se** alternate, take turns; **alternativa** *f* alternative; **alternativo** *adj* alternative; **alterno** *adj* alternate; **corriente -a** EL alternating current; **en días ~s** on alternate days
Alteza *f título* Highness
altibajos *mpl* ups and downs
altillo *m* (*desván*) attic; *en armario* top (part of the) closet
altiplano *m* high plateau
altisonante *adj* high-flown
altitud *f* altitude
altivo *adj* haughty
alto[1] **1** *adj persona* tall; *precio*, *número*, *montaña* high; **-as presiones** high pressure; **~ horno** blast furnace; **clase -a** high class; **en -a mar** on the high seas; **en voz -a** out loud **2** *adv volar*, *saltar* high; **hablar ~** speak loudly; **pasar por ~** overlook; **poner más ~** TV, RAD turn up; **por todo lo ~** F lavishly **3** *m* (*altura*) height; *Chi* pile
alto[2] *m* halt; (*pausa*) pause; **hacer un ~** stop; **~ el fuego** ceasefire; **¡~!** halt!
altoparlante *m L.Am.* loudspeaker
altozano *m* hillock
altramuz *m planta* lupin; *semilla* lupin seed
altruismo *m* altruism; **altruista** *adj* altruistic
altura *f* MAT height; MÚS pitch; AVIA altitude, height; GEOG latitude; **a estas ~s** by this time, by now; **estar a la ~ de algo** be up to sth F
alubia *f* BOT kidney bean
alucinación *f* hallucination; **alucinado** *adj* F gobsmacked F; **alucinante** *adj* F incredible
alucinar <1a> **1** *v/i* hallucinate **2** *v/t* F amaze; **alucine** *m*: **de ~** F amazing; **alucinógeno** *m* hallucinogen
alud *m* avalanche
aludir <3a> *v/i*: **~ a algo** allude to sth; **aludido**: **darse por ~** take it personally
alumbrar <1a> **1** *v/t* (*dar luz a*) light (up) **2** *v/i* give off light
aluminio *m* aluminum, *Br* aluminium; **papel de ~** aluminum (*Br* aluminium) foil
alumno *m*, **-a** *f* student
alusión *f* allusion (**a** to); **hacer ~ a** refer to, allude to

aluvión *m* barrage
alza *f* rise; ***en*** ~ *en bolsa* rising; **alzado** *m*, **-a** *f L.Am.* insurgent; **alzar** <1f> **1** *v/t barrera, brazo* lift, raise; *precios* raise **2** *v/r* **~se** rise; *en armas* rise up; **alzo** *m C.Am.* theft
a.m. *abr* (= ***ante meridiem***) a.m. (= ante meridiem)
ama *f* (*dueña*) owner; ~ ***de casa*** housewife, homemaker; ~ ***de llaves*** housekeeper; ~ ***de leche*** *or* ***cría*** *L.Am.* wetnurse
amabilidad *f* kindness; **amable** *adj* kind (***con*** to)
amaestrar <1a> *v/t* train
amago *m* threat; ***hizo ~ de levantarse*** she made as if to get up; ~ ***de infarto*** minor heart attack
amainar <1a> *v/i de lluvia, viento* ease up, slacken off
amalgamar <1a> **1** *v/t fig* combine **2** *v/r* **~se** amalgamate
amamantar <1a> *v/t bebé* breast-feed; *cría* feed
amanecer 1 <2d> *v/i* get light; *de persona* wake up **2** *m* dawn
amanerado *adj* affected
amante 1 *adj* loving; ***es ~ de la buena vida*** he's fond of good living **2** *m/f en una relación* lover; ***los ~s de la naturaleza*** nature lovers
amañar <1a> *v/t* F rig F; *partido* fix F
amapola *f* BOT poppy
amar <1a> *v/t* love
amargar <1h> **1** *v/t día, ocasión* spoil; ~ ***a alguien*** make s.o. bitter **2** *v/r* **~se** get bitter; ***~se la vida*** get upset; **amargo** *adj tb fig* bitter; **amargura** *f tb fig* bitterness
amarillento *adj* yellowish; **amarillo** *m/adj* yellow
amarrar <1a> *v/t L.Am.* (*atar*) tie
amasar <1a> *v/t pan* knead; *fortuna* amass
amatista *f* amethyst
amazona *f* horsewoman; **amazónico** *adj* GEOG Amazonian
Amazonas: ***el*** ~ the Amazon
ambages *mpl*: ***decirlo sin ~*** say it straight out
ámbar *m* amber; ***el semáforo está en ~*** the lights are yellow, *Br* the lights are at amber
ambición *f* ambition; **ambicioso** *adj* ambitious
ambidextro, **ambidiestro** *adj* ambidextrous
ambientador *m* air freshener; **ambiental** *adj* environmental; **ambientar** <1a> **1** *v/t película, novela* set **2** *v/r* **~se** be set; **ambiente 1** *adj*: ***medio ~*** environment; ***temperatura ~*** room temperature **2** *m* (*entorno*) environment; (*situación*) atmosphere
ambigüedad *f* ambiguity; **ambiguo** *adj* ambiguous
ámbito *m* area; (*límite*) scope
ambo *m Arg* two-piece suit
ambos, **ambas 1** *adj* both **2** *pron* both (of us / you / them)
ambulancia *f* ambulance; **ambulante 1** *adj* travel(l)ing; ***venta ~*** peddling, hawking **2** *m/f L.Am.* (*vendedor*) street seller; **ambulatorio 1** *adj* MED out-patient *atr* **2** *m* out-patient clinic
amedrentar <1a> *v/t* terrify
amén 1 *m* amen **2** *prp*: ~ ***de*** as well as
amenaza *f* threat; ~ ***de bomba*** bomb scare; **amenazador** *adj* threatening; **amenazante** *adj* threatening; **amenazar** <1f> **1** *v/t* threaten (***con, de*** with) **2** *v/i*: ~ ***con*** threaten to; ***amenaza tempestad*** there's a storm brewing
amenizar <1f> *v/t*: ~ ***algo*** make sth more entertaining *o* enjoyable
ameno *adj* enjoyable
América America; ~ ***del Norte*** North America; ~ ***del Sur*** South America; **americana** *f* American (woman); *prenda* jacket; **americano** *m/adj* American
amerizar <1f> *v/i de nave espacial* splash down
ametralladora *f* machine gun
amianto *m* MIN asbestos
amígdala *f* ANAT tonsil; **amigdalitis** *f* MED tonsillitis
amigo 1 *adj* friendly; ***ser ~ de algo***

be fond of sth **2** *m*, **-a** *f* friend; ***hacerse ~s*** make friends
aminorar <1a> *v/t* reduce; ***~ la marcha*** slow down
amistad *f* friendship; ***~es*** friends; **amistosamente** *adv* amicably; **amistoso** *adj* friendly; ***partido ~*** DEP friendly (game)
amnesia *f* amnesia
amnistía *f* amnesty
amo *m* (*dueño*) owner; HIST master
amoblado *S.Am.* **1** *adj* furnished **2** *m* furniture
amodorrarse <1a> *v/r* feel sleepy
amoldarse <1a> *v/r* adapt (***a*** to)
amonestación *f* warning; DEP caution; **amonestar** <1a> *v/t reñir* reprimand; DEP caution
amoníaco, **amoniaco** *m* ammonia
amontonar <1a> **1** *v/t* pile up **2** *v/r* **~se** *de objetos, problemas* pile up; *de gente* crowd together
amor *m* love; ***~ mío*** my love, darling; ***~ propio*** self-respect; ***por ~ al arte*** *fig* just for the fun of it; ***por ~ de Dios*** for God's sake; ***hacer el ~*** make love; **amoral** *adj* amoral
amoratado *adj* bruised
amordazar <1f> *v/t* gag; *animal, la prensa* muzzle
amorfo *adj* shapeless
amoroso *adj* amorous
amortajar <1a> *v/t* shroud
amortiguador *m* AUTO shock absorber; **amortiguar** <1i> *v/t impacto* cushion; *sonido* muffle
amortizar <1f> *v/t* pay off; COM *bienes* charge off, *Br* write off
amotinarse <1a> *v/r* rebel
amp. *abr* (= ***amperios***) amp (= amperes)
amparar <1a> **1** *v/t* protect; (*ayudar*) help **2** *v/r* **~se** seek shelter (***de*** from); ***~se en algo*** seek protection in sth; **amparo** *m* protection; (*cobijo*) shelter; ***al ~ de*** under the protection of
ampliación *f de casa, carretera* extension; FOT enlargement; ***~ de capital*** COM increase in capital; **ampliadora** *f* FOT enlarger; **ampliamente** *adv* widely; **ampliar** <1c> **1** *v/t plantilla* increase; *negocio* expand; *plazo, edificio* extend; FOT enlarge **2** *v/r* **~se** broaden; **amplificador** *m* amplifier; **amplificar** <1g> *v/t* amplify; **amplio** *adj casa* spacious; *gama, margen* wide; *falda* full; **amplitud** *f* breadth
ampolla *f* MED blister; (*botellita*) vial, *Br* phial; **ampolleta** *f Arg, Chi* light bulb
ampuloso *adj* pompous
amputación *f* amputation; **amputar** <1a> *v/t brazo, pierna* amputate
amueblar <1a> *v/t* furnish
amuermar <1a> *v/t* F bore
amuleto *m* charm
anabolizante *m* anabolic steroid
anacardo *m* BOT cashew
anaconda *f* ZO anaconda
anacoreta *m/f* hermit
anacrónico *adj* anachronistic
ánade *m* ZO duck
anagrama *m* anagram
anal *adj* anal
anales *mpl* annals
analfabeto **1** *adj* illiterate **2** *m*, **-a** *f* illiterate
analgésico **1** *adj* painkilling, analgesic **2** *m* painkiller, analgesic
análisis *m inv* analysis; ***~ de mercado*** market research; ***~ de sangre*** blood test; ***~ de sistemas*** INFOR systems analysis; **analista** *m/f* analyst; **analizar** <1f> *v/t* analyze
analogía *f* analogy; **analógico** *adj* analog, *Br* analogue; **análogo** *adj* analogous
ananá(s) *m S.Am.* BOT pineapple
anarquía *f* anarchy; **anárquico** *adj* anarchic; **anarquista** **1** *adj* anarchist *atr* **2** *m/f* anarchist
anatema *m* anathema
anatomía *f* anatomy; **anatómico** *adj* anatomical; ***asiento ~*** AUTO anatomically designed seat
anca *f* haunch; ***~s pl de rana*** GASTR frogs' legs
ancestral *adj* ancestral
ancho **1** *adj* wide, broad; ***a sus -as*** at

ease, relaxed; ***quedarse tan ~*** F carry on as if nothing had happened **2** *m* width; ***~ de vía*** FERR gauge; ***dos metros de ~*** two meters (*Br* metres) wide

anchoa *f* anchovy

anchura *f* width

anciana *f* old woman; **anciano 1** *adj* old **2** *m* old man

ancla *f* MAR anchor; **anclar** <1a> *v/i* MAR anchor

andadas *fpl*: ***volver a las ~*** F fall back into one's old ways

andador *m para bebé* baby walker; *para anciano* walker, Zimmer®

andamio *m* scaffolding

andanzas *fpl* adventures

andar <1q> **1** *v/i* (*caminar*) walk; (*funcionar*) work; ***andando*** on foot; ***~ bien / mal*** *fig* go well / badly; ***~ con cuidado*** be careful; ***~ en algo*** (*buscar*) rummage in sth; ***~ tras algo*** be after sth F; ***~ haciendo algo*** be doing sth; ***¡anda!*** come on! **2** *v/t* walk **3** *v/r* **~se**: ***~se con bromas*** kid around F

andas *fpl*: ***llevar en ~*** carry on one's shoulders

andén *m* platform; *L.Am.* sidewalk, *Br* pavement

Andes *mpl* Andes

andinismo *m L.Am.* mountaineering, climbing; **andinista** *m/f L.Am.* mountaineer, climber

andino *adj* Andean

Andorra Andorra

andrajoso *adj* ragged

andurriales *mpl*: ***por estos ~*** F around here

anécdota *f* anecdote

anegar <1h> **1** *v/t* flood **2** *v/r* **~se** *de campo, terreno* be flooded; ***~se en llanto*** dissolve into tears

anemia *f* MED an(a)emia; **anémico** *adj* an(a)emic

anestesia *f* MED an(a)esthesia; **anestesiado** *adj* an(a)esthetized, under F; **anestesiar** <1b> *v/t* an(a)esthetize

anexión *f* POL annexation; **anexionar** <1a> *v/t* POL annex; **anexo 1** *adj* attached **2** *m edificio* annex, *Br* annex(e)

anfeta F, **anfetamina** *f* MED amphetamine

anfibio *m/adj* amphibian

anfiteatro *m* TEA amphitheater, *Br* amphitheatre; *de teatro* dress circle

anfitrión *m* host; **anfitriona** *f* hostess

ánfora *f L.Am.* POL ballot box; HIST amphora

ángel *m* angel; ***~ custodio*** *or* ***de la guarda*** guardian angel; **angelical** *adj* angelic

angina *f* MED: ***~s*** *pl* sore throat *sg*, strep throat *sg*; ***~ de pecho*** angina

anglicano 1 *adj* Anglican **2** *m*, **-a** *f* Anglican; **anglicismo** *m* Anglicism; **anglófono** *adj* English-speaking; **anglosajón 1** *adj* Anglo-Saxon **2** *m*, **-ona** *f* Anglo-Saxon

angora *f* angora

angosto *adj* narrow

anguila *f* ZO eel; **angula** *f* ZO, GASTR elver

ángulo *m* MAT, *fig* angle

angustia *f* anguish; **angustiado** *adj* distraught; **angustiante** *adj* distressing ; **angustiar** <1b> **1** *v/t* distress **2** *v/r* **~se** agonize (***por*** over); **angustioso** *adj* agonizing

anhelar <1a> *v/t* long for; **anhelo** *m* longing, desire (***de*** for)

anhídrido *m* QUÍM anhydride; ***~ carbónico*** carbon dioxide

anidar <1a> *v/i* nest

anilla *f* ring; ***cuaderno de ~s*** ring binder; ***~s*** *pl* DEP rings

anillo *m* ring; ***te viene como ~ al dedo*** F it suits you perfectly

animación *f* liveliness; *en películas* animation; ***hay mucha ~*** it's very lively; **animado** *adj* lively; **animador** *m* host; ***~ turístico*** events organizer; **animadora** *f* hostess; DEP cheerleader

animal 1 *adj* animal *atr*; *fig* stupid **2** *m tb fig* animal; ***~ doméstico*** *mascota* pet; *de granja* domestic animal; **animalada** *f*: ***decir / hacer una ~*** F say/do something nasty

animar <1a> **1** *v/t* cheer up; (*alentar*) encourage **2** *v/r* **~se** cheer up
anímico *adj* mental; ***estado ~*** state of mind
ánimo *m* spirit; (*coraje*) encouragement; ***estado de ~*** state of mind; ***con ~ de*** with the intention of; ***¡~!*** cheer up!
animosidad *f* animosity
aniquilar <1a> *v/t* annihilate
anís *m* BOT aniseed; *bebida* anisette
aniversario *m* anniversary
ano *m* ANAT anus
anoche *adv* last night; ***antes de ~*** the night before last; **anochecer** <2d> **1** *v/i* get dark; ***anocheció*** night fell, it got dark **2** *m* dusk
anodino *adj* anodyne; *fig* bland
anómalo *adj* anomalous
anonadar <1a> *v/t*: ***~ a alguien*** take s.o. aback
anónimo 1 *adj* anonymous **2** *m* poison pen letter
anorak *m* anorak
anorexia *f* MED anorexia; **anoréxico** *adj* anorexic
anormal *adj* abnormal
anotar <1a> *v/t* note down
anquilosarse <1a> *v/r* get stiff
ansia *f* yearning; (*inquietud*) anxiousness; **ansiar** <1b> *v/t* yearn for, long for; **ansiedad** *f* anxiety; **ansioso** *adj* anxious; ***está ~ por verlos*** he's longing to see them
anta *f L.Am.* ZO tapir
antagonista *m/f* antagonist
antaño *adv* long ago
antártico *adj* Antarctic; **Antártida** Antarctica
ante[1] *m* suede; ZO moose; *Méx* (*postre*) *egg and coconut dessert*
ante[2] *prp posición* before; *dificultad* faced with; ***~ todo*** above all
anteayer *adv* the day before yesterday
antebrazo *m* forearm
antecedente *m* precedent; ***~s penales*** previous convictions; ***poner a alguien en ~s*** put s.o. in the picture; **antecesor** *m*, **-a** *f* predecessor
antediluviano *adj* prehistoric *hum*
antelación *f*: ***con ~*** in advance
antemano: ***de ~*** beforehand
antena *f de radio, televisión* antenna, *Br* aerial; ZO antenna; ***~ parabólica*** satellite dish
anteojos *mpl* binoculars
antepasado *m*, **-a** *f* ancestor
antepenúltimo *adj* third last
anteponer <2r> *v/t*: ***~ algo a algo*** put sth before sth
anteproyecto *m* draft
anterior *adj* previous, former
antes 1 *adv* before; ***cuanto ~, lo ~ posible*** as soon as possible; ***poco ~*** shortly before; ***~ que nada*** first of all **2** *prp*: ***~ de*** before
antesala *f* lobby
antiadherente *adj* non-stick
antiaéreo *adj* anti-aircraft *atr*
antibala(s) *adj* bulletproof
antibelicista *adj* anti-war
antibiótico *m* antibiotic
anticiclón *m* anticyclone
anticipado *adj pago* advance *atr*; *elecciones* early; ***por ~*** in advance; **anticipar** <1a> **1** *v/t sueldo* advance; *fecha, viaje* move up, *Br* bring forward; *información, noticias* give a preview of **2** *v/r* **~se** *de suceso* come early; ***~se a alguien*** get there ahead of s.o.
anticonceptivo 1 *adj* contraceptive *atr* **2** *m* contraceptive
anticongelante *m* antifreeze
anticonstitucional *adj* unconstitutional
anticuado *adj* antiquated; **anticuario** *m* antique dealer
anticuerpo *m* BIO antibody
antideslizante *adj* non-slip
antidisturbios *adj*: ***policía ~*** riot police
antidoping *adj*: ***control ~*** dope test, drug test
antídoto *m* MED antidote; *fig* cure
antifaz *m* mask
antiguamente *adv* in the past; **antigüedad** *f* age; *en el trabajo* length of service; ***~es*** antiques; **antiguo** *adj*

old; *del pasado remoto* ancient; ***su ~ novio*** her old *o* former boyfriend
antiinflamatorio *adj* MED anti-inflammatory
Antillas *fpl* West Indies
antílope *m* ZO antelope
antinatural *adj* unnatural
antinuclear *adj* anti-nuclear
antioxidante *m/adj* antioxidant
antipatía *f* antipathy, dislike; **antipático** *adj* disagreeable, unpleasant
antípodas *mpl* antipodes
antirreglamentario *adj* DEP *posición* offside; ***una jugada -a*** a foul
antirrobo *m* AUTO antitheft device
antisemitismo *m* anti-Semitism
antiséptico *m/adj* antiseptic
antisocial *adj* antisocial
antiterrorista *adj brigada* antiterrorist; ***la lucha ~*** the fight against terrorism
antítesis *f inv* antithesis
antojarse <1a> *v/r*: ***se le antojó salir*** he felt like going out; ***se me antoja que ...*** it seems to me that ...; **antojo** *m* whim; *de embarazada* craving; ***a mi ~*** as I please
antología *f* anthology; ***de ~*** *fig* F fantastic, incredible F
antonomasia *f*: ***por ~*** par excellence
antorcha *f* torch
antro *m* F dive F, dump F
antropófago *m*, **-a** *f* cannibal
antropología *f* anthropology
anual *adj* annual; **anualidad** *f* annual payment; **anualmente** *adv* yearly
anudar <1a> *v/t* knot
anular[1] <1a> *v/t* cancel; *matrimonio* annul; *gol* disallow
anular[2] *adj* ring-shaped; ***dedo ~*** ring finger
anunciante *m* COM advertiser; **anunciar** <1b> *v/t* announce; COM advertise; **anuncio** *m* announcement; (*presagio*) sign; COM advertisement; ***~ luminoso*** illuminated sign; ***~s por palabras***, ***pequeños ~s*** classified advertisements
anzuelo *m* (fish) hook; ***morder*** *or* ***tragar el ~*** *fig* F take the bait
añadidura *f*: ***por ~*** in addition; **añadir** <3a> *v/t* add
añejo *adj* mature
añicos *mpl*: ***hacer ~*** F smash to smithereens F
año *m* year; ***~ bisiesto*** leap year; ***~ fiscal*** fiscal year, *Br* financial year; ***~ luz*** light year; ***~ nuevo*** New Year; ***¿cuándo cumples ~s?*** when's your birthday?; ***¿cuántos ~s tienes?*** how old are you?; ***a los diez ~s*** at the age of ten; ***los ~s veinte*** the twenties
añorar <1a> *v/t* miss
aorta *f* ANAT aorta
apabullante *adj* overwhelming; **apabullar** <1a> *v/t* overwhelm
apacible *adj* mild-mannered
apaciguar <1i> **1** *v/t* pacify, calm down **2** *v/r* **~se** calm down
apadrinar <1a> *v/t* be godparent to; *político* support, back; *artista etc* sponsor; ***~ a la novia*** give the bride away
apagado *adj fuego* out; *luz* off; *persona* dull; *color* subdued; **apagar** <1h> **1** *v/t televisor, luz* turn off; *fuego* put out **2** *v/r* **~se** *de luz* go off; *de fuego* go out; **apagón** *m* blackout
apaisado *adj* landscape *atr*
apalabrar <1a> *v/t* agree (verbally)
apalancar <1g> **1** *v/t* lever **2** *v/r* **~se** F settle
apalear <1a> *v/t* beat
apañar <1a> **1** *v/t* tidy up; *aparato* repair; *resultado* rig F, fix F; ***estamos apañados*** F we've had it F **2** *v/r* **~se** manage; ***apañárselas*** manage, get by; **apaño** *m fig* F makeshift repair
aparador *m* sideboard; *Méx* (*escaparate*) shop window
aparato *m* piece of equipment; *doméstico* appliance; BIOL, ANAT system; *de partido político* machine; ***~ respiratorio*** respiratory system; ***al ~*** TELEC speaking; **aparatoso** *adj* spectacular
aparcacoches *m inv* valet; **aparcamiento** *m* parking lot, *Br* car park; ***~ subterráneo*** underground parking garage, *Br* underground car park;

aparcar <1g> **1** *v/t* park; *tema, proyecto* shelve **2** *v/i* park

aparearse <1a> *v/r* ZO mate

aparecer <2d> **1** *v/i* appear **2** *v/r* **~se** turn up

aparejador *m*, **~a** *f architectural technician, Br* quantity surveyor; **aparejo** *m*: ***~s** pl **de pesca*** fishing gear *sg*

aparentar <1a> *v/t* pretend; ***no aparenta la edad que tiene*** she doesn't look her age; **aparente** *adj* (*evidente*) apparent; *L.Am.* (*fingido*) feigned; **aparentemente** *adv* apparently; **aparición** *f* appearance; (*fantasma*) apparition; ***hacer su ~*** make one's appearance; **apariencia** *f* appearance; ***en ~*** outwardly; ***las ~s engañan*** appearances can be deceptive

apartado *m* section; ***~ de correos*** PO box; **apartamento** *m* apartment, *Br* flat; **apartamiento** *m* separation; *L.Am.* (*apartamento*) apartment, *Br* flat; **apartar** <1a> **1** *v/t* separate; *para después* set *o* put aside; *de un sitio* move away (***de*** from); ***~ a alguien de hacer algo*** dissuade s.o. from doing sth **2** *v/r* **~se** move aside (***de*** from); ***~se del tema*** stray from the subject; **aparte** *adv* to one side; (*por separado*) separately; ***~ de*** aside from, *Br* apart from; ***punto y ~*** new paragraph

apasionado **1** *adj* passionate **2** *m/f* enthusiast; **apasionante** *adj* fascinating; **apasionar** <1a> *v/t* fascinate

apatía *f* apathy; **apático** *adj* apathetic

apdo. *abr* (= ***apartado*** (***de correos***)) PO Box (= Post Office Box)

apearse <1a> *v/r* get off, alight *fml*; ***~ de algo*** get off sth, alight from sth *fml*

apechugar <1h> *v/i*: ***~ con algo*** cope with sth

apego *m* attachment

apelación *f* JUR appeal; **apelar** <1a> *v/t tb* JUR appeal (***a*** to)

apellidarse <1a> *v/r*: ***¿cómo se apellida?*** what's your / his / her surname?; ***se apellida Ocaña*** his / her surname is Ocaña; **apellido** *m* surname; ***~ de soltera*** maiden name

apelmazarse <1f> *v/r de lana* get matted; *de arroz* stick together

apelotonarse <1a> *v/r* crowd together

apenado *adj* sad; *L.Am.* (*avergonzado*) ashamed; *L.Am.* (*incómodo*) embarrassed; *L.Am.* (*tímido*) shy; **apenar** <1a> **1** *v/t* sadden **2** *v/r* **~se** be upset *o* distressed; *L.Am.* (*avergonzarse*) be ashamed; *L.Am.* (*sentir incómodo*) be embarrassed; *L.Am.* (*ser tímido*) be shy

apenas **1** *adv* hardly, scarcely **2** *conj* as soon as

apéndice *m* appendix; **apendicitis** *f* MED appendicitis

apercibirse <3a> *v/r*: ***~ de algo*** notice sth

apergaminado *adj fig* wrinkled

aperitivo *m comida* appetizer; *bebida* aperitif

apero *m utensilio* implement; *L.Am.* (*arneses*) harness; ***~s de labranza*** farming implements

apertura *f* opening; FOT aperture; POL opening up

apesadumbrado *adj* heavy-hearted

apestar <1a> **1** *v/t* stink out F **2** *v/i* reek (***a*** of); ***huele que apesta*** it reeks; **apestoso** *adj* smelly

apetecer <2d> *v/i*: ***me apetece ir a dar un paseo*** I feel like going for a walk; ***¿qué te apetece?*** what do you feel like?; **apetito** *m* appetite; **apetitoso** *adj* appetizing

apiadarse <1a> *v/r* take pity (***de*** on)

ápice *m*: ***ni un ~*** *fig* not an ounce; ***no ceder ni un ~*** *fig* not give an inch

apicultura *f* beekeeping

apilar <1a> *v/t* pile up

apiñarse <1a> *v/r* crowd together

apio *m* BOT celery

apisonadora *f* steamroller

aplacar <1g> *v/t hambre* satisfy; *sed* quench; *a alguien* calm down, placate *fml*

aplanar <1a> **1** *v/t* level, flatten; **~ *las calles*** *C.Am.*, *Pe* hang around the streets **2** *v/r* **~se** *fig* (*descorazonarse*) lose heart

aplastante *adj* overwhelming; *calor* suffocating; **aplastar** <1a> *v/t tb fig* crush

aplaudida *f L.Am.* applause; **aplaudir** <3a> **1** *v/i* applaud, clap **2** *v/t tb fig* applaud; **aplauso** *m* round of applause

aplazamiento *m de visita*, *viaje* postponement; **aplazar** <1f> *v/t visita*, *viaje* put off, postpone; *Arg* fail

aplicación *f* application; **aplicar** <1g> **1** *v/t* apply; *sanciones* impose **2** *v/r* **~se** apply o.s.

aplomo *m* composure, aplomb *fml*

apocalíptico *adj* apocalyptic

apócrifo *adj* apocryphal

apodar <1a> *v/t* nickname, call

apoderado *m* COM agent; **apoderar** <1a> **1** *v/t* authorize **2** *v/r* **~se** take possession *o* control (***de*** of)

apodo *m* nickname

apogeo *m fig* height, peak; ***estar en su*** **~** be at its height

apolillarse <1a> *v/r* get moth-eaten

apolítico *adj* apolitical

apología *f* defense, *Br* defence

apoltronarse <1a> *v/r en asiento* settle down; *en trabajo*, *rutina* get into a rut

apoplejía *f* MED apoplexy; ***ataque de*** **~** MED stroke

aporrear <1a> *v/t* pound on

aportación *f* contribution; COM investment; **aportar** <1a> *v/t* contribute; **~ *pruebas*** JUR provide evidence

apósito *m* dressing

aposta *adv* on purpose, deliberately; **apostar** <1m> **1** *v/t* bet (***por*** on) **2** *v/i* bet; **~ *por algo*** opt for sth **3** *v/r* **~se** bet; MIL position o.s.

apóstata *m/f* apostate

apóstol *m* apostle

apóstrofe, apóstrofo *m* apostrophe

apoteosis *f fig* climax

apoyar <1a> **1** *v/t* lean (***en*** against), rest (***en*** against); (*respaldar*, *confirmar*) support **2** *v/r* **~se** lean (***en*** on; ***contra*** against); *en persona* rely (***en*** on); ***¿en qué te apoyas para decir eso?*** what are you basing that comment on?; **apoyo** *m fig* support

apreciable *adj* (*visible*) appreciable, noticeable; (*considerable*) considerable, substantial; **apreciar** <1b> *v/t* appreciate; (*sentir afecto por*) be fond of, think highly of; **aprecio** *m* respect

apremiar <1b> **1** *v/t* pressure, put pressure on **2** *v/i*: ***el tiempo apremia*** time is pressing

aprender <2a> **1** *v/t* learn **2** *v/r* **~se** learn; ***~se algo de memoria*** learn sth (off) by heart; **aprendiz** *m*, **~a** *f* apprentice, trainee; **aprendizaje** *m* apprenticeship

aprensión *f* (*miedo*) apprehension; (*asco*) squeamishness

apresar <1a> *v/t nave* seize; *ladrón*, *animal* catch, capture

aprestarse <1a> *v/r*: **~ *a*** get ready to

apresurar <1a> **1** *v/t* hurry **2** *v/r* **~se** hurry up; ***~se a hacer algo*** hurry *o* rush to do sth

apretado *adj* tight; ***iban muy ~s en el coche*** they were very cramped *o* squashed in the car; **apretar** <1k> **1** *v/t botón* press; (*pellizcar*, *pinzar*) squeeze; *tuerca* tighten; **~ *el paso*** quicken one's pace; **~ *los puños*** clench one's fists **2** *v/i de ropa*, *zapato* be too tight **3** *v/r* **~se** squeeze *o* squash together; ***~se el cinturón*** *fig* tighten one's belt; **apretón** *m* squeeze; **~ *de manos*** handshake

apretujar <1a> **1** *v/t* F squeeze, squash **2** *v/r* **~se** F squash *o* squeeze together

aprieto *m* predicament

aprisa *adv* quickly

aprisionar <1a> *v/t fig* trap

aprobación *f* approval; *de ley* passing; **aprobado** *m* EDU pass; **aprobar** <1m> *v/t* approve; *comportamiento*, *idea* approve of; *exa-*

men pass
apropiado *adj* appropriate, suitable; **apropiarse** <1b> *v/r*: ***~ de algo*** take sth
aprovechado 1 *adj desp* opportunistic **2** *m*, **-a** *f desp* opportunist; **aprovechar** <1a> **1** *v/t* take advantage of; *tiempo*, *espacio* make good use of; ***quiero ~ la ocasión para ...*** I would like to take this opportunity to ... **2** *v/i* take the opportunity (***para*** to); ***¡que aproveche!*** enjoy your meal! **3** *v/r* **~se** take advantage (***de*** of)
aprovisionarse <1a> *v/r* stock up (***de*** on)
aproximadamente *adv* approximately; **aproximado** *adj* approximate; **aproximar** <1a> **1** *v/t* bring closer **2** *v/r* **~se** approach
aptitud *f* aptitude (***para*** for), flair (***para*** for); **apto** *adj* suitable (***para*** for); *para servicio militar* fit; EDU pass
apuesta *f* bet
apuesto *adj* handsome
apunado *adj Pe*, *Bol* suffering from altitude sickness; **apunarse** <1a> *v/r S.Am.* get altitude sickness
apuntador *m*, **~a** *f* TEA prompter
apuntalar <1a> *v/t edificio* shore up; *fig* prop up
apuntar <1a> **1** *v/t* (*escribir*) note down, make a note of; TEA prompt; *en curso*, *para viaje etc* put down (***en, a*** on; ***para*** for); ***~ con el dedo*** point at *o* to **2** *v/i con arma* aim **3** *v/r* **~se** put one's name down (***para, en*** *or* ***a*** for); ***¡me apunto!*** count me in!; **apunte** *m* note
apuñalar <1a> *v/t* stab
apurado *adj L.Am.* (*con prisa*) in a hurry; (*pobre*) short (of cash); **apurar** <1a> **1** *v/t vaso* finish off; *a alguien* pressure, put pressure on **2** *v/i Chi*: ***no me apura*** I'm not in a hurry for it **3** *v/r* **~se** worry; *L.Am.* (*darse prisa*) hurry (up); **apuro** *m* predicament, tight spot F; *vergüenza* embarrassment; *L.Am.* rush; ***me da ~*** I'm embarrassed
aquejado *adj*: ***estar ~ de*** be suffering from
aquel, **aquella**, **aquellos**, **aquellas** *det singular* that; *plural* those
aquél, **aquélla aquéllos**, **aquéllas** *pron singular* that (one); *plural* those (ones)
aquello *pron* that
aquí *adv en el espacio* here; *en el tiempo* now; ***desde ~*** from here; ***por ~*** here
árabe 1 *m/f & adj* Arab **2** *m idioma* Arabic
Arabia Saudí Saudi Arabia
arado *m* plow, *Br* plough
arancel *m* tariff; **arancelario** *adj* tariff *atr*
arándano *m* blueberry
arandela *f* washer
araña *f* ZO spider; *lámpara* chandelier
arañar <1a> *v/t* scratch; **arañazo** *m* scratch
arar <1a> *v/t* plow, *Br* plough
arbitraje *m* arbitration; **arbitrar** <1a> *v/t en fútbol*, *boxeo* referee; *en tenis*, *béisbol* umpire; *en conflicto* arbitrate; **arbitrario** *adj* arbitrary; **árbitro** *m en fútbol*, *boxeo* referee; *en tenis*, *béisbol* umpire; *en conflicto* arbitrator
árbol *m* tree; ***~ genealógico*** family tree; **arboleda** *f* grove
arbusto *m* shrub, bush
arca *f* chest; ***~ de Noé*** Noah's Ark
arcada *f* MED: ***me provocó ~s*** it made me retch *o* heave F
arcaico *adj* archaic
arce *m* BOT maple
arcén *m* shoulder, *Br* hard shoulder
archidiócesis *f inv* archdiocese
archipiélago *m* archipelago
archivador *m* filing cabinet; **archivar** <1a> *v/t papeles*, *documentos* file; *asunto* shelve; **archivo** *m* archive; INFOR file
arcilla *f* clay
arco *m* ARQUI arch; MÚS bow; *L.Am.* DEP goal; ***~ iris*** rainbow
arder <2a> *v/i* burn; *estar muy caliente* be exceedingly hot; ***la reunión está***

que arde F the meeting is about to erupt F

ardilla *f* ZO squirrel

ardor *m* *entusiasmo* fervo(u)r; ~ ***de estómago*** heartburn

arduo *adj* arduous

área *f* area; DEP ~ ***de castigo*** *or* ***de penalty*** penalty area; ~ ***de descanso*** pull-in (at the side of the road); ~ ***de servicio*** service area

arena *f* sand; ***~s*** *pl* ***movedizas*** quicksand *sg*

arenga *f* morale-boosting speech; (*sermõn*) harangue

arenque *m* herring

arepa *f* *C.Am., Ven cornmeal roll*

arete *m* *L.Am. joya* earring

Argelia Algeria

Argentina Argentina; **argentino** **1** *adj* Argentinian **2** *m*, **-a** *f* Argentinian

argolla *f* *L.Am.* ring

argot *m* slang

argucia *f* clever argument; **argüir** <3g> *v/t & v/i* argue; **argumentar** <1a> *v/t* argue; **argumento** *m razón* argument; *de libro, película etc* plot

árido *adj* arid, dry; *fig* dry

Aries *m/f inv* ASTR Aries

arisco *adj* unfriendly

aristocracia *f* aristocracy; **aristócrata** *m/f* aristocrat; **aristocrático** *adj* aristocratic

aritmética *f* arithmetic

arma *f* weapon; ~ ***blanca*** knife; ~ ***de doble filo*** *or* ***de dos filos*** *fig* two-edged sword; ~ ***de fuego*** firearm; ***alzarse en ~s*** rise up in arms

armada *f* navy

armadillo *m* ZO armadillo

armado *adj* armed; **armadura** *f* armo(u)r; **armamento** *m* armaments *pl*

armar <1a> **1** *v/t* MIL arm; TÉC assemble, put together; ~ ***un escándalo*** F kick up a fuss F, make a scene F **2** *v/r* **~se** arm o.s.; ***la que se va a armar*** F all hell will break loose F; ***~se de valor*** pluck up courage

armario *m* closet, *Br* wardrobe; *de cocina* cabinet, *Br* cupboard

armazón *f* skeleton, framework

armisticio *m* armistice

armonía *f* harmony; **armónica** *f* harmonica, mouth organ; **armonioso** *adj* harmonious; **armonizar** <1f> **1** *v/t* harmonize; *diferencias* reconcile **2** *v/i de color, estilo* blend (***con*** with); *de persona* get on (***con*** with)

arnés *m* harness; *para niños* leading strings *pl*, *Br* leading reins *pl*

aro *m* hoop; *L.Am.* (*pendiente*) earring; ***entrar*** *or* ***pasar por el*** ~ *fig* F bite the bullet, take the plunge

aroma *m* aroma; *de flor* scent

arpa *f* harp

arpía *f* harpy

arpón *m* harpoon

arquear <1a> *v/t espalda* arch; *cejas* raise

arqueología *f* arch(a)eology; **arqueológico** *adj* arch(a)eological; **arqueólogo** *m*, **-a** *f* arch(a)eologist

arquero *m* archer; *L.Am. en fútbol* goalkeeper

arquetipo *m* archetype

arquitectónico *adj* architectural; **arquitecto** *m*, **-a** *f* architect; **arquitectura** *f* architecture

arrabal *m* poor outlying area

arraigado *adj* entrenched; **arraigar** <1h> **1** *v/i* take root **2** *v/r* ~ **se** *de persona* settle (***en*** in); *de costumbre, idea* take root

arramblar <1a> *v/t* (*destruir*) destroy

arrancar <1g> **1** *v/t planta, página* pull out; *vehículo* start (up); (*quitar*) snatch **2** *v/i de vehículo, máquina* start (up); INFOR boot (up); *Chi* (*huir*) run away **3** *v/r* **~se** *Chi* run away; **arranque** *m* AUTO starting mechanism; (*energía*) drive; (*ataque*) fit

arrasar <1a> **1** *v/t* devastate **2** *v/i* F be a big hit

arrastrar <1a> **1** *v/t por el suelo*, INFOR drag (***por*** along); (*llevarse*) carry away **2** *v/i por el suelo* trail on the ground **3** *v/r* **~se** crawl; *fig* (*humillarse*) grovel (***delante de*** to); **arrastre** *m*: ***estar para el ~*** *fig* F be fit to drop F

arreada *f Rpl* round-up

arrebatar <1a> *v/t* snatch (***a*** from); **arrebato** *m* fit

arrebujarse <1a> *v/r* F wrap o.s. up; *en cama* snuggle up

arreciar <1b> *v/i* get worse; *de viento* get stronger

arrecife *m* reef

arredrarse <1a> *v/r* be intimidated (***ante*** by)

arreglar <1a> **1** *v/t* (*reparar*) fix, repair; (*ordenar*) tidy (up); (*solucionar*) sort out; MÚS arrange; ***~ cuentas*** settle up; *fig* settle scores **2** *v/r* **~se** get (o.s.) ready; *de problema* get sorted out; (*apañarse*) manage; ***arreglárselas*** manage; **arreglo** *m* (*reparación*) repair; (*solución*) solution; (*acuerdo*) arrangement, agreement; MÚS arrangement; ***~ de cuentas*** settling of scores; ***con ~ a*** in accordance with; ***esto no tiene ~*** there's nothing to be done

arrellanarse <1a> *v/r* settle

arremangarse <1h> *v/r* roll up one's sleeves

arremeter <2a> *v/i*: ***~ contra*** charge (at); *fig* (*criticar*) attack

arremolinarse <1a> *v/r* mill around

arrendamiento *m* renting; **arrendar** <1k> *v/t L.Am.* (*dar en alquiler*) rent (out), let; (*tomar en alquiler*) rent; ***se arrenda*** for rent

arreo *m Rpl* driving, herding; (*manada*) herd

arrepentimiento *m* repentance; (*cambio de opinión*) change of heart; **arrepentirse** <3i> *v/r* be sorry; (*cambiar de opinión*) change one's mind; ***~ de algo*** regret sth

arrestar <1a> *v/t* arrest; **arresto** *m* arrest

arriba **1** *adv* ◊ *situación* up; *en edificio* upstairs; ***ponlo ahí ~*** put it up there; ***el cajón de ~*** *siguiente* the next drawer up, the drawer above; *último* the top drawer; ***~ del todo*** right at the top ◊ *dirección* up; *en edificio* upstairs; ***sigan hacia ~*** keep going up; ***me miró de ~ abajo*** *fig* she looked me up and down ◊ *con cantidades*: ***de diez para ~*** ten or above **2** *int* long live

arribeño *m*, **-a** *f L.Am.* uplander, highlander

arribista *m/f* social climber

arriesgado *adj* adventurous; **arriesgar** <1h>**1** *v/t* risk **2** *v/r* **~se** take a risk; ***~se a hacer algo*** risk doing sth

arrimar <1a> **1** *v/t* move closer; ***~ el hombro*** F pull one's weight **2** *v/r* **~se** move closer (***a*** to)

arrinconar <1a> *v/t* (*acorralar*) corner; *libros etc* put away; *persona* cold-shoulder

arroba *f* INFOR 'at' symbol, @

arrodillarse <1a> *v/r* kneel (down)

arrogancia *f* arrogance; **arrogante** *adj* arrogant

arrojar <1a> **1** *v/t* (*lanzar*) throw; *resultado* produce; (*vomitar*) throw up **2** *v/r* **~se** throw o.s.

arrollador *adj* overwhelming

arropar <1a> *v/t* wrap up; *fig* protect

arrope *m Rpl*, *Chi*, *Pe* fruit syrup

arroyo *m* stream; ***sacar a alguien del ~*** *fig* lift s.o. out of the gutter

arroz *m* rice; ***~ con leche*** rice pudding

arruga *f* wrinkle; **arrugar** <1h> **1** *v/t* wrinkle; **2** *v/r* **~se** *de piel*, *ropa* get wrinkled

arruinado *adj* ruined, broke F; **arruinar** <1a> **1** *v/t* ruin **2** *v/r* **~se** be ruined

arrullo *m de paloma* cooing; *para niño* lullaby

arsenal *m* arsenal

arsénico *m* arsenic

art *abr* (= ***artículo***) art. (= article)

art.° *abr* (= ***artículo***) art. (= article)

arte *m* (*pl f*) art; ***~ dramático*** dramatic art; ***bellas ~s*** *pl* fine art *sg*; ***malas ~s*** *pl* guile *sg*

artefacto *m* (*dispositivo*) device

arteria *f* artery

arterio(e)sclerosis *f* arteriosclerosis
artesana *f* craftswoman; **artesanía** *f* (handi)crafts *pl*; **artesano** *m* craftsman
Ártico *zona, océano* Arctic
articulación *f* ANAT, TÉC joint; *de sonidos* articulation; **artículo** *m de periódico*, GRAM, JUR article; COM product, item
artificial *adj* artificial
artillería *f* artillery; ***~ ligera / pesada*** light / heavy artillery
artilugio *m aparato* gadget
artimaña *f* trick
artista *m/f* artist; **artístico** *adj* artistic
artritis *f* MED arthritis
arveja *f Rpl, Chi, Pe* BOT pea
arzobispo *m* archbishop
as *m tb fig* ace
asa *f* handle
asado 1 *adj* roast *atr* **2** *m* roast
asalariado *m*, **-a** *f* wage earner; *de empresa* employee
asaltante *m/f* assailant; **asaltar** <1a> *v/t persona* attack; *banco* rob; **asalto** *m a persona* attack (***a*** on); *robo* robbery, raid; *en boxeo* round
asamblea *f reunión* meeting; *ente* assembly
asar <1a> **1** *v/t* roast; ***~ a la parrilla*** broil, *Br* grill **2** *v/r* **~se** *fig* F be roasting F
ascender <2g> **1** *v/t a empleado* promote **2** *v/i de precios, temperatura etc* rise; *de montañero* climb; DEP, *en trabajo* be promoted (***a*** to); **ascensión** *f* ascent; **ascenso** *m de temperatura, precios* rise (***de*** in); *de montaña* ascent; DEP, *en trabajo* promotion; **ascensor** *m* elevator, *Br* lift
ascético *adj* ascetic
asco *m* disgust; ***me da ~*** I find it disgusting; ***¡qué ~!*** how revolting *o* disgusting!
ascua *f* ember; ***estar en*** *or* ***sobre ~s*** be on tenterhooks
asearse <1a> *v/r* wash up, *Br* have a wash
asediar <1b> *v/t tb fig* besiege; **asedio** *m* MIL siege, blockade; *a alguien* hounding
aseguradora *f* insurance company; **asegurar** <1a> **1** *v/t* (*afianzar*) secure; (*prometer*) assure; (*garantizar*) guarantee; COM insure **2** *v/r* **~se** make sure
asentamiento *m* settlement; **asentarse** <1k> *v/r* settle
asentir <3i> *v/i* agree (***a*** to), consent (***a*** to); *con la cabeza* nod
aseo *m* cleanliness; (*baño*) restroom, toilet
aséptico *adj* aseptic
asequible *adj precio* affordable; *obra* accessible
aserrar <1k> *v/t* saw; **aserrín** *m L.Am.* sawdust
asesinar <1a> *v/t* murder; POL assassinate; **asesinato** *m* murder; POL assassination; **asesino** *m*, **-a** *f* murderer; POL assassin
asesor *m*, **~a** *f* consultant, advisor, *Br* adviser; ***~ fiscal*** financial advisor (*Br* adviser); ***~ de imagen*** public relations consultant; **asesorar** <1a> *v/t* advise; **asesoría** *f* consultancy
asestar <1a> *v/t golpe* deal (***a*** to); ***me asestó una puñalada*** he stabbed me
asfaltar <1a> *v/t* asphalt; **asfalto** *m* asphalt
asfixia *f* asphyxiation; **asfixiante** *adj* asphyxiating, suffocating; **asfixiar** <1b> **1** *v/t* asphyxiate, suffocate **2** *v/r* **~se** asphyxiate, suffocate
así 1 *adv* (*de este modo*) like this; (*de ese modo*) like that; ***~ no más*** *S.Am.* just like that; ***~ pues*** so; ***~ que*** so; ***~ de grande*** this big **2** *conj*: ***~ como*** *al igual que* while, whereas
Asia Asia
asiático 1 *adj* Asian **2** *m*, **-a** *f* Asian
asiduidad *f* frequency; ***con ~*** *con frecuencia* regularly; **asiduo** *adj* regular
asiento *m* seat; ***tomar ~*** take a seat
asignación *f acción* allocation; *dinero* allowance; **asignar** <1a> *v/t*

allocate; *persona, papel* assign; **asignatura** *f* subject
asilarse <1a> *v/r* take refuge, seek asylum; **asilo** *m* home, institution; POL asylum; **~ *de ancianos*** old people's home
asimétrico *adj* asymmetrical
asimilar <1a> *v/t* assimilate
asimismo *adv* (*también*) also; (*igualmente*) in the same way, likewise
asistencia *f* (*ayuda*) assistance; *a lugar* attendance (***a*** at); **~ *en carretera*** AUTO roadside assistance; **~ *médica*** medical care; **asistenta** *f* cleaner, cleaning woman; **asistente** *m/f* (*ayudante*) assistant; **~ *social*** social worker; ***los ~s*** those present; **asistir** <3a> **1** *v/t* help, assist **2** *v/i* be present; **~ *a una boda*** attend a wedding
asma *f* asthma; **asmático** *adj* asthmatic
asno *m* ZO donkey; *persona* idiot
asociación *f* association; **asociar** <1b> **1** *v/t* associate; **~ *a alguien con algo*** associate s.o. with sth **2** *v/r* **~se** team up (***con*** with), go into partnership (***con*** with); **~se *a*** *grupo, club* become a member of
asolar <1m> *v/t* devastate
asoleada *f*: ***pegarse una ~*** *Bol, Pe* sunbathe
asomar <1a> **1** *v/t* put *o* stick out **2** *v/i* show **3** *v/r* **~se** lean out; **~se *a*** *or* ***por la ventana*** lean out of the window
asombrado *adj* amazed; **asombrar** <1a>**1** *v/t* amaze, astonish **2** *v/r* **~se** be amazed *o* astonished; **asombro** *m* amazement, astonishment; **asombroso** *adj* amazing
asomo *m*: ***ni por ~*** no way
asorocharse <1a> *v/r Pe, Bol* get altitude sickness
aspecto *m de persona, cosa* look, appearance; (*faceta*) aspect; ***tener buen ~*** look good
áspero *adj superficie* rough; *sonido* harsh; *persona* abrupt
aspersor *m* sprinkler
aspiraciones *fpl* aspirations
aspirador *m*, **~a** *f* vacuum cleaner; **aspirante** *m/f a cargo* candidate (***a*** for); *a título* contender (***a*** for); **aspirar** <1a> **1** *v/t* suck up; *al respirar* inhale, breathe in **2** *v/i*: **~ *a*** aspire to
aspirina *f* aspirin
asqueado *adj* disgusted; **asquear** <1a> *v/t* disgust; **asqueroso 1** *adj* (*sucio*) filthy; (*repugnante*) revolting, disgusting **2** *m*, **-a** *f* creep
asterisco *m* asterisk
astigmatismo *m* astigmatism
astilla *f* splinter; **~s** *pl para fuego* kindling *sg*; ***hacer ~s algo*** *fig* smash sth to pieces
astillero *m* shipyard
astral *adj* astral
astringente *m/adj* astringent
astro *m* AST, *fig* star
astrología *f* astrology; **astrólogo** *m*, **-a** *f* astrologer
astronauta *m/f* astronaut
astronave *f* spaceship
astronomía *f* astronomy; **astronómico** *adj* astronomical; **astrónomo** *m*, **-a** *f* astronomer
astucia *f* shrewdness, astuteness
astuto *adj* shrewd, astute
asumir <3a> *v/t* assume; (*aceptar*) accept, come to terms with
asunto *m* matter; F (*relación*) affair; ***~s exteriores*** foreign affairs; ***no es ~ tuyo*** it's none of your business
asustar <1a> **1** *v/t* frighten, scare **2** *v/r* **~se** be frightened *o* scared
atacar <1g> *v/t* attack
atajar <1a> **1** *v/t* check the spread of, contain; *L.Am. pelota* catch **2** *v/i* take a short cut; **atajo** *m L.Am.* short cut
atañer <2f> *v/i* concern
ataque *m* (*agresión*) attack; (*acceso*) fit; **~ *cardíaco*** *or* ***al corazón*** MED heart attack; ***le dio un ~ de risa*** she burst out laughing
atar <1a> *v/t* tie (up); *fig* tie down
atardecer <2d> **1** *v/i* get dark **2** *m* dusk
atareado *adj* busy

atascar <1g> **1** *v/t* block **2** *v/r* **~se** *de cañería* get blocked; *de mecanismo* jam, stick; *al hablar* dry up; **atasco** *m* traffic jam

ataúd *m* coffin, casket

atemorizar <1f> *v/t* frighten

atención *f* attention; (*cortesía*) courtesy; ***¡~!*** your attention, please!; ***llamar la ~ a alguien*** *reñir* tell s.o. off; *por ser llamativo* attract s.o.'s attention; ***prestar ~*** pay attention (***a*** to)

atender <2g> **1** *v/t a enfermo* look after; *en tienda* attend to, serve **2** *v/i* pay attention (***a*** to)

atenerse <2l> *v/r*: **~ *a*** *normas* abide by; *consecuencias* face, accept; ***saber a qué ~*** know where one stands

atentado *m* attack (***contra, a*** on); **~ *terrorista*** terrorist attack

atentamente *adv* attentively; *en carta* sincerely, *Br* Yours sincerely

atentar <1k> *v/i*: **~ *contra*** *vida* make an attempt on; *moral etc* be contrary to

atento *adj* attentive; ***estar ~ a algo*** pay attention to sth

atenuante *adj* JUR extenuating; ***circunstancia ~*** JUR extenuating circumstance; **atenuar** <1e> *v/t* lessen, reduce

ateo 1 *adj* atheistic **2** *m*, **-a** *f* atheist

aterciopelado *adj tb fig* velvety

aterido *adj* frozen

aterrador *adj* frightening; **aterrar** <1a> *v/t* terrify

aterrizaje *m* AVIA landing; **~ *forzoso*** *or* ***de emergencia*** emergency landing; **aterrizar** <1f> *v/i* land

aterrorizado *adj* terrified, petrified F; **aterrorizar** <1f> *v/t* terrify; (*amenazar*) terrorize

atestado *adj* overcrowded

atestiguar <1i> *v/t* JUR testify; *fig* bear witness to

atiborrarse <1a> *v/r* F stuff o.s. F (***de*** with)

ático *m piso* top floor; *apartamento* top floor apartment (*Br* flat); (*desván*) attic

atinar <1a> *v/i* manage (***a*** to); ***no atinó con la respuesta correcta*** she couldn't come up with the right answer

atípico *adj* atypical

atisbo *m* sign

atizar <1f> *v/t fuego* poke; *pasiones* stir up; ***le atizó un golpe*** she hit him

Atlántico *m/adj*: ***el*** (***océano***) **~** the Atlantic (Ocean)

atlas *m inv* atlas

atleta *m/f* athlete; **atlético** *adj* athletic; **atletismo** *m* athletics

atmo. *abr* (= ***atentísmo***): ***su ~*** Yours truly

atmósfera *f* atmosphere

atole *m Méx flavored hot drink made with maize flour*

atolladero *m*: ***sacar a alguien del ~*** *fig* F get s.o. out of a tight spot

atolondrado *adj* scatterbrained

atómico *adj* atomic; **átomo** *m* atom; ***ni un ~ de*** *fig* not an iota of

atónito *adj* astonished, amazed

atontar <1a> *v/t* make groggy *o* dopey; *de golpe* stun, daze; (*volver tonto*) turn into a zombie

atorar <1a> *L.Am.* **1** *v/t cañeria etc* block (up) **2** *v/r* **~se** choke; *de cañeria etc* get blocked (up)

atormentar <1a> *v/t* torment

atornillar <1a> *v/t* screw on

atorrante *m Rpl, Chi* F bum F, *Br* tramp; (*holgazán*) layabout

atosigar <1h> *v/t* pester

atrabancado *adj Méx* clumsy

atracar <1g> **1** *v/t banco, tienda* hold up; *a alguien* mug; *Chi* F make out with F, neck with *Br* F **2** *v/i* MAR dock

atracción *f* attraction

atraco *m de banco, tienda* robbery; *de persona* mugging

atracón *m*: ***darse un ~ de*** stuff o.s. with F

atractivo 1 *adj* attractive **2** *m* appeal, attraction; **atraer** <2p> *v/t* attract

atragantarse <1a> *v/r* choke (***con*** on); ***se le ha atragantado*** *fig* she can't stand *o* stomach him

atrancar <1g> **1** *v/t puerta* barricade

2 *v/r* **~se** *fig* get stuck

atrapar <1a> *v/t* catch, trap

atrás *adv para indicar posición* at the back, behind; *para indicar movimiento* back; ***años ~*** years ago *o* back; ***hacia ~*** back, backwards; ***quedarse ~*** get left behind; **atrasado** *adj en estudios, pago* behind (***en*** in *o* with); *reloj* slow; *pueblo* backward; ***ir ~*** *de un reloj* be slow; **atrasar** <1a> **1** *v/t reloj* put back; *fecha* postpone, put back **2** *v/i de reloj* lose time; **atraso** *m* backwardness; COM ***~s*** arrears

atravesar <1k> *v/t* cross; (*perforar*) go through, pierce; *crisis* go through

atrevido *adj* daring; **atreverse** <2a> *v/r* dare

atribuir <3g> **1** *v/t* attribute (***a*** to) **2** *v/r* **~se** claim

atrincherarse <1a> *v/r* MIL dig o.s. in, entrench o.s.; ***se atrincheró en su postura*** *fig* he dug his heels in

atrocidad *f* atrocity

atrofiado *adj* atrophied; **atrofiarse** <1b> *v/r* atrophy

atropellar <1a> *v/t* knock down

atroz *adj* appalling, atrocious

ATS *abr* (= ***ayudante técnico sanitario***) registered nurse

atte. *abr* (= ***atentamente***) sincerely (yours)

atuendo *m* outfit

atufar <1a> *v/t* F stink out F

atún *m* tuna (fish)

aturdido *adj* in a daze; **aturdir** <3a> **1** *v/t de golpe, noticia* stun, daze; (*confundir*) bewilder, confuse **2** *v/r* **~se** be stunned *o* dazed; (*confundirse*) be bewildered *o* confused

aturullar <1a> **1** *v/t* confuse **2** *v/r* **~se** get confused

audacia *f* audacity; **audaz** *adj* daring, bold, audacious

audición *f* TEA audition; JUR hearing

audiencia *f* audience; JUR court; ***índice de ~*** TV ratings *pl*

audífono *m para sordos* hearing aid

audiovisual *adj* audiovisual

auditivo *adj* auditory; *problema* hearing *atr*

auditor *m*, **~a** *f* auditor; **auditoría** *f* audit; **auditorio** *m* (*público*) audience; *sala* auditorium

auge *m* peak; ***estar en ~*** *aumento* be enjoying a boom

augurar <1a> *v/t de persona* predict, foretell; *de indicio* augur; **augurio** *m* omen, sign; ***un buen / mal ~*** a good / bad omen

aula *f* classroom; *en universidad* lecture hall, *Br* lecture theatre

aullido *m* howl

aumentar <1a> **1** *v/t* increase; *precio* increase, raise, put up **2** *v/i de precio, temperatura* rise, increase, go up; **aumento** *m de precios, temperaturas etc* rise (***de*** in), increase (***de*** in); *de sueldo* raise, *Br* rise; ***ir en ~*** be increasing

aun *adv* even; ***~ así*** even so

aún *adv en oraciones no negativas* still; *en oraciones negativas* yet; *en comparaciones* even; ***~ no*** not yet

aunar <1a> *v/t* combine

aunque *conj* although, even though; + *subj* even if

auricular *m de teléfono* receiver; ***~es*** headphones, earphones

aurora *f* dawn; ***~ boreal*** northern lights *pl*

auscultar <1a> *v/t*: ***~ a alguien*** listen to s.o.'s chest

ausencia *f de persona* absence; *no existencia* lack (***de*** of); ***brillaba por su ~*** he was conspicuous by his absence; **ausente** *adj* absent

auspicio *m* sponsorship; ***bajo los ~s de*** under the auspices of

austeridad *f* austerity; **austero** *adj* austere

austral *adj* southern

Australia Australia; **australiano** **1** *adj* Australian **2** *m*, **-a** *f* Australian

Austria Austria; **austriano** **1** *adj* Austrian **2** *m*, **-a** *f* Austrian

auténtico *adj* authentic; **autentificar** <1g> *v/t* authenticate

autismo *m* autism

auto *m* JUR order; *L.Am.* AUTO car

autoadhesivo *adj* self-adhesive
autoayuda *f* self-help
autobiografía *f* autobiography
autobombo *m* F self-glorification
autobús *m* bus
autocar *m* bus
autocaravana *f* camper van
autocontrol *m* self-control
autocrítica *f* self-criticism
autóctono *adj* indigenous, native
autodefensa *f* self-defense, *Br* self-defence
autodeterminación *f* self-determination
autodidacta **1** *adj* self-taught **2** *m/f* self-taught person
autoedición *f* desktop publishing, DTP
autoescuela *f* driving school
autoestima *f* self-esteem
autoestop *m* hitchhiking; **autoestopista** *m/f* hitchhiker
autógrafo *m* autograph
automático *adj* automatic; **automatizar** <1f> *v/t* automate
automedicación *f* self-medication
automóvil *m* car, automobile; **automovilismo** *m* driving; **automovilista** *m/f* motorist
autonomía *f* autonomy; *en España* automous region; **autónomo** *adj* autonomous
autopista *f* freeway, *Br* motorway; **~ *de la información*** *or* ***de la comunicación*** INFOR information (super)highway
autopsia *f* post mortem, autopsy
autor *m*, **~a** *f* author; *de crimen* perpetrator
autoridad *f* authority; **autoritario** *adj* authoritarian; **autorización** *f* authority; **autorizar** <1f> *v/t* authorize
autorradio *m* car radio
autorretrato *m* self-portrait
autoservicio *m* supermarket; *restaurante* self-service restaurant
autostop *m* hitchhiking; ***hacer* ~** hitch(hike)
autosuficiencia *f* self-sufficiency; *desp* smugness; **autosuficiente** *adj* self-sufficient; *desp* smug
autovía *f* divided highway, *Br* dual carriageway
auxiliar **1** *adj* auxiliary; *profesor* assistant **2** *m/f* assistant; **~** *f* ***de vuelo*** stewardess, flight attendant **3** <1b> *v/t* help; **auxilio** *m* help; ***primeros ~s*** *pl* first aid *sg*
Av. *abr* (= ***Avenida***) Ave (= Avenue)
aval *m* guarantee; **~ *bancario*** bank guarantee
avalancha *f* avalanche
avalar <1a> *v/t* guarantee; *fig* back
avance *m* advance
avanzado *adj* advanced; **avanzar** <1f> **1** *v/t* move forward, advance **2** *v/i* advance, move forward; MIL advance (***hacia*** on); *en trabajo* make progress
avaricia *f* avarice; **avaro** **1** *adj* miserly **2** *m*, **-a** *f* miser
avasallar <1a> *v/t* subjugate; ***no dejes que te avasallen*** *fig* don't let them push you around
Av.[da] *abr* (= ***Avenida***) Ave (= Avenue)
ave *f* bird; *S.Am.* (*pollo*) chicken; **~ *de presa*** *or* ***de rapiña*** bird of prey
avecinarse <1a> *v/r* approach
avejentar <1a> *v/t* age
avellana *f* BOT hazelnut; **avellano** *m* BOT hazel
avena *f* oats *pl*
avenida *f* avenue
avenirse <3s> *v/r* agree (***a*** to)
aventajar <1a> *v/t* be ahead of
aventura *f* adventure; *riesgo* venture; *amorosa* affair; **aventurar** <1a> **1** *v/t* risk; *opinión* venture **2** *v/r* **~se** venture; ***~se a hacer algo*** dare to do sth; **aventurero** *adj* adventurous
avergonzar <1n> **1** *v/t* (*aborchornar*) embarrass; ***le avergüenza*** *algo reprensible* she's ashamed of it **2** *v/r* **~se** be ashamed (***de*** of)
avería *f* TÉC fault; AUTO breakdown; **averiarse** <1c> *v/r* break down
averiguar <1i> *v/t* find out
aversión *f* aversion
avestruz *m* ZO ostrich; ***del ~*** *política*,

táctica head-in-the-sand
aviación *f* aviation; MIL air force
avicultor *m*, **~a** *f* poultry farmer
avidez *f* eagerness; **ávido** *adj* eager (***de*** for), avid (***de*** for)
avinagrarse <1a> *v/r de vino* turn vinegary; *fig* become bitter *o* sour
avión *m* plane; ***por ~*** *mandar una carta* (by) airmail; **avioneta** *f* light aircraft
avisar <1a> *v/t notificar* let know, tell; *de peligro* warn; (*llamar*) call, send for; **aviso** *m comunicación* notice; (*advertencia*) warning; *L.Am.* (*anuncio*) advertisement; ***hasta nuevo ~*** until further notice; ***sin previo ~*** unexpectedly, without any warning
avispa *f* ZO wasp
avivar <1a> *v/t fuego* revive; *interés* arouse
avizor *adj*: ***estar ojo ~*** be alert
axila *f* armpit
axioma *m* axiom
ay *int de dolor* ow!, ouch!; *de susto* oh!
ayer *adv* yesterday; ***~ por la mañana*** yesterday morning
ayuda *f* help; ***~ al desarrollo*** development aid *o* assistance; **ayudante** *m/f* assistant; **ayudar** <1a> *v/t* help
ayunas: ***estoy en ~*** I haven't eaten anything; **ayuno** *m* fast
ayuntamiento *m* city council, town council; *edificio* city hall
azabache *m* MIN jet
azadón *m* mattock
azafata *f* flight attendant; ***~ de congresos*** hostess
azafrán *m* BOT saffron
azalea *f* BOT azalea
azar *m* fate, chance; ***al ~*** at random
azorarse <1a> *v/r* be embarrassed
azotar <1a> *v/t con látigo* whip, flog; *con mano* smack; *de enfermedad, hambre* grip; *Méx puerta* slam; **azote** *m con látigo* lash; *con mano* smack; *fig* scourge; ***dar un ~ a alguien*** F smack s.o.
azotea *f* flat roof; ***estar mal de la ~*** *fig* F be crazy F
azteca *m/f & adj* Aztec
azúcar *m* (*also f*) sugar; ***~ glas*** confectioner's sugar, *Br* icing sugar; ***~ moreno*** brown sugar; **azucarero** *m* sugar bowl
azucena *f* BOT Madonna lily
azufre *m* sulfur, *Br* sulphur
azul **1** *adj* blue; ***~ celeste*** sky-blue; ***~ marino*** navy(-blue) **2** *m* blue
azulejo *m* tile
azuzar <1f> *v/t*: ***~ los perros a alguien*** set the dogs on s.o.; *fig* egg s.o. on

B

B.A. *abr* (= ***Buenos Aires***) Buenos Aires
baba *f* drool, dribble; ***se le caía la ~*** F he was drooling F (***con*** over); **babear** <1a> *v/i* dribble; **babero** *m* bib
Babia *f*: ***estar en ~*** be miles away
babor *m* MAR port
babosa *f* ZO slug
babosada *f L.Am.* F stupid thing to do / say; **baboso** *adj L.Am.* F stupid
baca *f* AUTO roof rack
bacalao *m* cod; ***cortar el ~*** F call the shots F
bache *m* pothole; *fig* rough patch
bachicha **1** *m/f Rpl, Chi desp* wop *desp* **2** *f Méx* cigarette stub
bachillerato *m Esp high school leaver's certificate*
bacón *m* bacon

bacteria *f* bacteria
bádminton *m* badminton
bafle *m* loudspeaker
bahía *f* bay
bailaor *m*, **~a** *f* flamenco dancer; **bailar** <1a> **1** *v/i* dance; *de zapato* be loose **2** *v/t* dance; ***se lo bailó*** *Méx* F he pinched F *o* swiped F it; **bailarín** *m*, **-ina** *f* dancer; **baile** *m* dance; *fiesta formal* ball; **~ *de salón*** ballroom dancing; **~ *de San Vito*** *fig* St. Vitus's dance
baja *f descenso* fall, drop; ***estar de ~*** (***por enfermedad***) be off sick; ***~s*** MIL casualties; **bajada** *f* fall; **bajar** <1a> **1** *v/t voz, precio* lower; *escalera* go down; **~ *algo*** *de arriba* get sth down **2** *v/i* go down; *de intereses* fall, drop **3** *v/r* **~se** get down; *de automóvil* get out (***de*** of); *de tren, autobús* get off (***de*** sth)
bajío *m L.Am.* lowland
bajo 1 *adj* low; *persona* short; ***por lo ~*** at least **2** *m* MÚS bass; *piso* first floor, *Br* ground floor **3** *adv cantar, hablar* quietly, softly; *volar* low **4** *prp* under; ***tres grados ~ cero*** three degrees below zero
bajón *m* sharp decline; ***dar un ~*** decline sharply, slump
bala *f* bullet; ***como una ~*** like lightning; ***ni a ~*** *L.Am.* F no way; **balaceo** *m L.Am.*, **balacera** *f L.Am.* shooting
balada *f* ballad
balance *m* COM balance; **balancearse** <1a> *v/r* swing, sway
balanza *f* scales *pl*; **~ *comercial*** balance of trade; **~ *de pagos*** balance of payments
balaustrada *f* balustrade
balazo *m* shot
balbucear <1a>, **balbucir** <3f; *defective*> **1** *v/i* stammer; *de niño* babble **2** *v/t* stammer
Balcanes *mpl* Balkans; **balcánico** *adj* Balkan
balcón *m* balcony
baldado *adj fig* F bushed F
balde *adv*: ***de ~*** for nothing; ***en ~*** in vain
baldosa *f* floor tile
balear <1a> *v/t L.Am.* shoot; **baleo** *m L.Am.* shooting
Baleares *fpl* Balearic Islands; **baleárico** *adj* Balearic
baliza *f* MAR buoy
ballena *f* ZO whale
ballet *m* ballet
balneario *m* spa
balón *m* ball; **baloncesto** *m* basketball; **balonmano** *m* handball; **balonvolea** *m* volleyball
balsa *f* raft; ***como una ~ de aceite*** *fig* like a mill pond
bálsamo *m* balsam
baluarte *m* stronghold; *persona* pillar, stalwart
balumba *f L.Am.* F heap, pile; F (*ruido*) noise, racket F
bambolearse <1a> *v/r* sway
bambolla *f L.Am.* F fuss
bambú *m* BOT bamboo
banal *adj* banal
banana *f L.Am., Rpl, Pe, Bol* banana
banca *f actividad* banking; *conjunto de bancos* banks *pl*; *en juego* bank; DEP, *Méx* (*asiento*) bench
bancal *m* terrace; *división de terreno* plot
bancario *adj* bank *atr*; **bancarrota** *f* bankruptcy; ***estar en ~*** be bankrupt
banco *m* COM bank; *para sentarse* bench; **~ *de arena*** sand bank; **~ *de datos*** data bank
banda *f* MÚS, (*grupo*) band; *de delincuentes* gang; (*cinta*) sash; *en fútbol* touchline; **~ *sonora*** soundtrack; **bandada** *f de pájaros* flock
bandazo *m*: ***dar ~s*** *de coche* swerve
bandeja *f* tray; ***servir en ~*** hand on a plate
bandera *f* flag; (***lleno***) ***hasta la ~*** packed (out); ***bajar la ~*** *de taxi* start the meter running; **banderilla** *f* TAUR banderilla (*dart stuck into bull's neck during bullfight*)
bandido *m*, **-a** *f* bandit
bando *m* edict; *en disputa* side
bandolero *m*, **-a** *f* bandit
banjo *m* MÚS banjo
banquero *m*, **-a** *f* banker

banqueta *f L.Am.* stool; *L.Am.* (*acera*) sidewalk, *Br* pavement; ~ ***trasera*** AUTO back seat
banquete *m* banquet; ~ ***de bodas*** wedding reception
banquillo *m* JUR dock; DEP bench
bañadera *f Rpl* (*baño*) bath; **bañador** *m* swimsuit; **bañar** <1a> **1** *v/t de sol, mar* bathe; *a un niño, un enfermo* bathe, *Br* bath; GASTR coat (***con*** with, ***en*** in) **2** *v/r* **~se** have a bath; *en el mar* go for a swim; **bañera** *f* (bath)tub, bath; **bañista** *m/f* swimmer; **baño** *m* bath; *en el mar* swim; *esp L.Am.* bathroom; TÉC plating; ~ ***de sangre*** blood bath; ~ ***María*** bain-marie
baptisterio *m* baptistry
baquiano *L.Am.* **1** *adj* expert *atr* **2** *m*, **-a** *f* guide
bar *m* bar
baraja *f* deck of cards
barandilla *f* handrail, banister
barata *f Méx* bargain counter; (*saldo*) sale; **baratero** *m*, **-a** *f Chi tendero* junk-shop owner; **baratija** *f* trinket; **barato** *adj* cheap
barba *f tb* BOT beard; ***por*** ~ F a head, per person
barbacoa *f* barbecue
barbaridad *f* barbarity; ***costar una*** ~ cost a fortune; ***decir ~es*** say outrageous things; ***¡qué ~!*** what a thing to say / do!; **bárbaro** **1** *adj* F tremendous, awesome F; ***¡qué ~!*** amazing!, wicked! F **2** *m*, **-a** *f* F punk F
barbería *f* barber's shop; **barbero** *m* barber
barbilla *f* chin
barbitúrico *m* barbiturate
barbo *m pescado* barbel
barca *f* boat; **barcaza** *f* MAR barge; **barco** *m* boat; *más grande* ship; ~ ***de vela*** sailing ship
baremo *m* scale
barniz *m para madera* varnish; **barnizar** <1f> *v/t* varnish
barómetro *m* barometer
barquero *m* boatman
barquillo *m* wafer; *Méx, C.Am.* ice-cream cone
barra *f de metal, en bar* bar; *de cortinas* rod; ~ ***de labios*** lipstick; ~ ***de pan*** baguette; ~ ***espaciadora*** space-bar; ~ ***de herramientas*** INFOR tool bar; ~ ***invertida*** backslash
barraca *f* (*chabola*) shack; *de tiro* stand; *de feria* stall; *L.Am.* (*deposito*) shed; **~s** *pl L.Am.* shanty town *sg*
barracón *f* MIL barrack room
barranco *m* ravine
barrenar <1a> *v/t* drill
barrendero *m*, **-a** *f* street sweeper
barreno *m* drill hole
barreño *m* washing up bowl
barrer <2a> *v/t* sweep
barrera *f* barrier; ~ ***del sonido*** sound barrier
barriada *f C.Am.* (*barrio marginal*) slum, shanty town
barrial *m L.Am.* bog
barricada *f* barricade
barrida *f L.Am.* sweep; *L.Am.* (*redada*) police raid
barriga *f* belly; ***rascarse la*** ~ *fig* F sit on one's butt F; **barrigón** *adj* F pudgy F
barril *m* barrel
barrio *m* neighbo(u)rhood, area; ~ ***de chabolas*** *Esp* shanty town; ***irse al otro*** ~ F kick the bucket P
barro *m* mud
barroco *m/adj* baroque
barrote *m* bar
bártulos *mpl* F things, gear *sg* F
barullo *m* uproar, racket
basar <1a> **1** *v/t* base (***en*** on) **2** *v/r* **~se** be based (***en*** on)
báscula *f* scales
base *f* QUÍM, MAT, MIL base; ~ ***de datos*** INFOR database; ***~s*** *de concurso etc* conditions; ***a*** ~ ***de*** by dint of; **básico** *adj* basic
basílica *f* basilica
básquetbol *m L.Am.* basketball
bastante **1** *adj* enough; *número o cantidad considerable* plenty of; ***quedan ~s plazas*** there are plenty of seats left **2** *adv* quite, fairly; ***bebe*** ~ she drinks quite a lot;

B

bastar <1a> *v/i* be enough; ***basta con uno*** one is enough; ***¡basta!*** that's enough!
bastardo 1 *adj* bastard *atr* **2** *m* bastard
bastidor *m*: ***entre ~es*** F behind the scenes
bastión *m* bastion
basto 1 *adj* rough, coarse **2** *mpl*: ***~s*** (*en naipes*) *suit in Spanish deck of cards*
bastón *m* stick
basura *f tb fig* trash, *Br* rubbish; ***cubo de la ~*** trash can, *Br* rubbish bin; **basural** *m L.Am.* dump, *Br* tip; **basurero** *m* garbage collector, *Br* dustman
bata *f* robe, *Br* dressing gown; MED (white) coat; TÉC lab coat
batacazo *m* F bump
batalla *f* battle; **batallón** *m* battalion
batata *f* BOT sweet potato
bate *m* DEP bat
batería *f* MIL, EL, AUTO battery; MÚS drums, drum kit; ***~ de cocina*** set of pans; ***aparcar en ~*** AUTO parallel park
batido 1 *adj camino* well-trodden **2** *m* GASTR milkshake; **batidora** *f* mixer
batir <3a> *v/t* beat; *nata* whip; *récord* break
baúl *m* chest, trunk; *L.Am.* AUTO trunk, *Br* boot
bautismo *m* baptism, christening; ***~ de fuego*** baptism of fire; **bautizar** <1f> *v/t* baptize, christen; *barco* name; *vino* F water down; **bautizo** *m* baptism, christening
baya *f* berry
bayeta *f* cloth
bayoneta *f* bayonet
bayunco *adj C.Am.* P silly, stupid
baza *f en naipes* trick; *fig* trump card; ***meter ~*** F interfere
bazar *m* hardware and fancy goods store; *mercado* bazaar
bazo *m* ANAT spleen
bazofia *f fig* F load of trash F
beatífico *adj* beatific; **beatitud** *f* beatitude; **beato 1** *adj desp* over-pious **2** *m*, **-a** *f desp* over-pious person
bebé *m* baby
bebedor *m*, **~a** *f* drinker; **beber** <2a> **1** *v/i & v/t* drink **2** *v/r* **~se** drink up; **bebida** *f* drink
beca *f* scholarship; (*del estado*) grant
becerro *m* calf
béchamel *f* GASTR béchamel (sauce)
bedel *m* porter
beige *adj* beige
béisbol *m* baseball
belén *m* nativity scene
belga *m/f & adj* Belgian; **Bélgica** Belgium
Belice Belize
belicista *m/f* warmonger; **bélico** *adj* war *atr*; **beligerante** *adj* belligerent
bellaco *m*, **-a** *f Arg* rascal
belleza *f* beauty; **bello** *adj* beautiful
bellota *f* BOT acorn
bemol *m* MÚS flat; ***mi ~*** E flat; ***tener ~es*** *fig* F be tricky F
bencina *f* benzine; *Pe*, *Bol* (*gasolina*) gas, *Br* petrol
bendecir <3p> *v/t* bless; **bendición** *f* blessing; **bendito** *adj* blessed
benefactor *adj* charitable; **beneficencia** *f* charity; **beneficiar** <1b> **1** *v/t* benefit; *Rpl ganado* slaughter **2** *v/r* **~se** benefit (***de, con*** from); **beneficio** *m* benefit; COM profit; *Rpl* slaughterhouse; *C.Am.* coffee-processing plant; ***en ~ de*** in aid of; **beneficioso** *adj* beneficial; **benéfico** *adj* charity *atr*; ***función -a*** charity function *o* event
beneplácito *m* approval
benévolo *adj* benevolent, kind; (*indulgente*) lenient
bengala *f* flare
benigno *adj* MED benign
benjamín *m* youngest son; **benjamina** *f* youngest daughter
beodo *adj* drunk
berberecho *m* ZO cockle
berenjena *f* BOT egg plant, *Br* aubergine; **berenjenal** *m*: ***meterse en un ~*** *fig* F get o.s. into a jam F

bermudas *mpl*, *fpl* Bermuda shorts
berrear <1a> *v/i* bellow; *de niño* bawl, yell; **berrido** *m* bellow; *de niño* yell
berrinche *m* F tantrum; ***coger un ~*** F throw a tantrum
berro *m* BOT watercress
berza *f* BOT cabbage
besamel *f* GASTR béchamel (sauce)
besar <1a> **1** *v/t* kiss **2** *v/r* **~se** kiss; **beso** *m* kiss
bestia 1 *f* beast **2** *m/f fig* F brute F, swine F; *mujer* bitch F; ***conducir a lo ~*** F drive like a madman
besugo *m* ZO bream; *fig* F idiot
betún *m* shoe polish
biberón *m* baby's bottle
Biblia *f* Bible
bibliografía *f* bibliography; **biblioteca** *f* library; *mueble* bookcase; **bibliotecario** *m*, **-a** *f* librarian
bicarbonato *m*: **~** (***de sodio***) bicarbonate of soda, bicarb F
bíceps *mpl* biceps
bicho *m* bug, *Br tb* creepy-crawly; (*animal*) creature; *fig* F *persona* nasty piece of work; ***¿qué ~ te ha picado?*** what's eating you?
bici *f* F bike; **bicicleta** *f* bicycle; ***ir*** *or* ***montar en ~*** go cycling; ***~ de montaña*** mountain bike
BID *abr* (= ***Banco Interamericano de Desarollo***) IADB (= Inter-American Development Bank)
bidé *m* bidet
bidón *m* drum
bien 1 *m* good; ***por tu ~*** for your own good; ***~es*** *pl* goods, property *sg*; ***~es de consumo*** consumer goods *o* durables; ***~es inmuebles*** real estate *sg* **2** *adv* well; (*muy*) very; ***más ~*** rather; ***o ~ … o …*** either … or …; ***¡está~!*** it's OK!, it's alright!; ***estoy ~*** I'm fine, I'm OK; ***¿estás ~ aquí?*** are you comfortable here?; ***¡~ hecho!*** well done!
bienestar *m* well-being
bienvenida *f* welcome; ***dar la ~ a alguien*** welcome s.o.; **bienvenido** *adj* welcome
bife *m Rpl* steak
bifocal *adj* bifocal
bifurcación *f* fork; *de línea férrea* junction; **bifurcarse** <1g> *v/r* fork
bigamia *f* bigamy
bigote *m* m(o)ustache; **~s** *de gato etc* whiskers
bikini *m* bikini
bilateral *adj* bilateral
bilingüe *adj* bilingual
bilis *f* bile; *fig* F bad mood
billar *m* billiards; ***~ americano*** pool
billete *m* ticket; ***~ abierto*** open ticket; ***~ de autobús*** bus ticket; ***~ de banco*** bill, *Br* banknote; ***~ de ida***, ***~ sencillo*** one-way ticket, *Br* single (ticket); ***~ de ida y vuelta*** round-trip ticket, *Br* return (ticket); **billetera** *f L.Am.*, **billetero** *m* billfold, *Br* wallet
billón *m* trillion
binario *adj* binary
bingo *m* bingo; *lugar* bingo hall
biodegradable *adj* biodegradable
biodiversidad *f* biodiversity
biografía *f* biography
biología *f* biology; **biológico** *adj* biological; AGR organic; **biólogo** *m*, **-a** *f* biologist
biombo *m* folding screen
biopsia *f* MED biopsy
bioquímica *f* biochemistry
bipartidismo *m* POL two-party system
biquini *m* bikini
birlar <1a> *v/t* F lift F, swipe F
birome *m Rpl* ballpoint (pen)
birria *f* F piece of junk F; ***va hecha una ~*** F she looks a real mess
bis *m* encore; ***9 ~*** 9A
bisabuela *f* great-grandmother; **bisabuelo** *m* great-grandfather
bisagra *f* hinge
biscote *m* rusk
bisexual *adj* bisexual
bisiesto *adj*: ***año ~*** leap year
bisnieta *f* great-granddaughter; **bisnieto** *m* great-grandson
bisonte *m* ZO bison
bisoñé *m* hairpiece, toupee
bisté, bistec *m* steak
bisturí *m* MED scalpel

bisutería *f* costume jewel(le)ry

bit *m* INFOR bit

bizco *adj* cross-eyed

bizcocho *m* sponge (cake)

blanca *f persona* white; MÚS half-note, *Br* minim; ***estar sin ~*** *fig* F be broke F; **blanco 1** *adj* white; (*sin escrito*) blank; ***arma -a*** knife **2** *m persona* white; (*diana*), *fig* target; ***dar en el ~*** hit the nail on the head; ***ser el ~ de todas las miradas*** be the center (*Br* centre) of attention

blando *adj* soft

blanquear <1a> *v/t* whiten; *pared* whitewash; *dinero* launder; **blanqueo** *m* whitewashing; ***~ de dinero*** money laundering; **blanquillo** *m Méx* egg

blasfemar <1a> *v/i* curse, swear; REL blaspheme; **blasfemia** *f* REL blasphemy

blindado *adj* armo(u)red; *puerta* reinforced; EL shielded

bloc *m* pad

blof *m L.Am.* bluff

bloque *m* block; POL bloc; ***~ de apartamentos*** apartment building, *Br* block of flats; ***en ~*** en masse; **bloquear** <1a> *v/t* block; DEP obstruct; (*atascar*) jam; MIL blockade; COM freeze; **bloqueo** *m* blockade

blusa *f* blouse

boa *f* ZO boa constrictor

bobada *f* piece of nonsense

bobina *f* bobbin; FOT reel, spool; EL coil

bobo 1 *adj* silly, foolish **2** *m*, **-a** *f* fool

boca *f* mouth; ***~ a ~*** mouth to mouth; ***~ de metro*** subway entrance; ***~ abajo*** face down; ***~ arriba*** face up; ***dejar con la ~ abierta*** leave open-mouthed; ***se me hace la ~ agua*** my mouth is watering; **bocacalle** *f* side street; **bocadillo** *m* sandwich; **bocado** *m* mouthful, bite; **bocana** *f* river mouth; **bocanada** *f* mouthful; *de viento* gust; **bocata** *m* F → ***bocadillo***; **bocazas** *m/f inv* F loudmouth F

boceto *m* sketch

bochar <1a> *v/t Rpl* F *en examen* fail, flunk F; *Méx* cold-shoulder, rebuff

bochinche *m Méx* uproar

bochorno *m* sultry weather; *fig* embarrassment

bocina *f* MAR, AUTO horn

bocio *m* MED goiter, *Br* goitre

boda *f* wedding

bodega *f* wine cellar; MAR, AVIA hold; *L.Am.* bar; *C.Am.*, *Pe*, *Bol* grocery store

bodeguero *m*, **-a** *f C.Am.*, *Pe*, *Ven* storekeeper

body *m prenda* body

bofetada *f* slap; **bofetear** <1a> *v/t L.Am.* slap

bofia *f* F cops *pl* F

boga *f*: ***estar en ~*** *fig* be in fashion

bogavante *m* ZO lobster

bohemio 1 *adj* bohemian **2** *m*, **-a** *f* bohemian

bohío *m Cuba*, *Ven* hut

boicot *m* boycott; **boicotear** <1a> *v/t* boycott; **boicoteo** *m* boycotting

boina *f* beret

bojote *m L.Am. fig* bundle

bol *m* bowl

bola *f* ball; TÉC ball bearing; *de helado* scoop; F (*mentira*) fib F; ***~ de nieve*** snowball; ***no dar pie con ~*** get everything wrong; **bolada** *f L.Am.* throw; (*suerte*) piece of luck; **bolado** *m S.Am.* deal; *L.Am.* F (*mentira*) fib F

boleada *f Arg* hunt; **boleador** *m*, **~a** *f Méx* bootblack; **boleadoras** *fpl L.Am.* bolas; **bolear** <1a> **1** *v/i L.Am.* DEP have a knockabout **2** *v/t L.Am.* DEP bowl; *Rpl con boleadoras* bring down; *Méx zapatos* shine **3** *v/r* **~se** *Rpl* fall; (*aperarse*) get embarrassed; **bolera** *f* bowling alley

bolero 1 *m* MÚS bolero **2** *m/f Méx* F bootblack

boleta *f L.Am.* ticket; *L.Am.* (*pase*) pass, permit; *L.Am.* (*voto*) ballot paper; **boletería** *f L.Am.* ticket office; *en cine*, *teatro* box office; **boletero** *m*, **-a** *f L.Am.* ticket clerk; *en cine*, *teatro* box office employee; **boletín** *m* bulletin, report; ***~ de***

evaluación report card; ~ ***meteorológico*** weather report; **boleto** *m L.Am.* ticket; ~ ***de autobús*** *L.Am.* bus ticket; ~ ***de ida y vuelta*** *L.Am.*, ~ ***redondo*** *Méx* round-trip ticket, *Br* return
boliche *m* AUTO jack; *CSur* grocery store, *Br* grocer's
bólido *m fig* racing car
bolígrafo *m* ball-point pen
bolillo *m* bobbin; *Méx* bread roll; ***encaje de ~s*** handmade lace
Bolivia Bolivia; **boliviano 1** *adj* Bolivian **2** *m*, **-a** *f* Bolivian
bollo *m* bun; (*abolladura*) bump
bolo *m* pin; *C.Am.*, *Méx* christening present; **bolos** *mpl* bowling *sg*
bolsa *f* bag; COM stock exchange; *L.Am.* (*bolsillo*) pocket; ~ ***de agua caliente*** hot-water bottle; **bolsero** *m*, **-a** *f Méx* F scrounger
bolsillo *m* pocket; ***meterse a alguien en el*** ~ F win s.o. over; **bolso** *m* purse, *Br* handbag; **bolsón** *m Arg*, *Pe* traveling bag, *Br* holdall
bomba *f* bomb; TÉC pump; *S.Am.* gas station; ~ ***de relojería*** time bomb; ***caer como una*** ~ *fig* F come as a bombshell; ***pasarlo*** ~ F have a great time
bombacha *f Arg* panties *pl*, *Br tb* knickers *pl*; **bombacho** *m*: ***~s*** *pl*, ***pantalón*** ~ baggy pants *pl*
bombardear <1a> *v/t* bomb
bombero *m*, **-a** *f* firefighter; ***llamar a los ~s*** call the fire department
bombilla *f* light bulb; *Rpl metal straw for the mate gourd*; **bombillo** *m C.Am.*, *Pe*, *Bol* light bulb; **bombita** *f Arg* light bulb
bombo *m* MÚS bass drum; TÉC drum
bombón *m* chocolate; *fig* F babe F
bombona *f* cylinder
bonaerense 1 *adj* of Buenos Aires, Buenos Aires *atr* **2** *m/f* native of Buenos Aires
bonanza *f fig* boom, bonanza
bondad *f* goodness, kindness; ***tenga la ~ de*** please be so kind as to; **bondadoso** *adj* caring
bongo *m L.Am.* bongo
boniato *m* BOT sweet potato
bonito 1 *adj* pretty **2** *m* ZO tuna
bono *m* voucher; COM bond
bonsái *m* bonsai
boñiga *f* dung
boom *m* boom
boquerón *m* ZO anchovy
boquete *m* hole
boquiabierto *adj fig* F speechless
borbotón *m*: ***salir a borbotones*** *de agua* gush out; ***hablaba a borbotones*** *fig* it all came out in a rush; ***hablar*** ~ burble, splutter
borda *f* MAR gunwale; ***echar*** *or* ***tirar por la*** ~ throw overboard
bordado 1 *adj* embroidered **2** *m* embroidery; **bordar** <1a> *v/t* embroider; ~ ***algo*** *fig* do sth brilliantly
borde[1] *adj* F rude, uncouth
borde[2] *m* edge; ***al ~ de*** *fig* on the verge *o* brink of
bordear <1a> *v/t* border; **bordillo** *m* curb, *Br* kerb
bordo *m*: ***a*** ~ MAR, AVIA on board
borona *f* corn, *Br* maize
borrachera *f* drunkenness; ***agarrar una*** ~ get drunk; **borrachería** *f Méx*, *Rpl* → ***borrachera***; **borracho 1** *adj* drunk **2** *m*, **-a** *f* drunk
borrador *m* eraser; *de texto* draft; (*boceto*) sketch; **borrar** <1a> *v/t* erase; INFOR delete; *pizarra* clean; *recuerdo* blot out
borrasca *f* area of low pressure
borrego *m* ZO lamb; *fig*: *persona* sheep
borrico *m*, **-a** *f* donkey; *fig* dummy
borrón *m* blot; *mancha extendida* smudge; ***hacer ~ y cuenta nueva*** *fig* wipe the slate clean; **borroso** *adj* blurred, fuzzy
Bosnia Bosnia
bosque *m* wood; *grande* forest
bosquejo *m* sketch; *fig* outline
bostezar <1f> *v/i* yawn; **bostezo** *m* yawn
bota *f* boot; ~ ***de montar*** riding boot; ***ponerse las ~s*** *fig* F coin it F, rake it in F; (*comer mucho*) make a pig of o.s. F
botado *L.Am.* F **1** *adj* (*barato*) dirt

B

cheap **2** *m*, **-a** *f* abandoned child
botana *f Méx* snack
botánica *f* botany
botar <1a> **1** *v/t* MAR launch; *pelota* bounce; *L.Am.* (*echar*) throw; *L.Am.* (*desechar*) throw out; *L.Am.* (*despedir*) fire **2** *v/i de pelota* bounce
bote *m* (*barco*) boat; *L.Am.* (*lata*) can, *Br tb* tin; (*tarro*) jar; ***pegar un ~*** jump; ***~ de la basura*** *Méx* trash can, *Br* rubbish bin; ***~ salvavidas*** lifeboat; ***chupar del ~*** *fig* F line one's pockets F; ***tener a alguien en el ~*** F have s.o. in one's pocket F; ***de ~ en ~*** packed out
botella *f* bottle
botijo *m container with a spout for drinking from*
botín *m* loot; *calzado* ankle boot
botiquín *m* medicine chest; *estuche* first-aid kit
botón *m en prenda*, TÉC button; BOT bud; **botones** *m inv en hotel* bellhop, bellboy
boutique *f* boutique
bóveda *f* vault
bovino *adj* bovine
boxeador *m*, **~a** *f* boxer; **boxear** <1a> *v/i* box; **boxeo** *m* boxing
boya *f* buoy; *de caña* float; **boyante** *adj fig* buoyant
bragas *fpl* panties, *Br tb* knickers
bragueta *f* fly
bramido *m* roar, bellow
brandy *m* brandy
branquia *f* ZO gill
brasa *f* ember; ***a la ~*** GASTR char-broiled, *Br* char-grilled; **brasero** *m* brazier; *eléctrico* electric heater
Brasil Brazil; **brasileño 1** *adj* Brazilian **2** *m*, **-a** *f* Brazilian
bravata *f* boast; (*amenaza*) threat
bravo *adj animal* fierce; *mar* rough, choppy; *persona* brave; *L.Am.* (*furioso*) angry; ***¡~!*** well done!; *en concierto etc* bravo!
bravucón *m*, **-ona** *f* F boaster, blowhard F
braza *f* breaststroke; **brazalete** *m* bracelet; (*banda*) armband; **brazo** *m* arm; ***~ de gitano*** GASTR jelly roll, *Br* Swiss roll; ***con los ~s abiertos*** with open arms; ***dar su ~ a torcer*** give in
brebaje *m desp* concoction
brecha *f* breach; *fig* F gap; MED gash; ***seguir en la ~*** F hang on in there F
brécol *m* broccoli
breva *f* BOT early fig; ***no caerá esa ~*** *fig* F no such luck!
breve *adj* brief; ***en ~*** shortly; **brevedad** *f* briefness, shortness; **brevemente** *adv* briefly
brezo *m* BOT heather
bribón *m*, **-ona** *f* rascal
bricolaje *m* do-it-yourself, DIY
brigada *f* MIL brigade; *en policía* squad
brillante 1 *adj* bright; *fig* brilliant **2** *m* diamond; **brillar** <1a> *v/i fig* shine; **brillo** *m* shine; *de estrella, luz* brightness; ***dar*** *or* ***sacar ~ a algo*** polish sth
brincar <1g> *v/i* jump up and down; **brinco** *m* F leap, bound; ***dar ~s*** jump
brindar <1a> **1** *v/t* offer **2** *v/i* drink a toast (***por*** to); **brindis** *m inv* toast
brío *m fig* F verve, spirit
brisa *f* MAR breeze; **brisera** *f L.Am.* windshield, *Br* windscreen
británico 1 *adj* British **2** *m*, **-a** *f* Briton, Brit F
broca *f* TÉC drill bit
brocha *f* brush
broche *m* brooch; (*cierre*) fastener; *L.Am.* (*pinza*) clothes pin; **brocheta** *f* skewer
brócoli *m* broccoli
broma *f* joke; ***en ~*** as a joke; ***gastar ~s*** play jokes; ***tomar algo a ~*** take sth as a joke; **bromear** <1a> *v/i* joke; **bromista** *m/f* joker
bronca *f* F telling off F; *Méx* P fight; ***armar una ~*** *Méx* get into a fight; ***echar ~ a alguien*** F give s.o. a telling off, tell s.o. off
bronce *m* bronze; **bronceado 1** *adj* tanned **2** *m* suntan; **bronceador** *m* suntan lotion; **broncearse** <1a> *v/r* get a tan

B

bronquitis *f* MED bronchitis
brotar <1a> *v/i* BOT sprout, bud; *fig* appear, arise; **brote** *m* BOT shoot; MED, *fig* outbreak; ***~s de bambú*** bamboo shoots; ***~s de soja*** beansprouts
bruces: ***caer de ~*** F fall flat on one's face
bruja *f* witch; **brujo** *m* wizard
brújula *f* compass
bruma *f* mist
bruñir <3h> *v/t* burnish, polish; *C.Am.* F (*molestar*) annoy
brusco *adj* sharp, abrupt; *respuesta, tono* brusque, curt
Bruselas Brussels
brutalidad *f* brutality; **bruto 1** *adj* brutish; (*inculto*) ignorant; (*torpe*) clumsy; COM gross **2** *m*, **-a** *f* brute, animal
buceador *m*, **~a** *f* diver; **bucear** <1a> *v/i* dive; *fig* delve (***en*** into)
bucólico *adj* bucolic
budista *m/f & adj* Buddhist
buen *adj* → ***bueno***
buenaventura *f* fortune
bueno *adj* good; (*bondadoso*) kind; (*sabroso*) nice; ***por las -as*** willingly; ***de -as a primeras*** without warning; ***ponerse ~*** get well; ***¡~!*** well!; ***¿~?*** *Méx* hello; ***-a voluntad*** goodwill; ***¡-as!*** hello!; ***~s días*** good morning; ***-as noches*** good evening; ***-as tardes*** good evening
buey *m* ZO ox
búfalo *m* ZO buffalo
bufanda *f* scarf; *fig* F perk
bufete *m* lawyer's office
buffet *m* GASTR buffet
bufón *m* buffoon, fool
buganvilla *f* BOT bougainvillea
buhardilla *f* attic, loft
búho *m* ZO owl
buitre *m* ZO vulture
bulbo *m* BOT bulb
bulevar *m* boulevard
Bulgaria Bulgaria
bulimia *f* MED bulimia
bulla *f* din, racket; **bullicio** *m* hubbub, din; (*actividad*) bustle;
bullir <3h> *v/i fig*: *de sangre* boil; *de lugar* swarm, teem (***de*** with)
bulo *m* F rumo(u)r
bulto *m* package; MED lump; *en superficie* bulge; (*silueta*) vague shape; (*pieza de equipaje*) piece of baggage
bumerán *m* boomerang
buque *m* ship; ***~ de guerra*** warship
burbuja *f* bubble
burdel *m* brothel
burdo *adj* rough
burgués 1 *adj* middle-class, bourgeois **2** *m*, **-esa** *f* middle-class person, member of the bourgeoisie;
burguesía *f* middle class, bourgeoisie
burla *f* joke; (*engaño*) trick; ***hacer ~ de alguien*** F make fun of s.o.;
burlar <1a> **1** *v/t* F get round **2** *v/r* **~se** make fun (***de*** of)
burlete *m L.Am.* draft excluder, *Br* draught excluder
buró *m* bureau
burocracia *f* bureaucracy; **burócrata** *m/f* bureaucrat; **burocrático** *adj* bureaucratic
burrada *f fig* F piece of nonsense; ***hay una ~*** there's loads F; ***costar una ~*** cost a packet F
burro *m* ZO donkey; ***no ver tres en un ~*** be as blind as a bat
bursátil *adj* stock market *atr*
bus *m* bus
busca 1 *f* search; ***en ~ de*** in search of **2** *m* F pager; **buscador** *m* searcher; INFOR search engine; **buscapersonas** *m inv* pager; **buscapleitos** *m/f inv* F troublemaker;
buscar <1a> *v/t* search for, look for
búsqueda *f* search
busto *m* bust
butaca *f* armchair; TEA seat
butano *m* butane
butifarra *f type of sausage*
buzo *m* diver
buzón *m* mailbox, *Br* postbox; ***~ de voz*** TELEC voicemail
byte *m* INFOR byte

C

C *abr* (= ***Centígrado***) C (= Centigrade); (= ***compañía***) Co. (= Company); c (= ***calle***) St. (= Street); (= ***capítulo***) ch. (= chapter)
cabal *adj*: ***no estar en sus ~es*** not be in one's right mind
cabalgar <1h> *v/i* ride
cabalgata *f* procession
caballa *f* ZO mackerel
caballada *f Rpl*: ***decir / hacer una ~*** say / do sth stupid
caballería *f* MIL cavalry; (*caballo*) horse
caballero 1 *adj* gentlemanly, chivalrous **2** *m hombre* gentleman, man; *hombre educado* gentleman; HIST knight; *trato* sir; (***servicio de***) ***~s*** *pl* men's room, gents; *en tienda de ropa* menswear; **caballeroso** *adj* gentlemanly, chivalrous
caballito *m*: ***~ del diablo*** ZO dragonfly; ***~ de mar*** ZO seahorse; ***~s*** *pl* carousel *sg*, merry-go-round *sg*
caballo *m* horse; *en ajedrez* knight; ***~ balancín*** rocking horse; ***a ~ entre*** halfway between; ***montar*** *or* ***andar*** *Rpl* ***a ~*** ride (a horse); ***me gusta montar a ~*** I like riding; ***ir a ~*** go on horseback
cabaña *f* cabin
cabaret *m* cabaret
cabecear <1a> **1** *v/i* nod **2** *v/t el balón* head; **cabecera** *f de mesa, cama* head; *de periódico* masthead; *de texto* top; **cabecero** *m de cama* headboard
cabecilla *m/f* ringleader
cabello *m* hair
caber <2m> *v/i* fit; ***caben tres litros*** it holds three liters *o Br* litres; ***cabemos todos*** there's room for all of us; ***no cabe duda*** *fig* there's no doubt; ***no me cabe en la cabeza*** I just don't understand
cabestrillo *m* MED sling
cabeza 1 *f* ANAT head; ***~ de ajo*** bulb of garlic; ***~*** (***de ganado***) head (of cattle); ***~ nuclear*** nuclear warhead; ***el equipo a la ~*** *or* ***en ~*** the team at the top; ***por ~*** per head, per person; ***estar mal*** *or* ***no estar bien de la ~*** F not be right in the head F **2** *m/f*: ***~ de familia*** head of the family; ***~ de turco*** scapegoat; ***~ rapada*** skinhead
cabezada *f*: ***echar una ~*** have a nap
cabezonería *f* pigheadedness; **cabezota 1** *adj* pig-headed **2** *m/f* pig-headed person
cabida *f* capacity; ***dar ~ a*** hold
cabildo *m* POL council
cabina *f* cabin; ***~ telefónica*** phone booth
cabizbajo *adj* dejected, downhearted
cable *m* EL cable; MAR line, rope; ***echar un ~ a alguien*** give s.o. a hand
cabo *m* end; GEOG cape; MAR rope; MIL corporal; ***al ~ de*** after; ***de ~ a rabo*** F from start to finish; ***atar ~s*** F put two and two together F; ***llevar a ~*** carry out
cabra *f* ZO goat; ***estar como una ~*** F be nuts F
cabrear <1a> **1** *v/t* P bug F **2** *v/r* ***~se*** P get mad F
cabriola *f*: ***hacer ~s*** *de niño* jump around
cabro *m Chi* boy; ***~ chico*** *Chi* baby
cabrón *m* V bastard P, son of a bitch V
caca *f* F poop F, *Br* pooh F; *cosa mala* piece of trash F; ***hacer ~*** F poop F, *Br* do a pooh F
cacahuate *m Méx* peanut
cacahuete *m* peanut
cacalote *m C.Am., Cuba, Méx* crow
cacao *m* cocoa; *de labios* lip salve; ***no***

valer un ~ *L.Am. fig* F not be worth a bean F

cacatúa *f* ZO cockatoo

cacería *f* hunt

cacerola *f* pan

cachar <1a> *v/t L.Am.* (*engañar*) trick; *L.Am.* (*sorprender*) catch out; ***¿me cachas?*** *Chi* get it?

cacharro *m* pot; *Méx, C.Am.* F (*trasto*) piece of junk; *Méx, C.Am.* F *coche* junkheap; ***lavar los ~s*** *Méx, C.Am.* wash the dishes

cachas *adj*: ***estar ~*** F be a real hunk F

cachear <1a> *v/t* frisk

cachemira *f* cashmere

cachetada *f L.Am.* slap; **cachete** *m* cheek; **cachetear** <1a> *v/t L.Am.* slap

cachimba *f* pipe

cachivache *m* thing; ***~s*** *pl* (*cosas*) things, stuff *sg* F; (*basura*) junk *sg*

cacho *m* F bit; *Rpl* (*cuerno*) horn; *Ven, Col* F (*marijuana*) joint F; ***jugar al ~*** *Bol, Pe* play dice; ***ponerle ~s a alguien*** cheat on sb

cachondeo *m*: ***estar de ~*** F be joking; ***tomar a ~*** F take as a joke; ***¡vaya ~!*** F what a laugh! F

cachondo *adj* F (*caliente*) horny F; (*gracioso*) funny

cachorro *m* ZO pup

cacique *m* chief; POL *local political boss*; *fig* F tyrant

cacle *m Méx* shoe

caco *m* F thief

cactus *m inv* BOT cactus

cada *adj considerado por separado* each; *con énfasis en la totalidad* every; ***~ cosa en su sitio*** everything in its place; ***~ uno, ~ cual*** each one; ***~ vez*** every time, each time; ***~ vez más*** more and more, increasingly; ***~ tres días*** every three days; ***uno de ~ tres*** one out of every three

cadáver *m* (dead) body, corpse

cadena *f* chain; *de perro* leash, *Br* lead; TV channel; ***~ perpetua*** life sentence

cadencia *f* MÚS rhythm, cadence

cadera *f* hip

caducado *adj* out of date; **caducar** <1g> *v/i* expire; **caducidad** *f*: ***fecha de ~*** expiry date; *de alimentos, medicinas* use-by date

caer <2o> **1** *v/i* fall; ***me cae bien / mal*** *fig* I like / don't like him; ***dejar ~ algo*** drop sth; ***estar al ~*** be about to arrive; ***~ enfermo*** fall ill; ***~ en lunes*** fall on a Monday; ***¡ahora caigo!*** *fig* now I get it! **2** *v/r* **~se** fall (down)

café *m* coffee; (*bar*) café; ***~ con leche*** white coffee; ***~ descafeinado*** decaffeinated coffee; ***~ instantáneo*** instant coffee; ***~ solo*** black coffee; **cafeína** *f* caffeine; **cafetera** *f* coffee maker; *para servir* coffee pot; **cafetería** *f* coffee shop

cagar <1h> V **1** *v/i* have a shit P **2** *v/r* **~se** shit o.s. P; ***~se de miedo*** shit o.s. P

caguama *f Méx* (*tortuga*) turtle

caída *f* fall

caigo *vb* → ***caer***

caimán *m* ZO alligator; *Méx, C.Am. útil* monkey wrench

Cairo: ***El ~*** Cairo

caja *f* box; *de reloj, ordenador* case, casing; COM cash desk; *en supermercado* checkout; ***~ de ahorros*** savings bank; ***~ de cambios*** gearbox; ***~ de caudales, ~ fuerte*** safe, strongbox; ***~ de cerillas*** matchbox; ***~ de música*** music box; ***~ postal*** post office savings bank; ***~ registradora*** cash register; ***echar a alguien con ~s destempladas*** F send s.o. packing; **cajero** *m*, **-a** *f* cashier; *de banco* teller; ***~ automático*** ATM, *Br tb* cash point

cajeta *f Méx* caramel spread

cajón *m* drawer; *L.Am.* casket, coffin

cajuele *f Méx* AUTO trunk, *Br* boot

cal *f* lime

cala *f* cove

calabacín *m* BOT zucchini, *Br* courgette; **calabaza** *f* pumpkin; ***dar ~s a alguien*** F *en examen* fail s.o., flunk s.o. F; *en relación* give s.o. the brush off F

calabozo *m* cell

calada *f* puff

calado *adj* soaked; **~ *hasta los huesos*** soaked to the skin

calamar *m* ZO squid

calambre *m* EL shock; MED cramp

calamidad *f* calamity

calaña *f desp* sort, type

calar <1a> **1** *v/t* (*mojar*) soak; *techo, tela* soak through; *persona, conjura* see through **2** *v/i de zapato* leak; *de ideas, costumbres* take root; **~ *hondo en*** make a big impression on **3** *v/r* **~se** *de motor* stall; ***~se hasta los huesos*** get soaked to the skin

calato *adj Chi, Pe* naked

calavera *f* skull

calcar <1g> *v/t* trace

calceta *f*: ***hacer* ~** knit; **calcetín** *m* sock

calcinado *adj* burnt

calcio *m* calcium

calcomanía *f* decal, *Br* transfer

calculador *adj fig* calculating; **calculadora** *f* calculator; **calcular** <1a> *v/t tb fig* calculate; **cálculo** *m* calculation; MED stone; **~ *biliar*** gallstone; **~ *renal*** kidney stone

caldear <1a> *v/t* warm up; *ánimos* inflame

caldera *f* boiler; *Rpl, Chi* kettle; **calderilla** *f* small change; **caldero** *m* (small) boiler; **caldillo** *m Méx* GASTR stock

caldo *m* GASTR stock; **~ *de cultivo*** *fig* breeding ground

caldoso *adj* watery

calefacción *f* heating; **~ *central*** central heating; **calefactor** *m* heater

calendario *m* calendar; (*programa*) schedule

caléndula *f* BOT marigold

calentador *m* heater; **~ *de agua*** water heater; **calentamiento** *m*: **~ *global*** global warming; **calentar** <1k> **1** *v/t* heat (up); **~ *a alguien*** *fig* provoke s.o. **2** *v/i* DEP warm up **3** *v/r* **~se** warm up; *fig*: *de discusión, disputa* become heated; **calentura** *f* fever

calibrar <1a> *v/t* gauge; *fig* weigh up; **calibre** *m tb fig* caliber, *Br* calibre

calidad *f* quality; **~ *de vida*** quality of life; ***en* ~ *de médico*** as a doctor

cálido *adj tb fig* warm

caliente *adj* hot; F (*cachondo*) horny F; ***en* ~** in the heat of the moment

calificable *adj* gradable; **calificación** *f* description; EDU grade, *Br* mark; **calificar** <1g> *v/t* describe, label (***de*** as); EDU grade, *Br* mark

caligrafía *f* calligraphy

caliza *f* limestone

callado *adj* quiet; **callar** <1a> **1** *v/i* (*dejar de hablar*) go quiet; (*guardar silencio*) be quiet, keep quiet; ***¡calla!*** be quiet!, shut up! **2** *v/t* silence **3** *v/r* **~se** (*dejar de hablar*) go quiet; (*guardar silencio*) be quiet, keep quiet; ***~se algo*** keep sth quiet

calle *f* street; DEP lane; ***echar a alguien a la* ~** *fig* throw s.o out onto the street; **callejón** *m* alley; **~ *sin salida*** blind alley; *fig* dead end

callo *m* callus; **~*s*** *pl* GASTR tripe *sg*

calma *f* calm; **calmante 1** *adj* soothing **2** *m* MED sedative; **calmar** <1a> **1** *v/t* calm (down) **2** *v/r* **~se** calm down

calor *m* heat; *fig* warmth; ***hace mucho* ~** it's very hot; ***tengo* ~** I'm hot; **caloría** *f* calorie

calumnia *f oral* slander; *por escrito* libel; **calumniar** <1b> *v/t oralmente* slander; *por escrito* libel

caluroso *adj* hot; *fig* warm

calva *f* bald patch

calvario *m fig* calvary

calvicie *f* baldness; **calvo 1** *adj* bald **2** *m* bald man

calzada *f* road (surface); **calzado** *m* footwear; **calzador** *m* shoe horn; **calzar** <1f> **1** *v/t zapato, bota etc* put on; *mueble, rueda* wedge **2** *v/r* **~se** *zapato, bota etc* put on

calzón *m* DEP shorts *pl*; *L.Am. de hombre* shorts *pl*, *Br* (under)pants *pl*; *L.Am. de mujer* panties *pl*, *Br tb* knickers *pl*; ***calzones*** *L.Am.* shorts, *Br* (under)pants

calzoncillos *mpl* shorts, *Br* (under)-pants

cama *f* bed; ~ ***de matrimonio*** double bed; ***hacer la*** ~ make the bed; ***irse a la*** ~ go to bed
camaleón *m* chameleon
cámara *f* FOT, TV camera; (*sala*) chamber; ~ ***de comercio e industria*** chamber of commerce and industry; ***a*** ~ ***lenta*** in slow motion; ~ ***de vídeo*** video camera
camarada *m/f* comrade; *de trabajo* colleague, co-worker; **camaradería** *f* camaraderie, comradeship
camarera *f* waitress; **camarero** *m* waiter
camarógrafo *m*, **-a** *f L.Am.* camera operator
camarón *m L.Am.* ZO shrimp, *Br* prawn
camarote *m* MAR cabin; **camarotero** *m L.Am.* steward
cambalache *m Arg* F second-hand shop
cambiar <1b> **1** *v/t* change (***por*** for); *compra* exchange (***por*** for) **2** *v/i* change; ~ ***de lugar*** change places; ~ ***de marcha*** AUTO shift gear, *Br* change gear **3** *v/r* **~se** change; ***~se de ropa*** change (one's clothes); **cambio** *m* change; COM exchange rate; ~ ***climático*** climate change; ~ ***de marchas*** AUTO gear shift, *Br* gear change; ~ ***de sentido*** U-turn; ***a*** ~ ***de*** in exchange for; ***en*** ~ on the other hand
camelia *f* BOT camellia
camello **1** *m* ZO camel **2** *m/f* F (*vendedor de drogas*) pusher F, dealer
camelo *m* F con F; (*broma*) joke
camilla *f* stretcher
caminar <1a> **1** *v/i* walk; *fig* move; ***caminando*** on foot **2** *v/t* walk; **camino** *m* (*senda*) path; (*ruta*) way; ***a medio*** ~ halfway; ***de*** ~ ***a*** on the way to; ***por el*** ~ on the way; ***abrirse*** ~ *fig* make one's way; ***ir por buen*** / ***mal*** ~ *fig* be on the right / wrong track; ***ponerse en*** ~ set out
camión *m* truck, *Br tb* lorry; *Méx* bus; **camionero** *m*, **-a** *f* truck driver, *Br tb* lorry driver; *Méx* bus driver; **camioneta** *f* van
camisa *f* shirt; **camiseta** *f* T-shirt; **camisón** *m* nightdress
camorra *f* F fight; ***armar*** ~ F cause trouble
campal *adj*: ***batalla*** ~ pitched battle
campamento *m* camp
campana *f* bell; ~ ***extractora*** extractor hood; **campanada** *f* chime; ***dar la*** ~ cause a stir; **campanario** *m* bell tower
campanazo *m L.Am.* warning
campanilla *f* small bell; ANAT uvula
campante *adj*: ***tan*** ~ F as calm as anything F
campaña *f* campaign; ~ ***electoral*** election campaign
campechano *adj* down-to-earth
campeón *m*, **-ona** *f* champion; **campeonato** *m* championship; ***de*** ~ F terrific F
campera *f L.Am.* jacket
campesino **1** *adj* peasant *atr* **2** *m*, **-a** *f* peasant; **campestre** *adj* rural, country *atr*
camping *m* campground, *Br tb* campsite
campo *m* field; DEP field, *Br tb* pitch; (*estadio*) stadium, *Br tb* ground; ***el*** ~ (*área rural*) the country; ~ ***de batalla*** battlefield; ~ ***de concentración*** concentration camp; ~ ***de golf*** golf course; ~ ***visual*** MED field of vision; ***a*** ~ ***traviesa***, ~ ***a través*** cross-country
campus *m inv*: ~ ***universitario*** university campus
camuflaje *m* camouflage; **camuflar** <1a> *v/t* camouflage
cana *f* gray (*Br* grey) hair
Canadá Canada; **canadiense** *m/f & adj* Canadian
canal *m* channel; TRANSP canal; **canalete** *m* paddle; **canalizar** <1f> *v/t* channel
canalla *m* swine F, rat F
canalón *m* gutter
canapé *m* (*sofá*) couch; *para cama* base; GASTR canapé
Canarias *fpl* Canaries; **canario** **1** *adj* Canary *atr* **2** *m* ZO canary

canasta *f* basket; *juego* canasta
cancela *f* (wrought-iron) gate
cancelación *f* cancellation; **cancelar** <1a> *v/t* cancel; *deuda*, *cuenta* settle, pay
cáncer *m* MED, *fig* cancer; ***Cáncer*** *m/f inv* ASTR Cancer; **cancerígeno** *adj* carcinogenic; **canceroso** *adj* cancerous
cancha *f* DEP court; *L.Am. de fútbol* field, *Br tb* pitch; ***~ de tenis*** tennis court; ***¡~!*** *Rpl* F gangway! F; ***abrir*** *or* ***hacer ~*** *Rpl* make room; **canchear** <1a> *v/i L.Am.* climb
canciller *m* Chancellor; *S.Am. de asuntos exteriores* Secretary of State, *Br* Foreign Minister
canción *f* song; ***siempre la misma ~*** F the same old story F
candado *m* padlock
candela *f L.Am.* fire; ***¿me das ~?*** have you got a light?
candelabro *m* candelabra; **candelero** *m*: ***estar en el ~*** *de persona* be in the limelight
candente *adj* red-hot; *tema* topical
candidato *m*, **-a** *f* candidate; **candidatura** *f* candidacy
cándido *adj* naive; **candor** *m* innocence; (*franqueza*) cando(u)r
canela *f* cinnamon
canelones *mpl* GASTR cannelloni *sg*
cangrejo *m* ZO crab
canguro **1** *m* ZO kangaroo **2** *m/f* F baby-sitter
caníbal **1** *adj* cannibal *atr* **2** *m/f* cannibal
canica *f* marble
caniche *m* poodle
canícula *f* dog days *pl*
canijo *adj* F puny
canilla *f L.Am.* faucet, *Br* tap
canillita *m/f Arg* newspaper vendor
canjear <1a> *v/t* exchange (***por*** for)
canoa *f* canoe
canónico *adj* canonical; **canónigo** *m* canon; **canonizar** <1f> *v/t* canonize
cansado *adj* tired; **cansancio** *m* tiredness; **cansar** <1a> **1** *v/t* tire; (*aburrir*) bore **2** *v/r* **~se** get tired; (*aburrirse*) get bored; ***~se de algo*** get tired of sth
cantante *m/f* singer; **cantar** <1a> **1** *v/i* sing; *de delincuente* squeal P **2** *v/t* sing **3** *m*: ***ése es otro ~*** *fig* F that's a different story
cántaro *m* pitcher; ***llover a ~s*** F pour (down)
cantautor *m*, **~a** *f* singer-songwriter
cante *m*: ***~ hondo*** *or* ***jondo*** flamenco singing
cantera *f* quarry
cantidad *f* quantity, amount; ***había ~ de*** there was (*pl* were) a lot of
cantimplora *f* water bottle
cantina *f* canteen
canto[1] *m* singing; *de pájaro* song
canto[2] *m* edge; (*roca*) stone; ***~ rodado*** boulder; ***darse con un ~ en los dientes*** count o.s. lucky
canturrear <1a> *v/t* sing softly
canutas: ***las pasé ~*** F it was really tough F
caña *f* BOT reed; (*tallo*) stalk; *cerveza* small glass of beer; *L.Am.* straw; ***muebles de ~*** cane furniture; ***~ de azúcar*** sugar cane; ***~ de pescar*** fishing rod; ***dar*** *or* ***meter ~ a alguien*** F wind s.o. up F; ***¡dale ~!*** F get off your butt! F
cañada *f* ravine; *L.Am.* (*arroyo*) stream
cáñamo *m* hemp; *L.Am.* marijuana plant
cañería *f* pipe
cañero *adj L.Am.* sugar-cane *atr*
caño *m* pipe; *de fuente* spout; **cañón** **1** *m* HIST cannon; *antiaéreo*, *antitanque etc* gun; *de fusil* barrel; GEOG canyon **2** *adj* F great, fantastic F; **cañonazo** *m* gunshot
caoba *f* mahogany
caos *m* chaos; **caótico** *adj* chaotic
cap *abr* (= ***capítulo***) ch. (= chapter)
capa *f* layer; *prenda* cloak; ***~ de ozono*** ozone layer; ***~ de pintura*** coat of paint
capacidad *f* capacity; (*aptitud*) competence; ***~ de memoria / de almacenamiento*** INFOR memory / storage capacity; **capacitar** <1a>

v/t prepare; **~ *alguien para hacer algo*** qualify s.o. to do sth
capar <1a> *v/t* castrate
caparazón *m* ZO shell
capataz *m* foreman; **capataza** *f* forewoman
capaz *adj* able (***de*** to); ***ser ~ de*** be capable of
capcioso *adj*: ***pregunta -a*** trick question
capear <1a> *v/t temporal* weather
capellán *m* chaplain
capicúa *adj*: ***número ~*** reversible number
capilar 1 *adj* capillary *atr*; *loción* hair *atr* **2** *m* capillary
capilla *f* chapel; **~ *ardiente*** chapel of rest
capirotada *f Méx type of French toast with honey, cheese, raisins etc*
capital 1 *adj importancia* prime; ***pena ~*** capital punishment **2** *f de país* capital **3** *m* COM capital; **capitalismo** *m* capitalism; **capitalista 1** *adj* capitalist *atr* **2** *m/f* capitalist
capitán *m* captain; **capitanear** <1a> *v/t* captain
capitel *m* ARQUI capital
Capitolio *m* Capitol
capitulación *f* capitulation, surrender; (*pacto*) agreement; **capitular** <1a> *v/i* surrender, capitulate
capítulo *m* chapter
capó *m* AUTO hood, *Br* bonnet
capón *m Rpl* mutton
capota *f* AUTO top, *Br* hood
capote *m* cloak; MIL greatcoat; **capotera** *f L.Am.* coat stand
capricho *m* whim; **caprichoso** *adj* capricious
Capricornio *m/f inv* ASTR Capricorn
cápsula *f* capsule; **~ *espacial*** space capsule
captar <1a> *v/t* understand; RAD pick up; *negocio* take
capturar <1a> *v/t* capture
capucha *f* hood
capuchino *m* cappuccino
capullo *m* ZO cocoon; BOT bud
caqui 1 *adj* khaki **2** *m* BOT persimmon
cara *f* face; (*expresión*) look; *fig* nerve; ***~ a algo*** facing sth; ***~ a ~*** face to face; ***de ~ a*** facing; *fig* with regard to; ***dar la ~*** face the consequences; ***echar algo en ~ a alguien*** remind s.o. of sth; ***tener ~ dura*** have a nerve; ***tener buena / mala ~*** *de comida* look good / bad; *de persona* look well / sick; ***~ o cruz*** heads or tails
carabinero *m* GASTR (large) shrimp, *Br* prawn; (*agente de aduana*) border guard
caracol *m* snail; ***¡~es!*** wow! F; *enfado* damn! F; **caracola** *f* ZO conch
carácter *m* character; (*naturaleza*) nature; **característica** *f* characteristic; **característico** *adj* characteristic (***de*** of); **caracterizar** <1f> **1** *v/t* characterize; TEA play (the part of) **2** *v/r* **~se** be characterized (***por*** by)
caradura *m/f* F guy / woman with a nerve, *Br* cheeky devil F
carajillo *m coffee with a shot of liquor*
carajo *m*: ***irse al ~*** F go down the tubes F
caramba *int* wow!; *enfado* damn! F
carambola *f billar* carom, *Br* cannon; ***por*** *or* ***de ~*** F by sheer chance
caramelo *m dulce* candy, *Br* sweet; (*azúcar derretida*) caramel
carantoña *f* caress
caraqueño 1 *adj* of / from Caracas, Caracas *atr* **2** *m*, **-a** *f* native of Caracas
carátula *f de disco* jacket, *Br tb* sleeve; *L.Am. de reloj* face
caravana *f* (*remolque*) trailer, *Br* caravan; *de tráfico* queue of traffic, traffic jam; *Méx* (*reverencia*) bow
caray *int* F wow! F; *enfado* damn! F
carbón *m* coal; **carboncillo** *m* charcoal; **carbonizar** <1f> *v/t* char; **carbono** *m* QUÍM carbon
carburador *m* AUTO carburet(t)or; **carburante** *m* fuel
carca *m/f & adj* F reactionary
carcajada *f* laugh, guffaw; ***reír a ~s*** roar with laughter; **carcajearse** <1a> *v/r* have a good laugh (***de*** at)
cárcel *f* prison; **carcelero** *m*, **-a** *f*

warder, jailer
carcinoma *f* MED carcinoma
carcoma *f* ZO woodworm; **carcomer** <2a> **1** *v/t* eat away; *fig*: *de envidia* eat away at, consume **2** *v/r* **~se** be eaten away; ***~se de*** *fig* be consumed with
cardamomo *m* BOT cardamom
cardenal *m* REL cardinal; (*hematoma*) bruise
cardíaco, **cardiaco** *adj* cardiac
cardinal *adj* cardinal; ***número ~*** cardinal number; ***puntos ~es*** points of the compass, cardinal points
cardiólogo *m*, **-a** *f* cardiologist
cardo *m* BOT thistle
carecer <2d> *v/i*: ***~ de algo*** lack sth; **carencia** *f* lack (***de*** of); **carente** *adj*: ***~ de*** lacking in
careta *f* mask
carga *f* load; *de buque* cargo; MIL, EL charge; (*responsabilidad*) burden; ***~ explosiva*** explosive charge; ***~ fiscal*** *or* ***impositiva*** tax burden; ***ser una ~ para alguien*** be a burden to s.o.; ***volver a la ~*** return to the attack; **cargado** *adj* loaded (***de*** with); *aire* stuffy; *ambiente* tense; *café* strong; **cargamento** *m* load; **cargante** *adj* F annoying
cargar <1h> **1** *v/t arma*, *camión* load; *batería*, *acusado* charge; COM charge (***en*** to); *L.Am.* (*traer*) carry; ***esto me carga*** *L.Am.* P I can't stand this **2** *v/i* (*apoyarse*) rest (***sobre*** on); (*fastidiar*) be annoying; ***~ con algo*** carry sth; ***~ con la culpa*** *fig* shoulder the blame; ***~ contra alguien*** MIL, DEP charge (at) s.o. **3** *v/r* **~se** *con peso*, *responsabilidad* weigh o.s. down; F (*matar*) bump off F; F (*romper*) wreck F
cargo *m* position; JUR charge; ***alto ~*** high-ranking position; *persona* high-ranking official; ***a ~ de la madre*** in the mother's care; ***está a ~ de Gómez*** Gómez is in charge of it; ***hacerse ~ de algo*** take charge of sth
cariarse <1b> *v/r* decay
Caribe *m* Caribbean; **caribeño** *adj* Caribbean
caricatura *f* caricature; **caricaturizar** <1f> *v/t* caricature
caricia *f* caress
caridad *f* charity
caries *f* MED caries
cariño *m* affection, fondness; ***hacer ~ a alguien*** *L.Am.* (*acariciar*) caress s.o.; (*abrazar*) hug s.o.; ***¡~!*** darling!; ***con ~*** with love; **cariñoso** *adj* affectionate
carisma *m* charisma; **carismático** *adj* charismatic
caritativo *adj* charitable
cariz *m* look; ***tomar mal ~*** start to look bad
carmín *m de labios* lipstick
carnaval *m* carnival
carne *f* meat; *de persona* flesh; ***~ de gallina*** *fig* goose bumps *pl*, *Br* gooseflesh; ***~ picada*** ground meat, *Br* mince; ***de ~ y hueso*** flesh and blood; ***sufrir algo en sus propias ~s*** *fig* go through sth oneself
carné *m* → ***carnet***
carnear <1a> *v/t L.Am.* slaughter
carnero *m* ram
carnet *m* card; ***~ de conducir*** driver's license, *Br* driving licence; ***~ de identidad*** identity card
carnicería *f* butcher's; *fig* carnage; **carnicero** *m*, **-a** *f* butcher
carnívoro *adj* carnivorous
carnoso *adj* fleshy
caro *adj* expensive, dear; ***costar ~*** *fig* cost dear
carozo *m Chi*, *Rpl* pit
carpa *f de circo* big top; ZO carp; *L.Am. para acampar* tent; *L.Am. de mercado* stall
carpeta *f* file
carpintero *m* carpenter; *de obra* joiner; ***pájaro ~*** woodpecker
carpir <3a> *v/t L.Am.* hoe
carraspear <1a> *v/i* clear one's throat; **carraspera** *f* hoarseness
carrera *f* race; EDU degree course; *profesional* career; ***~ de armamento*** arms race; ***a las ~s*** at top speed; *con prisas* in a rush; ***hacer la ~*** F *de*

C

prostituta turn tricks F; ***~s** pl* ***de coches*** motor racing *sg*; **carrerilla** *f*: ***tomar ~*** take a run up; ***decir algo de ~*** reel sth off
carreta *f* cart; **carrete** *m* FOT (roll of) film; ***~ de hilo*** reel of thread
carretera *f* highway, (main) road; ***~ de circunvalación*** ring road; **carretilla** *f* wheelbarrow
carril *m* lane; ***~-bici*** cycle lane; ***~-bus*** bus lane
carrillo *m* cheek; ***comer a dos ~s*** F stuff oneself F
carrito *m* cart, *Br* trolley; ***~ de bebé*** buggy, *Br* pushchair; **carro** *m* cart; *L.Am.* car; *L.Am.* (*taxi*) taxi, cab; ***~ de combate*** tank; ***~-patrulla*** *L.Am.* F patrol car
carrocería *f* AUTO bodywork
carroña *f* carrion
carruaje *m* carriage
carta *f* letter; GASTR menu; (*naipe*) playing card; (*mapa*) chart; ***~ certificada*** *or* ***registrada*** registered letter; ***~ urgente*** special-delivery letter; ***a la ~*** a la carte; ***dar ~ blanca a alguien*** give s.o. carte blanche *o* a free hand; ***poner las ~s boca arriba*** *fig* put one's cards on the table; ***tomar ~s en el asunto*** intervene in the matter; **cartearse** <1a> *v/r* write to each other
cartel *m* poster; ***estar en ~*** *de película, espectáculo* be on
cártel *m* cartel
cartelera *f* billboard; *de periódico* listings, entertainments section
cartera *f* wallet; (*maletín*) briefcase; COM, POL portfolio; *de colegio* knapsack, *Br* satchel; *L.Am.* purse, *Br* handbag; *mujer* mailwoman, *Br* postwoman; **carterista** *m/f* pickpocket; **cartero** *m* mailman, *Br* postman
cartílago *m* cartilage
cartilla *f* reader; *Méx* identity card; ***~ de ahorros*** savings book; ***leerle a alguien la ~*** F give s.o. a telling off F
cartógrafo *m*, **-a** *f* cartographer
cartón *m* cardboard; *de tabaco* carton; ***~ piedra*** pap(i)er- mâché
cartuchera *f* cartridge belt; **cartucho** *m de arma* cartridge
cartulina *f* sheet of card; ***~ roja*** DEP red card
casa *f* house; (*hogar*) home; ***en ~*** at home; ***como una ~*** F huge F; ***~ cuna*** children's home; ***~ de huéspedes*** rooming house, *Br* boarding house; ***~ matriz*** head office; ***~ de socorro*** first aid post; ***~ adosada, ~ pareada*** → ***chalet***
casaca *f* cassock
casado *adj* married; ***recién ~*** newlywed; **casamentero** *m*, **-a** *f* matchmaker; **casar** <1a> **1** *v/i fig* match (up); ***~ con*** go with **2** *v/r* ***~se*** get married; ***~se con alguien*** marry s.o.; ***no ~se con nadie*** *fig* refuse to compromise
cascabel *m* small bell
cascada *f* waterfall
cascado *adj voz* hoarse; F *persona* worn out F
cascanueces *m inv* nutcracker
cascar <1g> *v/t* crack; *algo quebradizo* break; *fig* F whack F; ***~la*** peg out F
cáscara *f de huevo* shell; *de naranja, limón* peel
cascarón *m* shell; ***salir del ~*** hatch (out)
cascarrabias *m inv* F grouch F
casco *m* helmet; *de barco* hull; (*botella vacía*) empty (bottle); *edificio* empty building; *de caballo* hoof; *de vasija* fragment; ***~ urbano*** urban area; ***~s azules*** MIL blue berets, UN peace-keeping troops
cascote *m* piece of rubble
casera *f* landlady; **casero** **1** *adj* home-made; ***comida -a*** home cooking **2** *m* landlord
caseta *f* hut; *de feria* stall
casete *m* (*also f*) cassette
casi *adv* almost, nearly; *en frases negativas* hardly
casilla *f en formulario* box; *en tablero* square; *de correspondencia* pigeon hole; *S.Am.* post office box; ***sacar a alguien de sus ~s*** drive s.o. crazy

C

casino *m* casino
caso *m* case; ***en ~ de que***, ***~ de*** in the event that, in case of; ***hacer ~*** take notice; ***ser un ~*** F be a real case F; ***no venir al ~*** be irrelevant; ***en todo ~*** in any case, in any event; ***en el peor de los ~s*** if the worst comes to the worst; ***en último ~*** as a last resort
caspa *f* dandruff
caspiroleta *f S.Am.* eggnog
casquillo *m de cartucho* case; EL bulb holder; *L.Am.* horseshoe
cassette *m* (*also f*) cassette; ***~ virgen*** blank cassette
casta *f* caste
castaña *f* chestnut; ***sacar las ~s del fuego a alguien*** *fig* F pull s.o.'s chestnuts out of the fire F; **castaño 1** *adj color* chestnut, brown **2** *m* chestnut (tree); *color* chestnut, brown; ***ya pasa de ~ oscuro*** F it's gone too far, it's beyond a joke; **castañuela** *f* castanet; ***estar como unas ~s*** F be over the moon F
castellano *m* (Castilian) Spanish
castidad *f* chastity
castigar <1h> *v/t* punish; **castigo** *m* punishment
castillo *m* castle; ***~ de fuegos artificiales*** firework display
castizo *adj* pure
casto *adj* chaste
castor *m* ZO beaver
castrar <1a> *v/t* castrate; *fig* emasculate
castrense *adj* army *atr*
casual *adj* chance *atr*; **casualidad** *f* chance, coincidence; ***por*** *or* ***de ~*** by chance
cataclismo *m* cataclysm, catastrophe
catalán 1 *adj* Catalan **2** *m*, **-ana** *f* Catalan
catalejo *m* telescope
catalizador *m* catalyst; AUTO catalytic converter; **catalizar** <1f> *v/t* catalyze
catalogar <1h> *v/t* catalog(ue); *fig* class; **catálogo** *m* catalog(ue)
catamarán *m* MAR catamaran
cataplasma *f* MED poultice; *fig*: *persona* bore
catapulta *f* slingshot, *Br* catapult; **catapultar** <1a> *v/t* catapult
catar <1a> *v/t* taste
catarata *f* GEOG waterfall; MED cataract
catarro *m* cold; *inflamación* catarrh
catástrofe *f* catastrophe; **catastrófico** *adj* catastrophic
cate *m* EDU F fail; **catear** <1a> *v/t* F flunk F
catecismo *m* catechism
catedral *f* cathedral; ***una mentira como una ~*** F a whopping great lie F
catedrático *m*, **-a** *f* EDU head of department
categoría *f* category; *social* class; *fig*: *de local*, *restaurante* class; (*estatus*) standing; ***actor de primera ~*** first-rate actor; **categórico** *adj* categorical
catequesis *f* catechism
catéter *m* MED catheter
catolicismo *m* (Roman) Catholicism; **católico 1** *adj* (Roman) Catholic **2** *m*, **-a** *f* (Roman) Catholic
catorce *adj* fourteen
catre *m* bed
cauce *m* riverbed; *fig* channel; ***volver a su ~*** *fig* get back to normal
caucho *m* rubber; *L.Am.* (*neumático*) tire, *Br* tyre
caudal *m de río* volume of flow; *fig* wealth
caudillo *m* leader
causa *f* cause; (*motivo*) reason; JUR lawsuit; ***a ~ de*** because of; **causante** *m* cause; **causar** <1a> *v/t* cause
cáustico *adj tb fig* caustic
cautela *f* caution; **cauteloso** *adj* cautious
cauterizar <1f> *v/t* cauterize
cautivar <1a> *v/t fig* captivate; **cautiverio** *m*, **cautividad** *f* captivity; **cautivo 1** *adj* captive **2** *m*, **-a** *f* captive
cauto *adj* cautious
cava *m* cava, sparkling wine

cavar <1a> *v/t* dig
caverna *f* cavern; **cavernícola** *m/f* caveman; *mujer* cavewoman
caviar *m* caviar
cavidad *f* cavity
cavilar <1a> *v/t* meditate on
cayó *vb* → ***caer***
caza **1** *f* hunt; *actividad* hunting; ***~ mayor / menor*** big / small game; ***andar a la ~ de algo / alguien*** be after sth / s.o. **2** *m* AVIA fighter; **cazador** *m* hunter; **cazadora** *f* hunter; *prenda* jacket; **cazar** <1f> **1** *v/t animal* hunt; *fig: información* track down; (*pillar, captar*) catch; ***~ un buen trabajo*** get o.s. a good job **2** *v/i* hunt; ***ir a ~*** go hunting
cazo *m* saucepan; **cazuela** *f* pan; *de barro, vidrio* casserole
cazurro *adj* stubborn; (*basto*) coarse; (*lento de entender*) dense F, thick F
c.c. *abr* (= ***centímetro cúbico***) c.c. (= cubic centimeter)
c/c *abr* (= ***cuenta corriente***) C / A (= checking account)
CD *m* (= ***disco compacto***) CD (= compact disc); *reproductor* CD-player; **CD-ROM** *m* CD-ROM
cebada *f* barley
cebar <1a> **1** *v/t* fatten; *anzuelo* bait; TÉC prime; *L.Am. mate* prepare **2** *v/r* **~se** feed (***en*** on); ***~ con alguien*** vent one's fury on s.o.; **cebo** *m* bait
cebolla *f* onion
cebra *f* zebra; ***paso de ~*** crosswalk, *Br* zebra crossing
ceceo *m pronunciation of 's' with 'th' sound*
cecina *f* cured meat
cedazo *m* sieve
ceder <2a> **1** *v/t* give up; (*traspasar*) transfer, cede; ***~ el paso*** AUTO yield, *Br* give way **2** *v/i* give way, yield; *de viento, lluvia* ease off
cedro *m* BOT cedar
cédula *f L.Am.* identity document
cegar <1h> *v/t* blind; *tubería* block; **ceguera** *f tb fig* blindness
ceja *f* eyebrow; ***lo tiene entre ~ y ~*** F she can't stand him F
cejar <1a> *v/i* give up; ***no ~ en*** not let up in
celador *m*, **~a** *f* orderly; *de cárcel* guard; *de museo* attendant
celda *f* cell
celebración *f* celebration; **celebrar** <1a> *v/t misa* celebrate; *reunión, acto oficial* hold; *fiesta* have, hold; **célebre** *adj* famous
celeste *adj* light blue, sky blue; **celestial** *adj* celestial; *fig* heavenly
celibato *m* celibacy
celo *m* zeal; (*cinta adhesiva*) Scotch® tape, *Br* Sellotape®; ***en ~*** ZO in heat; ***~s*** *pl* jealousy *sg*; ***tener ~s de*** be jealous of
celofán *m* cellophane
celoso *adj* jealous (***de*** of)
célula *f* cell; **celular** *adj* cellular; **celulitis** *f* cellulite; **celulosa** *f* cellulose
cementerio *m* cemetery
cemento *m* cement
cena *f* dinner; *más tarde* supper
cenagoso *adj* boggy
cenar <1a> **1** *v/t*: ***~ algo*** have sth for dinner **2** *v/i* have dinner
cencerro *m* cowbell
cenicero *m* ashtray
cenit *m* AST zenith; *fig* peak
ceniza *f* ash; ***~s*** ashes
censo *m* census; ***~ electoral*** voting register, electoral roll
censura *f* censorship; **censurar** <1a> *v/t* censor; *tratamiento* condemn
cent *abr* (= ***céntimo***) cent
centavo *m* cent
centellear <1a> *v/i* sparkle; *de estrella* twinkle
centena *f* hundred; **centenar** *m* hundred; ***regalos a ~es*** hundreds of gifts; **centenario** **1** *adj* hundred-year-old *atr* **2** *m* centennial, *Br* centenary
centeno *m* BOT rye
centígrado *adj* centigrade; ***dos grados ~s*** two degrees centigrade; **centímetro** *m* centimeter, *Br* centimetre; **céntimo** *m* cent; ***estar***

C

sin un ~ not have a red cent F
centinela *m/f* sentry; *de banda criminal* lookout
central **1** *adj* central; (*principal*) main, central **2** *f* head office; ***~ atómica*** *or* ***nuclear*** nuclear power station; ***~ eléctrica*** power station; ***~ telefónica*** telephone exchange; ***~ térmica*** thermal power station; **centralismo** *m* POL centralism; **centralita** *f* TELEC switchboard; **centralizar** <1f> *v/t* centralize; **centrar** <1a> **1** *v/t tb* DEP center, *Br* centre; *esfuerzos* focus (***en*** on) **2** *v/r* **~se** concentrate (***en*** on); **céntrico** *adj* central
centrifugar <1h> *v/t* spin
centro *m* center, *Br* centre; ***~ comercial*** (shopping) mall, *Br* shopping centre; ***~ urbano*** *en señal* town center (*Br* centre)
Centroamérica Central America; **centroamericano** *adj* Central American
ceñido *adj* tight; **ceñirse** <3h & 3l> *v/r*: ***~ a algo*** *fig* stick to sth
ceño *m*: ***fruncir el ~*** frown
cepa *f de vid* stock
cepillar <1a> **1** *v/t* brush **2** *v/r* **~se** brush; F (*comerse*) polish off F; F (*matar*) kill, knock off F; **cepillo** *m* brush; ***~ de dientes*** toothbrush
cera *f* wax
cerámica *f* ceramics
cerca[1] *f* fence
cerca[2] *adv* near, close; ***de ~*** close up; ***~ de*** near, close to; (*casi*) nearly
cercanía *f*: ***tren de ~s*** suburban train; **cercano** *adj* nearby; ***~ a*** close to, near to; **cercar** <1g> *v/t* surround; *con valla* fence in
cerciorarse <1a> *v/r* make sure (***de*** of)
cerco *m* ring; *de puerta* frame; *L.Am.* fence; ***poner ~ a*** lay siege to
cerda *f animal* sow; *fig* F *persona* pig F; *de brocha* bristle; **cerdo** *m* hog, *Br* pig; *fig* F *persona* pig F
cereal *m* cereal; ***~es*** *pl* (breakfast) cereal *sg*
cerebro *m* ANAT brain; *fig*: *persona* brains *sg*
ceremonia *f* ceremony
cereza *f* cherry; **cerezo** *m* cherry (tree)
cerilla *f* match
cernerse <2g> *v/r*: ***~ sobre*** *fig* hang over
cernícalo *m* ZO kestrel
cero *m* EDU zero, *Br tb* nought; *en fútbol etc* zero, *Br* nil; *en tenis* love; ***bajo / sobre ~*** below / above zero; ***empezar desde ~*** *fig* start from scratch; ***vencer por tres a ~*** win three-zero (*Br* nil)
cerrado *adj* closed; *persona* narrow-minded; (*tímido*) introverted; *cielo* overcast; ***curva -a*** tight curve
cerradura *f* lock; ***ojo de la ~*** keyhole; **cerrajero** *m*, **-a** *f* locksmith
cerrar <1k> **1** *v/t* close; *para siempre* close down; *tubería* block; *grifo* turn off; ***~ con llave*** lock **2** *v/i* close; *para siempre* close down **3** *v/r* **~se** close; *de cielo* cloud over; *de persona* shut o.s. off (***a*** from); ***~se de golpe*** slam shut
cerrazón *f fig* narrow-mindedness
cerrero *adj L.Am. persona* rough
cerril *adj animal* wild; (*terco*) stubborn, pig-headed F; (*torpe*) F dense F
cerro *m* hill
cerrojo *m* bolt; ***echar el ~*** bolt the door
certamen *m* competition
certeza *f* certainty; **certidumbre** *f* certainty
certificado **1** *adj carta* registered **2** *m* certificate; **certificar** <1g> *v/t* certify; *carta* register
cerval *adj*: ***miedo ~*** terrible fear
cervecería *f* bar
cerveza *f* beer; ***~ de barril*** *or* ***de presión*** draft, *Br* draught (beer); ***~ negra*** stout; ***~ rubia*** lager; ***fábrica de ~*** brewery
cesante *adj Chi* unemployed, jobless; ***dejar ~ a alguien*** let s.o. go; **cesar** <1a> *v/i* stop; ***no ~ de hacer algo*** keep on doing sth; ***sin ~*** non-stop

cesárea *f* MED C(a)esarean
cese *m* cessation
cesión *f* transfer
césped *m* lawn
cesta *f* basket; **~ *de la compra*** shopping basket; **cesto** *m* large basket
C.F. *abr* (= ***Club de Fútbol***) FC (= Football Club)
cfc *abr* (= ***clorofluorocarbono***) CFC (= chlorofluorocarbon)
cg. *abr* (= ***centigramo***) centigram
ch/ *abr* (= ***cheque***) check
chabacano *adj* vulgar, tacky F
chabola *f* shack; ***barrio de ~s*** shanty town
chacal *m* ZO jackal
chacarero *m*, **-a** *f Rpl*, *Chi* smallholder, farmer
chacha *f* F maid
cháchara*s* *fpl L.Am.* junk *sg*, bits and pieces
chachi *adj* F great F
chacra *f L.Am.* AGR smallholding
chafar <1a> *v/t* squash; *cosa erguida* flatten; F *planes etc* ruin F
chaflán *m* corner
chal *m* shawl
chalado *adj* F crazy F (***por*** about)
chalé *m* → ***chalet***
chaleco *m de traje* waistcoat; *de sport* gilet, bodywarmer; **~ *salvavidas*** life vest; **~ *antibalas*** bulletproof vest
chalet *m* chalet; **~ *adosado*** *house sharing one or more walls with other houses*; **~ *pareado*** semi-detached house
chalupa *f* MAR small boat; *Méx* stuffed tortilla
chamaca *f C.Am.*, *Méx* girl; **chamaco** *m C.Am.*, *Méx* boy
chamarra *f Méx* (*saco*) (short) jacket
chamba *f Méx* F job
chambón *m*, **-ona** *f Méx* F clumsy idiot F
champán *m*, **champaña** *m* champagne
champiñón *m* BOT mushroom
champú *m* shampoo
chamuscar <1g> *v/t* scorch; *pelo* singe
chamusquina *f*: ***oler a ~*** F smell fishy F
chance 1 *m L.Am.* chance; ***dame ~*** let me have a go **2** *conj Méx* perhaps, maybe
chanchería *f L.Am.* pork butcher's shop; **chancho** *m L.Am.* hog, *Br* pig; *carne* pork
chanchullo *m* F trick, scam F
chancla *f* thong, *Br* flip-flop; *Méx*, *C.Am.* (*zapato*) slipper; **chancleta** *f* thong, *Br* flip-flop; *S.Am.* F baby girl
chándal *m* tracksuit
changa *f Rpl* odd job
chango 1 *adj Méx* F sharp, smart **2** *m*, **-a** *f Méx* monkey
chanquetes *mpl* GASTR whitebait *sg*
chantaje *m* blackmail; ***hacer ~ a alguien*** blackmail s.o.; **chantajear** <1a> *v/t* blackmail; **chantajista** *m/f* blackmailer
chanza *f* wisecrack
chao *int* bye
chapa *f* (*tapón*) cap; (*plancha*) sheet (of metal); (*insignia*) badge; AUTO bodywork; **chapado** *adj* plated; **~ *a la antigua*** old-fashioned; **~ *en oro*** gold-plated; **chapar** <1a> *v/t* plate; *Arg*, *Pe* catch
chaparro *adj Méx* small
chaparrón *m* downpour; *fig* F *de insultos* barrage
chapotear <1a> *v/i* splash
chapucero 1 *adj* shoddy, slapdash **2** *m*, **-a** *f* shoddy worker
chapurrear <1a> *v/t*: **~ *el francés*** speak poor French
chapuza *f* (*trabajo mal hecho*) shoddy piece of work; (*trabajo menor*) odd job
chapuzón *m* dip; ***darse un ~*** go for a dip
chaqué *m* morning coat; **chaqueta** *f* jacket; **~ *de punto*** cardigan; **chaquetero** *m*, **-a** *f* F turncoat; **chaquetón** *m* three-quarter length coat
charango *m Pe*, *Bol* five string guitar
charca *f* pond; **charco** *m* puddle
charcutería *f* delicatessen

charla *f* chat; *organizada* talk; **charlar** <1a> *v/i* chat; **charlatán 1** *adj* talkative **2** *m*, **-ana** *f* chatterbox
charol *m* patent leather; ***zapatos de ~*** patent leather shoes
charqui *m L.Am.* beef jerky
charro 1 *adj desp* garish, gaudy **2** *m Méx* (Mexican) cowboy
chasco *m* joke; ***llevarse un ~*** be disappointed
chasis *m inv* AUTO chassis
chasquear <1a> *v/t* click; *látigo* crack; **chasquido** *m* click; *de látigo* crack
chatarra *f* scrap
chato *adj nariz* snub; *L.Am. nivel* low
chau *int Rpl* bye
chaucha *f Rpl* French bean
chaval *m* F kid F, boy; **chavala** *f* F kid F, girl; **chavalo** *m C.Am.* F kid F, boy
che *int Rpl* hey!, look!
checar <1g> *v/t Méx* check
checo 1 *adj* Czech **2** *m*, **-a** *f* Czech
chef *m* chef
chelo *m* MÚS cello
chepa *f* F hump; ***subírsele a la ~*** get too familiar
cheque *m* check, *Br* cheque; ***~ cruzado*** crossed check (*Br* cheque); ***~ sin fondos*** bad check (*Br* cheque); ***~ de viaje*** traveler's check, *Br* traveller's cheque; **chequear** <1a> *v/t* check; *C.Am. equipaje* check (in); **chequeo** *m* MED check-up; **chequera** *f* checkbook, *Br* chequebook
chica *f* girl
chicha *f L.Am.* corn liquor; ***no ser ni ~ ni limonada*** F be neither one thing nor the other
chícharo *m Méx* pea
chiche 1 *adj C.Am.* F (*fácil*) easy **2** *m S.Am.* (*juguete*) toy; (*adorno*) trinket
chichera *f C.Am.* jail
chichería *f L.Am. bar selling corn liquor*
chichón *m* bump
chicle *m* chewing gum
chico 1 *adj* small, little **2** *m* boy
chifa *m Pe* Chinese restaurant; (*comida china*) Chinese food
chifla *f Méx* whistling; **chiflado** *adj* F crazy F (***por*** about), nuts F (***por*** about); **chiflar** <1a> **1** *v/t* boo **2** *v/i* whistle; ***me chifla ...*** F I'm crazy about ... F
chile *m* chilli (pepper)
Chile Chile; **chileno 1** *adj* Chilean **2** *m*, **-a** *f* Chilean
chillar <1a> *v/i* scream, shriek; *de cerdo* squeal; **chillido** *m* scream, shriek; *de cerdo* squeal; **chillón 1** *adj voz* shrill; *color* loud **2** *m*, **-ona** *f* loudmouth
chilote *m C.Am.* baby corn
chimenea *f* chimney; *de salón* fireplace
chimichurri *m Rpl* hot sauce
chimpancé *m* ZO chimpanzee
China China
china[1] *f* Chinese woman
china[2] *f piedra* small stone
chincheta *f* thumbtack, *Br* drawing pin
chinchorro *m* hammock
chinear <1a> *v/t C.Am. niños* look after
chingar <1h> *v/t Méx* V screw V, fuck V; ***¡chinga tu madre!*** screw you! V, fuck you! V; ***no chingues*** don't screw me around V
chino 1 *adj* Chinese **2** *m* Chinese man; *idioma* Chinese; *L.Am. desp* half-breed *desp*; ***trabajo de ~s*** F hard work; ***me suena a ~*** F it's all Chinese *o* double Dutch to me F
chip *m* INFOR chip
chipirón *m* baby squid
chiquilla *f* girl, kid; **chiquillo** *m* boy, kid
chirimoya *f* BOT custard apple
chiringuito *m* beach bar
chiripa *f*: ***de ~*** F by sheer luck
chirona *f*: ***en ~*** F in the can F, inside F
chirriar <1c> *v/i* squeak; **chirrido** *m* squeak
chisme *m* F bit of gossip; *objeto* doodad F, *Br* doodah F; **chismografía** *f* F gossip; **chismorrear** <1a> *v/i* F gossip; **chismoso 1** *adj*

gossipy **2** *m*, **-a** *f* F gossip
chispa *f* spark; (*cantidad pequeña*) spot; *fig* F wit; **chispear** <1a> *v/i* spark; *fig* sparkle; *de lluvia* spit
chistar <1a> *v/i*: ***sin ~*** without saying a word
chiste *m* joke
chiva *f L.Am.* goat; *C.Am., Col* bus
chivarse <1a> *v/r* F rat F (***a*** to); **chivato** *m*, **-a** *f* F stool pigeon F;
chivo *m* ZO kid; *C.Am., Méx* wages *pl*
chocante *adj* (*sorprendente*) startling; *que ofende* shocking; (*extraño*) odd; *L.Am.* (*antipático*) unpleasant;
chocar <1g> **1** *v/t*: ***¡choca esos cinco!*** P give me five! P, put it there! P **2** *v/i* crash (***con, contra*** into), collide (***con*** with); ***~le a alguien*** (*sorprender*) surprise s.o.; (*ofender*) shock s.o.; ***me choca ese hombre*** F that guy disgusts me; ***~ con un problema*** come up against a problem
chocho *adj* F senile; ***estar ~ con*** dote on
choclo *m Rpl* corn, *Br* corn on the cob
chocolate *m* chocolate; F (*hachís*) hashish, hash F; **chocolatina** *f* chocolate bar
chófer, *L.Am.* **chofer** *m* driver
chollo *m* F bargain
cholo *m L.Am.* half-caste *desp*
chompa *f S.Am.* jumper, sweater
chop *m L.Am.* large beer
chopo *m* BOT poplar
choque *m* collision, crash; DEP, MIL clash; MED shock
chorizo *m* chorizo (*spicy cured sausage*); F thief; *Rpl* (*filete*) rump steak
chorlito *m*: ***cabeza de ~*** F featherbrain F
chorrada *f* F piece of junk; ***decir ~s*** F talk garbage, *Br* talk rubbish
chorrear <1a> *v/i* gush out, stream; (*gotear*) drip; **chorro** *m líquido* jet, stream; *fig* stream; *C.Am.* faucet, *Br* tap
chovinista *m/f* chauvinist
choza *f* hut
chubasco *m* shower; **chubasquero** *m* raincoat
chuchería *f* knick-knack; (*golosina*) candy, *Br* sweet
chucho 1 *adj C.Am.* mean **2** *m* F (*perro*) mutt F, mongrel; *Chi* (*cárcel*) can F, prison
chueco *adj L.Am.* (*torcido*) twisted
chulería *f* bragging
chuleta *f* GASTR chop
chulo F **1** *adj* fantastic F, great F; *Méx* (*guapo*) attractive; (*presuntuoso*) cocky F **2** *m* pimp F
chumbera *f C.Am.* prickly pear
chumpipe *m C.Am.* turkey
chupa *f* jacket
chupado *adj* F (*delgado*) skinny F; F (*fácil*) dead easy F; *L.Am.* F drunk;
chupar <1a> **1** *v/t* suck; (*absorber*) soak up **2** *v/r* **~se**: ***~se algo*** suck sth; *fig* F put up with sth; ***~se los dedos*** F lick one's fingers; **chupete** *m de bebé* pacifier, *Br* dummy; (*sorbete*) Popsicle®, *Br* ice lolly
chupi *adj* F great F, fantastic F
churrasco *m Rpl* steak
churro *m* fritter; (*chapuza*) botched job
chusma *f desp* rabble *desp*
chutar <1a> *v/i* DEP shoot; ***esto va que chuta*** F this is working out fine; ***y vas que chutas*** F and that's your lot! F
chuzo *m Chi* F *persona* dead loss F; ***caer ~s de punta*** F pelt down F
Cía. *abr* (= ***Compañía***) Co. (= Company)
ciberespacio *m* cyberspace; **cibernauta** *m/f* Internet surfer; **cibernética** *f* cybernetics
cicatriz *f* scar; **cicatrizar** <1f> scar
cíclico *adj* cyclical; **ciclismo** *m* cycling; **ciclista** *m/f* cyclist; **ciclo** *m* cycle; *de cine* season; **ciclomotor** *m* moped; **ciclón** *m* cyclone; **cicloturismo** *m* bicycle touring
ciega *f* blind woman; **ciego 1** *adj* blind; ***a -as*** blindly **2** *m* blind man
cielito *m Rpl folk dance*
cielo *m* sky; REL heaven; ***ser un ~*** F be an angel F; ***~ raso*** ceiling

C

ciempiés *m inv* ZO centipede
cien *adj* a *o* one hundred
ciencia *f* science; ~ ***ficción*** science fiction; ***a ~ cierta*** for certain, for sure; **científico 1** *adj* scientific **2** *m*, **-a** *f* scientist
ciento *pron* a *o* one hundred; ***~s de*** hundreds of; ***el cinco por ~*** five percent
ciernes: ***en ~*** *fig* potential, in the making
cierre *m* fastener; *de negocio* closure; ***~ centralizado*** AUTO central locking; ***~ relámpago*** *L.Am.* zipper, *Br* zip
cierto *adj* certain; ***hasta ~ punto*** up to a point; ***un ~ encanto*** a certain charm; ***es ~*** it's true; ***~ día*** one day; ***por ~*** incidentally; ***estar en lo ~*** be right
ciervo *m* ZO deer; ***~ volante*** ZO stag beetle
c.i.f. *abr* (= ***costo, seguro y flete***) cif (= cost, insurance, freight)
cifra *f* figure
cigala *f* ZO crayfish
cigarra *f* ZO cicada
cigarrería *f L.Am. shop selling cigarettes etc*; **cigarrillo** *m* cigarette; **cigarro** *m* cigar; *L.Am.* cigarette
cigüeña *f* ZO stork
cigüeñal *m* AUTO crankshaft
cilantro *m* BOT coriander
cilindrada *f* AUTO cubic capacity; **cilíndrico** *adj* cylindrical; **cilindro** *m* cylinder
cima *f* summit; *fig* peak
cimarrón *adj L.Am. animal* wild; *esclavo* runaway; ***mate ~*** *Arg* unsweetened maté
cimentar <1k> *v/t* lay the foundations of; *fig* base (***en*** on); **cimientos** *mpl* foundations
cinc *m* zinc
cincel *m* chisel
cinco 1 *adj* five **2** *m* five; ***no tener ni ~*** F not have a red cent F
cincuenta *adj* fifty; **cincuentón** *m* man in his fifties; **cincuentona** *f* woman in her fifties
cine *m* movies *pl*, cinema; **cineasta** *m/f* film-maker; **cinéfilo** *m*, **-a** *f* movie buff; **cinematográfico** *adj* movie *atr*
cinético *adj* kinetic
cínico 1 *adj* cynical **2** *m*, **-a** *f* cynic; **cinismo** *m* cynicism
cinta *f* ribbon; *de música, vídeo* tape; ***~ adhesiva*** adhesive tape; ***~ aislante*** electrical tape, friction tape, *Br* insulating tape; ***~ métrica*** tape measure; ***~ de vídeo*** video tape
cintura *f* waist; **cinturón** *m* belt; ***~ de seguridad*** AUTO seatbelt
cíper *m Méx* zipper, *Br* zip
ciprés *m* BOT cypress
circo *m* circus
circuito *m* circuit; ***corto ~*** EL short circuit; **circulación** *f* movement; FIN, MED circulation; AUTO traffic; ***poner en ~*** put into circulation; **circular 1** *adj* circular **2** <1a> *v/i* circulate; AUTO drive, travel; *de persona* move (along); **círculo** *m* circle; ***~ vicioso*** vicious circle
circuncisión *f* circumcision
circundante *adj* surrounding
circunferencia *f* circumference
circunscribir <3a; *part* ***circunscrito***> *v/t* limit (***a*** to); **circunscripción** *f* POL electoral district, *Br* constituency
circunspecto *adj* circumspect, cautious
circunstancia *f* circumstance; **circunstancial** *adj* circumstantial
circunvalación *f*: (***carretera de***) ~ beltway, *Br* ring-road
cirio *m* candle; ***armar*** *or* ***montar un ~*** F kick up a fuss F
ciruela *f* plum; ***~ pasa*** prune
cirugía *f* surgery; ***~ estética*** cosmetic surgery; **cirujano** *m*, **-a** *f* surgeon
cisco *m*: ***hacer ~*** smash
cisne *m* ZO swan
cisterna *f de WC* cistern
cistitis *f* MED cystitis
cita *f* appointment; *de texto* quote, quotation; **citar** <1a> **1** *v/t a reunión* arrange to meet; *a juicio* summon; (*mencionar*) mention; *de texto*

quote **2** *v/r* **~se** arrange to meet
citología *f* smear test
cítrico *m* citrus fruit
ciudad *f* town; *más grande* city; **~ *universitaria*** university campus; **ciudadano** *m*, **-a** *f* citizen
cívico *adj* civic; **civil** *adj* civil; ***casarse por lo* ~** have a civil wedding; **civilización** *f* civilization; **civismo** *m* civility
cizaña *f*: ***sembrar*** *or* ***meter* ~** cause trouble
cl. *abr* (= ***centilitro***) cl. (= centiliter)
clamar <1a> *v/i*: **~ *por algo*** clamo(u)r for sth, cry out for sth; **clamor** *m* roar; *fig* clamo(u)r
clan *m* clan
clandestino *adj* POL clandestine, underground
claqué *m* tap-dancing
clara *f de huevo* white; *bebida* beer with lemonade, *Br* shandy
claraboya *f* skylight
claridad *f* light; *fig* clarity; **clarificar** <1g> *v/t* clarify
clarinete *m* clarinet
clarividente *m/f* clairvoyant
claro *adj tb fig* clear; *color* light; (*luminoso*) bright; *salsa* thin; ***¡~!*** of course!; ***hablar* ~** speak plainly
clase *f* class; (*variedad*) kind, sort; **~ *particular*** private class; ***dar* ~(*s*)** teach
clásico *adj* classical
clasificación *f* DEP league table; **clasificar** <1g> **1** *v/t* classify **2** *v/r* **~se** DEP qualify
claudicar <1g> *v/i* give in
claustro *m* ARQUI cloister
claustrofobia *f* claustrophobia
cláusula *f* clause
clausurar <1a> *v/t acto oficial* close; *por orden oficial* close down
clavadiste *m/f Méx* diver
clavado *adj*: ***ser* ~ *a alguien*** be the spitting image of s.o. F; **clavar** <1a> **1** *v/t* stick (***en*** into); *clavos, estaca* drive (***en*** into); *uñas* sink (***en*** into); **~ *los ojos en alguien*** fix one's eyes on s.o.; **~ *a alguien por algo*** F overcharge s.o. for sth **2** *v/r* **~se**: ***~se un cuchillo en la mano*** stick a knife into one's hand
clave **1** *f* key; ***en* ~** in code **2** *adj* (*importante*) key
clavel *m* BOT carnation
clavícula *f* ANAT collarbone
clavija *f* EL pin
clavo *m de metal* nail; GASTR clove; *CSur* F *persona* dead loss F; ***dar en el* ~** hit the nail on the head
claxon *m* AUTO horn
clemencia *f* clemency, mercy
clementina *f* BOT clementine
clérigo *m* priest, clergyman; **clero** *m* clergy
clic *m* INFOR click; ***hacer* ~ *en*** click on
cliché *m* cliché
clienta, **cliente** *m/f de tienda* customer; *de empresa* client; **clientela** *f* clientele, customers *pl*
clima *m* climate; **climatizado** *adj* air-conditioned; **climatizar** <1f> *v/t* air-condition
clímax *m fig* climax
clínica *f* clinic; **clínico** *adj* clinical
clip *m para papeles* paperclip; *para el pelo* bobby pin, *Br* hairgrip
cloaca *f tb fig* sewer
clon *m* BIO clone; **clonación** *f* BIO cloning; **clonar** <1a> *v/t* clone
cloro *m* QUÍM chlorine
clóset *m L.Am.* closet, *Br* wardrobe
club *m* club; **~ *náutico*** yacht club
cm *abr* (= ***centímetro***) cm (= centimeter)
coacción *f* coercion; **coaccionar** <1a> *v/t* coerce
coagular <1a> **1** *v/t* coagulate; *sangre* clot **2** *v/r* **~se** coagulate; *de sangre* clot; **coágulo** *m* clot
coala *m* ZO koala
coalición *f* coalition; **coaligarse** <1h> *v/r tb* POL work together, join forces
coartada *f* JUR alibi
coba *f*: ***dar* ~ *a alguien*** F soft-soap s.o. F
cobarde **1** *adj* cowardly **2** *m/f* coward
cobaya *m/f* guinea pig

C

cobertizo *m* shed; **cobertor** *m* (*manta*) blanket; **cobertura** *f* cover; TV *etc* coverage
cobija *f L.Am.* blanket; **cobijar** <1a> **1** *v/t* give shelter to; (*acoger*) take in **2** *v/r* **~se** take shelter; **cobijo** *m* shelter, refuge
cobra *f* ZO cobra
cobrador *m*, **~a** *f a domicilio* collector; **cobrar** <1a> **1** *v/t* charge; *subsidio, pensión* receive; *deuda* collect; *cheque* cash; *salud, fuerzas* recover; *importancia* acquire **2** *v/i* be paid, get paid; ***vas a ~*** F (*recibir un palo*) you're going to get it! F
cobre *m* copper
cobro *m* charging; *de subsidio* receipt; *de deuda* collection; *de cheque* cashing
coca *f* F *droga* coke F; ***de ~*** *Méx* free
cocacho *m S.Am.* F whack on the head F
cocada *f L.Am.* coconut cookie
cocaína *f* cocaine; **cocainómano** *m*, **-a** *f* cocaine addict
cocción *f* cooking; *en agua* boiling; *al horno* baking; **cocer** <2b> **1** *v/t* cook; *en agua* boil; *al horno* bake **2** *v/r* **~se** cook; *en agua* boil; *al horno* bake; *fig* F *de persona* be roasting F
cochambroso *adj* F filthy
coche *m* car; *Méx* (*taxi*) cab, taxi; ***~ de caballos*** horse-drawn carriage; ***~ cama*** sleeping car; ***~ comedor*** *L.Am.* dining car; ***~ de línea*** (long-distance) bus; **cochecito** *m*: ***~ de niño*** stroller, *Br* pushchair; **cochera** *f* garage; *de trenes* locomotive shed
cochina *f* sow; F *persona* pig F; **cochino 1** *adj fig* filthy, dirty; (*asqueroso*) disgusting **2** *m* hog, *Br* pig; F *persona* pig F
cocido 1 *adj* boiled **2** *m* stew
cociente *m* quotient
cocina *f habitación* kitchen; *aparato* cooker, stove; *actividad* cooking; ***~ de gas*** gas cooker *o* stove; **cocinar** <1a> **1** *v/t* cook; *fig* F plot **2** *v/i* cook; **cocinero** *m*, **-a** *f* cook
coco *m* BOT coconut; *monstruo* bogeyman F; ***comer el ~ a alguien*** F softsoap s.o.; *más fuerte* brainwash s.o.
cocodrilo *m* crocodile
cocoliche *m Arg* pidgin Spanish
cocotazo *m L.Am.* F whack on the head F
cocotero *m* coconut palm
cóctel *m* cocktail; ***~ Molotov*** Molotov cocktail
cód *abr* (= ***código***) code
codazo *m*: ***darle a alguien un ~*** elbow s.o.
codearse <1a> *v/r*: ***~ con alguien*** rub shoulders with s.o.
codicia *f* greed; **codiciar** <1b> *v/t* covet; **codicioso** *adj* greedy
codificado *adj* TV encrypted; **código** *m* code; ***~ de barras*** COM barcode; ***~ postal*** zip code, *Br* postcode
codo *m* ANAT elbow; ***~ con ~*** *fig* F side by side; ***hablar por los ~s*** F talk nineteen to the dozen F
codorniz *f* ZO quail
coeficiente *m* coefficient
coetáneo *m*, **-a** *f* contemporary
coexistir <3a> *v/i* coexist (***con*** with)
cofradía *f* fraternity; (*gremio*) guild
cofre *m de tesoro* chest; *para alhajas* jewel(le)ry box
coger <2c> **1** *v/t* (*asir*) take (hold of); *del suelo* pick up; *ladrón, enfermedad* catch; TRANSP catch, take; (*entender*) get; *L.Am.* V screw V **2** *v/i en un espacio* fit; *L.Am.* V screw V; ***~ por la primera a la derecha*** take the first right **3** *v/r* **~se** hold on (tight); ***~se de algo*** hold on to sth
cogorza *f*: ***agarrar una ~*** F get plastered F
cogote *m* F nape of the neck
cohabitar <1a> *v/i* live together, cohabit
cohecho *m* JUR bribery
coherencia *f* coherence; **coherente** *adj* coherent; ***ser ~ con*** be consistent with; **cohesión** *f* cohesion
cohete *m* rocket
cohibir <3a> *v/t* inhibit

COI *abr* (= ***Comité Olímpico Internacional***) IOC (= International Olympic Committee)
coima *f L.Am.* bribe
coincidencia *f* coincidence; **coincidir** <3a> *v/i* coincide
coito *m* intercourse
cojear <1a> *v/i de persona* limp, hobble; *de mesa, silla* wobble; **cojera** *f* limp
cojín *m* cushion
cojo *adj persona* lame; *mesa, silla* wobbly
cojón *m* V ball V
cojonudo *adj* P awesome F, brilliant
col. *abr* (= ***columna***) col. (= column)
col *f* cabbage; **~ *de Bruselas*** Brussels sprout
cola[1] *f* (*pegamento*) glue
cola[2] *f* (*de animal*) tail; *de gente* line, *Br* queue; *L.Am.* F *de persona* butt F, *Br* bum F; ***hacer* ~** stand in line, *Br* queue; ***estar a la* ~** be in last place
colaboración *f* collaboration; **colaborador** *m*, **~a** *f* collaborator; *en periódico* contributor; **colaborar** <1a> *v/i* collaborate
colación *f*: ***traer*** *or* ***sacar a* ~** bring up
colada *f*: ***hacer la* ~** do the laundry *o* washing; **colado** *adj*: ***estar* ~ *por alguien*** F be nuts about s.o. F; **colador** *m* colander; *para té etc* strainer
colapsar <1a> **1** *v/t* paralyze; **~ *el tráfico*** bring traffic to a standstill **2** *v/r* **~se** grind to a halt; **colapso** *m* collapse; ***provocar un* ~ *en la ciudad*** bring the city to a standstill
colar <1m> **1** *v/t líquido* strain; *billete falso* pass; **~ *algo por la aduana*** F smuggle sth through customs **2** *v/i fig* F: ***no cuela*** I'm not buying it F **3** *v/r* **~se** F *en un lugar* get in; *en una fiesta* gatecrash; *en una cola* cut in line, *Br* push in
colcha *f L.Am.* bedspread; **colchón** *m* mattress; *fig* buffer; **colchoneta** *f* DEP mat; *hinchable* air bed
cole *m* F school
colección *f* collection; **coleccionar** <1a> *v/t* collect; **coleccionista** *m/f* collector; **colecta** *f* collection; **colectivero** *m*, **-a** *f Arg* bus driver; **colectivo** **1** *adj* collective **2** *m L.Am.* bus; *Méx, C.Am.* taxi
colega *m/f* colleague; F pal
colegiado *m*, **-a** *f* DEP referee
colegial *m* student, schoolboy; **colegiala** *f* student, schoolgirl; **colegio** *m* school; **~ *electoral*** electoral college; **~ *profesional*** professional institute
cólera **1** *f* anger; ***montar en* ~** get in a rage **2** *m* MED cholera
colesterol *m* cholesterol
coleta *f* ponytail; **~s** *de pelo* bunches
colgado *adj*: ***dejar* ~ *a alguien*** F let s.o. down; **colgador** *m L.Am.* hanger; **colgante** **1** *adj* hanging **2** *m* pendant; **colgar** <1h> **1** *v/t* hang; TELEC put down **2** *v/i* hang (***de*** from); TELEC hang up **3** *v/r* **~se** hang o.s.; INFOR F lock up; ***~se de algo*** hang from sth; ***~se de alguien*** hang onto s.o.
colibrí *m* ZO hummingbird
cólico *m* MED colic
coliflor *f* cauliflower
colilla *f* cigarette end
colina *f* hill
colindante *adj* adjoining
colirio *m* MED eye drops *pl*
colisión *f* collision; *fig* clash; **colisionar** <1a> *v/i* collide (***con*** with)
colitis *f* MED colitis
collar *m* necklace; *para animal* collar
colleras *fpl Chi* cuff links
colmar <1a> *v/t deseos, ambición etc* fulfill; **~ *un vaso*** fill a glass to the brim; **~ *a alguien de elogios*** heap praise on s.o.
colmena *f* beehive
colmillo *m* ANAT eye tooth; *de perro* fang; *de elefante, rinoceronte* tusk
colmo *m*: ***¡es el ~!*** this is the last straw!; ***para* ~** to cap it all
colocación *f* positioning, placing; (*trabajo*) position; **colocar** <1g> **1** *v/t* put, place; **~ *a alguien en un trabajo*** get s.o. a job **2** *v/r* **~se** *de*

persona position o.s.; ***se colocó a mi lado*** he stood next to me; ***se colocaron en primer lugar*** they moved into first place
colofón *m fig* culmination
Colombia Colombia; **colombiano** **1** *adj* Colombian **2** *m*, **-a** *f* Colombian
Colón Columbus
colonia *f* colony; *de viviendas* subdivision, *Br* estate; *perfume* cologne; ~ ***de verano*** summer camp; **colonial** *adj* colonial; **colonización** *f* colonization; **colonizar** <1f> *v/t* colonize
coloquial *adj* colloquial; **coloquio** *m* talk
color *m* colo(u)r; ~ ***café*** coffee-colo(u)red; *L.Am.* brown; **colorado** *adj* red; **colorante** *m* colo(u)ring; **colorear** <1a> *v/t* colo(u)r; **colorete** *m* blusher; **colorido** *m* colo(u)rs *pl*
colosal *adj* colossal
columna *f* column; ~ ***vertebral*** ANAT spinal column; **columnista** *m/f* columnist
columpiar <1b> **1** *v/t* swing **2** *v/r* **~se** swing; **columpio** *m* swing
colza *f* BOT rape
coma **1** *f* GRAM comma **2** *m* MED coma
comadre *f L.Am.* godmother
comadrear <1a> *v/i* F gossip
comadrona *f* midwife
comandante *m* MIL commander; *rango* major; AVIA captain
comarca *f* area
comba *f* jump rope, *Br* skipping rope; ***jugar*** *or* ***saltar a la*** ~ jump rope, *Br* skip
combate *m acción* combat; MIL engagement; DEP fight; ***fuera de*** ~ out of action; **combatir** <3a> *v/t & v/i* fight
combi *m Méx* minibus
combinación *f* combination; *prenda* slip; ***hacer*** ~ TRANSP change; **combinar** <1a> *v/t* combine
combustible *m* fuel; **combustión** *f* combustion
comedia *f* comedy; **comedianta** *f* actress; **comediante** *m* actor
comedido *adj* moderate
comedor *m* dining room
comején *m* termite
comensal *m/f* diner
comentar <1a> *v/t* comment on; **comentario** *m* comment; ~ ***de texto*** textual analysis; **~*s*** *pl* gossip *sg*; **comentarista** *m/f* commentator
comenzar <1f> *v/t* begin
comer <2a> **1** *v/t* eat; *a mediodía* have for lunch **2** *v/i* eat; *a mediodía* have lunch; ***dar de ~ a alguien*** feed s.o. **3** *v/r* **~se** *tb fig* eat up; ***se comió una palabra*** she missed out a word; ***está para comértela*** F she's really tasty F
comercial **1** *adj* commercial; *de negocios* business *atr*; ***el déficit*** ~ the trade deficit **2** *m/f* representative; **comercializar** <1f> *v/t* market, sell; *desp* commercialize; **comerciante** *m/f* trader; ~ ***al por menor*** retailer; **comercio** *m actividad* trade; *local* store, shop; ~ ***exterior*** foreign trade
comestible **1** *adj* eatable, edible **2** *m* foodstuff; **~*s*** *pl* food *sg*
cometa **1** *m* comet **2** *f* kite
cometer <2a> *v/t* commit; *error* make; **cometido** *m* task
comezón *f* itch
cómic *m* comic
comicios *mpl* elections *pl*
cómico **1** *adj* comical **2** *m*, **-a** *f* comedian
comida *f* (*comestibles*) food; *ocasión* meal
comienzo *m* beginning
comillas *fpl* quotation marks, inverted commas
comino *m* BOT cumin; ***me importa un*** ~ F I don't give a damn F
comisaría *f* precinct, *Br* police station; **comisario** *m* commissioner; *de policía* captain, *Br* superintendent; **comisión** *f* committee; *de gobierno* commission; (*recompensa*) commission
comité *m* committee
comitiva *f* retinue

como 1 *adv* as; ***así ~*** as well as; ***había ~ cincuenta*** there were about fifty **2** *conj* if; ***~ si*** as if; ***~ no bebas vas a enfermar*** if you don't drink you'll get sick; ***~ no llegó, me fui solo*** as *o* since she didn't arrive, I went by myself

cómo *adv* how; ***¿~ estás?*** how are you?; ***¡~ me gusta!*** I really like it; ***me gusta ~ habla*** I like the way he talks; ***¿~ dice?*** what did you say?; ***¡~ no!*** *Méx* of course!

cómoda *f* chest of drawers

comodidad *f* comfort

comodín *m en naipes* joker

cómodo *adj* comfortable

comp. *abr* (= ***compárese***) cf (= confer)

compacto *adj* compact

compadecer <2d> **1** *v/t* feel sorry for **2** *v/r* **~se** feel sorry (***de*** for)

compadre *m L.Am.* F buddy F; **compadrear** <1a> *v/i Arg* F brag; **compadrito** *m Arg* F show-off

compaginar <1a> *v/t fig* combine

compañero *m*, **-a** *f* companion; *en una relación, un juego* partner; ***~ de trabajo*** coworker, colleague; ***~ de clase*** classmate; **compañía** *f* company; ***hacer ~ a alguien*** keep s.o. company

comparación *f* comparison; ***en ~ con*** in comparison with; **comparado** *adj*: ***~ con*** compared with; **comparar** <1a> *v/t* compare

comparecencia *f* JUR appearance; **comparecer** <2d> *v/i* appear

compartir <3a> *v/t* share (***con*** with)

compás *m* MAT compass; MÚS rhythm; ***al ~*** to the beat

compasión *f* compassion

compatibilidad *f* compatibility; **compatible** *adj* INFOR compatible

compatriota *m/f* compatriot

compendio *m* summary

compenetrado *adj*: ***están muy ~s*** they are very much in tune with each other; **compenetrarse** <1a> *v/r*: ***~ con alguien*** reach a good understanding with s.o.

compensación *f* compensation; **compensar** <1a> **1** *v/t* compensate (***por*** for) **2** *v/i fig* be worthwhile

competencia *f* (*habilidad*) competence; *entre rivales* competition; (*incumbencia*) area of responsibility, competency; ***~ desleal*** unfair competition; **competente** *adj* competent

competición *f* DEP competition; **competir** <3l> *v/i* compete (***con*** with); **competitivo** *adj* competitive

compilar <1a> *v/t* compile

compinche *m/f* F buddy F; *desp* crony F

complacencia *f* (*placer*) pleasure; (*tolerancia*) indulgence; **complacer** <2x> *v/t* please; **complaciente** *adj* obliging, helpful

complejidad *f* complexity

complejo 1 *adj* complex **2** *m* PSI complex; ***~ de inferioridad*** inferiority complex

complementar <1a> *v/t* complement; **complemento** *m* complement; GRAM complement, object; ***~s de moda*** fashion accessories

completar <1a> *v/t* complete; **completo** *adj* complete; *autobús, teatro* full; ***por ~*** completely

complicación *f* complication; **complicado** *adj* complicated; **complicar** <1g> **1** *v/t* complicate **2** *v/r* **~se** get complicated; ***~se la vida*** make things difficult for o.s.

cómplice *m/f* accomplice

complot *m* plot

componente *m* component; **componer** <2r; *part* ***compuesto***> **1** *v/t* make up, comprise; *sinfonía, poema etc* compose; *algo roto* fix, mend **2** *v/r* **~se** be made up (***de*** of); *L.Am.* MED get better

comportamiento *m* behavio(u)r; **comportarse** <1a> *v/r* behave

composición *f* composition; **compositor** *m*, **~a** *f* composer

compostura *f fig* composure

compota *f* compote

compra *f acción* purchase; (*cosa comprada*) purchase, buy; ***ir de ~s*** go shopping; **comprar** <1a> *v/t* buy, purchase; **compraventa** *f* buying and selling

comprender <2a> *v/t* understand; (*abarcar*) include; **comprensión** *f* understanding; *de texto, auditiva* comprehension; **comprensivo** *adj* understanding

compresa *f* sanitary napkin, *Br* sanitary towel; **compresión** *f tb* INFOR compression; **comprimido** *m* MED pill; **comprimir** <3a> *v/t* compress

comprobación *f* check; **comprobar** <1m> *v/t* check; (*darse cuenta de*) realize

comprometer <2a> **1** *v/t* compromise; (*obligar*) commit **2** *v/r* **~se** promise (***a*** to); *a una causa* commit o.s.; *de novios* get engaged; **comprometido** *adj* committed; ***estar ~ en algo*** be implicated in sth; ***estar ~*** *de novios* be engaged; **compromiso** *m* commitment; (*obligación*) obligation; (*acuerdo*) agreement; (*apuro*) awkward situation; ***sin ~*** COM without commitment; ***soltero y sin ~*** F footloose and fancy-free

compuesto **1** *part* → ***componer*** **2** *adj* composed; ***estar ~ de*** be composed of

compulsar <1a> *v/t* certify; **compulsivo** *adj* PSI compulsive

computación *f L.Am.* computer science

computadora *f L.Am.* computer; ***~ de escritorio*** desktop (computer); ***~ personal*** personal computer; ***~ portátil*** laptop; **computarizar** <1f> *v/t* computerize

comulgar <1h> *v/i* take communion; ***~ con alguien*** (***en algo***) *fig* F think the same way as s.o. (on sth)

común *adj* common; ***por lo ~*** generally; **comuna** *f* commune; *L.Am.* (*población*) town

comunicación *f* communication; TRANSP link; **comunicado** **1** *adj* connected; ***el lugar está bien ~*** the place has good transport links **2** *m* POL press release, communiqué; **comunicar** <1g> **1** *v/t* TRANSP connect, link; ***~ algo a alguien*** inform s.o. of sth **2** *v/i* communicate; TELEC be busy, *Br tb* be engaged **3** *v/r* **~se** communicate

comunidad *f* community; ***~ autónoma*** autonomous region

comunión *f* REL communion

comunismo *m* Communism; **comunista** *m/f & adj* Communist

comunitario *adj* POL EU *atr*, Community *atr*

con *prp* with; ***voy ~ ellos*** I'm going with them; ***pan ~ mantequilla*** bread and butter; ***~ todo eso*** in spite of all that; ***~ tal de que*** provided that, as long as; ***~ hacer eso*** by doing that

conato *m*: ***~ de violencia*** minor outbreak of violence; ***~ de incendio*** small fire

cóncavo *adj* concave

concebir <3l> *v/t* conceive

conceder <2a> *v/t* concede; *entrevista, permiso* give; *premio* award

concejal *m*, **~a** *f* council(l)or

concentración *f* concentration; *de personas* gathering; **concentrar** <1a> **1** *v/t* concentrate **2** *v/r* **~se** concentrate (***en*** on); *de gente* gather

concepto *m* concept; ***en ~ de algo*** COM (in payment) for sth; ***bajo ningún ~*** on no account

concernir <3i> *v/i* concern; ***en lo que concierne a X*** as far as X is concerned

concertar <1k> *v/t cita* arrange; *precio* agree; *esfuerzos* coordinate

concesión *f* concession; COM dealership; ***hacer concesiones*** make concessions; **concesionario** *m* dealer

concha *f* ZO shell

conchabar <1a> **1** *v/t L.Am. trabajador* hire **2** *v/r* **~se** F plot

conciencia *f* conscience; ***a ~*** conscientiously; ***con plena ~ de*** fully conscious of; **concienciar** <1b> **1** *v/t*: ***~ a alguien de algo*** make s.o. aware of sth **2** *v/r* **~se** realize (***de*** sth); **concienzudo** *adj* conscientious

concierto *m* MÚS concert; *fig* agreement

conciliador *adj* conciliatory; **conciliar** <1b> *v/t* reconcile; ***~ el sueño*** get to sleep

conciso *adj* concise

concluir <3g> *v/t & v/i* conclude; **conclusión** *f* conclusion; ***en ~*** in short

concretar <1a> **1** *v/t* specify; (*hacer concreto*) realize **2** *v/r* **~se** materialize; *de esperanzas* be fulfilled; **concreto 1** *adj* specific; (*no abstracto*) concrete; ***en ~*** specifically **2** *m L.Am.* concrete

concurrencia *f* audience; *de circunstancias* combination; **concurrido** *adj* crowded; **concursante** *m/f* competitor; **concursar** <1a> *v/i* compete; **concurso** *m* competition; COM tender

conde *m* count

condecoración *f* decoration; **condecorar** <1a> decorate

condena *f* JUR sentence; (*desaprobación*) condemnation; **condenar** <1a> *v/t* JUR sentence (***a*** to); (*desaprobar*) condemn

condensación *f* condensation; **condensado** *adj* condensed; **condensar** <1a> **1** *v/t* condense; *libro* abridge **2** *v/r* **~se** condense

condesa *f* countess

condescendiente *adj actitud* accommodating; *desp* condescending

condición *f* condition; ***a ~ de que*** on condition that; ***estar en condiciones de*** be in a position to

condimentar <1a> flavo(u)r; **condimento** *m* seasoning

condón *m* condom

cóndor *m* ZO condor

conducir <3o> **1** *v/t vehículo* drive; (*dirigir*) lead (***a*** to); EL, TÉC conduct **2** *v/i* drive; *de camino* lead (***a*** to); **conducta** *f* conduct, behavio(u)r; **conducto** *m* pipe; *fig* channel; ***por ~ de*** through; **conductor** *m*, **~a** *f* driver; ***~ de orquesta*** *L.Am.* conductor

condujo *vb* → ***conducir***

conectar <1a> *v/t* connect, link; EL connect

conejillo *m*: ***~ de Indias*** *tb fig* guinea pig; **conejo** *m* rabbit

conexión *f tb* EL connection

confabularse <1a> *v/r* plot

confección *f* making; *de vestidos* dressmaking; *de trajes* tailoring; **confeccionar** <1a> *v/t* make

confederación *f* confederation

conferencia *f* lecture; (*reunión*) conference; TELEC long-distance call; **conferenciante** *m/f* lecturer; **conferencista** *m/f L.Am.* lecturer; **conferir** <3i> *v/t* award

confesar <1k> **1** *v/t* REL confess; *delito* confess to, admit **2** *v/i* JUR confess **3** *v/r* **~se** confess; (*declararse*) admit to being; **confesión** *f* confession

confeti *m* confetti

confiado *adj* trusting; **confianza** *f* confidence; ***~ en sí mismo*** self-confidence; ***de ~*** *persona* trustworthy; ***amigo de ~*** good friend; **confiar** <1c> **1** *v/t secreto* confide (***a*** to); ***~ algo a alguien*** entrust s.o. with sth, entrust sth to s.o. **2** *v/i* trust (***en*** in); (*estar seguro*) be confident (***en*** of); **confidencia** *f* confidence; **confidencial** *adj* confidential

configuración *f* configuration; INFOR set-up, configuration; **configurar** <1a> *v/t* shape; INFOR set up, configure

confinar <1a> *v/t* confine

confirmación *f* confirmation; **confirmar** <1a> *v/t* confirm

confiscar <1g> *v/t* confiscate

confitería *f* confectioner's

confitura *f* preserve

conflagración *f* conflagration; (*guerra*) war

conflicto *m* conflict

conformarse <1a> *v/r* make do (***con*** with); **conforme 1** *adj* satisfied (***con*** with) **2** *prp*: ***~ a*** in accordance with

confortable *adj* comfortable

confrontación *f* confrontation

confundir <3a> **1** *v/t* confuse; (*equivocar*) mistake (***con*** for) **2** *v/r* **~se** make a mistake; ***~se de calle*** get the wrong street; **confusión** *f* confusion; **confuso** *adj* confused

congelación *f* freezing; ***~ de precios / de salarios*** price / wage freeze; **congelado** *adj* frozen; **congelador** *m* freezer; **congelar** <1a> **1** *v/t* freeze **2** *v/r* **~se** freeze

congeniar <1b> *v/i* get on well (***con*** with)

congénito *adj* congenital

congestión *f* MED congestion; ***~ del tráfico*** traffic congestion; **congestionar** <1a> *v/t* congest

congoja *f* anguish

congregar <1h> *v/t* bring together; **congresal** *m/f L.Am.*, **congresista** *m/f* conference *o* convention delegate, conventioneer; **congreso** *m* conference, convention; ***Congreso*** *en EE.UU* Congress; ***~ de los diputados*** *lower house of Spanish parliament*

congrio *m* ZO conger eel

conjetura *f* conjecture

conjugar <1h> *v/t* GRAM conjugate; *fig* combine

conjunción *f* GRAM conjunction; **conjuntivitis** *f* MED conjunctivitis; **conjunto 1** *adj* joint **2** *m de personas*, *objetos* collection; *de prendas* outfit; MAT set; ***en ~*** as a whole

conllevar <1a> *v/t* entail

conmemorar <1a> *v/t* commemorate

conmigo *pron* with me

conmoción *f* shock; (*agitación*) upheaval; **conmocionar** <1a> *v/t* shock; **conmovedor** *adj* moving; **conmover** <2h> **1** *v/t* move **2** *v/r* **~se** be moved

conmutador *m* EL switch; *L.Am.* TELEC switchboard

connotación *f* connotation

cono *m* cone

conocer <2d> **1** *v/t* know; *por primera vez* meet; *tristeza*, *amor etc* experience, know; (*reconocer*) recognize; ***dar a ~*** make known **2** *v/r* **~se** know one another; *por primera vez* meet one another; *a sí mismo* know o.s.; ***se conoce que*** it seems that; **conocido 1** *adj* well-known **2** *m*, **-a** *f* acquaintance; **conocimiento** *m* knowledge; MED consciousness; ***perder el ~*** lose consciousness

conquista *f* conquest; **conquistar** <1a> *v/t* conquer; *persona* win over

consabido *adj* usual

consagrar <1a> **1** *v/t* REL consecrate; (*hacer famoso*) make famous; *vida* devote **2** *v/r* **~se** devote o.s. (***a*** to)

consciente *adj* MED conscious; ***~ de*** aware of, conscious of

consecuencia *f* consequence; ***a ~ de*** as a result of; ***en ~*** consequently; **consecuente** *adj* consistent; **consecutivo** *adj* consecutive; ***tres años ~s*** three years in a row;

conseguir <3l> *v/t* get; *objetivo* achieve

consejero *m*, **-a** *f* adviser; COM director; **consejo** *m* piece of advice; ***~ de administración*** board of directors; ***~ de ministros*** *grupo* cabinet; *reunión* cabinet meeting

consenso *m* consensus; **consentido** *adj* spoilt; **consentimiento** *m* consent; **consentir** <3i> **1** *v/t* allow; *a niño* indulge **2** *v/i*: ***~ en algo*** agree to sth

conserje *m/f* superintendent, *Br* caretaker

conserva *f*: ***en ~*** canned, *Br* tinned; ***~s*** *pl* canned (*Br* tinned) food *sg*; **conservación** *f de alimentos* preservation; *de edificios*, *especies* conservation; **conservador** *adj* conservative; **conservante** *m* preservative; **conservar** <1a> **1** *v/t* conserve; *alimento* preserve **2** *v/r* **~se** survive; **conservatorio** *m* conservatory

considerable *adj* considerable; **consideración** *f* consideration; **considerar** <1a> *v/t* consider

consigna *f* order; *de equipaje* baggage room, *Br* left-luggage

consigo *pron* with him / her; (*con usted, con ustedes*) with you; (*con uno*) with you, with one *fml*
consiguiente *adj* consequent; ***por ~*** and so, therefore
consistencia *f* consistency; **consistente** *adj* consistent; (*sólido*) solid; **consistir** <3a> *v/i* consist (***en*** of)
consola *f* INFOR console
consolar <1m> *v/t* console
consolidar <1a> **1** *v/t* consolidate **2** *v/r* **~se** strengthen
consomé *m* GASTR consommé
consonancia *f*: ***en ~ con*** in keeping with; **consonante** *f* consonant
consorte *m/f* spouse
conspiración *f* conspiracy; **conspirar** <1a> *v/i* conspire
constancia *f* constancy; ***dejar ~ de*** leave a record of; **constante** *adj* constant; **constar** <1a> *v/i* be recorded; ***~ de*** consist of
constatación *f* verification; **constatar** <1a> *v/t* verify
constelación *f* AST constellation
consternar <1a> *v/t* dismay
constipado **1** *adj*: ***estar ~*** have a cold **2** *m* cold; **constiparse** <1a> *v/r* get a cold
constitución *f* constitution; **constituir** <3g> *v/t* constitute, make up; *empresa, organismo* set up
construcción *f* construction; (*edificio*) building; **construir** <3g> *v/t* build, construct
consuelo *m* consolation
cónsul *m/f* consul; **consulado** *m* consulate
consulta *f* consultation; MED *local* office, *Br* surgery; **consultar** <1a> *v/t* consult; **consultor** *m*, **~a** *f* consultant; **consultoría** *f* consultancy; **consultorio** *m* MED office, *Br* surgery
consumidor *m*, **~a** *f* COM consumer; **consumir** <3a> **1** *v/t* consume **2** *v/r* **~se** waste away; **consumo** *m* consumption; ***de bajo ~*** economical
contabilidad *f* accountancy; ***llevar la ~*** do the accounts; **contable** *m/f* accountant
contactar <1a> *v/i*: ***~ con alguien*** contact s.o.; **contacto** *m* contact; AUTO ignition; ***ponerse en ~*** get in touch (***con*** with)
contado *adj*: ***al ~*** in cash; **contador** **1** *m* meter **2** *m*, **~a** *f L.Am.* accountant
contagiar <1b> **1** *v/t*: ***~ la gripe a alguien*** give s.o. the flu; ***nos contagió su entusiasmo*** he infected us with his enthusiasm **2** *v/r* **~se** become infected; **contagioso** *adj* contagious
contaminación *f de agua etc* contamination; *de río, medio ambiente* pollution; **contaminar** <1a> *v/t* contaminate; *río, medio ambiente* pollute
contar <1m> **1** *v/t* count; (*narrar*) tell **2** *v/i* count; ***~ con*** count on
contemplación *f*: ***sin contemplaciones*** without ceremony; **contemplar** <1a> *v/t* (*mirar*) look at, contemplate; *posibilidad* consider
contemporáneo **1** *adj* contemporary **2** *m*, **-a** *f* contemporary
contenedor *m* TRANSP container; ***~ de basura*** dumpster, *Br* skip; ***~ de vidrio*** bottle bank; **contener** <2l> **1** *v/t* contain; *respiración* hold; *muchedumbre* hold back **2** *v/r* **~se** control o.s.; **contenido** *m* content
contentarse <1a> *v/r* be satisfied (***con*** with); **contento** *adj* (*satisfecho*) pleased; (*feliz*) happy
contestación *f* answer; **contestador** *m*: ***~ automático*** TELEC answer machine; **contestar** <1a> **1** *v/t* answer, reply to **2** *v/i* reply (***a*** to), answer (***a*** sth); *de forma insolente* answer back
contexto *m* context
contigo *pron* with you
contiguo *adj* adjoining, adjacent
continental *adj* continental; **continente** *m* continent
continuación *f* continuation; ***a ~*** (*ahora*) now; (*después*) then; **continuar** <1e> **1** *v/t* continue **2** *v/i* continue; ***~ haciendo algo***

continue *o* carry on doing sth; **continuidad** *f* continuity; **continuo** *adj* (*sin parar*) continuous; (*frecuente*) continual

contorno *m* outline

contra *prp* against; ***en ~ de*** against

contraataque *m* counterattack

contrabajo *m* double bass

contrabandista *m/f* smuggler; **contrabando** *m* contraband, smuggled goods *pl*; *acción* smuggling; ***hacer ~*** smuggle; ***pasar algo de ~*** smuggle sth in

contracción *f* contraction

contraceptivo *m/adj* contraceptive

contradecir <3p> *v/t* contradict; **contradicción** *f* contradiction; **contradictorio** *adj* contradictory

contraer <2p; *part* ***contraído***> **1** *v/t* contract; *músculo* tighten; ***~ matrimonio*** marry **2** *v/r* **~se** contract

contraindicación *f* MED contraindication

contraluz *f*: ***a ~*** against the light

contrapartida *f* COM balancing entry; ***como ~*** *fig* in contrast

contrapeso *m* counterweight

contraposición *f*: ***en ~ a*** in comparison to

contraproducente *adj* counterproductive

contrariedad *f* setback; (*disgusto*) annoyance

contrario 1 *adj* contrary; *sentido* opposite; *equipo* opposing; ***al ~, por el ~*** on the contrary; ***de lo ~*** otherwise; ***ser ~ a algo*** be opposed to sth; ***llevar la -a a alguien*** contradict s.o. **2** *m*, **-a** *f* adversary, opponent

contrarreloj *f* DEP time trial

contrarrestar <1a> *v/t* counteract

contraseña *f* password

contrastar <1a> *v/t & v/i* contrast (***con*** with); **contraste** *m* contrast

contratar <1a> *v/t* contract; *trabajadores* hire

contratiempo *m* setback

contrato *m* contract

contravenir <3s> *v/i* contravene

contribución *f* contribution; (*impuesto*) tax; **contribuir** <3g> *v/t* contribute (***a*** to); **contribuyente** *m/f* taxpayer

contrincante *m/f* opponent

control *m* control; (*inspección*) check; ***~ remoto*** remote control; **controlador** *m*, **~a** *f*: ***~ aéreo*** air traffic controller; **controlar** <1a> **1** *v/t* control; (*vigilar*) check **2** *v/r* **~se** control o.s.

controversia *f* controversy

contundente *adj arma* blunt; *fig*: *derrota* overwhelming; **contusión** *f* MED bruise

convalecencia *f* convalescence; **convaleciente** *m/f* convalescent

convalidar <1a> *v/t* recognize

convencer <2b> *v/t* convince

convención *f* convention; **convencional** *adj* conventional

conveniencia *f de hacer algo* advisability; ***hacer algo por ~*** do sth in one's own interest; **conveniente** *adj* convenient; (*útil*) useful; (*aconsejable*) advisable; **convenio** *m* agreement; **convenir** <3s> **1** *v/t* agree **2** *v/i* be advisable; ***no te conviene*** it's not in your interest; ***~ a alguien hacer algo*** be in s.o.'s interests to do sth

conventillo *m CSur* tenement

convento *m de monjes* monastery; *de monjas* convent

converger <2c> *v/i* converge

conversación *f* conversation; **conversar** <1a> *v/i* make conversation

conversión *f* conversion; **convertible 1** *adj* COM convertible **2** *m L.Am.* convertible; **convertir** <3i> **1** *v/t* convert **2** *v/r* **~se**: ***~se en algo*** turn into sth

convexo *adj* convex

convicción *f* conviction

convidar <1a> *v/t* invite (***a*** to)

convincente *adj* convincing

convivencia *f* living together; **convivir** <3a> *v/i* live together

convocar <1g> *v/t* summon; *huelga* call; *oposiciones* organize; **convocatoria** *f* announcement; *de huelga* call

convoy *m* convoy

C

convulsión *f* convulsion; *fig* upheaval
conyugal *adj* conjugal; **cónyuge** *m/f* spouse
coña *f*: ***decir algo de ~*** F say sth as a joke; ***darle la ~ a alguien*** F bug s.o. F; ***¡ni de ~!*** F no way! F
coñac *m* (*pl* ~s) brandy, cognac
coño *m* V cunt V
cooperación *f* cooperation; **cooperar** <1a> *v/i* cooperate; **cooperativa** *f* cooperative
coordinación *f* coordination; **coordinar** <1a> *v/t* coordinate
copa *f de vino etc* glass; DEP cup; ***tomar una ~*** have a drink; ***~s*** *pl* (*en naipes*) *suit in Spanish deck of cards*
copia *f* copy; ***~ pirata*** pirate copy; **copiar** <1b> *v/t* copy
copiloto *m/f* copilot
copioso *adj* copious
copla *f* verse; (*canción*) popular song
copo *m* flake; ***~ de nieve*** snowflake; ***~s de maíz*** cornflakes
copropietario *m*, **-a** *f* co-owner, joint owner
coquetear <1a> *v/i* flirt; **coquetería** *f* flirtatiousness; **coqueto** *adj* flirtatious; *lugar* pretty
coraje *m* courage; ***me da ~*** *fig* F it makes me mad F; **corajudo** *adj L.Am.* brave
coral[1] *m* ZO coral
coral[2] *f* MÚS choir
Corán *m* Koran
coraza *f* cuirasse; ZO shell; *fig* shield
corazón *m* heart; *de fruta* core; **corazonada** *f* hunch
corbata *f* tie
corcho *m* cork
cordel *m* string
cordero *m* lamb
cordial *adj* cordial
cordillera *f* mountain range
cordón *m* cord; *de zapato* shoelace; ***~ umbilical*** ANAT umbilical cord
cordura *f* sanity; (*prudencia*) good sense
Corea Korea; **coreano 1** *adj* Korean **2** *m*, **-a** *f* Korean
coreografía *f* choreography
cormorán *m* ZO cormorant
cornada *f* TAUR goring
corneja *f* ZO crow
córner *m en fútbol* corner (kick)
corneta *f* MIL bugle
cornisa *f* ARQUI cornice
cornudo 1 *adj* horned **2** *m* cuckold
coro *m* MÚS choir; *de espectáculo, pieza musical* chorus; ***a ~*** together, in chorus
corona *f* crown; ***~ de flores*** garland; **coronar** <1a> *v/t* crown; **coronario** *adj* MED coronary
coronel *m* MIL colonel
coronilla *f* ANAT crown; ***estoy hasta la ~*** F I've had it up to here F
corotos *mpl L.Am.* F bits and pieces
corporación *f* corporation; **corporal** *adj placer, estética* physical; *fluido* body *atr*; **corpulento** *adj* solidly built
corral *m* farmyard
correa *f* lead; *de reloj* strap
corrección *f* correction; *en el trato* correctness; **correcto** *adj* correct; (*educado*) polite
corredizo *adj* sliding; **corredor 1** *m*, **~a** *f* DEP runner; COM agent; ***~ de bolsa*** stockbroker **2** *m* ARQUI corridor
corregir <3c> *v/t* correct
correlación *f* correlation
correligionario *m*, **-a** *f*: ***sus ~s republicanos*** his fellow republicans
correntada *f L.Am.* current; **correntoso** *adj L.Am.* fast-flowing
correo *m* mail, *Br tb* post; ***~s*** *pl* post office *sg*; ***~ aéreo*** airmail; ***~ electrónico*** e-mail; ***por ~*** by mail; ***echar al ~*** mail, *Br tb* post
correr <2a> **1** *v/i* run; (*apresurarse*) rush; *de tiempo* pass; *de agua* run, flow; ***~ con los gastos*** pay the expenses; ***a todo ~*** at top speed **2** *v/t* run; *cortinas* draw; *mueble* slide, move; ***~ la misma suerte*** suffer the same fate **3** *v/r* **~se** move; *de tinta* run

correspondencia *f* correspondence; FERR connection (***con*** with); **corresponder** <2a> *v/i*: ***~ a alguien*** *de bienes* be for s.o., be due to s.o.; *de responsabilidad* be up to s.o.; *de asunto* concern s.o.; *a un favor* repay s.o. (***con*** with); ***actuar como corresponde*** do the right thing; **correspondiente** *adj* corresponding; **corresponsal** *m/f* correspondent

corretear <1a> *v/i* run around

corrida *f*: ***~ de toros*** bullfight; **corrido** *adj*: ***decir algo de ~*** *fig* say sth parrot-fashion

corriente **1** *adj* (*actual*) current; (*común*) ordinary; ***~ y moliente*** F run-of-the-mill; ***estar al ~*** be up to date **2** *f* EL, *de agua* current; ***~ de aire*** draft, *Br* draught

corro *m* ring

corroborar <1a> *v/t* corroborate

corroer <2za> *v/t* corrode; *fig* eat up

corromper <2a> **1** *v/t* corrupt **2** *v/r* **~se** become corrupted

corrosión *f* corrosion; **corrosivo** *adj* corrosive; *fig* caustic

corrupción *f* decay; *fig* corruption; ***~ de menores*** corruption of minors; **corrupto** *adj* corrupt

corsetería *f* lingerie store

cortacésped *m* lawnmower

cortacircuitos *m inv* circuit breaker

cortada *f L.Am.* cut; **cortado** **1** *adj* cut; *calle* closed; *leche* curdled; *persona* shy; ***quedarse ~*** be embarrassed **2** *m* coffee with a dash of milk; **cortar** <1a> **1** *v/t* cut; *electricidad* cut off; *calle* close **2** *v/i* cut **3** *v/r* **~se** cut o.s.; *fig* F get embarrassed; ***~se el pelo*** have one's hair cut; **cortaúñas** *m inv* nail clippers *pl*

corte[1] *m* cut; ***~ de luz*** power outage; ***~ de pelo*** haircut; ***~ de tráfico*** F road closure; ***me da ~*** F I'm embarrassed

corte[2] *f* court; *L.Am.* JUR (law) court; ***las Cortes*** *Spanish parliament*

cortejar <1a> *v/t* court

cortés *adj* courteous; **cortesía** *f* courtesy

corteza *f de árbol* bark; *de pan* crust; *de queso* rind

cortina *f* curtain

corto *adj* short; ***~ de vista*** nearsighted; ***ni ~ ni perezoso*** as bold as brass; ***quedarse ~*** fall short; **cortocircuito** *m* EL short circuit

corzo *m* ZO roe deer

cosa *f* thing; ***como si tal ~*** as if nothing had happened; ***decir a alguien cuatro ~s*** give s.o. a piece of one's mind; ***eso es otra ~*** that's another matter; ***¿qué pasa? – poca ~*** what's new? – nothing much

coscorrón *m* bump on the head

cosecha *f* harvest; **cosechar** <1a> *v/t* harvest; *fig* gain, win

coser <2a> *v/t* sew; ***ser ~ y cantar*** F be dead easy F

cosmético *m/adj* cosmetic

cósmico *adj* cosmic; **cosmonauta** *m/f* cosmonaut; **cosmopolita** *adj* cosmopolitan; **cosmos** *m* cosmos; **cosmovisión** *f L.Am.* world view

cosquillas *fpl*: ***hacer ~ a alguien*** tickle s.o.; ***tener ~*** be ticklish; **cosquilleo** *m* tickle

costa[1] *f*: ***a ~ de*** at the expense of; ***a toda ~*** at all costs

costa[2] *f* GEOG coast

costado *m* side; ***por los cuatro ~s*** *fig* throughout, through and through

costar <1m> **1** *v/t en dinero* cost; *trabajo, esfuerzo etc* take; ***¿cuánto cuesta?*** how much does it cost? **2** *v/i en dinero* cost; ***me costó*** it was hard work; ***cueste lo que cueste*** at all costs; ***~ caro*** *fig* cost dear

Costa Rica Costa Rica; **costarricense** *m/f & adj* Costa Rican

coste *m* → ***costo***

costear <1a> *v/t* pay for

costero *adj* coastal

costilla *f* ANAT rib; GASTR sparerib

costo *m* cost; ***~ de la vida*** cost of living; **costoso** *adj* costly

costra *f* MED scab

costumbre *f* custom; *de una persona* habit; ***de ~*** usual

costura *f* sewing; **costurear** <1a> *v/t L.Am.* sew
cotarro *m*: ***manejar el ~*** F be the boss F
cotejar <1a> *v/t* compare
cotidiano *adj* daily
cotilla *m/f* F gossip; **cotillear** <1a> *v/i* F gossip
cotizado *adj* COM quoted; *fig* sought-after; **cotizar** <1f> *v/i de trabajador* pay social security, *Br* pay National Insurance; *de acciones, bonos* be listed (***a*** at); ***~ en bolsa*** be listed on the stock exchange
coto[1] *m*: ***~ de caza*** hunting reserve; ***poner ~ a algo*** *fig* put a stop to sth
coto[2] *m S.Am.* MED goiter, *Br* goitre
cotorra *f* ZO parrot; F *persona* motormouth F
coyote *m* ZO coyote
coyuntura *f* situation; ANAT joint
C.P. *abr* (= ***código postal***) zip code, *Br* post code
cráneo *m* ANAT skull, cranium
cráter *m* crater
creación *f* creation; **creador** *m*, **~a** *f* creator; **crear** <1a> *v/t* create; *empresa* set up; **creativo** *adj* creative
crecer <2d> *v/i* grow; **creces** *fpl*: ***con ~*** *superar* by a comfortable margin; *pagar* with interest; **creciente** *adj* growing; *luna* waxing; **crecimiento** *m* growth
credencial *f* document
credibilidad *f* credibility; **crédito** *m* COM credit; ***a ~*** on credit; ***no dar ~ a sus oídos / ojos*** F not believe one's ears / eyes
credo *m* REL, *fig* creed; **crédulo** *adj* credulous; **creencia** *f* belief; **creer** <2e> **1** *v/i* believe (***en*** in) **2** *v/t* think; (*dar por cierto*) believe; ***no creo que esté aquí*** I don't think he's here; ***¡ya lo creo!*** F you bet! F **3** *v/r* **~se**: ***~se que …*** believe that …; ***se cree muy lista*** she thinks she's very clever
crema *f* GASTR cream
cremallera *f* zipper, *Br* zip; TÉC rack
crematorio *m* crematorium
cremoso *adj* creamy
crepe *f* GASTR crêpe, pancake
crepitar <1a> *v/i* crackle
crepúsculo *m tb fig* twilight
cresta *f* crest
cretino *m*, **-a** *f* F cretin F, moron F
creyente 1 *adj*: ***ser ~*** REL believe in God **2** *m* REL believer
creyó *vb* → ***creer***
cría *f acción* breeding; *de zorro, león* cub; *de perro* puppy; *de gato* kitten; *de oveja* lamb; ***sus ~s*** her young; **criada** *f* maid; **criado** *m* servant; **criar** <1c> **1** *v/t niños* raise, bring up; *animales* breed **2** *v/r* **~se** grow up; **criatura** *f* creature; F (*niño*) baby, child
crimen *m* crime; **criminal** *m/f & adj* criminal
crío *m*, **-a** *f* F kid F
criollo 1 *adj* Creole **2** *m*, **-a** *f* Creole
cripta *f* crypt
crisantemo *m* BOT chrysanthemum
crisis *f inv* crisis
crismas *m inv* Christmas card
crispar <1a> *v/t* irritate; ***~le a alguien los nervios*** get on s.o.'s nerves
cristal *m* crystal; (*vidrio*) glass; (*lente*) lens; *de ventana* pane; ***~ líquido*** liquid crystal; **cristalizar** <1f> *v/i* crystallize; *de idea, proyecto* jell
cristianismo *m* Christianity; **cristiano 1** *adj* Christian **2** *m*, **-a** *f* Christian
Cristo Christ
criterio *m* criterion; (*juicio*) judg(e)ment
crítica *f* criticism; ***muchas ~s*** a lot of criticism; **criticar** <1g> *v/t* criticize; **crítico 1** *adj* critical **2** *m*, **-a** *f* critic
Croacia Croatia
crol *m* crawl
cromo *m* QUÍM chrome; (*estampa*) picture card, trading card
crónica *f* chronicle; *en periódico* report
crónico *adj* MED chronic
cronológico *adj* chronological
cronometrar <1a> *v/t* DEP time; **cronómetro** *m* stopwatch

C

croqueta *f* GASTR croquette
croquis *m inv* sketch
cross *m* DEP cross-country (running); *con motocicletas* motocross
cruce *m* cross; *de carreteras* crossroads *sg*; **~ en las líneas** TELEC crossed line
crucero *m* cruise
crucial *adj* crucial
crucificar <1g> *v/t* crucify; **crucifijo** *m* crucifix; **crucigrama** *m* crossword
crudo 1 *adj alimento* raw; *fig* harsh **2** *m* crude (oil)
cruel *adj* cruel
cruento *adj* bloody
crujiente *adj* GASTR crunchy; **crujir** <3a> *v/i* creak; *al arder* crackle; *de grava* crunch
cruz *f* cross; ***Cruz Roja*** Red Cross; **cruzar** <1f> **1** *v/t* cross **2** *v/r* **~se** pass one another; ***~se de brazos*** cross one's arms; ***~se con alguien*** pass s.o.
c.s.f. *abr* (= ***costo, seguro, flete***) cif (= cost, insurance, freight)
cta, c.ta *abr* (= ***cuenta***) A / C (= account)
cuaderno *m* notebook; EDU exercise book
cuadra *f* stable; *L.Am.* (*manzana*) block; **cuadrado 1** *adj* square **2** *m* square; ***al ~*** squared
cuadrilla *f* squad, team
cuadro *m* painting; (*grabado*) picture; (*tabla*) table; DEP team; ***~ de mandos*** *or* ***de instrumentos*** AUTO dashboard; ***de*** *or* ***a ~s*** checked; **cuádruple**, **cuadruplo** *m* quadruple
cuajada *f* GASTR curd; **cuajar** <1a> *v/i de nieve* settle; *fig*: *de idea, proyecto etc* come together, jell F
cuajo *m*: ***de ~*** by the roots
cual 1 *pron rel*: ***el ~***, ***la ~*** *etc cosa* which; *persona* who; ***por lo ~*** (and) so **2** *adv* like
cuál *interr* which (one)
cualidad *f* quality
cualificar <1g> *v/t* qualify
cualquier *adj* any; ***~ día*** any day; ***~ cosa*** anything; ***de ~ modo*** *or* ***forma*** anyway; **cualquiera** *pron persona* anyone, anybody; *cosa* any (one); ***un ~*** a nobody; ***¡~ lo comprende!*** nobody can understand it!
cuando 1 *conj* when; *condicional* if; ***~ quieras*** whenever you want **2** *adv* when; ***de ~ en ~*** from time to time; ***~ menos*** at least
cuándo *interr* when
cuantía *f* amount, quantity; *fig* importance; **cuantificar** <1g> *v/t* quantify; **cuantioso** *adj* substantial
cuanto 1 *adj*: ***~ dinero quieras*** as much money as you want; ***unos ~s chavales*** a few boys **2** *pron* all, everything; ***se llevó ~ podía*** she took all *o* everything she could; ***le dio ~ necesitaba*** he gave her everything she needed; ***unas -as*** a few; ***todo ~*** everything **3** *adv*: ***~ antes, mejor*** the sooner the better; ***en ~*** as soon as; ***en ~ a*** as for
cuánto 1 *interr adj* how much; *pl* how many; ***¿~ café?*** how much coffee?; ***¿~s huevos?*** how many eggs? **2** *pron* how much; *pl* how many; ***¿~ necesita Vd.?*** how much do you need?; ***¿~s ha dicho?*** how many did you say?; ***¿a ~ están?*** how much are they?; ***¿a ~s estamos?*** what's the date today? **3** *exclamaciones*: ***¡~ gente había!*** there were so many people!; ***¡~ me alegro!*** I'm so pleased!
cuarenta *adj* forty
Cuaresma *f* Lent
cuartear <1a> **1** *v/t* cut up, quarter **2** *v/r* **~se** crack
cuartel *m* barracks *pl*; ***~ general*** headquarters *pl*; **cuartelazo** *m L.Am.* military uprising; **cuartilla** *f* sheet of paper
cuarto 1 *adj* fourth **2** *m* (*habitación*) room; (*parte*) quarter; ***~ de baño*** bathroom; ***~ de estar*** living room; ***~ de hora*** quarter of an hour; ***~ de kilo*** quarter of a kilo; ***de tres al ~*** F third-rate; ***las diez y ~*** quarter past ten, quarter after ten; ***las tres menos ~*** a quarter to *o* of three

C

cuarzo *m* quartz
cuatro *adj* four; **~ *gotas*** F a few drops; **cuatrocientos** *adj* four hundred
cuba *f*: ***estar como una ~*** F be plastered F
Cuba Cuba; **cubano 1** *adj* Cuban **2** *m*, **-a** *f* Cuban
cubierta *f* MAR deck; AUTO tire, *Br* tyre; **cubierto 1** *part* → ***cubrir* 2** *m* piece of cutlery; *en la mesa* place setting; ***~s*** *pl* cutlery *sg*
cubito *m*: **~ *de hielo*** ice cube; **cubo** *m* cube; *recipiente* bucket; **~ *de la basura*** *dentro* garbage can, *Br* rubbish bin; *fuera* garbage can, *Br* dustbin
cubrir <3a; *part* ***cubierto***> **1** *v/t* cover (***de*** with) **2** *v/r* **~se** cover o.s.
cucaracha *f* ZO cockroach
cuchara *f* spoon; ***meter su ~*** *L.Am.* F stick one's oar in F; **cucharada** *f* spoonful; **cucharilla** *f* teaspoon; **cucharón** *m* ladle
cuchichear <1a> *v/i* whisper
cuchilla *f* razor blade; **cuchillo** *m* knife
cuclillas: ***en ~*** squatting
cuco 1 *m* ZO cuckoo; ***reloj de ~*** cuckoo clock **2** *adj* (*astuto*) sharp
cucurucho *m de papel etc* cone; *sombrero* pointed hat
cuece *vb* → ***cocer***
cuelgo *vb* → ***colgar***
cuello *m* ANAT neck; *de camisa etc* collar
cuelo *vb* → ***colar***
cuenca *f* GEOG basin; **cuenco** *m* bowl
cuenta *f* (*cálculo*) sum; *de restaurante* check, *Br* bill; COM account; **~ *atrás*** countdown; **~ *bancaria*** bank account; **~ *corriente*** checking account, *Br* current account; ***más de la ~*** too much; ***caer en la ~*** realize; ***darse ~ de algo*** realize sth; ***pedir ~s a alguien*** ask s.o. for an explanation; ***perder la ~*** lose count; ***tener*** or ***tomar en ~*** take into account; ***corre por mi / su ~*** I'll / he'll pay for it
cuentagotas *m inv* dropper
cuentakilómetros *m inv* odometer, *Br* mileometer
cuentista *m/f* story-teller; F (*mentiroso*) fibber F
cuento *m* (short) story; (*pretexto*) excuse; **~ *chino*** F tall story F; ***venir a ~*** be relevant
cuerda *f* rope; *de guitarra, violín* string; ***dar ~ al reloj*** wind the clock up; ***dar ~ a algo*** *fig* F string sth out F; ***~s vocales*** ANAT vocal chords
cuerdo *adj* sane; (*sensato*) sensible
cuerno *m* horn; *de caracol* feeler; ***irse al ~*** F fall through, be wrecked; ***poner los ~s a alguien*** F be unfaithful to s.o.
cuero *m* leather; *Rpl* (*fuete*) whip; ***en ~s*** F naked
cuerpo *m* body; *de policía* force; **~ *diplomático*** diplomatic corps *sg*; ***a ~ de rey*** like a king; ***en ~ y alma*** body and soul
cuervo *m* ZO raven, crow
cuesta *f* slope; **~ *abajo*** downhill; **~ *arriba*** uphill; ***a ~s*** on one's back
cuestión *f* question; (*asunto*) matter, question; ***en ~ de ...*** in a matter of ...; **cuestionar** <1a> *v/t* question; **cuestionario** *m* questionnaire
cueva *f* cave
cuidado *m* care; ***¡~!*** look out!; ***andar con ~*** tread carefully; ***me tiene sin ~*** I could *o Br* couldn't care less; ***tener ~*** be careful; **cuidadora** *f Méx* nursemaid; **cuidadoso** *adj* careful
cuidar <1a> **1** *v/t* look after, take care of **2** *v/i*: **~ *de*** look after, take care of **3** *v/r* **~se** look after o.s., take care of o.s.; ***~se de hacer algo*** take care to do sth
culebra *f* ZO snake
culebrón *m* TV soap
culinario *adj* cooking *atr*, culinary
culminación *f* culmination; **culminante** *adj*: ***punto ~*** peak, climax; **culminar** <1a> **1** *v/i* culminate (***en*** in); *fig* reach a peak *o* climax **2** *v/t* finish
culo *m* V ass V, *Br* arse V; F butt F, *Br* bum F; ***ser ~ de mal asiento*** *fig* F be

restless, have ants in one's pants F
culpa *f* fault; ***echar la ~ de algo a alguien*** blame s.o. for sth; ***ser por ~ de alguien*** be s.o.'s fault; ***tener la ~*** be to blame (***de*** for); **culpabilidad** *f* guilt; **culpable 1** *adj* guilty **2** *m/f* culprit; **culpar** <1a> *v/t*: ***~ a alguien de algo*** blame s.o. for sth
cultivar <1a> *v/t* AGR grow; *tierra* farm; *fig* cultivate; **cultivo** *m* AGR crop; BIO culture; **culto 1** *adj* educated **2** *m* worship; **cultura** *f* culture; **cultural** *adj* cultural; ***un nivel ~ muy pobre*** a very poor standard of education
cumbre *f tb* POL summit
cumpleaños *m inv* birthday
cumplido *m* compliment; ***no andarse con ~s*** not stand on ceremony
cumplimentar <1k> *v/t trámite* carry out
cumplir <3a> **1** *v/t orden* carry out; *promesa* fulfill; *condena* serve; ***~ diez años*** reach the age of ten, turn ten **2** *v/i*: ***~ con algo*** carry sth out; ***~ con su deber*** do one's duty; ***te invita sólo por ~*** he's only inviting you out of politeness **3** *v/r* **~se** *de plazo* expire
cúmulo *m* (*montón*) pile, heap
cuna *f tb fig* cradle
cundir <3a> *v/i* spread; (*dar mucho de sí*) go a long way
cuneta *f* ditch
cuñada *f* sister-in-law; **cuñado** *m* brother-in-law
cuota *f* share; *de club, asociación* fee
cupón *m* coupon
cúpula *f* dome; *esp* POL leadership
cura 1 *m* priest **2** *f* cure; (*tratamiento*) treatment; *Méx, C.Am.* F hangover; ***tener ~*** be curable; **curado** *adj Méx, C.Am.* F drunk; **curandero** *m*, **-a** *f* faith healer; **curar** <1a> **1** *v/t tb* GASTR cure; (*tratar*) treat; *herida* dress; *pieles* tan **2** *v/i* MED recover (***de*** from) **3** *v/r* **~se** MED recover; *Méx, C.Am.* F get drunk
curda *f*: ***agarrarse una ~*** F get plastered F
curiosidad *f* curiosity; **curioso 1** *adj* curious; (*raro*) curious, odd, strange **2** *m*, **-a** *f* onlooker
curita *f L.Am.* Band-Aid®, *Br* Elastoplast®
currar <1a> *v/i* F work
currículum vitae *m* résumé, *Br* CV, *Br* curriculum vitae
curry *m* GASTR curry
cursi *adj* F *persona* affected
cursillo *m* short course
cursiva *f* italics *pl*
curso *m* course; ***~ a distancia*** *or* ***por correspondencia*** correspondence course; ***en el ~ de*** in the course of
cursor *m* INFOR cursor
curtir <3a> *v/t* tan; *fig* harden
curva *f* curve; **curvo** *adj* curved
cúspide *f de montaña* summit; *de fama etc* height
custodia *f* JUR custody; **custodiar** <1b> *v/t* guard
cususa *f C.Am.* corn liquor
cutre *adj* F shabby, dingy
cuyo, -a *adj* whose
CV *m* résumé, *Br* CV

D

D. *abr* (= ***Don***) Mr
Dª. *abr* (= ***Doña***) Mrs
dactilar *adj* finger *atr*
dadivoso *adj* generous
dado[1] *m* dice
dado[2] **1** *part* → ***dar*** **2** *adj* given; ***ser ~***

a algo be given to sth **3** *conj*: ***~ que*** since, given that
dalia *f* BOT dahlia
daltónico *adj* colo(u)r-blind; **daltonismo** *m* colo(u)r-blindness
dama *f* lady; ***~ de honor*** bridesmaid; (***juego de***) ***~s*** checkers *sg*, *Br* draughts *sg*
damasco *m* damask; *L.Am. fruta* apricot
damnificado 1 *adj* affected **2** *m*, **-a** *f* victim
danés 1 *adj* Danish **2** *m*, **-esa** *f* Dane
danza *f* dance; **danzar** <1f> *v/i* dance
dañar <1a> **1** *v/t* harm; *cosa* damage **2** *v/r* **~se** harm o.s.; *de un objeto* get damaged; **dañino** *adj* harmful; *fig* malicious; **daño** *m* harm; *a un objeto* damage; ***hacer ~*** hurt; ***~s*** *pl* damage *sg*; ***~s y perjuicios*** damages
dar <1r; *part* ***dado***> **1** *v/t* give; *beneficio* yield; *luz* give off; *fiesta* give, have; ***~ un golpe a*** hit; ***~ un salto / una patada / miedo*** jump / kick / frighten; ***el jamón me dió sed*** the ham made me thirsty **2** *v/i*: ***dame*** give it to me, give me it; ***~ a*** *de ventana* look onto; ***~ con algo*** come across sth; ***~ de comer a alguien*** feed s.o.; ***~ de beber a alguien*** give s.o. something to drink; ***~ de sí*** *de material* stretch, give; ***le dio por insultar a su madre*** F she started insulting her mother; ***¡qué más da!*** what does it matter!; ***da igual*** it doesn't matter **3** *v/r* **~se** *de una situación* arise; ***~se a algo*** take to sth; ***esto se me da bien*** I'm good at this; ***dárselas de algo*** make o.s. out to be sth, claim to be sth
dardo *m* dart
datar <1a> *v/i*: ***~ de*** date from
dátil *m* BOT date
dato *m* piece of information; ***~s*** *pl* information *sg*, data *sg*; ***~s personales*** personal details
D.C. *abr* (= ***después de Cristo***) AD (= Anno Domini)
dcho., **dcha** *abr* (= ***derecho***, ***derecha***) r (= right)
d. de J.C. *abr* (= ***después de Jesucristo***) AD (= Anno Domini)
de *prp* ◊ *origen* from; ***~ Nueva York*** from New York; ***~ … a*** from … to ◊ *posesión* of; ***el coche ~ mi amigo*** my friend's car ◊ *material* (made) of; ***un anillo ~ oro*** a gold ring ◊ *contenido* of; ***un vaso ~ agua*** a glass of water ◊ *cualidad*: ***una mujer ~ 20 años*** a 20 year old woman ◊ *causa* with; ***temblaba ~ miedo*** she was shaking with fear ◊ *hora*: ***~ noche*** at night, by night; ***~ día*** by day ◊ *en calidad de* as; ***trabajar ~ albañil*** work as a bricklayer ◊ *agente* by; ***~ Goya*** by Goya ◊ *condición* if; ***~ haberlo sabido*** if I'd known
dé *vb* → ***dar***
deambular <1a> *v/i* wander around
debajo 1 *adv* underneath **2** *prp*: (***por***) ***~ de*** under; ***un grado por ~ de lo normal*** one degree below normal
debate *m* debate, discussion; **debatir** <3a> **1** *v/t* debate, discuss **2** *v/i* struggle **3** *v/r* **~se**: ***~se entre la vida y la muerte*** fight for one's life
deber 1 *m* duty; ***~es*** *pl* homework *sg* **2** <2a> *v/t* owe **3** *v/i en presente* must, have to; *en pretérito* should have; *en futuro* (will) have to; *en condicional* should; ***debe de tener quince años*** he must be about 15 **4** *v/r* **~se**: ***~se a*** be due to, be caused by; **debido 1** *part* → ***deber*** **2** *adj*: ***como es ~*** properly; ***~ a*** owing to, on account of
débil *adj* weak; **debilitar** <1a> **1** *v/t* weaken **2** *v/r* **~se** weaken, become weak; *de salud* deteriorate
debut *m* debut
década *f* decade
decadencia *f* decadence; *de un imperio* decline; **decaer** <2o; *part* ***decaido***> *v/i tb fig* decline; *de rendimiento* fall off, decline; *de salud* deteriorate; **decaído 1** *part* → ***decaer*** **2** *adj fig* depressed, down F
decantarse <1a> *v/r*: ***~ por*** opt for
decapitar <1a> *v/t* behead, decapitate

D

decenio *m* decade
decente *adj* decent
decepción *f* disappointment; **decepcionado** *adj* disappointed; **decepcionante** *adj* disappointing; **decepcionar** <1a> *v/t* disappoint
decidido 1 *part* → ***decidir* 2** *adj* decisive; ***estar ~*** be determined (***a*** to); **decidir** <3a> **1** *v/t* decide **2** *v/r* **~se** make up one's mind, decide
decimal *adj* decimal *atr*; **décimo 1** *adj* tenth **2** *m de lotería share of a lottery ticket*
decir <3p; *part* **dicho**> **1** *v/t* say; (*contar*) tell; ***querer ~*** mean; ***~ que sí*** say yes; ***~ que no*** say no; ***es ~*** in other words; ***no es rico, que digamos*** let's say he's not rich; ***¡no me digas!*** you're kidding!; ***¡quién lo diría!*** who would believe it!; ***se dice que …*** they say that …, it's said that … **2** *v/i*: ***¡diga!***, ***¡dígame!*** *Esp* TELEC hello
decisión *f* decision; *fig* decisiveness; **decisivo** *adj* critical, decisive
declaración *f* declaration; ***~ de la renta*** *or* ***de impuestos*** tax return; ***prestar ~*** JUR testify, give evidence; **declarar** <1a> **1** *v/t* state; *bienes* declare; ***~ culpable*** find guilty **2** *v/i* JUR give evidence **3** *v/r* **~se** declare o.s.; *de incendio* break out; ***~se a alguien*** declare one's love for s.o.
declinar <1a> *v/t & v/i* decline
declive *m fig* decline; ***en ~*** in decline
decodificador *m* → ***descodificador***, **decodificar** <1g> *v/t* → ***descodificar***
decolaje *m L.Am.* takeoff; **decolar** <1a> *v/i L.Am.* take off
decolorar <1a> *v/t* bleach
decoración *f* decoration; **decorado** *m* TEA set; **decorador** *m*, **~a** *f*: **~** (***de interiores***) interior decorator; **decorar** <1a> *v/t* decorate; **decorativo** *adj* decorative
decreciente *adj* decreasing, diminishing
decrépito *adj* decrepit
decretar <1a> *v/t* order, decree; **decreto** *m* decree
dedicación *f* dedication; **dedicar** <1g> **1** *v/t* dedicate; *esfuerzo* devote **2** *v/r* **~se** devote o.s. (***a*** to); ***¿a qué se dedica?*** what do you do (for a living)?; **dedicatoria** *f* dedication
dedillo *m*: ***conocer algo al ~*** F know sth like the back of one's hand; ***saber algo al ~*** F know sth off by heart
dedo *m* finger; ***~ del pie*** toe; ***~ gordo*** thumb; ***~ índice*** forefinger; ***no tiene dos ~s de frente*** F he doesn't have much commonsense
deducción *f* deduction; **deducir** <3o> *v/t* deduce; COM deduct
defecar <1g> *v/i* defecate
defecto *m* defect; *moral* fault; INFOR default; **defectuoso** *adj* defective, faulty
defender <2g> **1** *v/t* defend **2** *v/r* **~se** defend o.s. (***de*** against); *fig* F manage, get by; ***~se del frío*** ward off the cold
defenestrar <1a> *v/t fig* F oust
defensa 1 *f* JUR, DEP defense, *Br* defence; *L.Am.* AUTO fender, *Br* bumper; ***~s*** MED defenses, *Br* defences **2** *m/f* DEP defender; **defensivo** *adj* defensive; **defensor** *m*, **~a** *f* defender, champion; JUR defense counsel, *Br* defending counsel; ***~ del pueblo*** *en España* ombudsman
deficiente 1 *adj* deficient; (*insatisfactorio*) inadequate **2** *m/f* handicapped person; **déficit** *m* deficit
definición *f* definition; ***de alta ~*** TV high definition; **definir** <3a> **1** *v/t* define **2** *v/r* **~se** come down (***por*** in favor of); **definitivo** *adj* definitive; *respuesta* definite; ***en -a*** all in all
deforestación *f* deforestation
deformar <1a> *v/t* distort; MED deform; **deforme** *adj* deformed
defraudar <1a> *v/t* disappoint; (*estafar*) defraud; ***~ a Hacienda*** evade taxes
defunción *f* death, demise *fml*
degenerar <1a> *v/i* degenerate (***en*** into)
degollar <1n> *v/t* cut the throat of
degradante *adj* degrading; **degra-**

dar <1a> **1** *v/t* degrade; MIL demote; PINT gradate **2** *v/r* **~se** demean o.s.

degustar <1a> *v/t* taste

dejadez *f* slovenliness; (*negligencia*) neglect

dejar <1a> **1** *v/t* leave; (*permitir*) let, allow; (*prestar*) lend; *beneficios* yield; ***déjame en la esquina*** drop me at the corner; ***~ para mañana*** leave until tomorrow; ***~ caer algo*** drop sth **2** *v/i*: ***~ de hacer algo*** (*parar*) stop doing sth; ***no deja de fastidiarme*** he keeps (on) annoying me **3** *v/r* **~se** let o.s. go; ***~se llevar*** let o.s. be carried along

del *prp* **de** *y art* **el**

delantal *m* apron

delante *adv* in front; (*más avanzado*) ahead; (*enfrente*) opposite; ***por ~*** ahead; ***se abrocha por ~*** it does up at the front; ***tener algo por ~*** have sth ahead of *o* in front of one; ***~ de*** in front of; ***el asiento de ~*** the front seat; **delantera** *f* DEP forward line; ***llevar la ~*** be ahead of, lead; **delantero** *m*, **-a** *f* DEP forward

delatar <1a> *v/t*: ***~ a alguien*** inform on s.o.; *fig* give s.o. away

delegación *f* delegation; (*oficina*) local office; ***~ de Hacienda*** tax office; **delegado** *m*, **-a** *f* delegate; COM representative; **delegar** <1h> *v/t* delegate

deleitar <1a> **1** *v/t* delight **2** *v/r* **~se** take delight

deletrear <1a> *v/t* spell

delfín *m* ZO dolphin

delgado *adj* slim; *lámina, placa* thin

deliberado *adj* deliberate; **deliberar** <1a> *v/i* deliberate (***sobre*** on)

delicadeza *f* gentleness; *de acabado, tallado* delicacy; (*tacto*) tact; **delicado** *adj* delicate

delicia *f* delight; ***hacer las ~s de alguien*** delight s.o.; **delicioso** *adj* delightful; *comida* delicious

delimitar <1a> *v/t* delimit

delincuente *m/f* criminal

delineante *m/f* draftsman, *Br* draughtsman; *mujer* draftswoman, *Br* draughtswoman; **delinear** <1a> *v/t* draft; *fig* draw up

delirar <1a> *v/i* be delirious; ***¡tú deliras!*** *fig* you must be crazy!; **delirio** *m* MED delirium; ***tener ~ por el fútbol*** *fig* be mad about soccer; ***~s de grandeza*** delusions of grandeur

delito *m* offense, *Br* offence

demacrado *adj* haggard

demagógico *adj* demagogic

demanda *f* demand (**de** for); JUR lawsuit, claim; **demandar** <1a> *v/t* JUR sue

demás **1** *adj* remaining **2** *adv*: ***lo ~*** the rest; ***los ~*** the rest, the others; ***por lo ~*** apart from that; **demasiado** **1** *adj* too much; *antes de pl* too many; ***~ gente*** too many people; ***hace ~ calor*** it's too hot **2** *adv antes de adj, adv* too; *con verbo* too much

demencia *f* MED dementia; *fig* madness; ***~ senil*** MED senile dementia; **demencial** *adj fig* crazy, mad; **demente** **1** *adj* demented, crazy **2** *m/f* mad person

democracia *f* democracy; **demócrata** **1** *adj* democratic **2** *m/f* democrat; **democrático** *adj* democratic

demografía *f* demographics

demoler <2h> *v/t* demolish

demoniaco, **demoníaco** *adj* demonic; **demonio** *m* demon; ***¡~s!*** F hell! F, damn! F

demora *f* delay; ***sin ~*** without delay; **demorar** <1a> **1** *v/i* stay on; *L.Am.* (*tardar*) be late; ***no demores*** don't be long **2** *v/t* delay **3** *v/r* **~se** be delayed; ***¿cuánto se demora de Concepción a Santiago?*** how long does it take to get from Concepción to Santiago?

demostración *f* proof; *de método* demonstration; *de fuerza, sentimiento* show; **demostrar** <1m> *v/t* prove; (*enseñar*) demonstrate; (*mostrar*) show

denegar <1h> *v/t* refuse

denigrante *adj* degrading; *artículo* denigrating; **denigrar** <1a> *v/t* degrade; (*criticar*) denigrate

D

D

denominación *f* name; **~ *de origen*** *guarantee of quality of a wine*; **denominador** *m*: **~ *común*** *fig* common denominator; **denominar** <1a> **1** *v/t* designate **2** *v/r* **~se** be called
denotar <1a> *v/t* show, indicate
densidad *f* density; **denso** *adj bosque* dense; *fig* weighty
dentadura *f*: **~ *postiza*** false teeth *pl*, dentures *pl*; **dental** *adj* dental; **dentera** *f*: ***darle ~ a alguien*** set s.o.'s teeth on edge; **dentífrico** *m* toothpaste; **dentista** *m/f* dentist
dentro **1** *adv* inside; ***por ~*** inside; ***de ~*** from inside **2 *~ de*** *en espacio* in, inside; *en tiempo* in, within
denuncia *f* report; ***poner una ~*** make a formal complaint; **denunciar** <1b> *v/t* report; *fig* condemn, denounce
departamento *m* department; *L.Am.* (*apartamento*) apartment, *Br* flat
depender <2a> *v/i* depend (***de*** on); ***~ de alguien*** *en una jerarquía* report to s.o.; ***eso depende*** that all depends; **dependiente** **1** *adj* dependent **2** *m*, **-a** *f* sales clerk, *Br* shop assistant
depilación *f* hair removal; *con cera* waxing; *con pinzas* plucking; **depilar** <1a> *v/t con cera* wax; *con pinzas* pluck
deplorar <1a> *v/t* deplore
deportar <1a> *v/t* deport
deporte *m* sport; **deportista** *m/f* sportsman; *mujer* sportswoman
depositar <1a> *v/t tb fig* put, place; *dinero* deposit (***en*** in); **depósito** *m* COM deposit; (*almacén*) store; *de agua*, AUTO tank; ***~ de cadáveres*** morgue, *Br* mortuary
depravado *adj* depraved; **depravar** <1a> *v/t* deprave
depreciación *f* depreciation; **depreciar** <1b> **1** *v/t* lower the value of **2** *v/r* **~se** depreciate, lose value
depredador **1** *adj* predatory **2** *m* ZO predator
depresión *f* MED depression; **deprimente** *adj* depressing; **deprimir** <3a> **1** *v/t* depress **2** *v/r* **~se** get depressed
depuradora *f* purifier; **depurar** <1a> *v/t* purify; *agua* treat; POL purge
derecha *f tb* POL right; ***la ~*** the right(-hand); ***a la ~*** *posición* on the right; *dirección* to the right
derecho **1** *adj lado* right; (*recto*) straight; *C.Am. fig* straight, honest **2** *adv* straight **3** *m* (*privilegio*) right; JUR law; ***del ~*** on the right side; ***~ de asilo*** right to asylum; ***~s de autor*** royalties; ***~s humanos*** human rights; ***~ de voto*** right to vote; ***no hay ~*** it's not fair, it's not right; ***tener ~ a*** have a right to **4** *mpl*: ***~s*** fees; ***~s de inscripción*** registration fee *sg*
derechura *f* straightness; *C.Am.*, *Pe* (*suerte*) luck; ***en ~*** straight away
deriva *f*: ***ir a la ~*** MAR, *fig* drift; **derivar** <1a> **1** *v/i* derive (***de*** from); *de barco* drift **2** *v/r* **~se** be derived (***de*** from)
dermatólogo *m*, **-a** *f* dermatologist
derogar <1h> *v/t* repeal
derramar <1a> **1** *v/t* spill; *luz*, *sangre* shed; (*esparcir*) scatter **2** *v/r* **~se** spill; *de gente* scatter; **derrame** *m* MED: ***~ cerebral*** stroke
derrapar <1a> *v/i* AUTO skid
derrengado *adj* exhausted
derretir <3l> **1** *v/t* melt **2** *v/r* **~se** melt; *fig* be besotted (***por*** with)
derribar <1a> *v/t edificio*, *persona* knock down; *avión* shoot down; POL bring down
derrocar <1g> *v/t* POL overthrow
derrochador *m*, **~a** *f* spendthrift; **derrochar** <1a> *v/t* waste; *salud*, *felicidad* exude, burst with; **derroche** *m* waste
derrota *f* defeat; **derrotar** <1a> *v/t* MIL defeat; DEP beat, defeat
derruir <3g> *v/t edificio* demolish
derrumbar <1a> **1** *v/t* knock down **2** *v/r* **~se** collapse, fall down; *de una persona* go to pieces
desabrido *adj* (*soso*) tasteless; *persona* surly; *tiempo* unpleasant

desabrochar <1a> *v/t* undo, unfasten

desacato *m* JUR contempt

desaceleración *f* deceleration

desacertado *adj* misguided

desaconsejar <1a> *v/t* advise against

desacreditado *adj* discredited; **desacreditar** <1a> *v/t* discredit

desactivar <1a> *v/t bomba etc* deactivate

desacuerdo *m* disagreement; ***estar en ~ con*** disagree with

desafiar <1c> *v/t* challenge; *peligro* defy

desafinar <1a> *v/i* MÚS be out of tune

desafío *m* challenge; *al peligro* defiance

desafortunado *adj* unfortunate, unlucky

desagradable *adj* unpleasant, disagreeable; **desagradar** <1a> *v/i*: ***me desagrada tener que ...*** I dislike having to ...; **desagradecido** *adj* ungrateful; ***una tarea -a*** a thankless task; **desagrado** *m* displeasure

desagravio *m* apology

desagüe *m* drain; *acción* drainage; (*cañería*) drainpipe

desahogar <1h> **1** *v/t sentimiento* vent **2** *v/r* **~se** *fig* F let off steam F, get it out of one's system F; **desahogo** *m* comfort; ***con ~*** comfortably

desahuciar <1b> *v/t*: ***~ a alguien*** declare s.o. terminally ill; (*inquilino*) evict s.o.

desairar <1a> *v/t* snub

desajustar <1a> *v/t tornillo*, *pieza* loosen; *mecanismo*, *instrumento* affect, throw out of balance; **desajuste** *m* disruption; COM imbalance

desalentar <1k> *v/t* discourage; **desaliento** *m* discouragement

desalinización *f* desalination

desaliñado *adj* slovenly

desalojar <1a> *v/t ante peligro* evacuate; (*desahuciar*) evict; (*vaciar*) vacate

desamparar <1a> *v/t*: ***~ a alguien*** abandon s.o.

desangelado *adj lugar* soulless

desangrarse <1a> *v/r* bleed to death

desanimar <1a> **1** *v/t* discourage, dishearten **2** *v/r* **~se** become discouraged *o* disheartened; **desánimo** *m* discouragement

desapacible *adj* nasty, unpleasant

desaparecer <2d> **1** *v/i* disappear, vanish **2** *v/t L.Am.* disappear F; **desaparecido** *m*, **-a** *f L.Am.*: ***un ~*** one of the disappeared; **desaparición** *f* disappearance

desapego *m* indifference; (*distancia*) distance, coolness

desapercibido *adj* unnoticed; ***pasar ~*** go unnoticed

desaprensivo *adj* unscrupulous

desaprobar <1m> *v/t* disapprove of

desaprovechar <1a> *v/t oportunidad* waste

desarmado *adj* unarmed; **desarmar** <1a> *v/t* MIL disarm; TÉC take to pieces, dismantle; **desarme** *m* MIL disarmament

desarraigo *m fig* rootlessness

desarreglar <1a> *v/t* make untidy; *horario* disrupt

desarrollar <1a> **1** *v/t* develop; *tema* explain; *trabajo* carry out **2** *v/r* **~se** develop, evolve; (*ocurrir*) take place; **desarrollo** *m* development

desarticular <1a> *v/t banda criminal* break up; MED dislocate

desaseado *adj* F scruffy

desasirse <3a> *v/r* get free, free o.s.

desasosiego *m* disquiet, unease

desastre *m tb fig* disaster; **desastroso** *adj* disastrous

desatar <1a> **1** *v/t* untie; *fig* unleash **2** *v/r* **~se** *de animal*, *persona* get free; *de cordón* come undone; *fig* be unleashed, break out

desatascar <1g> *v/t* unblock

desatender <2g> *v/t* neglect; (*ignorar*) ignore

desatino *m* mistake

desatornillador *m esp L.Am.* screwdriver; **desatornillar** <1a> *v/t* unscrew

desatrancar <1g> *v/t cañería* unblock

desavenencia *f* disagreement

desaventajado *adj* unfavo(u)rable

desayunar <1a> **1** *v/i* have breakfast **2** *v/t*: **~ *algo*** have sth for breakfast; **desayuno** *m* breakfast

desazón *f* (*ansiedad*) uneasiness, anxiety; **desazonar** <1a> *v/t* worry, make anxious

desbancar <1g> *v/t fig* displace, take the place of

desbandarse <1a> *v/r* disband; *de un grupo de personas* scatter

desbarajuste *m* mess

desbaratar <1a> *planes* ruin; *organización* disrupt

desbarrancar <1g> *L.Am.* **1** *v/t* push over the edge of a cliff **2** *v/r* **~se** go over the edge of a cliff

desbocarse <1g> *v/r de un caballo* bolt

desbordante *adj energía, entusiasmo etc* boundless; **~ *de*** bursting with, overflowing with; **desbordar** <1a> **1** *v/t de un río* overflow, burst; *de un multitud* break through; *de un acontecimiento* overwhelm; *fig* exceed **2** *v/i* overflow **3** *v/r* **~se** *de un río* burst its banks, overflow; *fig* get out of control

descabellado *adj*: ***idea -a*** F harebrained idea F; **descabellar** <1a> *v/t* TAUR *kill with a knife-thrust in the neck*; **descabello** *m fatal knife thrust*

descafeinado *adj* decaffeinated; *fig* watered-down

descalabro *m* calamity, disaster

descalificar <1g> *v/t* disqualify

descalzarse <1f> *v/r* take one's shoes off; **descalzo** *adj* barefoot

descaminado *adj fig* misguided; ***andar*** *or* ***ir*** **~** be on the wrong track

descamisado *adj* shirtless; *fig* ragged

descampado *m* open ground

descansar <1a> *v/i* rest, have a rest; ***¡que descanses!*** sleep well; **descansillo** *m* landing; **descanso** *m* rest; DEP half-time; TEA interval; ***sin ~*** without a break

descapotable *m* AUTO convertible

descarado *adj* rude, impertinent

descarga *f* EL, MIL discharge; *de mercancías* unloading; **descargar** <1h> *v/t arma*, EL discharge; *fig*: *ira etc* take out (***en, sobre*** on); *mercancías* unload; *de responsabilidad, culpa* clear (***de*** of)

descaro *m* nerve

descarriado *adj*: ***ir ~*** go astray

descarrilar <1a> *v/t* derail

descartar <1a> *v/t* rule out

descastado *adj* cold, uncaring

descender <2g> **1** *v/i para indicar alejamiento* go down, descend; *para indicar acercamiento* come down, descend; *fig* go down, decrease, diminish; **~ *de*** descend from **2** *v/t escalera* go down; *para indicar acercamiento* come down; **descendiente** **1** *adj* descended **2** *m/f* descendant; **descenso** *m de precio etc* drop; *de montaña*, AVIA descent; DEP relegation; ***la prueba de ~*** *en esquí* the downhill (race *o* competition)

descentralizar <1f> *v/t* decentralize

descentrar <1a> *v/t fig* shake

descifrar <1a> *v/t* decipher; *fig* work out

descodificación *f* decoding; **descodificador** *m* decoder; **descodificar** <1g> *v/t* decode

descolgar <1h> **1** *v/t* take down; *teléfono* pick up **2** *v/r* **~se** *por una cuerda* lower o.s.; *de un grupo* break away

descollar <1m> *v/i* stand out (***sobre*** among)

descolonización *f* decolonization

descolorido *adj* faded; *fig* colo(u)rless

descomponer <2r; *part* ***descompuesto***> **1** *v/t* (*dividir*) break down; (*pudrir*) cause to decompose; *L.Am.* (*romper*) break **2** *v/r* **~se** (*pudrirse*) decompose, rot; TÉC break down; *Rpl* (*emocionarse*) break down (in tears); ***se le descompuso la cara*** he turned pale;

descomposición *f* breaking down; *putrefacción* decomposition; (*diarrea*) diarrh(o)ea; **descompuesto** **1** *part* → ***descomponer*** **2** *adj alimento* rotten; *cadáver* decomposed; *persona* upset; *L.Am.* tipsy; *L.Am. máquina* broken down
descomunal *adj* huge, enormous
desconcertar <1k> *v/t a persona* disconcert
desconchado, **desconchón** *m place where the paint is peeling*; *en porcelana* chip
desconcierto *m* uncertainty
desconectar <1a> **1** *v/t* EL disconnect **2** *v/i fig* switch off **3** *v/r* **~se** *fig* lose touch (***de*** with)
desconfiar <1c> *v/i* be mistrustful (***de*** of), be suspicious (***de*** of)
descongelar <1a> *v/t comida* thaw, defrost; *refrigerador* defrost; *precios* unfreeze
descongestionar <1a> *v/t* MED clear; ***~ el tráfico*** relieve traffic congestion
desconocer <2d> *v/t* not know; **desconocido** **1** *adj* unknown **2** *m*, **-a** *f* stranger
desconsiderado *adj* inconsiderate
desconsolado *adj* inconsolable; **desconsuelo** *m* grief
descontado **1** *part* → ***descontar*** **2** *adj*: ***dar por ~*** take for granted; ***por ~*** certainly
descontaminar <1a> *v/t* decontaminate
descontar <1m> *v/t* COM deduct, take off; *fig* exclude
descontento **1** *adj* dissatisfied **2** *m* dissatisfaction
descontrol *m* chaos; **descontrolarse** <1a> *v/r* get out of control
desconvocar <1g> *v/t* call off
descorazonar <1a> **1** *v/t* discourage **2** *v/r* **~se** get discouraged
descorchar <1a> *v/t botella* uncork
descortés *adj* impolite, rude
descoserse <2a> *v/r de costura, dobladillo etc* come unstitched; *de prenda* come apart at the seams; **descosido** *m*: ***como un ~*** F like mad F
descoyuntar <1a> *v/t* dislocate
descremado *adj* skimmed
describir <3a; *part* ***descrito***> *v/t* describe; **descripción** *f* description; **descrito** *part* → ***describir***
descuajaringarse <1h> *v/r* F fall apart, fall to bits
descuartizar <1f> *v/t* quarter
descubierto **1** *part* → ***descubrir*** **2** *adj* uncovered; *persona* bareheaded; *cielos* clear; *piscina* open-air; ***al ~*** in the open; ***quedar al ~*** be exposed **3** *m* COM overdraft; **descubrimiento** *m* discovery; (*revelación*) revelation; **descubrir** <3a; *part* ***descubierto***> **1** *v/t* discover; *poner de manifiesto* uncover, reveal; *estatua* unveil **2** *v/r* **~se** take one's hat off; *fig* give o.s. away
descuento *m* discount; DEP stoppage time
descuerar <1a> *v/t L.Am.* skin; ***~ a alguien*** *fig* tear s.o. to pieces
descuidado *adj* careless; **descuidar** <1a> **1** *v/t* neglect **2** *v/i*: ***¡descuida!*** don't worry! **3** *v/r* **~se** get careless; *en cuanto al aseo* let o.s. go; (*despistarse*) let one's concentration drop; **descuido** *m* carelessness; (*error*) mistake; (*omisión*) oversight; ***en un ~*** *L.Am.* in a moment of carelessness
desde **1** *prp en el tiempo* since; *en el espacio* from; *en escala* from; ***~ 1993*** since 1993; ***~ hace tres días*** for three days; ***~ ... hasta ...*** from ... to ... **2** *adv*: ***~ luego*** of course; ***~ ya*** *Rpl* right away
desdén *m* disdain, contempt; **desdeñable** *adj* contemptible; ***nada ~*** far from insignificant; **desdeñar** <1a> *v/t* scorn
desdibujado *adj* blurred
desdichado **1** *adj* unhappy; (*sin suerte*) unlucky **2** *m*, **-a** *f* poor soul
desdoblar <1a> *v/t* unfold; (*dividir*) split
desear <1a> *v/t* wish for; *suerte etc* wish; ***¿qué desea?*** what would you

like?
desecar <1g> *v/t* dry
desechable *adj* disposable; **desechar** <1a> *v/t* (*tirar*) throw away; (*rechazar*) reject; **desechos** *mpl* waste *sg*

D

desembalar <1a> *v/t* unpack
desembarazarse <1f> *v/r*: **~ de** get rid of; **desembarazo** *m* ease
desembarcadero *m* MAR landing stage; **desembarcar** <1g> *v/i* disembark
desembocadura *f* mouth; **desembocar** <1g> *v/i* flow (***en*** into); *de calle* come out (***en*** into); *de situación* end (***en*** in)
desembolsar <1a> *v/t* pay out
desembuchar <1a> *v/i fig* F spill the beans F, come out with it F
desempacar <1g> *v/t* unpack
desempaquetar <1a> *v/t* unwrap
desempatar <1a> *v/i* DEP, POL decide the winner
desempeñar <1a> *v/t deber*, *tarea* carry out; *cargo* hold; *papel* play
desempleado **1** *adj* unemployed **2** *m*, **-a** *f* unemployed person; **desempleo** *m* unemployment
desencadenar <1a> **1** *v/t fig* trigger **2** *v/r* **~se** *fig* be triggered
desencajarse <1a> *v/r de una pieza* come out; ***se me ha desencajado la mandíbula*** I dislocated my jaw
desencantado *adj fig* disenchanted (***con*** with); **desencanto** *m fig* disillusionment
desenchufar <1a> *v/t* EL unplug
desenfadado *adj* self-assured; *programa* light, undemanding
desenfocado *adj* FOT out of focus
desenfrenado *adj* frenzied, hectic; **desenfreno** *m* frenzy
desenfundar <1a> *v/t arma* take out, draw
desengañarse <1a> *v/r* become disillusioned (***de*** with); (*dejar de engañarse*) stop kidding o.s.; **desengaño** *m* disappointment
desenlace *m* outcome, ending
desenmascarar <1a> *v/t fig* unmask, expose
desenredar <1a> *v/t* untangle; *situación confusa* straighten out, sort out
desenrollar <1a> *v/t* unroll
desenroscar <1g> *v/t* unscrew
desentenderse <2g> *v/r* not want to know (***de*** about); **desentendido** *adj*: ***hacerse el ~*** F pretend not to notice
desentonar <1a> *v/i* MÚS go off key; **~ *con*** *fig* clash with; ***decir algo que desentona*** say sth out of place
desentrañar <1a> *v/t fig* unravel
desenvoltura *f* ease; **desenvolverse** <2h; *part* ***desenvuelto***> *v/r fig* cope; **desenvuelto** **1** *part* → ***desenvolver*** **2** *adj* self-confident
deseo *m* wish
desequilibrar <1a> *v/t* unbalance; **~ *a alguien*** throw s.o. off balance; **desequilibrio** *m* imbalance; **~ *mental*** mental instability
desertar <1a> *v/i* MIL desert; **desertor** *m*, **~ora** *f* deserter
desértico *adj* desert *atr*; **desertización** *f* desertification
desesperación *f* despair; **desesperado** *adj* in despair; **desesperante** *adj* infuriating, exasperating; **desesperar** <1a> **1** *v/t* infuriate, exasperate **2** *v/i* give up hope (***de*** of), despair (***de*** of) **3** *v/r* **~se** get exasperated
desestabilizar <1f> *v/t* POL destabilize
desfachatez *f* impertinence
desfalco *m* embezzlement
desfallecer <2d> *v/i* faint
desfase *m fig* gap
desfavorable *adj* unfavo(u)rable; **desfavorecer** <2d> *v/t* (*no ser favorable*) not favo(u)r, be disadvantageous to; *de ropa etc* not suit
desfigurar <1a> *v/t* disfigure
desfiladero *m* ravine; **desfilar** <1a> *v/i* parade; **desfile** *m* parade; **~ *de modelos*** *or* ***de modas*** fashion show
desfogarse <1h> *v/r fig* vent one's emotions
desforestación *f* deforestation

desgana *f* loss of appetite; ***con ~*** *fig* reluctantly, half-heartedly
desgañitarse <1a> *v/r* F shout one's head off F
desgarbado *adj* F ungainly
desgarrador *adj* heartrending; **desgarrar** <1a> *v/t* tear up; *fig: corazón* break
desgastar <1a> *v/t* wear out; *defensas* wear down; **desgaste** *m* wear (and tear)
desglose *m* breakdown, itemization
desgracia *f* misfortune; *suceso* accident; ***por ~*** unfortunately; **desgraciadamente** *adv* unfortunately; **desgraciado 1** *adj* unfortunate; (*miserable*) wretched **2** *m*, **-a** *f* wretch; (*sinvergüenza*) swine F
desgravar <1a> **1** *v/t* deduct **2** *v/i* be tax-deductible
desguazar <1f> *v/t* scrap
deshabitado *adj* uninhabited
deshacer <2s; *part* ***deshecho***> **1** *v/t* undo; *maleta* unpack; *planes* wreck, ruin; ***eso los obligó a ~ todos sus planes*** this forced them to cancel their plans **2** *v/r* **~se** *de nudo de corbata, lazo etc* come undone; *de hielo* melt; ***~se de*** get rid of; **deshecho 1** *part* → ***deshacer*** **2** *adj* F *anímicamente* devastated F; *de cansancio* beat F, exhausted
desheredar <1a> *v/t* disinherit
deshice *vb* → ***deshacer***
deshidratar <1a> *v/t* dehydrate
deshielo *m* thaw
deshinchar <1a> **1** *v/t globo* deflate, let down **2** *v/r* **~se** deflate, go down; *fig* lose heart
deshonesto *adj* dishonest
deshonra *f* dishono(u)r; **deshonroso** *adj* dishono(u)rable
deshora *f*: ***a ~(s)*** at the wrong time
desidia *f* apathy, lethargy
desierto 1 *adj lugar* empty, deserted; ***isla -a*** desert island **2** *m* desert
designar <1a> *v/t* appoint, name; *lugar* select; **designio** *m* plan
desigual *adj* unequal; *terreno* uneven, irregular; **desigualdad** *f* inequality
desilusión *f* disappointment; **desilusionado** *adj* disappointed; **desilusionar** <1a> **1** *v/t* disappoint; (*quitar la ilusión*) disillusion **2** *v/r* **~se** be disappointed; (*perder la ilusión*) become disillusioned
desinfectante *m* disinfectant; **desinfectar** <1a> *v/t* disinfect
desinflar <1a> **1** *v/t globo, neumático* let the air out of, deflate **2** *v/r* **~se** *de neumático* deflate; *fig* lose heart
desinformación *f* disinformation
desinhibir <3a> **1** *v/t*: ***~ alguien*** get rid of s.o.'s inhibitions **2** *v/r* **~se** lose one's inhibitions
desintegrar <1a> **1** *v/t* cause to disintegrate; *grupo de gente* break up **2** *v/r* **~se** disintegrate; *de grupo de gente* break up
desinterés *m* lack of interest; (*generosidad*) unselfishness; **desinteresado** *adj* unselfish
desintoxicación *f* detoxification; ***hacer una cura de ~*** go into detox F, have treatment for drug / alcohol abuse
desistir <3a> *v/i* give up; ***tuvo que ~ de hacerlo*** I had to stop doing it
deslealtad *f* disloyalty
desligar <1h> **1** *v/t* separate (***de*** from); *fig persona* cut off (***de*** from) **2** *v/r* **~se** *fig* cut o.s. off (***de*** from)
desliz *m fig* F slip-up F; **deslizar** <1f> **1** *v/t* slide, run (***por*** along); *idea, frase* slip in **2** *v/i* slide **3** *v/r* **~se** slide
deslomarse <1a> *v/r fig* kill o.s.
deslucido *adj* tarnished; *colores* dull, drab; **deslucir** <3f> *v/t* tarnish; *fig* spoil
deslumbrante *adj* dazzling; **deslumbrar** <1a> **1** *v/t fig* dazzle **2** *v/r* **~se** *fig* be dazzled
desmadre *m* F chaos
desmandarse <1a> *v/r de animal* break loose
desmantelar <1a> *v/t fortificación, organización* dismantle
desmañado *adj* clumsy

desmaquillar <1a> **1** *v/t* remove makeup from **2** *v/r* **~se** remove one's makeup
desmarcarse <1g> *v/r* DEP lose one's marker; ***~ de*** distance o.s. from
D
desmayarse <1a> *v/r* faint; **desmayo** *m* fainting fit; ***sin ~*** without flagging
desmedido *adj* excessive
desmelenarse <1a> *v/r fig* F let one's hair down F; (*enfurecerse*) hit the roof F
desmembrar <1k> *v/t* dismember
desmemoriado *adj* forgetful
desmentido *m* denial; **desmentir** <3i> *v/t* deny; *a alguien* contradict
desmenuzar <1f> *v/t* crumble up; *fig* break down
desmerecer <2d> **1** *v/t* not do justice to **2** *v/i* be unworthy (***con*** of); ***~ de*** not stand comparison with; ***no ~ de*** be in no way inferior to
desmesurado *adj* excessive
desmilitarización *f* demilitarization
desmitificar <1g> *v/t* demystify, demythologize
desmontar <1a> **1** *v/t* dismantle, take apart; *tienda de campaña* take down **2** *v/i* dismount
desmoralizado *adj* demoralized; **desmoralizar** <1f> *v/t* demoralize
desmoronamiento *m tb fig* collapse; **desmoronarse** <1a> *v/r tb fig* collapse
desnatado *adj* skimmed
desnaturalizado *adj* QUÍM denatured
desnivel *m* unevenness; *entre personas* disparity; **desnivelar** <1a> *v/t* upset the balance of
desnucarse <1g> *v/r* break one's neck
desnudar <1a> **1** *v/t* undress; *fig* fleece **2** *v/r* **~se** undress; **desnudo** **1** *adj* naked; (*sin decoración*) bare **2** *m* PINT nude
desnutrición *f* undernourishment
desobedecer <2d> *v/t* disobey; **desobediencia** *f* disobedience; **desobediente** *adj* disobedient
desocupación *f L.Am.* unemployment; **desocupado** **1** *adj apartamento* vacant, empty; *L.Am. sin trabajo* unemployed **2** *mpl*: ***los ~s*** the unemployed; **desocupar** <1a> *v/t* vacate
desodorante *m* deodorant
desoído *part* → ***desoír***; **desoír** <3q; *part* ***desoído***> *v/t* ignore, turn a deaf ear to
desolado *adj* desolate; *fig* grief-stricken, devastated; **desolar** <1m> *v/t tb fig* devastate
desollar <1m> *v/t* skin
desorbitado *adj* astronomical; ***con ojos ~s*** pop-eyed
desorden *m* disorder; **desordenado** *adj* untidy, messy F; *fig* disorganized; **desordenar** <1a> *v/t* make untidy
desorganización *f* lack of organization; **desorganizado** *adj* disorganized
desorientar <1a> **1** *v/t* disorient; (*confundir*) confuse **2** *v/r* **~se** get disoriented, lose one's bearings; *fig* get confused
despabilado *adj fig* bright; **despabilar** <1a> **1** *v/t* wake up; ***¡despabila!*** get your act together! **2** *v/r* **~se** *fig* get one's act together
despachar <1a> **1** *v/t a persona, cliente* attend to; *problema* sort out; (*vender*) sell; (*enviar*) send, dispatch **2** *v/i* meet (***con*** with) **3** *v/r* **~se** F polish off F; ***~se a su gusto*** speak one's mind; **despacho** *m* office; *diplomático* dispatch; ***~ de billetes*** ticket office
despacio *adv* slowly; *L.Am.* (*en voz baja*) in a low voice
desparpajo *m* self-confidence
desparramar <1a> **1** *v/t* scatter; *líquido* spill; *dinero* squander **2** *v/r* **~se** spill; *fig* scatter
despavorido *adj* terrified
despecho *m* spite; ***a ~ de*** in spite of
despectivo *adj* contemptuous; GRAM pejorative
despedazar <1f> *v/t* tear apart
despedida *f* farewell; ***~ de soltero***

stag party; **~ *de soltera*** hen party; **despedir** <3l> **1** *v/t* see off; *empleado* dismiss; *perfume* give off; *de jinete* throw **2** *v/r* **~se** say goodbye (***de*** to)

despegar <1h> **1** *v/t* remove, peel off **2** *v/i* AVIA, *fig* take off **3** *v/r* **~se** come unstuck (***de*** from), come off (***de*** sth); *de persona* distance o.s. (***de*** from); **despegue** *m* AVIA, *fig* take-off

despeinar <1a> *v/t*: ***~ a alguien*** muss s.o.'s hair

despejado *adj cielo*, *cabeza* clear; **despejar** <1a> **1** *v/t* clear; *persona* wake up **2** *v/r* **~se** *de cielo* clear up; *fig* wake o.s. up

despellejar <1a> *v/t* skin; ***~ a alguien*** *fig* tear s.o. to pieces

despenalizar <1f> *v/t* decriminalize

despensa *f* larder

despeñarse <1a> *v/r* throw o.s. off a cliff

desperdiciar <1b> *v/t oportunidad* waste; **desperdicio** *m* waste; ***~s*** *pl* waste *sg*; ***no tener ~*** be worthwhile

desperdigar <1h> *v/t* scatter

despertador *m* alarm (clock); **despertar** <1k> **1** *v/t* wake, waken; *apetito* whet; *sospecha* arouse; *recuerdo* reawaken, trigger **2** *v/i* wake up **3** *v/r* **~se** wake (up)

despiadado *adj* ruthless

despido *m* dismissal

despierto *adj* awake; *fig* bright

despilfarrar <1a> *v/t* squander

despistado *adj* scatterbrained; **despistarse** <1a> *v/r* get distracted; **despiste** *m* distraction; ***tener un ~*** become distracted

desplante *m*: ***hacer un ~ a alguien*** *fig* be rude to s.o.

desplazar <1f> **1** *v/t* move; (*suplantar*) take over from **2** *v/r* **~se** travel

desplegar <1h> *v/t* unfold, open out; MIL deploy; **despliegue** *m* MIL deployment; ***con gran ~ de*** *fig* with a great show of

desplomarse <1a> *v/r* collapse; **desplome** *m* collapse

despojar <1a> **1** *v/t* strip (***de*** of) **2** *v/r* **~se**: ***~se de*** *prenda* take off ; **despojos** *mpl* (*restos*) left-overs; (*desperdicios*) waste *sg*; *fig* spoils; *de animal* offal *sg*

desposeídos *mpl*: ***los ~*** the dispossessed

déspota *m/f* despot

despotricar <1g> *v/i* F rant and rave F (***contra*** about)

despreciar <1b> *v/t* look down on; *propuesta* reject; **desprecio** *m* contempt; (*indiferencia*) disregard; *acto* slight

desprender <2a> **1** *v/t* detach, separate; *olor* give off **2** *v/r* **~se** come off; ***~se de*** *fig* part with; ***de este estudio se desprende que ...*** what emerges from the study is that ...

despreocupación *f* indifference; **despreocuparse** <1a> *v/r* not worry (***de*** about)

desprestigio *m* loss of prestige

desprevenido *adj* unprepared; ***pillar*** *or L.Am.* ***agarrar ~*** catch unawares

desproporcionado *adj* disproportionate

despropósito *m* stupid thing

desprotegido *adj* unprotected

desprovisto *adj*: **~ *de*** lacking in

después *adv* (*más tarde*) afterward, later; *seguido en orden* next; *en el espacio* after; ***yo voy ~*** I'm next; ***~ de*** after; ***~ de todo*** after all; ***~ de que se vaya*** after he's gone

desquiciar <1b> **1** *v/t fig* drive crazy **2** *v/r* **~se** *fig* lose one's mind

desquitarse <1a> *v/r* get one's own back (***de*** for)

desrielar <1a> *v/t Chi* derail

destacado *adj* outstanding; **destacar** <1g> **1** *v/i* stand out **2** *v/r* **~se** stand out (***por*** because of); (*ser excelente*) be outstanding (***por*** because of)

destajo *m*: ***a ~*** piecework

destapar <1a> **1** *v/t* open, take the lid off; *fig* uncover **2** *v/r* **~se** take one's coat off; *en cama* kick off the bedcovers; *fig* strip (off)

destartalado *adj vehículo*, *casa*

D

dilapidated

destello *m de estrella* twinkling; *de faros* gleam; *fig* brief period, moment

destemplarse <1a> *v/r fig* become unwell

desteñir <3h> **1** *v/t* discolo(u)r, fade **2** *v/r* **~se** fade

desternillante *adj* F hilarious

desterrar <1k> *v/t* exile

destiempo *m*: ***a ~*** at the wrong moment

destierro *m* exile

destilar <1a> *v/t* distill; *fig* exude

destinar <1a> *v/t fondos* allocate (***para*** for); *a persona* post (***a*** to); **destino** *m* fate; *de viaje etc* destination; *en el ejército etc* posting

destituir <3g> *v/t* dismiss

destornillador *m* screwdriver; **destornillar** <1a> *v/t* unscrew

destreza *f* skill

destrozar <1f> *v/t* destroy; *emocionalmente* shatter, devastate; **destrozos** *mpl* damage *sg*

destrucción *f* destruction; **destruir** <3g> *v/t* destroy; (*estropear*) ruin, wreck

desunir <3a> *v/t* divide

desuso *m* disuse; ***caer en ~*** fall into disuse

desvaído *adj color, pintura* faded

desvalido *adj* helpless; **desvalijar** <1a> *v/t* rob; *apartamento* burglarize, burgle

desván *m* attic

desvanecimiento *m* MED fainting fit

desvarío *m* delirium; ***~s*** ravings

desvelar <1a> **1** *v/t* keep awake; *secreto* reveal **2** *v/r* **~se** stay awake; *fig* do one's best (***por*** for); **desvelo** *m* sleeplessness; ***~s*** efforts

desventaja *f* disadvantage

desventura *f* misfortune

desvergonzado *adj* shameless; **desvergüenza** *f* shamelessness

desvestir <3l> **1** *v/t* undress **2** *v/r* **~se** get undressed, undress

desviar <1c> **1** *v/t golpe* deflect, parry; *tráfico* divert; *río* alter the course of; ***~ la conversación*** change the subject; ***~ la mirada*** look away; ***~ a alguien del buen camino*** lead s.o. astray **2** *v/r* **~se** (*girar*) turn off; (*bifurcarse*) branch off; (*apartarse*) stray (***de*** from)

desvincular <1a> **1** *v/t* dissociate (***de*** from) **2** *v/r* **~se** dissociate o.s. (***de*** from)

desvío *m* diversion

detallar <1a> *v/t* explain in detail, give details of; COM itemize; **detalle** *m* detail; *fig* thoughtful gesture; ***al ~*** retail

detección *f* detection; **detectar** <1a> *v/t* detect; **detective** *m/f* detective; ***~ privado*** private detective; **detector** *m* detector; ***~ de mentiras*** lie detector

detención *f* detention; ***orden de ~*** arrest warrant; **detener** <2l> **1** *v/t* stop; *de policía* arrest, detain **2** *v/r* **~se** stop; **detenido 1** *adj* held up; (*minucioso*) detailed **2** *m*, **-a** *f* person under arrest; **detenimiento** *m*: ***con ~*** thoroughly

detentar <1a> *v/t* hold

detergente *m* detergent

deteriorar <1a> **1** *v/t* damage **2** *v/r* **~se** deteriorate; **deterioro** *m* deterioration

determinado *adj* certain; **determinar** <1a> **1** *v/t* determine **2** *v/r* **~se** decide (***a*** to)

detestar <1a> *v/t* detest

detonación *f* detonation; **detonante** *m* explosive; *fig* trigger; **detonar** <1a> **1** *v/i* detonate, go off **2** *v/t* detonate, set off

detractor *m*, **~a** *f* detractor, critic

detrás *adv* behind; ***por ~*** at the back; *fig* behind your / his etc back; ***~ de*** behind; ***uno ~ de otro*** one after the other; ***estar ~ de algo*** *fig* be behind sth

detrimento *m*: ***en ~ de*** to the detriment of

detritus *m* detritus

detuvo *vb* → ***detener***

deuda *f* debt; ***estar en ~ con alguien*** *fig* be in s.o.'s debt, be in-

debted to s.o.; **deudor** *m*, **~a** *f* debtor
devaluación *f* devaluation; **devaluar** <1e> *v/t* devalue
devanarse <1a> *v/r*: **~ *los sesos*** F rack one's brains F
devaneo *m* affair
devastar <1a> *v/t* devastate
devoción *f tb fig* devotion
devolver <2h; *part* ***devuelto***> **1** *v/t* give back, return; *fig*: *visita*, *saludo* return; F (*vomitar*) throw up F **2** *v/r* **~se** *L.Am.* go back, return
devorar <1a> *v/t* devour
devuelto *part* → ***devolver***
D.F. *abr Méx* (= ***Distrito Federal***) Mexico City
dg. *abr* (= ***decigramo***) decigram
di *vb* → ***dar***
día *m* day; ***~ de fiesta*** holiday; ***~ festivo*** holiday; ***~ hábil*** *or* ***laborable*** work day; ***poner al ~*** update, bring up to date; ***a los pocos ~s*** a few days later; ***algún ~, un ~*** some day, one day; ***de ~*** by day, during the day; ***de un ~ a*** *or* ***para otro*** from one day to the next; ***el ~ menos pensado*** when you least expect it; ***hace mal ~*** *tiempo* it's a nasty day; ***hoy en ~*** nowadays; ***todo el santo ~*** all day long; ***todos los ~s*** every day; ***un ~ sí y otro no*** every other day; ***ya es de ~*** it's light already; ***¡buenos ~s!*** good morning
diabetes *f* diabetes; **diabético 1** *adj* diabetic **2** *m*, **-a** *f* diabetic
diablesa *f* F she-devil; **diablo** *m* devil; ***un pobre ~*** *fig* a poor devil; ***mandar a alguien al ~*** tell s.o. to go to hell; **diablura** *f* prank, lark; **diabólico** *adj* diabolical
diadema *f* tiara; *para el pelo* hairband
diáfano *adj* clear
diafragma *m* diaphragm
diagnosticar <1g> diagnose; **diagnóstico 1** *adj* diagnostic **2** *m* diagnosis
diagonal 1 *adj* diagonal **2** *f* diagonal (line)
diagrama *m* diagram
dialecto *m* dialect
dialogar <1h> *v/i* talk (***sobre*** about), discuss (***sobre*** sth); (*negociar*) hold talks (***con*** with); **diálogo** *m* dialog(ue)
diamante *m* diamond
diametralmente *adv*: ***~ opuesto*** diametrically opposed; **diámetro** *m* diameter
diana *f* MIL reveille; (*blanco*) target; *para jugar a los dardos* dartboard; (*centro de blanco*) bull's eye; ***dar en la ~*** *fig* hit the nail on the head
diantre *int* F hell! F
diapositiva *f* FOT slide, transparency
diariero *m*, **-a** *f Arg* newspaper vendor; **diario 1** *adj* daily **2** *m* diary; (*periódico*) newspaper; ***a ~*** daily
diarrea *f* MED diarrh(o)ea
dibujante *m/f* draftsman, *Br* draughtsman; *mujer* draftswoman, *Br* draughtswoman; *de viñetas* cartoonist; **dibujar** <1a> **1** *v/t* draw; *fig* describe **2** *v/r* **~se** *fig* appear; **dibujo** *m arte* drawing; *ilustración* drawing, sketch; *estampado* pattern; ***~s animados*** cartoons; ***película de ~ s animados*** animation
diccionario *m* dictionary
dic.[e] *abr* (= ***diciembre***) Dec. (= December)
dice *vb* → ***decir***
díceres *mpl L.Am.* sayings
dicharachero *adj* chatty; (*gracioso*) witty
dicho 1 *part* → ***decir*** **2** *adj* said; ***~ y hecho*** no sooner said than done; ***mejor ~*** or rather **3** *m* saying
dichoso *adj* happy; F (*maldito*) damn F
diciembre *m* December
diciendo *vb* → ***decir***
dictado *m* dictation; **dictador** *m*, **~a** *f* dictator; **dictadura** *f* dictatorship
dictaminar <1a> *v/t* state
dictar <1a> *v/t lección*, *texto* dictate; *ley* announce; ***~ sentencia*** JUR pass sentence
didáctico *adj* educational
diecinueve *adj* nineteen; **dieciocho**

D

adj eighteen; **dieciséis** *adj* sixteen; **diecisiete** *adj* seventeen
diente *m* tooth; **~ *de ajo*** clove of garlic; **~ *de león*** BOT dandelion; ***poner los ~s largos a alguien*** make s.o. jealous
D
diesel *m* diesel
diestro 1 *adj*: ***a ~ y siniestro*** *fig* F left and right **2** *m* TAUR bullfighter
dieta *f* diet; ***estar a ~*** be on a diet; ***~s*** travel(l)ing expenses; **dietético** *adj* dietary
diez *adj* ten
diezmar <1a> *v/t* decimate
difamar <1a> *v/t* slander, defame; *por escrito* libel, defame; **difamatorio** *adj* defamatory
diferencia *f* difference; ***a ~ de*** unlike; ***con ~*** *fig* by a long way; **diferenciar** <1b> **1** *v/t* differentiate **2** *v/r* **~se** differ (***de*** from); ***no se diferencian en nada*** there's no difference at all between them; **diferente** *adj* different
diferido *adj* TV: ***en ~*** prerecorded
difícil *adj* difficult; **dificultad** *f* difficulty; ***poner ~es*** make it difficult
dificultar <1a> *v/t* hinder
difundir <3a> **1** *v/t* spread; (*programa*) broadcast **2** *v/r* **~se** spread
difunto 1 *adj* late **2** *m*, **-a** *f* deceased
difuso *adj idea, conocimientos* vague, sketchy
digerir <3i> *v/t* digest; F *noticia* take in; **digestión** *f* digestion
digital *adj* digital; **digitalizar** <1f> *v/t* INFOR digitalize; **dígito** *m* digit
dignarse <1a> *v/r* deign; **dignidad** *f* dignity; **digno** *adj* worthy; *trabajo* decent; **~ *de mención*** worth mentioning
digo *vb*→ ***decir***
digresión *f* digression
dije *vb* → ***decir***
dilación *f*: ***sin ~*** without delay
dilapidar <1a> *v/t* waste
dilatar <1a> **1** *v/t* dilate; (*prolongar*) prolong; (*aplazar*) postpone **2** *v/i* *Méx* (*tardar*) be late; ***no me dilato*** I won't be long
dilema *m* dilemma
diligencia *f* diligence; *vehículo* stagecoach; ***~s*** JUR procedures, formalities; **diligente** *adj* diligent
dilucidar <1a> *v/t* clarify
diluir <3g> *v/t* dilute
diluviar <1b> *v/i* pour down; **diluvio** *m* downpour; *fig* deluge
dimensión *f* dimension; *fig* size, scale; ***dimensiones*** measurements
diminutivo *m* diminutive; **diminuto** *adj* tiny, diminutive
dimisión *f* resignation; **dimitir** <3a> *v/t* resign
Dinamarca Denmark
dinámico *adj fig* dynamic
dinamita *f* dynamite
dinastía *f* dynasty
dinero *m* money; **~ *en efectivo***, **~ *en metálico*** cash
dinosaurio *m* dinosaur
dio *vb* → ***dar***
Dios *m* God; ***hazlo como ~ manda*** do it properly; ***¡~ mío!*** my God!; ***¡por ~!*** for God's sake!; ***sabe ~ lo que dijo*** God knows what he said
dios *m tb fig* god; **diosa** *f* goddess
diploma *m* diploma; **diplomacia** *f* diplomacy; **diplomático 1** *adj* diplomatic **2** *m*, **-a** *f* diplomat
diputado *m*, **-a** *f* representative, *Br* Member of Parliament
dique *m* dike, *Br* dyke
dirá *vb* → ***decir***
diré *vb* → ***decir***
dirección *f tb* TEA, *de película* direction; COM management; POL leadership; *de coche* steering; *en carta* address; ***en aquella ~*** that way; **~ *asistida*** AUTO power steering; **~ *de correo electrónico*** e-mail address; **directiva** *f* board of directors; POL executive committee; **directivo 1** *adj* governing; COM managing **2** *m*, **-a** *f* COM manager; **directo** *adj* direct; ***en ~*** TV, RAD live; **director 1** *adj* leading **2** *m*, **~a** *f* manager; EDU principal, *Br* head (teacher); TEA, *de película* director; **~ *de orquesta*** conductor; **directriz** *f* guideline
dirigir <3c> **1** *v/t* TEA, *película* direct;

COM manage, run; MÚS conduct; ~ ***una carta a*** address a letter to; ~ ***una pregunta a*** direct a question to **2** *v/r* **~se** make, head (***a, hacia*** for)
discapacidad *f* disability; **discapacitado 1** *adj* disabled **2** *m*, **-a** *f* disabled person
discar <1g> *v/t L.Am.* TELEC dial
discernir <3i> *v/t* distinguish, discern
disciplina *f* discipline; **disciplinar** <1a> *v/t* discipline; **discípulo** *m*, **-a** *f* REL, *fig* disciple
disco *m* disk, *Br* disc; MÚS record; (*discoteca*) disco; DEP discus; ~ ***compacto*** compact disc; ~ ***duro***, *L.Am.* ~ ***rígido*** INFOR hard disk
discordante *adj* discordant; **discordia** *f* discord; (*colección de discos*) record collection
discreción *f* discretion; ***a*** ~ *disparar* at will; ***a ~ de*** at the discretion of
discrepancia *f* discrepancy; (*desacuerdo*) disagreement; **discrepar** <1a> *v/i* disagree
discreto *adj* discreet
discriminación *f* discrimination; **discriminar** <1a> *v/t* discriminate against; (*diferenciar*) differentiate
disculpa *f* apology; **disculpar** <1a> **1** *v/t* excuse **2** *v/r* **~se** apologize
discurrir <3a> *v/i de tiempo* pass; *de acontecimiento* pass off; (*reflexionar*) reflect (***sobre*** on); **discurso** *m* speech; *de tiempo* passage, passing
discusión *f* discussion; (*disputa*) argument; **discutir** <3a> **1** *v/t* discuss **2** *v/i* argue (***sobre*** about)
diseminar <1a> *v/t* scatter; *fig* spread
disentir <3i> *v/i* disagree (***de*** with)
diseñador *m*, **~a** *f* designer; **diseñar** <1a> *v/t* design; **diseño** *m* design; ~ ***gráfico*** graphic design
disfraz *m para ocultar* disguise; *para fiestas* costume, fancy dress; **disfrazarse** <1f> *v/r para ocultarse* disguise o.s. (***de*** as); *para divertirse* dress up (***de*** as)
disfrutar <1a> **1** *v/t* enjoy **2** *v/i* have fun, enjoy o.s.; ~ ***de buena salud*** be in *o* enjoy good health
disgregarse <1h> *v/r* disintegrate
disgustar <1a> **1** *v/t* upset **2** *v/r* **~se** get upset; **disgusto** *m*: ***me causó un gran*** ~ I was very upset; ***llevarse un*** ~ get upset; ***a*** ~ unwillingly
disidente *m/f* dissident
disimular <1a> **1** *v/t* disguise **2** *v/i* pretend; **disimulo** *m*: ***con*** ~ unobtrusively
disipar <1a> **1** *v/t duda* dispel **2** *v/r* **~se** *de niebla* clear; *de duda* vanish
diskette *m* diskette, floppy (disk)
dislexia *f* dyslexia
dislocar <1g> *v/t* dislocate
disminución *f* decrease; **disminuido 1** *adj* handicapped **2** *m*, **-a** *f* handicapped person; ~ ***físico*** physically handicapped person; **disminuir** <3g> **1** *v/t gastos, costos* reduce, cut; *velocidad* reduce **2** *v/i* decrease, diminish
disociar <1b> *v/t* separate
disolvente *m* solvent; **disolver** <1h; *part* ***disuelto***> *v/t* dissolve; *manifestación* break up
disparada *f L.Am.*: ***a la*** ~ in a rush; **disparar** <1a> **1** *v/t tiro, arma* fire; *foto* take; *precios* send up **2** *v/i* shoot, fire **3** *v/r* **~se** *de arma, alarma* go off; *de precios* rise dramatically, rocket F
disparatado *adj* absurd; **disparate** *m* F piece of nonsense; ***es un ~ hacer eso*** it's crazy to do that
disparo *m* shot
dispendio *m* waste
dispensar <1a> *v/t* dispense; *recibimiento* give; (*eximir*) excuse (***de*** from); **dispensario** *m* MED clinic
dispersar <1a> **1** *v/t* disperse **2** *v/r* **~se** disperse; **disperso** *adj* scattered
displicente *adj* disdainful
disponer <2r; *part* ***dispuesto***> **1** *v/t* (*arreglar*) arrange; (*preparar*) prepare; (*ordenar*) stipulate **2** *v/i*: ~ ***de algo*** have sth at one's disposal **3** *v/r* **~se** get ready (***a*** to); **disponibilidad** *f* COM availability; **disponible** *adj* available; **disposición** *f*

disposition; *de objetos* arrangement; ***~ de ánimo*** state of mind; ***estar a ~ de alguien*** be at s.o.'s disposal
dispositivo *m* device
dispuesto **1** *part* → ***disponer*** **2** *adj* ready (***a*** to)
disputa *f* dispute; **disputar** <1a> **1** *v/t* dispute; *partido* play **2** *v/i* argue (***sobre*** about) **3** *v/r* **~se** compete for
disquería *f L.Am.* record store
disquete *m* INFOR diskette, floppy (disk); **disquetera** *f* disk drive
distancia *f tb fig* distance; **distanciarse** <1b> *v/r* distance o.s. (***de*** from); **distante** *adj tb fig* distant; **distar** <1a> *v/i* be far (***de*** from)
distinción *f* distinction; ***a ~ de*** unlike; **distinguido** *adj* distinguished; **distinguir** <3d> *v/t* distinguish (***de*** from); (*divisar*) make out; *con un premio* hono(u)r; **distintivo** *m* emblem; MIL insignia; **distinto** *adj* different; ***~s*** (*varios*) several
distorsión *f* distortion
distracción *f* distraction; (*descuido*) absent-mindedness; (*diversión*) entertainment; (*pasatiempo*) pastime; ***por ~*** out of absent-mindedness; **distraer** <2p; *part* ***distraído***> **1** *v/t* distract; ***la radio la distrae*** she enjoys listening to the radio **2** *v/r* **~se** get distracted; (*disfrutar*) enjoy o.s.; **distraído** **1** *part* → ***distraer*** **2** *adj* absent-minded; *temporalmente* distracted
distribución *f* COM, *de película* distribution; **distribuir** <3g> *v/t* distribute; *beneficio* share out
distrito *m* district
disturbio *m* disturbance
disuadir <3a> *v/t* dissuade; POL deter; ***~ a alguien de hacer algo*** dissuade s.o. from doing sth
disuelto *part* → ***disolver***
disyuntiva *f* dilemma
diurético *adj* diuretic
diurno *adj* day *atr*
divagar <1h> *v/i* digress
diván *m* couch
diversidad *f* diversity
diversión *f* fun; (*pasatiempo*) pastime; ***aquí no hay muchas diversiones*** there's not much to do around here; **diverso** *adj* diverse; ***~s*** several, various
divertido *adj* funny; (*entretenido*) entertaining; **divertir** <3i> **1** *v/t* entertain **2** *v/r* **~se** have fun, enjoy o.s.
dividendo *m* dividend; **dividir** <3a> *v/t* divide
divinamente *adv fig* wonderfully; **divinidad** *f* divinity; **divino** *adj tb fig* divine
divisa *f* currency; ***~s*** *pl* foreign currency *sg*
divisar <1a> *v/t* make out
división *f* MAT, MIL, DEP division; ***hubo ~ de opiniones*** there were differences of opinion
divorciado **1** *adj* divorced **2** *m*, **-a** *f* divorcee; **divorciarse** <1b> *v/r* get divorced; **divorcio** *m* divorce
divulgación *f* spread; **divulgar** <1h> **1** *v/t* spread **2** *v/r* **~se** spread
d.J.C. *abr* (= ***después de Jesucristo***) A.D. (= Anno Domini)
dl. *abr* (= ***decilitro***) deciliter
dm. *abr* (= ***decímetro***) decimeter
dobladillo *m* hem; **doblado** *adj película* dubbed; **doblaje** *m de película* dubbing; **doblar** <1a> **1** *v/t* fold; *cantidad* double; *película* dub; MAR round; *pierna, brazo* bend; *en una carrera* pass, *Br* overtake; ***~ la esquina*** go round *o* turn the corner **2** *v/i* turn; ***~ a la derecha*** turn right **3** *v/r* **~se** bend; *fig* give in; **doble** **1** *adj* double; *nacionalidad* dual; ***~ clic*** *m* double click **2** *m*: ***el ~*** twice as much (***de*** as); ***el ~ de gente*** twice as many people; ***~s*** *tenis* doubles **3** *m/f en película* double
doblegar <1h> *v/t fig*: *voluntad* break; *orgullo* humble
doblez **1** *m* fold **2** *f fig* deceit
doce *adj* twelve; **docena** *f* dozen
docente *adj* teaching *atr*
dócil *adj* docile
doctor *m*, **~a** *f* doctor; ***~ honoris***

causa honorary doctor; **doctorado** *m* doctorate
doctrina *f* doctrine
documentación *f* documentation; *de una persona* papers; **documental** *m* documentary; **documento** *m* document; ***~ nacional de identidad*** national identity card
dogma *m* dogma
dogo *m* ZO mastiff
dólar *m* dollar
dolencia *f* ailment; **doler** <2h> *v/t tb fig* hurt; ***me duele el brazo*** my arm hurts; ***le dolió que le mintieran*** *fig* she was hurt that they had lied to her
dolor *m tb fig* pain; ***~ de cabeza*** headache; ***~ de estómago*** stomach-ache; ***~ de muelas*** toothache; **dolorido** *adj* sore, aching; *fig* hurt; **doloroso** *adj tb fig* painful
domador *m*, **~a** *f* tamer
domesticar <1g> *v/t* domesticate; **doméstico 1** *adj* domestic, household *atr* **2** *m*, **-a** *f* servant
domiciliación *f de sueldo* credit transfer; *de pagos* direct billing, *Br* direct debit; **domicilio** *m* address; ***repartir a ~*** do home deliveries
dominante *adj* dominant; *desp* domineering; **dominar** <1a> **1** *v/t* dominate; *idioma* have a good command of **2** *v/i* dominate **3** *v/r* **~se** control o.s.
domingo *m* Sunday; ***~ de Ramos*** Palm Sunday; **dominguero** *m*, **-a** *f* F weekender, Sunday tripper; **dominical** *adj* Sunday *atr*
dominicano GEOG **1** *adj* Dominican **2** *m*, **-a** *f* Dominican
dominio *m* control; *fig* command; ***ser del ~ público*** be in the public domain
dominó *m* dominoes *pl*
don[1] *m* gift; ***~ de gentes*** way with people
don[2] *m* Mr; ***~ Enrique*** Mr Sanchez *English uses the surname while Spanish uses the first name*
donación *f* donation; ***~ de sangre*** blood donation; ***~ de órganos*** organ donation; **donante** *m/f* donor; ***~ de sangre*** blood donor; **donar** <1a> *v/t sangre, órgano, dinero* donate; **donativo** *m* donation
doncella *f* maid
donde 1 *adv* where **2** *prp esp L.Am.*: ***fui ~ el médico*** I went to the doctor's
dónde *interr* where; ***¿de ~ eres?*** where are you from?; ***¿hacia ~ vas?*** where are you going?
dondequiera *adv* wherever
doña *f* Mrs; ***~ Estela*** Mrs Sanchez *English uses the surname while Spanish uses the first name*
dopaje, **doping** *m* doping
dorada *f* ZO gilthead
dorado *adj* gold; *montura* gilt
dormido *adj* asleep; ***quedarse ~*** fall asleep; **dormir** <3k> **1** *v/i* sleep; (*estar dormido*) be asleep **2** *v/t* put to sleep; ***~ a alguien*** MED give s.o. a general an(a)esthetic **3** *v/r* **~se** go to sleep; (*quedarse dormido*) fall asleep; (*no despertarse*) oversleep; ***no podía dormirme*** I couldn't get to sleep; **dormitorio** *m* bedroom
dorso *m* back
dos *adj* two; ***de ~ en ~*** in twos; ***los ~*** both; ***anda con ojo con los ~*** watch out for the pair of them; ***cada ~ por tres*** all the time, continually
doscientos *adj* two hundred
dosificar <1g> *v/t* cut down on; **dosis** *f inv* dose
dotar <1a> *v/t* equip (***de*** with); *fondos* provide (***de*** with); *cualidades* endow (***de*** with); **dote** *f a novia* dowry; ***tener ~s para algo*** have a gift for sth
doy *vb* → ***dar***
dpto. *abr* (= ***departamento***) dept (= department)
Dr. *abr* (= ***Doctor***) Dr (= Doctor)
Dra. *abr* (= ***Doctora***) Dr (= Doctor)
dragar <1h> *v/t* dredge
dragón *m* dragon; MIL dragoon
drama *m* drama; **dramático** *adj* dramatic; ***arte ~*** dramatic art;

dramatizar <1f> *v/t* dramatize
drástico *adj* drastic
drenaje *m* drainage
droga *f* drug; **~ *de diseño*** designer drug; **drogadicto 1** *adj*: ***una mujer -a*** a woman addicted to drugs **2** *m*, **-a** *f* drug addict; **drogarse** <1h> *v/r* take drugs; **drogodependencia** *f* drug dependency; **droguería** *f store selling cleaning and household products*
dromedario *m* ZO dromedary
d.to *abr* (= ***descuento***) discount
ducha *f* shower; ***ser una ~ de agua fría*** *fig* come as a shock; **ducharse** <1a> *v/r* have a shower, shower
duda *f* doubt; ***sin ~*** without doubt; ***poner en ~*** call into question; **dudar** <1a> **1** *v/t* doubt **2** *v/i* hesitate (***en*** to); **dudoso** *adj* doubtful; (*indeciso*) hesitant
duele *vb* → ***doler***
duelo *m* grief; (*combate*) duel
duende *m* imp
dueño *m*, **-a** *f* owner
duermo *vb* → ***dormir***
dulce 1 *adj* sweet; *fig* gentle **2** *m* candy, *Br* sweet; **dulzura** *f tb fig* sweetness
dumping *m* dumping
duna *f* dune
duo *m* MÚS duo
duodécimo *adj* twelfth
dúplex *m* duplex (apartment)
duplicado 1 *adj* duplicate; ***por ~*** in duplicate **2** *m* duplicate; **duplicar** <1g> *v/t* duplicate
duque *m* duke; **duquesa** *f* duchess
duración *f* duration; **duradero** *adj* lasting; *ropa, calzado* hard-wearing
durante *prp indicando duración* during; *indicando período* for; ***~ seis meses*** for six months
durar <1a> *v/i* last
duraznero *m L.Am.* BOT peach (tree); **durazno** *m L.Am.* BOT peach
Durex® *m Méx* Scotch tape®, *Br* Sellotape®
duro 1 *adj* hard; *carne* tough; *clima, fig* harsh; ***~ de oído*** F hard of hearing; ***ser ~ de pelar*** be a tough nut to crack **2** *adv* hard **3** *m* five peseta coin
DVD *abr* (= ***Disco de Vídeo Digital***) DVD (= Digital Versatile *o* Video Disc)

E

E *abr* (= ***este***) E (= East(ern))
e *conj* (*instead of* **y** *before words starting with* ***i, hi***) and
ebanista *m* cabinetmaker; **ébano** *m* ebony
ebrio *adj* drunk
ebullición *f*: ***punto de ~*** boiling point
eccema *m* eczema
echar <1a> **1** *v/t* (*lanzar*) throw; (*poner*) put; *de un lugar* throw out; *humo* give off; *carta* mail, *Br tb* post; ***lo han echado del trabajo*** he's been fired; ***~ abajo*** pull down, destroy; ***~ la culpa a alguien*** blame s.o., put the blame on s.o.; ***me echó 40 años*** he thought I was 40 **2** *v/i*: ***~ a*** start to, begin to; ***~ a correr*** start *o* begin to run, start running **3** *v/r* **~se** (*tirarse*) throw o.s.; (*tumbarse*) lie down; (*ponerse*) put on; ***~se a llorar*** start *o* begin to cry, start crying
eclesiástico *adj* ecclesiastical, church *atr*
eclipsar <1a> *v/t* eclipse; **eclipse** *m* eclipse

eco *m* echo; ***tener ~*** *fig* make an impact
ecografía *f* (ultrasound) scan
ecología *f* ecology; **ecológico** *adj* ecological; *alimentos* organic; **ecologista** *m/f* ecologist
economato *m* co-operative store
economía *f* economy; *ciencia* economics; ***~ de mercado*** market economy; ***~ sumergida*** black economy; **económico** *adj* economic; (*barato*) economical; **economista** *m/f* economist; **economizar** <1f> *v/t* economize on, save
ecosistema *m* ecosystem
ecoturismo *m* ecotourism
ecuación *f* equation
ecuador *m* equator
Ecuador Ecuador
ecuánime *adj* (*sereno*) even-tempered; (*imparcial*) impartial
ecuatorial *adj* equatorial
ecuatoriano 1 *adj* Ecuadorean **2** *m*, **-a** *f* Ecuadorean
eczema *m* eczema
ed. *abr* (= ***edición***) ed (= edition)
edad *f* age; ***la Edad Media*** the Middle Ages *pl*; ***la tercera ~*** the over 60s; ***estar en la ~ del pavo*** be at that awkward age; ***a la ~ de*** at the age of; ***¿qué ~ tienes?*** how old are you?
edición *f* edition
edificar <1g> *v/t* construct, build; **edificio** *m* building
edil *m*, **~a** *f* council(l)or
editar <1a> *v/t* edit; (*publicar*) publish; **editor** *m*, **~a** *f* editor; **editorial 1** *m* editorial, leading article **2** *f* publishing company *o* house, publisher
edredón *m* eiderdown
educación *f* (*crianza*) upbringing; (*modales*) manners; ***~ física*** physical education, PE; **educado** *adj* polite, well-mannered; ***mal ~*** rude, ill-mannered; **educar** <1g> *v/t* educate; (*criar*) bring up; *voz* train; **educativo** *adj* educational
edulcorante *m* sweetener
EE. UU. *abr* (= ***Estados Unidos***) US(A) (= United States (of America))
efectista *adj* theatrical, dramatic; **efectivamente** *adv* indeed; **efectivo 1** *adj* effective; ***hacer ~*** COM cash **2** *m*: ***en ~*** (in) cash; **efecto** *m* effect; ***~ invernadero*** greenhouse effect; ***~s secundarios*** side effects; ***en ~*** indeed; ***surtir ~*** take effect, work
efectuar <1e> *v/t* carry out
efervescente *adj* effervescent; *bebida* carbonated, sparkling
eficacia *f* efficiency; **eficaz** *adj* (*efectivo*) effective; (*eficiente*) efficient; **eficiencia** *f* efficiency; **eficiente** *adj* efficient
efímero *adj* ephemeral, short-lived
efusivo *adj* effusive
egipcio 1 *adj* Egyptian **2** *m*, **-a** *f* Egyptian; **Egipto** Egypt
ego *m* ego; **egocéntrico** *adj* egocentric, self-centered (*Br* -centred); **egoísmo** *m* selfishness, egoism; **egoísta 1** *adj* selfish, egoistic **2** *m/f* egoist
egresar <1a> *v/i L.Am. de universidad* graduate; *de colegio* graduate from high school, *Br* leave school; **egreso** *m L.Am.* graduation
eh *int para llamar atención* hey!; ***¿~?*** eh?
eje *m* axis; *de auto* axle; *fig* linchpin
ejecución *f* (*realización*) implementation, carrying out; *de condenado* execution; MÚS performance; **ejecutar** <1a> *v/t* (*realizar*) carry out, implement; *condenado* execute; INFOR run, execute; MÚS play, perform; **ejecutiva** *f* executive; **ejecutivo 1** *adj* executive; ***el poder ~*** POL the executive **2** *m* executive; ***el Ejecutivo*** the government
ejemplar 1 *adj alumno*, *padre etc* model *atr*, exemplary **2** *m de libro* copy; *de revista* issue; *animal*, *planta* specimen; **ejemplo** *m* example; ***dar buen ~*** set a good example; ***por ~*** for example
ejercer <2b> **1** *v/t cargo* practice, *Br* practise; *influencia* exert **2** *v/i de*

profesional practice, *Br* practise; ***ejerce de médico*** he's a practicing (*Br* practising) doctor; **ejercicio** *m* exercise; COM fiscal year, *Br* financial year; ***hacer ~*** exercise; **ejercitar** <1a> **1** *v/t músculo, derecho* exercise **2** *v/r* **~se** train; ***~se en*** practice, *Br* practise; **ejército** *m* army

ejido *m Méx traditional rural communal farming unit*

ejote *m L.Am.* green bean

el 1 *art* the **2** *pron*: ***~ de ...*** that of ...; ***~ de Juan*** Juan's; ***~ más grande*** the biggest (one); ***~ que está ...*** the one who is ...

él *pron sujeto* he; *cosa* it; *complemento* him; *cosa* it; ***de ~*** his

elaborar <1a> *v/t* produce, make; *metal etc* work; *plan* devise, draw up

elasticidad *f* elasticity; **elástico 1** *adj* elastic **2** *m* elastic; (*goma*) elastic band, *Br* rubber band

elección *f* choice; **eleccionario** *adj L.Am.* election *atr*, electoral; **elecciones** *fpl* election *sg*; **elector** *m* voter; **electorado** *m* electorate; **electoral** *adj* election *atr*, electoral

electricidad *f* electricity; **electricista** *m/f* electrician; **eléctrico** *adj luz, motor* electric; *aparato* electrical; **electrocutar** <1a> **1** *v/t* electrocute **2** *v/r* **~se** be electrocuted, electrocute o.s.

electrodo *m* electrode

electrodoméstico *m* electrical appliance

electrón *m* electron; **electrónica** *f* electronics; **electrónico** *adj* electronic

elefante *m* ZO elephant; ***~ marino*** elephant seal, sea elephant

elegancia *f* elegance, stylishness; **elegante** *adj* elegant, stylish; **elegantoso** *adj L.Am.* F stylish, classy F

elegía *f* elegy

elegible *adj* eligible; **elegir** <3c> *v/t* choose; *por votación* elect

elemental *adj* (*esencial*) fundamental, essential; (*básico*) elementary, basic; **elemento** *m* element

elevado *adj* high; *fig* elevated; **elevador** *m* hoist; *L.Am.* elevator, *Br* lift; **elevar** <1a> **1** *v/t* raise **2** *v/r* **~se** rise; *de monumento* stand

eliminación *f* elimination; *de desperdicios* disposal; **eliminar** <1a> *v/t* eliminate; *desperdicios* dispose of; **eliminatoria** *f* DEP qualifying round, heat

élite *f* elite; **elitista** *adj* elitist

elixir *m* elixir; ***~ bucal*** mouthwash

ella *pron sujeto* she; *cosa* it; *complemento* her; *cosa* it; ***de ~*** her; ***es de ~*** it's hers

ellas *pron sujeto* they; *complemento* them; ***de ~*** their; ***es de ~*** it's theirs

ello *pron* it

ellos *pron sujeto* they; *complemento* them; ***de ~*** their; ***es de ~*** it's theirs

elocuente *adj* eloquent

elogiar <1b> *v/t* praise; **elogio** *m* praise

elote *m L.Am.* corncob; *granos* corn, *Br* sweetcorn

El Salvador El Salvador

eludir <3a> *v/t* evade, avoid

emanar <1a> **1** *v/i fml* emanate (***de*** from) *fml*; *fig* stem (***de*** from), derive (***de*** from) **2** *v/t* exude, emit

emancipación *f* emancipation; **emanciparse** <1a> *v/r* become emancipated

embadurnar <1a> *v/t* smear (***de*** with)

embajada *f* embassy; **embajador** *m*, **~a** *f* ambassador

embalaje *m* packing; **embalar** <1a> **1** *v/t* pack **2** *v/r* **~se** *de persona* get excited; ***el coche se embaló*** the car went faster and faster; ***no te embales*** don't go so fast

embalse *m* reservoir

embarazada 1 *adj* pregnant **2** *f* pregnant woman; **embarazo** *m* pregnancy; ***interrupción del ~*** termination, abortion; **embarazoso** *adj* awkward, embarrassing

embarcación *f* vessel, craft; **embarcadero** *m* wharf; **embarcar** <1g> **1** *v/t pasajeros* board, embark; *mer-*

cancías load **2** *v/i* board, embark **3** *v/r* **~se** *en barco* board, embark; *en avión* board; ***~se en*** *fig* embark on

embargo *m* embargo; JUR seizure; ***sin*** **~** however

embarque *m* boarding; *de mercancías* loading

embarrancar <1g> **1** *v/i* MAR run aground **2** *v/r* **~se** MAR run aground

embaucador 1 *adj* deceitful **2** *m*, **~a** *f* trickster

embeberse <2a> *v/r* get absorbed *o* engrossed (***en*** in)

embelesar <1a> *v/t* captivate

embestir <3l> **1** *v/t* charge **2** *v/i* charge (***contra*** at)

emblema *m* emblem

embobar <1a> *v/t* fascinate

embolarse <1a> *v/r C.Am.*, *Méx* F get plastered F

émbolo *m* TÉC piston

embolsar <1a> **1** *v/t* pocket **2** *v/r* **~se** pocket

emborrachar <1a> **1** *v/t* make drunk, get drunk **2** *v/r* **~se** get drunk

emborronar <1a> *v/t* blot, smudge

emboscada *f* ambush

embotar <1a> *v/t* blunt

embotellamiento *m* traffic jam; **embotellar** <1a> *v/t* bottle

embrague *m* AUTO clutch

embriagar <1h> *v/t fig* intoxicate; **embriaguez** *f* intoxication

embrión *m* embryo; ***en~*** in an embryonic state, in embryo

embrollo *m* tangle; *fig* mess, muddle

embromar <1a> *v/t Rpl* F (*molestar*) annoy

embrujar <1a> *v/t tb fig* bewitch

embrutecer <2d> **1** *v/t* brutalize **2** *v/r* **~se** become brutalized

embudo *m* funnel

embustero 1 *adj* deceitful **2** *m*, **-a** *f* liar

embutido *m* GASTR *type of dried sausage*

emergencia *f* emergency

emerger <2c> *v/i* emerge

emigración *f* emigration; **emigrante** *m* emigrant; **emigrar** <1a> *v/i* emigrate; ZO migrate

eminente *adj* eminent

emirato *m* emirate

emisario *m* emissary; **emisión** *f* emission; COM issue; RAD, TV broadcast; **emisora** *f* radio station; **emitir** <3a> *v/t calor*, *sonido* give out, emit; *moneda* issue; *opinión* express, give; *veredicto* deliver; RAD, TV broadcast; *voto* cast

emoción *f* emotion; ***¡qué ~!*** how exciting!; **emocionado** *adj* excited; **emocionante** *adj* (*excitante*) exciting; (*conmovedor*) moving; **emocionarse** <1a> *v/r* get excited; (*conmoverse*) be moved

emotivo *adj* emotional; (*conmovedor*) moving

empacar <1g> **1** *v/t* & *v/i L.Am.* pack **2** *v/r* **~se** *L.Am.* (*ponerse tozudo*) dig one's heels in; *tragar* devour

empacharse <1a> *v/r* F get an upset stomach (***de*** from); **~ *de*** *fig* overdose on; **empacho** *m* F upset stomach; *fig* bellyful F; ***sin*** **~** unashamedly

empadronar <1a> **1** *v/t* register **2** *v/r* **~se** register

empalagoso *adj* sickly; *fig* sickly sweet, cloying

empalizada *f* palisade

empalmar <1a> **1** *v/t* connect, join **2** *v/i* connect (***con*** with), join up (***con*** with); *de idea*, *conversación* run *o* follow on (***con*** from)

empanada *f* pie; **empanadilla** *f* pasty; **empanar** <1a> *v/t* coat in breadcrumbs

empantanarse <1a> *v/r* become swamped *o* waterlogged; *fig* get bogged down

empañado *adj* misty; **empañar** <1a> **1** *v/t* steam up, mist up; *fig* tarnish, sully **2** *v/r* **~se** *de vidrio* steam up, mist up

empapado *adj* soaked, dripping wet; **empapar** <1a> **1** *v/t* soak; (*absorber*) soak up; **2** *v/r* **~se** get

soaked *o* drenched; ***~se de algo*** immerse o.s. in sth
empapelar <1a> *v/t* wallpaper
empaque *m* presence; (*seriedad*) solemnity; **empaquetar** <1a> *v/t* pack
emparedado *m* sandwich
emparejar <1a> *v/t personas* pair off; *calcetines* match up
emparentado *adj* related
empastador *m*, **~a** *f L.Am.* bookbinder; **empastar** <1a> *v/t muela* fill; *libro* bind; **empaste** *m* filling
empatar <1a> *v/i* tie, *Br* draw; (*igualar*) tie the game, *Br* equalize; **empate** *m* tie, draw; ***gol del ~*** *en fútbol* equalizer
empecinarse <1a> *v/r* get an idea into one's head; ***~ en algo*** insist on sth
empedernido *adj* inveterate, confirmed
empedrado *m* paving
empeine *m* instep
empellón *m* shove; ***entró a empellones*** he shoved his way in
empelotarse <1a> *v/r L.Am. P* take one's clothes off, strip off
empeñado *adj* (*endeudado*) in debt; ***estar ~ en hacer algo*** be determined to do sth; **empeñar** <1a> **1** *v/t* pawn **2** *v/r* **~se** (*endeudarse*) get into debt; (*esforzarse*) strive (***en*** to), make an effort (***en*** to); ***~se en hacer*** *obstinarse* insist on doing, be determined to do
empeñero *Méx* **1** *adj* determined **2** *m*, **-a** *f* determined person; **empeño** *m* (*obstinación*) determination; (*esfuerzo*) effort; *Méx fig* pawn shop; **empeñoso** *adj L.Am.* hardworking
empeorar <1a> **1** *v/t* make worse **2** *v/i* deteriorate, get worse
empequeñecer <2d> *v/t fig* diminish
emperador *m* emperor; *pez* swordfish; **emperatriz** *f* empress
emperrarse <1a> *v/r* F: ***~ en hacer algo*** have one's heart set on doing sth; ***~ con algo*** set one's heart on sth
empezar <1f> **1** *v/t* start, begin **2** *v/i* start, begin; ***~ a hacer algo*** start to do sth, start doing sth; ***~ por hacer algo*** start *o* begin by doing sth; **empiezo** *m S.Am.* start, beginning
empinado *adj* steep; **empinar** <1a> *v/t* raise; ***~ el codo*** F raise one's elbow F
empírico *adj* empirical
emplazamiento *m* site, location; JUR subpœna, summons
empleado **1** *adj*: ***le está bien ~*** it serves him right **2** *m*, **-a** *f* employee; ***-a de hogar*** maid; **emplear** <1a> *v/t* (*usar*) use; *persona* employ; **empleo** *m* employment; (*puesto*) job; (*uso*) use; ***modo de ~*** instructions for use *pl*, directions *pl*
emplomar <1a> *v/t S.Am.* fill
empobrecer <2d> **1** *v/t* impoverish, make poor **2** *v/i* become impoverished, become poor **3** *v/r* **~se** become impoverished, become poor; **empobrecimiento** *m* impoverishment
empollar <1a> *v/i* F cram F, *Br* swot F; **empollón** *m* F grind F, *Br* swot F
emporio *m L.Am. almacén* department store
empotrado *adj* built-in, fitted; **empotrarse** <1a> *v/r* crash (***contra*** into)
emprendedor *adj* enterprising; **emprender** <2a> *v/t* embark on, undertake; ***~la con alguien*** F take it out on s.o.
empresa *f* company; *fig* venture, undertaking; ***~ de trabajo temporal*** temping agency; **empresaria** *f* businesswoman; **empresarial** *adj* business *atr*; ***ciencias ~es*** business studies; **empresario** *m* businessman
empujar <1a> *v/t* push; *fig* urge on, spur on; **empujón** *m* push, shove; ***salían a empujones*** F they were pushing and shoving their way out
empuñar <1a> *v/t* grasp
emular <1a> *v/t* emulate
emulsión *f* emulsion
en *prp* (*dentro de*) in; (*sobre*) on; ***~ un mes*** in a month; ***~ la mesa*** on the

table; ~ ***inglés*** in English; ~ ***la calle*** on the street, *Br tb* in the street; ~ ***casa*** at home; ~ ***coche*** / ***tren*** by car / train

enajenación *f* JUR transfer; ~ ***mental*** insanity; **enajenar** <1a> *v/t* JUR transfer; (*trastornar*) drive insane

enamorado *adj* in love (***de*** with); **enamorar** <1a> **1** *v/t*: ***lo enamoró*** she captivated him **2** *v/r* **~se** fall in love (***de*** with)

enano 1 *adj* tiny; *perro, árbol* miniature, dwarf *atr* **2** *m* dwarf; ***trabajar como un ~*** *fig* F work like a dog F

enarbolar <1a> *v/t* hoist, raise

encabezamiento *m* heading; **encabezar** <1f> *v/t* head; *movimiento, revolución* lead

encabritarse <1a> *v/r de caballo* rear up

encadenar <1a> **1** *v/t* chain (up); *fig* link *o* put together **2** *v/r* **~se** chain oneself (**a** to)

encajar <1a> **1** *v/t piezas* fit; *golpe* take **2** *v/i* fit (***en*** in; ***con*** with); **encaje** *m* lace

encalado *m* whitewashing; **encalar** <1a> *v/t* whitewash

encallar <1a> *v/i* MAR run aground

encaminarse <1a> *v/r* set off (***a*** for), head (***a*** for); *fig* be aimed *o* directed (***a*** at)

encandilar <1a> *v/t* dazzle

encantado *adj* (*contento*) delighted; *castillo* enchanted; ***¡~!*** nice to meet you; **encantador** *adj* charming; **encantar** <1a> *v/t*: ***me*** / ***le encanta*** I love / he loves it; **encanto** *m* (*atractivo*) charm; ***como por ~*** as if by magic; ***eres un ~*** you're an angel

encapricharse <1a> *v/r* fall in love (***de*** with)

encapuchado *adj* hooded

encaramarse <1a> *v/r* climb

encarar <1a> *v/t* approach; *desgracia etc* face up to

encarcelar <1a> *v/t* put in prison, imprison

encarecer <2d> **1** *v/t* put up the price of, make more expensive **2** *v/r* **~se** become more expensive; *de precios* increase, rise; **encarecidamente** *adv*: ***le ruego ~ que …*** I beg *o* urge you to …

encargado *m*, **-a** *f* person in charge; *de un negocio* manager; **encargar** <1h> **1** *v/t* (*pedir*) order; ***le encargé que me trajera …*** I asked him to bring me … **2** *v/r* **~se** (*tener responsibilidad*) be in charge; ***yo me encargo de la comida*** I'll take care of *o* see to the food; **encargo** *m* job, errand; COM order; ***¿te puedo hacer un ~?*** can I ask you to do something for me?; ***hecho por ~*** made to order

encariñarse <1a> *v/r*: ***~ con alguien*** / ***algo*** grow fond of s.o / sth, become attached to s.o. / sth

encarnado *adj* red; **encarnar** <1a> *v/t cualidad etc* embody; TEA play;

encarnizado *adj* bitter, fierce

encarrilar <1a> *v/t fig* direct, guide

encasillar <1a> *v/t* class, classify; (*estereotipar*) pigeonhole

encasquetar <1a> *v/t gorro etc* pull down; ***me lo encasquetó*** F he landed me with it F

encasquillarse <1a> *v/r de arma* jam

encauzar <1f> *v/t tb fig* channel

encefalopatía *f*: ***~ espongiforme bovina*** bovine spongiform encephalitis, BSE

encendedor *m* lighter; **encender** <2g> **1** *v/t fuego* light; *luz, televisión* switch on, turn on; *fig* inflame, arouse, stir up **2** *v/r* **~se** *de luz, televisión* come on; **encendido 1** *adj luz, televisión* (switched) on; *fuego* lit; *cara* red **2** *m* AUTO ignition

encerado *m* blackboard

encerar <1a> *v/t* polish, wax

encerrar <1k> **1** *v/t* lock up, shut up; (*contener*) contain **2** *v/r* **~se** shut o.s. up; **encerrona** *f tb fig* trap

encestar <1a> *v/i* score

encharcado *adj* flooded, waterlogged

enchicharse <1a> *v/r L.Am.* (*emborracharse*) get drunk; *Rpl* P (*enojarse*) get angry, get mad F

enchilada *f Méx* GASTR enchilada (*tortilla with a meat or cheese filling*)
enchiloso *adj C.Am., Méx* hot
enchufado *m*: ***es un ~*** F he has connections, he has friends in high places; **enchufar** <1a> *v/t* EL plug in; **enchufe** *m* EL *macho* plug; *hembra* socket; ***tener ~*** *fig* F have pull F, have connections F; **enchufismo** *m* string-pulling
E
encía *f* gum
enciclopedia *f* encyclop(a)edia
encierro *m protesta* sit-in; *de toros* bull running
encima *adv* on top; ***~ de*** on top of, on; ***por ~ de*** over, above; ***por ~ de todo*** above all; ***lo ayudo, y ~ se queja*** I help him and then he goes and complains; ***hacer algo muy por ~*** do sth very quickly; ***no lo llevo ~*** I haven't got it on me; ***ponerse algo ~*** put sth on; **encimera** *f sábana* top sheet; *Esp mostrador* worktop
encina *f* BOT holm oak
encinta *adj* pregnant
enclaustrarse <1a> *v/r fig* shut o.s. away
enclave *m* enclave
enclenque **1** *adj* sickly, weak **2** *m/f* weakling
encoger <2c> **1** *v/t* shrink; *las piernas* tuck in **2** *v/i de material* shrink **3** *v/r* **~se** *de material* shrink; *fig*: *de persona* be intimidated, cower; ***~se de hombros*** shrug (one's shoulders)
encolar <1a> *v/t* glue, stick
encolerizarse <1f> *v/r* get angry
encomienda *f L.Am.* HIST *grant of land and labor by colonial authorities after the Conquest*
enconado *adj* fierce, heated
encontrar <1m> **1** *v/t* find **2** *v/r* **~se** (*reunirse*) meet; (*estar*) be; ***~se con alguien*** meet s.o., run into s.o.; ***me encuentro bien*** I'm fine, I feel fine; **encontronazo** *m* smash, crash
encorvar <1a> *v/t* hunch; *estantería* cause to buckle
encrespar <1a> **1** *v/t pelo* curl; *mar* make rough *o* choppy; *fig* arouse, inflame **2** *v/r* **~se** *del mar* turn choppy; *fig* become inflamed
encrucijada *f* crossroads; *fig* dilemma
encuadernar <1a> *v/t* bind
encuadrar <1a> *v/t en marco* frame; *en grupo* include, place
encuartelar <1a> *v/t L.Am.* billet
encubierto *part* → ***encubrir***; **encubrir** <3a; *part* ***encubierto***> *v/t delincuente* harbo(u)r; *delito* cover up, conceal
encuentro *m* meeting, encounter; DEP game; ***salir*** *or* ***ir al ~ de alguien*** meet s.o., greet s.o.
encuerado *adj L.Am.* naked
encuesta *f* survey; (*sondeo*) (opinion) poll; **encuestar** <1a> *v/t* poll
encumbrarse <1a> *v/r fig* rise to the top
encurtidos *mpl* pickles
ende *adv*: ***por ~*** therefore, consequently
endeble *adj* weak, feeble
endémico *adj* endemic
endemoniado *adj* possessed; *fig* F terrible, awful
enderezar <1f> **1** *v/t* straighten out **2** *v/r* **~se** straighten up, stand up straight; *fig* straighten o.s. out, sort o.s out
endeudarse <1a> *v/r* get (o.s.) into debt
endiablado *adj fig* (*malo*) terrible, awful; (*difícil*) tough
endibia *f* BOT endive
endilgar <1h> *v/t*: ***me lo endilgó a mí*** F he landed me with it F; ***~ un sermón a alguien*** F lecture s.o., give s.o. a lecture
endosar <1a> *v/t* COM endorse; ***me lo endosó a mí*** F she landed me with it F
endrina *f* BOT sloe
endrogarse <1h> *v/r Méx, C.Am.* get into debt
endulzar <1f> *v/t* sweeten; (*suavizar*) soften
endurecer <2d> **1** *v/t* harden; *fig* toughen up **2** *v/r* **~se** harden,

become harder; *fig* become harder, toughen up

enebro *m* BOT juniper

enema *m* MED enema

enemigo **1** *adj* enemy *atr* **2** *m* enemy; ***ser ~ de*** *fig* be opposed to, be against; **enemistarse** <1a> *v/r* fall out

energético *adj crisis* energy *atr*; *alimento* energy-giving; **energía** *f* energy; ***~ eólica*** wind power; ***~ nuclear*** nuclear power, nuclear energy; ***~ solar*** solar power, solar energy; **enérgico** *adj* energetic; *fig* forceful, strong

energúmeno *m* lunatic; ***ponerse hecho un ~*** go crazy F, blow a fuse F

ene. *abr* (= ***enero***) Jan. (= January)

enero *m* January

enervar <1a> *v/t* irritate, get on the nerves of

enésimo *adj* nth; ***por -a vez*** for the umpteenth time

enfadado *adj* annoyed (***con*** with); (*encolerizado*) angry (***con*** with); **enfadar** <1a> **1** *v/t* (*molestar*) annoy; (*encolerizar*) make angry, anger **2** *v/r* **~se** (*molestarse*) get annoyed (***con*** with); (*encolerizarse*) get angry (***con*** with); **enfado** *m* (*molestia*) annoyance; (*cólera*) anger

enfangarse <1h> *v/r* get muddy; ***~ en*** *fig* get (o.s.) mixed up in

énfasis *m* emphasis; ***poner ~ en*** emphasize, stress; **enfático** *adj* emphatic

enfermar <1a> **1** *v/t* drive crazy **2** *v/i* get sick, *Br tb* get ill; **enfermedad** *f* illness, disease; **enfermería** *f sala* infirmary, sickbay; *carrera* nursing; **enfermero** *m*, **-a** *f* nurse; **enfermizo** *adj* unhealthy; **enfermo** **1** *adj* sick, ill **2** *m*, **-a** *f* sick person; **enfermoso** *adj L.Am.* sickly, unhealthy

enfiestarse <1a> *v/r L.Am.* F party F, live it up F

enfocar <1g> *v/t cámara* focus; *imagen* get in focus; *fig*: *asunto* look at, consider

enfoque *m fig* approach

enfrentamiento *m* clash, confrontation; **enfrentar** <1a> **1** *v/t* confront, face up to **2** *v/r* **~se** DEP meet; ***~se con alguien*** confront s.o.; ***~se a algo*** face (up to) sth

enfrente *adv* opposite; ***~ del colegio*** opposite the school, across (the street) from the school

enfriar <1c> **1** *v/t vino* chill; *algo caliente* cool (down); *fig* cool **2** *v/r* **~se** (*perder calor*) cool down; (*perder demasiado calor*) get cold, go cold; *fig* cool, cool off; MED catch a cold, catch a chill

enfurecer <2d> **1** *v/t* infuriate, make furious **2** *v/r* **~se** get furious, get into a rage **enfurecido** *adj* furious, enraged

enfurruñado *adj* F sulky; **enfurruñarse** <1a> *v/r* F go into a huff F

engalanar <1a> *v/t* decorate, deck

enganchar <1a> **1** *v/t* hook; F *novia*, *trabajo* land F **2** *v/r* **~se** get caught (***en*** on); MIL sign up, enlist; ***~se a la droga*** F get hooked on drugs F

engañar <1a> **1** *v/t* deceive, cheat; (*ser infiel a*) cheat on, be unfaithful to; ***te han engañado*** you've been had **2** *v/r* **~se** (*mentirse*) deceive o.s., kid o.s. F; (*equivocarse*) be wrong; **engaño** *m* (*mentira*) deception, deceit; (*ardid*) trick

engarzar <1f> *v/t joya* set

engatusar <1a> *v/t* F sweet-talk F

engendrar <1a> *v/t* father; *fig* breed, engender *fml*; **engendro** *m fig* eyesore

englobar <1a> *v/t* include, embrace *fml*

engordar <1a> **1** *v/t* put on, gain **2** *v/i de persona* put on weight, gain weight; *de comida* be fattening

engorrar <1a> *v/t Méx*, *W.I.* F annoy

engorroso *adj* tricky

engranaje *m* TÉC gears *pl*; *fig* machinery

engrasar <1a> *v/t* grease, lubricate; **engrase** *m* greasing, lubrication

engreído *adj* conceited

engrosar <1m> **1** *v/t* swell, increase

2 *v/i* put on weight, gain weight
engrudo *m* (flour and water) paste
engullir <3h> *v/t* bolt (down)
enhebrar <1a> *v/t* thread, string
enhiesto *adj lit persona* erect, upright; *torre*, *árbol* lofty
enhorabuena *f* congratulations *pl*; ***dar la ~*** congratulate (***por*** on)
enigma *m* enigma; **enigmático** *adj* enigmatic
enjabonar <1a> *v/t* soap
enjambre *m tb fig* swarm
enjoyado *adj* bejewel(l)ed
enjuagar <1h> *v/t* rinse
enjugar <1h> *v/t deuda etc* wipe out; *líquido* mop up; *lágrimas* wipe away
enjuiciar <1b> *v/t* JUR institute proceedings against; *fig* judge
enlace *m* link, connection; ***~ matrimonial*** marriage
enlatar <1a> *v/t* can, *Br tb* tin
enlazar <1f> **1** *v/t* link (up), connect; *L.Am. con cuerda* rope, lasso **2** *v/i de carretera* link up (***con*** with); AVIA, FERR connect (***con*** with)
enloquecer <2d> **1** *v/t* drive crazy *o* mad **2** *v/i* go crazy *o* mad
enmarañar <1a> **1** *v/t pelo* tangle; *asunto* complicate, muddle **2** *v/r* **~se** *de pelo* get tangled; ***~se en algo*** get entangled *o* embroiled in sth
enmarcar <1g> *v/t* frame
enmascarar <1a> *v/t* hide, disguise
enmendar <1k> **1** *v/t asunto* rectify, put right; JUR, POL amend; ***~le la plana a alguien*** find fault with what s.o. has done **2** *v/r* **~se** mend one's ways; **enmienda** *f* POL amendment
enmicar <1g> *v/t L.Am.* laminate
enmudecer <2d> **1** *v/t* silence **2** *v/i* fall silent
ennoblecer <2d> *v/t* ennoble
enojado *adj L.Am.* angry; **enojar** <1a> **1** *v/t* (*molestar*) annoy; *L.Am.* (*encolerizar*) make angry **2** *v/r* **~se** *L.Am.* (*molestarse*) get annoyed; (*encolerizarse*) get angry; **enojo** *m L.Am.* anger; **enojón** *adj L.Am.* F irritable, touchy; **enojoso** *adj* (*delicado*) awkward; (*aburrido*) tedious, tiresome
enorgullecer <2d> **1** *v/t* make proud, fill with pride **2** *v/r* **~se** be proud (***de*** of)
enorme *adj* enormous, huge
enrarecido *adj aire* rarefied; *relaciones* strained
enredadera *f* BOT creeper, climbing plant
enredar <1a> **1** *v/t* tangle, get tangled; *fig* complicate, make complicated **2** *v/i* make trouble **3** *v/r* **~se** get tangled; *fig* get complicated; ***~se en algo*** get mixed up *o* involved in sth; **enredo** *m* tangle; (*confusión*) mess, confusion; (*intriga*) intrigue; *amoroso* affair
enrevesado *adj* complicated, involved
enriquecer <2d> **1** *v/t* make rich; *fig* enrich **2** *v/r* **~se** get rich; *fig* be enriched
enrojecer <2d> **1** *v/t* turn red **2** *v/i* blush, go red
enrolarse <1a> *v/r* MIL enlist
enrollar <1a> **1** *v/t* roll up; *cable* coil; *hilo* wind; ***me enrolla*** F I like it, I think it's great **2** *v/r* **~se** F *hablar* go on and on F; ***se enrolló mucho con nosotros*** (*se portó bien*) he was great to us; ***¡no te enrolles!*** F get to the point!; ***~se con alguien*** *fig* F neck with s.o.
enroscar <1g> **1** *v/t tornillo* screw in; *cable*, *cuerda* coil **2** *v/r* **~se** coil up
ensaimada *f* GASTR *pastry in the form of a spiral*
ensalada *f* GASTR salad; **ensaladera** *f* salad bowl; **ensaladilla** *f*: ***~ rusa*** GASTR Russian salad
ensalmo *m*: ***como por ~*** as if by magic
ensalzar <1f> *v/t* extol, praise
ensamblar <1a> *v/t* assemble
ensanchar <1a> **1** *v/t* widen; *prenda* let out **2** *v/r* **~se** widen, get wider; *de prenda* stretch
ensangrentar <1k> *v/t* stain with blood, cover with blood
ensañarse <1a> *v/r* show no mercy

(***con*** to)

ensartar <1a> **1** *v/t en hilo* string; *aguja* thread; *L.Am.* (*engañar*) trick, trap **2** *v/r* **~se** *L.Am. en discusión* get involved, get caught up

ensayar <1a> *v/t* test, try (out); TEA rehearse; **ensayo** *m* TEA rehearsal; *escrito* essay; ***~ general*** dress rehearsal

enseguida *adv* immediately, right away

ensenada *f* inlet, cove

enseñanza *f* teaching; ***~ primaria*** elementary education, *Br* primary education; ***~ secundaria*** *or* ***media*** secondary education; ***~ superior*** higher education; **enseñar** <1a> *v/t* (*dar clases*) teach; (*mostrar*) show

ensillar <1a> *v/t* saddle

ensimismarse <1a> *v/r* become lost in thought; *L.Am.* F get conceited *o* big-headed F

ensombrecer <2d> *v/t* cast a shadow over

ensordecedor *adj* deafening

ensuciar <1b> **1** *v/t* (get) dirty; *fig* sully, tarnish **2** *v/r* **~se** get dirty; *fig* get one's hands dirty

ensueño *m*: ***de ~*** *fig* fairy-tale *atr*, dream *atr*

entablar <1a> *v/t* strike up, start

entablillar <1a> *v/t* splint, put in a splint

entarimado *m* (*suelo*) floorboards *pl*; (*plataforma*) stage, platform

ente *m* (*ser*) being, entity; F (*persona rara*) oddball F; (*organización*) body

entejar <1a> *v/t L.Am.* tile

entender <2g> **1** *v/t* understand; ***dar a ~ a alguien*** give s.o. to understand **2** *v/i* understand; ***~ de algo*** know about sth **3** *v/r* **~se** communicate; ***a ver si nos entendemos*** let's get this straight; ***yo me entiendo*** I know what I'm doing; ***~se con alguien*** get along with s.o., get on with s.o. **4** *m*: ***a mi ~*** in my opinion, to my mind; **entendido** **1** *adj* understood; ***¿~?*** do you understand?, understood?; ***tengo ~ que*** I gather *o* understand that **2** *m*, **-a** *f* expert, authority; **entendimiento** *m* understanding; (*inteligencia*) mind

enterado *adj* knowledgeable, well-informed; ***estar ~ de*** know about, have heard about; ***darse por ~*** get the message, take the hint; **enterarse** <1a> *v/r* find out, hear (***de*** about); ***¡para que te enteres!*** F so there! F; ***¡se va a enterar!*** F he's in for it! F

entereza *f* fortitude

enternecer <2d> *v/t* move, touch

entero **1** *adj* (*completo*) whole, entire; (*no roto*) intact, undamaged; ***por ~*** completely, entirely **2** *m* (*punto*) point

enterrar <1k> *v/t* bury; ***~ a todos*** *fig* outlive everybody

entidad *f* entity, body

entierro *m* burial; (*funeral*) funeral

entonar <1a> **1** *v/t* intone, sing; *fig* F perk up **2** *v/i* sing in tune **3** *v/r* **~se** *con bebida* get tipsy

entonces *adv* then; ***desde ~*** since, since then; ***por ~***, ***en aquel ~*** in those days, at that time

entornar <1a> *v/t puerta* leave ajar; *ojos* half close; **entorno** *m* environment

entorpecer <2d> *v/t* hold up, hinder; *paso* obstruct; *entendimiento* dull

entrada *f acción* entry; *lugar* entrance; *localidad* ticket; *pago* deposit, down payment; *de comida* starter; ***de ~*** from the outset, from the start

entrañable *adj amistad* close, deep; *amigo* close, dear; *recuerdo* fond; **entrañar** <1a> *v/t* entail, involve; **entrañas** *fpl* entrails

entrar <1a> **1** *v/i para indicar acercamiento* come in, enter; *para indicar alejamiento* go in, enter; *caber* fit; ***me entró frío / sueño*** I got cold / sleepy, I began to feel cold / sleepy; ***no me entra en la cabeza*** I can't understand it **2** *v/t para indicar acercamiento* bring in; *para indicar*

alejamiento take in
entre *prp dos cosas, personas* between; *más de dos* among(st); *expresando cooperación* between; ***la relación ~ ellos*** the relationship between them; ***~ nosotros*** among us; ***lo pagamos ~ todos*** we paid for it among *o* between us
entreabierto **1** *part* → ***entreabrir*** **2** *adj* half-open; *puerta* ajar; **entreabrir** <3a; *part* ***entreabierto***> *v/t* half-open
entreacto *m* TEA interval
entrecejo *m*: ***fruncir el ~*** frown
entrecomillar <1a> *v/t* put in quotation marks
entrecortado *adj habla* halting; *respiración* difficult, labo(u)red
entrecot *m* entrecote
entredicho *m*: ***poner en ~*** call into question, question
entrega *f* handing over; *de mercancías* delivery; (*dedicación*) dedication, devotion; ***~ a domicilio*** (home) delivery; ***~ de premios*** prize-giving, presentation; ***hacer ~ de algo a alguien*** present s.o. with sth; **entregar** <1h> **1** *v/t* give, hand over; *trabajo, deberes* hand in; *mercancías* deliver; *premio* present **2** *v/r* **~se** give o.s. up; ***~se a*** *fig* devote o.s. to, dedicate o.s. to
entrelazar <1f> *v/t* interweave, intertwine
entremeses *mpl* GASTR appetizers, hors d'oeuvres
entremezclar <1a> **1** *v/t* intermingle, mix **2** *v/r* **~se** intermingle, mix
entrenador *m*, **~a** *f* coach; **entrenamiento** *m* coaching; **entrenar** <1a> **1** *v/t* train **2** *v/r* **~se** train
entrepierna *f* ANAT crotch
entresacar <1g> *v/t* extract, select
entresijos *mpl fig* details, ins and outs F
entresuelo *m* mezzanine; TEA dress circle
entretanto *adv* meanwhile, in the meantime
entretecho *m Arg, Chi* attic
entretener <2l> **1** *v/t* (*divertir*) entertain, amuse; (*retrasar*) keep, detain; (*distraer*) distract **2** *v/i* be entertaining **3** *v/r* **~se** (*divertirse*) amuse o.s.; (*distraerse*) keep o.s. busy; (*retrasarse*) linger; **entretenido** *adj* (*divertido*) entertaining, enjoyable; ***estar ~*** *ocupado* be busy; **entretenimiento** *m* entertainment, amusement
entrevero *m S.Am.* (*lío*) mix-up, mess; *Chi* (*discusión*) argument
entrevista *f* interview; **entrevistar** <1a> **1** *v/t* interview **2** *v/r* **~se**: ***~se con alguien*** meet (with) s.o.
entristecer <2d> **1** *v/t* sadden **2** *v/r* **~se** grow sad
entrometerse <2a> *v/r* meddle (***en*** in); **entrometido** **1** *part* → ***entrometerse*** **2** *adj* meddling *atr*, interfering **3** *m* meddler, busybody
entronizar <1f> *v/t fig* instal(l)
entumecer <2d> **1** *v/t* numb **2** *v/r* **~se** go numb, get stiff
enturbiar <1b> *v/t tb fig* cloud
entusiasmado *adj* excited, delirious; **entusiasmar** <1a> *v/t* excite, make enthusiastic; **entusiasmo** *m* enthusiasm; **entusiasta** **1** *adj* enthusiastic **2** *m/f* enthusiast
enumerar <1a> *v/t* list, enumerate
enunciar <1b> *v/t* state
envalentonarse <1a> *v/r* become bolder *o* more daring; (*insolentarse*) become defiant
envanecerse <2d> *v/r* become conceited *o* vain
envasar <1a> *v/t en botella* bottle; *en lata* can; *en paquete* pack; **envase** *m* container; *botella* (empty) bottle; ***~ de cartón*** carton; ***~ no retornable*** nonreturnable bottle
envejecer <2d> **1** *v/t* age, make look older **2** *v/i* age, grow old; **envejecimiento** *m* aging, ageing
envenenar <1a> *v/t tb fig* poison
envergadura *f* AVIA wingspan; MAR breadth; *fig* magnitude, importance; ***de gran*** *or* ***mucha ~*** *fig* of great importance
enviado *m*, **-a** *f* POL envoy; *de un*

periódico reporter, correspondent; **~ *especial*** POL special envoy; *de un periódico* special correspondent; **enviar** <1c> *v/t* send

enviciarse <1b> *v/r* get addicted (***con*** to)

envidia *f* envy, jealousy; ***me da ~*** I'm envious *o* jealous; ***tener ~ a alguien de algo*** envy s.o. sth; **envidiar** <1b> *v/t* envy; ***~ a alguien por algo*** envy s.o. sth; **envidioso** *adj* envious, jealous

envilecer <2d> **1** *v/t* degrade, debase **2** *v/r* **~se** degrade o.s., debase o.s.

envío *m* shipment

enviudar <1a> *v/i* be widowed

envoltorio *m* wrapper; **envoltura** *f* cover, covering; *de regalo* wrapping; *de caramelo* wrapper

envolver <2h; *part* ***envuelto***> **1** *v/t* wrap (up); (*rodear*) surround, envelop; (*involucrar*) involve; ***~ a alguien en algo*** involve s.o. in sth **2** *v/r* **~se** wrap o.s. up; ***~se en*** *fig* become involved in; **envuelto** *part* → ***envolver***

enyesado *m* plastering

enzarzarse <1f> *v/r* get involved (***en*** in)

eólico *adj* wind *atr*

épico *adj* epic

epidemia *f* epidemic

epilepsia *f* MED epilepsy

epílogo *m* epilog(ue)

episcopal *adj* episcopal

episodio *m* episode

epistolar *adj* epistolary

epitafio *m* epitaph

época *f* time, period; *parte del año* time of year; GEOL epoch; ***hacer ~*** be epoch-making

epopeya *f* epic, epic poem

equidad *f* fairness

equidistante *adj* equidistant

equilibrado *adj* well-balanced; **equilibrar** <1a> *v/t* balance; **equilibrio** *m* balance; FÍS equilibrium

equino *adj* equine

equinoccio *m* equinox

equipaje *m* baggage; ***~ de mano*** hand baggage

equipamiento *m*: ***~ de serie*** AUTO standard features *pl*; **equipar** <1a> *v/t* equip (***con*** with)

equiparar <1a> *v/t* put on a level (***a*** *or* ***con*** with); ***~ algo con algo*** *fig* compare *o* liken sth to sth

equipo *m* DEP team; *accesorios* equipment; ***~ de música*** *or* ***de sonido*** sound system

equitación *f* riding

equitativo *adj* fair, equitable

equivalente *m/adj* equivalent; **equivaler** <2q> *v/i* be equivalent (***a*** to)

equivocación *f* mistake; ***por ~*** by mistake; **equivocado** *adj* wrong; ***estar ~*** be wrong, be mistaken; **equivocar** <1g> **1** *v/t*: ***~ a alguien*** make s.o. make a mistake **2** *v/r* **~se** make a mistake; ***te has equivocado*** you are wrong *o* mistaken; ***~se de número*** TELEC get the wrong number; **equívoco 1** *adj* ambiguous, equivocal **2** *m* misunderstanding; (*error*) mistake

era *f* era

erección *f* erection

eres *vb* → ***ser***

ergonómico *adj* ergonomic

erguir <3n> **1** *v/t* raise, lift; (*poner derecho*) straighten **2** *v/r* **~se** *de persona* stand up, rise; *de edificio* rise

erial *m* uncultivated land

erigir <3c> **1** *v/t* erect **2** *v/r* **~se**: ***~se en*** set o.s. up as

erizarse <1f> *v/r de pelo* stand on end; **erizo** *m* ZO hedgehog; ***~ de mar*** ZO sea urchin

ermita *f* chapel; **ermitaño 1** *m* ZO hermit crab **2** *m*, **-a** *f* hermit

erogación *f Méx, S.Am.* expenditure, outlay

erógeno *adj* erogenous

erosión *f* erosion; **erosionar** <1a> *v/t* GEOL erode

erótico *adj* erotic; **erotismo** *m* eroticism

erradicar <1g> *v/t* eradicate, wipe out

errante *adj* wandering; **errar** <1l>

1 *v/t* miss; ~ ***el tiro*** miss 2 *v/i* miss; ~ ***es humano*** to err is human
equivocarse be wrong, be mistaken
errata *f* mistake, error; *de imprenta* misprint
erre *f*: ~ ***que*** ~ F doggedly, stubbornly
erróneo *adj* wrong, erroneous *fml*; **error** *m* mistake, error; ~ ***de cálculo*** error of judg(e)ment
eructar <1a> *v/i* belch F, burp F; **eructo** *m* belch F, burp F
erudito 1 *adj* learned, erudite 2 *m* scholar
erupción *f* GEOL eruption; MED rash
esbelto *adj* slim, slender
esbozar <1f> *v/t* sketch; *idea, proyecto etc* outline; **esbozo** *m* sketch; *de idea, proyecto etc* outline
escabeche *m type of marinade*
escabroso *adj* rough; *problema* tricky; *relato* indecent
escabullirse <3h> *v/r* escape, slip away
escala *f tb* MÚS scale; AVIA stopover; ~ ***de cuerda*** rope ladder; ~ ***de valores*** scale of values; ***a*** ~ to scale, life-sized
escalada *f* DEP climb, ascent; ~ ***de los precios*** increase in prices, escalation of prices; **escalador** *m*, **~a** *f* climber; **escalafón** *m fig* ladder; **escalar** <1a> 1 *v/t* climb, scale 2 *v/i* climb
escaldar <1a> *v/t* GASTR blanch; *manos* scald
escalera *f* stairs *pl*, staircase; ~ ***de caracol*** spiral staircase; ~ ***de incendios*** fire escape; ~ ***de mano*** ladder; ~ ***mecánica*** escalator
escalfar <1a> *v/t* poach
escalofriante *adj* horrifying; **escalofrío** *m* shiver
escalón *m* step; *de escalera de mano* rung; **escalonar** <1a> *v/t en tiempo* stagger; *terreno* terrace
escalope *m* escalope
escama *f* ZO scale; *de jabón, piel* flake; **escamar** <1a> 1 *v/t* scale, remove the scales from; *fig* make suspicious 2 *v/r* **~se** become suspicious
escamotear <1a> *v/t* (*ocultar*) hide, conceal; (*negar*) withhold
escampar <1a> *v/i* clear up, stop raining
escanciar <1b> *v/t fml* pour
escandalizar <1f> 1 *v/t* shock, scandalize 2 *v/r* **~se** be shocked; **escándalo** *m* (*asunto vergonzoso*) scandal; (*jaleo*) racket, ruckus; ***armar un*** ~ make a scene; **escandaloso** *adj* (*vergonzoso*) scandalous, shocking; (*ruidoso*) noisy, rowdy
Escandinavia Scandinavia
escanear <1a> *v/t* scan; **escáner** *m* scanner
escaño *m* POL seat
escapar <1a> 1 *v/t* escape (***de*** from); ***dejar*** ~ *oportunidad* pass up, let slip; *suspiro* let out, give 2 *v/r* **~se** (*huir*) escape (***de*** from); *de casa* run away (***de*** from); ***~se de*** *situación* get out of
escaparate *m* store window
escapatoria *f*: ***no tener*** ~ have no way out
escape *m de gas* leak; AUTO exhaust; ***salir a*** ~ rush out
escarabajo *m* ZO beetle
escaramuza *f* skirmish
escarbadientes *m inv* toothpick; **escarbar** <1a> 1 *v/i tb fig* dig around (***en*** in) 2 *v/t* dig around in
escarceos *mpl* forays, dabbling *sg*; ~ ***amorosos*** romantic *o* amorous adventures
escarcha *f* frost
escardar <1a> *v/t* hoe
escarmentar <1k> 1 *v/t* teach a lesson to 2 *v/i* learn one's lesson; ~ ***en cabeza ajena*** learn from other people's mistakes; **escarmiento** *m* lesson; ***le sirvió de*** ~ it taught him a lesson
escarnio *m* ridicule, derision
escarola *f* endive, escarole
escarpado *adj* sheer, steep
escarpia *f* hook
escasear <1a> *v/i* be scarce, be in short supply; **escasez** *f* shortage, scarcity; **escaso** *adj recursos* limited; ***andar*** ~ ***de algo*** *falto* be

short of sth; ***-as posibilidades de*** not much chance of, little chance of; ***falta un mes*** ~ it's barely a month away
escatimar <1a> *v/t* be mean with, be very sparing with; ***no ~ esfuerzos*** be unstinting in one's efforts, spare no effort
escayola *f* (plaster) cast; **escayolar** <1a> *v/t* put in a (plaster) cast
escena *f* scene; *escenario* stage; ***entrar en ~*** come on stage; ***hacer una ~*** *fig* make a scene; **escenario** *m* stage; *fig* scene; **escénico** *adj* stage *atr*; **escenificar** <1g> *v/t* stage
escepticismo *m* skepticism, *Br* scepticism; **escéptico 1** *adj* skeptical, *Br* sceptical **2** *m*, **-a** *f* skeptic, *Br* sceptic
escindirse <3a> *v/r* (*fragmentarse*) split (***en*** into); (*segregarse*) break away (***de*** from); **escisión** *f* (*fragmentación*) split; (*segregación*) break
esclarecer <2d> *v/t* throw *o* shed light on; *misterio* clear up; **esclarecimiento** *m* clarification; *de misterio* solving
esclavitud *f* slavery; **esclavizar** <1f> *v/t* enslave; *fig* tie down; **esclavo** *m* slave
esclerosis *f* MED: ***~ múltiple*** multiple sclerosis
escoba *f* broom; **escobilla** *f* small brush; AUTO wiper blade
escocer <2b> *v/i* sting, smart; ***todavía escuece la derrota*** he's still smarting from the defeat
escocés 1 *adj* Scottish **2** *m* Scot, Scotsman; **escocesa** *f* Scot, Scotswoman; **Escocia** Scotland
escoger <2c> *v/t* choose, select; **escogido** *adj* select
escolar 1 *adj* school *atr* **2** *m/f* student; **escolarización** *f* education, schooling; ***~ obligatoria*** compulsory education; **escolarizar** <1f> *v/t* educate, provide schooling for; **escolástico** *adj* scholarly
escollera *f* breakwater; **escollo** *m* MAR reef; (*obstáculo*) hurdle, obstacle
escolta 1 *f* escort **2** *m/f* *motorista* outrider; (*guardaespaldas*) bodyguard; **escoltar** <1a> *v/t* escort
escombros *mpl* rubble *sg*
esconder <2a> **1** *v/t* hide, conceal **2** *v/r* **~se** hide; **escondidas** *fpl* *S.Am.* hide-and-seek *sg*; ***a ~*** in secret, secretly; **escondite** *m* *lugar* hiding place; *juego* hide-and-seek; **escondrijo** *m* hiding place
escopeta *f* shotgun; ***~ de aire comprimido*** air gun, air rifle; **escopetado** *adj*: ***salir ~*** F shoot *o* dash off F; **escopetazo** *m* gunshot
escorbuto *m* scurvy
escoria *f* slag; *desp* dregs *pl*
Escorpio *m/f* *inv* ASTR Scorpio; **escorpión** *m* ZO scorpion
escotado *adj* low-cut; **escote** *m* neckline; *de mujer* cleavage
escotilla *f* MAR hatch
escozor *m* burning sensation, stinging; *fig* bitterness
escribir <3a; *part* ***escrito***> *v/t* write; (*deletrear*) spell; ***~ a mano*** handwrite, write by hand; ***~ a máquina*** type; **escrito 1** *part* → ***escribir*** **2** *adj* written; ***por ~*** in writing **3** *m* document; ***~s*** writings; **escritor** *m*, **~a** *f* writer, author; **escritorio** *m* desk; ***artículos de ~*** stationery; **escritura** *f* writing; JUR deed; ***Sagradas Escrituras*** Holy Scripture
escrúpulo *m* scruple; ***sin ~s*** unscrupulous; **escrupuloso** *adj* (*cuidadoso*) meticulous; (*honrado*) scrupulous; (*aprensivo*) fastidious
escrutar <1a> *v/t* scrutinize; *votos* count; **escrutinio** *m de votos* count; (*inspección*) scrutiny
escuadrón *m* squadron
escuálido *adj* skinny, emaciated
escucha *f*: ***estar a la ~*** be listening out; ***~s pl telefónicas*** wiretapping *sg*, *Br tb* phone-tapping *sg*; **escuchar** <1a> **1** *v/t* listen to; *L.Am.* (*oír*) hear **2** *v/i* listen

E

escuchimizado *adj* F puny F, scrawny F
escudarse <1a> *v/r fig* hide (***en*** behind)
escudería *f* stable
escudilla *f* bowl
escudo *m arma* shield; *insignia* badge; *moneda* escudo; ***~ de armas*** coat of arms

E

escudriñar <1a> *v/t* (*mirar de lejos*) scan; (*examinar*) scrutinize
escuela *f* school; ***~ de comercio*** business school; ***~ de idiomas*** language school; ***~ primaria*** elementary school, *Br* primary school
escuelero 1 *adj L.Am.* school *atr* **2** *m*, **-a** *f L.Am.* (*maestro*) teacher; *Pe, Bol* (*alumno*) student
escueto *adj* succinct, concise
escuincle *m/f Méx, C.Am.* F kid
esculpir <3a> *v/t* sculpt; **escultor** *m*, **~a** *f* sculptor; **escultura** *f* sculpture
escupidera *f* spitoon; *L.Am.* chamber pot; **escupir** <3a> **1** *v/i* spit **2** *v/t* spit out; **escupitajo** *m* F gob of spit F
escurreplatos *m inv* plate rack
escurridizo *adj* slippery; *fig* evasive; **escurridor** *m* (*colador*) colander; (*escurreplatos*) plate rack; **escurrir** <3a> **1** *v/t ropa* wring out; *platos, verduras* drain **2** *v/i de platos* drain; *de ropa* drip-dry **3** *v/r* **~se** *de líquido* drain away; (*deslizarse*) slip; (*escaparse*) slip away
escusado *m* bathroom
ese, **esa**, **esos**, **esas** *det singular* that; *plural* those
ése, **ésa**, **ésos**, **ésas** *pron singular* that (one); *plural* those (ones); ***le ofrecí dinero pero ni por ésas*** I offered him money but even that wasn't enough; ***no soy de ésos que*** I'm not one of those who
esencia *f* essence; **esencial** *adj* essential
esfera *f* sphere; ***~ de actividad*** *fig* field *o* sphere (of activity); **esférico 1** *adj* spherical **2** *m* DEP F ball
esfinge *f* sphinx
esforzarse <1f> *v/r* make an effort, try hard; **esfuerzo** *m* effort; ***hacer un ~*** make an effort; ***sin ~*** effortlessly
esfumarse <1a> *v/r* F *tb fig* disappear
esgrima *f* fencing; **esgrimir** <3a> *v/t arma* wield; *fig*: *argumento* put forward, use
esguince *m* sprain
eslabón *m* link; ***el ~ perdido*** the missing link
eslavo 1 *adj* Slavic, Slavonic **2** *m*, **-a** *f* Slav
eslogan *m* slogan
eslora *f* length
Eslovaquia Slovakia
Eslovenia Slovenia
esmalte *m* enamel; ***~ de uñas*** nail polish, nail varnish
esmerado *adj* meticulous
esmeralda *f* emerald
esmerarse <1a> *v/r* take great care (***en*** over)
esmerilado *adj*: ***cristal ~*** frosted glass
esmero *m* care; ***con ~*** carefully
esmirriado *adj* F skinny F, scrawny F
esmoquin *m* tuxedo, *Br* dinner jacket
esnifar <1a> *v/t* F *pegamento* sniff F; *cocaína* snort F
esnob 1 *adj* snobbish **2** *m* snob; **esnobismo** *m* snobbishness
eso *pron* that; ***en ~*** just then, just at that moment; ***~ mismo***, ***~ es*** that's it, that's the way; ***a ~ de las dos*** at around two; ***por ~*** that's why; ***¿y ~?*** why's that?; ***y ~ que le dije que no se lo contara*** and after I told him not to tell her
esotérico *adj* esoteric
espabilado *adj* (*listo*) bright, smart; (*vivo*) sharp, on the ball F; **espabilar** <1a> **1** *v/t* (*quitar el sueño*) wake up, revive; ***lo ha espabilado*** (*avivado*) she's got him to wise up **2** *v/i* (*darse prisa*) hurry up, get a move on; (*avivarse*) wise up **3** *v/r* **~se** *del sueño* wake oneself up; (*darse prisa*) hurry up, get a move on; (*avivarse*)

wise up
espacial *adj cohete, viaje* space *atr*; FÍS, MAT spatial; **espaciarse** <1a> *v/r* become more (and more) infrequent; **espacio** *m* space; TV program, *Br* programme; ***~s verdes*** green spaces; ***~ de tiempo*** space of time; ***~ vital*** living space; **espacioso** *adj* spacious, roomy
espada *f* sword; **~s** *pl* (*en naipes*) *suit in Spanish deck of cards*; ***estar entre la ~ y la pared*** be between a rock and a hard place; **espadachín** *m* skilled swordsman
espaguetis *mpl* spaghetti *sg*
espalda *f* back; ***a ~s de alguien*** behind s.o.'s back; ***de ~s a*** with one's back to; ***por la ~*** from behind; ***caerse de ~s*** fall flat on one's back; ***no me des la ~*** don't sit with your back to me; ***nadar a ~*** swim backstroke; ***tener cubiertas las ~s*** *fig* keep one' s back covered; ***volver la ~ a alguien*** *fig* turn one's back on s.o.; **espaldarazo** *m* slap on the back; (*reconocimiento*) recognition; **espalderas** *fpl* wall bars
espantajo *m* scarecrow; *fig* sight; **espantapájaros** *m inv* scarecrow; **espantar** <1a> **1** *v/t* (*asustar*) frighten, scare; (*ahuyentar*) frighten away, shoo away; F (*horrorizar*) horrify, appal(l) **2** *v/r* **~se** get frightened, get scared; F (*horrorizarse*) be horrified, be appal(l)ed; **espanto** *m* (*susto*) fright; *L.Am.* (*fantasma*) ghost; ***nos llenó de ~*** *desagrado* we were horrified; ***¡qué ~!*** how awful!; ***de ~*** terrible; **espantoso** *adj* horrific, appalling; *para enfatizar* terrible, dreadful; ***hace un calor ~*** it's terribly hot, it's incredibly hot
España Spain; **español 1** *adj* Spanish **2** *m idioma* Spanish **3** *m*, **-a** *f* Spaniard; ***los ~es*** the Spanish
esparadrapo *m* Band-Aid®, *Br* plaster
esparcimiento *m* relaxation; **esparcir** <3b> **1** *v/t papeles* scatter; *rumor* spread **2** *v/r* **~se** *de papeles* be scattered; *de rumor* spread
espárrago *m* BOT asparagus; ***~ triguero*** wild asparagus; ***¡vete a freír ~s!*** F get lost! F
espartano *adj* spartan
esparto *m* BOT esparto grass
espasmo *m* spasm
espátula *f* spatula; *en pintura* palette knife
especia *f* spice
especial *adj* special; (*difícil*) fussy; ***en ~*** especially; **especialidad** *f* specialty, *Br* speciality; **especialista** *m/f* specialist, expert; *en cine* stuntman; *mujer* stuntwoman; **especializarse** <1f> *v/r* specialize (***en*** in)
especie *f* BIO species; (*tipo*) kind, sort
especiero *m* spice rack
especificar <1g> *v/t* specify; **específico** *adj* specific
espectacular *adj* spectacular; **espectáculo** *m* TEA show; (*escena*) sight; ***dar el ~*** *fig* make a spectacle of o.s.; **espectador** *m*, **~a** *f en cine etc* member of the audience; DEP spectator; (*observador*) on-looker, observer
espectro *m* FÍS spectrum; (*fantasma*) ghost
especulación *f* speculation; **especular** <1a> *v/i* speculate; **especulativo** *adj* speculative
espejismo *m* mirage; **espejo** *m* mirror; ***~ retrovisor*** rear-view mirror
espeleólogo *m* spelunker, *Br* potholer
espeluznante *adj* horrific, horrifying
espera *f* wait; ***sala de ~*** waiting room; ***en ~ de*** pending; ***estar a la ~ de*** be waiting for; **esperanza** *f* hope; ***~ de vida*** life expectancy; **esperar** <1a> **1** *v/t* (*aguardar*) wait for; *con esperanza* hope; (*suponer, confiar en*) expect **2** *v/i* (*aguardar*) wait
esperma *f* sperm
espesar <1a> **1** *v/t* thicken **2** *v/r* **~se** thicken, become thick; **espeso** *adj*

thick; *vegetación, niebla* thick, dense; **espesor** *m* thickness; **espesura** *f* dense vegetation

espía *m/f* spy; **espiar** <1c> **1** *v/t* spy on **2** *v/i* spy

espiga *f* BOT ear, spike

espina *f de planta* thorn; *de pez* bone; **~ dorsal** spine, backbone; ***dar mala ~ a alguien*** F make s.o. feel uneasy

espinacas *fpl* BOT spinach *sg*

espinazo *m* spine, backbone; ***doblar el ~*** *fig* (*trabajar mucho*) work o.s. into the ground; (*humillarse*) kowtow (***ante*** to)

espinilla *f de la pierna* shin; *en la piel* pimple, spot

espinoso *adj* thorny, prickly; *fig* thorny, knotty

espionaje *m* spying, espionage

espiral **1** *adj* spiral *atr* **2** *f* spiral

espirar <1a> *v/t & v/i* exhale

espiritismo *m* spiritualism; **espíritu** *m* spirit; **espiritual** *adj* spiritual

espléndido *adj* splendid, magnificent; (*generoso*) generous; **esplendor** *m* splendo(u)r

espliego *m* lavender

espolear <1a> *v/t tb fig* spur on

espolvorear <1a> *v/t* sprinkle

esponja *f* sponge; **esponjoso** *adj bizcocho* spongy; *toalla* soft, fluffy

espónsor *m/f* sponsor; **esponsorizar** <1f> *v/t* sponsor

espontáneo *adj* spontaneous

esporádico *adj* sporadic

esposa *f* wife; **esposas** *fpl* (*manillas*) handcuffs *pl*; **esposar** <1a> *v/t* handcuff; **esposo** *m* husband

esprint *m* sprint

espuela *f* spur

espuerta *f*: ***ganar dinero a ~s*** F make money hand over fist F

espuma *f* foam; *de jabón* lather; *de cerveza* froth; **~ *de afeitar*** shaving foam; **~ *moldeadora*** styling mousse; **espumadera** *f* slotted spoon, skimmer; **espumarajo** *m* froth, foam

espumilla *f C.Am.* GASTR meringue

espumoso *adj* frothy, foamy; *caldo* sparkling

esqueje *m* cutting

esquela *f aviso* death notice, obituary

esquelético *adj* skeletal; **esqueleto** *m* skeleton; *Méx, C.Am., Pe, Bol fig* blank form; ***mover*** *or* ***menear el ~*** F dance

esquema *m* (*croquis*) sketch, diagram; (*sinopsis*) outline, summary; **esquemático** *adj dibujo* schematic, diagrammatic; *resumen* simplified

esquí *m tabla* ski; *deporte* skiing; **~ *de fondo*** cross-country skiing; **~ *náutico*** o ***acuático*** waterskiing; **esquiador** *m*, **~a** *f* skier; **esquiar** <1a> *v/i* ski

esquilar <1a> *v/t* shear

esquilmar <1a> *v/t* overexploit; *a alguien* suck dry

esquina *f* corner; **esquinazo** *m Arg, Chi* serenade; ***dar ~ a alguien*** F give s.o. the slip F

esquirol *m/f* strikebreaker, scab F

esquite *m C.Am., Méx* popcorn

esquivar <1a> *v/t* avoid, dodge F; **esquivo** *adj* (*huraño*) unsociable; (*evasivo*) shifty, evasive

esquizofrenia *f* schizophrenia; **esquizofrénico** *adj* schizophrenic

esta *det* this

está *vb* → ***estar***

estabilidad *f* stability; **estabilizante** *m* stabilizer; **estabilizar** <1f> *v/t* stabilize; **estable** *adj* stable

establecer <2d> **1** *v/t* establish; *negocio* set up **2** *v/r* **~se** *en lugar* settle; *en profesión* set up; **establecimiento** *m* establishment

establo *m* stable

estaca *f* stake; **estacada** *f*: ***dejar a alguien en la ~*** F leave s.o. in the lurch

estación *f* station; *del año* season; **~ *espacial*** *or* ***orbital*** space station; **~ *de invierno*** *or* ***invernal*** winter resort; **~ *de servicio*** service station; **~ *de trabajo*** INFOR work station; **estacional** *adj* seasonal; **estacionamiento** *m* AUTO parking; *L.Am.* parking lot, *Br* car park; **estacionar** <1a> **1** *v/t* AUTO park **2** *v/r* **~se**

stabilize; **estacionómetro** *m Méx* parking meter
estadio *m* DEP stadium
estadística *f cifra* statistic; *ciencia* statistics
estado *m* state; MED condition; ***~ civil*** marital status; ***~ de guerra*** state of war; ***en buen ~*** in good condition; ***el Estado*** the State; ***~ del bienestar*** welfare state; ***los Estados Unidos*** (***de América***) the United States (of America)
estadounidense 1 *adj* American, US *atr* **2** *m/f* American
estafa *f* swindle, cheat; **estafador** *m*, **~a** *f* con artist F, fraudster; **estafar** <1a> *v/t* swindle, cheat (***a*** out of), defraud (***a*** of)
estalactita *f* stalactite; **estalagmita** *f* stalagmite
estallar <1a> *v/i* explode; *de guerra* break out; *de escándalo* break; ***estalló en llanto*** she burst into tears; **estallido** *m* explosion; *de guerra* outbreak
estamento *m* stratum, class
estampa *f de libro* illustration; (*aspecto*) appearance; REL prayer card; **estampado** *adj tejido* patterned; **estampar** <1a> *v/t sello* put; *tejido* print; *pasaporte* stamp; ***le estampó una bofetada en la cara*** F she smacked him one F
estampido *m* bang
estampilla *f L.Am.* stamp
estancado *adj agua* stagnant; *fig* at a standstill; **estancar** <1g> **1** *v/t río* dam up, block; *fig* bring to a standstill **2** *v/r* **~se** stagnate; *fig* come to a standstill
estancia *f* stay; *Rpl* farm, ranch; **estanciero** *m*, **-a** *f Rpl* farmer, rancher
estanco 1 *adj* watertight **2** *m shop selling cigarettes etc*
estándar *m* standard; **estandarizar** <1f> *v/t* standardize
estandarte *m* standard, banner
estanque *m* pond
estante *m* shelf; **estantería** *f* shelves *pl*; *para libros* bookcase
estaño *m* tin
estar <1p> **1** *v/i* be; ***¿está Javier?*** is Javier in?; ***~ haciendo algo*** be doing sth; ***estamos a 3 de enero*** it's January 3rd; ***el kilo está a cien pesetas*** they're a hundred pesetas a kilo; ***te está grande*** it's too big for you; ***~ con alguien*** agree with s.o.; (*apoyar*) support s.o.; ***ahora estoy con Vd.*** I'll be with you in just a moment; ***~ a bien / mal con alguien*** be on good / bad terms with s.o.; ***~ de*** *ocupación* work as, be; ***~ en algo*** be working on sth; ***~ para hacer algo*** be about to do sth; ***no ~ para algo*** not be in a mood for sth; ***~ por algo*** be in favo(u)r of sth; ***está por hacer*** it hasn't been done yet; ***~ sin dinero*** have no money; ***¿cómo está Vd.?*** how are you?; ***estoy mejor*** I'm (feeling) better; ***¡ya estoy!*** I'm ready!; ***¡ya está!*** that's it! **2** *v/r* **~se** stay; ***~se quieto*** keep still
estárter *m* choke
estatal *adj* state *atr*
estático *adj* static
estatua *f* statue; **estatura** *f* height; **estatutario** *adj* statutory; **estatuto** *m* statute; ***~s*** articles of association;
estatus *m* status
este[1] *m* east
este[2], **esta**, **estos**, **estas** *det singular* this; *plural* these
éste, **ésta**, **éstos**, **éstas** *pron singular* this (one); *plural* these (ones)
estela *f* MAR wake; AVIA, *fig* trail; **estelar** *adj* star *atr*
estepa *f* steppe
estera *f* mat
estercolero *m* dunghill, dung heap
estéreo *adj* stereo; **estereofónico** *adj* stereophonic; **estereotipo** *m* stereotype
estéril *adj* MED sterile; *trabajo, esfuerzo etc* futile; **esterilidad** *f* sterility; **esterilizar** <1f> *v/t tb persona* sterilize
esterilla *f* mat
esterlina *adj*: ***libra ~*** pound sterling
esternón *m* breast bone, sternum
estero *m Rpl* marsh

E

estertor *m* death rattle
esteticista *m/f* beautician; **estético** *adj* esthetic, *Br* aesthetic
estetoscopio *m* MED stethoscope
estibador *m* stevedore
estiércol *m* dung; (*abono*) manure
estilarse <1a> *v/r* be fashionable; **estilista** *m/f* stylist; *de modas* designer; **estilo** *m* style; ***al ~ de*** in the style of; ***algo por el ~*** something like that; ***son todos por el ~*** they're all the same
estilográfica *f* fountain pen
estima *f* esteem, respect; ***tener a alguien en mucha ~*** hold s.o. in high regard *o* esteem; **estimación** *f* (*cálculo*) estimate; (*estima*) esteem, respect; **estimar** <1a> *v/t* respect, hold in high regard; ***estimo conveniente que*** I consider it advisable to
estimulante **1** *adj* stimulating **2** *m* stimulant; **estimular** <1a> *v/t* stimulate; (*animar*) encourage; **estímulo** *m* stimulus; (*incentivo*) incentive
estío *m lit* summertime
estipular <1a> *v/t* stipulate
estirado *adj* snooty F, stuck-up F
estirar <1a> *v/t* stretch; (*alisar*) smooth out; *dinero* stretch, make go further; ***~ la pata*** F kick the bucket F; ***~ las piernas*** stretch one's legs
estirpe *f* stock
estival *adj* summer *atr*
esto *pron* this; ***~ es*** that is to say; ***por ~*** this is why; ***a todo ~*** (*mientras tanto*) meanwhile; (*a propósito*) incidentally
estofa *f*: ***de baja ~*** *desp* low-class *desp*
estofado *adj* stewed; **estofar** <1a> *v/t* stew
estoico **1** *adj* stoic(al) **2** *m*, **-a** *f* stoic
estómago *m* stomach
estor *m* blind
estorbar <1a> **1** *v/t* (*dificultar*) hinder; ***nos estorbaba*** he was in our way **2** *v/i* get in the way; **estorbo** *m* hindrance, nuisance
estornino *m* ZO starling
estornudar <1a> *v/i* sneeze; **estornudo** *m* sneeze
estoy *vb* → ***estar***
estrado *m* platform
estrafalario *adj* F eccentric; *ropa* outlandish
estragón *m* BOT tarragon
estragos *mpl* devastation *sg*; ***causar ~ entre*** wreak havoc among
estrambótico *adj* F eccentric; *ropa* outlandish
estrangular <1a> *v/t* strangle
estraperlo *m* black market; ***de ~*** on the black market
estratagema *f* stratagem; **estrategia** *f* strategy; **estratégico** *adj* strategic
estrato *m fig* stratum
estrechar <1a> **1** *v/t ropa* take in; *mano* shake; ***~ entre los brazos*** hug, embrace **2** *v/r* **~se** narrow, get narrower; **estrechez** *f fig* hardship; ***~ de miras*** narrow-mindedness; ***pasar ~es*** suffer hardship; **estrecho** **1** *adj* narrow; (*apretado*) tight; *amistad* close; ***~ de miras*** narrow-minded **2** *m* strait, straits *pl*
estrella *f tb de cine etc* star; ***~ fugaz*** falling star, shooting star; ***~ de mar*** ZO starfish; ***~ polar*** Pole star; **estrellar** <1a> **1** *v/t* smash; ***~ algo contra algo*** smash sth against sth; ***estrelló el coche contra un muro*** he smashed the car into a wall **2** *v/r* **~se** crash (***contra*** into); **estrellón** *m Pe, Bol* crash
estremecer <2d> **1** *v/t* shock, shake F **2** *v/r* **~se** shake, tremble; *de frío* shiver; *de horror* shudder
estrenar <1a> **1** *v/t ropa* wear for the first time, christen F; *objeto* try out, christen F; TEA, *película* premiere; ***a ~*** brand new **2** *v/r* **~se** make one's debut; **estreno** *m* TEA, *de película* premiere; *de persona* debut; ***estar de ~*** be wearing new clothes
estreñimiento *m* constipation
estrépito *m* noise, racket
estrés *m* stress; **estresar** <1a> *v/t*: ~

alguien cause s.o. stress, subject s.o. to stress
estría *f en piel* stretch mark
estribar <1a> *v/i*: ***~ en*** stem from, lie in
estribillo *m* chorus, refrain
estribo *m* stirrup; ***perder los ~s*** *fig* fly off the handle F
estrictez *f S.Am.* strictness; **estricto** *adj* strict
estridente *adj* shrill, strident
estrofa *f* stanza, verse
estropajo *m* scourer; **estropajoso** *adj persona* wiry; *boca* dry; *camisa* scruffy
estropeado *adj* (*averiado*) broken; **estropear** <1a> **1** *v/t aparato* break; *plan* ruin, spoil **2** *v/r* **~se** break down; *de comida* go off, go bad; *de plan* go wrong
estructura *f* structure; **estructurar** <1a> *v/t* structure, organize
estruendo *m* racket, din
estrujar <1a> *v/t* F crumple up, scrunch up F; *trapo* wring out; *persona* squeeze, hold tightly
estuario *m* estuary
estuche *m* case, box
estuco *m* stuccowork
estudiante *m/f* student; **estudiantil** *adj* student *atr*; **estudiar** <1b> *v/t & v/i* study; **estudio** *m disciplina* study; *apartamento* studio, *Br* studio flat; *de cine, música* studio; **estudioso** *adj* studious
estufa *f* heater
estupefaciente *m* narcotic (drug); **estupefacto** *adj* stupefied, speechless
estupendo *adj* fantastic, wonderful
estupidez *f cualidad* stupidity; *acción* stupid thing; **estúpido** **1** *adj* stupid **2** *m*, **-a** *f* idiot
estupor *m* astonishment, amazement; MED stupor
esturión *m* ZO sturgeon
estuve *vb* → ***estar***
estuvo *vb* → ***estar***
etapa *f* stage; ***por ~s*** in stages
etarra *m/f* member of ETA
etc *abr* (= ***etcétera***) etc (= etcetera)
etcétera *m* etcetera, and so on; ***y un largo ~ de ...*** and a long list of ..., and many other ...
etéreo *adj* ethereal
eternidad *f* eternity; **eterno** *adj* eternal; ***la película se me hizo -a*** the movie seemed to go on for ever
ética *f en filosofía* ethics; *comportamiento* principles *pl*; **ético** *adj* ethical
etimología *f* etymology
Etiopía Ethiopia
etiqueta *f* label; (*protocolo*) etiquette; **etiquetar** <1a> *v/t tb fig* label
étnico *adj* ethnic
eucalipto *m* BOT eucalyptus
eucaristía *f* Eucharist
eufemismo *m* euphemism
euforia *f* euphoria; **eufórico** *adj* euphoric
euro *m* euro
eurodiputado *m*, **-a** *f* MEP, member of the European Parliament
Europa Europe
europeísta *m/f* pro-European
europeo **1** *adj* European **2** *m*, **-a** *f* European
eusquera *m/adj* Basque
eutanasia *f* euthanasia
evacuación *f* evacuation; **evacuar** <1d> *v/t* evacuate
evadir <3a> **1** *v/t* avoid; *impuestos* evade **2** *v/r* **~se** *tb fig* escape
evaluación *f* evaluation, assessment; (*prueba*) test; **evaluar** <1e> *v/t* assess, evaluate
evangelio *m* gospel; **evangelizar** <1f> *v/t* evangelize
evaporación *f* evaporation; **evaporarse** <1a> *v/r* evaporate; *fig* F vanish into thin air
evasión *f tb fig* escape; ***~ de capitales*** flight of capital; ***~ fiscal*** tax evasion; **evasiva** *f* evasive reply
evento *m* event; **eventual** *adj* possible; *trabajo* casual, temporary; ***en el caso ~ de*** in the event of; **eventualidad** *f* eventuality
evidencia *f* evidence, proof; ***poner***

en ~ demonstrate; ***poner a alguien en ~*** show s.o. up; **evidente** *adj* evident, clear

evitar <1a> *v/t* avoid; (*impedir*) prevent; *molestias* save; ***no puedo ~lo*** I can't help it

evocar <1g> *v/t* evoke

evolución *f* BIO evolution; (*desarrollo*) development; **evolucionar** <1a> *v/t* BIO evolve; (*desarrollar*) develop

ex 1 *pref* ex- **2** *m/f* F ex F

exabrupto *m* sharp remark

exacerbar <1a> *v/t* exacerbate, make worse; (*irritar*) exasperate

exacto *adj medida* exact, precise; *informe* accurate; ***¡~!*** exactly!, precisely!

exageración *f* exaggeration; **exagerado** *adj* exaggerated; **exagerar** <1a> *v/t* exaggerate

exaltación *f* (*alabanza*) exaltation; (*entusiasmo*) agitation, excitement; **exaltar** <1a> *v/t* excite, get worked up

examen *m* test, exam; MED examination; (*análisis*) study; ***~ de conducir*** driving test; **examinar** <1a> **1** *v/t* examine **2** *v/r* **~se** take an exam

exasperar <1a> **1** *v/t* exasperate **2** *v/r* **~se** get exasperated

excarcelar <1a> *v/t* release (from prison)

excavación *f* excavation; **excavadora** *f* digger; **excavar** <1a> *v/t* excavate; *túnel* dig

excedencia *f* extended leave of absence; **excedente 1** *adj* surplus; *empleado* on extended leave of absence **2** *m* surplus; **exceder** <2a> **1** *v/t* exceed **2** *v/r* **~se** go too far, get carried away

excelencia *f* excellence; ***Su Excelencia la señora embajadora*** Her Excellency the Ambassador; ***por ~*** par excellence; **excelente** *adj* excellent

excéntrico 1 *adj* eccentric **2** *m*, **-a** *f* eccentric

excepción *f* exception; ***a ~ de*** except for; ***sin ~*** without exception; **excepcional** *adj* exceptional; **excepto** *prp* except; **exceptuar** <1e> *v/t* except; ***exceptuando*** with the exception of, except for

excesivo *adj* excessive; **exceso** *m* excess; ***~ de equipaje*** excess baggage; ***~ de velocidad*** speeding; ***en ~*** in excess, too much

excitación *f* excitement, agitation; **excitante 1** *adj* exciting; ***una bebida ~*** a stimulant **2** *m* stimulant; **excitar** <1a> **1** *v/t* excite; *sentimientos, sexualmente* arouse **2** *v/r* **~se** get excited; *sexualmente* become aroused

exclamación *f* exclamation; **exclamar** <1a> *v/t* exclaim

excluir <3g> *v/t* leave out (***de*** of), exclude (***de*** from); *posibilidad* rule out; **exclusiva** *f privilegio* exclusive rights *pl* (***de*** to); *reportaje* exclusive; **exclusivo** *adj* exclusive

excomunión *f* excommunication

excremento *m* excrement

exculpar <1a> *v/t* exonerate

excursión *f* trip, excursion; **excursionista** *m/f* excursionist

excusa *f* excuse; ***~s*** apologies

excusado *m* bathroom; **excusar** <1a> *v/t* excuse

execrable *adj* abominable, execrable *fml*

exención *f* exemption; ***~ fiscal*** tax exemption; **exento** *adj* exempt (***de*** from); ***~ de impuestos*** tax-exempt, tax-free

exhalación *f*: ***salir como una ~*** *fig* rush *o* dash out

exhaustivo *adj* exhaustive; **exhausto** *adj* exhausted

exhibición *f* display, demonstration; *de película* screening, showing; **exhibicionista** *m/f* exhibitionist; **exhibir** <3a> **1** *v/t* show, display; *película* screen, show; *cuadro* exhibit **2** *v/r* **~se** show o.s., let o.s. be seen

exhumar <1a> *v/t* exhume

exigencia *f* demand; **exigente** *adj* demanding; **exigir** <3c> *v/t* demand; (*requirir*) call for, demand;

E

le exigen mucho they ask a lot of him
exiguo *adj* meager, *Br* meagre
exiliado 1 *adj* exiled, in exile *pred* **2** *m*, **-a** *f* exile; **exiliar** <1a> **1** *v/t* exile **2** *v/r* **~se** go into exile; **exilio** *m* exile; ***en el ~*** in exile
eximir <3a> *v/t* exempt (***de*** from)
existencia *f* existence; (*vida*) life; ***~s*** COM supplies, stocks; **existencialista** *m/f & adj* existentialist; **existir** <3a> *v/i* exist; ***existen muchos problemas*** there are a lot of problems
éxito *m* success; ***~ de taquilla*** box office hit; ***tener ~*** be successful, be a success; **exitoso** *adj* successful
Exmo. *abr* (= ***Excelentísimo***) Your / His Excellency
exonerar <1a> *v/t* exonerate; ***~ a alguien de algo*** exempt s.o. from sth
exorbitante *adj* exorbitant
exorcista *m/f* exorcist
exótico *adj* exotic
expandir <3a> **1** *v/t* expand **2** *v/r* **~se** expand; *de noticia* spread; **expansión** *f* expansion; (*recreo*) recreation
expatriarse <1b> *v/r* leave one's country
expectación *f* sense of anticipation; **expectativa** *f* (*esperanza*) expectation; ***estar a la ~ de algo*** be waiting for sth; ***~s*** (*perspectivas*) prospects
expedición *f* expedition
expediente *m* file, dossier; (*investigación*) investigation, inquiry; ***~ académico*** student record; ***~ disciplinario*** disciplinary proceedings *pl*; ***abrir un ~ a alguien*** take disciplinary action against s.o.
expedir <3l> *v/t documento* issue; *mercancías* send, dispatch
expeditar <1a> *v/t L.Am.* (*apresurar*) hurry; (*concluir*) finish, conclude
expeditivo *adj* expeditious
expendedor *adj*: ***máquina ~a*** vending machine
expendio *m L.Am.* store, shop
expensas *fpl*: ***a ~ de*** at the expense of
experiencia *f* experience
experimentado *adj* experienced; **experimentar** <1a> **1** *v/t* try out, experiment with **2** *v/i* experiment (***con*** on); **experimento** *m* experiment
experto 1 *adj* expert; ***~ en hacer algo*** expert *o* very good at doing sth **2** *m* expert (***en*** on)
expiar <1c> *v/t* expiate, atone for
expirar <1a> *v/i* expire
explanada *f* open area; *junto al mar* esplanade
explayarse <1a> *v/r* speak at length; (*desahogarse*) unburden o.s.; (*distraerse*) relax, unwind; ***~ sobre algo*** expound on sth
explicación *f* explanation; **explicar** <1g> **1** *v/t* explain **2** *v/r* **~se** (*comprender*) understand; (*hacerse comprender*) express o.s.; ***no me lo explico*** I can't understand it, I don't get it F
explícito *adj* explicit
explorador *m*, **~a** *f* explorer; MIL scout; **explorar** <1a> *v/t* explore
explosión *f* explosion; ***~ demográfica*** population explosion; ***hacer ~*** go off, explode; **explosionar** <1a> *v/t & v/i* explode; **explosivo** *m/adj* explosive
explotación *f de mina, tierra* exploitation, working; *de negocio* running, operation; *de trabajador* exploitation; **explotar** <1a> **1** *v/t tierra, mina* work, exploit; *situación* take advantage of, exploit; *trabajador* exploit **2** *v/i* go off, explode; *fig* explode, blow a fuse F
expoliar <1b> *v/t* plunder, pillage
exponente *m* exponent; **exponer** <2r; *part* ***expuesto***> **1** *v/t idea, teoría* set out, put forward; (*revelar*) expose; *pintura, escultura* exhibit, show; (*arriesgar*) risk **2** *v/r* **~se**: ***~se a algo*** (*arriesgarse*) lay o.s. open to sth

exportación *f* export; **exportar** <1a> *v/t* export
exposición *f* exhibition
expresar <1a> **1** *v/t* express **2** *v/r* **~se** express o.s.; **expresión** *f* expression; **expresivo** *adj* expressive
expreso 1 *adj* express *atr*; ***tren ~*** express (train) **2** *m tren* express (train); *café* espresso
exprimidor *m* lemon squeezer; *eléctrico* juicer; **exprimir** <3a> *v/t* squeeze; (*explotar*) exploit
ex profeso *adv* (*especialmente*) expressly; (*a propósito*)deliberately
expropiar <1b> *v/t* expropriate
expuesto *part* → ***exponer***
expugnar <1a> *v/t* take by storm
expulsar <1a> *v/t* expel, throw out F; DEP expel from the game, *Br* send off; **expulsión** *f* expulsion; DEP sending off
exquisito *adj comida* delicious; (*bello*) exquisite; (*refinado*) refined
extasiarse <1c> *v/r* be enraptured, go into raptures; **éxtasis** *m tb droga* ecstasy
extender <2g> **1** *v/t brazos* stretch out; (*untar*) spread; *tela, papel* spread out; (*ampliar*) extend; ***me extendió la mano*** she held out her hand to me **2** *v/r* **~se** *de campos* stretch; *de influencia* extend; (*difundirse*) spread; (*durar*) last; *explayarse* go into detail; **extendido 1** *part* → ***extender* 2** *adj costumbre* widespread; *brazos* outstretched; *mapa* spread out; **extensión** *f tb* TELEC extension; *superficie* expanse, area; ***por ~*** by extension; **extenso** *adj* extensive, vast; *informe* lengthy, long
extenuar <1e> **1** *v/t* exhaust, tire out **2** *v/r* **~se** exhaust o.s., tire o.s. out
exterior 1 *adj aspecto* external, outward; *capa* outer; *apartamento* overlooking the street; POL foreign; ***la parte ~ del edificio*** the exterior *o* the outside of the building **2** *m* (*fachada*) exterior, outside; *aspecto* exterior, outward appearance; ***viajar al ~*** (*al extranjero*) travel abroad; **exteriorizar** <1f> *v/t* externalize
exterminar <1a> *v/t* exterminate, wipe out
externo 1 *adj aspecto* external, outward; *influencia* external, outside; *capa* outer; *deuda* foreign **2** *m*, **-a** *f* EDU *student who attends a boarding school but returns home each evening*, *Br* day boy / girl
extinción *f*: ***en peligro de ~*** in danger of extinction; **extinguidor** *m L.Am.*: **~ (*de incendios*)** (fire) extinguisher; **extinguir** <3d> **1** *v/t* BIO, ZO wipe out; *fuego* extinguish, put out **2** *v/r* **~se** BIO, ZO become extinct, die out; *de fuego* go out; *de plazo* expire; **extintor** *m* fire extinguisher
extirpar <1a> *v/t* MED remove; *vicio* eradicate, stamp out
extorsión *f* extortion; **extorsionar** <1a> *v/t* extort money from
extra 1 *adj excelente* top quality; *adicional* extra; ***horas ~*** overtime; ***paga ~*** extra month's pay **2** *m/f de cine* extra **3** *m gasto* additional expense
extracto *m* extract; (*resumen*) summary; GASTR, QUÍM extract, essence; ***~ de cuenta*** bank statement; **extractor** *m* extractor; ***~ de humos*** extractor fan
extradición *f* extradition; **extraditar** <1a> *v/t* extradite
extraer <2p> *v/t* extract, pull out; *conclusión* draw
extrajudicial *adj* out-of-court
extralimitarse <1a> *v/r* go too far, exceed one's authority
extramatrimonial *adj* extramarital
extranjería *f*: ***ley de ~*** immigration laws *pl*; **extranjero 1** *adj* foreign **2** *m*, **-a** *f* foreigner; ***en el ~*** abroad
extranjis: ***de ~*** F on the quiet F, on the sly F
extrañar <1a> **1** *v/t L.Am.* miss **2** *v/r* **~se** be surprised (***de*** at); **extraño 1** *adj* strange, odd **2** *m*, **-a** *f* stranger

extraordinario *adj* extraordinary
extrapolar <1a> *v/t* extrapolate
extrarradio *m* outlying districts *pl*, outskirts *pl*
extraterrestre *adj* extraterrestial, alien
extravagante *adj* outrageous
extravertido *adj* extrovert
extraviar <1c> **1** *v/t* lose, mislay **2** *v/r* **~se** get lost, lose one's way
extremadamente *adv* extremely; **extremado** *adj* extreme; **extremar** <1a> *v/t* maximize
extremidad *f* end; ***~es*** extremities; **extremista 1** *adj* extreme **2** *m/f* POL extremist; **extremo 1** *adj* extreme **2** *m* extreme; *parte primera o última* end; *punto* point; ***llegar al ~ de*** reach the point of **3** *m/f*: ***~ derecho / izquierdo*** DEP right / left wing; ***en ~*** in the extreme
extrovertido *adj* extrovert
exuberante *adj* exuberant; *vegetación* lush
exultante *adj* elated
eyacular <1a> *v/t* ejaculate

F

fabada *f* GASTR *Asturian stew with pork sausage, bacon and beans*
fábrica *f* plant, factory; **fabricación** *f* manufacturing; **fabricante** *m* manufacturer, maker; **fabricar** <1g> *v/t* manufacture
fábula *f* fable; (*mentira*) lie; **fabuloso** *adj* fabulous, marvel(l)ous
facción *f* POL faction; ***facciones*** *pl* (*rasgos*) features
faceta *f fig* facet
facha 1 *f* look; (*cara*) face **2** *m/f desp* fascist
fachada *f tb fig* façade
facial *adj* facial
fácil *adj* easy; ***es ~ que*** it's likely that; **facilidad** *f* ease; ***con ~*** easily; ***tener ~ para algo*** have a gift for sth; ***~es de pago*** credit facilities, credit terms; **facilitar** <1a> *v/t* facilitate, make easier; (*hacer factible*) make possible; *medios, dinero etc* provide
factible *adj* feasible
factor *m* factor
factoría *f esp L.Am.* plant, factory
factura *f* COM invoice; *de luz, gas etc* bill; **facturación** *f* COM invoicing; (*volumen de negocio*) turnover; AVIA check-in; **facturar** <1a> *v/t* COM invoice, bill; *volumen de negocio* turn over; AVIA check in
facultad *f* faculty; (*autoridad*) authority
faena *f* task, job; ***hacer una ~ a alguien*** play a dirty trick on s.o.
fagot *m* MÚS bassoon
faisán *m* ZO pheasant
faja *f prenda interior* girdle
fajarse <1a> *v/r Méx, Ven* F get into a fight
fajo *m* wad; *de periódicos* bundle
falacia *f* fallacy; (*engaño*) fraud
falange *f* ANAT phalange; MIL phalanx
falda *f* skirt; *de montaña* side
faldero *adj*: ***perro ~*** lap dog
falla *f* fault; *de fabricación* flaw; **fallar** <1a> **1** *v/i* fail; (*no acertar*) miss; *de sistema etc* go wrong; JUR find (***en favor de*** for; ***en contra de*** against); ***~ a alguien*** let s.o. down **2** *v/t* JUR pronounce judg(e)ment in; *pregunta* get wrong; ***~ el tiro*** miss
fallecer <2d> *v/i* pass away; **fallecimiento** *m* demise
fallo *m* mistake; TÉC fault; JUR

judg(e)ment; ~ ***cardiaco*** heart failure

falsedad *f* falseness; (*mentira*) lie; **falsificación** *f de moneda* counterfeiting; *de documentos, firma* forgery; **falsificar** <1g> *v/t moneda* counterfeit; *documento, firma* forge, falsify; **falso** *adj* false; *joyas* fake; *documento, firma* forged; ***jurar en ~*** commit perjury

falta *f* (*escasez*) lack, want; (*error*) mistake; (*ausencia*) absence; *en tenis* fault; *en fútbol* foul; (*tiro libre*) free kick; ***hacerle ~ a alguien*** foul s.o.; ***~ de*** lack of, shortage of; ***sin ~*** without fail; ***buena ~ le hace*** it's about time; ***echar en ~ a alguien*** miss s.o.; ***hacer ~*** be necessary

faltar <1a> *v/i* be missing; ***falta una hora*** there's an hour to go; ***faltan 10 kilómetros*** there are 10 kilometers to go; ***sólo falta hacer la salsa*** there's only the sauce to do; ***~ a*** be absent from; ***~ a clase*** miss class, be absent from class; ***~ a alguien*** be disrespectful to s.o.; ***~ a su palabra*** not keep one's word; **falto** *adj*: ***~ de*** lacking in, devoid of; ***~ de recursos*** short of resources

fama *f* fame; (*reputación*) reputation; ***tener mala ~*** have a bad reputation

familia *f* family; ***sentirse como en ~*** feel at home; **familiar 1** *adj* family *atr*; (*conocido*) familiar; LING colloquial **2** *m/f* relation, relative; **familiaridad** *f* familiarity; **familiarizarse** <1f> *v/r* familiarize o.s. (***con*** with)

famoso 1 *adj* famous **2** *m*, **-a** *f* celebrity

fan *m/f* fan

fanático 1 *adj* fanatical **2** *m*, **-a** *f* fanatic; **fanatismo** *m* fanaticism

fanfarrón 1 *adj* boastful **2** *m*, **-ona** *f* boaster; **fanfarronear** <1a> *v/i* boast, brag

fango *m tb fig* mud

fantasear <1a> *v/i* fantasize; **fantasía** *f* fantasy; (*imaginación*) imagination; ***joyas de ~*** costume jewel(l)ery; **fantasma** *m* ghost; **fantástico** *adj* fantastic

farándula *f* show business

fardar <1a> *v/i*: ***~ de algo*** F boast about sth, show off about sth

fardo *m* bundle

faringitis *f* MED inflammation of the pharynx, pharyngitis

fariña *f S.Am.* manioc flour, cassava

farmacéutico 1 *adj* pharmaceutical **2** *m*, **-a** *f* pharmacist, *Br* chemist; **farmacia** *f* pharmacy, *Br* chemist's; *estudios* pharmacy; ***~ de guardia*** *24-hour pharmacist, Br* emergency chemist; **fármaco** *m* medicine; **farmacología** *f* pharmacology

faro *m* MAR lighthouse; AUTO headlight, headlamp; ***~ antiniebla*** fog light; **farol** *m* lantern; (*farola*) streetlight, streetlamp; *en juegos de cartas* bluff; **farola** *f* streetlight, streetlamp; **farolillo** *m*: ***ser el ~ rojo*** *fig* F be bottom of the league

farragoso *adj texto* dense

farrear <1a> *v/i L.Am.* F go out on the town F

farrista *adj L.Am.* F hard-drinking

farsa *f tb fig* farce; **farsante** *m/f* fraud, fake

fascículo *m* TIP instal(l)ment

fascinación *f* fascination; **fascinante** *adj* fascinating; **fascinar** <1a> *v/t* fascinate

fascismo *m* fascism; **fascista** *m/f & adj* fascist

fase *f* phase

fastidiar <1b> **1** *v/t* annoy; F (*estropear*) spoil **2** *v/r* **~se** grin and bear it; **fastidio** *m* annoyance; ***¡qué ~!*** what a nuisance!

fastuoso *adj* lavish

fatal 1 *adj* fatal; (*muy malo*) dreadful, awful **2** *adv* very badly

fatídico *adj* fateful

fatiga *f* tiredness, fatigue; **fatigar** <1h> **1** *v/t* tire **2** *v/r* **~se** get tired

fatuo *adj* conceited; (*necio*) fatuous

fauces *fpl* ZO jaws

fauna *f* fauna

favor *m* favo(u)r; ***a ~ de*** in favo(u)r of; ***por ~*** please; ***hacer un ~*** do a favo(u)r; **favorecer** <2d> *v/t* favo(u)r; *de ropa, color* suit; **favoritismo** *m* favo(u)ritism; **favorito 1** *adj* favo(u)rite **2** *m*, **-a** *f* favo(u)rite

fax *m* fax; ***enviar un ~ a alguien*** send s.o. a fax, fax s.o.

fayuca *f Méx* smuggling; **fayuquero** *m*, **-a** *f Méx* dealer in smuggled goods

F.C. *abr* (= ***Fútbol Club***) FC (= Football Club)

fdo. *abr* (= ***firmado***) signed

fe *f* faith (***en*** in); ***~ de erratas*** errata

fealdad *f* ugliness

feb. *abr* (= ***febrero***) Feb. (= February)

febrero *m* February

fecal *adj* f(a)ecal

fecha *f* date; ***~ límite de consumo*** best before date; ***~ de nacimiento*** date of birth; **fechador** *m Chi, Méx* postmark

fécula *f* starch

fecundación *f* fertilization; ***~ in vitro*** MED in vitro fertilization; **fecundar** <1a> *v/t* fertilize; **fecundo** *adj* fertile

federación *f* federation; **federal** *adj* federal

felicidad *f* happiness; ***¡~es!*** congratulations!; **felicitación** *f* letter of congratulations; ***¡felicitaciones!*** congratulations!; **felicitar** <1a> *v/t* congratulate (***por*** on)

felino *adj tb fig* feline

feliz *adj* happy; ***¡~ Navidad!*** Merry Christmas!

felpa *f* towel(l)ing; **felpudo** *m* doormat

femenino 1 *adj* feminine; *moda, equipo* women's **2** GRAM feminine; **femin(e)idad** *f* femininity; **feminismo** *m* feminism; **feminista** *m/f & adj* feminist

fenomenal 1 *adj* F fantastic F, phenomenal F **2** *adv*: ***lo pasé ~*** F I had a fantastic time F; **fenómeno 1** *m* phenomenon; *persona* genius **2** *adj* F fantastic F, great F

feo 1 *adj* ugly; *fig* nasty **2** *m*: ***hacer un ~ a alguien*** F snub s.o.

féretro *m* casket, coffin

feria *f* COM fair; *L.Am.* (*mercado*) market; *Méx* (*calderilla*) small change; ***~ de muestras*** trade fair; **feriado 1** *adj L.Am.*: ***día ~*** (public) holiday **2** *m L.Am.* (public) holiday; ***abierto ~s*** open on public holidays; **ferial 1** *adj*: ***recinto ~*** fairground **2** *m* fair

fermentación *f* fermentation; **fermentar** <1a> *v/t* ferment; **fermento** *m* ferment

ferocidad *f* ferocity; **feroz** *adj* fierce; (*cruel*) cruel

férreo *adj tb fig* iron *atr*; *del ferrocarril* rail *atr*; **ferretería** *f* hardware store; **ferrocarril** *m* railroad, *Br* railway; **ferrocarrilero** *m L.Am.* railroad *o Br* railway worker; **ferroviario** *adj* rail *atr*

ferry *m* ferry

fértil *adj* fertile; **fertilidad** *f* fertility; **fertilizante** *m* fertilizer

ferviente *adj fig* fervent; **fervor** *m* fervo(u)r

festejar <1a> *v/t persona* wine and dine; *L.Am.* celebrate; **festejo** *m* celebration; ***~s*** festivities; **festín** *m* banquet; **festival** *m* festival; ***~ cinematográfico*** film festival; **festividad** *f* feast; ***~es*** festivities; **festivo** *adj* festive

fetal *adj* fetal

fetiche *m* fetish

fétido *adj* fetid

feto *m* fetus

feudal *adj* feudal; **feudo** *m fig* domain

FF. AA. *abr* (= ***fuerzas armadas***) armed forces

FF. CC. *abr* (= ***ferrocarriles***) railroads

fiable *adj* trustworthy; *datos, máquina etc* reliable

fiambre *m* cold cut, *Br* cold meat; P (*cadáver*) stiff P; **fiambrera** *f* lunch pail, *Br* lunch box; **fiambrería** *f L.Am.* delicatessen

fianza *f* deposit; JUR bail; ***bajo ~*** on bail

fiar <1c> **1** *v/i* give credit **2** *v/r* **~se**: ***~se de alguien*** trust s.o.; ***no me fío*** I don't trust him / them *etc*

fiasco *m* fiasco

fibra *f en tejido, alimento* fiber, *Br* fibre; ***~ óptica*** optical fiber (*Br* fibre); ***~ de vidrio*** fiberglass, *Br* fibreglass; **fibroso** *adj* fibrous

ficción *f* fiction

ficha *f* file card, index card; *en juegos de mesa* counter; *en un casino* chip; *en damas* checker, *Br* draught; *en ajedrez* man, piece; TELEC token; **fichar** <1a> **1** *v/t* DEP sign; JUR open a file on **2** *v/i* DEP sign (***por*** for); **fichero** *m* file cabinet, *Br* filing cabinet; INFOR file

ficticio *adj* fictitious

fidedigno *adj* reliable

fidelidad *f* fidelity

fideo *m* noodle

fiebre *f* fever; (*temperatura*) temperature; ***~ del heno*** hay fever

fiel **1** *adj* faithful; (*leal*) loyal **2** *mpl*: ***los ~es*** REL the faithful *pl*

fieltro *m* felt

fiera *f* wild animal; ***ponerse hecho una ~*** F go wild F; **fiero** *adj* fierce

fierro *m L.Am.* iron

fiesta *f* festival; (*reunión social*) party; (*día festivo*) public holiday; ***estar de ~*** be in a party mood

fifí *m L.Am.* P *afeminado* sissy F

figura *f* figure; (*estatuilla*) figurine; (*forma*) shape; *naipes* face card, *Br* picture card; ***tener buena ~*** have a good figure; **figurado** *adj* figurative; ***sentido ~*** figurative sense; **figurar** <1a> **1** *v/i* appear (***en*** in); ***aquí figura como ...*** she appears *o* is down here as ... **2** *v/r* **~se** imagine; ***¡figúrate!*** just imagine!

fijar <1a> **1** *v/t* fix; *cartel* stick; *fecha, objetivo* set; *residencia* establish; *atención* focus **2** *v/r* **~se** (*establecerse*) settle; (*prestar atención*) pay attention (***en*** to); ***~se en algo*** (*darse cuenta*) notice sth; **fijo** *adj* fixed; *trabajo* permanent; *fecha* definite

fila *f* line, *Br* queue; *de asientos* row; ***en ~ india*** in single file; ***~s*** MIL ranks

filatelia *f* philately, stamp collecting

filete *m* GASTR fillet

filial **1** *adj* filial **2** *f* COM subsidiary

Filipinas *fpl* Philippines

film(e) *m* movie, film; **filmación** *f* filming, shooting; **filmar** <1a> *v/t* film, shoot

filo *m* edge; *de navaja* cutting edge; ***al ~ de las siete*** *fig* around 7 o'clock

filología *f* philology; ***~ hispánica*** EDU Spanish language and literature; **filólogo** *m*, **-a** *f* philologist

filón *m* vein, seam; *fig* goldmine

filoso *adj L.Am.* sharp

filosofía *f* philosophy; **filosófico** *adj* philosophical; **filósofo** *m*, **-a** *f* philosopher

filtración *f* leak; **filtrar** <1a> **1** *v/t* filter; *información* leak **2** *v/r* **~se** filter (***por*** through); *de agua, información* leak; **filtro** *m* filter

fin *m* end; (*objetivo*) aim, purpose; ***~ de semana*** weekend; ***a ~es de mayo*** at the end of May; ***al ~ y al cabo*** at the end of the day, after all; ***en ~*** anyway

final *f/adj* final; **finalidad** *f* purpose, aim; **finalista** **1** *adj*: ***las dos selecciones ~s*** the two teams that reached the final **2** *m/f* finalist; **finalización** *f* completion; **finalizado** *adj* complete; **finalizar** <1f> *v/t & v/i* end, finish; **finalmente** *adv* eventually

financiación *f* funding; **financiar** <1b> *v/t* finance, fund; **financista** *m/f L.Am.* financier; **finanzas** *fpl* finances

finca *f* (*bien inmueble*) property; *L.Am.* (*granja*) farm

fingido *adj* false; **fingir** <3c> **1** *v/t* feign *fml*; ***fingió no haberlo oído*** I pretended I hadn't heard **2** *v/r* **~se**: ***~se enfermo*** pretend to be ill, feign illness *fml*

finlandés **1** *adj* Finnish **2** *m*, **-esa** *f* Finn; **Finlandia** Finland

fino *adj calidad* fine; *libro, tela* thin;

(*esbelto*) slim; *modales*, *gusto* refined; *sentido de humor* subtle
firma *f* signature; *acto* signing; COM firm
firmamento *m* firmament
firmar <1a> *v/t* sign
firme *adj* firm; (*estable*) steady; ***en ~*** COM firm
fiscal **1** *adj* tax *atr*, fiscal **2** *m/f* district attorney, *Br* public prosecutor
fisgar <1h> *v/i* F snoop F; ***~ en algo*** snoop around in sth; **fisgón** *m*, **-ona** *f* snoop; **fisgonear** <1a> *v/i* F snoop around F (***en*** in)
física *f* physics; **físico** **1** *adj* physical **2** *m*, **-a** *f* physicist **3** *m de una persona* physique
fisiología *f* physiology
fisión *f* fission
fisioterapeuta *m/f* physical therapist, *Br* physiotherapist; **fisioterapia** *f* physical therapy, *Br* physiotherapy
fisonomía *f* features *pl*
fisura *f* crack; MED fracture
flác(c)ido *adj* flabby
flaco *adj* thin; ***punto ~*** weak point
flacuchento *adj L.Am.* F skinny
flagelar <1a> *v/t* flagellate
flagrante *adj* flagrant; ***en ~ delito*** red-handed, in flagrante delicto
flamante *adj* (*nuevo*) brand-new
flamenco **1** *adj* MÚS flamenco **2** *m* MÚS flamenco; ZO flamingo
flan *m* crème caramel
flanco *m* flank
flaquear <1a> *v/i* weaken; *de entusiasmo* flag; **flaqueza** *f fig* weakness
flash *m* FOT flash
flato *m* MED stitch
flatulencia *f* MED flatulence
flauta *f* flute; *Méx* fried taco; ***~ dulce*** recorder; ***~ travesera*** (transverse) flute; **flautista** *m/f* flautist
flecha *f* arrow; **flechazo** *m fig* love at first sight
flecos *mpl* fringe *sg*
flema *f fig* phlegm; **flemático** *adj* phlegmatic
flemón *m* MED gumboil
flequillo *m del pelo* fringe
fletar <1a> *v/t* charter; (*embarcar*) load; **flete** *m L.Am.* freight, cost of transport; **fletero** *adj L.Am.* hire *atr*, charter *atr*
flexibilidad *f* flexibility; **flexible** *adj* flexible
flexión *f en gimnasia* push-up, *Br* press-up; *de piernas* squat; *de la voz* inflection; **flexionar** <1a> **1** *v/t* flex **2** *v/r* **~se** bend
flexo *m* desk lamp
flipar <1a> *v/i*: ***le flipa el cine*** P he's mad about the movies F
flirtear <1a> *v/i* flirt (***con*** with)
flojo *adj* loose; *café*, *argumento* weak; COM *actividad* slack; *novela*, *redacción* poor; *L.Am.* lazy; **flojera** *f L.Am.* laziness; ***me da ~*** I can't be bothered
flor *f* flower; **flora** *f* flora; **florear** <1a> **1** *v/t* decorate with flowers; *Méx* (*halagar*) flatter, compliment **2** *v/i* flower, bloom; **florecer** <2d> *v/i* BOT flower. bloom; *de negocio*, *civilización* etc flourish; **floreciente** *adj* flourishing; **florero** *m* vase; **florista** *m/f* florist; **floristería** *f* florist's, flower shop
flota *f* fleet; **flotación** *f* flotation; **flotador** *m* float; **flotar** <1a> *v/i* float; **flote** MAR: ***a ~*** afloat
fluctuación *f* fluctuation; **fluctuar** <1e> *v/i* fluctuate
fluidez *f* fluidity; **fluido** **1** *adj* fluid; *tráfico* free-flowing; *lenguaje* fluent **2** *m* fluid; **fluir** <3g> *v/i* flow
flujo *m* flow
fluorescente **1** *adj* fluorescent **2** *m* strip light
fluvial *adj* river *atr*
FM *abr* (= ***frecuencia modulada***) FM (= frequency modulation)
FMI *abr* (= ***Fondo Monetario Internacional***) IMF (= International Monetary Fund)
fobia *f* phobia
foca *f* ZO seal
foco *m* focus; TEA, TV spotlight; *de infección* center, *Br* centre; *de incendio* seat; *L.Am.* (*bombilla*)

lightbulb; *de auto* headlight; *de calle* streetlight
fofo *adj* flabby
fogata *f* bonfire; **fogoso** *adj* fiery, ardent
foie-gras *m* foie gras
folclore *m* folklore
fólico *adj*: ***ácido ~*** folic acid
folio *m* sheet (of paper)
folklore *m* folklore
follaje *m* foliage
folleto *m* pamphlet
follón *m* argument; (*lío*) mess; ***armar un ~*** kick up a fuss
fomentar <1a> *v/t* foster; COM promote; *rebelión* foment, incite; **fomento** *m* COM promotion
fonda *f L.Am.* cheap restaurant; (*pensión*) boarding house
fondear <1a> **1** *v/t* MAR anchor **2** *v/r* **~se** *L.Am.* get rich
fondero *m*, **-a** *f L.Am.* restaurant owner
fondista *m/f* DEP long-distance runner
fondo *m* bottom; *de sala, cuarto* etc back; *de pasillo* end; (*profundidad*) depth; PINT, FOT background; *de un museo* etc collection; COM fund; ***~ de inversión*** investment fund; ***~ de pensiones*** pension fund; ***Fondo Monetario Internacional*** International Monetary Fund; ***~s*** *pl* money *sg*, funds; ***tiene buen ~*** he's got a good heart; ***en el ~*** deep down; ***tocar ~*** *fig* reach bottom
fonética *f* phonetics
fontanería *f* plumbing; **fontanero** *m* plumber
footing *m* DEP jogging; ***hacer ~*** go jogging, jog
forastero 1 *adj* foreign **2** *m*, **-a** *f* outsider, stranger
forcejear <1a> *v/i* struggle; **forcejeo** *m* struggle
forense 1 *adj* forensic **2** *m/f* forensic scientist
forestación *f* afforestation; **forestal** *adj* forest *atr*; **forestar** <1a> *v/t L.Am.* afforest
forjar <1a> *v/t metal* forge
forma *f* form; (*apariencia*) shape; (*manera*) way; ***de todas ~s*** in any case, anyway; ***estar en ~*** be fit; **formación** *f* formation; (*entrenamiento*) training; ***~ profesional*** vocational training; **formal** *adj* formal; *niño* well-behaved; (*responsable*) responsible; **formalizar** <1f> *v/t* formalize; *relación* make official; **formar** <1a> **1** *v/t* form; (*educar*) educate **2** *v/r* **~se** form
formatear <1a> *v/t* INFOR format; **formato** *m* format
formidable *adj* huge; (*estupendo*) tremendous
fórmula *f* formula; **formular** <1a> *v/t teoría* formulate; *queja* make, lodge; **formulario** *m* form
fornicar <1g> *v/i* fornicate
fornido *adj* well-built
foro *m* forum
forofo *m*, **-a** *f* F fan
forrado *adj prenda* lined; *libro* covered; *fig* F loaded F
forraje *m* fodder
forrar <1a> **1** *v/t prenda* line; *libro, silla* cover **2** *v/r* **~se** F make a fortune F; **forro** *m de prenda* lining; *de libro* cover
fortalecer <2d> **1** *v/t tb fig* strengthen **2** *v/r* **~se** strengthen; **fortaleza** *f* strength of character; MIL fortress; **fortificar** <1g> *v/t* MIL fortify
fortuito *adj* chance *atr*, accidental
fortuna *f* fortune; (*suerte*) luck; ***por ~*** fortunately, luckily
forzar <1f> *v/t* force; (*violar*) rape; **forzoso** *adj aterrizaje* forced; **forzudo** *adj* brawny
fosa *f* pit; (*tumba*) grave; ***~ común*** common grave; ***~s nasales*** nostrils
fósforo *m* QUÍM phosphorus; *L.Am.* (*cerilla*) match
fósil 1 *adj* fossilized **2** *m* fossil
foso *m* ditch; TEA, MÚS pit; *de castillo* moat
foto *f* photo
fotocopia *f* photocopy; **fotocopiadora** *f* photocopier; **fotocopiar** <1a> *v/t* photocopy

fotogénico *adj* photogenic
fotografía *f* photography; **fotografiar** <1c> *v/t* photograph; **fotógrafo** *m*, **-a** *f* photographer
FP *f* (= ***formación profesional***) vocational training
frac *m* tail coat
fracasado 1 *adj* unsuccessful **2** *m*, **-a** *f* loser; **fracasar** <1a> *v/i* fail; **fracaso** *m* failure
fracción *f* fraction; POL faction; **fraccionamiento** *m L.Am.* (housing) project, *Br* estate; **fraccionar** <1a> *v/t* break up; FIN pay in instal(l)ments
fractura *f* MED fracture; **fracturar** <1a> *v/t* MED fracture
fragancia *f* fragrance
frágil *adj* fragile
fragmentar <1a> *v/t* fragment; **fragmento** *m* fragment; *de novela*, *poema* excerpt, extract
fraguar <1i> *v/t* forge; *plan* devise; *complot* hatch
fraile *m* friar, monk
frambuesa *f* raspberry
francés 1 *adj* French **2** *m* Frenchman; *idioma* French; **francesa** *f* Frenchwoman; **Francia** France
franco *adj* (*sincero*) frank; (*evidente*) distinct, marked; COM free
francotirador *m* sniper
franela *f* flannel
franja *f* fringe; *de tierra* strip
franquear <1a> *v/t carta* pay the postage on; *camino*, *obstáculo* clear; **franqueo** *m* postage; **franqueza** *f* frankness; **franquicia** *f* (*exención*) exemption; COM franchise
frasco *m* bottle
frase *f* phrase; (*oración*) sentence; ~ ***hecha*** set phrase
fraternal *adj* brotherly; **fraternidad** *f* brotherhood, fraternity; **fraternizar** <1f> *v/i* POL fraternize
fraude *m* fraud; **fraudulento** *adj* fraudulent
frazada *f L.Am.* blanket
frecuencia *f* frequency; ~ ***modulada*** RAD frequency modulation; ***con*** ~ frequently; **frecuentar** <1a> *v/t* frequent; **frecuente** *adj* frequent; (*común*) common; **frecuentemente** *adv* often, frequently
fregadero *m* sink; **fregar** <1h> *v/t platos* wash; *el suelo* mop; *L.Am.* F bug F; **fregón 1** *adj* annoying **2** *m L.Am.* F nuisance, pain in the neck F; **fregona** *f* mop; *L.Am.* F nuisance, pain in the neck F
freidora *f* deep fryer; **freidura** *f* frying; **freír** <3m; *part* ***frito***> *v/t* fry; F (*matar*) waste P
frenada *f esp L.Am.*: ***dar una*** ~ F slam the brakes on, hit the brakes F;
frenar <1a> **1** *v/i* AUTO brake **2** *v/t fig* slow down; *impulsos* check;
frenazo *m*: ***pegar*** *or* ***dar un*** ~ F slam the brakes on, hit the brakes F
frenesí *m* frenzy; **frenético** *adj* frenetic
freno *m* brake; ~ ***de mano*** parking brake, *Br* handbrake
frente 1 *f* forehead **2** *m* MIL, METEO front; ***de*** ~ *colisión* head-on; ***de*** ~ ***al grupo*** *L.Am.* facing the group; ***hacer*** ~ ***a*** face up to **3** *prp*: ~ ***a*** opposite
fresa *f* strawberry
fresco 1 *adj* cool; *pescado etc* fresh; *persona* F fresh F, *Br* cheeky F **2** *m*, **-a** *f*: ***¡eres un*** ~***!*** F you've got nerve! F, *Br* you've got a cheek! F **3** *m* fresh air; *C.Am.* fruit drink; **frescor** *m* freshness; **frescura** *f* freshness; (*frío*) coolness; *fig* nerve
fresno *m* BOT ash tree
fresón *m* strawberry
frialdad *f tb fig* coldness
fricción *f* TÉC, *fig* friction; **friccionar** <1a> *v/t* rub
friega *f L.Am.* F hassle F, drag F
frígido *adj* MED frigid; **frigorífico 1** *adj* refrigerated **2** *m* fridge
fríjol *m*, **frijol** *m L.Am.* bean
frío 1 *adj tb fig* cold **2** *m* cold; ***tener*** ~ be cold; **friolento** *L.Am.*, **friolero** *adj*: ***es*** ~ he feels the cold
fritar <1a> *v/t L.Am.* fry; **frito 1** *part* → ***freír*** **2** *adj* fried **3** *mpl*: ~***s*** fried

food *sg*; **fritura** *f* fried food
frívolo *adj* frivolous
frondoso *adj* leafy
frontal *adj* frontal; *ataque etc* head-on; (*delantero*) front *atr*
frontera *f* border; **fronterizo** *adj* border *atr*
frontón *m* DEP pelota; *cancha* pelota court
frotar <1a> *v/t* rub
fructífero *adj* fruitful, productive
frugal *adj persona* frugal
fruncir <3b> *v/t material* gather; ***~ el ceño*** frown
frustración *f* frustration; **frustrante** *adj* frustrating; **frustrar** <1a> **1** *v/t* frustrate; *plan* thwart **2** *v/r* **~se** fail
fruta *f* fruit; **frutal 1** *adj* fruit *atr* **2** *m* fruit tree; **frutería** *f* fruit store, *Br* greengrocer's
frutilla *f S.Am.* strawberry
fruto *m tb fig* fruit; *nuez, almendra etc* nut; ***~s secos*** nuts
fucsia *adj* fuchsia
fue *vb* → ***ir, ser***
fuego *m* fire; ***¿tienes ~?*** do you have a light?; ***~s artificiales*** fireworks; ***pegar*** *or* ***prender~ a*** set fire to
fuel(-oil) *m* fuel oil
fuelle *m* bellows *pl*
fuente *f* fountain; *recipiente* dish; *fig* source
fuera 1 *vb* → ***ir, ser*** **2** *adv* outside; (*en otro lugar*) away; (*en otro país*) abroad; ***por ~*** on the outside; ***¡~!*** get out! **3** *prp*: ***~ de*** outside; ***¡sal ~ de aquí!*** get out of here!; ***está ~ del país*** he's abroad, he's out of the country
fuero *m*: ***en el ~ interno*** deep down
fuerte 1 *adj* strong; *dolor* intense; *lluvia* heavy; *aumento* sharp; *ruido* loud; *fig* P incredible F **2** *adv* hard **3** *m* MIL fort; **fuerza** *f* strength; (*violencia*) force; EL power; ***~ aérea*** air force; ***~ de voluntad*** willpower; ***~s armadas*** armed forces; ***~s de seguridad*** security forces; ***a ~ de ...*** by (dint of)
fuese *vb* → ***ir, ser***
fuete *m L.Am.* whip
fuga *f* escape; *de gas, agua* leak; ***darse a la ~*** flee; **fugarse** <1h> *v/r* run away; *de la cárcel* escape; **fugaz** *adj fig* fleeting; **fugitivo 1** *adj* runaway *atr* **2** *m*, **-a** *f* fugitive
fui *vb* → ***ir, ser***
fuimos *vb* → ***ir, ser***
fulano *m* so-and-so
fulgor *m* brightness; **fulgurante** *adj fig* dazzling
fulminante *adj* sudden; **fulminar** <1a> *v/t*: ***lo fulminó un rayo*** he was killed by lightning; ***~ a alguien con la mirada*** look daggers at s.o. F
fumador *m*, **~a** *f* smoker; **fumar** <1a> **1** *v/t* smoke **2** *v/i* smoke; ***prohibido ~*** no smoking **3** *v/r* **~se** smoke; ***~se una clase*** F skip a class F
fumigar <1h> *v/t* fumigate
función *f* purpose, function; *en el trabajo* duty; TEA performance; ***en ~ de*** according to; **funcional** *adj* functional; **funcionamiento** *m* working; **funcionar** <1a> *v/i* work; ***no funciona*** out of order; **funcionario** *m*, **-a** *f* government employee, civil servant
funda *f* cover; *de gafas* case; *de almohada* pillowcase
fundación *f* foundation; **fundador** *m*, **~a** *f* founder
fundamental *adj* fundamental; **fundamentalismo** *m* fundamentalism; **fundamentalista** *m/f* fundamentalist; **fundamentalmente** *adv* essentially; **fundamento** *m* foundation; **~s** (*nociones*) fundamentals; **fundar** <1a> **1** *v/t fig* base (***en*** on) **2** *v/r* **~se** be based (***en*** on)
fundición *f* smelting; (*fábrica*) foundry; **fundir** <3a> **1** *v/t hielo* melt; *metal* smelt; COM merge **2** *v/r* **~se** melt; *de bombilla* fuse; *de plomos* blow; COM merge; *L.Am. fig*: *de empresa* go under
fúnebre *adj* funeral *atr*; *fig*: *ambiente* gloomy; **funeral** *m* funeral; **funeraria** *f* funeral parlo(u)r, *Br* undertaker's
funesto *adj* disastrous

funicular *m* funicular; (*teleférico*) cable car
furcia *f* P whore P
furgón *m* van; FERR boxcar, *Br* goods van; *~ de equipajes* baggage car, *Br* luggage van; **furgoneta** *f* van
furia *f* fury; ***ponerse hecho una ~*** go into a fury *o* rage; **furibundo** *adj* furious; **furioso** *adj* furious; **furor** *m*: ***hacer ~*** *fig* be all the rage F
furtivo *adj* furtive
fuselaje *m* fuselage
fusible *m* EL fuse
fusil *m* rifle; **fusilar** <1a> *v/t* shoot; *fig* F (*plagiar*) lift F
fusión *f* FÍS fusion; COM merger; **fusionar** <1a> **1** *v/t* COM merge **2** *v/r* **~se** merge
fusta *f* riding crop
fútbol *m* soccer, *Br* football; ***~ americano*** football, *Br* American football; ***~ sala*** five-a-side soccer (*Br* football); **futbolín** *m* Foosball®, table football; **futbolista** *m/f* soccer player, *Br* footballer, *Br* football player
fútil *adj* trivial
futre *m Chi* dandy
futuro **1** *adj* future *atr* **2** *m* future; **futurólogo** *m*, **-a** *f* futurologist

G

G

g. *abr* (= ***gramo*(*s*)**) gr(s) (= gram(s))
gabardina *f prenda* raincoat; *material* gabardine
gabinete *m* (*despacho*) office; *en una casa* study; POL cabinet; *L.Am. de médico* office, *Br* surgery
gacela *f* ZO gazelle
gaceta *f* gazette
gachas *fpl* porridge *sg*
gachupín *m Méx desp* Spaniard
gacilla *f C.Am.* safety pin
gafas *fpl* glasses; ***~ de sol*** sunglasses
gafe **1** *adj* jinxed **2** *m* jinx **3** *m/f*: ***es un ~*** he's jinxed
gaita *f* MÚS bagpipes *pl*
gajes *mpl*: ***~ del oficio*** *iron* occupational hazard
gajo *m* segment
gala *f* gala; ***traje de ~*** formal dress
galante *adj* gallant
galápago *m* ZO turtle
galardonar <1a> *v/t*: ***fue galardonado con …*** he was awarded …
galaxia *f* galaxy
galería *f* gallery; ***~ de arte*** art gallery
Gales Wales; **galés** Welsh
galgo *m* grayhound
gallera *f L.Am.* cockpit
galleta *f* cookie, *Br* biscuit
gallina **1** *f* hen **2** *m* F chicken
gallinazo *m L.Am.* turkey buzzard
gallo *m* rooster, *Br* cock
galón *m adorno* braid; MIL stripe; *medida* gallon
galope *m* gallop
galpón *m L.Am.* large shed; *W.I.* HIST slave quarters *pl*
gama *f* range
gamba *f* ZO GASTR shrimp, *Br* prawn
gamberro *m*, **-a** *f* troublemaker
gamín *m*, **-ina** *f Col* street kid
gamo *m* ZO fallow deer
gamonal *m Pe*, *Bol desp* chief
gamuza *f* chamois
gana *f*: ***de mala ~*** unwillingly, grudgingly; ***no me da la ~*** I don't want to; ***… me da ~s de*** … makes me want to; ***tener ~s de*** (***hacer***) ***algo*** feel like (doing) sth
ganadería *f* stockbreeding; **ganadero** *m*, **-a** *f* stockbreeder; **ganado** *m* cattle *pl*

ganador *m* winner; **ganancia** *f* profit; **ganar** <1a> **1** win; *mediante el trabajo* earn **2** *v/i mediante el trabajo* earn; (*vencer*) win; (*mejorar*) improve **3** *v/r* **~se** earn; *a alguien* win over; ***~se la vida*** earn one's living
ganchillo *m* crochet; **gancho** *m* hook; *L.Am.*, *Arg fig* F sex-appeal; ***hacer ~*** *L.Am.* (*ayudar*) lend a hand; ***tener ~*** F *de un grupo*, *una campaña* be popular; *de una persona* have that certain something
gandul *m* lazybones *sg*; **gandulear** <1a> *v/i* F loaf around F
ganga *f* bargain
gangrena *f* MED gangrene
gángster *m* gangster
ganso *m* goose; *macho* gander
garabatear <1a> *v/i & v/t* doodle; **garabato** *m* doodle
garaje *m* garage
garantía *f* guarantee; **garantizar** <1f> *v/t* guarantee
garapiña *f Cuba*, *Méx* pineapple squash
garbanzo *m* BOT chickpea
garbo *m al moverse* grace
gardenia *f* BOT gardenia
garete *m*: ***irse al ~*** *fig* F go to pot F
garfio *m* hook
gargajo *m* piece of phlegm
garganta *f* ANAT throat; GEOG gorge; **gargantilla** *f* choker
gárgaras *fpl*: ***hacer ~*** gargle
garito *m* gambling den
garra *f* claw; *de ave* talon; ***caer en las ~s de alguien*** *fig* fall into s.o.'s clutches; ***tener ~*** F be compelling
garrafa *f* carafe
garrafal *adj error etc* terrible
garrapata *f* ZO tick
garrote *m palo* club, stick; *tipo de ejecución* garrotte
garúa *f L.Am.* drizzle; **garuar** <1e> *v/i L.Am.* drizzle
garzón *m Rpl* (*mesero*) waiter
garza *f* ZO heron
gas *m* gas; ***~ natural*** natural gas; ***~es*** *pl* MED gas *sg*, wind *sg*; ***con ~*** sparkling, carbonated; ***sin ~*** still
gasa *f* gauze
gaseosa *f* lemonade; **gasfitero** *m Pe*, *Bol* plumber; **gasoducto** *m* gas pipeline; **gasoil**, **gasóleo** *m* oil; *para motores* diesel; **gasolina** *f* gas, *Br* petrol; **gasolinera** *f* gas station, *Br* petrol station
gastar <1a> **1** *v/t dinero* spend; *energía*, *electricidad etc* use; (*llevar*) wear; (*desperdiciar*) waste; (*desgastar*) wear out; ***¿qué número gastas?*** what size do you take?, what size are you? **2** *v/r* **~se** *dinero* spend; *gasolina*, *agua* run out of; *pila* run down; *ropa*, *zapatos* wear out; **gasto** *m* expense
gastronomía *f* gastronomy
gata *f* (female) cat; *Méx* servant, maid; ***a ~s*** F on all fours; ***andar a ~s*** F crawl; **gatear** <1a> *v/i* crawl
gatillo *m* trigger
gato *m* cat; AUTO jack; ***aquí hay ~ encerrado*** F there's something fishy going on here F; ***cuatro ~s*** a handful of people
gaucho *m Rpl* gaucho
gaviota *f* (sea)gull
gay **1** *adj* gay **2** *m* gay (man)
gazpacho *m* gazpacho (*cold soup made with tomatoes*, *peppers*, *garlic etc*)
gel *m* gel
gelatina *f* gelatin(e); GASTR Jell-O®, *Br* jelly
gélido *adj* icy
gema *f* gem
gemelo **1** *adj* twin *atr*; ***hermano ~*** twin brother **2** *mpl*: ***~s*** twins; *de camisa* cuff links; (*prismáticos*) binoculars
gemido *m* moan, groan
Géminis *m/f inv* ASTR Gemini
gemir <3l> *v/i* moan, groan
gen *m* gene
genealógico *adj*: ***árbol ~*** family tree
generación *f* generation; **generador** *m* EL generator
general **1** *adj* general; ***en ~*** in general; ***por lo ~*** usually, generally **2** *m* general; **generalización** *f* generalization; **generalizar** <1f> **1** *v/t*

spread **2** *v/i* generalize **3** *v/r* **~se** spread; **generalmente** *adv* generally
generar <1a> *v/t* generate
género *m* (*tipo*) type; *de literatura* genre; GRAM gender; COM goods *pl*, merchandise
generosidad *f* generosity; **generoso** *adj* generous
genética *f* genetics; **genético** *adj* genetic
genial *adj* brilliant; F (*estupendo*) fantastic F, great F; **genialidad** *f* brilliance; **genio** *m talento*, *persona* genius; (*carácter*) temper; ***tener mal ~*** be bad-tempered
genital *adj* genital; **genitales** *mpl* genitals
genocidio *m* genocide
gente *f* people *pl*; *L.Am.* (*persona*) person
gentileza *f* kindness; ***por ~ de*** by courtesy of
gentío *m* crowd
genuino *adj* genuine, real
geografía *f* geography; **geográfico** *adj* geographical
geología *f* geology; **geológico** *adj* geological; **geólogo** *m*, **-a** *f* geologist
geometría *f* geometry; **geométrico** *adj* geometric(al)
geranio *m* BOT geranium
gerente *m/f* manager
geriatría *f* geriatrics *sg*
germen *m* germ
germinar <1a> *v/i tb fig* germinate
gerundio *m* GRAM gerund
gestación *f* gestation
gesticular <1a> *v/i* gesticulate
gestión *f* management; ***gestiones*** *pl* (*trámites*) formalities, procedure *sg*; **gestionar** <1a> *v/t trámites* take care of; *negocio* manage
gesto *m movimiento* gesture; (*expresión*) expression
gestoría *f Esp agency offering clients help with official documents*
gigante 1 *adj* giant *atr* **2** *m* giant
gilipollas *m/f inv* P jerk P
gilipollez *f Esp* V bullshit V
gimnasia *f* gymnastics; ***hacer ~*** do exercises; **gimnasio** *m* gym; **gimnasta** *m/f* gymnast
gimotear <1a> *v/i* whine, whimper
ginebra *f* gin
ginecólogo *m*, **-a** *f* gyn(a)ecologist
gin-tonic *m* gin and tonic, G and T F
gira *f* tour; **girar** <1a> **1** *v/i* (*dar vueltas, torcer*) turn; *alrededor de algo* revolve; *fig* (*tratar*) revolve (***en torno a*** around) **2** *v/t* COM transfer
girasol *m* BOT sunflower
giro *m* turn; GRAM idiom; ***~ postal*** COM money order
gis *m L.Am.* chalk
gitano 1 *adj* gypsy *atr* **2** *m*, **-a** *f* gypsy
glacial *adj* icy; **glaciar** *m* glacier
glándula *f* ANAT gland
global *adj* (*de todo el mundo*) global; *visión*, *resultado* overall; *cantidad* total; **globo** *m aerostático*, *de niño* balloon; *terrestre* globe; ***~ terráqueo*** globe
gloria *f* glory; (*delicia*) delight; ***estar en la ~*** F be in seventh heaven; **gloriado** *m Pe, Bol, Ecuad type of punch*; **glorieta** *f* traffic circle, *Br* roundabout; **glorioso** *adj* glorious
glosario *m* glossary
glotón 1 *adj* greedy **2** *m*, **-ona** *f* glutton
glucosa *f* glucose
gnomo *m* gnome
gobernador *m* governor; **gobernante** *m* leader; **gobernar** <1k> *v/t & v/i* rule, govern; **gobierno** *m* government
goce *m* pleasure, enjoyment
gofre *m* waffle
gol *m* DEP goal; **goleador** *m* DEP (goal-)scorer
golf *m* DEP golf; **golfista** *m/f* golfer
golfo 1 *m* GEOG gulf **2** *m*, **-a** *f* good-for-nothing; *niño* little devil
Golfo de México *m* Gulf of Mexico
golondrina *f* ZO swallow
golosina *f* candy, *Br* sweet; **goloso** *adj* sweet-toothed
golpe *m* knock, blow; ***~ de Estado*** coup d'état; ***de ~*** suddenly; ***no da ~*** F she doesn't do a thing; **golpear**

G

<1a> *v/t cosa* bang, hit; *persona* hit

goma *f* (*caucho*) rubber; (*pegamento*) glue; (*banda elástica*) rubber band; F (*preservativo*) condom, rubber P; *C.Am.* F (*resaca*) hangover; ~ (***de borrar***) eraser; ~ ***espuma*** foam rubber; **gomina** *f* hair gel; **gominola** *f* jelly bean

góndola *f Chi* bus

gong *m* gong

gordinflón *m*, **-ona** *f* F fatso F; **gordo 1** *adj* fat; ***me cae*** ~ F I can't stand him; ***se va a armar la -a*** all hell will break loose F **2** *m*, **-a** *f* fat person **3** *m premio* jackpot

G

gorila *m* ZO gorilla

gorjeo *m de pájaro* chirping, warbling; *de niño* gurgling

gorra *f* cap; ***de*** ~ F for free F

gorrino *m fig* pig

gorrión *m* ZO sparrow

gorro *m* cap; ***estar hasta el*** ~ ***de algo*** F be fed up to the back teeth with sth F

gorrón *m*, **-ona** *f* F scrounger; **gorronear** <1a> *v/t & v/i* F scrounge F

gota *f* drop; ***ni*** ~ F *de cerveza, leche etc* not a drop; *de pan* not a scrap; **gotear** <1a> *v/i* drip; *filtrarse* leak; **gotera** *f* leak; (*mancha*) stain; **gotero** *m* MED drip; *L.Am.* (eye)-dropper

gozar <1f> *v/i* (*disfrutar*) enjoy o.s.; ~ ***de*** (*disfrutar de*) enjoy; (*poseer*) have, enjoy; **gozo** *m* (*alegría*) joy; (*placer*) pleasure

grabación *f* recording; **grabado** *m* engraving; **grabadora** *f* tape recorder; **grabar** <1a> *v/t record, video etc* record; PINT, *fig* engrave

gracia *f*: ***tener*** ~ (*ser divertido*) be funny; (*tener encanto*) be graceful; ***me hace*** ~ I think it's funny, it makes me laugh; ***no le veo la*** ~ I don't think it's funny; ***dar las ~s a alguien*** thank s.o.; ***~s*** thank you

grácil *adj* dainty

gracioso *adj* funny

gradas *fpl* DEP stands, grandstand *sg*; **graderío** *m* stands *pl*

grado *m* degree; ***de buen*** ~ with good grace, readily

graduación *f* TÉC *etc* adjustment; *de alcohol* alcohol content; EDU graduation; MIL rank; **gradual** *adj* gradual; **gradualmente** *adv* gradually

graduarse <1e> *v/r* graduate, get one's degree

gráfica *f* graph; **gráfico 1** *adj* graphic; ***artes -as*** graphic arts **2** *m* MAT graph; INFOR graphic

gragea *f* tablet, pill

grajo *m* ZO rook

Gral. *abr* (= ***General***) Gen (= General)

gramática *f* grammar; **gramatical** *adj* grammatical

gramo *m* gram

gran *short form of* **grande** *before a noun*

granada *f* BOT pomegranate; ~ ***de mano*** MIL hand grenade

granangular *m* wide-angle lens

granate *adj* dark crimson

Gran Bretaña Great Britain

grande 1 *adj* big; ***a lo*** ~ in style **2** *m/f L.Am.* (*adulto*) grown-up, adult; (*mayor*) eldest; ***pasarlo en*** ~ F have a great time; **grandeza** *f* greatness; **grandiosidad** *f* grandeur; **grandioso** *adj* impressive, magnificent

granel *m*: ***vender a*** ~ COM sell in bulk; ***había comida a*** ~ F there was loads of food F

granero *m* granary

granito *m* granite

granizada *f* hailstorm; **granizado** *m type of soft drink made with crushed ice*; **granizar** <1f> *v/i* hail; **granizo** *m* hail

granja *f* farm

granjearse <1a> *v/r* win, earn

granjero *m*, **-a** *f* farmer

grano *m* grain; *de café* bean; *en la piel* pimple, spot; ***ir al*** ~ get (straight) to the point

granuja *m* rascal

grapa *f* staple; **grapadora** *f* stapler; **grapar** <1a> staple

grasa *f* BIO, GASTR fat; *lubricante, suciedad* grease; **grasiento** *adj*

greasy, oily; **graso** *adj* greasy; *carne* fatty
gratificación *f* gratification; **gratificar** <1g> *v/t* reward
gratinar <1a> *v/t* cook au gratin
gratis *adj & adv* free; **gratitud** *f* gratitude; **gratuito** *adj* free
grava *f* gravel
gravar <1a> *v/t* tax
grave *adj* serious; *tono* grave, solemn; *nota* low; *voz* deep; ***estar ~*** be seriously ill; **gravedad** *f* seriousness, gravity; FÍS gravity; **gravemente** *adv* seriously
gravilla *f* grave
Grecia Greece
gremio *m* HIST guild; *fig* F (*oficio manual*) trade; (*profesión*) profession
griego 1 *adj* Greek **2** *m*, **-a** *f* Greek
grieta *f* crack
grifo 1 *adj Méx* F high **2** *m* faucet, *Br* tap; *Pe* (*gasolinera*) gas station, *Br* petrol station
grillo *m* ZO cricket
grima *f*: ***me da ~*** *Esp de ruido, material etc* it sets my teeth on edge; *de algo asqueroso* it gives me the creeps F; ***en ~*** *Pe* alone
gringo *m L.Am. desp* gringo *desp*, foreigner
gripe *f* flu, influenza
gris *adj* gray, *Br* grey
gritar <1a> *v/t & v/i* shout, yell; **griterío** *m* shouting; **grito** *m* cry, shout; ***a ~ pelado*** at the top of one's voice; ***pedir algo a ~s*** F be crying out for sth
grosella *f* redcurrant
grosero 1 *adj* rude **2** *m*, **-a** *f* rude person; **grosor** *m* thickness
grotesco *adj* grotesque
grúa *f* crane; AUTO wrecker, *Br* breakdown truck
grueso *adj* thick; *persona* stout
grulla *f* ZO crane
grumo *m* lump
gruñido *m* grunt; *de perro* growl; **gruñir** <3h> *v/i* (*quejarse*) grumble, moan F; *de perro* growl; *de cerdo* grunt; **gruñón 1** *adj* F grumpy **2** *m*, **-ona** *f* F grouch F
grupo *m* group
gruta *f* cave; *artificial* grotto
guacamol, **guacamole** *m* guacamole
guachimán *m Chi* watchman
guacho 1 *adj S.Am.* (*sin casa*) homeless; (*huérfano*) orphaned **2** *m*, **-a** *f S.Am. sin casa* homeless person; (*huérfano*) orphan
guadaño *m Cuba, Méx* small boat
guagua *f W.I., Ven, Canaries* bus; *Pe, Bol, Chi* (*niño*) baby
guajolote *m Méx, C.Am.* turkey
guanaco 1 *adj L.Am.* F dumb F, stupid **2** *m* ZO guanaco **3** *m*, **-a** *f persona* idiot
guantazo *m* slap
guante *m* glove; **guantera** *f* AUTO glove compartment
guapo *adj hombre* handsome, good-looking; *mujer* beautiful; *S.Am.* gutsy
guaracha *f W.I.* street band
guarache → ***huarache***
guarapo *m L.Am. alcoholic drink made from sugar cane and herbs*
guarda *m/f* keeper; ***~ jurado*** security guard
guardabosques *m/f inv* forest ranger
guardacostas *m inv* coastguard vessel
guardaespaldas *m/f inv* bodyguard
guardameta *m/f* DEP goalkeeper
guardar <1a> **1** *v/t* keep; *poner en un lugar* put (away); *recuerdo* have; *apariencias* keep up; INFOR save; ***~ silencio*** remain silent, keep silent **2** *v/r* ***~se*** keep; ***~se de*** refrain from
guardarropa *m* checkroom, *Br* cloakroom; (*ropa, armario*) wardrobe
guardería *f* nursery
guardia 1 *f* guard; ***de ~*** on duty; ***bajar la ~*** *fig* lower one's guard **2** *m/f* MIL guard; (*policía*) police officer; ***~ civil*** *Esp* civil guard; ***~ de seguridad*** security guard; ***~ de tráfico*** traffic warden
guardián 1 *adj*: ***perro ~*** guard dog

2 *m*, **-ana** *f* guard; *fig* guardian
guarecer <2d> **1** *v/t* shelter **2** *v/r* **~se** shelter, take shelter (***de*** from)
guarida *f* ZO den; *de personas* hide-out
guarnición *f* GASTR accompaniment; MIL garrison
guaro *m C.Am.* sugar-cane liquor
guarro **1** *adj* F *sucio* filthy **2** *m tb fig* F pig
guarura *m Méx* (*guardaespaldas*) bodyguard; F (*gamberro*) thug
guasa *f L.Am.* joke; ***de ~*** as a joke
guaso **1** *adj S.Am.* rude **2** *m Chi* peasant

guata *f L.Am.* F paunch
Guatemala Guatemala
guatemalteco **1** *adj* Guatemalan **2** *m*, **-a** *f* Guatemalan
guatón *adj L.Am.* F pot-bellied, big-bellied
guay *int Esp* F cool F, neat F
guayaba *f L.Am.* BOT guava
guayabera *f Méx*, *C.Am.*, *W.I. loose embroidered shirt*
gubernamental *adj* governmental, government *atr*
guepardo *m* ZO cheetah
güero **1** *adj Méx*, *C.Am.* fair, light-skinned **2** *m*, **-a** *f Méx*, *C.Am.* blond(e)
guerra *f* war; ***~ civil*** civil war; ***~ fría*** cold war; ***~ mundial*** world war; ***dar ~ a alguien*** F give s.o. trouble; **guerrero** **1** *adj* warlike **2** *m* warrior; **guerrilla** *f* guerillas *pl*; **guerrillero** *m* guerilla
gueto *m* ghetto
guevear *v/i* → ***huevear***
guevón → ***huevón***
guía **1** *m/f* guide; ***~ turístico*** tourist guide **2** *f libro* guide (book); ***~ telefónica*** *or* ***de teléfonos*** phone book; **guiar** <1c> **1** *v/t* guide **2** *v/r* **~se**: ***~se por*** follow
guijarro *m* pebble
guillotina *f* guillotine
güinche *m L.Am.* winch, pulley
guinda **1** *adj L.Am.* purple **2** *f fresca* morello cherry; *en dulce* glacé cherry
guindilla *f* GASTR chil(l)i
guiñar <1a> *v/t*: ***le guiñó un ojo*** she winked at him; **guiño** *m* wink
guión *m de película* script; GRAM *corto* hyphen; *largo* dash; **guionista** *m/f* scriptwriter
guiri *m Esp* P (light-skinned) foreigner
guirnalda *f* garland
guisante *m* pea; **guisar** <1a> *v/t* GASTR stew, casserole; **guiso** *m* GASTR stew, casserole
guitarra *f* guitar; **guitarrista** *m/f* guitarist
gula *f* gluttony
gusano *m* worm
gustar <1a> *v/i*: ***me gusta viajar*** I like to travel, I like travelling; ***¿te gusta el ajo?*** do you like garlic?; ***no me gusta*** I don't like it; **gusto** *m* taste; (*placer*) pleasure; ***a ~*** at ease; ***con mucho ~*** with pleasure; ***de buen ~*** in good taste, tasteful; ***de mal ~*** in bad taste, tasteless; ***da ~ ...*** it's a pleasure …; ***mucho*** *or* ***tanto ~*** how do you do
gutural *adj* guttural

H

ha *vb* → ***haber***
haba *f* broad bean; ***en todas partes se cuecen ~s*** it's the same the world over
Habana: ***La ~*** Havana; **habanero** *m*, **-a** *f* citizen of Havana; **habano** *m*

Havana (cigar)
haber <2k> **1** *v/aux* have; ***hemos llegado*** we've arrived; ***he de levantarme pronto*** I have to *o* I've got to get up early; ***de ~lo sabido*** if I'd known; ***has de ver*** *Méx* you ought to see it **2** *v/impers*: ***hay*** there is *sg*, there are *pl*; ***hubo un incendio*** there was a fire; ***¿qué hay?***, *Méx* ***¿qué hubo?*** how's it going?, what's happening?; ***hay que hacerlo*** it has to be done; ***no hay de qué*** not at all, don't mention it; ***no hay más que decir*** there's nothing more to be said **3** *m* asset; *pago* fee; ***tiene en su ~ 50.000 ptas*** she's 50,000 pesetas in credit
habichuela *f* kidney bean
hábil *adj* skilled; (*capaz*) capable; (*astuto*) clever, smart; **habilidad** *f* skill; (*capacidad*) ability; (*astucia*) cleverness; **habilitar** <1a> *v/t lugar* fit out; *persona* authorize
habitación *f* room; (*dormitorio*) bedroom; ***~ doble / individual*** double / single room; **habitante** *m/f* inhabitant; **habitar** <1a> *v/i* live (***en*** in); **hábitat** *m* habitat
hábito *m tb* REL habit; (*práctica*) knack; ***colgar los ~s*** *fig de sacerdote* give up the priesthood; **habitual** **1** *adj* usual, regular **2** *m/f* regular; **habituar** <1e> **1** *v/t*: ***~ a alguien a algo*** get s.o. used to sth **2** *v/r* **~se**: ***~se a algo*** get used to sth
habla *f* speech; ***¡al ~!*** TELEC speaking; ***quedarse sin ~*** *fig* be speechless; **hablada** *f L.Am.* piece of gossip; ***~s*** *pl* gossip *sg*; **hablador** *adj* talkative; *Méx* boastful; **habladurías** *fpl* gossip *sg*
hablante *m/f* speaker
hablar <1a> **1** *v/i* speak; (*conversar*) talk; ***~ claro*** *fig* say what one means; ***~ con alguien*** talk to s.o., talk with s.o.; ***~ de*** *de libro etc* be about, deal with; ***~ por ~*** talk for the sake of it; ***¡ni ~!*** no way! **2** *v/r* **~se** speak to one another; ***no se hablan*** they're not speaking (to each other)
hacendado **1** *adj* land-owing **2** *m*, **-a** *f* land-owner; **hacendoso** *adj* hard-working
hacer <2s; *part* ***hecho***> **1** *v/t* (*realizar*) do; (*elaborar, crear*) make; ***¡haz algo!*** do something!; ***~ una pregunta*** ask a question; ***¡qué le vamos a ~!*** that's life; ***no hace más que quejarse*** all he does is complain; ***le hicieron ir*** they made him go; ***tengo que ~ los deberes*** I have to do my homework **2** *v/i*: ***haces bien / mal en ir*** you are doing the right / wrong thing by going; ***me hace mal*** it's making me ill; ***esto hará de mesa*** *de objeto* this will do as a table; ***~ como que*** *or* ***como si*** act as if; ***no le hace*** *L.Am.* it doesn't matter; ***se me hace qué*** *L.Am.* it seems to me that **3** *v/impers*: ***hace calor / frío*** it's hot / cold; ***hace tres días*** three days ago; ***hace mucho (tiempo)*** a long time ago; ***desde hace un año*** for a year **4** *v/r* **~se** *traje* make; *casa* build o.s.; (*cocinarse*) cook; (*convertirse, volverse*) get, become; ***~se viejo*** get old; ***~se de noche*** get dark; ***se hace tarde*** it's getting late; ***~se el sordo / el tonto*** pretend to be deaf / stupid; ***~se a algo*** get used to sth; ***~se con algo*** get hold of sth
hacha *f* ax, *Br* axe; ***ser un ~ para algo*** F be brilliant at sth
hachís *m* hashish
hacia *prp* toward; ***~ adelante*** forward; ***~ abajo*** down; ***~ arriba*** up; ***~ atrás*** back(ward); ***~ las cuatro*** about four (o'clock)
Hacienda *f ministerio* Treasury Department, *Br* Treasury; *oficina* Internal Revenue Service, *Br* Inland Revenue
hacienda *f L.Am.* (*granja*) ranch, estate
hacinar <1a> *v/t* stack
hada *f* fairy
haga *vb* → ***hacer***
hago *vb* → ***hacer***
Haití Haiti
hala *int* come on!; *sorpresa* wow!

halagar <1h> *v/t* flatter; **halago** *m* flattery
halar <1a> *v/t L.Am.* haul, pull
halcón *m* ZO falcon
halitosis *f* MED halitosis, bad breath
hall *m* hall
hallar <1a> **1** *v/t* find; (*descubrir*) discover; *muerte, destino* meet **2** *v/r* **~se** be; (*sentirse*) feel; **hallazgo** *m* find; (*descubrimiento*) discovery
halógeno *adj* halogen
halterofilia *f* DEP weight-lifting
hamaca *f* hammock; (*tumbona*) deck chair; *L.Am.* (*mecedora*) rocking chair; **hamacar** <1g> *v/t L.Am.* swing; **hamaquear** <1a> *v/t L.Am.* swing
hambre *f* hunger; ***morirse de ~*** *fig* be starving; ***pasar ~*** be starving; **hambriento** *adj tb fig* hungry (**de** for); **hambruna** *f* famine
hamburguesa *f* GASTR hamburger; **hamburguesería** *f* hamburger bar
hampa *f* underworld
hámster *m* ZO hamster
hangar *m* hangar
haragán *m*, **-ana** *f* shirker
harapo *m* rag
hardware *m* INFOR hardware
haré *vb* → ***hacer***
harina *f* flour; **harinoso** *adj* floury
hartar <1a> **1** *v/t*: ***~ a alguien con algo*** tire s.o. with sth; ***~ a alguien de algo*** give s.o. too much of sth **2** *v/r* **~se** get sick (**de** of) F, get tired (**de** of); (*llenarse*) stuff o.s. (**de** with); **harto** **1** *adj* fed up F; (*lleno*) full (up); ***había ~s pasteles*** there were cakes in abundance; ***hace ~ frío*** *L.Am.* it's very cold; ***estar ~ de algo*** be sick of sth F, be fed up with sth F **2** *adv* very much; *delante del adjetivo* extremely; ***me gusta ~*** *L.Am.* F I like it a lot; **hartón** **1** *adj L.Am.* greedy **2** *m*: ***darse un ~ de algo*** overdose on sth
has *vb* → ***haber***
hasta **1** *prp* until, till; ***llegó ~ Bilbao*** he went as far as Bilbao; ***~ ahora*** so far; ***~ aquí*** up to here; ***¿~ cuándo?*** how long?; ***~ que*** until; ***¡~ luego!*** see you (later); ***¡~ la vista!*** see you (later) **2** *adv* even
hastiar <1c> *v/t* tire; (*aburrir*) bore; **hastío** *m* boredom
hatajo *m* bunch; **hato** *m L.Am.* bundle
hay *vb* → ***haber***
haya **1** *vb* → ***haber*** **2** *f* BOT beech
haz **1** *m* bundle; *de luz* beam **2** *vb* → ***hacer***
hazaña *f* achievement
hazmerreír *m fig* F laughing stock
he *vb* → ***haber***
hebilla *f* buckle
hechicero **1** *adj* bewitching, captivating **2** *m* sorcerer; *de tribu* witchdoctor; **hechizado** *adj* spellbound; **hechizar** <1f> *v/t fig* bewitch, captivate; **hechizo** *m* spell, charm
hecho **1** *part* → ***hacer***; ***~ a mano*** hand-made; ***¡bien ~!*** well done!; ***muy ~*** *carne* well-done **2** *adj* finished; ***un hombre ~ y derecho*** a fully grown man **3** *m* fact; ***de ~*** in fact
hectárea *f* hectare (*10,000 sq m*)
hedor *m* stink, stench
helada *f* frost; **heladera** *f Rpl* fridge; **heladería** *f* ice-cream parlo(u)r; **helado** **1** *adj* frozen; *fig* icy; ***quedarse ~*** be stunned **2** *m* ice cream; **helar** <1k> **1** *v/t* freeze **2** *v/i* freeze; ***anoche heló*** there was a frost last night **3** *v/r* **~se** *tb fig* freeze
helecho *m* BOT fern
hélice *f* propeller
helicóptero *m* helicopter
hematoma *m* bruise
hembra *f* ZO, TÉC female
hemiplejía *f* MED hemiplegia; **hemisferio** *m* hemisphere
hemofilia *f* MED h(a)emophilia; **hemorragia** *f* MED h(a)emorrhage, bleeding; **hemorroides** *fpl* MED h(a)emorrhoids, piles
hendidura *f* crack
heno *m* hay
hepatitis *f* MED hepatitis
herbicida *m* herbicide, weed-killer; **herboristería** *f* herbalist

hercúleo *adj* Herculean
heredar <1a> *v/t* inherit (***de*** from); **heredera** *f* heiress; **heredero** *m* heir; **hereditario** *adj* hereditary
hereje *m* heretic
herencia *f* inheritance
herida *f de arma* wound; (*lesión*) injury; *mujer* wounded woman; *mujer lesionada* injured woman; **herido** **1** *adj de arma* wounded; (*lesionado*) injured **2** *m de bala* wounded man; (*lesionado*) injured man; **herir** <3i> *v/t con arma* wound; (*lesionar*) injure; *fig* (*ofender*) hurt
hermana *f* sister; **hermanastra** *f* stepsister; **hermanastro** *m* stepbrother; **hermano** *m* brother
hermético *adj* airtight, hermetic; *fig*: *persona* inscrutable
hermoso *adj* beautiful
hernia *f* MED hernia
héroe *m* hero; **heroico** *adj* heroic; **heroína** *f mujer* heroine; *droga* heroin
heroinómano *m*, **-a** *f* heroin addict
herpes *m* MED herpes
herradura *f* horseshoe
herramienta *f* tool
hervidero *m fig* hotbed; **hervido** *m S.Am.* stew; **hervir** <3i> **1** *v/i* boil; *fig* swarm, seethe (***de*** with) **2** *v/t* boil
heterodoxo *adj* unorthodox
heterogéneo *adj* heterogeneous
hez *f* scum, dregs *pl*
hibernar <1a> *v/i* hibernate
híbrido **1** *adj* hybrid *atr* **2** *m* hybrid
hice *vb* → ***hacer***
hicimos *vb* → ***hacer***
hidratante *adj* moisturizing; ***crema ~*** moisturizing cream; **hidratar** <1a> *v/t* hydrate; *piel* moisturize; **hidrato** *m*: ***~ de carbono*** carbohydrate
hidráulico *adj* hydraulic
hidroavión *m* seaplane
hidroeléctrico *adj* hydroelectric
hidrógeno *m* hydrogen
hiedra *f* BOT ivy
hielo *m* ice; ***romper el ~*** *fig* break the ice
hiena *f* ZO hyena
hierba *f* grass; ***mala ~*** weed
hiere *vb* → ***herir***
hierro *m* iron
hierve *vb* → ***hervir***
hígado *m* liver; ***ser un ~*** *C.Am., Méx* F be a pain in the butt F
higiene *f* hygiene; **higiénico** *adj* hygienic
higo *m* BOT fig; **higuera** *f* BOT fig tree
hija *f* daughter; **hijastra** *f* stepdaughter; **hijastro** *m* stepson; **hijo** *m* son; ***~s*** children *pl*; ***~ de puta*** P son of a bitch V, bastard P; ***~ único*** only child
hilachos *mpl Méx* rags
hilera *f* row, line
hilo *m* thread; ***~ dental*** dental floss; ***sin ~s*** TELEC cordless; ***colgar*** *or* ***pender de un ~*** *fig* hang by a thread; ***perder el ~*** *fig* lose the thread
himno *m* hymn; ***~ nacional*** national anthem
hincapié *m*: ***hacer ~*** put special emphasis (***en*** on)
hincar <1g> **1** *v/t* thrust, stick (***en*** into); ***~ el diente*** F sink one's teeth (***en*** into) **2** *v/r* **~se**: ***~se de rodillas*** kneel down
hincha *m* F fan, supporter; **hinchado** *adj* swollen; **hinchar** <1a> **1** *v/t* inflate, blow up; *Rpl* P annoy **2** *v/r* **~se** MED swell; *fig* stuff o.s (***de*** with); (*mostrarse orgulloso*) swell with pride; **hinchazón** *f* swelling
hiperactivo *adj* hyperactive
hipermercado *m* hypermarket
hipertensión *f* MED high blood pressure, hypertension
hipertexto *m* hypertext
hípico *adj* equestrian; ***concurso ~*** show-jumping event; ***carrera -a*** horse race
hipnosis *f* hypnosis; **hipnotizar** <1f> *v/t* hypnotize
hipo *m* hiccups *pl*, hiccoughs *pl*; ***quitar el ~*** F take one's breath away
hipocondríaco **1** *adj* hypochondriac **2** *m*, **-a** *f* hypochondriac
hipocresía *f* hypocrisy; **hipócrita** **1** *adj* hypocritical **2** *m/f* hypocrite

hipódromo *m* racetrack
hipopótamo *m* ZO hippopotamus
hipoteca *f* COM mortgage; **hipotecar** <1g> *v/t* COM mortgage; *fig* compromise
hipótesis *f* hypothesis; **hipotético** *adj* hypothetical
hispánico *adj* Hispanic; **hispano** **1** *adj* (*español*) Spanish; (*hispanohablante*) Spanish-speaking; *en EE.UU.* Hispanic **2** *m*, **-a** *f* (*español*) Spaniard; (*hispanohablante*) Spanish speaker; *en EE.UU.* Hispanic; **hispanohablante** *adj* Spanish-speaking
histeria *f* hysteria; **histérico** *adj* hysterical
historia *f* history; (*cuento*) story; ***una ~ de drogas*** F some drugs business; ***déjate de ~s*** F stop making excuses; **historiador** *m*, **~a** *f* historian; **historial** *m* record; **histórico** *adj* historical; (*importante*) historic; **historieta** *f* anecdote; (*viñetas*) comic strip
hito *m tb fig* milestone
hizo *vb* → ***hacer***
Hnos. *abr* (= ***Hermanos***) Bros (= Brothers)
hobby *m* hobby
hocico *m* snout; *de perro* muzzle
hockey *m* field hockey, *Br* hockey; ***~ sobre hielo*** hockey, *Br* ice hockey
hogar *m fig* home; **hogareño** *adj* home *atr*; *persona* home-loving
hoguera *f* bonfire
hoja *f* BOT leaf; *de papel* sheet; *de libro* page; *de cuchillo* blade; ***~ de afeitar*** razor blade; ***~ de cálculo*** INFOR spreadsheet
hojalata *f* tin
hojaldre *m* GASTR puff pastry
hojear <1a> *v/t* leaf through, flip through
hola *int* hello, hi F
Holanda Holland
holandés **1** *adj* Dutch **2** *m* Dutchman; **holandesa** *f* Dutchwoman
holding *m* holding company
holgado *adj* loose, comfortable; ***estar ~ de tiempo*** have time to spare
holgazán *m* idler; **holgazanear** <1a> *v/i* laze around
holgura *f* ease; *de ropa* looseness; TÉC play; ***vivir con ~*** live comfortably
hollín *m* soot
holocausto *m* holocaust
hombre *m* man; ***el ~*** (*la humanidad*) man, mankind; ***~ lobo*** werewolf; ***~ de negocios*** businessman; ***~ rana*** frogman; ***¡claro, ~!*** you bet!, sure thing!; ***¡~, qué alegría!*** that's great!
hombro *m* shoulder; ***~ con ~*** shoulder to shoulder; ***encogerse de ~s*** shrug (one's shoulders)
homenaje *m* homage; ***rendir ~ a alguien*** pay tribute to s.o.
homeopatía *f* hom(o)eopathy
homicidio *m* homicide
homogéneo *adj* homogenous
homologación *f* approval; *de título, diploma* official recognition
homólogo *m*, **-a** *f* counterpart, opposite number
homosexual *m/f & adj* homosexual
hondo *adj* deep
Honduras Honduras; **hondureño** **1** *adj* Honduran **2** *m*, **-a** *f* Honduran
honesto *adj* hono(u)rable, decent
hongo *m* fungus
honor *m* hono(u)r; ***en ~ a*** in hono(u)r of; ***hacer ~ a*** live up to; ***palabra de ~*** word of hono(u)r
honorarios *mpl* fees
honra *f* hono(u)r; ***¡a mucha ~!*** I'm hono(u)red; **honradez** *f* honesty; **honrado** *adj* honest
hora *f* hour; ***~s** pl **extraordinarias*** overtime *sg*; ***~ local*** local time; ***~ punta*** rush hour; ***a la ~ de …*** *fig* when it comes to …; ***a última ~*** at the last minute; ***¡ya era ~!*** about time too!; ***tengo ~ con el dentista*** I have an appointment with the dentist; ***¿qué ~ es?*** what time is it?; **horario** *m* schedule, *Br* timetable; ***~ comercial*** business hours *pl*; ***~ flexible*** flextime, *Br* flexitime; ***~ de trabajo*** (working) hours *pl*
horca *f* gallows *pl*; **horcajadas** *fpl*: ***a***

~ astride
horchata *f drink made from tiger-nuts*
horda *f* horde
horizontal *adj* horizontal; **horizonte** *m* horizon
hormiga *f* ant
hormigón *m* concrete; ~ ***armado*** reinforced concrete
hormigueo *m* pins and needles *pl*; **hormiguero** *m* ant hill; ***la sala era un ~ de gente*** the hall was swarming with people
hormona *f* hormone
hornilla *f* ring; **horno** *m* oven; *de cerámica* kiln; ***alto*** ~ blast furnace
horóscopo *m* horoscope
horqueta *f L.Am. de camino* fork
horquilla *f para pelo* hairpin
horrendo *adj* horrendous
horrible *adj* horrible, dreadful; **horripilante** *adj* horrible; **horror** *m* horror (***a*** of); ***tener ~ a*** be terrified of; ***me gusta ~es*** F I like it a lot; ***¡qué ~!*** how awful!; **horrorizar** <1f> *v/t* horrify; **horroroso** *adj* terrible; (*de mala calidad*) dreadful; (*feo*) hideous
hortaliza *f* vegetable
hortensia *f* BOT hydrangea
hortera **1** F *adj* tacky F **2** *m/f* F tacky person F; **horterada** *f* F tacky thing F; ***es una ~*** it's tacky F
horticultor *m*, **~a** *f* horticulturist; **horticultura** *f* horticulture
hosco *adj* sullen
hospedaje *m* accommodations *pl*, *Br* accommodation; ***dar ~ a alguien*** put s.o. up; **hospedarse** <1a> *v/r* stay (***en*** at); **hospital** *m* hospital; **hospitalario** *adj* hospitable; MED hospital *atr*; **hospitalidad** *f* hospitality; **hospitalizar** <1f> *v/t* hospitalize
hostal *m* hostel
hostelera *f* landlady; **hostelería** *f* hotel industry; **hostelero** **1** *adj* hotel *atr* **2** *m* landlord
hostia *f* REL host; P (*golpe*) sock F, wallop F; ***¡~s!*** P Christ! P
hostigar <1h> *v/t* pester; MIL harass; *caballo* whip
hostil *adj* hostile; **hostilidad** *f* hostility
hotel *m* hotel; **hotelero** *m*, **-a** *f* hotelier
hoy *adv* today; ***de ~*** of today; ***los padres de ~*** today's parents, parents today; ***de ~ en adelante*** from now on; ***por ~*** for today; ***~ por ~*** at the present time; ***~ en día*** nowadays
hoya *f* hole; *de tumba* grave; GEOG plain; *S.Am.* river basin; **hoyo** *m* hole; (*depresión*) hollow; **hoyuelo** *m* dimple
hoz *f* sickle
huachafo *adj Pe* (*cursi*) affected, pretentious
huarache *m Méx rough sandal*
huayno *m Pe, Bol Andean dance rhythm*
hubo *vb* → ***haber***
hucha *f* money box
hueco **1** *adj* hollow; (*vacío*) empty; *fig*: *persona* shallow **2** *m* gap; (*agujero*) hole; *de ascensor* shaft
huele *vb* → ***oler***
huelga *f* strike; ~ ***de celo*** work-to-rule; ~ ***general*** general strike; ~ ***de hambre*** hunger strike; ***declararse en ~, ir a la ~*** go on strike; **huelguista** *m/f* striker
huella *f* mark; *de animal* track; ***~s dactilares*** finger prints
huelo *vb* → ***oler***
huérfano **1** *adj* orphan *atr* **2** *m*, **-a** *f* orphan
huero *adj fig* empty; *L.Am.* blond
huerta *f* truck farm, *Br* market garden; **huerto** *m* kitchen garden; ***llevar a alguien al ~*** F put one over on s.o. F
huesear <1a> *v/t C.Am.* beg
huesillo *m S.Am.* sun-dried peach
hueso *m* bone; *de fruta* pit, stone; *persona* tough nut; *Méx* F cushy number F; *Méx* F (*influencia*) influence, pull F; ~ ***duro de roer*** *fig* F hard nut to crack F; ***estar en los ~s*** be all skin and bone
huésped *m/f* guest

H

huesudo *adj* bony
huevas *fpl* roe *sg*; **huevear** <1a> *v/i Chi* P mess around F; **huevo** *m* egg; P (*testículo*) ball V; ~ ***duro*** hard-boiled egg; ~ ***escalfado*** poached egg; ~ ***frito*** fried egg; ~ ***pasado por agua*** soft-boiled egg; ~***s revueltos*** scrambled eggs; ***un ~ de*** P a load of F; **huevón** *m*, **-ona** *f Chi* P idiot; *L.Am.* F (*flojo*) idler F
huida *f* flight, escape; **huir** <3g> *v/i* flee, escape (***de*** from); ~ ***de algo*** avoid sth
hulado *m C.Am., Méx* rubberized cloth; **hule** *m* oilcloth; *L.Am.* (*caucho*) rubber
humanidad *f* humanity; ~***es*** humanities; **humanismo** *m* humanism; **humanitario** *adj* humanitarian; **humanizar** <1f> *v/t* humanize; **humano** *adj* human
humareda *f* cloud of smoke; **humear** <1a> *v/i con humo* smoke; *con vapor* steam
humedad *f* humidity; *de una casa* damp(ness); **humedecer** <2d> *v/t* dampen; **húmedo** *adj* humid; *toalla* damp
humildad *f* humility; **humilde** *adj* humble; (*sin orgullo*) modest; *clase social* lowly; **humillación** *f* humiliation; **humillante** *adj* humiliating; **humillar** <1a> *v/t* humiliate
humita *f S.Am. meat and corn paste wrapped in leaves*
humo *m* smoke; (*vapor*) steam; ***tener muchos ~s*** F be a real bighead F
humor *m* humo(u)r; ***estar de buen / mal ~*** be in a good / bad mood; ***sentido del ~*** sense of humo(u)r; **humorista** *m/f* humo(u)rist; (*cómico*) comedian
humus *m* GASTR hummus
hundido *adj fig*: *persona* depressed; **hundir** <3a> **1** *v/t* sink; *fig*: *empresa* ruin, bring down; *persona* devastate **2** *v/r* **~se** sink; *fig*: *de empresa* collapse; *de persona* go to pieces
húngaro 1 *adj* Hungarian **2** *m*, **-a** *f* Hungarian
Hungría Hungary
huracán *m* hurricane
huraño *adj* unsociable
hurgar <1h> **1** *v/i* rummage (***en*** in) **2** *v/r* **~se**: ***~se la nariz*** pick one's nose
hurón *m* ZO ferret
hurtadillas *fpl*: ***a ~*** furtively
hurtar <1a> *v/t* steal; **hurto** *m* theft
husmear <1a> *v/i* F nose around F (***en*** in)
huy *int sorpresa* wow!; *dolor* ouch!
huyo *vb* → ***huir***

I

I+D *abr* (= ***investigación y desarrollo***) R&D (= research and development)
iba *vb* → ***ir***
ibérico *adj* Iberian; **iberoamericano** *adj* Latin American
iceberg *m* iceberg
icono *m tb* INFOR icon
ida *f* outward journey; (***billete de***) ~ ***y vuelta*** round trip (ticket), *Br* return (ticket)
idea *f* idea; ***hacerse a la ~ de que ...*** get used to the idea that ...; ***no tener ni ~*** not have a clue; **ideal** *m/adj* ideal; **idealista 1** *adj* idealistic **2** *m/f* idealist; **idear** *v/t* <1a> think up, come up with
idéntico *adj* identical
identidad *f* identity; **identificación** *f* identification; **identificar** <1g>

1 *v/t* identify **2** *v/r* **~se** identify o.s.
ideología *f* ideology
idílico *adj* idyllic; **idilio** *m* idyll; (*relación amorosa*) romance
idioma *m* language
idiota 1 *adj* idiotic **2** *m/f* idiot; **idiotez** *f* stupid thing to say / do
ido 1 *part* → ***ir*** **2** *adj* (*chiflado*) nuts F; ***estar ~*** be miles away F
idolatrar <1a> *v/t tb fig* worship; **ídolo** *m tb fig* idol
idóneo *adj* suitable
iglesia *f* church
ignominioso *adj* ignominious
ignorancia *f* ignorance; **ignorante** *adj* ignorant; **ignorar** <1a> *v/t* not know, not be aware of; ***ignoro cómo sucedió*** I don't know how it happened
igual 1 *adj* (*idéntico*) same (***a, que*** as); (*proporcionado*) equal (***a*** to); (*constante*) constant; ***al ~ que*** like, the same as; ***me da ~*** I don't mind **2** *m/f* equal; ***no tener ~*** have no equal; **igualado** *adj* even; **igualar** <1a> **1** *v/t precio*, *marca* equal, match; (*nivelar*) level off; ***~ algo*** MAT make sth equal (***con, a*** to) **2** *v/i* DEP tie the game, *Br* equalize; **igualdad** *f* equality; ***~ de oportunidades*** equal opportunities; **igualitario** *adj* egalitarian; **igualmente** *adv* equally
iguana *f* ZO iguana
ilegal *adj* illegal
ilegible *adj* illegible
ilegítimo *adj* unlawful; *hijo* illegitimate
ileso *adj* unhurt
ilícito *adj* illicit
ilimitado *adj* unlimited
Ilmo. *abr* (= ***ilustrísmo***) His / Your Excellency
ilógico *adj* illogical
iluminación *f* illumination; **iluminar** <1a> *v/t edificio*, *calle etc* light, illuminate; *monumento* light up, illuminate; *fig* light up
ilusión *f* illusion; (*deseo*, *esperanza*) hope; **ilusionarse** <1a> *v/r* get one's hopes up; (*entusiasmarse*) get excited (***con*** about)
ilustración *f* illustration; **ilustrar** <1a> *v/t* illustrate; (*aclarar*) explain; **ilustre** *adj* illustrious
imagen *f tb fig* image; ***ser la viva ~ de*** be the spitting image of; **imaginable** *adj* imaginable; **imaginación** *f* imagination; **imaginar** <1a> **1** *v/t* imagine **2** *v/r* **~se** imagine; ***¡ya me lo imagino!*** I can just imagine it!; **imaginativo** *adj* imaginative
imán *m* magnet
imbatible *adj* unbeatable
imbécil 1 *adj* stupid **2** *m/f* idiot, imbecile; **imbecilidad** *f* stupidity; ***¡qué ~ decir eso!*** what a stupid thing to say!
imitación *f* imitation; **imitar** <1a> *v/t* imitate
impaciencia *f* impatience; **impacientar** <1a> **1** *v/t* make impatient **2** *v/r* **~se** lose (one's) patience; **impaciente** *adj* impatient
impactar <1a> *v/t* hit; (*impresionar*) have an impact on; **impacto** *m tb fig* impact; ***~ de bala*** bullet wound; ***~ ecológico*** ecological
impar *adj número* odd
imparcial *adj* impartial; **imparcialidad** *f* impartiality
impasible *adj* impassive
impávido *adj* fearless, undaunted
impecable *adj* impeccable
impedimento *m* impediment; **impedir** <3l> *v/t* prevent; (*estorbar*) impede
imperante *adj* ruling; *fig* prevailing; **imperar** <1a> *v/i* rule; *fig* prevail; **imperativo 1** *adj* GRAM imperative; *obligación* pressing **2** *m* GRAM imperative
imperdible *m* safety pin
imperdonable *adj* unpardonable, unforgivable
imperfecto *m/adj* imperfect
imperial *adj* imperial; **imperio** *m* empire; **imperioso** *adj necesidad* pressing; *persona* imperious
impermeable 1 *adj* waterproof **2** *m* raincoat
impersonal *adj* impersonal

impertérrito *adj* unperturbed, unmoved
impertinente **1** *adj* impertinent **2** *m/f*: ***¡eres un ~!*** you've got nerve! F, *Br* you've got a cheek! F
ímpetu *m* impetus; **impetuoso** *adj* impetuous
implacable *adj* implacable
implemento *m* implement
implicar <1g> *v/t* mean, imply; (*involucrar*) involve; *en un delito* implicate (***en*** in)
implícito *adj* implicit
implorar <1a> *v/t* beg for
imponente *adj* impressive, imposing; F terrific; **imponer** <2r> **1** *v/t* impose; *miedo, respeto* inspire; *impuesto* impose, levy **2** *v/i* be imposing *o* impressive **3** *v/r* **~se** (*hacerse respetar*) assert o.s.; DEP win; (*prevalecer*) prevail; (*ser necesario*) be imperative; ***~se una tarea*** set o.s. a task
importación *f* import, importation; *artículo* import
importancia *f* importance; ***dar ~ a*** attach importance to; ***darse ~*** give o.s. airs; ***tener ~*** be important; **importante** *adj* important; **importar** <1a> *v/i* matter; ***no importa*** it doesn't matter; ***eso a ti no te importa*** that's none of your business; ***¿qué importa?*** what does it matter?; ***¿le importa ...?*** do you mind ...?; **importe** *m* amount; (*coste*) cost
importuno *adj* inopportune
imposibilitar <1a> *v/t*: ***~ algo*** make sth impossible, prevent sth; **imposible** *adj* impossible
impostor *m*, **~a** *f* impostor
impotencia *f* impotence, helplessness; MED impotence; **impotente** *adj* helpless, powerless, impotent; MED impotent
impreciso *adj* imprecise
impredecible *adj* unpredictable
impregnar <1a> *v/t* saturate (***de*** with); TÉC impregnate (***de*** with)
imprenta *f taller* printer's; *arte, técnica* printing; *máquina* printing press
imprescindible *adj* essential; *persona* indispensable
impresión *f* impression; *acto* printing; (*tirada*) print run; ***la sangre le da ~*** he can't stand the sight of blood; **impresionante** *adj* impressive; **impresionar** <1a> *v/t*: ***~le a alguien*** impress s.o.; (*conmover*) move s.o.; (*alterar*) shock s.o.;
impresionismo *m* impressionism;
impreso *m* form; ***~s*** *pl* printed matter *sg*; **impresora** *f* INFOR printer; ***~ de chorro de tinta*** inkjet (printer); ***~ de inyección de tinta*** inkjet (printer); ***~ láser*** laser (printer)
imprevisible *adj* unpredictable;
imprevisto **1** *adj* unforeseen, unexpected **2** *m* unexpected event
imprimir <3a> *v/t tb* INFOR print; *fig* transmit
improbable *adj* unlikely, improbable
improcedente *adj* improper
improductivo *adj* unproductive
impropio *adj* inappropriate
improvisar <1a> *v/t* improvise; **improviso** *adj*: ***de ~*** unexpectedly
imprudencia *f* recklessness, rashness; **imprudente** *adj* reckless, rash
impuesto *m* tax; ***~ sobre el valor añadido*** *sales tax*, *Br* value-added tax; ***~ sobre la renta*** income tax
impugnar <1a> *v/t* challenge
impulsar <1a> *v/t* TÉC propel; COM boost
impulsivo *adj* impulsive; **impulso** *m* impulse; (*empuje*) impetus; COM boost; *fig* urge, impulse; ***tomar ~*** take a run up
impunidad *f* impunity
impureza *f* impurity
imputar <1a> *v/t* attribute
inacabable *adj* endless, never-ending
inaccesible *adj* inaccessible
inaceptable *adj* unacceptable
inactivo *adj* inactive
inadaptado *adj* maladjusted
inadecuado *adj* inadequate

inadmisible *adj* inadmissible
inadvertido *adj*: ***pasar ~*** go unnoticed
inagotable *adj* inexhaustible
inaguantable *adj* unbearable
inalámbrico 1 *adj* TELEC cordless **2** *m* TELEC cordless telephone
inamovible *adj* immovable
inanición *f* starvation
inapreciable *adj* (*valioso*) priceless; (*insignificante*) negligible
inasequible *adj objetivo* unattainable; *precio* prohibitive;
inaudito *adj* unprecedented
inauguración *f* official opening, inauguration; **inaugurar** <1a> *v/t* (officially) open, inaugurate
inca *m/f & adj* HIST Inca
incalculable *adj* incalculable
incalificable *adj* indescribable
incandescente *adj* incandescent
incansable *adj* tireless
incapacidad *f* disability; (*falta de capacidad*) inability; (*ineptitud*) incompetence; **incapacitar** <1a> *v/t* JUR disqualify; **incapaz** *adj* incapable (***de*** of)
incautarse <1a> *v/r*: ***~ de*** seize
incauto *adj* unwary
incendiar <1b> **1** *v/t* set fire to **2** *v/r* **~se** burn; **incendio** *m* fire; ***~ forestal*** forest fire
incentivo *m* incentive
incertidumbre *f* uncertainty
incesante *adj* incessant
incesto *m* incest
incidencia *f* (*efecto*) effect; (*frecuencia*) incidence; (*incidente*) incident; **incidente** *m* incident; **incidir** <3a> *v/i*: ***~ en*** (*afectar*) have an effect on, affect; (*recalcar*) stress; ***~ en un error*** make a mistake
incienso *m* incense
incierto *m* uncertain
incineración *f de cadáver* cremation; **incinerador** *adj* incinerator; **incinerar** <1a> *v/t* incinerate; *cadáver* cremate
incipiente *adj* incipient
incitante *adj* provocative; **incitar** <1a> *v/t* incite

inclemencia *f del tiempo* inclemency
inclinación *f* inclination; *de un terreno* slope; *muestra de respeto* bow; *fig* tendency; **inclinar** <1a> **1** *v/t* tilt; ***~ la cabeza*** nod (one's head); ***me inclina a creer que …*** it makes me think that … **2** *v/r* **~se** bend (down); *de un terreno* slope; *desde la vertical* lean; *en señal de respeto* bow; ***~se a*** *fig* tend to, be inclined to
incluido *prp* inclusive; **incluir** <3g> *v/t* include; **inclusive** *adv* inclusive; **incluso** *adv, prp & conj* even
incógnita *f* unknown factor; MAT unknown (quantity); **incógnito** *adj*: ***de ~*** incognito
incoherente *adj* incoherent
incombustible *adj* fireproof
incomodidad *f* uncomfortableness; (*fastidio*) inconvenience; **incómodo** *adj* uncomfortable; (*fastidioso*) inconvenient
incomparable *adj* incomparable
incompatibilidad *f* incompatibility; **incompatible** *adj tb* INFOR incompatible
incompetencia *f* incompetence; **incompetente** *adj* incompetent
incompleto *adj* incomplete
incomprendido *adj* misunderstood; **incomprensible** *adj* incomprehensible
incomunicado *adj* isolated, cut off; JUR in solitary confinement
inconcebible *adj* inconceivable
incondicional *adj* unconditional;
inconexo *adj* unconnected
inconfesable *adj* shameful
inconformista *m/f* nonconformist
inconfundible *adj* unmistakable
incongruente *adj* incongruous
inconsciencia *f* MED unconsciousness; (*desconocimiento*) lack of awareness, unawareness; (*irreflexión*) thoughtlessness; **inconsciente** *adj* MED unconscious; (*ignorante*) unaware; (*irreflexivo*) thoughtless
inconsecuente *adj* inconsistent
inconsistente *adj* flimsy, weak
inconsolable *adj* inconsolable

inconstante *adj* fickle
incontable *adj* uncountable
incontinencia *f* MED incontinence
incontrolable *adj* uncontrollable
inconveniente **1** *adj* (*inoportuno*) inconvenient; (*impropio*) inappropriate **2** *m* (*desventaja*) drawback, disadvantage; (*estorbo*) problem; ***no tengo ~*** I don't mind
incordiar <1b> *v/t* annoy; **incordio** *m* nuisance
incorporar <1a> **1** *v/t* incorporate **2** *v/r* **~se** sit up; ***~se a*** MIL join
incorrecto *adj* incorrect, wrong; *comportamiento* impolite; **incorregible** *adj* incorrigible
incorruptible *adj* incorruptible
incredulidad *f* disbelief, incredulity; **incrédulo** *adj* incredulous; **increíble** *adj* incredible
incrementar <1a> **1** *v/t* increase **2** *v/r* **~se** increase; **incremento** *m* growth
incriminar <1a> *v/t* incriminate
incruento *adj* bloodless
incrustar <1a> **1** *v/t* incrust (***de*** with) **2** *v/r* **~se** *de la suciedad* become ingrained
incubación *f* incubation; **incubadora** *f* incubator; **incubar** <1a> *v/t* incubate
incuestionable *adj* unquestionable
inculcar <1g> *v/t* instil(l) (***en*** in)
inculpar <1a> *v/t* JUR accuse;
inculto *adj* ignorant, uneducated; **incultura** *f* ignorance, lack of education
incumbencia *f* responsibility, duty; ***no es de mi ~*** it's not my responsibility
incumplimiento *m* non-fulfillment (***de*** of), non-compliance (***de*** with); **incumplir** <3a> *v/t* break
incurable *adj* incurable
incurrir <3a> *v/i*: ***~ en un error*** make a mistake; ***~ en gastos*** incur costs; **incursión** *f* MIL raid; *fig* foray
indagar <1h> *v/i* investigate
indecente *adj* indecent; *película* obscene
indecisión *f* indecisiveness; **indeciso** *adj* undecided; *por naturaleza* indecisive
indefenso *adj* defenseless, *Br* defenceless
indefinidamente *adv* indefinitely; **indefinido** *adj* (*impreciso*) vague; (*ilimitado*) indefinite
indemnización *f* compensation; **indemnizar** <1f> *v/t* compensate (***por*** for)
independencia *f* independence; **independentismo** *m* POL pro-independence movement; **independiente** *adj* independent; **independizarse** <1f> *v/r* become independent
indescriptible *adj* indescribable
indeseable *adj* undesirable
indestructible *adj* indestructible
indeterminado *adj* indeterminate; (*indefinido*) indefinite
India: ***la ~*** India; **indiada** *f L.Am.* group of Indians
indicación *f* indication; (*señal*) sign; ***indicaciones*** *para llegar* directions; (*instrucciones*) instructions; **indicado** *adj* (*adecuado*) suitable; ***lo más / menos ~*** the best / worst thing; ***hora -a*** specified time; **indicador** *m* indicator; **indicar** <1g> *v/t* show, indicate; (*señalar*) point out; (*sugerir*) suggest; **índice** *m* index; ***dedo ~*** index finger; ***~ de precios al consumo*** consumer price index, *Br* retail price index; **indicio** *m* indication, sign; (*vestigio*) trace
indiferencia *f* indifference; **indiferente** *adj* indifferent; (*irrelevante*) immaterial
indígena **1** *adj* indigenous, native **2** *m/f* native
indigente *adj* destitute
indigestión *f* indigestion; **indigesto** *adj* indigestible
indignación *f* indignation; **indignado** *adj* indignant; **indignar** <1a> **1** *v/t*: ***~ a alguien*** make s.o. indignant **2** *v/r* **~se** become indignant
indigno *adj* unworthy (***de*** of)
indio **1** *adj* Indian **2** *m*, **-a** *f* Indian; ***hacer el ~*** F clown around F, play

the fool F
indirecta *f* insinuation; (*sugerencia*) hint
indirecto *adj* indirect
indiscreción *f* indiscretion, lack of discretion; (*declaración*) indiscreet remark; **indiscreto** *adj* indiscreet
indiscriminado *adj* indiscriminate
indiscutible *adj* indisputable
indispensable *adj* indispensable
indisponerse <2r> *v/r* become unwell; ~ ***con alguien*** fall out with s.o.; **indisposición** *f* indisposition; **indispuesto** *adj* indisposed, unwell
indistinto *adj forma* indistinct, vague; *noción* vague; *sonido* faint
individual *adj* individual; *cama*, *habitación* single; **individualismo** *m* individualism; **individualista** *m/f* individualist; **individuo** *m* individual
indivisible *adj* indivisible
indocumentado *adj*: ***un hombre ~*** a man with no identity papers
índole *f* nature
indolente *adj* lazy
indoloro *adj* painless
indómito *adj* indomitable
Indonesia Indonesia
inducir <3o> *v/t* (*persuadir*) lead, induce (***a*** to); EL induce
indudable *adj* undoubted; **indudablemente** *adv* undoubtedly
indulgente *adj* indulgent
indultar <1a> *v/t* pardon; **indulto** *m* pardon
indumentaria *f* clothing
industria *f* industry; (*esfuerzo*) industriousness, industry; **industrial** **1** *adj* industrial **2** *m/f* industrialist; **industrializar** <1f> **1** *v/t* industrialize **2** *v/r* **~se** industrialize
inédito *adj* unpublished; *fig* unprecedented
ineficacia *f* inefficiency; *de un procedimiento* ineffectiveness; **ineficaz** *adj* inefficient; *procedimiento* ineffective; **ineficiencia** *f* inefficiency; **ineficiente** *adj* inefficient
ineludible *adj* unavoidable
inepto **1** *adj* inept, incompetent **2** *m*, **-a** *f* incompetent fool
inequívoco *adj* unequivocal
inercia *f* inertia; **inerte** *adj fig* lifeless; FÍS inert
inesperado *adj* unexpected
inestabilidad *f* instability; **inestable** *adj* unstable; *tiempo* unsettled
inestimable *adj* invaluable
inevitable *adj* inevitable
inexacto *adj* inaccurate
inexcusable *adj* inexcusable
inexistente *adj* non-existent
inexperto *adj* inexperienced
inexplicable *adj* inexplicable
infalible *adj* infallible
infame *adj* vile, loathsome; (*terrible*) dreadful
infancia *f* infancy
infantería *f* MIL infantry
infantil *adj* children's *atr*; *naturaleza* childlike; *desp* infantile, childish
infarto *m* MED heart attack
infección *f* MED infection; **infeccioso** *adj* infectious; **infectar** <1a> **1** *v/t* infect **2** *v/r* **~se** become infected
infecundo *adj* infertile
infeliz **1** *adj* unhappy, miserable **2** *m/f* poor devil
inferior **1** *adj* inferior (***a*** to); *en el espacio* lower (***a*** than) **2** *m/f* inferior; **inferioridad** *f* inferiority
inferir <3i> *v/t* infer (***de*** from); *daño* do, cause (***a*** to)
infernal *adj ruido* infernal; (*muy malo*) diabolical
infertilidad *f* infertility
infestar <1a> *v/t* infest; (*invadir*) overrun
infidelidad *f* infidelity; **infiel** **1** *adj* unfaithful **2** *m/f* unbeliever
infierno *m* hell
infiltrarse <1a> *v/r*: ~ ***en*** infiltrate; *de agua* seep into
infinidad *f*: ~ ***de*** countless; **infinitivo** *m* GRAM infinitive; **infinito** **1** *adj* infinite **2** *m* infinity
inflación *f* COM inflation; ***tasa de ~*** inflation rate; **inflacionista** *adj* inflationary

I

inflamable *adj* flammable; **inflamación** *f* MED inflammation; **inflamar** <1a> **1** *v/t tb fig* inflame **2** *v/r* **~se** MED become inflamed
inflar <1a> **1** *v/t* inflate **2** *v/r* **~se** swell (up); *fig* F get conceited
infligir <3c> *v/t* inflict
inflexible *adj fig* inflexible
influencia *f* influence; ***tener ~s*** have contacts; **influenciar** <1b> *v/t* influence; **influir** <3g> *v/i*: ***~ en alguien / algo*** influence s.o. / sth, have an influence on s.o. / sth; **influjo** *m* influence; **influyente** *adj* influential
infografía *f* computer graphics *pl*
información *f* information; (*noticias*) news *sg*; **informal** *adj* informal; *persona* unreliable; **informar** <1a> **1** *v/t* inform (***de, sobre*** about) **2** *v/r* **~se** find out (***de, sobre*** about); **informática** *f* information technology; **informático** **1** *adj* computer *atr* **2** *m*, **-a** *f* IT specialist; **informativo** **1** *adj* informative; *programa* news *atr* **2** *m* TV, RAD news *sg*; **informatizar** <1f> *v/t* computerize
informe **1** *adj* shapeless **2** *m* report; ***~s*** (*referencias*) references
infracción *f* offense, *Br* offence
infraestructura *f* infrastructure
in fraganti *adv* F in the act F
infrahumano *adj* subhuman
infrarrojo *adj* infra-red
infravalorar <1a> *v/t* undervalue
infrecuente *adj* infrequent
infringir <3c> *v/t* JUR infringe, violate
infructuoso *adj* fruitless
infundado *adj* unfounded, groundless
infundir <3a> *v/t* inspire; *terror* instil(l); *sospechas* arouse
infusión *f* infusion; *de tila, manzanilla* tea
ingeniarse <1b> *v/r*: ***ingeniárselas para*** manage to; **ingeniería** *f* engineering; **ingeniero** *m*, **-a** *f* engineer; **ingenio** *m* ingenuity; (*aparato*) device; ***~ azucarero*** *L.Am.* sugar refinery; **ingenioso** *adj* ingenious
ingenuidad *f* naivety; **ingenuo** **1** *adj* naive **2** *m*, **-a** *f* naive person, sucker F
ingerir <3i> *v/t* swallow
Inglaterra England
ingle *f* groin
inglés **1** *adj* English **2** *m* Englishman; *idioma* English; **inglesa** *f* Englishwoman
ingrato *adj* ungrateful; *tarea* thankless
ingrediente *m* ingredient
ingresar <1a> **1** *v/i*: ***~ en*** *en universidad* go to; *en asociación, cuerpo* join; *en hospital* be admitted to **2** *v/t cheque* pay in, deposit; **ingreso** *m* entry; *en una asociación* joining; *en hospital* admission; COM deposit; ***~s*** *pl* income *sg*; ***examen de ~*** entrance exam
inhabitable *adj* uninhabitable
inhalar <1a> *v/t* inhale
inherente *adj* inherent
inhibición *f* inhibition; JUR disqualification; **inhibir** <3a> *v/t* inhibit
inhóspito *adj* inhospitable
inhumano *adj* inhuman
iniciación *f* initiation; **inicial** *f/adj* initial; **iniciar** <1b> *v/t* initiate; *curso* start, begin; **iniciativa** *f* initiative; ***tomar la ~*** take the initiative; **inicio** *m* start, beginning
inigualable *adj* incomparable; *precio* unbeatable
inimaginable *adj* unimaginable
inimitable *adj* inimitable
ininteligible *adj* unintelligible
ininterrumpido *adj* uninterrupted
injerencia *f* interference
injertar <1a> *v/t* graft; **injerto** *m* graft
injuriar <1b> *v/t* insult
injusticia *f* injustice; **injustificado** *adj* unjustified; **injusto** *adj* unjust
inmaculado *adj* immaculate
inmaduro *adj* immature
inmediaciones *fpl* immediate area *sg* (***de*** of), vicinity *sg* (***de*** of); **inmediatamente** *adv* immediately; **inmediato** *adj* immediate; ***de ~***

immediately
inmejorable *adj* unbeatable
inmenso *adj* immense
inmersión *f* immersion; *de submarino* dive; **inmerso** *adj fig* immersed (***en*** in)
inmigración *f* immigration; **inmigrante** *m/f* immigrant; **inmigrar** <1a> *v/i* immigrate
inminente *adj* imminent
inmiscuirse <3g> *v/r* meddle
inmobiliaria *f* realtor's office, *Br* estate agency
inmoderado *adj* excessive, immoderate
inmoral *adj* immoral; **inmoralidad** *f* immorality
inmortal *adj* immortal
inmóvil *adj persona* motionless; *vehículo* stationary; **inmovilizar** <1f> *v/t* immobilize
inmueble *m* building
inmundo *adj* filthy
inmune *adj* immune; **inmunidad** *f* MED, POL immunity; **inmunizar** <1f> *v/t* immunize
inmutarse <1a> *v/r*: ***no ~*** not bat an eyelid; ***sin ~*** without batting an eyelid
innato *adj* innate, inborn
innecesario *adj* unnecessary
innegable *adj* undeniable
innovación *f* innovation
innumerable *adj* innumerable, countless
inocencia *f* innocence; **inocente** *adj* innocent
inocuo *adj* harmless, innocuous; *película* bland
inodoro *m* toilet
inofensivo *adj* inoffensive, harmless
inoficioso *adj L.Am.* (*inútil*) useless
inolvidable *adj* unforgettable
inopia *f*: ***estar en la ~*** F (*distraído*) be miles away F; (*alejado de la realidad*) be on another planet F
inoportuno *adj* inopportune; (*molesto*) inconvenient
inorgánico *adj* inorganic
inoxidable *adj*: ***acero ~*** stainless steel
inquietar <1a> **1** *v/t* worry **2** *v/r* **~se** worry, get worried *o* anxious; **inquietud** *f* worry, anxiety; *intelectual* interest
inquilino *m* tenant
inquisitivo *adj* inquisitive
insaciable *adj* insatiable
insatisfacción *f* dissatisfaction; **insatisfactorio** *adj* unsatisfactory; **insatisfecho** *adj* dissatisfied
inscribir <3a> **1** *v/t* (*grabar*) inscribe; *en lista*, *registro* register, enter; *en curso*, *concurso* enrol(l), register **2** *v/r* **~se** *en un curso* enrol(l), register; *en un concurso* enter; **inscripción** *f* inscription; *en lista*, *registro* registration, entry; *en curso*, *concurso* enrol(l)ment, registration;
insecticida *m* insecticide; **insecto** *m* insect
inseguro *adj* insecure; *estructura* unsteady; (*peligroso*) dangerous, unsafe
inseminación *f* insemination; ***~ artificial*** artificial insemination
insensato *adj* foolish
insensible *adj* insensitive (***a*** to)
inseparable *adj* inseparable
insertar <1a> *v/t* insert
inservible *adj* useless
insidia *f* treachery; ***actuar con ~*** act treacherously
insignia *f* insignia
insignificante *adj* insignificant
insinuante *adj* suggestive
insinuar <1e> **1** *v/t* insinuate **2** *v/r* **~se**: ***~se a alguien*** make advances to s.o.
insípido *adj* insipid
insistencia *f* insistence; **insistir** <3a> *v/i* insist; ***~ en hacer algo*** insist on doing sth; ***~ en algo*** stress sth
insociable *adj* unsociable
insolación *f* MED sunstroke
insolente *adj* insolent
insólito *adj* unusual
insolvente *adj* insolvent
insomnio *m* insomnia
insondable *adj* unfathomable

insonorizar <1f> *v/t* soundproof
insoportable *adj* unbearable, intolerable
insospechado *adj* unexpected
inspección *f* inspection; **inspeccionar** <1a> *v/t* inspect; **inspector** *m*, **~a** *f* inspector
inspiración *f* inspiration; MED inhalation; **inspirar** <1a> *v/t* inspire; MED inhale
instalación *f acto* installation; ***instalaciones deportivas*** sports facilities; **instalar** <1a>**1** *v/t* instal(l); (*colocar*) put; *un negocio* set up **2** *v/r* **~se** *en un sitio* instal(l) o.s.
instancia *f* JUR petition; (*petición por escrito*) application; ***a ~s de*** at the request of
instantáneo *adj* immediate, instantaneous; **instante** *m* moment, instant; ***al ~*** right away, immediately; **instar** <1a> *v/t* urge, press
instaurar <1a> *v/t* establish
instigar <1h> *v/t* incite (***a*** to)
instinto *m* instinct
institución *f* institution; **instituto** *m* institute; *Esp* high school, *Br* secondary school; ***~ de belleza*** beauty salon; ***~ de educación secundaria*** high school, *Br* secondary school
instrucción *f* education; (*formación*) training; MIL drill; INFOR instruction, statement; JUR hearing; ***instrucciones de uso*** instructions, directions (for use); **instructor** *m*, **~a** *f* instructor; **instruido** *adj* educated; **instruir** <3g> *v/t* educate; (*formar*) train; JUR *pleito* hear
instrumental 1 *adj* instrumental **2** *m* MED instruments *pl*; **instrumento** *m* instrument; (*herramienta*) tool, instrument; *fig* tool; ***~ musical*** musical instrument
insubordinación *f* insubordination; **insubordinarse** <1a> *v/r con un superior* be insubordinate; (*rebelarse*) rebel
insuficiente 1 *adj* insufficient, inadequate **2** *m* EDU *nota* fail
insufrible *adj* insufferable
insulina *f* insulin
insulso *adj* bland, insipid
insultada *f L.Am.* (*insultos*) string of insults; **insultar** <1a> *v/t* insult; **insulto** *m* insult
insumiso *m person who refuses to do military service*
insuperable *adj* insurmountable
insurrección *f* insurrection
insustancial *adj conferencia* lightweight; *estructura* flimsy
intachable *adj* faultless
intacto *adj* intact; (*sin tocar*) untouched
integración *f* integration; **integral** *adj* complete; *alimento* whole; **integrar** <1a> *v/t* integrate; *equipo* make up; **íntegro** *adj* whole, entire; ***un hombre ~*** *fig* a man of integrity
intelectual *m/f & adj* intellectual
inteligencia *f* intelligence; **inteligente** *adj* intelligent; **inteligible** *adj* intelligible
intemperie *f*: ***a la ~*** in the open air
intempestivo *adj* untimely
intención *f* intention; ***doble*** *or* ***segunda ~*** ulterior motive; **intencionado** *adj* deliberate
intendente *m Rpl* military governor; (*alcalde*) mayor
intensidad *f* intensity; (*fuerza*) strength; **intensificar** <1g> **1** *v/t* intensify **2** *v/r* **~se** intensify; **intensivo** *adj* intensive; **intenso** *adj* intense; (*fuerte*) strong
intentar <1a> *v/t* try, attempt; **intento** *m* attempt, try; *Méx* (*intención*) aim
interacción *f* interaction; **interactivo** *adj* interactive
intercalar <1a> *v/t* insert
intercambiar <1a> *v/t* exchange, swap; **intercambio** *m* exchange, swap
interceder <2a> *v/i* intercede (***por*** for)
interceptar <1a> *v/t tb* DEP intercept
intercesión *f* intercession
interés *m tb* COM interest; *desp* self-interest; ***sin ~*** interest free; ***intereses*** (*bienes*) interests; **interesante** *adj* interesting; **interesar** <1a> **1** *v/t*

interest **2** *v/r* **~se**: ***~se por*** take an interest in

interface *m*, **interfaz** *f* INFOR interface

interferencia *f* interference; **interferir** <3i> **1** *v/t* interfere with **2** *v/i* interfere (***en*** in)

interino *adj* substitute *atr*, replacement *atr*; (*provisional*) provisional, acting *atr*

interior 1 *adj* interior; *bolsillo* inside *atr*; COM, POL domestic **2** *m* interior; DEP inside-forward; ***en su ~*** *fig* inwardly; **interiorista** *m/f* interior designer

interjección *f* GRAM interjection

interlocutor *m*, **~a** *f* speaker; ***mi ~*** the person I was talking to

intermediario *m* COM intermediary, middle-man; **intermedio 1** *adj nivel* intermediate; *tamaño* medium; *calidad* average, medium **2** *m* intermission

interminable *adj* interminable, endless

intermitente 1 *adj* intermittent **2** *m* AUTO turn signal, *Br* indicator

internacional *adj* international

internado *m* boarding school; **internarse** <1a> *v/r*: **~ *en*** go into

internauta *m/f* INFOR Internet user, Net surfer

Internet *f* INFOR Internet

interno 1 *adj* internal; POL domestic, internal **2** *m*, **-a** *f* EDU boarder; (*preso*) inmate; MED intern, *Br* houseman

interpelar <1a> *v/t* question

interplanetario *adj* interplanetary

interpolar <1a> *v/t* insert, interpolate *fml*

interponerse <2r> *v/r* intervene

interpretación *f* interpretation; TEA performance (***de*** as); **interpretar** <1a> *v/t* interpret; TEA play; **intérprete** *m/f* interpreter

interrogación *f* interrogation; ***signo de ~*** question mark; **interrogante 1** *adj* questioning **2** *m* (*also f*) question; *fig* question mark, doubt; **interrogar** <1h> *v/t* question; *de policía* interrogate, question; **interrogatorio** *m* questioning, interrogation

interrumpir <3a> **1** *v/t* interrupt; *servicio* suspend; *reunión, vacaciones* cut short, curtail **2** *v/i* interrupt; **interrupción** *f* interruption; *de servicio* suspension; *de reunión, vacaciones* curtailment; ***sin ~*** non-stop; **interruptor** *m* EL switch

intersección *f* intersection

intervalo *m tb* MÚS interval; (*espacio*) gap

intervención *f* intervention; *en debate, congreso* participation; *en película, espectáculo* appearance; MED operation; **intervenir** <3s> **1** *v/i* intervene; *en debate, congreso* take part, participate; *en película, espectáculo* appear **2** *v/t* TELEC tap; *contrabando* seize; MED operate on

intestino *m* intestine

intimar <1a> *v/i* (*hacerse amigos*) become friendly (***con*** with); (*tratar*) mix (***con*** with); **intimidad** *f* intimacy; (*lo privado*) privacy; ***en la ~*** in private

intimidar <1a> *v/t* intimidate

íntimo *adj* intimate; (*privado*) private; ***somos ~s amigos*** we're close friends

intolerable *adj* intolerable, unbearable; **intolerante** *adj* intolerant

intoxicación *f* poisoning

intranquilidad *f* unease; (*nerviosismo*) restlessness; **intranquilo** *adj* uneasy; (*nervioso*) restless

intransferible *adj* non-transferable

intransigente *adj* intransigent

intransitable *adj* impassable

intransitivo *adj* GRAM intransitive

intrascendente *adj* unimportant

intravenoso *adj* MED intravenous

intrépido *adj* intrepid

intriga *f* intrigue; *de novela* plot; **intrigante 1** *adj* scheming; (*curioso*) intriguing **2** *m/f* schemer; **intrigar** <1h> **1** *v/t* (*interesar*) intrigue **2** *v/i* plot, scheme

intrincado *adj* intricate

intrínseco *adj* intrinsic

introducción *f* introduction; *acción de meter* insertion; INFOR input; **introducir** <3o> **1** *v/t* introduce; (*meter*) insert; INFOR input **2** *v/r*: **~se**: ***~se en*** get into; ***~se en un mercado*** gain access to *o* break into a market

intromisión *f* interference

introvertido *adj* introverted

intruso *m* intruder

intuición *f* intuition; **intuir** <3g> *v/t* sense; **intuitivo** *adj* intuitive

inundación *f* flood; **inundadizo** *adj L.Am.* prone to flooding; **inundar** <1a> *v/t* flood

inusitado *adj* unusual, uncommon; **inusual** *adj* unusual

inútil 1 *adj* useless; MIL unfit **2** *m/f*: ***es un ~*** he's useless; **inutilidad** *f* uselessness; **inutilizar** <1f> *v/t*: ***~ algo*** render sth useless; **inútilmente** *adv* uselessly

invadir <3a> *v/t* invade; *de un sentimiento* overcome

invalidar <1a> *v/t* invalidate; **invalidez** *f* disability; **inválido 1** *adj persona* disabled; *documento*, *billete* invalid **2** *m*, **-a** *f* disabled person

invasión *f* MIL invasion; **invasor** *m*, **~a** *f* invader

invencible *adj* invincible; *miedo* insurmountable

invención *f* invention; **inventar** <1a> *v/t* invent; **inventario** *m* inventory; **invento** *m* invention; **inventor** *m* inventor

invernada *f Rpl* winter pasture; **invernadero** *m* greenhouse; **invernal** *adj* winter *atr*

inverosímil *adj* unlikely

inversión *f* reversal; COM investment; **inverso** *adj* opposite; *orden* reverse; ***a la -a*** the other way round; **inversor** *m*, **~a** *f* investor; **invertir** <3i> *v/t* reverse; COM invest (***en*** in)

invertebrado *m* invertebrate

investigación *f* investigation; EDU, TÉC research; ***~ y desarrollo*** research and development; **investigador** *m*, **~a** *f* researcher; **investigar** <1h> *v/t* investigate; EDU, TÉC research

inviable *adj* nonviable

invidente *m/f* blind person

invierno *m* winter

inviolable *adj* inviolable

invisible *adj* invisible

invitación *f* invitation; **invitado** *m*, **-a** *f* guest; **invitar** <1a> *v/t* invite (***a*** to); (*convidar*) treat (***a*** to)

invocar <1g> *v/t* invoke

involucrar <1a> *v/t* involve (***en*** in)

involuntario *adj* involuntary

invulnerable *adj* invulnerable

inyección *f* MED, AUTO injection; **inyectar** <1a> *v/t tb* TÉC inject

IPC *abr* (= ***índice de precios al consumo***) CPI (= consumer price index), *Br* RPI (= retail price index)

ir <3t> **1** *v/i* go (***a*** to); ***~ a pie*** walk, go on foot; ***~ en avión*** fly; ***¡ya voy!*** I'm coming!; ***~ a por algo*** go and fetch sth; ***~ bien / mal*** go well / badly; ***iba de amarillo / de uniforme*** she was wearing yellow / a uniform; ***van dos a dos*** DEP the score is two all; ***¿de qué va la película?*** what's the movie about?; ***¡qué va!*** you must be joking! F; ***¡vamos!*** come on!; ***¡vaya!*** well! **2** *v/aux*: ***va a llover*** it's going to rain; ***ya voy comprendiendo*** I'm beginning to understand; ***~ para viejo*** be getting old **3** *v/r* **~se** go (away), leave; ***¡vete!*** go away!; ***¡vámonos!*** let's go

ira *f* anger

Irak Iraq, Irak

Irán Iran; **iraní** *m/f & adj* Iranian

iraquí *m/f & adj* Iraqi, Iraki

iris *m inv* ANAT iris; ***arco ~*** rainbow

Irlanda Ireland; **irlandés 1** *adj* Irish **2** *m* Irishman; **irlandesa** *f* Irishwoman

ironía *f* irony; **irónico** *adj* ironic

irracional *adj tb* MAT irrational

irradiar <1b> *v/t* radiate; MED irradiate

irreal *adj* unreal; **irrealizable** *adj* unattainable; *proyecto* unfeasible

irreconciliable *adj* irreconcilable
irrecuperable *adj* irretrievable
irrefutable *adj* irrefutable
irregular *adj* irregular; *superficie* uneven; **irregularidad** *f* irregularity; *de superficie* unevenness
irrelevante *adj* irrelevant
irremediable *adj fig* irremediable
irreparable *adj* irreparable
irreprochable *adj* irreproachable
irresistible *adj* irresistible
irrespetuoso *adj* disrespectful
irresponsable *adj* irresponsible
irreverente *adj* irreverent
irreversible *adj* irreversible
irrevocable *adj* irrevocable
irrigar <1h> *v/t* MED, AGR irrigate
irrisorio *adj* laughable, derisory
irritación *f tb* MED irritation; **irritante** *adj tb* MED irritating; **irritar** <1a> **1** *v/t tb* MED irritate **2** *v/r* **~se** get irritated
irrompible *adj* unbreakable
irrumpir <3a> *v/i* burst in; **irrupción** *f*: ***hacer ~ en*** burst into
isla *f* island
islám *m* Islam; **islámico** *adj* Islamic; **islamismo** *m* Islam
isleño **1** *adj* island *atr* **2** *m*, **-a** *f* islander
Israel Israel; **israelí** *m/f & adj* Israeli
Italia Italy; **italiano** **1** *adj* Italian **2** *m*, **-a** *f* Italian
itinerario *m* itinerary
ITV *abr Esp* (= ***inspección técnica de vehículos***) *compulsory annual test of motor vehicles of a certain age*, *Br* MOT
IVA *abr* (= ***impuesto sobre el valor añadido***) *sales tax*, *Br* VAT (= value-added tax)
izar <1f> *v/t* hoist
izdo., **izda.** *abr* (= ***izquierdo***, ***izquierda***) l (= left)
izquierda *f tb* POL left; ***por la ~*** on the left; **izquierdo** *adj* left

J

jabalí *m* ZO wild boar
jabalina *f* javelin
jabón *m* soap; ***~ de afeitar*** shaving soap; **jabonera** *f* soap dish; **jabonoso** *adj* soapy
jacinto *m* hyacinth
jactancia *f* boasting; **jactancioso** *adj* boastful; **jactarse** <1a> *v/r* boast (***de*** about), brag (***de*** about)
jacuzzi *m* jacuzzi®
jade *m* MIN jade
jadear <1a> *v/i* pant; **jadeo** *m* panting
jaguar *m* ZO jaguar
jalar <1a> **1** *v/t L.Am.* pull; *con esfuerza* haul; (*atraer*) attract; *Méx* F (*dar aventón*) give a ride *o Br* a lift to; ***¿te jala el arte?*** *Méx* do you feel drawn to art? **2** *v/i L.Am.* pull; (*trabajar mucho*) work hard; *Méx* F (*tener influencia*) have pull F; ***~ hacia*** F head toward; ***~ para la casa*** F clear off home F **3** *v/r* **~se** *Méx* (*irse*) go, leave; F (*emborracharse*) get plastered F
jalea *f* jelly; ***~ real*** royal jelly
jaleo *m* (*ruido*) racket, uproar; (*lío*) mess, muddle; ***armar ~*** F kick up a fuss F
jalón *m* pull; ***dar un ~ a algo*** pull sth; ***de un ~*** *Méx fig* in one go
jalonar <1a> *v/t fig* mark out
Jamaica Jamaica
jamás *adv* never; ***~ te olvidaré*** I'll never forget you; ***¿viste ~ algo así?*** did you ever see anything like it?; ***nunca ~*** never ever; ***por siempre ~*** for ever and ever

J

jamón *m* ham; ~ ***de York*** cooked ham; ~ ***serrano*** cured ham; ***¡y un ~!*** F (*¡no!*) no way! F; (*¡bromeas!*) come off it! F
jangada *f S.Am.* F dirty trick
Japón Japan; **japonés 1** *adj* Japanese **2** *m*, **-esa** *f* Japanese
jaque *m* check; ~ ***mate*** checkmate; ***dar ~ a*** checkmate
jaqueca *f* MED migraine
jarabe *m* syrup; *Méx type of folk dance*
jardín *m* garden; ~ ***botánico*** botanic(al) gardens; ~ ***de infancia*** kindergarten; **jardinería** *f* gardening; **jardinero** *m*, **-a** *f* gardener
jarra *f* pitcher, *Br* jug; ***en ~s*** with hands on hips; **jarro** *m* pitcher, *Br* jug; ***un ~ de agua fría*** *fig* a total shock, a bombshell; **jarrón** *m* vase
jauja *f*: ***¡esto es ~!*** this is the life!
jaula *f* cage
jauría *f* pack
jazmín *m* BOT jasmine
J.C. *abr* (= ***Jesucristo***) J.C. (= Jesus Christ)
jefatura *f* headquarters; (*dirección*) leadership; ~ ***de policía*** police headquarters; **jefe** *m*, **-a** *f de departamento, organización* head; (*superior*) boss; POL leader; *de tribu* chief; ~ ***de cocina*** (head) chef; ~ ***de estado*** head of state
jengibre *m* BOT ginger
jeque *m* sheik
jerarquía *f* hierarchy
jerez *m* sherry
jerga *f* jargon; (*argot*) slang
jeringa *f* MED syringe; **jeringuilla** *f* MED syringe; ~ ***desechable*** *or* ***de un solo uso*** disposable syringe
jeroglífico *m* hieroglyphic; *rompecabezas* puzzle
jersey *m* sweater
Jesucristo *m* Jesus Christ; **Jesús** *m* Jesus; ***¡~!*** good grief!; *por estornudo* bless you!
jet 1 *m* AVIA jet **2** *f*: ~ (***set***) jet set
jeta *f* F face, mug F; ***¡qué ~ tiene!*** F he's got nerve! F, *Br* what a cheek! F
jibia *f* ZO cuttlefish
jícara *f Méx* drinking bowl; **jícaro** *m L.Am.* BOT calabash
jilguero *m* ZO goldfinch
jilote *m C.Am., Méx* young corn
jineta *f* ZO civet
jinete *m* rider; *en carrera* jockey
jirafa *f* ZO giraffe
jitomate *m Méx* tomato
JJ.OO. *abr* (= ***Juegos Olímpicos***) Olympic Games
jocoso *adj* humorous, joking
joder <2a> **1** *v/i* V screw V, fuck V **2** *v/t* V (*follar*) screw V, fuck V; (*estropear*) screw up V, fuck up V; *L.Am.* F (*fastidiar*) annoy, irritate; ***¡~!*** V fuck! V; ***me jode un montón*** V it really pisses me off P
jolgorio *m* F partying F
jolín *int* wow! F, jeez! F
jornada *f* (working) day; *distancia* day's journey; ***media ~*** half-day; ~ ***laboral*** work day; ~ ***partida*** split shift; **jornal** *m* day's wage; **jornalero** *m*, **-a** *f* day labo(u)rer
joroba *f* hump; *fig* pain F, drag F; **jorobado** *adj* hump-backed; *fig* F in a bad way F; **jorobar** <1a> *v/t* F (*molestar*) bug F; *planes* ruin
jorongo *m Méx* poncho
jota *f letter 'j'*; ***no saber ni ~*** F not have a clue F
joven 1 *adj* young **2** *m/f* young man; *mujer* young woman; ***los jóvenes*** young people
jovial *adj* cheerful
joya *f* jewel; *persona* gem; ***~s*** *pl* jewelry *sg*, *Br* jewellery *sg*; **joyería** *f* jewelry store, *Br* jeweller's; **joyero 1** *m*, **-a** *f* jewel(l)er **2** *m* jewelry (*Br* jewellery) box
juanete *m* MED bunion
jubilación *f* retirement; ~ ***anticipada*** early retirement; **jubilado 1** *adj* retired **2** *m*, **-a** *f* retiree, *Br* pensioner; **jubilar** <1a> **1** *v/t* retire; (*desechar*) get rid of **2** *v/r* **~se** retire; *C.Am.* play hooky F, play truant; **júbilo** *m* jubilation; **jubiloso** *adj* jubilant
judaísmo *m* Judaism

judía *f* BOT bean; ~ ***verde*** green bean, runner bean
judicial *adj* judicial
judío 1 *adj* Jewish **2** *m*, **-a** *f* Jew
judo *m* DEP judo
juego *m* game; *acción* play; *por dinero* gambling; (*conjunto de objetos*) set; ~ ***de azar*** game of chance; ~ ***de café*** coffee set; ~ ***de manos*** conjuring trick; ~ ***de mesa*** board game; ~ ***de rol*** role-playing game; ~ ***de sociedad*** game; ***Juegos Olímpicos*** Olympic Games; ***estar en ~*** *fig* be at stake; ***fuera de ~*** DEP offside; ***hacer ~ con*** go with, match
juerga *f* F partying F; ***irse de ~*** F go out on the town F, go out partying F
jueves *m inv* Thursday
juez *m/f* judge; ~ ***de línea*** *en fútbol* assistant referee; *en fútbol americano* line judge; **jueza** *f* → ***juez***
jugada *f* play, *Br* move; *en ajedrez* move; ***hacerle una mala ~ a alguien*** play a dirty trick on s.o.; **jugador** *m*, **~a** *f* player; **jugar** <1o> **1** *v/t* play **2** *v/i* play; *con dinero* gamble; ~ ***al baloncesto*** play basketball **3** *v/r* **~se** risk; ***~se la vida*** risk one's life; ***jugársela a alguien*** F do the dirty on s.o. F; **jugarreta** *f* F dirty trick F
jugo *m* juice; ***sacar ~ a algo*** get the most out of sth; **jugoso** *adj tb fig* juicy
juguete *m* toy; **juguetear** <1a> *v/i* play
juicio *m* judg(e)ment; JUR trial; (*sensatez*) sense; (*cordura*) sanity; ***a mi ~*** in my opinion; ***estar en su ~*** be in one's right mind; ***perder el ~*** lose one's mind
julio *m* July
junco *m* BOT reed
jungla *f* jungle
junio *m* June
júnior *adj tb* DEP junior
junta *f* POL (regional) government; *militar* junta; COM board; (*sesión*) meeting; TÉC joint; ~ ***directiva*** board of directors; ~ ***general anual*** annual general meeting; **juntar** <1a> **1** *v/t* put together; *gente* gather together; *bienes* collect, accumulate **2** *v/r* **~se** (*reunirse*) meet, assemble; *de pareja*: *empezar a salir* start going out; *empezar a vivir juntos* move in together; *de caminos, ríos* meet, join; ***~se con alguien*** *socialmente* mix with s.o.; **junto 1** *adj* together **2** *prp*: ~ ***a*** next to, near; ~ ***con*** together with
juntura *f* TÉC joint
jupa *f C.Am., Méx fig* F head, nut F
jurado *m* JUR jury; **juramento** *m* oath; ***bajo ~*** under oath; **jurar** <1a> *v/i* swear; **jurídico** *adj* legal; **jurisdicción** *f* jurisdiction; **jurisprudencia** *f* jurisprudence
justamente *adv* fairly; (*precisamente*) precisely
justicia *f* justice; ***la ~*** (*la ley*) the law; ***hacer ~ a*** do justice to; **justificable** *adj* justifiable; **justificación** *f tb* TIP justification; **justificante** *m de pago* receipt; *de ausencia, propiedad* certificate; **justificar** <1g> *v/t tb* TIP justify; *mala conducta* justify, excuse; **justo** *adj* just, fair; (*exacto*) right, exact; ***lo ~*** just enough; ***¡~!*** right!, exactly!
juvenil *adj* youthful; **juventud** *f* youth
juzgado 1 *part* → ***juzgar*** **2** *m* court; **juzgar** <1h> *v/t* JUR try; (*valorar*) judge; *considerar* consider, judge; ***a ~ por*** to judge by, judging by

J

K

kárate *m* DEP karate
kayak *m* DEP kayak
ketchup *m* ketchup
kg. *abr* (= ***kilogramo***) kg (= kilogram)
kilo *m* kilo; *fig* F million
kilogramo *m* kilogram, *Br* kilogramme
kilómetro *m* kilometer, *Br* kilometre
kiosco *m* kiosk
kiwi *m* BOT kiwi (fruit)
kleenex® *m* kleenex, tissue
km. *abr* (= ***kilómetro***) km (= kilometer)
km./h. *abr* (= ***kilómetros por hora***) kph (= kilometers per hour)
kv. *abr* (= ***kilovatio***) kw (= kilowatt)

K

L

la 1 *art* the **2** *pron complemento directo sg* her; *a usted* you; *algo* it; ***~ que está embarazada*** the one who is pregnant; ***~ más grande*** the biggest (one); ***dame ~ roja*** give me the red one
laberinto *m* labyrinth, maze
labia *f*: ***tener mucha ~*** have the gift of the gab; **labio** *m* lip
labor *f* work; (*tarea*) task, job; ***hacer ~es*** do needlework; ***no estar por la ~*** F not be enthusiastic about the idea; **laborable** *adj*: ***día ~*** workday; **laboral** *adj* labo(u)r *atr*; **laboratorio** *m* laboratory, lab F; **laborioso** *adj* laborious; *persona* hardworking; **labrador** *m* farm labo(u)rer, farm worker; **labranza** *f de la tierra* cultivation; **labrar** <1a> *v/t tierra* work; *piedra* carve; **labriego** *m* farm labo(u)rer, farm worker
laca *f* lacquer; *para el cabello* hairspray; ***~ de uñas*** nail varnish *o* polish
lacear <1a> *v/t Rpl* lasso
lacio *adj* limp; *pelo* lank
lacónico *adj* laconic
lacra *f* scar; *L.Am.* (*llaga*) sore; ***la corrupción es una ~ social*** corruption is a blot on society
lacre *m* sealing wax
lacrimógeno *adj fig* tear-jerking
lactancia *f* lactation; **lácteo** *adj*: ***Vía Láctea*** Milky Way; ***productos ~s*** dairy products
ladear <1a> *v/t* tilt; **ladera** *f* slope
ladino 1 *adj* cunning, sly **2** *m C.Am. Indian who has become absorbed into white culture*
lado *m* side; (*lugar*) place; ***al ~*** nearby; ***al ~ de*** beside, next to; ***de ~*** sideways; ***ir por otro ~*** go another way; ***por un ~ … por otro ~*** on the one hand … on the other hand; ***hacerse a un ~*** *tb fig* stand aside
ladrar <1a> *v/i* bark

ladrillo *m* brick
ladrón *m* thief
lagartija *f* ZO small lizard; **lagarto** *m* ZO lizard
lago *m* lake
lágrima *f* tear
laguna *f* lagoon; *fig* gap
laico *adj* lay
lamentable *adj* deplorable; **lamentablemente** *adv* regretfully; **lamentar** <1a> **1** *v/t* regret, be sorry about; *muerte* mourn **2** *v/r* **~se** complain (**de** about); **lamento** *m* whimper; *por dolor* groan
lamer <2a> *v/t* lick
lámina *f* sheet
lámpara *f* lamp; **~ *halógena*** halogen lamp; **~ *de pie*** floor lamp, *Br* standard lamp; **lamparón** *m* F grease mark
lana *f* wool; *Méx* P dough F; ***pura ~ virgen*** pure new wool
lancha *f* launch; **~ *fueraborda*** outboard
langosta *f* ZO *insecto* locust; *crustáceo* spiny lobster; **langostino** *m* ZO king prawn
languidecer <2d> *v/i* languish; **lánguido** *adj* languid
lanza *f* lance; **lanzadera** *f* shuttle; **~ *espacial*** space shuttle; **lanzado** **1** *adj fig* go-ahead; ***es muy ~ con las chicas*** he's not shy with girls **2** *part* → ***lanzar***, **lanzamiento** *m* MIL, COM launch; **~ *de disco* / *de martillo*** discus / hammer (throw); **~ *de peso*** shot put; **lanzar** <1f> **1** *v/t* throw; *cohete*, *producto* launch; *bomba* drop **2** *v/r* **~se** throw o.s. (**en** into); (*precipitarse*) pounce (**sobre** on); ***~se a hacer algo*** rush into doing sth
lapa *f* ZO limpet
lapicera *f Rpl*, *Chi* (ballpoint) pen; **~ *fuente*** *L.Am.* fountain pen; **lapicero** *m* automatic pencil, *Br* propelling pencil
lápida *f* memorial stone; **lapidario** *adj* memorable
lápiz *m* pencil; **~ *de ojos*** eyeliner; **~ *labial*** *or* ***de labios*** lipstick; **~ *óptico*** light pen
lapso *m de tiempo* space, period; **lapsus** *m inv* slip; ***tener un ~*** have a momentary lapse
larga *f*: ***poner la(s) ~(s)*** put the headlights on full beam; ***dar ~s a alguien*** F put s.o. off; **largar** <1h> **1** *v/t* drive away **2** *v/r* **~se** F clear off *o* out F; **largo** **1** *adj* long; *persona* tall; ***a la -a*** in the long run; ***a lo ~ del día*** throughout the day; ***a lo ~ de la calle*** along the street; ***¡~!*** F scram! F; ***esto va para ~*** this will take some time; ***pasar de ~*** go (straight) past **2** *m* length; **largometraje** *m* feature film; **larguero** *m* DEP crossbar
laringe *f* larynx; **laringitis** *f* MED laryngitis
larva *f* ZO larva
las **1** *art fpl* the **2** *pron complemento directo pl* them; *a ustedes* you; ***llévate ~ que quieras*** take whichever ones you want; ***~ de ...*** those of ...; ***~ de Juan*** Juan's; ***~ que llevan falda*** the ones *o* those that are wearing dresses
lasaña *f* GASTR lasagne
lascivo *adj* lewd
láser *m* laser; ***rayo ~*** laser beam
lástima *f* pity, shame; ***me da ~ no usarlo*** it's a shame *o* pity not to use it; ***¡qué ~!*** what a pity *o* shame!; **lastimar** <1a> **1** *v/t* (*herir*) hurt **2** *v/r* **~se** hurt o.s.; **lastimoso** *adj* pitiful; (*deplorable*) shameful
lastre *m* ballast; *fig* burden
lata *f* can, *Br tb* tin; *fig* F drag F, pain F; ***dar la ~*** F be a drag F *o* a pain F
latente *adj* latent
lateral **1** *adj* side *atr*; ***cuestiones ~es*** side issues **2** *m* DEP: **~ *derecho* / *izquierdo*** right / left back
latería *f L.Am.* tin works; **latero** *m*, **-a** *f L.Am.* tinsmith
latido *m* beat
latifundio *m* large estate
latigazo *m* lash; (*chasquido*) crack; **látigo** *m* whip
latín *m* Latin; **latino** *adj* Latin; **Latinoamérica** Latin America;

L

latinoamericano **1** *adj* Latin American **2** *m*, **-a** *f* Latin American
latir <3a> *v/i* beat
latitud *f* GEOG latitude
latón *m* brass
laucha *f S.Am.* mouse
laurel *m* BOT laurel; ***dormirse en los ~es*** *fig* rest on one's laurels
lava *f* lava
lavable *adj* washable; **lavabo** *m* washbowl; **lavada** *f L.Am.* wash; **lavado** *m* washing; ***~ de cerebro*** *fig* brainwashing; **lavadora** *f* washing machine; **lavamanos** *m inv L.Am.* → ***lavabo***
lavanda *f* BOT lavender
lavandería *f* laundry
lavaplatos *m inv* dishwasher; *L.Am.* sink
lavar <1a> **1** *v/t* wash; ***~ los platos*** wash the dishes; ***~ la ropa*** do the laundry, *Br tb* do the washing; ***~ en seco*** dry-clean **2** *v/i* (*lavar los platos*) do the dishes; *de detergente* clean **3** *v/r* **~se** wash up, *Br* have a wash; ***~se los dientes*** brush one's teeth; ***~se las manos*** wash one's hands; ***yo me lavo las manos*** *fig* I wash my hands of it
lavarropas *m inv L.Am.* washing machine
lavavajillas *m inv líquido* dishwashing liquid, *Br* washing-up liquid; *electrodoméstico* dishwasher
laxante *m/adj* MED laxative; **laxo** *adj* relaxed; (*poco estricto*) lax
lazada *f* bow
lazarillo *m* guide; ***perro ~*** seeing eye dog, *Br* guide dog
lazo *m* knot; *de adorno* bow; *para atrapar animales* lasso
le *pron sg complemento indirecto* (to) him; (*a ella*) (to) her; (*a usted*) (to) you; (*a algo*) (to) it; *complemento directo* him; (*a usted*) you
leal *adj* loyal; **lealtad** *f* loyalty
lección *f* lesson; ***esto le servirá de ~*** that will teach him a lesson
lechar <1a> *v/t L.Am.* (*ordeñar*) milk; **leche** *f* milk; ***~ condensada*** condensed milk; ***~ entera*** whole milk; ***~ en polvo*** powdered milk; ***estar de mala ~*** P be in a foul mood; ***tener mala ~*** P be out to make trouble; **lechería** *f* dairy; **lechero** **1** *adj* dairy *atr* **2** *m* milkman
lecho *m tb de río* bed
lechón *m* suckling pig
lechuga *f* lettuce; ***ser más fresco que una ~*** F have a lot of nerve
lechuza *f* ZO barn-owl; *Cuba, Méx* P hooker F
lectivo *adj*: ***día ~*** school day; **lector** *m*, **~a** *f* reader; **lectura** *f* reading
leer <2e> *v/t* read
legado *m* legacy; *persona* legate
legal *adj* legal; *fig* F *persona* great F, terrific F; **legalidad** *f* legality; **legalizar** <1f> *v/t* legalize
legaña *f*: ***tener ~s en los ojos*** have sleep in one's eyes
legar <1h> *v/t* leave
legendario *adj* legendary
legible *adj* legible
legión *f* legion
legislación *f* legislation; **legislar** <1a> *v/i* legislate; **legislativo** *adj* legislative; **legislatura** *f cuerpo* legislature; *periodo* term of office
legitimar <1a> *v/t* justify; *documento* authenticate; **legítimo** *adj* legitimate; (*verdadero*) authentic
lego *adj* lay *atr*; *fig* ignorant
legua *f*: ***se ve a la ~*** *fig* F you can see it a mile off F; *hecho* it's blindingly obvious F
legumbre *f* BOT pulse
leída *f L.Am.* reading
lejanía *f* distance; ***en la ~*** in the distance; **lejano** *adj* distant
lejía *f* bleach
lejos **1** *adv* far, far away; ***Navidad queda ~*** Christmas is a long way off; ***a lo ~*** in the distance; ***ir demasiado ~*** *fig* go too far, overstep the mark; ***llegar ~*** *fig* go far **2** *prp*: ***~ de*** far from
lele *adj C.Am.* stupid
lema *m* slogan
lencería *f* lingerie

L

lengua *f* tongue; ~ ***materna*** mother tongue; ***con la ~ fuera*** *fig* with one's tongue hanging out; ***irse de la ~*** let the cat out of the bag; ***sacar la ~ a alguien*** stick one's tongue out at s.o.; ***lo tengo en la punta de la ~*** it's on the tip of my tongue
lenguado *m* ZO sole
lenguaje *m* language; ~ ***de programación*** INFOR programming language; **lenguaraz** *adj* foul-mouthed; **lengüeta** **1** *f de zapato* tongue **2** *adj*: ***ser ~*** *S.Am.* F be a gossip
lenitivo *m* balm
lente *f* lens; ***~s de contacto*** contact lenses, contacts; **lentes** *mpl L.Am.* glasses
lenteja *f* BOT lentil
lentejuela *f* sequin
lentillas *fpl* contact lenses
lentitud *f* slowness; **lento** *adj* slow; ***a fuego ~*** on a low heat
leña *f* (fire)wood; ***echar ~ al fuego*** *fig* add fuel to the fire; **leñador** *m* woodcutter; **leño** *m* log
Leo *m/f inv* ASTR Leo
león *m* ZO lion; *L.Am.* puma; ~ ***marino*** sealion; **leona** *f* lioness; **leonera** *f* lion's den; *jaula* lion's cage; *Rpl, Chi fig* F *habitación desordenada etc* pigsty F; *L.Am.* F *para prisioneros* bullpen F, *Br communal cell for holding prisoners temporarily*
leopardo *m* ZO leopard
leotardo *m de gimnasta* leotard; ***~s*** tights, *Br* heavy tights
lépero *adj C.Am., Méx* coarse
lerdo *adj* (*torpe*) slow(-witted)
les *pron pl complemento indirecto* (to) them; (*a ustedes*) (to) you; *complemento directo* them; (*a ustedes*) you
lesbiana *f* lesbian
lesión *f* injury; **lesionado** *adj* injured; **lesionar** <1a> *v/t* injure
letal *adj* lethal
letanía *f* litany
letárgico *adj* lethargic
letra *f* letter; *de canción* lyrics *pl*; ~ ***de cambio*** COM bill of exchange; ~ ***de imprenta*** block capital; ~ ***mayúscula*** capital letter; ***al pie de la ~*** word for word
letrero *m* sign
letrina *f* latrine
leucemia *f* MED leuk(a)emia
levadura *f* yeast
levantamiento *m* raising; (*rebelión*) rising; *de embargo* lifting; **levantar** <1a> **1** *v/t* raise; *bulto* lift (up); *del suelo* pick up; *edificio, estatua* put up, erect; *embargo* lift; ~ ***sospechas*** arouse suspicion; ***¡levanta los ánimos!*** cheer up!; ~ ***la voz*** raise one's voice **2** *v/r* **~se** get up; (*ponerse de pie*) stand up; *de un edificio, una montaña* rise; *en rebelión* rise up
levante *m* east
levar <1a> *v/t*: ~ ***anclas*** weigh anchor
leve *adj* slight; *sonrisa* faint; **levedad** *f* lightness
levitar <1a> *v/i* levitate
léxico *m* lexicon
ley *f* law; ***con todas las de la ~*** fairly and squarely
leyenda *f* legend
leyendo *vb* → ***leer***
leyó *vb* → ***leer***
liana *f* BOT liana, creeper
liar <1c> **1** *v/t* tie (up); *en papel* wrap (up); *cigarillo* roll; *persona* confuse **2** *v/r* **~se** *de una persona* get confused; ***~se a hacer algo*** get tied up doing sth; ***~se con alguien*** F get involved with s.o.
Líbano Lebanon
libélula *f* ZO dragonfly
liberación *f* release; *de un país* liberation; **liberal** *adj* liberal; **liberalización** *f* liberalization; **liberalizar** <1f> *v/t* liberalize; **liberar** <1a> **1** *v/t* (set) free, release; *país* liberate; *energía* release **2** *v/r* **~se**: ***~se de algo*** free o.s. of sth; **libertad** *f* freedom, liberty; ~ ***bajo fianza*** JUR bail; ~ ***condicional*** JUR probation; ***dejar a alguien en ~*** release s.o., let s.o. go
libertinaje *m* licentiousness
Libia Libya

líbido *f* libido

libio(-a) *m/f & adj* Libyan

libra *f* pound; ***~ esterlina*** pound (sterling)

Libra *m/f inv* ASTR Libra

librar <1a> **1** *v/t* free (***de*** from); *cheque* draw; *batalla* fight **2** *v/i*: ***libro los lunes*** I have Mondays off **3** *v/r* **~se**: ***~se de algo*** get out of sth; ***de buena nos hemos librado*** F that was lucky

libre *adj* free; *tiempo* spare, free; ***eres ~ de*** you're free to; **librecambio** *m* free trade

librera *f* bookseller; **librería** *f* book store; **librero** *m* bookseller; *L.Am. mueble* bookcase; **libreta** *f* notebook; ***~ de ahorros*** bankbook, passbook; **libro** *m* book; ***~ de bolsillo*** paperback (book); ***~ de cocina*** cookbook, cookery book; ***~ de familia*** *booklet recording family births, marriages and deaths*; ***~ de reclamaciones*** complaints book

licencia *f* permit, license, *Br* licence; (*permiso*) permission; MIL leave; ~ (***de manejar*** *or* ***conducir***) *L.Am.* driver's license, *Br* driving licence; ***tomarse demasiadas ~s*** take liberties; **licenciado** *m*, **-a** *f* graduate; **licenciar** <1b> **1** *v/t* MIL discharge **2** *v/r* **~se** graduate; MIL be discharged; **licenciatura** *f* EDU degree

liceo *m L.Am.* high school, *Br* secondary school

licitación *f L.Am.* bidding; **licitador** *m*, **~a** *f L.Am.* bidder; **licitar** <1a> *v/t L.Am. en subasta* bid for

lícito *adj* legal; (*razonable*) fair, reasonable

licor *m* liquor, *Br* spirits *pl*

licuado *m Méx* fruit milkshake; **licuadora** *f* blender; **licuar** <1d> *v/t* blend, liquidize

líder **1** *m/f* leader **2** *adj* leading; **liderar** <1a> *v/t* lead; **liderazgo** *m* leadership

lidia *f* bullfighting; **lidiar** <1b> **1** *v/i fig* do battle, struggle **2** *v/t toro* fight

liebre *f* ZO hare

lienzo *m* canvas

liga *f* POL, DEP league; *de medias* garter; **ligamento** *m* ANAT ligament; **ligar** <1h> **1** *v/t* bind; (*atar*) tie **2** *v/i*: ***~ con*** F pick up F

ligereza *f* lightness; (*rapidez*) speed; *de movimiento* agility; *de carácter* shallowness, superficiality; **ligero** **1** *adj* (*de poco peso*) light; (*rápido*) rapid, quick; *movimiento* agile, nimble; (*leve*) slight; ***~ de ropa*** scantily clad; ***a la -a*** (*sin pensar*) lightly, casually; ***tomar algo a la -a*** not take sth seriously **2** *adv* quickly

ligón *m* F: ***es un ~*** he's a real Don Juan F

ligue *m* F: ***estar de ~*** be on the pickup F, *Br* be on the pull F

liguero *m* garter belt, *Br* suspender belt

lija *f*: ***papel de ~*** sandpaper; **lijar** <1a> *v/t* sand

lila *f* BOT lilac

lima *f* file; BOT lime; ***~ de uñas*** nail file; **limar** <1a> *v/t* file; *fig* polish

limitado **1** *adj* limited **2** *part* → ***limitar***; **limitar** <1a> **1** *v/t* limit **2** *v/i*: ***~ con*** border on **3** *v/r* **~se** limit *o* restrict o.s. (***a*** to); **límite** **1** *m* limit; (*línea de separación*) boundary; ***~ de velocidad*** speed limit **2** *adj*: ***situación ~*** life-threatening situation; **limítrofe** *adj* neighbo(u)ring

limón *m* lemon; **limonada** *f* lemonade

limosna *f*: ***una ~, por favor*** can you spare some change?

limpiabotas *m/f inv* bootblack

limpiacristales *m inv* window cleaner

limpiada *f L.Am.* clean

limpiamanos *m inv L.Am.* hand towel

limpiaparabrisas *m inv* AUTO windshield wiper, *Br* windscreen wiper

limpiar <1b> *v/t* clean; *con un trapo* wipe; *fig* clean up; ***~ a alguien*** F clean s.o. out F; **limpieza** *f estado* cleanliness; *acto* cleaning; ***~ general***

spring cleaning; ~ ***en seco*** dry-cleaning; ***hacer la*** ~ do the cleaning; **limpio** *adj* clean; (*ordenado*) neat, tidy; *político* honest; ***gana $5.000 ~s al mes*** he takes home $5,000 a month; ***quedarse*** ~ *S.Am.* F be broke F; ***sacar algo en*** ~ *fig* make sense of sth

limusina *f* limousine

linaje *m* lineage

lince *m* ZO lynx; ***ojos*** *or* ***vista de*** ~ *fig* eyes like a hawk

linchar <1a> *v/t* lynch

lindar <1a> *v/i*: ~ ***con algo*** adjoin sth; *fig* border on sth

lindo *adj* lovely; ***de lo*** ~ a lot, a great deal

línea *f* line; ~ ***aérea*** airline; ***mantener la*** ~ watch one's figure; ***de primera*** ~ *fig* first-rate; ***tecnología de primera*** ~ state-of-the art technology; ***entre ~s*** *fig* between the lines; **lineal** *adj* linear

linfático *adj* lymphatic

lingote *m* ingot; ~ ***de oro*** gold bar

lingüista *m/f* linguist; **lingüística** *f* linguistics; **lingüístico** *adj* linguistic

linier *m* DEP assistant referee, linesman

lino *m* linen; BOT flax

linterna *f* flashlight, *Br* torch

lío *m* bundle; F (*desorden*) mess; F (*jaleo*) fuss; ~ ***amoroso*** F affair; ***estar hecho un*** ~ be all confused; ***hacerse un*** ~ get into a muddle; ***meterse en ~s*** get into trouble

liposucción *f* MED liposuction

lipotimia *f* MED blackout

liquen *m* BOT lichen

liquidación *f* COM *de cuenta*, *deuda* settlement; *de negocio* liquidation; ~ ***total*** clearance sale; **liquidar** <1a> *v/t cuenta*, *deuda* settle; COM *negocio* wind up, liquidate; *existencias* sell off; F (*matar*) liquidate F, bump off F; **liquidez** *f* COM liquidity; **líquido 1** *adj* liquid; COM net **2** *m* liquid

lira *f* lira

lírico *adj* lyrical

lirio *m* BOT lily

lirón *m* ZO dormouse; ***dormir como un*** ~ *fig* F sleep like a log

lisiado 1 *adj* crippled **2** *m* cripple

liso *adj* smooth; *terreno* flat; *pelo* straight; (*sin adornos*) plain; ***-a y llanamente*** plainly and simply

lisonja *f* flattery

lista *f* list; ~ ***de boda*** wedding list; ~ ***de espera*** waiting list; ***pasar*** ~ take the roll call, *Br* call the register; **listado** *m* INFOR printout; **listín** *m*: ~ (***telefónico***) phone book

listo *adj* (*inteligente*) clever; (*preparado*) ready; ***pasarse de*** ~ F try to be too smart F

listón *m de madera* strip; DEP bar; ***poner el ~ muy alto*** *fig* set very high standards

lisura *f Rpl*, *Pe* curse, swearword

litera *f* bunk; *de tren* couchette

literal *adj* literal; **literario** *adj* literary; **literatura** *f* literature

litigante *m/f* & *adj* JUR litigant; **litigar** <1h> *v/i* JUR go to litigation; **litigio** *m* lawsuit

litografía *f* lithography

litoral 1 *adj* coastal **2** *m* coast

litro *m* liter, *Br* litre

liturgia *f* REL liturgy

liviano *adj* light; (*de poca importancia*) trivial

lívido *adj* pale

llaga *f* ulcer; ***poner*** *or* ***meter el dedo en la*** ~ *fig* put one's finger on it

llama *f* flame; ZO llama

llamada *f* call; *en una puerta* knock; *en timbre* ring; ~ ***a cobro revertido*** collect call; ~ ***de auxilio*** distress call; **llamado** *m L.Am.* call; **llamador** *m* (door) knocker; **llamamiento** *m* call; ***hacer un ~ a algo*** call for sth; **llamar** <1a> **1** *v/t* call; TELEC call, *Br tb* ring **2** *v/i* TELEC call, *Br tb* ring; ~ ***a la puerta*** knock at the door; *con timbre* ring the bell; ***el fútbol no me llama nada*** football doesn't appeal to me in the slightest **3** *v/r* **~se** be called; ***¿cómo te llamas?*** what's your name?

llamarada *f* flare-up

L

llamativo *adj* eyecatching; *color* loud
llamón *adj Méx* moaning
llano 1 *adj terreno* level; *trato* natural; *persona* unassuming **2** *m* flat ground
llanta *f* wheel rim; *C.Am., Méx* (*neumático*) tire, *Br* tyre
llanto *m* sobbing
llanura *f* plain
llave *f* key; *para tuerca* wrench, *Br tb* spanner; **~ *de contacto*** AUTO ignition key; **~ *inglesa*** TÉC monkey wrench; **~ *de paso*** stop cock; **~ *en mano*** available for immediate occupancy; ***bajo* ~** under lock and key; ***cerrar con* ~** lock; **llavero** *m* key ring
llegada *f* arrival; **llegar** <1h> **1** *v/i* arrive; (*alcanzar*) reach; ***la comida no llegó para todos*** there wasn't enough food for everyone; ***me llega hasta las rodillas*** it comes down to my knees; ***el agua me llegaba a la cintura*** the water came up to my waist; **~ *a saber*** find out; **~ *a ser*** get to be; **~ *a viejo*** live to a ripe old age **2** *v/r* **~se**: ***llégate al vecino*** F run over to the neighbo(u)r's
llenar <1a> **1** *v/t* fill; *impreso* fill out *o* in **2** *v/i* be filling **3** *v/r* **~se** fill up; ***me he llenado*** I have had enough (to eat); **lleno** *adj* full (***de*** of); *pared* covered (***de*** with); ***de* ~** fully
llevadero *adj* bearable
llevar <1a> **1** *v/t* take; *ropa, gafas* wear; *ritmo* keep up; **~ *a alguien en coche*** drive s.o., take s.o. in the car; **~ *dinero encima*** carry money; **~ *las de perder*** be likely to lose; ***me lleva dos años*** he's two years older than me; ***llevo ocho días aquí*** I've been here a week; ***llevo una hora esperando*** I've been waiting for an hour **2** *v/i* lead (***a*** to) **3** *v/r* **~se** take; *susto, sorpresa* get; ***~se bien / mal*** get on well / badly; ***se lleva el color rojo*** red is fashionable
llorar <1a> *v/i* cry, weep; **lloriquear** <1a> *v/i* snivel, whine; **lloro** *m* weeping, crying; **llorón 1** *adj*: ***ser* ~** be a crybaby F **2** *m* F crybaby F
llovedera *f L.Am.*, **llovedero** *m L.Am.* rainy season
llover <2h> *v/i* rain; ***llueve*** it is raining
llovizna *f* drizzle; **lloviznar** <1a> *v/i* drizzle
llueve *vb* → ***llover***
lluvia *f* rain; *Rpl* (*ducha*) shower; **~ *ácida*** acid rain; **lluvioso** *adj* rainy
lo 1 *art sg* the; **~ *bueno*** the good thing; ***no sabes* ~ *difícil que es*** you don't know how difficult it is **2** *pron sg*: *a él* him; *a usted* you; *algo* it; **~ *sé*** I know **3** *pron rel sg*: **~ *que*** what; **~ *cual*** which
loable *adj* praiseworthy, laudable
lobo *m* wolf; **~ *marino*** seal; **~ *de mar*** *fig* sea dog
lóbrego *adj* gloomy
lóbulo *m* lobe; **~ *de la oreja*** earlobe
loca *f* madwoman
locador *m S.Am.* landlord
local 1 *adj* local **2** *m* premises *pl*; **~ *comercial*** commercial premises *pl*; **localidad** *f* town; TEA seat; **localización** *f* location; **localizar** <1f> *v/t* locate; *incendio* contain, bring under control
loción *f* lotion
loco 1 *adj* mad, crazy; ***a lo* ~** F (*sin pensar*) hastily; ***es para volverse* ~** it's enough to drive you mad *o* crazy **2** *m* madman
locomoción *f* locomotion; ***medio de* ~** means of transport; **locomotora** *f* locomotive
locro *m S.Am. stew of meat, corn and potatoes*
locuaz *adj* talkative, loquacious *fml*; **locución** *f* phrase
locura *f* madness; ***es una* ~** it's madness
locutor *m*, **~a** *f* RAD, TV presenter; **locutorio** *m* TELEC phone booth
lodazal *m* quagmire; **lodo** *m* mud
lógica *f* logic; **lógico** *adj* logical; **logística** *f* logistics
logopeda *m/f* speech therapist
logotipo *m* logo

logrado *adj* excellent; **lograr** <1a> *v/t* achieve; (*obtener*) obtain; ~ ***hacer algo*** manage to do sth; ~ ***que alguien haga algo*** (manage to) get s.o. to do sth; **logrero** *m L.Am.* F profiteer; **logro** *m* achievement

loma *f L.Am.* small hill

lombriz *f*: ~ ***de tierra*** earthworm

lomo *m* back; GASTR loin; ***a ~s de burro*** on a donkey

lona *f* canvas

loncha *f* slice

lonche *m L.Am.* afternoon snack; **lonchería** *f L.Am.* diner, luncheonette

londinense 1 *adj* London *atr* **2** *m/f* Londoner; **Londres** London

longaniza *f type of dried sausage*

longevidad *f* longevity; **longevo** *adj* long-lived

longitud *f* longitude; (*largo*) length; **longitudinal** *adj* longitudinal

lonja *f de pescado* fish market; (*loncha*) slice

loquera *f L.Am.* F shrink F; *enfermera* psychiatric nurse; **loquero** *m L.Am.* F *persona* shrink F; *enfermero* psychiatric nurse; (*manicomio*) mental hospital, funny farm F

loro *m* parrot; ***estar al*** ~ F (*enterado*) be clued up F, be on the ball F

los *mpl* **1** *art* the **2** *pron complemento directo pl* them; *a ustedes* you; ***llévate ~ que quieras*** take whichever ones you want; ~ ***de ...*** those of ...; ~ ***de Juan*** Juan's; ~ ***que juegan*** the ones *o* those that are playing

losa *f* flagstone

lote *m en reparto* share, part; *L.Am.* (*solar*) lot; **lotería** *f* lottery; **loto 1** *m* BOT lotus **2** *f* F lottery

loza *f* china

lozano *adj* healthy-looking

lubina *f* ZO sea bass

lubri(fi)cación *f* lubrication; **lubri(fi)cante 1** *adj* lubricating **2** *m* lubricant; **lubri(fi)car** <1g> *v/t* lubricate

lucero *m* bright star; (*Venus*) Venus

lucha *f* fight, struggle; DEP wrestling; ~ ***libre*** DEP all-in wrestling; **luchador 1** *adj espíritu* fighting **2** *m*, **~a** *f* fighter; **luchar** <1a> *v/i* fight (***por*** for)

lúcido *adj* lucid, clear

luciérnaga *f* ZO glow-worm

lucimiento *m* (*brillo*) splendo(u)r; ***le ofrece oportunidades de*** ~ it gives him a chance to shine

lucio *m* ZO pike

lucir <3f> **1** *v/i* shine; *L.Am.* (*verse bien*) look good **2** *v/t ropa, joya* wear **3** *v/r* **~se** *tb irón* excel o.s., surpass o.s.

lucrativo *adj* lucrative; **lucro** *m* profit; ***afán de*** ~ profit-making; ***sin ánimo de*** ~ non-profit (making), not-for-profit

ludopatía *f* compulsive gambling

luego 1 *adv* (*después*) later; *en orden, espacio* then; *L.Am.* (*en seguida*) right now; ~ ~ *Méx* straight away; ***¡desde ~!*** of course!; ***¡hasta ~!*** see you (later) **2** *conj* therefore; ~ ***que*** *L.Am.* after

lugar *m* place; ~ ***común*** cliché; ***en ~ de*** instead of; ***en primer*** ~ in the first place, first(ly); ***fuera de*** ~ out of place; ***yo en tu*** ~ if I were you, (if I were) in your place; ***dar ~ a*** give rise to; ***tener*** ~ take place

lúgubre *adj* gloomy

lujo *m* luxury; **lujoso** *adj* luxurious; **lujuria** *f* lust; **lujurioso** *adj* lecherous

lumbago *m* MED lumbago

lumbre *f* fire; **lumbrera** *f* genius; **luminoso** *adj* luminous; *lámpara, habitación* bright

luna *f* moon; *de tienda* window; *de vehículo* windshield, *Br* windscreen; ~ ***de miel*** honeymoon; ~ ***llena / nueva*** full / new moon; ***media*** ~ *L.Am.* GASTR croissant; ***estar en la*** ~ F have one's head in the clouds F; **lunar 1** *adj* lunar **2** *m en la piel* mole; ***de ~es*** spotted, polka-dot; **lunático** *adj* lunatic

lunes *m inv* Monday

luneta *f*: ~ ***térmica*** AUTO heated windshield, *Br* heated windscreen

L

lunfardo *m Arg slang used in Buenos Aires*
lupa *f* magnifying glass; ***mirar algo con ~*** *fig* go through sth with a fine toothcomb
lustrabotas *m/f inv L.Am.* bootblack; **lustrador** *m*, **~a** *f L.Am.* bootblack; **lustrar** <1a> *v/t* polish; **lustre** *m* shine; *fig* luster, *Br* lustre; ***dar ~ a*** *fig* give added luster (*Br* lustre) to; **lustro** *m* period of five years; **lustroso** *adj* shiny
luto *m* mourning; ***estar de ~ por alguien*** be in mourning for s.o.
luxación *f* MED dislocation
luz *f* light; ***~ trasera*** AUTO rear light; ***luces de carretera*** *or* ***largas*** AUTO full *o* main beam headlights; ***luces de cruce*** *or* ***cortas*** AUTO dipped headlights; ***~ verde*** *tb fig* green light; ***arrojar ~ sobre algo*** *fig* shed light on s.th.; ***dar a ~*** give birth to; ***salir a la ~*** *fig* come to light; ***a todas luces*** evidently, clearly; ***de pocas luces*** *fig* F dim F, not very bright

M

m *abr* (= ***metro***) m (= meter); (= ***minuto***) m (= minute)
macabro 1 *adj* macabre **2** *m*, **-a** *f* ghoul
macaco *m* ZO macaque
macana *f L.Am.* billyclub, *Br* truncheon; F (*mentira*) lie, fib F; ***hizo/dijo una ~*** he did/said something stupid; ***¡qué ~!*** *Rpl* P what a drag!; **macanear** <1a> *v/t L.Am.* (*aporrear*) beat; **macanudo** *S.Am.* F great F, fantastic F
macarra 1 *m* P pimp **2** *adj* F: ***ser ~*** be a bastard P
macarrones *mpl* macaroni *sg*
macedonia *f*: ***~ de frutas*** fruit salad
macerar <1a> *v/t* GASTR soak
maceta *f* flowerpot; **macetero** *m* flowerpot holder; *L.Am.* flowerpot
machacar <1g> *v/t* crush; *fig* thrash
machete *m* machete
machismo *m* male chauvinism; **machista 1** *adj* sexist **2** *m* sexist, male chauvinist; **macho 1** *adj* male; (*varonil*) tough; *desp* macho **2** *m* male; *apelativo* F man F, *Br* mate F; *L.Am.* (*plátano*) banana
macizo 1 *adj* solid; ***estar ~*** F be a dish F **2** *m* GEOG massif; ***~ de flores*** flower bed
macuto *m* backpack
madeja *f* hank
madera *f* wood; ***tener ~ de*** have the makings of; **maderera** *f* timber merchant; **madero** *m* P cop P
madrastra *f* step-mother
madre 1 *f* mother; ***~ soltera*** single mother; ***dar en la ~ a alguien*** F hit s..o. where it hurts ; ***¡me vale ~!*** *Méx* V I don't give a fuck! V **2** *adj Méx, C.Am.* F great F, fantastic; **madreselva** *f* BOT honeysuckle
Madrid Madrid
madriguera *f* (*agujero*) burrow; (*guarida*) *tb fig* den
madrileño 1 *adj* of/from Madrid, Madrid *atr* **2** *m*, **-a** *f* native of Madrid
madrina *f* godmother
madrugada *f* early morning; (*amanecer*) dawn; ***de ~*** in the small hours; **madrugador** *m*, **~a** *f* early riser; **madrugar** <1h> *v/i L.Am.* (*quedar despierto*) stay up till the small hours; (*levantarse temprano*) get up early
madurar <1a> **1** *v/t fig*: *idea* think

through **2** *v/i de persona* mature; *de fruta* ripen; **madurez** *f mental* maturity; *edad* middle age; *de fruta* ripeness; **maduro** *adj mentalmente* mature; *de edad* middle-aged; *fruta* ripe

maestría *f* mastery; *Méx* EDU master's (degree); **maestro 1** *adj* master *atr* **2** *m*, **-a** *f* EDU teacher; MÚS maestro

mafia *f* mafia; **mafioso 1** *adj* mafia *atr* **2** *m* mafioso, gangster

magdalena *f* cupcake, *Br tb* fairy cake

magia *f tb fig* magic; **mágico** *adj* magic

magisterio *m* teaching profession; **magistrado** *m* judge; **magistral** *adj* masterly

magnanimidad *f* magnanimity; **magnánimo** *adj* magnanimous

magnate *m* magnate, tycoon

magnesio *m* magnesium

magnético *adj* magnetic

magnetofón *m* tape recorder

magnífico *adj* wonderful, magnificent

magnitud *f* magnitude

magnolia *f* BOT magnolia

mago *m tb fig* magician; ***los Reyes Magos*** the Three Wise Men, the Three Kings

magrear <1a> *v/t* F feel up F

Magreb Maghreb

magro *adj carne* lean

magulladura *f* bruise; **magullar** <1a> *v/t* bruise; **magullón** *m L.Am.* bruise

mahometano 1 *adj* Muslim **2** *m*, **-a** *f* Muslim

mahonesa *f* mayonnaise

maillot *m* DEP jersey

maíz *m* corn

majada *f CSur* flock of sheep

majaderear <1a> *L.Am.* F **1** *v/t* bug F **2** *v/i* keep going on F

majadería *f*: ***decir / hacer una ~*** say / do something stupid

majadero F **1** *adj* idiotic, stupid **2** *m*, **-a** *f* idiot

majareta *adj* F nutty F, screwy F

majestad *f* majesty; **majestuoso** *adj* majestic

majo *adj* F nice; (*bonito*) pretty

mal 1 *adj* → ***malo*** **2** *adv* badly; ***~ que bien*** one way or the other; ***¡menos ~!*** thank goodness!; ***ponerse a ~ con alguien*** fall out with s.o.; ***tomarse algo a ~*** take sth badly **3** *m* MED illness; ***el ~ menor*** the lesser of two evils

malabar *m/adj*: (***juegos***) ***-es*** *pl* juggling *sg*; **malabarista** *m/f* juggler

malacrianza *f L.Am.* rudeness

malaria *f* MED malaria

malcriadez *f L.Am.* bad upbringing; **malcriado** *adj* spoilt; **malcrianza** *f L.Am.* rudeness; **malcriar** <1c> *v/t* spoil

maldad *f* evil; ***es una ~ hacer eso*** it's a wicked thing to do

maldecir <3p> **1** *v/i* curse; ***~ de alguien*** speak ill of s.o. **2** *v/t* curse; **maldición** *f* curse; **maldito** *adj* F damn F; ***¡-a sea!*** (god)damn it!

maleante *m/f & adj* criminal

malecón *m* breakwater

maleducado *adj* rude, bad-mannered

maleficio *m* curse; **maléfico** *adj* evil

malentendido *m* misunderstanding

malestar *m* MED discomfort; *social* unrest

maleta *f* bag, suitcase; *L.Am.* AUTO trunk, *Br* boot; ***hacer la ~*** pack one's bags; **maletero** *m* trunk, *Br* boot; **maletín** *m* briefcase

malévolo *adj* malevolent

maleza *f* undergrowth

malformación *f* MED malformation

malgastar <1a> *v/t* waste

malgenioso *adj Méx* bad-tempered

malhablado *adj* foul-mouthed

malhechor *m*, **~a** *f* criminal

malherir <3i> *v/t* hurt badly

malhumorado *adj* bad-tempered

malicia *f* (*mala intención*) malice; (*astucia*) cunning, slyness; ***no tener ~*** F be very naive; **malicioso** *adj* (*malintencionado*) malicious; (*astuto*) cunning, sly

maligno *adj* harmful; MED malignant

malinchismo *m Méx* treason
malla *f* mesh; *Rpl* swimsuit
malo **1** *adj* bad; *calidad* poor; (*enfermo*) sick, ill; ***por las buenas o por las -as*** whether he / she etc likes it or not; ***por las -as*** by force; ***lo ~ es que*** unfortunately; ***ponerse ~*** fall ill **2** *m hum* bad guy, baddy F
malogrado *adj muerto* dead before one's time; **malograr** <1a> **1** *v/t* waste; *trabajo* spoil, ruin **2** *v/r* **~se** fail; *de plan* come to nothing; *fallecer* die before one's time; *S.Am.* (*descomponerse*) break down; (*funcionar mal*) go wrong
maloliente *adj* stinking
malparado *adj*: ***quedar*** *or* ***salir ~ de algo*** come out badly from sth
malpensado *adj*: ***ser ~*** have a nasty mind
malsano *adj* unhealthy
malsonante *adj* rude
malta *f* malt
maltratar <1a> *v/t* mistreat; **maltrato** *m* abuse, harsh words *pl*
maltrecho *adj* weakened, diminished; *cosa* damaged
malva *adj* mauve
malvado *adj* evil
malversación *f*: ***~ de fondos*** embezzlement; **malversar** <1a> *v/t* embezzle
Malvinas: ***las ~*** the Falklands, the Falkland Islands
malvivir <3a> *v/i* scrape by
mamá *f* mom, *Br* mum
mama *f* breast; **mamadera** *f L.Am.* feeding bottle
mamar <1a> *v/i* suck; ***dar de ~*** (breast)feed
mamarracho *m*: ***vas hecho un ~*** F you look a mess F
mamífero *m* mammal
mamila *f Méx* feeding bottle
mamografía *f* MED mammography
mamón **1** *adj Méx* P cocky **2** *m* P bastard P; **mamona** *f* P bitch P
mamotreto *m* F *libro* hefty tome
mampara *f* screen
mamporro *m* F punch
mampostería *f* masonry
maná *m fig* manna
manada *f* herd; *de lobos* pack
manantial *m* spring
manar <1a> *v/i* flow
manatí *m* ZO manatee
manaza *f*: ***ser un ~s*** F be ham-handed F
mancebo *m* youth
Mancha: ***Canal de la ~*** English Channel
mancha *f* (dirty) mark; *de grasa, sangre etc* stain; **manchar** <1a> **1** *v/t* get dirty; *de grasa, sangre etc* stain **2** *v/r* **~se** get dirty
mancillar <1a> *v/t fig* sully
manco *adj de mano* one-handed; *de brazo* one-armed
mancornas *fpl Pe, Bol* cufflinks
mancuernas *fpl C.Am.* cufflinks
mandamás *m inv* F big shot F
mandado *m Méx, C.Am.*: ***los ~s*** *pl* the shopping *sg*; **mandamiento** *m* order; JUR warrant; REL commandment
mandar <1a> **1** *v/t* order; (*enviar*) send; ***a mí no me manda nadie*** nobody tells me what to do; ***~ hacer algo*** have sth done **2** *v/i* be in charge; ***¿mande?*** *Méx* can I help you?; *Méx* TELEC hallo?; (*¿cómo?*) what did you say?, excuse me?
mandarina *f* mandarin (orange)
mandatario *m* leader; ***primer ~*** *Méx* President; **mandato** *m* order; POL mandate
mandíbula *f* ANAT jaw; ***reírse a ~ batiente*** F laugh one's head off F
mandioca *f* cassava
mando *m* command; ***alto ~*** high command; ***~ a distancia*** TV remote control; ***tablero de -s*** AUTO dashboard
mandolina *f* MÚS mandolin
mandón *adj* F bossy F
manecilla *f* hand
manejable *adj* easy to handle; *automovil* maneuverable, *Br* manoeuvrable; **manejar** <1a> **1** *v/t* handle; *máquina* operate; *L.Am.* AUTO drive **2** *v/i L.Am.* AUTO drive

M

3 *v/r* **~se** manage, get by; **manejo** *m* handling; *de una máquina* operation
manera *f* way; ***esa es su ~ de ser*** that's the way he is; ***~s*** manners; ***lo hace a su ~*** he does it his way; ***de ~ que*** so (that); ***de ninguna ~*** certainly not; ***no hay ~ de*** it is impossible to; ***de todas ~s*** anyway, in any case
manga *f* sleeve; ***~ de riego*** hosepipe; ***en ~s de camisa*** in shirtsleeves; ***sin ~s*** sleeveless; ***sacarse algo de la ~*** *fig* make sth up; ***traer algo en la ~*** F have sth up one's sleeve
manganeso *m* manganese
mangar <1h> *v/t* P swipe F, pinch F
mangle *m* BOT mangrove
mango *m* BOT mango; *CSur* F (*dinero*) dough F, cash; ***estoy sin un ~*** *CSur* F I'm broke F, I don't have a bean F
mangonear <1a> **1** *v/i* F boss people around; (*entrometerse*) meddle **2** *v/t* F: ***~ a alguien*** boss s.o. around
manguera *f* hose(pipe)
maní *m S.Am.* peanut
manía *f* (*costumbre*) habit, mania; (*antipatía*) dislike; (*obsesión*) obsession; ***~ persecutoria*** persecution complex; ***tiene sus ~s*** she has her little ways; ***tener ~ a alguien*** F have it in for s.o. F; **maniaco** *m* maniac
maniatar <1a> *v/t*: ***~ a alguien*** tie s.o.'s hands
maniático *adj* F fussy
manicomio *m* lunatic asylum
manicura *f* manicure; ***hacerse la ~*** have a manicure
manido *adj fig* clichéd, done to death F
manifestación *f de gente* demonstration; (*muestra*) show; (*declaración*) statement; **manifestante** *m/f* demonstrator; **manifestar** <1k> **1** *v/t* (*demostrar*) show; (*declarar*) declare, state **2** *v/r* **~se** demonstrate; **manifiesto 1** *adj* clear, manifest; ***poner de ~*** make clear **2** *m* manifesto
manigua *f W.I.* thicket, bush
manija *f L.Am.* (*asa*) handle
manillar *m* handlebars *pl*
maniobra *f* maneuver, *Br* manoeuvre; ***hacer ~s*** maneuver, *Br* manoeuvre; **maniobrar** <1a> *v/i* maneuver, *Br* manoeuvre
manipulación *f* manipulation; (*manejo*) handling; **manipular** <1a> *v/t* manipulate; (*manejar*) handle
maniquí 1 *m* dummy **2** *m/f* model
manirroto 1 *adj* extravagant **2** *m*, **-a** *f* spendthrift
manisero *m*, **-a** *f W.I., S.Am.* peanut seller
manitas *fpl*: ***ser un ~*** be handy
manito *m Méx* pal, buddy
manivela *f* handle
manjar *m* delicacy
mano 1 *f* hand; ***~ de obra*** labo(u)r, manpower; ***~ de pintura*** coat of paint; ***¡~s arriba!*** hands up!; ***a ~ derecha / izquierda*** on the right / left; ***atar las ~s a alguien*** *fig* tie s.o.'s hands; ***de segunda ~*** secondhand; ***echar una ~ a alguien*** give s.o. a hand; ***estar a ~s*** *L.Am.* F be even, be quits; ***hecho a ~*** handmade; ***poner la ~ en el fuego*** *fig* swear to it; ***poner ~s a la obra*** get down to work; ***se le fue la ~ con*** *fig* he overdid it with; ***tener a ~*** have to hand; ***traerse algo entre ~s*** be plotting sth **2** *m Méx* F pal F, buddy F
manojo *m* handful; ***~ de llaves*** bunch of keys; ***~ de nervios*** *fig* bundle of nerves
manopla *f* mitten
manosear <1a> *v/t fruta* handle; *persona* F grope F
manotazo *m* slap; **manotear** <1a> **1** *v/t Arg, Méx* grab **2** *v/i Arg, Méx* wave one's hands around
mansalva *f*: ***a ~*** in vast numbers; *bebida, comida* in vast amounts
mansedumbre *f* docility; *de persona* mildness
mansión *f* mansion
manso *adj* docile; *persona* mild
manta *f* blanket; ***tirar de la ~*** *fig*

uncover the truth

manteca *f* fat; *Rpl* butter; ~ ***de cacao*** cocoa butter; ~ ***de cerdo*** lard

mantel *m* tablecloth; ~ ***individual*** table mat; **mantelería** *f* table linen; ***una*** ~ a set of table linen

mantención *f L.Am.* → ***manutención***

mantener <2l> **1** *v/t* (*sujetar*) hold; *techo etc* hold up; (*preservar*) keep; *conversación*, *relación* have; *económicamente* support; (*afirmar*) maintain **2** *v/r* **~se** (*sujetarse*) be held; *económicamente* support o.s.; *en forma* keep; **mantenimiento** *m* maintenance; *económico* support; ***gimnasia de*** ~ gym

mantequilla *f* butter; **mantequillera** *f L.Am.* butter dish

mantilla *f de bebé* shawl; ***estar en ~s*** *fig* F be in its infancy

mantuvo *vb* → ***mantener***

manual *m/adj* manual; **manualidades** *fpl* handicrafts; **manubrio** *m* handle; *S.Am.* handlebars *pl*

manufacturar <1a> *v/t* manufacture

manuscrito **1** *adj* handwritten **2** *m* manuscript

manutención *f* maintenance

manzana *f* apple; *de casas* block; ~ ***de la discordia*** *fig* bone of contention; **manzanilla** *f* camomile tea; **manzano** *m* apple tree

maña *f* skill; ***darse*** *or* ***tener*** ~ ***para*** be good at; ***tiene muchas ~s*** *L.Am.* she's got lots of tricks up her sleeve F

mañana **1** *f* morning; ***por la*** ~ in the morning; ~ ***por la*** ~ tomorrow morning; ***de la*** ~ ***a la noche*** from morning until night; ***de la noche a la*** ~ *fig* overnight; ***esta*** ~ this morning; ***muy de*** ~ very early (in the morning) **2** *adv* tomorrow; ***pasado*** ~ the day after tomorrow

mañanita *f* shawl

mañero *adj Rpl* (*animal*: *terco*) stubborn; (*nervioso*) skittish, nervous

mañoso *adj* skil(l)ful; *L.Am. animal* stubborn

mapa *m* map; ~ ***de carreteras*** road map

mapache *m* raccoon

mapamundi *m* map of the world

maqueta *f* model

maquillador *m*, **~a** *f* make-up artist; **maquillaje** *m* make-up; **maquillar** <1a> **1** *v/t* make up **2** *v/r* **~se** put on one's make-up

máquina *f* machine; FERR locomotive; *C.Am.*, *W.I.* car; ~ ***de afeitar*** (electric) shaver; ~ ***de coser*** sewing machine; ~ ***de fotos*** camera; ~ ***recreativa*** arcade game; ***pasar algo a*** ~ type sth; ***a toda*** ~ at top speed; **maquinaciones** *fpl* scheming *sg*; **maquinador** **1** *adj* scheming **2** *m*, **~a** *f* schemer; **maquinal** *adj fig* mechanical; **maquinar** <1a> *v/t* plot; **maquinaria** *f* machinery; **maquinilla** *f*: ~ ***de afeitar*** razor; ~ ***eléctrica*** electric razor; **maquinista** *m/f* FERR engineer, *Br* train driver

mar *m* (*also f*) GEOG sea; ***sudaba a ~es*** *fig* F the sweat was pouring off him F; ***llover a ~es*** *fig* F pour, bucket down F; ***alta*** ~ high seas *pl*; ***la*** ~ ***de bien*** (*muy bien*) really well

maraca *f* MÚS maraca

maraña *f de hilos* tangle; (*lío*) jumble

marasmo *m fig* stagnation

maratón *m* (*also f*) marathon; **maratoniano** *adj* marathon *atr*

maravilla *f* marvel, wonder; BOT marigold; ***de*** ~ marvellously, wonderfully; ***a las mil ~s*** marvellously, wonderfully; **maravillar** <1a> **1** *v/t* amaze, astonish **2** *v/r* **~se** be amazed *o* astonished (***de*** at); **maravilloso** *adj* marvellous, wonderful

marca *f* mark; COM brand; ~ ***registrada*** registered trademark; ***de*** ~ brand-name *atr*; **marcador** *m* DEP scoreboard; **marcaje** *m* DEP marking; **marcapasos** *m inv* MED pacemaker; **marcar** <1g> *v/t* mark; *número de teléfono* dial; *gol* score; *res* brand; *de termómetro*, *contador etc* read, register

marcha *f* (*salida*) departure;

(*velocidad*) speed; (*avance*) progress; MIL march; AUTO gear; DEP walk; **~ *atrás*** AUTO reverse (gear); ***a ~s forzadas*** *fig* flat out; ***a toda ~*** at top speed; ***hacer algo sobre la ~*** do sth as one goes along; ***ponerse en ~*** get started, get going; ***tener mucha ~*** F be very lively
marchante *m L.Am.* regular customer
marchar <1a> **1** *v/i* (*progresar*) go; (*funcionar*) work; (*caminar*) walk; MIL march **2** *v/r* **~se** leave, go
marchitarse <1a> *v/r* wilt
marcial *adj* martial; ***artes ~es*** martial arts
marciano *m* Martian
marco *m moneda* mark; *de cuadro, puerta* frame; *fig* framework
marea *f* tide; **~ *alta*** high tide; **~ *baja*** low tide; **~ *negra*** oil slick
mareado *adj* dizzy; **marear** <1a> **1** *v/t* make feel nauseous, *Br* make feel sick; *fig* (*confundir*) confuse **2** *v/r* **~se** feel nauseous, *Br* feel sick
marejada *f* heavy sea; **maremoto** *m* tidal wave; **mareo** *m* seasickness
marfil *m* ivory
margarina *f* margarine
margarita *f* BOT daisy
margen *m tb fig* margin; ***al ~ de eso*** apart from that; ***mantenerse al ~*** keep out; **marginación** *f* marginalization; **marginal** *adj* marginal; **marginar** <1a> *v/t* marginalize
mariachi **1** *m* mariachi band **2** *m/f* mariachi player
marica *m* F fag P, *Br* poof P
maricón *m* P fag P, *Br* poof P
marido *m* husband
marihuana *f* marijuana
marimacho *m* F butch woman
marimba *f Rpl* MÚS marimba
marina *f* navy; **~ *mercante*** merchant navy
marinar <1a> *v/t* GASTR marinade
marinero **1** *adj* sea *atr* **2** *m* sailor; **marino** **1** *adj brisa* sea *atr*; *planta, animal* marine; ***azul ~*** navy blue **2** *m* sailor
marioneta *f tb fig* puppet
mariposa *f* butterfly
mariquita *f* ladybug, *Br* ladybird
marisco *m* seafood
marisma *f* salt marsh
marítimo *adj* maritime
marketing *m* marketing
marmita *f* pot, pan
mármol *m* marble
marmota *f*: ***dormir como una ~*** F sleep like a log
marqués *m* marquis; **marquesa** *f* marchioness
marquesina *f* marquee, *Br* canopy
marranada *f* F dirty trick; **marrano** **1** *adj* filthy **2** *m* hog, *Br* pig; F *persona* pig F
marras *adv*: ***el ordenador de ~*** the darned computer F
marrón *m/adj* brown
marroquinería *f* leather goods
Marruecos Morocco
marta *f* ZO marten
Marte *m* AST Mars
martes *m inv* Tuesday
martillero *m S.Am.* auctioneer; **martillo** *m* hammer; **~ *neumático*** pneumatic drill
martín *m*: **~ *pescador*** ZO kingfisher
mártir *m/f* martyr; **martirio** *m tb fig* martyrdom; **martirizar** <1f> *v/t tb fig* martyr
marzo *m* March
mas *conj* but
más **1** *adj* more **2** *adv comp* more; *sup* most; MAT plus; **~ *grande*/*pequeño*** bigger/smaller; ***el ~ grande*/*pequeño*** the largest/smallest; ***trabajar ~*** work harder; **~ *bien*** rather; **~ *que*, ~ *de lo que*** more than; **~ *o menos*** more or less; ***¿qué ~?*** what else?; ***no ~*** *L.Am.* → ***nomás***; ***por ~ que*** however much; ***sin ~*** without more ado; **~ *lejos*** further
masa *f* mass; GASTR dough; ***pillar a alguien con las manos en la ~*** F catch s.o. red-handed
masacrar <1a> *v/t* massacre; **masacre** *f* massacre
masaje *m* massage; **masajista** *m/f*

M

masseur; *mujer* masseuse

mascar <1g> **1** *v/t* chew **2** *v/i L.Am.* chew tobacco

máscara *f* mask; **mascarilla** *f* mask; *cosmética* face pack

mascota *f* mascot; *animal doméstico* pet

masculino *adj* masculine

mascullar <1a> *v/t* mutter

masificación *f* overcrowding

masilla *f* putty

masita *f L.Am. small sweet cake or bun*

masivo *adj* massive

masón *m* mason

masoquismo *m* masochism; **masoquista** **1** *adj* masochistic **2** *m/f* masochist

máster *m* master's (degree)

masticación *f* chewing; **masticar** <1g> *v/t* chew

mástil *m* mast; *de tienda* pole

mastín *m* ZO mastiff

mastodóntico *adj* colossal, enormous

mastuerzo *m* BOT cress

masturbarse <1a> *v/r* masturbate

mata *f* bush

matadero *m* slaughterhouse; **matador** *m* TAUR matador; **matanza** *f de animales* slaughter; *de gente* slaughter, massacre; **matar** <1a> **1** *v/t* kill; *ganado* slaughter **2** *v/r* **~se** kill o.s.; *morir* be killed; ***~se a trabajar*** work o.s. to death; **matarratas** *m* rat poison; **matasanos** *m/f inv* F quack F

matasellos *m inv* postmark

mate **1** *adj* matt **2** *m en ajedrez* mate; *L.Am.* (*infusión*) maté

matear <1a> **1** *v/t CSur* checkmate **2** *v/i L.Am.* drink maté

matemáticas *fpl* mathematics; **matemático** **1** *adj* mathematical **2** *m*, **-a** *f* mathematician

materia *f* matter; (*material*) material; (*tema*) subject; **~ *prima*** raw material; ***en ~ de*** as regards; **material** *m/adj* material; **materialismo** *m* materialism; **materializar** <1f> *v/t*: **~ *algo*** make sth a reality

maternal *adj* maternal

matero *m*, **-a** *f L.Am.* maté drinker

matinal *adj* morning *atr*

matiz *m de ironía* touch; *de color* shade; **matizar** <1f> *v/t comentarios* qualify

matón *m* bully; (*criminal*) thug

matorral *m* thicket

matrícula *f* AUTO license plate, *Br* numberplate; EDU enrol(l)ment, registration; **matricular** <1a> **1** *v/t* register **2** *v/r* **~se** EDU enrol(l), register

matrimonial *adj* marriage *atr*, marital; **matrimonio** *m* marriage; *boda* wedding

matriz *f* matrix; ANAT womb

matrona *f* (*comadrona*) midwife

matutino *adj* morning *atr*

maullar <1a> *v/i* miaow; **maullido** *m* miaow

mausoleo *m* mausoleum

máxima *f* maxim; **máxime** *adv* especially; **máximo** *adj* maximum

mayo *m* May

mayonesa *f* GASTR mayonnaise

mayor **1** *adj comp*: *en tamaño* larger, bigger; *en edad* older; *en importancia* greater; ***ser ~ de edad*** be an adult; ***al por ~*** COM wholesale **2** *adj sup*: ***el ~*** *en edad* the oldest *o* eldest; *en tamaño* the largest *o* biggest; *en importancia* the greatest; ***los ~es*** adults; ***la ~ parte*** the majority

mayordomo *m* butler

mayoreo *m*: ***vender al ~*** *Méx* sell wholesale

mayoría *f* majority; ***alcanzar la ~ de edad*** come of age; ***la ~ de*** the majority of, most (of); ***en la ~ de los casos*** in the majority of cases, in most cases; **mayorista** *m/f* wholesaler; **mayoritario** *adj* majority *atr*

mayúscula *f* capital (letter), upper case letter

mazamorra *f S.Am. kind of porridge made from corn*

mazapán *m* marzipan

mazmorra *f* dungeon

mazo *m* mallet

mazorca *f* cob

me *pron pers complemento directo* me; *complemento indirecto* (to) me; *reflexivo* myself; **~ *dio el libro*** he gave me the book, he gave the book to me

mear <1a> F **1** *v/i* pee F **2** *v/r* **~se** pee o.s. F; ***~se de risa*** wet o.s. (laughing) F

meca *f fig* mecca

mecachis *int* F blast! F

mecánica *f* mechanics; **mecánico** **1** *adj* mechanical **2** *m*, **-a** *f* mechanic; **mecanismo** *m* mechanism; **mecanizar** <1f> *v/t* mechanize; **mecanógrafo** *m*, **-a** *f* typist; **mecanografiar** <1c> *v/t* type

mecate *m Méx* string, cord

mecedora *f* rocking chair

mecenas *m inv* patron, sponsor

mecer <2b> **1** *v/t* rock **2** *v/r* **~se** rock

mecha *f* wick; *de explosivo* fuse; *del pelo* highlight; *Méx* F fear; **mechero** *m* cigarette lighter; **mechón** *m de pelo* lock

medalla *f* medal; **medallista** *m/f* medal(l)list

media *f* stocking; ***~s*** *pl* pantyhose *pl*, *Br* tights *pl*

mediación *f* mediation; **mediado** *adj*: ***a ~s de junio*** in mid-June, halfway through June; **mediador** *m*, **~a** *f* mediator; **mediana** *f* AUTO median strip, *Br* central reservation; **mediano** *adj* medium, average; **medianoche** *f* midnight; **mediante** *prp* by means of; **mediar** <1b> *v/i* mediate

mediático *adj* media *atr*

medicación *f* medication; **medicamento** *m* medicine, drug; **medicina** *f* medicine; **medicinal** *adj* medicinal; **médico** **1** *adj* medical **2** *m/f* doctor; ***~ de cabecera*** *or* ***de familia*** family physician, *Br* GP, *Br* general practitioner; ***~ de urgencia*** emergency doctor

medida *f* measure; *acto* measurement; (*grado*) extent; ***hecho a ~*** made to measure; ***a ~ que*** as; ***tomar ~s*** *fig* take measures *o* steps

medidor *m S.Am.* meter

medieval *adj* medi(a)eval

medio **1** *adj* half; *tamaño* medium; (*de promedio*) average; ***las tres y -a*** half past three, three-thirty **2** *m* environment; (*centro*) middle; (*manera*) means; ***~ ambiente*** environment; ***por ~ de*** by means of; ***en ~ de*** in the middle of; ***~s*** *dinero* means, resources; ***~s de comunicación*** *or* ***de información*** (mass) media; ***~s de transporte*** means of transport **3** *adv* half; ***hacer algo a -as*** half do sth; ***ir a -as*** go halves; ***día por ~*** *L.Am.* every other day; ***quitar de en ~ algo*** F move sth out of the way

medioambiental *adj* environmental

mediocre *adj* mediocre

mediodía *m* midday; ***a ~*** (*a las doce*) at noon, at twelve o'clock; (*a la hora de comer*) at lunchtime

medir <3l> **1** *v/t* measure **2** *v/i*: ***mide 2 metros de ancho / largo / alto*** it's 2 meters (*o Br* metres) wide / long / tall

meditación *f* meditation; **meditar** <1a> **1** *v/t* ponder **2** *v/i* meditate

Mediterráneo *m/adj*: (***mar***) **~** Mediterranean (Sea)

médium *m/f* medium

médula *f* marrow; ***~ espinal*** spinal cord; ***hasta la ~*** *fig* through and through, to the core

medusa *f* ZO jellyfish

megafonía *f* public-address *o* PA system; **megáfono** *m* bullhorn, *Br* loud-hailer

megalomanía *f* megalomania

mejicano **1** *adj* Mexican **2** *m*, **-a** *f* Mexican; **Méjico** Mexico; *Méx DF* Mexico City

mejilla *f* cheek

mejillón *m* ZO mussel

mejor *adj comp* better; ***el ~*** *sup* the best; ***lo ~*** the best thing; ***lo ~ posible*** as well as possible; ***a lo ~*** perhaps, maybe; ***tanto ~*** all the better; **mejora** *f* improvement

mejorana *f* BOT marjoram

mejorar <1a> **1** *v/t* improve **2** *v/i*

M

improve; **¡que te mejores!** get well soon!; **mejoría** *f* improvement
mejunje *m desp* concoction
melancolía *f* melancholy; **melancólico** *adj* gloomy, melancholic
melena *f* long hair; *de león* mane
melindroso *adj* affected
mella *f*: ***hacer ~ en alguien*** have an effect on s.o., affect s.o.; **mellado** *adj* gap-toothed
mellizo 1 *adj* twin *atr* **2** *m*, **-a** *f* twin
melocotón *m* peach; **melocotonero** *m* peach tree
melodía *f* melody
melodrama *m* melodrama
melón *m* melon
membrana *f* membrane
membrillo *m* quince; ***dulce de ~*** quince jelly
memela *f Méx* corn tortilla
memo 1 *adj* F dumb F **2** *m*, **-a** *f* F idiot
memorable *adj* memorable
memoria *f tb* INFOR memory; (*informe*) report; ***de ~*** by heart; ***~s*** (*biografía*) memoirs
memorizar <1f> *v/t* memorize
mención *f*: ***hacer ~ de*** mention; **mencionar** <1a> *v/t* mention
mendigar <1h> *v/t* beg for; **mendigo** *m* beggar
menear <1a> **1** *v/t* shake; *las caderas* sway; ***~ la cola*** wag its tail **2** *v/r* **~se** fidget
menestra *f* vegetable stew
mengano *m*, **-a** *f* F so-and-so F
menguante *adj* decreasing, diminishing; *luna* waning; **menguar** <1i> *v/i* decrease, diminish; *de la luna* wane
meningitis *f* MED meningitis
menopausia *f* MED menopause
menor *adj comp* less; *en tamaño* smaller; *en edad* younger; ***ser ~ de edad*** be a minor; ***al por ~*** COM retail; ***el ~*** *sup*: *en tamaño* the smallest; *en edad* the youngest; ***el número ~*** the lowest number
menos 1 *adj en cantidad* less; *en número* fewer **2** *adv comp en cantidad* less; *sup en cantidad* least; MAT minus; ***es ~ guapa que Ana*** she is not as pretty as Ana; ***tres ~ dos*** three minus two; ***a ~ que*** unless; ***al ~, por lo ~*** at least; ***echar de ~*** miss; ***eso es lo de ~*** that's the least of it; ***ni mucho ~*** far from it; ***son las dos ~ diez*** it's ten of two, it's ten to two
menoscabar <1a> *v/t autoridad* diminish; (*dañar*) harm
menospreciar <1b> *v/t* underestimate; (*desdeñar*) look down on
mensaje *m* message; **mensajero** *m* courrier
menstruación *f* menstruation; **menstruar** <1h> *v/i* menstruate
mensual *adj* monthly; **mensualidad** *f* monthly instal(l)ment, monthly payment; **mensualmente** *adv* monthly
menta *f* BOT mint
mental *adj* mental; **mentalidad** *f* mentality; **mentalizar** <1f> **1** *v/t*: ***~ a alguien*** make s.o. aware **2** *v/r* **~se** mentally prepare o.s.; **mente** *f* mind
mentecato 1 *adj* F dim F **2** *m* F fool
mentir <3i> *v/i* lie; **mentira** *f* lie; **mentiroso 1** *adj*: ***ser muy ~*** tell a lot of lies **2** *m*, **-a** *f* liar
mentón *m* chin
mentor *m* mentor
menú *m tb* INFOR menu; ***~ de ayuda*** help menu
menudencias *fpl Méx* giblets; **menudeo** *m L.Am.* retail trade; **menudo 1** *adj* small; ***¡-a suerte!*** *fig* F lucky devil!; ***¡-as vacaciones!*** *irón* F some vacation!; ***a ~*** often **2** *m L.Am.* small change; ***~s*** GASTR giblets
meñique *m/adj*: (***dedo***) **~** little finger
meollo *m fig* heart
mercader *m* trader; **mercadería** *f L.Am.* merchandise; **mercadillo** *m* street market; **mercado** *m* market; ***Mercado Común*** Common Market; ***~ negro*** black market; **mercadotecnia** *f* marketing; **mercancía** *f* merchandise; **mercantil** *adj* commercial
merced *f*: ***estar a ~ de alguien*** be at

M

s.o.'s mercy
mercenario *m/adj* mercenary
mercería *f* notions *pl*, *Br* haberdashery
MERCOSUR *abr* (= ***Mercado Común del Sur***) *Common Market including Argentina, Brazil, Paraguay and Uruguay*
mercurio *m* mercury
merecer <2d> *v/t* deserve; ***no ~ la pena*** it's not worth it; **merecido** *m* just deserts *pl*
merendar <1k> **1** *v/t*: ***~ algo*** have sth as an afternoon snack **2** *v/i* have an afternoon snack
merengue *m* GASTR meringue
meridiano *m/f* meridian; **meridional 1** *adj* southern **2** *m* southerner
merienda *f* afternoon snack
mérito *m* merit
merluza *f* ZO hake; ***agarrar una ~*** *fig* F get plastered F
mermar <1a> **1** *v/t* reduce **2** *v/i* diminish
mermelada *f* jam
mero 1 *adj* mere; ***el ~ jefe*** *Méx* F the big boss **2** *m* ZO grouper
merodear <1a> *v/i* loiter
mes *m* month
mesa *f* table; ***~ redonda*** *fig* round table; ***poner / quitar la ~*** set / clear the table; **mesera** *f L.Am.* waitress; **mesero** *m L.Am.* waiter; **meseta** *f* plateau; **mesilla**, **mesita** *f*: ***~*** (***de noche***) night stand, *Br* bedside table
mesón *m traditional restaurant decorated in rustic style*
mestizo *m* person of mixed race
mesura *f*: ***con ~*** in moderation
meta *f en fútbol* goal; *en carrera* finishing line; *fig* (*objetivo*) goal, objective
metabolismo *m* metabolism
metafísica *f* metaphysics
metáfora *f* metaphor
metal *m* metal; **metálico 1** *adj* metallic **2** *m*: ***en ~*** (in) cash; **metalúrgico** *adj* metallurgical
metamorfosis *f inv* transformation, metamorphosis
metedura *f*: ***~ de pata*** F blunder
meteorito *m* meteorite; **meteorológico** *adj* weather *atr*, meteorological; ***pronóstico ~*** weather forecast; **meteorólogo** *m*, **-a** *f* meteorologist
meter <2a> **1** *v/t gen* put (***en*** in, into); (*involucrar*) involve (***en*** in); ***~ a alguien en un lío*** get s.o. into a mess **2** *v/r* **~se**: ***~se en algo*** get into sth; (*involucrarse*) get involved in sth, get mixed up in sth; ***~se con alguien*** pick on s.o.; ***~se de administrativo*** get a job in admin; ***¿dónde se ha metido?*** where has he got to?
meticuloso *adj* meticulous
metido *adj* involved; *L.Am.* F nosy F; ***estar muy ~ en algo*** be very involved in sth
metódico *adj* methodical; **método** *m* method
metomentodo *m/f* F busybody F
metralleta *f* sub-machine gun
métrico *adj* metric; **metro** *m medida* meter, *Br* metre; *para medir* rule; *transporte* subway, *Br* underground
metrópolis *f inv* metropolis; **metropolitano** *adj* metropolitan
mexicano 1 *adj* Mexican **2** *m*, **-a** Mexican; **México** Mexico; *Méx DF* Mexico City
mezcal *m Méx* mescal
mezcla *f sustancia* mixture; *de tabaco, café etc* blend; *acto* mixing; *de tabaco, café etc* blending; **mezclar** <1a> **1** *v/t* mix; *tabaco, café etc* blend; ***~ a alguien en algo*** get s.o. mixed up *o* involved in sth **2** *v/r* **~se** mix; ***~se en algo*** get mixed up *o* involved in sth
mezquinar <1a> *v/t L.Am.* skimp on; **mezquino** *adj* mean
mezquita *f* mosque
mg. *abr* (= ***miligramo***) mg (= milligram)
mi, mis *adj pos* my
mí *pron* me; *reflexivo* myself; ***¿y a ~ qué?*** so what?, what's it to me?
michelín *m* F spare tire, *Br* spare tyre
mico *m* ZO monkey

micro *m or f Chi* bus
microbio *m* microbe
microbús *m* minibus
microchip *m* (micro)chip
microfilm(e) *m* microfilm
micrófono *m* microphone; **~ *oculto*** bug
microondas *m inv* microwave
microordenador *m* microcomputer
microprocesador *m* microprocessor
microscópico *adj* microscopic; **microscopio** *m* microscope
mide *vb* → ***medir***
miedo *m* fear (***a*** of); ***dar ~*** be frightening; ***me da ~ la oscuridad*** I´m frightened of the dark; ***tener ~ de que*** be afraid that; ***por ~ a*** for fear of; ***de ~*** F great F, awesome F; **miedoso** *adj* timid; ***¡no seas tan ~!*** don't be scared!
miel *f* honey
miembro *m* member; (*extremidad*) limb, member *fml*
mientras 1 *conj* while; ***~ que*** whereas **2** *adv*: ***~ tanto*** in the meantime, meanwhile
miércoles *m inv* Wednesday
mierda *f* P shit P, crap P; ***una ~ de película*** a crap movie P; ***¡una ~!*** no way! F
miga *f de pan* crumb; ***~s*** crumbs; ***hacer buenas / malas ~s*** *fig* F get on well / badly
migraña *f* MED migraine
migratorio *adj* migratory
mijo *m* BOT millet
mil *adj* thousand
milagro *m* miracle; ***de ~*** miraculously, by a miracle; **milagroso** *adj* miraculous
milano *m* ZO kite
milenio *m* millennium
mili *f* F military service
milicia *f* militia
milico *m S.Am. desp* soldier
milímetro *m* millimeter, *Br* millimetre
militante *m/f & adj* militant; **militar 1** *adj* military **2** *m* soldier; ***los ~es*** the military **3** <1a> *v/i* POL: ***~ en*** be a member of
milla *f* mile
millar *m* thousand
millón *m* million; (*mil millones*) billion; **millonario** *m* millionaire
milpa *f Méx, C.Am.* corn, *Br* maize; *terreno* cornfield, *Br* field of maize
mimar <1a> *v/t* spoil, pamper
mimbre *m* BOT willow; ***muebles*** *pl* ***de ~*** wicker furniture *sg*
mímica *f* mime; **mimo** *m* TEA mime
mimosa *f* BOT mimosa
mimoso *adj*: ***ser ~*** be cuddly
mina *f* MIN mine; *Rpl* F broad F, *Br* bird F; ***~ antipersonal*** MIL antipersonnel mine; **minar** <1a> *v/t* mine; *fig* undermine
mineral *m/adj* mineral; **minería** *f* mining; **minero 1** *adj* mining **2** *m* miner
miniatura *f* miniature
minifalda *f* miniskirt
minimizar <1f> *v/t* minimize; **mínimo 1** *adj* minimum; ***como ~*** at the very least **2** *m* minimum
minino *m* F puss F, pussy (cat) F
ministerio *m* POL department; ***~ de Asuntos Exteriores***, *L.Am.* ***~ de Relaciones Exteriores*** State Department, *Br* Foreign Office; ***~ de Hacienda*** Treasury Department, *Br* Treasury; ***~ del Interior*** Department of the Interior, *Br* Home Office; **ministro** *m*, **-a** *f* minister; ***~ del Interior*** Secretary of the Interior, *Br* Home Secretary; ***primer ~*** Prime Minister
minoría *f* minority
minorista COM **1** *adj* retail *atr* **2** *m/f* retailer
minoritario *adj* minority *atr*
mintió *vb* → ***mentir***
minucia *f* minor detail; **minucioso** *adj* meticulous, thorough
minúscula *f* small letter, lower case letter; **minúsculo** *adj* tiny, minute
minusvalía *f* disability; **minusválido 1** *adj* disabled **2** *m*, **-a** *f* disabled person; ***los ~s*** the disabled
minutero *m* minute hand
minuto *m* minute

mío, mía *pron* mine; ***el ~ / la -a*** mine

miope *adj* near-sighted, short-sighted; **miopía** *f* near-sightedness, short-sightedness

mira *f*: ***con ~s a*** with a view to; **mirada** *f* look; ***echar una ~*** take a look (***a*** at); **mirador** *m* viewpoint; **mirar** <1a> **1** *v/t* look at; (*observar*) watch; *L.Am.* (*ver*) see; ***¿qué miras desde aquí?*** what can you see from here? **2** *v/i* look; ***~ al norte*** *de una ventana etc* face north; ***~ por la ventana*** look out of the window; **mirilla** *f* spyhole

mirlo *m* ZO blackbird

misa *f* REL mass

misántropo *m* misanthropist

miserable *adj* wretched; **miseria** *f* poverty; *fig* misery; **misericordia** *f* mercy, compassion; **mísero** *adj* wretched; *sueldo* miserable

misil *m* missile

misión *f* mission; **misionero** *m*, **-a** *f* missionary

mismo **1** *adj* same; ***lo ~ que*** the same as; ***yo ~*** I myself; ***da lo ~*** it doesn't matter, it's all the same; ***me da lo ~*** I don't care, it's all the same to me **2** *adv*: ***aquí ~*** right here; ***ahora ~*** right now, this very minute

misógino *adj* misogynistic

misterio *m* mystery; **misterioso** *adj* mysterious; **místico** *adj* mystic(al)

mitad *f* half; ***a ~ del camino*** halfway; ***a ~ de la película*** halfway through the movie; ***a ~ de precio*** half-price

mítico *adj* mythical

mitigar <1h> *v/t* mitigate; *ansiedad, dolor etc* ease

mitin *m* POL meeting

mito *m* myth; **mitología** *f* mythology

mixto *adj* mixed; *comisión* joint

mm. *abr* (= ***milímetro***) mm (= millimeter)

mobiliario *m* furniture

mochila *f* backpack; **mochilero** *m*, **-a** *f* backpacker

mochuelo *m* ZO little owl

moción *f* POL motion; ***~ de confianza / censura*** vote of confidence / no confidence

moco *m*: ***tener ~s*** have a runny nose; **mocoso** *m*, **-a** *f* F snotty-nosed kid F

moda *f* fashion; ***de ~*** fashionable, in fashion; ***estar pasado de ~*** be out of fashion

modales *mpl* manners

modalidad *f* form; DEP discipline; ***~ de pago*** method of payment

modelar <1a> *v/t* model; **modelismo** *m* model making; **modelo** **1** *m* model **2** *m/f persona* model

módem *m* INFOR modem

moderado **1** *adj* moderate **2** *m*, **-a** *f* moderate; **moderador** *m*, **~a** *f* TV presenter; **moderar** <1a> **1** *v/t* moderate; *impulsos* control, restrain; *velocidad, gastos* reduce; *debate* chair **2** *v/r* **~se** control o.s., restrain o.s.

modernización *f* modernization; **modernizar** <1f> *v/t* modernize; **moderno** *adj* modern

modestia *f* modesty; ***~ aparte*** though I say so myself; **modesto** *adj* modest

módico *adj precio* reasonable

modificación *f* modification; **modificar** <1g> *v/t* modify

modista *m/f* dressmaker; *diseñador* fashion designer

modo *m* way; ***a ~ de*** as; ***de ~ que*** so that; ***de ningún ~*** not at all; ***en cierto ~*** in a way *o* sense; ***de todos ~s*** anyway

modorra *f* drowsiness

módulo *m* module

mofarse <1a> *v/r*: ***~ de*** make fun of

mofeta *f* ZO skunk

mofletes *mpl* chubby cheeks

mogollón *m* F (*discusión*) argument; ***~ de*** F loads of F

moho *m* mo(u)ld

moisés *m inv* Moses basket

mojado *adj* (*húmedo*) damp, moist; (*empapado*) wet; **mojar** <1a> **1** *v/t* (*humedecer*) dampen, moisten; (*empapar*) wet; *galleta* dunk, dip **2** *v/r* **~se** get wet

mojigato **1** *adj* prudish **2** *m*, **-a** *f* prude

mojón *m tb fig* milestone
molar <2h> **1** *v/t*: ***me mola ese tío*** P I like the guy a lot **2** *v/i* P be cool F
molcajete *m Méx, C.Am.* (*mortero*) grinding stone
molde *m* mo(u)ld; *para bizcocho* (cake) tin; ***romper ~s*** *fig* break the mo(u)ld; **moldear** <1a> *v/t* mo(u)ld; **moldura** *f* ARQUI mo(u)lding
mole 1 *f* mass **2** *m Méx* mole (*spicy sauce made with chilies and tomatoes*)
molécula *f* molecule
moler <2h> *v/t* grind; *fruta* mash; ***carne molida*** ground meat, *Br* mince; ***~ a alguien a palos*** *fig* beat s.o. to a pulp
molestar <1a> **1** *v/t* bother, annoy; (*doler*) trouble; ***no ~*** do not disturb **2** *v/r* **~se** get upset; (*ofenderse*) take offense (*Br* offence); (*enojarse*) get annoyed; ***~ en hacer algo*** take the trouble to do sth; **molestia** *f* nuisance; ***~s*** *pl* MED discomfort *sg*; **molesto** *adj* annoying; (*incómodo*) inconvenient; **molestoso** *adj L.Am.* annoying
molido *adj* F bushed F
molinillo *m*: ***~ de café*** coffee grinder *o* mill; **molino** *m* mill; ***~ de viento*** windmill
mollera *f* F head; ***duro de ~*** F pigheaded F
molusco *m* ZO mollusk, *Br* mollusc
momento *m* moment; ***al ~*** at once; ***por el ~, de ~*** for the moment
momia *f* mummy; **momificar** <1g> *v/t* mummify
monada *f*: ***su hija es una ~*** her daughter is lovely; ***¡qué ~!*** how lovely!
monaguillo *m* altar boy
monarca *m* monarch; **monarquía** *f* monarchy
monasterio *m* monastery
mondadientes *m inv* toothpick
mondar <1a> **1** *v/t* peel; *árbol* prune **2** *v/r* **~se**: ***~se de risa*** F split one's sides laughing
mondongo *m* tripe
moneda *f* coin; (*divisa*) currency; **monedero** *m* change purse, *Br* purse; **monetario** *adj* monetary
monigote *m* rag doll; F (*tonto*) idiot
monitor[1] *m* TV, INFOR monitor
monitor[2] *m*, **~a** *f* (*profesor*) instructor
monja *f* nun; **monje** *m* monk
mono 1 *m* ZO monkey; *prenda* coveralls *pl*, *Br* boilersuit **2** *adj* pretty, cute
monógamo *adj* monogamous
monólogo *m* monolog(ue)
monopatín *m* skateboard
monopolio *m* monopoly; **monopolizar** <1f> *v/t tb fig* monopolize
monosílabo *adj* monosyllabic
monotonía *f* monotony; **monótono** *adj* monotonous
monovolumen *m* AUTO minivan, *Br* people carrier, MPV
monsergas *fpl*: ***déjate de ~*** F stop going on F
monstruo *m* monster; (*fenómeno*) phenomenon; **monstruosidad** *f* eyesore, monstrosity; **monstruoso** *adj* monstrous
monta *f*: ***de poca ~*** unimportant
montacargas *m inv* hoist
montada *f L.Am.* mounted police
montaje *m* TÉC assembly; *de película* editing; TEA staging; *fig* F con F
montante *m* COM total
montaña *f* mountain; ***~ rusa*** roller coaster; **montañero** *m*, **-a** *f* mountaineer; **montañismo** *m* mountaineering; **montañoso** *adj* mountainous
montaplatos *m inv* dumb waiter
montar <1a> **1** *v/t* TÉC assemble; *tienda* put up; *negocio* set up; *película* edit; *caballo* mount; ***~ la guardia*** mount guard **2** *v/i*: ***~ en bicicleta*** ride a bicycle; ***~ a caballo*** ride a horse
monte *m* mountain; (*bosque*) woodland
montículo *m* mound
montón *m* pile, heap; ***ser del ~*** *fig* be average, not stand out; ***montones de*** F piles of F, loads of F

montura *f de gafas* frame
monumento *m* monument
moño *m* bun
moqueta *f* (wall-to-wall) carpet
mora *f* BOT *de zarza* blackberry; *de morera* mulberry
morada *f* dwelling
morado *adj* purple; ***pasarlas -as*** F have a rough time
moral **1** *adj* moral **2** *f* (*moralidad*) morals *pl*; (*ánimo*) morale; **moraleja** *f* moral; **moralidad** *f* morality; **moralista** *m/f* moralist
moratón *m* bruise
moratoria *f* moratorium
morbo *m* F perverted kind of pleasure; **morboso** *adj* perverted
morcilla *f* blood sausage, *Br* black pudding
mordaz *adj* biting; **mordaza** *f* gag; **morder** <2h> *v/t* bite; **mordida** *f* *Méx* F bribe; **mordisco** *m* bite; **mordisquear** <1a> *v/t* nibble
morena *f* ZO moray eel
moreno *adj pelo, piel* dark; (*bronceado*) tanned
morera *f* BOT white mulberry tree
moretón *m L.Am.* bruise
morfina *f* morphine
morfología *f* morphology
moribundo *adj* dying
morir <3k; *part* ***muerto***> **1** *v/i* die (***de*** of); ~ ***de hambre*** die of hunger, starve to death **2** *v/r* **~se** die; ***~se de*** *fig* die of; ***~se por*** *fig* be dying for
morisco *adj* Moorish
mormón *m* Mormon
moro **1** *adj* North African **2** *m* North African; ***no hay ~s en la costa*** F the coast is clear
morocho *adj S.Am. persona* dark
moronga *f C.Am., Méx* blood sausage, *Br* black pudding
morralla *f Méx* small change
morriña *f* homesickness
morro *m* ZO snout; ***tener mucho*** ~ F have a real nerve
morrongo *m* F pussycat F
morsa *f* ZO walrus
mortaja *f* shroud; *L.Am.* cigarette paper
mortal **1** *adj* mortal; *accidente, herida* fatal; *dosis* lethal **2** *m/f* mortal; **mortalidad** *f* mortality; **mortalmente** *adv* fatally
mortero *m tb* MIL mortar
mortífero *adj* lethal; **mortificar** <1g> **1** *v/t* torment **2** *v/r* **~se** *fig* distress o.s.; *Méx* (*apenarse*) be embarrassed *o* ashamed
mosaico *m* mosaic
mosca *f* fly; ***por si las ~s*** F just to be on the safe side
moscada *adj*: ***nuez*** ~ nutmeg
moscardón *m* hornet
Moscú Moscow
mosquear <1a> **1** *v/t Esp* F rile **2** *v/r* **~se** F get hot under the collar F; (*sentir recelo*) smell a rat F
mosquitero *m* mosquito net; **mosquito** *m* mosquito
mostaza *f* mustard
mosto *m* grape juice
mostrador *m* counter; *en bar* bar; ***~ de facturación*** check-in desk; **mostrar** <1m> **1** *v/t* show **2** *v/r* **~se**: ***~se contento*** seem happy
mota *f* speck; *en diseño* dot
mote *m* nickname; *S.Am.* boiled corn *o Br* maize
motel *m* motel
motín *m* mutiny; *en una cárcel* riot
motivación *f* motivation; **motivar** <1a> *v/t* motivate; **motivo** *m* motive, reason; MÚS, PINT motif; ***con ~ de*** because of
moto *f* motorcycle, motorbike; ~ ***acuática*** *or* ***de agua*** jet ski
motocicleta *f* motorcycle; **motociclismo** *m* motorcycle racing; **motociclista** *m/f* motorcyclist
motocross *m* motocross
motor *m* engine; *eléctrico* motor; **motora** *f* motorboat; **motorista** *m/f* motorcyclist
motosierra *f* chain saw
motriz *adj* motor
mover <2h> **1** *v/t* move; (*agitar*) shake; (*impulsar, incitar*) drive **2** *v/r* **~se** move; ***¡muévete!*** get a move on! F, hurry up!

movida *f* F scene
móvil **1** *adj* mobile **2** *m* TELEC cellphone, *Br* mobile (phone); **movilidad** *f* mobility; **movilizar** <1f> *v/t* mobilize; **movimiento** *m* movement; COM, *fig* activity
moza *f* girl; *camarera* waitress; **mozo** **1** *adj*: ***en mis años ~s*** in my youth **2** *m* boy; *camarero* waiter
mucama *f Rpl* maid; **mucamo** *m Rpl* servant
muchacha *f* girl; **muchachada** *f Arg* group of youngsters; **muchacho** *m* boy
muchedumbre *f* crowd
mucho **1** *adj cantidad* a lot of, lots of; *esp neg* much; ***no tengo ~ dinero*** I don't have much money; ***~s*** a lot of, lots of, many; *esp neg* many; ***no tengo ~s amigos*** I don't have many friends; ***tengo ~ frío*** I am very cold; ***es ~ coche para mí*** it's too big a car for me **2** *adv* a lot; *esp neg* much; ***no me gustó ~*** I didn't like it very much; ***¿dura / tarda ~?*** does it last / take long?; ***como ~*** at the most; ***ni ~ menos*** far from it; ***por ~ que*** however much **3** *pron* a lot, much; ***~s*** a lot of people, many people
muda *f de ropa* change of clothes; **mudanza** *f de casa* move; **mudarse** <1a> *v/r*: ***~ de casa*** move house; ***~ de ropa*** change (one's clothes)
mudo *adj* mute; *letra* silent
mueble *m* piece of furniture
mueca *f de dolor* grimace; ***hacer ~s*** make faces
muela *f* tooth; ANAT molar; ***~ del juicio*** wisdom tooth
muelle *m* TÉC spring; MAR wharf
muérdago *m* BOT mistletoe
muerde *vb* → ***morder***
muere *vb* → ***morir***
muermo *m fig* F boredom; ***ser un ~*** *fig* F be a drag F
muerte *f* death; ***de mala ~*** *fig* F lousy F, awful F; **muerto** **1** *part* → ***morir*** **2** *adj* dead **3** *m*, **-a** *f* dead person
muestra *f* sample; (*señal*) sign; (*exposición*) show; **muestrario** *m* collection of samples
mueve *vb* → ***mover***
mugir <3c> *v/i* moo
mugre *f* filth; **mugriento** *adj* filthy; **mugroso** *adj* dirty
mujer *f* woman; (*esposa*) wife; **mujeriego** *m* womanizer
mújol *m* ZO gray *o Br* grey mullet
mula *f* mule; *Méx* trash, *Br* rubbish
mulato *m* mulatto
muleta *f* crutch; TAUR cape
mullido *adj* soft
mullir <3h> *v/t almohada* plump up
multa *f* fine; **multar** <1a> *v/t* fine
multicine *m* multiscreen
multicolor *adj* multicolo(u)red
multilateral *adj* multilateral
multimedia *f/adj* multimedia
multimillonario *m* multimillionaire
multinacional *f* multinational
múltiple *adj* multiple; **multiplicación** *f* multiplication; **multiplicar** <1g> **1** *v/t* multiply **2** *v/r* **~se** multiply; **múltiplo** *m* MAT multiple
multipropiedad *f* timeshare
multitud *f* crowd; ***~ de*** thousands of; **multitudinario** *adj* mass *atr*
multiuso *adj* multipurpose
mundano *adj* society *atr*; REL wordly;
mundial **1** *adj* world *atr* **2** *m*: ***el ~ de fútbol*** the World Cup; **mundo** *m* world; ***el otro ~*** the next world; ***nada del otro ~*** nothing out of the ordinary; ***todo el ~*** everybody, everyone
munición *f* ammunition
municipal *adj* municipal; **municipio** *m* municipality
muñeca *f* doll; ANAT wrist; **muñeco** *m* doll; *fig* puppet; ***~ de nieve*** snowman
muñón *m* MED stump
mural **1** *adj* wall *atr* **2** *m* mural; **muralla** *f de ciudad* wall
murciélago *m* ZO bat
murga *f*: ***dar la ~ a alguien*** F bug s.o. F
murió *vb* → ***morir***
murmullo *m* murmur; **murmurar** <1a> *v/i hablar* murmur; *criticar* gossip
muro *m* wall

M

musa *f* muse
musaraña *f* ZO shrew; ***pensar en las ~s*** F daydream
muscular *adj* muscular; **músculo** *m* muscle; **musculoso** *adj* muscular
museo *m* museum; *de pintura* art gallery
musgo *m* BOT moss
música *f* music; **musical** *m/adj* musical; **músico** *m*, **-a** *f* musician
musitar <1a> *v/i* mumble
muslo *m* thigh
mustio *adj* withered; *fig* down F
musulmán 1 *adj* Muslim **2** *m*, **-ana** *f* Muslim
mutilado *m*, **-a** *f* disabled person; **mutilar** <1a> *v/t* mutilate
mutualidad *f* benefit society, *Br* friendly society; **mutuo** *adj* mutual
muy *adv* very; (*demasiado*) too; ***~ valorado*** highly valued

N

N *abr* (= ***norte***) N (North(ern))
nabo *m* **1** *adj Arg* F dumb F **2** *m* turnip
nácar *m* mother-of-pearl
nacatamal *m C.Am.*, *Méx meat*, *rice and corn in a banana leaf*
nacer <2d> *v/i* be born; *de un huevo* hatch; *de una planta* sprout; *de un río*, *del sol* rise; (*surgir*) arise (***de*** from); **naciente** *adj país*, *gobierno* newly formed; *sol* rising; **nacimiento** *m* birth; *de Navidad* crèche, nativity scene
nación *f* nation; **nacional** *adj* national; **nacionalidad** *f* nationality; **nacionalismo** *m* nationalism; **nacionalización** *f* COM nationalization; **nacionalizar** <1f> **1** *v/t* COM nationalize; *persona* naturalize **2** *v/r* **~se** become naturalized
naco *m Col* purée
nada 1 *pron* nothing; ***no hay ~*** there isn't anything; ***¡~ de eso!*** F you can put that idea out of your head; ***~ más*** nothing else; ***~ menos que*** no less than; ***lo dices como si ~*** you talk about it as if it was nothing; ***¡de ~!*** you're welcome, not at all; ***no es ~*** it's nothing **2** *adv* not at all; ***no ha llovido ~*** it hasn't rained **3** *f* nothingness
nadador *m*, **~a** *f* swimmer; **nadar** <1a> *v/i* swim
nadería *f* trifle
nadie *pron* nobody, no-one; ***no había ~*** there was nobody there, there wasn't anyone there
nado: ***atravesar a ~*** swim across
nafta *f Arg* gas(oline), *Br* petrol; **naftalina** *f* naphthalene
nailon *m* nylon
naipe *m* (playing) card
nalga *f* buttock
nana *f* lullaby; *Rpl* F (*abuela*) grandma
napias *fpl* F schnozzle *sg* F, *Br* hooter *sg* F
naranja 1 *f* orange; ***media ~*** F (*pareja*) other half **2** *adj* orange; **naranjada** *f* orangeade; **naranjo** *m* orange tree
narciso *m* BOT daffodil
narcótico *m/adj* narcotic; **narcotráfico** *m* drug trafficking
nariz *f* nose; ***¡narices!*** F nonsense!; ***estar hasta las narices de algo*** F be sick of sth F, be up to here with sth F; ***meter las narices en algo*** F stick one's nose in sth F
narración *f* narration; **narrador** *m*, **~a** *f* narrator; **narrar** <1a> *v/t*: ***~ algo*** tell the story of sth

nasal *adj* nasal
nata *f* cream; ~ ***montada*** whipped cream
natación *f* swimming
natal *adj* native; ***ciudad*** ~ city of one's birth, home town; **natalidad** *f* birthrate
natillas *fpl* custard *sg*
nativo *m*, **-a** *f* native; **nato** *adj* born
natural 1 *adj* natural; ***ser*** ~ ***de*** come from; ***es*** ~ it's only natural **2** *m*: ***fruta al*** ~ fruit in its own juice; **naturaleza** *f* nature; **naturalidad** *f* naturalness; **naturalmente** *adv* naturally; **naturista 1** *adj* nudist, naturist; *medicina* natural **2** *m/f* nudist, naturist
naufragar <1h> *v/i* be shipwrecked; *fig* fail; **naufragio** *m* shipwreck; **náufrago 1** *adj* shipwrecked **2** *m*, **-a** *f* shipwrecked person
náuseas *fpl* nausea *sg*; **nauseabundo** *adj* nauseating
náutico *adj* nautical
navaja *f* knife; **navajazo** *m* knife wound, slash; **navajero** *m*: ***le asaltó un*** ~ he was attacked by a man with a knife
naval *adj* naval; **nave** *f* ship; *de iglesia* nave; ~ ***espacial*** spacecraft; **navegación** *f* navigation; ~ ***a vela*** sailing; **navegador** *m* INFOR browser; **navegante** *m/f* navigator; **navegar** <1h> **1** *v/i* sail; *por el aire, espacio* fly; ~ ***por la red*** *or* ***por Internet*** INFOR surf the Net **2** *v/t* sail
Navidad *f* Christmas; **navideño** *adj* Christmas *atr*
navío *m* ship
nazi *m/f & adj* Nazi; **nazismo** *m* Nazi(i)sm
N.B. *abr* (= ***nótese bien***) NB (= nota bene)
neblina *f* mist; **nebuloso** *adj fig* hazy, nebulous
necesario *adj* necessary; **neceser** *m* toilet kit, *Br* toilet bag; **necesidad** *f* need; (*cosa esencial*) necessity; ***de primera*** ~ essential; ***en caso de*** ~ if necessary; ***hacer sus -es*** F relieve o.s.; **necesitado** *adj* needy;
necesitar <1a> *v/t* need
necio *adj* brainless
necrológica *f* obituary
nefasto *adj* harmful
negación *f* negation; *de acusación* denial; **negar** <1h> **1** *v/t acusación* deny; (*no conceder*) refuse **2** *v/r* **~se** refuse (***a*** to); **negativa** *f* refusal; *de acusación* denial; **negativo 1** *adj* negative **2** *m* FOT negative
negligencia *f* JUR negligence
negociable *adj* negotiable; **negociación** *f* negotiation; ***negociaciones*** talks; **negociador** *m*, **~a** *f* negotiator; **negociante** *m/f* businessman; *mujer* businesswoman; *desp* money-grubber; **negociar** <1b> *v/t* negotiate; **negocio** *m* business; (*trato*) deal
negra *f* black woman; MÚS quarter note, *Br* crotchet; *L.Am.* (*querida*) honey, dear; **negrita** *f* bold; **negro 1** *adj* black; ***estar*** ~ F be furious **2** *m* black man; *L.Am.* (*querido*) honey, dear
nena *f* F little girl, kid F; **nene** *m* F little boy, kid F
nenúfar *m* BOT water lily
neocelandés *m*, **-esa** *f* New Zealander
neón *m* neon
neoyorquino 1 *adj* New York *atr* **2** *m*, **-a** *f* New Yorker
nepotismo *m* nepotism
nervio *m* ANAT nerve; **nerviosismo** *m* nervousness; **nervioso** *adj* nervous; ***ponerse*** ~ get nervous; (*agitado*) get agitated; ***poner a alguien*** ~ get on s.o.'s nerves
neto *adj* COM net
neumático 1 *adj* pneumatic **2** *m* AUTO tire, *Br* tyre
neumonía *f* MED pneumonia
neurocirujano *m*, **-a** *f* brain surgeon
neurólogo *m*, **-a** *f* neurologist
neurosis *f inv* neurosis; **neurótico** *adj* neurotic
neutral *adj* neutral; **neutralidad** *f* neutrality; **neutralizar** <1f> *v/t*

N

neutralize; **neutro** *adj* neutral

nevada *f* snowfall; **nevar** <1k> *v/i* snow; **nevazón** *f Arg, Chi* snowstorm; **nevera** *f* refrigerator, fridge; ~ ***portátil*** cooler; **nevería** *f Méx, C.Am.* ice-cream parlo(u)r; **nevero** *m* snowdrift

nexo *m* link; GRAM connective

ni *conj* neither; ~ ***...*** ~ neither … nor; ~ ***siquiera*** not even; ***no di*** ~ ***una*** I made a real mess of things

Nicaragua Nicaragua; **nicaragüense** *m/f & adj* Nicaraguan

nicho *m* niche

nicotina *f* nicotine; ***bajo en*** ~ low in nicotine

nido *m* nest

niebla *f* fog

nieta *f* granddaughter; **nieto** *m* grandson; ~***s*** grandchildren

nieva *vb* → ***nevar***

nieve *f* snow; *Méx* water ice, sorbet

nihilismo *m* nihilism

nimiedad *f* triviality; **nimio** *adj* trivial

ningún *adj* → ***ninguno***

ninguno *adj* no; ***no hay -a razón*** there's no reason why, there isn't any reason why

niña *f* girl; *forma de cortesía* young lady; **niñato** *m*, **-a** *f* brat; **niñera** *f* nanny; **niñería** *f*: ***una*** ~ a childish thing; **niñez** *f* childhood; **niño 1** *adj* young; *desp* childish **2** *m* boy; *forma de cortesía* young man; ~***s*** children *pl*; ~ ***de pecho*** infant

níquel *m* nickel

níspero *m* BOT loquat

nítido *adj* clear; *imagen* sharp

nitrógeno *m* nitrogen; **nitroglicerina** *f* nitroglycerin

nivel *m* level; (*altura*) height; ~ ***del mar*** sea level; ~ ***de vida*** standard of living; **nivelar** <1a> *v/t* level

nixtamal *m Méx, C.Am. dough from which corn tortillas are made*

n.° *abr* (= ***número***) No. (= number)

no *adv* no; *para negar verbo* not; ***no entiendo*** I don't understand, I do not understand; ~ ***te vayas*** don't go; ~ ***bien*** as soon as; ~ ***del todo*** not entirely; ***ya*** ~ not any more; ~ ***más*** *L.Am.* → ***nomás***; ***así*** ~ ***más*** *L.Am.* just like that; ***te gusta, ¿~?*** you like it, don't you?; ***te ha llamado, ¿~?*** he called you, didn't he?; ***¿a que ~?*** I bet you don't / can't etc

nobiliario *adj* noble; **noble** *m/f & adj* noble; **nobleza** *f* nobility

noche *f* night; ***de*** ~, ***por la*** ~ at night; ***de la*** ~ ***a la mañana*** *fig* overnight; ***¡buenas ~s!*** *saludo* good evening; *despedida* good night; **Nochebuena** *f* Christmas Eve; **nochecita** *f L.Am.* evening; **nochero** *m L.Am.* night watchman; **Nochevieja** *f* New Year's Eve

noción *f* notion

nocivo *adj* harmful

noctámbulo *m*, **-a** *f* sleepwalker; **nocturno** *adj* night *atr*; ZO nocturnal; ***clase -a*** evening class

nogal *m* BOT walnut

nómada 1 *adj* nomadic **2** *m/f* nomad

nomás *adv L.Am.* just, only; ***llévaselo*** ~ just take it away; ~ ***llegue, te avisaré*** as soon as he arrives, I'll let you know; ***siga*** ~ just carry on; ~ ***lo vio, echó a llorar*** as soon as she saw him she started to cry

nombramiento *m* appointment; **nombrar** <1a> *v/t* mention; *para un cargo* appoint; **nombre** *m* name; GRAM noun; ~ ***de pila*** first name; ***no tener*** ~ *fig* be inexcusable

nomenclatura *f* nomenclature

nomeolvides *f inv* BOT forget-me-not

nómina *f* pay slip; **nominal** *adj* nominal; **nominar** <1a> *v/t* nominate

non *adj* odd

nono *adj* ninth

nopal *m L.Am.* BOT prickly pear

nor(d)este *m* northeast

noria *f de agua* waterwheel; *en feria* ferris wheel

norma *f* standard; (*regla*) rule, regulation; **normal** *adj* normal; **normalidad** *f* normality; **normalizar** <1f> *v/t* standardize; **normativa** *f* rules *pl*, regulations *pl*

noroeste *m* northwest

norte *m* north
Norteamérica North America; **norteamericano 1** *adj* North American **2** *m*, **-a** *f* North American
norteño 1 *adj* northern **2** *m*, **-a** *f* northerner
Noruega Norway; **noruego 1** *adj* Norwegian **2** *m*, **-a** *f* Norwegian
nos *pron complemento directo* us; *complemento indirecto* (to) us; *reflexivo* ourselves; **~ *dio el dinero*** he gave us the money, he gave the money to us
nosotros, nosotras *pron* we; *complemento* us; ***ven con* ~** come with us; ***somos* ~** it's us
nostalgia *f* nostalgia; *por la patria* homesickness; **nostálgico** *adj* nostalgic
nota *f tb* MÚS note; EDU grade, mark; **~ *a pie de página*** footnote; ***tomar ~ de algo*** make a note of sth; **notable** *adj* remarkable, notable; **notar** <1a> *v/t* notice; (*sentir*) feel; ***hacer ~ algo a alguien*** point sth out to s.o.; ***se nota que*** you can tell that; ***hacerse* ~** draw attention to o.s.
notaría *f* notary's office; **notario** *m*, **-a** *f* notary
noticia *f* piece of news; *en noticiario* news story, item of news; **~*s*** *pl* news *sg*; **noticiario** *m* RAD, TV news *sg*
notificación *f* notification; **notificar** <1g> *v/t* notify
notorio *adj* famous, well-known
novatada *f* practical joke
novato *m*, **-a** *f* beginner, rookie F
novecientos *adj* nine hundred
novedad *f* novelty; *cosa* new thing; (*noticia*) piece of news; *acontecimiento* new development; ***llegar sin* ~** arrive safely; **novedoso** *adj* novel, new; *invento* innovative; **novela** *f* novel; **~ *negra*** crime novel; **~ *rosa*** romantic novel; **novelista** *m/f* novelist
noveno *adj* ninth; **noventa** *adj* ninety
novia *f* girlfriend; *el día de la boda* bride; **noviazgo** *m* engagement
noviembre *m* November
novillada *f bullfight featuring novice bulls*; **novillero** *m* novice (bullfighter); **novillo** *m* ZO young bull; *vaca* heifer; ***hacer ~s*** F play hooky F, play truant
novio *m* boyfriend; *el día de la boda* bridegroom; ***los ~s*** the bride and groom; (*recién casados*) the newlyweds
nube *f* cloud; ***estar en las ~s*** *fig* be miles away; ***estar por las ~s*** *fig* F be incredibly expensive; **nublado 1** *adj* cloudy, overcast **2** *m* storm cloud; **nublarse** <1a> *v/r* cloud over; **nuboso** *adj* cloudy
nuca *f* nape of the neck
nuclear *adj* nuclear; **núcleo** *m* nucleus; *de problema* heart
nudillo *m* knuckle
nudista *m/f* nudist; ***playa* ~** nudist beach
nudo *m* knot; ***se me hace un ~ en la garganta*** F I get a lump in my throat
nuera *f* daughter-in-law
nuestro 1 *adj pos* our **2** *pron* ours
nueva *f lit* piece of news; **nuevamente** *adv* again
Nueva York New York
Nueva Zelanda New Zealand
nueve *adj* nine
nuevo *adj* new; (*otro*) another; ***de* ~** again
nuez *f* BOT walnut; ANAT Adam's apple
nulidad *f* nullity; *fig* F dead loss F; **nulo** *adj* null and void; F *persona* hopeless; (*inexistente*) non-existent, zero
núm. *abr* (= ***número***) No. (= number)
numerar <1a> *v/t* number; **numérico** *adj* numerical; ***teclado* ~** numeric keypad, number pad; **número** *m* number; *de publicación* issue; *de zapato* size; **~ *complementario*** *en lotería* bonus number; **~ *secreto*** PIN (number); ***en ~s rojos*** *fig* in the red; ***montar un* ~** F make a scene; **numeroso** *adj* numerous
numismática *f* numismatics
nunca *adv* never; **~ *jamás*** *or* ***más***

N

never again; ***más que*** ~ more than ever
nupcial *adj* wedding *atr*
nutria *f* ZO otter
nutrición *f* nutrition; **nutrido** *adj fig* large; **nutriente** *m* nutrient; **nutrir** <3a> *v/t* nourish; *fig*: *esperanzas* cherish; **nutritivo** *adj* nutritious, nourishing
nylon *m* nylon

Ñ

ñandú *m* ZO rhea
ñandutí *m Parag type of lace*
ñapa *f S.Am.* extra, bonus; ***le di dos de*** ~ I threw in an extra two
ñato *adj Rpl* snub-nosed
ñeque *m S.Am.* strength; ***de*** ~ F gutsy F; ***tener mucho*** ~ F have a lot of guts F
ñoñería *f* feebleness F, wimpish behavio(u)r F; **ñoño 1** *adj* feeble F, wimpish F **2** *m*, **-a** *f* drip F, wimp F
ñu *m* ZO gnu

O

O *abr* (= ***oeste***) W (= West(ern))
o *conj* or; ***~ ... ~*** either ... or; ***~ sea*** in other words
oasis *m inv* oasis
obcecación *f* obstinacy; **obcecarse** <1g> *v/r* stubbornly insist
obedecer <2d> **1** *v/t* obey **2** *v/i* obey; *de una máquina* respond; ***~ a*** *fig* be due to; **obediencia** *f* obedience; **obediente** *adj* obedient
obelisco *m* obelisk
obesidad *f* obesity; **obeso** *adj* obese
obispo *m* bishop
objeción *f* objection; ***~ de conciencia*** conscientious objection; **objetar** <1a> **1** *v/t* object; ***tener algo que ~*** have any objection **2** *v/i* become a conscientious objector
objetividad *f* objectivity; **objetivo 1** *adj* objective **2** *m* objective; MIL target; FOT lens
objeto *m* object; ***con ~ de*** with the aim of
objetor *m*, **~a** *f* objector; ***~ de conciencia*** conscientious objector
oblícuo *adj* oblique, slanted
obligación *f* obligation, duty; COM bond; **obligar** <1h> *v/t*: ***~ a alguien*** oblige *o* force s.o. (***a*** to); *de una ley* apply to s.o.; **obligatorio** *adj* obligatory, compulsory
obnubilar <1a> *v/t* cloud
oboe *m* MÚS oboe
obra *f* work; ***~s*** *pl de construcción* building work *sg*; *en la vía pública* road works; ***~ de arte*** work of art; ***~ maestra*** masterpiece; ***~ de teatro*** play; **obraje** *m Méx* butcher's; **obrar** <1a> *v/i* act; **obrero 1** *adj* working **2** *m*, **-a** *f* worker
obsceno *adj* obscene
obsequiar <1b> *v/t*: ***~ a alguien con algo*** present s.o. with sth; **obsequio** *m* gift; **obsequioso** *adj* attentive

O

observación *f* observation; JUR observance; **observador 1** *adj* observant **2** *m*, **~a** *f* observer; **observar** <1a> *v/t* observe; (*advertir*) notice, observe; (*comentar*) remark, observe; **observatorio** *m* observatory
obsesión *f* obsession; **obsesionar** <1a> **1** *v/t* obsess **2** *v/r* **~se** become obsessed (***con*** with); **obsesivo** *adj* obsessive
obsoleto *adj* obsolete
obstaculizar <1f> *v/t* hinder, hamper; **obstáculo** *m* obstacle
obstante: ***no ~*** nevertheless
obstetra *m/f* obstetrician; **obstetricia** *f* obstetrics
obstinación *f* obstinacy; **obstinado** *adj* obstinate; **obstinarse** <1a> *v/r* insist (***en*** on)
obstrucción *f* obstruction, blockage; **obstruir** <3g> *v/t* obstruct, block
obtener <2l; *part* ***obtuvo***> *v/t* get, obtain *fml*
obturador *m* shutter
obtuvo *vb* → ***obtener***
obvio *adj* obvious
oca *f* goose
ocasión *f* occasion; (*oportunidad*) chance, opportunity; ***con ~ de*** on the occasion of; ***de ~*** COM cut-price, bargain *atr*; *de segunda mano* second-hand, used; **ocasional** *adj* occasional; **ocasionar** <1a> *v/t* cause
ocaso *m del sol* setting; *de un imperio, un poder* decline
occidental 1 *adj* western **2** *m/f* Westerner; **occidente** *m* west
OCDE *abr* (= ***Organización de Cooperación y Desarrollo Económico***) OECD (= Organization for Economic Cooperation and Development)
océano *m* ocean; **oceanógrafo** *m*, **-a** *f* oceanographer
ocelote *m* ZO ocelot
ochenta *adj* eighty; **ocho** *adj* eight; **ochocientos** *adj* eight hundred
ocio *m* leisure time, free time; *desp* idleness; **ociosear** <1a> *v/i S.Am.* laze around; **ocioso** *adj* idle
ocre *m/adj* ocher, *Br* ochre
oct.^e^ *abr* (= ***octubre***) Oct. (= October)
octavilla *f* leaflet; **octavo 1** *adj* eighth **2** *m* eighth; DEP ***~s de final*** last 16
octógono *m* octagon
octubre *m* October
ocular *adj* eye *atr*; **oculista** *m/f* ophthalmologist
ocultación *f* concealment; **ocultar** <1a> *v/t* hide, conceal; **ocultismo** *m* occult; **oculto** *adj* hidden; (*sobrenatural*) occult
ocupación *f tb* MIL occupation; (*actividad*) activity; **ocupado** *adj* busy; *asiento* taken; **ocupante** *m/f* occupant; **ocupar** <1a> **1** *v/t espacio* take up, occupy; (*habitar*) live in, occupy; *obreros* employ; *periodo de tiempo* spend, occupy; MIL occupy **2** *v/r* **~se**: ***~se de*** deal with; (*cuidar de*) look after
ocurrencia *f* occurrence; (*chiste*) quip, funny remark; **ocurrir** <3a> *v/i* happen, occur; ***se me ocurrió*** it occurred to me, it struck me
odiar <1b> *v/t* hate; **odio** *m* hatred, hate; **odioso** *adj* odious, hateful
odisea *f fig* odyssey
odontólogo *m* odontologist
OEA *abr* (= ***Organización de los Estados Americanos***) OAS (= Organization of American States)
oeste *m* west
ofender <2a> **1** *v/t* offend **2** *v/r* **~se** take offense (***por*** at); **ofensa** *f* insult; **ofensiva** *f* offensive; **ofensivo** *adj* offensive
oferta *f* offer; ***~ pública de adquisición*** takeover bid
oficial 1 *adj* official **2** *m/f* MIL officer; **oficialista** *adj L.Am.* pro-government; **oficina** *f* office; ***~ de correos*** post office; ***~ de empleo*** employment office; ***~ de turismo*** tourist office; **oficinista** *m/f* office worker; **oficio** *m trabajo* trade; **oficioso** *adj* unofficial
ofimática *f* INFOR office automation
ofrecer <2d> **1** *v/t* offer **2** *v/r* **~se**

volunteer, offer one's services (***de*** as); (*presentarse*) appear; ***¿qué se le ofrece?*** what can I do for you?; **ofrecimiento** *m* offer; **ofrenda** *f* offering
oftalmólogo *m*, **-a** *f* ophthalmologist
ofuscar <1g> *v/t tb fig* blind
ogro *m tb fig* ogre
oída *f*: ***conocer algo de ~s*** have heard of sth; **oído** *m* hearing; ***hacer ~s sordos*** turn a deaf ear; ***ser todo ~s*** *fig* be all ears
oigo *vb* → ***oír***
oír <3q> *v/t tb* JUR hear; (*escuchar*) listen to; ***¡oye!*** listen!, hey! F; ***como quien oye llover, salió sin él*** F he turned a deaf ear and went off without it
OIT *abr* (= ***Organización Internacional de Trabajo***) ILO (= International Labor Organization)
ojal *m* buttonhole
ojalá *int*: ***¡~!*** let's hope so; ***¡~ venga!*** I hope he comes; ***¡~ tuvieras razón!*** I only hope you're right
ojeada *f* glance; ***echar una ~ a alguien*** glance at s.o.; **ojeras** *fpl* bags under the eyes; **ojo** *m* ANAT eye; ***¡~!*** F watch out!, mind! F; ***~ de la cerradura*** keyhole; ***a ~*** roughly; ***andar con ~*** F keep one's eyes open F; ***costar un ~ de la cara*** F cost an arm and a leg F; ***no pegar ~*** F not sleep a wink F
ojota *f C.Am., Méx* sandal
okupa *m/f Esp* F squatter
ola *f* wave; ***~ de calor*** heat wave; ***~ de frío*** cold spell; **oleada** *f fig* wave, flood; **oleaje** *m* swell
óleo *m* oil; **oleoducto** *m* (oil) pipeline
oler <2i> **1** *v/i* smell (***a*** of) **2** *v/t* smell **3** *v/r*: ***me huelo algo*** *fig* there's something fishy going on, I smell a rat; **olfatear** <1a> *v/t* sniff; **olfato** *m* sense of smell; *fig* nose
olimpíada, olimpiada *f* Olympics *pl*; **olímpico** *adj* Olympic
olisquear <1a> *v/t* sniff
oliva *f* BOT olive; **olivo** *m* olive tree
olla *f* pot; ***~ exprés*** *or* ***a presión*** pressure cooker
olmo *m* BOT elm
olor *m* smell; *agradable* scent; ***~ corporal*** body odo(u)r, BO; **oloroso** *adj* scented
OLP *abr* (= ***Organización para la Liberación de Palestina***) PLO (= Palestine Liberation Organization)
olvidadizo *adj* forgetful; **olvidar** <1a> **1** *v/t* forget **2** *v/r* **~se**: ***~se de algo*** forget sth; **olvido** *m* oblivion
ombligo *m* ANAT navel
OMC *abr* (= ***Organización Mundial de Comercio***) WTO (= World Trade Organization)
omisión *f* omission; **omiso** *adj*: ***hacer caso ~ de algo*** ignore sth; **omitir** <3a> *v/t* omit, leave out
omnipotente *adj* omnipotent
omóplato, omoplato *m* ANAT shoulder blade
OMS *abr* (= ***Organización Mundial de la Salud***) WHO (= World Health Organization)
once *adj* eleven
oncología *f* MED oncology
onda *f* wave; ***estar en la ~*** F be with it F; ***¿qué ~?*** *Méx* F what's happening? F; **ondulado** *adj* wavy; *cartón* corrugated
ONG *abr* (= ***Organización no Gubernamental***) NGO (= non-governmental organization)
onomatopeya *f* onomatopœia
ONU *abr* (= ***Organización de las Naciones Unidas***) UN (= United Nations)
onza *f* ounce
OPA *abr* (= ***oferta pública de adquisición***) takeover bid
opaco *adj* opaque
opción *f* option, choice; (*posibilidad*) chance; **opcional** *adj* optional
OPEP *abr* (= ***Organización de Países Exportadores de Petróleo***) OPEC (= Organization of Petroleum Exporting Countries)
ópera *f* MÚS opera; ***~ prima*** first work
operación *f* operation; **operador** *m*,

~a *f* TELEC, INFOR operator; **~ *turístico*** tour operator; **operar** <1a> **1** *v/t* MED operate on; *cambio* bring about **2** *v/i* operate; COM do business (***con*** with) **3** *v/r* **~se** MED have an operation (***de*** on); *de un cambio* occur; **operario** *m*, **-a** *f* operator, operative; **operativo 1** *adj* operational; ***sistema ~*** INFOR operating system **2** *m L.Am.* operation
opereta *f* MÚS operetta
opinar <1a> **1** *v/t* think (***de*** about) **2** *v/i* express an opinion; **opinión** *f* opinion; ***la ~ pública*** public opinion; ***en mi ~*** in my opinion
opio *m* opium
opíparo *adj* sumptuous
oponente *m/f* opponent; **oponer** <2r; *part* **opuesto**> **1** *v/t resistencia* put up (***a*** to), offer (***a*** to); *razón, argumento* put forward (***a*** against) **2** *v/r* **~se** be opposed (***a*** to); (*manifestar oposición*) object (***a*** to)
oporto *m* port
oportunidad *f* opportunity; **oportunista 1** *adj* opportunistic **2** *m/f* opportunist; **oportuno** *adj* timely; *momento* opportune; *respuesta, medida* suitable, appropriate
oposición *f* POL opposition; ***oposiciones*** official entrance exams
opresión *f* oppression; **opresor 1** *adj* oppressive **2** *m*, **~a** *f* oppressor; **oprimir** <3a> *v/t* oppress; *botón* press; *de zapatos* be too tight for
optar <1a> *v/i* (*elegir*) opt (***por*** for); ***~ a*** be in the running for; ***~ por hacer algo*** opt to do sth; **optativo** *adj* optional
óptica *f* optician's; FÍS optics; *fig* point of view; **óptico 1** *adj* optical **2** *m*, **-a** *f* optician
optimismo *m* optimism; **optimista 1** *adj* optimistic **2** *m/f* optimist
optimizar <1f> *v/t* optimize; **óptimo** *adj* ideal
opuesto 1 *part* → ***oponer*** **2** *adj* opposite; *opinión* contrary
opulencia *f* opulence
opuso *vb* → ***oponer***
oquedad *f* cavity
oración *f* REL prayer; GRAM sentence
orador *m*, **~a** *f* orator; **oral** *adj* oral; ***prueba de inglés ~*** English oral (exam)
orangután *m* ZO orangutan
orar <1a> *v/i* pray (***por*** for); **oratoria** *f* oratory
órbita *f* orbit; ***colocar*** *or* ***poner en ~*** put into orbit
orca *m* ZO killer whale
órdago *m*: ***de ~*** F terrific F
orden 1 *m* order; ***~ del día*** agenda; ***por ~ alfabético*** in alphabetical order; ***poner en ~*** tidy up **2** *f* (*mandamiento*) order; ***¡a la ~!*** yes, sir; ***por ~ de*** by order of, on the orders of; **ordenado** *adj* tidy; **ordenador** *m* INFOR computer; ***~ de escritorio*** desktop (computer); ***~ personal*** personal computer; ***~ portátil*** portable (computer), laptop; ***asistido por ~*** computer aided; **ordenanza 1** *f* by-law **2** *m* office junior, gofer F; MIL orderly; **ordenar** <1a> *v/t habitación* tidy up; *alfabéticamente* arrange; (*mandar*) order
ordeñar <1a> *v/t* milk
ordinario *adj* ordinary; *desp* vulgar; ***de ~*** usually, ordinarily
orégano *m* BOT oregano
oreja *f* ear; ***aguzar las ~s*** *L.Am.* prick one's ears up; ***ver las ~s al lobo*** *fig* F wake up to the danger; **orejeras** *fpl* earmuffs
orfanato *m* orphanage
orfebrería *f* goldsmith / silversmith work
orfelinato *m* orphanage
orgánico *adj* organic
organigrama *m* flow chart; *de empresa* organization chart, tree diagram
organillo *m* barrel organ
organismo *m* organism; POL agency, organization; ***~ modificado genéticamente*** genetically modified organism
organización *f* organization; ***Or-***

O

ganización de Cooperación y Desarrollo Económico Organization for Economic Cooperation and Development; ***Organización de las Naciones Unidas*** United Nations; ***Organización de los Estados Americanos*** Organization of American States; ***Organización del Tratado del Atlántico Norte*** North Atlantic Treaty Organization; ***Organización de Países Exportadores de Petróleo*** Organization of Petroleum Exporting Countries; ***Organización Internacional de Trabajo*** International Labor Organization; ***Organización Mundial de Comercio*** World Trade Organization; ***Organización Mundial de la Salud*** World Health Organization; ***Organización para la Liberación de Palestina*** Palestine Liberation Organization; **organizador 1** *adj* organizing **2** *m*, **~a** *f* organizer; **~ *personal*** personal organizer; **organizar** <1f> **1** *v/t* organize **2** *v/r* **~se** *de persona* organize one's time

órgano *m* MÚS, ANAT, *fig* organ

orgasmo *m* orgasm

orgía *f* orgy

orgullo *m* pride; **orgulloso** *adj* proud (***de*** of)

orientación *f* orientation; (*ayuda*) guidance; ***sentido de la ~*** sense of direction; **orientador** *m*, **~a** *f* counsel(l)or

oriental 1 *adj* oriental, eastern **2** *m/f* Oriental

orientar <1a> **1** *v/t* (*aconsejar*) advise; **~ *algo hacia algo*** turn sth toward sth **2** *v/r* **~se** get one's bearings; *de una planta* turn (***hacía*** toward)

oriente *m* east; ***Oriente*** Orient; ***Oriente Medio*** Middle East; ***Extremo*** *or* ***Lejano Oriente*** Far East

orificio *m* hole; *en cuerpo* orifice

origen *m* origin; ***dar ~ a*** give rise to; **original** *m/adj* original; **originalidad** *f* originality; **originar** <1a> **1** *v/t* give rise to **2** *v/r* **~se** originate; *de un incendio* start; **originario** *adj* original; (*nativo*) native (***de*** of)

orilla *f* shore; *de un río* bank

orina *f* urine; **orinal** *m* urinal; **orinar** <1a> *v/i* urinate

oriundo *adj* native (***de*** to)

ornamental *adj* ornamental

ornitología *f* ornithology; **ornitólogo** *m*, **-a** *f* ornithologist

oro *m* gold; ***guardar como ~ en paño*** *con mucho cariño* treasure sth; *con mucho cuidado* guard sth with one's life; ***prometer el ~ y el moro*** promise the earth; **~s** (*en naipes*) *suit in Spanish deck of cards*

orondo *adj* fat; *fig* smug

oropéndola *f* ZO golden oriole

orquesta *f* orchestra; **orquestar** <1a> *v/t fig* orchestrate

orquídea *f* BOT orchid

ortiga *f* BOT nettle

ortodoncia *f* MED orthodontics

ortodoxo *adj* orthodox

ortografía *f* spelling

ortopédico 1 *adj* orthop(a)edic **2** *m*, **-a** *f* orthop(a)edist

oruga *f* ZO caterpillar; TÉC (caterpillar) track

orujo *m liquor made from the remains of grapes*

orzuelo *m* MED stye

os *pron complemento directo* you; *complemento indirecto* (to) you; *reflexivo* yourselves; ***~ lo devolveré*** I'll give you it back, I'll give it back to you

osa *f* AST: ***Osa Mayor*** Great Bear; ***Osa Menor*** Little Bear

osadía *f* daring; (*descaro*) audacity

osamenta *f* bones *pl*

osar <1a> *v/i* dare

oscilación *f* oscillation; *de precios* fluctuation; **oscilar** <1a> *v/i* oscillate; *de precios* fluctuate

oscurecer <2d> **1** *v/t* darken; *logro, triunfo* overshadow **2** *v/i* get dark **3** *v/r* **~se** darken; **oscuridad** *f* darkness; **oscuro** *adj* dark; *fig* obscure; ***a -as*** in the dark

óseo *adj* bone *atr*

O

osezno *m* cub
osito *m*: **~ *de peluche*** teddy bear; **oso** *m* bear; **~ *hormiguero*** anteater; **~ *panda*** panda; **~ *polar*** polar bear
ostensible *adj* obvious
ostentación *f* ostentation; ***hacer ~ de*** flaunt; **ostentar** <1a> *v/t* flaunt; *cargo* hold; **ostentoso** *adj* ostentatious
osteoporosis *f* MED osteoporosis
ostra *f* ZO oyster; ***¡~s!*** F hell! F
ostrero *m* ZO oyster-catcher
OTAN *abr* (= ***Organización del Tratado del Atlántico Norte***) NATO (= North Atlantic Treaty Organization)
otitis *f* MED earache
otoño *m* fall, *Br* autumn
otorgar <1h> *v/t* award; *favor* grant
otorrino F, **otorrinolaringólogo** *m* MED ear, nose and throat *o* ENT specialist
otro 1 *adj* (*diferente*) another; *con el, la* other; **~s** other; ***~s dos libros*** another two books **2** *pron* (*adicional*) another (one); (*persona distinta*) someone *o* somebody else; (*cosa distinta*) another one, a different one; **~s** others; ***entre ~s*** among others **3** *siguiente*: ***¡hasta -a!*** see you soon **4** *pron recíproco*: ***amar el uno al ~*** love one another
ovación *f* ovation; **ovacionar** <1a> *v/t* cheer, give an ovation to
ovalado *adj* oval; **óvalo** *m* oval
ovario *m* ANAT ovary
oveja *f* sheep; **~ *negra*** *fig* black sheep
overol *m Méx* overalls *pl*, *Br* dungarees *pl*
ovillo *m* ball; ***hacerse un ~*** *fig* curl up (into a ball)
ovino 1 *adj* sheep *atr* **2** *m* sheep; **~s** sheep *pl*
OVNI *abr* (= ***objeto volante no identificado***) UFO (= unidentified flying object)
ovulación *f* ovulation; **óvulo** *m* egg
oxidado *adj* rusty; **oxidar** <1a> **1** *v/t* rust **2** *v/r* **~se** rust, go rusty; **óxido** *m* QUÍM oxide; (*herrumbre*) rust; **oxigenarse** <1a> *v/r fig* get some fresh air; **oxígeno** *m* oxygen
oye *vb* → ***oír***
oyendo *vb* → ***oír***
oyente *m/f* listener
oyó *vb* → ***oír***
ozono *m* ozone; ***capa de ~*** ozone layer

O

P

pabellón *m* pavilion; *edificio* block; MÚS bell; MAR flag
pachanga *f*: ***ir de ~*** *Méx, W.I., C.Am.* F go on a spree F
pachocha *L.Am.*, **pachorra** *f* F slowness
pachucho *adj* MED F poorly
paciencia *f* patience; **paciente** *m/f & adj* patient
pacificador *m*, **~a** *f* peace-maker; **pacificar** <1g> *v/t* pacify; **pacífico** **1** *adj* peaceful; *persona* peaceable; ***el océano Pacífico*** the Pacific Ocean **2** *m*: ***el Pacífico*** the Pacific; **pacifista 1** *adj* pacifist *atr* **2** *m/f* pacifist
paco *m*, **-a** *f L.Am.* F (*policía*) cop F
pacotilla *f*: ***de ~*** third-rate, lousy F; **pacotillero** *m*, **-a** *f L.Am.* street vendor
pactar <1a> **1** *v/t* agree; **~ *un acuerdo*** reach (an) agreement **2** *v/i* reach (an) agreement; **pacto** *m* agreement, pact

padecer <2d> **1** *v/t* suffer **2** *v/i* suffer; **~ *de*** have trouble with
padrastro *m* step-father; **padre** *m* father; REL Father; ***de ~ y muy señor mío*** terrible; ***~s*** parents; ***¡qué ~!*** *Méx* F brilliant!; **padrenuestro** *m* Lord's Prayer; **padrillo** *m Rpl* stallion; **padrino** *m en bautizo* godfather; (*en boda*) *man who gives away the bride*
padrón *m register of local inhabitants*
paella *f* GASTR paella
pág. *abr* (= ***página***) p. (= page)
paga *f* pay; *de niño* allowance, *Br* pocket money; **pagado** *adj* paid
pagano *adj* pagan
pagar <1h> **1** *v/t* pay; *compra, gastos, crimen* pay for; *favor* repay; ***¡me las pagarás!*** you'll pay for this! **2** *v/i* pay; ***~ a escote*** F go Dutch F; **pagaré** *m* IOU
página *f* page; ***~ web*** web page; ***~s amarillas*** yellow pages
pago *m* payment; *Rpl* (*quinta*) piece of land; ***~ al contado*** *or* ***en efectivo*** payment in cash; ***en ~ de*** in payment for; ***por estos ~s*** F in this neck of the woods F
país *m* country; ***~ en vías de desarrollo*** developing country; ***los Países Bajos*** the Netherlands; **paisaje** *m* landscape; **paisano** *m*: ***de ~*** MIL in civilian clothes; *policía* in plain clothes
paja *f* straw; ***hacerse una ~*** V jerk off V; **pajar** *m* hayloft
pajarería *f* pet shop; **pajarita** *f corbata* bow tie; *de papel* paper bird; **pájaro** *m* bird; *fig* ugly customer F, nasty piece of work F; ***~ carpintero*** woodpecker; ***matar dos ~s de un tiro*** kill two birds with one stone
Pakistán Pakistan; **pakistaní** *m/f & adj* Pakistani
pala *f* spade; *raqueta* paddle; *para servir* slice; *para recoger* dustpan
palabra *f tb fig* word; ***~ de honor*** word of hono(u)r; ***bajo ~*** on parole; ***en una ~*** in a word; ***tomar la ~*** speak; **palabrota** *f* swearword
palacete *m* small palace; **palaciego** *adj* palace *atr*; **palacio** *m* palace; ***~ de deportes*** sports center (*Br* centre); ***~ de justicia*** law courts
paladar *m* palate
palanca *f* lever; ***~ de cambios*** AUTO gearshift, *Br* gear lever; ***tener ~*** *Méx fig* F have pull F *o* clout F
palangana *f plastic bowl for washing dishes*, *Br* washing-up bowl
palanganear <1a> *v/i S.Am.* show off
palanqueta *f* crowbar
palco *m* TEA box
palenque *m L.Am.* cockpit (*in cock fighting*)
Palestina Palestine; **palestino 1** *adj* Palestinian **2** *m*, **-a** *f* Palestinian
palestra *f* arena; ***salir*** *or* ***saltar a la ~*** *fig* hit the headlines
paleta *f* PINT palette; TÉC trowel; **paletilla** *f* GASTR shoulder
paleto F **1** *adj* hick *atr* F, provincial **2** *m*, **-a** *f* hick F, *Br* yokel F
paliar <1b> *v/t* alleviate; *dolor* relieve; **paliativo** *m/adj* palliative
palidecer <2d> *v/i de persona* turn pale; **palidez** *f* paleness; **pálido** *adj* pale
palillo *m para dientes* toothpick; *para comer* chopstick
palique *m*: ***estar de ~*** F have a chat
paliza 1 *f* beating; (*derrota*) thrashing F, drubbing F; (*pesadez*) drag F **2** *m/f* F drag F
palma *f* palm; ***dar ~s*** clap (one's hands); **palmada** *f* pat; (*manotazo*) slap
palmar <1a> *v/t*: ***~la*** P kick the bucket F
palmera *f* BOT palm tree; (*dulce*) *heart-shaped pastry*; **palmito** *m* BOT palmetto; GASTR palm heart; *fig* F attractiveness
palmo *m* hand's breadth; ***~ a ~*** inch by inch
palo *m de madera etc* stick; MAR mast; *de portería* post, upright; ***~ de golf*** golf club; ***~ mayor*** MAR mainmast; ***a medio ~*** *L.Am.* F half-drunk; ***a ~ seco*** *whisky* straight up; ***ser un ~***

P

L.Am. F be fantastic; ***de tal ~ tal astilla*** a chip off the old block F
paloma *f* pigeon; *blanca* dove; ***~ mensajera*** carrier pigeon; **palomar** *m* pigeon loft
palometa *f* ZO *pez* pompano
palomilla *f C.Am., Méx* F gang
palomita *f Méx* checkmark, *Br* tick; ***~s*** *pl* ***de maíz*** popcorn *sg*
palpable *adj fig* palpable; **palpar** <1a> *v/t con las manos* feel, touch; *fig* feel
palpitación *f* palpitation; **palpitante** *adj corazón* pounding; *cuestión* burning; **palpitar** <1a> *v/i del corazón* pound; *Rpl fig* have a hunch F, have a feeling
palta *f S.Am.* BOT avocado
palto *m S.Am.* jacket
paludismo *m* MED malaria
palurdo 1 *adj* F hick *atr* F, provincial **2** *m*, **-a** *f* F hick F, *Br* yokel F
pamela *f* picture hat
pampa *f* GEOG pampa, prairie; ***a la ~*** *Rpl* in the open
pamplinas *fpl* nonsense *sg*
pan *m* bread; ***un ~*** a loaf; ***~ francés*** *L.Am.* French bread; ***~ integral*** wholemeal bread; ***~ de molde*** sliced bread; ***~ de barra*** French bread; ***~ rallado*** breadcrumbs *pl*; ***~ tostado*** toast; ***ser ~ comido*** F be easy as pie F
pana *f* corduroy
panacea *f* panacea
panadería *f* baker's shop; **panadero** *m*, **-a** *f* baker
panal *m* honeycomb
Panamá Panama; ***el Canal de ~*** the Panama Canal; ***Ciudad de ~*** Panama city; **panameño 1** *adj* Panamanian **2** *m*, **-a** *f* Panamanian
pancarta *f* placard
panceta *f* belly pork
páncreas *m inv* ANAT
panda *m* ZO panda
pandereta *f* tambourine
pandilla *f* group; *de delincuentes* gang
panecillo *m* (bread) roll
panel *m tb grupo de personas* panel; ***~ solar*** solar panel
panela *f L.Am.* brown sugar loaf
panera *f* bread basket
panfleto *m* pamphlet
pánico *m* panic; ***sembrar el ~*** spread panic
panocha, **panoja** *f* ear
panoli *adj* F dopey F
panorama *m* panorama; **panorámico** *adj*: ***vista -a*** panoramic view
panqueque *m L.Am.* pancake
pantalla *f* TV, INFOR screen; *de lámpara* shade; ***pequeña ~*** *fig* small screen
pantalón *m*, **pantalones** *mpl* pants *pl*, *Br* trousers *pl*; ***llevar los pantalones*** *fig* F wear the pants (*Br* trousers) F
pantano *m* reservoir
panteón *m* pantheon
pantera *f* ZO panther
pantomima *f* pantomime
pantorrilla *f* ANAT calf
pantufla *f* slipper
panty *m* pantyhose *pl*, *Br* tights *pl*
panza *f de persona* belly
pañal *m* diaper, *Br* nappy
paño *m* cloth; ***~ de cocina*** dishtowel; **pañuelo** *m* handkerchief; ***el mundo es un ~*** *fig* F it's a small world
papa 1 *m* Pope **2** *f L.Am.* potato
papá *m* F pop F, dad F; ***~s*** *L.Am.* parents; ***Papá Noel*** Santa Claus
papada *f* double chin
papagayo *m* ZO parrot
papal 1 *adj* papal **2** *m L.Am.* potato field
papalote *m Méx* kite
papanatas *m/f inv* F dope F, dimwit F
paparruchas *fpl* F baloney *sg* F
papaya *f* BOT papaya
papel *m* paper; *trozo* piece of paper; TEA, *fig* role; ***~ de aluminio*** foil; ***~ de envolver*** wrapping paper; ***~ de regalo*** giftwrap; ***~ higiénico*** toilet paper *o* tissue; ***~ reciclado*** recycled paper; ***perder los ~es*** lose control; ***ser ~ mojado*** *fig* not be worth the paper it's written on; **papelada** *f L.Am.* farce; **papeleo** *m* paperwork; **papelera** *f* wastepaper basket; **papelería** *f* stationer's

P

shop; **papelerío** *m L.Am.* F muddle, mess; **papeleta** *f de rifa* raffle ticket; *fig* chore; ~ ***de voto*** ballot paper
paperas *fpl* MED mumps
papilla *f para bebés* baby food; *para enfermos* puree; ***hacer ~ a alguien*** F beat s.o. to a pulp F
papista *adj*: ***ser más ~ que el papa*** hold extreme views
paquete *m* package, parcel; *de cigarrillos* packet; F *en moto* (pillion) passenger
Paquistán Pakistan; **paquistaní** *m/f & adj* Pakistani
par **1** *f* par; ***es bella a la ~ que inteligente*** she is beautiful as well as intelligent, she is both beautiful and intelligent **2** *m* pair; ***abierto de ~ en ~*** wide open; ***un ~ de*** a pair of
para *prp* for ◊ *dirección* toward(s); ***ir ~*** head for; ***va ~ directora*** she's going to end up as manager ◊ *tiempo* for; ***listo ~ mañana*** ready for tomorrow; ***~ siempre*** forever; ***diez ~ las ocho*** *L.Am.* ten of eight, ten to eight ◊ *finalidad*: ***lo hace ~ ayudarte*** he does it (in order) to help you; ***~ que*** so that; ***¿~ qué te marchas?*** what are you leaving for?; ***~ mí*** for me; ***lo heredó todo ~ morir a los 30*** he inherited it all, only to die at 30
parabólica *f* satellite dish
parabrisas *m inv* AUTO windshield, *Br* windscreen; **paracaídas** *m inv* parachute; **paracaidista** *m/f* parachutist; MIL paratrooper; **parachoques** *m inv* AUTO fender, *Br* bumper
parada *f* stop; ***~ de autobús*** bus stop; ***~ de taxis*** taxi rank
paradero *m* whereabouts *sg*; *L.Am.* → ***parada***
parado **1** *adj* unemployed; *L.Am.* (*de pie*) standing (up); ***salir bien / mal ~*** come off well / badly **2** *m*, **-a** *f* unemployed person
paradoja *f* paradox; **paradójico** *adj* paradoxical
parador *m Esp* parador (*state-run luxury hotel*)
parafernalia *f* F paraphernalia
parafina *f* kerosene, *Br* paraffin
paraguas *m inv* umbrella
Paraguay Paraguay; **paraguayo** **1** *adj* Paraguayan **2** *m*, **-a** *f* Paraguayan
paraíso *m* paradise; ***~ fiscal*** tax haven
paralelismo *m* parallel; **paralelo** *m/adj* parallel
parálisis *f tb fig* paralysis; **paralítico** **1** *adj* paralytic **2** *m*, **-a** *f* person who is paralyzed; **paralización** *f tb fig* paralysis; **paralizar** <1f> *v/t* MED paralyze; *actividad* bring to a halt; *país, economía* paralyze, bring to a standstill
parámetro *m* parameter
paramilitar *adj* paramilitary
parangón *m*: ***sin ~*** incomparable
paranoia *f* paranoia; **paranoico** **1** *adj* MED paranoid **2** *m*, **-a** *f* MED person suffering from paranoia
paranormal *adj* paranormal
parapente *m* hang glider; *actividad* hang gliding
parapeto *m* parapet
parapléjico **1** *adj* MED paraplegic **2** *m*, **-a** *f* paraplegic
parar <1a> **1** *v/t* stop; *L.Am.* (*poner de pie*) stand up **2** *v/i* stop; *en alojamiento* stay; ***~ de llover*** stop raining; ***ir a ~*** end up **3** *v/r* **~se** stop; *L.Am.* (*ponerse de pie*) stand up
pararrayos *m inv* lightning rod
parásito *m* parasite
parcela *f* lot, *Br* plot
parchar <1a> *v/t L.Am.* patch; (*arreglar*) repair; **parche** *m* patch
parcial *adj* (*partidario*) bias(s)ed
pardo **1** *adj color* dun; *L.Am. desp* half-breed *desp*, *Br tb* half-caste *desp* **2** *m color* dun; *L.Am. desp* half-breed *desp*
parecer **1** *m* opinion, view; ***al ~*** apparently **2** <2d> *v/i* seem, look; ***me parece que*** I think (that), it seems to me that; ***me parece bien*** it seems fine to me; ***¿qué te parece?*** what do you think? **3** *v/r* **~se** resemble

each other; ***~se a alguien*** resemble s.o.; **parecido** **1** *adj* similar **2** *m* similarity
pared *f* wall; ***subirse por las ~es*** F hit the roof F
pareja *f* (*conjunto de dos*) pair; *en una relación* couple; *de una persona* partner; *de un objeto* other one
parejo *adj L.Am. suelo* level, even; ***andar ~s*** be neck and neck; ***llegaron ~s*** they arrived at the same time
paréntesis *m inv* parenthesis; *fig* break; ***entre ~*** *fig* by the way
pareo *m* wrap-around skirt
parida *f* P stupid thing to say / do
pariente *m/f* relative
paripé *m*: ***hacer el ~*** F put on an act F
parir <3a> **1** *v/i* give birth **2** *v/t* give birth to
París Paris; **parisino** **1** *adj* Parisian **2** *m*, **-a** *f* Parisian
parka *f* parka
parking *m* parking lot, *Br* car park
parlamentario **1** *adj* parliamentary **2** *m*, **-a** *f* member of parliament; **parlamento** *m* parliament
parlanchín *adj* chatty; **parlante** *m L.Am.* loudspeaker
parlotear <1a> *v/i* chatter
parmesano *m/adj* Parmesan
paro *m* unemployment; ***estar en ~*** be unemployed; ***~ cardíaco*** cardiac arrest
parodia *f* parody
parpadear <1a> *v/i* blink; **parpadeo** *m* blinking; **párpado** *m* eye lid
parque *m* park; *para bebé* playpen; ***~ de atracciones*** amusement park; ***~ de bomberos*** fire station; ***~ nacional*** national park; ***~ natural*** nature reserve; ***~ temático*** theme park
parqué *m* → ***parquet***
parquear <1a> *v/t L.Am.* park
parquet *m* parquet
parquímetro *m* parking meter
parra *f* (grape) vine
párrafo *m* paragraph
parranda *f*: ***andar*** *or* ***irse de ~*** F go out on the town F
parricidio *m* parricide
parrilla *f* broiler, *Br* grill; ***a la ~*** broiled, *Br* grilled; **parrillada** *f L.Am.* barbecue
párroco *m* parish priest; **parroquia** *f* REL parish; COM clientele, customers *pl*
parsimonia *f* parsimony
parte **1** *m* report; ***~ meteorológico*** weather report; ***dar ~ a alguien*** inform s.o. **2** *f trozo* part; JUR party; ***alguna ~*** somewhere; ***ninguna ~*** nowhere; ***otra ~*** somewhere else; ***de ~ de*** on behalf of; ***en ~*** partly; ***en*** *or* ***por todas ~s*** everywhere; ***la mayor ~ de*** the majority of, most of; ***por otra ~*** moreover; ***estar de ~ de alguien*** be on s.o.'s side; ***formar ~ de*** form part of; ***tomar ~ en*** take part in
participación *f* participation; **participante** *m/f* participant; **participar** <1a> **1** *v/t una noticia* announce **2** *v/i* take part (***en*** in), participate (***en*** in); **participio** *m* GRAM participle
partícula *f* particle
particular **1** *adj clase, propiedad* private; *asunto* personal; (*específico*) particular; (*especial*) peculiar; ***en ~*** in particular **2** *m* (*persona*) individual; ***~es*** particulars; **particularidad** *f* peculiarity
partida *f en juego* game; (*remesa*) consignment; *documento* certificate; ***~ de nacimiento*** birth certificate;
partidario **1** *adj*: ***ser ~ de*** be in favo(u)r of **2** *m*, **-a** *f* supporter; **partidismo** *m* partisanship; **partido** *m* POL party; DEP game; ***sacar ~ de*** take advantage of; ***tomar ~*** take sides
partir <3a> **1** *v/t* (*dividir, repartir*) split; (*romper*) break open, split open; (*cortar*) cut **2** *v/i* (*irse*) leave; ***a ~ de hoy*** (starting) from today; ***a ~ de ahora*** from now on; ***~ de*** *fig* start from **3** *v/r* ***~se*** (*romperse*) break; ***~se de risa*** F split one's sides laughing F
partitura *f* MÚS score

parto *m* birth; *fig* creation
parvulario *m* kindergarten
pasa *f* raisin
pasable *adj* passable
pasada *f con trapo* wipe; *de pintura* coat; ***de ~*** in passing; ***¡qué ~!*** F that's incredible! F; **pasadizo** *m* passage; **pasado 1** *adj tiempo* last; ***el lunes ~*** last Monday; ***~ de moda*** old-fashioned **2** *m* past
pasaje *m* (*billete*) ticket; MÚS, *de texto* passage; **pasajero 1** *adj* temporary; *relación* brief **2** *m*, **-a** *f* passenger
pasamano(**s**) *m* handrail
pasamontañas *m inv* balaclava (helmet)
pasaporte *m* passport
pasar <1a> **1** *v/t* pass; *el tiempo* spend; *un lugar* go past; *frontera* cross; *problemas, dificultades* experience; AUTO (*adelantar*) pass, *Br* overtake; *una película* show; ***para ~ el tiempo*** (in order) to pass the time; ***~ la mano por*** run one's hand through; ***~ la bien*** have a good time **2** *v/i* (*suceder*) happen; *en juegos* pass; ***~ de alguien*** F not want anything to do with s.o.; ***paso de coger el teléfono*** F I can't be bothered to pick up the phone; ***pasé a visitarla*** I dropped by to see her; ***~ de moda*** go out of fashion; ***~ por*** go by; ***pasé por la tienda*** I stopped off at the shop; ***pasa por aquí*** come this way; ***dejar ~*** *oportunidad* miss; ***hacerse ~ por*** pass o.s. off as; ***pasaré por tu casa*** I'll drop by your house; ***¡pasa!*** come in; ***¿qué pasa?*** what's happening?, what's going on?; ***¿qué te pasa?*** what's the matter?; ***pase lo que pase*** whatever happens, come what may **3** *v/r* **~se** *tb fig* go too far; *del tiempo* pass, go by; (*usar el tiempo*) spend; *de molestia, dolor* go away; ***~se al enemigo*** go over to the enemy; ***se le pasó llamar*** he forgot to call
pasarela *f* catwalk
pasatiempo *m* pastime
Pascua *f* Easter; ***¡felices ~s!*** Merry Christmas!
pase *m tb* DEP, TAUR pass; *en el cine* showing; ***~ de modelos*** fashion show
pasear <1a> **1** *v/t* take for a walk; (*exhibir*) show off **2** *v/i* walk **3** *v/r* **~se** walk; **paseo** *m* walk; ***~ marítimo*** seafront; ***dar un ~*** go for a walk; ***mandar a alguien a ~*** *fig* F tell s.o. to get lost
pasillo *m* corridor; *en avión, cine* aisle
pasión *f* passion
pasividad *f* passivity; **pasivo** *adj* passive
pasmar <1a> *v/t* amaze, astonish
paso *m* step; (*manera de andar*) walk; (*ritmo*) pace, rate; *de agua* flow; *de tráfico* movement; (*cruce*) crossing; *de tiempo* passing; (*huella*) footprint; ***~ a nivel*** grade crossing, *Br* level crossing; ***~ de peatones*** crosswalk, pedestrian crossing; ***a este ~*** *fig* at this rate; ***de ~*** on the way; ***estar de ~*** be passing through
pasta *f sustancia* paste; GASTR pasta; P (*dinero*) dough P; ***~ de dientes*** toothpaste; ***~s de té*** *type of cookie* (*Br biscuit*)
pastel *m* GASTR cake; *pintura, color* pastel; **pastelería** *f* cake shop; **pastelero** *m*, **-a** *f* pastry cook
paste(**u**)**rizar** <1f> *v/t* pasteurize
pastilla *f* tablet; *de jabón* bar; ***a toda ~*** F at top speed F, flat out F
pasto *m* (*hierba*) grass; ***a todo ~*** F for all one is worth F; **pastor** *m* shepherd; REL pastor; ***~ alemán*** German shepherd
pata[1] *m/f Pe* F pal F, buddy F
pata[2] *f* leg; ***a cuatro ~s*** on all fours; ***meter la ~*** F put one's foot in it F; ***tener mala ~*** F be unlucky; **patada** *f* kick; ***dar una ~*** kick; **patalear** <1a> *v/i* stamp one's feet; *fig* kick and scream
patata *f* potato; ***~s fritas*** *de sartén* French fries, *Br* chips; *de bolsa* chips, *Br* crisps

P

patatús *m*: ***le dio un ~*** F he had a fit F
paté *m* paté
patear <1a> *v/t & v/i L.Am. de animal* kick
patentar <1a> *v/t* patent; **patente** **1** *adj* clear, obvious **2** *f* patent; *L.Am.* AUTO license plate, *Br* numberplate
paternidad *f* paternity, fatherhood; **paterno** *adj* paternal
patético *adj* pitiful
patíbulo *m* scaffold
patilla *f de gafas* arm; **~s** *barba* sideburns
patín *m* skate; ***~ (de ruedas) en línea*** rollerblade®, in-line skate; **patinador** *m*, **~a** *f* skater; **patinaje** *m* skating; ***~ artístico*** figure skating; ***~ sobre hielo*** ice-skating; ***~ sobre ruedas*** roller-skating; **patinar** <1a> *v/i* skate; **patinazo** *m* skid; *fig* F blunder; ***dar un ~*** skid; **patinete** *m* scooter
patio *m* courtyard, patio; ***~ de butacas*** TEA orchestra, *Br* stalls *pl*
pato *m* ZO duck; ***pagar el ~*** F take the rap F, *Br* carry the can F
patojo *adj Chi* F squat
patológico *adj* pathological
patoso *adj* clumsy
patraña *f* tall story
patria *f* homeland
patriarca *m* patriarch
patrimonio *m* heritage; ***~ artístico*** artistic heritage
patriota *m/f* patriot; **patriótico** *adj* patriotic; **patriotismo** *m* patriotism
patrocinador *m*, **~a** *f* sponsor; **patrocinar** <1a> *v/t* sponsor; **patrocinio** *m* sponsorship
patrón *m* (*jefe*) boss; REL patron saint; *para costura* pattern; (*modelo*) standard; MAR skipper; **patrona** *f* (*jefa*) boss; REL patron saint; **patronal** employers *pl*
patrulla *f* patrol; **patrullar** <1a> *v/t* patrol; **patrullero** *m* patrolman
paulatino *adj* gradual
pausa *f* pause; *en una actividad* break; MÚS rest; ***~ publicitaria*** commercial break; **pausado** *adj* slow, deliberate
pauta *f* guideline; ***marcar la ~*** set the guidelines
pavimento *m* pavement, *Br* road surface
pavo **1** *adj L.Am.* F stupid **2** *m* ZO turkey; ***~ real*** peacock
pavonearse <1a> *v/r* boast (***de*** about)
pavor *m* terror; ***me da ~*** it terrifies me
payada *f Rpl improvized ballad*
payador *m Rpl* gaucho singer
payasadas *fpl* antics; ***hacer ~*** fool *o* clown around; **payaso** *m* clown
paz *f* peace; ***dejar en ~*** leave alone
pe: ***de ~ a pa*** F from start to finish
PC *abr* (= ***Partido Comunista***) CP (= Communist Party)
P.D. *abr* (= ***posdata***) PS (= postscript)
peaje *m dinero, lugar* toll
peatón *m* pedestrian; **peatonal** *adj* pedestrian *atr*
pebete *m*, **-a** *f Rpl* F kid F
peca *f* freckle
pecado *m* sin; **pecador** *m*, **~a** *f* sinner; **pecaminoso** *adj* sinful
pecar <1g> *v/i* sin; ***~ de ingenuo / generoso*** be very naive / generous
pecera *f* fish tank, aquarium
pecho *m* (*caja torácica*) chest; (*mama*) breast; ***tomar algo a ~*** take sth to heart; **pechuga** *f* GASTR breast; *L.Am. fig* F (*caradura*) nerve F
pecoso *adj* freckled
pectoral *adj* ANAT pectoral
peculiar *adj* peculiar, odd; (*característico*) typical; **peculiaridad** *f* (*característica*) peculiarity
pedagogía *f* education; **pedagogo** *m*, **-a** *f* teacher
pedal *m* pedal; **pedalear** <1a> *v/i* pedal
pedante **1** *adj* pedantic; (*presuntuoso*) pretentious **2** *m/f* pedant; (*presuntuoso*) pretentious individual; **pedantería** *f* pedantry; (*presunción*) pretentiousness
pedazo *m* piece, bit; ***~ de bruto*** F

P

blockhead F; ***hacer ~s*** F smash to bits F
pederasta *m* pederast
pedestal *m* pedestal
pediatra *m/f* p(a)ediatrician
pedicura *f* pedicure; **pedicuro** *m*, **-a** *f* pedicurist, *Br* chiropodist
pedido *m* order
pedigrí *m* pedigree
pedigüeño *m*, **-a** *f person who is always asking to borrow things*, moocher F
pedir <3l> **1** *v/t* ask for; (*necesitar*) need; *en bar, restaurante* order; ***me pidió que no fuera*** he asked me not to go **2** *v/i mendigar* beg; *en bar, restaurante* order
pedo **1** *adj* drunk **2** *m* F fart F; ***agarrarse un ~*** F get plastered F; ***tirarse*** *or* ***echar un ~*** F fart F; **pedorreta** *f* F Bronx cheer F, *Br* raspberry F
pedrada *f* blow with a stone; ***me dio una ~ en la cabeza*** he hit me over the head with a stone; **pedregal** *m* stony ground; **pedregoso** *adj* stony
Pedro *m*: ***como ~ por su casa*** *fig* F as if he / she owned the place
pega *f* F snag F, hitch F; ***poner ~s*** raise objections; **pegadizo** *adj* catchy; **pegado** *adj* (*adherido*) stuck (***a*** to); ***estar ~ a*** (*cerca de*) be right up against; ***estar ~ a alguien*** *fig* follow s.o. around, be s.o.'s shadow; **pegajoso** *adj* sticky; *fig: persona* clingy; **pegamento** *m* glue
pegar <1h> **1** *v/t* (*golpear*) hit; (*adherir*) stick, glue; *bofetada, susto, resfriado* give; ***~ un grito*** shout; ***no me pega la gana*** *Méx* F I don't feel like it **2** *v/i* (*golpear*) hit; (*adherir*) stick; *del sol* beat down; (*armonizar*) go (together) **3** *v/r* **~se** *resfriado* catch; *acento* pick up; *susto* give o.s.; ***~se un golpo / un tiro*** hit / shoot o.s.; ***pegársela a alguien*** F con s.o. F
pegatina *f* sticker
pegote *m* F (*cosa fea*) eyesore
peinado *m* hairstyle; **peinador** *m*, **~a** *f L.Am.* hairdresser; **peinar** <1a> **1** *v/t tb fig* comb; ***~ a alguien*** comb s.o.'s hair **2** *v/r* **~se** comb one's hair; **peine** *m* comb
p. ej. *abr* (= ***por ejemplo***) e.g. (= exempli gratia, for example)
Pekín Beijing
pela *f* F peseta
peladero *m L.Am.* vacant lot
peladilla *f* sugared almond
pelado *adj* peeled; *fig* bare; F (*sin dinero*) broke F; **pelar** <1a> **1** *v/t manzana, patata etc* peel; ***hace un frío que pela*** F it's freezing **2** *v/r* **~se** (*cortarse el pelo*) have a haircut; *Rpl* F (*chismear*) gossip
pelazón *f C.Am.* backbiting
peldaño *m* step
pelea *f* fight; **pelear** <1a> **1** *v/i* fight **2** *v/r* **~se** fight
pelele *m* puppet
peleón *adj* argumentative; ***vino ~*** F jug wine, *Br* plonk F
peletería *f* furrier's
peliagudo *adj* tricky
pelícano *m* ZO pelican
película *f* movie, film; FOT film; ***~ del Oeste*** Western; ***de ~*** F awesome F, fantastic F
peligrar <1a> *v/i* be at risk; **peligro** *m* danger; ***correr ~*** be in danger; ***poner en ~*** endanger, put at risk; **peligroso** *adj* dangerous
pelillo *m*: ***¡~s a la mar*** *fig* F let's bury the hatchet
pelín: ***un ~*** F a (little) bit
pelirrojo *adj* red-haired, red-headed
pellejo *m de animal* skin, hide; ***salvar el ~*** *fig* F save one's (own) skin F
pellizcar <1g> *v/t* pinch; **pellizco** *m* pinch; ***un buen ~*** F a tidy sum F
pelma **1** *adj* annoying **2** *m/f* pain F; **pelmazo** *m*, **-a** *f* F pain F
pelo *m de persona, de perro* hair; *de animal* fur; ***tiene el ~ muy largo*** he has very long hair; ***a ~*** F (*sin preparación*) unprepared; ***montar a ~*** ride bareback; ***por los ~s*** F by a whisker F, by the skin of one's teeth F; ***tomar el ~ a alguien*** F pull s.o.'s leg F

P

pelota 1 *f* ball; ***~s*** F nuts F, balls F; ***en ~s*** P stark naked; ***hacer la ~ a alguien*** suck up to s.o. F **2** *m/f* F creep F; **pelotazo** *m*: ***rompió el cristal de un ~*** he smashed the window with a ball; **pelotero** *m*, **-a** *f L.Am.* (base)ball player

pelotón *m* MIL squad; DEP bunch, pack

peluca *f* wig

peluche *m* soft toy; ***oso de ~*** teddy bear

peludo *adj persona* hairy; *animal* furry

peluquearse <1a> *v/r L.Am.* get one's hair cut; **peluquería** *f* hairdresser's; **peluquero** *m*, **-a** *f* hairdresser; **peluquín** *m* toupee, hairpiece

pelusa *f* fluff

pelvis *f inv* ANAT pelvis

pena *f* (*tristeza*) sadness, sorrow; (*congoja*) grief, distress; (*lástima*) pity; JUR sentence; ***~ capital*** death penalty, capital punishment; ***~ de muerte*** death penalty; ***no vale*** *or* ***no merece la ~*** it's not worth it; ***¡qué ~!*** what a shame *o* pity!; ***a duras ~s*** with great difficulty; ***me da ~*** *L.Am.* I'm ashamed; **penal** *adj* penal; ***derecho ~*** criminal law; **penalidad** *f fig* hardship; **penalización** *f acción* penalization; DEP penalty; **penalizar** <1f> *v/t* penalize; **penalty** *m* DEP penalty

penca 1 *adj Chi* soft, weak **2** *f L.Am.* (*nopal*) leaf of the prickly pear plant

pendejada *f L.Am.* stupid thing to do

pendejo 1 *m* (*pelea*) fight **2** *m*, **-a** *f L.Am.* F dummy F

pendenciero *adj* troublemaker

pendiente 1 *adj* unresolved, unfinished; *cuenta* unpaid **2** *m* earring **3** *f* slope

pendón 1 *adj* swinging F **2** *m*, **-ona** *f* F swinger F

péndulo *m* pendulum

pene *m* ANAT penis

penetración *f* penetration; **penetrante** *adj mirada* penetrating; *sonido* piercing; *frío* bitter; *herida* deep; *análisis* incisive; **penetrar** <1a> *v/i* penetrate; (*entrar*) enter; *de un líquido* seep in

penicilina *f* penicillin

península *f* peninsula; ***~ Ibérica*** Iberian Peninsula

penique *m* penny

penitencia *f* penitence; **penitenciado** *m L.Am.* prisoner, convict; **penitenciario** *adj* penitentiary *atr*, prison *atr*

penoso *adj* distressing; *trabajo* laborious

pensamiento *m* thought; BOT pansy; **pensar** <1k> **1** *v/t* think about; (*opinar*) think; ***¡ni ~lo!*** don't even think about it **2** *v/i* think (***en*** about); **pensativo** *adj* thoughtful

pensión *f hotel* rooming house, *Br* guesthouse; *dinero* pension; ***~ alimenticia*** child support, *Br* maintenance; ***~ completa*** American plan, *Br* full board; **pensionista** *m/f* pensioner

pentagrama *m* MÚS stave

pentatlón *m* DEP pentathlon

penúltimo *adj* penultimate

penumbra *f* half-light

penuria *f* shortage (***de*** of); (*pobreza*) poverty

peña *f* crag, cliff; (*roca*) rock; F *de amigos* group, circle; **peñasco** *m* boulder; **peñón** *m*: ***el Peñon de Gibraltar*** the Rock of Gibraltar

peón *m en ajedrez* pawn; *trabajador* labo(u)rer

peor *adj comp* worse; ***de mal en ~*** from bad to worse

pepa *f L.Am.* (*semilla*) seed; ***soltar la ~*** F spill the beans

pepinillo *m* gherkin; **pepino** *m* cucumber; ***me importa un ~*** F I don't give a damn F

pepita *f* pip

pequeño 1 *adj* small, little; ***de ~*** when I was small *o* little **2** *m*, **-a** *f* little one

pequinés *m* ZO Pekinese, Peke F

pera *f* pear; **peral** *m* pear tree

perca *f pez* perch

percance *m* mishap
percatarse <1a> *v/r* notice; ***~ de algo*** notice sth
percebe *m* ZO barnacle
percepción *f* perception; COM *acto* receipt
percha *f* coat hanger; *gancho* coat hook; **perchero** *m* coat rack
percibir <3a> *v/t* perceive; COM *sueldo* receive
percusión *f* MÚS percussion
perdedor *m*, **~a** *f* loser; **perder** <2g> **1** *v/t objeto* lose; *tren, avión etc* miss; *el tiempo* waste **2** *v/i* lose; ***echar a ~*** ruin; ***echarse a ~*** *de alimento* go bad **3** *v/r* **~se** get lost; **perdición** *f* downfall; **pérdida** *f* loss; **perdido** *adj* lost; ***ponerse ~*** get filthy
perdigón *m* pellet
perdiz *f* ZO partridge
perdón *m* pardon; REL forgiveness; ***pedir ~*** say sorry, apologize; ***¡~!*** sorry; **perdonar** <1a> *v/t* forgive; JUR pardon; ***~ algo a alguien*** forgive s.o. sth; ***¡perdone!*** sorry; ***perdone, ¿tiene hora?*** excuse me, do you have the time?
perdurar <1a> *v/i* endure
perecedero *adj* perishable; **perecer** <2d> *v/i* perish
peregrinación *f* pilgrimage; **peregrinar** <1a> *v/i* go on a pilgrimage; **peregrino** *m*, **-a** *f* pilgrim
perejil *m* BOT parsley
perenne *adj* BOT perennial
perentorio *adj* (*urgente*) urgent, pressing; (*apremiante*) peremptory
pereza *f* laziness; **perezoso 1** *adj* lazy **2** *m* ZO sloth
perfección *f* perfection; ***a la ~*** perfectly, to perfection; **perfeccionamiento** *m* perfecting; **perfeccionar** <1a> *v/t* perfect; **perfeccionista** *m/f* perfectionist; **perfecto** *adj* perfect
pérfido *adj* treacherous
perfil *m* profile; ***de ~*** in profile, from the side
perforación *f* puncture; **perforadora** *f* punch; **perforar** <1a> *v/t* pierce; *calle* dig up
perfumar <1a> *v/t* perfume; **perfume** *m* perfume; **perfumería** *f* perfume shop
pergamino *m* parchment
pergenio *m*, **-a** *f Rpl* F kid F
pericia *f* expertise
pericote *m Chi, Pe* ZO large rat
periferia *f* periphery; *de ciudad* outskirts *pl*
perilla *f* goatee; ***me viene de ~*** F that'll be very useful; ***tu visita me viene de ~*** F you've come at just the right time
perímetro *m* perimeter
periódico 1 *adj* periodic **2** *m* newspaper; **periodismo** *m* journalism; **periodista** *m/f* journalist; **período, periodo** *m* period
peripecia *f* adventure
periquete *m*: ***en un ~*** F in a second, in no time F
periquito *m* ZO budgerigar
periscopio *m* periscope
perito 1 *adj* expert **2** *m*, **-a** *f* expert; COM *en seguros* loss adjuster
perjudicar <1g> *v/t* harm, damage; **perjudicial** *adj* harmful, damaging; **perjuicio** *m* harm, damage; ***sin ~ de*** without affecting
perjurio *m* perjury
perla *f* pearl; ***nos vino de ~s*** F it suited us fine F
permanecer <2d> *v/i* remain, stay; **permanente 1** *adj* permanent **2** *f* perm
permeable *adj* permeable
permisible *adj* permissible; **permisivo** *adj* permissive; **permiso** *m* permission; *documento* permit; ***~ de conducir*** driver's license, *Br* driving licence; ***~ de residencia*** residence permit; ***con ~*** excuse me; ***estar de ~*** be on leave; **permitir** <3a> **1** *v/t* permit, allow **2** *v/r* **~se** afford; ***~se el lujo de*** permit o.s. the luxury of
pernicioso *adj* harmful
pernoctar <1a> *v/i* spend the night
pero 1 *conj* but **2** *m* flaw, defect; ***no hay ~s que valgan*** no excuses

P

perogrullada *f* platitude
peronismo *m* Peronism; **peronista** *m/f* Peronist
perorata *f* F lecture
perpendicular *adj* perpendicular
perpetrar <1a> *v/t crimen* perpetrate, commit
perpetuar <1e> *v/t* perpetuate; **perpetuidad** *f*: ***a ~*** in perpetuity; **perpetuo** *adj fig* perpetual
perplejidad *f* perplexity; **perplejo** *adj* puzzled, perplexed
perra *f* dog; ***el perro y la ~*** the dog and the bitch; ***~s*** F pesetas; **perrera** *f* kennels *pl*; **perrería** *f* F dirty trick; **perrito** *m*: ***~ caliente*** GASTR hot dog; **perro** *m* dog; ***~ callejero*** stray; ***~ guardián*** guard dog; ***~ lazarillo*** seeing eye dog, *Br* guide dog; ***~ pastor*** sheepdog; ***llevarse como el ~ y el gato*** *fig* fight like cat and dog; ***hace un tiempo de ~s*** F the weather is lousy F
persecución *f* pursuit; (*acoso*) persecution; **perseguidor** *m*, **~a** *f* persecutor; **perseguir** <3l> *v/t* pursue; *delincuente* look for; (*molestar*) pester; (*acosar*) persecute
perseverancia *f* perseverance; **perseverar** <1a> *v/i* persevere (***en*** with)
persiana *f* blind
pérsico *adj* Persian
persignarse <1a> *v/r* cross o.s.
persistente *adj* persistent; **persistir** <3a> *v/i* persist
persona *f* person; ***quince ~s*** fifteen people; **personaje** *m* TEA character; *famoso* celebrity; **personal** **1** *adj* personal **2** *m* personnel, staff; **personalidad** *f* personality; **personalizar** <1f> *v/t* personalize; **personificar** <1g> *v/t* personify, embody
perspectiva *f* perspective; *fig* point of view; ***~s*** *pl* outlook *sg*, prospects
perspicacia *f* shrewdness, perspicacity
persuadir <3a> *v/t* persuade; **persuasión** *f* persuasion; **persuasivo** *adj* persuasive
pertenecer <2d> *v/i* belong (***a*** to); **pertenencias** *fpl* belongings
pértiga *f* pole; ***salto con ~*** DEP pole vault
pertinaz *adj* persistent; (*terco*) obstinate
pertinente *adj* relevant, pertinent
pertrechos *mpl* MIL equipment *sg*
perturbar <1a> *v/t* disturb; *reunión* disrupt
Perú Peru; **peruano** **1** *adj* Peruvian **2** *m*, **-a** *f* Peruvian
perversión *f* perversion; **perverso** *adj* perverted; **pervertido** *m*, **-a** *f* pervert; **pervertir** <3i> *v/t* pervert
pesa *f para balanza* weight; DEP shot; *C.Am., W.I.* butcher's shop
pesadez *f fig* drag F
pesadilla *f* nightmare
pesado **1** *adj objeto* heavy; *libro, clase etc* tedious, boring; *trabajo* tough **2** *m*, **-a** *f* bore; ***¡qué ~ es!*** F he's a real pain F
pésame *m* condolences *pl*
pesar <1a> **1** *v/t* weigh **2** *v/i* be heavy; (*influir*) carry weight; *fig* weigh heavily (***sobre*** on); ***me pesa tener que informarle ...*** I regret to have to inform you ... **3** *m* sorrow; ***a ~ de*** in spite of, despite
pesca *f actividad* fishing; (*peces*) fish *pl*; **pescadería** *f* fish shop; **pescadero** *m*, **-a** *f* fishmonger; **pescadilla** *f pez* whiting; **pescado** *m* GASTR fish; **pescador** *m* fisherman; **pescar** <1g> **1** *v/t un pez, resfriado etc* catch; (*intentar tomar*) fish for; *trabajo, marido etc* land F **2** *v/i* fish
pescuezo *m* neck
pese: ***~ a*** despite
pesero *m L.Am.* minibus; *Méx* (collective) taxi
peseta *f* peseta; **pesetero** *adj* F money-grubbing F
pesimismo *m* pessimism; **pesimista** **1** *adj* pessimistic **2** *m/f* pessimist
pésimo *adj sup* awful, terrible
peso *m* weight; *moneda* peso; ***de ~*** *fig* weighty

P

pesquero 1 *adj* fishing *atr* **2** *m* fishing boat
pesquisa *f* investigation
pestaña *f* eyelash; **pestañear** <1a> *v/i* flutter one's eyelashes; ***sin ~*** *fig* without batting an eyelid
peste *f* MED plague; F *olor* stink F; ***echar ~s*** F curse and swear
pesticida *m* pesticide
pestilente *adj* foul-smelling
pestillo *m* (*picaporte*) door handle; (*cerradura*) bolt
petaca *f para tabaco* tobacco pouch; *para bebida* hip flask; *C.Am.* F *insecto* ladybug, *Br* ladybird
pétalo *m* petal
petanca *f type of bowls*
petardo 1 *m* firecracker **2** *m*, **-a** *f* F nerd F
petate *m* kit bag; *L.Am.* F *en el suelo* mat
petición *f* request; ***a ~ de*** at the request of
petirrojo *m* ZO robin
petiso *L.Am.* **1** *m*, **-a** *f* F shorty F **2** *m* pony
peto *m* bib; ***pantalón de ~*** overalls *pl*, *Br* dungarees *pl*
petrificado *adj* petrified
petróleo *m* oil, petroleum; **petrolero 1** *adj* oil *atr* **2** *m* MAR oil tanker; **petrolífero** *adj* oil *atr*; **petroquímica** *f* petrochemical
petulante *adj* smug
peyorativo *adj* pejorative
pez *m* ZO fish; ***~ espada*** swordfish; ***~ gordo*** F big shot F; ***estar ~ en algo*** F be clueless about sth F
pezón *m* nipple
pezuña *f* ZO hoof
piadoso *adj* pious
pianista *m/f* pianist; **piano** *m* piano; ***~ de cola*** grand piano
piar <1c> *v/i* tweet, chirrup
PIB *abr* (= ***producto interior bruto***) GDP (= gross domestic product)
pibe *m*, **-a** *f Rpl* F kid F
picada *f de serpiente* bite; *de abeja* sting; *L.Am. para comer* snacks *pl*, nibbles *pl*; *Rpl* (*camino*) path; **picadero** *m escuela* riding school;
picado 1 *adj diente* decayed; *mar* rough, choppy; *carne* ground, *Br* minced; *verdura* minced, *Br* finely chopped; *fig* offended **2** *m L.Am.* dive; ***caer en ~*** *de precios* nosedive, plummet; **picadora** *f en cocina* mincer; **picadura** *f de reptil, mosquito* bite; *de avispa* sting; *tabaco* cut tobacco
picaflor *m L.Am.* ZO hummingbird; *fig* womanizer
picante 1 *adj* hot, spicy; *chiste* risqué **2** *m* hot spice
picaporte *m* door handle
picar <1g> **1** *v/t de mosquito, serpiente* bite; *de avispa* sting; *de ave* peck; *carne* grind, *Br* mince; *verdura* mince, *Br* finely chop; TAUR jab with a lance; (*molestar*) annoy; *la curiosidad* pique **2** *v/i tb fig* take the bait; *L.Am. de la comida* be hot; (*producir picor*) itch; *del sol* burn
picardía *f* (*astucia*) craftiness, slyness; (*travesura*) mischievousness; *Méx* (*taco, palabrota*) swearing, swearwords *pl*
pícaro *adj persona* crafty, sly; *comentario* mischievous
picarón *m Méx, Chi, Pe* (*buñuelo*) fritter
picatoste *m* piece of fried bread
picha *f* V prick V
pichicato *m Pe, Bol* P coke P
pichincha *f L.Am.* bargain
pichón *m L.Am.* ORN chick; F (*novato*) rookie F
Picio: ***más feo que ~*** F as ugly as sin F
picnic *m* (*pl* ~s) picnic
pico *m* ZO beak; F (*boca*) mouth; *de montaña* peak; *herramienta* pickax(e); ***a las tres y ~*** some time after three o'clock; ***cerrar el ~*** F shut one's mouth F
picor *m* itch
picota *f* bigarreau (*type of sweet cherry*)
picotazo *m* peck; **picotear** <1a> *v/t* peck
pido *vb* → ***pedir***
pie *m* foot; *de estatua, lámpara* base; ***a***

P

~ on foot; ***de ~*** standing; ***no tiene ni ~s ni cabeza*** it doesn't make any sense at all, I can't make head nor tail of it

piedad *f* pity; (*clemencia*) mercy

piedra *f tb* MED stone; ***~ preciosa*** precious stone; ***quedarse de ~*** *fig* F be stunned

piel *f de persona, fruta* skin; *de animal* hide, skin; (*cuero*) leather; ***abrigo de ~es*** fur coat

pienso[1] *vb* → ***pensar***

pienso[2] *m* animal feed

pierdo *vb* → ***perder***

pierna *f* leg; ***dormir a ~ suelta*** sleep like a log

pieza *f de un conjunto*, MÚS piece; *de aparato* part; TEA play; (*habitación*) room; ***~ de recambio*** spare (part); ***quedarse de una ~*** F be amazed

pifia *f* F (*error*) booboo F; *Chi*, *Pe*, *Rpl* defect

pigmento *m* pigment

pigmeo *m*, **-a** *f* pigmy

pijama *m* pajamas *pl*, *Br* pyjamas *pl*

pijo 1 *adj* posh **2** *m* V (*pene*) prick V **3** *m*, **-a** *f* F *persona* rich kid F

pila *f* EL battery; (*montón*) pile; (*fregadero*) sink

pilar *m tb fig* pillar

píldora *f* pill

pileta *f Rpl* sink; (*alberca*) swimming pool

pillaje *m* pillage; **pillar** <1a> *v/t* (*tomar*) seize; (*atrapar*) catch; (*atropellar*) hit; *chiste* get

pillo 1 *adj* mischievous **2** *m*, **-a** *f* rascal

pilón *m Méx*: ***me dio dos de ~*** he gave me two extra

pilotar <1a> *v/t* AVIA fly, pilot; AUTO drive; MAR steer; **piloto** *m* AVIA, MAR pilot; AUTO driver; EL pilot light; ***~ automático*** autopilot

piltrafa *f*: ***~s*** rags; ***estar hecho una ~*** *fig* be a total wreck F

pimentón *m* paprika; **pimienta** *f* pepper; **pimiento** *m* pepper; ***me importa un ~*** F I couldn't care less F

pimpón *m* ping-pong

PIN *m* PIN

pinar *m* pine forest

pincel *m* paintbrush

pinchadiscos *m/f* F disc jockey, DJ

pinchar <1a> **1** *v/t* prick; AUTO puncture; TELEC tap; F (*molestar*) bug F, needle F; ***~le a alguien*** MED give s.o. a shot **2** *v/i* prick; AUTO get a flat tire, *Br* get a puncture **3** *v/r* **~se** *con aguja etc* prick o.s.; F (*inyectarse*) shoot up P; ***se nos pinchó una rueda*** we got a flat (tire) *o Br* a puncture; **pinchazo** *m herida* prick; *dolor* sharp pain; AUTO flat (tire), *Br* puncture; F flop F

pinche[1] *m* cook's assistant

pinche[2] *adj Méx* F rotten F; *C.Am.*, *Méx* (*tacaño*) tight-fisted

pincho *m* GASTR bar snack

pingajo *m* F rag

ping-pong *m* ping-pong

pingüino *m* ZO penguin

pino *m* BOT pine; ***hacer el ~*** do a handstand

pinol(**e**) *m C.Am.*, *Méx* cornstarch, *Br* cornflour; *L.Am.* roasted corn

pinta *f* pint; *aspecto* looks *pl*; ***tener buena ~*** *fig* look inviting

pintalabios *m* lipstick

pintar <1a> **1** *v/t* paint; ***no ~ nada*** *fig* F not count **2** *v/r* **~se** put on one's makeup

pintor *m*, **~a** *f* painter; ~ (***de brocha gorda***) (house) painter; **pintoresco** *adj* picturesque; **pintura** *f sustancia* paint; *obra* painting

pinza *f* clothes pin, *Br* clothes peg; ZO claw; ***~s*** tweezers; *L.Am.* (*alicates*) pliers

piña *f del pino* pine cone; *fruta* pineapple; **piñón** *m* BOT pine nut; TÉC pinion

piojo *m* ZO louse; ***~s*** *pl* lice *pl*

piola *f L.Am.* cord, twine; **piolín** *m Arg* cord, twine

pionero 1 *adj* pioneering **2** *m*, **-a** *f tb fig* pioneer

pipa *f* pipe; ***~s*** *semillas* sunflower seeds; ***pasarlo ~*** F have a great time

P

pipí *m* F pee F; ***hacer ~*** F pee F
pipiolo *m C.Am.*, *Méx* F kid F; ***~s*** *pl C.Am.* F (*dinero*) cash *sg*
pique *m* resentment; (*rivalidad*) rivalry; ***irse a ~*** *fig* go under, go to the wall
piqueta *f herramienta* pickax(e); *en cámping* tentpeg
piquete *m* POL picket
pirado *adj* F crazy F
piragua *f* canoe; **piragüista** *m/f* DEP canoeist
pirámide *f* pyramid
piraña *f* ZO piranha
pirarse <1a> *v/r* F (*marcharse*) clear off F; ***~ por alguien*** F lose one's head over s.o. F
pirata *m/f* pirate; ***~ informático*** hacker; **piratear** <1a> *v/t* INFOR pirate
pirenaico *adj* Pyrenean; **Pirineos** *mpl* Pyrenees
pirómano *m*, **-a** *f* pyromaniac; JUR arsonist
piropo *m* compliment
pirotécnico *adj* fireworks *atr*
piruleta *f*, **pirulí** *m* lollipop
pis *m* F pee F; ***hacer ~*** F have a pee F
pisada *f* footstep; *huella* footprint; **pisapapeles** *m* paperweight; **pisar** <1a> *v/t* step on; *uvas* tread; *fig* (*maltratar*) walk all over; *idea* steal; ***~ a alguien*** step on s.o.'s foot
piscifactoría *f* fish farm
piscina *f* swimming pool
Piscis *m/f inv* ASTR Pisces
piso *m* apartment, *Br* flat; (*planta*) floor
pisotear <1a> *v/t* trample
pista *f* track, trail; (*indicio*) clue; *de atletismo* track; ***~ de aterrizaje*** AVIA runway; ***~ de baile*** dance floor; ***~ de tenis/squash*** tennis/squash court; ***seguir la ~ a alguien*** be on the trail of s.o.
pistacho *m* BOT pistachio
pisto *m* GASTR *mixture of tomatoes, peppers etc cooked in oil*; *C.Am.*, *Méx* F (*dinero*) cash, dough F
pistola *f* pistol
pistón *m* piston
pitada *f* (*abucheo*) whistle; *S.Am. de cigarillo* puff; **pitar** <1a> **1** *v/i* whistle; *con bocina* beep, hoot; *L.Am.* (*fumar*) smoke; ***salir pitando*** F dash off F **2** *v/t* (*abuchear*) whistle at; *penalti*, *falta etc* call, *Br* blow for; *silbato* blow; **pitazo** *m L.Am.* whistle; **pitear** <1a> *v/i L.Am.* blow a whistle; **pitido** *m* whistle; *con bocina* beep, hoot
pitillo *m* cigarette; *hecho a mano* roll-up
pito *m* whistle; (*bocina*) horn; ***me importa un ~*** F I don't give a hoot F
pitón *m* ZO python; **pitonisa** *f* fortune-teller
pitorrearse <1a> *v/r*: ***~ de alguien*** F make fun of s.o.
pívot *m en baloncesto* center, *Br* centre
piyama *m L.Am.* pajamas *pl*, *Br* pyjamas *pl*
pizarra *f* blackboard; *piedra* slate
pizca *f* pinch; *Méx* AGR harvest; ***ni ~ de*** not a bit of
pizza *f* pizza
placa *f* (*lámina*) sheet; (*plancha*) plate; (*letrero*) plaque; *Méx* AUTO license plate, *Br* number plate; ***~ madre*** INFOR motherboard; ***~ (dental)*** plaque; ***~ de matrícula*** AUTO license plate, *Br* number plate
placer <2x> **1** *v/i* please; ***siempre hace lo que le place*** he always does as he pleases **2** *m* pleasure
plácido *adj* placid
plaga *f* AGR pest; MED plague; *fig* scourge; (*abundancia*) glut; **plagado** *adj* infested; (*lleno*) full; ***~ de gente*** swarming with people
plagiar <1b> *v/t* plagiarize; *L.Am.* (*secuestrar*) kidnap; **plagio** *m* plagiarism
plan *m* plan
plana *f*: ***primera ~*** front page
plancha *f para planchar* iron; *en cocina* broiler, *Br* grill; *de metal* sheet; F (*metedura de pata*) goof F; ***a la ~*** GASTR broiled, *Br* grilled; **planchar** <1a> *v/t* iron; *Méx* F (*dar*

P

plantón) stand up F; *L.Am.* (*lisonjear*) flatter

planeador *m* glider; **planear** <1a> **1** *v/t* plan **2** *v/i* AVIA glide

planeta *m* planet; **planetario** *m* planetarium

planificación *f* planning; ***~ familiar*** family planning; **planificar** <1g> *v/t* plan

plano **1** *adj* flat **2** *m* ARQUI plan; *de ciudad* map; *en cine* shot; MAT plane; *fig* level

planta *f* BOT plant; (*piso*) floor; ***~ del pie*** sole of the foot; **plantación** *f* plantation

plantado *adj*: ***dejar a alguien ~*** F stand s.o. up F; **plantar** <1a> **1** *v/t árbol etc* plant; *tienda de campaña* put up; ***~ a alguien*** F stand s.o. up F **2** *v/r* **~se** put one's foot down

planteamiento *m de problema* posing; (*perspectiva*) approach; **plantear** <1a> *v/t dificultad, problema* pose, create; *cuestión* raise

plantel *m* (*equipo*) team; *L.Am.* staff

plantilla *f para zapato* insole; (*personal*) staff; DEP squad; *para cortar*, INFOR template

plantón *m*: ***dar un ~ a alguien*** F stand s.o. up F

plasma *m* plasma

plasmar <1a> *v/t* (*modelar*) shape; *fig* (*representar*) express

plasta **1** *m/f* F pain F, drag F **2** *adj*: ***ser ~*** F be a pain *o* drag F

plástica *f* EDU *handicrafts*; **plástico** *m* plastic

plastificado *adj* laminated; **plastificar** <1g> *v/t documento* laminate

plastilina *f* Plasticine®

plata *f* silver; *L.Am.* F (*dinero*) cash, dough F

plataforma *f tb* POL platform; ***~ petrolífera*** oil rig

platal *m L.Am.* fortune

plátano *m* banana

plateado *adj Méx* wealthy

plática *f Méx* chat, talk; **platicar** <1g> **1** *v/t L.Am.* tell **2** *v/i Méx* chat, talk

platillo *m*: ***~ volante*** flying saucer; ***~s*** MÚS cymbals

platino *m* platinum

plato *m* plate; GASTR dish; ***~ principal*** main course; ***~ preparado / precocinado*** ready meal; ***~ sopero / hondo*** soup dish; ***pagar los ~s rotos*** F carry the can F

plató *m de película* set; TV studio

platónico *adj* platonic

platudo *adj Chi* rich

plausible *adj* plausible

playa *f* beach; ***~ de estacionamiento*** *L.Am.* parking lot, *Br* car park; **playeras** *fpl* canvas shoes

playo *adj Rpl* shallow

plaza *f* square; (*vacante*) job opening, *Br* vacancy; *en vehículo* seat; *de trabajo* position; ***~ de toros*** bull ring

plazo *f* period; (*pago*) instal(l)ment; ***a corto / largo ~*** in the short / long term; ***a ~s*** in instal(l)ments

plebiscito *m* plebiscite

plegable *adj* collapsible, folding; **plegar** <1h> **1** *v/t* fold (up) **2** *v/r* **~se** *fig* submit (***a*** to)

plegaria *f* prayer

pleito *m* JUR lawsuit; *fig* dispute; ***poner un ~ a alguien*** sue s.o.

pleno **1** *adj* full; ***en ~ día*** in broad daylight **2** *m* plenary session

pliego **1** *vb* → ***plegar*** **2** *m* (*hoja de papel*) sheet (of paper); (*carta*) sealed letter *o* document; **pliegue** *m* fold, crease

plomería *f Méx* plumbing; **plomero** *m Méx* plumber; **plomo** *m* lead; EL fuse; *fig* F drag F; ***sin ~*** AUTO unleaded

pluma *f* feather; *para escribir* fountain pen; **plumaje** *m* plumage; **plumero** *m para limpiar* feather duster; *CSur para maquillaje* powder puff; ***vérsele el ~ a alguien*** *fig* F see what s.o. is up to F; **plumífero** *m* F down jacket

plural **1** *adj* plural **2** *m* GRAM plural; **pluralismo** *m* POL pluralism; **pluriempleo** *m* having more than one job

plus *m* bonus

plusmarquista *m/f* record holder

plusvalía *f* COM capital gain
plutonio *m* QUÍM plutonium
pluviosidad *f* rainfall
PNB *abr* (= ***producto nacional bruto***) GNP (= gross national product)
P.° *abr* (= ***Paseo***) Ave (= Avenue)
p.o. *abr* (= ***por orden***) p.p. (per procurationem, by proxy)
población *f gente* population; (*ciudad*) city, town; (*pueblo*) village; *Chi* shanty town; **poblado 1** *adj* populated; *barba* bushy; **~ *de*** *fig* full of **2** *m* (*pueblo*) settlement; **poblador** *m*, **~a** *f Chi* shanty town dweller; **poblar** <1m> *v/t* populate
pobre 1 *adj económicamente, en calidad* poor **2** *m/f* poor person; ***los ~s*** the poor; **pobreza** *f* poverty
pocilga *f* pigpen
pócima *f* concoction
poción *f* potion
poco 1 *adj sg* little, not much; *pl* few, not many; ***un ~ de*** a little; ***unos ~s*** a few **2** *adv* little; ***trabaja ~*** he doesn't work much; ***ahora se ve muy ~*** it's seldom seen now; ***estuvo ~ por aquí*** he wasn't around much; ***~ conocido*** little known; ***~ a ~*** little by little; ***dentro de ~*** soon, shortly; ***hace ~*** a short time ago, not long ago; ***por ~*** nearly, almost; ***¡a ~ no lo hacemos!*** *Méx* don't tell me we're not doing it; ***de a ~ me fui tranquilizando*** *Rpl* little by little I calmed down **3** *m*: ***un ~*** a little, a bit
podar <1a> *v/t* AGR prune
poder <2t> **1** *v/aux capacidad* can, be able to; *permiso* can, be allowed to; *posibilidad* may, might; ***no pude hablar con ella*** I wasn't able to talk to her; ***¿puedo ir contigo?*** can *o* may I come with you?; ***¡podías habérselo dicho!*** you could have *o* you might have told him **2** *v/i*: ***~ con*** (*sobreponerse a*) manage, cope with; ***me puede*** he can beat me; ***es franco a más no ~*** F he's as frank as they come F; ***comimos a más no ~*** F we ate to bursting point F; ***no puedo más*** I can't take any more, I've had enough; ***puede ser*** perhaps, maybe; ***puede que*** perhaps, maybe; ***¿se puede?*** can I come in?, do you mind if I come in? **3** *m tb* POL power; ***en ~ de alguien*** in s.o.'s hands; **poderoso** *adj* powerful
podio *m* podium
podólogo *m*, **-a** *f* MED podiatrist, *Br* chiropodist
podrido *adj tb fig* rotten
poema *m* poem; **poesía** *f género* poetry; (*poema*) poem; **poeta** *m/f* poet; **poético** *adj* poetic; **poetisa** *f* poet
polaco 1 *adj* Polish **2** *m*, **-a** *f* Pole
polar *adj* polar
polea *f* TÉC pulley
polémica *f* controversy; **polémico** *adj* controversial
polen *m* BOT pollen
poleo *m* BOT pennyroyal
polera *f Chi* turtle neck (sweater)
poli *m/f* F cop F; ***la ~*** F the cops *pl* F
policía 1 *f* police **2** *m/f* police officer, policeman; *mujer* police officer, policewoman; **policíaco**, **policiaco** *adj* detective *atr*; **policial** *adj* police *atr*
polideportivo *m* sports center, *Br* sports centre
poliéster *m* polyester
polifacético *adj* versatile, multifaceted
poligamia *f* polygamy
políglota *m/f* polyglot
polígono *m* MAT polygon; ***~ industrial*** industrial zone, *Br* industrial estate
polilla *f* ZO moth
polio *f* MED polio; **poliomielitis** *f* MED poliomyelitis
política *f* politics; **políticamente** *adv*: **~ correcto** politically correct; **político 1** *adj* political **2** *m*, **-a** *f* politician
póliza *f* policy; ***~ de seguros*** insurance policy
polizón *m/f* stowaway
polla *f* V prick V, cock V
pollera *f L.Am.* skirt
pollería *f* poulterer's; **pollito** *m*

chick; **pollo** *m* ZO, GASTR chicken; **polluelo** *m* ZO chick
polo *m* GEOG, EL pole; *prenda* polo shirt; DEP polo; ***Polo Norte*** North Pole; ***Polo Sur*** South Pole
polola *f Chi* girlfriend; **pololear** <1a> *v/i Chi* be going steady; **pololo** *m Chi* boyfriend
Polonia Poland
poltrona *f* easy chair
polución *f* pollution; ***~ atmosférica*** air pollution, atmospheric pollution; **polucionar** <1a> *v/t* pollute
polvo *m* dust; *en química, medicina etc* powder; ***~s*** *pl* ***de talco*** talcum powder *sg*; ***echar un ~*** V have a screw V; ***estar hecho ~*** F be all in F; **pólvora** *f* gunpowder; **polvorín** *m almacén* magazine; *fig* powder keg; **polvorón** *m* GASTR *type of small cake*
pomada *f* cream
pomelo *m* BOT grapefruit
pómez *f*: ***piedra ~*** pumice stone
pomo *m* doorknob
pompa *f* pomp; ***~ de jabón*** bubble; ***~s*** *pl* ***fúnebres*** *ceremonia* funeral ceremony *sg*; *establecimiento* funeral parlo(u)r *sg*; **pomposo** *adj* pompous
pómulo *m* ANAT cheekbone
pon *vb* → ***poner***
ponchadura *f Méx* flat, *Br* puncture; **ponchar** <1a> **1** *v/t L.Am.* puncture **2** *v/r* **~se** *Méx* get a flat *o Br* puncture
ponche *m* punch
poncho *m* poncho; ***pisarse el ~*** *S.Am.* be mistaken
ponderación *f mesura* deliberation; *en estadísticas* weighting
ponencia *f* presentation; EDU paper
poner <2r; *part* ***puesto***> **1** *v/t* put; (*añadir*) put in; RAD, TV turn on, switch on; *la mesa* set; *ropa* put on; *telegrama* send; (*escribir*) put down; *en periódico, libro etc* say; *negocio* set up; *huevos* lay; ***~ a alguien furioso*** make s.o. angry; ***~le a alguien con alguien*** TELEC put s.o. through to s.o.; ***~le una multa a alguien*** fine s.o.; ***pongamos que*** let's suppose *o* assume that **2** *v/r* **~se** *ropa* put on; ***ponte en el banco*** go and sit on the bench; ***se puso ahí*** she stood over there; ***dile que se ponga*** TELEC tell her to come to the phone; ***~se palido*** turn pale; ***~se furioso*** get angry; ***~se enfermo*** become *o* fall ill; ***~se a*** start to
pongo[1] *vb* → ***poner***
pongo[2] *m Pe* indentured Indian laborer
poni *m* ZO pony
poniente *m* west
pontífice *m* pontiff; ***sumo ~*** Pope
ponzoñoso *adj* poisonous
pop 1 *adj* pop; ***música ~*** pop music **2** *m* pop
popa *f* MAR stern
popular *adj* popular; (*del pueblo*) folk *atr*; *barrio* lower-class; **popularidad** *f* popularity; **popularizar** <1f> *v/t* popularize
póquer *m* poker
por *prp* ◊ *motivo* for, because of; ***lo hizo ~ amor*** she did it out of love; ***luchó ~ sus ideales*** he fought for his ideals ◊ *medio* by; ***~ avión*** by air; ***~ correo*** by mail, *Br tb* by post ◊ *tiempo*: ***~ un segundo*** *L.Am.* for a second; ***~ la mañana*** in the morning ◊ *movimiento*: ***~ la calle*** down the street; ***~ un tunel*** through a tunnel; ***~ aquí*** this way ◊ *posición aproximada* around, about; ***está ~ aquí*** it's around here (somewhere) ◊ *cambio*: ***~ cincuenta pesos*** for fifty pesos ◊ *otros usos*: ***~ hora*** an *o* per hour; ***dos ~ dos*** two times two; ***¿~ qué?*** why?; ***el motivo ~ el cual*** *or* ***~ el que ...*** the reason why ...
porcelana *f* porcelain, china; ***de ~*** porcelain *atr*, china *atr*
porcentaje *m* percentage
porche *f* porch
porción *f* portion
pordiosero *m*, **-a** *f* beggar
porfiar <1c> *v/i* insist (***en*** on)
pormenor *m* detail
porno 1 *adj* porn *atr* **2** *m* porn; **pornografía** *f* pornography; **porno-**

P

gráfico *adj* pornographic
poro *m* pore; **poroso** *adj* porous
poroto *m Rpl, Chi* bean; ***~s verdes*** *L.Am.* green beans
porque *conj* because; ***~ sí*** just because
porqué *m* reason
porquería *f* (*suciedad*) filth; F *cosa de poca calidad* piece of trash F
porra *f* baton; (*palo*) club; ***¡vete a la ~!*** F go to hell! F; **porrazo** *m*: ***darle un ~ a alguien*** F hit s.o.; ***darse*** *or* ***pegarse un ~*** crash (***contra*** into)
porro *m* F joint F
porrón *m container from which wine is poured straight into the mouth*
portaaviones *m inv* aircraft carrier
portada *f* TIP front page; *de revista* cover; ARQUI front
portafolios *m inv* briefcase
portal *m* foyer; (*entrada*) doorway
portaligas *m inv Arg, Chi* garter belt, *Br* suspender belt
portarse <1a> *v/r* behave
portátil *adj* portable
portavoz *m/f* spokesman; *mujer* spokeswoman
portazo *m*: ***dar un ~*** F slam the door
porte *m* (*aspecto*) appearance, air; (*gasto de correo*) postage
portento *m* wonder; *persona* genius
porteño *Arg* **1** *adj* of Buenos Aires, Buenos Aires *atr* **2** *m*, **-a** *f* native of Buenos Aires
portería *f* reception; *casa* superintendent's apartment, *Br* caretaker's flat; DEP goal; **portero** *m* doorman; *de edificio* superintendent, *Br* caretaker; DEP goalkeeper; ***~ automático*** intercom, *Br* entryphone
portón *m* large door
Portugal Portugal; **portugués** **1** *m/adj* Portuguese **2** *m*, **-esa** *f persona* Portuguese
porvenir *m* future
posada *f C.Am., Méx* Christmas party; (*fonda*) inn
posar <1a> **1** *v/t mano* lay, place (***sobre*** on); ***~ la mirada en*** gaze at **2** *v/r* **~se** *de ave, insecto*, AVIA land
posavasos *m inv* coaster
posdata *f* postscript
poseer <2e> *v/t* possess; (*ser dueño de*) own, possess; **posesión** *f* possession; ***tomar ~*** (***de un cargo***) POL take up office
posguerra *f* postwar period
posibilidad *f* possibility; **posibilitar** <1a> *v/t* make possible; **posible** *adj* possible; ***en lo ~*** as far as possible; ***hacer todo lo ~*** do everything possible; ***es ~ que ...*** perhaps ...
posición *f tb* MIL, *fig* position; *social* standing, status
positivo *adj* positive
posmoderno *adj* postmodern
poso *m* dregs *pl*
posología *f* dosage
posponer <2r; *part* ***pospuesto***> *v/t* postpone; **pospuesto** *part* → ***posponer***
posta *f*: ***a ~*** on purpose
postal **1** *adj* mail *atr*, postal **2** *f* postcard
poste *m* post
póster *m* poster
postergar <1a> *v/t* postpone
posteridad *f* posterity; **posterior** *adj* later, subsequent; (*trasero*) rear *atr*, back *atr*
postizo **1** *adj* false **2** *m* hairpiece
postor *m* bidder; ***al mejor ~*** to the highest bidder
postrar <1a> **1** *v/t*: ***la gripe lo postró*** he was laid up with flu **2** *v/r* **~se** prostrate o.s.
postre *m* dessert; ***a la ~*** in the end
postular <1a> *v/t hipótesis* put forward, advance
póstumo *adj* posthumous
postura *f tb fig* position
pos(t)venta *adj inv* after-sales *atr*
potable *adj* drinkable; *fig* F passable; ***agua ~*** drinking water
potaje *m* GASTR stew
potasio *m* potassium
potencia *f* power; ***en ~*** potential; **potencial** *m/adj* potential; **potenciar** <1b> *v/t fig* foster, promote
potentado *m*, **-a** *f* tycoon
potente *adj* powerful

potestad *f* authority; ***patria ~*** parental authority
potingue *m* F *desp* lotion, cream
potro *m* ZO colt
pozo *m* well; MIN shaft; *Rpl* pothole; ***un ~ sin fondo*** *fig* a bottomless pit
pozol *m C.Am.* corn liquor
pozole *m Méx* corn stew
práctica *f* practice; **practicar** <1g> *v/t* practice, *Br* practise; *deporte* play; ***~ la equitación / la esgrima*** ride / fence; **práctico** *adj* practical
pradera *f* prairie, grassland; **prado** *m* meadow
pragmático *adj* pragmatic; **pragmatismo** *m* pragmatism
pral. *abr* (= ***principal***) first
preámbulo *m* preamble
prebenda *f* sinecure
precalentamiento *m* DEP warm-up
precario *adj* precarious
precaución *f* precaution; ***tomar precauciones*** take precautions
precavido *adj* cautious
precedente 1 *adj* previous **2** *m* precedent; **preceder** <2a> *v/t* precede
preceptivo *adj* compulsory, mandatory
preciado *adj* precious; **preciarse** <1b> *v/r*: ***cualquier fontanero que se precie …*** any self-respecting plumber …
precinto *m* seal
precio *m* price; ***~ de venta al público*** recommended retail price; **preciosidad** *f*: ***esa casa / chica es una ~*** that house / girl is gorgeous *o* beautiful; **precioso** *adj* (*de valor*) precious; (*hermoso*) beautiful; **preciosura** *f L.Am.* F → ***preciosidad***
precipicio *m* precipice
precipitación *f* (*prisa*) hurry, haste; ***precipitaciones*** rain *sg*; **precipitado** *adj* hasty, sudden; **precipitarse** <1a> *v/r* rush; *fig* be hasty
precisamente *adv* precisely; **precisión** *f* precision; **preciso** *adj* precise, accurate; ***ser ~*** be necessary
preconcebido *adj* preconceived
precoz *adj* early; *niño* precocious
precursor *m*, **~a** *f* precursor, forerunner
predecesor *m*, **~a** *f* predecessor
predecir <3p; *part* ***predicho***> *v/t* predict
predestinar <1a> *v/t* predestine
predicado *m* predicate; **predicador** *m*, **~a** *f* preacher; **predicar** <1g> *v/t* preach; ***~ con el ejemplo*** F practice (*Br* practise) what one preaches
predicción *f* prediction, forecast
predicho *part* → ***predecir***
predilecto *adj* favo(u)rite
predisponer <2r> *v/t* prejudice; **predisposición** *f tb* MED predisposition; (*tendencia*) tendency; ***una ~ en contra de*** a prejudice against; **predispuesto** *adj* predisposed (***a*** to)
predominante *adj* predominant; **predominar** <1a> *v/t* predominate
preeminente *adj* preeminent
preescolar *adj* preschool
preestreno *m* preview
preexistente *adj* pre-existing
prefabricado *adj* prefabricated
prefacio *m* preface, foreword
preferencia *f* preference; **preferente** *adj* preferential; **preferible** *adj* preferable (***a*** to); ***es ~ que …*** it's better if …; **preferido 1** *part* → ***preferir*** **2** *adj* favo(u)rite; **preferir** <3i> *v/t* prefer
prefijo *m* prefix; TELEC area code, *Br* dialling code
pregonar <1a> *v/t* proclaim, make public
pregunta *f* question; **preguntar** <1a> **1** *v/t* ask **2** *v/i* ask; ***~ por algo*** ask about sth; ***~ por alguien*** *paradero* ask for s.o.; *salud etc* ask about s.o. **3** *v/r* **~se** wonder
prehistoria *f* prehistory; **prehistórico** *adj* prehistoric
prejuicio *m* prejudice
prelado *m* prelate
prelavado *m* prewash
preliminar 1 *adj* preliminary; DEP qualifying **2** *m L.Am.* qualifier
preludio *m* prelude
premamá *adj* maternity *atr*

prematrimonial *adj* premarital

prematuro 1 *adj* premature **2** *m*, **-a** *f* premature baby

premeditado *adj* premeditated; **premeditación** *f* premeditation; ***con ~*** deliberately

premiado 1 *adj* prizewinning **2** *m*, **-a** *f* prizewinner; **premiar** <1b> *v/t* award a prize to; **premio** *m* prize

premisa *f* premise

premonición *f* premonition

premura *f* haste

prenatal *adj* prenatal

prenda *f* item of clothing, garment; *garantía* security; *en juegos* forfeit; ***no soltar ~*** not say a word (***sobre*** about)

prender <2a; *part* ***preso***> **1** *v/t a fugitivo* capture; *sujetar* pin up; *L.Am. fuego* light; *L.Am. luz* switch on, turn on; ***~ fuego a*** set fire to **2** *v/i de planta* take; (*empezar a arder*) catch; *de moda* catch on

prendería *f Esp* pawnbroker's, pawn shop

prensa *f* press; ***~ amarilla*** gutter press; **prensar** <1a> *v/t* press

preñado *adj* pregnant

preocupación *f* worry, concern; **preocupado** *adj* worried (***por*** about), concerned (***por*** about); **preocupante** *adj* worrying; **preocupar** <1a> **1** *v/t* worry, concern **2** *v/r* **~se** worry (***por*** about); ***~se de*** (*encargarse*) look after, take care of

preparación *f* preparation; (*educación*) education; *para trabajo* training; **preparado** *adj* ready, prepared; **preparador** *m*, **~a** *f*: ***~ físico*** trainer; **preparar** <1a> **1** *v/t* prepare, get ready **2** *v/r* **~se** get ready (***para*** for), prepare o.s. (***para*** for); *de tormenta, crisis* be brewing; **preparativos** *mpl* preparations

preponderante *adj* predominant

preposición *f* preposition

prepotente *adj* arrogant

prerrogativa *f* prerogative

presa *f* (*dique*) dam; (*embalse*) reservoir; (*víctima*) prey; *L.Am. para comer* bite to eat

presagio *m* omen, sign; (*premonición*) premonition

prescindir <3a> *v/i*: ***~ de*** (*privarse de*) do without; (*omitir*) leave out, dispense with; (*no tener en cuenta*) disregard

prescribir <3a; *part* ***prescrito***> *v/i* JUR prescribe; **prescrito** *part* → ***prescribir***

presencia *f* presence; ***buena ~*** smart appearance; **presenciar** <1b> *v/t* witness; (*estar presente a*) attend, be present at

presentación *f* presentation; COM launch; *entre personas* introduction; **presentador** *m*, **~a** *f* TV presenter; **presentar** <1a> **1** *v/t* present; *a alguien* introduce; *producto* launch; *solicitud* submit **2** *v/r* **~se** *en sitio* show up; (*darse a conocer*) introduce o.s.; *a examen* take; *de problema, dificultad* arise; *a elecciones* run

presente 1 *adj* present; ***tener algo ~*** bear sth in mind; ***¡~!*** here! **2** *m tiempo* present **3** *m/fpl*: ***los ~s*** those present

presentimiento *m* premonition; **presentir** <3i> *v/t* foresee; ***presiento que vendrá*** I have a feeling he'll come

preservar <1a> *v/t* protect; **preservativo** *m* condom

presidencia *f* presidency; *de compañía* presidency, *Br* chairmanship; *de comité* chairmanship; **presidencial** *adj* presidential; **presidente** *m*, **-a** *f* president; *de gobierno* premier, prime minister; *de compañía* president, *Br* chairman, *Br mujer* chairwoman; *de comité* chair

presidiario *m*, **-a** *f* prisoner

presidir <3a> *v/t* be president of; *reunión* chair, preside over

presión *f* pressure; ***~ sanguínea*** blood pressure; **presionar** <1a> *v/t botón* press; *fig* put pressure on, pressure

preso 1 *part* → ***prender*** **2** *m*, **-a** *f* prisoner

prestación *f* provision; ***~ social sustitutoria*** MIL community

service in lieu of military service; **prestado** *adj*: ***dejar ~ algo*** lend sth; ***pedir ~ algo*** borrow sth; **prestamista** *m/f* moneylender; **préstamo** *m* loan; **~ *bancario*** bank loan; **prestar** <1a> *v/t dinero* lend; *ayuda* give; *L.Am.* borrow; **~ *atención*** pay attention
prestidigitador *m*, **~a** *f* conjurer
prestigio *m* prestige; **prestigioso** *adj* prestigious
presumido *adj* conceited; (*coqueto*) vain; **presumir** <3a> **1** *v/t* presume **2** *v/i* show off; **~ *de algo*** boast *o* brag about sth; ***presume de listo*** he thinks he's very clever; **presuntamente** *adv* allegedly; **presunto** *adj* alleged, suspected; **presuntuoso** *adj* conceited
presuponer <2r; *part* ***presupuesto***> *v/t* assume; **presupuesto** **1** *part* → ***presuponer*** **2** *m* POL budget
presuroso *adj* hurried
pretencioso *adj* pretentious
pretender <2a> *v/t*: ***pretendía convencerlos*** he was trying to persuade them; **pretendiente** *m de mujer* suitor
pretensión *f L.Am.* (*arrogancia*) vanity; ***sin pretensiones*** unpretentious
pretérito *m* GRAM preterite
pretextar <1a> *v/t* claim; **pretexto** *m* pretext
prevalecer <2d> *v/t* prevail (***sobre*** over)
prevaricación *f* corruption
prevención *f* prevention
prevenido **1** *part* → ***prevenir*** **2** *adj* well-prepared; **prevenir** <3s> *v/t* prevent; (*avisar*) warn (***contra*** against); **preventivo** *adj* preventive, preventative
prever <2v; *part* ***previsto***> *v/t* foresee
previo *adj* previous; ***sin ~ aviso*** without (prior) warning
previsible *adj* foreseeable; **previsión** *f* (*predicción*) forecast; (*preparación*) foresight; **previsor** *adj* farsighted; **previsto** **1** *part* → ***prever*** **2** *adj* foreseen, expected; ***tener*** **~** have planned
prieto *adj L.Am.* dark-skinned
prima *f de seguro* premium; (*pago extra*) bonus
primacía *f* supremacy, primacy; (*prioridad*) priority; **primario** *adj* primary
primavera *f* spring; BOT primrose
primer *adj* first
primera *f* first class; AUTO first gear; ***a la ~*** first-time; ***de ~*** F first-class, first-rate; **primerizo** *adj* inexperienced, green F; *madre* new, first-time; **primero** **1** *adj* first; ***~s auxilios*** *pl* first aid *sg* **2** *m*, **-a** *f* first (one) **3** *adv* first
primitivo *adj* primitive; (*original*) original
primo *m*, **-a** *f* cousin
primogénito **1** *adj* first **2** *m*, **-a** *f* first child
primordial *adj* fundamental
primoroso *adj* exquisite
princesa *f* princess
principal *adj* main, principal; ***lo ~*** the main *o* most important thing
príncipe *m* prince
principiante **1** *adj* inexperienced **2** *m/f* beginner; **principio** *m* principle; *en tiempo* beginning; ***a ~s de abril*** at the beginning of April; ***en ~*** in principle
pringar <1h> **1** *v/t ensuciar* get greasy; *fig* F get involved (***en*** in) **2** *v/r* **~se** get greasy; *fig* F get mixed up (***en*** in); **pringoso** *adj* greasy
prioridad *f* priority; **prioritario** *adj* priority *atr*
prisa *f* hurry, rush; ***darse ~*** hurry (up); ***tener ~*** be in a hurry *o* rush
prisión *f* prison, jail; **prisionero** **1** *adj* captive **2** *m*, **-a** *f* prisoner
prismáticos *mpl* binoculars
priva *f Esp* F booze F
privacidad *f* privacy
privación *f acción* deprivation; ***sufrir privaciones*** sufffer privation(s) *o* hardship
privado **1** *part* → ***privar*** **2** *adj*

P

private; **privar** <1a> **1** *v/t*: **~ *a alguien de algo*** deprive s.o. of sth **2** *v/r* **~se** deprive o.s.; ***~se de algo*** deprive o.s. of sth, go without sth; **privatización** *f* privatization; **privatizar** <1f> *v/t* privatize

privilegiado *adj* privileged; (*excelente*) exceptional; **privilegio** *m* privilege

pro 1 *prp* for, in aid of; ***en ~ de*** for **2** *m* pro; ***los ~s y los contras*** the pros and cons

proa *f* MAR bow

probabilidad *f* probability; **probable** *adj* probable, likely; ***es ~ que venga*** she'll probably come

probador *m* fitting room; **probar** <1m> **1** *v/t teoría* test, try out; (*comer un poco de*) taste, try; (*comer por primera vez*) try **2** *v/i* try; ***~ a hacer*** try doing **3** *v/r* **~se** try on; **probeta** *f* test tube

problema *m* problem; **problemático** *adj* problematic

procedencia *f* origin, provenance; **proceder** <2a> **1** *v/i* come (***de*** from); (*actuar*) proceed; (*ser conveniente*) be fitting; **~ *a*** proceed to; ***~ contra alguien*** initiate proceedings against s.o. **2** *m* conduct; **procedimiento** *m* procedure, method; JUR proceedings *pl*

procesado *m*, **-a** *f* accused, defendant

procesador *m* INFOR processor; ***~ de textos*** word processor

procesamiento *m*: ***~ de textos*** word processing

procesar <1a> *v/t* INFOR process; JUR prosecute

procesión *f* procession

proceso *m* process; JUR trial; ***~ de datos/textos*** INFOR data/word processing

proclamar <1a> *v/t* proclaim

proclive *adj* given (***a*** to)

procrear <1a> *v/i* breed, procreate *fml*

procurar <1a> *v/t* try; ***procura no llegar tarde*** try not to be late

prodigar <1h> **1** *v/t* be generous with **2** *v/r* **~se** (*aparecer*) be seen in public

prodigio *m* wonder, miracle; *persona* prodigy; **prodigioso** *adj* prodigious

pródigo *adj* (*generoso*) generous; (*derrochador*) extravagant

producción *f* production; **producir** <3o> **1** *v/t* produce; (*causar*) cause **2** *v/r* **~se** happen, occur; ***se produjo un ruido tremendo*** there was a tremendous noise

productividad *f* productivity; **productivo** *adj* productive; *empresa* profitable; **producto** *m* product; ***~ interior bruto*** gross domestic product; ***~ nacional bruto*** gross national product; **productor** *m*, **~a** *f* producer

produjo *vb* → ***producir***

produzco *vb* → ***producir***

proeza *f* feat, exploit

profana *f* laywoman; **profanar** <1a> *v/t* defile, desecrate; **profano 1** *adj fig* lay *atr* **2** *m* layman

profecía *f* prophecy

profesar <1a> *v/t* REL profess; *fig* feel, have; **profesión** *f* profession; **profesional** *m/f & adj* professional; **profesor** *m*, **~a** *f* teacher; *de universidad* professor, *Br* lecturer; **profesorado** *m* faculty, *Br* staff *pl*

profeta *m* prophet; **profetizar** <1f> *v/t* prophesy

profiláctico 1 *adj* preventive, prophylactic *fml* **2** *m* condom

prófugo *m*, **-a** *f* JUR fugitive

profundidad *f* depth; **profundizar** <1f> *v/i*: ***~ en algo*** go into sth in depth; **profundo** *adj* deep; *pensamiento, persona* profound

profuso *adj* abundant, plentiful

programa *m* program, *Br* programme; INFOR program; EDU syllabus; ***~ de estudios*** curriculum; **programación** *f* RAD, TV programs *pl*, *Br* programmes; INFOR programming; **programador** *m*, **~a** *f* programmer; **programar** <1a> *v/t aparato* program, *Br* programme; INFOR program; (*planear*) schedule

P

progresar <1a> *v/i* progress, make progress; **progresista** *m/f & adj* progressive; **progresivo** *adj* progressive; **progreso** *m* progress
prohibición *f* ban (***de*** on); **prohibido** *adj* forbidden; **prohibir** <3a> *v/t* forbid; *oficialmente* ban; **prohibitivo** *adj precio* prohibitive
prójimo *m* fellow human being
prole *f* offspring
proletario 1 *adj* proletarian **2** *m*, **-a** *f* proletarian
proliferación *f* proliferation; **proliferar** <1a> *v/t* proliferate; **prolífico** *adj* prolific
prolijo *adj* long-winded; (*minucioso*) detailed
prólogo *m* preface
prolongado *adj* prolonged, lengthy; **prolongar** <1h> **1** *v/t* extend, prolong **2** *v/r* **~se** go *o* carry on; *en espacio* extend
promedio *m* average
promesa *f* promise; **prometedor** *adj* bright, promising; **prometer** <2a> **1** *v/t* promise **2** *v/r* **~se** get engaged; **prometida** *f* fiancée; **prometido** **1** *part* → ***prometer*** **2** *adj* engaged **3** *m* fiancé
prominente *adj* prominent
promiscuidad *f* promiscuity; **promiscuo** *adj* promiscuous
promoción *f* promotion; EDU year; **promocionar** <1a> *v/t* promote; **promotor** *m*, **~a** *f* promoter; **~ *inmobiliario*** developer; **promover** <2h> *v/t* promote; (*causar*) provoke, cause
promulgar <1h> *v/t ley* promulgate
pronombre *m* GRAM pronoun
pronosticar <1g> *v/t* forecast; **pronóstico** *m* MED prognosis; ***~ del tiempo*** weather forecast
pronto 1 *adj* prompt **2** *adv* (*dentro de poco*) soon; (*temprano*) early; ***de ~*** suddenly; ***tan ~ como*** as soon as
pronunciación *f* pronunciation; **pronunciar** <1b> *v/t* pronounce; (*decir*) say; ***~ un discurso*** give a speech
propaganda *f* advertising; POL propaganda; **propagar** <1h> **1** *v/t* spread **2** *v/r* **~se** spread
propano *m* propane
propasarse <1a> *v/r* go too far
propenso *adj* prone (***a*** to); ***ser ~ a hacer*** be prone to do, have a tendency to do
propiciar <1b> *v/t* (*favorecer*) promote; (*causar*) bring about; **propicio** *adj* favo(u)rable
propiedad *f* property; **propietario** *m*, **-a** *f* owner
propina *f* tip; **propinar** <1a> *v/t golpe*, *paliza* give
propio *adj* own; (*característico*) characteristic (***de*** of), typical (***de*** of); (*adecuado*) suitable (***para*** for); ***la -a directora*** the director herself
proponer <2r; *part* ***propuesto***> *v/t* propose, suggest
proporción *f* proportion; **proporcional** *adj* proportional; **proporcionar** <1a> *v/t* provide, supply; *satisfacción* give
proposición *f* proposal, suggestion
propósito *m* (*intención*) intention; (*objetivo*) purpose; ***a ~*** on purpose; (*por cierto*) by the way
propuesto *part* → ***proponer***
propuesta *f* proposal
propugnar <1a> *v/t* advocate
propulsar <1a> *v/t* TÉC propel; *fig* promote; **propulsor** *m* (*motor*) engine
prórroga *f* DEP overtime, *Br* extra time; **prorrogar** <1h> *v/t plazo* extend
prorrumpir <3a> *v/i* burst (***en*** into)
prosa *f* prose; **prosaico** *adj* mundane, prosaic
proseguir <3d> **1** *v/t* carry on, continue **2** *v/i* continue (***con*** with)
proselitismo *m* proselytism
prospecto *m* directions for use *pl*; *de propaganda* leaflet
prosperar <1a> *v/i* prosper, thrive; **prosperidad** *f* prosperity; **próspero** *adj* prosperous, thriving
próstata *f* prostate
prostíbulo *m* brothel

prostitución *f* prostitution; **prostituirse** <3g> *v/r* prostitute o.s.; **prostituta** *f* prostitute; **prostituto** *m* male prostitute
protagonista *m/f personaje* main character; *actor, actriz* star; *de una hazaña* hero; *mujer* heroine; **protagonizar** <1f> *v/t* star in, play the lead in; *incidente* play a leading role in
protección *f* protection; **proteger** <2c> *v/t* protect (***de*** from)
proteína *f* protein
protésico *m*, **-a** *f*: **~ *dental*** dental technician; **prótesis** *f* prosthesis
protesta *f* protest; **protestante** *m/f* Protestant; **protestar** <1a> **1** *v/t* protest **2** *v/i* (*quejarse*) complain (***por, de*** about); (*expresar oposición*) protest (***contra, por*** about, against)
protocolo *m* protocol
prototipo *m* TÉC prototype
protuberancia *f* protuberance
prov. *abr* (= ***provincia***) province
provecho *m* benefit; ***¡buen ~!*** enjoy (your meal); ***sacar ~ de*** benefit from
proveedor *m*, **~a** *f* supplier; ***~ de*** (***acceso a***) ***Internet*** Internet Service Provider, ISP; **proveer** <2e; *part* ***provisto***> *v/t* supply; ***~ a alguien de algo*** supply s.o. with sth
provenir <3s> *v/i* come (***de*** from)
proverbio *m* proverb
providencia *f* providence
provincia *f* province; **provincial** *adj* provincial; **provinciano** **1** *adj* provincial **2** *m*, **-a** *f* provincial
provisional *adj* provisional; **provisiones** *fpl* provisions
provisto **1** *part* → ***proveer*** **2** *adj*: ***~ de*** equipped with
provocación *f* provocation; **provocador** *adj* provocative; **provocar** <1g> *v/t* cause; *al enfado* provoke; *sexualmente* lead on; ***¿te provoca un café?*** *S.Am.* how about a coffee?; **provocativo** *adj* provocative
proxeneta *m* pimp; **proxenetismo** *m* procuring
proximidad *f* proximity; **próximo** *adj* (*siguiente*) next; (*cercano*) near, close
proyección *f* MAT, PSI projection; *de película* showing; **proyectar** <1a> *v/t* project; (*planear*) plan; *película* show; *sombra* cast; **proyectil** *m* missile; **proyecto** *m* plan; *trabajo* project; ***~ de ley*** bill; ***tenir en ~ hacer algo*** plan to do sth; **proyector** *m* projector
prudencia *f* caution, prudence; **prudente** *adj* careful, cautious
prueba *f tb* TIP proof; JUR piece of evidence; DEP event; EDU test; ***a ~ de bala*** bulletproof; ***poner algo a ~*** put sth to the test
P.S. *abr* (= ***postscriptum*** (***posdata***)) PS (= postscript)
pseudo... *pref* pseudo-
pseudónimo *m* pseudonym
psicoanálisis *f* (psycho)analysis; **psicoanalista** *m/f* (psycho)analyst
psicodélico *adj* psychedelic
psicología *f* psychology; **psicológico** *adj* psychological; **psicólogo** *m*, **-a** *f* psychologist
psicópata *m/f* psychopath
psicosis *f inv* psychosis
psicoterapia *f* psychotherapy
psiquiatra *m/f* psychiatrist; **psiquiatría** *f* psychiatry; **psiquiátrico** *adj* psychiatric
psíquico *adj* psychic
pta *abr* (= ***peseta***) peseta
ptas *abr* (= ***pesetas***) pesetas
púa *f* ZO spine, quill; MÚS plectrum, pick
pub *m* bar
pubertad *f* puberty
publicación *f* publication; **publicar** <1g> **1** *v/t* publish **2** *v/r* **~se** come out, be published; **publicidad** *f* (*divulgación*) publicity; COM advertising; (*anuncios*) advertisements *pl*; **publicista** *m/f* advertising executive; **publicitario** **1** *adj* advertising *atr* **2** *m*, **-a** *f* advertising executive; **público** **1** *adj* public; *escuela* public, *Br* state **2** *m* public; TEA audience; DEP spectators *pl*,

crowd
pucho *m S.Am.* P cigarette butt, *Br* fag end F; ***no valer un ~*** be completely worthless
pude *vb* → ***poder***
púdico *adj* modest
pudín *m* pudding
pudo *vb* → ***poder***
pudor *m* modesty
pudrir <3a> **1** *v/t* rot **2** *v/r* **~se** rot; ***~se de envidia*** be green with envy
pueblerino *m*, **-a** *f* hick *desp*; **pueblero** *m*, **-a** *f L.Am.* villager; *de pueblo más grande* townsman; *mujer* townswoman; **pueblo** *m* village; *más grande* town
puedo *vb* → ***poder***
puente *m* bridge; ***hacer ~*** *have a day off between a weekend and a public holiday*
puenting *m* bungee jumping
puerco 1 *adj* dirty; *fig* filthy F **2** *m* ZO pig; ***~ espín*** porcupine
puericultura *f* childcare
puerro *m* BOT leek
puerta *f* door; *en valla* gate; DEP goal; ***~ de embarque*** gate
puerto *m* MAR port; GEOG pass
Puerto Rico Puerto Rico; **puertorriqueño 1** *adj* Puerto Rican **2** *m*, **-a** *f* Puerto Rican
pues *conj* well; *fml* (*porque*) as, since; ***~ bien*** well; ***¡~ sí!*** of course!
puesta *f*: ***~ a punto*** tune-up; ***~ de sol*** sunset
puestero *m*, **-a** *f L.Am.* stall holder
puesto 1 *part* → ***poner*** **2** *m lugar* place; *en mercado* stand, stall; MIL post; ~ (***de trabajo***) job **3** *conj*: ***~ que*** since, given that
pugnar <1a> *v/i* fight (***por*** for; ***por hacer*** to do)
puja *f* (*lucha*) struggle; *en subasta* bid; **pujar** <1a> *v/i* (*luchar*) struggle; *en subasta* bid
pulcro *adj* immaculate
pulga *f* ZO flea; ***tener malas ~s*** *fig* F be bad-tempered
pulgada *f* inch
pulgar *m* thumb
pulimentar <1a> *v/t* polish; **pulir** <3a> *v/t* polish
pulla *f* gibe
pulmón *m* lung; **pulmonía** *f* MED pneumonia
pulpa *f* pulp
pulpería *f L.Am.* mom-and-pop store, *Br* corner shop; **pulpero** *m*, **-a** *f S.Am.* storekeeper, shopkeeper
púlpito *m* pulpit
pulpo *m* ZO octopus
pulque *m Méx* pulque (*alcoholic drink made from cactus*); **pulquería** *f Méx* pulque bar
pulsación *f* beat; *al escribir a máquina* key stroke; **pulsar** <1a> *v/t botón, tecla* press
pulsera *f* bracelet
pulso *m* pulse; *fig* steady hand; ***tomar el ~ a alguien*** take s.o.'s pulse; ***tomar el ~ a algo*** *fig* take the pulse of sth
pulular <1a> *v/i* mill around
pulverizador *m* spray; **pulverizar** <1f> *v/t* spray; (*convertir en polvo*) pulverize, crush
puma *m* ZO puma, mountain lion
puna *f L.Am.* GEOG high Andean plateau; MED altitude sickness
pundonor *m* pride
punitivo *adj* punitive
punta *f* tip; (*extremo*) end; *de lápiz*, GEOG point; *L.Am.* (*grupo*) group; ***sacar ~ a*** sharpen
puntada *f* stitch
puntapié *m* kick
puntera *f* toe
puntería *f* aim
puntero 1 *adj* leading **2** *m* pointer
puntiagudo *adj* pointed, sharp
puntilla *f*: ***de ~s*** on tippy-toe, *Br* on tiptoe
puntilloso *adj* particular, punctilious *fml*
punto *m* point; *señal* dot; *signo de punctuación* period, *Br* full stop; *en costura, sutura* stitch; ***dos ~s*** colon; ***~ muerto*** AUTO neutral; ***~ de vista*** point of view; ***~ y coma*** semicolon; ***a ~*** (*listo*) ready; (*a tiempo*) in time; ***de ~*** knitted; ***en ~*** on the dot; ***estar a ~ de*** be about to; ***hacer ~*** knit;

hasta cierto ~ up to a point; ***empresa*** *f* ***~.com*** dot.com (company)
puntuación *f* punctuation; DEP score; EDU grade, mark; **puntual** *adj* punctual; **puntualidad** *f* punctuality; **puntualizar** <1f> *v/t* (*señalar*) point out; (*aclarar*) clarify
punzada *f* sharp *o* stabbing pain; **punzante** *adj* stinging
puñado *m* handful
puñal *m* dagger; **puñalada** *f* stab wound
puñeta *f*: ~(***s***)***!*** F for heaven's sake! F; ***hacer la ~ a alguien*** F give s.o. a hard time F
puñetazo *m* punch; ***dar un ~*** punch
puño *m* fist; *de camisa* cuff; *de bastón, paraguas* handle
pupa *f en labio* cold sore; ***hacerse ~*** *lenguaje infantil* hurt o.s.
pupila *f* pupil
pupitre *m* desk
pupusa *f L.Am.* filled dumpling
purasangre *m* thoroughbred
puré *m* purée; *sopa* cream; ***~ de patatas*** *or* ***papas*** *L.Am.* mashed potatoes
pureza *f* purity
purga *f* POL purge; **purgante** *m/adj* laxative, purgative; **purgatorio** *m* REL purgatory
purificación *f* purification; **purificar** <1g> *v/t* purify
purista *m/f* purist
puritano 1 *adj* puritanical **2** *m*, **-a** *f* puritan
puro 1 *adj* pure; *casualidad, coincidencia* sheer; *Méx* (*único*) sole, only; ***la -a verdad*** the honest truth; ***te sirven la -a comida*** *Méx* they just serve food **2** *m* cigar
púrpura *f* purple
pus *m* pus
puse *vb* → ***poder***
pusilánime *adj* fainthearted
puso *vb* → ***poder***
puta *f* P whore P; **putada** *f* P dirty trick; ***¡qué ~!*** shit! P; **putear** <1a> *v/t L.Am.* P swear at; ***~ alguien*** *Esp* give s.o. a hard time, make life difficult for s.o.
puto *adj* P goddamn F, *Br* bloody F; ***de puta madre*** P great F, fantastic F
putrefacción *f* putrefaction
puzzle *m* jigsaw (puzzle)
PVC *abr* (= ***cloruro de polivinilo***) PVC (= polyvinyl chloride)
P.V.P. *abr* (= ***precio de venta al público***) RRP (= recommended retail price)
pza. *abr* (= ***plaza***) sq (= square)

Q

q.e.p.d. *abr* (= ***que en paz descanse***) RIP (= requiescat in pace)
que 1 *pron rel sujeto*: *persona* who, that; *cosa* which, that; *complemento*: *persona* that, whom *fml*; *cosa* that, which; ***el coche ~ ves*** the car you can see, the car that *o* which you can see; ***el ~*** the one that **2** *conj* that; ***lo mismo ~ tú*** the same as you; ***¡~ entre!*** tell him to come in; ***¡~ descanses!*** sleep well; ***¡~ sí!*** I said yes; ***¡~ no!*** I said no; ***es ~ …*** the thing is …; ***yo ~ tú*** if I were you
qué 1 *adj & pron interr* what; ***¿~ pasó?*** what happened?; ***¿~ día es?*** what day is it?; ***¿~ vestido prefieres?*** which dress do you prefer? **2** *adj & pron int*: ***¡~ moto!*** what a motorbike!; ***¡~ de flores!*** what a lot of flowers! **3** *adv*: ***¡~ alto es!*** he's so tall!; ***¡~ bien!*** great!
quebrada *f L.Am.* stream

quebradero *m*: **~*s de cabeza*** F headaches; **quebradizo** *adj* brittle; **quebrado 1** *adj* broken **2** *m* MAT fraction; **quebrantahuesos** *m inv* ZO lammergeier; **quebrantar** <1a> *v/t ley, contrato* break; **quebrar** <1k> **1** *v/t* break **2** *v/i* COM go bankrupt **3** *v/r* **~se** break

quedar <1a> **1** *v/i* (*permanecer*) stay; *en un estado* be; (*sobrar*) be left; ***quedó sin resolver*** it remained unresolved, it wasn't sorted out; ***te queda bien / mal*** *de estilo* it suits you / doesn't suit you; *de talla* it fits you / doesn't fit you; ***~ cerca*** be nearby; ***~ con alguien*** F arrange to meet (with) s.o.; ***~ en algo*** agree to sth; ***¿queda mucho tiempo?*** is there much time left? **2** *v/r* **~se** stay; ***~se ciego*** go blind; ***~se con algo*** keep sth; ***me quedé sin comer*** I ended up not eating

quehaceres *mpl* tasks

queja *f* complaint; **quejarse** <1a> *v/r* complain (***a*** to; ***de*** about); **quejica** *adj* F whining F; **quejido** *m* moan, groan; **quejumbroso** *adj* moaning

quemado *adj* burnt; *Méx* (*desvirtuado*) discredited; ***~ por el sol*** sunburnt; ***oler a ~*** smell of burning; **quemadura** *f* burn; **quemar** <1a> **1** *v/t* burn; *con agua* scald; F *recursos* use up; F *dinero* blow F **2** *v/i* be very hot **3** *v/r* **~se** burn o.s.; *de tostada, papeles* burn; *fig* burn o.s. out; *Méx* (*desvirtuarse*) become discredited

quena *f S.Am.* Indian flute

quepo *vb* → ***caber***

queque *m L.Am.* cake

querella *f* JUR lawsuit; **querellarse** <1a> *v/r* JUR bring a lawsuit (***contra*** against)

querer <2u> *v/t* (*desear*) want; (*amar*) love; ***~ decir*** mean; ***sin ~*** unintentionally; ***quisiera …*** I would like …; **querido 1** *part* → ***querer*** **2** *adj* dear **3** *m*, **-a** *f* darling

queroseno *m* kerosene

querrá *vb* → ***querer***

querría *vb* → ***querer***

quesadilla *f* quesadilla (*folded tortilla*)

queso *m* cheese; ***~ para untar*** cheese spread; ***~ rallado*** grated cheese

quicio *m*: ***sacar de ~ a alguien*** F drive s.o. crazy F

quid *m*: ***el ~ de la cuestión*** the nub of the question

quiebra *f* COM bankruptcy

quien *pron rel sujeto* who, that; *objeto* who, whom *fml*, that; ***no soy ~ para hacerlo*** I'm not the right person to do it

quién *pron* who; ***¿~ es?*** who is it?; ***¿de ~ es este libro?*** whose is this book?, who does this book belong to?

quienquiera *pron* whoever

quiero *vb* → ***querer***

quieto *adj* still; ***¡estáte ~!*** keep still!

quijotesco *adj* quixotic

quilate *m* carat

quilla *f* keel

quimera *f* pipe dream

química *f* chemistry; **químico 1** *adj* chemical **2** *m*, **-a** *f* chemist

quimioterapia *f* MED chemotherapy

quimono *m* kimono

quincalla *f* junk

quince *adj* fifteen; **quincena** *f* two weeks, *Br* fortnight

quiniela *f lottery where the winners are decided by soccer results*

quinientos *adj* five hundred

quinina *f* quinine

quinquenio *m* five-year period

quinta *f* MIL draft, *Br* call-up; ***es de mi ~*** he's my age

quinteto *m* MÚS quintet

quinto 1 *adj* fifth **2** *m* MIL conscript

quiosco *m* kiosk; ***~ de prensa*** newsstand, *Br* newsagent's; **quiosquero** *m*, **-a** *f* newspaper vendor

quirófano *m* operating room, *Br* operating theatre

quiromancia, **quiromancía** *f* palmistry

quirúrgico *adj* surgical

quise *vb* → ***querer***

quisiera *vb* → ***querer***

quiso *vb* → ***querer***
quisque F: ***todo*** ~ everyone and his brother F, *Br* the world and his wife F
quisquilla *f* ZO shrimp
quisquilloso *adj* touchy
quiste *m* MED cyst
quitaesmalte *m* nail varnish remover
quitamanchas *m inv* stain remover
quitar <1a> **1** *v/t ropa* take off, remove; *obstáculos* remove; ~ ***algo a alguien*** take sth (away) from s.o.; ~ ***la mesa*** clear the table **2** *v/i*: ***¡quita!*** get out of the way! **3** *v/r* **~se** *ropa, gafas* take off; (*apartarse*) get out of the way; ***~se algo / a alguien de encima*** get rid of s.o./sth; ***¡quítate de en medio!*** F get out of the way!
quizá(s) *adv* perhaps, maybe
quórum *m* quorum

R

rabadilla *f* ANAT coccyx
rábano *m* BOT radish; ***me importa un*** ~ F I don't give a damn F
rabia *f* MED rabies *sg*; ***dar ~ a alguien*** make s.o. mad; ***tener ~ a alguien*** have it in for s.o.; **rabiar** <1b> *v/i*: ~ ***de dolor*** be in agony; ***hacer ~ a alguien*** *fig* F jerk s.o.'s chain F, pull s.o.'s leg F; ~ ***por*** be dying for
rabieta *f* tantrum
rabino *m* rabbi
rabioso *adj* MED rabid; *fig* furious
rabo *m* tail
rabón *adj L.Am. animal* short-tailed
rácano *adj* F stingy F, mean
racha *f* spell
racial *adj* racial
racimo *m* bunch
ración *f* share; (*porción*) serving, portion; **racional** *adj* rational; **racionalizar** <1f> *v/t* rationalize; **racionamiento** *m* rationing; **racionar** <1a> *v/t* ration
racismo *m* racism; **racista** *m/f & adj* racist
radar *m* radar
radiación *f* radiation; **radiactividad** *f* radioactivity; **radiactivo** *adj* radioactive; **radiador** *m* radiator; **radiante** *adj* radiant; **radiar** <1b> *v/t* radiate
radical *m/f & adj* radical; **radicalismo** *m* radicalism; **radicar** <1g> *v/i* stem (***en*** from), lie (***en*** in)
radio 1 *m* MAT radius; QUÍM radium; *L.Am.* radio; ***en un ~ de*** within a radius of; ~ ***de acción*** range **2** *f* radio; ~ ***despertador*** clock radio
radioaficionado *m* radio ham
radiocasete *m* radio cassette player
radiodifusión *f* broadcasting
radiofónico *adj* radio *atr*
radiografía *f* X-ray; **radiografiar** <1c> *v/t* X-ray
radiología *f* radiology; **radiólogo** *m*, **-a** *f* radiologist
radiotaxi *m* radio taxi
radiotelegrafista *m/f* radio operator
radioyente *m/f* listener
ráfaga *f* gust; *de balas* burst
rafia *f* raffia
rafting *m* rafting
ragú *m* GASTR ragout
raído *adj* threadbare
rail, **raíl** *m* rail
raíz *f* root; ~ ***cuadrada / cúbica*** MAT square / cube root; ***a ~ de*** as a result of; ***echar raíces*** *de persona* put down roots
raja *f* (*rodaja*) slice; (*corte*) cut; (*grieta*) crack; **rajar** <1a> **1** *v/t fruta* cut, slice; *cerámica* crack; *neumático*

R

slash **2** *v/i* F gossip **3** *v/r* **~se** *fig* F back out F
rajatabla: ***a ~*** strictly, to the letter
ralentí *m*: ***al ~*** AUTO idling; FOT in slow motion; **ralentizar** <1f> *v/t* slow down
rallador *m* grater; **rallar** <1a> *v/t* GASTR grate
rally(e) *m* rally
rama *f* branch; POL wing; ***andarse por las ~s*** beat about the bush; **ramificación** *f* ramification
ramo *m* COM sector; ***~ de flores*** bunch of flowers
rampa *f* ramp; ***~ de lanzamiento*** launch pad
ramplón *adj* vulgar
rana *f* ZO frog
ranchera *f typical Mexican song*
ranchero 1 *adj*: ***canción -a*** romantic ballad; ***música -a*** *music of northern Mexico* **2** *m L.Am.* rancher; **rancho** *m Méx* small farm; *L.Am.* (*barrio de chabolas*) shanty town
rancio *adj* rancid; *fig* ancient
rango *m* rank; ***de alto ~*** high-ranking
ranking *m* ranking
ranura *f* slot
rapapolvo *m* F telling-off F
rapar <1a> *v/t pelo* crop
rapaz 1 *adj* predatory; ***ave ~*** bird of prey **2** *m*, **-a** *f* F kid F
rape *m pescado* anglerfish; ***al ~*** *pelo* cropped
rapidez *f* speed, rapidity; **rápido 1** *adj* quick, fast **2** *m* rapids *pl*
rapiña *f* pillage
raptar <1a> *v/t* kidnap; **rapto** *m* kidnap; **raptor** *m*, **~a** *f* kidnapper
raqueta *f* racket
raquítico *adj fig* rickety
rareza *f* scarcity, rarity; **raro** *adj* rare
ras *m*: ***a ~ de tierra*** at ground level; **rasante** *adj vuelo* low
rasca *f L.Am.*: ***pegarse una ~*** F get plastered F; **rascacielos** *m inv* skyscraper; **rascado** *adj L.Am.* F plastered F; **rascar** <1g> *v/t* scratch; *superficie* scrape, scratch
rasero *m*: ***medir por el mismo ~*** treat equally
rasgado *adj boca* wide; ***ojos ~s*** almond-shaped eyes; **rasgar** <1h> *v/t* tear (up); **rasgo** *m* feature; ***a grandes ~s*** broadly speaking; **rasguño** *m* MED scratch
raso 1 *adj* flat, level; ***soldado ~*** private **2** *m material* satin; ***al ~*** in the open air
raspa *f* fishbone; *L.Am.* F (*reprimenda*) telling-off; **raspado** *m Méx* water ice; **raspadura** *f* scrape; **raspar** <1a> **1** *v/t* scrape; *con lija* sand **2** *v/i* be rough
rastra *f*: ***entrar a ~s*** drag o.s. in, crawl in; **rastreador** *adj*: ***perro ~*** tracker dog; **rastrear** <1a> **1** *v/t persona* track; *bosque, zona* comb **2** *v/i* rake; **rastrero** *adj* mean, low; **rastrillo** *m* rake; **rastro** *m* flea market; (*huella*) trace; ***desaparecer sin dejar ~*** vanish without trace; **rastrojo** *m* stubble
rasurar <1a> *v/t* shave
rata *f* ZO rat
ratero *m*, **-a** *f* petty thief
raticida *m* rat poison
ratificar <1g> *v/t* POL ratify
rato *m* time, while; ***~s libres*** spare time *sg*; ***al poco ~*** after a short time *o* while; ***todo el ~*** all the time; ***un buen ~*** a good while, a pretty long time; ***pasar el ~*** pass the time; ***he pasado un buen / mal ~*** I've had a great / an awful time
ratón *m* ZO, INFOR mouse; **ratonera** *f* mouse trap
raudal *m*: ***tienen dinero a ~es*** they've got loads of money F; **raudo** *adj* swift
raya *f* GRAM dash; ZO ray; *de pelo* part, *Br* parting; ***a*** *or* ***de ~s*** striped; ***pasarse de la ~*** overstep the mark, go too far; **rayado** *adj disco, superficie* scratched
rayano *adj* bordering (***en*** on)
rayar <1a> **1** *v/t* scratch; (*tachar*) cross out **2** *v/i* border (***en*** on), verge (***en*** on)

R

rayo *m* FÍS ray; METEO (bolt of) lightning; **~ *láser*** laser beam; **~ *X*** X-ray; ***~s ultravioleta*** ultraviolet rays

raza *f* race; *de animal* breed

razón *f* reason; ***a ~ de*** *precio* at; ***dar la ~ a alguien*** admit that s.o. is right; ***entrar en ~*** see sense; ***perder la ~*** lose one's mind; ***tener ~*** be right; **razonable** *adj precio* reasonable; **razonamiento** *m* reasoning; **razonar** <1a> *v/i* reason

RDSI *abr* (= ***Red Digital de Servicios Integrados***) ISDN (= Integrated Services Digital Network)

reacción *f* reaction (***a*** to); ***avión a ~*** jet (aircraft); **reaccionar** <1a> *v/i* react (***a*** to); **reaccionario 1** *adj* reactionary **2** *m*, **-a** *f* reactionary

reacio *adj* reluctant (***a*** to)

reactivación *f* COM revival, upturn; **reactivar** <1a> *v/t* COM revive

reactor *m* reactor; (*motor*) jet engine

reafirmar <1a> **1** *v/t* reaffirm **2** *v/r* **~se**: ***~se en*** *idea* reassert

reajuste *m* adjustment; ***~ ministerial*** POL cabinet reshuffle

real *adj* (*regio*) royal; (*verdadero*) real

realeza *f* royalty

realidad *f* reality; ***en ~*** in fact, in reality; **realismo** *m* realism; **realista 1** *adj* realistic **2** *m/f* realist

realización *f* fulfil(l)ment; RAD, TV production; **realizador** *m*, **~a** *f de película* director; RAD, TV producer; **realizar** <1f> **1** *v/t tarea* carry out; RAD, TV produce; COM realize **2** *v/r* **~se** *de persona* fulfil(l) o.s.

realquilar <1a> *v/t* sublet

realzar <1f> *v/t* highlight

reanimación *f* revival; **reanimar** <1a> *v/t* revive

reanudación *f* resumption; **reanudar** <1a> *v/t* resume

reaparecer <2d> *v/i* reappear; **reaparición** *f* reappearance

reaseguro *m* reinsurance

rebaja *f* reduction; ***~s de verano***/***invierno*** summer/winter sale; **rebajar** <1a> **1** *v/t precio* lower, reduce; *mercancías* reduce **2** *v/r* **~se** lower o.s., humble o.s.

rebanada *f* slice; **rebanar** <1a> *v/t* slice

rebañar <1a> *v/t*: **~ *algo*** wipe sth clean

rebaño *m* flock

rebasar <1a> *v/t Méx* AUTO pass, *Br* overtake

rebatir <3a> *v/t razones* rebut, refute

rebeca *f* cardigan

rebeco *m* ZO chamois

rebelarse <1a> *v/r* rebel; **rebelde 1** *adj* rebel *atr* **2** *m/f* rebel; **rebeldía** *f* rebelliousness; **rebelión** *f* rebellion

reblandecer <2d> *v/t* soften

rebobinar <1a> *v/t* rewind

rebosar <1a> *v/i* overflow

rebotar <1a> **1** *v/t* bounce; (*disgustar*) annoy **2** *v/i* bounce, rebound; **rebote** *m* bounce; ***de ~*** on the rebound

rebozar <1f> *v/t* GASTR coat

rebuscado *adj* over-elaborate

rebuznar <1a> *v/i* bray

recado *m* errand; *Rpl* (*arnés*) harness; ***dejar un ~*** leave a message

recaída *f* MED relapse

recalar <1a> *v/i* MAR put in (***en*** at), call (***en*** at)

recalcar <1g> *v/t* stress, emphasize

recalcitrante *adj* recalcitrant

recalentar <1k> *v/t comida* warm *o* heat up

recámara *f de arma de fuego* chamber; *L.Am.* (*dormitorio*) bedroom

recambio *m* COM spare part

recapacitar <1a> *v/t* think over, reflect on

recapitular <1a> *v/t* recap

recargar <1h> *v/t batería* recharge; *recipiente* refill; ***~ un 5%*** charge 5% extra; **recargo** *m* surcharge

recatado *adj* modest; (*cauto*) cautious; **recato** *m* modesty; (*prudencia*) caution

recauchutar <1a> *v/t neumáticos* retread

recaudación *f acción* collection; *cantidad* takings *pl*; **recaudar** <1a> *v/t impuestos, dinero* collect; **recaudo** *m*: ***poner a buen ~*** put in a safe place
recelo *m* mistrust
recepción *f en hotel* reception; **recepcionista** *m/f* receptionist; **receptivo** *adj* receptive; **receptor** *m* receiver
recesión *f* recession
receta *f* GASTR recipe; ***~ médica*** prescription; **recetar** <1a> *v/t* MED prescribe; **recetario** *m* recipe book
rechazar <1f> *v/t* reject; MIL repel; **rechazo** *m* rejection
rechinar <1a> *v/i* creak, squeak
rechistar <1a> *v/i* protest; ***sin ~*** F without a murmur, without complaining
rechoncho *adj* F dumpy F
rechupete: ***de ~*** F delicious
recibidor *m* entrance hall; **recibimiento** *m* reception; **recibir** <3a> *v/t* receive; **recibo** *m* (sales) receipt
reciclable *adj* recyclable; **reciclado**, **reciclaje** *m* recycling; **reciclar** <1a> *v/t* recycle
recién *adv* newly; *L.Am.* (*hace poco*) just; ***~ casados*** newly-weds; ***~ nacido*** newborn; ***~ pintado*** wet paint; ***~ llegamos*** we've only just arrived; **reciente** *adj* recent
recinto *m* premises *pl*; *área* grounds *pl*
recio *adj* sturdy, tough
recipiente *m* container
recíproco *adj* reciprocal
recital *m* recital; **recitar** <1a> *v/t* recite
reclamación *f* complaint; POL claim, demand; **reclamar** <1a> **1** *v/t* claim, demand **2** *v/i* complain; **reclame** *m L.Am.* advertisement
reclamo *m* lure
reclinable *adj*: ***asiento ~*** reclining seat; **reclinar** <1a> **1** *v/t* rest **2** *v/r* **~se** lean, recline (***contra*** against)
recluir <3g> *v/t* imprison, confine; **reclusión** *f* JUR imprisonment, confinement; **recluso** *m*, **-a** *f* prisoner
recluta *m/f* recruit; **reclutar** <1a> *v/t tb* COM recruit
recobrar <1a> **1** *v/t* recover **2** *v/r* **~se** recover (***de*** from)
recogedor *m* dustpan
recogepelotas *m/f inv* ball boy; *niña* ball girl
recoger <2c> **1** *v/t* pick up, collect; *habitación* tidy up; AGR harvest; (*mostrar*) show **2** *v/r* **~se** go home; **recogida** *f* collection; ***~ de basuras*** garbage collection, *Br* refuse collection; ***~ de equipajes*** baggage reclaim
recolectar <1a> *v/t* AGR harvest, bring in
recomendación *f* recommendation; **recomendar** <1k> *v/t* recommend
recompensa *f* reward; **recompensar** <1a> *v/t* reward
recomponer <2r; *part* ***recompuesto***> *v/t* mend
reconciliación *f* reconciliation; **reconciliar** <1b> **1** *v/t* reconcile **2** *v/r* **~se** make up (***con*** with), be reconciled (***con*** with)
recóndito *adj* remote
reconfortar <1a> *v/t* comfort
reconocer <2d> *v/t* recognize; *errores* admit, acknowledge; *area* reconnoiter, *Br* reconnoitre; MED examine; **reconocimiento** *m* recognition; *de error* acknowledg(e)ment; MED examination, check-up; MIL reconnaissance
reconquista *f* reconquest; **reconquistar** <1a> *v/t* reconquer
reconsiderar <1a> *v/t* reconsider
reconstrucción *f* reconstruction; **reconstruir** <3g> *v/t fig* reconstruct
reconvenir <3s> *v/i* JUR counterclaim
reconversión *f* COM restructuring
recopilación *f* compilation; **recopilar** <1a> *v/t* compile
récord **1** *adj* record(-breaking) **2** *m* record
recordar <1m> *v/t* remember, recall; ***~ algo a alguien*** remind s.o. of sth;

recordatorio *m* reminder
recorrer <2a> *v/t distancia* cover, do; *a pie* walk; *territorio, país* go around, travel around; *camino* go along, travel along; **recorrido** *m* route; DEP round
recortar <1a> *v/t* cut out; *fig* cut; **recorte** *m fig* cutback; ~ ***de periódico*** cutting, clipping; ~ ***salarial*** salary cut
recostarse <1m> *v/r* lie down
recoveco *m* nook, cranny; *en camino* bend
recrearse <1a> *v/r* amuse o.s.; **recreativo** *adj* recreational; ***juegos ~s*** amusements; **recreo** *m* recreation; EDU recess, *Br* break
recriminar <1a> *v/t* reproach
recrudecerse <2d> *v/r* intensify
recta *f* DEP straight; ~ ***final*** *tb fig* home straight
rectángulo *m* rectangle
rectificar <1g> *v/t* correct, rectify; *camino* straighten
rectitud *f* rectitude, probity; **recto** *adj* straight; (*honesto*) honest
rector *m* rector, *Br* vice-chancellor; **rectorado** *m* rector's office, *Br* vice-chancellor's office
recuadro *m* TIP inset, box
recubierto *part* → ***recubrir***; **recubrir** <3a; *part* ***recubierto***> *v/t* cover (***de*** with)
recuento *m* count; ~ ***de votos*** recount
recuerdo *m* memory; ***da ~s a Luís*** give my regards to Luís
recuperación *f tb fig* recovery; **recuperar** <1a> **1** *v/t tiempo* make up; *algo perdido* recover **2** *v/r* **~se** recover (***de*** from)
recurrir <3a> **1** *v/t* JUR appeal against **2** *v/i*: ~ ***a*** resort to, turn to; **recurso** *m* JUR appeal; *material* resource; ***~s humanos*** human resources; ***~s naturales*** natural resources
red *f* net; INFOR, *fig* network; ***caer en las ~es de*** *fig* fall into the clutches of; ***Red Digital de Servicios Integrados*** Integrated Services Digital Network
redacción *f* writing; *de editorial* editorial department; EDU essay; **redactar** <1a> *v/t* write, compose; **redactor** *m*, **~a** *f* editor
redada *f* raid
redentor *m*, **~a** *f* COM redeemer; ***el Redentor*** REL the Savio(u)r
redoble *m* MÚS (drum)roll
redomado *adj* F total, out-and-out
redonda *f*: ***a la*** ~ around, round about; **redondear** <1a> *v/t para más* round up; *para menos* round down; (*rematar*) round off; **redondo** *adj* round; *negocio* excellent; ***caer*** ~ flop down
reducción *f* reduction; MED setting; **reducido** *adj precio* reduced; *espacio* small, confined; **reducir** <3o> **1** *v/t* reduce (***a*** to); MIL overcome **2** *v/r* **~se** come down (***a*** to)
reducto *m* redoubt
redujo *vb* → ***reducir***
redundancia *f* tautology
redundar <1a> *v/i* have an impact (***en*** on)
reeditar <1a> *v/t* republish, reissue
reelegir <3c> *v/t* re-elect
reembolsar <1a> *v/t* refund; **reembolso** *m* refund; ***contra*** ~ collect on delivery, *Br* cash on delivery, COD
reemplazar <1f> *v/t* replace
reencarnación *f* REL reincarnation
reestructurar <1a> *v/t* restructure
refacción *f L.Am. de edificio* refurbishment; AUTO spare part
referencia *f* reference; ***hacer ~ a*** refer to, make reference to; ***~s*** COM references; **referéndum** *m* referendum; **referente** *adj*: ~ ***a*** referring to, relating to; **referirse** <3i> *v/r* refer (***a*** to)
refilón *m*: ***mirar de ~*** glance at
refinado *adj tb fig* refined; **refinar** <1a> *v/t* TÉC refine; **refinería** *f* TÉC refinery
reflector *m* reflector; EL spotlight; **reflejar** <1a> **1** *v/t tb fig* reflect **2** *v/r* **~se** be reflected; **reflejo** *m* reflex; *imagen* reflection; **reflexión** *f fig* reflection, thought; **reflexionar** <1a>

v/t reflect on, ponder; **reflexivo** *adj* GRAM reflexive
reflotar <1a> *v/t* COM refloat
reforestar <1a> *v/t* reforest
reforma *f* reform; **~s** *pl* (*obras*) refurbishment *sg*; (*reparaciones*) repairs; **reformador** *m*, **~a** *f* reformer; **reformar** <1a> **1** *v/t* reform; *edificio* refurbish; (*reparar*) repair **2** *v/r* **~se** mend one's ways, reform; **reformatorio** *m* reform school, reformatory; **reformista 1** *adj* reformist, reform *atr* **2** *m/f* reformer
reforzar <1f> *v/t* reinforce; *vigilancia* increase, step up
refrán *m* saying
refrenar <1a> *v/t* restrain, contain
refrescante *adj* refreshing; **refrescar** <1g> **1** *v/t tb fig* refresh; *conocimientos* brush up **2** *v/i* cool down **3** *v/r* **~se** cool down; **refresco** *m* soda, *Br* soft drink
refriega *f* MIL clash, skirmish
refrigerador *m* refrigerator; **refrigerar** <1a> *v/t* refrigerate; **refrigerio** *m* snack
refuerzo *m* reinforcement; **~s** MIL reinforcements
refugiado *m*, **-a** *f* refugee; **refugiarse** <1b> *v/r* take refuge; **refugio** *m* refuge
refulgente *adj* dazzling
refunfuñar <1a> *v/i* grumble
refutar <1a> *v/t* refute
regadera *f* watering can; *Méx* (*ducha*) shower; ***estar como una ~*** F be nuts F; **regadío** *m*: ***tierra de ~*** irrigated land
regalar <1a> *v/t*: ***~ algo a alguien*** give sth to s.o., give s.o. sth
regaliz *m* BOT licorice, *Br* liquorice
regalo *m* gift, present
regañadientes: ***a ~*** reluctantly
regañar <1a> **1** *v/t* tell off **2** *v/i* quarrel; **regañina** *f* F telling off
regar <1h> *v/t* water; AGR irrigate
regata *f* regatta
regatear <1a> *v/t* DEP get past, dodge; ***no ~ esfuerzos*** spare no effort
regazo *m* lap
regenerar <1a> *v/t* regenerate
regente *m/f* regent
regidor 1 *adj* governing, ruling **2** *m*, **~a** *f* TEA stage manager
régimen *m* POL regime; MED diet; ***estar a ~*** be on a diet; **regimiento** *m* MIL regiment
regio *adj* regal, majestic; *S.Am.* F (*estupendo*) great F, fantastic F
región *f* region; **regional** *adj* regional; **regionalismo** *m* regionalism
regir <3l> **1** *v/t* rule, govern **2** *v/i* apply, be in force **3** *v/r* **~se** be guided (***por*** by)
registrar <1a> **1** *v/t* register; *casa* search **2** *v/r* **~se** be recorded; ***se registró un máximo de 45°C*** a high of 45°C was recorded; **registro** *m* register; *de casa* search; ***~ civil*** register of births, marriages and deaths
regla *f* (*norma*) rule; *para medir* ruler; MED period; ***por ~ general*** as a rule
reglamentar <1a> *v/t* regulate; **reglamentario** *adj* regulation *atr*; **reglamento** *m* regulation
regocijarse <1a> *v/r* rejoice (***de*** at), take delight (***de*** in); **regocijo** *m* delight
regodearse <1a> *v/r* gloat (***con*** over), delight (***en*** in)
regresar <1a> **1** *v/i* return **2** *v/t Méx* return, give back **3** *v/r* **~se** *L.Am.* return; **regreso** *m* return
regüeldo *m* F belch
reguero *m* trail; ***como un ~ de pólvora*** *fig* like wildfire
regulación *f* regulation; *de temperatura* control; **regular 1** *adj sin variar* regular; (*común*) ordinary; (*habitual*) regular, normal; (*no muy bien*) so-so **2** <1a> *v/t* TÉC regulate; *temperatura* control; **regularidad** *f* regularity; **regularizar** <1f> *v/t* regularize
regusto *m* aftertaste
rehabilitación *f* MED, *fig* rehabilitation; ARQUI restoration; **rehabilitar** <1a> *v/t* ARQUI restore

rehacer <2s; *part* ***rehecho***> *v/t película, ropa, cama* remake; *trabajo, ejercicio* redo; *casa, vida* rebuild
rehén *m* hostage
rehice *vb* → ***rehacer***
rehizo *vb* → ***rehacer***
rehogar <1h> *v/t* GASTR fry
rehuir <3g> *v/t* shy away from
rehusar <1a> *v/t* refuse, decline
reimprimir <3a> *v/t* reprint
reina *f* queen; **reinado** *m* reign; **reinante** *adj tb fig* reigning; **reinar** <1a> *v/i tb fig* reign
reincidente 1 *adj* repeat **2** *m/f* repeat offender; **reincidir** <3a> *v/i* reoffend
reincorporarse <1a> *v/r* return (***a*** to)
reino *m tb fig* kingdom; ***el Reino Unido*** the United Kingdom
reinserción *f*: ~ ***social*** social rehabilitation; **reinsertar** <1a> *v/t* rehabilitate
reinstaurar <1a> *v/t* bring back
reintegrarse <1a> *v/r* return (***a*** to); **reintegro** *m* (*en lotería*) *prize in the form of a refund of the stake money*
reír <3m> **1** *v/i* laugh **2** *v/r* **~se** laugh (***de*** at)
reiterar <1a> *v/t* repeat, reiterate
reivindicación *f* claim; **reivindicar** <1g> *v/t* claim; ~ ***un atentado*** claim responsibility for an attack
reja *f* AGR plowshare, *Br* ploughshare; (*barrote*) bar, railing; ***meter entre ~s*** *fig* F put behind bars; **rejilla** *f* FERR luggage rack
rejuvenecer <2d> *v/t* rejuvenate
relación *f* relationship; ***relaciones públicas*** *pl* public relations, PR *sg*; **relacionado** *adj* related (***con*** to); **relacionarse** <1a> *v/r* be connected (***con*** to), be related (***con*** to)
relajación *f* relaxation; **relajante** *adj* relaxing; **relajar** <1a> **1** *v/t* relax **2** *v/r* **~se** relax; **relajo** *m C.Am., Méx* uproar
relamerse <2a> *v/r* lick one's lips
relámpago *m* flash of lightning; ***viaje ~*** flying visit
relatar <1a> *v/t* tell, relate
relatividad *f* relativity
relativo *adj* relative; ~ ***a*** regarding, about
relato *m* short story
relax *m* relaxation
releer <2e> *v/t* reread
relegar <1h> *v/t* relegate
relevante *adj* relevant
relevar <1a> *v/t* MIL relieve; ~ ***a alguien de algo*** relieve s.o. of sth; **relevo** *m* MIL change; (*sustituto*) relief, replacement; ***carrera de ~s*** relay (race); ***tomar el ~ de alguien*** take over from s.o., relieve s.o.
relicario *m* shrine
relieve *m* relief; ***poner de ~*** highlight
religión *f* religion; **religiosa** *f* nun; **religioso 1** *adj* religious **2** *m* monk
relinchar <1a> *v/i* neigh
reliquia *f* relic
rellano *m* landing
rellenar <1a> *v/t* fill; GASTR *pollo, pimientos* stuff; *formulario* fill out, fill in; **relleno 1** *adj* GASTR *pollo, pimientos* stuffed; *pastel* filled **2** *m tb en cojín* stuffing; *en pastel* filling
reloj *m* clock; *de pulsera* watch, wristwatch; ~ ***de pared*** wall clock; ~ ***de sol*** sundial; **relojería** *f* watchmaker's; **relojero** *m*, **-a** *f* watchmaker
reluciente *adj* sparkling, glittering
remanso *m* backwater; ~ ***de paz*** *fig* haven of peace
remar <1a> *v/i* row
remarcar <1g> *v/t* stress, emphasize
rematar <1a> **1** *v/t* finish off; *L.Am.* COM auction **2** *v/i en fútbol* shoot; **remate** *m L.Am.* COM auction, sale; *en fútbol* shot; ***ser tonto de ~*** be a complete idiot
remediar <1b> *v/t* remedy; ***no puedo ~lo*** I can't do anything about it; **remedio** *m* remedy; ***sin ~*** hopeless; ***no hay más ~ que ...*** there's no alternative but to …
rememorar <1a> *v/t* remember
remendar <1k> *v/t con parche* patch; (*zurcir*) darn

remesa *f* (*envío*) shipment, consignment; *L.Am. dinero* remittance
remezón *m L.Am.* earth tremor
remiendo *m* (*parche*) patch; (*zurcido*) darn
remilgado *adj* fussy, finicky
reminiscencia *f* reminiscence
remiso *adj* reluctant (***a*** to)
remite *m en carta* return address; **remitente** *m/f* sender; **remitir** <3a> **1** *v/t* send, ship; *en texto* refer (***a*** to) **2** *v/i* MED go into remission; *de crisis* ease (off)
remo *m pala* oar; *deporte* rowing
remodelar <1a> *v/t* redesign, remodel
remojar <1a> *v/t* soak; *L.Am.* F *acontecimiento* celebrate
remojo *m*: ***poner a*** *or* ***en ~*** leave to soak; **remojón** *m* drenching, soaking; ***darse un ~*** go for a dip
remolacha *f* beet, *Br* beetroot; ***~ azucarera*** sugar beet
remolcador *m* tug; **remolcar** <1g> *v/t* AUTO, MAR tow
remolino *m de aire* eddy; *de agua* whirlpool
remolón *m*, **-ona** *f* F slacker; ***hacerse el ~*** slack (off)
remolque *m* AUTO trailer
remontarse <1a> *v/r en el tiempo* go back (***a*** to)
remonte *m* ski lift
remorder <2h> *v/t*: ***me remuerde la conciencia*** I have a guilty conscience; **remordimiento** *m* remorse
remoto *adj* remote; ***no tengo ni la más -a idea*** I haven't the faintest idea
remover <2h> *v/t* (*agitar*) stir; *L.Am.* (*destituir*) dismiss; *C.Am.*, *Méx* (*quitar*) remove
remplazar *v/t* → ***reemplazar***
remuneración *f* remuneration; **remunerar** <1a> *v/t* pay
renacentista *adj* Renaissance *atr*; **renacer** <2d> *v/i fig* be reborn; **Renacimiento** *m* Renaissance
renacuajo *m* ZO tadpole; F *persona* shrimp F
renal *adj* ANAT renal, kidney *atr*
rencilla *f* fight, argument
rencor *m* resentment; ***guardar ~ a alguien*** bear s.o. a grudge; **rencoroso** *adj* resentful
rendición *f* surrender
rendija *f* crack; (*hueco*) gap
rendimiento *m* performance; FIN yield; (*producción*) output; **rendir** <3l> **1** *v/t honores* pay, do; *beneficio* produce, yield **2** *v/i* perform **3** *v/r* **~se** surrender
renegado **1** *adj* renegade *atr* **2** *m* renegade; **renegar** <1h> *v/i*: ***~ de alguien*** disown s.o.; ***~ de algo*** renounce sth
renegrido *adj* blackened
RENFE *abr* (= ***Red Nacional de Ferrocarriles Españoles***) *Spanish rail operator*
renglón *m* line; ***a ~ seguido*** immediately after
rengo *adj CSur* lame; **renguear** <1a> *v/i CSur* limp, walk with a limp
reno *m* ZO reindeer
renombre *m*: ***de ~*** famous, renowned
renovación *f* renewal; **renovador** *adj*: ***las fuerzas ~es*** the forces of renewal; **renovar** <1m> *v/t* renew
renta *f* income; *de casa* rent; ***~ per cápita*** income per capita; **rentabilidad** *f* profitability; **rentable** *adj* profitable; **rentar** <1a> *v/t* (*arrendar*) rent out; (*alquiler*) rent; *carro* hire
renuente *adj* reluctant, unwilling
renunciar <1b> *v/i*: ***~ a*** *tabaco, alcohol etc* give up; *puesto* resign; *demanda* drop
reñir <3h> **1** *v/t* tell off **2** *v/i* quarrel, fight F
reo *m*, **-a** *f* accused
reojo: ***de ~*** out of the corner of one's eye
repantigarse <1h> *v/r* lounge, sprawl
reparación *f* repair; *fig* reparation; **reparar** <1a> **1** *v/t* repair **2** *v/i*: ***~ en algo*** notice sth; **reparo** *m*: ***poner ~s a*** find problems with; ***no tener ~s en*** have no reservations about

repartición *f S.Am.* department; **repartidor** *m* delivery man; **repartir** <3a> *v/t* (*dividir*) share out, divide up; *productos* deliver; **reparto** *m* (*división*) share-out, distribution; TEA cast; **~ *a domicilio*** home delivery
repasar <1a> *v/t trabajo* go over again; EDU revise
repecho *m* steep slope
repelente **1** *adj fig* repellent, repulsive; F *niño* horrible **2** *m* repellent
repelús *m*: ***dar ~ a alguien*** F give s.o. the creeps F
repente: ***de ~*** suddenly; **repentino** *adj* sudden
repercusión *f fig* repercussion; **repercutir** <3a> *v/i* have repercussions (***en*** on)
repertorio *m* TEA, MÚS repertoire
repetición *f* repetition; **repetido** *adj* repeated; **repetir** <3l> **1** *v/t* repeat **2** *v/i de comida* repeat **3** *v/r* **~se** happen again; **repetitivo** *adj* repetitive
repipi *adj* F (*afectado*) affected; ***es tan ~*** *niño* he's such a know-it-all F
repisa *f* shelf
replantear <1a> *v/t pregunta, problema* bring up again
replegarse <1h> *v/r* MIL withdraw
repleto *adj* full (***de*** of)
réplica *f* replica
replicar <1g> *v/t* reply
repoblar <1m> *v/t* repopulate
repollo *m* BOT cabbage
reponerse <2r; *part* ***repuesto***> *v/r* recover (***de*** from)
reportaje *m* story, report; **reportero** *m*, **-a** *f* reporter; **~ *gráfico*** press photographer
reposacabezas *m inv* AUTO headrest
reposar <1a> *v/i* rest; *de vino* settle
reposera *f L.Am.* lounger
reposición *f* TEA revival; TV repeat
reposo *m* rest
repostar <1a> *v/i* refuel
repostería *f* pastries *pl*
reprender <2a> *v/t* scold, tell off
represa *f* dam; (*embalse*) reservoir
represalia *f* reprisal
representación *f* representation; TEA performance; ***en ~ de*** on behalf of; **representante** *m/f tb* COM representative; **representar** <1a> *v/t* represent; *obra* put on, perform; *papel* play; **~ *menos años*** look younger
represión *f* repression
reprimenda *f* reprimand
reprimir <3a> *v/t tb* PSI repress
reprobar <1m> *v/t* condemn; *L.Am.* EDU fail
reprochar <1a> *v/t* reproach; **reproche** *m* reproach
reproducción *f* BIO reproduction; **reproducir** <3o> **1** *v/t* reproduce **2** *v/r* **~se** BIO reproduce, breed
reptil *m* ZO reptile
república *f* republic; **republicano** **1** *adj* republican **2** *m*, **-a** *f* republican
repudiar <1b> *v/t fml* repudiate; *herencia* renounce
repuesto **1** *part* → ***reponer*** **2** *m* spare part, replacement; ***de ~*** spare
repugnancia *f* disgust, repugnance; **repugnante** *adj* disgusting, repugnant; **repugnar** <1a> *v/t* disgust, repel
repulsión *f* repulsion; **repulsivo** *adj* repulsive
repuse *vb* → ***reponerse***
reputación *f* reputation
requerir <3i> *v/t* require; JUR summons
requesón *m* cottage cheese
requetebién *adv* F really well, brilliantly F
réquiem *m* requiem
requisar <1a> *v/t Arg, Chi* MIL requisition; **requisito** *m* requirement
res *f L.Am.* bull; ***carne** f **de ~*** beef; ***~es** pl* cattle *pl*
resaca *f* MAR undertow, undercurrent; *de beber* hangover
resaltar <1a> **1** *v/t* highlight, stress **2** *v/i* ARQUI jut out; *fig* stand out
resarcirse <3b> *v/r* make up (***de*** for)
resbaladizo *adj* slippery; *fig* tricky;

resbalar <1a> *v/i* slide; *fig* slip (up); **resbalón** *m* slip; *fig* F slip-up; **resbaloso** *adj L.Am.* slippery

rescatar <1a> *v/t persona, animal* rescue, save; *bienes* save; **rescate** *m de peligro* rescue; *en secuestro* ransom

rescindir <3a> *v/t* cancel; *contrato* terminate; **rescisión** *f* cancellation; *de contrato* termination

reseco *adj* (*seco*) parched; (*flaco*) skinny

resentimiento *m* resentment; **resentirse** <3i> *v/r* get upset; *de rendimiento, calidad* suffer; **~ *de algo*** suffer from the effects of sth

reseña *f de libro etc* review; **reseñar** <1a> *v/t* review

reserva 1 *f* reservation; **~ *natural*** nature reserve; ***sin ~s*** without reservation **2** *m/f* DEP reserve; **reservar** <1a> **1** *v/t* (*guardar*) set aside, put by; *billete* reserve **2** *v/r* **~se** save o.s. (***para*** for)

resfriado 1 *adj*: ***estar ~*** have a cold **2** *m* cold; **resfriarse** <1c> *v/r* catch cold; **resfrío** *m L.Am.* cold

resguardar <1a> **1** *v/t* protect (***de*** from) **2** *v/r* **~se** protect o.s. (***de*** from); **resguardo** *m* COM counterfoil

residencia *f* residence; **~ *de ancianos*** *or* ***para la tercera edad*** retirement home; **residencial 1** *adj* residential **2** *f Arg, Chi* boarding house; **residente 1** *adj* resident **2** *m/f* resident; **residir** <3a> *v/i* reside; **~ *en*** *fig* lie in; **residual** *adj* residual; (*de desecho*) waste *atr*; **residuo** *m* residue; ***~s*** waste *sg*

resignación *f actitud* resignation; **resignarse** <1a> *v/r* resign o.s. (***a*** to)

resina *f* resin

resistencia *f* resistance; EL, TÉC resistor; **resistir** <3a> **1** *v/i* resist; (*aguantar*) hold out **2** *v/t tentación* resist; *frío, dolor etc* stand, bear **3** *v/r* **~se** be reluctant (***a*** to)

resolución *f actitud* determination, decisiveness; *de problema* solution (***de*** to); JUR ruling; **resolver** <2h; *part* ***resuelto***> **1** *v/t problema* solve **2** *v/r* **~se** decide (***a*** to; ***por*** on)

resonar <1m> *v/i* echo

resoplar <1a> *v/i* snort

resorte *m* spring

respaldar <1a> *v/t* back, support; **respaldo** *m de silla* back; *fig* backing, support

respectar <1a> *v/i*: ***por lo que respecta a …*** as regards …, as far as … is concerned; **respectivo** *adj* respective; **respecto** *m*: ***al ~*** on the matter; ***con ~ a*** regarding, as regards

respetable *adj* respectable; **respetar** <1a> *v/t* respect; **respeto** *m* respect; **respetuoso** *adj* respectful

respiración *f* breathing; ***estar con ~ asistida*** MED be on a respirator; **respirar** <1a> *v/t & v/i* breathe; **respiratorio** *adj* respiratory; **respiro** *m fig* breather, break

resplandeciente *adj* shining; **resplandor** *m* shine, gleam

responder <2a> **1** *v/t* answer **2** *v/i*: **~ *a*** answer, reply to; MED respond to; *descripción* fit, match; (*ser debido a*) be due to

responsabilidad *f* responsibility; **responsabilizarse** <1f> *v/r* take responsibility (***de*** for); **responsable 1** *adj* responsible (***de*** for) **2** *m/f* person responsible (***de*** for); ***los ~s del crimen*** those responsible for the crime

respuesta *f* (*contestación*) reply, answer; *fig* response

resquebrajar <1a> **1** *v/t* crack **2** *v/r* **~se** crack

resquicio *m* gap

resta *f* MAT subtraction

restablecer <2d> **1** *v/t* re-establish **2** *v/r* **~se** recover; **restablecimiento** *m* re-establishment; *de enfermo* recovery

restante 1 *adj* remaining **2** *m/fpl*: ***los / las ~s*** *pl* the rest *pl*, the remainder *pl*; **restar** <1a> **1** *v/t* subtract; **~ *importancia a*** play down the importance of **2** *v/i* remain, be left

restauración *f* restoration

restaurante *m* restaurant

restaurar <1a> *v/t* restore

restituir <3g> *v/t* restore; *en cargo* reinstate

resto *m* rest, remainder; ***los ~s mortales*** the (mortal) remains

restregar <1h> *v/t* scrub

restricción *f* restriction; **restringir** <3c> *v/t* restrict, limit

resucitar <1a> **1** *v/t* resuscitate; *fig* revive **2** *v/i de persona* rise from *o* come back from the dead

resuello *m* puffing, heavy breathing

resuelto 1 *part* → ***resolver*** **2** *adj* decisive, resolute

resultado *m* result; ***sin ~*** without success; **resultar** <1a> *v/i* turn out; ***~ caro*** prove expensive, turn out to be expensive; ***resulta que …*** it turns out that …

resumen *m* summary; ***en ~*** in short; **resumir** <3a> *v/t* summarize

resurgir <3c> *v/i* reappear, come back; **resurrección** *f* REL resurrection

retaguardia *f* MIL rearguard

retahíla *f* string

retar <1a> *v/t* challenge; *Rpl* (*regañar*) scold, tell off

retardar <1a> *v/t* delay

retazo *m fig* snippet, fragment

retención *f* MED retention; *de persona* detention; ***~ fiscal*** tax deduction; **retener** <2l> *v/t dinero etc* withhold, deduct; *persona* detain, hold

reticencia *f* reticence; **reticente** *adj* reticent

retintín *m*: ***con ~*** F sarcastically

retirada *f* MIL retreat, withdrawal; **retirado** *adj* (*jubilado*) retired; (*alejado*) remote, out-of-the-way; **retirar** <1a> **1** *v/t* take away, remove; *acusación*, *dinero* withdraw **2** *v/r* **~se** MIL withdraw; **retiro** *m lugar* retreat

reto *m* challenge; *Rpl* (*regañina*) scolding, telling-off

retobado *adj L.Am.* unruly

retocar <1g> *v/t* FOT retouch, touch up; (*acabar*) put the finishing touches to

retomar <1a> *v/t*: ***~ algo*** *fig* take sth up again

retoque *m* FOT touching-up; (*acabado*) finishing touch

retorcer <2b> *v/t* twist; **retorcido** *adj fig* twisted; **retorcijón** *m* stomach cramp

retórica *f* rhetoric

retornar <1a> *v/i* return; **retorno** *m* return

retortijón *m* cramps *pl*, *Br* stomach cramp

retozar <1f> *v/i* frolic, romp

retractar <1a> *v/t* retract, withdraw

retraer <2p; *part* ***retraido***> **1** *v/t* retract **2** *v/r* **~se** withdraw; **retraído 1** *part* → ***retraer*** **2** *adj* withdrawn

retransmisión *f* RAD, TV transmission, broadcast; **retransmitir** <3a> *v/t* transmit, broadcast

retrasado 1 *part* → ***retrasar*** **2** *adj tren*, *entrega* late; *con trabajo*, *pagos* behind; ***está ~ en clase*** he's lagging behind in class; ***~ mental*** mentally handicapped; **retrasar** <1a> **1** *v/t* hold up; *reloj* put back; *reunión* postpone, put back **2** *v/i de reloj* lose time; *en los estudios* be behind **3** *v/r* **~se** (*atrasarse*) be late; *de reloj* lose time; *con trabajo*, *pagos* get behind; **retraso** *m* delay; ***ir con ~*** be late

retratar <1a> *v/t* FOT take a picture of; *fig* depict; **retrato** *m* picture; ***~-robot*** composite photo, E-Fit®

retrete *m* bathroom

retribución *f* salary

retroactivo *adj* retroactive; **retroceder** <2a> *v/i* go back, move back; *fig* back down; **retroceso** *m fig* backward step; **retrógrado** *adj* retrograde; **retroproyector** *m* overhead projector; **retrospectiva** *f* retrospective; **retrovisor** *m* AUTO rear-view mirror; ***~ exterior*** wing mirror

retumbar <1a> *v/i* boom

retuve *vb* → ***retener***
reuma, **reúma** *m* MED rheumatism
reunificación *f* POL reunification
reunión *f* meeting; *de amigos* get-together; **reunir** <3a> **1** *v/t personas* bring together; *requisitos* meet, fulfil(l); *datos* gather (together) **2** *v/r* **~se** meet up, get together; COM meet
reutilizar <1f> *v/t* re-use
revalorizar <1f> **1** *v/t* revalue **2** *v/r* **~se** appreciate (***en*** by), increase in value (***en*** by)
revaluar *vb* → ***revalorizar***
revancha *f* revenge
revelación *f* revelation; **revelado** *m* development; **revelar** <1a> *v/t* FOT develop
reventa *f* resale
reventar <1k> **1** *v/i* burst; ***lleno a ~*** full to bursting **2** *v/t puerta etc* break down **3** *v/r* **~se** burst; ***se reventó a trabajar*** *fig* he worked his butt off F; **reventón** *m* AUTO blowout
reverberar <1a> *v/i de sonido* reverberate
reverencia *f* reverence; *saludo*: *de hombre* bow; *de mujer* curtsy; **reverendo** *m* REL reverend
reversible *adj ropa* reversible; **reverso** *m* reverse, back
revés *m* setback; *tenis* backhand; ***al*** *or* ***del ~*** back to front; *con el interior fuera* inside out
revestir <3l> *v/t* TÉC cover (***de*** with); ***~ gravedad*** be serious
revisación *f L.Am.* check-up
revisada *f L.Am.* → ***revisión***; **revisar** <1a> *v/t* check, inspect; **revisión** *f* check, inspection; AUTO service; ***~ técnica*** roadworthiness test, *Br* MOT (test); ***~ médica*** check-up; **revisor** *m*, **~a** *f* FERR (ticket) inspector
revista *f* magazine; ***pasar ~ a*** MIL inspect, review; *fig* review
revivir <3a> **1** *v/i* revive **2** *v/t* relive
revocar <1g> *v/t pared* render; JUR revoke
revolcarse <1g & 1m> *v/r* roll around; **revolcón** *m* tumble; F *de amantes* roll in the hay F
revolotear <1a> *v/t* flutter
revoltijo, **revoltillo** *m* mess, jumble
revoltoso *adj niño* naughty
revolución *f* revolution; **revolucionario** **1** *adj* revolutionary **2** *m*, **-a** *f* revolutionary
revólver *m* revolver
revolver <2h; *part* ***revuelto***> **1** *v/t* GASTR stir; *estómago* turn; (*desordenar*) mess up **2** *v/i* rummage (***en*** in) **3** *v/r* **~se** *del tiempo* worsen
revuelo *m* stir
revuelto **1** *part* → ***revolver*** **2** *adj mar* rough; *gente* restless
rey *m* king
reyerta *f* fight
rezagarse <1h> *v/r* drop back, fall behind
rezar <1f> **1** *v/t oración* say **2** *v/i* pray; *de texto* say; **rezo** *m* prayer
rezongar <1h> *v/i* grumble
rezumar <1a> *v/t & v/i* ooze
ría **1** *vb* → ***reír*** **2** *f* estuary
riachuelo *m* stream
riada *f* flood
ribera *f* shore, bank; **riberano** *L.Am.* **1** *adj L.Am.* coastal; *de río* riverside *atr* **2** *m*, **-a** *f* person who lives by the sea / river; **ribereño**: ***~ de*** bordering (on)
rica *f* rich woman; **rico** **1** *adj* rich; *comida* delicious; F *niño* cute, sweet; ***~ en vitaminas*** rich in vitamins **2** *m* rich man; ***nuevo ~*** nouveau riche
ridiculizar <1f> *v/t* ridicule; **ridículo** **1** *adj* ridiculous **2** *m* ridicule; ***hacer el ~***, ***quedar en ~*** make a fool of o.s.
ríe *vb* → ***reír***
riego **1** *vb* → ***regar*** **2** *m* AGR irrigation; ***~ sanguíneo*** blood flow
ríen *vb* → ***reír***
rienda *f* rein; ***dar ~ suelta a*** give free rein to
riesgo *m* risk; ***a ~ de*** at the risk of; ***correr el ~*** run the risk (***de*** of); **riesgoso** *adj L.Am.* risky
rifa *f* raffle; **rifar** <1a> **1** *v/t* raffle **2** *v/r* **~se** *fig* fight over

R

rifle *m* rifle
rige *vb* → ***regir***
rigidez *f* rigidity; *de carácter* inflexibility; *fig* strictness; **rígido** *adj* rigid; *carácter* inflexible; *fig* strict; **rigor** *m* rigo(u)r; **riguroso** *adj* rigorous, harsh
rima *f* rhyme; **rimar** <1a> *v/i* rhyme (***con*** with)
rimbombante *adj* ostentatious
rímel *m* mascara
rincón *m* corner
rinde *vb* → ***rendir***
rinoceronte *m* ZO rhino, rhinoceros
riña *f* quarrel, fight
riñe *vb* → ***reñir***
riñón *m* ANAT kidney; ***costar un ~*** F cost an arm and a leg F
riñonera *f* fanny pack, *Br* bum bag
río **1** *m* river; ***~ abajo / arriba*** up / down river; ***el Río de la Plata*** the River Plate **2** *vb* → ***reír***
rioplatense *adj* of / from the River Plate area, River Plate *atr*
riqueza *f* wealth
risa *f* laugh; ***~s*** *pl* laughter *sg*; ***dar ~*** be funny; ***morirse de ~*** kill o.s. laughing; ***tomar algo a ~*** treat sth as a joke
ristra *f* string
risueño *adj* cheerful
rítmico *adj* rhythmic(al); **ritmo** *m* rhythm; *de desarrollo* rate, pace
rito *m* rite; **ritual** *m/adj* ritual
rival *m/f* rival; **rivalidad** *f* rivalry; **rivalizar** <1f> *v/i*: ***~ con*** rival
rizado *adj* curly; **rizar** <1f> **1** *v/t* curl **2** **~se** *v/r* curl; **rizo** *m* curl
robar <1a> *v/t persona*, *banco* rob; *objeto* steal; *naipe* take, pick up
roble *m* BOT oak
robo *m* robbery; *en casa* burglary
robot *m* robot; ***~ de cocina*** food processor; **robótica** *f* robotics
robustecer <2d> **1** *v/t* strengthen **2** *v/r* **~se** become stronger; **robusto** *adj* robust, sturdy
roca *f* rock
roce *m fig* friction; ***tener ~s con*** come into conflict with
rociar <1c> *v/t* spray
rocín *m* F nag
rocío *m* dew
rock *m* MÚS rock
rococó *adj* rococo
rocódromo *m* climbing wall
rocoto *m S.Am.* hot red pepper
rodaballo *m* ZO turbot
rodaja *f* slice
rodaje *m de película* shooting, filming; AUTO breaking in, *Br* running in
rodapié *m* baseboard, *Br* skirting board
rodar <1m> **1** *v/i* roll; *de coche* go, travel (***a*** at); *sin rumbo fijo* wander **2** *v/t película* shoot; AUTO break in, *Br* run in
rodear <1a> **1** *v/t* surround **2** *v/r* **~se** surround o.s. (***de*** with); **rodeo** *m* detour; *con caballos y vaqueros etc* rodeo; ***andarse con ~s*** beat about the bush; ***hablar sin ~s*** speak plainly, not beat about the bush
rodilla *f* knee; ***de ~s*** kneeling, on one's knees; ***hincarse*** *or* ***ponerse de ~s*** kneel (down)
rodillo *m* rolling pin; TÉC roller
rododendro *m* BOT rhododendron
roedor *m* rodent; **roer** <2za> *v/t* gnaw; *fig* eat into
rogar <1h> *v/t* ask for; (*implorar*) beg for, plead for; ***hacerse de ~*** play hard to get
rojizo *adj* reddish; **rojo** **1** *adj* red; ***al ~ vivo*** red hot **2** *m color* red **3** *m*, **-a** *f* POL red, commie F
rol *m* role
rollizo *adj* F chubby
rollo *m* FOT roll; *fig* F drag F; ***buen / mal ~*** F good / bad atmosphere; ***¡qué ~!*** F what a drag! F
Roma Rome
romance *m* romance; **románico** *m/adj* Romanesque; **romano** **1** *adj* Roman **2** *m*, **-a** *f* Roman; **romántico** **1** *adj* romantic **2** *m*, **-a** *f* romantic
rombo *m* rhombus
romero *m* BOT rosemary
rompecabezas *m* puzzle; **rompehielos** *m inv* icebreaker

romper <2a; *part* ***roto***> **1** *v/t* break; (*hacer añicos*) smash; *tela, papel* tear **2** *v/i* break; **~ *a*** start to; **~ *con alguien*** break up with s.o. **3** *v/r* **~se** break
rompopo *m C.Am., Méx bebida* eggnog
ron *m* rum
roncar <1g> *v/i* snore
roncha *f* MED bump, swelling
ronco *adj* hoarse; ***quedarse ~*** go hoarse
ronda *f* round; **rondar** <1a> **1** *v/t* patrol; ***me ronda una idea*** I have an idea going around in my head **2** *v/i* F hang around
ronquido *m* snore; ***~s*** *pl* snoring *sg*
ronronear <1a> *v/i de gato* purr
roña *f* grime; **roñoso** *adj* grimy, grubby
ropa *f* clothes *pl*; **~ *de cama*** bedclothes *pl*; **~ *interior*** underwear; **~ *íntima*** *L.Am.* underwear; **ropero** *m* closet, *Br* wardrobe
rosa 1 *adj* pink **2** *f* BOT rose; ***fresco como una ~*** fresh as a daisy; ***ver algo de color de ~*** see sth through rose-colo(u)red glasses; **rosado 1** *adj* pink; *vino* rosé **2** *m* rosé; **rosal** *m* rosebush
rosario *m* REL rosary; *fig* string
rosbif *m* GASTR roast beef
rosca *f* TÉC thread; GASTR F *pastry similar to a donut*
rosco *m* GASTR *pastry similar to a donut*; ***no comerse un ~*** P not get anywhere
roscón *m* GASTR *large ring-shaped cake*
rosquilla *f pastry similar to a donut*
rosticería *f L.Am. type of deli that sells roast chicken*
rostro *m* face
rotación *f* rotation
rotisería *f L.Am.* deli, delicatessen
roto 1 *part* → ***romper*** **2** *adj pierna etc* broken; (*hecho añicos*) smashed; *tela, papel* torn **3** *m*, **-a** *f Chi* one of the urban poor
rotonda *f* traffic circle, *Br* roundabout
rotoso *adj Rpl* F scruffy
rotulador *m* fiber-tip, *Br* fibre-tip, felt-tip; **rótulo** *m* sign
rotundo *adj fig* categorical
rotura *f* breakage; ***una ~ de cadera*** MED a broken hip
rozadura *f* chafing, rubbing; **rozagante** *adj* healthy; **rozar** <1f> **1** *v/t* rub; (*tocar ligeramente*) brush; *fig* touch on **2** *v/i* rub **3** *v/r* **~se** rub; (*desgastarse*) wear
rte. *abr* (= ***remitente***) sender
ruana *f Ecuad* poncho
rubeola, **rubéola** *f* MED German measles *sg*
rubí *m* ruby
rubicundo *adj* ruddy; **rubio** *adj* blond; ***tabaco ~*** Virginia tobacco
ruborizarse <1f> *v/r* go red, blush
rúbrica *f* heading; *de firma* flourish
rubro *m L.Am.* category, heading
rudeza *f* roughness
rudimentario *adj* rudimentary
rudo *adj* rough
rueda *f* wheel; **~ *dentada*** cogwheel; **~ *de prensa*** press conference; **~ *de recambio*** spare wheel
ruedo *m* TAUR bullring
ruego 1 *vb* → ***rogar*** **2** *m* request
rufián *m* rogue
rugby *m* rugby
rugido *m* roar; **rugir** <3c> *v/i* roar
rugoso *adj superficie* rough
ruido *m* noise; ***hacer ~*** make a noise; ***mucho ~ y pocas nueces*** all talk and no action; **ruidoso** *adj* noisy
ruin *adj* despicable, mean; (*tacaño*) mean, miserly
ruina *f* ruin; ***llevar a alguien a la ~*** *fig* bankrupt s.o.
ruiseñor *m* ZO nightingale
ruleta *f* roulette
ruletero *m Méx* cab *o* taxi driver
rulo *m* roller
rumbeador *m Rpl* tracker; **rumbear** <1a> *v/i L.Am.* head (***para*** for)
rumbo *m* course; ***tomar ~ a*** head for; ***perder el ~*** *fig* lose one's way
rumboso *adj* lavish
rumiar <1b> *v/t fig* ponder

rumor *m* rumo(u)r; **rumorearse** <1a> *v/r* be rumo(u)red
rupestre *adj*: ***pintura ~*** cave painting
ruptura *f de relaciones* breaking off; *de pareja* break-up
rural **1** *adj* rural **2** *m Rpl* station wagon, *Br* estate car; ***~es*** *Méx* (rural) police
Rusia Russia; **ruso** **1** *adj* Russian **2** *m*, **-a** *f* Russian
rústico *adj* rustic
ruta *f* route
rutina *f* routine; **rutinario** *adj* routine *atr*

S

S *abr* (= ***sur***) S (= South(ern))
S.A. *abr* (= ***sociedad anónima***) inc (= incorporated), *Br* plc (= public limited company)
sábado *m* Saturday
sábana *f* sheet; ***~ ajustable*** fitted sheet
sabana *f* savanna(h)
sabandija *f* bug, creepy-crawly
sabañón *m* chilblain
sabelotodo *m* F know-it-all F, *Br* know-all F
saber <2n> **1** *v/t* know (***de*** about); ***~ hacer algo*** know how to do sth, be able to do sth; ***no lo supe hasta más tarde*** I didn't find out till later; ***hacer ~ algo a alguien*** let s.o. know sth; ***¡qué sé yo!*** who knows?; ***que yo sepa*** as far as I know; ***sabérselas todas*** F know every trick in the book **2** *v/i* taste (***a*** of); ***me sabe a quemado*** it tastes burnt to me; ***me sabe mal*** *fig* it upsets me **3** *m* knowledge, learning
sabiduría *f* wisdom; (*conocimientos*) knowledge; **sabiendas** *fpl*: ***a ~*** knowingly; ***a ~ que*** knowing full well that; **sabio** **1** *adj* wise; (*sensato*) sensible **2** *m*, **-a** *f* wise person; (*experto*) expert; **sabiondo** *m*, **-a** *f* know- it-all F, *Br* know- all F
sablazo *m*: ***dar un ~ a alguien*** F scrounge money off s.o.
sable *m* saber, *Br* sabre
sablear <1a> *v/t & v/i L.Am.* F scrounge (***a*** from)
sabor *m* flavo(u)r, taste; ***dejar mal ~ de boca*** *fig* leave a bad taste in the mouth; **saborear** <1a> *v/t* savo(u)r; *fig* relish
sabotaje *m* sabotage; **saboteador** *m*, **~a** *f* saboteur; **sabotear** <1a> *v/t* sabotage
sabroso *adj* tasty; *fig* juicy; *L.Am.* (*agradable*) nice, pleasant; **sabrosura** *f L.Am.* tasty dish
sabueso *m fig* sleuth
sacacorchos *m inv* corkscrew; **sacamuelas** *m inv desp* F dentist; **sacapuntas** *m inv* pencil sharpener
sacar <1g> **1** *v/t* take out; *mancha* take out, remove; *información* get; *disco*, *libro* bring out; *fotocopias* make; ***~ a alguien a bailar*** ask s.o. to dance; ***~ algo en claro*** (*entender*) make sense of sth; ***~ de paseo*** take for a walk **2** *v/r* **~se** *L.Am. ropa* take off
sacarina *f* saccharin(e)
sacerdote *m* priest; **sacerdotisa** *f* priestess
saciar <1b> *v/t fig* satisfy, fulfill; **saciedad** *f*: ***repetir algo hasta la ~*** *fig* repeat sth time and again, repeat sth ad nauseam
saco *m* sack; *L.Am.* jacket; ***~ de dormir*** sleeping bag; ***entrar a ~ en*** F burst into, barge into F
sacramento *m* sacrament
sacrificar <1g> **1** *v/t* sacrifice;

(*matar*) slaughter **2** *v/r* **~se** make sacrifices (***por*** for); **sacrificio** *m* sacrifice; **sacrilegio** *m* sacrilege; **sacristán** *m* sexton; **sacristía** *f* vestry
sacudida *f* shake, jolt; EL shock; **sacudir** <3a> **1** *v/t tb fig* shake; F *niño* beat, wallop F **2** *v/r* **~se** shake off, shrug off; ***~se alguien*** (***de encima***) get rid of s.o.
sádico **1** *adj* sadistic **2** *m*, **-a** *f* sadist; **sadismo** *m* sadism
safari *m* safari; ***~ fotográfico*** photographic safari
sagaz *adj* shrewd, sharp
Sagitario *m/f inv* ASTR Sagittarius
sagrado *adj* sacred, holy; **sagrario** *m* tabernacle
Sahara Sahara
sainete *m* TEA short farce, one-act play
sal **1** *f* salt; ***~ común*** cooking salt; ***~ marina*** sea salt **2** *vb* → ***salir***
sala *f* room, hall; *de cine* screen; JUR court room; ***~ de embarque*** AVIA departure lounge; ***~ de espera*** waiting room; ***~ de estar*** living room; ***~ de fiestas*** night club; ***~ de sesiones*** *or* ***de juntas*** boardroom
saladero *m L.Am.* meat / fish salting factory; **salado** *adj* salted; (*con demasiada sal*) salty; (*no dulce*) savo(u)ry; *fig* funny, witty; *C.Am., Chi, Rpl* F pric(e)y F
salamandra *f* ZO salamander
salamanquesa *f* ZO gecko
salami *m* salami
salar <1a> **1** *v/t* add salt to, salt; *para conservar* salt **2** *m Arg* salt mine
salarial *adj* salary *atr*; **salario** *m* salary; ***~ base*** basic wage; ***~ mínimo*** minimum wage
salazón *f* salted fish / meat; ***en ~*** salt *atr*
salchicha *f* sausage; **salchichón** *m* *type of spiced sausage*
saldar <1a> *v/t disputa* settle; *deuda* settle, pay; *géneros* sell off; **saldo** *m* COM balance; (*resultado*) result; ***~ acreedor*** credit balance; ***~ deudor*** debit balance; ***de ~*** reduced, on sale
saldré *vb* → ***salir***
salero *m* salt cellar; *fig* wit; **saleroso** *adj* funny, witty
salga *vb* → ***salir***
salgo *vb* → ***salir***
salida *f* exit, way out; TRANSP departure; *de carrera* start; ***~ de emergencia*** emergency exit; ***~ de tono*** ill-judged remark
saliente *adj* projecting, protruding; *presidente* retiring, outgoing
salir <3r> **1** *v/i* leave, go out; (*aparecer*) appear, come out; ***~ de*** (*ir fuera de*) leave, go out of; (*venir fuera de*) leave, come out of; ***~ a alguien*** take after s.o.; ***~ a 1000 pesetas*** cost 1000 pesetas; ***~ bien / mal*** turn out well / badly; ***el dibujo no me sale*** F I can't get this drawing right; ***no me salió el trabajo*** I didn't get the job; ***~ con alguien*** date s.o., go out with s.o.; ***~ perdiendo*** end up losing **2** *v/r* **~se** *de líquido* overflow; (*dejar*) leave; ***~se de la carretera*** leave the road, go off the road; ***~se con la suya*** get what one wants
salitre *m* saltpeter, *Br* saltpetre
saliva *f* saliva; ***tragar ~*** hold one's tongue
salmo *m* psalm
salmón *m* ZO salmon; ***color ~*** salmon; **salmonete** *m* ZO red mullet
salmuera *f* pickle, brine
salobre *adj* salt; (*con demasiada sal*) salty
salomónico *adj* just, fair
salón *m* living room; ***~ de actos*** auditorium, hall; ***~ de baile*** dance hall; ***~ de belleza*** beauty parlo(u)r, beautician's
salpicadera *f Méx* AUTO fender, *Br* mudguard; **salpicadero** *m* AUTO dash(board); **salpicadura** *f* stain; **salpicar** <1g> *v/t* splash, spatter (***con*** with); *fig* sprinkle, pepper; **salpicón** *m* GASTR *vegetable salad with chopped meat or fish*
salpimentar <1k> *v/t* season (with

S

salt and pepper)

salsa *f* GASTR sauce; *baile* salsa; ***en su ~*** *fig* in one's element; **salsera** *f* sauce boat

saltamontes *m inv* ZO grasshopper

saltar <1a> **1** *v/i* jump, leap; ***~ a la vista*** *fig* be obvious, be clear; ***~ sobre*** pounce on; ***~ a la comba*** jump rope, *Br* skip **2** *v/t valla* jump **3** *v/r* **~se** (*omitir*) miss, skip

saltear <1a> *v/t* GASTR sauté

saltimbanqui *m* acrobat

salto *m* leap, jump; ***~ de agua*** waterfall; ***~ de altura*** high jump; ***~ de longitud*** long jump; ***~ mortal*** somersault; **saltón** *adj*: ***ojos saltones*** bulging eyes

salubridad *f L.Am.* health; ***Salubridad*** *L.Am.* Department of Health; **salud** *f* health; ***¡(a tu) ~!*** cheers!; **saludable** *adj* healthy; **saludar** <1a> *v/t* say hello to, greet; MIL salute; **saludo** *m* greeting; MIL salute; ***~s*** *en carta* best wishes

salva *f*: ***~ de aplausos*** round of applause

salvación *f* REL salvation

salvado *m* bran

salvador *m* REL savio(u)r

salvadoreño **1** *adj* Salvador(e)an **2** *m*, **-a** *f* Salvador(e)an

salvaguardar <1a> *v/t* safeguard, protect

salvajada *f* atrocity, act of savagery; ***decir una ~*** say something outrageous; **salvaje** **1** *adj* wild; (*bruto*) brutal **2** *m/f* savage; **salvajismo** *m* savagery

salvamanteles *m inv* table mat

salvamento *m* rescue; ***buque de ~*** life boat

salvapantallas *m inv* INFOR screensaver

salvar <1a> **1** *v/t* save; *obstáculo* get round, get over **2** *v/r* **~se** escape, get out; **salvavidas** *m inv* life belt; **salvedad** *f* (*excepción*) exception

salvo **1** *adj*: ***estar a ~*** be safe (and sound); ***ponerse a ~*** reach safety **2** *adv & prp* except, save; ***~ error u omisión*** errors and omissions excepted

sambenito *m*: ***le han colgado el ~ de vago*** F they've got him down as idle F

sambumbia *f L.Am. watery drink*

San *adj* Saint

sanar <1a> **1** *v/t* cure **2** *v/i de persona* get well, recover; *de herida* heal; **sanatorio** *m* sanitarium, clinic

sanción *f* JUR penalty, sanction; **sancionar** <1a> *v/t* penalize; (*multar*) fine

sancocho *m W.I. type of stew*

sandalia *f* sandal

sándalo *m* BOT sandalwood

sandez *f* nonsense; ***decir sandeces*** talk nonsense

sandía *f* watermelon

sandunga *f* F wit; **sandunguero** *adj L.Am.* F witty

sandwich *m tostado* toasted sandwich; *L.Am. sin tostar* sandwich

saneamiento *m* cleaning up; COM restructuring, rationalization; **sanear** <1a> *v/t* clean up; COM restructure, rationalize

sangrar <1a> **1** *v/t* ***~ a alguien*** *fig* F sponge off s.o. **2** *v/i* bleed; **sangre** *f* blood; ***~ fría*** *fig* calmness, coolness; ***a ~ fría*** *fig* in cold blood; ***no llegará la ~ al río*** it won't come to that, it won't be that bad; **sangría** *f* GASTR sangria; **sangriento** *adj* bloody; **sangrigordo** *adj Méx* tedious, boring; **sanguijuela** *f* ZO, *fig* leech; **sanguinario** *adj* bloodthirsty

sanidad *f* health; **sanitario** *adj* (public) health *atr*; **sanitarios** *mpl* bathroom fittings; **sano** *adj* healthy; ***~ y salvo*** safe and well; ***cortar por lo ~*** take drastic measures

sanseacabó: ***y ~*** F and that's that F

santa *f* Saint

santiamén *m*: ***en un ~*** F in an instant

santidad *f*: ***Su Santidad*** His Holiness

santiguarse <1i> *v/r* cross o.s., make the sign of the cross

santo **1** *adj* holy **2** *m* saint; ***~ y seña*** F password; ***¿a ~ de qué?*** F what on earth for? F; ***no es ~ de mi***

devoción F I don't like him very much; **santuario** *m fig* sanctuary; **santurrón** *m*, **-ona** *f* sanctimonious person
saña *f* viciousness
sapo *m* ZO toad; ***echar ~s y culebras*** *fig* curse and swear
saque *m en tenis* serve; ***~ de banda*** *en fútbol* throw-in; ***~ de esquina*** corner (kick); ***tener buen ~*** F have a big appetite
saquear <1a> *v/t* sack, ransack
sarampión *m* MED measles
sarao *m* party
sarape *m Méx* poncho, blanket
sarcasmo *m* sarcasm; **sarcástico** *adj* sarcastic
sarcófago *m* sarcophagus
sardina *f* sardine; ***como ~s en lata*** like sardines
sargento *m* sergeant
sarna *f* MED scabies; **sarnoso** *adj* scabby
sarpullido *m* MED rash
sarro *m* tartar
sarta *f* string, series
sartén *f* frying pan; ***tener la ~ por el mango*** *fig* be the boss, be in the driving seat
sastra *f* tailor(ess); **sastre** *m* tailor
satán, **satanás** *m* Satan; **satánico** *adj* satanic
satélite *m* satellite; ***ciudad ~*** satellite town
satén, **satín** *m* satin
sátira *f* satire; **satírico** *adj* satirical; **satirizar** <1f> *v/t* satirize
satisfacción *f* satisfaction; **satisfacer** <2s; *part* ***satisfecho***> *v/t* satisfy; *requisito*, *exigencia* meet, fulfil(l); *deuda* settle, pay off; **satisfactorio** *adj* satisfactory; **satisfecho** **1** *part* → ***satisfacer*** **2** *adj* satisfied; (*lleno*) full; ***darse por ~*** be satisfied (***con*** with)
saturar <1a> *v/t* saturate
sauce *m* BOT willow; ***~ llorón*** weeping willow
saúco *m* BOT elder
saudí *m/f & adj* Saudi
saudita *m/f* Saudi
sauna *f* sauna
savia *f* sap
saxofón, **saxófono** *m* saxophone, sax F
sazón *f*: ***a la ~*** at that time; **sazonar** <1a> *v/t* GASTR season
scooter *m* motor scooter
se ◊ *pron complemento indirecto*: *a él* (to) him; *a ella* (to) her; *a usted*, *ustedes* (to) you; *a ellos* (to) them; ***~ lo daré*** I will give it to him / her / you / them ◊ *reflexivo*: *con él* himself; *con ella* herself; *cosa* itself; *con usted* yourself; *con ustedes* yourselves; *con ellos* themselves; ***~ vistió*** he got dressed, he dressed himself; ***se lavó las manos*** she washed her hands; ***~ abrazaron*** they hugged each other ◊ *oración impersonal*: ***~ cree*** it is thought; ***~ habla español*** Spanish spoken
sé *vb* → ***saber***
sea *vb* → ***ser***
sebo *m* grease, fat
secador *m*: ***~*** (***de pelo***) hair dryer; **secadora** *f* dryer; **secar** <1g> **1** *v/t* dry **2** *v/r* **~se** dry
sección *f* section
secesión *f* POL secession
seco *adj* dry; *fig persona* curt, brusque; ***parar en ~*** stop dead
secreción *f* secretion
secretaria *f* secretary; ***~ de dirección*** executive secretary; **secretaría** *f* secretary's office; *de organización* secretariat; **secretario** *m tb* POL secretary; **secreter** *m mueble* writing desk; **secretismo** *m* secrecy; **secreto** **1** *adj* secret **2** *m* secret; ***un ~ a voces*** an open secret; ***en ~*** in secret
secta *f* sect; **sectario** *adj* sectarian; **sectarismo** *m* sectarianism
sector *m* sector
secuaz *m/f* follower
secuela *f* MED after-effect
secuencia *f* sequence; **secuencial** *adj* INFOR sequential
secuestrador *m*, **~a** *f* kidnapper; **secuestrar** <1a> *v/t barco*, *avión* hijack; *persona* abduct, kidnap;

S

secuestro *m de barco, avión* hijacking; *de persona* abduction, kidnapping; ~ ***aéreo*** hijacking
secundar <1a> *v/t* support, back; **secundario** *adj* secondary
sed *f tb fig* thirst; ***tener*** ~ be thirsty
seda *f* silk; ***como una*** ~ F as smooth as silk
sedal *m* fishing line
sedante *m* sedative
sede *f de organización* headquarters; *de acontecimiento* site; ~ ***social*** head office
sedentario *adj* sedentary
sedición *f* sedition
sediento *adj* thirsty; ***estar*** ~ ***de*** *fig* thirst for
sedimentar <1a> *v/t* deposit; **sedimento** *m* sediment
sedoso *adj* silky
seducción *f* seduction; (*atracción*) attraction; **seducir** <3o> *v/t* seduce; (*atraer*) attract; (*cautivar*) captivate, charm; **seductor 1** *adj* seductive; (*atractivo*) attractive; *oferta* tempting **2** *m* seducer; **seductora** *f* seductress
segadora *f* reaper, harvester; **segar** <1h> *v/t* reap, harvest
seglar *adj* secular, lay *atr*
segmento *m* segment
segregación *f* segregation; ~ ***racial*** racial segregation; **segregar** <1h> *v/t* segregate
seguida *f*: ***en*** ~ at once, immediately; **seguido 1** *adj* consecutive, successive; ***ir todo*** ~ go straight on **2** *adv L.Am.* often, frequently; **seguidor** *m*, **~a** *f* follower, supporter; **seguimiento** *m* monitoring; **seguir** <3l> **1** *v/t* follow; ~ ***a alguien*** follow s.o. **2** *v/i* continue, carry on; ***sigue enfadado conmigo*** he's still angry with me; ~ ***haciendo algo*** go on doing sth, continue to do sth
según 1 *prp* according to; ~ ***él*** according to him **2** *adv* it depends
segunda *f*: ***de*** ~ *fig* second-rate; **segundero** *m* second hand; **segundo** *m/adj* second
seguridad *f* safety; *contra crimen* security; (*certeza*) certainty; ***Seguridad Social*** *Esp* Social Security; **seguro 1** *adj* safe; (*estable*) steady; (*cierto*) sure; ***es*** ~ (*cierto*) it's a certainty; ~ ***de sí mismo*** self-confident, sure of o.s. **2** *adv* for sure **3** *m* COM insurance; *de puerta, coche* lock; *L.Am.* (*imperdible*) safety pin; ***poner el*** ~ lock the door; ***ir sobre*** ~ be on the safe side
seis *adj* six; **seiscientos** *adj* six hundred
seísmo *m* earthquake
selección *f* selection; ~ ***nacional*** DEP national team; **seleccionador** *m*, **~a** *f* DEP: ~ ***nacional*** national team manager; **seleccionar** <1a> *v/t* choose, select; **selectividad** *f en España* university entrance exam; **selecto** *adj* select, exclusive
sellar <1a> *v/t* seal; **sello** *m* stamp; *fig* hallmark; ~ ***discográfico*** record label
selva *f* (*bosque*) forest; (*jungla*) jungle
semáforo *m* traffic light
semana *f* week; ***Semana Santa*** Holy Week, Easter; **semanal** *adj* weekly; **semanario** *m* weekly
semblante *m* face
sembrado *m* sown field; **sembrar** <1k> *v/t* sow; *fig*: *pánico, inquietud etc* spread
semejante 1 *adj* similar; ***jamás he oído*** ~ ***tontería*** I've never heard such nonsense **2** *m* fellow human being, fellow creature; **semejanza** *f* similarity; **semejarse** <1a> *v/r* look alike, resemble each other
semen *m* BIO semen; **semental** *m toro* stud bull; *caballo* stallion
semestre *m* six-month period; EDU semester
semicírculo *m* semicircle; **semiconductor** *m* EL semiconductor; **semifinal** *f* DEP semifinal
semilla *f* seed
seminario *m* seminary; **seminarista** *m* seminarian
semítico *adj* Semitic
sémola *f* semolina

senado *m* senate; **senador** *m*, **~a** *f* senator
sencillez *f* simplicity; **sencillo 1** *adj* simple **2** *m L.Am.* small change
senda *f* path, track; **senderismo** *m* trekking, hiking; **senderista** *m/f* walker, hiker; **sendero** *m* path, track
sendos, **-as** *adj pl*: ***les entregó ~ diplomas*** he presented each of them with a diploma
senil *adj* senile
seno *m tb fig* bosom; ***~s*** breasts
sensación *f* feeling, sensation; ***causar ~*** *fig* cause a sensation; **sensacional** *adj* sensational; **sensacionalista** *adj* sensationalist
sensatez *f* good sense; **sensato** *adj* sensible
sensibilidad *f* feeling; (*emotividad*) sensitivity; **sensibilizar** <1f> *v/t* make aware (***sobre*** of); **sensible** *adj* sensitive; (*apreciable*) appreciable, noticeable; **sensiblero** *adj* sentimental, schmaltzy F; **sensor** *m* sensor; **sensorial** *adj* sensory; **sensual** *adj* sensual; **sensualidad** *f* sensuality
sentada *f* sit-down; **sentado** *adj* sitting, seated; ***dar por ~*** *fig* take for granted, assume; **sentar** <1k> **1** *v/t fig* establish, create; ***~ las bases*** lay the foundations, pave the way **2** *v/i*: ***~ bien a alguien*** *de comida* agree with s.o.; ***le sienta bien esa chaqueta*** that jacket suits her, she looks good in that jacket **3** *v/r* **~se** sit down
sentencia *f* JUR sentence; **sentenciar** <1b> *v/t* JUR sentence
sentido *m* sense; (*significado*) meaning; ***~ común*** common sense; ***~ del humor*** sense of humo(u)r; ***perder / recobrar el ~*** lose / regain consciousness
sentimental *adj* emotional; ***ser ~*** be sentimental; **sentimentalismo** *m* sentiment; **sentimiento** *m* feeling; ***lo acompaño en el ~*** my condolences
sentir 1 *m* feeling, opinion **2** <3i> *v/t* feel; (*percibir*) sense; ***lo siento*** I'm sorry **3** *v/r* **~se** feel; *L.Am.* (*ofenderse*) take offense, *Br* take offence
seña *f* gesture, sign; ***me hizo una ~ para que entrara*** he gestured to me to go in; ***~s*** *pl* address *sg*; ***hacer ~s*** wave
señal *f* signal; *fig* sign, trace; COM deposit, down payment; ***en ~ de*** as a token of, as a mark of; **señalado** *adj* special; **señalar** <1a> *v/t* indicate, point out; **señalizar** <1f> *v/t* signpost
Señor *m* Lord
señor 1 *m* gentleman, man; *trato* sir; *escrito* Mr; ***el ~ López*** Mr López; ***los ~es López*** Mr and Mrs López; **señora** *f* lady, woman; *trato* ma'am, *Br* madam; *escrito* Mrs, Ms; ***la ~ López*** Mrs Lopez; ***mi ~*** my wife; ***~s y señores*** ladies and gentlemen; **señoría** *f*: ***su ~*** your Hono(u)r; **señorial** *adj* lordly, noble; **señorita** *f* young lady, young woman; *tratamiento* miss; *escrito* Miss; ***la ~ López*** Ms López, Miss López
señuelo *m* decoy
sepa *vb* → ***saber***
separación *f* separation; ***~ de bienes*** JUR division of property; **separado** *adj* separated; ***por ~*** separately; **separar** <1a> **1** *v/t* separate **2** *v/r* **~se** separate, split up F; **separatismo** *m* separatism; **separatista** *m/f & adj* separatist
sepia *f* ZO cuttlefish
sept.[e] *abr* (= ***septiembre***) Sept. (= September)
septentrional *adj* northern
septiembre *m* September
séptimo *adj* seventh
sepulcro *m* tomb; **sepultar** <1a> *v/t* bury; **sepultura** *f* burial; (*tumba*) tomb; ***dar ~ a alguien*** bury s.o.
sequedad *f fig* curtness
sequía *f* drought
séquito *m* retinue, entourage
ser <2w; *part* ***sido***> **1** *v/i* be; ***~ de Sevilla*** be from Seville; ***~ de madera / plata*** be made of wood /

silver; ***es de Juan*** it's Juan's, it belongs to Juan; ***~ para*** be for; ***a no ~ que*** unless; ***¡eso es!*** exactly!, that's right!; ***es que …*** the thing is …; ***es de esperar*** it's to be hoped; ***¿cuánto es?*** how much is it?; ***¿qué es de ti?*** how's life?, how're things?; ***o sea*** in other words **2** *m* being
Serbia Serbia
serenarse <1a> *v/r* calm down; *del tiempo* clear up
serenata *f* MÚS serenade
serenidad *f* calmness, serenity; **sereno 1** *m*: ***dormir al ~*** sleep outdoors **2** *adj* calm, serene
serial *m* TV, RAD series; **serie** *f* series; ***fuera de ~*** out of this world, extraordinary
seriedad *f* seriousness; **serio** *adj* serious; (*responsable*) reliable; ***en ~*** seriously
sermón *m* sermon; **sermonear** <1a> *v/i* preach
seropositivo *adj* MED HIV positive
serpentina *f* streamer; **serpiente** *f* ZO snake; ***~ de cascabel*** rattlesnake
serranía *f* mountainous region
serrar <1k> *v/t* saw; **serrín** *m* sawdust; **serrucho** *m* handsaw
servicial *adj* obliging, helpful; **servicio** *m* service; ***~s*** *pl* restroom *sg*, *Br* toilets; ***~ doméstico*** domestic service; ***~ militar*** military service; ***~ pos(t)venta*** after-sales service; ***~ de atención al cliente*** customer service; ***estar de ~*** be on duty
servidor *m* INFOR server
servil *adj* servile; **servilismo** *m* servility
servilleta *f* napkin, serviette; **servilletero** *m* napkin ring
servir <3l> **1** *v/t* serve **2** *v/i* be of use; ***¿para qué sirve esto?*** what is this (used) for?; ***no ~ de nada*** be no use at all **3** *v/r* ***~se*** help o.s.; *comida* help oneself to
servodirección power steering
sésamo *m* sesame
sesenta *adj* sixty
sesgar <1h> *v/t* slant, skew
sesión *f* session; *en cine*, *teatro* show, performance; **sesionar** <1a> *v/i* *L.Am.* be in session
seso *m* ANAT brain; *fig* brains *pl*, sense; ***~s*** GASTR brains
set *m tenis* set
seta *f* BOT mushroom; *venenosa* toadstool
setecientos *adj* seven hundred; **setenta** *adj* seventy
seto *m* hedge
s.e.u.o. *abr* (= ***salvo error u omisión***) E & OE (= errors and omissions excepted)
seudónimo *m* pseudonym
severo *adj* severe
sevillanas *fpl folk dance from Seville*
sexismo *m* sexism; **sexista** *m/f & adj* sexist; **sexo** *m* sex
sexto *adj* sixth
sexual *adj* sexual; **sexualidad** *f* sexuality
sexy *adj inv* sexy
shock *m* MED shock
si *conj* if; ***~ no*** if not; ***como ~*** as if; ***por ~*** in case; ***me pregunto si vendrá*** I wonder whether he'll come
sí 1 *adv* yes **2** *pron tercera persona*: *singular masculino* himself; *femenino* herself; *cosa*, *animal* itself; *plural* themselves; *usted* yourself; *ustedes* yourselves; ***por ~ solo*** by himself / itself, on his / its own
siamés *adj* Siamese
sibarita *m* bon vivant, epicure
Siberia Siberia
sicario *m* hired assassin
Sicilia Sicily
SIDA *abr* (= ***síndrome de inmunidad deficiente adquirida***) Aids (= acquired immune-deficiency syndrome)
sidecar *m* sidecar
sideral *adj viajes* space *atr*; ***espacio ~*** outer space
siderurgia *f* iron and steel making
sido *part* → ***ser***
sidra *f* cider
siembra *f* sowing

siempre *adv* always; ~ ***que*** providing that, as long as; ***lo de*** ~ the same old story; ***para*** ~ for ever
sien *f* ANAT temple
siendo *vb* → ***ser***
siento *vb* → ***sentir***
sierra *f* saw; GEOG mountain range
siesta *f* siesta, nap; ***dormir la*** ~ have a siesta *o* nap
siete *adj* seven
sífilis *f* MED syphilis
siga *vb* → ***seguir***
sigilo *m* secrecy, stealth; **sigiloso** *adj* stealthy
sigla *f* abbreviation, acronym
siglo *m* century; ***hace ~s*** *or* ***un ~ que no le veo*** *fig* I haven't seen him in a long long time
signatario *m*, **-a** *f* signatory
significado *m* meaning; **significar** <1g> *v/t* mean, signify; **significativo** *adj* meaningful, significant
signo *m* sign; ~ ***de admiración*** exclamation mark; ~ ***de interrogación*** question mark; ~ ***de puntuación*** punctuation mark
sigo *vb* → ***seguir***
siguiente 1 *adj* next, following **2** *pron* next (one)
sílaba *f* syllable
silbar <1a> *v/i & v/t* whistle; **silbato** *m* whistle; **silbido** *m* whistle
silenciador *m* AUTO muffler, *Br* silencer; **silencio** *m* silence; ***en*** ~ in silence, silently; **silencioso** *adj* silent
silicio *m* QUÍM silicon; **silicona** *f* silicone
silla *f* chair; ~ ***de montar*** saddle; ~ ***de ruedas*** wheelchair
sillín *m* saddle
sillón *m* armchair, easy chair
silueta *f* silhouette
silvestre *adj* wild; **silvicultura** *f* forestry
simbiosis *f* symbiosis
simbolismo *m* symbolism; **simbolizar** <1f> *v/t* symbolize; **símbolo** *m* symbol
simétrico *adj* symmetrical
similar *adj* similar; **similitud** *f* similarity
simio *m* ZO ape
simpatía *f* warmth, friendliness; **simpático** *adj* nice, lik(e)able; **simpatizante** *m/f* sympathizer, supporter; **simpatizar** <1f> *v/i* sympathize
simple 1 *adj* simple; (*mero*) ordinary **2** *m* simpleton; **simplicidad** *f* simplicity; **simplificar** <1g> *v/t* simplify; **simplista** *adj* simplistic
simposio *m* symposium
simulación *f* simulation; **simulacro** *m* (*cosa falsa*) pretense, *Br* pretence, sham; (*simulación*) simulation; ~ ***de incendio*** fire drill; **simulador** *m* simulator; **simular** <1a> *v/t* simulate
simultanear <1a> *v/t*: ~ ***dos cargos*** hold two positions at the same time; **simultáneo** *adj* simultaneous
sin *prp* without; ~ ***que*** without; ~ ***preguntar*** without asking
sinagoga *f* synagogue
sinceridad *f* sincerity; **sincero** *adj* sincere
síncope *m* MED blackout
sincronizar <1f> *v/t* synchronize
sindical *adj* (labor, *Br* trade) union *atr*; **sindicalismo** *m* (labor, *Br* trade) union movement; **sindicalista** *m/f* (labor, *Br* trade) union member; **sindicato** *m* (labor, *Br* trade) union
síndrome *m* syndrome
sinfín *m*: ***un ~ de ...*** no end of ...
sinfonía *f* MÚS symphony
singular 1 *adj* singular; *fig* outstanding, extraordinary **2** *m* GRAM singular
siniestro 1 *adj* sinister **2** *m* accident; (*catástrofe*) disaster
sinnúmero *m*: ***un ~ de*** no end of
sino 1 *m* fate **2** *conj* but; (*salvo*) except; ***no cena en casa, ~ en el bar*** he doesn't have dinner at home, he has it in the bar
sinónimo 1 *adj* synonymous **2** *m* synonym
sinopsis *f inv* synopsis
sinsentido *m* nonsense

sintaxis *f* syntax
síntesis *f inv* synthesis; (*resumen*) summary; **sintético** *adj* synthetic; **sintetizador** *m* MÚS synthesizer
síntoma *m* symptom
sintonía *f melodía* theme tune, signature tune; RAD tuning, reception; ***estar en la ~ de*** RAD be tuned to; **sintonizar** <1f> **1** *v/t radio* tune in **2** *v/i fig* be in tune (***con*** with)
sinuoso *adj* winding
sinusitis *f* MED sinusitis
sinvergüenza *m/f* swine; ***¡qué ~!*** (*descarado*) what a nerve!
siquiera *adv*: ***ni ~*** not even; ***~ bebe algo*** *L.Am.* at least have a drink
sirena *f* siren; MYTH mermaid
Siria Syria
sirve *vb* → ***servir***
sirvienta *f* maid; **sirviente** *m* servant
sisar <1a> *v/t* F pilfer
sísmico *adj* seismic
sistema *m* system; ***~ operativo*** operating system; **sistemático** *adj* systematic
sitiar <1b> *v/t* surround, lay siege to; **sitio** *m* place; (*espacio*) room; ***hacer ~*** make room; ***en ningún ~*** nowhere; ***~ web*** web site; **situación** *f* situation; **situar** <1e> **1** *v/t* place, put **2** *v/r* **~se** be
S.L. *abr* (= ***sociedad limitada***) Ltd (= limited)
slip *m* underpants *pl*
s/n *abr* (= ***sin número***) not numbered
sobaco *m* armpit
sobar <1a> *v/t* handle, finger; F *sexualmente* grope F
soberanía *f* sovereignty; **soberano** *m*, **-a** *f* sovereign
soberbia *f* pride, arrogance; **soberbio** *adj* proud, arrogant; *fig* superb
sobornar <1a> *v/t* bribe; **soborno** *m* bribe
sobra *f* surplus, excess; ***hay de ~*** there's more than enough; ***~s*** leftovers; **sobradamente** *adv conocido* well; **sobrar** <1a> *v/t*: ***sobra comida*** there's food left over; ***me sobró pintura*** I had some paint left over; ***sobraba uno*** there was one left
sobre 1 *m* envelope **2** *prp* on; ***~ esto*** about this; ***~ las tres*** about three o'clock; ***~ todo*** above all, especially
sobrecargar <1h> *v/t* overload; **sobrecargo** *m* AVIA chief flight attendant; MAR purser
sobrecoger <2c> *v/t* (*asustar*) strike fear into; (*impresionar*) have an effect on
sobredosis *f inv* overdose
sobrehumano *adj* superhuman
sobremesa *f*: ***de ~*** afternoon *atr*
sobrenatural *adj* supernatural
sobrenombre *m* nickname
sobrentenderse <2g> *v/r*: ***se sobrentiende que ...*** needless to say, ...
sobrepasar <1a> **1** *v/t* exceed, surpass; ***me sobrepasa en altura*** he is taller than me **2** *v/r* **~se** go too far; **sobrepeso** *m* excess weight
sobreponerse <2r; *part* **sobrepuesto**> *v/r*: ***~ a*** overcome, get over
sobrepuesto *part* → ***sobreponerse***
sobresaliente *adj* outstanding, excellent; **sobresalir** <3r> *v/t* stick out, protrude; *fig* excel; ***~ entre*** stand out among
sobresaltar <1a> **1** *v/t* startle **2** *v/r* **~se** jump, start; **sobresalto** *m* jump, start
sobreseer <2e> *v/t* JUR dismiss
sobrestimar <1a> *v/t* overestimate
sobresueldo *m* bonus
sobrevalorar <1a> *v/t* overrate
sobrevenir <3s> *v/i* happen; *de guerra* break out
sobrevivir <3a> *v/i* survive
sobrevolar <1m> *v/t* fly over
sobriedad *f* soberness; *de comida, decoración* simplicity; (*moderación*) restraint
sobrina *f* niece; **sobrino** *m* nephew
sobrio *adj* sober; *comida, decoración* simple; (*moderado*) restrained
socarrón *adj* sarcastic, snide F
socavar <1a> *v/t tb fig* undermine

socavón *m* hollow
sociable *adj* sociable; **social** *adj* social; **socialismo** *m* socialism; **socialista** *m/f & adj* socialist
sociedad *f* society; ~ ***anónima*** public corporation, *Br* public limited company; ~ ***de consumo*** consumer society
socio *m*, **-a** *f de club, asociación etc* member; COM partner; **sociología** *f* sociology
socorrer <2a> *v/t* help, assist; **socorrista** *m/f* life guard; **socorro** *m* help, assistance; ***¡~!*** help!
soda *f* soda (water)
sodio *m* sodium
sofá *m* sofa
sofisticación *f* sophistication; **sofisticado** *adj* sophisticated
sofocante *adj* suffocating; **sofocar** <1g> **1** *v/t* suffocate; *incendio* put out **2** *v/r* **~se** *fig* get embarrassed; (*irritarse*) get angry; **sofoco** *m fig* embarrassment
sofreír <3m> *v/t* sauté; **sofrito** *m* GASTR *mixture of fried onions, peppers etc*
software *m* INFOR software
soga *f* rope; ***estar con la ~ al cuello*** F be in big trouble F
sois *vb* → ***ser***
soja *f* soy, *Br* soya
sol *m* sun; ***hace ~*** it's sunny; ***tomar el ~*** sunbathe
solamente *adv* only
solapa *f* lapel
solar *m* vacant lot
solariego *adj*: ***casa -a*** family seat
solario, **solárium** *m* solarium
soldado *m/f* soldier
soldador *m* welder; **soldadura** *f* welding, soldering; **soldar** <1m> *v/t* weld, solder
soleado *adj* sunny
soledad *f* solitude, loneliness
solemne *adj* solemn
soler <2h> *v/i*: ~ ***hacer algo*** usually do sth; ***suele venir temprano*** he usually comes early; ***solía visitarme*** he used to visit me
solera *f* traditional character
solfeo *m* (tonic) sol-fa
solicitante *m/f* applicant; **solicitar** <1a> *v/t* request; *empleo, beca* apply for; **solícito** *adj* attentive; **solicitud** *f* application, request
solidaridad *f* solidarity; **solidario** *adj* supportive, understanding; **solidarizarse** <1f> *v/r*: ~ ***con alguien*** support s.o., back s.o.; **solidez** *f* solidity; *fig* strength; **sólido** *adj* solid; *fig* sound
solista *m/f* soloist
solitaria *f* ZO tapeworm; **solitario** **1** *adj* solitary; *lugar* lonely **2** *m* solitaire, *Br* patience; ***actuó en ~*** he acted alone
soliviantar <1a> **1** *v/t* incite, stir up **2** *v/r* **~se** *v/r* rise up, rebel
sollozar <1f> *v/i* sob; **sollozo** *m* sob
solo *adj* single; ***estar ~*** be alone; ***sentirse ~*** feel lonely; ***un ~ día*** a single day; ***a solas*** alone, by o.s.; ***por sí ~*** by o.s.
sólo *adv* only, just
solomillo *m* GASTR sirloin
solsticio *m* solstice
soltar <1m> **1** *v/t* let go of; (*librar*) release, let go; *olor* give off **2** *v/r* **~se** free o.s.; ***~se a andar / hablar*** begin *o* start to walk / talk
soltera *f* single *o* unmarried woman; **soltero** **1** *adj* single, not married **2** *m* bachelor, unmarried man; **solterona** *f desp* old maid
soltura *f* fluency, ease
soluble *adj* soluble; **solución** *f* solution; **solucionar** <1a> *v/t* solve
solventar <1a> *v/t* resolve, settle; **solvente** *adj* solvent
somanta *f* F beating
sombra *f* shadow; ***a la ~ de un árbol*** in the shade of a tree; ***a la ~ de*** *fig* under the protection of; ~ ***de ojos*** eye shadow
sombrero *m* hat; ~ ***de copa*** top hat
sombrilla *f* sunshade, beach umbrella
sombrío *adj fig* somber, *Br* sombre
someter <2a> **1** *v/t* subject; ~ ***algo a votación*** put sth to the vote **2** *v/r* **~se** yield (***a*** to); *al ley* comply (***a***

S

with); (*rendirse*) give in (***a*** to); ***~se a tratamiento*** undergo treatment

somier *m* bed base

somnífero *m* sleeping pill

somnolencia *f* sleepiness, drowsiness; **somnoliento** *adj* sleepy, drowsy

somos *vb* → ***ser***

son[1] *m* sound; ***al ~ de*** to the sound of; ***en ~ de paz*** in peace

son[2] *vb* → ***ser***

sonado *adj* F famous, well-known

sonajero *m* rattle

sonámbulo *m* sleep-walker

sonar <1m> **1** *v/i* ring out; ***~ a*** sound like; ***me suena esa voz*** I know that voice, that voice sounds familiar **2** *v/r* **~se**: ***~se (la nariz)*** blow one's nose

sonata *f* MÚS sonata

sonda *f* MED catheter; ***~ espacial*** space probe; **sondaje** *m L.Am.* poll, survey; **sondear** <1a> *v/t fig* survey, poll; **sondeo** *m*: ***~ (de opinión)*** survey, (opinion) poll

soneto *m* sonnet

sonido *m* sound

soniquete *m* droning

sonreír <3m> *v/i* smile; **sonriente** *adj* smiling; **sonrisa** *f* smile

sonrojar <1a> **1** *v/t*: ***~ a alguien*** make s.o. blush **2** *v/r* **~se** blush; **sonrojo** *m* blush

sonsacar <1g> *v/t*: ***~ algo*** worm sth out (***a*** of), wheedle sth out (***a*** of)

sonso *adj L.Am.* F silly

soñador 1 *adj* dreamy **2** *m* dreamer; **soñar** <1m> **1** *v/t* dream (***con*** about) **2** *v/i* dream; ***¡ni ~lo!*** dream on! F

soñolencia *f* → ***somnolencia***; **soñoliento** *adj* → ***somnolento***

sopa *f* soup; ***estar hecho una ~*** F be sopping wet; ***hasta en la ~*** F all over the place F

sopapo *m* F smack, slap

sopera *f* soup tureen

sopesar <1a> *v/t fig* weigh up

sopetón *m*: ***de ~*** unexpectedly

soplar <1a> **1** *v/i del viento* blow **2** *v/t vela* blow out; *polvo* blow away; ***~ algo a la policía*** tip the police off about sth; **soplete** *m* welding torch; **soplo** *m*: ***en un ~*** F in an instant; **soplón** *m* F informer, stool pigeon F

soponcio *m*: ***le dio un ~*** F he passed out

sopor *m* drowsiness, sleepiness; **soporífero** *adj* soporific

soportal *m* porch

soportar <1a> *v/t fig* put up with, bear; ***no puedo ~ a José*** I can't stand José; **soporte** *m* support, stand; ***~ lógico*** INFOR software; ***~ físico*** INFOR hardware

soprano MÚS **1** *m* soprano **2** *m/f* soprano

sorber <2a> *v/t* sip

sorbete *m* sorbet; *C.Am.* ice cream; **sorbetería** *f C.Am.* ice-cream parlo(u)r

sorbo *m* sip

sordera *f* deafness

sórdido *adj* sordid

sordo 1 *adj* deaf **2** *m*, **-a** *f* deaf person; ***hacerse el ~*** turn a deaf ear; **sordomudo 1** *adj* deaf and dumb **2** *m*, **-a** *f* deaf-mute

sorna *f* sarcasm; ***con ~*** sarcastically, mockingly

sorocharse <1a> *v/r Pe, Bol* get altitude sickness; **soroche** *m Pe, Bol* altitude sickness

sorprendente *adj* surprising; **sorprender** <2a> *v/t* surprise; **sorpresa** *f* surprise; ***de*** *or* ***por ~*** by surprise

sortear <1a> *v/t* draw lots for; *obstáculo* get round; **sorteo** *m* (*lotería*) lottery, (prize) draw

sortija *f* ring

sortilegio *m* spell, charm

SOS *m* SOS

sosa *f* QUÍM: ***~ cáustica*** caustic soda

sosegado *adj* calm; **sosegarse** <1h & 1k> *v/r* calm down

sosería *f* insipidness, dullness

sosiego *m* calm, quiet

soslayo *adj*: ***de ~*** sideways

soso 1 *adj* tasteless, insipid; *fig* dull **2** *m*, **-a** *f* stick-in-the-mud F

sospecha *f* suspicion; **sospechar** <1a> **1** *v/t* suspect **2** *v/i* be suspicious; ~ ***de alguien*** suspect someone; **sospechoso 1** *adj* suspicious **2** *m*, **-a** *f* suspect
sostén *m* brassiere, bra; *fig* pillar, mainstay; **sostener** <2l> **1** *v/t familia* support; *opinión* hold **2** *v/r* **~se** support o.s.; *de pie* stand up; *en el poder* stay, remain
sota *f naipes* jack
sotana *f* REL cassock
sótano *m* basement, *Br* cellar
soterrar <1k> *v/t* bury
soviético *adj* Soviet
soy *vb* → ***ser***
soya *f L.Am.* soy, *Br* soya
spot *m* TV commercial
spray *m* spray
sprint *m* sprint
squash *m* DEP squash
Sr. *abr* (= ***señor***) Mr
Sra. *abr* (= ***señora***) Mrs
Sres. *abr* (= ***Señores***) Messrs (= Messieurs)
Srta. *abr* (= ***Señorita***) Miss
stand *m* COM stand
stock *m* stock; ***tener en ~*** have in stock
su, sus *adj pos*: *de él* his; *de ella* her; *de cosa* its; *de usted, ustedes* your; *de ellos* their; *de uno* one's
suave *adj* soft, smooth; *sabor, licor* mild; **suavidad** *f* softness, smoothness; *de sabor, licor* mildness; **suavizante** *m de pelo, ropa* conditioner; **suavizar** <1f> *v/t tb fig* soften
subacuático *adj* underwater
subalterno 1 *adj* subordinate **2** *m*, **-a** *f* subordinate
subasta *f* auction; ***sacar a ~*** put up for auction; **subastar** <1a> *v/t* auction (off)
subcampeón *m* DEP runner-up
subconsciente *m/adj* subconscious
subcontrata(ción) *f* subcontracting
subdesarrollado *adj* underdeveloped; **subdesarrollo** *m* underdevelopment
subdirector *m*, **~a** *f* deputy manager
súbdito *m* subject
subestimar <1a> *v/t* underestimate
subida *f* rise, ascent; ***~ de los precios*** rise in prices; **subido 1** *part* → ***subir*** **2** *adj*: ***~ de tono*** *fig* risqué, racy; **subir** <3a> **1** *v/t cuesta, escalera* go up, climb; *montaña* climb; *objeto* raise, lift; *intereses, precio* raise **2** *v/i para indicar acercamiento* come up; *para indicar alejamiento* go up; *de precio* rise, go up; *a un tren, autobús* get on; *a un coche* get in **3** *v/r* **~se** go up; *a un árbol* climb
súbito *adj*: ***de ~*** suddenly, all of a sudden
subjetivo *adj* subjective
subjuntivo *m* GRAM subjunctive
sublevar <1a> **1** *v/t* incite to revolt; *fig* infuriate, get angry **2** *v/r* **~se** rise up, revolt
sublimación *f fig* sublimation; **sublime** *adj* sublime, lofty; **subliminal** *adj* subliminal
submarinismo *m* scuba diving; **submarinista** *m/f* scuba diver; **submarino 1** *adj* underwater **2** *m* submarine
subnormal *adj* subnormal
subordinado 1 *adj* subordinate **2** *m*, **-a** *f* subordinate
subproducto *m* by-product
subrayar <1a> *v/t* underline; *fig* underline, emphasize
subrepticio *adj* surreptitious
subsanar <1a> *v/t* put right, rectify
subsidiario *adj* subsidiary
subsidio *m* welfare, *Br* benefit; ***~ de paro*** *or* ***desempleo*** unemployment compensation (*Br* benefit)
subsistencia *f* subsistence, survival; *de pobreza, tradición* persistence; **subsistir** <3a> *v/i* live, survive; *de pobreza, tradición* live on, persist
subte *m Rpl* subway, *Br* underground
subterfugio *m* subterfuge
subterráneo 1 *adj* underground **2** *m L.Am.* subway, *Br* underground
subtítulo *m* subtitle
suburbio *m* slum area
subvención *f* subsidy; **subvencio-**

nar <1a> *v/t* subsidize
subversivo *adj* subversive
subyacente *adj* underlying
subyugar <1h> *v/t* subjugate
succionar <1a> *v/t* suck
sucedáneo *m* substitute
suceder <2a> *v/i* happen, occur; ~ ***a*** follow; ***¿qué sucede?*** what's going on?; **sucesión** *f* succession; ~ ***al trono*** succession to the throne; **sucesivo** *adj* successive; ***en lo*** ~ from now on; **suceso** *m* event; **sucesor** *m*, **-a** *f* successor
suciedad *f* dirt; **sucio** *adj tb fig* dirty
suculento *adj* succulent
sucumbir <3a> *v/i* succumb, give in
sucursal *f* COM branch
sudaca *m/f desp* South American
sudadera *f* sweatshirt
Sudáfrica South Africa; **sudafricano** **1** *adj* South African **2** *m*, **-a** *f* South African
Sudamérica South America; **sudamericano** **1** *adj* South American **2** *m*, **-a** *f* South American
sudar <1a> *v/i* sweat
sudario *m* REL shroud
sudeste *m* southeast; **sudoeste** *m* southwest
sudor *m* sweat; **sudoración** *f* perspiration; **sudoroso** *adj* sweaty
Suecia Sweden; **sueco** **1** *adj* Swedish **2** *m*, **-a** *f* Swede; ***hacerse el*** ~ F pretend not to hear, act dumb F
suegra *f* mother-in-law; **suegro** *m* father-in-law
suela *f de zapato* sole
sueldo *m* salary
suelo *m en casa* floor; *en el exterior* earth, ground; AGR soil; ***estar por los ~s*** F be at rock bottom F
suelto **1** *adj* loose, free; ***un pendiente*** ~ a single earring; ***andar*** ~ be at large **2** *m* loose change
sueño *m* (*estado de dormir*) sleep; (*fantasía, imagen mental*) dream; ***tener*** ~ be sleepy
suero *m* MED saline solution; *sanguíneo* blood serum
suerte *f* luck; ***por*** ~ luckily; ***echar a ~s*** toss for, draw lots for; ***probar*** ~ try one's luck; **suertero** *m*, **-a** *f L.Am.* F, **suertudo** *m*, **-a** *f L.Am.* F lucky devil F
suéter *m* sweater
suficiente **1** *adj* enough, sufficient **2** *m* EDU pass
sufragar <1h> *v/t* COM meet, pay; **sufragio** *m*: ~ ***universal*** universal suffrage
sufrimiento *m* suffering; **sufrir** <3a> **1** *v/t fig* suffer, put up with **2** *v/i* suffer (***de*** from)
sugerencia *f* suggestion; **sugerir** <3i> *v/t* suggest; **sugestionar** <1a> *v/t* influence; **sugestivo** *adj* suggestive
suicida **1** *adj* suicidal **2** *m/f* suicide victim; **suicidarse** <1a> *v/r* commit suicide; **suicidio** *m* suicide
suite *f* suite
Suiza Switzerland; **suizo** **1** *adj* Swiss **2** *m*, **-a** *f* Swiss **3** *m* GASTR *sugar topped bun*
sujetador *m* brassiere, bra; **sujetapapeles** *m inv* paperclip; **sujetar** <1a> *v/t* hold (down), keep in place; (*sostener*) hold; **sujeto** **1** *adj* secure **2** *m* individual; GRAM subject
sulfurarse <1a> *v/r fig* F blow one's top F
suma *f* sum; ***en*** ~ in short; **sumamente** *adv* extremely, highly; **sumar** <1a> **1** *v/t* add; ***5 y 6 suman 11*** 5 and 6 make 11 **2** *v/i* add up **3** *v/r* **~se**: ***~se a*** join; **sumario** *m* summary; JUR indictment
sumergir <3c> **1** *v/t* submerge, immerse **2** *v/r* **~se** *fig* immerse o.s. (***en*** in), throw o.s. (***en*** into)
sumidero *m* drain
suministrar <1a> *v/t* supply, provide; **suministro** *m* supply
sumir <3a> **1** *v/t fig* plunge, throw (***en*** into) **2** *v/r* **~se** *fig* sink (***en*** into); **sumisión** *f* submission; **sumiso** *adj* submissive
sumo *adj* supreme; ***con ~ cuidado*** with the utmost care; ***a lo*** ~ at the most

suntuoso *adj* sumptuous
supe *vb* → ***saber***
supeditar <1a> *v/t* make conditional (***a*** upon)
súper *adj* F super F, great F
superable *adj* surmountable; **superación** *f* overcoming, surmounting; **superar** <1a> **1** *v/t persona* beat; *límite* go beyond, exceed; *obstáculo* overcome, surmount **2** *v/r* **~se** surpass o.s., excel o.s.
superávit *m* surplus
supercherίa *f* trick, swindle
superdotado *adj* gifted
superficial *adj* superficial, shallow; **superficialidad** *f* superficiality, shallowness; **superficie** *f* surface
superfluo *adj* superfluous
superior 1 *adj* upper; *en jerarquía* superior; ***ser ~ a*** be superior to **2** *m* superior; **superiora** *f* REL Mother Superior; **superioridad** *f* superiority
superlativo *adj* superlative
supermercado *m* supermarket
superpoblación *f* overpopulation
superponer <2r> *v/t* superimpose
superpotencia *f* POL superpower
superpuesto *adj* superimposed
supersónico *adj* supersonic
superstición *f* superstition; **supersticioso** *adj* superstitious
supervisar <1a> *v/t* supervise; **supervisor** *m*, **~a** *f* supervisor
supervivencia *f* survival; **superviviente 1** *adj* surviving **2** *m/f* survivor
suplantar <1a> *v/t* replace, take the place of
suplementario *adj* supplementary; **suplemento** *m* supplement
suplente *m/f* substitute, stand-in
súplica *f* plea; **suplicar** <1g> *v/t cosa* plead for, beg for; *persona* beg
suplicio *m fig* torment, ordeal
suplir <3a> *v/t carencia* make up for; (*sustituir*) substitute
supo *vb* → ***saber***
suponer <2r; *part* ***supuesto***> *v/t* suppose, assume; **suposición** *f* supposition
supositorio *m* MED suppository
supremacía *f* supremacy; **supremo** *adj* supreme
supresión *f* suppression; *de impuesto*, *ley* abolition; *de restricción* lifting; *de servicio* withdrawal; **suprimir** <3a> *v/t* suppress; *ley*, *impuesto* abolish; *restricción* lift; *servicio* withdraw; *puesto de trabajo* cut
supuesto 1 *part* → ***suponer*** **2** *adj* supposed, alleged; ***por ~*** of course **3** *m* assumption
sur *m* south
surco *m* AGR furrow
sureño *adj* southern
surf(ing) *m* surfing; **surfista** *m/f* surfer
surgir <3c> *v/i fig* emerge; *de problema* come up; *de agua* spout
surrealismo *m* surrealism
surtido 1 *adj* assorted; ***bien ~*** COM well stocked **2** *m* assortment, range; **surtidor** *m*: ***~ de gasolina*** *or* ***de nafta*** gas pump, *Br* petrol pump; **surtir** <3a> **1** *v/t* supply; ***~ efecto*** have the desired effect **2** *v/i* spout **3** *v/r* **~se** stock up (***de*** with)
susceptible *adj* touchy; ***ser ~ de mejora*** leave room for improvement
suscitar <1a> *v/t* arouse; *polémica* generate; *escándalo* provoke
suscribir <3a; *part* ***suscrito***> **1** *v/t* subscribe to **2** *v/r* **~se** subscribe; **suscripción** *f* subscription; **suscriptor** *m*, **~a** *f* subscriber; **suscrito** *part* → ***suscribir***
suspender <2a> **1** *v/t empleado*, *alumno* suspend; *objeto* hang; *reunión* adjourn; *examen* fail **2** *v/i* EDU fail; **suspense** *m fig* suspense; **suspensión** *f* suspension; **suspenso 1** *adj* ***alumnos ~s*** students who have failed; ***en ~*** suspended **2** *m* fail; **suspensores** *mpl L.Am.* suspenders, *Br* braces
suspicacia *f* suspicion; **suspicaz** *adj* suspicious
suspirar <1a> *v/i* sigh; ***~ por algo*** yearn for sth, long for sth; **suspiro**

m sigh

sustancia *f* substance; **sustancial** *adj* substantial; **sustantivo** *m* GRAM noun

sustentar <1a> *v/t* sustain; *familia* support; *opinión* maintain; **sustento** *m* means of support

sustitución *f* substitution; **sustituir** <3g> *v/t*: **~ *X por Y*** replace X with Y, substitute Y for X; **sustituto** *m* substitute

susto *m* fright, scare; ***dar*** *or* ***pegar un ~ a alguien*** give s.o. a fright

sustraer <2p; *part* ***sustraido***> *v/t* subtract, take away; (*robar*) steal; **sustraido** *part* → ***sustraer***

susurrar <1a> *v/t* whisper; **susurro** *m* whisper

sutil *adj fig* subtle; **sutileza** *f fig* subtlety

suyo, **suya** *pron pos*: *de él* his; *de ella* hers; *de usted*, *ustedes* yours; *de ellos* theirs; ***los ~s*** his / her etc folks, his / her etc family; ***hacer de las -as*** get up to one's old tricks; ***salirse con la -a*** get one's own way

T

tabaco *m* tobacco

tábano *m* ZO horsefly

tabarra *f*: ***dar la ~ a alguien*** F bug s.o. F

taberna *f* bar; **tabernero** *m* bar owner, *Br* landlord; (*camarero*) bartender

tabique *m* partition, partition wall

tabla *f de madera* board, plank; PINT panel; (*cuadro*) table; ***~ de multiplicar*** multiplication table; ***~ de planchar*** ironing board; ***~ de surf*** surf board; ***acabar*** *or* ***quedar en ~s*** end in a tie ; **tablero** *m* board, plank; *de juego* board; ***~ de mandos*** *or* ***de instrumentos*** AUTO dashboard; **tableta** *f*: ***~ de chocolate*** chocolate bar; **tablón** *m* plank; ***~ de anuncios*** bulletin board, *Br* notice board

tabú *m* taboo

tabulador *m tb* INFOR tab key

taburete *m* stool

tacañería *f* F miserliness, stinginess F; **tacaño 1** *adj* F miserly, stingy F **2** *m*, **-a** *f* F miser F, tightwad F

tacha *f* flaw, blemish; ***sin ~*** beyond reproach

tachadura *f* crossing-out

tachar <1a> *v/t* cross out

tacho *m Rpl* (*papelera*) wastepaper basket; *en la calle* garbage can, *Br* litter basket

tachón *m* crossing-out

tachuela *f* thumbtack, *Br* drawing pin

tácito *adj* tacit; **taciturno** *adj* taciturn

taco *m* F (*palabrota*) swear word; *L.Am.* heel; GASTR taco (*filled tortilla*)

tacón *m de zapato* heel; ***zapatos de ~*** high-heeled shoes

táctica *f* tactics *pl*; **táctico** *adj* tactical

tacto *m* (sense of) touch; *fig* tact, discretion

TAE *abr* (= ***tasa anual efectiva***) APR (= annual percentage rate)

tahona *f* bakery

tahúr *m* gambler, card-sharp F

taita *m S.Am.* F dad, pop F; *S.Am.* (*abuelo*) grandfather

tajada *f* GASTR slice; ***agarrar una ~*** F get drunk; ***sacar ~*** take a cut F; **tajamar** *m S.Am.* (*dique*) dike; **tajante** *adj* categorical; **tajo** *m* cut

tal 1 *adj* such; ***no dije ~ cosa*** I said no such thing; ***el gerente era un ~***

Lucas the manager was someone called Lucas **2** *adv*: **~ *como*** such as; ***dejó la habitación ~ cual la encontró*** she left the room just as she found it; **~ *para cual*** two of a kind; **~ *vez*** maybe, perhaps; ***¿qué ~?*** how's it going?; ***¿que ~ la película?*** what was the movie like?; ***con ~ de que*** + *subj* as long as, provided that
tala *f de árboles* felling
taladrar <1a> *v/t* drill; **taladro** *m* drill
talante *m* (*genio, humor*) mood; ***un ~ bonachón*** a kindly nature; ***de mal ~*** in a bad mood
talar <1a> *v/t árbol* fell, cut down
talco *m* talc, talcum; ***polvos de ~*** talcum powder
talego *m* P 1000 pesetas
talento *m* talent
talismán *m* talisman
talla *f* size; (*estatura*) height; *C.Am.* F (*mentira*) lie; ***dar la ~*** *fig* make the grade; **tallar** <1a> *v/t* carve; *piedra preciosa* cut
tallarín *m* noodle
taller *m* workshop; **~ *mecánico*** auto repair shop; **~ *de reparaciones*** repair shop
tallo *m* BOT stalk, stem
talón *m* ANAT heel; COM stub; **~ *de Aquiles*** *fig* Achilles' heel; ***pisar los talones a alguien*** be hot on s.o.'s heels; **talonario** *m*: **~ *de cheques*** check book, *Br* cheque book
tamal *m Méx, C.Am.* tamale (*meat wrapped in a leaf and steamed*)
tamaño **1** *adj*: **~ *fallo / problema*** such a great mistake / problem **2** *m* size
tambalearse <1a> *v/r* stagger, lurch; *de coche* sway
tambarria *f C.Am., Pe, Bol* F party
también *adv* also, too, as well; ***yo ~*** me too; ***él ~ dice que ...*** he also says that ...
tambo *m Rpl* dairy farm; *Méx type of large container*
tambor *m* drum; *persona* drummer; **tamborilear** <1a> *v/i* drum with one's fingers
tamiz *m* sieve
tampoco *adv* neither; ***él ~ va*** he's not going either
tampón *m* tampon; *de tinta* ink-pad
tan *adv* so; **~ ... *como ...*** as ... as ...; **~ *sólo*** merely
tanatorio *m* funeral parlo(u)r
tanda *f* series, batch; (*turno*) shift; *L.Am.* (commercial) break; **~ *de penaltis*** DEP penalty shootout
tanga *m* tanga
tangente *f* MAT tangent; ***salir*** *or* ***irse por la ~*** F sidestep the issue, duck the question F
tangible *adj fig* tangible
tango *m* tango
tanque *m tb* MIL tank
tantear <1a> *v/t* feel; (*calcular a ojo*) work out roughly; *situación* size up; *persona* sound out; (*probar*) try out; **~ *el terreno*** *fig* see how the land lies
tantito *adv Méx* a little
tanto **1** *pron* so much; *igual cantidad* as much; ***un ~*** a little; **~*s*** *pl* so many *pl*; *igual número* as many; ***tienes ~*** you have so much; ***no hay ~s como ayer*** there aren't as many as yesterday; ***a las -as de la noche*** in the small hours **2** *adv* so much; *igual cantidad* as much; *periodo* so long; ***tardó ~ como él*** she took as long as him; **~ *mejor*** so much the better; ***no es para ~*** it's not such a big deal; ***estar al ~*** be informed (***de*** about); ***por lo ~*** therefore, so **3** *m* point; **~ *por ciento*** percentage
tapa *f* lid; **~ *dura*** hardback
tapacubos *m inv* AUTO hub cap
tapadera *f* lid; *fig* front; **tapadillo** *m*: ***de ~*** on the sly; **tapado** *m Arg, Chi* coat; **tapar** <1a> **1** *v/t* cover; *recipiente* put the lid on **2** *v/r* **~*se*** wrap up; **~*se los ojos*** cover one's eyes
taparrabo *m* loincloth
tapete *m* tablecloth; ***poner algo sobre el ~*** bring sth up for discussion
tapia *f* wall; ***más sordo que una ~*** as

T

deaf as a post
tapicería *f* upholstery; **tapicero** *m*, **-a** *f* upholsterer
tapioca *f* tapioca
tapir *m* tapir
tapiz *m* tapestry; **tapizar** <1f> *v/t* upholster
tapón *m* top, cap; *de baño* plug; *de tráfico* traffic jam; **taponar** <1a> *v/t* block; *herida* swab
tapujo *m*: ***sin ~s*** openly
taquicardia *f* MED tachycardia
taquigrafía *f* shorthand
taquilla *f* ticket office; TEA box-office; *C.Am.* (*bar*) small bar
taquillero 1 *adj cantante* popular; ***una película -a*** a hit movie, a box-office hit **2** *m*, **-a** *f* ticket clerk
tara *f* defect
tarado *adj* F stupid, dumb F
tarántula *f* ZO tarantula
tararear <1a> *v/t* hum
tardar <1a> *v/i* take a long time; ***tardamos dos horas*** we were two hours overdue *o* late; ***¡no tardes!*** don't be late; ***a más ~*** at the latest; ***¿cuánto se tarda ...?*** how long does it take to ...?; **tarde 1** *adv* late; ***~ o temprano*** sooner or later **2** *f hasta las 5 ó 6* afternoon; *desde las 5 ó 6* evening; ***¡buenas ~s!*** good afternoon / evening; ***por la ~*** in the afternoon / evening; ***de ~ en ~*** from time to time; **tardón** *adj* F slow; (*impuntual*) late
tarea *f* task, job; ***~s*** *pl* ***domésticas*** housework *sg*
tarifa *f* rate; *de tren* fare; ***~ plana*** flat rate
tarima *f* platform; ***suelo de ~*** wooden floor
tarjeta *f* card; ***~ amarilla*** DEP yellow card; ***~ de crédito*** credit card; ***~ de embarque*** AVIA boarding card; ***~ de sonido*** INFOR sound card; ***~ de visita*** (business) card; ***~ gráfica*** INFOR graphics card; ***~ inteligente*** smart card; ***~ monedero*** electronic purse; ***~ postal*** postcard; ***~ roja*** DEP red card; ***~ telefónica*** phone card
tarro *m* jar; P (*cabeza*) head
tarta *f* cake; *plana* tart; ***~ helada*** ice-cream cake
tartamudear <1a> *v/i* stutter, stammer; **tartamudez** *f* stuttering, stammering; **tartamudo 1** *adj* stuttering, stammering; ***ser ~*** stutter, stammer **2** *m*, **-a** *f* stutterer, stammerer
tartera *f* lunch box
tarugo *m* F blockhead
tarumba F crazy F; ***volverse ~*** go crazy
tasa *f* rate; (*impuesto*) tax; ***~ de desempleo*** *or* ***paro*** unemployment rate; **tasar** <1a> *v/t* fix a price for; (*valorar*) assess
tasca *f* F bar
tata *m L.Am.* F (*abuelo*) grandpa F
tatarabuela *f* great-great-grandmother; **tatarabuelo** *m* great-great-grandfather; **tataranieta** *f* great-great-granddaughter; **tataranieto** *m* great-great-grandson
tate *int* F (*ahora caigo*) oh I see; (*cuidado*) look out!
tatuaje *m* tattoo
taurino *adj* bullfighting *atr*
Tauro *m/f inv* ASTR Taurus
tauromaquia *f* bullfighting
taxi *m* cab, taxi; **taxista** *m/f* cab *o* taxi driver
taza *f* cup; *del wáter* bowl; **tazón** *m* bowl
te *pron directo* you; *indirecto* (to) you; *reflexivo* yourself
té *m* tea
teatral *adj fig* theatrical; **teatro** *m tb fig* theater, *Br* theatre
tebeo *m* children's comic
techar <1a> *v/t* roof; **techo** *m* ceiling; (*tejado*) roof; ***~ solar*** AUTO sunroof; ***los sin ~*** the homeless; ***tocar ~*** *fig* peak
tecla *f* key; **teclado** *m* MÚS, INFOR keyboard; **teclear** <1a> *v/t* key
técnica *f* technique; **técnico 1** *adj* technical **2** *m/f* technician; *de televisor, lavadora etc* repairman;
tecnología *f* technology; ***alta ~*** hi-tech; ***~ punta*** state-of-the-art technology, leading-edge technology

tecolote *m Méx, C.Am.* (*búho*) owl
tedio *m* tedium; **tedioso** *adj* tedious
teja *f* roof tile; ***a toca ~*** in hard cash; **tejado** *m* roof
tejanos *mpl* jeans
tejemanejes *mpl* F scheming *sg*, plotting *sg*; **tejer** <2a> **1** *v/t* weave; (*hacer punto*) knit; F *intriga* devise **2** *v/i L.Am.* F plot, scheme; **tejido** *m* fabric; ANAT tissue
tejo *m* BOT yew; ***tirar a alguien los ~s*** F hit on s.o. F, come on to s.o. F
tejón *m* ZO badger
Tel. *abr* (= ***teléfono***) Tel. (= telephone)
tela *f* fabric, material; ***~ de araña*** spiderweb; ***poner en ~ de juicio*** call into question; ***hay ~ para rato*** F there's a lot to be done
telar *m* loom
telaraña *f* spiderweb
tele *f* F TV, *Br* telly F
telearrastre *m* drag lift
telebanca *f* telephone banking
telecabina *f* cable car
telecomedia *f* sitcom
telecompra *f* home shopping
telecomunicaciones *fpl* telecommunications
telediario *m* TV (television) news *sg*
teledirigido *adj* remote-controlled
teléf. *abr* (= ***teléfono***) tel. (= telephone)
teleférico *m* cable car
telefilm(e) *m* TV movie
telefonear <1a> *v/t & v/i* call, phone; **telefonema** *m L.Am.* (phone) message; **telefónico** *adj* (tele)phone *atr*; **teléfono** *m* (tele)phone; ***~ inalámbrico*** cordless (phone); ***~ móvil*** cellphone, *Br* mobile (phone)
telégrafo *m* telegraph
telegrama *m* telegram
telemando *m* remote control
telemática *f* data comms
telenovela *f* soap (opera)
teleobjetivo *m* FOT telephoto lens
telepatía *f* telepathy
telescópico *adj* telescopic; **telescopio** *m* telescope
teleserie *f* (television) series
telesilla *f* chair lift
telespectador *m*, **~a** *f* (television) viewer
telesquí *m* drag lift
teletexto *m* teletext
teletienda *f* home shopping
teletrabajo *m* teleworking; **teletrabajador** *m*, **~a** *f* teleworker
televidente *m/f* (television) viewer; **televisar** <1a> *v/t* televise; **televisión** *f* television; ***~ por cable*** cable (television); ***~ digital*** digital television; ***~ de pago*** pay-per-view television; ***~ vía satélite*** satellite television; **televisivo** *adj* television *atr*; **televisor** *m* TV, television (set); ***~ en color*** color TV
télex *m* telex
telón *m* TEA curtain; ***el ~ de acero*** POL the Iron Curtain; ***~ de fondo*** *fig* backdrop, background
telonero *m*, **-a** *f* supporting artist
tema *m* subject, topic; MÚS, *de novela* theme; **temario** *m* syllabus; **temático** *adj* thematic
temblar <1k> *v/i* tremble, shake; *de frío* shiver; **temblor** *m* trembling, shaking; *de frío* shivering; *L.Am.* (*terremoto*) earthquake; ***~ de tierra*** earth tremor; **tembloroso** *adj* trembling, shaking; *de frío* shivering
temer <2a> **1** *v/t* be afraid of **2** *v/r* **~se** be afraid; ***me temo que no podrá venir*** I'm afraid he won't be able to come; ***~se lo peor*** fear the worst
temerario *adj* rash, reckless; **temeridad** *f* rashness, recklessness
temible *adj* terrifying
temor *m* fear
témpano *m* ice floe
temperamento *m* temperament; **temperante** *adj Méx* teetotal
temperatura *f* temperature
tempestad *f* storm; **tempestuoso** *adj tb fig* stormy
templado *adj* warm; *clima* temperate; *fig* moderate, restrained; **templanza** *f* restraint; **templar**

<1a> *v/t ira, nervios etc* calm
templo *m* temple
temporada *f* season; ***una ~*** a time, some time; **temporal 1** *adj* temporary **2** *m* storm; **temporizador** *m* timer; **tempranear** <1a> *v/i L.Am.* get up early; **temprano** *adj & adv* early
ten *vb* → ***tener***
tenacidad *f* tenacity; **tenaz** *adj* determined, tenacious; **tenaza** *f* pincer, claw; ***~s*** pincers; *para las uñas* pliers
tendedero *m* clotheshorse, airer
tendencia *f* tendency; (*corriente*) trend
tendencioso *adj* tendentious
tender <2g> **1** *v/t ropa* hang out; *cable* lay; ***le tendió la mano*** he held out his hand to her **2** *v/i*: ***~ a*** tend to **3** *v/r* **~se** lie down
tenderete *m* stall
tendero *m*, **-a** *f* storekeeper, shopkeeper
tendido *m* EL: ***~ eléctrico*** power lines *pl*
tendón *m* ANAT tendon; ***~ de Aquiles*** Achilles' tendon
tenebroso *adj* dark, gloomy
tenedor *m* fork
tener <2l> **1** *v/t* have; ***~ 10 años*** be 10 (years old); ***~ un metro de ancho / largo*** be one metre (*Br* meter) wide / long; ***~ por*** consider to be; ***tengo que madrugar*** I must get up early, I have to *o* I've got to get up early; ***conque ¿esas tenemos?*** so that's how it is, eh? **2** *v/r* **~se** stand up; *fig* stand firm; ***se tiene por atractivo*** he thinks he's attractive
tenga *vb* → ***tener***
tengo *vb* → ***tener***
tenia *f* ZO tapeworm
teniente *m/f* MIL lieutenant
tenis *m* tennis; ***~ de mesa*** table tennis; **tenista** *m/f* tennis player
tenor *m* MÚS tenor; ***a ~ de*** along the lines of
tenorio *m* lady-killer
tensar <1a> *v/t* tighten; *músculo* tense, tighten; **tensión** *f* tension; EL voltage; MED blood pressure; **tenso** *adj* tense; *cuerda, cable* taut
tentación *f* temptation
tentáculo *m* ZO, *fig* tentacle
tentador *adj* tempting; **tentar** <1k> *v/t* tempt, entice; **tentativa** *f* attempt
tentempié *m* F snack
tenue *adj* faint
teñir <3h> *v/t* dye; *fig* tinge
teología *f* theology
teorema *m* theorem; **teoría** *f* theory; ***en ~*** in theory
tequila *m* tequila
terapeuta *m/f* therapist; **terapéutico** *adj* therapeutic; **terapia** *f* therapy
tercer *adj* third; ***Tercer Mundo*** Third World; **tercermundista** *adj* Third-World *atr*; **tercero** *m/adj* third; **terciarse** <1b> *v/r de oportunidad* come up; **tercio** *m* third
terciopelo *m* velvet
terco *adj* stubborn
tergiversar <1a> *v/t* distort, twist
termas *fpl* hot springs; **térmico** *adj* heat *atr*
terminación *f* GRAM ending; **terminal 1** *m* INFOR terminal **2** *f* AVIA terminal; ***~ de autobuses*** bus station; **terminante** *adj* categorical; **terminar** <1a> **1** *v/t* end, finish **2** *v/i* end, finish; (*parar*) stop **3** *v/r* **~se** run out; (*finalizar*) come to an end; ***se ha terminado la leche*** we've run out of milk, the milk's all gone; **término** *m* end, conclusion; (*palabra*) term; ***~ municipal*** municipal area; ***por ~ medio*** on average; ***poner ~ a algo*** put an end to sth
terminología *f* terminology
termita *f* ZO termite
termo *m* thermos® (flask)
termómetro *m* thermometer; **termostato** *m* thermostat
ternera *f* calf; GASTR veal; **ternero** *m* calf
terno *m CSur* suit
ternura *f* tenderness

terracota *f* terracotta
terraplén *m* embankment
terrateniente *m/f* landowner
terraza *f* terrace; (*balcón*) balcony; (*café*) sidewalk café
terremoto *m* earthquake
terrenal *adj* earthly, worldly
terreno *m* land; *fig* field; ***un ~*** a plot *o* piece of land; ***~ de juego*** DEP field
terrestre *adj animal* land *atr*; *transporte* surface *atr*; ***la atmósfera ~*** the earth's atmosphere
terrible *adj* terrible, awful
territorial *adj* territorial; **territorio** *m* territory
terrón *m* lump, clod; ***~ de azúcar*** sugar lump
terror *m* terror; **terrorífico** *adj* terrifying; **terrorismo** *m* terrorism; **terrorista 1** *adj* terrorist *atr* **2** *m/f* terrorist
terso *adj* smooth
tertulia *f* TV debate, round table discussion; **tertuliar** <1b> *v/i L.Am.* get together for a discussion
tesina *f* dissertation
tesis *f inv* thesis
tesitura *f* situation
tesón *m* tenacity, determination
tesorero *m*, **-a** *f* treasurer; **tesoro** *m* treasure; ***~ público*** treasury
test *m* test
testa *f* head
testaferro *m* front man
testamento *m* JUR will
testarudez *f* stubbornness; **testarudo** *adj* stubborn
testículo *m* ANAT testicle
testificar <1g> **1** *v/t* (*probar*, *mostrar*) be proof of; ***~ que*** JUR testify that, give evidence that **2** *v/i* testify, give evidence; **testigo 1** *m/f* JUR witness; ***~ de cargo*** witness for the prosecution; ***~ ocular*** *or* ***presencial*** eye witness **2** *m* DEP baton; **testimonio** *m* testimony, evidence
teta *f* F boob F; ZO teat, nipple
tétanos *m* MED tetanus
tetera *f* teapot
tetilla *f de hombre* nipple
tetina *f de biberón* teat
tetrabrik® *m* carton
tétrico *adj* gloomy
textil 1 *adj* textile *atr* **2** *mpl*: ***~es*** textiles
texto *m* text; **textual** *adj* textual
textura *f* texture
tez *f* complexion
ti *pron* you; *reflexivo* yourself; ***¿y a ~ qué te importa?*** so what?, what's it to you?
tía *f* aunt; F (*chica*) girl, chick F; ***¡~ buena!*** F hey gorgeous! F
tianguis *m Méx*, *C.Am.* market
tibio *adj tb fig* lukewarm
tiburón *m* ZO, *fig* F shark
tic *m* MED tic
ticket *m* (sales) receipt
tictac *m* tick-tock
tiempo *m* time; (*clima*) weather; GRAM tense; ***~ libre*** spare time, free time; ***~ real*** INFOR real time; ***a ~*** in time; ***a un ~***, ***al mismo ~*** at the same time; ***antes de ~*** *llegar* ahead of time, early; *celebrar victoria* too soon; ***con ~*** in good time, early; ***desde hace mucho ~*** for a long time; ***hace buen*** / ***mal ~*** the weather's fine / bad; ***hace mucho ~*** a long time ago
tienda *f* store, shop; ***~ de campaña*** tent; ***ir de ~s*** go shopping
tiene *vb* → ***tener***
tientas *fpl*: ***andar a ~*** *fig* feel one's way; **tiento** *m*: ***con ~*** *fig* carefully
tierno *adj* soft; *carne* tender; *pan* fresh; *persona* tender-hearted
tierra *f* land; *materia* soil, earth; (*patria*) native land, homeland; ***la Tierra*** the earth; ***~ firme*** dry land, terra firma; ***echar por ~*** ruin, wreck
tieso *adj* stiff, rigid
tiesto *m* flower pot
tifón *m* typhoon
tifus *m* MED typhus
tigre *m* ZO tiger; *L.Am.* puma; *L.Am.* (*leopardo*) jaguar; **tigresa** *f* tigress
tijeras *fpl* scissors
tila *f* lime blossom tea
tildar <1a> *v/t*: ***~ a alguien de*** *fig* brand s.o. as

tilde *f* accent; *en ñ* tilde
tilín *m*: ***me hizo ~*** F I took an immediate liking to her
timador *m*, **~a** *f* cheat; **timar** <1a> *v/t* cheat
timba *f* F gambling den
timbal *m* MÚS kettle drum
timbre *m de puerta* bell; *Méx* (postage) stamp
timidez *f* shyness, timidity; **tímido** *adj* shy, timid
timo *m* confidence trick, swindle
timón *m* MAR, AVIA rudder
tímpano *m* ANAT eardrum
tina *f* large jar; *L.Am.* (*bañera*) (bath)tub
tinglado *m fig* F mess
tinieblas *fpl* darkness *sg*
tino *m* aim, marksmanship; (*sensatez*) judg(e)ment; ***con mucho ~*** wisely, sensibly
tinta *f* ink; ***de buena ~*** *fig* on good authority; ***medias ~s*** *fig* half measures; **tinte** *m* dye; *fig* veneer, gloss
tinterillo *m L.Am.* F shyster F
tintero *m* inkwell; ***dejarse algo en el ~*** leave sth unsaid
tintin(e)ar <1a> *v/t* jingle
tinto *adj*: ***vino ~*** red wine
tintorería *f* dry cleaner's
tío *m* uncle; F (*tipo*) guy F; F *apelativo* pal F
tiovivo *m* carousel, merry-go-round
típico *adj* typical (***de*** of); **tipo** *m* type, kind; F *persona* guy F; COM rate; ***~ de cambio*** exchange rate; ***~ de interés*** interest rate; ***tener buen ~*** be well built; *de mujer* have a good figure
tipográfico *adj* typographic(al)
tíquet, **tiquete** *m L.Am.* receipt
tiquismiquis *m/f* F fuss-budget F, *Br* fusspot F
tira *f* strip; ***la ~ de*** F loads of F, masses of F; ***~ y afloja*** *fig* give and take
tirabuzón *m* curl; (*sacacorchos*) corkscrew
tirachinas *m inv* slingshot, *Br* catapult
tirada *f* TIP print run; ***de una ~*** in one go; **tiradero** *m Méx* dump; **tirado** *adj* P (*barato*) dirt-cheap F; ***estar ~*** F (*fácil*) be a walkover F *o* a piece of cake F; **tiradores** *mpl Arg* suspenders, *Br* braces
tiranía *f* tyranny; **tirano 1** *adj* tyrannical **2** *m*, **-a** *f* tyrant
tirante 1 *adj* taut; *fig* tense **2** *m* strap; ***~s*** suspenders, *Br* braces; **tirantez** *f fig* tension
tirar <1a> **1** *v/t* throw; *edificio, persona* knock down; (*volcar*) knock over; *basura* throw away; *dinero* waste, throw away F; TIP print; F *en examen* fail **2** *v/i* pull, attract; (*disparar*) shoot; ***~ a*** tend toward; ***~ a conservador*** have conservative tendencies; ***~ de algo*** pull sth; ***ir tirando*** F get by, manage **3** *v/r* **~se** throw o.s.; F *tiempo* spend; ***~se a alguien*** P screw s.o. P
tirita *f* MED Bandaid®, *Br* plaster
tiritar <1a> *v/i* shiver
tiro *m* shot; ***~ al blanco*** target practice; ***al ~*** *CSur* F at once, right away; ***de ~s largos*** F dressed up; ***ni a ~s*** F for love nor money; ***le salió el ~ por la culata*** F it backfired on him; ***le sentó como un ~*** F he needed it like a hole in the head F
tirón *m* tug, jerk; ***de un ~*** at a stretch, without a break
tiroteo *m* shooting
tirria *f*: ***tener ~ a alguien*** F have it in for s.o. F
tisana *f* herbal tea
títere *m tb fig* puppet; ***no dejar ~ con cabeza*** F spare no-one; **titiritero** *m*, **-a** *f* acrobat
titubear <1a> *v/i* waver, hesitate; **titubeo** *m* wavering, hesitation
titular *m de periódico* headline; **titularse** <1a> *v/r* be entitled; **título** *m* title; *universitario* degree; JUR title; COM bond; ***tener muchos ~s*** be highly qualified; ***a ~ de*** as; ***~s de crédito*** credits
tiza *f* chalk
tiznar <1a> *v/t* blacken; **tizón** *m* ember
tlapalería *f Méx* hardware store

TLC *abr* (= ***Tratado de Libre Comercio***) NAFTA (= North American Free Trade Agreement)
toalla *f* towel; ***tirar*** *or* ***arrojar la ~*** *fig* throw in the towel; **toallero** *m* towel rail
tobillo *m* ankle
tobogán *m* slide
tocadiscos *m inv* record player
tocado *adj*: ***estar ~*** *fig* F be crazy F
tocador *m* dressing-table
tocante: ***en lo ~ a …*** with regard to …
tocar <1g> **1** *v/t* touch; MÚS play **2** *v/i L.Am. a la puerta* knock (on the door); *L.Am.* (*sonar la campanita*) ring the doorbell; ***te toca jugar*** it's your turn **3** *v/r* **~se** touch
tocateja: ***a ~*** in hard cash
tocayo *m*, **-a** *f* namesake
tocino *m* bacon
tocólogo *m*, **-a** *f* obstetrician
todavía *adv* still, yet; ***~ no ha llegado*** he still hasn't come, he hasn't come yet; ***~ no*** not yet
todo **1** *adj* all; ***~s los domingos*** every Sunday; ***-a la clase*** the whole *o* the entire class **2** *adv* all; ***estaba ~ sucio*** it was all dirty; ***con ~*** all the same; ***del ~*** entirely, absolutely **3** *pron* all, everything; *pl* everybody, everyone; ***ir a por -as*** go all out
todoterreno *m* AUTO off-road *o* all-terrain vehicle
toldo *m* awning; *L.Am.* Indian hut
tolerancia *f* tolerance; **tolerar** <1a> *v/t* tolerate
toma *f* FOT shot, take; ***~ de conciencia*** realization; ***~ de corriente*** outlet, socket; ***~ de posesión*** POL taking office; **tomado** *adj Méx* F (*borracho*) drunk; **tomadura** *f*: ***~ de pelo*** F joke
tomar <1a> **1** *v/t* take; *decisión* make, take; *bebida, comida* have; ***~ la con alguien*** F have it in for s.o. F; ***~ el sol*** sunbathe; ***¡toma!*** here (you are); ***toma y daca*** give and take **2** *v/i L.Am.* drink; ***~ por la derecha*** turn right **3** *v/r* **~se** take; *comida, bebida* have; ***se lo tomó a pecho*** he took it to heart
tomate *m* tomato
tomavistas *m inv* movie camera, cine camera
tomillo *m* BOT thyme
tomo *m* volume, tome; ***un timador de ~ y lomo*** F an out-and-out conman
ton *m*: ***sin ~ ni son*** for no particular reason
tonada *f* song
tonalidad *f* tonality
tonel *m* barrel, cask; **tonelada** *f peso* ton
tónica *f* tonic; **tónico** *m* MED tonic; **tonificar** <1g> *v/t* tone up; **tono** *m* MÚS, MED, PINT tone
tontería *f fig* stupid *o* dumb F thing; ***~s*** *pl* nonsense *sg*
tonto **1** *adj* silly, foolish **2** *m*, **-a** *f* fool, idiot; ***hacer el ~*** play the fool; ***hacerse el ~*** act dumb F
top *m prenda* top
topacio *m* MIN topaz
toparse <1a> *v/r*: ***~ con alguien*** bump into s.o., run into s.o.
tope *m* limit; *pieza* stop; *Méx en la calle* speed bump; ***pasarlo a ~*** F have a great time; ***estar hasta los ~s*** F be bursting at the seams F
tópico *m* cliché, platitude
topo *m* ZO mole
toque *m*: ***~ de queda*** MIL, *fig* curfew; ***dar los últimos ~s*** put the finishing touches (***a*** to)
toquilla *f* shawl
tórax *m* ANAT thorax
torbellino *m* whirlwind
torcer <2b> **1** *v/t* twist; (*doblar*) bend; (*girar*) turn **2** *v/i* turn; ***~ a la derecha*** turn right **3** *v/r* **~se** twist, bend; *fig* go wrong; ***~se un pie*** sprain one's ankle; **torcido** *adj* twisted, bent
toreador *m esp L.Am.* bullfighter; **torear** <1a> **1** *v/i* fight bulls **2** *v/t* fight; *fig* dodge, sidestep; **toreo** *m* bullfighting
torera *f*: ***saltarse algo a la ~*** F flout sth, disregard sth
torero *m* bullfighter

T

tormenta *f* storm; **tormento** *m* torture
tornado *m* tornado, twister F
tornarse <1a> *v/r triste, difícil etc* become
torneo *m* competition, tournament
tornillo *m* screw; *con tuerca* bolt; ***le falta un ~*** F he's got a screw loose F
torniquete *m* turnstile; MED tourniquet
torno *m de alfarería* wheel; ***en ~ a*** around, about
toro *m* bull; ***ir a los ~s*** go to a bullfight; ***coger al ~ por los cuernos*** take the bull by the horns
toronja *f L.Am.* grapefruit
torpe *adj* clumsy; (*tonto*) dense, dim
torpedo *m* MIL torpedo
torpeza *f* clumsiness; (*necedad*) stupidity
torre *f* tower; ***~ de control*** AVIA control tower
torrencial *adj* torrential; **torrente** *m fig* avalanche, flood
torrezno *m* GASTR fried rasher of bacon
tórrido *adj* torrid
torrija *f* GASTR French toast
torta *f* cake; *plana* tart; F slap; **tortazo** *m* F crash; (*bofetada*) punch
tortícolis *m* MED crick in the neck
tortilla *f* omelette; *L.Am.* tortilla
tortillera *f* V dyke F, lesbian
tortuga *f* ZO tortoise; *marina* turtle; ***a paso de ~*** *fig* at a snail's pace
tortuoso *adj fig* tortuous
tortura *f tb fig* torture; **torturar** <1a> *v/t* torture
tos *f* cough
tosco *adj fig* rough, coarse
toser <2a> *v/i* cough
tostada *f* piece of toast; **tostado** *adj* (*moreno*) brown, tanned; **tostador** *m* toaster; **tostar** <1m> **1** *v/t* toast; *café* roast; *al sol* tan **2** *v/r* **~se** tan, get brown; **tostón** *m* F bore
total 1 *adj* total, complete; ***en ~*** altogether, in total **2** *m* whole; ***un ~ de 50 personas*** a total of 50 people; **totalidad** *f* totality; **totalitario** *adj* totalitarian
tóxico *adj* toxic; **toxicómano** *m*, **-a** *f* drug addict; **toxina** *f* toxin
tozudo *adj* obstinate
trabajador 1 *adj* hard-working **2** *m*, **~a** *f* worker; ***~ eventual*** casual worker; **trabajar** <1a> **1** *v/i* work **2** *v/t* work; *tema, músculos* work on; **trabajo** *m* work; ***~ en equipo*** team work; ***~ temporal*** temporary work; ***~ a tiempo parcial*** part-time work; **trabajoso** *adj* hard, laborious
trabalenguas *m inv* tongue twister
trabar <1a> **1** *v/t conversación, amistad* strike up **2** *v/r* **~se** get tangled up
trabucarse <1g> *v/r* get all mixed up
tracción *f* TÉC traction; ***~ delantera / trasera*** front / rear-wheel drive
tractor *m* tractor
tradición *f* tradition; **tradicional** *adj* traditional
traducción *f* translation; **traducir** <3o> *v/t* translate; **traductor** *m*, **~a** *f* translator
traer <2p; *part* ***traído***> **1** *v/t* bring; ***~ consigo*** involve, entail; ***este periódico la trae en portada*** this newspaper carries it on the front page **2** *v/r* **~se**: ***este asunto se las trae*** F it's a very tricky matter
traficante *m* dealer; **traficar** <1g> *v/i* deal (***en*** in); **tráfico** *m* traffic; ***~ de drogas*** drug trafficking, drug dealing
tragaperras *f inv* slot machine
tragar <1h> **1** *v/t* swallow; ***no lo trago*** I can't stand him *o* bear him **2** *v/r* **~se** *tb fig* F swallow
tragedia *f* tragedy; **trágico** *adj* tragic
tragicomedia *f* tragicomedy
trago *m* mouthful; F *bebida* drink; ***de un ~*** in one gulp; ***pasar un mal ~*** *fig* have a hard time; **tragón** *adj* greedy
traición *f* treachery, betrayal; **traicionar** <1a> *v/t* betray; **traidor 1** *adj* treacherous **2** *m*, **~a** *f* traitor
traído *part* → ***traer***
traigo *vb* → ***traer***
tráiler *m* trailer

traje 1 *m* suit; **~ *de baño*** swimsuit **2** *vb* → ***traer***
trajín *m* hustle and bustle
trajo *vb* → ***traer***
trama *f* (*tema*) plot; **tramar** <1a> *v/t complot* hatch
tramitar <1a> *v/t documento*: *de persona* apply for; *de banco etc* process; **trámite** *m* formality
tramo *m* section, stretch; *de escaleras* flight
trampa *f* trap; (*truco*) scam F, trick; ***hacer ~s*** cheat
trampilla *f* trapdoor
trampolín *m* diving board
tramposo *m*, **-a** *f* cheat, crook
tranca *f*: ***llevaba una ~ increíble*** F he was wasted F *o* smashed F; ***a ~s y barrancas*** with great difficulty
trancazo *m* F dose of flu
trance *m* (*momento difícil*) tough time; ***en ~*** in a trance
tranquilidad *f* calm, quietness; **tranquilizante** *m* tranquilizer, *Br* tranquillizer; **tranquilizar** <1f> *v/t*: **~ *a alguien*** calm s.o. down
tranquillo *m*: ***coger el ~ de algo*** F get the hang of sth F
tranquilo *adj* calm, quiet; ***¡~!*** don't worry; ***déjame ~*** leave me alone
transacción *f* COM deal, transaction;
transar <1a> *v/i L.Am.* (*ser vendido*) sell out
transatlántico 1 *adj* transatlantic **2** *m* liner
transbordador *m* ferry; **~ *espacial*** space shuttle; **transbordo** *m*: ***hacer ~*** TRANSP transfer, change
transcendental *adj fig* momentous
transcurrir <3a> *v/i de tiempo* pass, go by; **transcurso** *m* course; *de tiempo* passing
transeúnte *m/f* passer-by
transexual *m/f* transsexual
transferencia *f* COM transfer
transformación *f* transformation; **transformador** *m* EL transformer; **transformar** <1a> *v/t* transform
transfronterizo *adj* cross-border
tránsfuga *m/f* POL defector
transfusión *f*: **~ *de sangre*** blood transfusion; **transgénico** *adj* genetically modified; **transgredir** <3a> *v/t* infringe
transición *f* transition
transigir <3c> *v/i* compromise, make concessions
transistor *m* transistor
transitivo *adj* GRAM transitive; **tránsito** *m* COM transit; *L.Am.* (*circulación*) traffic
translúcido *adj* translucent
transmisión *f* transmission; **~ *de datos*** data transmission; ***enfermedad de ~ sexual*** sexually transmitted disease; **transmitir** <3a> *v/t* spread; RAD, TV broadcast, transmit
transparencia *f para proyectar* transparency, slide; **transparente** *adj* transparent
transpiración *f* perspiration; **transpirar** <1a> *v/i* perspire
transplantar <1a> *v/t* transplant
transportar <1a> *v/t* transport; **transporte** *m* transport
tranvía *m* streetcar, *Br* tram
trapecio *m* trapeze; **trapecista** *m/f* trapeze artist(e)
trapiche *m CSur* sugar mill *o* press
trapicheo *m* F shady deal F
trapo *m viejo* rag; *para limpiar* cloth; **~s** F clothes
trapujear <1a> *v/t & v/i C.Am.* smuggle
tráquea *f* ANAT windpipe, trachea
traqueteo *m* rattle, clatter
tras *prp en el espacio* behind; *en el tiempo* after
trasero 1 *adj* rear *atr*, back *atr* **2** *m* F butt F, *Br* rear end F
trasiego *m fig* bustle
trasladar <1a> **1** *v/t* move; *trabajador* transfer; **2** *v/r* **~se** move (***a*** to); ***se traslada*** *Méx*: *en negocio* under new management; **traslado** *m* move; *de trabajador* transfer; **~ *al aeropuerto*** airport transfer
trasluz *m*: ***al ~*** against the light;
trasnochar <1a> *v/i* (*acostarse tarde*) go to bed late, stay up late; (*no dormir*) stay up all night; *L.Am.* stay overnight, spend the night;

traspapelar <1a> *v/t* mislay; **traspasar** <1a> *v/t* (*atravesar*) go through; COM transfer
traspié *m* trip, stumble; ***dar un ~*** *fig* slip up, blunder
trasplantar <1a> *v/t* AGR, MED transplant; **trasplante** *m* AGR, MED transplant
trastada *f* F prank, trick; ***hacer ~s*** get up to mischief ; **traste** *m*: ***irse al ~*** F fall through, go down the tubes F; **trastero** *m* lumber room; **trasto** *m desp* piece of junk; *persona* good-for-nothing
trastornar <1a> *v/t* upset; (*molestar*) inconvenience; **trastorno** *m* inconvenience; MED disorder
tratado *m esp* POL treaty; ***Tratado de Libre Comercio*** North American Free Trade Agreement
tratamiento *m* treatment; ***~ de datos/textos*** INFOR data/word processing; **tratar** <1a> **1** *v/t* treat; (*manejar*) handle; (*dirigirse a*) address (***de*** as); *gente* come into contact with; *tema* deal with **2** *v/i*: ***~ con alguien*** deal with s.o.; ***~ de*** (*intentar*) try to **3** *v/r* **~se**: ***¿de qué se trata?*** what's it about?; **trato** *m de prisionero, animal* treatment; COM deal; ***malos ~s*** *pl* ill treatment *sg*, abuse *sg*,; ***tener ~ con alguien*** have dealings with s.o.; ***¡~ hecho!*** it's a deal
trauma *m* trauma; **traumatizar** <1f> *v/t* traumatize; **traumatólogo** *m*, **-a** *f* trauma specialist, traumatologist
través *m*: ***a ~ de*** through; **travesaño** *m en fútbol* crossbar; **travesía** *f* crossing
travesti *m* transvestite, drag artist
travesura *f* bit of mischief, prank; **travieso** *adj niño* mischievous
trayecto *m* journey; ***10 dólares por ~*** 10 dollars each way; **trayectoria** *f fig* course, path
trazar <1f> *v/t* (*dibujar*) draw; *ruta* plot, trace; (*describir*) outline, describe; **trazo** *m* line
trébol *m* BOT clover
trece *adj* thirteen; ***mantenerse*** *or* ***seguir en sus ~*** stand firm, not budge
trecho *m* stretch, distance
tregua *f* truce, cease-fire; ***sin ~*** relentlessly
treinta *adj* thirty
tremebundo *adj* horrendous, frightening
tremendo *adj* awful, dreadful; *éxito, alegría* tremendous
tren *m* FERR train; ***~ de alta velocidad*** high speed train; ***~ de lavado*** car wash; ***vivir a todo ~*** F live in style; ***estar como un ~*** F be absolutely gorgeous
trenca *f* duffel coat
trenza *f* plait
trepa *m* F *socialmente* social climber; *en el trabajo* careerist; **trepar** <1a> *v/i* climb (***a*** up), scale (***a*** sth)
trepidante *adj fig* frenetic
tres *adj* three; **trescientos** *adj* three hundred
tresillo *m* living-room suite, *Br* three-piece suite
treta *f* trick, ploy
triángulo *m* triangle
tribu *f* tribe
tribuna *f* grandstand
tribunal *m* court; ***Tribunal Supremo*** Supreme Court
tributo *m* tribute; (*impuesto*) tax
triciclo *m* tricycle
tricotar <1a> *v/i* knit
trifulca *f* F brawl, punch-up F
trigo *m* wheat
trillado *adj fig* hackneyed, clichéd; **trillar** <1a> *v/t* AGR thresh
trillizos *mpl* triplets
trillón *m* quintillion, *Br* trillion
trimestral *adj* quarterly; **trimestre** *m* quarter; *escolar* semester, *Br* term
trinar <1a> *v/i* trill, warble; ***está que trina*** *fig* F he's fuming F, he's hopping mad F
trincar <1g> *v/t* F *criminal* catch
trinchera *f* MIL trench
trineo *m* sled, sleigh
trino *m* trill, warble

trío *m* trio
tripa *f* F belly F, gut F; ***hacer de ~s corazón*** *fig* pluck up courage
triple *m*: ***el ~ que el año pasado*** three times as much as last year; **triplicar** <1g> *v/t* triple, treble
trípode *m* tripod
tripulación *f* AVIA, MAR crew; **tripular** <1a> *v/t* man
triquiñuela *f* F dodge F, trick
tris *m*: ***estuvo en un ~ de caerse*** F she came within an inch of falling
triste *adj* sad; **tristeza** *f* sadness
triturar <1a> *v/t* grind
triunfador 1 *adj* winning **2** *m*, **~a** *f* winner, victor; **triunfar** <1a> *v/i* triumph, win; **triunfo** *m* triumph, victory; *en naipes* trump
trivial *adj* trivial
triza *f*: ***hacer ~s*** F *jarrón* smash to bits; *papel*, *vestido* tear to shreds
trocear <1a> *v/t* cut into pieces, cut up
troche: ***había errores a ~ y moche*** F there were mistakes galore F
trofeo *m* trophy
troglodita *m/f* cave-dweller
troj(e) *f Arg* granary
trola *f* F fib
trolebús *m* trolley bus
tromba *f*: ***~ de agua*** downpour
trombón *m* MÚS trombone
trombosis *f* MED thrombosis
trompa 1 *adj* F wasted F **2** *f* MÚS horn; ZO trunk
trompazo *m L.Am.* F whack F; ***darse un ~ con algo*** F bang into sth; **trompearse** <1a> *L.Am.* F fight, lay into each other F
trompeta *f* MÚS trumpet; **trompetista** *m/f* MÚS trumpeter
trompicón *m*: ***a ~es*** in fits and starts
trompo *m* spinning top
trona *f* high chair
tronar <1m> *v/i* thunder
troncha *f S.Am.* slice, piece; **tronchante** *adj* F sidesplitting; **troncharse** <1a> *v/r*: ***~ de risa*** F split one's sides laughing
tronco *m* trunk; *cortado* log; ***dormir como un ~*** sleep like a log
trono *m* throne
tropa *f* MIL (*soldado raso*) ordinary soldier; ***~s*** troops
tropel *m*: ***en ~*** in a mad rush; ***salir en ~*** pour out
tropezar <1f> *v/i* trip, stumble
tropical *adj* tropical; **trópico** *m* tropic
tropiezo *m fig* setback
tropilla *f L.Am.* herd
trotar <1a> *v/i fig* gad around; **trote** *m* trot; ***ya no estoy para esos ~s*** I'm not up to it any more
trozo *m* piece
trucha *f* ZO trout
truco *m* trick; ***coger el ~ a algo*** F get the hang of sth F
truculento *adj* horrifying
trueno *m* thunder
trueque *m* barter
trufa *f* BOT truffle
truhán *m* rogue
Tte. *abr* (= ***Teniente***) Lieut. (= Lieutenant)
tú *pron sg* you; ***tratar de ~*** address as 'tu'
tu, **tus** *adj pos* your
tuberculosis *f* MED TB, tuberculosis
tubería *f* pipe; **tubo** *m* tube; ***~ de escape*** AUTO exhaust (pipe); ***por un ~*** F an enormous amount
tucán *m* ZO toucan
tuerca *f* TÉC nut
tulipán *m* BOT tulip
tullido *m* cripple
tumba *f* tomb, grave
tumbar <1a> **1** *v/t* knock down **2** *v/r* **~se** lie down; **tumbo** *m* tumble; ***ir dando ~s*** stagger along; **tumbona** *f* (sun) lounger
tumor *m* MED tumo(u)r
tumulto *m* uproar
tuna *f Méx fruta* prickly pear
tunda *f* F beating
tundra *f* GEOG tundra
túnel *m* tunnel; ***~ de lavado*** car wash
Túnez Tunisia
túnica *f* tunic
tuntún: ***decir algo al buen~*** say sth off the top of one's head
tupé *m* F quiff

tupido *adj pelo* thick; *vegetación* dense, thick
turbante *m* turban
turbar <1a> **1** *v/t* (*emocionar*) upset; *paz, tranquilidad* disturb; (*avergonzar*) embarrass **2** *v/r* **~se** (*emocionarse*) get upset; *de paz, tranquilidad* be disturbed; (*avergonzarse*) get embarrassed
turbina *f* turbine
turbio *adj* cloudy, murky; *fig* shady, murky
turbo *m* turbo
turbulencia *f* turbulence; **turbulento** *adj* turbulent
turco 1 *adj* Turkish **2** *m*, **-a** *f* Turk
turismo *m* tourism; *automóvil* sedan, *Br* saloon (car); **~ *rural*** tourism in rural areas; **turista** *m/f* tourist; **turístico** *adj* tourist *atr*
turnarse <1a> *v/r* take it in turns; **turno** *m* turn; **~ *de noche*** night shift; ***por ~s*** in turns
turquesa *f piedra preciosa* turquoise; ***azul ~*** turquoise
Turquía Turkey
turrón *m* nougat
turulato *adj* F stunned, dazed
tute *m*: ***darse un ~*** F work like a dog F, slave F
tutear <1a> *v/t* address as 'tu'
tutiplén: ***había comida a ~*** F there was loads *o* masses to eat F
tutor *m*, **~a** *f* EDU tutor
tuve *vb* → ***tener***
tuvo *vb* → ***tener***
tuyo, tuya *pron pos* yours; ***los tuyos*** your folks, your family
TV *abr* (= ***televisión***) TV (= television)

U

u *conj* (*instead of* **o** *before words starting with o*) or
ubicación *f L.Am.* location; (*localización*) finding; **ubicado** *adj* located, situated; **ubicar** <1g> **1** *v/t L.Am.* place, put; (*localizar*) locate **2** *v/r* **~se** be located, be situated; *en un empleo* get a job; **ubicuo** *adj* ubiquitous
ubre *f* udder
UCI *abr* (= ***Unidad de Cuidados Intensivos***) ICU (= Intensive Care Unit)
Ud. *pron*→ ***usted***
Uds. *pron*→ ***ustedes***
UE *abr* (= ***Unión Europea***) EU (= European Union)
ufano *adj* conceited; (*contento*) proud
ujier *m* usher
úlcera *f* MED ulcer; **ulcerarse** <1a> *v/r* MED become ulcerous, ulcerate
ulterior *adj* subsequent
últimamente *adv* lately; **ultimar** <1a> *v/t* finalize; *L.Am.* (*rematar*) finish off; **ultimátum** *m* ultimatum; **último** *adj* last; (*más reciente*) latest; *piso* top *atr*; ***-as noticias*** latest news *sg*; ***por ~*** finally; ***está en las -as*** he doesn't have long (to live)
ultra *m* POL right-wing extremist; **ultraderecha** *f* POL extreme right
ultrajante *adj* outrageous; *palabras* insulting; **ultrajar** <1a> *v/t* outrage; (*insultar*) insult; **ultraje** *m* outrage; (*insulto*) insult
ultraligero *m* AVIA microlight
ultramarinos *mpl* groceries; ***tienda de ~*** grocery store, *Br* grocer's (shop)
ultramoderno *adj* ultramodern
ultranza: ***a ~*** for all one is worth; ***un defensor a ~ de algo*** an ardent defender of sth

ultrasónico *adj* ultrasonic; **ultrasonido** *m* ultrasound
ultratumba *f*: ***la vida de ~*** life beyond the grave
ultravioleta *adj* ultraviolet
ulular <1a> *v/i de viento* howl; *de búho* hoot
umbilical *adj* ANAT umbilical
umbral *m fig* threshold; ***en el ~ de*** *fig* on the threshold of
umbrío *adj* shady
un, una *art* a; *antes de vocal y h muda* an; ***~os coches/pájaros*** some cars / birds
unánime *adj* unanimous; **unanimidad** *f* unanimity; ***por ~*** unanimously
unción *f fig* unction
undécimo *adj* eleventh
ungir <3c> *v/t* REL anoint; **ungüento** *m* ointment
únicamente *adv* only; **único** *adj* only; (*sin par*) unique; ***es ~*** it's unique; ***hijo ~*** only child; ***lo ~ que …*** the only thing that …
unicornio *m* MYTH unicorn
unidad *f* MIL, MAT unit; (*cohesión*) unity; ***~ de cuidados intensivos***, ***~ de vigilancia intensiva*** MED intensive care unit; ***~ de disco*** INFOR disk drive; ***~ monetaria*** monetary unity; **unido** *adj* united; ***una familia -a*** a close-knit family; **unificación** *f* unification; **unificar** <1g> *v/t* unify
uniformar <1a> *v/t fig* standardize; **uniforme 1** *adj* uniform; *superficie* even **2** *m* uniform
unilateral *adj* unilateral
unión *f* union; ***Unión Europea*** European Union
unir <3a> **1** *v/t* join; *personas* unite; *características* combine (***con*** with); *ciudades* link **2** *v/r* ***~se*** join together; ***~se a*** join
unisex *adj* unisex
unísono *adj*: ***al ~*** in unison
unitario *adj* unitary; ***precio ~*** unit price
universal *adj* universal
universidad *f* university; ***~ a distancia*** *university correspondence school*, *Br* Open University; **universitario 1** *adj* university *atr* **2** *m*, **-a** *f* (*estudiante*) university student
universo *m* universe
uno 1 *pron* one; ***es la -a*** it's one o'clock; ***me lo dijo ~*** someone *o* somebody told me; ***~ a ~***, ***~ por ~***, ***de ~ en ~*** one by one; ***no dar ni -a*** F not get anything right; ***~s cuantos*** a few, some; ***~s niños*** some children; ***-as mil pesetas*** about a thousand pesetas **2** *m* one; ***el ~ de enero*** January first, the first of January
untar <1a> *v/t* spread; ***~ a alguien*** F (*sobornar*) grease s.o.'s palm; **untuoso** *adj fig* oily
uña *f* ANAT nail; ZO claw; ***defenderse con ~s y dientes*** *fig* F fight tooth and nail; ***ser ~ y carne*** *personas* be extremely close
uperisado *adj*: ***leche -a*** UHT milk
uranio *m* uranium
urbanidad *f* civility; **urbanismo** *m* city planning, *Br* town planning; **urbanización** *f* (urban) development; (*colonia*) housing development, *Br* housing estate; **urbanizar** <1f> *v/t terreno* develop; **urbano** *adj* urban; (*cortés*) courteous; ***guardia ~*** local police officer; **urbe** *f* city
urdir <3a> *v/t complot* hatch
urea *f* urea
uretra *f* ANAT urethra
urgencia *f* urgency; (*prisa*) haste; MED emergency; ***~s*** *pl* emergency room *sg*, *Br* casualty *sg*; **urgente** *adj* urgent; **urgir** <3c> *v/i* be urgent
urinario *m* urinal
urna *f* urn; ***~ electoral*** ballot box
urólogo *m* MED urologist
urraca *f* ZO magpie
URSS *abr* (= ***Unión de las Repúblicas Socialistas Soviéticas***) HIST USSR (= Union of Soviet Socialist Republics)
urticaria *f* MED hives
Uruguay Uruguay; **uruguayo 1** *adj* Uruguayan **2** *m*, **-a** *f* Uruguayan

usado *adj* (*gastado*) worn; (*de segunda mano*) second hand; **usar** <1a> **1** *v/t* use; *ropa, gafas* wear **2** *v/i*: ***listo para ~*** ready to use **3** *v/r* **~se** be used; **uso** *m* use; (*costumbre*) custom; ***obligatorio el ~ de casco*** helmets must be worn; ***en buen ~*** still in use

usted *pron* you; ***tratar de ~*** address as 'usted'; ***~es*** *pl* you; ***de ~ / ~es*** your; ***es de ~ / ~es*** it's yours

usual *adj* common, usual

usuario *m*, **-a** *f* INFOR user

usufructo *m* JUR usufruct

usura *f* usury; **usurero** *m*, **-a** *f* usurer

usurpar <1a> *v/t* usurp

utensilio *m* tool; *de cocina* utensil; **~s** *pl* equipment *sg*; ***~s pl de pesca*** fishing tackle *sg*

útero *m* ANAT uterus

útil **1** *adj* useful **2** *m* tool; ***~es pl de pesca*** fishing tackle *sg*; **utilidad** *f* usefulness; **utilitario** **1** *adj* functional, utilitarian **2** *m* AUTO compact; **utilitarismo** *m* utilitarianism; **utilización** *f* use; **utilizar** <1f> *v/t* use

utopía *f* utopia; **utópico** *adj* utopian

uva *f* BOT grape; ***estar de mala ~*** F be in a foul mood; ***tener mala ~*** F be a nasty piece of work F

UVI *abr* (= ***Unidad de Vigilancia Intensiva***) ICU (= Intensive Care Unit)

úvula *f* ANAT uvula

V

va *vb* → ***ir***

vaca *f* cow; GASTR beef; ***~ lechera*** dairy cow; ***~ marina*** manatee, sea cow; ***mal*** *or* ***enfermedad de las ~s locas*** F mad cow disease F

vacaciones *fpl* vacation *sg*, *Br* holiday *sg*; ***de ~*** on vacation, *Br* on holiday

vacante **1** *adj* vacant, empty **2** *f* job opening, position, *Br* vacancy; ***cubrir una ~*** fill a position; **vaciar** <1b> **1** *v/t* empty **2** *v/r* **~se** empty

vacilación *f* hesitation; **vacilante** *adj* unsteady; (*dubitativo*) hesitant; **vacilar** <1a> **1** *v/i* hesitate; *de fe, resolución* waver; *de objeto* wobble, rock; *de persona* stagger; *Méx* F (*divertirse*) have fun **2** *v/t* F make fun of

vacío **1** *adj* empty **2** *m* FÍS vacuum; *fig espacio* void; ***~ de poder*** power vacuum; ***~ legal*** loophole; ***dejar un ~*** *fig* leave a gap; ***envasado al ~*** vacuum packed; ***hacer el ~ a alguien*** *fig* ostracize s.o.

vacuna *f* vaccine; **vacunación** *f* vaccination; **vacunar** <1a> *v/t* vaccinate

vacuno *adj* bovine; ***ganado ~*** cattle *pl*

vacuo *adj fig* vacuous

vadear <1a> *v/t río* ford; *dificultad* get around; **vado** *m* ford; *en la calle* entrance ramp; ***~ permanente*** *letrero* keep clear

vagabundear <1a> *v/i* drift around; **vagabundo** **1** *adj perro* stray **2** *m*, **-a** *f* hobo, *Br* tramp; **vagancia** *f* laziness, idleness; **vagar** <1h> *v/i* wander

vagido *m de bebe* cry

vagina *f* ANAT vagina

vago *adj* (*holgazán*) lazy; (*indefinido*) vague; ***hacer el ~*** laze around

vagón *m de carga* wagon; *de pasajeros* car, *Br* coach; ***~ restaurante*** dining car, *Br tb* restaurant car

vaguear <1a> *v/i* laze around;

vaguedad *f* vagueness
vahido *m* MED dizzy spell; **vaho** *m* (*aliento*) breath; (*vapor*) steam
vaina *f* BOT pod; *S.Am.* F drag F
vainilla *f* vanilla
vais *vb* → ***ir***
vaivén *m* to-and-fro, swinging; ***vaivenes*** *fig* ups and downs
vajilla *f* dishes *pl*; *juego* dinner service, set of dishes
vale *m* voucher, coupon
valedero *adj* valid
valentía *f* bravery
valer <2q> **1** *v/t* be worth; (*costar*) cost **2** *v/i de billete, carné* be valid; (*estar permitido*) be allowed; (*tener valor*) be worth; (*servir*) be of use; ***no ~ para algo*** be no good at sth; ***vale más caro*** it's more expensive; ***sus consejos me valieron de mucho*** his advice was very useful to me; ***más vale ...*** it's better to ...; ***más te vale ...*** you'd better ...; ***¡vale!*** okay, sure **3** *v/r* **~se** manage (by o.s.); ***~se de*** make use of
valeriana *f* BOT valerian
valeroso *adj* valiant
valga *vb* → ***valer***
valgo *vb* → ***valer***
valía *f* worth
validar <1a> *v/t* validate; **validez** *f* validity; **válido** *adj* valid
valiente *adj* brave; *irón* fine
valija *f* (*maleta*) bag, suitcase, *Br tb* case; **~ *diplomática*** diplomatic bag
valioso *adj* valuable
valla *f* fence; DEP, *fig* hurdle; **~ *publicitaria*** billboard, *Br* hoarding; ***carrera de ~s*** DEP hurdles; **vallado** *m* fence; **vallar** <1a> *v/t* fence in
valle *m* valley
valor *m* value; (*valentía*) courage; **~ *añadido***, *L.Am.* **~ *agregado*** value added; **~ *nominal*** *de acción* nominal value; *de título* par value; ***objetos de ~*** valuables; ***~es*** COM securities
valoración *f* (*tasación*) valuation; **valorar** <1a> *v/t* value (***en*** at); (*estimar*) appreciate, value
vals *m* waltz
valuar <1e> *v/t* value
válvula *f* ANAT, EL valve; **~ *de escape*** *fig* safety valve
vampiro *m fig* vampire
van *vb* → ***ir***
vanagloriarse <1b> *v/r* boast (***de*** about), brag (***de*** about)
vandálico *adj* destructive; **vandalismo** *m* vandalism; **vándalo** *m*, **-a** *f* vandal
vanguardia *f* MIL vanguard; ***de ~*** *fig* avant-garde
vanidad *f* vanity; **vanidoso** *adj* conceited, vain; **vano** *adj* futile, vain; ***en ~*** in vain
vapor *m* vapo(u)r; *de agua* steam; ***cocinar al ~*** steam; **vaporizar** <1f> **1** *v/t* vaporize **2** *v/r* **~se** vaporize; **vaporoso** *adj* vaporous; *fig: vestido* gauzy, filmy
vapulear <1a> *v/t* beat up; **vapuleo** *m* beating
vaquería *f* dairy; **vaquero 1** *adj tela* denim; ***pantalones ~s*** jeans **2** *m* cowboy, cowhand; **vaquilla** *f* heifer
vara *f* stick; TÉC rod; (*bastón de mando*) staff
varapalo *m* F (*contratiempo*) hitch F, setback
variable *adj* variable; *tiempo* changeable; **variación** *f* variation; **variado** *adj* varied; **variar** <1c> **1** *v/t* vary; (*cambiar*) change **2** *v/i* vary; (*cambiar*) change; ***para ~*** for a change
varice *f* MED varicose vein
varicela *f* MED chickenpox
variedad *f* variety; ***~es*** *pl* vaudeville *sg*, *Br* variety *sg*
variopinto *adj* varied, diverse
varios *adj* several
varita *f*: **~ *mágica*** magic wand
variz *f* varicose vein
varón *m* man, male; **varonil** *adj* manly, virile
vas *vb* → ***ir***
vasallo *m* vassal
vasco 1 *adj* Basque; ***País Vasco*** Basque country **2** *m idioma* Basque **3** *m*, **-a** *f* Basque; **Vascongadas** *fpl*

V

Basque country *sg*; **vascuence** *m* Basque
vascular *adj* ANAT vascular
vasectomía *f* MED vasectomy
vaselina *f* Vaseline®
vasija *f* container, vessel; **vaso** *m* glass; ANAT vessel
vasto *adj* vast
Vaticano *m* Vatican
vaticinar <1a> *v/t* predict, forecast; **vaticinio** *m* prediction, forecast
vatio *m* EL watt
vaya 1 *vb* → ***ir* 2** *int* well!
V.° B.° *abr* (= ***visto bueno***) approved, OK
Vd. *pron* → ***usted***
Vds. *pron* → ***usted***
ve *vb* → ***ir, ver***
vea *vb* → ***ver***
vecindad *f Méx* poor area; **vecindario** *m* neighbo(u)rhood; **vecino 1** *adj* neighbo(u)ring **2** *m*, **-a** *f* neighbo(u)r
vedado *m*: **~ *de caza*** game reserve
vedar <1a> *v/t* ban, prohibit
vedette *f* star
vegetación *f* vegetation; **vegetal 1** *adj* vegetable, plant *atr* **2** *m* vegetable; **vegetar** <1a> *v/i fig* vegetate; **vegetariano 1** *adj* vegetarian **2** *m*, **-a** *f* vegetarian
vehemente *adj* vehement
vehículo *m tb fig* vehicle; MED carrier
veinte *m/adj* twenty; **veintena** *f* twenty; *aproximadamente* about twenty
vejación *f* humiliation; **vejar** <1a> *v/t* humiliate
vejestorio *m* F old fossil F, old relic F
vejez *f* old age
vejiga *f* ANAT bladder
vela *f para alumbrar* candle; DEP sailing; *de barco* sail; ***a toda*** **~** F flat out F, all out F; ***estar a dos ~s*** F be broke F; ***pasar la noche en*** **~** stay up all night; **velada** *f* evening; **velador** *m L.Am. lámpara* bedlamp, *Br* bedside light; *Chi mueble* nightstand, *Br* bedside table; **velar** <1a> *v/i*: **~ *por algo*** look after sth;
velatorio *m* wake
velcro® *m* Velcro
veleidad *f* fickleness
velero *m* MAR sailing ship
veleta 1 *f* weathervane **2** *m/f fig* weathercock
vello *m* (body) hair
velo *m* veil
velocidad *f* speed; (*marcha*) gear
velódromo *m* velodrome
veloz *adj* fast, speedy
ven *vb* → ***venir***
vena *f* ANAT vein; ***le dio la ~ y lo hizo*** F she just upped and did it F; ***estar en ~*** F be on form
venado *m* ZO deer
vencedor 1 *adj* winning **2** *m*, **~a** *f* winner
vencejo *m* ZO swift
vencer <2b> **1** *v/t* defeat; *fig* (*superar*) overcome **2** *v/i* win; COM *de plazo etc* expire; **vencido** *adj*: ***darse por ~*** admit defeat, give in; ***a la tercera va la -a*** third time lucky; **vencimiento** *m* expiration, *Br* expiry; *de bono* maturity
venda *f* bandage; **vendaje** *m* MED dressing; **vendar** <1a> *v/t* MED bandage, dress; **~ *los ojos a alguien*** blindfold s.o.
vendaval *m* gale
vendedor *m*, **~a** *f* seller; **vender** <2a> **1** *v/t* sell; *fig* (*traicionar*) betray **2** *v/r* **~se** sell o.s.; ***~se al enemigo*** sell out to the enemy
vendimia *f* grape harvest; **vendimiar** <1b> *v/t uvas* harvest, pick
vendré *vb* → ***venir***
veneno *m* poison; **venenoso** *adj* poisonous
venerable *adj* venerable; **venerar** <1a> *v/t* venerate, worship
venéreo *adj* MED venereal
venezolano 1 *adj* Venezuelan **2** *m*, **-a** *f* Venezuelan; **Venezuela** Venezuela
venga *vb* → ***venir***
venganza *f* vengeance, revenge; **vengar** <1h> **1** *v/t* avenge **2** *v/r* **~se** take revenge (***de*** on; ***por*** for);
vengativo *adj* vengeful

vengo *vb* → ***venir***
venir <3s> **1** *v/i* come; ***~ de España*** come from Spain; ***~ bien*** be convenient; ***~ mal*** be inconvenient; ***le vino una idea*** an idea occurred to him; ***viene a ser lo mismo*** it comes down to the same thing; ***el año que viene*** next year; ***¡venga!*** come on; ***¿a qué viene eso?*** why do you say that? **2** *v/r* **~se**: ***~se abajo*** collapse; *fig*: *de persona* fall apart, go to pieces
venta *f* sale; ***~ por correo*** *or* ***por catálogo*** mail order; ***~ al detalle*** *or* ***al por menor*** retail; ***en ~*** for sale
ventaja *f* advantage; DEP *en carrera*, *partido* lead; ***~ fiscal*** tax advantage; **ventajoso** *adj* advantageous
ventana *f* window; ***~ de la nariz*** nostril; **ventanilla** *f* AVIA, AUTO, FERR window; MAR porthole
ventilación *f* ventilation; **ventilador** *m* fan; **ventilar** <1a> *v/t* air; *fig*: *problema* talk over; *opiniones* air
ventisca *f* blizzard
ventosa *f* ZO sucker
ventosidad *f* wind, flatulence
ventrílocuo *m* ventriloquist
veo *vb* → ***ver***
ver <2v; *part* **visto**> **1** *v/t* see; *televisión* watch; JUR *pleito* hear; *L.Am.* (*mirar*) look at; ***está por ~*** it remains to be seen; ***no puede verla*** *fig* he can't stand the sight of her; ***no tiene nada que ~ con*** it doesn't have anything to do with; ***¡a ~!*** let's see; ***¡hay que ~!*** would you believe it!; ***ya veremos*** we'll see **2** *v/i L.Am.* (*mirar*) look; ***ve aquí dentro*** *L.Am.* look in here **3** *v/r* **~se** see o.s.; (*encontrarse*) see one another; ***¡habráse visto!*** would you believe it!; ***¡se las verá conmigo!*** F he'll have me to deal with!
veranear <1a> *v/i* spend the summer vacation *o Br* holidays; **veraniego** *adj* summer *atr*; **verano** *m* summer
veras *f*: ***de ~*** really, truly
verbal *adj* GRAM verbal
verbena *f* (*fiesta*) party
verbo *m* GRAM verb; **verborrea** *f* *desp* verbosity
verdad *f* truth; ***a decir ~*** to tell the truth; ***de ~*** real, proper; ***no te gusta, ¿~?*** you don't like it, do you?; ***vas a venir, ¿~?*** you're coming, aren't you?; ***es ~*** it's true, it's the truth; **verdadero** *adj* true; (*cierto*) real
verde **1** *adj* green; *fruta* unripe; F *chiste* blue, dirty; ***viejo ~*** dirty old man; ***poner ~ a alguien*** F criticize s.o. **2** *m* green; ***los ~s*** POL the Greens; **verdoso** *adj* greenish
verdugo *m* executioner
verdulería *f* fruit and vegetable store, *Br* greengrocer's; **verdura** *f*: ~(**s**) (*hortalizas*) greens *pl*, (green) vegetables *pl*
vereda *f S.Am.* sidewalk, *Br* pavement; ***meter alguien en ~*** *fig* put s.o. back on the straight and narrow, bring s.o. into line
veredicto *m* JUR, *fig* verdict
verga *f* rod
vergel *m* orchard
vergonzoso *adj* disgraceful, shameful; (*tímido*) shy; **vergüenza** *f* shame; (*escándalo*) disgrace; ***me da ~*** I'm embarrassed; ***es una ~*** it's a disgrace; ***no sé cómo no se te cae la cara de ~*** you should be ashamed (of yourself)
vericuetos *mpl fig* twists and turns
verídico *adj* true
verificar <1g> *v/t* verify
verja *f* railing; (*puerta*) iron gate
vermú, **vermut** *m* vermouth
verosímil *adj* realistic; (*creíble*) plausible
verruga *f* wart
versado *adj* well-versed (***en*** in)
versar <1a> *v/i*: ***~ sobre*** deal with, be about
versátil *adj* fickle; *artista* versatile
versículo *m* verse
versión *f* version; ***en ~ original*** *película* original language version
verso *m* verse
vértebra *f* ANAT vertebra
vertedero *m* dump, tip; **verter** <2g> *v/t* dump; (*derramar*) spill; *fig*:

opinión voice
vertical *adj* vertical
vertido *m* dumping; **~s** *pl* waste *sg*
vertiente *f L.Am.* (*cuesta*) slope; (*lado*) side
vertiginoso *adj* dizzy; (*rápido*) frantic; **vértigo** *m* MED vertigo; ***darle a alguien ~*** make s.o. dizzy
vesícula *f* blister; ***~ biliar*** ANAT gallbladder
vespa® *f* motorscooter
vestíbulo *m de casa* hall; *de edifico público* lobby
vestido *m* dress; *L.Am. de hombre* suit
vestigio *m* vestige, trace
vestir <3l> **1** *v/t* dress; (*llevar puesto*) wear **2** *v/i* dress; ***~ de negro*** wear black, dress in black; ***~ de uniforme*** wear a uniform **3** *v/r* **~se** get dressed; (*disfrazarse*) dress up; ***~se de algo*** wear sth
vestuario *m* DEP locker room; TEA wardrobe
veta *f* MIN vein
vetar <1a> *v/t* POL veto
veterano 1 *adj* veteran; (*experimentado*) experienced **2** *m*, **-a** *f* veteran
veterinario 1 *adj* veterinary **2** *m*, **-a** *f* veterinarian, vet
veto *m* veto
vetusto *adj* ancient
vez *f* time; ***a la ~*** at the same time; ***a su ~*** for his / her part; ***cada ~ que*** every time that; ***de ~ en cuando*** from time to time; ***en ~ de*** instead of; ***érase una ~*** once upon a time, there was; ***otra ~*** again; ***tal ~*** perhaps, maybe; ***una ~*** once; ***a veces*** sometimes; ***muchas veces*** (*con frecuencia*) often; ***hacer las veces de*** *de objeto* serve as; *de persona* act as
vi *vb* → ***ver***
vía 1 *f* FERR track; ***~ estrecha*** FERR narrow gauge; ***darle ~ libre a alguien*** give s.o. a free hand; ***por ~ aérea*** by air; ***en ~s de*** *fig* in the process of **2** *prp* via
viable *adj plan, solución* viable, feasible
viaducto *m* viaduct
viajante *m/f* sales rep; **viajar** <1a> *v/i* travel; **viaje** *m* trip, journey; ***~ organizado*** package tour; ***~ de ida*** outward journey; ***~ de ida y vuelta*** round trip; ***~ de novios*** honeymoon; ***~ de vuelta*** return journey; **viajero** *m*, **-a** *f* travel(l)er
viario *adj* road *atr*; ***educación -a*** instruction in road safety
víbora *f tb fig* viper
vibración *f* vibration; **vibrante** *adj fig* exciting; **vibrar** <1a> *v/t* vibrate
vicaría *f* pastor's house, vicarage; ***pasar por la ~*** F get married in church
vicecónsul *m* vice-consul
vicepresidente *m*, **-a** *f* POL vice-president; COM vice-president, *Br* deputy chairman
vicerrector *m* vice-rector
viceversa *adv*: ***y ~*** and vice versa
viciado *adj aire* stuffy; **viciarse** <1b> *v/r* fall into bad habits; **vicio** *m* vice; ***pasarlo de ~*** F have a great time F; **vicioso** *adj* vicious; (*corrompido*) depraved
vicisitudes *fpl* ups and downs
víctima *f* victim; **victimar** <1a> *v/t L.Am.* kill
victoria *f* victory; ***cantar ~*** claim victory; **victorioso** *adj* victorious
vicuña *f* ZO vicuna
vid *f* vine
vida *f* life; *esp* TÉC life span; ***de por ~*** for life; ***en mi ~*** never (in my life); ***ganarse la ~*** earn a living; ***hacer la ~ imposible a alguien*** make s.o.'s life impossible; ***~ mía*** my love
vidente *m/f* seer, clairvoyant
vídeo *m* video
videocámara *f* video camera
videocas(s)et(t)e *m* video cassette
videoclip *m* pop video
videoconferencia *f* video conference
videojuego *m* video game
videotex(to) *m* videotext
vidriera *f L.Am.* shop window; **vidrio** *m L.Am.* glass; (*ventana*) window

vieira *f* ZO scallop
vieja *f* old woman; **viejo 1** *adj* old **2** *m* old man; ***mis ~s*** F my folks F
viendo *vb* → ***ver***
viene *vb* → ***venir***
viento *m* wind; ***~ en popa*** *fig* F splendidly; ***contra ~ y marea*** *fig* come what may; ***hacer ~*** be windy; ***proclamar a los cuatro ~s*** *fig* shout from the rooftops
vientre *m* belly
viernes *m inv* Friday; ***Viernes Santo*** Good Friday
Vietnam Vietnam; **vietnamita** *adj & m/f* Vietnamese
viga *f* beam, girder
vigente *adj legislación* in force
vigésimo *adj* twentieth
vigilante 1 *adj* watchful, vigilant **2** *m L.Am.* policeman; ***~ nocturno*** night watchman; ***~ jurado*** security guard; **vigilar** <1a> **1** *v/i* keep watch **2** *v/t* watch; *a un preso* guard
vigor *m* vigo(u)r; ***en ~*** in force; **vigoroso** *adj* vigorous
vil *adj* vile, despicable
vilipendiar <1b> *v/t* insult, vilify *fml*; (*despreciar*) revile
villa *f* town
villancico *m* Christmas carol
villano 1 *adj* villainous **2** *m*, **-a** *f* villain
vilo: ***en ~*** in the air; *fig* in suspense, on tenterhooks; ***levantar en ~*** lift off the ground; ***tener a alguien en ~*** *fig* keep s.o. in suspense *o* on tenterhooks
vinagre *m* vinegar; **vinagrera** *f* vinegar bottle; *S.Am.* (*indigestión*) indigestion; ***~s*** *pl* cruet *sg*; **vinagreta** *f* vinaigrette
vincha *f S.Am.* hairband
vinculante *adj* binding; **vincular** <1a> *v/t* link (***a*** to); (*comprometer*) bind; **vínculo** *m* link; *fig* (*relación*) tie, bond
vindicar <1g> *v/t* vindicate
vine *vb* → ***venir***
vinícola *adj región, país* wine-growing *atr*; *industria* wine-making *atr*
viniendo *vb* → ***venir***

vinicultura *f* wine-growing
vino 1 *m* wine; ***~ blanco*** white wine; ***~ de mesa*** table wine; ***~ tinto*** red wine **2** *vb* → ***venir***
viña *f* vineyard; **viñatero** *m*, **-a** *f S.Am.* wine grower; **viñedo** *m* vineyard
viñeta *f* TIP vignette
vio *vb* → ***ver***
viola *f* MÚS viola
violación *f* rape; *de derechos* violation; **violador** *m*, **~a** *f* rapist; **violar** <1a> *v/t* rape
violencia *f* violence; **violentar** <1a> *v/t puerta* force; (*incomodar*) embarrass; **violento** *adj* violent; (*embarazoso*) embarrassing; *persona* embarrassed
violeta 1 *f* BOT violet **2** *m/adj* violet
violín *m* violin; **violinista** *m/f* violinist; **violonc(h)elo** *m* cello
VIP *m* VIP
viperino *adj* malicious; ***lengua -a*** sharp tongue
viral *adj* viral
virar <1a> *v/t* MAR, AVIA turn
virgen 1 *adj* virgin; *cinta* blank; ***lana ~*** pure new wool **2** *f* virgin; **virginidad** *f* virginity
Virgo *m/f inv* ASTR Virgo
virguería *f*: **hace ~s** P he's a whizz F
vírico *adj* viral
viril *adj* virile, manly
virtual *adj* virtual
virtud *f* virtue; ***en ~ de*** by virtue of; **virtuoso 1** *adj* virtuous **2** *m*, **-a** *f* virtuoso
viruela *f* MED smallpox
virulento *adj* MED, *fig* virulent
virus *m inv* MED virus; ***~ informático*** computer virus
viruta *f* shaving
visa *f L.Am.* visa
visado *m* visa
vísceras *fpl* guts, entrails; **visceral** *adj fig* gut *atr*, visceral
viscoso *adj* viscous
visera *f de gorra* peak; *de casco* visor
visibilidad *f* visibility; **visible** *adj* visible; *fig* evident, obvious
visillo *m* sheer, *Br* net curtain

visión *f* vision, sight; *fig* vision; (*opinión*) view; ***tener ~ de futuro*** be forward looking
visita *f* visit; ***~ a domicilio*** house call; ***~ guiada*** guided tour; ***hacer una ~ a alguien*** visit s.o.; **visitante 1** *adj* visiting; DEP away **2** *m/f* visitor; **visitar** <1a> *v/t* visit
vislumbrar <1a> *v/t* glimpse
visos *mpl*: ***tener ~ de*** show signs of
visón *m* ZO mink
víspera *f* eve; ***en ~s de*** on the eve of
vista *f* (eye)sight; JUR hearing; ***~ cansada*** MED tired eyes; ***a la ~*** COM at sight, on demand; ***a primera ~*** at first sight; ***con ~s a*** with a view to; ***en ~ de*** in view of; ***hasta la ~*** bye!, see you!; ***hacer la ~ gorda*** *fig* F turn a blind eye; ***tener ~ para algo*** *fig* have a good eye for sth; ***volver la ~ atrás*** *tb fig* look back; **vistazo** *m* look; ***echar un ~ a*** take a (quick) look at
viste *vb* → ***ver***, ***vestir***
visto 1 *part* → ***ver*** **2** *adj*: ***está bien ~*** it's the done thing; ***está mal ~*** it's not done, it's not the done thing; ***está ~ que*** it's obvious that; ***estar muy ~*** be old hat, not be original; ***por lo ~*** apparently **3** *m* check(mark), *Br* tick; ***dar el ~ bueno*** give one's approval; **vistoso** *adj* eye-catching
visual *adj* visual; **visualizar** <1f> *v/t* visualize; *en pantalla* display
vital *adj* vital; *persona* lively; **vitalicio** *adj* life *atr*, for life; ***renta -a*** life annuity; **vitalidad** *f* vitality, liveliness
vitamina *f* vitamin
viticultor *m*, **~a** *f* wine grower
vitores *mpl* cheers, acclaim *sg*; **vitorear** <1a> *v/t* cheer
vítreo *adj* vitreous; **vitrificar** <1g> *v/t* vitrify
vitrina *f* display cabinet; *L.Am.* shop window
vitrocerámica *f* ceramic hob
vituperar <1a> *v/t* condemn
viuda *f* widow; **viudedad** *f* widowhood; ***pensión de ~*** widow's pension; **viudo 1** *adj* widowed **2** *m* widower; ***quedarse ~*** be widowed
viva *int* hurrah!; ***¡~ el rey!*** long live the king!
vivaz *adj* bright, sharp
vivencia *f* experience
víveres *mpl* provisions
vívido *adj* vivid
vivienda *f* housing; (*casa*) house
vivir <3a> **1** *v/t* live through, experience **2** *v/i* live; ***~ de algo*** live on sth;
vivo *adj* alive; *color* bright; *ritmo* lively; *fig* F sharp, smart
vocabulario *m* vocabulary
vocación *f* vocation
vocal 1 *m/f* member **2** *f* vowel; **vocalista** *m/f* vocalist; **vocalizar** <1f> *v/i* vocalize
voceador *m*, **~a** *f Méx* newspaper vendor
vocerío *m* uproar; **vocero** *m*, **-a** *f esp L.Am.* spokesperson; **vociferar** <1a> *v/i* shout
vodka *m* vodka
volador *adj* flying
volandas: ***en ~*** *fig* in the air
volante 1 *adj* flying **2** *m* AUTO steering wheel; *de vestido* flounce; MED referral (slip)
volar <1m> **1** *v/i* fly; *fig* vanish **2** *v/t* fly; *edificio* blow up
volátil *adj tb fig* volatile; **volatilizarse** <1f> *v/r fig* vanish into thin air
volcán *m* volcano; **volcánico** *adj* volcanic
volcar <1g> **1** *v/t* knock over; (*vaciar*) empty; *barco*, *coche* overturn **2** *v/i de coche*, *barco* overturn **3** *v/r* **~se** tip over; ***~se por alguien*** F bend over backwards for s.o., go out of one's way for s.o.; ***~se en algo*** throw o.s. into sth
volea *f tenis* volley
voleibol *m* volleyball
voleo *m*: ***a ~*** at random
voley-playa *m* beach volleyball
voltaje *m* EL voltage
voltear <1a> **1** *v/t L.Am.* (*invertir*) turn over; *Rpl* (*tumbar*) knock over; ***~ el jersey*** turn the sweater inside out; ***~ la cabeza*** turn one's head

2 *v/i* roll over; *de campanas* ring out; **voltereta** *f* somersault
voltio *m* EL volt
voluble *adj* erratic, unpredictable
volumen *m* TIP, MÚS, RAD volume; **~ de negocios** COM turnover
voluntad *f* will; **buena / mala ~** good / ill will; **voluntario 1** *adj* volunteer **2** *m*, **-a** *f* volunteer; **voluntarioso** *adj* willing, enthusiastic
voluptuoso *adj* voluptuous
volver <2h; *part* **vuelto**> **1** *v/t página, mirada etc* turn (**a** to; **hacia** toward); **~ loco** drive crazy **2** *v/i* return; **~ a hacer algo** do sth again **3** *v/r* **~se** turn round; **~se loco** go crazy
vomitar <1a> **1** *v/t* throw up; *lava* hurl, throw out **2** *v/i* throw up, be sick; **tengo ganas de ~** I feel nauseous, *Br* I feel sick; **vómito** *m* MED vomit
vorágine *f* (*remolino*) whirlpool; *fig* whirl
voraz *adj* voracious; *incendio* fierce
vos *pron pers sg Rpl, C.Am., Ven* you
vosotros, vosotras *pron pers pl* you
votación *f* vote, ballot; **votar** <1a> **1** *v/t* (*aprobar*) vote **2** *v/i* vote; **voto** *m* POL vote; **~ en blanco** spoiled ballot paper
voy *vb* → **ir**
voz *f* voice; *fig* rumo(u)r; **~ activa / pasiva** GRAM active / passive voice; **a media ~** in a hushed voice, in a low voice; **a ~ en grito** at the top of one's voice; **en ~ alta** aloud; **en ~ baja** in a low voice; **correr la ~** spread the word; **llevar la ~ cantante** *fig* call the tune, call the shots; **no tener ~ ni voto** *fig* not have a say; **~ en off** voice-over
vuelco 1 *vb* → **volcar 2** *m*: **dar un ~** *fig* F take a dramatic turn; **me dio un ~ el corazón** my heart missed a beat
vuelo 1 *vb* → **volar 2** *m* flight; **~ chárter** charter flight; **~ nacional** domestic flight; **al ~** *coger, cazar* in mid-air; **una falda con ~** a full skirt
vuelta *f* return; *en carrera* lap; **~ de carnero** *L.Am.* half-somersault; **~ al mundo** round-the- world trip; **a la ~** on the way back; **a la ~ de la esquina** *fig* just around the corner; **dar la ~** *llave etc* turn; **dar media ~** turn round; **dar una ~** go for a walk; **dar cien ~s a alguien** F be a hundred times better than s.o. F
vuelto 1 *part* → **volver 2** *m L.Am.* change
vuelvo *vb* → **volver**
vuestro 1 *adj pos* your **2** *pron* yours
vulgar *adj* vulgar, common; *abundante* common; **vulgaridad** *f* vulgarity; **vulgo** *m* lower classes *pl*
vulnerable *adj* vulnerable

W

w. *abr* (= **watio**) w (= watt)
walkman *m* personal stereo
wáter *m* bathroom, toilet
waterpolo *m* DEP water polo
WC *abr* WC
whisky *m* whiskey, *Br* whisky
windsurf(ing) *m* wind-surfing; **windsurfista** *m/f* windsurfer

X

xenofobia *f* xenophobia

xilófono *m* MÚS xylophone

Y

y *conj* and

ya *adv* already; (*ahora mismo*) now; ***¡~!*** *incredulidad* oh, yeah!, sure!; *comprensión* I know, I understand; *asenso* OK, sure; *al terminar* finished!, done!; **~ *no vive aquí*** he doesn't live here any more, he no longer lives here; **~ *que*** since, as; **~ *lo sé*** I know; **~ *viene*** she's coming now; ***¿lo puede hacer? – ¡~ lo creo!*** can she do it? – you bet!; **~ *...* ~ *...*** either … or …

yacaré *m L.Am.* ZO cayman

yacer <2y> *v/i* lie; **yacimiento** *m* MIN deposit

yanqui *m/f* Yankee

yapa *f L.Am.* bit extra (for free); *Pe, Bol* (*propina*) tip

yate *m* yacht

yaya *f* grandma

yayo *m* grandpa

yedra *f* BOT ivy

yegua *f* ZO mare

yema *f* yolk; **~ *del dedo*** fingertip

yendo *vb* → ***ir***

yerba *f L.Am.* grass; **~ *mate*** maté; **yerbatero** *m*, **-a** *f Rpl* herbalist

yerno *m* son-in-law

yeso *m* plaster

yo *pron* I; ***soy*** **~** it's me; **~ *que tú*** if I were you

yodo *m* iodine

yoga *m* yoga

yogur *m* yog(h)urt

yonqui *m/f* F junkie

yuca *f* BOT yucca

yugo *m* yoke

yugular *adj* ANAT jugular

yute *m* jute

yuxtaposición *f* juxtaposition

yuyo *m L.Am.* weed

Yugoslavia Yugoslavia; **yugoslavo** **1** *adj* Yugoslav(ian) **2** *m*, **-a** *f* Yugoslav(ian)

Z

zacatal *m C.Am., Méx* pasture; **zacate** *m C.Am., Méx* fodder

zafarse <1a> *v/r* get away (***de*** from); (*soltarse*) come undone; **~ *de algo*** (*evitar*) get out of sth

zafio *adj* coarse

zafiro *m* sapphire

zaga *f*: ***ir a la*** **~** bring up the rear

zalamero 1 *adj* flattering; *empalagoso* syrupy, sugary **2** *m*, **-a** *f* flatterer, sweet talker
zamba *f Arg* (*baile*) *Argentinian folkdance*
zambomba *f* MÚS *type of drum*
zambullirse <3h> *v/r* dive (***en*** into); *fig* throw o.s. (***en*** into), immerse o.s. (***en*** in)
zamparse <1a> *v/r* F wolf down F
zanahoria *f* carrot
zancada *f* stride
zancadilla *f fig* obstacle; ***poner*** *or* ***echar la ~ a alguien*** trip s.o. up
zancudo *m L.Am.* mosquito
zángano *m* ZO drone; *fig* F lazybones *sg*
zanja *f* ditch; **zanjar** <1a> *v/t fig problemas* settle; *dificultades* overcome
zapatería *f* shoe store, shoe shop; **zapatero** *m*, **-a** *f* shoemaker; ***~ remendón*** shoe mender; **zapatilla** *f* slipper; *de deporte* sneaker, *Br* trainer
Zapatista *m/f Méx member or supporter of the Zapatista National Liberation Army*
zapato *m* shoe
zapear <1a> *v/i* TV F channel hop; **zapeo**, **zapping** *m* TV F channel hopping
zarandear <1a> *v/t* shake violently, buffet; ***~ a alguien*** *fig* give s.o. a hard time
zarpa *f* paw
zarpar <1a> *v/i* MAR set sail (***para*** for)
zarza *f* BOT bramble; **zarzamora** *f* BOT blackberry
zarzuela *f* MÚS *type of operetta*
zascandilear <1a> *v/i* mess around
zigzaguear <1a> *v/i* zigzag
zinc *m* zinc
zócalo *m* baseboard, *Br* skirting board
zodíaco, **zodiaco** *m* AST zodiac
zona *f* area, zone
zoncería *f L.Am.* F stupid thing; **zonzo** *adj L.Am.* F stupid
zoo *m* zoo; **zoológico 1** *adj* zoological **2** *m* zoo
zoom *m* FOT zoom
zopilote *m L.Am.* ZO turkey buzzard
zorra *f* ZO vixen; P whore P; **zorro 1** *adj* sly, crafty **2** *m* ZO fox; *fig* old fox
zozobrar <1a> *v/i* MAR overturn; *fig* go under
zueco *m* clog
zulo *m* hiding place
zumba *f L.Am., Méx* (*paliza*) beating; **zumbar** <1a> **1** *v/i* buzz; ***me zumban los oídos*** my ears are ringing *o* buzzing **2** *v/t golpe, bofetada* give; **zumbido** *m* buzzing
zumo *m* juice
zurcir <3b> *v/t calcetines* darn; *chaqueta, pantalones* patch
zurdo 1 *adj* left-handed **2** *m*, **-a** *f* left-hander
zurrar <1a> *v/t* TÉC tan; ***~ a alguien*** F tan s.o.'s hide F

Z

A

a [ə] *stressed* [eɪ] *art* un(a); ***an island*** una isla; ***$5 a ride*** 5 dólares por vuelta
a·back [ə'bæk] *adv*: ***taken ~*** desconcertado (***by*** por)
a·ban·don [ə'bændən] *v/t* abandonar
a·bashed [ə'bæʃt] *adj* avergonzado
a·bate [ə'beɪt] *v/i of storm, flood* amainar
ab·at·toir ['æbətwɑːr] matadero *m*
ab·bey ['æbɪ] abadía *f*
ab·bre·vi·ate [ə'briːvɪeɪt] *v/t* abreviar
ab·bre·vi·a·tion [əbriːvɪ'eɪʃn] abreviatura *f*
ab·di·cate ['æbdɪkeɪt] *v/i* abdicar
ab·di·ca·tion [æbdɪ'keɪʃn] abdicación *f*
ab·do·men ['æbdəmən] abdomen *m*
ab·dom·i·nal [æb'dɑːmɪnl] *adj* abdominal
ab·duct [əb'dʌkt] *v/t* raptar, secuestrar
ab·duc·tion [əb'dʌkʃn] rapto *m*, secuestro *m*
♦ **a·bide by** [ə'baɪd] *v/t* atenerse a
a·bil·i·ty [ə'bɪlətɪ] capacidad *f*, habilidad *f*
a·blaze [ə'bleɪz] *adj* en llamas
a·ble ['eɪbl] *adj* (*skillful*) capaz, hábil; ***be ~ to*** poder; ***I wasn't ~ to see / hear*** no conseguí *or* pude ver / escuchar
a·ble-bod·ied [eɪbl'bɑːdiːd] *adj* sano
ab·nor·mal [æb'nɔːrml] *adj* anormal
ab·nor·mal·ly [æb'nɔːrməlɪ] *adv* anormalmente; *behave* de manera anormal
a·board [ə'bɔːrd] **1** *prep* a bordo de **2** *adv* a bordo; ***be ~*** estar a bordo; ***go ~*** subir a bordo
a·bol·ish [ə'bɑːlɪʃ] *v/t* abolir
ab·o·li·tion [æbə'lɪʃn] abolición *f*
a·bort [ə'bɔːrt] *v/t mission, launch* suspender, cancelar; COMPUT cancelar
a·bor·tion [ə'bɔːrʃn] aborto *m* (*provocado*); ***have an ~*** abortar
a·bor·tive [ə'bɔːrtɪv] *adj* fallido
a·bout [ə'baʊt] **1** *prep* (*concerning*) acerca de, sobre; ***what's it ~?*** *of book, movie* ¿de qué trata? **2** *adv* (*roughly*) más o menos; ***be ~ to ...*** (*be going to*) estar a punto de ...
a·bove [ə'bʌv] **1** *prep* por encima de; ***500 m ~ sea level*** 500 m sobre el nivel del mar; ***~ all*** por encima de todo, sobre todo **2** *adv*: ***on the floor ~*** en el piso de arriba
a·bove-men·tioned [əbʌv'menʃnd] *adj* arriba mencionado
ab·ra·sion [ə'breɪʒn] abrasión *f*
ab·ra·sive [ə'breɪsɪv] *adj personality* abrasivo
a·breast [ə'brest] *adv* de frente, en fondo; ***keep ~ of*** mantenerse al tanto de
a·bridge [ə'brɪdʒ] *v/t* abreviar, condensar
a·broad [ə'brɒːd] *adv live* en el extranjero; *go* al extranjero
a·brupt [ə'brʌpt] *adj departure* brusco, repentino; *manner* brusco, rudo
a·brupt·ly [ə'brʌptlɪ] *adv* (*suddenly*) repentinamente; (*curtly*) bruscamente
ab·scess ['æbsɪs] absceso *m*
ab·sence ['æbsəns] *of person* ausencia *f*; (*lack*) falta *f*
ab·sent ['æbsənt] *adj* ausente
ab·sen·tee [æbsən'tiː] *n* ausente *m/f*
ab·sen·tee·ism [æbsən'tiːɪzm] absentismo *m*
ab·sent-mind·ed [æbsənt'maɪndɪd] *adj* despistado, distraído
ab·sent-mind·ed·ly [æbsənt'maɪndɪdlɪ] *adv* distraídamente

ab·so·lute ['æbsəlu:t] *adj power* absoluto; *idiot* completo; *mess* total
ab·so·lute·ly ['æbsəlu:tlɪ] *adv* (*completely*) absolutamente, completamente; **~ *not!*** ¡en absoluto!; ***do you agree? – ~*** ¿estás de acuerdo? – ¡completamente!
ab·so·lu·tion [æbsə'lu:ʃn] REL absolución *f*
ab·solve [əb'zɑ:lv] *v/t* absolver
ab·sorb [əb'sɔ:rb] *v/t* absorber; ***~ed in*** absorto en
ab·sorb·en·cy [əb'sɔ:rbənsɪ] absorbencia *f*
ab·sorb·ent [əb'sɔ:rbənt] *adj* absorbente
ab·sorb·ent 'cot·ton algodón *m* hidrófilo
ab·sorb·ing [əb'sɔ:rbɪŋ] *adj* absorbente
ab·stain [əb'steɪn] *v/i from voting* abstenerse
ab·sten·tion [əb'stenʃn] *in voting* abstención *f*
ab·stract ['æbstrækt] *adj* abstracto
ab·struse [əb'stru:s] *adj* abstruso
ab·surd [əb'sɜ:rd] *adj* absurdo
ab·surd·i·ty [əb'sɜ:rdətɪ] lo absurdo
a·bun·dance [ə'bʌndəns] abundancia *f*
a·bun·dant [ə'bʌndənt] *adj* abundante
a·buse[1] [ə'bju:s] *n* (*insults*) insultos *mpl*; *of thing* maltrato *m*; (***child***) **~** *physical* malos tratos *mpl* a menores; *sexual* agresión *f* sexual a menores
a·buse[2] [ə'bju:z] *v/t physically* abusar de; *verbally* insultar
a·bu·sive [ə'bju:sɪv] *adj language* insultante, injurioso; ***become ~*** ponerse a insultar
a·bys·mal [ə'bɪʒml] *adj* F (*very bad*) desastroso F
a·byss [ə'bɪs] abismo *m*
AC ['eɪsi:] *abbr* (= ***alternating current***) CA (= corriente *f* alterna)
ac·a·dem·ic [ækə'demɪk] **1** *n* académico(-a) *m*(*f*), profesor(a) *m*(*f*) **2** *adj* académico
a·cad·e·my [ə'kædəmɪ] academia *f*
ac·cel·e·rate [ək'seləreɪt] *v/t & v/i* acelerar
ac·cel·e·ra·tion [əkselə'reɪʃn] aceleración *f*
ac·cel·e·ra·tor [ək'seləreɪtər] *of car* acelerador *m*
ac·cent ['æksənt] *when speaking* acento *m*; (*emphasis*) énfasis *m*
ac·cen·tu·a·te [ək'sentʊeɪt] *v/t* acentuar
ac·cept [ək'sept] *v/t & v/i* aceptar
ac·cep·ta·ble [ək'septəbl] *adj* aceptable
ac·cept·ance [ək'septəns] aceptación *f*
ac·cess ['ækses] **1** *n* acceso *m*; ***have ~ to*** *computer* tener acceso a; *child* tener derecho a visitar **2** *v/t also* COMPUT acceder a
'ac·cess code COMPUT código *m* de acceso
ac·ces·si·ble [ək'sesəbl] *adj* accesible
ac·ces·sion [ək'seʃn] acceso *m*
ac·ces·so·ry [ək'sesərɪ] *for wearing* accesorio *m*, complemento *m*; LAW cómplice *m/f*
'ac·cess road carretera *f* de acceso
'ac·cess time COMPUT tiempo *m* de acceso
ac·ci·dent ['æksɪdənt] accidente *m*; ***by ~*** por casualidad
ac·ci·den·tal [æksɪ'dentl] *adj* accidental
ac·ci·den·tal·ly [æksɪ'dentlɪ] *adv* sin querer
ac·claim [ə'kleɪm] **1** *n* alabanza *f*, aclamación *f*; ***meet with ~*** ser alabado *or* aclamado **2** *v/t* alabar, aclamar
ac·cla·ma·tion [əklə'meɪʃn] aclamación *f*
ac·cli·mate, **ac·cli·ma·tize** [ə'klaɪmət, ə'klaɪmətaɪz] *v/t* aclimatarse
ac·com·mo·date [ə'kɑ:mədeɪt] *v/t* alojar; *requirements* satisfacer, hacer frente a
ac·com·mo·da·tions [əkɑ:mə'deɪʃnz] *npl* alojamiento *m*
ac·com·pa·ni·ment [ə'kʌmpənɪmənt] MUS acompañamiento *m*

ac·com·pa·nist [ə'kʌmpənɪst] MUS acompañante *m/f*

ac·com·pa·ny [ə'kʌmpənɪ] *v/t* (*pret & pp* ***-ied***) *also* MUS acompañar

ac·com·plice [ə'kʌmplɪs] cómplice *m/f*

ac·com·plish [ə'kʌmplɪʃ] *v/t task* realizar; *goal* conseguir, lograr

ac·com·plished [ə'kʌmplɪʃt] *adj* consumado

ac·com·plish·ment [ə'kʌmplɪʃmənt] *of a task* realización *f*; (*talent*) habilidad *f*; (*achievement*) logro *m*

accord [ə'kɔːrd] acuerdo *m*; ***of one's own ~*** de motu propio

ac·cord·ance [ə'kɔːrdəns]: ***in ~ with*** de acuerdo con

ac·cord·ing [ə'kɔːrdɪŋ] *adv*: ***~ to*** según

ac·cord·ing·ly [ə'kɔːrdɪŋlɪ] *adv* (*consequently*) por consiguiente; (*appropriately*) como corresponde

ac·cor·di·on [ə'kɔːrdɪən] acordeón *m*

ac·cor·di·on·ist [ə'kɔːrdɪənɪst] acordeonista *m/f*

ac·count [ə'kaʊnt] *financial* cuenta *f*; (*report*, *description*) relato *m*, descripción *f*; ***give an ~ of*** relatar, describir; ***on no ~*** de ninguna manera, bajo ningún concepto; ***on ~ of*** a causa de; ***take sth into ~, take ~ of sth*** tener algo en cuenta, tener en cuenta algo

♦ **account for** *v/t* (*explain*) explicar; (*make up*, *constitute*) suponer, constituir

ac·count·abil·i·ty [əkaʊntə'bɪlətɪ] responsabilidad *f*

ac·coun·ta·ble [ə'kaʊntəbl] *adj* responsable (***to*** ante); ***be held ~*** ser considerado responsable

ac·coun·tant [ə'kaʊntənt] contable *m/f*, *L.Am.* contador(a) *m*(*f*)

ac'count hold·er titular *m/f* de una cuenta

ac'count num·ber número *m* de cuenta

ac·counts [ə'kaʊnts] *npl* contabilidad *f*

ac·cu·mu·late [ə'kjuːmjʊleɪt] **1** *v/t* acumular **2** *v/i* acumularse

ac·cu·mu·la·tion [əkjuːmjʊ'leɪʃn] acumulación *f*

ac·cu·ra·cy ['ækjʊrəsɪ] precisión *f*

ac·cu·rate ['ækjʊrət] *adj* preciso

ac·cu·rate·ly ['ækjʊrətlɪ] *adv* con precisión

ac·cu·sa·tion [ækjuː'zeɪʃn] acusación *f*

ac·cuse [ə'kjuːz] *v/t*: ***~ s.o. of sth*** acusar a alguien de algo; ***be ~d of*** LAW ser acusado de

ac·cused [ə'kjuːzd] *n* LAW acusado(-a) *m*(*f*)

ac·cus·ing [ə'kjuːzɪŋ] *adj* acusador

ac·cus·ing·ly [ə'kjuːzɪŋlɪ] *adv say* en tono acusador; ***he looked at me ~*** me lanzó una mirada acusadora

ac·cus·tom [ə'kʌstəm] *v/t* acostumbrar; ***get ~ed to*** acostumbrarse a; ***be ~ed to*** estar acostumbrado a

ace [eɪs] *in cards* as *m*; (*in tennis*: *shot*) ace *m*

ache [eɪk] **1** *n* dolor *m* **2** *v/i* doler

a·chieve [ə'tʃiːv] *v/t* conseguir, lograr

a·chieve·ment [ə'tʃiːvmənt] *of ambition* consecución *f*, logro *m*; (*thing achieved*) logro *m*

ac·id ['æsɪd] *n* ácido *m*

a·cid·i·ty [ə'sɪdətɪ] acidez *f*; *fig* sarcasmo *m*

ac·id 'rain lluvia *f* ácida

'ac·id test *fig* prueba *f* de fuego

ac·knowl·edge [ək'nɑːlɪdʒ] *v/t* reconocer; ***~ receipt of a letter*** acusar recibo de una carta

ac·knowl·edg(e)·ment [ək'nɑːlɪdʒmənt] reconocimento *m*; *of a letter* acuse *m* de recibo

ac·ne ['æknɪ] MED acné *m*, acne *m*

a·corn ['eɪkɔːrn] BOT bellota *f*

a·cous·tics [ə'kuːstɪks] acústica *f*

ac·quaint [ə'kweɪnt] *v/t fml*: ***be ~ed with*** conocer

ac·quaint·ance [ə'kweɪntəns] *person* conocido(-a) *m*(*f*)

ac·qui·esce [ækwɪ'es] *v/i fml* acceder

ac·qui·es·cence [ækwɪ'esns] *fml* aquiescencia *f*

ac·quire [ə'kwaɪr] *v/t* adquirir

ac·qui·si·tion [ækwɪ'zɪʃn] adquisición *f*
ac·quis·i·tive [æ'kwɪzətɪv] *adj* consumista
ac·quit [ə'kwɪt] *v/t* LAW absolver
ac·quit·tal [ə'kwɪtl] LAW absolución *f*
a·cre ['eɪkər] acre *m* (*4.047m2*)
ac·ri·mo·ni·ous [ækrɪ'moʊnɪəs] *adj* áspero, agrio
ac·ro·bat ['ækrəbæt] acróbata *m/f*
ac·ro·bat·ic [ækrə'bætɪk] *adj* acrobático
ac·ro·bat·ics [ækrə'bætɪks] *npl* acrobacias *fpl*
ac·ro·nym ['ækrənɪm] acrónimo *m*
a·cross [ə'krɑːs] **1** *prep* al otro lado de; ***she lives ~ the street*** vive al otro lado de la calle; ***sail ~ the Atlantic*** cruzar el Atlántico navegando **2** *adv* de un lado a otro; ***it's too far to swim ~*** está demasiado lejos como para cruzar a nado; ***once you're ~*** cuando hayas llegado al otro lado; ***10 m ~*** 10 m de ancho
a·cryl·ic [ə'krɪlɪk] *adj* acrílico
act [ækt] **1** *v/i* THEA actuar; (*pretend*) hacer teatro; ***~ as*** actuar *or* hacer de **2** *n* (*deed*), *of play* acto *m*; *in vaudeville* número *m*; (*law*) ley *f*; ***it's just an ~*** (*pretense*) es puro teatro; ***~ of God*** caso *m* fortuito
act·ing ['æktɪŋ] **1** *n in a play* interpretación *f*; *as profession* teatro *m* **2** *adj* (*temporary*) en funciones
ac·tion ['ækʃn] acción *f*; ***out of ~*** *machine* sin funcionar; *person* fuera de combate; ***take ~*** actuar; ***bring an ~ against*** LAW demandar a
ac·tion 're·play TV repetición *f* (de la jugada)
ac·tive ['æktɪv] *adj also* GRAM activo; *party member* en activo
ac·tiv·ist ['æktɪvɪst] POL activista *m/f*
ac·tiv·i·ty [æk'tɪvətɪ] actividad *f*
ac·tor ['æktər] actor *m*
ac·tress ['æktrɪs] actriz *f*
ac·tu·al ['ækʧʊəl] *adj* verdadero, real
ac·tu·al·ly ['ækʧʊəlɪ] *adv* (*in fact, to tell the truth*) en realidad; ***did you ~ see her?*** ¿de verdad llegaste a verla?; ***he ~ did it!*** ¡aunque parezca mentira lo hizo!; ***~, I do know him*** (*stressing converse*) pues sí, de hecho lo conozco; ***~, it's not finished yet*** el caso es que todavía no está terminado
ac·u·punc·ture ['ækjəpʌŋkʧər] acupuntura *f*
a·cute [ə'kjuːt] *adj pain* agudo; *sense* muy fino
a·cute·ly [ə'kjuːtlɪ] *adv* (*extremely*) extremadamente; ***~ aware*** plenamente consciente
AD [eɪ'diː] *abbr* (= ***anno Domini***) D.C. (= después de Cristo)
ad [æd] → ***advertisement***
ad·a·mant ['ædəmənt] *adj* firme
Ad·am's ap·ple [ædəmz'æpəl] nuez *f*
a·dapt [ə'dæpt] **1** *v/t* adaptar **2** *v/i of person* adaptarse
a·dapt·a·bil·i·ty [ədæptə'bɪlətɪ] adaptabilidad *f*
a·dap·ta·ble [ə'dæptəbl] *adj* adaptable
a·dap·ta·tion [ædæp'teɪʃn] *of play etc* adaptación *f*
a·dapt·er [ə'dæptər] *electrical* adaptador *m*
add [æd] **1** *v/t* añadir; MATH sumar **2** *v/i of person* sumar
♦**add on** *v/t 15% etc* sumar
♦**add up 1** *v/t* sumar **2** *v/i fig* cuadrar
ad·der ['ædər] víbora *f*
ad·dict ['ædɪkt] adicto(-a) *m*(*f*); ***drug ~*** drogadicto(-a) *m*(*f*)
ad·dic·ted [ə'dɪktɪd] *adj* adicto; ***be ~ to*** ser adicto a
ad·dic·tion [ə'dɪkʃn] adicción *f*
ad·dic·tive [ə'dɪktɪv] *adj* adictivo
ad·di·tion [ə'dɪʃn] MATH suma *f*; *to list, company etc* incorporación *f*; *of new drive etc* instalación *f*; ***in ~*** además; ***in ~ to*** además de
ad·di·tion·al [ə'dɪʃnl] *adj* adicional
ad·di·tive ['ædɪtɪv] aditivo *m*
add-on ['ædɑːn] extra *m*, accesorio *m*

ad·dress [ə'dres] **1** *n* dirección *f*; ***form of ~*** tratamiento *m* **2** *v/t letter* dirigir; *audience* dirigirse a; ***how do you ~ the judge?*** ¿qué tratamiento se le da al juez?
ad'dress book agenda *f* de direcciones
ad·dress·ee [ædre'siː] destinatario(-a) *m*(*f*)
ad·ept ['ædept] *adj* experto; ***be ~ at*** ser un experto en
ad·e·quate ['ædɪkwət] *adj* suficiente; (*satisfactory*) aceptable
ad·e·quate·ly ['ædɪkwətlɪ] *adv* suficientemente; (*satisfactorily*) aceptablemente
ad·here [əd'hɪr] *v/i* adherirse
♦ **adhere to** *v/t surface* adherirse a; *rules* cumplir
ad·he·sive [əd'hiːsɪv] *n* adhesivo *m*
ad·he·sive 'plas·ter esparadrapo *m*
ad·he·sive 'tape cinta *f* adhesiva
ad·ja·cent [ə'dʒeɪsnt] *adj* adyacente
ad·jec·tive ['ædʒɪktɪv] adjetivo *m*
ad·join [ə'dʒɔɪn] *v/t* lindar con
ad·join·ing [ə'dʒɔɪnɪŋ] *adj* contiguo
ad·journ [ə'dʒɜːrn] *v/i of court, meeting* aplazar
ad·journ·ment [ə'dʒɜːrnmənt] aplazamiento *m*
ad·just [ə'dʒʌst] *v/t* ajustar, regular
ad·just·a·ble [ə'dʒʌstəbl] *adj* ajustable, regulable
ad·just·ment [ə'dʒʌstmənt] ajuste *m*; *psychological* adaptación *f*
ad lib [æd'lɪb] **1** *adj* improvisado **2** *adv* improvisadamente **3** *v/i* (*pret & pp* ***-bed***) improvisar
ad·min·is·ter [əd'mɪnɪstər] *v/t* administrar
ad·min·is·tra·tion [ədmɪnɪ'streɪʃn] administración *f*
ad·min·is·tra·tive [ədmɪnɪ'strətɪv] *adj* administrativo
ad·min·is·tra·tor [əd'mɪnɪstreɪtər] administrador(a) *m*(*f*)
ad·mi·ra·ble ['ædmərəbl] *adj* admirable
ad·mi·ra·bly ['ædmərəblɪ] *adv* admirablemente
ad·mi·ral ['ædmərəl] almirante *m*
ad·mi·ra·tion [ædmə'reɪʃn] admiración *f*
ad·mire [əd'maɪr] *v/t* admirar
ad·mir·er [əd'maɪrər] admirador(a) *m*(*f*)
ad·mir·ing [əd'maɪrɪŋ] *adj* de admiración
ad·mir·ing·ly [əd'maɪrɪŋlɪ] *adv* con admiración
ad·mis·si·ble [əd'mɪsəbl] *adj* admisible
ad·mis·sion [əd'mɪʃn] (*confession*) confesión *f*; ***~ free*** entrada gratis
ad·mit [əd'mɪt] *v/t* (*pret & pp* ***-ted***) *to a place* dejar entrar; *to school, organization* admitir; *to hospital* ingresar; (*confess*) confesar; (*accept*) admitir
ad·mit·tance [əd'mɪtəns] admisión *f*; ***no ~*** prohibido el paso
ad·mit·ted·ly [əd'mɪtedlɪ] *adv*: ***he didn't use those exact words, ~*** es verdad que no utilizó exactamente esas palabras
ad·mon·ish [əd'mɑːnɪʃ] *v/t fml* reprender
a·do [ə'duː]: ***without further ~*** sin más dilación
ad·o·les·cence [ædə'lesns] adolescencia *f*
ad·o·les·cent [ædə'lesnt] **1** *n* adolescente *m/f* **2** *adj* de adolescente
a·dopt [ə'dɑːpt] *v/t child, plan* adoptar
a·dop·tion [ə'dɑːpʃn] *of child* adopción *f*
adop·tive 'par·ents [ədɑːptɪv] *npl* padres *mpl* adoptivos
a·dor·a·ble [ə'dɔːrəbl] *adj* encantador
ad·o·ra·tion [ædə'reɪʃn] adoración *f*
a·dore [ə'dɔːr] *v/t* adorar; ***I ~ chocolate*** me encanta el chocolate
a·dor·ing [ə'dɔːrɪŋ] *adj expression* lleno de adoración; ***his ~ fans*** sus entregados fans
ad·ren·al·in [ə'drenəlɪn] adrenalina *f*
a·drift [ə'drɪft] *adj* a la deriva; *fig* perdido
ad·u·la·tion [ædʊ'leɪʃn] adulación *f*

a·dult ['ædʌlt] **1** *n* adulto(-a) *m*(*f*) **2** *adj* adulto
a·dult ed·u'ca·tion educación *f* para adultos
a·dul·ter·ous [ə'dʌltərəs] *adj relationship* adúltero
a·dul·ter·y [ə'dʌltərɪ] adulterio *m*
'a·dult film *euph* película *f* para adultos
ad·vance [əd'væns] **1** *n money* adelanto *m*; *in science*, MIL avance *m*; ***in ~*** con antelación; *get money* por adelantado; ***48 hours in ~*** con 48 horas de antelación; ***make ~s*** (*progress*) avanzar, progresar; *sexually* insinuarse **2** *v/i* MIL avanzar; (*make progress*) avanzar, progresar **3** *v/t theory* presentar; *sum of money* adelantar; *human knowledge*, *a cause* hacer avanzar
ad·vance 'book·ing reserva *f* (anticipada)
ad·vanced [əd'vænst] *adj country*, *level*, *learner* avanzado
ad·vance 'no·tice aviso *m* previo
ad·vance 'pay·ment pago *m* por adelantado
ad·van·tage [əd'væntɪdʒ] ventaja *f*; ***there's no ~ to be gained*** no se gana nada; ***it's to your ~*** te conviene; ***take ~ of*** aprovecharse de
ad·van·ta·geous [ædvən'teɪdʒəs] *adj* ventajoso
ad·vent ['ædvent] *fig* llegada *f*
'ad·vent cal·en·dar calendario *m* de Adviento
ad·ven·ture [əd'ventʃər] aventura *f*
ad·ven·tur·ous [əd'ventʃərəs] *adj person* aventurero; *investment* arriesgado
ad·verb ['ædvɜːrb] adverbio *m*
ad·ver·sa·ry ['ædvərserɪ] adversario(-a) *m*(*f*)
ad·verse ['ædvɜːrs] *adj* adverso
ad·vert ['ædvɜːrt] → ***advertisement***
ad·ver·tise ['ædvərtaɪz] **1** *v/t* anunciar **2** *v/i* anunciarse, poner un anuncio
ad·ver·tise·ment [ədvɜːr'taɪsmənt] anuncio *m*
ad·ver·tis·er ['ædvərtaɪzər] anunciante *m/f*
ad·ver·tis·ing ['ædvərtaɪzɪŋ] publicidad *f*
'ad·ver·tis·ing a·gen·cy agencia *f* de publicidad; **'ad·ver·tis·ing budg·et** presupuesto *m* para publicidad; **'ad·ver·tis·ing cam·paign** campaña *f* publicitaria; **'ad·ver·tis·ing rev·e·nue** ingresos *mpl* por publicidad
ad·vice [əd'vaɪs] consejo *m*; ***he gave me some ~*** me dio un consejo; ***take s.o.'s ~*** seguir el consejo de alguien
ad·vis·a·ble [əd'vaɪzəbl] *adj* aconsejable
ad·vise [əd'vaɪz] *v/t person*, *caution* aconsejar; *government* asesorar; ***I ~ you to leave*** te aconsejo que te vayas
ad·vis·er [əd'vaɪzər] asesor(a) *m*(*f*)
ad·vo·cate ['ædvəkeɪt] *v/t* abogar por
aer·i·al ['erɪəl] *n* antena *f*
aer·i·al 'pho·to·graph fotografía *f* aérea
aer·o·bics [e'roʊbɪks] *nsg* aerobic *m*
aer·o·dy·nam·ic [eroʊdaɪ'næmɪk] *adj* aerodinámico
aer·o·nau·ti·cal [eroʊ'nɒːtɪkl] *adj* aeronáutico
aer·o·plane ['eroʊpleɪn] *Br* avión *m*
aer·o·sol ['erəsɑːl] aerosol *m*
aer·o·space in·dus·try ['erəspeɪs] industria *f* aeroespacial
aes·thet·ic *etc Br* → ***esthetic*** *etc*
af·fa·ble ['æfəbl] *adj* afable
af·fair [ə'fer] (*matter*, *business*) asunto *m*; (*love ~*) aventura *f*, lío *m*; ***foreign ~s*** asuntos *mpl* exteriores; ***have an ~ with*** tener una aventura *or* lío con
affect [ə'fekt] *v/t also* MED afectar
af·fec·tion [ə'fekʃn] afecto *m*, cariño
af·fec·tion·ate [ə'fekʃnət] *adj* afectuoso, cariñoso
af·fec·tion·ate·ly [ə'fekʃnətlɪ] *adv* con afecto, cariñosamente
af·fin·i·ty [ə'fɪnətɪ] afinidad *f*
af·fir·ma·tive [ə'fɜːrmətɪv] *adj* afirmativo; ***answer in the ~*** responder

afirmativamente
af·flu·ence ['æfluəns] prosperidad *f*, riqueza *f*
af·flu·ent ['æfluənt] *adj* próspero, acomodado; ~ **society** sociedad *f* opulenta
af·ford [ə'fɔːrd] *v/t* permitirse; **be able to ~ sth** *financially* poder permitirse algo; **I can't ~ the time** no tengo tiempo
af·ford·a·ble [ə'fɔːrdəbl] *adj* asequible
a·float [ə'floʊt] *adj boat* a flote; **keep the company ~** mantener la compañía a flote
a·fraid [ə'freɪd] *adj*: **be ~** tener miedo; **be ~ of** tener miedo de; **I'm ~ of cats** tengo miedo a los gatos; **he's ~ of the dark** le da miedo la oscuridad; **I'm ~ of annoying him** me da miedo enfadarle; **I'm ~** *expressing regret* me temo; **he's very ill, I'm ~** me temo que está muy enfermo; **I'm ~ so** (me) temo que sí; **I'm ~ not** (me) temo que no
a·fresh [ə'freʃ] *adv* de nuevo
Af·ri·ca ['æfrɪkə] África
Af·ri·can ['æfrɪkən] **1** *adj* africano **2** *n* africano(-a) *m*(*f*)
af·ter ['æftər] **1** *prep* después de; **~ all** después de todo; **~ that** después de eso; **it's ten ~ two** son las dos y diez **2** *adv* (*afterward*) después; **the day ~** el día siguiente
af·ter·math ['æftərmæθ] *time* periodo *m* posterior (**of** a); *state of affairs* repercusiones *fpl*
afternoon [æftər'nuːn] tarde *f*; **in the ~** por la tarde; **this ~** esta tarde; **good ~** buenas tardes
'**af·ter sales serv·ice** servicio *m* posventa; '**af·ter·shave** loción *f* para después del afeitado, after shave *m*; '**af·ter·taste** regusto *m*
af·ter·ward ['æftərwərd] *adv* después
a·gain [ə'geɪn] *adv* otra vez; **I never saw him ~** no lo volví a ver
a·gainst [ə'genst] *prep lean* contra; **the USA ~ Brazil** SP Estados Unidos contra Brasil; **I'm ~ the idea** estoy en contra de la idea; **what do you have ~ her?** ¿que tienes en contra de ella?; **~ the law** ilegal
age [eɪdʒ] **1** *n of person, object* edad *f*; (*era*) era *f*; **at the ~ of ten** a los diez años; **under ~** menor de edad; **she's five years of ~** tiene cinco años **2** *v/i* envejecer
aged[1] [eɪdʒd] *adj*: **~ 16** con 16 años de edad
a·ged[2] ['eɪdʒɪd] **1** *adj*: **her ~ parents** sus ancianos padres **2** *n*: **the ~** los ancianos
'**age group** grupo *m* de edades
'**age lim·it** límite *m* de edad
a·gen·cy ['eɪdʒənsɪ] agencia *f*
a·gen·da [ə'dʒendə] orden *m* del día; **on the ~** en el orden del día
a·gent ['eɪdʒənt] agente *m/f*, representante *m/f*
ag·gra·vate ['ægrəveɪt] *v/t* agravar; (*annoy*) molestar
ag·gre·gate ['ægrɪgət] *n* SP: **win on ~** ganar en el total de la eliminatoria
ag·gres·sion [ə'greʃn] agresividad *f*
ag·gres·sive [ə'gresɪv] *adj* agresivo; (*dynamic*) agresivo, enérgico
ag·gres·sive·ly [ə'gresɪvlɪ] *adv* agresivamente
a·ghast [ə'gæst] *adj* horrorizado
ag·ile ['ædʒəl] *adj* ágil
a·gil·i·ty [ə'dʒɪlətɪ] agilidad *f*
ag·i·tate ['ædʒɪteɪt] *v/i*: **~ for** hacer campaña a favor de
ag·i·tat·ed ['ædʒɪteɪtɪd] *adj* agitado
ag·i·ta·tion [ædʒɪ'teɪʃn] agitación *f*
ag·i·ta·tor [ædʒɪ'teɪtər] agitador(a) *m*(*f*)
ag·nos·tic [æg'nɑːstɪk] *n* agnóstico(-a) *m*(*f*)
a·go [ə'goʊ] *adv*: **2 days ~** hace dos días; **long ~** hace mucho tiempo; **how long ~?** ¿hace cuánto tiempo?; **how long ~ did he leave?** ¿hace cuánto se marchó?
a·gog [ə'gɑːg] *adj*: **be ~ at sth** estar emocionado con algo
ag·o·nize ['ægənaɪz] *v/i* atormentarse (**over** por), angustiarse (**over** por)
ag·o·niz·ing ['ægənaɪzɪŋ] *adj pain*

atroz; *wait* angustioso
ag·o·ny ['ægənɪ] agonía *f*
a·gree [ə'griː] **1** *v/i* estar de acuerdo; *of figures* coincidir; (*reach agreement*) ponerse de acuerdo; ***I ~*** estoy de acuerdo; ***it doesn't ~ with me*** *of food* no me sienta bien **2** *v/t price* acordar; ***~ that sth should be done*** acordar que hay que hacer algo
a·gree·a·ble [ə'griːəbl] *adj* (*pleasant*) agradable; ***be ~*** *fml* (*in agreement*) estar de acuerdo
a·gree·ment [ə'griːmənt] (*consent, contract*) acuerdo *m*; ***reach ~ on*** llegar a un acuerdo sobre
ag·ri·cul·tur·al [ægrɪ'kʌltʃərəl] *adj* agrícola
ag·ri·cul·ture ['ægrɪkʌltʃər] agricultura *f*
ahead [ə'hed] *adv position* delante; *movement* adelante; *in race* por delante, en cabeza; ***be ~ of*** estar por delante de; ***plan / think ~*** planear con antelación / pensar con anticipación
aid [eɪd] **1** *n* ayuda *f*; ***come to s.o.'s ~*** acudir a ayudar a alguien **2** *v/t* ayudar
aide [eɪd] asistente *m/f*
Aids [eɪdz] *nsg* sida *m*
ail·ing ['eɪlɪŋ] *adj economy* débil, frágil
ail·ment ['eɪlmənt] achaque *m*
aim [eɪm] **1** *n in shooting* puntería *f*; (*objective*) objetivo *m* **2** *v/i in shooting* apuntar; ***~ at doing sth, ~ to do sth*** tener como intención hacer algo **3** *v/t remark* dirigir; ***he ~ed the gun at me*** me apuntó con la pistola; ***be ~ed at*** *of remark etc* estar dirigido a; *of gun* estar apuntando a
aim·less ['eɪmlɪs] *adj* sin objetivos
air [er] **1** *n* aire *m*; ***by ~*** *travel* en avión; *send mail* por correo aéreo; ***in the open ~*** al aire libre; ***on the ~*** RAD, TV en el aire **2** *v/t room* airear; *fig*: *views* airear, ventilar
'air·bag airbag *m*, bolsa *f* de aire; **'air·base** base *f* aérea; **'air-con·di·tioned** *adj* con aire acondicionado, climatizado; **'air-con·di·tion·ing** aire *m* acondicionado; **'air·craft** avión *m*, aeronave *f*; **'air·craft car·ri·er** portaaviones *m inv*; **'air cy·in·der** (*for diver*) escafandra *f* autónoma; **'air fare** (precio *m* del) *Span* billete *m or L.Am.* boleto *m* de avión; **'air·field** aeródromo *m*, campo *m* de aviación; **'air force** fuerza *f* aérea; **'air host·ess** azafata *f*, *L.Am.* aeromoza *f*; **'air let·ter** aerograma *m*; **'air·lift 1** *n* puente *m* aéreo **2** *v/t* transportar mediante puente aéreo; **'air·line** línea *f* aérea; **'air·lin·er** avión *m* de pasajeros; **'air·mail**: ***by ~*** por correo aéreo; **'air·plane** avión *m*; **'air·pock·et** bolsa *f* de aire; **'air pol·lu·tion** contaminación *f* del aire; **'air·port** aeropuerto *m*; **'air·sick**: ***get ~*** marearse (*en avión*); **'air·space** espacio *m* aéreo; **'air ter·mi·nal** terminal *f* aérea; **'air·tight** *adj container* hermético; **'air traf·fic** tráfico *m* aéreo; **'air-traf·fic con·trol** control *m* del tráfico aéreo; **air-traf·fic con'trol·ler** controlador(a) *m*(*f*) del tráfico aéreo
air·y ['erɪ] *adj room* aireado
aisle [aɪl] pasillo *m*
'aisle seat asiento *m* de pasillo
a·jar [ə'dʒɑːr] *adj*: ***be ~*** estar entreabierto
a·lac·ri·ty [ə'lækrətɪ] presteza *f*
a·larm [ə'lɑːrm] **1** *n* alarma *f*; ***raise the ~*** dar la alarma **2** *v/t* alarmar
a'larm clock reloj *m* despertador
a·larm·ing [ə'lɑːrmɪŋ] *adj* alarmante
a·larm·ing·ly [ə'lɑːrmɪŋlɪ] *adv* de forma alarmante
al·bum ['ælbəm] *for photographs*, (*record*) álbum *m*
al·co·hol ['ælkəhɑːl] alcohol *m*
al·co·hol·ic [ælkə'hɑːlɪk] **1** *n* alcohólico(-a) *m*(*f*) **2** *adj* alcohólico
a·lert [ə'lɜːrt] **1** *n signal* alerta *f*; ***be on the ~*** estar alerta **2** *v/t* alertar **3** *adj* alerta
al·ge·bra ['ældʒɪbrə] álgebra *f*
al·i·bi ['ælɪbaɪ] coartada *f*

a·li·en ['eɪlɪən] **1** *n* (*foreigner*) extranjero(-a) *m*(*f*); *from space* extraterrestre *m/f* **2** *adj* extraño; ***be ~ to s.o.*** ser ajeno a alguien
a·li·en·ate ['eɪlɪəneɪt] *v/t* alienar, provocar el distanciamiento de
a·light [ə'laɪt] *adj* en llamas
a·lign [ə'laɪn] *v/t* alinear
a·like [ə'laɪk] **1** *adj*: ***be ~*** parecerse **2** *adv* igual; ***old and young ~*** viejos y jóvenes sin distinción
al·i·mo·ny ['ælɪmənɪ] pensión *f* alimenticia
a·live [ə'laɪv] *adj*: ***be ~*** estar vivo
all [ɒːl] **1** *adj* todo(s) **2** *pron* todo; ***~ of us / them*** todos nosotros / ellos; ***he ate ~ of it*** se lo comió todo; ***that's ~, thanks*** eso es todo, gracias; ***for ~ I care*** para lo que me importa; ***for ~ I know*** por lo que sé **3** *adv*: ***~ at once*** (*suddenly*) de repente; (*at the same time*) a la vez; ***~ but*** (*except*) todos menos; (*nearly*) casi; ***~ the better*** mucho mejor; ***~ the time*** desde el principio; ***they're not at ~ alike*** no se parecen en nada; ***not at ~!*** ¡en absoluto!; ***two ~*** SP empate a dos; ***~ right*** → ***alright***
al·lay [ə'leɪ] *v/t* apaciguar
al·le·ga·tion [ælɪ'geɪʃn] acusación *f*
al·lege [ə'ledʒ] *v/t* alegar
al·leged [ə'ledʒd] *adj* presunto
al·leg·ed·ly [ə'ledʒɪdlɪ] *adv* presuntamente, supuestamente
al·le·giance [ə'liːdʒəns] lealtad *f*
al·ler·gic [ə'lɜːrdʒɪk] *adj* alérgico; ***be ~ to*** ser alérgico a
al·ler·gy ['ælərdʒɪ] alergia *f*
al·le·vi·ate [ə'liːvɪeɪt] *v/t* aliviar
al·ley ['ælɪ] callejón *m*
al·li·ance [ə'laɪəns] alianza *f*
al·lo·cate ['æləkeɪt] *v/t* asignar
al·lo·ca·tion [ælə'keɪʃn] asignación *f*
al·lot [ə'lɑːt] *v/t* (*pret & pp* **-ted**) asignar
al·low [ə'laʊ] *v/t* (*permit*) permitir; (*calculate for*) calcular; ***it's not ~ed*** no está permitido; ***he ~ed us to leave*** nos permitió salir
♦ **allow for** *v/t* tener en cuenta
al·low·ance [ə'laʊəns] (*money*) asignación *f*; (*pocket money*) paga *f*; ***make ~s*** *for weather etc* tener en cuenta; *for person* disculpar
al·loy ['ælɔɪ] aleación *f*
'all-pur·pose *adj* multiuso; **'all-round** *adj* completo; **'all-time**: ***be at an ~ low*** haber alcanzado un mínimo histórico
♦ **al·lude to** [ə'luːd] *v/t* aludir a
al·lur·ing [ə'luːrɪŋ] *adj* atractivo, seductor
all-wheel 'drive *adj* con tracción a las cuatro ruedas
al·ly ['ælaɪ] *n* aliado(-a) *m*(*f*)
al·mond ['ɑːmənd] almendra *f*
al·most ['ɒːlmoʊst] *adv* casi
a·lone [ə'loʊn] *adj* solo
a·long [ə'lɒːŋ] **1** *prep* (*situated beside*) a lo largo de; ***walk ~ this path*** sigue por esta calle **2** *adv*: ***would you like to come ~?*** ¿te gustaría venir con nosotros?; ***he always brings the dog ~*** siempre trae al perro; ***~ with*** junto con; ***all ~*** (*all the time*) todo el tiempo, desde el principio
a·long·side [əlɒːŋ'saɪd] *prep* (*in cooperation with*) junto a; (*parallel to*) al lado de
a·loof [ə'luːf] *adj* distante, reservado
a·loud [ə'laʊd] *adv* en voz alta
al·pha·bet ['ælfəbet] alfabeto *m*
al·pha·bet·i·cal [ælfə'betɪkl] *adj* alfabético
al·read·y [ɒːl'redɪ] *adv* ya
al·right [ɒːlraɪt] *adj* (*not hurt, in working order*) bien; ***is it ~ to leave now?*** (*permitted*) ¿puedo irme ahora?; ***is it ~ to take these out of the country?*** ¿se pueden sacar éstos del país?; ***is it ~ with you if I ...?*** ¿te importa si ...?; ***~, you can have one!*** de acuerdo, ¡puedes tomar uno!; ***~, I heard you!*** vale, ¡te he oído!; ***everything is ~ now between them*** vuelven a estar bien; ***that's ~*** (*don't mention it*) de nada; (*I don't mind*) no importa
al·so ['ɒːlsoʊ] *adv* también
al·tar ['ɒːltər] altar *m*
al·ter ['ɒːltər] *v/t* alterar

al·ter·a·tion [ɒːltəˈreɪʃn] alteración *f*
al·ter·nate 1 *v/i* [ˈɒːltərneɪt] alternar **2** *adj* [ˈɒːltərnət] alterno
al·ter·nat·ing cur·rent [ˈɒːltərneɪtɪŋ] corriente *f* alterna
al·ter·na·tive [ɒːltˈɜːrnətɪv] **1** *n* alternativa *f* **2** *adj* alternativo
al·ter·na·tive·ly [ɒːltˈɜːrnətɪvlɪ] *adv* si no
al·though [ɒːlˈðoʊ] *conj* aunque, si bien
al·ti·tude [ˈæltɪtuːd] *of plane, city* altitud *f*; *of mountain* altura *f*
al·to·geth·er [ɒːltəˈgeðər] *adv* (*completely*) completamente; (*in all*) en total
al·tru·ism [ˈæltruːɪzm] altruismo *m*
al·tru·is·tic [æltruːˈɪstɪk] *adj* altruista
a·lu·min·i·um [æljʊˈmɪnɪəm] *Br*, **a·lu·mi·num** [əˈluːmənəm] aluminio *m*
al·ways [ˈɒːlweɪz] *adv* siempre
a.m. [ˈeɪem] *abbr* (= ***ante meridiem***) a.m.; ***at 11 ~*** a las 11 de la mañana
a·mal·gam·ate [əˈmælgəmeɪt] *v/i of companies* fusionarse
a·mass [əˈmæs] *v/t* acumular
am·a·teur [ˈæmətʃʊr] *n unskilled* aficionado(-a) *m*(*f*); SP amateur *m*/*f*
am·a·teur·ish [ˈæmətʃʊrɪʃ] *adj pej* chapucero
a·maze [əˈmeɪz] *v/t* asombrar
a·mazed [əˈmeɪzd] *adj* asombrado; ***we were ~ to hear ...*** nos asombró oír ...
a·maze·ment [əˈmeɪzmənt] asombro *m*
a·maz·ing [əˈmeɪzɪŋ] *adj* (*surprising*) asombroso; F (*very good*) alucinante F
a·maz·ing·ly [əˈmeɪzɪŋlɪ] *adv* increíblemente
Am·a·zon [ˈæməzən] *n*: ***the ~*** el Amazonas
Am·a·zo·ni·an [æməˈzoʊnɪən] *adj* amazónico
am·bas·sa·dor [æmˈbæsədər] embajador(a) *m*(*f*)
am·ber [ˈæmbər] *adj* ámbar; ***at ~*** en ámbar
am·bi·dex·trous [æmbɪˈdekstrəs] *adj* ambidiestro
am·bi·ence [ˈæmbɪəns] ambiente *m*
am·bi·gu·i·ty [æmbɪˈgjuːətɪ] ambigüedad *f*
am·big·u·ous [æmˈbɪgjʊəs] *adj* ambiguo
am·bi·tion [æmˈbɪʃn] *also pej* ambición *f*
am·bi·tious [æmˈbɪʃəs] *adj* ambicioso
am·biv·a·lent [æmˈbɪvələnt] *adj* ambivalente
am·ble [ˈæmbl] *v/i* deambular
am·bu·lance [ˈæmbjʊləns] ambulancia *f*
am·bush [ˈæmbʊʃ] **1** *n* emboscada *f* **2** *v/t* tender una emboscada a
a·mend [əˈmend] *v/t* enmendar
a·mend·ment [əˈmendmənt] enmienda *f*
a·mends [əˈmendz] *npl*: ***make ~ for*** compensar
a·men·i·ties [əˈmiːnətɪz] *npl* servicios *mpl*
A·mer·i·ca [əˈmerɪkə] *continent* América; *USA* Estados *mpl* Unidos
A·mer·i·can [əˈmerɪkən] **1** *adj North American* estadounidense **2** *n North American* estadounidense *m*/*f*
A'mer·i·can plan pensión *f* completa
a·mi·a·ble [ˈeɪmɪəbl] *adj* afable, amable
a·mi·ca·ble [ˈæmɪkəbl] *adj* amistoso
a·mi·ca·bly [ˈæmɪkəblɪ] *adv* amistosamente
am·mu·ni·tion [æmjʊˈnɪʃn] munición *f*; *fig* argumentos *mpl*
am·ne·sia [æmˈniːzɪə] amnesia *f*
am·nes·ty [ˈæmnəstɪ] amnistía *f*
a·mong(st) [əˈmʌŋ(st)] *prep* entre
a·mor·al [eɪˈmɔːrəl] *adj* amoral
a·mount [əˈmaʊnt] cantidad *f*; (*sum of money*) cantidad *f*, suma *f*
♦**amount to** *v/t* ascender a; ***his contribution didn't amount to much*** su contribución no fue gran cosa
am·phib·i·an [æmˈfɪbɪən] anfibio *m*

am·phib·i·ous [æm'fɪbɪəs] *adj animal, vehicle* anfibio
am·phi·the·a·ter, *Br* **am·phi·the·a·tre** ['æmfɪθɪətər] anfiteatro *m*
am·ple ['æmpl] *adj* abundante; ***$4 will be ~*** 4 dólares serán más que suficientes
am·pli·fi·er ['æmplɪfaɪr] amplificador *m*
am·pli·fy ['æmplɪfaɪ] *v/t* (*pret & pp* ***-ied***) *sound* amplificar
am·pu·tate ['æmpjʊteɪt] *v/t* amputar
am·pu·ta·tion [æmpjʊ'teɪʃn] amputación *f*
a·muse [ə'mju:z] *v/t* (*make laugh etc*) divertir; (*entertain*) entretener
a·muse·ment [ə'mju:zmənt] (*merriment*) diversión *f*; (*entertainment*) entretenimiento *m*; ***~s*** (*games*) juegos *mpl*; ***what do you do for ~?*** ¿qué haces para entretenerte?; ***to our great ~*** para nuestro regocijo
a'muse·ment ar·cade [ɑ:r'keɪd] salón *m* de juegos recreativos
a'muse·ment park parque *m* de atracciones
a·mus·ing [ə'mju:zɪŋ] *adj* divertido
an [æn] *unstressed* [ən] → ***a***
an·a·bol·ic ster·oid [ænə'bɑ:lɪk] esteroide *m* anabolizante
a·nae·mi·a *etc Br* → ***anemia*** *etc*
an·aes·thet·ic *etc Br* → ***anesthetic*** *etc*
an·a·log ['ænəlɑ:g] *adj* analógico
a·nal·o·gy [ə'nælədʒɪ] analogía *f*
an·al·y·sis [ə'næləsɪs] (*pl* ***analyses*** [ə'næləsi:z]) análisis *m inv*; (*psychoanalysis*) psicoanálisis *m inv*
an·a·lyst ['ænəlɪst] analista *m/f*; PSYCH psicoanalista *m/f*
an·a·lyt·i·cal [ænə'lɪtɪkl] *adj* analítico
an·a·lyze ['ænəlaɪz] *v/t* analizar; (*psychoanalyse*) psicoanalizar
an·arch·y ['ænərkɪ] anarquía *f*
a·nat·o·my [ə'nætəmɪ] anatomía *f*
an·ces·tor ['ænsestər] antepasado(-a) *m*(*f*)
an·chor ['æŋkər] **1** *n* NAUT ancla *f*; TV presentador(a) *m*(*f*) **2** *v/i* NAUT anclar
an·cient ['eɪnʃənt] *adj* antiguo
an·cil·lar·y [æn'sɪlərɪ] *adj staff* auxiliar
and [ənd] *stressed* [ænd] *conj* y
An·de·an ['ændɪən] *adj* andino
An·des ['ændi:z] *npl*: ***the ~*** los Andes
an·ec·dote ['ænɪkdoʊt] anécdota *f*
a·ne·mia [ə'ni:mɪə] anemia *f*
a·ne·mic [ə'ni:mɪk] *adj* anémico
an·es·thet·ic [ænəs'θetɪk] *n* anestesia *f*
an·es·the·tist [ə'ni:sθətɪst] anestesista *m/f*
an·gel ['eɪndʒl] REL ángel *m*; *fig* ángel *m*, cielo *m*
an·ger ['æŋgər] **1** *n* enfado *m*, enojo *m* **2** *v/t* enfadar, enojar
an·gi·na [æn'dʒaɪnə] angina *f* (de pecho)
an·gle ['æŋgl] *n* ángulo *m*
an·gry ['æŋgrɪ] *adj* enfadado, enojado; ***be ~ with s.o.*** estar enfadado *or* enojado con alguien
an·guish ['æŋgwɪʃ] angustia *f*
an·gu·lar ['æŋgjʊlər] *adj* anguloso
an·i·mal ['ænɪml] animal *m*
an·i·mated ['ænɪmeɪtɪd] *adj* animado
an·i·ma·ted car'toon dibujos *mpl* animados
an·i·ma·tion [ænɪ'meɪʃn] (*liveliness*), *of cartoon* animación *f*
an·i·mos·i·ty [ænɪ'mɑ:sətɪ] animosidad *f*
an·kle ['æŋkl] tobillo *m*
an·nex ['æneks] **1** *n building* edificio *m* anexo **2** *v/t state* anexionar
an·nexe ['æneks] *n Br* edificio *m* anexo
an·ni·hi·late [ə'naɪəleɪt] *v/t* aniquilar
an·ni·hi·la·tion [ənaɪə'leɪʃn] aniquilación *f*
an·ni·ver·sa·ry [ænɪ'vɜ:rsərɪ] (*wedding ~*) aniversario *m*
an·no·tate ['ænəteɪt] *v/t report* anotar
an·nounce [ə'naʊns] *v/t* anunciar
an·nounce·ment [ə'naʊnsmənt] anuncio *m*
an·nounc·er [ə'naʊnsər] TV, RAD

presentador(a) *m(f)*
an·noy [ə'nɔɪ] *v/t* molestar, irritar; ***be ~ed*** estar molesto *or* irritado
an·noy·ance [ə'nɔɪəns] (*anger*) irritación *f*; (*nuisance*) molestia *f*
an·noy·ing [ə'nɔɪɪŋ] *adj* molesto, irritante
an·nu·al ['ænʊəl] *adj* anual
an·nu·i·ty [ə'nu:ətɪ] anualidad *f*
an·nul [ə'nʌl] *v/t* (*pret & pp* ***-led***) *marriage* anular
an·nul·ment [ə'nʌlmənt] anulación *f*
a·non·y·mous [ə'nɑ:nɪməs] *adj* anónimo
an·o·rak ['ænəræk] *Br* anorak *m*
an·o·rex·i·a [ænə'reksɪə] anorexia *f*
an·o·rex·ic [ænə'reksɪk] *adj* anoréxico
an·oth·er [ə'nʌðər] **1** *adj* otro **2** *pron* otro(-a) *m(f)*; ***they helped one ~*** se ayudaron (el uno al otro); ***do they know one ~?*** ¿se conocen?
ans·wer ['ænsər] **1** *n to letter, person, question* respuesta *f*, contestación *f*; *to problem* solución *f* **2** *v/t letter, person, question* responder, contestar; ***~ the door*** abrir la puerta; ***~ the telephone*** responder *or Span* coger al teléfono
♦ **answer back** *v/t & v/i* contestar, replicar
♦ **answer for** *v/t* responder de
ans·wer·phone ['ænsərfoʊn] TELEC contestador *m* (automático)
ant [ænt] hormiga *f*
an·tag·o·nism [æn'tægənɪzm] antagonismo *m*
an·tag·o·nis·tic [æntægə'nɪstɪk] *adj* hostil
an·tag·o·nize [æn'tægənaɪz] *v/t* antagonizar, enfadar
Ant·arc·tic [ænt'ɑ:rktɪk] *n*: ***the ~*** el Antártico
an·te·na·tal [æntɪ'neɪtl] *adj* prenatal
an·ten·na [æn'tenə] *of insect, for TV* antena *f*
an·thol·o·gy [æn'θɑ:lədʒɪ] antología *f*
an·thro·pol·o·gy [ænθrə'pɑ:lədʒɪ] antropología *f*
an·ti·bi·ot·ic [æntɪbaɪ'ɑ:tɪk] *n* antibiótico *m*
an·ti·bod·y ['æntɪbɑ:dɪ] anticuerpo *m*
an·tic·i·pate [æn'tɪsɪpeɪt] *v/t* esperar, prever
an·tic·i·pa·tion [æntɪsɪ'peɪʃn] expectativa *f*, previsión *f*
an·ti·clock·wise ['æntɪklɑ:kwaɪz] *adv Br* en dirección contraria a las agujas del reloj
an·tics ['æntɪks] *npl* payasadas *fpl*
an·ti·dote ['æntɪdoʊt] antídoto *m*
an·ti·freeze ['æntɪfri:z] anticongelante *m*
an·tip·a·thy [æn'tɪpəθɪ] antipatía *f*
an·ti·quat·ed ['æntɪkweɪtɪd] *adj* anticuado
an·tique [æn'ti:k] *n* antigüedad *f*
an'tique deal·er anticuario(-a) *m(f)*
an·tiq·ui·ty [æn'tɪkwətɪ] antigüedad *f*
an·ti·sep·tic [æntɪ'septɪk] **1** *adj* antiséptico **2** *n* antiséptico *m*
an·ti·so·cial [æntɪ'soʊʃl] *adj* antisocial, poco sociable
an·ti·vi·rus pro·gram [æntɪ'vaɪrəs] COMPUT (programa *m*) antivirus *m inv*
anx·i·e·ty [æŋ'zaɪətɪ] ansiedad *f*
anx·ious ['æŋkʃəs] *adj* preocupado; (*eager*) ansioso; ***be ~ for*** *for news etc* esperar ansiosamente
an·y ['enɪ] **1** *adj*: ***are there ~ diskettes / glasses?*** ¿hay disquetes / vasos?; ***is there ~ bread / improvement?*** ¿hay algo de pan / alguna mejora?; ***there aren't ~ diskettes / glasses*** no hay disquetes / vasos; ***there isn't ~ bread / improvement*** no hay pan / ninguna mejora; ***have you ~ idea at all?*** ¿tienes alguna idea?; ***~ one of them could win*** cualquiera de ellos podría ganar **2** *pron* alguno(-a); ***do you have ~?*** ¿tienes alguno(s)?; ***there aren't ~ left*** no queda ninguno; ***there isn't ~ left*** no queda; ***~ of them could be guilty*** cualquiera de ellos podría ser culpable **3** *adv*: ***is that ~ better / easier?*** ¿es mejor / más fácil así?; ***I***

don't like it ~ more ya no me gusta

an·y·bod·y ['enɪbɒːdɪ] *pron* alguien; ***there wasn't ~ there*** no había nadie allí

an·y·how ['enɪhaʊ] *adv* en todo caso, de todos modos; ***if I can help you ~, please let me know*** si puedo ayudarte de alguna manera, por favor dímelo

an·y·one ['enɪwʌn] → ***anybody***

an·y·thing ['enɪθɪŋ] *pron* algo; *with negatives* nada; ***I didn't hear ~*** no oí nada; ***~ but*** todo menos; ***~ else?*** ¿algo más?

an·y·way ['enɪweɪ] → ***anyhow***

an·y·where ['enɪwer] *adv* en alguna parte; ***is Peter ~ around?*** ¿está Peter por ahí?; ***he never goes ~*** nunca va a ninguna parte; ***I can't find it ~*** no lo encuentro por ninguna parte

a·part [ə'pɑːrt] *adv* aparte; ***the two cities are 250 miles ~*** las dos ciudades están a 250 millas la una de la otra; ***live ~*** *of people* vivir separado; ***~ from*** aparte de

a·part·ment [ə'pɑːrtmənt] apartamento *m*, *Span* piso *m*

a'part·ment block bloque *m* de apartamentos *or Span* pisos

ap·a·thet·ic [æpə'θetɪk] *adj* apático

ap·a·thy ['æpəθɪ] apatía *f*

ape [eɪp] simio *m*

a·pe·ri·tif [ə'perɪtiːf] aperitivo *m*

ap·er·ture ['æpərtʃər] PHOT apertura *f*

a·piece [ə'piːs] *adv* cada uno

a·pol·o·get·ic [əpɑːlə'dʒetɪk] *adj letter* de disculpa; ***he was very ~ about ...*** pedía constantes disculpas por ...

a·pol·o·gize [ə'pɑːlədʒaɪz] *v/i* disculparse, pedir perdón

a·pol·o·gy [ə'pɑːlədʒɪ] disculpa *f*; ***owe s.o. an ~*** deber disculpas a alguien

a·pos·tle [ə'pɑːsl] REL apóstol *m*

a·pos·tro·phe [ə'pɑːstrəfɪ] GRAM apóstrofo *m*

ap·pall [ə'pɒːl] *v/t* horrorizar, espantar

ap·pal·ling [ə'pɒːlɪŋ] *adj* horroroso

ap·pa·ra·tus [æpə'reɪtəs] aparatos *mpl*

ap·par·ent [ə'pærənt] *adj* aparente, evidente; ***become ~ that*** hacerse evidente que

ap·par·ent·ly [ə'pærəntlɪ] *adv* al parecer, por lo visto

ap·pa·ri·tion [æpə'rɪʃn] (*ghost*) aparición *f*

ap·peal [ə'piːl] **1** *n* (*charm*) atractivo *m*; *for funds etc* llamamiento *m*; LAW apelación *f* **2** *v/i* LAW apelar

♦**appeal for** *v/t* solicitar

♦**appeal to** *v/t* (*be attractive to*) atraer a

ap·peal·ing [ə'piːlɪŋ] *adj idea, offer* atractivo; *glance* suplicante

ap·pear [ə'pɪr] *v/i* aparecer; *in court* comparecer; (*look, seem*) parecer; ***it ~s that ...*** parece que ...

ap·pear·ance [ə'pɪrəns] aparición *f*; *in court* comparecencia *f*; (*look*) apariencia *f*, aspecto *m*; ***put in an ~*** hacer acto de presencia

ap·pease [ə'piːz] *v/t* apaciguar

ap·pen·di·ci·tis [əpendɪ'saɪtɪs] apendicitis *m*

ap·pen·dix [ə'pendɪks] MED, *of book* apéndice *m*

ap·pe·tite ['æpɪtaɪt] *also fig* apetito *m*

ap·pe·tiz·er ['æpɪtaɪzər] aperitivo *m*

ap·pe·tiz·ing ['æpɪtaɪzɪŋ] *adj* apetitoso

ap·plaud [ə'plɒːd] **1** *v/i* aplaudir **2** *v/t also fig* aplaudir

ap·plause [ə'plɒːz] aplauso *m*

ap·ple ['æpl] manzana *f*

ap·ple 'pie tarta *f* de manzana

ap·ple 'sauce compota *f* de manzana

ap·pli·ance [ə'plaɪəns] aparato *m*; *household* electrodoméstico *m*

ap·plic·a·ble [ə'plɪkəbl] *adj* aplicable; ***it's not ~ to foreigners*** no se aplica a extranjeros

ap·pli·cant ['æplɪkənt] solicitante *m/f*

ap·pli·ca·tion [æplɪ'keɪʃn] *for job, passport etc* solicitud *f*; *for university* solicitud *f* (de admisión)

ap·pli'ca·tion form *for passport etc* impreso *m* de solicitud; *for university* impreso *m* de solicitud de admisión

ap·ply [ə'plaɪ] **1** *v/t* (*pret & pp* ***-ied***) *rules, solution, ointment* aplicar **2** *v/i* (*pret & pp* ***-ied***) *of rule, law* aplicarse

♦**apply for** *v/t job, passport* solicitar; *university* solicitar el ingreso en

♦**apply to** *v/t* (*contact*) dirigirse a; (*affect*) aplicarse a

ap·point [ə'pɔɪnt] *v/t to position* nombrar, designar

ap·point·ment [ə'pɔɪntmənt] *to position* nombramiento *m*, designación *f*; *meeting* cita *f*; ***make an ~ with the doctor*** pedir hora con el doctor

ap'point·ments di·a·ry agenda *f* de citas

ap·prais·al [ə'preɪz(ə)l] evaluación *f*

ap·pre·cia·ble [ə'pri:ʃəbl] *adj* apreciable

ap·pre·ci·ate [ə'pri:ʃɪeɪt] **1** *v/t* (*value*) apreciar; (*be grateful for*) agradecer; (*acknowledge*) ser consciente de; ***thanks, I ~ it*** te lo agradezco **2** *v/i* FIN revalorizarse

ap·pre·ci·a·tion [əpri:ʃɪ'eɪʃn] *of kindness etc* agradecimiento *m*; *of music etc* aprecio *m*

ap·pre·ci·a·tive [ə'pri:ʃətɪv] *adj* agradecido

ap·pre·hen·sive [æprɪ'hensɪv] *adj* aprensivo, temeroso

ap·pren·tice [ə'prentɪs] aprendiz(a) *m*(*f*)

ap·proach [ə'proʊʧ] **1** *n* aproximación *f*; (*proposal*) propuesta *f*; *to problem* enfoque *m* **2** *v/t* (*get near to*) aproximarse a; (*contact*) ponerse en contacto con; *problem* enfocar

ap·proach·a·ble [ə'proʊʧəbl] *adj person* accesible

ap·pro·pri·ate[1] [ə'proʊprɪət] *adj* apropiado, adecuado

ap·pro·pri·ate[2] [ə'proʊprɪeɪt] *v/t also euph* apropiarse de

ap·prov·al [ə'pru:vl] aprobación *f*

ap·prove [ə'pru:v] **1** *v/i*: ***my parents don't ~*** a mis padres no les parece bien **2** *v/t* aprobar

♦**approve of** *v/t* aprobar; ***her parents don't approve of me*** no les gusto a sus padres

ap·prox·i·mate [ə'prɑ:ksɪmət] *adj* aproximado

ap·prox·i·mate·ly [ə'prɑ:ksɪmətlɪ] *adv* aproximadamente

ap·prox·i·ma·tion [əprɑ:ksɪ'meɪʃn] aproximación *f*

APR [eɪpi:'ɑ:] *abbr* (= ***annual percentage rate***) TAE *f* (= tasa *f* anual equivalente)

a·pri·cot ['æprɪkɑ:t] albaricoque *m*, *L.Am.* damasco *m*

A·pril ['eɪprəl] abril *m*

apt [æpt] *adj remark* oportuno; ***be ~ to ...*** ser propenso a ...

ap·ti·tude ['æptɪtu:d] aptitud *f*; ***he has a natural ~ for ...*** tiene aptitudes naturales para ...

'ap·ti·tude test prueba *f* de aptitud

a·quar·i·um [ə'kwerɪəm] acuario *m*

A·quar·i·us [ə'kwerɪəs] ASTR Acuario *m/f inv*

a·quat·ic [ə'kwætɪk] *adj* acuático

Ar·ab ['ærəb] **1** *adj* árabe **2** *n* árabe *m/f*

Ar·a·bic ['ærəbɪk] **1** *adj* árabe **2** *n* árabe *m*

ar·a·ble ['ærəbl] *adj* arable, cultivable

ar·bi·tra·ry ['ɑ:rbɪtrerɪ] *adj* arbitrario

ar·bi·trate ['ɑ:rbɪtreɪt] *v/i* arbitrar

ar·bi·tra·tion [ɑ:rbɪ'treɪʃn] arbitraje *m*

ar·bi·tra·tor ['ɑ:rbɪ'treɪtər] árbitro(-a) *m*(*f*)

arch [ɑ:rʧ] *n* arco *m*

ar·chae·ol·o·gy *etc Br* → ***archeology*** *etc*

ar·cha·ic [ɑ:r'keɪɪk] *adj* arcaico

ar·che·o·log·i·cal [ɑ:rkɪə'lɑ:dʒɪkl] *adj* arqueológico

ar·che·ol·o·gist [ɑ:rkɪ'ɑ:lədʒɪst] arqueólogo(-a) *m*(*f*)

ar·che·ol·o·gy [ɑ:rkɪ'ɑ:lədʒɪ] arqueología *f*

ar·cher ['ɑːrtʃər] arquero(-a) *m(f)*
ar·chi·tec·t ['ɑːrkɪtekt] arquitecto(-a) *m(f)*
ar·chi·tec·tur·al [ɑːrkɪ'tektʃərəl] *adj* arquitectónico
ar·chi·tec·ture ['ɑːrkɪtektʃər] arquitectura *f*
ar·chives ['ɑːrkaɪvz] *npl* archivos *mpl*
arch·way ['ɑːrtʃweɪ] arco *m*
Arc·tic ['ɑːrktɪk] *n*: ***the ~*** el Ártico
ar·dent ['ɑːrdənt] *adj* ardiente, ferviente
ar·du·ous ['ɑːrdjʊəs] *adj* arduo
ar·e·a ['erɪə] área *f*, zona *f*; *of activity, study etc* área *f*, ámbito *m*
'ar·e·a code TELEC prefijo *m*
a·re·na [ə'riːnə] SP estadio *m*
Ar·gen·ti·na [ɑːrdʒən'tiːnə] Argentina
Ar·gen·tin·i·an [ɑːrdʒən'tɪnɪən] **1** *adj* argentino **2** *n* argentino(-a) *m(f)*
ar·gu·a·bly ['ɑːrgjʊəblɪ] *adv* posiblemente
ar·gue ['ɑːrgjuː] **1** *v/i* (*quarrel*) discutir; (*reason*) argumentar **2** *v/t*: ***~ that ...*** argumentar que ...
ar·gu·ment ['ɑːrgjʊmənt] (*quarrel*) discusión *f*; (*reasoning*) argumento *m*
ar·gu·ment·a·tive [ɑːrgjʊ'mentətɪv] *adj* discutidor
a·ri·a ['ɑːrɪə] MUS aria *f*
ar·id ['ærɪd] *adj land* árido
Ar·i·es ['eriːz] ASTR Aries *m/f inv*
a·rise [ə'raɪz] *v/i* (*pret* ***arose***, *pp* ***arisen***) *of situation, problem* surgir
a·ris·en [ə'rɪzn] *pp* → ***arise***
ar·is·toc·ra·cy [ærɪ'stɑːkrəsɪ] aristocracia *f*
ar·is·to·crat [ə'rɪstəkræt] aristócrata *m/f*
a·ris·to·crat·ic [ærɪstə'krætɪk] *adj* aristocrático
a·rith·me·tic [ə'rɪθmətɪk] aritmética *f*
arm[1] [ɑːrm] *n of person, chair* brazo *m*
arm[2] [ɑːrm] *v/t* armar
ar·ma·ments ['ɑːrməmənts] *npl* armamento *m*
arm·chair ['ɑːrmtʃer] sillón *m*
armed [ɑːrmd] *adj* armado
armed 'forc·es *npl* fuerzas *fpl* armadas
armed 'rob·ber·y atraco *m* a mano armada
ar·mor, *Br* **ar·mour** ['ɑːrmər] armadura *f*
ar·mored 've·hi·cle, *Br* **ar·moured 've·hi·cle** ['ɑːrmərd] vehículo *m* blindado
arm·pit ['ɑːrmpɪt] sobaco *m*
arms [ɑːrmz] *npl* (*weapons*) armas *fpl*
ar·my ['ɑːrmɪ] ejército *m*
a·ro·ma [ə'roumə] aroma *m*
a·rose [ə'rouz] *pret* → ***arise***
a·round [ə'raund] **1** *prep* (*enclosing*) alrededor de; ***it's ~ the corner*** está a la vuelta de la esquina **2** *adv* (*in the area*) por ahí; (*encircling*) alrededor; (*roughly*) alrededor de, aproximadamente; (*with expressions of time*) en torno a; ***he lives ~ here*** vive por aquí; ***walk ~*** pasear; ***she has been ~*** (*has traveled, is experienced*) tiene mucho mundo; ***he's still ~*** F (*alive*) todavía está rondando por ahí F
a·rouse [ə'rauz] *v/t* despertar; *sexually* excitar
ar·range [ə'reɪndʒ] *v/t* (*put in order*) ordenar; *furniture* ordenar, disponer; *flowers, music* arreglar; *meeting, party etc* organizar; *time and place* acordar; ***I've ~d to meet her*** he quedado con ella
♦**arrange for** *v/t*: ***I arranged for Jack to collect it*** quedé para que Jack lo recogiera
ar·range·ment [ə'reɪndʒmənt] (*plan*) plan *m*, preparativo *m*; (*agreement*) acuerdo *m*; (*layout*: *of furniture etc*) orden *m*, disposición *f*; *of flowers, music* arreglo *m*; ***I've made ~s for the neighbors to water my plants*** he quedado con los vecinos para que rieguen mis plantas
ar·rears [ə'rɪərz] *npl* atrasos *mpl*; ***be in ~*** *of person* ir atrasado

ar·rest [ə'rest] **1** *n* detención *f*, arresto *m*; ***be under ~*** estar detenido *or* arrestado **2** *v/t* detener, arrestar
ar·riv·al [ə'raɪvl] llegada *f*; ***on your ~*** al llegar; ***~s*** *at airport* llegadas *fsg*
ar·rive [ə'raɪv] *v/i* llegar
♦**arrive at** *v/t place, decision etc* llegar a
ar·ro·gance ['ærəgəns] arrogancia *f*
ar·ro·gant ['ærəgənt] *adj* arrogante
ar·ro·gant·ly ['ærəgəntlɪ] *adv* con arrogancia
ar·row ['æroʊ] flecha *f*
arse [ɑːrs] *Br* P culo *m* P
ar·se·nic ['ɑːrsənɪk] arsénico *m*
ar·son ['ɑːrsn] incendio *m* provocado
ar·son·ist ['ɑːrsənɪst] pirómano(-a) *m*(*f*)
art [ɑːrt] arte *m*; ***the ~s*** las artes
ar·te·ry ['ɑːrtərɪ] MED arteria *f*
'art gal·ler·y *public* museo *m*; *private* galería *f* de arte
ar·thri·tis [ɑːr'θraɪtɪs] artritis *f*
ar·ti·choke ['ɑːrtɪtʃoʊk] alcachofa *f*, *L.Am.* alcaucil *m*
ar·ti·cle ['ɑːrtɪkl] artículo *m*
ar·tic·u·late [ɑːr'tɪkjʊlət] *adj person* elocuente
ar·ti·fi·cial [ɑːrtɪ'fɪʃl] *adj* artificial
ar·ti·fi·cial in'tel·li·gence inteligencia *f* artificial
ar·til·le·ry [ɑːr'tɪlərɪ] artillería *f*
ar·ti·san ['ɑːrtɪzæn] artesano(-a) *m*(*f*)
ar·tist ['ɑːrtɪst] (*painter*, *artistic person*) artista *m/f*
ar·tis·tic [ɑːr'tɪstɪk] *adj* artístico
'arts de·gree licenciatura *f* en letras
as [æz] **1** *conj* (*while*, *when*) cuando; (*because*, *like*) como; ***~ if*** como si; ***~ usual*** como de costumbre; ***~ necessary*** como sea necesario **2** *adv* como; ***~ high / pretty ~ ...*** tan alto / guapa como ...; ***~ much ~ that?*** ¿tanto? **3** *prep* como; ***work ~ a team*** trabajar en equipo; ***~ a child / schoolgirl*** cuando era un niño / una colegiala; ***work ~ a teacher / translator*** trabajar como profesor / traductor; ***~ for*** por lo que respecta a; ***~ Hamlet*** en el papel del Hamlet
asap ['eɪzæp] *abbr* (= ***as soon as possible***) cuanto antes
as·bes·tos [æz'bestɑːs] amianto *m*, asbesto *m*
As·cen·sion [ə'senʃn] REL Ascensión *f*
ash [æʃ] ceniza *f*; ***~es*** *of person* cenizas *fpl*
a·shamed [ə'ʃeɪmd] *adj* avergonzado, *L.Am.* apenado; ***be ~ of*** estar avergonzado *or L.Am.* apenado de; ***you should be ~ of yourself*** debería darte vergüenza *or L.Am.* pena; ***it's nothing to be ~ of*** no tienes por qué avergonzarte *or L.Am.* apenarte
'ash can cubo *m* de la basura
a·shore [ə'ʃɔːr] *adv* en tierra; ***go ~*** desembarcar
ash·tray ['æʃtreɪ] cenicero *m*
A·sia ['eɪʃə] Asia
A·sian ['eɪʃən] **1** *adj* asiático **2** *n* asiático(-a) *m*(*f*)
a·side [ə'saɪd] *adv* a un lado; ***move ~ please*** apártense, por favor; ***he took me ~*** me llevó aparte; ***~ from*** aparte de
ask [æsk] **1** *v/t person* preguntar; *question* hacer; (*invite*) invitar; *favor* pedir; ***can I ~ you something?*** ¿puedo hacerte una pregunta?; ***~ s.o. for sth*** pedir algo a alguien; ***he ~ed me to leave*** me pidió que me fuera; ***~ s.o. about sth*** preguntar por algo a alguien **2** *v/i*: ***all you need to do is ~*** no tienes más que pedirlo
♦**ask after** *v/t person* preguntar por
♦**ask for** *v/t* pedir; *person* preguntar por
♦**ask out** *v/t* invitar a salir
ask·ing price ['æskɪŋ] precio *m* de salida
a·sleep [ə'sliːp] *adj* dormido; ***be*** (***fast***) ***~*** estar (profundamente) dormido; ***fall ~*** dormirse, quedarse dormido
as·par·a·gus [ə'spærəgəs] espárragos *mpl*

as·pect ['æspekt] aspecto *m*
as·phalt ['æsfælt] *n* asfalto *m*
as·phyx·i·ate [æ'sfɪksɪeɪt] *v/t* asfixiar
as·phyx·i·a·tion [əsfɪksɪ'eɪʃn] asfixia *f*
as·pi·ra·tion [æspə'reɪʃn] aspiración *f*
as·pi·rin ['æsprɪn] aspirina *f*
ass[1] [æs] (*idiot*) burro(-a) *m*(*f*)
ass[2] [æs] P (*backside*) culo P; (*sex*) sexo *m*
as·sai·lant [ə'seɪlənt] asaltante *m/f*
as·sas·sin [ə'sæsɪn] asesino(-a) *m*(*f*)
as·sas·sin·ate [ə'sæsɪneɪt] *v/t* asesinar
as·sas·sin·a·tion [əsæsɪ'neɪʃn] asesinato *m*
as·sault [ə'sɒ:lt] **1** *n* agresión *f*; (*attack*) ataque *m* **2** *v/t* atacar, agredir
as·sem·ble [ə'sembl] **1** *v/t parts* montar **2** *v/i of people* reunirse
as·sem·bly [ə'semblɪ] *of parts* montaje *m*; POL asamblea *f*
as'sem·bly line cadena *f* de montaje
as'sem·bly plant planta *f* de montaje
as·sent [ə'sent] *v/i* asentir, dar el consentimiento
as·sert [ə'sɜ:rt] *v/t* afirmar, hacer valer; ~ ***o.s.*** mostrarse firme
as·ser·tive [ə'sɜ:rtɪv] *adj person* seguro y firme
as·sess [ə'ses] *v/t situation* evaluar; *value* valorar
as·sess·ment [ə'sesmənt] evaluación *f*
as·set ['æset] FIN activo *m*; *fig* ventaja *f*; ***she's an ~ to the company*** es un gran valor para la compañía
ass·hole ['æshoʊl] V ojete *m* V; (*idiot*) *Span* gilipollas *m/f inv* V, *L.Am.* pendejo(-a) *m*(*f*) V
as·sign [ə'saɪn] *v/t* asignar
as·sign·ment [ə'saɪnmənt] (*task, study*) trabajo *m*
as·sim·i·late [ə'sɪmɪleɪt] *v/t information* asimilar; *person into group* integrar
as·sist [ə'sɪst] *v/t* ayudar
as·sist·ance [ə'sɪstəns] ayuda *f*, asistencia *f*
as·sis·tant [ə'sɪstənt] ayudante *m/f*; *Br in store* dependiente(-a) *m*(*f*)
as·sis·tant di'rec·tor director(a) *m*(*f*) adjunto
as·sis·tant 'man·ag·er *of business* subdirector(a) *m*(*f*); *of hotel, restaurant, store* subdirector(a) *m*(*f*), subgerente *m/f*
as·so·ci·ate **1** *v/t* [ə'soʊʃɪeɪt] asociar; ***he has long been ~d with the Ballet*** ha estado vinculado al Ballet durante mucho tiempo **2** *v/i* [ə'soʊʃɪeɪt]: ~ ***with*** relacionarse con **3** *n* [ə'soʊʃɪət] colega *m/f*
as·so·ci·ate pro'fes·sor profesor(a) *m*(*f*) adjunto(a)
as·so·ci·a·tion [əsoʊsɪ'eɪʃn] asociación *f*, ***in ~ with*** conjuntamente con
as·sort·ed [ə'sɔ:rtɪd] *adj* surtido, diverso
as·sort·ment [ə'sɔ:rtmənt] *of food* surtido *m*; *of people* diversidad *f*
as·sume [ə'su:m] *v/t* (*suppose*) suponer
as·sump·tion [ə'sʌmpʃn] suposición *f*
as·sur·ance [ə'ʃʊrəns] garantía *f*; (*confidence*) seguridad *f*
as·sure [ə'ʃʊr] *v/t* (*reassure*) asegurar
as·sured [ə'ʃʊrd] *adj* (*confident*) seguro
as·ter·isk ['æstərɪsk] asterisco *m*
asth·ma ['æsmə] asma *f*
asth·mat·ic [æs'mætɪk] *adj* asmático
as·ton·ish [ə'stɑ:nɪʃ] *v/t* asombrar, sorprender; ***be ~ed*** estar asombrado *or* sorprendido
as·ton·ish·ing [ə'stɑ:nɪʃɪŋ] *adj* asombroso, sorprendente
as·ton·ish·ing·ly [ə'stɑ:nɪʃɪŋlɪ] *adv* asombrosamente
as·ton·ish·ment [ə'stɑ:nɪʃmənt] asombro *m*, sorpresa *f*
as·tound [ə'staʊnd] *v/t* pasmar
as·tound·ing [ə'staʊndɪŋ] *adj* pasmoso
a·stray [ə'streɪ] *adv*: ***go ~*** extraviar-

se; *morally* descarriarse
a·stride [ə'straɪd] **1** *adv* a horcajadas **2** *prep* a horcajadas sobre
as·trol·o·ger [ə'strɑːlədʒər] astrólogo(-a) *m(f)*
as·trol·o·gy [ə'strɑːlədʒɪ] astrología *f*
as·tro·naut ['æstrənɒːt] astronauta *m/f*
as·tron·o·mer [ə'strɑːnəmər] astrónomo(-a) *m(f)*
as·tro·nom·i·cal [æstrə'nɑːmɪkl] *adj price etc* astronómico
as·tron·o·my [ə'strɑːnəmɪ] astronomía *f*
as·tute [ə'stuːt] *adj* astuto, sagaz
a·sy·lum [ə'saɪləm] (*mental* ~) manicomio *m*; *political* asilo *m*
at [ət] *stressed* [æt] *prep with places* en; **~ *Joe's*** *house* en casa de Joe; *bar* en el bar de Joe; ***~ the door*** a la puerta; ***~ 10 dollars*** a 10 dólares; ***~ the age of 18*** a los 18 años; ***~ 5 o'clock*** a las 5; ***~ 150 km/h*** a 150 km./h.; ***be good/bad ~ sth*** ser bueno/malo haciendo algo
ate [eɪt] *pret* → **eat**
a·the·ism ['eɪθɪɪzm] ateísmo *m*
a·the·ist ['eɪθɪɪst] ateo(-a) *m(f)*
ath·lete ['æθliːt] atleta *m/f*
ath·let·ic [æθ'letɪk] *adj* atlético
ath·let·ics [æθ'letɪks] atletismo *m*
At·lan·tic [ət'læntɪk] *n*: ***the ~*** el Atlántico
at·las ['ætləs] atlas *m inv*
ATM [eɪtiː'em] *abbr* (= ***automatic teller machine***) cajero *m* automático
at·mos·phere ['ætməsfɪr] *of earth* atmósfera *f*; (*ambiance*) ambiente *m*
at·mos·pher·ic pol'lu·tion [ætməs'ferɪk] contaminación *f* atmosférica
at·om ['ætəm] átomo *m*
'at·om bomb bomba *f* atómica
a·tom·ic [ə'tɑːmɪk] *adj* atómico
a·tom·ic 'en·er·gy energía *f* atómica *or* nuclear
a·tom·ic 'waste desechos *mpl* radiactivos
a·tom·iz·er ['ætəmaɪzər] atomizador *m*
a·tone [ə'toʊn] *v/i*: ***~ for*** expiar
a·tro·cious [ə'troʊʃəs] *adj* atroz, terrible
a·troc·i·ty [ə'trɑːsətɪ] atrocidad *f*
at·tach [ə'tætʃ] *v/t* sujetar, fijar; *importance* atribuir; ***be ~ed to*** (*fond of*) tener cariño a
at·tach·ment [ə'tætʃmənt] (*fondness*) cariño *m* (***to*** por); *to e-mail* archivo *m* adjunto
at·tack [ə'tæk] **1** *n* ataque *m* **2** *v/t* atacar
at·tempt [ə'tempt] **1** *n* intento *m*; ***an ~ on the world record*** un intento de batir el récord del mundo **2** *v/t* intentar
at·tend [ə'tend] *v/t* acudir a
♦ **attend to** *v/t* ocuparse de; *customer* atender
at·tend·ance [ə'tendəns] asistencia *f*
at·tend·ant [ə'tendənt] *in museum etc* vigilante *m/f*
at·ten·tion [ə'tenʃn] atención *f*; ***bring sth to s.o.'s ~*** informar a alguien de algo; ***your ~ please*** atención, por favor; ***pay ~*** prestar atención
at·ten·tive [ə'tentɪv] *adj listener* atento
at·tic ['ætɪk] ático *m*
at·ti·tude ['ætɪtuːd] actitud *f*
attn *abbr* (= ***for the attention of***) atn (= a la atención de)
at·tor·ney [ə'tɜːrnɪ] abogado(-a) *m(f)*; ***power of ~*** poder *m* (notarial)
at·tract [ə'trækt] *v/t* atraer; ***~ attention*** llamar la atención; ***~ s.o.'s attention*** atraer la atención de alguien; ***be ~ed to s.o.*** sentirse atraído por alguien
at·trac·tion [ə'trækʃn] atracción *f*, atractivo *m*; *romantic* atracción *f*
at·trac·tive [ə'træktɪv] *adj* atractivo
at·trib·ute[1] [ə'trɪbjuːt] *v/t* atribuir; ***~ sth to ...*** atribuir algo a ...
at·trib·ute[2] ['ætrɪbjuːt] *n* atributo *m*
au·ber·gine ['oʊbərʒiːn] *Br* berenjena *f*

auc·tion ['ɒːkʃn] **1** *n* subasta *f*, *L.Am.* remate *m* **2** *v/t* subastar, *L.Am.* rematar
♦ **auction off** *v/t* subastar, *L.Am.* rematar
auc·tio·neer [ɒːkʃə'nɪr] subastador(a) *m(f)*, *L.Am.* rematador(a) *m(f)*
au·da·cious [ɒː'deɪʃəs] *adj plan* audaz
au·dac·i·ty [ɒː'dæsətɪ] audacia *f*
au·di·ble ['ɒːdəbl] *adj* audible
au·di·ence ['ɒːdɪəns] *in theater*, *at show* público *m*, espectadores *mpl*; TV audiencia *f*
au·di·o ['ɒːdɪoʊ] *adj* de audio
au·di·o·vi·su·al [ɒːdɪoʊ'vɪʒʊəl] *adj* audiovisual
au·dit ['ɒːdɪt] **1** *n* auditoría *f* **2** *v/t* auditar; *course* asistir de oyente a
au·di·tion [ɒː'dɪʃn] **1** *n* audición *f* **2** *v/i* hacer una prueba
au·di·tor ['ɒːdɪtər] auditor(a) *m(f)*
au·di·to·ri·um [ɒːdɪ'tɔːrɪəm] *of theater etc* auditorio *m*
Au·gust ['ɒːgəst] agosto *m*
aunt [ænt] tía *f*
au pair [oʊ'per] au pair *m/f*
au·ra ['ɒːrə] aura *f*
aus·pic·es ['ɒːspɪsɪz] *npl* auspicios *mpl*; ***under the ~ of*** bajo los auspicios de
aus·pi·cious [ɒː'spɪʃəs] *adj* propicio
aus·tere [ɒː'stiːr] *adj interior* austero
aus·ter·i·ty [ɒːs'terətɪ] *economic* austeridad *f*
Aus·tra·li·a [ɒː'streɪlɪə] Australia
Aus·tra·li·an [ɒː'streɪlɪən] **1** *adj* australiano **2** *n* australiano(-a) *m(f)*
Aus·tri·a ['ɒːstrɪə] Austria
Aus·tri·an ['ɒːstrɪən] **1** *adj* austriaco **2** *n* austriaco(-a) *m(f)*
au·then·tic [ɒː'θentɪk] *adj* auténtico
au·then·tic·i·ty [ɒːθen'tɪsətɪ] autenticidad *f*
au·thor ['ɒːθər] *of story*, *novel* escritor(a) *m(f)*; *of text* autor(a) *m(f)*
au·thor·i·tar·i·an [əθɑːrɪ'terɪən] *adj* autoritario
au·thor·i·ta·tive [ə'θɑːrɪtətɪv] *adj* autorizado
au·thor·i·ty [ə'θɑːrətɪ] autoridad *f*; (*permission*) autorización *f*; ***be an ~ on*** ser una autoridad en; ***the authorities*** las autoridades
au·thor·i·za·tion [ɒːθəraɪ'zeɪʃn] autorización *f*
au·thor·ize ['ɒːθəraɪz] *v/t* autorizar; ***be ~d to ...*** estar autorizado para ...
au·tis·tic [ɒː'tɪstɪk] *adj* autista
au·to·bi·og·ra·phy [ɒːtəbaɪ'ɑːgrəfɪ] autobiografía *f*
au·to·crat·ic [ɒːtə'krætɪk] *adj* autocrático
au·to·graph ['ɒːtəgræf] autógrafo *m*
au·to·mate ['ɒːtəmeɪt] *v/t* automatizar
au·to·mat·ic [ɒːtə'mætɪk] **1** *adj* automático **2** *n car* (coche *m*) automático *m*; *gun* pistola *f* automática; *washing machine* lavadora *f* automática
au·to·mat·i·cal·ly [ɒːtə'mætɪklɪ] *adv* automáticamente
au·to·ma·tion [ɒːtə'meɪʃn] automatización
au·to·mo·bile ['ɒːtəmoʊbiːl] automóvil *m*, coche *m*, *L.Am.* carro *m*, *Rpl* auto *m*
'au·to·mo·bile in·dus·try industria *f* automovilística
au·ton·o·mous [ɒː'tɑːnəməs] *adj* autónomo
au·ton·o·my [ɒː'tɑːnəmɪ] autonomía *f*
au·to·pi·lot ['ɒːtoʊpaɪlət] piloto *m* automático
au·top·sy ['ɒːtɑːpsɪ] autopsia *f*
au·tumn ['ɒːtəm] *Br* otoño *m*
aux·il·ia·ry [ɒːg'zɪljərɪ] *adj* auxiliar
a·vail [ə'veɪl] **1** *n*: ***to no ~*** en vano **2** *v/t*: ***~ o.s. of*** aprovechar
a·vai·la·ble [ə'veɪləbl] *adj* disponible
av·a·lanche ['ævəlænʃ] avalancha *f*, alud *m*
av·a·rice ['ævərɪs] avaricia *f*
av·e·nue ['ævənuː] avenida *f*; *fig* camino *m*
av·e·rage ['ævərɪdʒ] **1** *adj* medio; (*of mediocre quality*) regular **2** *n* promedio *m*, media *f*; ***above / below ~***

por encima / por debajo del promedio; ***on ~*** como promedio, de media **3** *v/t*: ***I ~ six hours of sleep a night*** duermo seis horas cada noche como promedio *or* de media
♦ **average out** *v/t* calcular el promedio *or* la media de
♦ **average out at** *v/t* salir a
a•verse [ə'vɜːrs] *adj*: ***not be ~ to*** no ser reacio a
a•ver•sion [ə'vɜːrʃn] aversión *f*; ***have an ~ to*** tener aversión a
a•vert [ə'vɜːrt] *v/t one's eyes* apartar; *crisis* evitar
a•vi•a•tion [eɪvɪ'eɪʃn] aviación *f*
av•id ['ævɪd] *adj* ávido
av•o•ca•do [ɑːvə'kɑːdoʊ] aguacate *m*, *S.Am.* palta *f*
a•void [ə'vɔɪd] *v/t* evitar; ***you've been ~ing me*** has estado huyendo de mí
a•wait [ə'weɪt] *v/t* aguardar, esperar
a•wake [ə'weɪk] *adj* despierto; ***it kept me ~*** no me dejó dormir
a•ward [ə'wɔːrd] **1** *n* (*prize*) premio *m* **2** *v/t prize, damages* conceder
a•ware [ə'wer] *adj*: ***be ~ of sth*** ser consciente de algo; ***become ~ of sth*** darse cuenta de algo
a•ware•ness [ə'wernɪs] conciencia *f*
a•way [ə'weɪ] *adv*: ***look ~*** mirar hacia otra parte; ***I'll be ~ until ...*** *traveling* voy a estar fuera hasta ...; *sick* no voy a ir hasta ...; ***it's 2 miles ~*** está a 2 millas; ***Christmas is still six weeks ~*** todavía quedan seis semanas para Navidad; ***take sth ~ from s.o.*** quitar algo a alguien; ***put sth ~*** guardar algo
a'way game SP partido *m* fuera de casa
awe•some ['ɒːsəm] *adj* F (*terrific*) alucinante F
aw•ful ['ɒːfəl] *adj* horrible, espantoso; ***I feel ~*** me siento fatal
aw•ful•ly ['ɒːfəlɪ] *adv* F (*very*) tremendamente; ***~ bad*** malísimo
awk•ward ['ɒːkwərd] *adj* (*clumsy*) torpe; (*difficult*) difícil; (*embarrassing*) embarazoso; ***feel ~*** sentirse incómodo
awn•ing ['ɒːnɪŋ] toldo *m*
ax, *Br* **axe** [æks] **1** *n* hacha *f* **2** *v/t project etc* suprimir; *budget, job* recortar
ax•le ['æksl] eje *m*

B

BA [biː'eɪ] *abbr* (= ***Bachelor of Arts***) Licenciatura *f* en Filosofía y Letras
ba•by ['beɪbɪ] *n* bebé *m*
'ba•by boom explosión *f* demográfica
'ba•by car•riage ['kærɪdʒ] cochecito *m* de bebé
ba•by•ish ['beɪbɪɪʃ] *adj* infantil
'ba•by-sit *v/i* (*pret & pp* ***-sat***) hacer de *Span* canguro *or L.Am.* babysitter
'ba•by-sit•ter ['sɪtər] *Span* canguro *m/f*, *L.Am.* babysitter *m/f*
bach•e•lor ['bætʃələr] soltero *m*
back [bæk] **1** *n of person, clothes* espalda *f*; *of car, bus, house* parte *f* trasera *or* de atrás; *of paper, book* dorso *m*; *of drawer* fondo *m*; *of chair* respaldo *m*; SP defensa *m/f*; ***in ~*** *in store* en la trastienda; ***in the ~*** (***of the car***) atrás (del coche); ***at the ~ of the bus*** en la parte trasera *or* de atrás del autobús; ***~ to front*** del revés; ***at the ~ of beyond*** en el quinto pino **2** *adj* trasero; ***~ road*** carretera *f* secundaria **3** *adv* atrás; ***please stand ~*** póngase más para atrás; ***2 meters ~ from the edge*** a 2 me-

tros del borde; ~ ***in 1935*** allá por el año 1935; ***give sth ~ to s.o.*** devolver algo a alguien; ***she'll be ~ tomorrow*** volverá mañana; ***when are you coming ~?*** ¿cuándo volverás?; ***take sth ~ to the store*** *because unsatisfactory* devolver algo a la tienda; ***they wrote / phoned ~*** contestaron a la carta / a la llamada; ***he hit me ~*** me devolvió el golpe **4** *v/t* (*support*) apoyar, respaldar; *horse* apostar por **5** *v/i* ***he ~ed into the garage*** entró en el garaje marcha atrás

♦**back away** *v/i* alejarse (hacia atrás)

♦**back down** *v/i* echarse atrás

♦**back off** *v/i* echarse atrás

♦**back onto** *v/t* dar por la parte de atrás a

♦**back out** *v/i of commitment* echarse atrás

♦**back up 1** *v/t* (*support*) respaldar; *file* hacer una copia de seguridad de; ***traffic was backed up all the way to ...*** el atasco llegaba hasta ... **2** *v/i in car* dar marcha atrás; *of drains* atascarse

'back·ache dolor *m* de espalda; **'back·bit·ing** cotilleo *m*, chismorreo *m*; **'back·bone** ANAT columna *f* vertebral, espina *f* dorsal; *fig* (*courage*) agallas *fpl*; *fig* (*mainstay*) columna *f* vertebral; **'back·break·ing** *adj* extenuante, deslomador; **back 'burn·er**: ***put sth on the ~*** aparcar algo; **'back·date** *v/t*: ***a salary increase ~d to 1st January*** una subida salarial con efecto retroactivo a partir del 1 de enero; **'back·door** puerta *f* trasera

back·er ['bækər]: ***the ~s of the movie*** *financially* las personas que financiaron la película

back'fire *v/i fig*: ***it ~d on us*** nos salió el tiro por la culata; **'back·ground** *n* fondo *m*; *of person* origen *m*, historia *f* personal; *of situation* contexto *m*; ***she prefers to stay in the ~*** prefiere permanecer en un segundo plano; **'back·hand** *n in tennis* revés *m*

back·ing ['bækɪŋ] *n* (*support*) apoyo *m*, respaldo *m*; MUS acompañamiento *m*

'back·ing group MUS grupo *m* de acompañamiento

'back·lash reacción *f* violenta; **'back·log** acumulación *f*; **'back·pack 1** *n* mochila *f* **2** *v/i* viajar con la mochila a cuestas; **'backpack·er** mochilero(-a) *m*(*f*); **'back·pack·ing** viajes *mpl* con la mochila a cuestas; **'back·ped·al** *v/i fig* echarse atrás, dar marcha atrás; **'back seat** *of car* asiento *m* trasero *or* de atrás; **back-seat 'driv·er**: ***he's a terrible ~*** va siempre incordiando al conductor con sus comentarios; **'back·space (key)** (tecla *f* de) retroceso *m*; **'back·stairs** *npl* escalera *f* de servicio; **'back street** callejuela *f*; **'back streets** *npl* callejuelas *fpl*; *poorer, dirtier part of a city* zonas *fpl* deprimidas; **'back·stroke** SP espalda *f*; **'back·track** *v/i* volver atrás, retroceder; **'back·up** (*support*) apoyo *m*, respaldo *m*; *for police* refuerzos *mpl*; COMPUT copia *f* de seguridad; ***take a ~*** COMPUT hacer una copia de seguridad; **'back·up disk** COMPUT disquete *m* con la copia de seguridad

back·ward ['bækwərd] **1** *adj child* retrasado; *society* atrasado; *glance* hacia atrás **2** *adv* hacia atrás

back'yard jardín *m* trasero; ***in s.o.'s ~*** *fig* en la misma puerta de alguien

ba·con ['beɪkn] tocino *m*, *Span* bacon *m*

bac·te·ri·a [bæk'tɪrɪə] *npl* bacterias *fpl*

bad [bæd] *adj* malo; *before singular masculine noun* mal; *cold, headache etc* fuerte; *mistake, accident* grave; ***I've had a ~ day*** he tenido un mal día; ***smoking is ~ for you*** fumar es malo; ***it's not ~*** no está mal; ***that's really too ~*** (*shame*) es una verdadera pena; ***feel ~ about*** (*guilty*) sentirse mal por; ***I'm ~ at math*** se me dan mal las matemáticas;

Friday's ~, how about Thursday? el viernes me viene mal, ¿qué tal el jueves?

bad 'debt deuda *f* incobrable

badge [bædʒ] insignia *f*, chapa *f*; *of policeman* placa *f*

bad·ger ['bædʒər] *v/t* acosar, importunar

bad 'lan·guage palabrotas *fpl*

bad·ly ['bædlɪ] *adv injured* gravemente; *damaged* seriamente; *work* mal; ***I did really ~ in the exam*** el examen me salió fatal; ***he hasn't done ~*** *in life, business etc* no le ha ido mal; ***you're ~ in need of a haircut*** necesitas urgentemente un corte de pelo; ***he is ~ off*** *poor* anda mal de dinero

bad-man·nered [bæd'mænərd] *adj*: ***be ~*** tener malos modales

bad·min·ton ['bædmɪntən] bádminton *m*

bad-tem·pered [bæd'tempərd] *adj* malhumorado

baf·fle ['bæfl] *v/t* confundir, desconcertar; ***be ~d*** estar confundido *or* desconcertado; ***I'm ~d why she left*** no consigo entender por qué se fue

baf·fling ['bæflɪŋ] *adj mystery, software* desconcertante, incomprensible

bag [bæg] bolsa *f*; *for school* cartera *f*; (*purse*) bolso *m*, *S.Am.* cartera *f*, *Mex* bolsa *f*

bag·gage ['bægɪdʒ] equipaje *m*

'bag·gage car RAIL vagón *m* de equipajes; **'bag·gage check** consigna *f*; **'bag·gage re·claim** ['ri:kleɪm] recogida *f* de equipajes

bag·gy ['bægɪ] *adj* ancho, holgado

'bag·pipes *npl* gaita *f*

bail [beɪl] *n* LAW libertad *f* bajo fianza; (*money*) fianza *f*; ***on ~*** bajo fianza

♦**bail out 1** *v/t* LAW pagar la fianza de **2** *v/i of airplane* tirarse en paracaídas

bait [beɪt] *n* cebo *m*

bake [beɪk] *v/t* hornear, cocer al horno

baked po'ta·to *Span* patata *f or L.Am.* papa *f* asada (*con piel*)

bak·er ['beɪkər] panadero(-a) *m*(*f*)

bak·er·y ['beɪkərɪ] panadería *f*

bak·ing pow·der ['beɪkɪŋ] levadura *f*

bal·ance ['bæləns] **1** *n* equilibrio *m*; (*remainder*) resto *m*; *of bank account* saldo *m* **2** *v/t* poner en equilibrio; ***~ the books*** cuadrar las cuentas **3** *v/i* mantenerse en equilibrio; *of accounts* cuadrar

bal·anced ['bælənst] *adj* (*fair*) objetivo; *diet, personality* equilibrado

bal·ance of 'pay·ments balanza *f* de pagos; **bal·ance of 'trade** balanza *f* comercial; **'bal·ance sheet** balance *m*

bal·co·ny ['bælkənɪ] *of house* balcón *m*; *in theater* anfiteatro *m*

bald [bɒ:ld] *adj* calvo; ***he's going ~*** se está quedando calvo; ***~ spot*** calva *f*

bald·ing ['bɒ:ldɪŋ] *adj* medio calvo

Bal·kan ['bɒ:lkən] *adj* balcánico

Bal·kans ['bɒ:lkənz] *npl*: ***the ~*** los Balcanes

ball [bɒ:l] *tennis-ball size* pelota *f*; *football size* balón *m*, pelota *f*; *billiard-ball size* bola *f*; ***on the ~*** *fig* despierto; ***play ~*** *fig* cooperar; ***the ~'s in his court*** le toca actuar a él, la pelota está en su tejado

bal·lad ['bæləd] balada *f*

ball 'bear·ing rodamiento *m* de bolas

bal·le·ri·na [bælə'ri:nə] bailarina *f*

bal·let [bæ'leɪ] ballet *m*

'bal·let danc·er bailarín (-ina) *m*(*f*)

'ball game (*baseball game*) partido *m* de béisbol; ***that's a different ~*** F esa es otra cuestión F

bal·lis·tic mis·sile [bə'lɪstɪk] misil *m* balístico

bal·loon [bə'lu:n] globo *m*

bal·loon·ist [bə'lu:nɪst] piloto *m* de globo aerostático

bal·lot ['bælət] **1** *n* voto *m* **2** *v/t members* consultar por votación

'bal·lot box urna *f*

'bal·lot pa·per papeleta *f*

'ball·park (*baseball*) campo *m* de

béisbol; ***you're in the right ~*** F no vas descaminado; **'ball·park fig·ure** F cifra *f* aproximada; **'ball-point (pen)** bolígrafo *m*, *Mex* pluma *f*, *Rpl* birome *m*

balls [bɒːlz] *npl* V huevos *mpl* V; (*courage*) huevos *mpl* V

bam·boo [bæm'buː] *n* bambú *m*

ban [bæn] **1** *n* prohibición *f* **2** *v/t* (*pret & pp* **-ned**) prohibir; ***~ s.o. from doing sth*** prohibir a alguien que haga algo

ba·nal [bə'næl] *adj* banal

ba·na·na [bə'nænə] plátano *m*, *Rpl* banana *f*

band [bænd] banda *f*; *pop* grupo *m*

ban·dage ['bændɪdʒ] **1** *n* vendaje *m* **2** *v/t* vendar

'Band-Aid® *Span* tirita *f*, *L.Am.* curita *f*

B&B [biːn'biː] *abbr* (= ***bed and breakfast***) hostal *m* familiar

ban·dit ['bændɪt] bandido *m*

'band·wagon: ***jump on the ~*** subirse al carro

ban·dy ['bændɪ] *adj legs* arqueado

bang [bæŋ] **1** *n noise* estruendo *m*, estrépito *m*; (*blow*) golpe *m*; ***the door closed with a ~*** la puerta se cerró de un portazo **2** *v/t door* cerrar de un portazo; (*hit*) golpear; ***~ o.s. on the head*** golpearse la cabeza **3** *v/i* dar golpes; ***the door ~ed shut*** la puerta se cerró de un portazo

ban·gle ['bæŋgl] brazalete *m*, pulsera *f*

bangs [bæŋz] *npl* flequillo *m*

ban·is·ters ['bænɪstərz] *npl* barandilla *f*

ban·jo ['bændʒoʊ] banjo *m*

bank[1] [bæŋk] *of river* orilla *f*

bank[2] [bæŋk] **1** *n* FIN banco *m* **2** *v/i*: ***I ~ with ...*** mi banco es el ... **3** *v/t money* ingresar, depositar

◆ **bank on** *v/t* contar con; ***don't bank on it*** no cuentes con ello

'bank ac·count cuenta *f* (bancaria); **'bank bal·ance** saldo *m* bancario; **'bank bill** billete *m*

bank·er ['bæŋkər] banquero *m*

'bank·er's card tarjeta *f* bancaria

bank·ing ['bæŋkɪŋ] banca *f*

'bank loan préstamo *m* bancario; **'bank man·ag·er** director(a) *m*(*f*) de banco; **'bank rate** tipo *m* de interés bancario; **'bank·roll** *v/t* financiar

bank·rupt ['bæŋkrʌpt] **1** *adj* en bancarrota *or* quiebra; ***go ~*** quebrar, ir a la quiebra; *of person* arruinarse **2** *v/t* llevar a la quiebra

bank·rupt·cy ['bæŋkrʌpsɪ] *of person, company* quiebra *f*, bancarrota *f*

'bank state·ment extracto *m* bancario

ban·ner ['bænər] pancarta *f*

banns [bænz] *npl* amonestaciones *fpl*

ban·quet ['bæŋkwɪt] *n* banquete *m*

ban·ter ['bæntər] *n* bromas *fpl*

bap·tism ['bæptɪzm] bautismo *m*

bap·tize [bæp'taɪz] *v/t* bautizar

bar[1] [bɑːr] *n of iron* barra *f*; *of chocolate* tableta *f*; *for drinks* bar *m*; (*counter*) barra *f*; ***a ~ of soap*** una pastilla de jabón; ***be behind ~s*** (*in prison*) estar entre barrotes

bar[2] [bɑːr] *v/t* (*pret & pp* **-red**) *from premises* prohibir la entrada a; ***~ s.o. from doing sth*** prohibir a alguien que haga algo

bar[3] [bɑːr] *prep* (*except*) excepto

bar·bar·i·an [bɑːr'berɪən] bárbaro(-a) *m*(*f*)

bar·ba·ric [bɑːr'bærɪk] *adj* brutal, inhumano

bar·be·cue ['bɑːrbɪkjuː] **1** *n* barbacoa *f* **2** *v/t* cocinar en la barbacoa

barbed 'wire [bɑːrbd] alambre *f* de espino

bar·ber ['bɑːrbər] barbero *m*

bar·bi·tu·rate [bɑːr'bɪtjərət] barbitúrico *m*

'bar code código *m* de barras

bare [ber] *adj* (*naked*) desnudo; (*empty*: *room*) vacío; *mountainside* pelado, raso; *floor* descubierto; ***in one's ~ feet*** descalzo

'bare·foot *adj* descalzo

bare-head·ed [ber'hedɪd] *adj* sin sombrero

B

'bare·ly ['berlɪ] *adv* apenas; ***he's ~ five*** acaba de cumplir cinco años
bar·gain ['bɑːrgɪn] **1** *n* (*deal*) trato *m*; (*good buy*) ganga *f*; ***into the ~*** además **2** *v/i* regatear, negociar
◆**bargain for** *v/t* (*expect*) imaginarse, esperar
barge [bɑːrdʒ] *n* NAUT barcaza *f*
◆**barge into** *v/t person* tropezarse con; *room* irrumpir en
bar·i·tone ['bærɪtoun] *n* barítono *m*
bark[1] [bɑːrk] **1** *n of dog* ladrido *m* **2** *v/i* ladrar
bark[2] [bɑːrk] *of tree* corteza *f*
bar·ley ['bɑːrlɪ] cebada *f*
barn [bɑːrn] granero *m*
ba·rom·e·ter [bə'rɑːmɪtər] *also fig* barómetro *m*
Ba·roque [bə'rɑːk] *adj* barroco
bar·racks ['bærəks] *npl* MIL cuartel *m*
bar·rage [bə'rɑːʒ] MIL barrera *f* (de fuego); *fig* aluvión *m*
bar·rel ['bærəl] (*container*) tonel *m*, barril *m*
bar·ren ['bærən] *adj land* yermo, árido
bar·rette [bə'ret] pasador *m*
bar·ri·cade [bærɪ'keɪd] *n* barricada *f*
bar·ri·er ['bærɪər] *also fig* barrera *f*; ***language ~*** barrera *f* lingüística
bar·ring ['bɑːrɪŋ] *prep* salvo, excepto; ***~ accidents*** salvo imprevistos
bar·ris·ter ['bærɪstər] *Br* abogado(-a) *m*(*f*) (*que aparece en tribunales*)
bar·row ['bærou] carretilla *f*
'bar ten·der camarero(-a) *m*(*f*), *L.Am.* mesero(-a) *m*(*f*), *Rpl* mozo(-a) *m*(*f*)
bar·ter ['bɑːrtər] **1** *n* trueque *m* **2** *v/t* cambiar, trocar (***for*** por)
base [beɪs] **1** *n bottom, center* base *f*; ***~ camp*** campamento *m* base **2** *v/t* basar (***on*** en); ***be ~d in*** *of soldier* estar destinado en; *of company* tener su sede en
'base·ball *ball* pelota *f* de béisbol; *game* béisbol *m*; **'base·ball bat** bate *m* de béisbol; **'base·ball cap** gorra *f* de béisbol; **'base·ball play·er** jugador(a) *m*(*f*) de béisbol, *L.Am.* pelotero(-a) *m*(*f*)
'base·board rodapié *m*
base·less ['beɪslɪs] *adj* infundado
base·ment ['beɪsmənt] *of house, store* sótano *m*
'base rate FIN tipo *m* de interés básico
bash [bæʃ] **1** *n* F porrazo *m* F **2** *v/t* F dar un porrazo a F
ba·sic ['beɪsɪk] *adj* (*rudimentary*) básico; *room* modesto, sencillo; *language skills* elemental; (*fundamental*) fundamental; ***~ salary*** sueldo *m* base
ba·sic·al·ly ['beɪsɪklɪ] *adv* básicamente
ba·sics ['beɪsɪks] *npl*: ***the ~*** lo básico, los fundamentos; ***get down to ~*** centrarse en lo esencial
bas·il ['bæzɪl] albahaca *f*
ba·sin ['beɪsn] *for washing* barreño *m*; *in bathroom* lavabo *m*
ba·sis ['beɪsɪs] (*pl* ***bases*** ['beɪsiːz]) base *f*; ***on the ~ of what you've told me*** de acuerdo con lo que me has dicho
bask [bæsk] *v/i* tomar el sol
bas·ket ['bæskɪt] cesta *f*; *in basketball* canasta *f*
'bas·ket·ball *game* baloncesto *m*, *L.Am.* básquetbol *m*; *ball* balón *m* *or* pelota *f* de baloncesto; ***~ player*** baloncestista *m/f*, *L.Am.* basquebolista *m/f*
Basque [bæsk] **1** *adj* vasco **2** *n person* vasco(-a) *m*(*f*); *language* vasco *m*
bass [beɪs] **1** *n part, singer* bajo *m*; *instrument* contrabajo *m* **2** *adj* bajo
bas·tard ['bæstərd] ilegítimo(-a) *m*(*f*), bastardo(-a) *m*(*f*); P cabrón(-ona) *m*(*f*) P; ***poor ~*** pobre desgraciado; ***stupid ~*** desgraciado
bat[1] [bæt] **1** *n for baseball* bate *m*; *for table tennis* pala *f* **2** *v/i* (*pret & pp* ***-ted***) *in baseball* batear
bat[2] [bæt] *v/t* (*pret & pp* ***-ted***): ***he didn't ~ an eyelid*** no se inmutó
bat[3] [bæt] (*animal*) murciélago *m*
batch [bætʃ] *n of students* tanda *f*; *of*

data conjunto *m*; *of bread* hornada *f*; *of products* lote *m*

ba·ted ['beɪtɪd] *adj*: ***with ~ breath*** con la respiración contenida

bath [bæθ] baño *m*; ***have a ~, take a ~*** darse *or* tomar un baño

bathe [beɪð] *v/i* (*swim, have a bath*) bañarse

'bath mat alfombra *f* de baño; **'bath·robe** albornoz *m*; **'bath·room** *for bath, washing hands*, cuarto *m* de baño; (*toilet*) servicio *m*, *L.Am.* baño *m*; **'bath tow·el** toalla *f* de baño; **'bath·tub** bañera *f*

bat·on [bə'tɑːn] *of conductor* batuta *f*

bat·tal·i·on [bə'tælɪən] MIL batallón *m*

bat·ter ['bætər] *n* masa *f*; *in baseball* bateador(a) *m*(*f*)

bat·tered ['bætərd] *adj* maltratado

bat·ter·y ['bætərɪ] *in watch, flashlight* pila *f*; *in computer, car* batería *f*

'bat·ter·y charg·er ['tʃɑːrdʒər] cargador *m* de pilas / baterías

bat·ter·y-op·e·rat·ed [bætərɪ'ɑːpəreɪtɪd] *adj* que funciona con pilas

bat·tle ['bætl] **1** *n also fig* batalla *f* **2** *v/i against illness etc* luchar

'bat·tle·field, **'bat·tle·ground** campo *m* de batalla

'bat·tle·ship acorazado *m*

bawd·y ['bɒːdɪ] *adj* picante, subido de tono

bawl [bɒːl] *v/i* (*shout*) gritar, vociferar; (*weep*) berrear

◆**bawl out** *v/t* F echar la bronca a F

bay [beɪ] (*inlet*) bahía *f*

bay·o·net ['beɪənet] *n* bayoneta *f*

bay 'win·dow ventana *f* en saliente

BC [biː'siː] *abbr* (= ***before Christ***) A.C. (= antes de Cristo)

be [biː] ◊ *v/i* (*pret* **was / were**, *pp* **been**) *permanent characteristics, profession, nationality* ser; *position, temporary condition* estar; ***was she there?*** ¿estaba allí?; ***it's me*** soy yo; ***how much is / are ...?*** ¿cuánto es / son ...?; ***there is, there are*** hay; ***~ careful*** ten cuidado; ***don't ~ sad*** no estés triste ◊ ***has the mailman been?*** ¿ha venido el cartero?; ***I've never been to Japan*** no he estado en Japón; ***I've been here for hours*** he estado aquí horas ◊ *tags*: ***that's right, isn't it?*** eso es, ¿no?; ***she's Chinese, isn't she?*** es china, ¿verdad? ◊ *v/aux*: ***I am thinking*** estoy pensando; ***he was running*** corría; ***you're ~ing stupid*** estás siendo un estúpido ◊ *obligation*: ***you are to do what I tell you*** harás lo que yo te diga; ***I was to help him escape*** se suponía que le iba a ayudar a escaparse; ***you are not to tell anyone*** no debes decírselo a nadie ◊ *passive*: ***he was arrested*** fue detenido, lo detuvieron; ***they have been sold*** se han vendido

◆**be in for** *v/t*: ***he's in for a big disappointment*** se va a llevar una gran desilusión

beach [biːtʃ] *n* playa *f*

'beach ball pelota *f* de playa

'beach·wear ropa *f* playera

beads [biːdz] *npl* cuentas *fpl*

beak [biːk] pico *m*

'be-all: ***the ~ and end-all*** lo más importante del mundo

beam [biːm] **1** *n in ceiling etc* viga *f* **2** *v/i* (*smile*) sonreír de oreja a oreja **3** *v/t* (*transmit*) emitir

bean [biːn] judía *f*, alubia *f*, *L.Am.* frijol *m*, *S.Am.* poroto *m*; ***green ~s*** judías *fpl* verdes, *Mex* ejotes *mpl*, *S.Am.* porotos *mpl* verdes; ***coffee ~s*** granos *mpl* de café; ***be full of ~s*** F estar lleno de vitalidad

'bean·bag *cojín relleno de bolitas*

bear[1] [ber] *animal* oso(-a) *m*(*f*)

bear[2] [ber] **1** *v/t* (*pret* ***bore***, *pp* ***borne***) *weight* resistir; *costs* correr con; (*tolerate*) aguantar, soportar; *child* dar a luz; ***she bore him six children*** le dio seis hijos **2** *v/i* (*pret* ***bore***, *pp* ***borne***): ***bring pressure to ~ on*** ejercer presión sobre

◆**bear out** *v/t* (*confirm*) confirmar

bear·a·ble ['berəbl] *adj* soportable

beard [bɪrd] barba *f*

beard·ed ['bɪrdɪd] *adj* con barba

bear·ing ['berɪŋ] *in machine* rodamiento *m*, cojinete *m*; ***that has no ~***

B

on the case eso no tiene nada que ver con el caso

ˈ**bear mar•ket** FIN mercado *m* a la baja

beast [biːst] *animal* bestia *f*; *person* bestia *m/f*

beat [biːt] **1** *n of heart* latido *m*; *of music* ritmo *m* **2** *v/i* (*pret* ***beat***, *pp* ***beaten***) *of heart* latir; *of rain* golpear; **~ *about the bush*** andarse por las ramas **3** *v/t* (*pret* ***beat***, *pp* ***beaten***) *in competition* derrotar, ganar a; (*hit*) pegar a; (*pound*) golpear; **~ *it!*** F ¡lárgate! F; ***it ~s me*** no logro entender

♦**beat up** *v/t* dar una paliza a

beat•en [ˈbiːtən] **1** *adj*: ***off the ~ track*** retirado **2** *pp* → ***beat***

beat•ing [ˈbiːtɪŋ] (*physical*) paliza *f*

beat-up *adj* F destartalado F

beau•ti•cian [bjuːˈtɪʃn] esteticista *m/f*

beau•ti•ful [ˈbjuːtəfəl] *adj woman*, *house*, *day*, *story*, *movie* bonito, precioso, *L.Am.* lindo; *smell*, *taste*, *meal* delicioso, *L.Am.* rico; *vacation* estupendo; ***thanks, that's just ~!*** ¡muchísimas gracias, está maravilloso!

beau•ti•ful•ly [ˈbjuːtɪfəlɪ] *adv cooked*, *done* perfectamente, maravillosamente

beaut•y [ˈbjuːtɪ] belleza *f*

ˈ**beaut•y par•lor**, *Br* ˈ**beaut•y par•lour** [ˈpɑːrlər] salón *m* de belleza

bea•ver [ˈbiːvər] castor *m*

♦**beaver away** *v/i* F trabajar como un burro F

be•came [bɪˈkeɪm] *pret* → ***become***

be•cause [bɪˈkɑːz] *conj* porque; **~ *it was too expensive*** porque era demasiado caro; **~ *of*** debido a, a causa de; **~ *of you, we can't go*** gracias a ti, no podemos ir

beck•on [ˈbekn] *v/i* hacer señas

be•come [bɪˈkʌm] *v/i* (*pret* ***became***, *pp* ***become***) hacerse, volverse; ***it became clear that …*** quedó claro que …; ***he became a priest*** se hizo sacerdote; ***she's becoming very forgetful*** cada vez es más olvidadiza; ***what's ~ of her?*** ¿qué fue de ella?

be•com•ing [bɪˈkʌmɪŋ] *adj* favorecedor, apropiado

bed [bed] *n* cama *f*; *of flowers* macizo; *of sea* fondo *m*; *of river* cauce *m*, lecho *m*; ***go to ~*** ir a la cama; ***he's still in ~*** aún está en la cama; ***go to ~ with s.o.*** irse a la cama *or* acostarse con alguien

ˈ**bed•clothes** *npl* ropa *f* de cama

bed•ding [ˈbedɪŋ] ropa *f* de cama

bed•lam [ˈbedləm] F locura *f*, jaleo *m*

bed•rid•den [ˈbedrɪdən] *adj*: ***be ~*** estar postrado en cama; ˈ**bed•room** dormitorio *m*, *L.Am.* cuarto *m*; ˈ**bed•side**: ***be at the ~ of*** estar junto a la cama de; ˈ**bed•spread** colcha *f*; ˈ**bed•time** hora *f* de irse a la cama

bee [biː] abeja *f*

beech [biːʧ] haya *f*

beef [biːf] **1** *n* carne *f* de vaca *or* vacuna; F (*complaint*) queja *f* **2** *v/i* F (*complain*) quejarse

♦**beef up** *v/t* reforzar, fortalecer

ˈ**beef•bur•ger** hamburguesa *f*

ˈ**bee•hive** colmena *f*

ˈ**bee•line**: ***make a ~ for*** ir directamente a

been [bɪn] *pp* → ***be***

beep [biːp] **1** *n* pitido *m* **2** *v/i* pitar **3** *v/t* (*call on pager*) llamar con el buscapersonas

beep•er [ˈbiːpər] buscapersonas *m inv*, *Span* busca *m*

beer [bɪr] cerveza *f*

beet [biːt] remolacha *f*

bee•tle [ˈbiːtl] escarabajo *m*

be•fore [bɪˈfɔːr] **1** *prep* (*time*) antes de; (*space*, *order*) antes de, delante de **2** *adv* antes; ***I've seen this movie ~*** ya he visto esta película; ***have you been to Japan ~?*** ¿habías estado antes *or* ya en Japón?; ***the week / day ~*** la semana / el día anterior **3** *conj* antes de que

beˈ**fore•hand** *adv* de antemano

be•friend [bɪˈfrend] *v/t* hacerse amigo de

beg [beg] **1** *v/i* (*pret & pp* ***-ged***) mendigar, pedir **2** *v/t* (*pret & pp*

-ged): **~ *s.o. to do sth*** rogar *or* suplicar a alguien que haga algo
began [bɪ'gæn] *pret* → ***begin***
beg·gar ['begər] *n* mendigo(-a) *m(f)*
be·gin [bɪ'gɪn] **1** *v/i* (*pret* ***began***, *pp* ***begun***) empezar, comenzar; ***to ~ with*** (*at first*) en un primer momento, al principio; (*in the first place*) para empezar **2** *v/t* (*pret* ***began***, *pp* ***begun***) empezar, comenzar; ***~ to do sth***, ***~ doing sth*** empezar *or* comenzar a hacer algo
be·gin·ner [bɪ'gɪnər] principiante *m/f*
be·gin·ning [bɪ'gɪnɪŋ] principio *m*, comienzo *m*; (*origin*) origen *m*
be·grudge [bɪ'grʌdʒ] *v/t* (*envy*) envidiar; (*give reluctantly*) dar a regañadientes
be·gun [bɪ'gʌn] *pp* → ***begin***
be·half [bɪ'hɑːf]: ***on ~ of***, ***in ~ of*** en nombre de; ***on my / his ~*** en nombre mío / suyo
be·have [bɪ'heɪv] *v/i* comportarse, portarse; **~ (*o.s.*)** comportarse *or* portarse bien; **~ (*yourself*)*!*** ¡pórtate bien!
be·hav·ior, *Br* **be·hav·iour** [bɪ'heɪvɪər] comportamiento *m*, conducta *f*
be·hind [bɪ'haɪnd] **1** *prep in position*, *order* detrás de; *in progress* por detrás de; ***be ~ …*** (*responsible for*) estar detrás de …; (*support*) respaldar … **2** *adv* (*at the back*) detrás; ***be ~ with sth*** estar atrasado con algo; ***leave sth ~*** dejarse algo
beige [beɪʒ] *adj* beige, *Span* beis
be·ing ['biːɪŋ] *existence*, *creature* ser *m*
be·lat·ed [bɪ'leɪtɪd] *adj* tardío
belch [beltʃ] **1** *n* eructo *m* **2** *v/i* eructar
Bel·gian ['beldʒən] **1** *adj* belga **2** *n* belga *m/f*
Bel·gium ['beldʒəm] Bélgica
be·lief [bɪ'liːf] creencia *f*; ***it's my ~ that*** creo que
be·lieve [bɪ'liːv] *v/t* creer
♦**believe in** *v/t* creer en
be·liev·er [bɪ'liːvər] REL creyente *m/f*; *fig* partidario(a) *m(f)* (***in*** de)
be·lit·tle [bɪ'lɪtl] *v/t* menospreciar
Be·lize [be'liːz] *n* Belice
bell [bel] *of bike*, *door*, *school* timbre *m*; *of church* campana *f*
'**bell·hop** botones *m inv*
bel·lig·er·ent [bɪ'lɪdʒərənt] *adj* beligerante
bel·low ['beloʊ] **1** *n* bramido *m* **2** *v/i* bramar
bel·ly ['belɪ] *of person* estómago *m*, barriga *f*; (*fat stomach*) barriga *f*, tripa *f*; *of animal* panza *f*
'**bel·ly·ache** *v/i* F refunfuñar
be·long [bɪ'lɒːŋ] *v/i*: ***where does this ~?*** ¿dónde va esto?; ***I don't ~ here*** no encajo aquí
♦**belong to** *v/t of object*, *money* pertenecer a; *club* pertenecer a, ser socio de
be·long·ings [bɪ'lɒːŋɪŋz] *npl* pertenencias *fpl*
be·loved [bɪ'lʌvɪd] *adj* querido
be·low [bɪ'loʊ] **1** *prep* debajo de; *in amount*, *rate*, *level* por debajo de **2** *adv* abajo; *in text* más abajo; ***see ~*** véase más abajo; ***10 degrees ~*** 10 grados bajo cero
belt [belt] *n* cinturón *m*; ***tighten one's ~*** *fig* apretarse el cinturón
bench [bentʃ] *seat* banco *m*; (*work~*) mesa *f* de trabajo
'**bench·mark** punto *m* de referencia
bend [bend] **1** *n* curva *f* **2** *v/t* (*pret & pp* ***bent***) doblar **3** *v/i* (*pret & pp* ***bent***) torcer, girar; *of person* flexionarse
♦**bend down** *v/i* agacharse
bend·er ['bendər] F parranda *f* F
be·neath [bɪ'niːθ] **1** *prep* debajo de; ***she thinks a job like that is ~ her*** cree que un trabajo como ése le supondría rebajarse **2** *adv* abajo
ben·e·fac·tor ['benɪfæktər] benefactor(a) *m(f)*
ben·e·fi·cial [benɪ'fɪʃl] *adj* beneficioso
ben·e·fi·ci·a·ry [benɪ'fɪʃərɪ] beneficiario(-a) *m(f)*
ben·e·fit ['benɪfɪt] **1** *n* beneficio *m*, ventaja *f* **2** *v/t* beneficiar **3** *v/i* bene-

ficiarse

be·nev·o·lence [bɪ'nevələns] benevolencia *f*

be·nev·o·lent [bɪ'nevələnt] *adj* benevolente

be·nign [bɪ'naɪn] *adj* agradable; MED benigno

bent [bent] *pret & pp* → ***bend***

be·queath [bɪ'kwiːð] *v/t also fig* legar

be·quest [bɪ'kwest] legado *m*

be·reaved [bɪ'riːvd] *npl*: ***the ~*** los familiares del difunto

be·ret [bə'reɪ] boina *f*

ber·ry ['berɪ] baya *f*

ber·serk [bər'zɜːrk] *adv*: ***go ~*** F volverse loco

berth [bɜːrθ] *on ship* litera *f*; *on train* camarote *m*; *for ship* amarradero *m*; ***give s.o. a wide ~*** evitar a alguien

be·seech [bɪ'siːʧ] *v/t*: ***~ s.o. to do sth*** suplicar a alguien que haga algo

be·side [bɪ'saɪd] *prep* al lado de, junto a; ***be ~ o.s.*** estar fuera de sí; ***that's ~ the point*** eso no tiene nada que ver

be·sides [bɪ'saɪdz] **1** *adv* además **2** *prep* (*apart from*) aparte de, además de

be·siege [bɪ'siːdʒ] *v/t also fig* asediar

best [best] **1** *adj* mejor **2** *adv* mejor; ***which did you like ~?*** ¿cuál te gustó más?; ***it would be ~ if …*** sería mejor si …; ***I like her ~*** ella es la que más me gusta **3** *n*: ***do one's ~*** hacer todo lo posible; ***the ~*** *person, thing* el / la mejor; ***we insist on the ~*** insistimos en lo mejor; ***we'll just have to make the ~ of it*** tendremos que arreglárnoslas; ***all the ~!*** ¡buena suerte!, ¡que te vaya bien!

best be'fore date fecha *f* de caducidad; **best 'man** *at wedding* padrino *m*; **'best-sell·er** éxito *m* de ventas, best-seller *m*

bet [bet] **1** *n* apuesta *f*; ***place a ~*** hacer una apuesta **2** *v/t & v/i also fig* apostar; ***I ~ he doesn't come*** apuesto a que no viene; ***you ~!*** ¡ya lo creo!

be·tray [bɪ'treɪ] *v/t* traicionar; *husband, wife* engañar

be·tray·al [bɪ'treɪəl] traición *f*; *of husband, wife* engaño *m*

bet·ter ['betər] **1** *adj* mejor; ***get ~*** *in skills, health* mejorar; ***he's ~*** *in health* está mejor **2** *adv* mejor; ***you'd ~ ask permission*** sería mejor que pidieras permiso; ***I'd really ~ not*** mejor no; ***all the ~ for us*** tanto mejor para nosotros; ***I like her ~*** me gusta más ella

bet·ter-'off *adj* (*wealthier*) más rico

be·tween [bɪ'twiːn] *prep* entre; ***~ you and me*** entre tú y yo

bev·er·age ['bevərɪdʒ] *fml* bebida *f*

be·ware [bɪ'wer] *v/t*: ***~ of*** tener cuidado con

be·wil·der [bɪ'wɪldər] *v/t* desconcertar

be·wil·der·ment [bɪ'wɪldərmənt] desconcierto *m*

be·yond [bɪ'jɑːnd] **1** *prep in space* más allá de; ***she has changed ~ recognition*** ha cambiado tanto que es difícil reconocerla; ***it's ~ me*** (*don't understand*) no logro entender; (*can't do it*) me es imposible **2** *adv* más allá

bi·as ['baɪəs] *n against* prejuicio *m*; *in favor of* favoritismo *m*

bi·as(s)ed ['baɪəst] *adj* parcial

bib [bɪb] *for baby* babero *m*

Bi·ble ['baɪbl] Biblia *f*

bib·li·cal ['bɪblɪkl] *adj* bíblico

bib·li·og·ra·phy [bɪblɪ'ɑːgrəfɪ] bibliografía *f*

bi·car·bon·ate of so·da [baɪ'kɑːrbəneɪt] bicarbonato *m* sódico

bi·cen·ten·ni·al [baɪsen'tenɪəl] bicentenario *m*

bi·ceps ['baɪseps] *npl* bíceps *mpl*

bick·er ['bɪkər] *v/i* reñir, discutir

bi·cy·cle ['baɪsɪkl] bicicleta *f*

bid [bɪd] **1** *n at auction* puja *f*; (*attempt*) intento *m* **2** *v/i* (*pret & pp* ***bid***) *at auction* pujar

bid·der ['bɪdər] postor(a) *m*(*f*); ***the highest ~*** el mejor postor

bi·en·ni·al [baɪ'enɪəl] *adj* bienal

bi·fo·cals [baɪ'foʊkəlz] *npl* gafas *fpl*

or L.Am. lentes *mpl* bifocales

big [bɪg] **1** *adj* grande; *before singular nouns* gran; ***my ~ brother/sister*** mi hermano/hermana mayor; ***~ name*** nombre *m* importante **2** *adv*: ***talk ~*** alardear, fanfarronear

big·a·mist ['bɪgəmɪst] bígamo(-a) *m(f)*

big·a·mous ['bɪgəməs] *adj* bígamo

big·a·my ['bɪgəmɪ] bigamia *f*

'big·head F creído(-a) *m(f)* F

big-head·ed [bɪg'hedɪd] *adj* F creído F

big·ot ['bɪgət] fanático(-a) *m(f)*, intolerante *m/f*

bike [baɪk] **1** *n* F bici *f* F; *motorbike* moto *f* F **2** *v/i* ir en bici

bik·er ['baɪkər] motero(-a) *m(f)*

bi·ki·ni [bɪ'kiːnɪ] biquini *m*

bi·lat·er·al [baɪ'lætərəl] *adj* bilateral

bi·lin·gual [baɪ'lɪŋgwəl] *adj* bilingüe

bill [bɪl] **1** *n for gas, electricity* factura *f*, recibo *m*; *Br in hotel, restaurant* cuenta *f*; (*money*) billete *m*; POL proyecto *m* de ley; (*poster*) cartel *m* **2** *v/t* (*invoice*) enviar la factura a

'bill·board valla *f* publicitaria

'bill·fold cartera *f*, billetera *f*

bil·li·ards ['bɪljərdz] *nsg* billar *m*

bil·li·on ['bɪljən] mil millones *mpl*, millardo *m*

bill of ex'change FIN letra *f* de cambio

bill of 'sale escritura *f* de compraventa

bin [bɪn] *n* cubo *m*

bi·na·ry ['baɪnərɪ] *adj* binario

bind [baɪnd] *v/t* (*pret & pp* ***bound***) (*connect*) unir; (*tie*) atar; (LAW: *oblige*) obligar

bind·ing ['baɪndɪŋ] **1** *adj agreement, promise* vinculante **2** *n of book* tapa *f*

bi·noc·u·lars [bɪ'nɑːkjʊlərz] *npl* prismáticos *mpl*

bi·o·chem·ist [baɪoʊ'kemɪst] bioquímico(-a) *m(f)*

bi·o·chem·is·try [baɪoʊ'kemɪstrɪ] bioquímica *f*

bi·o·de·gra·da·ble [baɪoʊdɪ'greɪdəbl] *adj* biodegradable

bi·og·ra·pher [baɪ'ɑːgrəfər] biógrafo(-a) *m(f)*

bi·og·ra·phy [baɪ'ɑːgrəfɪ] biografía *f*

bi·o·log·i·cal [baɪoʊ'lɑːdʒɪkl] *adj* biológico; ***~ parents*** padres *mpl* biológicos; ***~ detergent*** detergente *m* biológico

bi·ol·o·gist [baɪ'ɑːlədʒɪst] biólogo(-a) *m(f)*

bi·ol·o·gy [baɪ'ɑːlədʒɪ] biología *f*

bi·o·tech·nol·o·gy [baɪoʊtek'nɑːlədʒɪ] biotecnología *f*

bird [bɜːrd] ave *f*, pájaro *m*

'bird·cage jaula *f* para pájaros; **bird of 'prey** ave *f* rapaz; **'bird sanc·tu·a·ry** reserva *f* de aves; **bird's eye 'view** vista *f* panorámica; ***get a ~'s eye view of sth*** ver algo a vista de pájaro

bi·ro® ['baɪroʊ] *Br* bolígrafo *m*, *Mex* pluma *f*, *Rpl* birome *m*

birth [bɜːrθ] *also fig* nacimiento *m*; (*labor*) parto *m*; ***give ~ to*** *child* dar a luz; *of animal* parir; ***date of ~*** fecha *f* de nacimiento; ***the land of my ~*** mi tierra natal

'birth cer·tif·i·cate partida *f* de nacimiento; **'birth con·trol** control *m* de natalidad; **'birth·day** cumpleaños *m inv*; ***happy ~!*** ¡feliz cumpleaños!; **'birth·day cake** tarta *f* de cumpleaños; **'birth·mark** marca *f* de nacimiento, antojo *m*; **'birth·place** lugar *m* de nacimiento; **'birth·rate** tasa *f* de natalidad

bis·cuit ['bɪskɪt] bollo *m*, panecillo *m*; *Br* galleta *f*

bi·sex·u·al ['baɪsekʃʊəl] **1** *adj* bisexual **2** *n* bisexual *m/f*

bish·op ['bɪʃəp] obispo *m*

bit[1] [bɪt] *n* (*piece*) trozo *m*; (*part*) parte *f*; *of puzzle* pieza *f*; COMPUT bit *m*; ***a ~*** (*a little*) un poco; ***let's sit down for a ~*** sentémonos un rato; ***you haven't changed a ~*** no has cambiado nada; ***a ~ of*** (*a little*) un poco de; ***a ~ of news*** una noticia; ***a ~ of advice*** un consejo; ***~ by ~*** poco a poco; ***I'll be there in a ~*** estaré allí dentro de un rato

bit[2] [bɪt] *pret* → ***bite***

B

bitch [bɪʧ] **1** *n dog* perra *f*; F *woman* zorra *f* F **2** *v/i* F (*complain*) quejarse
bitch·y ['bɪʧɪ] *adj* F *person* malicioso; *remark* a mala leche F
bite [baɪt] **1** *n of dog* mordisco *m*; *of spider, mosquito* picadura *f*; *of snake* mordedura *f*, picadura *f*; *of food* bocado *m*; ***let's have a ~*** (***to eat***) vamos a comer algo **2** *v/t* (*pret* ***bit***, *pp* ***bitten***) *of dog* morder; *of mosquito, flea* picar; *of snake* picar, morder; ***~ one's nails*** morderse las uñas **3** *v/i* (*pret* ***bit***, *pp* ***bitten***) *of dog* morder; *of mosquito, flea* picar; *of snake* morder, picar; *of fish* picar
bit·ten ['bɪtn] *pp* → ***bite***
bit·ter ['bɪtər] *adj taste* amargo; *person* resentido; *weather* helador; *argument* agrio
bit·ter·ly ['bɪtərlɪ] *adv resent* amargamente; ***it's ~ cold*** hace un frío helador
bi·zarre [bɪ'zɑːr] *adj* extraño, peculiar
blab [blæb] *v/i* (*pret & pp* ***-bed***) F irse de la lengua F
blab·ber·mouth ['blæbərmaʊθ] F bocazas *m/f inv* F
black [blæk] **1** *adj* negro; *coffee* solo; *tea* sin leche; *fig* negro, aciago **2** *n* (*color*) negro *m*; (*person*) negro(-a) *m*(*f*); ***be in the ~*** FIN no estar en números rojos; ***in ~ and white*** en blanco y negro; *in writing* por escrito
♦**black out** *v/i* perder el conocimiento
'**black·ber·ry** mora *f*; '**black·bird** mirlo *m*; '**black·board** pizarra *f*, encerado *m*; **black 'box** caja *f* negra; **black 'cof·fee** café *m* solo; **black e'con·o·my** economía *f* sumergida
black·en ['blækn] *v/t fig*: *person's name* manchar
black 'eye ojo *m* morado; '**black·head** espinilla *f*, punto *m* negro; '**black·list 1** *n* lista *f* negra **2** *v/t* poner en la lista negra; '**black·mail 1** *n* chantaje *m*; ***emotional ~*** chantaje *m* emocional **2** *v/t* chantajear; '**black·mail·er** chantajista *m/f*; **black 'mar·ket** mercado *m* negro
black·ness ['blæknɪs] oscuridad *f*
'**black·out** ELEC apagón *m*; MED desmayo *m*; ***have a ~*** desmayarse
'**black·smith** herrero *m*
blad·der ['blædər] vejiga *f*
blade [bleɪd] *of knife, sword* hoja *f*; *of propeller* pala *f*; *of grass* brizna *f*
blame [bleɪm] **1** *n* culpa *f*; ***I got the ~ for it*** me echaron la culpa **2** *v/t* culpar; ***~ s.o. for sth*** culpar a alguien de algo
bland [blænd] *adj smile* insulso; *food* insípido, soso
blank [blæŋk] **1** *adj* (*not written on*) en blanco; *tape* virgen; *look* inexpresivo **2** *n* (*empty space*) espacio *m* en blanco; ***my mind's a ~*** tengo la mente en blanco
blank 'check, *Br* **blank 'cheque** cheque *m* en blanco
blan·ket ['blæŋkɪt] *n* manta *f*, *L.Am.* frazada *f*; ***a ~ of snow*** un manto de nieve
blare [bler] *v/i* retumbar
♦**blare out 1** *v/i* retumbar **2** *v/t* emitir a todo volumen
blas·pheme [blæs'fiːm] *v/i* blasfemar
blas·phe·my ['blæsfəmɪ] blasfemia *f*
blast [blæst] **1** *n* (*explosion*) explosión *f*; (*gust*) ráfaga *f* **2** *v/t tunnel* abrir (con explosivos); *rock* volar; ***~!*** F ¡mecachis! F
♦**blast off** *v/i of rocket* despegar
'**blast fur·nace** alto horno *m*
'**blast-off** despegue *m*
bla·tant ['bleɪtənt] *adj* descarado
blaze [bleɪz] **1** *n* (*fire*) incendio *m*; ***a ~ of color*** una explosión de color **2** *v/i of fire* arder
♦**blaze away** *v/i with gun* disparar sin parar
blaz·er ['bleɪzər] americana *f*
bleach [bliːʧ] **1** *n for clothes* lejía *f*; *for hair* decolorante *m* **2** *v/t hair* aclarar, desteñir
bleak [bliːk] *adj countryside* inhóspito; *weather* desapacible; *future* desolador

blear·y-eyed ['blɪrɪaɪd] *adj* con ojos de sueño
bleat [bliːt] *v/i of sheep* balar
bled [bled] *pret & pp* → **bleed**
bleed [bliːd] **1** *v/i* (*pret & pp* **bled**) sangrar; ***he's ~ing internally*** tiene una hemorragia interna; ***~ to death*** desangrarse **2** *v/t* (*pret & pp* **bled**) *fig* sangrar
bleed·ing ['bliːdɪŋ] *n* hemorragia *f*
bleep [bliːp] **1** *n* pitido *m* **2** *v/i* pitar **3** *v/t* (*call on pager*) llamar con el buscapersonas
bleep·er ['bliːpər] buscapersonas *m inv*, *Span* busca *m*
blem·ish ['blemɪʃ] **1** *n* imperfección *f* **2** *v/t reputation* manchar
blend [blend] **1** *n of coffee etc* mezcla *f*; *fig* combinación *f* **2** *v/t* mezclar
♦**blend in** **1** *v/i of person in environment* pasar desapercibido; *of animal with surroundings etc* confundirse; *of furniture etc* combinar **2** *v/t in cooking* añadir
blend·er ['blendər] *machine* licuadora *f*
bless [bles] *v/t* bendecir; (***God***) ***~ you!*** ¡que Dios te bendiga!; *in response to sneeze* ¡Jesús!; ***be ~ed with*** tener la suerte de tener
bless·ing ['blesɪŋ] *also fig* bendición *f*
blew [bluː] *pret* → **blow**
blind [blaɪnd] **1** *adj* ciego; *corner* sin visibilidad; ***be ~ to sth*** *fig* no ver algo **2** *npl*: ***the ~*** los ciegos, los invidentes **3** *v/t of sun* cegar; ***she was ~ed in an accident*** se quedó ciega a raíz de un accidente
blind 'al·ley callejón *m* sin salida; **blind 'date** cita *f* a ciegas; **'blind·fold** **1** *n* venda *f* **2** *v/t* vendar los ojos a **3** *adv* con los ojos cerrados
blind·ing ['blaɪndɪŋ] *adj light* cegador; *headache* terrible
blind·ly ['blaɪndlɪ] *adv* a ciegas; *fig* ciegamente
'blind spot *in road* punto *m* sin visibilidad; *in driving mirror* ángulo *m* muerto; (*ability that is lacking*) punto *m* flaco
blink [blɪŋk] *v/i* parpadear
blink·ered ['blɪŋkərd] *adj fig* cerrado
blip [blɪp] *on radar screen* señal *f*, luz *f*; ***it's just a ~*** *fig* es algo momentáneo
bliss [blɪs] felicidad *f*; ***it was ~*** fue fantástico
blis·ter ['blɪstər] **1** *n* ampolla *f* **2** *v/i* ampollarse; *of paint* hacer burbujas
bliz·zard ['blɪzərd] ventisca *f*
bloat·ed ['bloutɪd] *adj* hinchado
blob [blɑːb] *of liquid* goterón *m*
bloc [blɑːk] POL bloque *m*
block [blɑːk] **1** *n* bloque *m*; *buildings* manzana *f*, *L.Am.* cuadra *f*; *of shares* paquete *m*; (*blockage*) bloqueo *m* **2** *v/t* bloquear; *sink* atascar
♦**block in** *v/t with vehicle* bloquear el paso a
♦**block out** *v/t light* impedir el paso de
♦**block up** *v/t sink etc* atascar
block·ade [blɑː'keɪd] **1** *n* bloqueo *m* **2** *v/t* bloquear
block·age ['blɑːkɪdʒ] obstrucción *f*
block·bust·er ['blɑːkbʌstər] gran éxito *m*
block 'let·ters *npl* letras *fpl* mayúsculas
blond [blɑːnd] *adj* rubio
blonde [blɑːnd] *n woman* rubia *f*
blood [blʌd] sangre *f*; ***in cold ~*** a sangre fría
'blood al·co·hol lev·el nivel *m* de alcohol en sangre; **'blood bank** banco *m* de sangre; **'blood bath** baño *m* de sangre; **'blood do·nor** donante *m/f* de sangre; **'blood group** grupo *m* sanguíneo
blood·less ['blʌdlɪs] *adj coup* incruento, pacífico
'blood poi·son·ing septicemia *f*; **'blood pres·sure** tensión *f* (arterial), presión *f* sanguínea; **'blood re·la·tion**: ***she's not a ~ of mine*** no nos unen lazos de sangre; **'blood sam·ple** muestra *f* de sangre; **'blood·shed** derramamiento *m* de sangre; **'blood·shot** *adj* enrojecido; **'blood·stain** mancha *f* de sangre; **'blood·stain·ed** *adj* ensangrenta-

B

do, manchado de sangre; **'blood•stream** flujo *m* sanguíneo; **'blood test** análisis *m inv* de sangre; **'blood•thirst•y** *adj* sanguinario; *movie* macabro; **'blood trans•fu•sion** transfusión *f* sanguínea; **'blood ves•sel** vaso *m* sanguíneo

blood•y ['blʌdɪ] *adj hands etc* ensangrentado; *battle* sangriento

bloom [bluːm] **1** *n* flor *f*; ***in ~*** en flor **2** *v/i also fig* florecer

blos•som ['blɑːsəm] **1** *n* flores *fpl* **2** *v/i also fig* florecer

blot [blɑːt] **1** *n* mancha *f*, borrón *m*; ***be a ~ on the landscape*** estropear el paisaje **2** *v/t* (*pret & pp* ***-ted***) (*dry*) secar

♦**blot out** *v/t* borrar; *sun, view* ocultar

blotch [blɑːtʃ] *on skin* erupción *f*, mancha *f*

blotch•y ['blɑːtʃɪ] *adj*: ***~ skin*** piel con erupciones

blouse [blaʊz] blusa *f*

blow[1] [bloʊ] *n* golpe *m*

blow[2] [bloʊ] **1** *v/t* (*pret* ***blew***, *pp* ***blown***) *smoke* exhalar; *whistle* tocar; F (*spend*) fundir F; F *opportunity* perder, desaprovechar; ***~ one's nose*** sonarse (la nariz) **2** *v/i* (*pret* ***blew***, *pp* ***blown***) *of wind, person* soplar; *of whistle* sonar; *of fuse* fundirse; *of tire* reventarse

♦**blow off 1** *v/t* llevarse **2** *v/i* salir volando

♦**blow out 1** *v/t candle* apagar **2** *v/i of candle* apagarse

♦**blow over 1** *v/t* derribar, hacer caer **2** *v/i* caerse, derrumbarse; *of storm* amainar; *of argument* calmarse

♦**blow up 1** *v/t with explosives* volar; *balloon* hinchar; *photograph* ampliar **2** *v/i* explotar; F (*become angry*) ponerse furioso

'blow-dry *v/t* (*pret & pp* ***-ied***) secar (*con secador*)

'blow•job V mamada *f* V

blown [bloʊn] *pp* → ***blow***

'blow•out *of tire* reventón *m*; F (*big meal*) comilona *f* F

'blow-up *of photo* ampliación *f*

blue [bluː] **1** *adj* azul; F *movie* porno *inv* F **2** *n* azul *m*

'blue•ber•ry arándano *m*; **blue 'chip** *adj* puntero, de primera fila; **blue-'col•lar work•er** trabajador(a) *m*(*f*) manual; **'blue•print** plano *m*; *fig* proyecto *m*, plan *m*

blues [bluːz] *npl* MUS blues *m inv*; ***have the ~*** estar deprimido

'blues sing•er cantante *m/f* de blues

bluff [blʌf] **1** *n* (*deception*) farol *m* **2** *v/i* ir de farol

blun•der ['blʌndər] **1** *n* error *m* de bulto, metedura *f* de pata **2** *v/i* cometer un error de bulto, meter la pata

blunt [blʌnt] *adj pencil* sin punta; *knife* desafilado; *person* franco

blunt•ly ['blʌntlɪ] *adv speak* francamente

blur [blɜːr] **1** *n* imagen *f* desenfocada; ***everything is a ~*** todo está desenfocado **2** *v/t* (*pret & pp* ***-red***) desdibujar

blurb [blɜːrb] *on book* nota *f* promocional

♦**blurt out** [blɜːrt] *v/t* soltar

blush [blʌʃ] **1** *n* rubor *m*, sonrojo *m* **2** *v/i* ruborizarse, sonrojarse

blush•er ['blʌʃər] *cosmetic* colorete *m*

blus•ter ['blʌstər] *v/i* protestar encolerizadamente

blus•ter•y ['blʌstərɪ] *adj* tempestuoso

BO [biː'oʊ] *abbr* (= ***body odor***) olor *m* corporal

board [bɔːrd] **1** *n* tablón *m*, tabla *f*; *for game* tablero *m*; *for notices* tablón *m*; ***~*** (***of directors***) consejo *m* de administración; ***on ~*** *on plane, boat, train* a bordo; ***take on ~*** *comments etc* aceptar, tener en cuenta; (*fully realize truth of*) asumir; ***across the ~*** de forma general **2** *v/t airplane etc* embarcar; *train* subir a **3** *v/i of passengers* embarcar; ***~ with*** *as lodger* hospedarse con

♦**board up** *v/t* cubrir con tablas

board•er ['bɔːrdər] huésped *m/f*

'**board game** juego *m* de mesa
'**board·ing card** tarjeta *f* de embarque; '**board·ing house** hostal *m*, pensión *f*; '**board·ing pass** tarjeta *f* de embarque; '**board·ing school** internado *m*
'**board meet·ing** reunión *f* del consejo de administración; '**board room** sala *f* de reuniones *or* juntas; '**board·walk** *paseo marítimo con tablas*
boast [boust] **1** *n* presunción *f*, jactancia *f* **2** *v/i* presumir, alardear (***about*** de)
boat [bout] barco *m*; *small, for leisure* barca *f*; ***go by ~*** ir en barco
bob[1] [bɑ:b] *haircut* corte *m* a lo chico
bob[2] [bɑ:b] *v/i* (*pret & pp* ***-bed***) *of boat etc* mecerse
♦**bob up** *v/i* aparecer
'**bob·sleigh**, '**bob·sled** bobsleigh *m*
bod·ice ['bɑ:dɪs] cuerpo *m*
bod·i·ly ['bɑ:dɪlɪ] **1** *adj* corporal; *needs* físico; *function* fisiológico **2** *adv eject* en volandas
bod·y ['bɑ:dɪ] cuerpo *m*; *dead* cadáver *m*; ***~ of water*** masa *f* de agua
'**body·guard** guardaespaldas *m/f inv*; '**body lan·guage** lenguaje *m* corporal; '**bod·y o·dor**, *Br* '**bod·y o·dour** olor *m* corporal; '**bod·y pierc·ing** piercing *m*, perforaciones *fpl* corporales; '**body·shop** MOT taller *m* de carrocería; '**bod·y stock·ing** malla *f*; '**bod·y suit** body *m*; '**body·work** MOT carrocería *f*
bog·gle ['bɑ:gl] *v/i*: ***it ~s the mind!*** ¡no quiero ni pensarlo!
bo·gus ['bougəs] *adj* falso
boil[1] [bɔɪl] *n* (*swelling*) forúnculo
boil[2] [bɔɪl] **1** *v/t liquid* hervir; *egg, vegetables* cocer **2** *v/i* hervir
♦**boil down to** *v/t* reducirse a
♦**boil over** *v/i of milk etc* salirse
boil·er ['bɔɪlər] caldera *f*
boil·ing point ['bɔɪlɪŋ] *of liquid* punto *m* de ebullición; ***reach ~*** *fig* perder la paciencia
bois·ter·ous ['bɔɪstərəs] *adj* escandaloso
bold [bould] **1** *adj* valiente, audaz; *text* en negrita **2** *n print* negrita *f*; ***in ~*** en negrita
Bo·liv·i·a [bə'lɪvɪə] *n* Bolivia
Bo·liv·i·an [bə'lɪvɪən] **1** *adj* boliviano **2** *n* boliviano(-a) *m*(*f*)
bol·ster ['boulstər] *v/t confidence* reforzar
bolt [boult] **1** *n on door* cerrojo *m*, pestillo *m*; *with nut* perno *m*; *of lightning* rayo *m*; ***like a ~ from the blue*** de forma inesperada **2** *adv*: ***~ upright*** erguido **3** *v/t* (*fix with bolts*) atornillar; *close* cerrar con cerrojo *or* pestillo **4** *v/i* (*run off*) fugarse, escaparse
bomb [bɑ:m] **1** *n* bomba *f* **2** *v/t* MIL bombardear; *of terrorist* poner una bomba en
bom·bard [bɑ:m'bɑ:rd] *v/t also fig* bombardear
'**bomb at·tack** atentado *m* con bomba
bomb·er ['bɑ:mər] *airplane* bombardero *m*; *terrorist* terrorista *m/f* (*que pone bombas*)
'**bomb·er jack·et** cazadora *f* de aviador
'**bomb·proof** *adj* a prueba de bombas; '**bomb scare** amenaza *f* de bomba; '**bomb·shell** *fig*: *news* bomba *f*
bond [bɑ:nd] **1** *n* (*tie*) unión *f*; FIN bono *m* **2** *v/i of glue* adherirse
bone [boun] **1** *n* hueso *m*; *of fish* espina *f* **2** *v/t meat* deshuesar; *fish* quitar las espinas a
bon·fire ['bɑ:nfaɪr] hoguera *f*
bon·net *Br of car* capó *m*
bo·nus ['bounəs] *money* plus *m*, bonificación *f*; (*something extra*) ventaja *f* adicional; ***a Christmas ~*** un plus por Navidad
boo [bu:] **1** *n* abucheo *m* **2** *v/t & v/i* abuchear
boob [bu:b] *n* P (*breast*) teta *f* P
boo·boo ['bu:bu:] *n* F metedura *f* de pata
book [buk] **1** *n* libro *m*; *of matches* caja *f* (*de solapa*) **2** *v/t* (*reserve*) reservar; *of policeman* multar **3** *v/i* (*reserve*) reservar, hacer una reserva

'**book•case** estantería *f*, librería *f*
booked up [bʊkt'ʌp] *adj* lleno, completo; *person* ocupado
book•ie ['bʊkɪ] F corredor(a) *m*(*f*) de apuestas
book•ing ['bʊkɪŋ] (*reservation*) reserva *f*
'**book•ing clerk** taquillero(-a) *m*(*f*)
'**book•keep•er** tenedor(a) *m*(*f*) de libros
'**book•keep•ing** contabilidad *f*
book•let ['bʊklɪt] folleto *m*
'**book•mak•er** corredor(a) *m*(*f*) de apuestas
books [bʊks] *npl* (*accounts*) contabilidad *f*; ***do the ~*** llevar la contabilidad
'**book•sell•er** librero(-a) *m*(*f*); '**book•shelf** (*pl* ***-shelves***) estante *m*; '**book•stall** puesto *m* de venta de libros; '**book•store** librería *f*; '**book to•ken** vale *m* para comprar libros
boom[1] [buːm] **1** *n* boom *m* **2** *v/i of business* desarrollarse, experimentar un boom
boom[2] [buːm] *n noise* estruendo *m*
boon•ies ['buːnɪz] *npl* F: ***they live out in the ~*** viven en el quinto pino F
boor [bʊr] basto *m*, grosero *m*
boor•ish ['bʊrɪʃ] *adj* basto, grosero
boost [buːst] **1** *n to sales, economy* impulso *m*; ***your confidence needs a ~*** necesitas algo que te dé más confianza **2** *v/t production, prices* estimular; *morale* levantar
boot [buːt] *n* bota *f*; *Br of car* maletero *m*, *C.Am.*, *Mex* cajuela *f*, *Rpl* baúl *m*
♦**boot out** *v/t* F echar
♦**boot up** *v/t & v/i* COMPUT arrancar
booth [buːð] *at market, fair* cabina *f*; *at exhibition* puesto *m*, stand *m*; (*in restaurant*) *mesa rodeada por bancos fijos*
booze [buːz] *n* F bebida *f*, *Span* priva *f* F
bor•der ['bɔːrdər] **1** *n between countries* frontera *f*; (*edge*) borde *m*; *on clothing* ribete *m* **2** *v/t country* limitar con; *river* bordear
♦**border on** limitar con; (*be almost*) rayar en
'**bor•der•line** *adj*: ***a ~ case*** un caso dudoso
bore[1] [bɔːr] **1** *v/t hole* taladrar; ***~ a hole in sth*** taladrar algo
bore[2] [bɔːr] **1** *n* (*person*) pesado(-a) *m*(*f*), pelma *m/f inv* F **2** *v/t* aburrir
bore[3] [bɔːr] *pret* → ***bear***[2]
bored [bɔːrd] *adj* aburrido; ***I'm ~*** me aburro, estoy aburrido
bore•dom ['bɔːrdəm] aburrimiento *m*
bor•ing ['bɔːrɪŋ] *adj* aburrido; ***be ~*** ser aburrido
born [bɔːrn] *adj*: ***be ~*** nacer; ***where were you ~?*** ¿dónde naciste?; ***be a ~ teacher*** haber nacido para ser profesor
borne [bɔːrn] *pp* → ***bear***[2]
bor•row ['bɑːroʊ] *v/t* tomar prestado
bos•om ['bʊzm] *of woman* pecho *m*
boss [bɑːs] jefe(-a) *m*(*f*)
♦**boss around** *v/t* dar órdenes a
boss•y ['bɑːsɪ] *adj* mandón
bo•tan•i•cal [bə'tænɪkl] *adj* botánico
bo•tan•ic(•al) '**gar•dens** *npl* jardín *m* botánico
bot•a•nist ['bɑːtənɪst] botánico(-a) *m*(*f*)
bot•a•ny ['bɑːtənɪ] botánica *f*
botch [bɑːtʃ] *v/t* arruinar, estropear
both [boʊθ] **1** *adj & pron* ambos, los dos; ***I know ~ (of the) brothers*** conozco a ambos hermanos, conozco a los dos hermanos; ***~ of them*** ambos, los dos **2** *adv*: ***~ my mother and I*** tanto mi madre como yo; ***he's ~ handsome and intelligent*** es guapo y además inteligente; ***is it business or pleasure? – ~*** ¿es de negocios o de placer? – las dos cosas
both•er ['bɑːðər] **1** *n* molestias *fpl*; ***it's no ~*** no es ninguna molestia **2** *v/t* (*disturb*) molestar; (*worry*) preocupar **3** *v/i* preocuparse; ***don't ~!*** (*you needn't do it*) ¡no te preocupes!; ***you needn't have ~ed*** no deberías haberte molestado
bot•tle ['bɑːtl] **1** *n* botella *f*; *for baby*

biberón *m* **2** *v/t* embotellar

♦ **bottle up** *v/t feelings* reprimir, contener

'**bot·tle bank** contenedor *m* de vidrio

bot·tled wa·ter ['bɑːtld] agua *f* embotellada

'**bot·tle·neck** *n in road* embotellamiento *m*, atasco *m*; *in production* cuello *m* de botella

'**bot·tle-o·pen·er** abrebotellas *m inv*

bot·tom ['bɑːtəm] **1** *adj* inferior, de abajo **2** *n of drawer, case, pan, garden* fondo *m*; *of hill, page* pie *m*; *of pile* parte *f* inferior; (*underside*) parte *f* de abajo; *of street* final *m*; (*buttocks*) trasero *m*; ***at the ~ of the screen*** en la parte inferior de la pantalla

♦ **bottom out** *v/i* tocar fondo

bot·tom 'line (*financial outcome*) saldo *m* final; (*real issue*) realidad *f*

bought [bɒːt] *pret & pp* → ***buy***

boul·der ['bouldər] roca *f* redondeada

bounce [bauns] **1** *v/t ball* botar **2** *v/i of ball* botar, rebotar; *on sofa etc* saltar; *of rain* rebotar; *of check* ser rechazado

bounc·er ['baunsər] portero *m*, gorila *m*

bounc·y ['baunsɪ] *adj ball* que bota bien; *cushion, chair* mullido

bound[1] [baund] *adj*: ***be ~ to do sth*** (*obliged to*) estar obligado a hacer algo; ***she's ~ to call an election soon*** (*sure to*) seguro que convoca elecciones pronto

bound[2] [baund] *adj*: ***be ~ for*** *of ship* llevar destino a

bound[3] [baund] **1** *n* (*jump*) salto *m* **2** *v/i* saltar

bound[4] [baund] *pret & pp* → ***bind***

bound·a·ry ['baundərɪ] límite *m*; *between countries* frontera *f*

bound·less ['baundlɪs] *adj* ilimitado, infinito

bou·quet [bu'keɪ] *flowers* ramo *m*

bour·bon ['bɜːrbən] bourbon *m*

bout [baut] MED ataque *m*; *in boxing* combate *m*

bou·tique [buː'tiːk] boutique *f*

bow[1] [bau] **1** *n as greeting* reverencia *f* **2** *v/i* saludar con la cabeza **3** *v/t head* inclinar

bow[2] [bou] (*knot*) lazo *m*; MUS, *for archery* arco *m*

bow[3] [bau] *of ship* proa *f*

bow·els ['bauəlz] *npl* entrañas *fpl*

bowl[1] [boul] *for rice, cereals etc* cuenco *m*; *for soup* plato *m* sopero; *for salad* ensaladera *f*; *for washing* barreño *m*, palangana *f*

bowl[2] [boul] **1** *n* (*ball*) bola *f* **2** *v/i in bowling* lanzar la bola

♦ **bowl over** *v/t fig* (*astonish*) impresionar, maravillar

bowl·ing ['boulɪŋ] bolos *mpl*

'**bowl·ing al·ley** bolera *f*

bow 'tie [bou] pajarita *f*

box[1] [bɑːks] *n container* caja *f*; *on form* casilla *f*

box[2] [bɑːks] *v/i* boxear

box·er ['bɑːksər] boxeador(a) *m*(*f*)

'**box·er shorts** *npl* calzoncillos *mpl*, boxers *mpl*

box·ing ['bɑːksɪŋ] boxeo *m*

'**box·ing glove** guante *m* de boxeo; '**box·ing match** combate *m* de boxeo; '**box·ing ring** cuadrilátero *m*, ring *m*

'**box num·ber** *at post office* apartado *m* de correos

'**box of·fice** taquilla *f*, *L.Am.* boletería *f*

boy [bɔɪ] niño *m*, chico *m*; (*son*) hijo *m*

boy·cott ['bɔɪkɑːt] **1** *n* boicot *m* **2** *v/t* boicotear

'**boy·friend** novio *m*

boy·ish ['bɔɪɪʃ] *adj* varonil

boy'scout boy scout *m*

bra [brɑː] sujetador *m*, sostén *m*

brace [breɪs] *on teeth* aparato *m*

brace·let ['breɪslɪt] pulsera *f*

brack·et ['brækɪt] *for shelf* escuadra *f*; (***square***) *~ in text* corchete *m*

brag [bræg] *v/i* (*pret & pp* ***-ged***) presumir, fanfarronear

braid [breɪd] *n in hair* trenza *f*; *trimming* trenzado *m*

braille [breɪl] braille *m*

brain [breɪn] cerebro *m*; ***use your ~***

B

utiliza la cabeza
'**brain dead** *adj* MED clínicamente muerto
brain·less ['breɪnlɪs] *adj* F estúpido
brains [breɪnz] *npl* (*intelligence*) inteligencia *f*; ***the ~ of the operation*** el cerebro de la operación
'**brain·storm** idea *f* genial; **brain·storm·ing** ['breɪnstɔ:rmɪŋ] tormenta *f* de ideas; '**brain sur·geon** neurocirujano(-a) *m*(*f*); '**brain sur·ger·y** neurocirugía *f*; '**brain tu·mor**, *Br* '**brain tu·mour** tumor *m* cerebral; '**brain·wash** *v/t* lavar el cerebro a; '**brain·wave** (*brilliant idea*) idea *f* genial
brain·y ['breɪnɪ] *adj* F: ***be ~*** tener mucho coco F, ser una lumbrera
brake [breɪk] **1** *n* freno *m* **2** *v/i* frenar
'**brake flu·id** MOT líquido *m* de frenos; '**brake light** MOT luz *f* de frenado; '**brake ped·al** MOT pedal *m* del freno
branch [bræntʃ] *n of tree* rama *f*; *of bank*, *company* sucursal *f*
♦**branch off** *v/i of road* bifurcarse
♦**branch out** *v/i* diversificarse; ***they've branched out into furniture*** han empezado a trabajar también con muebles
brand [brænd] **1** *n* marca *f* **2** *v/t*: ***be ~ed a liar*** ser tildado de mentiroso
brand '**im·age** imagen *f* de marca
bran·dish ['brændɪʃ] *v/t* blandir
brand '**lead·er** marca *f* líder del mercado; **brand** '**loy·al·ty** lealtad *f* a una marca; '**brand name** nombre *m* comercial; **brand-**'**new** *adj* nuevo, flamante
bran·dy ['brændɪ] brandy *m*, coñac *m*
brass [bræs] *alloy* latón *m*; ***the ~*** MUS los metales
brass '**band** banda *f* de música
bras·sière [brə'zɪr] sujetador *m*, sostén *m*
brat [bræt] *pej* niñato(-a) *m*(*f*)
bra·va·do [brə'vɑ:doʊ] bravuconería *f*
brave [breɪv] *adj* valiente, valeroso
brave·ly ['breɪvlɪ] *adv* valientemente, valerosamente
brav·er·y ['breɪvərɪ] valentía *f*, valor *m*
brawl [brɒ:l] **1** *n* pelea *f* **2** *v/i* pelearse
brawn·y ['brɒ:nɪ] *adj* fuerte, musculoso
Bra·zil [brə'zɪl] Brasil
Bra·zil·ian [brə'zɪlɪən] **1** *adj* brasileño **2** *n* brasileño(-a) *m*(*f*)
breach [bri:tʃ] *n* (*violation*) infracción *f*, incumplimiento *m*; *in party* ruptura *f*
breach of '**con·tract** LAW incumplimiento *m* de contrato
bread [bred] *n* pan *m*
'**bread·crumbs** *npl for cooking* pan *m* rallado; *for birds* migas *fpl*
'**bread knife** cuchillo *m* del pan
breadth [bredθ] *of road* ancho *m*; *of knowledge* amplitud *f*
'**bread·win·ner**: ***be the ~*** ser el que gana el pan
break [breɪk] **1** *n in bone etc* fractura *f*, rotura *f*; (*rest*) descanso *m*; *in relationship* separación *f* temporal; ***give s.o. a ~*** F (*opportunity*) ofrecer una oportunidad a alguien; ***take a ~*** descansar; ***without a ~*** *work*, *travel* sin descanso **2** *v/t* (*pret* ***broke***, *pp* ***broken***) *device* romper, estropear; *stick* romper, partir; *arm*, *leg* fracturar, romper; *glass*, *egg* romper; *rules*, *law* violar, incumplir; *promise* romper; *news* dar; *record* batir **3** *v/i* (*pret* ***broke***, *pp* ***broken***) *of device* romperse, estropearse; *of glass*, *egg* romperse; *of stick* partirse, romperse; *of news* saltar; *of storm* estallar, comenzar; *of boy's voice* cambiar
♦**break away** *v/i* (*escape*) escaparse; *from family* separarse; *from organization* escindirse; *from tradition* romper (***from*** con)
♦**break down 1** *v/i of vehicle* averiarse, estropearse; *of machine* estropearse; *of talks* romperse; *in tears* romper a llorar; *mentally* venirse abajo **2** *v/t door* derribar; *figures* detallar, desglosar
♦**break even** *v/i* COM cubrir gastos
♦**break in** *v/i* (*interrupt*) interrumpir;

of burglar entrar
♦**break off** **1** *v/t* partir; *relationship* romper; ***they've broken it off*** han roto **2** *v/i* (*stop talking*) interrumpirse
♦**break out** *v/i* (*start up*) comenzar; *of fighting* estallar; *of disease* desatarse; *of prisoners* escaparse, darse a la fuga; ***he broke out in a rash*** le salió un sarpullido
♦**break up** **1** *v/t into component parts* descomponer; *fight* poner fin a **2** *v/i of ice* romperse; *of couple* terminar, separarse; *of band* separarse; *of meeting* terminar
break·a·ble ['breɪkəbl] *adj* rompible, frágil
break·age ['breɪkɪdʒ] rotura *f*
'**break·down** *of vehicle, machine* avería *f*; *of talks* ruptura *f*; (*nervous ~*) crisis *f inv* nerviosa; *of figures* desglose *m*
break-'e·ven point punto *m* de equilibrio
break·fast ['brekfəst] *n* desayuno *m*; ***have ~*** desayunar
'**break·fast tel·e·vi·sion** televisión *f* matinal
'**break-in** entrada *f* (*mediante la fuerza*); *robbery* robo *m*; ***we've had a ~*** han entrado a robar; '**break·through** *in plan, negotiations* paso *m* adelante; *of science, technology* avance *m*; '**break·up** *of marriage, partnership* ruptura *f*, separación *f*
breast [brest] *of woman* pecho *m*
'**breast·feed** *v/t* (*pret & pp* ***breastfed***) amamantar
'**breast·stroke** braza *f*
breath [breθ] respiración *f*; ***get your ~ back*** recobrar el aliento; ***be out of ~*** estar sin respiración; ***take a deep ~*** respira hondo
Breath·a·lyz·er® ['breθəlaɪzər] alcoholímetro *m*
breathe [bri:ð] **1** *v/i* respirar **2** *v/t* (*inhale*) aspirar, respirar; (*exhale*) exhalar, espirar
♦**breathe in** *v/t & v/i* aspirar, inspirar
♦**breathe out** *v/i* espirar
breath·ing ['bri:ðɪŋ] *n* respiración *f*
breath·less ['breθlɪs] *adj*: ***arrive ~*** llegar sin respiración, llegar jadeando
breath·less·ness ['breθlɪsnɪs] dificultad *f* para respirar
breath·tak·ing ['breθteɪkɪŋ] *adj* impresionante, sorprendente
bred [bred] *pret & pp* → ***breed***
breed [bri:d] **1** *n* raza *f* **2** *v/t* (*pret & pp* ***bred***) criar; *plants* cultivar; *fig* causar, generar **3** *v/i* (*pret & pp* ***bred***) *of animals* reproducirse
breed·er ['bri:dər] *of animals* criador(a) *m*(*f*); *of plants* cultivador(a) *m*(*f*)
breed·ing ['bri:dɪŋ] *of animals* cría *f*; *of plants* cultivo *m*; *of person* educación *f*
breed·ing ground *fig* caldo *m* de cultivo
breeze [bri:z] brisa *f*
breez·i·ly ['bri:zɪlɪ] *adv fig* jovialmente, tranquilamente
breez·y ['bri:zɪ] *adj* ventoso; *fig* jovial, tranquilo
brew [bru:] **1** *v/t beer* elaborar; *tea* preparar, hacer **2** *v/i of storm* avecinarse; *of trouble* fraguarse
brew·er ['bru:ər] fabricante *m/f* de cerveza
brew·er·y ['bru:ərɪ] fábrica *f* de cerveza
bribe [braɪb] **1** *n* soborno *m*, *Mex* mordida *f*, *S.Am.* coima *f* **2** *v/t* sobornar
brib·er·y ['braɪbərɪ] soborno *m*, *Mex* mordida *f*, *S.Am.* coima *f*
brick [brɪk] ladrillo *m*
'**brick·lay·er** albañil *m/f*
brid·al suite ['braɪdl] suite *f* nupcial
bride [braɪd] novia *f* (*en boda*)
'**bride·groom** novio *m* (*en boda*)
'**brides·maid** dama *f* de honor
bridge[1] [brɪdʒ] **1** *n also* NAUT puente *m*; *of nose* caballete *m* **2** *v/t gap* superar, salvar
bridge[2] [brɪdʒ] *card game* bridge *m*
bri·dle [braɪdl] *n* brida *f*
brief[1] ['bri:f] *adj* breve, corto
brief[2] [bri:f] **1** *n* (*mission*) misión *f* **2** *v/t*: ***~ s.o. on sth*** informar a al-

guien de algo
'**brief·case** maletín *m*
brief·ing ['bri:fɪŋ] reunión *f* informativa
brief·ly ['bri:flɪ] *adv* (*for a short period of time*) brevemente; (*in a few words*) en pocas palabras; (*to sum up*) en resumen
briefs [bri:fs] *npl for women* bragas *fpl*; *for men* calzoncillos *mpl*
bright [braɪt] *adj color* vivo; *smile* radiante; *future* brillante, prometedor; (*sunny*) soleado, luminoso; (*intelligent*) inteligente
♦**bright·en up** ['braɪtn] **1** *v/t* alegrar **2** *v/i of weather* aclararse; *of face, person* alegrarse, animarse
bright·ly ['braɪtlɪ] *adv shine* intensamente, fuerte; *smile* alegremente
bright·ness ['braɪtnɪs] *of light* brillo *m*; *of weather* luminosidad *f*; *of smile* alegría *f*; (*intelligence*) inteligencia *f*
bril·liance ['brɪljəns] *of person* genialidad *f*; *of color* resplandor *m*
bril·liant ['brɪljənt] *adj sunshine etc* resplandeciente, radiante; (*very good*) genial; (*very intelligent*) brillante
brim [brɪm] *of container* borde *m*; *of hat* ala *f*
brim·ful ['brɪmfəl] *adj* rebosante
bring [brɪŋ] *v/t* (*pret & pp* ***brought***) traer; **~ *it here, will you*** tráelo aquí, por favor; ***can I ~ a friend?*** ¿puedo traer a un amigo?, ¿puedo venir con un amigo?
♦**bring about** *v/t* ocasionar; ***bring about peace*** traer la paz
♦**bring around** *v/t from a faint* hacer volver en sí; (*persuade*) convencer, persuadir
♦**bring back** *v/t* (*return*) devolver; (*re-introduce*) reinstaurar; *memories* traer
♦**bring down** *v/t fence, tree* tirar, echar abajo; *government* derrocar; *bird, airplane* derribar; *rates, inflation, price* reducir
♦**bring in** *v/t interest, income* generar; *legislation* introducir; *verdict* pronunciar
♦**bring on** *v/t illness* provocar
♦**bring out** *v/t book, video, new product* sacar
♦**bring to** *v/t from a faint* hacer volver en sí
♦**bring up** *v/t child* criar, educar; *subject* mencionar, sacar a colación; (*vomit*) vomitar
brink [brɪŋk] borde *m*; ***be on the ~ of*** (***doing***) ***sth*** *fig* estar a punto de (hacer) algo
brisk [brɪsk] *adj person, voice* enérgico; *walk* rápido; *trade* animado
bris·tle ['brɪsl] *v/i*: ***the streets are bristling with policemen*** las calles están atestadas de policías
brist·les ['brɪslz] *npl on chin* pelos *mpl*; *of brush* cerdas *fpl*
Brit [brɪt] F británico(-a) *m*(*f*)
Brit·ain ['brɪtn] Gran Bretaña
Brit·ish ['brɪtɪʃ] **1** *adj* británico **2** *npl*: ***the ~*** los británicos
Brit·on ['brɪtn] británico(-a) *m*(*f*)
brit·tle ['brɪtl] *adj* frágil, quebradizo
broach [broʊtʃ] *v/t subject* sacar a colación
broad [brɒ:d] **1** *adj* ancho; *smile* amplio; (*general*) general; ***in ~ daylight*** a plena luz del día **2** *n* F (*woman*) tía *f* F
'**broad·cast** **1** *n* emisión *f*; ***a live ~*** una retransmisión en directo **2** *v/t* emitir, retransmitir
'**broad·cast·er** presentador(a) *m*(*f*)
'**broad·cast·ing** televisión *f*
broad·en ['brɒ:dn] **1** *v/i* ensancharse, ampliarse **2** *v/t* ensanchar; ***~ one's horizons*** ampliar los horizontes
'**broad·jump** salto *m* de longitud
broad·ly ['brɒ:dlɪ] *adv* en general; ***~ speaking*** en términos generales
broad·mind·ed [brɒ:d'maɪndɪd] *adj* tolerante, abierto
broad·mind·ed·ness [brɒ:d'maɪndɪdnɪs] mentalidad *f* abierta
broc·co·li ['brɑ:kəlɪ] brécol *m*, brócoli *m*
bro·chure ['broʊʃər] folleto *m*
broil [brɔɪl] *v/t* asar a la parrilla
broil·er ['brɔɪlər] *on stove* parrilla *f*;

chicken pollo *m* (para asar)
broke [brouk] **1** *adj* F: ***be ~ temporarily*** estar sin blanca F; *long term* estar arruinado; ***go ~*** (*go bankrupt*) arruinarse **2** *pret* → ***break***
bro•ken ['broukn] **1** *adj* roto; *home* deshecho; ***they talk in ~ English*** chapurrean el inglés **2** *pp* → ***break***
bro•ken-heart•ed [broukn'hɑːrtɪd] *adj* desconsolado, destrozado
bro•ker ['broukər] corredor(a) *m*(*f*), agente *m/f*
bron•chi•tis [brɑːŋ'kaɪtɪs] bronquitis *f*
bronze [brɑːnz] *n* bronce *m*
'**bronze med•al** medalla *f* de bronce
brooch [broutʃ] broche *m*
brood [bruːd] *v/i of person* darle vueltas a las cosas; ***~ about sth*** darle vueltas a algo
broom [bruːm] escoba *f*
broth [brɑːθ] *soup* sopa *f*; *stock* caldo *m*
broth•el ['brɑːθl] burdel *m*
broth•er ['brʌðər] hermano *m*
'**broth•er-in-law** (*pl* ***brothers-in-law***) cuñado *m*
broth•er•ly ['brʌðərlɪ] *adj* fraternal
brought [brɒːt] *pret & pp* → ***bring***
brow [brau] (*forehead*) frente *f*; *of hill* cima *f*
brown [braun] **1** *n* marrón *m*, *L.Am.* color *m* café **2** *adj* marrón; *eyes*, *hair* castaño; (*tanned*) moreno **3** *v/t in cooking* dorar **4** *v/i in cooking* dorarse
'**brown•bag** *v/t* (*pret & pp* ***-ged***) F: ***~ it*** *llevar la comida al trabajo*
Brown•ie ['braunɪ] escultista *f*
'**Brown•ie points** *npl* tantos *mpl*; ***earn ~*** anotarse tantos
brown•ie ['braunɪ] (*cake*) pastel *m* de chocolate y nueces
'**brown-nose** *v/t* P lamer el culo a P; **brown 'pa•per** papel *m* de estraza; **brown pa•per 'bag** bolsa *f* de cartón; **brown 'sug•ar** azúcar *m or f* moreno(-a)
browse [brauz] *v/i in store* echar una ojeada; ***~ through a book*** hojear un libro
brows•er ['brauzər] COMPUT navegador *m*
bruise [bruːz] **1** *n* magulladura *f*, cardenal *f*; *on fruit* maca *f* **2** *v/t arm*, *fruit* magullar; (*emotionally*) herir **3** *v/i of person* hacerse cardenales; *of fruit* macarse
bruis•ing ['bruːzɪŋ] *adj fig* doloroso
brunch [brʌntʃ] *combinación de desayuno y almuerzo*
bru•nette [bruː'net] *n* morena *f*
brunt [brʌnt]: ***this area bore the ~ of the flooding*** esta zona fue la más castigada por la inundación; ***we bore the ~ of the layoffs*** fuimos los más perjudicados por los despidos
brush [brʌʃ] **1** *n* cepillo *m*; *conflict* roce *m* **2** *v/t* cepillar; (*touch lightly*) rozar; (*move away*) quitar
♦**brush against** *v/t* rozar
♦**brush aside** *v/t* hacer caso omiso a, no hacer caso a
♦**brush off** *v/t* sacudir; *criticism* no hacer caso a
♦**brush up** *v/t* repasar
'**brush•work** PAINT pincelada *f*
brusque [brʊsk] *adj* brusco
Brus•sels ['brʌslz] Bruselas
Brus•sels 'sprouts *npl* coles *fpl* de Bruselas
bru•tal ['bruːtl] *adj* brutal
bru•tal•i•ty [bruː'tælətɪ] brutalidad *f*
bru•tal•ly ['bruːtəlɪ] *adv* brutalmente; ***be ~ frank*** ser de una sinceridad aplastante
brute [bruːt] bestia *m/f*
brute 'force fuerza *f* bruta
bub•ble ['bʌbl] *n* burbuja *f*
'**bub•ble bath** baño *m* de espuma; '**bub•ble gum** chicle *m*; '**bub•ble wrap** *n* plástico *m* para embalar (*con burbujas*)
bub•bly ['bʌblɪ] *n* F (*champagne*) champán *m*
buck[1] [bʌk] *n* F (*dollar*) dólar *m*
buck[2] [bʌk] *v/i of horse* corcovear
buck[3] [bʌk] *n*: ***pass the ~*** escurrir el bulto
buck•et ['bʌkɪt] *n* cubo *m*
buck•le[1] ['bʌkl] **1** *n* hebilla *f* **2** *v/t belt*

abrochar

buck·le[2] ['bʌkl] *v/i of metal* combarse

♦**buckle down** *v/i* ponerse a trabajar

bud [bʌd] *n* BOT capullo *m*, brote *m*

bud·dy ['bʌdɪ] F amigo(-a) *m(f)*, *Span* colega *m/f* F; *form of address Span* colega *m/f* F, *L.Am.* compadre *m/f* F

budge [bʌdʒ] **1** *v/t* mover; (*make reconsider*) hacer cambiar de opinión **2** *v/i* moverse; (*change one's mind*) cambiar de opinión

bud·ger·i·gar ['bʌdʒərɪgɑːr] periquito *m*

bud·get ['bʌdʒɪt] **1** *n* presupuesto *m*; ***be on a ~*** tener un presupuesto limitado **2** *v/i* administrarse

♦**budget for** *v/t* contemplar en el presupuesto

bud·gie ['bʌdʒɪ] F periquito *m*

buff[1] [bʌf] *adj color* marrón claro

buff[2] [bʌf] *n* aficionado(-a) *m(f)*; ***a movie ~*** un cinéfilo

buf·fa·lo ['bʌfəloʊ] búfalo *m*

buff·er ['bʌfər] RAIL tope *m*; COMPUT búfer *m*; *fig* barrera *f*

buf·fet[1] ['bʊfeɪ] *n* (*meal*) bufé *m*

buf·fet[2] ['bʌfɪt] *v/t of wind* sacudir

bug [bʌg] **1** *n insect* bicho *m*; *virus* virus *m inv*; (*spying device*) micrófono *m* oculto; COMPUT error *m* **2** *v/t* (*pret & pp* ***-ged***) *room* colocar un micrófono en; F (*annoy*) fastidiar F, jorobar F

bug·gy ['bʌgɪ] *for baby* silla *f* de paseo

bu·gle [bjuːgl] corneta *f*, clarín *m*

build [bɪld] **1** *n of person* constitución *f*, complexión *f* **2** *v/t* (*pret & pp* ***built***) construir, edificar

♦**build up 1** *v/t strength* aumentar; *relationship* fortalecer; *collection* acumular **2** *v/i of dirt* acumularse; *of pressure, excitement* aumentar

'**build·er** ['bɪldər] albañil *m/f*; *company* constructora *f*

'**build·ing** ['bɪldɪŋ] edificio *m*; *activity* construcción *f*

'**build·ing blocks** *npl for child* piezas *fpl* de construcción; '**build·ing site** obra *f*; '**build·ing so·ci·e·ty** *Br* caja *f* de ahorros; '**build·ing trade** industria *f* de la construcción

'**build-up** (*accumulation*) accumulación *f*; ***after all the ~*** *publicity* después de tantas expectativas

built [bɪlt] *pret & pp* → ***build***

built-in ['bɪltɪn] *adj cupboard* empotrado; *flash* incorporado

built-up '**ar·e·a** zona *f* urbanizada

bulb [bʌlb] BOT bulbo *m*; (*light ~*) bombilla *f*, *L.Am.* foco *m*

bulge [bʌldʒ] **1** *n* bulto *m*, abultamiento *m* **2** *v/i of eyes* salirse de las órbitas; *of wall* abombarse

bu·lim·i·a [bʊ'lɪmɪə] bulimia *f*

bulk [bʌlk]: ***the ~ of*** el grueso *or* la mayor parte de; ***in ~*** a granel

'**bulk·y** ['bʌlkɪ] *adj* voluminoso

bull [bʊl] *animal* toro *m*

bull·doze ['bʊldoʊz] *v/t* (*demolish*) demoler, derribar; ***~ s.o. into sth*** *fig* obligar a alguien a hacer algo

bull·doz·er ['bʊldoʊzər] bulldozer *m*

bul·let ['bʊlɪt] bala *f*

bul·le·tin ['bʊlɪtɪn] boletín *m*

'**bul·le·tin board** *on wall* tablón *m* de anuncios; COMPUT tablón *m* de anuncios, BBS *f*

'**bul·let-proof** *adj* antibalas *inv*

'**bull fight** corrida *f* de toros; '**bull fight·er** torero(-a) *m(f)*; '**bull fight·ing** tauromaquia *f*, los toros; '**bull mar·ket** FIN mercado *m* al alza; '**bull ring** plaza *f* de toros; '**bull's-eye** diana *f*, blanco *m*; ***hit the ~*** dar en el blanco; '**bull·shit 1** *n* V *Span* gilipollez *f* V, *L.Am.* pendejada *f* V **2** *v/i* (*pret & pp* ***-ted***) V decir *Span* gilipolleces V *or L.Am.* pendejadas V

bul·ly ['bʊlɪ] **1** *n* matón(-ona) *m(f)*; *child* abusón(-ona) *m(f)* **2** *v/t* (*pret & pp* ***-ied***) intimidar

bul·ly·ing ['bʊlɪɪŋ] *n* intimidación *f*

bum [bʌm] **1** *n* F (*tramp*) vagabundo(-a) *m(f)*; (*worthless person*) inútil *m/f* **2** *adj* F (*useless*) inútil **3** *v/t* (*pret & pp* ***-med***) F *cigarette etc* gorronear

♦**bum around** *v/i* F *travel* vaga-

bundear (***in*** por); (*be lazy*) vaguear
bum·ble·bee ['bʌmblbiː] abejorro *m*
bump [bʌmp] **1** *n* (*swelling*) chichón *m*; *on road* bache *m*; ***get a ~ on the head*** darse un golpe en la cabeza **2** *v/t* golpear
♦**bump into** *v/t table* chocar con; (*meet*) encontrarse con
♦**bump off** *v/t* F (*murder*) cargarse a F
♦**bump up** *v/t* F *prices* aumentar
bump·er ['bʌmpər] **1** *n* MOT parachoques *m inv*; ***the traffic was ~ to ~*** el tráfico estaba colapsado **2** *adj* (*extremely good*) excepcional, extraordinario
'**bump-start** *v/t car* arrancar un coche empujándolo; *fig*: *economy* reanimar
bump·y ['bʌmpɪ] *adj* con baches; *flight* movido
bun [bʌn] *hairstyle* moño *m*; *for eating* bollo *m*
bunch [bʌntʃ] *of people* grupo *m*; *of keys* manojo *m*; *of flowers* ramo *m*; *of grapes* racimo *m*; ***thanks a ~*** *iron* no sabes lo que te lo agradezco
bun·dle ['bʌndl] *of clothes* fardo *m*; *of wood* haz *m*
♦**bundle up** *v/t* liar; (*dress warmly*) abrigar
bun·gee jump·ing ['bʌndʒɪdʒʌmpɪŋ] puenting *m*
bun·gle ['bʌŋgl] *v/t* echar a perder
bunk [bʌŋk] litera *f*
bunk beds *npl* literas *fpl*
buoy [bɔɪ] *n* NAUT boya *f*
buoy·ant ['bɔɪənt] *adj* animado, optimista; *economy* boyante
bur·den ['bɜːrdn] **1** *n also fig* carga *f* **2** *v/t*: ***~ s.o. with sth*** *fig* cargar a alguien con algo
bu·reau ['bjʊroʊ] (*chest of drawers*) cómoda *f*; (*office*) departamento *m*, oficina *f*; ***a translation ~*** una agencia de traducción
bu·reauc·ra·cy [bjʊ'rɑːkrəsɪ] burocracia *f*
bu·reau·crat ['bjʊrəkræt] burócrata *m/f*
bu·reau·crat·ic [bjʊrə'krætɪk] *adj* burocrático
burg·er ['bɜːrgər] hamburguesa *f*
bur·glar ['bɜːrglər] ladrón(-ona) *m*(*f*)
'**bur·glar a·larm** alarma *f* antirrobo
bur·glar·ize ['bɜːrgləraɪz] *v/t* robar
bur·glar·y ['bɜːrglərɪ] robo *m*
bur·i·al ['berɪəl] entierro *m*
bur·ly ['bɜːrlɪ] *adj* corpulento, fornido
burn [bɜːrn] **1** *n* quemadura *f* **2** *v/t* (*pret & pp* ***burnt***) quemar; ***be ~t to death*** morir abrasado **3** *v/i* (*pret & pp* ***burnt***) *of wood, meat, in sun* quemarse
♦**burn down** **1** *v/t* incendiar **2** *v/i* incendiarse
♦**burn out** *v/t*: ***burn o.s. out*** quemarse; ***a burned-out car*** un coche carbonizado
burn·er ['bɜːrnər] *on cooker* placa *f*
'**burn·out** F (*exhaustion*) agotamiento *m*
burnt [bɜːrnt] *pret & pp* → ***burn***
burp [bɜːrp] **1** *n* eructo *m* **2** *v/i* eructar **3** *v/t baby* hacer eructar a
burst [bɜːrst] **1** *n in water pipe* rotura *f*; *of gunfire* ráfaga *f*; ***in a ~ of energy*** en un arrebato de energía **2** *adj tire* reventado **3** *v/t* (*pret & pp* ***burst***) *balloon* reventar **4** *v/i* (*pret & pp* ***burst***) *of balloon, tire* reventar; ***~ into a room*** irrumpir en una habitación; ***~ into tears*** echarse a llorar; ***~ out laughing*** echarse a reír
bur·y ['berɪ] *v/t* (*pret & pp* ***-ied***) enterrar; ***be buried under*** (*covered by*) estar sepultado por; ***~ o.s. in work*** meterse de lleno en el trabajo
bus [bʌs] **1** *n local* autobús *m*, *Mex* camión *m*, *Arg* colectivo *m*, *C.Am.* guagua *f*; *long distance* autobús *m*, *Span* autocar *m*; ***school ~*** autobús *m* escolar **2** *v/t* (*pret & pp* ***-sed***) llevar en autobús
'**bus·boy** ayudante *m* de camarero
'**bus driv·er** conductor(a) *m*(*f*) de autobús
bush [bʊʃ] *plant* arbusto *m*; *type of countryside* monte *m*

bushed [bʊʃt] *adj* F (*tired*) molido F
bush·y ['bʊʃɪ] *adj beard* espeso
busi·ness ['bɪznɪs] negocios *mpl*; (*company*) empresa *f*; (*sector*) sector *m*; (*affair, matter*) asunto *m*; *as subject of study* empresariales *fpl*; ***on ~*** de negocios; ***that's none of your ~!*** ¡no es asunto tuyo!; ***mind your own ~!*** ¡no te metas en lo que no te importa!
'**busi·ness card** tarjeta *f* de visita; '**busi·ness class** clase *f* ejecutiva; '**busi·ness hours** *npl* horario *m* de oficina; **busi·ness·like** ['bɪznɪslaɪk] *adj* eficiente; '**busi·ness lunch** almuerzo *m* de negocios; '**busi·ness·man** hombre *m* de negocios, ejecutivo *m*; '**busi·ness meet·ing** reunión *f* de negocios; '**busi·ness school** escuela *f* de negocios; '**busi·ness stud·ies** *nsg course* empresariales *mpl*; '**busi·ness trip** viaje *m* de negocios; '**busi·ness·wom·an** mujer *f* de negocios, ejecutiva *f*
'**bus lane** carril *m* bus; '**bus shel·ter** marquesina *f*; '**bus sta·tion** estación *f* de autobuses; '**bus stop** parada *f* de autobús
bust[1] [bʌst] *n of woman* busto *m*
bust[2] [bʌst] **1** *adj* F (*broken*) escacharrado F; ***go ~*** quebrar **2** *v/t* F escacharrar F
'**bus tick·et** billete *m or L.Am.* boleto *m* de autobús
♦**bus·tle around** ['bʌsl] *v/i* trajinar
'**bust-up** F corte *m* F
bust·y ['bʌstɪ] *adj* pechugona
bus·y ['bɪzɪ] **1** *adj also* TELEC ocupado; *full of people* abarrotado; *of restaurant etc: making money* ajetreado; ***the line was ~*** estaba ocupado, *Span* comunicaba; ***she leads a very ~ life*** lleva una vida muy ajetreada; ***be ~ doing sth*** estar ocupado *or* atareado haciendo algo **2** *v/t* (*pret & pp* ***-ied***): ***~ o.s. with sth*** entretenerse con algo
'**bus·y·bod·y** metomentodo *m/f*, entrometido(-a) *m(f)*
'**bus·y sig·nal** señal *f* de ocupado *or Span* comunicando
but [bʌt] *unstressed* [bət] **1** *conj* pero; ***it's not me ~ my father you want*** no me quieres a mí sino a mi padre; ***~ then*** (***again***) pero **2** *prep*: ***all ~ him*** todos excepto él; ***the last ~ one*** el penúltimo; ***the next ~ one*** el próximo no, el otro; ***the next page ~ one*** la página siguiente a la próxima; ***~ for you*** si no hubiera sido por ti; ***nothing ~ the best*** sólo lo mejor
butch·er ['bʊtʃər] carnicero(-a) *m(f)*; *murderer* asesino(-a) *m(f)*
butt [bʌt] **1** *n of cigarette* colilla *f*; *of joke* blanco *m*; F (*buttocks*) trasero *m* F **2** *v/t* dar un cabezazo a; *of goat, bull* embestir
♦**butt in** *v/i* inmiscuirse, entrometerse
but·ter ['bʌtər] **1** *n* mantequilla *f* **2** *v/t* untar de mantequilla
♦**butter up** *v/t* F hacer la pelota a F
'**but·ter·fly** *insect* mariposa *f*
but·tocks ['bʌtəks] *npl* nalgas *fpl*
but·ton ['bʌtn] **1** *n on shirt, machine* botón *m*; (*badge*) chapa *f* **2** *v/t* abotonar
♦**button up** *v/t* abotonar
'**but·ton·hole 1** *n in suit* ojal *m* **2** *v/t* acorralar
bux·om ['bʌksəm] *adj* de amplios senos
buy [baɪ] **1** *n* compra *f*, adquisición *f* **2** *v/t* (*pret & pp* ***bought***) comprar; ***can I ~ you a drink?*** ¿quieres tomar algo?; ***$5 doesn't ~ much*** con 5 dólares no se puede hacer gran cosa
♦**buy off** *v/t* (*bribe*) sobornar
♦**buy out** *v/t* COM comprar la parte de
♦**buy up** *v/t* acaparar
buy·er [baɪr] comprador(a) *m(f)*
buzz [bʌz] **1** *n* zumbido *m*; ***she gets a real ~ out of it*** F (*thrill*) le vuelve loca, le entusiasma **2** *v/i of insect* zumbar; *with buzzer* llamar por el interfono **3** *v/t with buzzer* llamar por el interfono a
♦**buzz off** *v/i* F largarse F, *Span* pirarse F

buz·zard ['bʌzərd] ratonero *m*
buzz·er ['bʌzər] timbre *m*
'**buzz·word** palabra *f* de moda
by [baɪ] **1** *prep to show agent* por; (*near, next to*) al lado de, junto a; (*no later than*) no más tarde de; *mode of transport* en; ***she rushed ~ me*** pasó rápidamente por mi lado; ***as we drove ~ the church*** cuando pasábamos por la iglesia; ***side ~ side*** uno junto al otro; ***~ day / night*** de día / noche; ***~ bus / train*** en autobús / tren; ***~ the dozen*** por docenas; ***~ the hour / ton*** por hora / por tonelada; ***~ my watch*** en mi reloj; ***~ nature*** por naturaleza; ***a play ~ ...*** una obra de ...; ***~ o.s.*** *without company* solo; ***I did it ~ myself*** lo hice yo solito; ***~ a couple of minutes*** por un par de minutos; **2 ~ 4** *measurement* 2 por 4; ***~ this time tomorrow*** mañana a esta hora; ***~ this time next year*** el año que viene por estas fechas; ***go ~, pass ~*** pasar **2** *adv*: ***~ and ~*** (*soon*) dentro de poco
bye(-bye) [baɪ] adiós
by·gones ['baɪgɑːnz]: ***let ~ be ~*** lo pasado, pasado está; '**by·pass 1** *n road* circunvalación *f*; MED bypass *m* **2** *v/t* sortear; '**by-prod·uct** subproducto *m*; **by·stand·er** ['baɪstændər] transeúnte *m/f*
byte [baɪt] byte *m*
'**by·word**: ***be a ~ for sth*** ser sinónimo de algo

C

cab [kæb] (*taxi*) taxi *m*; *of truck* cabina *f*
cab·a·ret ['kæbəreɪ] cabaret *m*
cab·bage ['kæbɪdʒ] col *f*, repollo *m*
'**cab driv·er** taxista *m/f*
cab·in ['kæbɪn] *of plane* cabina *f*; *of ship* camarote *m*
'**cab·in at·tend·ant** auxiliar *m/f* de vuelo
'**cab·in crew** personal *m* de a bordo
cab·i·net ['kæbɪnɪt] armario *m*; POL gabinete *m*; ***drinks ~*** mueble *m* bar; ***medicine ~*** botiquín *m*; ***display ~*** vitrina *f*
'**cab·i·net mak·er** ebanista *m/f*
ca·ble ['keɪbl] cable *m*; ~ (***TV***) televisión *f* por cable
'**ca·ble car** teleférico *m*
'**ca·ble tel·e·vi·sion** televisión *f* por cable
'**cab stand** parada *f* de taxis
cac·tus ['kæktəs] cactus *m inv*
CAD [kæd] *abbr* (= ***computer assisted design***) CAD *m* (= diseño asistido por *Span* ordenador *or L.Am.* computadora)
ca·dav·er [kə'dævər] cadáver *m*
cad·die ['kædɪ] **1** *n in golf* caddie *m/f* **2** *v/i* hacer de caddie
ca·det [kə'det] cadete *m*
cadge [kædʒ] *v/t* F: ***~ sth from s.o.*** gorronear algo a alguien
Cae·sar·e·an *Br* → ***Cesarean***
caf·é ['kæfeɪ] café *m*, cafetería *f*
caf·e·te·ri·a [kæfɪ'tɪrɪə] cafetería *f*, cantina *f*
caf·feine ['kæfiːn] cafeína *f*
cage [keɪdʒ] jaula *f*
ca·gey ['keɪdʒɪ] *adj* cauteloso, reservado; ***he's ~ about how old he is*** es muy reservado con respecto a su edad
ca·hoots [kə'huːts] *npl* F: ***be in ~ with s.o.*** estar conchabado con alguien
ca·jole [kə'dʒoʊl] *v/t* engatusar, persuadir
cake [keɪk] **1** *n big* tarta *f*; *small* pas-

tel *m*; ***be a piece of ~*** F estar chupado F **2** *v/i* endurecerse
ca·lam·i·ty [kə'læmətɪ] calamidad *f*
cal·ci·um ['kælsɪəm] calcio *m*
cal·cu·late ['kælkjʊleɪt] *v/t* calcular
cal·cu·lat·ing ['kælkjʊleɪtɪŋ] *adj* calculador
cal·cu·la·tion [kælkjʊ'leɪʃn] cálculo *m*
cal·cu·la·tor ['kælkjʊleɪtər] calculadora *f*
cal·en·dar ['kælɪndər] calendario *m*
calf[1] [kæf] (*pl* ***calves*** [kævz]) (*young cow*) ternero(-a) *m*(*f*), becerro(-a) *m*(*f*)
calf[2] [kæf] (*pl* ***calves*** [kævz]) *of leg* pantorrilla *f*
'calf·skin *n* piel *f* de becerro
cal·i·ber, *Br* **cal·i·bre** ['kælɪbər] *of gun* calibre *m*; ***a man of his ~*** un hombre de su calibre
Cal·i·for·ni·an [kælɪ'fɔːnɪən] **1** *adj* californiano **2** *n* californiano(-a) *m*(*f*)
call [kɒːl] **1** *n* llamada *f*; (*demand*) llamamiento *m*; ***there's a ~ for you*** tienes una llamada, te llaman; ***I'll give you a ~ tomorrow*** te llamaré mañana; ***make a ~*** hacer una llamada; ***a ~ for help*** una llamada de socorro; ***be on ~*** estar de guardia **2** *v/t also* TELEC llamar; *meeting* convocar; ***he ~ed him a liar*** le llamó mentiroso; ***what have they ~ed the baby?*** ¿qué nombre le han puesto al bebé?; ***but we ~ him Tom*** pero le llamamos Tom; ***~ s.o. names*** insultar a alguien; ***I ~ed his name*** lo llamé **3** *v/i also* TELEC llamar; (*visit*) pasarse; ***can I tell him who's ~ing?*** ¿quién le llama?; ***~ for help*** pedir ayuda a gritos
♦**call at** *v/t* (*stop at*) pasarse por; *of train* hacer parada en
♦**call back 1** *v/t* (*phone again*) volver a llamar; (*return call*) devolver la llamada; (*summon*) hacer volver **2** *v/i on phone* volver a llamar; (*make another visit*) volver a pasar
♦**call for** *v/t* (*collect*) pasar a recoger; (*demand*) pedir, exigir; (*require*) requerir
♦**call in 1** *v/t* (*summon*) llamar **2** *v/i* (*phone*) llamar; ***he called in sick*** llamó para decir que estaba enfermo
♦**call off** *v/t* (*cancel*) cancelar; *strike* desconvocar
♦**call on** *v/t* (*urge*) instar; (*visit*) visitar
♦**call out** *v/t* (*shout*) gritar; (*summon*) llamar
♦**call up** *v/t* (*on phone*) llamar; COMPUT abrir, visualizar
'call cen·ter, *Br* **'call cen·tre** centro *m* de atención telefónica
call·er ['kɒːlər] *on phone* persona *f* que llama; (*visitor*) visitante *m/f*
'call girl prostituta *f* (*que concierta sus citas por teléfono*)
cal·lous ['kæləs] *adj* cruel, desalmado
cal·lous·ly ['kæləslɪ] *adv* cruelmente
cal·lous·ness ['kæləsnɪs] crueldad *f*
calm [kɑːm] **1** *adj sea* tranquilo; *weather* apacible; *person* tranquilo, sosegado; ***please keep ~*** por favor mantengan la calma **2** *n* calma *f*
♦**calm down 1** *v/t* calmar, tranquilizar **2** *v/i of sea, weather* calmarse; *of person* calmarse, tranquilizarse
calm·ly ['kɑːmlɪ] *adv* con calma, tranquilamente
cal·o·rie ['kælərɪ] caloría *f*
cam·cor·der ['kæmkɔːrdər] videocámara *f*
came [keɪm] *pret* → ***come***
cam·e·ra ['kæmərə] cámara *f*
'cam·e·ra·man cámara *m*, camarógrafo *m*
cam·i·sole ['kæmɪsoʊl] camisola *f*
cam·ou·flage ['kæməflɑːʒ] **1** *n* camuflaje *m* **2** *v/t* camuflar
camp [kæmp] **1** *n* campamento *m*; ***make ~*** acampar; ***refugee ~*** campo *m* de refugiados **2** *v/i* acampar
cam·paign [kæm'peɪn] **1** *n* campaña *f* **2** *v/i* hacer campaña (***for*** a favor de)
cam·paign·er [kæm'peɪnər] defensor(a) *m*(*f*) (***for*** de); ***a ~ against racism*** una persona que hace cam-

paña contra el racismo
camp•er ['kæmpər] *person* campista *m/f*; *vehicle* autocaravana *f*
camp•ing ['kæmpɪŋ] acampada *f*; *on campsite* camping *m*; **go ~** ir de acampada *or* camping
'camp•site camping *m*
cam•pus ['kæmpəs] campus *m*
can[1] [kæn] *unstressed* [kən] *v/aux* (*pret* **could**) ◊ (*ability*) poder; **~ you swim?** ¿sabes nadar?; **~ you hear me?** ¿me oyes?; **I can't see** no veo; **~ you speak French?** ¿hablas francés?; **~ he call me back?** ¿me podría devolver la llamada?; **as fast / well as you ~** tan rápido / bien como puedas ◊ (*permission*) poder; **~ I help you?** ¿te puedo ayudar?; **~ I have a beer / coffee?** ¿me pones una cerveza / un café?; **that can't be right** debe haber un error
can[2] [kæn] **1** *n for drinks etc* lata *f* **2** *v/t* (*pret & pp* **-ned**) enlatar
Can•a•da ['kænədə] Canadá
Ca•na•di•an [kə'neɪdɪən] **1** *adj* canadiense **2** *n* canadiense *m/f*
ca•nal [kə'næl] *waterway* canal *m*
ca•nar•y [kə'nerɪ] canario *m*
can•cel ['kænsl] *v/t* (*pret & pp* **-ed**, *Br* **-led**) cancelar
can•cel•la•tion [kænsə'leɪʃn] cancelación *f*
can•cel'la•tion fee tarifa *f* de cancelación de reserva
can•cer ['kænsər] cáncer *m*
Can•cer ['kænsər] ASTR Cáncer *m/f inv*
can•cer•ous ['kænsərəs] *adj* canceroso
c & f *abbr* (= **cost and freight**) C&F (= costo y flete)
can•did ['kændɪd] *adj* sincero, franco
can•di•da•cy ['kændɪdəsɪ] candidatura *f*
can•di•date ['kændɪdət] *for position* candidato(-a) *m(f)*; *in exam* candidato(-a) *m(f)*, examinando(-a) *m(f)*
can•did•ly ['kændɪdlɪ] *adv* sinceramente, francamente
can•died ['kændiːd] *adj* confitado
can•dle ['kændl] vela *f*
'can•dle•stick candelero *m*; *short* palmatoria *f*
can•dor, *Br* **can•dour** ['kændər] sinceridad *f*, franqueza *f*
can•dy ['kændɪ] (*sweet*) caramelo *m*; (*sweets*) dulces *mpl*; **a box of ~** una caja de caramelos *or* dulces
cane [keɪn] caña *f*; *for walking* bastón *m*
can•is•ter ['kænɪstər] bote *m*
can•na•bis ['kænəbɪs] cannabis *m*, hachís *m*
canned [kænd] *adj fruit, tomatoes* enlatado, en lata; (*recorded*) grabado
can•ni•bal•ize ['kænɪbəlaɪz] *v/t* canibalizar
can•not ['kænɑːt] → **can**[1]
can•ny ['kænɪ] *adj* (*astute*) astuto
ca•noe [kə'nuː] canoa *f*, piragua *f*
'can o•pen•er abrelatas *m inv*
can't [kænt] → **can**
can•tan•ker•ous [kæn'tæŋkərəs] *adj* arisco, cascarrabias
can•teen [kæn'tiːn] *in plant* cantina *f*, cafetería *f*
can•vas ['kænvəs] *for painting* lienzo *m*; *material* lona *f*
can•vass ['kænvəs] **1** *v/t* (*seek opinion of*) preguntar **2** *v/i* POL hacer campaña (**for** en favor de)
can•yon ['kænjən] cañón *m*
cap [kæp] *n hat* gorro *m*; *with peak* gorra *f*; *of bottle, jar* tapón *m*; *of pen, lens* tapa *f*
ca•pa•bil•i•ty [keɪpə'bɪlətɪ] capacidad *f*; **it's beyond my capabilities** no entra dentro de mis posibilidades
ca•pa•ble ['keɪpəbl] *adj* (*efficient*) capaz, competente; **be ~ of** ser capaz de
ca•pac•i•ty [kə'pæsətɪ] capacidad *f*; *of car engine* cilindrada *f*; **a ~ crowd** un lleno absoluto; **in my ~ as ...** en mi calidad de …
cap•i•tal ['kæpɪtl] *n city* capital *f*; *letter* mayúscula *f*; *money* capital *m*
cap•i•tal ex'pend•i•ture inversión *f* en activo fijo; **cap•i•tal 'gains tax**

impuesto *m* sobre las plusvalías; **cap·i·tal 'growth** crecimiento *m* del capital

cap·i·tal·ism ['kæpɪtəlɪzm] capitalismo *m*

'cap·i·tal·ist ['kæpɪtəlɪst] **1** *adj* capitalista **2** *n* capitalista *m/f*

♦ **cap·i·tal·ize on** ['kæpɪtəlaɪz] *v/t* aprovecharse de

cap·i·tal 'let·ter letra *f* mayúscula

cap·i·tal 'pun·ish·ment pena *f* capital, pena *f* de muerte

ca·pit·u·late [kə'pɪtʊleɪt] *v/i* capitular

ca·pit·u·la·tion [kæpɪtʊ'leɪʃn] capitulación *f*

Cap·ri·corn ['kæprɪkɔːrn] ASTR Capricornio *m/f inv*

cap·size [kæp'saɪz] **1** *v/i* volcar **2** *v/t* hacer volcar

cap·sule ['kæpsʊl] *of medicine* cápsula *f*; (*space* ~) cápsula *f* espacial

cap·tain ['kæptɪn] *n of ship*, *team*, MIL capitán(-ana) *m*(*f*); *of aircraft* comandante *m/f*

cap·tion ['kæpʃn] *n* pie *m* de foto

cap·ti·vate ['kæptɪveɪt] *v/t* cautivar, fascinar

cap·tive ['kæptɪv] **1** *adj* prisionero **2** *n* prisionero(-a) *m*(*f*)

cap·tive 'mar·ket mercado *m* cautivo

cap·tiv·i·ty [kæp'tɪvətɪ] cautividad *f*

cap·ture ['kæptʃər] **1** *n of city* toma *f*; *of criminal*, *animal* captura *f* **2** *v/t person*, *animal* capturar; *city*, *building* tomar; *market share* ganar; (*portray*) captar

car [kɑːr] coche *m*, *L.Am.* carro *m*, *Rpl* auto *m*; *of train* vagón *m*; ***by ~*** en coche

ca·rafe [kə'ræf] garrafa *f*, jarra *f*

car·at ['kærət] quilate *m*

car·bo·hy·drate [kɑːrboʊ'haɪdreɪt] carbohidrato *m*

'car bomb coche *m* bomba

car·bon·at·ed ['kɑːrbəneɪtɪd] *adj drink* con gas

car·bon mon·ox·ide [kɑːrbənmən'ɑːksaɪd] monóxido *m* de carbono

car·bu·ret·er, **car·bu·ret·or** [kɑːrbʊ'retər] carburador *m*

car·cass ['kɑːrkəs] cadáver *m*

car·cin·o·gen [kɑːr'sɪnədʒen] agente *m* cancerígeno *or* carcinogéno

car·cin·o·genic [kɑːrsɪnə'dʒenɪk] *adj* cancerígeno, carcinogéno

card [kɑːrd] *to mark occasion*, COMPUT, *business* tarjeta *f*; (*post*~) (tarjeta *f*) postal *f*; (*playing* ~) carta *f*, naipe *m*; ***game of ~s*** partida *f* de cartas

'card·board cartón *m*

card·board 'box caja *f* de cartón

car·di·ac ['kɑːrdɪæk] *adj* cardíaco

car·di·ac ar'rest paro *m* cardíaco

car·di·gan ['kɑːrdɪgən] cárdigan *m*

car·di·nal ['kɑːrdɪnl] *n* REL cardenal *m*

'card in·dex fichero *m*; **'card key** llave *f* tarjeta; **'card phone** telefóno *m* de tarjeta

care [ker] **1** *n* cuidado *m*; (*medical* ~) asistencia *f* médica; (*worry*) preocupación *f*; ***care of*** → ***c/o***; ***take ~*** (*be cautious*) tener cuidado; ***take ~*** (***of yourself***)***!*** (*goodbye*) ¡cuídate!; ***take ~ of*** *dog*, *tool*, *house*, *garden* cuidar; *baby* cuidar (de); (*deal with*) ocuparse de; ***I'll take ~ of the bill*** yo pago la cuenta; (***handle***) ***with ~!*** *on label* frágil **2** *v/i* preocuparse; ***I don't ~!*** ¡me da igual!; ***I couldn't ~ less*** ¡me importa un pimiento!; ***if you really ~d …*** si de verdad te importara …

♦ **care about** *v/t* preocuparse por

♦ **care for** *v/t* (*look after*: *person*) cuidar (de); (*look after*: *plant*) cuidar; ***he doesn't care for me the way he used to*** ya no le gusto como antes; ***would you care for a drink?*** ¿le apetece tomar algo?

ca·reer [kə'rɪr] carrera *f*; ***~ prospects*** perspectivas *fpl* profesionales

ca'reers of·fi·cer asesor(a) *m*(*f*) de orientación profesional

'care·free *adj* despreocupado

care·ful ['kerfəl] *adj* (*cautious*, *thorough*) cuidadoso; ***be ~*** tener cuidado; (***be***) ***~!*** ¡(ten) cuidado!

care·ful·ly ['kerfəlɪ] *adv* (*with caution*) con cuidado; *worded etc* cuidadosamente
care·less ['kerlɪs] *adj* descuidado; ***you are so ~!*** ¡qué descuidado eres!
care·less·ly ['kerlɪslɪ] *adv* descuidadamente
car·er ['kerər] *persona que cuida de un familiar o enfermo*
ca·ress [kə'res] **1** *n* caricia *f* **2** *v/t* acariciar
care·tak·er ['kerteɪkər] conserje *m*
'**care·worn** *adj* agobiado
'**car fer·ry** ferry *m*, transbordador *m*
car·go ['kɑːrgoʊ] cargamento *m*
car·i·ca·ture ['kærɪkətʃər] *n* caricatura *f*
car·ing ['kerɪŋ] *adj person* afectuoso, bondadoso; *society* solidario
'**car me·chan·ic** mecánico(-a) *m*(*f*) de coches *or* automóviles
car·nage ['kɑːrnɪdʒ] matanza *f*, carnicería *f*
car·na·tion [kɑːr'neɪʃn] clavel *m*
car·ni·val ['kɑːrnɪvl] feria *f*
car·ol ['kærəl] *n* villancico *m*
car·ou·sel [kærə'sel] *at airport* cinta *f* transportadora de equipajes; *for slide projector* carro *m*; (*merry-go-round*) tiovivo *m*
'**car park** *Br* estacionamiento *m*, *Span* aparcamiento *m*
car·pen·ter ['kɑːrpɪntər] carpintero(-a) *m*(*f*)
car·pet ['kɑːrpɪt] alfombra *f*
'**car phone** teléfono *m* de coche; '**car·pool** *n acuerdo para compartir el vehículo entre varias personas que trabajan en el mismo sitio*; '**car port** estacionamiento *m* con techo; '**car ra·di·o** autorradio *m*; '**car ren·tal** alquiler *m* de coches *or* automóviles
car·ri·er ['kærɪər] *company* transportista *m*; *airline* línea *f* aérea; *of disease* portador(a) *m*(*f*)
car·rot ['kærət] zanahoria *f*
car·ry ['kærɪ] **1** *v/t* (*pret & pp* ***-ied***) *of person* llevar; *disease* ser portador de; *of ship, plane, bus etc* transportar; *proposal* aprobar; ***be ~ing a child*** *of pregnant woman* estar embarazada; ***get carried away*** dejarse llevar por la emoción, emocionarse **2** *v/i* (*pret & pp* ***-ied***) *of sound* oírse
♦**carry on** **1** *v/i* (*continue*) seguir, continuar; (*make a fuss*) organizar un escándalo; (*have an affair*) tener un lío **2** *v/t* (*conduct*) mantener; *business* efectuar
♦**carry out** *survey etc* llevar a cabo
'**car seat** *for child* asiento *m* para niño
cart [kɑːrt] carro *m*; *for shopping* carrito *m*
car·tel [kɑːr'tel] cartel *m*
car·ton ['kɑːrtn] *for storage, transport* caja *f* de cartón; *for milk etc* cartón *m*, tetrabrik *m* ®; *for eggs, of cigarettes* cartón *m*
car·toon [kɑːr'tuːn] *in newspaper, magazine* tira *f* cómica; *on TV, movie* dibujos *mpl* animados
car·toon·ist [kɑːr'tuːnɪst] dibujante *m/f* de chistes
car·tridge ['kɑːrtrɪdʒ] *for gun* cartucho *m*
carve [kɑːrv] *v/t meat* trinchar; *wood* tallar
carv·ing ['kɑːrvɪŋ] *figure* talla *f*
'**car wash** lavado *m* de automóviles
case[1] [keɪs] *container* funda *f*; *of scotch, wine etc* caja *f*; *Br* (*suitcase*) maleta *f*
case[2] [keɪs] *n instance, criminal*, MED caso *m*; LAW causa *f*; ***I think there's a ~ for dismissing him*** creo que hay razones fundadas para despedirlo; ***the ~ for the prosecution*** (los argumentos jurídicos de) la acusación; ***make a ~ for sth*** defender algo; ***in ~ ...*** por si ...; ***in ~ of emergency*** en caso de emergencia; ***in any ~*** en cualquier caso; ***in that ~*** en ese caso
'**case his·to·ry** MED historial *m* médico
'**case·load** número *m* de casos
cash [kæʃ] **1** *n* (dinero *m* en) efectivo *m*; ***I'm a bit short of ~*** no tengo mucho dinero; ***~ down*** al contado;

pay (in) ~ pagar en efectivo **2** *v/t check* hacer efectivo
♦ **cash in on** *v/t* sacar provecho de
'**cash cow** fuente *f* de ingresos; '**cash desk** caja *f*; **cash 'dis·count** descuento *m* por pago al contado; '**cash flow** flujo *m* de caja, cash-flow *m*; ~ ***problems*** problemas *mpl* de liquidez
cash·ier [kæ'ʃɪr] *n in store etc* cajero(-a) *m*(*f*)
cash·mere ['kæʃmɪr] *adj* cachemir *m*
'**cash·point** cajero *m* automático
'**cash re·gis·ter** caja *f* registradora
ca·si·no [kə'siːnoʊ] casino *m*
cas·ket ['kæskɪt] (*coffin*) ataúd *m*
cas·se·role ['kæsəroʊl] *n meal* guiso *m*; *container* cacerola *f*, cazuela *f*
cas·sette [kə'set] cinta *f*, casete *f*
cas'sette play·er, cas'sette re·cord·er casete *m*
cast [kæst] **1** *n of play* reparto *m*; (*mold*) molde *m* **2** *v/t* (*pret & pp* ***cast***) *doubt, suspicion* proyectar; *metal* fundir; *play* seleccionar el reparto de; ***they ~ Alan as ...*** le dieron a Alan el papel de ...
♦ **cast off** *v/i of ship* soltar amarras
caste [kæst] casta *f*
cast·er ['kæstər] *on chair etc* ruedecita *f*
Cas·til·ian [kæs'tɪlɪən] **1** *adj* castellano **2** *n person* castellano(-a) *m*(*f*); *language* castellano *m*
cast 'i·ron *n* hierro *m* fundido
cast-'i·ron *adj* de hierro fundido
cas·tle ['kæsl] castillo *m*
'**cast·or** ['kæstər] → ***caster***
cas·trate [kæ'streɪt] *v/t* castrar
cas·tra·tion [kæ'streɪʃn] castración *f*
cas·u·al ['kæʒʊəl] *adj* (*chance*) casual; (*offhand*) despreocupado; (*not formal*) informal; (*not permanent*) eventual; ***it was just a ~ remark*** no era más que un comentario hecho de pasada; ***he was very ~ about the whole thing*** parecía no darle mucha importancia al asunto; ~ ***sex*** relaciones *fpl* sexuales (con parejas) ocasionales
cas·u·al·ly ['kæʒʊəlɪ] *adv dressed* de manera informal; *say* a la ligera
cas·u·al·ty ['kæʒʊəltɪ] víctima *f*
'**cas·u·al wear** ropa *f* informal
cat [kæt] gato *m*
Cat·a·lan ['kætəlæn] **1** *adj* catalán **2** *n person* catalán(-ana) *m*(*f*); *language* catalán *m*
cat·a·log, *Br* **cat·a·logue** ['kætəlɑːg] *n* catálogo *m*
cat·a·lyst ['kætəlɪst] catalizador *m*
cat·a·lyt·ic con'vert·er [kætə'lɪtɪk] catalizador *m*
cat·a·pult ['kætəpʌlt] **1** *v/t fig to fame, stardom* catapultar, lanzar **2** *n* catapulta *f*; *toy* tirachinas *m inv*
cat·a·ract ['kætərækt] MED catarata *f*
ca·tas·tro·phe [kə'tæstrəfɪ] catástrofe *f*
cat·a·stroph·ic [kætə'strɑːfɪk] *adj* catastrófico
catch [kætʃ] **1** *n* parada *f* (*sin que la pelota toque el suelo*); *of fish* captura *f*, pesca *f*; (*locking device*) cierre *m*; (*problem*) pega *f*; ***there has to be a ~*** tiene que haber una trampa **2** *v/t* (*pret & pp* ***caught***) *ball* agarrar, *Span* coger; *animal* atrapar; *escaped prisoner* capturar; (*get on: bus, train*) tomar, *Span* coger; (*not miss: bus, train*) alcanzar, *Span* coger; *fish* pescar; *in order to speak to* alcanzar, pillar; (*hear*) oír; *illness* agarrar, *Span* coger; ~ ***(a) cold*** agarrar *or Span* coger un resfriado, resfriarse; ~ ***s.o.'s eye*** *of person, object* llamar la atención de alguien; ~ ***sight of***, ~ ***a glimpse of*** ver; ~ ***s.o. doing sth*** atrapar *or Span* coger a alguien haciendo algo
♦ **catch on** *v/i* (*become popular*) cuajar, ponerse de moda; (*understand*) darse cuenta
♦ **catch up** *v/i*: ***catch up with s.o.*** alcanzar a alguien; ***he's having to work hard to catch up*** tiene que trabajar muy duro para ponerse al día
♦ **catch up on** *v/t*: ***catch up on one's sleep*** recuperar sueño;

there's a lot of work to catch up on hay mucho trabajo atrasado
catch-22 [kætʃtwentɪ'tu:]: ***it's a ~ situation*** es como la pescadilla que se muerde la cola
catch·er ['kætʃər] *in baseball* cácher *m*, cátcher *m*
catch·ing ['kætʃɪŋ] *adj also fig* contagioso
catch·y ['kætʃɪ] *adj tune* pegadizo
cat·e·go·ric [kætə'gɑ:rɪk] *adj* categórico
cat·e·gor·i·cal·ly [kætə'gɑ:rɪklɪ] *adv* categóricamente
cat·e·go·ry ['kætəgɔ:rɪ] categoría *f*
♦**ca·ter for** ['keɪtər] *v/t* (*meet the needs of*) cubrir las necesidades de; (*provide food for*) organizar la comida para
ca·ter·er ['keɪtərər] hostelero(-a) *m*(*f*)
ca·ter·pil·lar ['kætərpɪlər] oruga *f*
ca·the·dral [kə'θi:drl] catedral *f*
Cath·o·lic ['kæθəlɪk] **1** *adj* católico **2** *n* católico(-a) *m*(*f*)
Ca·thol·i·cism [kə'θɑ:lɪsɪzm] catolicismo *m*
'**cat's eyes** *on road* captafaros *mpl* (*en el centro de la calzada*)
cat·sup ['kætsʌp] ketchup *m*, catchup *m*
cat·tle ['kætl] *npl* ganado *m*
cat·ty ['kætɪ] *adj* malintencionado
'**cat·walk** pasarela *f*
caught [kɒ:t] *pret & pp* → ***catch***
cau·li·flow·er ['kɒ:lɪflaʊər] coliflor *f*
cause [kɒ:z] **1** *n* causa *f*; (*grounds*) motivo *m*, razón *f* **2** *v/t* causar, provocar
caus·tic ['kɒ:stɪk] *adj fig* cáustico
cau·tion ['kɒ:ʃn] **1** *n* (*carefulness*) precaución *f*, prudencia *f* **2** *v/t* (*warn*) prevenir (***against*** contra)
cau·tious ['kɒ:ʃəs] *adj* cauto, prudente
cau·tious·ly ['kɒ:ʃəslɪ] *adv* cautelosamente, con prudencia
cav·al·ry ['kævəlrɪ] caballería *f*
cave [keɪv] cueva *f*
♦**cave in** *v/i of roof* hundirse
cav·i·ar ['kævɪɑ:r] caviar *m*
cav·i·ty ['kævətɪ] caries *f inv*
cc[1] [si:'si:] **1** *abbr* (= ***carbon copy***) copia *f* **2** *v/t memo* enviar una copia de; *person* enviar una copia a
cc[2] [si:'si:] *abbr* (= ***cubic centimeters***) cc (centimetros *mpl* cúbicos); MOT cilindrada *f*
CD [si:'di:] *abbr* (= ***compact disc***) CD *m* (= disco *m* compacto)
CD play·er (reproductor *m* de) CD *m*; **CD-ROM** [si:di:'rɑ:m] CD-ROM *m*; **CD-ROM drive** lector *m* de CD-ROM
cease [si:s] **1** *v/i* cesar **2** *v/t* suspender; ~ ***doing sth*** dejar de hacer algo
'**cease-fire** alto *m* el fuego
cei·ling ['si:lɪŋ] *of room* techo *m*; (*limit*) tope *m*, límite *m*
cel·e·brate ['selɪbreɪt] **1** *v/i*: ***let's ~ with a bottle of champagne*** celebrémoslo con una botella de champán **2** *v/t* celebrar, festejar; (*observe*) celebrar
cel·e·brat·ed ['selɪbreɪtɪd] *adj* célebre; ***be ~ for*** ser célebre por
cel·e·bra·tion [selɪ'breɪʃn] celebración *f*
ce·leb·ri·ty [sɪ'lebrətɪ] celebridad *f*
cel·e·ry ['selərɪ] apio *m*
cel·i·ba·cy ['selɪbəsɪ] celibato *m*
cel·i·bate ['selɪbət] *adj* célibe
cell [sel] *for prisoner*, *in spreadsheet* celda *f*; BIO célula *f*
cel·lar ['selər] sótano *m*; *for wine* bodega *f*
cel·list ['tʃelɪst] violonchelista *m/f*
cel·lo ['tʃeloʊ] violonchelo *m*
cel·lo·phane ['seləfeɪn] celofán *m*
'**cell phone**, **cel·lu·lar phone** ['seljələr] (teléfono *m*) móvil *m*, *L.Am.* (teléfono *m*) celular *m*
ce·ment [sɪ'ment] **1** *n* cemento *m* **2** *v/t* colocar con cemento; *friendship* consolidar
cem·e·tery ['seməterɪ] cementerio *m*
cen·sor ['sensər] *v/t* censor(a) *m*(*f*)
cen·sus ['sensəs] censo *m*
cent [sent] céntimo *m*

C

cen·te·na·ry [sen'tiːnərɪ] centenario *m*
cen·ter ['sentər] **1** *n* centro *m*; ***in the ~ of*** en el centro de **2** *v/t* centrar
♦ **center on** *v/t* centrarse en
cen·ter of 'grav·i·ty centro *m* de gravedad
cen·ti·grade ['sentɪgreɪd] *adj* centígrado; ***10 degrees ~*** 10 grados centígrados
cen·ti·me·ter, *Br* **cen·ti·me·tre** ['sentɪmiːter] centímetro *m*
cen·tral ['sentrəl] *adj* central; *location, apartment* céntrico; ***~ Chicago*** el centro de Chicago; ***be ~ to sth*** ser el eje de algo
Cen·tral A'mer·i·ca *n* Centroamérica, América Central; **Cen·tral A'mer·i·can** **1** *adj* centroamericano, de (la) América *f* Central **2** *n* centroamericano(-a) *m*(*f*); **cen·tral 'heat·ing** calefacción *f* central
cen·tral·ize ['sentrəlaɪz] *v/t* centralizar
cen·tral 'lock·ing MOT cierre *m* centralizado
cen·tral 'pro·ces·sing u·nit unidad *f* central de proceso
cen·tre *Br* → ***center***
cen·tu·ry ['sentʃərɪ] siglo *m*
CEO [siːiː'oʊ] *abbr* (= ***Chief Executive Officer***) consejero(-a) *m*(*f*) delegado
ce·ram·ic [sɪ'ræmɪk] *adj* de cerámica
ce·ram·ics [sɪ'ræmɪks] (*pl*: *objects*) objetos *mpl* de cerámica; (*sing*: *art*) cerámica *f*
ce·re·al ['sɪrɪəl] (*grain*) cereal *m*; (*breakfast ~*) cereales *mpl*
cer·e·mo·ni·al [serɪ'moʊnɪəl] **1** *adj* ceremonial **2** *n* ceremonial *m*
cer·e·mo·ny ['serɪmənɪ] (*event, ritual*) ceremonia *f*
cer·tain ['sɜːrtn] *adj* (*sure*) seguro; (*particular*) cierto; ***I'm ~*** estoy seguro; ***a ~ Mr S.*** un cierto Sr. S.; ***make ~*** asegurarse; ***know / say for ~*** saber / decir con certeza
cer·tain·ly ['sɜːrtnlɪ] *adv* (*definitely*) claramente; (*of course*) por supuesto; ***~ not!*** ¡por supuesto que no!
cer·tain·ty ['sɜːrtntɪ] (*confidence*) certeza *f*, certidumbre *f*; (*inevitability*) seguridad *f*; ***it's a ~*** es seguro; ***he's a ~ for the gold medal*** va a ganar seguro la medalla de oro
cer·tif·i·cate [sər'tɪfɪkət] (*qualification*) título *m*; (*official paper*) certificado *m*
cer·ti·fied pub·lic ac·count·ant ['sɜːrtɪfaɪd] censor(a) *m*(*f*) jurado de cuentas
cer·ti·fy ['sɜːrtɪfaɪ] *v/t* (*pret & pp* ***-ied***) certificar
Ce·sar·e·an [sɪ'zerɪən] *n* cesárea *f*
ces·sa·tion [se'seɪʃn] cese *m*
c/f *abbr* (= ***cost and freight***) CF (= costo y flete)
CFC [siːef'siː] *abbr* (= ***chlorofluorocarbon***) CFC *m* (= clorofluorocarbono *m*)
chain [tʃeɪn] **1** *n also of hotels etc* cadena *f* **2** *v/t* encadenar; ***~ sth / s.o. to sth*** encadenar algo / a alguien a algo
chain re'ac·tion reacción *f* en cadena; **'chain-smoke** *v/i* fumar un cigarrillo tras otro, fumar como un carretero; **'chain-smok·er** *persona que fuma un cigarrillo tras otro*; **'chain store** *store* tienda *f* (de una cadena); *company* cadena *f* de tiendas
chair [tʃer] **1** *n* silla *f*; (*arm~*) sillón *m*; *at university* cátedra *f*; ***the ~*** (*electric ~*) la silla eléctrica; *at meeting* la presidencia; ***take the ~*** ocupar la presidencia **2** *v/t meeting* presidir
'chair lift telesilla *f*;
'chair·man presidente *m*
chair·man·ship ['tʃermənʃɪp] presidencia *f*
'chair·per·son presidente(-a) *m*(*f*)
'chair·wom·an presidenta *f*
cha·let ['ʃæleɪ] chalet *m*, chalé *m*
chal·ice ['tʃælɪs] REL cáliz *m*
chalk [tʃɒːk] *for writing* tiza *f*; *in soil* creta *f*
chal·lenge ['tʃælɪndʒ] **1** *n* (*difficulty*) desafío *m*, reto *m*; *in race, competition* ataque *m* **2** *v/t* desafiar,

retar; (*call into question*) cuestionar
chal·len·ger ['ʧælɪndʒər] aspirante *m/f*
chal·len·ging ['ʧælɪndʒɪŋ] *adj job, undertaking* estimulante
cham·ber·maid ['ʧeɪmbərmeɪd] camarera *f* (de hotel); '**cham·ber mu·sic** música *f* de cámara; **Cham·ber of 'Com·merce** Cámara *f* de Comercio
cham·ois (leath·er) ['ʃæmɪ] ante *m*
cham·pagne [ʃæm'peɪn] champán *m*
cham·pi·on ['ʧæmpɪən] **1** *n* SP campeón(-ona) *m(f)*; *of cause* abanderado (-a) *m(f)* **2** *v/t* (*cause*) abanderar
cham·pi·on·ship ['ʧæmpɪənʃɪp] campeonato *m*
chance [ʧæns] (*possibility*) posibilidad *f*; (*opportunity*) oportunidad *f*; (*risk*) riesgo *m*; (*luck*) casualidad *f*, suerte *f*; ***there's not much ~ of that happening*** no es probable que ocurra; ***leave nothing to ~*** no dejar nada a la improvisación; ***by ~*** por casualidad; ***take a ~*** correr el riesgo; ***I'm not taking any ~s*** no voy a correr ningún riesgo
chan·de·lier [ʃændə'lɪr] araña *f* (de luces)
change [ʧeɪndʒ] **1** *n* cambio *m*; (*small coins*) suelto *m*; *from purchase* cambio *m*, *Span* vuelta *f*, *L.Am.* vuelto *m*; ***a ~ is as good as a rest*** a veces cambiar es lo mejor; ***that makes a nice ~*** eso es una novedad bienvenida; ***for a ~*** para variar; ***a ~ of clothes*** una muda **2** *v/t* cambiar; ***~ trains*** hacer transbordo; ***~ one's clothes*** cambiarse de ropa **3** *v/i* cambiar; (*put on different clothes*) cambiarse; (*take different train/bus*) hacer transbordo; ***the lights ~d to green*** el semáforo se puso verde
change·a·ble ['ʧeɪndʒəbl] *adj* variable, cambiante
'**change·o·ver** transición *f* (***to*** a); *in relay race* relevo *m*
chang·ing room ['ʧeɪndʒɪŋ] SP vestuario *m*; *in shop* probador *m*
chan·nel ['ʧænl] *on TV*, *at sea* canal *m*
chant [ʧænt] **1** *n* REL canto *m*; *of fans* cántico *m*; *of demonstrators* consigna *f* **2** *v/i* gritar **3** *v/t* corear
cha·os ['keɪɑːs] caos *m*; ***it was ~ at the airport*** la situación en el aeropuerto era caótica
cha·ot·ic [keɪ'ɑːtɪk] *adj* caótico
chap [ʧæp] *n Br* F tipo *m* F, *Span* tío *m* F
chap·el ['ʧæpl] capilla *f*
chapped [ʧæpt] *adj lips* cortado; *hands* agrietado
chap·ter ['ʧæptər] capítulo *m*; *of organization* sección *f*
char·ac·ter ['kærɪktər] *nature, personality, in printing* carácter *m*; *person, in book, play* personaje *m*; ***he's a real ~*** es todo un personaje
char·ac·ter·is·tic [kærɪktə'rɪstɪk] **1** *n* característica *f* **2** *adj* característico
char·ac·ter·is·ti·cal·ly [kærɪktə'rɪstɪklɪ] *adv* de modo característico; ***he was ~ rude*** fue grosero como de costumbre
char·ac·ter·ize ['kærɪktəraɪz] *v/t* (*be typical of*) caracterizar; (*describe*) describir, clasificar
cha·rade [ʃə'rɑːd] *fig* farsa *f*
char·broil·ed ['ʧɑːrbrɔɪld] *adj* a la brasa
char·coal ['ʧɑːrkoʊl] *for barbecue* carbón *m* vegetal; *for drawing* carboncillo *m*
charge [ʧɑːrdʒ] **1** *n* (*fee*) tarifa *f*; LAW cargo *m*, acusación *f*; ***free of ~*** gratis; ***bank ~s*** comisiones *fpl* bancarias; ***will that be cash or ~?*** ¿pagará en efectivo o con tarjeta?; ***be in ~*** estar a cargo; ***take ~*** hacerse cargo **2** *v/t sum of money* cobrar; (*put on account*) pagar con tarjeta; LAW acusar (***with*** de); *battery* cargar; ***please ~ it to my account*** cárguelo a mi cuenta **3** *v/i* (*attack*) cargar
'**charge ac·count** cuenta *f* de crédito

C

'**charge card** tarjeta *f* de compra
cha·ris·ma [kə'rɪzmə] carisma *m*
char·is·ma·tic [kærɪz'mætɪk] *adj* carismático
char·i·ta·ble ['ʧærɪtəbl] *adj institution, donation* de caridad; *person* caritativo
char·i·ty ['ʧærətɪ] *assistance* caridad *f*; *organization* entidad *f* benéfica
char·la·tan ['ʃɑːrlətən] charlatán (-ana) *m(f)*
charm [ʧɑːrm] **1** *n* (*appealing quality*) encanto *m*; *on bracelet etc* colgante *m* **2** *v/t* (*delight*) encantar
charm·ing ['ʧɑːrmɪŋ] *adj* encantador
charred [ʧɑːrd] *adj* carbonizado
chart [ʧɑːrt] (*diagram*) gráfico *m*; (*map*) carta *f* de navegación; ***the ~s*** MUS las listas de éxitos
'**char·ter flight** vuelo *m* chárter
chase [ʧeɪs] **1** *n* persecución *f* **2** *v/t* perseguir
♦**chase away** *v/t* ahuyentar
chas·sis ['ʃæsɪ] *of car* chasis *m inv*
chat [ʧæt] **1** *n* charla *f*, *Mex* plática *f* **2** *v/i* (*pret & pp* ***-ted***) charlar, *Mex* platicar
chat·ter ['ʧætər] **1** *n* cháchara *f* **2** *v/i talk* parlotear; *of teeth* castañetear
'**chat·ter·box** charlatán(-ana) *m(f)*
chat·ty ['ʧætɪ] *adj person* hablador
chauf·feur ['ʃoʊfər] *n* chófer *m*, *L.Am.* chofer *m*
'**chauf·feur-driv·en** *adj* con chófer *or L.Am.* chofer
chau·vin·ist ['ʃoʊvɪnɪst] *n* (*male ~*) machista *m*
chau·vin·ist·ic [ʃoʊvɪ'nɪstɪk] *adj* chovinista; (*sexist*) machista
cheap [ʧiːp] *adj* (*inexpensive*) barato; (*nasty*) chabacano; (*mean*) tacaño
cheat [ʧiːt] **1** *n* (*person*) tramposo(-a) *m(f)* **2** *v/t* engañar; ***~ s.o. out of sth*** estafar algo a alguien **3** *v/i in exam* copiar; *in cards etc* hacer trampa; ***~ on one's wife*** engañar a la esposa
check[1] [ʧek] **1** *adj shirt* a cuadros **2** *n* cuadro *m*
check[2] [ʧek] FIN cheque *m*; *in restaurant etc* cuenta *f*; ***~ please*** la cuenta, por favor
check[3] [ʧek] **1** *n to verify sth* comprobación *f*; ***keep in ~***, ***hold in ~*** mantener bajo control; ***keep a ~ on*** llevar el control de **2** *v/t* (*verify*) comprobar; *machinery* inspeccionar; (*restrain, stop*) contener, controlar; *with a ~mark* poner un tic en; *coat* dejar en el guardarropa; *package* dejar en consigna **3** *v/i* comprobar; ***~ for*** comprobar
♦**check in** *v/i at airport* facturar; *at hotel* registrarse
♦**check off** *v/t* marcar (*como comprobada*)
♦**check on** *v/t* vigilar
♦**check out** **1** *v/i of hotel* dejar el hotel **2** *v/t* (*look into*) investigar; *club, restaurant etc* probar
♦**check up on** *v/t* hacer averiguaciones sobre, investigar
♦**check with** *v/t of person* hablar con; (*tally: of information*) concordar con
'**check·book** talonario *m* de cheques, *L.Am.* chequera *f*
checked [ʧekt] *adj material* a cuadros
check·er·board ['ʧekərbɔːrd] tablero *m* de ajedrez
check·ered ['ʧekərd] *adj pattern* a cuadros; *career* accidentado
check·ers ['ʧekərz] *nsg* damas *fpl*
'**check-in** (**coun·ter**) mostrador *m* de facturación
check·ing ac·count ['ʧekɪŋ] cuenta *f* corriente
'**check-in time** hora *f* de facturación; '**check·list** lista *f* de verificación; '**check mark** tic *m*; '**check·mate** *n* jaque *m* mate; '**check-out** caja *f*; '**check-out time** *from hotel* hora *f* de salida; '**check·point** control *m*; '**check·room** *for coats* guardarropa *m*; *for baggage* consigna *f*; '**check·up** *medical* chequeo *m* (médico), revisión *f* (médica); *dental* revisión *f* (en el dentista)

cheek [ʧi:k] ANAT mejilla *f*
'**cheek·bone** pómulo *m*
cheer [ʧɪr] **1** *n* ovación *f*; **~s!** *toast* ¡salud!; ***the ~s of the fans*** los vítores de los aficionados **2** *v/t* ovacionar, vitorear **3** *v/i* lanzar vítores
♦**cheer on** *v/t* animar
♦**cheer up 1** *v/i* animarse **2** *v/t* animar
cheer·ful ['ʧɪrfəl] *adj* alegre, contento
cheer·ing ['ʧɪrɪŋ] *n* vítores *mpl*
cheer·i·o [ʧɪrɪ'oʊ] *Br* F ¡chao! F
'**cheer·lead·er** animadora *f*
cheese [ʧi:z] queso *m*
'**cheese·burg·er** hamburguesa *f* de queso
'**cheese·cake** tarta *f* de queso
chef [ʃef] chef *m*, jefe *m* de cocina
chem·i·cal ['kemɪkl] **1** *adj* químico **2** *n* producto *m* químico
chem·i·cal 'war·fare guerra *f* química
chem·ist ['kemɪst] *in laboratory* químico(-a) *m*(*f*); *Br dispensing* farmaceútico(-a) *m*(*f*)
chem·is·try ['kemɪstrɪ] química *f*; *fig* sintonía *f*, química *f*
chem·o·ther·a·py [ki:moʊ'θerəpɪ] quimioterapia *f*
cheque [ʧek] *Br* → ***check²***
cher·ish ['ʧerɪʃ] *v/t photo etc* apreciar mucho, tener mucho cariño a; *person* querer mucho; *hope* albergar
cher·ry ['ʧerɪ] *fruit* cereza *f*; *tree* cerezo *m*
cher·ub ['ʧerəb] *in painting, sculpture* querubín *m*
chess [ʧes] ajedrez *m*
'**chess·board** tablero *m* de ajedrez
'**chess·man**, '**chess·piece** pieza *f* de ajedrez
chest [ʧest] *of person* pecho *m*; *box* cofre *m*; ***get sth off one's ~*** desahogarse
chest·nut ['ʧesnʌt] castaña *f*; *tree* castaño *m*
chest of 'draw·ers cómoda *f*
chew [ʧu:] *v/t* mascar, masticar; *of dog, rats* mordisquear
♦**chew out** *v/t* F echar una bronca a F
chew·ing gum ['ʧu:ɪŋ] chicle *m*
chic [ʃi:k] *adj* chic, elegante
chick [ʧɪk] *young chicken* pollito *m*; *young bird* polluelo *m*; F *girl* nena *f* F
chick·en ['ʧɪkɪn] **1** *n* gallina *f*; *food* pollo *m*; F (*coward*) gallina *f* F **2** *adj* F (*cowardly*) cobarde; ***be ~*** ser un(a) gallina F
♦**chicken out** *v/i* F acobardarse
'**chick·en·feed** F calderilla *f*
chief [ʧi:f] **1** *n* jefe(-a) *m*(*f*) **2** *adj* principal
chief ex·ec·u·tive 'of·fi·cer consejero(-a) *m*(*f*) delegado
chief·ly ['ʧi:flɪ] *adv* principalmente
chil·blain ['ʧɪlbleɪn] sabañón *m*
child [ʧaɪld] (*pl* ***children*** ['ʧɪldrən]) niño(-a) *m*(*f*); *son* hijo *m*; *daughter* hija *f*; *pej* niño(-a) *m*(*f*), crío(-a) *m*(*f*)
'**child a·buse** malos tratos *mpl* a menores; '**child·birth** parto *m*; **child·hood** ['ʧaɪldhʊd] infancia *f*
child·ish ['ʧaɪldɪʃ] *adj pej* infantil
child·ish·ly ['ʧaɪldɪʃlɪ] *adv pej* de manera infantil
child·ish·ness ['ʧaɪldɪʃnɪs] *pej* infantilismo *m*
child·less ['ʧaɪldlɪs] *adj* sin hijos
child·like ['ʧaɪldlaɪk] *adj* infantil
'**child·mind·er** niñero(-a) *m*(*f*)
'**child·ren** ['ʧɪldrən] *pl* → ***child***
Chil·e ['ʧɪlɪ] *n* Chile
Chil·e·an ['ʧɪlɪən] **1** *adj* chileno **2** *n* chileno(-a) *m*(*f*)
chill [ʧɪl] **1** *n illness* resfriado *m*; ***there's a ~ in the air*** hace bastante fresco **2** *v/t wine* poner a enfriar
♦**chill out** *v/i* P tranquilizarse
chil·(l)i (pep·per) ['ʧɪlɪ] chile *m*, *Span* guindilla *f*
chill·y ['ʧɪlɪ] *adj weather, welcome* fresco; ***I'm feeling a bit ~*** tengo fresco
chime [ʧaɪm] *v/i* campanada *f*
chim·ney ['ʧɪmnɪ] chimenea *f*
chim·pan·zee [ʧɪm'pænzi:] chimpancé *m*
chin [ʧɪn] barbilla *f*

C

Chi·na ['ʧaɪnə] China
chi·na ['ʧaɪnə] porcelana *f*
Chi·nese [ʧaɪ'ni:z] **1** *adj* chino **2** *n* (*language*) chino *m*; (*person*) chino(-a) *m*(*f*)
chink [ʧɪŋk] *gap* resquicio *m*; *sound* tintineo *m*
chip [ʧɪp] **1** *n of wood* viruta *f*; *of stone* lasca *f*; *damage* mella *f*; *in gambling* ficha *f*; ***~s*** patatas *fpl* fritas **2** *v/t* (*pret & pp* ***-ped***) (*damage*) mellar
♦**chip in** *v/i* (*interrupt*) interrumpir; *with money* poner dinero
chip·munk ['ʧɪpmʌŋk] ardilla *f* listada
chi·ro·prac·tor ['kaɪroupræktər] quiropráctico(-a) *m*(*f*)
chirp [ʧɜ:rp] *v/i* piar
chis·el ['ʧɪzl] *n for stone* cincel *m*; *for wood* formón *m*
chit·chat ['ʧɪʧæt] charla *f*
chiv·al·rous ['ʃɪvlrəs] *adj* caballeroso
chive [ʧaɪv] cebollino *m*
chlo·rine ['klɔ:ri:n] cloro *m*
chlor·o·form ['klɔ:rəfɔ:rm] *n* cloroformo *m*
choc·a·hol·ic [ʧɑ:kə'hɑ:lɪk] *n* F adicto(-a) al chocolate
chock-full [ʧɑ:k'fʊl] *adj* F de bote en bote F
choc·o·late ['ʧɑ:kələt] chocolate *m*; ***a box of ~s*** una caja de bombones; ***hot ~*** chocolate *m* caliente
'**choc·o·late cake** pastel *m* de chocolate
choice [ʧɔɪs] **1** *n* elección *f*; (*selection*) selección *f*; ***you have a ~ of rice or potatoes*** puedes elegir entre arroz y patatas; ***the ~ is yours*** tú eliges; ***I had no ~*** no tuve alternativa **2** *adj* (*top quality*) selecto
choir [kwaɪr] coro *m*
'**choir·boy** niño *m* de coro
choke [ʧoʊk] **1** *n* MOT estárter *m* **2** *v/i* ahogarse; ***~ on sth*** atragantarse con algo **3** *v/t* estrangular; *screams* ahogar
cho·les·te·rol [kə'lestəroʊl] colesterol *m*
choose [ʧu:z] *v/t & v/i* (*pret* ***chose***, *pp* ***chosen***) elegir, escoger
choos·ey ['ʧu:zɪ] *adj* F exigente
chop [ʧɑ:p] **1** *n meat* chuleta *f*; ***with one ~ of the ax*** con un hachazo **2** *v/t* (*pret & pp* ***-ped***) *wood* cortar; *meat* trocear; *vegetables* picar
♦**chop down** *v/t tree* talar
chop·per ['ʧɑ:pər] F (*helicopter*) helicóptero *m*
'**chop·sticks** *npl* palillos *mpl* (chinos)
cho·ral ['kɔ:rəl] *adj* coral
chord [kɔ:rd] MUS acorde *m*
chore [ʧɔ:r] tarea *f*
chor·e·o·graph ['kɔ:rɪəgræf] *v/t* coreografiar
chor·e·og·ra·pher [kɔ:rɪ'ɑ:grəfər] coreógrafo(-a) *m*(*f*)
chor·e·og·ra·phy [kɔ:rɪ'ɑ:grəfɪ] coreografía *f*
cho·rus ['kɔ:rəs] *singers* coro *m*; *of song* estribillo *m*
chose [ʧoʊz] *pret* → ***choose***
cho·sen ['ʧoʊzn] *pp* → ***choose***
Christ [kraɪst] Cristo; ***~!*** ¡Dios mío!
chris·ten ['krɪsn] *v/t* bautizar
chris·ten·ing ['krɪsnɪŋ] bautizo *m*
Chris·tian ['krɪsʧən] **1** *n* cristiano(-a) *m*(*f*) **2** *adj* cristiano
Chris·ti·an·i·ty [krɪstɪ'ænətɪ] cristianismo *m*
'**Chris·tian name** nombre *m* de pila
Christ·mas ['krɪsməs] Navidad(es) *f*(*pl*); ***at ~*** en Navidad(es); ***Merry ~!*** ¡Feliz Navidad!
'**Christ·mas card** crismas *m inv*, tarjeta *f* de Navidad; **Christ·mas 'Day** día *f* de Navidad; **Christ·mas 'Eve** Nochebuena *f*; '**Christ·mas present** regalo *m* de Navidad; '**Christ·mas tree** árbol *m* de Navidad
chrome, chro·mi·um [kroʊm, 'kroʊmɪəm] cromo *m*
chro·mo·some ['kroʊməsoʊm] cromosoma *m*
chron·ic ['krɑ:nɪk] *adj* crónico
chron·o·log·i·cal [krɑ:nə'lɑ:dʒɪkl] *adj* cronológico; ***in ~ order*** en orden cronológico

chrys•an•the•mum [krɪ'sænθəməm] crisantemo *m*
chub•by ['ʧʌbɪ] *adj* rechoncho
chuck [ʧʌk] *v/t* F tirar
♦ **chuck out** *v/t* F *object* tirar; *person* echar
chuck•le ['ʧʌkl] **1** *n* risita *f* **2** *v/i* reírse por lo bajo
chum [ʧʌm] amigo(-a) *m*(*f*)
chum•my ['ʧʌmɪ] *adj* F: ***be ~ with*** ser amiguete de F
chunk [ʧʌŋk] trozo *m*
chunk•y ['ʧʌŋkɪ] *adj sweater* grueso; *person*, *build* cuadrado, fornido
church [ʧɜːrʧ] iglesia *f*
church 'hall *sala parroquial empleada para diferentes actividades*; **church 'serv•ice** oficio *m* religioso; **'church•yard** cementerio *m* (al lado de iglesia)
churl•ish ['ʧɜːrlɪʃ] *adj* maleducado, grosero
chute [ʃuːt] rampa *f*; *for garbage* colector *m* de basura
CIA [siːaɪ'eɪ] *abbr* (= ***Central Intelligence Agency***) CIA *f* (= Agencia *f* Central de Inteligencia)
ci•der ['saɪdər] sidra *f*
CIF [siːaɪ'ef] *abbr* (= ***cost, insurance, freight***) CIF (= costo, seguro y flete)
ci•gar [sɪ'gɑːr] (cigarro *m*) puro *m*
cig•a•rette [sɪgə'ret] cigarrillo *m*
cig•a'rette end colilla *f*; **cig•a'rette light•er** encendedor *m*, mechero *m*; **cig•a'rette pa•per** papel *m* de fumar
cin•e•ma ['sɪnɪmə] cine *m*
cin•na•mon ['sɪnəmən] canela *f*
cir•cle ['sɜːrkl] **1** *n* círculo *m* **2** *v/t* (*draw ~ around*) poner un círculo alrededor de; ***his name was ~d in red*** su nombre tenía un círculo rojo alrededor **3** *v/i of plane*, *bird* volar en círculo
cir•cuit ['sɜːrkɪt] circuito *m*; (*lap*) vuelta *f*
'cir•cuit board COMPUT placa *f or* tarjeta *f* de circuitos; **'cir•cuit break•er** ELEC cortacircuitos *m inv*; **'cir•cuit train•ing** SP: ***do ~*** hacer circuitos de entrenamiento
cir•cu•lar ['sɜːrkjʊlər] **1** *n giving information* circular *f* **2** *adj* circular
cir•cu•late ['sɜːrkjʊleɪt] **1** *v/i* circular **2** *v/t memo* hacer circular
cir•cu•la•tion [sərkjʊ'leɪʃn] circulación *f*; *of newspaper*, *magazine* tirada *f*
cir•cum•fer•ence [sər'kʌmfərəns] circunferencia *f*
cir•cum•stances ['sɜːrkəmstənsɪs] *npl* circunstancias *fpl*; *financial* situación *f* económica; ***under no ~*** en ningún caso, de ninguna manera; ***under the ~*** dadas las circunstancias
cir•cus ['sɜːrkəs] circo *m*
cir•rho•sis (of the liv•er) [sɪ'roʊsɪs] cirrosis *f* (hepática)
cis•tern ['sɪstɜːrn] cisterna *f*
cite [saɪt] *v/t* citar
cit•i•zen ['sɪtɪzn] ciudadano(-a) *m*(*f*)
cit•i•zen•ship ['sɪtɪznʃɪp] ciudadanía *f*
citr•us ['sɪtrəs] *adj* cítrico; ***~ fruit*** cítrico *m*
cit•y ['sɪtɪ] ciudad *f*
cit•y 'cen•ter, *Br* **cit•y 'cen•tre** centro *m* de la ciudad
cit•y 'hall ayuntamiento *m*
civ•ic ['sɪvɪk] *adj* cívico
civ•il ['ʃɪvl] *adj* civil; (*polite*) cortés
civ•il en•gi'neer ingeniero(-a) *m*(*f*) civil
ci•vil•i•an [sɪ'vɪljən] **1** *n* civil *m/f* **2** *adj clothes* de civil
ci•vil•i•ty [sɪ'vɪlɪtɪ] cortesía *f*
civ•i•li•za•tion [sɪvəlaɪ'zeɪʃn] civilización *f*
civ•i•lize ['sɪvəlaɪz] *v/t* civilizar
civ•il 'rights *npl* derechos *mpl* civiles; **civ•il 'ser•vant** funcionario(-a) *m*(*f*); **civ•il 'ser•vice** administración *f* pública; **civ•il 'war** guerra *f* civil
claim [kleɪm] **1** *n* (*request*) reclamación *f* (***for*** de); (*right*) derecho *m*; (*assertion*) afirmación *f* **2** *v/t* (*ask for as a right*) reclamar; (*assert*) afirmar; *lost property* reclamar; ***they have***

~ed responsibility for the attack se han atribuido la responsabilidad del ataque

C

claim·ant ['kleɪmənt] reclamante *m/f*
clair·voy·ant [kler'vɔɪənt] *n* clarividente *m/f*, vidente *m/f*
clam [klæm] almeja *f*
♦ **clam up** *v/i* (*pret & pp* ***-med***) F cerrarse, callarse
clam·ber ['klæmbər] *v/i* trepar (***over*** por)
clam·my ['klæmɪ] *adj* húmedo
clam·or, *Br* **clam·our** ['klæmər] *noise* griterío *m*; *outcry* clamor *m*
♦ **clamor for** *v/t justice* clamar por; *ice cream* pedir a gritos
clamp [klæmp] **1** *n fastener* abrazadera *f*, mordaza *f* **2** *v/t fasten* sujetar con abrazadera; *car* poner un cepo a
♦ **clamp down** *v/i* actuar contundentemente
♦ **clamp down on** *v/t* actuar contundentemente contra
clan [klæn] clan *m*
clan·des·tine [klæn'destɪn] *adj* clandestino
clang [klæŋ] **1** *n* sonido *m* metálico **2** *v/i* resonar; ***the metal door ~ed shut*** la puerta metálica se cerró con gran estrépito
clap [klæp] *v/t & v/i* (*pret & pp* ***-ped***) (*applaud*) aplaudir
clar·et ['klærɪt] *wine* burdeos *m inv*
clar·i·fi·ca·tion [klærɪfɪ'keɪʃn] aclaración *f*
clar·i·fy ['klærɪfaɪ] *v/t* (*pret & pp* ***-ied***) aclarar
clar·i·net [klærɪ'net] clarinete *m*
clar·i·ty ['klærətɪ] claridad *f*
clash [klæʃ] **1** *n* choque *m*, enfrentamiento *m*; *of personalities* choque *m* **2** *v/i* chocar, enfrentarse; *of colors* desentonar; *of events* coincidir
clasp [klæsp] **1** *n* broche *m*, cierre *m* **2** *v/t in hand* estrechar
class [klæs] **1** *n lesson, students* clase *f*; ***social ~*** clase *f* social **2** *v/t* clasificar (***as*** como)
clas·sic ['klæsɪk] **1** *adj* clásico **2** *n* clásico *m*
clas·si·cal ['klæsɪkl] *adj music* clásico
clas·si·fi·ca·tion [klæsɪfɪ'keɪʃn] clasificación *f*
clas·si·fied ['klæsɪfaɪd] *adj information* reservado
'**clas·si·fied ad**(**ver·tise·ment**) anuncio *m* por palabras
clas·si·fy ['klæsɪfaɪ] *v/t* (*pret & pp* ***-ied***) clasificar
'**class·mate** compañero(-a) *m*(*f*) de clase; '**class·room** clase *f*, aula *f*; '**class war·fare** lucha *f* de clases
class·y ['klæsɪ] *adj* F con clase
clat·ter ['klætər] **1** *n* estrépito *m* **2** *v/i* hacer ruido
clause [klɒːz] *in agreement* cláusula *f*; GRAM cláusula *f*, oración *f*
claus·tro·pho·bi·a [klɒːstrə'foubɪə] claustrofobia *f*
claw [klɒː] **1** *n also fig* garra *f*; *of lobster* pinza *f* **2** *v/t* (*scratch*) arañar
clay [kleɪ] arcilla *f*
clean [kliːn] **1** *adj* limpio **2** *adv* F (*completely*) completamente **3** *v/t* limpiar; ***~ one's teeth*** limpiarse los dientes; ***I must have my coat ~ed*** tengo que llevar el abrigo a la tintorería
♦ **clean out** *v/t room, closet* limpiar por completo; *fig* desplumar
♦ **clean up** **1** *v/t also fig* limpiar; *papers* recoger **2** *v/i* limpiar; (*wash*) lavarse; *on stock market etc* ganar mucho dinero
clean·er ['kliːnər] *person* limpiador(a) *m*(*f*); (***dry***) **~** tintorería *f*
clean·ing wom·an ['kliːnɪŋ] señora *f* de la limpieza
cleanse [klenz] *v/t skin* limpiar
cleans·er ['klenzər] *for skin* loción *f* limpiadora
cleans·ing cream ['klenzɪŋ] crema *f* limpiadora
clear [klɪr] **1** *adj* claro; *weather, sky* despejado; *water* transparente; *conscience* limpio; ***I'm not ~ about it*** no lo tengo claro; ***I didn't make myself ~*** no me expliqué claramente **2** *adv* ***stand ~ of the doors*** apar-

tarse de las puertas; ***steer ~ of*** evitar **3** *v/t roads etc* despejar; (*acquit*) absolver; (*authorize*) autorizar; (*earn*) ganar, sacar; ***the guards ~ed everybody out of the room*** los guardias sacaron a todo el mundo de la habitación; ***you're ~ed for takeoff*** tiene autorización *or* permiso para despegar; ***~ one's throat*** carraspear **4** *v/i of sky, mist* despejarse; *of face* alegrarse
♦ **clear away** *v/t* quitar
♦ **clear off** *v/i* F largarse F
♦ **clear out 1** *v/t closet* ordenar, limpiar **2** *v/i* marcharse
♦ **clear up 1** *v/i* ordenar; *of weather* despejarse; *of illness, rash* desaparecer **2** *v/t* (*tidy*) ordenar; *mystery, problem* aclarar
clear·ance ['klırəns] *space* espacio *m*; (*authorization*) autorización *f*
clear·ance sale liquidación *f*
clear·ing ['klırıŋ] claro *m*
clear·ly ['klırlı] *adv* claramente; ***she is ~ upset*** está claro que está disgustada
cleav·age ['kli:vıdʒ] escote *m*
cleav·er ['kli:vər] cuchillo *m* de carnicero
clem·en·cy ['klemənsı] clemencia *f*
clench [klentʃ] *v/t teeth, fist* apretar
cler·gy ['klɜ:rdʒı] clero *m*
cler·gy·man ['klɜ:rdʒımæn] clérigo *m*
clerk [klɜ:rk] *administrative* oficinista *m/f*; *in store* dependiente(-a) *m/f*
clev·er ['klevər] *adj person, animal* listo; *idea, gadget* ingenioso
clev·er·ly ['klevərlı] *adv designed* ingeniosamente
cli·ché ['kli:ʃeı] tópico *m*, cliché *m*
cli·chéd ['kli:ʃeıd] *adj* estereotipado
click [klık] **1** *n* COMPUT clic *m* **2** *v/i* hacer clic
♦ **click on** *v/t* COMPUT hacer clic en
cli·ent ['klaıənt] cliente *m/f*
cli·en·tele [kli:ən'tel] clientela *f*
cli·mate ['klaımət] *also fig* clima *m*
'**cli·mate change** cambio *m* climático
cli·mat·ic [klaı'mætık] *adj* climático
cli·max ['klaımæks] *n* clímax *m*, punto *m* culminante
climb [klaım] **1** *n up mountain* ascensión *f*, escalada *f* **2** *v/t hill, ladder* subir; *mountain* subir, escalar; *tree* trepar a **3** *v/i* subir (***into*** a); *up mountain* subir, escalar; *of inflation etc* subir
♦ **climb down** *v/i from ladder etc* bajar
climb·er ['klaımər] *person* escalador(a) *m(f)*, alpinista *m/f*, *L.Am.* andinista *m/f*
climb·ing ['klaımıŋ] escalada *f*, alpinismo *m*, *L.Am.* andinismo *m*
climb·ing wall rocódromo *m*
clinch [klıntʃ] *v/t deal* cerrar; ***that ~es it*** ¡ahora sí que está claro!
cling [klıŋ] *v/i* (*pret & pp* ***clung***) *of clothes* pegarse al cuerpo
♦ **cling to** *v/t person, idea* aferrarse a
'**cling·film** plástico *m* transparente (para alimentos)
cling·y ['klıŋı] *adj child, boyfriend* pegajoso
clin·ic ['klınık] clínica *f*
clin·i·cal ['klınıkl] *adj* clínico
clink [klıŋk] **1** *n noise* tintineo *m* **2** *v/i* tintinear
clip[1] [klıp] **1** *n fastener* clip *m* **2** *v/t* (*pret & pp* ***-ped***): ***~ sth to sth*** sujetar algo a algo
clip[2] [klıp] **1** *n extract* fragmento *m* **2** *v/t* (*pret & pp* ***-ped***) *hair, grass* cortar; *hedge* podar
clip·pers ['klıpərz] *npl for hair* maquinilla *f*; *for nails* cortaúñas *m inv*; *for gardening* tijeras *fpl* de podar
clip·ping ['klıpıŋ] *from newspaper* recorte *m*
clique [kli:k] camarilla *f*
cloak *n* capa *f*
'**cloak·room** *Br* guardarropa *m*
clock [klɑ:k] reloj *m*
'**clock ra·di·o** radio *m* despertador; '**clock·wise** *adv* en el sentido de las agujas del reloj; '**clock·work**: ***it went like ~*** salió a la perfección
♦ **clog up** [klɑ:g] **1** *v/i* (*pret & pp* ***-ged***) bloquearse **2** *v/t* (*pret & pp* ***-ged***) bloquear

C

clone [kloʊn] **1** *n* clon *m* **2** *v/t* clonar
close[1] [kloʊs] **1** *adj family* cercano; *friend* íntimo; ***bear a ~ resemblance to*** parecerse mucho a; ***the ~st town*** la ciudad más cercana; ***be ~ to s.o.*** *emotionally* estar muy unido a alguien **2** *adv* cerca; ***~ to the school*** cerca del colegio; ***~ at hand*** a mano; ***~ by*** cerca
close[2] [kloʊz] **1** *v/t* cerrar **2** *v/i of door, shop* cerrar; *of eyes* cerrarse
♦**close down** *v/t & v/i* cerrar
♦**close in** *v/i of fog* echarse encima; *of troops* aproximarse, acercarse
♦**close up 1** *v/t building* cerrar **2** *v/i* (*move closer*) juntarse
closed [kloʊzd] *adj store, eyes* cerrado
closed-cir·cuit 'tel·e·vi·sion circuito *m* cerrado de televisión
'close-knit *adj* muy unido
close·ly ['kloʊslɪ] *adv listen, watch* atentamente; *cooperate* de cerca
clos·et ['klɑːzɪt] armario *m*
close-up ['kloʊsʌp] primer plano *m*
clos·ing date ['kloʊzɪŋ] fecha *f* límite
'clos·ing time hora *f* de cierre
clo·sure ['kloʊʒər] cierre *m*
clot [klɑːt] **1** *n of blood* coágulo *m* **2** *v/i* (*pret & pp* ***-ted***) *of blood* coagularse
cloth [klɑːθ] (*fabric*) tela *f*, tejido *m*; *for cleaning* trapo *m*
clothes [kloʊðz] *npl* ropa *f*
'clothes brush cepillo *m* para la ropa; **'clothes hang·er** percha *f*; **'clothes·horse** tendedero *m* plegable; **'clothes·line** cuerda *f* de tender la ropa; **'clothes peg**, **'clothes·pin** pinza *f* (de la ropa)
cloth·ing ['kloʊðɪŋ] ropa *f*
cloud [klaʊd] *n* nube *f*; ***a ~ of dust*** una nube de polvo
♦**cloud over** *v/i of sky* nublarse
'cloud·burst chaparrón *m*
cloud·less ['klaʊdlɪs] *adj sky* despejado
cloud·y ['klaʊdɪ] *adj* nublado
clout [klaʊt] *fig* (*influence*) influencia *f*
clove of 'gar·lic [kloʊv] diente *m* de ajo
clown [klaʊn] *also fig* payaso *m*
club [klʌb] *n weapon* palo *m*, garrote *m*; *in golf* palo *m*; *organization* club *m*; ***~s*** *in cards* tréboles
clue [kluː] pista *f*; ***I haven't a ~*** F (*don't know*) no tengo idea F; ***he hasn't a ~*** F (*is useless*) no tiene ni idea F
clued-up [kluːd'ʌp] *adj* F puesto F; ***be ~ on sth*** F estar puesto sobre algo F
clump [klʌmp] *n of earth* terrón *m*; *of flowers etc* grupo *m*
clum·si·ness ['klʌmzɪnɪs] torpeza *f*
clum·sy ['klʌmzɪ] *adj person* torpe
clung [klʌŋ] *pret & pp* → ***cling***
clus·ter ['klʌstər] **1** *n* grupo *m* **2** *v/i of people* apiñarse; *of houses* agruparse
clutch [klʌtʃ] **1** *n* MOT embrague *m* **2** *v/t* agarrar
♦**clutch at** *v/t* agarrarse a
clut·ter ['klʌtər] **1** *n* desorden *m*; ***all the ~ on my desk*** la cantidad de cosas que hay encima de mi mesa **2** *v/t* (*also*: *~ up*) abarrotar
Co. *abbr* (= ***Company***) Cía. (= Compañía *f*)
c/o *abbr* (= ***care of***) en el domicilio de
coach [koʊtʃ] **1** *n* (*trainer*) entrenador(a) *m*(*f*); *of singer, actor* profesor(a) *m*(*f*); *Br* (*bus*) autobús *m* **2** *v/t footballer* entrenar; *singer* preparar
coach·ing ['koʊtʃɪŋ] entrenamiento *m*
co·ag·u·late [koʊ'ægjʊleɪt] *v/i of blood* coagularse
coal [koʊl] carbón *m*
co·a·li·tion [koʊə'lɪʃn] coalición *f*
'coal·mine mina *f* de carbón
coarse [kɔːrs] *adj* áspero; *hair* basto; (*vulgar*) basto, grosero
coarse·ly ['kɔːrslɪ] *adv* (*vulgarly*) de manera grosera; ***~ ground coffee*** café molido grueso
coast [koʊst] *n* costa *f*; ***at the ~*** en la costa

coast·al ['koustl] *adj* costero
coast·er ['koustər] posavasos *m inv*
'**coast·guard** *organization* servicio *m* de guardacostas; *person* guardacostas *m/f inv*
'**coast·line** litoral *m*, costa *f*
coat [kout] **1** *n* chaqueta *f*, *L.Am.* saco *m*; (*over~*) abrigo *m*; *of animal* pelaje *m*; *of paint etc* capa *f*, mano *f* **2** *v/t* (*cover*) cubrir (***with*** de)
'**coat·hang·er** percha *f*
coat·ing ['koutɪŋ] capa *f*
co-au·thor ['koup:θər] **1** *n* coautor(a) *m*(*f*) **2** *v/t*: ~ ***a book*** escribir un libro conjuntamente
coax [kouks] *v/t* persuadir; ~ ***sth out of s.o.*** sonsacar algo a alguien
cob·bled ['kɑ:bld] *adj* adoquinado
cob·ble·stone ['kɑ:blstoun] adoquín *m*
cob·web ['kɑ:bweb] telaraña *f*
co·caine [kə'keɪn] cocaína *f*
cock [kɑ:k] *n* (*chicken*) gallo *m*; (*any male bird*) macho *m*
cock·eyed [kɑ:k'aɪd] *adj* F *idea etc* ridículo
'**cock·pit** *of plane* cabina *f*
cock·roach ['kɑ:kroutʃ] cucaracha *f*
'**cock·tail** cóctel *m* (bebida)
'**cock·tail par·ty** cóctel *m* (fiesta)
'**cock·tail shak·er** coctelera *f*
cock·y ['kɑ:kɪ] *adj* F creído, chulo
co·coa ['koukou] *drink* cacao *m*
co·co·nut ['koukənʌt] coco *m*
'**co·co·nut palm** cocotero *m*
COD [si:ou'di:] *abbr* (= ***collect on delivery***) entrega *f* contra reembolso
cod·dle ['kɑ:dl] *v/t sick person* cuidar; *pej*: *child* mimar
code [koud] *n* código *m*; ***in ~*** cifrado
co·ed·u·ca·tion·al [kouedu'keɪʃnl] *adj* mixto
co·erce [kou'ɜ:rs] *v/t* coaccionar
co·ex·ist [kouɪg'zɪst] *v/i* coexistir
co·ex·ist·ence [kouɪg'zɪstəns] coexistencia *f*
cof·fee ['kɑ:fɪ] café *m*; ***a cup of ~*** un café
'**cof·fee bean** grano *m* de café; '**cof·fee break** pausa *f* para el café; '**cof·fee cup** taza *f* de café; '**cof·fee grind·er** ['graɪndər] molinillo *m* de café; '**cof·fee mak·er** cafetera *f* (para preparar); '**cof·fee pot** cafetera *f* (para servir); '**cof·fee shop** café *m*, cafetería *f*; '**cof·fee ta·ble** mesa *f* de centro
cof·fin ['kɑ:fɪn] féretro *m*, ataúd *m*
cog [kɑ:g] diente *m*
co·gnac ['kɑ:njæk] coñac *m*
'**cog·wheel** rueda *f* dentada
co·hab·it [kou'hæbɪt] *v/i* cohabitar
co·her·ent [kou'hɪrənt] *adj* coherente
coil [kɔɪl] **1** *n of rope* rollo *m*; *of smoke* espiral *f*; *of snake* anillo *m* **2** *v/t*: ~ (***up***) enrollar
coin [kɔɪn] *n* moneda *f*
co·in·cide [kouɪn'saɪd] *v/i* coincidir
co·in·ci·dence [kou'ɪnsɪdəns] coincidencia *f*
coke [kouk] P (*cocaine*) coca *f*
Coke® [kouk] Coca-Cola® *f*
cold [kould] **1** *adj also fig* frío; ***I'm*** (***feeling***) ~ tengo frío; ***it's ~*** *of weather* hace frío; ***in ~ blood*** a sangre fría; ***get ~ feet*** F ponerse nervioso **2** *n* frío *m*; MED resfriado *m*; ***I have a ~*** estoy resfriado, tengo un resfriado
cold-blood·ed [kould'blʌdɪd] *adj* de sangre fría; *fig*: *murder* a sangre fría
cold call·ing ['kɒ:lɪŋ] COM *visitas o llamadas comerciales hechas sin cita previa*
'**cold cuts** *npl* fiambres *mpl*
cold·ly ['kouldlɪ] *adv* fríamente, con frialdad
cold·ness ['kouldnɪs] frialdad *f*
'**cold sore** calentura *f*
cole·slaw ['koulslɒ:] *ensalada de col, cebolla, zanahoria y mayonesa*
col·ic ['kɑ:lɪk] cólico *m*
col·lab·o·rate [kə'læbəreɪt] *v/i* colaborar (***on*** en)
col·lab·o·ra·tion [kəlæbə'reɪʃn] colaboración *f*
col·lab·o·ra·tor [kə'læbəreɪtər] colaborador(a) *m*(*f*); *with enemy* colaboracionista *m/f*
col·lapse [kə'læps] *v/i of roof, buil-*

ding hundirse, desplomarse; *of person* desplomarse

C

col·lap·si·ble [kə'læpsəbl] *adj* plegable

col·lar ['kɑːlər] cuello *m*; *for dog* collar *m*

'**col·lar-bone** clavícula *f*

col·league ['kɑːliːg] colega *m/f*

col·lect [kə'lekt] **1** *v/t* recoger; *as hobby* coleccionar **2** *v/i* (*gather together*) reunirse **3** *adv*: ***call ~*** llamar a cobro revertido

col·lect call llamada *f* a cobro revertido

col·lect·ed [kə'lektɪd] *adj works, poems etc* completo; *person* sereno

col·lec·tion [kə'lekʃn] colección *f*; *in church* colecta *f*

col·lec·tive [kə'lektɪv] *adj* colectivo

col·lec·tive 'bar·gain·ing negociación *f* colectiva

col·lec·tor [kə'lektər] coleccionista *m/f*

col·lege ['kɑːlɪdʒ] universidad *f*

col·lide [kə'laɪd] *v/i* chocar, colisionar (***with*** con *or* contra)

col·li·sion [kə'lɪʒn] choque *m*, colisión *f*

col·lo·qui·al [kə'loʊkwɪəl] *adj* coloquial

Co·lom·bi·a [kə'lʌmbɪə] Colombia

Co·lom·bi·an [kə'lʌmbɪən] **1** *adj* colombiano **2** *n* colombiano(-a) *m*(*f*)

co·lon ['koʊlən] *punctuation* dos puntos *mpl*; ANAT colon *m*

colo·nel ['kɜːrnl] coronel *m*

co·lo·ni·al [kə'loʊnɪəl] *adj* colonial

co·lo·nize ['kɑːlənaɪz] *v/t country* colonizar

co·lo·ny ['kɑːlənɪ] colonia *f*

col·or ['kʌlər] **1** *n* color *m*; ***in ~*** *movie etc* en color; ***~s*** MIL bandera *f* **2** *v/t one's hair* teñir **3** *v/i* (*blush*) ruborizarse

'**col·or-blind** *adj* daltónico

col·ored ['kʌlərd] *adj person* de color

'**col·or fast** *adj* que no destiñe

col·or·ful ['kʌlərfəl] *adj* lleno de colores; *account* colorido

col·or·ing ['kʌlərɪŋ] color *m*

'**col·or pho·to·graph** fotografía *f* en color; '**col·or scheme** combinación *f* de colores; '**col·or TV** televisión *f* en color

co·los·sal [kə'lɑːsl] *adj* colosal

col·our *etc Br* → ***color*** *etc*

colt [koʊlt] potro *m*

Co·lum·bus [kə'lʌmbəs] Colón

col·umn ['kɑːləm] *architectural, of text* columna *f*

col·umn·ist ['kɑːləmɪst] columnista *m/f*

co·ma ['koʊmə] coma *m*; ***be in a ~*** estar en coma

comb [koʊm] **1** *n* peine *m* **2** *v/t hair, area* peinar; ***~ one's hair*** peinarse

com·bat ['kɑːmbæt] **1** *n* combate *m* **2** *v/t* combatir

com·bi·na·tion [kɑːmbɪ'neɪʃn] combinación *f*

com·bine [kəm'baɪn] **1** *v/t* combinar; *ingredients* mezclar **2** *v/i* combinarse

com·bine har·vest·er [kɑːmbaɪn'hɑːrvɪstər] cosechadora *f*

com·bus·ti·ble [kəm'bʌstɪbl] *adj* combustible

com·bus·tion [kəm'bʌstʃn] combustión *f*

come [kʌm] *v/i* (*pret* ***came***, *pp* ***come***) *toward speaker* venir; *toward listener* ir; *of train, bus* llegar, venir; ***don't ~ too close*** no te acerques demasiado; ***you'll ~ to like it*** llegará a gustarte; ***how ~?*** F ¿y eso?; ***how ~ you've stopped going to the club?*** ¿cómo es que has dejado de ir al club?

♦ **come about** *v/i* (*happen*) pasar, suceder

♦ **come across** **1** *v/t* (*find*) encontrar **2** *v/i*: ***his humor comes across as ...*** su humor da la impresión de ser ...; ***she comes across as ...*** da la impresión de ser ...

♦ **come along** *v/i* (*come too*) venir; (*turn up*) aparecer; (*progress*) marchar; ***why don't you come along?*** ¿por qué no te vienes con nosotros?

♦ **come apart** *v/i* desmontarse;

(*break*) romperse
♦**come around** *v/i to s.o.'s home* venir, pasarse; (*regain consciousness*) volver en sí
♦**come away** *v/i* (*leave*) salir; *of button etc* caerse
♦**come back** *v/i* volver; ***it came back to me*** lo recordé
♦**come by 1** *v/i* pasarse **2** *v/t* (*acquire*) conseguir; ***how did you come by that bruise?*** ¿cómo te has dado ese golpe?
♦**come down 1** *v/i* bajar; *of rain, snow* caer **2** *v/t*: ***he came down the stairs*** bajó las escaleras
♦**come for** *v/t* (*attack*) atacar; (*collect: thing*) venir a por; (*collect: person*) venir a buscar a
♦**come forward** *v/i* (*present o.s.*) presentarse
♦**come from** *v/t* (*travel from*) venir de; (*originate from*) ser de
♦**come in** *v/i* entrar; *of train* llegar; *of tide* subir; ***come in!*** ¡entre!, ¡adelante!
♦**come in for** *v/t* recibir; ***come in for criticism*** recibir críticas
♦**come in on** *v/t*: ***come in on a deal*** participar en un negocio
♦**come off** *v/i of handle etc* soltarse, caerse; *of paint etc* quitarse
♦**come on** *v/i* (*progress*) marchar, progresar; ***come on!*** ¡vamos!; ***oh come on, you're exaggerating*** ¡vamos, hombre!, estás exagerando
♦**come out** *v/i* salir; *of book* publicarse; *of stain* irse, quitarse; *of gay* declararse homosexual públicamente
♦**come to 1** *v/t place* llegar a; *of hair, dress, water* llegar hasta; ***that comes to $70*** eso suma 70 dólares **2** *v/i* (*regain consciousness*) volver en sí
♦**come up** *v/i* subir; *of sun* salir; ***something has come up*** ha surgido algo
♦**come up with** *v/t solution* encontrar; ***John came up with a great idea*** a John se le ocurrió una idea estupenda
'**come·back** regreso *m*; ***make a ~*** regresar
co·me·di·an [kə'mi:dɪən] humorista *m/f*; *pej* payaso(-a) *m(f)*
'**come·down** gran decepción *f*
com·e·dy ['kɑ:mədɪ] comedia *f*
com·et ['kɑ:mɪt] cometa *m*
come·up·pance [kʌm'ʌpəns] *n* F: ***he'll get his ~*** tendrá su merecido
com·fort ['kʌmfərt] **1** *n* comodidad *f*, confort *m*; (*consolation*) consuelo *m* **2** *v/t* consolar
com·for·ta·ble ['kʌmfərtəbl] *adj chair* cómodo; *house*, *room* cómodo, confortable; ***be ~*** *of person* estar cómodo; *financially* estar en una situación holgada
com·ic ['kɑ:mɪk] **1** *n to read* cómic *m*; (*comedian*) cómico(-a) *m(f)* **2** *adj* cómico
com·i·cal ['kɑ:mɪkl] *adj* cómico
'**com·ic book** cómic *m*
'**com·ics** ['kɑ:mɪks] *npl* tiras *fpl* cómicas
'**com·ic strip** tira *f* cómica
com·ma ['kɑ:mə] coma *f*
com·mand [kə'mænd] **1** *n* orden *f* **2** *v/t* ordenar, mandar
com·man·deer [kɑ:mən'dɪr] *v/t* requisar
com·mand·er [kə'mændər] comandante *m/f*
com·mand·er-in-'chief comandante *m/f* en jefe
com·mand·ing of·fi·cer [kə'mændɪŋ] oficial *m/f* al mando
com·mand·ment [kə'mændmənt] mandamiento *m*: ***the Ten Commandments*** REL los Diez Mandamientos
com·mem·o·rate [kə'meməreɪt] *v/t* conmemorar
com·mem·o·ra·tion [kəmemə'reɪʃn]: ***in ~ of*** en conmemoración de
com·mence [kə'mens] *v/t & v/i* comenzar
com·mend [kə'mend] *v/t* encomiar, elogiar
com·mend·able [kə'mendəbl] *adj* encomiable
com·men·da·tion [kəmen'deɪʃn] *for bravery* mención *f*

com·men·su·rate [kə'menʃərət] *adj*: **~ with** acorde con
com·ment ['kɑːment] **1** *n* comentario *m*; **no ~!** ¡sin comentarios! **2** *v/i* hacer comentarios (**on** sobre)
com·men·ta·ry ['kɑːmənterɪ] comentarios *mpl*
com·men·tate ['kɑːmənteɪt] *v/i* hacer de comentarista
com·men·ta·tor ['kɑːmənteɪtər] comentarista *m/f*
com·merce ['kɑːmɜːrs] comercio *m*
com·mer·cial [kə'mɜːrʃl] **1** *adj* comercial **2** *n* (*advert*) anuncio *m* (publicitario)
com·mer·cial 'break pausa *f* publicitaria
com·mer·cial·ize [kə'mɜːrʃlaɪz] *v/t Christmas* comercializar
com·mer·cial 'trav·el·er, *Br* **com·mer·cial 'trav·el·ler** viajante *m/f* de comercio
com·mis·e·rate [kə'mɪzəreɪt] *v/i*: ***he ~d with me on my failure to get the job*** me dijo cuánto sentía que no hubiera conseguido el trabajo
com·mis·sion [kə'mɪʃn] **1** *n* (*payment*, *committee*) comisión *f*; (*job*) encargo *m* **2** *v/t*: ***she has been commissioned ...*** se le ha encargado ...
com·mit [kə'mɪt] *v/t* (*pret & pp* **-ted**) *crime* cometer; *money* comprometer; **~ *o.s.*** comprometerse
com·mit·ment [kə'mɪtmənt] compromiso *m* (**to** con); ***he's afraid of ~*** tiene miedo de comprometerse
com·mit·tee [kə'mɪtɪ] comité *m*
com·mod·i·ty [kə'mɑːdətɪ] *raw material* producto *m* básico; *product* bien *m* de consumo
com·mon ['kɑːmən] *adj* común; **in ~** al igual (**with** que); ***have sth in ~ with s.o.*** tener algo en común con alguien
com·mon·er ['kɑːmənər] plebeyo(-a) *m*(*f*)
com·mon 'law wife esposa *f* de hecho
com·mon·ly ['kɑːmənlɪ] *adv* comúnmente
'com·mon·place *adj* común
com·mon 'sense sentido *m* común
com·mo·tion [kə'moʊʃn] alboroto *m*
com·mu·nal [kə'mjuːnl] *adj* comunal
com·mu·nal·ly [kəm'juːnəlɪ] *adv* en comunidad
com·mu·ni·cate [kə'mjuːnɪkeɪt] **1** *v/i* comunicarse **2** *v/t* comunicar
com·mu·ni·ca·tion [kəmjuːnɪ'keɪʃn] comunicación *f*
com·mu·ni'ca·tions *npl* comunicaciones *fpl*
com·mu·ni'ca·tions sat·el·lite satélite *m* de telecomunicaciones
com·mu·ni·ca·tive [kə'mjuːnɪkətɪv] *adj person* comunicativo
Com·mu·nion [kə'mjuːnjən] REL comunión *f*
com·mu·ni·qué [kə'mjuːnɪkeɪ] comunicado *m*
Com·mu·nism ['kɑːmjʊnɪzəm] comunismo *m*
Com·mu·nist ['kɑːmjʊnɪst] **1** *adj* comunista **2** *n* comunista *m/f*
com·mu·ni·ty [kə'mjuːnətɪ] comunidad *f*
com'mu·ni·ty cen·ter, *Br* **com'mu·ni·ty cen·tre** centro *m* comunitario
com'mu·ni·ty serv·ice servicios *mpl* a la comunidad (como pena)
com·mute [kə'mjuːt] **1** *v/i* viajar al trabajo; **~ *to work*** viajar al trabajo **2** *v/t* LAW conmutar
com·mut·er [kə'mjuːtər] *persona que viaja al trabajo*
com'mut·er traf·fic *tráfico generado por los que se desplazan al trabajo*
com'mut·er train *tren de cercanías que utilizan los que se desplazan al trabajo*
com·pact 1 *adj* [kəm'pækt] compacto **2** *n* ['kɑːmpækt] MOT utilitario *m*
com·pact 'disc (disco *m*) compacto *m*
com·pan·ion [kəm'pænjən] compañero(-a) *m*(*f*)
com·pan·ion·ship [kəm'pænjənʃɪp] compañía *f*
com·pa·ny ['kʌmpənɪ] COM empre-

sa *f*, compañía *f*; (*companionship, guests*) compañía *f*; ***keep s.o. ~*** hacer compañía a alguien

com·pa·ny 'car coche *m* de empresa

com·pa·ny 'law derecho *m* de sociedades

com·pa·ra·ble ['kɑːmpərəbl] *adj* comparable

com·par·a·tive [kəm'pærətɪv] **1** *adj* (*relative*) relativo; *study* comparado; GRAM comparativo; ***~ form*** GRAM comparativo *m* **2** *n* GRAM comparativo *m*

com·par·a·tive·ly [kəm'pærətɪvlɪ] *adv* relativamente

com·pare [kəm'per] **1** *v/t* comparar; ***~d with …*** comparado con …; ***you can't ~ them*** no se pueden comparar **2** *v/i* compararse

com·pa·ri·son [kəm'pærɪsn] comparación *f*; ***there's no ~*** no hay punto de comparación

com·part·ment [kəm'pɑːrtmənt] compartimento *m*

com·pass ['kʌmpəs] brújula *f*; (***a pair of***) ***~es*** GEOM un compás

com·pas·sion [kəm'pæʃn] compasión *f*

com·pas·sion·ate [kəm'pæʃənət] *adj* compasivo

com·pas·sion·ate 'leave *permiso laboral por muerte o enfermedad grave de un familiar*

com·pat·i·bil·i·ty [kəmpætə'bɪlɪtɪ] compatibilidad *f*

com·pat·i·ble [kəm'pætəbl] *adj* compatible; ***we're not ~*** no somos compatibles

com·pel [kəm'pel] *v/t* (*pret & pp* ***-led***) obligar

com·pel·ling [kəm'pelɪŋ] *adj argument* poderoso; *movie, book* fascinante

com·pen·sate ['kɑːmpənseɪt] **1** *v/t with money* compensar **2** *v/i* ***~ for*** compensar

com·pen·sa·tion [kɑːmpən'seɪʃn] (*money*) indemnización *f*; (*reward, comfort*) compensación *f*

com·pete [kəm'piːt] *v/i* competir (***for*** por)

com·pe·tence ['kɑːmpɪtəns] competencia *f*

com·pe·tent ['kɑːmpɪtənt] *adj* competente; ***I'm not ~ to judge*** no estoy capacitado para juzgar

com·pe·tent·ly ['kɑːmpɪtəntlɪ] *adv* competentemente

com·pe·ti·tion [kɑːmpə'tɪʃn] (*contest*) concurso *m*; SP competición *f*; (*competitors*) competencia *f*; ***the government wants to encourage ~*** el gobierno quiere fomentar la competencia

com·pet·i·tive [kəm'petətɪv] *adj* competitivo

com·pet·i·tive·ly [kəm'petətɪvlɪ] *adv* competitivamente: ***~ priced*** con un precio muy competitivo

com·pet·i·tive·ness [kəm'petɪtɪvnɪs] COM competitividad *f*; *of person* espíritu *m* competitivo

com·pet·i·tor [kəm'petɪtər] *in contest* concursante *m/f*; SP competidor(a) *m*(*f*), contrincante *m/f*; COM competidor(a) *m*(*f*)

com·pile [kəm'paɪl] *v/t* compilar

com·pla·cen·cy [kəm'pleɪsənsɪ] complacencia *f*

com·pla·cent [kəm'pleɪsənt] *adj* complaciente

com·plain [kəm'pleɪn] *v/i* quejarse, protestar; *to shop, manager* quejarse; ***~ of*** MED estar aquejado de

com·plaint [kəm'pleɪnt] queja *f*, protesta *f*; MED dolencia *f*

com·ple·ment ['kɑːmplɪmənt] *v/t* complementar; ***they ~ each other*** se complementan

com·ple·men·ta·ry [kɑːmplɪ'mentərɪ] *adj* complementario; ***the two are ~*** los dos se complementan

com·plete [kəm'pliːt] **1** *adj* (*total*) absoluto, total; (*full*) completo; (*finished*) finalizado, terminado **2** *v/t task, building etc* finalizar, terminar; *course* completar; *form* rellenar

com·plete·ly [kəm'pliːtlɪ] *adv* completamente

com·ple·tion [kəm'pliːʃn] finaliza-

C

ción *f*, terminación *f*
com·plex ['kɑːmpleks] **1** *adj* complejo **2** *n also* PSYCH complejo *m*
com·plex·ion [kəm'plekʃn] *facial* tez *f*
com·plex·i·ty [kəm'pleksɪtɪ] complejidad *f*
com·pli·ance [kəm'plaɪəns] cumplimiento (***with*** de)
com·pli·cate ['kɑːmplɪkeɪt] *v/t* complicar
com·pli·cat·ed ['kɑːmplɪkeɪtɪd] *adj* complicado
com·pli·ca·tion [kɑːmplɪ'keɪʃn] complicación *f*; ***~s*** MED complicaciones *fpl*
com·pli·ment ['kɑːmplɪmənt] **1** *n* cumplido *m* **2** *v/t* hacer un cumplido a (***on*** por)
com·pli·men·ta·ry [kɑːmplɪ'mentərɪ] *adj* elogioso; (*free*) de regalo, gratis
'com·pli·ments slip nota *f* de cortesia
com·ply [kəm'plaɪ] *v/i* (*pret & pp* ***-ied***) cumplir; ***~ with*** cumplir
com·po·nent [kəm'poʊnənt] pieza *f*, componente *m*
com·pose [kəm'poʊz] *v/t also* MUS componer; ***be ~d of*** estar compuesto de; ***~ o.s.*** serenarse
com·posed [kəm'poʊzd] *adj* (*calm*) sereno
com·pos·er [kəm'poʊzər] MUS compositor(a) *m*(*f*)
com·po·si·tion [kɑːmpə'zɪʃn] *also* MUS composición *f*; (*essay*) redacción *f*
com·po·sure [kəm'poʊʒər] compostura *f*
com·pound ['kɑːmpaʊnd] *n* CHEM compuesto *m*
com·pound 'in·ter·est interés *m* compuesto *or* combinado
com·pre·hend [kɑːmprɪ'hend] *v/t* (*understand*) comprender
com·pre·hen·sion [kɑːmprɪ'henʃn] comprensión *f*
com·pre·hen·sive [kɑːmprɪ'hensɪv] *adj* detallado
com·pre·hen·sive in'sur·ance seguro *m* a todo riesgo
com·pre·hen·sive·ly [kɑːmprɪ'hensɪvlɪ] *adv* detalladamente
com·press **1** *n* ['kɑːmpres] MED compresa *f* **2** *v/t* [kəm'pres] *air, gas* comprimir; *information* condensar
com·prise [kəm'praɪz] *v/t* comprender; ***be ~d of*** constar de
com·pro·mise ['kɑːmprəmaɪz] **1** *n* solución *f* negociada; ***I've had to make ~s all my life*** toda mi vida he tenido que hacer concesiones **2** *v/i* transigir, efectuar concesiones **3** *v/t* *principles* traicionar; (*jeopardize*) poner en peligro; ***~ o.s.*** ponerse en un compromiso
com·pul·sion [kəm'pʌlʃn] PSYCH compulsión *f*
com·pul·sive [kəm'pʌlsɪv] *adj* *behavior* compulsivo; *reading* absorbente
com·pul·so·ry [kəm'pʌlsərɪ] *adj* obligatorio
com·put·er [kəm'pjuːtər] *Span* ordenador *m*, *L.Am.* computadora *f*; ***have sth on ~*** tener algo en el *Span* ordenador *or L.Am.* computadora
com·put·er-aid·ed de'sign [kəmp↓juːtər'eɪdɪd] diseño *m* asistido por *Span* ordenador *or L.Am.* computadora; **com·put·er-aid·ed man·u'fac·ture** fabricación *f* asistida por *Span* ordenador *or L.Am.* computadora; **com·put·er-con'trolled** *adj* controlado por *Span* ordenador *or L.Am.* computadora; **com'puter game** juego *m* de *Span* ordenador *or L.Am.* computadora
com·put·er·ize [kəm'pjuːtəraɪz] *v/t* informatizar, *L.Am.* computarizar
com·put·er 'lit·er·ate *adj* con conocimientos de informática *or L.Am.* computación; **com·put·er 'sci·ence** informática *f*, *L.Am.* computación *f*; **com·put·er 'sci·en·tist** informático(-a) *m*(*f*)
com·put·ing [kəm'pjuːtɪŋ] *n* informática *f*, *L.Am.* computación *f*
com·rade ['kɑːmreɪd] (*friend*) compañero(-a) *m*(*f*); POL camarada *m/f*

com•rade•ship ['kɑːmreɪdʃɪp] camaradería *f*
con [kɑːn] **1** *n* F timo *m* F **2** *v/t* (*pret & pp* ***-ned***) F timar F
con•ceal [kən'siːl] *v/t* ocultar
con•ceal•ment [kən'siːlmənt] ocultación *f*
con•cede [kən'siːd] *v/t* (*admit*) admitir, reconocer
con•ceit [kən'siːt] engreimiento *m*, presunción *f*
con•ceit•ed [kən'siːtɪd] *adj* engreido, presuntuoso
con•cei•va•ble [kən'siːvəbl] *adj* concebible
con•ceive [kən'siːv] *v/i of woman* concebir; ~ ***of*** (*imagine*) imaginar
con•cen•trate ['kɑːnsəntreɪt] **1** *v/i* concentrarse **2** *v/t one's attention, energies* concentrar
con•cen•trat•ed ['kɑːnsəntreɪtɪd] *adj juice etc* concentrado
con•cen•tra•tion [kɑːnsən'treɪʃn] concentración *f*
con•cept ['kɑːnsept] concepto *m*
con•cep•tion [kən'sepʃn] *of child* concepción *f*
con•cern [kən'sɜːrn] **1** *n* (*anxiety, care*) preocupación *f*; (*business*) asunto *m*; (*company*) empresa *f*; ***it's none of your ~*** no es asunto tuyo; ***cause ~*** preocupar, inquietar **2** *v/t* (*involve*) concernir, incumbir; (*worry*) preocupar, inquietar; ~ ***o.s. with*** preocuparse de
con•cerned [kən'sɜːrnd] *adj* (*anxious*) preocupado, inquieto (***about*** por); (*caring*) preocupado (***about*** por); (*involved*) en cuestión; ***as far as I'm ~*** por lo que a mí respecta
con•cern•ing [kən'sɜːrnɪŋ] *prep* en relación con, sobre
con•cert ['kɑːnsərt] concierto *m*
con•cert•ed [kən'sɜːrtɪd] *adj* (*joint*) concertado, conjunto
'con•cert•mas•ter primer violín *m/f*
con•cer•to [kən'tʃertoʊ] concierto *m*
con•ces•sion [kən'seʃn] (*compromise*) concesión *f*
con•cil•i•a•to•ry [kənsɪlɪ'eɪtərɪ] *adj* conciliador
con•cise [kən'saɪs] *adj* conciso
con•clude [kən'kluːd] *v/t & v/i* (*deduce, end*) concluir (***from*** de)
con•clu•sion [kən'kluːʒn] (*deduction, end*) conclusión *f*; ***in ~*** en conclusión
con•clu•sive [kən'kluːsɪv] *adj* concluyente
con•coct [kən'kɑːkt] *v/t meal, drink* preparar; *excuse, story* urdir
con•coc•tion [kən'kɑːkʃn] *food* mejunje *m*; *drink* brebaje *m*, pócima *f*
con•crete ['kɑːŋkriːt] **1** *adj* concreto; ~ ***jungle*** jungla *f* de asfalto **2** *n* hormigón *m*, *L.Am.* concreto *m*
con•cur [kən'kɜːr] *v/i* (*pret & pp* ***-red***) coincidir
con•cus•sion [kən'kʌʃn] conmoción *f* cerebral
con•demn [kən'dem] *v/t* condenar; *building* declarar en ruina
con•dem•na•tion [kɑːndəm'neɪʃn] *of action* condena *f*
con•den•sa•tion [kɑːnden'seɪʃn] *on walls, windows* condensación *f*
con•dense [kən'dens] **1** *v/t* (*make shorter*) condensar **2** *v/i of steam* condensarse
con•densed 'milk [kən'densd] leche *f* condensada
con•de•scend [kɑːndɪ'send] *v/i*: ***he ~ed to speak to me*** se dignó a hablarme
con•de•scend•ing [kɑːndɪ'sendɪŋ] *adj* (*patronizing*) condescendiente
con•di•tion [kən'dɪʃn] **1** *n* (*state*) condiciones *fpl*; *of health* estado *m*; *illness* enfermedad *f*; (*requirement, term*) condición *f*; ***~s*** (*circumstances*) condiciones *fpl*; ***on ~ that ...*** a condición de que ...; ***you're in no ~ to drive*** no estás en condiciones de conducir **2** *v/t* PSYCH condicionar
con•di•tion•al [kən'dɪʃnl] **1** *adj acceptance* condicional **2** *n* GRAM condicional *m*
con•di•tion•er [kən'dɪʃnər] *for hair* suavizante *m*, acondicionador *m*; *for fabric* suavizante *m*

C

con·di·tion·ing [kən'dɪʃnɪŋ] PSYCH condicionamiento *m*
con·do ['kɑːndoʊ] F *apartment* apartamento *m*, *Span* piso *m*; *building* bloque de apartamentos
con·do·lences [kən'doʊlənsɪz] *npl* condolencias *fpl*
con·dom ['kɑːndəm] condón *m*, preservativo *m*
con·do·min·i·um [kɑːndə'mɪnɪəm] → ***condo***
con·done [kən'doʊn] *v/t actions* justificar
con·du·cive [kən'duːsɪv] *adj*: ***~ to*** propicio para
con·duct 1 *n* ['kɑːndʌkt] (*behavior*) conducta *f* **2** *v/t* [kən'dʌkt] (*carry out*) realizar, hacer; ELEC conducir; MUS dirigir; ***~ o.s.*** comportarse
con·duct·ed 'tour [kən'dʌktɪd] visita *f* guiada
con·duc·tor [kən'dʌktər] MUS director(a) *m*(*f*) de orquesta; *on train* revisor(-a) *m*(*f*); PHYS conductor *m*
cone [koʊn] GEOM, *on highway* cono *m*; *for ice cream* cucurucho *m*; *of pine tree* piña *f*
con·fec·tion·er [kən'fekʃənər] pastelero(-a) *m*(*f*)
con·fec·tion·ers' sug·ar azúcar *m or f* glas
con·fec·tion·e·ry [kən'fekʃənərɪ] (*candy*) dulces *mpl*
con·fed·e·ra·tion [kənfedə'reɪʃn] confederación *f*
con·fer [kən'fɜːr] **1** *v/t* (*pret & pp* ***-red***): ***~ sth on s.o.*** (*bestow*) conferir *or* otorgar algo a alguien **2** *v/i* (*pret & pp* ***-red***) (*discuss*) deliberar
con·fe·rence ['kɑːnfərəns] congreso *m*; *discussion* conferencia *f*
'con·fe·rence room sala *f* de conferencias
con·fess [kən'fes] **1** *v/t* confesar **2** *v/i* confesar; REL confesarse; ***~ to a weakness for sth*** confesar una debilidad por algo
con·fes·sion [kən'feʃn] confesión *f*; ***I've a ~ to make*** tengo algo que confesar
con·fes·sion·al [kən'feʃnl] REL confesionario *m*
con·fes·sor [kən'fesər] REL confesor *m*
con·fide [kən'faɪd] **1** *v/t* confiar **2** *v/i*: ***~ in s.o.*** confiarse a alguien
con·fi·dence ['kɑːnfɪdəns] confianza *f*; (*secret*) confidencia *f*; ***in ~*** en confianza, confidencialmente
con·fi·dent ['kɑːnfɪdənt] *adj* (*self-assured*) seguro de sí mismo; (*convinced*) seguro
con·fi·den·tial [kɑːnfɪ'denʃl] *adj* confidencial, secreto
con·fi·den·tial·ly [kɑːnfɪ'denʃlɪ] *adv* confidencialmente
con·fi·dent·ly ['kɑːnfɪdəntlɪ] *adv* con seguridad
con·fine [kən'faɪn] *v/t* (*imprison*) confinar, recluir; (*restrict*) limitar; ***be ~d to one's bed*** tener que guardar cama
con·fined [kən'faɪnd] *adj space* limitado
con·fine·ment [kən'faɪnmənt] (*imprisonment*) reclusión *f*; MED parto *m*
con·firm [kən'fɜːrm] *v/t* confirmar
con·fir·ma·tion [kɑːnfər'meɪʃn] confirmación *f*
con·firmed [kɑːn'fɜːrmd] *adj* (*inveterate*) empedernido; ***I'm a ~ believer in ...*** creo firmemente en …
con·fis·cate ['kɑːnfɪskeɪt] *v/t* confiscar
con·flict 1 *n* ['kɑːnflɪkt] conflicto *m* **2** *v/i* [kən'flɪkt] (*clash*) chocar; ***~ing loyalties*** lealtades *fpl* encontradas
con·form [kən'fɔːrm] *v/i* ser conformista; ***~ to*** *to standards etc* ajustarse a
con·form·ist [kən'fɔːrmɪst] *n* conformista *m/f*
con·front [kən'frʌnt] *v/t* (*face*) hacer frente a, enfrentarse; (*tackle*) hacer frente a
con·fron·ta·tion [kɑːnfrən'teɪʃn] confrontación *f*, enfrentamiento *m*
con·fuse [kən'fjuːz] *v/t* confundir; ***~ s.o. with s.o.*** confundir a alguien con alguien
con·fused [kən'fjuːzd] *adj person*

confundido; *situation, piece of writing* confuso
con·fus·ing [kən'fju:zɪŋ] *adj* confuso
con·fu·sion [kən'fju:ʒn] (*muddle, chaos*) confusión *f*
con·geal [kən'dʒi:l] *v/i of blood* coagularse; *of fat* solidificarse
con·gen·ial [kən'dʒi:nɪəl] *adj person* simpático, agradable; *occasion, place* agradable
con·gen·i·tal [kən'dʒenɪtl] *adj* MED congénito
con·gest·ed [kən'dʒestɪd] *adj roads* congestionado
con·ges·tion [kən'dʒestʃn] *also* MED congestión *f*; ***traffic ~*** congestión *f* circulatoria
con·grat·u·late [kən'grætʃʊleɪt] *v/t* felicitar
con·grat·u·la·tions [kəngrætʃʊ'leɪʃnz] *npl* felicitaciones *fpl*; ***~ on ...*** felicidades por ...; ***let me offer my ~*** permita que le dé la enhorabuena
con·grat·u·la·to·ry [kəngrætʃʊ'leɪtərɪ] *adj* de felicitación
con·gre·gate ['kɑ:ŋgrɪgeɪt] *v/i* (*gather*) congregarse
con·gre·ga·tion [kɑ:ŋgrɪ'geɪʃn] REL congregación *f*
con·gress ['kɑ:ŋgres] (*conference*) congreso *m*; ***Congress*** *in US* Congreso *m*
Con·gres·sion·al [kən'greʃnl] *adj* del Congreso
Con·gress·man ['kɑ:ŋgresmən] congresista *m*
Con·gress·wo·man ['kɑ:ŋgreswʊmən] congresista *f*
co·ni·fer ['kɑ:nɪfər] conífera *f*
con·jec·ture [kən'dʒektʃər] *n* (*speculation*) conjetura *f*
con·ju·gate ['kɑ:ndʒʊgeɪt] *v/t* GRAM conjugar
con·junc·tion [kən'dʒʌŋkʃn] GRAM conjunción *f*; ***in ~ with*** junto con
con·junc·ti·vi·tis [kəndʒʌŋktɪ'vaɪtɪs] conjuntivitis *f*
♦**con·jure up** ['kʌndʒər] *v/t* (*produce*) hacer aparecer; (*evoke*) evocar
con·jur·er, con·jur·or ['kʌndʒərər] (*magician*) prestidigitador(a) *m*(*f*)
con·jur·ing tricks ['kʌndʒərɪŋ] *npl* juegos *mpl* de manos
con man ['kɑ:nmæn] F timador *m* F
con·nect [kə'nekt] *v/t* conectar; (*link*) relacionar, vincular; *to power supply* enchufar
con·nect·ed [kə'nektɪd] *adj*: ***be well-~*** estar bien relacionado; ***be ~ with*** estar relacionado con
con·nect·ing flight [kə'nektɪŋ] vuelo *m* de conexión
con·nec·tion [kə'nekʃn] conexión *f*; *when traveling* conexión *f*, enlace; (*personal contact*) contacto *m*; ***in ~ with*** en relación con
con·nois·seur [kɑ:nə'sɜ:r] entendido(-a) *m*(*f*)
con·quer ['kɑ:ŋkər] *v/t* conquistar; *fig*: *fear etc* vencer
con·quer·or ['kɑ:ŋkərər] conquistador(a) *m*(*f*)
con·quest ['kɑ:ŋkwest] *of territory* conquista *f*
con·science ['kɑ:nʃəns] conciencia *f*; ***a guilty ~*** un sentimiento de culpa; ***it was on my ~*** me remordía la conciencia
con·sci·en·tious [kɑ:nʃɪ'enʃəs] *adj* concienzudo
con·sci·en·tious·ness [kɑ:nʃɪ'enʃəsnəs] aplicación *f*
con·sci·en·tious ob'ject·or objetor(a) *m*(*f*) de conciencia
con·scious ['kɑ:nʃəs] *adj* consciente; ***be ~ of*** ser consciente de
con·scious·ly ['kɑ:nʃəslɪ] *adv* conscientemente
con·scious·ness ['kɑ:nʃəsnɪs] (*awareness*) conciencia *f*; MED con(s)ciencia *f*; ***lose / regain ~*** quedar inconsciente / volver en sí
con·sec·u·tive [kən'sekjʊtɪv] *adj* consecutivo
con·sen·sus [kən'sensəs] consenso *m*
con·sent [kən'sent] **1** *n* consentimiento *m* **2** *v/i* consentir (***to*** en)
con·se·quence ['kɑ:nsɪkwəns] (*result*) consecuencia *f*; ***as a ~ of*** como consecuencia de

con·se·quent·ly ['kɑːnsɪkwəntlɪ] *adv* (*therefore*) por consiguiente
con·ser·va·tion [kɑːnsər'veɪʃn] (*preservation*) conservación *f*, protección *f*
con·ser·va·tion·ist [kɑːnsər'veɪʃnɪst] ecologista *m/f*
con·ser·va·tive [kən'sɜːrvətɪv] *adj* (*conventional*) conservador; *estimate* prudente
con·ser·va·to·ry [kən'sɜːrvətɔːrɪ] MUS conservatorio *m*
con·serve **1** *n* ['kɑːnsɜːrv] (*jam*) compota *f* **2** *v/t* [kən'sɜːrv] conservar
con·sid·er [kən'sɪdər] *v/t* (*regard*) considerar; (*show regard for*) mostrar consideración por; (*think about*) considerar; ***it is ~ed to be ...*** se considera que es ...
con·sid·e·ra·ble [kən'sɪdrəbl] *adj* considerable
con·sid·e·ra·bly [kən'sɪdrəblɪ] *adv* considerablemente
con·sid·er·ate [kən'sɪdərət] *adj* considerado
con·sid·er·ate·ly [kən'sɪdərətlɪ] *adv* con consideración
con·sid·e·ra·tion [kənsɪdə'reɪʃn] (*thoughtfulness, concern*) consideración *f*; (*factor*) factor *m*; ***take sth into ~*** tomar algo en consideración; ***after much ~*** tras muchas deliberaciones; ***your proposal is under ~*** su propuesta está siendo estudiada
con·sign·ment [kən'saɪnmənt] COM envío *m*
♦**con·sist of** [kən'sɪst] *v/t* consistir en
con·sis·ten·cy [kən'sɪstənsɪ] (*texture*) consistencia *f*; (*unchangingness*) coherencia *f*, consecuencia *f*; *of player* regularidad *f*, constancia *f*
con·sis·tent [kən'sɪstənt] *adj person* coherente, consecuente; *improvement, change* constante
con·sis·tent·ly [kən'sɪstəntlɪ] *adv perform* con regularidad *or* constancia; *improve* continuamente; ***he's ~ late*** llega tarde sistemáticamente
con·so·la·tion [kɑːnsə'leɪʃn] consuelo *m*; ***if it's any ~*** si te sirve de consuelo
con·sole [kən'soʊl] *v/t* consolar
con·sol·i·date [kən'sɑːlɪdeɪt] *v/t* consolidar
con·so·nant ['kɑːnsənənt] *n* GRAM consonante *f*
con·sor·ti·um [kən'sɔːrtɪəm] consorcio *m*
con·spic·u·ous [kən'spɪkjʊəs] *adj* llamativo; ***he felt very ~*** sentía que estaba llamando la atención
con·spi·ra·cy [kən'spɪrəsɪ] conspiración *f*
con·spi·ra·tor [kən'spɪrətər] conspirador(a) *m*(*f*)
con·spire [kən'spaɪr] *v/i* conspirar
con·stant ['kɑːnstənt] *adj* (*continuous*) constante
con·stant·ly ['kɑːnstəntlɪ] *adv* constantemente
con·ster·na·tion [kɑːnstər'neɪʃn] consternación *f*
con·sti·pat·ed ['kɑːnstɪpeɪtɪd] *adj* estreñido
con·sti·pa·tion [kɑːnstɪ'peɪʃn] estreñimiento *m*
con·sti·tu·ent [kən'stɪtjʊənt] *n* (*component*) elemento *m* constitutivo, componente *m*
con·sti·tute ['kɑːnstɪtuːt] *v/t* constituir
con·sti·tu·tion [kɑːnstɪ'tuːʃn] constitución *f*
con·sti·tu·tion·al [kɑːnstɪ'tuːʃənl] *adj* POL constitucional
con·straint [kən'streɪnt] (*restriction*) restricción *f*, limite *m*
con·struct [kən'strʌkt] *v/t building etc* construir
con·struc·tion [kən'strʌkʃn] construcción *f*; ***under ~*** en construcción
con'struc·tion in·dus·try sector *m* de la construcción; **con'struc·tion site** obra *f*; **con'struc·tion work·er** obrero(-a) *m*(*f*) de la construcción
con·struc·tive [kən'strʌktɪv] *adj* constructivo
con·sul ['kɑːnsl] cónsul *m/f*

con·su·late ['kɑːnsʊlət] consulado *m*
con·sult [kən'sʌlt] *v/t* (*seek the advice of*) consultar
con·sul·tan·cy [kən'sʌltənsɪ] *company* consultoría *f*, asesoría *f*; (*advice*) asesoramiento *m*
con·sul·tant [kən'sʌltənt] *n* (*adviser*) asesor(a) *m*(*f*), consultor(a) *m*(*f*)
con·sul·ta·tion [kɑːnsl'teɪʃn] consulta *f*; ***have a ~ with*** consultar con
con·sume [kən'suːm] *v/t* consumir
con·sum·er [kən'suːmər] (*purchaser*) consumidor(a) *m*(*f*)
con·sum·er 'con·fi·dence confianza *f* de los consumidores; **con'sum·er goods** *npl* bienes *mpl* de consumo; **con'sum·er so·ci·e·ty** sociedad *f* de consumo
con·sump·tion [kən'sʌmpʃn] consumo *m*
con·tact ['kɑːntækt] **1** *n* contacto; ***keep in ~ with s.o.*** mantenerse en contacto con alguien; ***come into ~ with s.o.*** entrar en contacto con alguien **2** *v/t* contactar con, ponerse en contacto con
'con·tact lens lentes *fpl* de contacto, *Span* lentillas *fpl*
'con·tact num·ber número *m* de contacto
con·ta·gious [kən'teɪdʒəs] *adj also fig* contagioso
con·tain [kən'teɪn] *v/t* (*hold, hold back*) contener; ***~ o.s.*** contenerse
con·tain·er [kən'teɪnər] (*recipient*) recipiente *m*; COM contenedor *m*
con'tain·er ship buque *m* de transporte de contenedores
con·tam·i·nate [kən'tæmɪneɪt] *v/t* contaminar
con·tam·i·na·tion [kəntæmɪ'neɪʃn] contaminación *f*
con·tem·plate ['kɑːntəmpleɪt] *v/t* contemplar
con·tem·po·ra·ry [kən'tempərerɪ] **1** *adj* contemporáneo **2** *n* contemporáneo(-a) *m*(*f*)
con·tempt [kən'tempt] desprecio *m*, desdén *m*; ***be beneath ~*** ser despreciable
con·temp·ti·ble [kən'temptəbl] *adj* despreciable
con·temp·tu·ous [kən'temptʃʊəs] *adj* despectivo
con·tend [kən'tend] *v/i*: ***~ for ...*** competir por …; ***~ with*** enfrentarse a
con·tend·er [kən'tendər] SP, POL contendiente *m/f*; *against champion* aspirante *m/f*
con·tent[1] ['kɑːntent] *n* contenido *m*
con·tent[2] [kən'tent] **1** *adj* satisfecho; ***I'm quite ~ to sit here*** me contento con sentarme aquí **2** *v/t*: ***~ o.s. with*** contentarse con
con·tent·ed [kən'tentɪd] *adj* satisfecho
con·ten·tion [kən'tenʃn] (*assertion*) argumento *m*; ***be in ~ for*** tener posibilidades de ganar
con·ten·tious [kən'tenʃəs] *adj* polémico
con·tent·ment [kən'tentmənt] satisfacción *f*
con·tents ['kɑːntents] *npl of house, letter, bag etc* contenido *m*; *list*: *in book* tabla *f* de contenidos
con·test[1] ['kɑːntest] *n* (*competition*) concurso *m*; (*struggle, for power*) lucha *f*
con·test[2] [kən'test] *v/t leadership etc* presentarse como candidato a; *decision, will* impugnar
con·tes·tant [kən'testənt] concursante *m/f*; *in competition* competidor(a) *m*(*f*)
con·text ['kɑːntekst] contexto *m*; ***look at sth in ~ / out of ~*** examinar algo en contexto / fuera de contexto
con·ti·nent ['kɑːntɪnənt] *n* continente *m*
con·ti·nen·tal [kɑːntɪ'nentl] *adj* continental
con·tin·gen·cy [kən'tɪndʒənsɪ] contingencia *f*, eventualidad *f*
con·tin·u·al [kən'tɪnjʊəl] *adj* continuo
con·tin·u·al·ly [kən'tɪnjʊəlɪ] *adv* continuamente
con·tin·u·a·tion [kəntɪnjʊ'eɪʃn]

continuación *f*

con·tin·ue [kən'tɪnjuː] **1** *v/t* continuar; ***to be ~d*** continuará; ***he ~d to drink*** continuó bebiendo **2** *v/i* continuar

con·ti·nu·i·ty [kɑːntɪ'njuːətɪ] continuidad *f*

con·tin·u·ous [kən'tɪnjʊəs] *adj* continuo

con·tin·u·ous·ly [kən'tɪnjʊəslɪ] *adv* continuamente, ininterrumpidamente

con·tort [kən'tɔːrt] *v/t face* contraer; *body* contorsionar

con·tour ['kɑːntʊr] contorno *m*

con·tra·cep·tion [kɑːntrə'sepʃn] anticoncepción *f*

con·tra·cep·tive [kɑːntrə'septɪv] *n* (*device, pill*) anticonceptivo *m*

con·tract[1] ['kɑːntrækt] *n* contrato *m*

con·tract[2] [kən'trækt] **1** *v/i* (*shrink*) contraerse **2** *v/t illness* contraer

con·trac·tor [kən'træktər] contratista *m/f*; ***building ~*** constructora *f*

con·trac·tu·al [kən'træktʊəl] *adj* contractual

con·tra·dict [kɑːntrə'dɪkt] *v/t statement* desmentir; *person* contradecir

con·tra·dic·tion [kɑːntrə'dɪkʃn] contradicción *f*

con·tra·dic·to·ry [kɑːntrə'dɪktərɪ] *adj account* contradictorio

con·trap·tion [kən'træpʃn] F artilugio *m* F

con·trar·y[1] ['kɑːntrərɪ] **1** *adj* contrario; ***~ to*** al contrario de **2** *n*: ***on the ~*** al contrario

con·tra·ry[2] [kən'trerɪ] *adj* (*perverse*) difícil

con·trast **1** *n* ['kɑːntræst] contraste *m*; ***by ~*** por contraste **2** *v/t & v/i* [kən'træst] contrastar

con·trast·ing [kən'træstɪŋ] *adj* opuesto

con·tra·vene [kɑːntrə'viːn] *v/t* contravenir

con·trib·ute [kən'trɪbjuːt] **1** *v/i* contribuir (***to*** a) **2** *v/t money, time, suggestion* contribuir con, aportar

con·tri·bu·tion [kɑːntrɪ'bjuːʃn] *money* contribución *f*; *to political party, church* donación *f*; *of time, effort, to debate* contribución *f*, aportación *f*; *to magazine* colaboración *f*

con·trib·u·tor [kən'trɪbjʊtər] *of money* donante *m/f*; *to magazine* colaborador(a) *m(f)*

con·trol [kən'troʊl] **1** *n* control *m*; ***take / lose ~ of*** tomar / perder el control de; ***lose ~ of o.s.*** perder el control; ***circumstances beyond our ~*** circunstancias ajenas a nuestra voluntad; ***be in ~ of*** controlar; ***we're in ~ of the situation*** tenemos la situación controlada *or* bajo control; ***get out of ~*** descontrolarse; ***under ~*** bajo control; ***~s*** *of aircraft, vehicle* controles *mpl*; (*restrictions*) controles *mpl* **2** *v/t* (*pret & pp* ***-led***) (*govern*) controlar, dominar; (*restrict, regulate*) controlar; ***~ o.s.*** controlarse

con'trol cen·ter, *Br* **con'trol cen·tre** centro *m* de control

con'trol freak F *persona obsesionada con controlar todo*

con·trolled 'sub·stance [kən'troʊld] estupefaciente *m*

con·trol·ling 'in·ter·est [kən'troʊlɪŋ] FIN participación *f* mayoritaria, interés *m* mayoritario

con'trol pan·el panel *m* de control

con'trol tow·er torre *f* de control

con·tro·ver·sial [kɑːntrə'vɜːrʃl] *adj* polémico, controvertido

con·tro·ver·sy ['kɑːntrəvɜːrsɪ] polémica *f*, controversia *f*

con·va·lesce [kɑːnvə'les] *v/i* convalecer

con·va·les·cence [kɑːnvə'lesns] convalecencia *f*

con·vene [kən'viːn] *v/t* convocar

con·ve·ni·ence [kən'viːnɪəns] conveniencia *f*; ***at your / my ~*** a su / mi conveniencia; ***all (modern) ~s*** todas las comodidades

con've·ni·ence food comida *f* preparada

con've·ni·ence store tienda *f* de barrio

con·ve·ni·ent [kən'viːnɪənt] *adj location, device* conveniente; *time,* *arrangement* oportuno; ***it's very ~ living so near the office*** vivir cerca de la oficina es muy cómodo; ***the apartment is ~ for the station*** el apartamento está muy cerca de la estación; ***I'm afraid Monday isn't ~*** me temo que el lunes no me va bien

con•ve•ni•ent•ly [kən'viːnɪəntlɪ] *adv* convenientemente; ***~ located for theaters*** situado cerca de los teatros

con•vent ['kaːnvənt] convento *m*

con•ven•tion [kən'venʃn] (*tradition*) convención *f*; (*meeting*) congreso *m*

con•ven•tion•al [kən'venʃnl] *adj* convencional

con'ven•tion cen•ter, *Br* **con'ven•tion cen•tre** palacio *m* de congresos

con•ven•tion•eer [kən'venʃnɪr] congresista *m/f*

♦**con•verge on** [kən'vɜːrdʒ] *v/t* converger en

con•ver•sant [kən'vɜːrsənt] *adj*: ***be ~ with*** estar familiarizado con

con•ver•sa•tion [kaːnvər'seɪʃn] conversación *f*; ***make ~*** conversar; ***have a ~*** mantener una conversación

con•ver•sa•tion•al [kaːnvər'seɪʃnl] *adj* coloquial

con•verse ['kaːnvɜːrs] *n* (*opposite*): ***the ~*** lo opuesto

con•verse•ly [kən'vɜːrslɪ] *adv* por el contrario

con•ver•sion [kən'vɜːrʃn] conversión *f*

con'ver•sion ta•ble tabla *f* de conversión

con•vert **1** *n* ['kaːnvɜːrt] converso(-a) *m*(*f*) (***to*** a) **2** *v/t* [kən'vɜːrt] convertir

con•ver•ti•ble [kən'vɜːrtəbl] *n car* descapotable *m*

con•vey [kən'veɪ] *v/t* (*transmit*) transmitir; (*carry*) transportar

con•vey•or belt [kən'veɪər] cinta *f* transportadora

con•vict **1** *n* ['kaːnvɪkt] convicto(-a) *m*(*f*) **2** *v/t* [kən'vɪkt] LAW: ***~ s.o. of sth*** declarar a alguien culpable de algo

con•vic•tion [kən'vɪkʃn] LAW condena *f*; (*belief*) convicción *f*

con•vince [kən'vɪns] *v/t* convencer: ***I'm ~d he's lying*** estoy convencido de que miente

con•vinc•ing [kən'vɪnsɪŋ] *adj* convincente

con•viv•i•al [kən'vɪvɪəl] *adj* (*friendly*) agradable

con•voy ['kaːnvɔɪ] *of ships, vehicles* convoy *m*

con•vul•sion [kən'vʌlʃn] MED convulsión *f*

cook [kʊk] **1** *n* cocinero(-a) *m*(*f*); ***I'm a good ~*** soy un buen cocinero, cocino bien **2** *v/t* cocinar; ***a ~ed meal*** una comida caliente **3** *v/i* cocinar

'cook•book libro *m* de cocina

cook•e•ry ['kʊkərɪ] cocina *f*

cook•ie ['kʊkɪ] galleta *f*

cook•ing ['kʊkɪŋ] *food* cocina *f*

cool [kuːl] **1** *n*: ***keep one's ~*** F mantener la calma; ***lose one's ~*** F perder la calma **2** *adj weather, breeze* fresco; *drink* frío; (*calm*) tranquilo, sereno; (*unfriendly*) frío; P (*great*) *Span* guay P, *L.Am.* chévere P, *Mex* padre P, *Rpl* copante P **3** *v/i of food, interest* enfriarse; *of tempers* calmarse **4** *v/t*: ***~ it*** F cálmate

♦**cool down** **1** *v/i* enfriarse; *of weather* refrescar; *fig*: *of tempers* calmarse, tranquilizarse **2** *v/t food* enfriar; *fig* calmar, tranquilizar

cool•ing-'off pe•ri•od fase *f* de reflexión

co•op•e•rate [koʊ'aːpəreɪt] *v/i* cooperar

co•op•e•ra•tion [koʊaːpə'reɪʃn] cooperación *f*

co•op•e•ra•tive [koʊ'aːpərətɪv] **1** *n* COM cooperativa *f* **2** *adj* COM conjunto; (*helpful*) cooperativo

co•or•di•nate [koʊ'ɔːrdɪneɪt] *v/t activities* coordinar

co•or•di•na•tion [koʊɔːrdɪ'neɪʃn] coordinación *f*

cop [kaːp] *n* F poli *m/f* F

cope [koʊp] *v/i* arreglárselas; ***~ with***

poder con
cop·i·er ['kɑːpɪər] *machine* fotocopiadora *f*
co·pi·lot ['koupaɪlət] copiloto *m/f*
co·pi·ous ['koupɪəs] *adj* copioso
cop·per ['kɑːpər] *n metal* cobre *m*
cop·y ['kɑːpɪ] **1** *n* copia *f*; *of book* ejemplar *m*; *of record, CD* copia *f*; (*written material*) texto *m*; ***make a ~ of a file*** COMPUT hacer una copia de un archivo **2** *v/t* (*pret & pp* ***-ied***) copiar
'**cop·y cat** F copión (-ona) *m*(*f*) F, copiota *m/f* F; '**cop·y·cat crime** *delito inspirado en otro*; '**cop·y·right** *n* copyright *m*, derechos *mpl* de reproducción; '**cop·y-writ·er** *in advertising* creativo(-a) *m*(*f*) (*de publicidad*)
cor·al ['kɑːrəl] coral *m*
cord [kɔːrd] (*string*) cuerda *f*, cordel *m*; (*cable*) cable *m*
cor·di·al ['kɔːrdʒəl] *adj* cordial
cord·less '**phone** ['kɔːrdlɪs] teléfono *m* inalámbrico
cor·don ['kɔːrdn] cordón *m*
♦ **cordon off** *v/t* acordonar
cords [kɔːrdz] *npl pants* pantalones *mpl* de pana
cor·du·roy ['kɔːrdərɔɪ] pana *f*
core [kɔːr] **1** *n of fruit* corazón *m*; *of problem* meollo *m*; *of organization, party* núcleo *m* **2** *v/t fruit* sacar el corazón a **3** *adj issue, meaning* central
co·ri·an·der ['kɑːrɪændər] cilantro *m*
cork [kɔːrk] *in bottle* (tapón *m* de) corcho *m*; *material* corcho *m*
'**cork·screw** *n* sacacorchos *m inv*
corn [kɔːrn] *grain* maíz *m*
cor·ner ['kɔːrnər] **1** *n of page, street* esquina *f*; *of room* rincón *m*; (*bend: on road*) curva *f*; *in soccer* córner *m*, saque *m* de esquina; ***in the ~*** en el rincón; ***I'll meet you on the ~*** te veré en la esquina **2** *v/t person* arrinconar; ***~ a market*** monopolizar un mercado **3** *v/i of driver, car* girar
'**cor·ner kick** *in soccer* saque *m* de esquina, córner *m*
'**corn·flakes** *npl* copos *mpl* de maíz
'**corn·starch** harina *f* de maíz
corn·y ['kɔːrnɪ] *adj* F (*sentimental*) cursi F; *joke* manido
cor·o·na·ry ['kɑːrənerɪ] **1** *adj* coronario **2** *n* infarto *m* de miocardio
cor·o·ner ['kɑːrənər] *oficial encargado de investigar muertes sospechosas*
cor·po·ral ['kɔːrpərəl] *n* cabo *m/f*
cor·po·ral '**pun·ish·ment** castigo *m* corporal
cor·po·rate ['kɔːrpərət] *adj* COM corporativo, de empresa; ***~ image*** imagen *f* corporativa; ***~ loyalty*** lealtad *f* a la empresa
cor·po·ra·tion [kɔːrpə'reɪʃn] (*business*) sociedad *f* anónima
corps [kɔːr] *nsg* cuerpo *m*
corpse [kɔːrps] cadáver *m*
cor·pu·lent ['kɔːrpjʊlənt] *adj* corpulento
cor·pus·cle ['kɔːrpʌsl] corpúsculo *m*
cor·ral [kə'ræl] *n* corral *m*
cor·rect [kə'rekt] **1** *adj* correcto; *time* exacto; ***you are ~*** tiene razón **2** *v/t* corregir
cor·rec·tion [kə'rekʃn] corrección *f*
cor·rect·ly [kə'rektlɪ] *adv* correctamente
cor·re·spond [kɑːrɪ'spɑːnd] *v/i* (*match*) corresponderse; ***~ to*** corresponder a; ***~ with*** corresponderse con; (*write letters*) mantener correspondencia con
cor·re·spon·dence [kɑːrɪ'spɑːndəns] (*matching*) correspondencia *f*, relación *f*; (*letters*) correspondencia *f*
cor·re·spon·dent [kɑːrɪ'spɑːndənt] (*letter writer*) correspondiente *m/f*; (*reporter*) corresponsal *m/f*
cor·re·spon·ding [kɑːrɪ'spɑːndɪŋ] *adj* (*equivalent*) correspondiente
cor·ri·dor ['kɔːrɪdər] *in building* pasillo *m*
cor·rob·o·rate [kə'rɑːbəreɪt] *v/t* corroborar
cor·rode [kə'roud] **1** *v/t* corroer **2** *v/i* corroerse
cor·ro·sion [kə'rouʒn] corrosión *f*

cor·ru·gated 'card·board ['kɑːrəgeɪtɪd] cartón *m* ondulado
cor·ru·gated 'i·ron chapa *f* ondulada
cor·rupt [kə'rʌpt] **1** *adj* corrupto; COMPUT corrompido **2** *v/t* corromper; (*bribe*) sobornar
cor·rup·tion [kə'rʌpʃn] corrupción *f*
cos·met·ic [kɑːz'metɪk] *adj* cosmético; *fig* superficial
cos·met·ics [kɑːz'metɪks] *npl* cosméticos *mpl*
cos·met·ic 'sur·geon especialista *m/f* en cirugía estética
cos·met·ic 'sur·ger·y cirugía *f* estética
cos·mo·naut ['kɑːzmənɒːt] cosmonauta *m/f*
cos·mo·pol·i·tan [kɑːzmə'pɑːlɪtən] *adj city* cosmopolitano
cost¹ [kɑːst] **1** *n also fig* costo *m*, *Span* coste *m*; ***at all ~s*** cueste lo que cueste; ***I've learnt to my ~*** por desgracia he aprendido **2** *v/t* (*pret & pp* ***cost***) *money, time* costar; ***how much does it ~?*** ¿cuánto cuesta?
cost² [kɑːst] *v/t* (*pret & pp* ***-ed***) FIN *proposal, project* estimar el costo de
cost and 'freight COM costo *or Span* coste y flete
Cos·ta Ri·ca ['kɑːstə'riːkə] *n* Costa Rica
Cos·ta Ri·can ['kɑːstə'riːkən] **1** *adj* costarricense **2** *n* costarricense *m/f*
'cost-con·scious *adj* consciente del costo *or Span* coste; **'cost-ef·fec·tive** *adj* rentable; **'cost, in·sur·ance, freight** COM costo *or Span* coste, seguro y flete
cost·ly ['kɑːstlɪ] *adj mistake* caro
cost of 'liv·ing costo *m or Span* coste *m* de la vida
cost 'price precio *m* de costo *or Span* coste
cos·tume ['kɑːstuːm] *for actor* traje *m*
cos·tume 'jew·el·lery *Br*, **costume 'jew·el·ry** bisutería *f*
'cos·y *Br* → ***cozy***
cot [kɑːt] (*camp-bed*) catre *m*
cott·age ['kɑːtɪdʒ] casa *f* de campo, casita *f*
cot·tage 'cheese queso *m* fresco
cot·ton ['kɑːtn] **1** *n* algodón *m* **2** *adj* de algodón
♦**cotton on** *v/i* F darse cuenta
♦**cotton on to** *v/t* F darse cuenta de
♦**cotton to** *v/t* F: ***I never cottoned to her*** nunca me cayó bien
cot·ton 'can·dy algodón *m* dulce
cot·ton 'wool *Br* algodón *m* (hidrófilo)
couch [kaʊʧ] *n* sofá *m*
'couch po·ta·to F teleadicto(-a) *m(f)* F
cou·chette [kuː'ʃet] litera *f*
cough [kɑːf] **1** *n* tos *f*; *to get attention* carraspeo *m* **2** *v/i* toser; *to get attention* carraspear
♦**cough up 1** *v/t blood etc* toser; F *money* soltar, *Span* apoquinar F **2** *v/i* F (*pay*) soltar dinero, *Span* apoquinar F
'cough med·i·cine, 'cough syr·up jarabe *m* para la tos
could [kʊd] **1** *v/aux*: ***~ I have my key?*** ¿me podría dar la llave?; ***~ you help me?*** ¿me podrías ayudar?; ***this ~ be our bus*** puede que éste sea nuestro autobús; ***you ~ be right*** puede que tengas razón; ***I ~n't say for sure*** no sabría decirlo con seguridad; ***he ~ have got lost*** a lo mejor se ha perdido; ***you ~ have warned me!*** ¡me podías haber avisado! **2** *pret* → ***can***
coun·cil ['kaʊnsl] *n* (*assembly*) consejo *m*
'coun·cil·man concejal *m*
coun·cil·or ['kaʊnsələr] concejal(a) *m(f)*
coun·sel ['kaʊnsl] **1** *n* (*advice*) consejo *m*; (*lawyer*) abogado(-a) *m(f)* **2** *v/t course of action* aconsejar; *person* ofrecer apoyo psicológico a
coun·sel·ing, *Br* **coun·sel·ling** ['kaʊnslɪŋ] apoyo *m* psicológico
coun·sel·lor *Br*, **coun·sel·or** ['kaʊnslər] (*adviser*) consejero(-a) *m(f)*; *of student* orientador(a) *m(f)*; LAW abogado(-a) *m(f)*
count¹ [kaʊnt] **1** *n* (*number arrived

C

at) cuenta *f*; (*action of ~ing*) recuento *m*; *in baseball, boxing* cuenta *f*; ***what is your ~?*** ¿cuántos has contado?; ***keep ~ of*** llevar la cuenta de; ***lose ~ of*** perder la cuenta de; ***at the last ~*** en el último recuento **2** *v/i to ten etc* contar; (*be important*) contar; (*qualify*) contar, valer **3** *v/t* contar

♦ **count on** *v/t* contar con

count² [kaʊnt] *nobleman* conde *m*

ˈ**count·down** cuenta *f* atrás

coun·te·nance [ˈkaʊntənəns] *v/t* tolerar

coun·ter¹ [ˈkaʊntər] *n in shop* mostrador *m*; *in café* barra *f*; *in game* ficha *f*

coun·ter² [ˈkaʊntər] **1** *v/t* contrarrestar **2** *v/i* (*retaliate*) responder

coun·ter³ [ˈkaʊntər] *adv*: ***run ~ to*** estar en contra de

ˈ**coun·ter·act** *v/t* contrarrestar

coun·ter-atˈ**tack** **1** *n* contraataque *m* **2** *v/i* contraatacar

ˈ**coun·terbal·ance** **1** *n* contrapeso *m* **2** *v/t* contrarrestar, contrapesar

coun·terˈ**clock·wise** *adv* en sentido contrario al de las agujas del reloj

coun·terˈ**es·pi·o·nage** contraespionaje *m*

coun·ter·feit [ˈkaʊntərfɪt] **1** *v/t* falsificar **2** *adj* falso

ˈ**coun·ter·part** (*person*) homólogo(-a) *m*(*f*)

coun·ter·proˈ**duc·tive** *adj* contraproducente

ˈ**coun·ter·sign** *v/t* refrendar

coun·tess [ˈkaʊntes] condesa *f*

count·less [ˈkaʊntlɪs] *adj* incontables

coun·try [ˈkʌntrɪ] *n* (*nation*) país *m*; *as opposed to town* campo *m*; ***in the ~*** en el campo

coun·try and ˈ**west·ern** MUS música *f* country; ˈ**coun·try·man** (*fellow ~*) compatriota *m*; ˈ**coun·try·side** campo *m*

coun·ty [ˈkaʊntɪ] condado *m*

coup [ku:] POL golpe *m* (de Estado); *fig* golpe *m* de efecto

cou·ple [ˈkʌpl] *n* pareja *f*; ***just a ~*** un par; ***a ~ of*** un par de

cou·pon [ˈku:pɑ:n] cupón *m*

cour·age [ˈkʌrɪdʒ] valor *m*, coraje *m*

cou·ra·geous [kəˈreɪdʒəs] *adj* valiente

cou·ra·geous·ly [kəˈreɪdʒəslɪ] *adv* valientemente

cou·ri·er [ˈkʊrɪr] (*messenger*) mensajero(-a) *m*(*f*); *with tourist party* guía *m*/*f*

course [kɔ:rs] *n* (*series of lessons*) curso *m*; (*part of meal*) plato *m*; *of ship, plane* rumbo *m*; *for horse race* circuito *m*; *for golf* campo *m*; *for skiing, marathon* recorrido *m*; ***change ~*** *of ship, plane* cambiar de rumbo; ***of ~*** (*certainly*) claro, por supuesto; (*naturally*) por supuesto; ***of ~ not*** claro que no; ***~ of action*** táctica *f*; ***~ of treatment*** tratamiento *m*; ***in the ~ of ...*** durante ...

court [kɔ:rt] *n* LAW tribunal *m*; (*courthouse*) palacio *m* de justicia; SP pista *f*, cancha *f*; ***take s.o. to ~*** llevar a alguien a juicio

ˈ**court case** proceso *m*, causa *f*

cour·te·ous [ˈkɜ:rtɪəs] *adj* cortés

cour·te·sy [ˈkɜ:rtəsɪ] cortesía *f*

ˈ**court·house** palacio *m* de justicia; **court** ˈ**mar·tial** **1** *n* consejo *m* de guerra **2** *v/t* formar un consejo de guerra a; ˈ**court or·der** orden *f* judicial; ˈ**court·room** sala *f* de juicios; ˈ**court·yard** patio *m*

cous·in [ˈkʌzn] primo(-a) *m*(*f*)

cove [koʊv] (*small bay*) cala *f*

cov·er [ˈkʌvər] **1** *n protective* funda *f*; *of book, magazine* portada *f*; (*shelter*) protección *f*; (*insurance*) cobertura *f*; ***~s*** *for bed* manta y sábanas *fpl*; ***we took ~ from the rain*** nos pusimos a cubierto de la lluvia **2** *v/t* cubrir

♦ **cover up** **1** *v/t* cubrir; *scandal* encubrir **2** *v/i* disimular; ***cover up for s.o.*** encubrir a alguien

cov·er·age [ˈkʌvərɪdʒ] *by media* cobertura *f* informativa

cov·er·ing let·ter [ˈkʌvrɪŋ] carta *f*

cov·ert [koʊˈvɜ:rt] *adj* encubierto

ˈ**cov·er-up** encubrimiento *m*

cow [kaʊ] vaca *f*

C

cow•ard ['kaʊərd] cobarde *m/f*
cow•ard•ice ['kaʊərdɪs] cobardía *f*
cow•ard•ly ['kaʊərdlɪ] *adj* cobarde
'**cow•boy** vaquero *m*
cow•er ['kaʊər] *v/i* agacharse, amilanarse
co-work•er ['koʊwɜːrkər] compañero(a) *m*(*f*) de trabajo
coy [kɔɪ] *adj* (*evasive*) evasivo; (*flirtatious*) coqueto
co•zy ['koʊzɪ] *adj room* acogedor; *job* cómodo
CPU [siːpiː'juː] *abbr* (= ***central processing unit***) CPU *f* (= unidad *f* central de proceso)
crab [kræb] *n* cangrejo *m*
crack [kræk] **1** *n* grieta *f*; *in cup, glass* raja *f*; (*joke*) chiste *m* (malo) **2** *v/t cup, glass* rajar; *nut* cascar; *code* descifrar; F (*solve*) resolver; ***~ a joke*** contar un chiste **3** *v/i* rajarse; ***get ~ing*** F poner manos a la obra F
♦ **crack down on** *v/t* castigar severamente
♦ **crack up** *v/i* sufrir una crisis nerviosa; F (*laugh*) desternillarse F
'**crack•brained** *adj* F chiflado F
'**crack•down** medidas *fpl* severas
cracked [krækt] *adj cup, glass* rajado; F (*crazy*) chiflado F
crack•er ['krækər] *to eat* galleta *f* salada
crack•le ['krækl] *v/i of fire* crepitar
cra•dle ['kreɪdl] *n for baby* cuna *f*
craft[1] [kræft] NAUT embarcación *f*
craft[2] [kræft] (*skill*) arte *m*; (*trade*) oficio *m*
crafts•man ['kræftsmən] artesano *m*
craft•y ['kræftɪ] *adj* astuto
crag [kræg] *rock* peñasco *m*, risco *m*
cram [kræm] *v/t* (*pret & pp **-med***) embutir
cramp [kræmp] *n* calambre *m*; ***stomach ~*** retorcijón *m*
cramped [kræmpt] *adj room* pequeño
cramps [kræmps] *npl* calambre *m*; ***stomach ~*** retorcijón *m*
cran•ber•ry ['krænberɪ] arándano *m* agrio
crane [kreɪn] **1** *n machine* grúa *f* **2** *v/t*: ***~ one's neck*** estirar el cuello
crank [kræŋk] *n person* maniático(-a) *m*(*f*), persona *f* rara
'**crank•shaft** cigüeñal *m*
crank•y ['kræŋkɪ] *adj* (*bad-tempered*) gruñón
crap [kræp] P **1** *n* (*excrement*) mierda *f* P; (*nonsense*) *Span* gilipolleces *fpl* P, *L.Am.* pendejadas *fpl* P, *Rpl* boludeces *fpl* P; (*poor quality item*) mierda *f* P **2** *v/i* (*defecate*) cagar V
crash [kræʃ] **1** *n noise* estruendo *m*, estrépito *m*; *accident* accidente *m*; COM quiebra *f*, crac *m*; COMPUT bloqueo *m*; ***a ~ of thunder*** un trueno **2** *v/i of car, airplane* estrellarse (***into*** con *or* contra); *of thunder* sonar; COM *of market* hundirse, desplomarse; COMPUT bloquearse, colgarse; F (*sleep*) dormir, *Span* sobar F; ***the waves ~ed onto the shore*** las olas chocaban contra la orilla; ***the vase ~ed to the ground*** el jarrón se cayó con estruendo **3** *v/t car* estrellar
♦ **crash out** *v/i* F (*fall asleep*) dormirse, *Span* quedarse sobado
'**crash bar•ri•er** quitamiedos *m inv*; '**crash course** curso *m* intensivo; '**crash di•et** dieta *f* drástica; '**crash hel•met** casco *m* protector; '**crash-land** *v/i* realizar un aterrizaje forzoso; '**crash** '**land•ing** aterrizaje *m* forzoso
crate [kreɪt] (*packing case*) caja *f*
cra•ter ['kreɪtər] *of volcano* cráter *m*
crave [kreɪv] *v/t* ansiar
crav•ing ['kreɪvɪŋ] ansia *f*, deseo *m*; *of pregnant woman* antojo *m*; ***I have a ~ for …*** me apetece muchísimo …
crawl [krɒːl] **1** *n in swimming* crol *m*; ***at a ~*** (*very slowly*) muy lentamente **2** *v/i on floor* arrastrarse; *of baby* andar a gatas; (*move slowly*) avanzar lentamente
♦ **crawl with** *v/t* estar abarrotado de
cray•fish ['kreɪfɪʃ] *freshwater* cangrejo *m* de río; *saltwater* langosta *f*
cray•on ['kreɪɑːn] *n* lápiz *m* de color
craze [kreɪz] locura *f* (***for*** de); ***the latest ~*** la última locura *or* moda

C

cra•zy ['kreɪzɪ] *adj* loco; ***be ~ about*** estar loco por
creak [kriːk] **1** *n of hinge, door* chirrido *m*; *of floor* crujido *m* **2** *v/i of hinge, door* chirriar; *of floor, shoes* crujir
creak•y ['kriːkɪ] *adj hinge, door* que chirria; *floor, shoes* que cruje
cream [kriːm] **1** *n for skin* crema *f*; *for coffee, cake* nata *f*; (*color*) crema *m* **2** *adj* crema
cream 'cheese queso *m* blanco para untar
cream•er ['kriːmər] (*pitcher*) jarra *f* para la nata; *for coffee* leche *f* en polvo
cream•y ['kriːmɪ] *adj* (*with lots of cream*) cremoso
crease [kriːs] **1** *n accidental* arruga *f*; *deliberate* raya *f* **2** *v/t accidentally* arrugar
cre•ate [kriː'eɪt] *v/t & v/i* crear
cre•a•tion [kriː'eɪʃn] creación *f*
cre•a•tive [kriː'eɪtɪv] *adj* creativo
cre•a•tor [kriː'eɪtər] creador(a) *m*(*f*); (*founder*) fundador(a) *m*(*f*); ***the Creator*** REL el Creador
crea•ture ['kriːʧər] *animal, person* criatura *f*
crèche [kreʃ] *for children* guardería *f* (infantil); REL nacimiento *m*, belén *m*
cred•i•bil•i•ty [kredə'bɪlətɪ] credibilidad *f*
cred•i•ble ['kredəbl] *adj* creíble
cred•it ['kredɪt] **1** *n* FIN, (*honor*) crédito *m*; ***be in ~*** tener un saldo positivo; ***get the ~ for sth*** recibir reconocimiento por algo **2** *v/t* (*believe*) creer; ***~ an amount to an account*** abonar una cantidad en una cuenta
cred•i•ta•ble ['kredɪtəbl] *adj* estimable, honorable
'cred•it card tarjeta *f* de crédito
'cred•it lim•it límite *m* de crédito
cred•i•tor ['kredɪtər] acreedor(a) *m*(*f*)
'cred•it•wor•thy *adj* solvente
cred•u•lous ['kredʊləs] *adj* crédulo
creed [kriːd] (*beliefs*) credo *m*
creek [kriːk] (*stream*) arroyo *m*
creep [kriːp] **1** *n pej* asqueroso(-a) *m*(*f*) **2** *v/i* (*pret & pp* ***crept***) moverse sigilosamente
creep•er ['kriːpər] BOT enredadera *f*
creeps [kriːps] *npl* F: ***the house / he gives me the ~*** la casa / él me pone la piel de gallina F
creep•y ['kriːpɪ] *adj* F espeluznante F
cre•mate [krɪ'meɪt] *v/t* incinerar
cre•ma•tion [krɪ'meɪʃn] incineración *f*
cre•ma•to•ri•um [kremə'tɔːrɪəm] crematorio *m*
crept [krept] *pret & pp* → ***creep***
cres•cent ['kresənt] *n shape* medialuna *f*; ***~ moon*** cuarto *m* creciente
crest [krest] *of hill* cima *f*; *of bird* cresta *f*
crest•fal•len *adj* abatido
crev•ice ['krevɪs] grieta *f*
crew [kruː] *n of ship, airplane* tripulación *f*; *of repairmen etc* equipo *m*; (*crowd, group*) grupo *m*, pandilla *f*
'crew cut rapado *m*
'crew neck cuello *m* redondo
crib [krɪb] *n for baby* cuna *f*
crick [krɪk]: ***have a ~ in the neck*** tener tortícolis
crick•et ['krɪkɪt] *insect* grillo *m*
crime [kraɪm] (*offense*) delito *m*; *serious, also fig* crimen *m*
crim•i•nal ['krɪmɪnl] **1** *n* delincuente *m/f*, criminal *m/f* **2** *adj* (*relating to crime*) criminal; (LAW: *not civil*) penal; (*shameful*) vergonzoso; *act* delictivo; ***it's ~*** (*shameful*) es un crimen
crim•son ['krɪmzn] *adj* carmesí
cringe [krɪndʒ] *v/i with embarrassment* sentir vergüenza
crip•ple ['krɪpl] **1** *n* (*disabled person*) inválido(-a) *m*(*f*) **2** *v/t person* dejar inválido; *fig*: *country, industry* paralizar
cri•sis ['kraɪsɪs] (*pl* ***crises*** ['kraɪsiːz]) crisis *f inv*
crisp [krɪsp] *adj weather, air* fresco; *lettuce, apple, bacon* crujiente; *new shirt, bills* flamante
cri•te•ri•on [kraɪ'tɪrɪən] (*standard*) criterio *m*

C

crit•ic ['krɪtɪk] crítico(-a) *m(f)*
crit•i•cal ['krɪtɪkl] *adj* (*making criticisms, serious*) crítico; *moment etc* decisivo
crit•i•cal•ly ['krɪtɪklɪ] *adv speak etc* en tono de crítica; ~ ***ill*** en estado crítico
crit•i•cism ['krɪtɪsɪzm] crítica *f*
crit•i•cize ['krɪtɪsaɪz] *v/t* criticar
croak [kroʊk] **1** *n of frog* croar *m* **2** *v/i of frog* croar
cro•chet ['kroʊʃeɪ] **1** *n* ganchillo *m* **2** *v/t* hacer a ganchillo
crock•e•ry ['krɑːkərɪ] vajilla *f*
croc•o•dile ['krɑːkədaɪl] cocodrilo *m*
cro•cus ['kroʊkəs] azafrán *m*
cro•ny ['kroʊnɪ] F amiguete *m/f* F
crook [krʊk] *n* ladrón (-ona) *m(f)*; *dishonest trader* granuja *m/f*
crook•ed ['krʊkɪd] *adj* (*not straight*) torcido; (*dishonest*) deshonesto
crop [krɑːp] **1** *n also fig* cosecha *f*; *plant grown* cultivo *m* **2** *v/t* (*pret & pp* ***-ped***) *hair* cortar; *photo* recortar
♦ **crop up** *v/i* salir
cross [krɑːs] **1** *adj* (*angry*) enfadado, enojado **2** *n* cruz *f* **3** *v/t* (*go across*) cruzar; ~ ***o.s.*** REL santiguarse; ~ ***one's legs*** cruzar las piernas; ***keep one's fingers ~ed*** cruzar los dedos; ***it never ~ed my mind*** no se me ocurrió **4** *v/i* (*go across*) cruzar; *of lines* cruzarse, cortarse
♦ **cross off**, **cross out** *v/t* tachar
'**cross•bar** *of goal* larguero *m*; *of bicycle* barra *f*; *in high jump* listón *m*; '**cross•check 1** *n* comprobación *f* **2** *v/t* comprobar; **cross-coun•try** ('**ski•ing**) esquí *m* de fondo
crossed 'check, *Br* **crossed 'cheque** [krɑːst] cheque *m* cruzado
cross-ex•am•i'na•tion LAW interrogatorio *m*; **cross-ex'am•ine** *v/t* LAW interrogar; **cross-'eyed** *adj* bizco
cross•ing ['krɑːsɪŋ] NAUT travesía *f*
'**cross•roads** *nsg also fig* encrucijada *f*; '**cross-sec•tion** *of people* muestra *f* representativa; '**cross•walk** paso *m* de peatones; '**cross•word** (**puz•zle**) crucigrama *m*
crotch [krɑːtʃ] *of person, pants* entrepierna *f*
crouch [kraʊtʃ] *v/i* agacharse
crow [kroʊ] *n bird* corneja *f*; ***as the ~ flies*** en línea recta
'**crow•bar** palanca *f*
crowd [kraʊd] *n* multitud *f*, muchedumbre *f*; *at sports event* público *m*
crowd•ed ['kraʊdɪd] *adj* abarrotado (***with*** de)
crown [kraʊn] **1** *n on head, tooth* corona *f* **2** *v/t tooth* poner una corona a
cru•cial ['kruːʃl] *adj* crucial
cru•ci•fix ['kruːsɪfɪks] crucifijo *m*
cru•ci•fix•ion [kruːsɪ'fɪkʃn] crucifixión *f*
cru•ci•fy ['kruːsɪfaɪ] *v/t* (*pret & pp* ***-ied***) *also fig* crucificar
crude [kruːd] **1** *adj* (*vulgar*) grosero; (*unsophisticated*) primitivo **2** *n*: ~ (***oil***) crudo *m*
crude•ly ['kruːdlɪ] *adv speak* groseramente; *made* de manera primitiva
cru•el ['kruːəl] *adj* cruel (***to*** con)
cru•el•ty ['kruːəltɪ] crueldad *f* (***to*** con)
cruise [kruːz] **1** *n* crucero *m*; ***go on a ~*** ir de crucero **2** *v/i of people* hacer un crucero; *of car* ir a velocidad de crucero; *of plane* volar
'**cruise lin•er** transatlántico *m*
cruis•ing speed ['kruːzɪŋ] *of vehicle* velocidad *f* de crucero; *fig*: *of project etc* ritmo *m* normal
crumb [krʌm] miga *f*
crum•ble ['krʌmbl] **1** *v/t* desmigajar **2** *v/i of bread* desmigajarse; *of stonework* desmenuzarse; *fig*: *of opposition etc* desmoronarse
crum•bly ['krʌmblɪ] *adj cookie* que se desmigaja; *stonework* que se desmenuza
crum•ple ['krʌmpl] **1** *v/t* (*crease*) arrugar **2** *v/i* (*collapse*) desplomarse
crunch [krʌntʃ] **1** *n*: ***when it comes to the ~*** a la hora de la verdad **2** *v/i of snow, gravel* crujir
cru•sade [kruː'seɪd] *n also fig* cruzada *f*
crush [krʌʃ] **1** *n* (*crowd*) muche-

C

dumbre *f*; ***have a ~ on*** estar loco por **2** *v/t* aplastar; (*crease*) arrugar; ***they were ~ed to death*** murieron aplastados **3** *v/i* (*crease*) arrugarse
crust [krʌst] *on bread* corteza *f*
crust·y ['krʌstɪ] *adj bread* crujiente
crutch [krʌʧ] *walking aid* muleta *f*
cry [kraɪ] **1** *n* (*call*) grito *m*; ***have a ~*** llorar **2** *v/t* (*pret & pp* ***-ied***) (*call*) gritar **3** *v/i* (*pret & pp* ***-ied***) (*weep*) llorar
♦ **cry out** *v/t & v/i* gritar
♦ **cry out for** *v/t* (*need*) pedir a gritos
cryp·tic ['krɪptɪk] *adj* críptico
crys·tal ['krɪstl] cristal *m*
crys·tal·lize ['krɪstəlaɪz] **1** *v/t* cristalizar **2** *v/i* cristalizarse
cub [kʌb] cachorro *m*; *of bear* osezno *m*
Cu·ba ['kju:bə] Cuba
Cu·ban ['kju:bən] **1** *adj* cubano **2** *n* cubano(-a) *m*(*f*)
cube [kju:b] *shape* cubo *m*
cu·bic ['kju:bɪk] *adj* cúbico
cu·bic ca'pac·i·ty TECH cilindrada *f*
cu·bi·cle ['kju:bɪkl] (*changing room*) cubículo *m*
cu·cum·ber ['kju:kʌmbər] pepino *m*
cud·dle ['kʌdl] **1** *n* abrazo **2** *v/t* abrazar
cud·dly ['kʌdlɪ] *adj kitten etc* tierno
cue [kju:] *n for actor etc* pie *m*, entrada *f*; *for pool* taco *m*
cuff [kʌf] **1** *n of shirt* puño *m*; *of pants* vuelta *f*; (*blow*) cachete *m*; ***off the ~*** improvisado **2** *v/t* (*hit*) dar un cachete a
'cuff link gemelo *m*
cul-de-sac ['kʌldəsæk] callejón *m* sin salida
cu·li·nar·y ['kʌlɪnərɪ] *adj* culinario
cul·mi·nate ['kʌlmɪneɪt] *v/i* culminar (***in*** en)
cul·mi·na·tion [kʌlmɪ'neɪʃn] culminación *f*
cul·prit ['kʌlprɪt] culpable *m/f*
cult [kʌlt] (*sect*) secta *f*
cul·ti·vate ['kʌltɪveɪt] *v/t also fig* cultivar
cul·ti·vat·ed ['kʌltɪveɪtɪd] *adj person* culto
cul·ti·va·tion [kʌltɪ'veɪʃn] *of land* cultivo *m*
cul·tu·ral ['kʌlʧərəl] *adj* cultural
cul·ture ['kʌlʧər] *artistic* cultura *f*
cul·tured ['kʌlʧərd] *adj* (*cultivated*) culto
'cul·ture shock choque *m* cultural
cum·ber·some ['kʌmbərsəm] *adj* engorroso
cu·mu·la·tive ['kju:mjʊlətɪv] *adj* acumulativo
cun·ning ['kʌnɪŋ] **1** *n* astucia *f* **2** *adj* astuto
cup [kʌp] *n* taza *f*; *trophy* copa *f*
cup·board ['kʌbərd] armario *m*
'cup fi·nal final *f* de (la) copa
cu·po·la ['kju:pələ] cúpula *f*
cu·ra·ble ['kjʊrəbl] *adj* curable
cu·ra·tor [kjʊ'reɪtər] conservador(a) *m*(*f*)
curb [kɜ:rb] **1** *n of street* bordillo *m*; *on powers etc* freno *m* **2** *v/t* frenar
cur·dle ['kɜ:rdl] *v/i of milk* cortarse
cure [kjʊr] **1** *n* MED cura *f* **2** *v/t* MED, *meat* curar
cur·few ['kɜ:rfju:] toque *m* de queda
cu·ri·os·i·ty [kjʊrɪ'ɑ:sətɪ] (*inquisitiveness*) curiosidad *f*
cu·ri·ous ['kjʊrɪəs] *adj* (*inquisitive, strange*) curioso
cu·ri·ous·ly ['kjʊrɪəslɪ] *adv* (*inquisitively*) con curiosidad; (*strangely*) curiosamente; ~ ***enough*** curiosamente
curl [kɜ:rl] **1** *n in hair* rizo *m*; *of smoke* voluta **2** *v/t hair* rizar; (*wind*) enroscar **3** *v/i of hair* rizarse; *of leaf, paper etc* ondularse
♦ **curl up** *v/i* acurrucarse
curl·y ['kɜ:rlɪ] *adj hair* rizado; *tail* enroscado
cur·rant ['kʌrənt] (*dried fruit*) pasa *f* de Corinto
cur·ren·cy ['kʌrənsɪ] *money* moneda *f*; ***foreign ~*** divisas *fpl*
cur·rent ['kʌrənt] **1** *n in sea*, ELEC corriente *f* **2** *adj* (*present*) actual
'cur·rent ac·count *Br* cuenta *f* corriente; **cur·rent af'fairs** *npl* la actualidad; **cur·rent af'fairs program**, *Br* **cur·rent af'fairs pro-**

gramme programa *m* de actualidad; **cur•rent e'vents** *npl* la actualidad

cur•rent•ly ['kʌrəntlɪ] *adv* actualmente

cur•ric•u•lum [kə'rɪkjʊləm] plan *m* de estudios

cur•ric•u•lum vi•tae ['vi:taɪ] *Br* currículum *m* vitae

cur•ry ['kʌrɪ] curry *m*

curse [kɜːrs] **1** *n* (*spell*) maldición *f*; (*swearword*) palabrota *f* **2** *v/t* maldecir; (*swear at*) insultar **3** *v/i* (*swear*) decir palabrotas

cur•sor ['kɜːrsər] COMPUT cursor *m*

cur•so•ry ['kɜːrsərɪ] *adj* rápido, superficial

curt [kɜːrt] *adj* brusco, seco

cur•tail [kɜːr'teɪl] *v/t* acortar

cur•tain ['kɜːrtn] cortina *f*; THEA telón *m*

curve [kɜːrv] **1** *n* curva *f* **2** *v/i* (*bend*) curvarse

cush•ion ['kʊʃn] **1** *n for couch etc* cojín *m* **2** *v/t blow, fall* amortiguar

cus•tard ['kʌstərd] natillas *fpl*

cus•to•dy ['kʌstədɪ] *of children* custodia *f*; ***in ~*** LAW detenido

cus•tom ['kʌstəm] (*tradition*) costumbre *f*; COM clientela *f*; ***it's the ~ in France*** es costumbre en Francia; ***as was his ~*** como era costumbre en él

cus•tom•a•ry ['kʌstəmərɪ] *adj* acostumbrado, de costumbre; ***it is ~ to ...*** es costumbre ...

cus•tom-'built *adj* hecho de encargo

cus•tom•er ['kʌstəmər] cliente(-a) *m*(*f*)

cus•tom•er re'la•tions *npl* relaciones *fpl* con los clientes

cus•tom•er 'serv•ice atención *f* al cliente

cus•tom-'made *adj* hecho de encargo

cus•toms ['kʌstəmz] *npl* aduana *f*

'cus•toms clear•ance despacho *m* de aduanas; **'cus•toms in•spec•tion** inspección *f* aduanera; **'cus•toms of•fi•cer** funcionario(-a) *m*(*f*) de aduanas

cut [kʌt] **1** *n with knife etc, of garment* corte *m*; (*reduction*) recorte (***in*** de) **2** *v/t* (*pret & pp* ***cut***) cortar; (*reduce*) recortar; *hours* acortar; ***get one's hair ~*** cortarse el pelo; ***I've ~ my finger*** me he cortado el dedo

♦**cut back 1** *v/i in costs* recortar gastos **2** *v/t staff numbers* recortar

♦**cut down 1** *v/t tree* talar, cortar **2** *v/i in expenses* gastar menos; *in smoking / drinking* fumar / beber menos

♦**cut down on** *v/t*: ***cut down on the cigarettes*** fumar menos; ***cut down on chocolate*** comer menos chocolate

♦**cut off** *v/t with knife, scissors etc* cortar; (*isolate*) aislar; ***I was cut off*** se me ha cortado la comunicación

♦**cut out** *v/t with scissors* recortar; (*eliminate*) eliminar; ***cut that out!*** F ¡ya está bien! F; ***be cut out for sth*** estar hecho para algo

♦**cut up** *v/t meat etc* trocear

'cut•back recorte *m*

cute [kjuːt] *adj* (*pretty*) guapo, lindo; (*sexually attractive*) atractivo; (*smart, clever*) listo; ***it looks really ~ on you*** eso te queda muy mono

cu•ti•cle ['kjuːtɪkl] cutícula *f*

'cut-off date fecha *f* límite; **cut-'price** *adj goods* rebajado; *store* de productos rebajados; **'cut-throat** *adj competition* despiadado

cut•ting ['kʌtɪŋ] **1** *n from newspaper etc* recorte *m* **2** *adj remark* hiriente

cy•ber•space ['saɪbərspeɪs] ciberespacio *m*

cy•cle ['saɪkl] **1** *n* (*bicycle*) bicicleta *f*; (*series of events*) ciclo *m* **2** *v/i* ir en bicicleta

'cy•cle path vía *f* para bicicletas; *part of roadway* carril *m* bici

cy•cling ['saɪklɪŋ] ciclismo *m*

cy•clist ['saɪklɪst] ciclista *m/f*

cyl•in•der ['sɪlɪndər] cilindro *m*

cy•lin•dri•cal [sɪ'lɪndrɪkl] *adj* cilíndrico

cyn•ic ['sɪnɪk] escéptico(-a) *m*(*f*), suspicaz *m/f*

cyn·i·cal ['sɪnɪkl] *adj* escéptico, suspicaz
cyn·i·cal·ly ['sɪnɪklɪ] *adv smile, say* con escepticismo *or* suspicacia
cyn·i·cism ['sɪnɪsɪzm] escepticismo *m*, suspicacia *f*
cy·press ['saɪprəs] ciprés *m*
cyst [sɪst] quiste *m*
Czech [tʃek] **1** *adj* checo; ***the ~ Republic*** la República Checa **2** *n person* checo(-a) *m(f)*; *language* chencho *m*

D

DA *abbr* (= ***district attorney***) fiscal *m/f* (del distrito)
dab [dæb] **1** *n small amount* pizca *f* **2** *v/t* (*pret & pp* ***-bed***) (*remove*) quitar; (*apply*) poner
◆ **dab·ble in** ['dæbl] *v/t* ser aficionado a
dad [dæd] *talking to him* papá *m*; *talking about him* padre *m*
dad·dy ['dædɪ] *talking to him* papi *m*; *talking about him* padre *m*
daf·fo·dil ['dæfədɪl] narciso *m*
dag·ger ['dægər] daga *f*
dai·ly ['deɪlɪ] **1** *n* (*paper*) diario *m* **2** *adj* diario
dain·ty ['deɪntɪ] *adj* grácil, delicado
dair·y ['derɪ] *on farm* vaquería *f*
'**dair·y prod·ucts** *npl* productos *mpl* lácteos
dais ['deɪɪs] tarima *f*
dai·sy ['deɪzɪ] margarita *f*
dam [dæm] **1** *n for water* presa *f* **2** *v/t* (*pret & pp* ***-med***) *river* embalsar
dam·age ['dæmɪdʒ] **1** *n* daños *mpl*; *fig*: *to reputation etc* daño *m* **2** *v/t also fig* dañar; ***you're damaging your health*** estás perjudicando tu salud
dam·ages ['dæmɪdʒɪz] *npl* LAW daños *mpl* y perjuicios
dam·ag·ing ['dæmɪdʒɪŋ] *adj* perjudicial
dame [deɪm] F (*woman*) mujer *f*, *Span* tía *f* F
damn [dæm] **1** *int* F ¡mecachis! F **2** *n* F: ***I don't give a ~!*** ¡me importa un pimiento! F **3** *adj* F maldito F **4** *adv* F muy; ***a ~ stupid thing*** una tontería monumental **5** *v/t* (*condemn*) condenar; ***~ it!*** F ¡maldita sea! F; ***I'm ~ed if …*** F ya lo creo que … F
damned [dæmd] → ***damn*** *adj*, *adv*
damn·ing ['dæmɪŋ] *adj evidence* condenatorio; *report* crítico
damp [dæmp] *adj* húmedo
damp·en ['dæmpən] *v/t* humedecer
dance [dæns] **1** *n* baile *m* **2** *v/i* bailar; ***would you like to ~?*** ¿le gustaría bailar?
danc·er ['dænsər] bailarín (-ina) *m(f)*
danc·ing ['dænsɪŋ] baile *m*
dan·de·lion ['dændɪlaɪən] diente *m* de león
dan·druff ['dændrʌf] caspa *f*
dan·druff sham'poo champú *m* anticaspa
Dane [deɪn] danés(-esa) *m(f)*
dan·ger ['deɪndʒər] peligro *m*; ***be in ~*** estar en peligro; ***be out of ~*** *of patient* estar fuera de peligro; ***be in no ~*** no estar en peligro
dan·ger·ous ['deɪndʒərəs] *adj* peligroso
dan·ger·ous 'driv·ing conducción *f* peligrosa
dan·ger·ous·ly ['deɪndʒərəslɪ] *adv drive* peligrosamente; ***~ ill*** gravemente enfermo
dan·gle ['dæŋgl] **1** *v/t* balancear **2** *v/i*

colgar

Da•nish ['deɪnɪʃ] **1** *adj* danés **2** *n language* danés *m*

'Da•nish (pas•try) pastel *m* de hojaldre (*dulce*)

dare [der] **1** *v/i* atreverse; ***how ~ you!*** ¡cómo te atreves! **2** *v/t*: ***~ to do sth*** atreverse a hacer algo; ***~ s.o. to do sth*** desafiar a alguien para que haga algo

dare•dev•il ['derdevɪl] temerario(-a) *m*(*f*)

dar•ing ['derɪŋ] *adj* atrevido

dark [dɑːrk] **1** *n* oscuridad *f*; ***in the ~*** en la oscuridad; ***after ~*** después de anochecer; ***keep s.o. in the ~ about sth*** *fig* no revelar algo a alguien **2** *adj* oscuro; *hair* oscuro, moreno; ***~ green / blue*** verde / azul oscuro

dark•en ['dɑːrkn] *v/i of sky* oscurecerse

dark 'glass•es *npl* gafas *fpl* oscuras, *L.Am.* lentes *fpl* oscuras

dark•ness ['dɑːrknɪs] oscuridad *f*; ***in ~*** a oscuras

'dark•room PHOT cuarto *m* oscuro

dar•ling ['dɑːrlɪŋ] **1** *n* cielo *m*; ***yes my ~*** sí cariño **2** *adj* encantador; ***~ Ann, how are you?*** querida Ann, ¿cómo estás?

darn[1] [dɑːrn] **1** *n* (*mend*) zurcido *m* **2** *v/t* (*mend*) zurcir

darn[2], **darned** [dɑːrn, dɑːrnd] → ***damn*** *adj*, *adv*

dart [dɑːrt] **1** *n for throwing* dardo *m* **2** *v/i* lanzarse, precipitarse

darts [dɑːrts] *nsg* dardos *mpl*

'dart(s)•board diana *f*

dash [dæʃ] **1** *n punctuation* raya *f*; (*small amount*) chorrito *m*; (MOT: *~board*) salpicadero *m*; ***make a ~ for*** correr hacia **2** *v/i* correr; ***he ~ed downstairs*** bajó las escaleras corriendo **3** *v/t hopes* frustrar, truncar

♦**dash off** **1** *v/i* irse **2** *v/t* (*write quickly*) escribir rápidamente

'dash•board salpicadero *m*

da•ta ['deɪtə] datos *mpl*

'da•ta•base base *f* de datos; **da•ta 'cap•ture** captura *f* de datos; **da•ta 'pro•cess•ing** proceso *m or* tratamiento *m* de datos; **da•ta pro'tec•tion** protección *f* de datos; **da•ta 'stor•age** almacenamiento *m* de datos

date[1] [deɪt] *fruit* dátil *m*

date[2] [deɪt] **1** *n* fecha *f*; (*meeting*) cita *f*; (*person*) pareja *f*; ***what's the ~ today?*** ¿qué fecha es hoy?, ¿a qué fecha estamos?; ***out of ~*** *clothes* pasado de moda; *passport* caducado; ***up to ~*** al día **2** *v/t letter*, *check* fechar; (*go out with*) salir con; ***that ~s you*** (*shows your age*) eso demuestra lo viejo que eres

dat•ed ['deɪtɪd] *adj* anticuado

daub [dɒːb] *v/t* embadurnar

daugh•ter ['dɒːtər] hija *f*

'daugh•ter-in-law (*pl* ***daughters-in-law***) nuera *f*

daunt [dɒːnt] *v/t* acobardar, desalentar

daw•dle ['dɒːdl] *v/i* perder el tiempo

dawn [dɒːn] **1** *n* amanecer *m*, alba *f*; *fig*: *of new age* albores *mpl* **2** *v/i* amanecer; ***it ~ed on me that ...*** me di cuenta de que ...

day [deɪ] día *m*; ***what ~ is it today?*** ¿qué día es hoy?, ¿a qué día estamos?; ***~ off*** día *m* de vacaciones; ***by ~*** durante el día; ***~ by ~*** día tras día; ***the ~ after*** el día siguiente; ***the ~ after tomorrow*** pasado mañana; ***the ~ before*** el día anterior; ***the ~ before yesterday*** anteayer; ***~ in ~ out*** un día sí y otro también; ***in those ~s*** en aquellos tiempos; ***one ~*** un día; ***the other ~*** (*recently*) el otro día; ***let's call it a ~!*** ¡dejémoslo!

'day•break amanecer *m*, alba *f*; **'day care** servicio *m* de guardería; **'day•dream** **1** *n* fantasía *f* **2** *v/i* soñar despierto; **'day dream•er** soñador(a) *m*(*f*); **'day•light** luz *f* del día; **'day•light 'sav•ing time** horario *m* de verano; **'day•time**: ***in the ~*** durante el día; **'day trip** excursión *f* en el día

daze [deɪz] *n*: ***in a ~*** aturdido

dazed [deɪzd] *adj* aturdido

D

daz•zle ['dæzl] *v/t also fig* deslumbrar
DC [diː'siː] *abbr* (= ***direct current***) cc (= corriente *f* continua); (= ***District of Columbia***) Distrito *m* de Columbia

D

dead [ded] **1** *adj person*, *plant* muerto; *battery* agotado; *light bulb* fundido; F *place* muerto F; ***the phone is ~*** no hay línea **2** *adv* F (*very*) tela de F, la mar de F; ***~ beat***, ***~ tired*** hecho polvo; ***that's ~ right*** tienes toda la razón del mundo **3** *npl*: ***the ~*** (*~ people*) los muertos; ***in the ~ of night*** a altas horas de la madrugada
dead•en ['dedn] *v/t pain*, *sound* amortiguar
dead 'end *street* callejón *m* sin salida; **dead-'end job** trabajo *m* sin salidas; **dead 'heat** empate *m*; **'dead•line** fecha *f* tope; *for newspaper*, *magazine* hora *f* de cierre; ***meet a ~*** cumplir un plazo; **'dead•lock** *n in talks* punto *m* muerto
dead•ly ['dedlɪ] *adj* (*fatal*), F (*boring*) mortal F
deaf [def] *adj* sordo
deaf-and-'dumb *adj* sordomudo
deaf•en ['defn] *v/t* ensordecer
deaf•en•ing ['defnɪŋ] *adj* ensordecedor
deaf•ness ['defnɪs] sordera *f*
deal [diːl] **1** *n* acuerdo *m*; ***I thought we had a ~*** creía que habíamos hecho un trato; ***it's a ~!*** ¡trato hecho!; ***a good ~*** (*bargain*) una ocasión; (*a lot*) mucho; ***a great ~ of*** (*lots*) mucho(s) **2** *v/t* (*pret & pp* ***dealt***) *cards* repartir; ***~ a blow to*** asestar un golpe a
♦ **deal in** *v/t* (*trade in*) comerciar con; ***deal in drugs*** traficar con drogas
♦ **deal out** *v/t cards* repartir
♦ **deal with** *v/t* (*handle*) tratar; *situation* hacer frente a; *customer*, *applications* encargarse de; (*do business with*) hacer negocios con
deal•er ['diːlər] (*merchant*) comerciante *m/f*; (*drug ~*) traficante *m/f*
deal•ing ['diːlɪŋ] (*drug ~*) tráfico *m*
deal•ings ['diːlɪŋz] *npl* (*business*) tratos *mpl*
dealt [delt] *pret & pp* → ***deal***
dean [diːn] *of college* decano(-a) *m*(*f*)
dear [dɪr] *adj* querido; (*expensive*) caro; ***Dear Sir*** Muy Sr. Mío; ***Dear Richard / Margaret*** Querido Richard / Querida Margaret; (***oh***) ***~!***, ***~ me!*** ¡oh, cielos!
dear•ly ['dɪrlɪ] *adv love* muchísimo
death [deθ] muerte *f*
'death cer•tif•i•cate certificado *m* de defunción; **'death pen•al•ty** pena *f* de muerte; **'death toll** saldo *m* de víctimas mortales
de•ba•ta•ble [dɪ'beɪtəbl] *adj* discutible
de•bate [dɪ'beɪt] **1** *n also* POL debate *m* **2** *v/i* debatir; ***I ~d with myself whether to go*** me debatía entre ir o no ir **3** *v/t* debatir
de•bauch•er•y [dɪ'bɒːʧərɪ] libertinaje *m*
deb•it ['debɪt] **1** *n* cargo *m* **2** *v/t account* cargar en; *amount* cargar
'deb•it card tarjeta *f* de débito
deb•ris [də'briː] *nsg of building* escombros *mpl*; *of airplane* restos *mpl*
debt [det] deuda *f*; ***be in ~*** *financially* estar endeudado
debt•or ['detər] deudor(-a) *m*(*f*)
de•bug [diː'bʌg] *v/t* (*pret & pp* ***-ged***) *room* limpiar de micrófonos; COMPUT depurar
dé•but ['deɪbjuː] *n* debut *m*
dec•ade ['dekeɪd] década *f*
dec•a•dence ['dekədəns] decadencia *f*
dec•a•dent ['dekədənt] *adj* decadente
de•caf•fein•at•ed [dɪ'kæfɪneɪtɪd] *adj* descafeinado
de•cant•er [dɪ'kæntər] licorera *f*
de•cap•i•tate [dɪ'kæpɪteɪt] *v/t* decapitar
de•cay [dɪ'keɪ] **1** *n of wood*, *plant* putrefacción *f*; *of civilization* declive *m*; *in teeth* caries *f inv* **2** *v/i of wood*, *plant* pudrirse; *of civilization* decaer; *of teeth* cariarse

de•ceased [dɪ'siːst]: ***the ~*** el difunto / la difunta
de•ceit [dɪ'siːt] engaño *m*, mentira *f*
de•ceit•ful [dɪ'siːtfəl] *adj* mentiroso
de•ceive [dɪ'siːv] *v/t* engañar
De•cem•ber [dɪ'sembər] diciembre *m*
de•cen•cy ['diːsənsɪ] decencia *f*; ***he had the ~ to ...*** tuvo la delicadeza de ...
de•cent ['diːsənt] *adj* decente; (*adequately dressed*) presentable
de•cen•tral•ize [diː'sentrəlaɪz] *v/t* descentralizar
de•cep•tion [dɪ'sepʃn] engaño *m*
de•cep•tive [dɪ'septɪv] *adj* engañoso
de•cep•tive•ly [dɪ'septɪvlɪ] *adv*: ***it looks ~ simple*** parece muy fácil
dec•i•bel ['desɪbel] decibelio *m*
de•cide [dɪ'saɪd] **1** *v/t* decidir **2** *v/i* decidir; ***you ~*** decide tú
de•cid•ed [dɪ'saɪdɪd] *adj* (*definite*) tajante
de•cid•er [dɪ'saɪdər]: ***this match will be the ~*** este partido será el que decida
de•ci•du•ous [dɪ'sɪdʊəs] *adj* de hoja caduca
dec•i•mal ['desɪml] *n* decimal *m*
dec•i•mal 'point coma *f* (decimal)
dec•i•mate ['desɪmeɪt] *v/t* diezmar
de•ci•pher [dɪ'saɪfər] *v/t* descifrar
de•ci•sion [dɪ'sɪʒn] decisión *f*; ***come to a ~*** llegar a una decisión
de'ci•sion-mak•er: ***who's the ~ here?*** ¿quién toma aquí las decisiones?
de•ci•sive [dɪ'saɪsɪv] *adj* decidido; (*crucial*) decisivo
deck [dek] *of ship* cubierta *f*; *of cards* baraja *f*
'deck•chair tumbona *f*
dec•la•ra•tion [deklə'reɪʃn] (*statement*) declaración *f*
de•clare [dɪ'kler] *v/t* (*state*) declarar
de•cline [dɪ'klaɪn] **1** *n* (*fall*) descenso *m*; *in standards* caída *f*; *in health* empeoramiento *m* **2** *v/t invitation* declinar; ***~ to comment*** declinar hacer declaraciones **3** *v/i* (*refuse*) rehusar; (*decrease*) declinar; *of health* empeorar
de•clutch [diː'klʌʧ] *v/i* desembragar
de•code [diː'koʊd] *v/t* descodificar
de•com•pose [diːkəm'poʊz] *v/i* descomponerse
dé•cor ['deɪkɔːr] decoración *f*
dec•o•rate ['dekəreɪt] *v/t with paint* pintar; *with paper* empapelar; (*adorn*) decorar; *soldier* condecorar
dec•o•ra•tion [dekə'reɪʃn] *paint* pintado *m*; *paper* empapelado *m*; (*ornament*) decoración *f*
dec•o•ra•tive ['dekərətɪv] *adj* decorativo
dec•o•ra•tor ['dekəreɪtər] (*interior ~*) decorador(a) *m*(*f*); *with paint* pintor(a) *m*(*f*); *with wallpaper* empapelador(a) *m*(*f*)
de•co•rum [dɪ'kɔːrəm] decoro *m*
de•coy ['diːkɔɪ] *n* señuelo *m*
de•crease 1 *n* ['diːkriːs] disminución *f*, reducción *f* (***in*** de) **2** *v/t* [dɪ'kriːs] disminuir, reducir **3** *v/i* [dɪ'kriːs] disminuir, reducirse
de•crep•it [dɪ'krepɪt] *adj car, coat, shoes* destartalado; *person* decrépito
ded•i•cate ['dedɪkeɪt] *v/t book etc* dedicar; ***~ o.s. to.*** dedicarse a
ded•i•ca•ted ['dedɪkeɪtɪd] *adj* dedicado
ded•i•ca•tion [dedɪ'keɪʃn] *in book* dedicatoria *f*; *to cause, work* dedicación *f*
de•duce [dɪ'duːs] *v/t* deducir
de•duct [dɪ'dʌkt] *v/t* descontar
de•duc•tion [dɪ'dʌkʃn] *from salary*, (*conclusion*) deducción *f*
deed [diːd] *n* (*act*) acción *f*, obra *f*; LAW escritura *f*
dee•jay ['diːdʒeɪ] F disk jockey *m/f*, *Span* pincha *m/f* F
deem [diːm] *v/t* estimar
deep [diːp] *adj* profundo; *color* intenso; ***be in ~ trouble*** estar metido en serios apuros
deep•en ['diːpn] **1** *v/t* profundizar **2** *v/i* hacerse más profundo; *of crisis, mystery* agudizarse
'deep freeze *n* congelador *m*;
'deep-froz•en food comida *f* con-

gelada; '**deep-fry** *v/t* (*pret & pp* ***-ied***) freír (*en mucho aceite*); **deep 'fry•er** freidora *f*
deer [dɪr] (*pl* ***deer***) ciervo *m*
de•face [dɪ'feɪs] *v/t* desfigurar, dañar
def•a•ma•tion [defə'meɪʃn] difamación *f*
de•fam•a•to•ry [dɪ'fæmətərɪ] *adj* difamatorio
de•fault ['di:fɒ:lt] *adj* COMPUT por defecto
de•feat [dɪ'fi:t] **1** *n* derrota *f* **2** *v/t* derrotar; *of task, problem* derrotar, vencer
de•feat•ist [dɪ'fi:tɪst] *adj attitude* derrotista
de•fect ['di:fekt] *n* defecto *m*
de•fec•tive [dɪ'fektɪv] *adj* defectuoso
de'fence *etc Br* → ***defense*** *etc*
de•fend [dɪ'fend] *v/t* defender
de•fend•ant [dɪ'fendənt] acusado(-a) *m(f)*; *in civil case* demandado(-a) *m(f)*
de•fense [dɪ'fens] defensa *f*; ***come to s.o.'s ~*** salir en defensa de alguien
de'fense budg•et POL presupuesto *m* de defensa
de'fense law•yer abogado(-a) *m(f)* defensor(a)
de•fense•less [dɪ'fenslɪs] *adj* indefenso
de'fense play•er SP defensa *m/f*; **De'fense Se•cre•ta•ry** POL ministro(-a) *m(f)* de Defensa; *in USA* secretario *m* de Defensa; **de'fense wit•ness** LAW testigo *m/f* de la defensa
de•fen•sive [dɪ'fensɪv] **1** *n*: ***on the ~*** a la defensiva; ***go on the ~*** ponerse a la defensiva **2** *adj weaponry* defensivo; ***stop being so ~!*** ¡no hace falta que te pongas tan a la defensiva!
de•fen•sive•ly [dɪ'fensɪvlɪ] *adv* a la defensiva
de•fer [dɪ'fɜ:r] *v/t* (*pret & pp* ***-red***) (*postpone*) aplazar, diferir
de•fer•ence ['defərəns] deferencia *f*
def•er•en•tial [defə'renʃl] *adj* deferente
de•fi•ance [dɪ'faɪəns] desafío *m*; ***in ~ of*** desafiando
de•fi•ant [dɪ'faɪənt] *adj* desafiante
de•fi•cien•cy [dɪ'fɪʃənsɪ] (*lack*) deficiencia *f*, carencia *f*
de•fi•cient [dɪ'fɪʃənt] *adj* deficiente, carente; ***be ~ in ...*** carecer de ...
def•i•cit ['defɪsɪt] déficit *m*
de•fine [dɪ'faɪn] *v/t word, objective* definir
def•i•nite ['defɪnɪt] *adj date, time, answer* definitivo; *improvement* claro; (*certain*) seguro; ***nothing ~ has been arranged*** no se ha acordado nada de forma definitiva
def•i•nite 'ar•ti•cle GRAM artículo *m* determinado *or* definido
def•i•nite•ly ['defɪnɪtlɪ] *adv* con certeza, sin lugar a dudas
def•i•ni•tion [defɪ'nɪʃn] definición *f*
def•i•ni•tive [dɪ'fɪnətɪv] *adj* definitivo
de•flect [dɪ'flekt] *v/t* desviar; *criticism* distraer; ***be ~ed from*** desviarse de
de•for•est•a•tion [dɪfɑ:rɪs'teɪʃn] deforestación *f*
de•form [dɪ'fɔ:rm] *v/t* deformar
de•for•mi•ty [dɪ'fɔ:rmɪtɪ] deformidad *f*
de•fraud [dɪ'frɒ:d] *v/t* defraudar
de•frost [di:'frɒ:st] *v/t food, fridge* descongelar
deft [deft] *adj* hábil, diestro
de•fuse [di:'fju:z] *v/t bomb* desactivar; *situation* calmar
de•fy [dɪ'faɪ] *v/t* (*pret & pp* ***-ied***) desafiar
de•gen•e•rate [dɪ'dʒenəreɪt] *v/i* degenerar; ***~ into*** degenerar en
de•grade [dɪ'greɪd] *v/t* degradar
de•grad•ing [dɪ'greɪdɪŋ] *adj position, work* degradante
de•gree [dɪ'gri:] *from university* título *m*; *of temperature, angle, latitude* grado *m*; ***there is a ~ of truth in that*** hay algo de verdad en eso; ***a ~ of compassion*** algo de compasión; ***by ~s*** gradualmente; ***get one's ~*** graduarse, *L.Am.* egresar

de·hy·drat·ed [diːhaɪˈdreɪtɪd] *adj* deshidratado
de-ice [diːˈaɪs] *v/t* deshelar
de-ic·er [diːˈaɪsər] *spray* descongelador *m*, descongelante *m*
deign [deɪn] *v/i*: ***~ to*** dignarse a
de·i·ty [ˈdiːɪtɪ] deidad *f*
de·jec·ted [dɪˈdʒektɪd] *adj* abatido, desanimado
de·lay [dɪˈleɪ] **1** *n* retraso *m* **2** *v/t* retrasar; ***be ~ed*** llevar retraso **3** *v/i* retrasarse
del·e·gate [ˈdelɪgət] **1** *n* delegado(-a) *m(f)* **2** [ˈdelɪgeɪt] *v/t task* delegar; *person* delegar en
del·e·ga·tion [delɪˈgeɪʃn] delegación *f*
de·lete [dɪˈliːt] *v/t* borrar; (*cross out*) tachar; ***~ where not applicable*** táchese donde no corresponda
de·le·tion [dɪˈliːʃn] *act* borrado *m*; *that deleted* supresión *f*
del·i [ˈdelɪ] → ***delicatessen***
de·lib·e·rate **1** *adj* [dɪˈlɪbərət] deliberado, intencionado **2** *v/i* [dɪˈlɪbəreɪt] deliberar
de·lib·e·rate·ly [dɪˈlɪbərətlɪ] *adv* deliberadamente, a propósito
del·i·ca·cy [ˈdelɪkəsɪ] delicadeza *f*; *of health* fragilidad *f*; *food* exquisitez *f*, manjar *m*
del·i·cate [ˈdelɪkət] *adj fabric, problem* delicado; *health* frágil
del·i·ca·tes·sen [delɪkəˈtesn] *tienda de productos alimenticios de calidad*
del·i·cious [dɪˈlɪʃəs] *adj* delicioso
de·light [dɪˈlaɪt] *n* placer *m*
de·light·ed [dɪˈlaɪtɪd] *adj* encantado; ***I'd be ~ to come*** me encantaría venir
de·light·ful [dɪˈlaɪtfəl] *adj* encantador
de·lim·it [diːˈlɪmɪt] *v/t* delimitar
de·lir·i·ous [dɪˈlɪrɪəs] *adj* MED delirante; (*ecstatic*) entusiasmado; ***she's ~ about the new job*** está como loca con el nuevo trabajo
de·liv·er [dɪˈlɪvər] *v/t* entregar, repartir; *message* dar; *baby* dar a luz; *speech* pronunciar
de·liv·er·y [dɪˈlɪvərɪ] *of goods, mail* entrega *f*, reparto *m*; *of baby* parto *m*
deˈliv·er·y charge gastos *mpl* de envío; **deˈliv·er·y date** fecha *f* de entrega; **deˈliv·er·y man** repartidor *m*; **deˈliv·er·y note** nota *f* de entrega; **deˈliv·er·y serv·ice** servicio *m* de reparto; **deˈliv·er·y van** furgoneta *f* de reparto
de·lude [dɪˈluːd] *v/t* engañar; ***you're deluding yourself*** te estás engañando a ti mismo
de·luge [ˈdeljuːdʒ] **1** *n* diluvio *m*; *fig* avalancha *f* **2** *v/t fig* inundar (***with*** de)
de·lu·sion [dɪˈluːʒn] engaño *m*; ***you're under a ~ if you think ...*** te engañas si piensas que ...
de luxe [dəˈluːks] *adj* de lujo
♦**delve into** [delv] *v/t* rebuscar en
de·mand [dɪˈmænd] **1** *n* exigencia *f*; *by union* reivindicación *f*; COM demanda *f*; ***in ~*** solicitado **2** *v/t* exigir; (*require*) requerir
de·mand·ing [dɪˈmændɪŋ] *adj job* que exige mucho; *person* exigente
de·mean·ing [dɪˈmiːnɪŋ] *adj* degradante
de·men·ted [dɪˈmentɪd] *adj* demente
de·mise [dɪˈmaɪz] fallecimiento *m*; *fig* desaparición *f*
dem·i·tasse [ˈdemɪtæs] taza *f* de café
dem·o [ˈdemoʊ] *protest* manifestación *f*; *of video etc* maqueta *f*
de·moc·ra·cy [dɪˈmɑːkrəsɪ] democracia *f*
dem·o·crat [ˈdeməkræt] demócrata *m/f*; ***Democrat*** POL Demócrata *m/f*
dem·o·crat·ic [deməˈkrætɪk] *adj* democrático
dem·o·crat·ic·al·ly [deməˈkrætɪklɪ] *adv* democráticamente
ˈdem·o disk disco *m* de demostración
de·mo·graph·ic [demoʊˈgræfɪk] *adj* demográfico
de·mol·ish [dɪˈmɑːlɪʃ] *v/t building* demoler; *argument* destruir, echar por tierra

D

dem·o·li·tion [demə'lɪʃn] *of building* demolición *f*; *of argument* destrucción *f*
de·mon ['di:mən] demonio *m*
dem·on·strate ['demənstreɪt] **1** *v/t* demostrar **2** *v/i politically* manifestarse
dem·on·stra·tion [demən'streɪʃn] demostración *f*; *protest* manifestación *f*
de·mon·stra·tive [dɪ'mɑːnstrətɪv] *adj person* extrovertido, efusivo; GRAM demostrativo
de·mon·stra·tor ['demənstreɪtər] *protester* manifestante *m/f*
de·mor·al·ized [dɪ'mɔːrəlaɪzd] *adj* desmoralizado
de·mor·al·iz·ing [dɪ'mɔːrəlaɪzɪŋ] *adj* desmoralizador
de·mote [diː'mout] *v/t* degradar
de·mure [dɪ'mjuər] *adj* solemne, recatado
den [den] (*study*) estudio *m*
de·ni·al [dɪ'naɪəl] *of rumor*, *accusation* negación *f*; *of request* denegación *f*
den·im ['denɪm] tela *f* vaquera
den·ims ['denɪmz] *npl* (*jeans*) vaqueros *mpl*
Den·mark ['denmɑːrk] Dinamarca
de·nom·i·na·tion [dɪnɑːmɪ'neɪʃn] *of money* valor *m*; *religious* confesión *f*
de·nounce [dɪ'nauns] *v/t* denunciar
dense [dens] *adj smoke*, *fog* denso; *foliage* espeso; *crowd* compacto; F (*stupid*) corto
dense·ly ['denslɪ] *adv*: ***~ populated*** densamente poblado
den·si·ty ['densɪtɪ] *of population* densidad *f*
dent [dent] **1** *n* abolladura *f* **2** *v/t* abollar
den·tal ['dentl] *adj* dental; ***~ surgeon*** odontólogo(-a) *m*(*f*)
den·ted ['dentɪd] *adj* abollado
den·tist ['dentɪst] dentista *m/f*
den·tist·ry ['dentɪstrɪ] odontología *f*
den·tures ['dentʃərz] *npl* dentadura *f* postiza
Den·ver boot ['denvər] cepo *m*
de·ny [dɪ'naɪ] *v/t* (*pret & pp* ***-ied***) *charge*, *rumor* negar; *right*, *request* denegar
de·o·do·rant [diː'oudərənt] desodorante *m*
de·part [dɪ'pɑːrt] *v/i* salir; ***~ from*** (*deviate from*) desviarse de
de·part·ment [dɪ'pɑːrtmənt] departamento *m*; *of government* ministerio *m*
De·part·ment of 'De·fense Ministerio *m* de Defensa; **De·part·ment of 'State** Ministerio *m* de Asuntos Exteriores; **De·part·ment of the In'te·ri·or** Ministerio *m* del Interior; **de'part·ment store** grandes almacenes *mpl*
de·par·ture [dɪ'pɑːrtʃər] salida *f*; *of person from job* marcha *f*; (*deviation*) desviación *f*; ***a new ~*** *for government*, *organization* una innovación; *for company* un cambio; *for actor*, *artist*, *writer* una nueva experiencia
de'par·ture lounge sala *f* de embarque
de'par·ture time hora *f* de salida
de·pend [dɪ'pend] *v/i* depender; ***that ~s*** depende; ***it ~s on the weather*** depende del tiempo; ***I ~ on you*** dependo de ti
de·pen·da·ble [dɪ'pendəbl] *adj* fiable
de·pen·dant [dɪ'pendənt] → ***dependent***
de·pen·dence, de·pen·den·cy [dɪ'pendəns, dɪ'pendənsɪ] dependencia *f*
de·pen·dent [dɪ'pendənt] **1** *n persona a cargo de otra*; ***how many ~s do you have?*** ¿cuántas personas tiene a su cargo? **2** *adj* dependiente (***on*** de)
de·pict [dɪ'pɪkt] *v/t* describir
de·plete [dɪ'pliːt] *v/t* agotar, mermar
de·plor·a·ble [dɪ'plɔːrəbl] *adj* deplorable
de·plore [dɪ'plɔːr] *v/t* deplorar
de·ploy [dɪ'plɔɪ] *v/t* (*use*) utilizar; (*position*) desplegar
de·pop·u·la·tion [diːpɑːpjə'leɪʃn] despoblación *f*

de•port [dɪ'pɔːrt] *v/t* deportar
de•por•ta•tion [diːpɔːr'teɪʃn] deportación *f*
de•por'ta•tion or•der orden *f* de deportación
de•pose [dɪ'pouz] *v/t* deponer
de•pos•it [dɪ'pɑːzɪt] **1** *n in bank, of oil* depósito *m*; *of coal* yacimiento *m*; *on purchase* señal *f*, depósito *m* **2** *v/t money* depositar, *Span* ingresar; (*put down*) depositar
de'pos•it ac•count *Br* cuenta *f* de ahorro *or* de depósito
dep•o•si•tion [diːpou'zɪʃn] LAW declaración *f*
dep•ot ['diːpou] (*train station*) estación *f* de tren; (*bus station*) estación *f* de autobuses; *for storage* depósito *m*
de•praved [dɪ'preɪvd] *adj* depravado
de•pre•ci•ate [dɪ'priːʃɪeɪt] *v/i* FIN depreciarse
de•pre•ci•a•tion [dɪpriːʃɪ'eɪʃn] FIN depreciación *f*
de•press [dɪ'pres] *v/t person* deprimir
de•pressed [dɪ'prest] *adj person* deprimido
de•press•ing [dɪ'presɪŋ] *adj* deprimente
de•pres•sion [dɪ'preʃn] MED, *economic* depresión *f*; *meteorological* borrasca *f*
dep•ri•va•tion [deprɪ'veɪʃn] privación *f*
de•prive [dɪ'praɪv] *v/t* privar; ***~ s.o. of sth*** privar a alguien de algo
de•prived [dɪ'praɪvd] *adj* desfavorecido
depth [depθ] profundidad *f*; *of color* intensidad *f*; ***in ~*** (*thoroughly*) en profundidad; ***in the ~s of winter*** en pleno invierno; ***be out of one's ~*** *in water* no tocar el fondo; *fig: in discussion etc* saber muy poco
dep•u•ta•tion [depjʊ'teɪʃn] delegación *f*
♦ **dep•u•tize for** ['depjʊtaɪz] *v/t* sustituir
dep•u•ty ['depjʊtɪ] segundo(-a) *m*(*f*)
'**dep•u•ty lead•er** vicelíder *m/f*
de•rail [dɪ'reɪl] *v/t* hacer descarrilar; ***be ~ed*** *of train* descarrilar
de•ranged [dɪ'reɪndʒd] *adj* perturbado, trastornado
de•reg•u•late [dɪ'regjʊleɪt] *v/t* liberalizar, desregular
de•reg•u•la•tion [dɪregjʊ'leɪʃn] liberalización *f*, desregulación *f*
der•e•lict ['derəlɪkt] *adj* en ruinas
de•ride [dɪ'raɪd] *v/t* ridiculizar, mofarse de
de•ri•sion [dɪ'rɪʒn] burla *f*, mofa *f*
de•ri•sive [dɪ'raɪsɪv] *adj* burlón
de•ri•sive•ly [dɪ'raɪsɪvlɪ] *adv* burlonamente
de•ri•so•ry [dɪ'raɪsərɪ] *adj amount, salary* irrisorio
de•riv•a•tive [dɪ'rɪvətɪv] *adj* (*not original*) poco original
de•rive [dɪ'raɪv] *v/t* obtener, encontrar; ***be ~d from*** *of word* derivar(se) de
der•ma•tol•o•gist [dɜːrmə'tɑːlədʒɪst] dermatólogo(-a) *m*(*f*)
de•rog•a•tory [dɪ'rɑːgətɔːrɪ] *adj* despectivo
de•scend [dɪ'send] **1** *v/t* descender por; ***be ~ed from*** descender de **2** *v/i* descender; *of mood, darkness* caer
de•scen•dant [dɪ'sendənt] descendiente *m/f*
de•scent [dɪ'sent] descenso *m*; (*ancestry*) ascendencia *f*
de•scribe [dɪ'skraɪb] *v/t* describir; ***~ sth as sth*** definir a algo como algo
de•scrip•tion [dɪ'skrɪpʃn] descripción *f*
des•e•crate ['desɪkreɪt] *v/t* profanar
des•e•cra•tion [desɪ'kreɪʃn] profanación *f*
de•seg•re•gate [diː'segrəgeɪt] *v/t* acabar con la segregación racial en
des•ert[1] ['dezərt] *n also fig* desierto *m*
des•ert[2] [dɪ'zɜːrt] **1** *v/t* (*abandon*) abandonar **2** *v/i of soldier* desertar
des•ert•ed [dɪ'zɜːrtɪd] *adj* desierto
de•sert•er [dɪ'zɜːrtər] MIL desertor(a) *m*(*f*)

de•ser•ti•fi•ca•tion [dɪzɜːrtɪfɪ'keɪʃn] desertización *f*
de•ser•tion [dɪ'zɜːrʃn] (*abandonment*) abandono *m*; MIL deserción *f*
des•ert 'is•land isla *f* desierta
de•serve [dɪ'zɜːrv] *v/t* merecer
de•sign [dɪ'zaɪn] **1** *n* diseño *m*; (*pattern*) motivo *m* **2** *v/t* diseñar
des•ig•nate ['dezɪgneɪt] *v/t person* designar; *area* declarar
de•sign•er [dɪ'zaɪnər] diseñador(a) *m*(*f*)
de'sign•er clothes *npl* ropa *f* de diseño
de'sign fault defecto *m* de diseño
de'sign school escuela *f* de diseño
de•sir•a•ble [dɪ'zaɪrəbl] *adj* deseable; *house* apetecible, atractivo
de•sire [dɪ'zaɪr] *n* deseo *m*; ***I have no ~ to see him*** no me apetece verle
desk [desk] *in classroom* pupitre *m*; *in home*, *office* mesa *f*; *in hotel* recepción *f*
'desk clerk recepcionista *m/f*; **'desk di•a•ry** agenda *f*; **'desk•top** *also on screen* escritorio *m*; *computer Span* ordenador *m* de escritorio, *L.Am.* computadora *f* de escritorio; **desk•top 'pub•lish•ing** autoedición *f*
des•o•late ['desələt] *adj place* desolado
de•spair [dɪ'sper] **1** *n* desesperación *f*; ***in ~*** desesperado **2** *v/i* desesperarse; ***I ~ of finding something to wear*** he perdido la esperanza de encontrar algo para ponerme
des•per•ate ['despərət] *adj* desesperado; ***be ~*** estar desesperado; ***be ~ for a drink / cigarette*** necesitar una bebida / un cigarrillo desesperadamente
des•per•a•tion [despə'reɪʃn] desesperación *f*; ***an act of ~*** un acto desesperado
des•pic•a•ble [dɪs'pɪkəbl] *adj* despreciable
de•spise [dɪ'spaɪz] *v/t* despreciar
de•spite [dɪ'spaɪt] *prep* a pesar de
de•spon•dent [dɪ'spɑːndənt] *adj* abatido, desanimado
des•pot ['despɑːt] déspota *m/f*
des•sert [dɪ'zɜːrt] postre *m*
des•ti•na•tion [destɪ'neɪʃn] destino *m*
des•tined ['destɪnd] *adj*: ***be ~ for*** *fig* estar destinado a
des•ti•ny ['destɪnɪ] destino *m*
des•ti•tute ['destɪtuːt] *adj* indigente; ***be ~*** estar en la miseria
de•stroy [dɪ'strɔɪ] *v/t* destruir
de•stroy•er [dɪ'strɔɪr] NAUT destructor *m*
de•struc•tion [dɪ'strʌkʃn] destrucción *f*
de•struc•tive [dɪ'strʌktɪv] *adj* destructivo; *child* revoltoso
de•tach [dɪ'tætʃ] *v/t* separar, soltar
de•tach•a•ble [dɪ'tætʃəbl] *adj* desmontable, separable
de•tached [dɪ'tætʃt] *adj* (*objective*) distanciado
de•tach•ment [dɪ'tætʃmənt] (*objectivity*) distancia *f*
de•tail ['diːteɪl] *n* detalle *m*; ***in ~*** en detalle
de•tailed ['diːteɪld] *adj* detallado
de•tain [dɪ'teɪn] *v/t* (*hold back*) entretener; *as prisoner* detener
de•tain•ee [diːteɪn'iː] detenido(-a) *m*(*f*)
de•tect [dɪ'tekt] *v/t* percibir; *of device* detectar
de•tec•tion [dɪ'tekʃn] *of criminal*, *crime* descubrimiento *m*; *of smoke etc* detección *f*
de•tec•tive [dɪ'tektɪv] detective *m/f*
de'tec•tive nov•el novela *f* policiaca *or* de detectives
de•tec•tor [dɪ'tektər] detector *m*
dé•tente ['deɪtɑːnt] POL distensión *f*
de•ten•tion [dɪ'tenʃn] (*imprisonment*) detención *f*
de•ter [dɪ'tɜːr] *v/t* (*pret & pp* ***-red***) disuadir; ***~ s.o. from doing sth*** disuadir a alguien de hacer algo
de•ter•gent [dɪ'tɜːrdʒənt] detergente *m*
de•te•ri•o•rate [dɪ'tɪrɪəreɪt] *v/i* deteriorarse; *of weather* empeorar
de•te•ri•o•ra•tion [dɪtɪrɪə'reɪʃn] deterioro *m*; *of weather* empeoramien-

to *m*

de·ter·mi·na·tion [dɪtɜːrmɪˈneɪʃn] (*resolution*) determinación *f*

de·ter·mine [dɪˈtɜːrmɪn] *v/t* (*establish*) determinar

de·ter·mined [dɪˈtɜːrmɪnd] *adj* resuelto, decidido; ***I'm ~ to succeed*** estoy decidido a triunfar

de·ter·rent [dɪˈterənt] *n* elemento *m* disuasorio; ***act as a ~*** actuar como elemento disuasorio; ***nuclear ~*** disuasión *f* nuclear

de·test [dɪˈtest] *v/t* detestar

de·test·a·ble [dɪˈtestəbl] *adj* detestable

de·to·nate [ˈdetəneɪt] **1** *v/t* hacer detonar *or* explotar **2** *v/i* detonar, explotar

de·to·na·tion [detəˈneɪʃn] detonación *f*, explosión *f*

de·tour [ˈdiːtʊr] *n* rodeo *m*; (*diversion*) desvío *m*; ***make a ~*** dar un rodeo

♦ **de·tract from** [dɪˈtrækt] *v/t achievement* quitar méritos a; *beauty* quitar atractivo a

de·tri·ment [ˈdetrɪmənt]: ***to the ~ of*** en detrimento de

de·tri·men·tal [detrɪˈmentl] *adj* perjudicial (***to*** para)

deuce [duːs] *in tennis* deuce *m*

de·val·u·a·tion [diːvæljʊˈeɪʃn] *of currency* devaluación *f*

de·val·ue [diːˈvæljuː] *v/t currency* devaluar

dev·a·state [ˈdevəsteɪt] *v/t crops, countryside, city* devastar; *fig*: *person* asolar

dev·a·stat·ing [ˈdevəsteɪtɪŋ] *adj* devastador

de·vel·op [dɪˈveləp] **1** *v/t film* revelar; *land, site* urbanizar; *activity, business* desarrollar; (*originate*) desarrollar; (*improve on*) perfeccionar; *illness, cold* contraer **2** *v/i* (*grow*) desarrollarse; ***~ into*** convertirse en

de·vel·op·er [dɪˈveləpər] *of property* promotor(a) *m*(*f*) inmobiliario(-a)

de·vel·op·ing ˈcoun·try [dɪˈveləpɪŋ] país *m* en vías de desarrollo

de·vel·op·ment [dɪˈveləpmənt] *of film* revelado *m*; *of land, site* urbanización *f*; *of business, country* desarrollo *m*; (*event*) acontecimiento *m*; (*origination*) desarrollo *m*; (*improving*) perfeccionamiento *m*

de·vice [dɪˈvaɪs] *tool* aparato *m*, dispositivo *m*

dev·il [ˈdevl] *also fig* diablo *m*, demonio *m*

de·vi·ous [ˈdiːvɪəs] *adj* (*sly*) retorcido

de·vise [dɪˈvaɪz] *v/t* idear

de·void [dɪˈvɔɪd] *adj*: ***be ~ of*** estar desprovisto de

dev·o·lu·tion [diːvəˈluːʃn] POL traspaso *m* de competencias

de·vote [dɪˈvoʊt] *v/t* dedicar (***to*** a)

de·vot·ed [dɪˈvoʊtɪd] *adj son etc* afectuoso; ***be ~ to s.o.*** tener mucho cariño a alguien

dev·o·tee [dɪvoʊˈtiː] entusiasta *m/f*

de·vo·tion [dɪˈvoʊʃn] devoción *f*

de·vour [dɪˈvaʊər] *v/t food, book* devorar

de·vout [dɪˈvaʊt] *adj* devoto

dew [duː] rocío *m*

dex·ter·i·ty [dekˈsterətɪ] destreza *f*

di·a·be·tes [daɪəˈbiːtiːz] *nsg* diabetes *f*

di·a·bet·ic [daɪəˈbetɪk] **1** *n* diabético(-a) *m*(*f*) **2** *adj* diabético; *foods* para diabéticos

di·ag·nose [ˈdaɪəgnoʊz] *v/t* diagnosticar; ***she has been ~d as having cancer*** se le ha diagnosticado un cáncer

di·ag·no·sis [daɪəgˈnoʊsɪs] (*pl* ***diagnoses*** [daɪəgˈnoʊsiːz]) diagnóstico *m*

di·ag·o·nal [daɪˈægənl] *adj* diagonal

di·ag·o·nal·ly [daɪˈægənlɪ] *adv* diagonalmente, en diagonal

di·a·gram [ˈdaɪəgræm] diagrama *m*

di·al [ˈdaɪl] **1** *n of clock* esfera *f*; *of instrument* cuadrante *m*; TELEC disco *m* **2** *v/t & v/i* (*pret & pp* ***-ed***, *Br* ***-led***) TELEC marcar

di·a·lect [ˈdaɪəlekt] dialecto *m*

di·al·ling tone *Br* → ***dial tone***

di·a·log, *Br* **di·a·logue** [ˈdaɪəlɑːg] diálogo *m*

D

di·a·log box COMPUT ventana *f* de diálogo
'di·al tone tono *m* de marcar
di·am·e·ter [daɪ'æmɪtər] diámetro *m*; ***a circle 6 cms in ~*** un círculo de 6 cms. de diámetro
di·a·met·ri·cal·ly [daɪə'metrɪkəlɪ] *adv*: ***~ opposed*** diametralmente opuesto
di·a·mond ['daɪmənd] *also in cards* diamante *m*; *shape* rombo *m*
di·a·per ['daɪpər] pañal *m*
di·a·phragm ['daɪəfræm] ANAT, *contraceptive* diafragma *m*
di·ar·rhe·a, *Br* **di·ar·rhoe·a** [daɪə'riːə] diarrea *f*
di·a·ry ['daɪrɪ] *for thoughts* diario *m*; *for appointments* agenda *f*
dice [daɪs] **1** *n* dado *m*; *pl* dados *mpl* **2** *v/t food* cortar en dados
di·chot·o·my [daɪ'kɑːtəmɪ] dicotomía *f*
dic·ta·te [dɪk'teɪt] *v/t* dictar
dic·ta·tion [dɪk'teɪʃn] dictado *m*
dic·ta·tor [dɪk'teɪtər] POL dictador(a) *m*(*f*)
dic·ta·tori·al [dɪktə'tɔːrɪəl] *adj* dictatorial
dic·ta·tor·ship [dɪk'teɪtərʃɪp] dictadura *f*
dic·tion·a·ry ['dɪkʃənerɪ] diccionario *m*
did [dɪd] *pret* → ***do***
die [daɪ] *v/i* morir; ***~ of cancer/Aids*** morir de cáncer/sida; ***I'm dying to know/leave*** me muero de ganas de saber/marchar
♦**die away** *v/i of noise* desaparecer
♦**die down** *v/i of noise* irse apagando; *of storm* amainar; *of fire* irse extinguiendo; *of excitement* calmarse
♦**die out** *v/i of custom*, *species* desaparecer
die·sel ['diːzl] *fuel* gasoil *m*, gasóleo *m*
di·et ['daɪət] **1** *n* (*regular food*) dieta *f*; *for losing weight*, *for health reasons* dieta *f*, régimen *m* **2** *v/i to lose weight* hacer dieta *or* régimen
di·e·ti·tian [daɪə'tɪʃn] experto(-a) *m*(*f*) en dietética
dif·fer ['dɪfər] *v/i* (*be different*) ser distinto; (*disagree*) discrepar; ***the male ~s from the female in …*** el macho se diferencia de la hembra por …
dif·fe·rence ['dɪfrəns] diferencia *f*; ***it doesn't make any ~*** (*doesn't change anything*) no cambia nada; (*doesn't matter*) da lo mismo
dif·fe·rent ['dɪfrənt] *adj* diferente, distinto (***from***, ***than*** de)
dif·fe·ren·ti·ate [dɪfə'renʃɪeɪt] *v/i* diferenciar, distinguir (***between*** entre); ***~ between*** *treat differently* establecer diferencias entre
dif·fe·rent·ly ['dɪfrəntlɪ] *adv* de manera diferente
dif·fi·cult ['dɪfɪkəlt] *adj* difícil
dif·fi·cul·ty ['dɪfɪkəltɪ] dificultad *f*; ***with ~*** con dificultades
dif·fi·dence ['dɪfɪdəns] retraimiento *m*
dif·fi·dent ['dɪfɪdənt] *adj* retraído
dig [dɪg] *v/t & v/i* (*pret & pp* ***dug***) cavar
♦**dig out** *v/t* (*find*) encontrar
♦**dig up** *v/t* levantar, cavar; *information* desenterrar
di·gest [daɪ'dʒest] *v/t also fig* digerir
di·gest·i·ble [daɪ'dʒestəbl] *adj food* digerible
di·ges·tion [daɪ'dʒestʃn] digestión *f*
di·ges·tive [daɪ'dʒestɪv] *adj* digestivo
dig·ger ['dɪgər] *machine* excavadora *f*
di·git ['dɪdʒɪt] (*number*) dígito *m*; ***a 4 ~ number*** un número de 4 dígitos
di·gi·tal ['dɪdʒɪtl] *adj* digital
dig·ni·fied ['dɪgnɪfaɪd] *adj* digno
dig·ni·ta·ry ['dɪgnɪterɪ] dignatario(-a) *m*(*f*)
dig·ni·ty ['dɪgnɪtɪ] dignidad *f*
di·gress [daɪ'gres] *v/i* divagar, apartarse del tema
di·gres·sion [daɪ'greʃn] digresión *f*
dike [daɪk] *wall* dique *m*
di·lap·i·dat·ed [dɪ'læpɪdeɪtɪd] *adj* destartalado
di·late [daɪ'leɪt] *v/i of pupils* dilatarse
di·lem·ma [dɪ'lemə] dilema *m*; ***be in***

a ~ estar en un dilema
dil·et·tante [dɪle'tæntɪ] diletante *m/f*
dil·i·gent ['dɪlɪdʒənt] *adj* diligente
di·lute [daɪ'lu:t] *v/t* diluir
dim [dɪm] **1** *adj room* oscuro; *light* tenue; *outline* borroso, confuso; (*stupid*) tonto; *prospects* remoto **2** *v/t* (*pret & pp* **-med**): atenuar; **~ the headlights** poner las luces cortas **3** *v/i* (*pret & pp* **-med**) *of lights* atenuarse
dime [daɪm] *moneda de diez centavos*
di·men·sion [daɪ'menʃn] dimensión *f*
di·min·ish [dɪ'mɪnɪʃ] *v/t & v/i* disminuir
di·min·u·tive [dɪ'mɪnʊtɪv] **1** *n* diminutivo *m* **2** *adj* diminuto
dim·ple ['dɪmpl] hoyuelo *m*
din [dɪn] *n* estruendo *m*
dine [daɪn] *v/i fml* cenar
din·er ['daɪnər] *person* comensal *m/f*; *restaurant* restaurante *m* barato
din·ghy ['dɪŋgɪ] (*small yacht*) bote *m* de vela; (*rubber boat*) lancha *f* neumática
din·gy ['dɪndʒɪ] *adj* sórdido; (*dirty*) sucio
din·ing car ['daɪnɪŋ] RAIL vagón *m* restaurante, coche *m* comedor; **'din·ing room** comedor *m*; **'din·ing ta·ble** mesa *f* de comedor
din·ner ['dɪnər] *in the evening* cena *f*; *at midday* comida *f*; (*formal gathering*) cena *f* de gala
'din·ner guest invitado(-a) *m*(*f*) a cenar; **'din·ner jack·et** esmoquin *m*; **'din·ner par·ty** cena *f*; **'din·ner serv·ice** vajilla *f*
di·no·saur ['daɪnəsɔ:r] dinosaurio *m*
dip [dɪp] **1** *n* (*swim*) baño *m*, zambullida *f*; *for food* salsa *f*; (*slope*) inclinación *f*, pendiente *f*; (*depression*) hondonada *f* **2** *v/t* (*pret & pp* **-ped**) meter; **~ the headlights** poner las luces cortas **3** *v/i* (*pret & pp* **-ped**) *of road* bajar
di·plo·ma [dɪ'ploʊmə] diploma *m*
di·plo·ma·cy [dɪ'ploʊməsɪ] *also fig* diplomacia *f*
di·plo·mat ['dɪpləmæt] diplomático(-a) *m*(*f*)
di·plo·mat·ic [dɪplə'mætɪk] *adj also fig* diplomático
dip·lo·mat·i·cal·ly [dɪplə'mætɪklɪ] *adv* de forma diplomática
dip·lo·mat·ic im'mu·ni·ty inmunidad *f* diplomática
dire [daɪr] *adj* terrible; **be in ~ need of** necesitar acuciantemente
di·rect [daɪ'rekt] **1** *adj* directo **2** *v/t play*, *movie*, *attention* dirigir; **can you ~ me to the museum?** ¿me podría indicar cómo se va al museo?
di·rect 'cur·rent ELEC corriente *f* continua
di·rec·tion [dɪ'rekʃn] dirección *f*; **~s** *to get to a place* indicaciones *fpl*; (*instructions*) instrucciones *fpl*; *for medicine* posología *f*; **let's ask for ~s** preguntemos cómo se va; **~s for use** modo *m* de empleo
di·rec·tion 'in·di·ca·tor MOT intermitente *m*
di·rec·tive [dɪ'rektɪv] directiva *f*
di·rect·ly [dɪ'rektlɪ] **1** *adv* (*straight*) directamente; (*soon*) pronto; (*immediately*) ahora mismo **2** *conj* en cuanto
di·rec·tor [dɪ'rektər] director(a) *m*(*f*)
di·rec·to·ry [dɪ'rektərɪ] directorio *m*; TELEC guía *f* telefónica
dirt [dɜ:rt] suciedad *f*
'dirt cheap *adj* F tirado F
dirt·y ['dɜ:rtɪ] **1** *adj* sucio; (*pornographic*) pornográfico, obsceno **2** *v/t* (*pret & pp* **-ied**) ensuciar
dirt·y 'trick jugarreta *f*; **play a ~ on s.o.** hacer una jugarreta a alguien
dis·a·bil·i·ty [dɪsə'bɪlətɪ] discapacidad *f*, minusvalía *f*
dis·a·bled [dɪs'eɪbld] **1** *n*: **the ~** los discapacitados *mpl* **2** *adj* discapacitado
dis·ad·van·tage [dɪsəd'væntɪdʒ] (*drawback*) desventaja *f*; **be at a ~** estar en desventaja
dis·ad·van·taged [dɪsəd'væntɪdʒd] *adj* desfavorecido
dis·ad·van·ta·geous [dɪsædvæn-

'teɪdʒəs] *adj* desventajoso, desfavorable
dis·a·gree [dɪsə'griː] *v/i of person* no estar de acuerdo, discrepar; ***let's agree to ~*** aceptemos que no nos vamos a poner de acuerdo

D

♦ **disagree with** *v/t of person* no estar de acuerdo con, discrepar con; *of food* sentar mal; ***lobster disagrees with me*** la langosta me sienta mal
dis·a·gree·a·ble [dɪsə'griːəbl] *adj* desagradable
dis·a·gree·ment [dɪsə'griːmənt] desacuerdo *m*; (*argument*) discusión *f*
dis·ap·pear [dɪsə'pɪr] *v/i* desaparecer
dis·ap·pear·ance [dɪsə'pɪrəns] desaparición *f*
dis·ap·point [dɪsə'pɔɪnt] *v/t* desilusionar, decepcionar
dis·ap·point·ed [dɪsə'pɔɪntɪd] *adj* desilusionado, decepcionado
dis·ap·point·ing [dɪsə'pɔɪntɪŋ] *adj* decepcionante
dis·ap·point·ment [dɪsə'pɔɪntmənt] desilusión *f*, decepción *f*
dis·ap·prov·al [dɪsə'pruːvl] desaprobación *f*
dis·ap·prove [dɪsə'pruːv] *v/i* desaprobar, estar en contra; **~ *of*** desaprobar, estar en contra de
dis·ap·prov·ing [dɪsə'pruːvɪŋ] *adj* desaprobatorio, de desaprobación
dis·ap·prov·ing·ly [dɪsə'pruːvɪŋlɪ] *adv* con desaprobación
dis·arm [dɪs'ɑːrm] **1** *v/t* desarmar **2** *v/i* desarmarse
dis·ar·ma·ment [dɪs'ɑːrməmənt] desarme *m*
dis·arm·ing [dɪs'ɑːrmɪŋ] *adj* cautivador
dis·as·ter [dɪ'zæstər] desastre *m*
di'sas·ter ar·e·a zona *f* catastrófica; *fig* (*person*) desastre *m*
di·sas·trous [dɪ'zæstrəs] *adj* desastroso
dis·band [dɪs'bænd] **1** *v/t* disolver **2** *v/i* disolverse
dis·be·lief [dɪsbə'liːf] incredulidad *f*; ***in ~*** con incredulidad
disc [dɪsk] (*CD*) compact *m* (disc)
dis·card [dɪ'skɑːrd] *v/t* desechar; *boyfriend* deshacerse de
di·scern [dɪ'sɜːrn] *v/t* distinguir, percibir
di·scern·i·ble [dɪ'sɜːrnəbl] *adj* perceptible
di·scern·ing [dɪ'sɜːrnɪŋ] *adj* entendido, exigente
dis·charge **1** *n* ['dɪstʃɑːrdʒ] *from hospital* alta *f*; *from army* licencia *f* **2** *v/t* [dɪs'tʃɑːrdʒ] *from hospital* dar el alta a; *from army* licenciar; *from job* despedir
di·sci·ple [dɪ'saɪpl] *religious* discípulo *m*
dis·ci·pli·nar·y [dɪsɪ'plɪnərɪ] *adj* disciplinario
dis·ci·pline ['dɪsɪplɪn] **1** *n* disciplina *f* **2** *v/t child*, *dog* castigar; *employee* sancionar
'**disc jock·ey** disc jockey *m/f*, *Span* pinchadiscos *m/f inv*
dis·claim [dɪs'kleɪm] *v/t* negar
dis·close [dɪs'kloʊs] *v/t* revelar
dis·clo·sure [dɪs'kloʊʒər] revelación *f*
dis·co ['dɪskoʊ] discoteca *f*
dis·col·or, *Br* **dis·col·our** [dɪs'kʌlər] *v/i* decolorar
dis·com·fort [dɪs'kʌmfərt] (*pain*) molestia *f*; (*embarrassment*) incomodidad *f*
dis·con·cert [dɪskən'sɜːrt] *v/t* desconcertar
dis·con·cert·ed [dɪskən'sɜːrtɪd] *adj* desconcertado
dis·con·nect [dɪskə'nekt] *v/t* desconectar
dis·con·so·late [dɪs'kɑːnsələt] *adj* desconsolado
dis·con·tent [dɪskən'tent] descontento *m*
dis·con·tent·ed [dɪskən'tentɪd] *adj* descontento
dis·con·tin·ue [dɪskən'tɪnjuː] *v/t product* dejar de producir; *bus*, *train service* suspender; *magazine* dejar de publicar
dis·cord ['dɪskɔːrd] MUS discordan-

cia *f*; *in relations* discordia *f*
dis·co·theque ['dɪskətek] discoteca *f*
dis·count **1** *n* ['dɪskaʊnt] descuento *m* **2** *v/t* [dɪs'kaʊnt] *goods* descontar; *theory* descartar
dis·cour·age [dɪs'kʌrɪdʒ] *v/t* (*dissuade*) disuadir (***from*** de); (*dishearten*) desanimar, desalentar
dis·cour·age·ment [dɪs'kʌrɪdʒmənt] disuasión *f*; (*being disheartened*) desánimo *m*, desaliento *m*
dis·cov·er [dɪ'skʌvər] *v/t* descubrir
dis·cov·er·er [dɪ'skʌvərər] descubridor(a) *m*(*f*)
dis·cov·e·ry [dɪ'skʌvərɪ] descubrimiento *m*
dis·cred·it [dɪs'kredɪt] *v/t* desacreditar
di·screet [dɪ'skriːt] *adj* discreto
di·screet·ly [dɪ'skriːtlɪ] *adv* discretamente
di·screp·an·cy [dɪ'skrepənsɪ] discrepancia *f*
di·scre·tion [dɪ'skreʃn] discreción *f*; ***at your ~*** a discreción; ***use your ~*** usa tu criterio
di·scrim·i·nate [dɪ'skrɪmɪneɪt] *v/i* discriminar (***against*** contra); ***~ between*** (*distinguish*) distinguir entre
di·scrim·i·nat·ing [dɪ'skrɪmɪneɪtɪŋ] *adj* entendido, exigente
di·scrim·i·na·tion [dɪ'skrɪmɪneɪʃn] *sexual, racial etc* discriminación *f*
dis·cus ['dɪskəs] SP *object* disco *m*; *event* lanzamiento *m* de disco
di·scuss [dɪ'skʌs] *v/t* discutir; *of article* analizar
di·scus·sion [dɪ'skʌʃn] discusión *f*
'**dis·cus throw·er** lanzador(a) *m*(*f*) de disco
dis·dain [dɪs'deɪn] *n* desdén *m*
dis·ease [dɪ'ziːz] enfermedad *f*
dis·em·bark [dɪsəm'bɑːrk] *v/i* desembarcar
dis·en·chant·ed [dɪsən'ʧæntɪd] *adj*: ***~ with*** desencantado con
dis·en·gage [dɪsən'geɪdʒ] *v/t* soltar
dis·en·tan·gle [dɪsən'tæŋgl] *v/t* desenredar
dis·fig·ure [dɪs'fɪgər] *v/t* desfigurar
dis·grace [dɪs'greɪs] **1** *n* vergüenza *f*; ***it's a ~!*** ¡qué vergüenza!; ***in ~*** desacreditado **2** *v/t* deshonrar
dis·grace·ful [dɪs'greɪsfəl] *adj behavior, situation* vergonzoso, lamentable
dis·grunt·led [dɪs'grʌntld] *adj* descontento
dis·guise [dɪs'gaɪz] **1** *n* disfraz *m*; ***in ~*** disfrazado **2** *v/t voice, handwriting* cambiar; *fear, anxiety* disfrazar; ***~ o.s. as*** disfrazarse de; ***he was ~d as*** iba disfrazado de
dis·gust [dɪs'gʌst] **1** *n* asco *m*, repugnancia *f*; ***in ~*** asqueado **2** *v/t* dar asco a, repugnar; ***I'm ~ed by …*** me da asco *or* me repugna …
dis·gust·ing [dɪs'gʌstɪŋ] *adj habit, smell, food* asqueroso, repugnante; ***it is ~ that …*** da asco que …, es repugnante que …
dish [dɪʃ] (*part of meal, container*) plato *m*
'**dish·cloth** paño *m* de cocina
dis·heart·en·ed [dɪs'hɑːrtnd] *adj* desalentado, descorazonado
dis·heart·en·ing [dɪs'hɑːrtnɪŋ] *adj* descorazonador
di·shev·eled [dɪ'ʃevld] *adj hair, clothes* desaliñado; *person* despeinado
dis·hon·est [dɪs'ɑːnɪst] *adj* deshonesto
dis·hon·est·y [dɪs'ɑːnɪstɪ] deshonestidad *f*
dis·hon·or [dɪs'ɑːnər] *n* deshonra *f*; ***bring ~ on*** deshonrar a
dis·hon·o·ra·ble [dɪs'ɑːnərəbl] *adj* deshonroso
dis·hon·our *etc Br* → ***dishonor*** *etc*
'**dish·wash·er** *person* lavaplatos *m/f inv*; *machine* lavavajillas *m inv*, lavaplatos *m inv*; '**dish·wash·ing liq·uid** lavavajillas *m inv*; '**dish·wa·ter** agua *f* de lavar los platos
dis·il·lu·sion [dɪsɪ'luːʒn] *v/t* desilusionar
dis·il·lu·sion·ment [dɪsɪ'luːʒnmənt]

D

desilusión *f*
dis·in·clined [dɪsɪn'klaɪnd] *adj*: ***she was ~ to believe him*** no estaba inclinada a creerle
dis·in·fect [dɪsɪn'fekt] *v/t* desinfectar
dis·in·fec·tant [dɪsɪn'fektənt] desinfectante *m*
dis·in·her·it [dɪsɪn'herɪt] *v/t* desheredar
dis·in·te·grate [dɪs'ɪntəgreɪt] *v/i* desintegrarse; *of marriage* deshacerse
dis·in·terest·ed [dɪs'ɪntərestɪd] *adj* (*unbiased*) desinteresado
dis·joint·ed [dɪs'dʒɔɪntɪd] *adj* deshilvanado
disk [dɪsk] *also* COMPUT disco *m*; ***on ~*** en disco
'**disk drive** COMPUT unidad *f* de disco
disk·ette [dɪs'ket] disquete *m*
dis·like [dɪs'laɪk] **1** *n* antipatía *f* **2** *v/t*: ***she ~s being kept waiting*** no le gusta que la hagan esperar; ***I ~ him*** no me gusta
dis·lo·cate ['dɪsləkeɪt] *v/t shoulder* dislocar
dis·lodge [dɪs'lɑːdʒ] *v/t* desplazar, mover de su sitio
dis·loy·al [dɪs'lɔɪəl] *adj* desleal
dis·loy·al·ty [dɪs'lɔɪəltɪ] deslealtad *f*
dis·mal ['dɪzməl] *adj weather* horroroso, espantoso; *news*, *prospect* negro; *person* (*sad*) triste; *person* (*negative*) negativo; *failure* estrepitoso
dis·man·tle [dɪs'mæntl] *v/t* desmantelar
dis·may [dɪs'meɪ] **1** *n* (*alarm*) consternación *f*; (*disappointment*) desánimo *m* **2** *v/t* consternar
dis·miss [dɪs'mɪs] *v/t employee* despedir; *suggestion* rechazar; *idea*, *possibility* descartar
dis·miss·al [dɪs'mɪsl] *of employee* despido *m*
dis·mount [dɪs'maʊnt] *v/i* desmontar
dis·o·be·di·ence [dɪsə'biːdɪəns] desobediencia *f*
dis·o·be·di·ent [dɪsə'biːdɪənt] *adj* desobediente
dis·o·bey [dɪsə'beɪ] *v/t* desobedecer
dis·or·der [dɪs'ɔːrdər] (*untidiness*) desorden *m*; (*unrest*) desórdenes *mpl*; MED dolencia *f*
dis·or·der·ly [dɪs'ɔːrdərlɪ] *adj room*, *desk* desordenado; *mob* alborotado
dis·or·gan·ized [dɪs'ɔːrgənaɪzd] *adj* desorganizado
dis·o·ri·ent·ed [dɪs'ɔːrɪəntɪd] *adj* desorientado
dis·own [dɪs'oʊn] *v/t* repudiar, renegar de
di·spar·ag·ing [dɪ'spærɪdʒɪŋ] *adj* despreciativo
di·spar·i·ty [dɪ'spærətɪ] disparidad *f*
dis·pas·sion·ate [dɪ'spæʃənət] *adj* (*objective*) desapasionado
di·spatch [dɪ'spætʃ] *v/t* (*send*) enviar
di·spen·sa·ry [dɪ'spensərɪ] *in pharmacy* dispensario *m*
♦**di·spense with** [dɪ'spens] *v/t* prescindir de
di·sperse [dɪ'spɜːrs] **1** *v/t* dispersar **2** *v/i of crowd* dispersarse; *of mist* disiparse
di·spir·it·ed [dɪs'pɪrɪtɪd] *adj* desalentado, abatido
dis·place [dɪs'pleɪs] *v/t* (*supplant*) sustituir
di·splay [dɪ'spleɪ] **1** *n* muestra *f*; *in store window* objetos *mpl* expuestos; COMPUT pantalla *f*; ***be on ~*** estar expuesto **2** *v/t emotion* mostrar; *at exhibition*, *for sale* exponer; COMPUT visualizar
di'splay cab·i·net *in museum*, *shop* vitrina *f*
dis·please [dɪs'pliːz] *v/t* desagradar, disgustar
dis·plea·sure [dɪs'pleʒər] desagrado *m*, disgusto *m*
dis·po·sa·ble [dɪ'spoʊzəbl] *adj* desechable; ***~ income*** ingreso(s) *m*(*pl*) disponible(s)
dis·pos·al [dɪ'spoʊzl] eliminación *f*; ***I am at your ~*** estoy a su disposición; ***put sth at s.o.'s ~*** poner algo a disposición de alguien
♦**dis·pose of** [dɪ'spoʊz] *v/t* (*get rid*

of) deshacerse de

dis•posed [dɪ'spoʊzd] *adj*: ***be ~ to do sth*** (*willing*) estar dispuesto a hacer algo; ***be well ~ toward*** estar bien dispuesto hacia

dis•po•si•tion [dɪspə'zɪʃn] (*nature*) carácter *m*

dis•pro•por•tion•ate [dɪsprə'pɔːrʃənət] *adj* desproporcionado

dis•prove [dɪs'pruːv] *v/t* refutar

di•spute [dɪ'spjuːt] **1** *n* disputa *f*; *industrial* conflicto *m* laboral **2** *v/t* discutir; (*fight over*) disputarse; ***I don't ~ that*** eso no lo discuto

dis•qual•i•fi•ca•tion [dɪskwɑːlɪfɪ'keɪʃn] descalificación *f*

dis•qual•i•fy [dɪs'kwɑːlɪfaɪ] *v/t* (*pret & pp* ***-ied***) descalificar

dis•re•gard [dɪsrə'gɑːrd] **1** *n* indiferencia *f* **2** *v/t* no tener en cuenta

dis•re•pair [dɪsrə'per]: ***in a state of ~*** deteriorado

dis•rep•u•ta•ble [dɪs'repjʊtəbl] *adj* poco respetable; *area* de mala reputación

dis•re•spect [dɪsrə'spekt] falta *f* de respeto

dis•re•spect•ful [dɪsrə'spektfəl] *adj* irrespetuoso

dis•rupt [dɪs'rʌpt] *v/t train service* trastornar, alterar; *meeting*, *class* interrumpir

dis•rup•tion [dɪs'rʌpʃn] *of train service* alteración *f*; *of meeting*, *class* interrupción *f*

dis•rup•tive [dɪs'rʌptɪv] *adj* perjudicial; ***he's very ~ in class*** causa muchos problemas en clase

dis•sat•is•fac•tion [dɪssætɪs'fækʃn] insatisfacción *f*

dis•sat•is•fied [dɪs'sætɪsfaɪd] *adj* insatisfecho

dis•sen•sion [dɪ'senʃn] disensión *f*

dis•sent [dɪ'sent] **1** *n* discrepancia *f* **2** *v/i*: ***~ from*** disentir de

dis•si•dent ['dɪsɪdənt] *n* disidente *m/f*

dis•sim•i•lar [dɪs'sɪmɪlər] *adj* distinto

dis•so•ci•ate [dɪ'soʊʃɪeɪt] *v/t* disociar; ***~ o.s. from*** disociarse de

dis•so•lute ['dɪsəluːt] *adj* disoluto

dis•so•lu•tion ['dɪsəluːʃn] POL disolución *f*

dis•solve [dɪ'zɑːlv] **1** *v/t substance* disolver **2** *v/i of substance* disolverse

dis•suade [dɪ'sweɪd] *v/t* disuadir; ***~ s.o. from doing sth*** disuadir a alguien de hacer algo

dis•tance ['dɪstəns] **1** *n* distancia *f*; ***in the ~*** en la lejanía **2** *v/t* distanciar; ***~ o.s. from*** distanciarse de

dis•tant ['dɪstənt] *adj place*, *time*, *relative* distante, lejano; *fig* (*aloof*) distante

dis•taste [dɪs'teɪst] desagrado *m*

dis•taste•ful [dɪs'teɪstfəl] *adj* desagradable

dis•till•er•y [dɪs'tɪlərɪ] destilería *f*

dis•tinct [dɪ'stɪŋkt] *adj* (*clear*) claro; (*different*) distinto; ***as ~ from*** a diferencia de

dis•tinc•tion [dɪ'stɪŋkʃn] (*differentiation*) distinción *f*; ***hotel / product of ~*** un hotel / producto destacado

dis•tinc•tive [dɪ'stɪŋktɪv] *adj* característico

dis•tinct•ly [dɪ'stɪŋktlɪ] *adv* claramente, con claridad; (*decidedly*) verdaderamente

dis•tin•guish [dɪ'stɪŋgwɪʃ] *v/t* distinguir (***between*** entre)

dis•tin•guished [dɪ'stɪŋgwɪʃt] *adj* distinguido

dis•tort [dɪ'stɔːrt] *v/t* distorsionar

dis•tract [dɪ'strækt] *v/t* distraer

dis•trac•tion [dɪ'strækʃn] distracción *f*; ***drive s.o. to ~*** sacar a alguien de quicio

dis•traught [dɪ'strɒːt] *adj* angustiado, consternado

dis•tress [dɪ'stres] **1** *n* sufrimiento *m*; ***in ~*** *of ship*, *aircraft* en peligro **2** *v/t* (*upset*) angustiar

dis•tress•ing [dɪ'stresɪŋ] *adj* angustiante

dis'tress sig•nal señal *m* de socorro

dis•trib•ute [dɪ'strɪbjuːt] *v/t* distribuir, repartir; COM distribuir

dis•tri•bu•tion [dɪstrɪ'bjuːʃn] distribución *f*

dis•tri'bu•tion ar•range•ment COM

D

acuerdo *m* de distribución
dis·trib·u·tor [dɪs'trɪbju:tər] COM distribuidor(a) *m(f)*
dis·trict ['dɪstrɪkt] (*area*) zona *f*; (*neighborhood*) barrio *m*
dis·trict at'tor·ney fiscal *m/f* del distrito
dis·trust [dɪs'trʌst] **1** *n* desconfianza *f* **2** *v/t* desconfiar de
dis·turb [dɪ'stɜ:rb] *v/t* (*interrupt*) molestar; (*upset*) preocupar; ***do not ~*** no molestar
dis·turb·ance [dɪ'stɜ:rbəns] (*interruption*) molestia *f*; ***~s*** (*civil unrest*) disturbios *mpl*
dis·turbed [dɪ'stɜ:rbd] *adj* (*concerned, worried*) preocupado, inquieto; *mentally* perturbado
dis·turb·ing [dɪ'stɜ:rbɪŋ] *adj* (*worrying*) inquietante; ***you may find some scenes ~*** algunas de las escenas pueden herir la sensibilidad del espectador
dis·used [dɪs'ju:zd] *adj* abandonado
ditch [dɪʧ] **1** *n* zanja *f* **2** *v/t* F (*get rid of*) deshacerse de; *boyfriend* plantar F; *plan* abandonar
dith·er ['dɪðər] *v/i* vacilar
dive [daɪv] **1** *n* salto *m* de cabeza; *underwater* inmersión *f*; *of plane* descenso *m* en picado; F *bar etc* antro *m* F; ***take a ~*** F *of dollar etc* desplomarse **2** *v/i* (*pret also* ***dove***) tirarse de cabeza; *underwater* bucear; *of plane* descender en picado
div·er ['daɪvər] *off board* saltador(a) *m(f)* de trampolín; *underwater* buceador(a) *m(f)*
di·verge [daɪ'vɜ:rdʒ] *v/i* bifurcarse
di·verse [daɪ'vɜ:rs] *adj* diverso
di·ver·si·fi·ca·tion [daɪvɜ:rsɪfɪ'keɪʃn] COM diversificación *f*
di·ver·si·fy [daɪ'vɜ:rsɪfaɪ] *v/i* (*pret & pp* ***-ied***) COM diversificarse
di·ver·sion [daɪ'vɜ:rʃn] *for traffic* desvío *m*; *to distract attention* distracción *f*
di·ver·si·ty [daɪ'vɜ:rsətɪ] diversidad *f*
di·vert [daɪ'vɜ:rt] *v/t traffic, attention* desviar
di·vest [daɪ'vest] *v/t*: ***~ s.o. of sth*** despojar a alguien de algo
di·vide [dɪ'vaɪd] *v/t also fig* dividir; ***~ 16 by 4*** dividir 16 entre 4
div·i·dend ['dɪvɪdend] FIN dividendo *m*; ***pay ~s*** *fig* resultar beneficioso
di·vine [dɪ'vaɪn] *adj also* F divino
div·ing ['daɪvɪŋ] *from board* salto *m* de trampolín; (*scuba ~*) buceo *m*, submarinismo *m*
'div·ing board trampolín *m*
di·vis·i·ble [dɪ'vɪzəbl] *adj* divisible
di·vi·sion [dɪ'vɪʒn] división *f*
di·vorce [dɪ'vɔ:rs] **1** *n* divorcio *m*; ***get a ~*** divorciarse **2** *v/t* divorciarse de; ***get ~d*** divorciarse **3** *v/i* divorciarse
di·vorced [dɪ'vɔ:rst] *adj* divorciado
di·vor·cee [dɪvɔ:r'si:] divorciado(-a) *m(f)*
di·vulge [daɪ'vʌldʒ] *v/t* divulgar, dar a conocer
DIY [di:aɪ'waɪ] *abbr* (= ***do it yourself***) bricolaje *m*
DI'Y store tienda *f* de bricolaje
diz·zi·ness ['dɪzɪnɪs] mareo *m*
diz·zy ['dɪzɪ] *adj* mareado; ***feel ~*** estar mareado
DJ ['di:dʒeɪ] *abbr* (= ***disc jockey***) disc jockey *m/f*, *Span* pinchadiscos *m/f inv*; (= ***dinner jacket***) esmoquin *m*
DNA [di:en'eɪ] *abbr* (= ***deoxyribonucleic acid***) AND *m* (= ácido *m* desoxirribonucleico)
do [du:] **1** *v/t* (*pret* ***did***, *pp* ***done***) hacer; *100 mph etc* ir a; ***~ one's hair*** arreglarse el pelo; ***what are you ~ing tonight?*** ¿qué vas a hacer esta noche?; ***I don't know what to ~*** no sé qué hacer; ***~ it right now!*** hazlo ahora mismo; ***have one's hair done*** ir al peluquero **2** *v/i* (*pret* ***did***, *pp* ***done***) (*be suitable, enough*): ***that'll ~ nicely*** eso bastará; ***that will ~!*** ¡ya vale!; ***~ well*** *of business* ir bien; ***he's ~ing well*** le van bien las cosas; ***well done!*** (*congratulations!*) ¡bien hecho!; ***how ~ you ~?*** encantado de cono-

cerle **3** *v/aux*: **~ *you know him?*** ¿lo conoces?; ***I don't know*** no sé; **~ *you like Des Moines? – yes I ~*** ¿te gusta Des Moines? – sí; ***he works hard, doesn't he?*** trabaja mucho, ¿verdad?; ***don't you believe me?*** ¿no me crees?; ***you ~ believe me, don't you?*** me crees, ¿verdad?; ***you don't know the answer, ~ you? – no I don't*** no sabes la respuesta, ¿no es así? – no, no la sé

♦**do away with** *v/t* (*abolish*) abolir

♦**do in** *v/t* F (*exhaust*) machacar F; ***I'm done in*** estoy hecho polvo F

♦**do out of** *v/t*: ***do s.o. out of sth*** timar alguien a algo F

♦**do up** *v/t* (*renovate*) renovar; *buttons, coat* abrocharse; *laces* atarse

♦**do with** *v/t*: ***I could do with ...*** no me vendría mal ...; ***he won't have anything to do with it*** (*won't get involved*) no quiere saber nada de ello

♦**do without 1** *v/i*: ***you'll have to do without*** te las tendrás que arreglar **2** *v/t* pasar sin

do·cile ['dousəl] *adj* dócil

dock[1] [dɑːk] **1** *n* NAUT muelle *m* **2** *v/i of ship* atracar; *of spaceship* acoplarse

dock[2] [dɑːk] *n* LAW banquillo *m* (de los acusados)

'dock·yard *Br* astillero *m*

doc·tor ['dɑːktər] *n* MED médico *m*; *form of address* doctor *m*

doc·tor·ate ['dɑːktərət] doctorado *m*

doc·trine ['dɑːktrɪn] doctrina *f*

doc·u·dra·ma ['dɑːkjudrɑːmə] docudrama *m*

doc·u·ment ['dɑːkjumənt] *n* documento *m*

doc·u·men·ta·ry [dɑːkju'mentərɪ] *n program* documental *m*

doc·u·men·ta·tion [dɑːkjumen'teɪʃn] documentación *f*

dodge [dɑːdʒ] *v/t blow, person* esquivar; *issue, question* eludir

doe [dou] *deer* cierva *f*

dog [dɒːg] **1** *n* perro(-a) *m*(*f*) **2** *v/t* (*pret & pp* **-ged**) *of bad luck* perseguir

'dog catch·er perrero(-a) *m*(*f*)

dog-eared ['dɒːgɪrd] *adj book* sobado, con las esquinas dobladas

dog·ged ['dɒːgɪd] *adj* tenaz

dog·gie ['dɒːgɪ] *in children's language* perrito *m*

dog·gy bag ['dɒːgɪbæg] *bolsa para las sobras de la comida*

'dog·house: ***be in the ~*** F haber caído en desgracia

dog·ma ['dɒːgmə] dogma *m*

dog·mat·ic [dɒːg'mætɪk] *adj* dogmático

do-good·er ['duːgudər] *pej* buen(a) samaritano(-a) *m*(*f*)

'dog tag MIL chapa *f* de identificación

'dog-tired *adj* F hecho polvo F

do-it-your·self [duːɪtjər'self] bricolaje *m*

dol·drums ['douldrəmz]: ***be in the ~*** *of economy* estar en un bache; *of person* estar deprimido

♦**dole out** *v/t* repartir

doll [dɑːl] *toy* muñeca *f*; F *woman* muñeca *f* F

♦**doll up** *v/t*: ***get dolled up*** emperifollarse

dol·lar ['dɑːlər] dólar *m*

dol·lop ['dɑːləp] *n* F cucharada *f*

dol·phin ['dɑːlfɪn] delfín *m*

dome [doum] *of building* cúpula *f*

do·mes·tic [də'mestɪk] **1** *adj chores* doméstico, del hogar; *news, policy* nacional **2** *n* empleado(-a) *m*(*f*) del hogar

do·mes·tic 'an·i·mal animal *m* doméstico

do·mes·ti·cate [də'mestɪkeɪt] *v/t animal* domesticar; **be ~d** *of person* estar domesticado

do'mes·tic flight vuelo *m* nacional

dom·i·nant ['dɑːmɪnənt] *adj* dominante

dom·i·nate ['dɑːmɪneɪt] *v/t* dominar

dom·i·na·tion [dɑːmɪ'neɪʃn] dominación *f*

dom·i·neer·ing [dɑːmɪ'nɪrɪŋ] *adj* dominante

dom·i·no ['dɑːmɪnoʊ] ficha *f* de dominó; ***play ~es*** jugar al dominó
do·nate [doʊ'neɪt] *v/t* donar
do·na·tion [doʊ'neɪʃn] donación *f*, donativo *m*; MED donación *f*
done [dʌn] *pp* → ***do***
don·key ['dɑːŋkɪ] burro *m*
do·nor ['doʊnər] *of money*, MED donante *m/f*
do·nut ['doʊnʌt] dónut *m*
doo·dle ['duːdl] *v/i* garabatear
doom [duːm] *n* (*fate*) destino *m*; (*ruin*) fatalidad *f*
doomed [duːmd] *adj project* condenado al fracaso; ***we are ~*** (*bound to fail*) estamos condenados al fracaso; (*going to die*) vamos a morir
door [dɔːr] puerta *f*; ***there's someone at the ~*** hay alguien en la puerta
'**door·bell** timbre *m*; '**door·knob** pomo *m*; '**door·man** portero *m*; '**door·mat** felpudo *m*; '**door·step** umbral *m*; '**door·way** puerta *f*
dope [doʊp] **1** *n* (*drugs*) droga *f*; F (*idiot*) lelo(-a) *m*(*f*); F (*information*) información *f* **2** *v/t* drogar
dor·mant ['dɔːrmənt] *adj plant* aletargado; *volcano* inactivo
dor·mi·to·ry ['dɔːrmɪtɔːrɪ] dormitorio *m* (colectivo); (*hall of residence*) residencia *f* de estudiantes
dos·age ['doʊsɪdʒ] dosis *f inv*
dose [doʊs] *n* dosis *f inv*
dot [dɑːt] *n* punto *m*; ***on the ~*** (*exactly*) en punto
♦**dote on** [doʊt] *v/t* adorar a
dot.com (**com·pany**) [dɑːt'kɑːm] empresa *f* punto.com
dot·ing ['doʊtɪŋ] *adj*: ***my ~ aunt*** mi tía, que tanto me adora
dot·ted line ['dɑːtɪd] línea *f* de puntos
doub·le ['dʌbl] **1** *n person* doble *m/f*; *room* habitación *f* doble **2** *adj* doble; ***inflation is now in ~ figures*** la inflación ha superado ya el 10% **3** *adv*: ***they offered me ~ what the others did*** me ofrecieron el doble que la otra gente **4** *v/t* doblar, duplicar **5** *v/i* doblarse, duplicarse; ***it ~s as ...*** hace también de ...
♦**double back** *v/i* (*go back*) volver sobre sus pasos
♦**double up** *v/i in pain* doblarse; (*share*) compartir habitación
doub·le-'bass contrabajo *m*; **doub·le 'bed** cama *f* de matrimonio; **doub·le-breast·ed** [dʌbl-'brestɪd] *adj* cruzado; **doub·le-'check** *v/t & v/i* volver a comprobar; **doub·le 'chin** papada *f*; **doub·le'cross** *v/t* engañar, traicionar; **doub·le 'glaz·ing** doble acristalamiento *m*; **doub·le'park** *v/i* aparcar en doble fila; '**doub·le-quick** *adj*: ***in ~ time*** muy rápidamente; '**doub·le room** habitación *f* doble
doub·les ['dʌblz] *in tennis* dobles *mpl*
doubt [daʊt] **1** *n* duda *f*; (*uncertainty*) dudas *fpl*; ***be in ~*** ser incierto; ***not be in ~*** estar claro; ***no ~*** (*probably*) sin duda **2** *v/t* dudar; ***we never ~ed you*** nunca dudamos de ti
doubt·ful ['daʊtfəl] *adj remark*, *look* dubitativo; ***be ~*** *of person* tener dudas; ***it is ~ whether ...*** es dudoso que ...
doubt·ful·ly ['daʊtfəlɪ] *adv* lleno de dudas
doubt·less ['daʊtlɪs] *adj* sin duda, indudablemente
dough [doʊ] masa *f*; F (*money*) *Span* pasta *f* F, *L.Am.* plata *f* F
dove[1] [dʌv] *also fig* paloma *f*
dove[2] [doʊv] *pret* → ***dive***
dow·dy ['daʊdɪ] *adj* poco elegante
Dow Jones Av·er·age [daʊdʒoʊnz-'ævərɪdʒ] índice *m* Dow Jones
down[1] [daʊn] *n* (*feathers*) plumón *m*
down[2] [daʊn] **1** *adv* (*downward*) (hacia) abajo; ***pull the shade ~*** baja la persiana; ***put it ~ on the table*** ponlo en la mesa; ***when the leaves come ~*** cuando se caen las hojas; ***cut ~ a tree*** cortar un árbol; ***she was ~ on her knees*** estaba arrodillada; ***the plane was shot ~*** el avión fue abatido; ***~ there*** allá abajo; ***fall ~*** caerse; ***die ~*** amainar; ***$200***

~ (*as deposit*) una entrada de 200 dólares; **~ *south*** hacia el sur; ***be ~*** *of price, rate* haber bajado; *of numbers, amount* haber descendido; (*not working*) no funcionar; F (*depressed*) estar deprimido *or* con la depre F **2** *prep*: ***run ~ the stairs*** bajar las escaleras corriendo; ***the lava rolled ~ the hill*** la lava descendía por la colina; ***walk ~ the street*** andar por la calle; ***the store is halfway ~ Baker Street*** la tienda está a mitad de Baker Street; ***~ the corridor*** por el pasillo **3** *v/t* (*swallow*) tragar; (*destroy*) derribar

'down-and-out *n* vagabundo(-a) *m*(*f*); **'down•cast** *adj* deprimido; **'down•fall** caída *f*; ***be s.o.'s ~*** *of alcohol etc* ser la perdición de alguien; **'downgrade** *v/t* degradar; ***the hurricane has been ~d to a storm*** el huracán ha sido reducido a la categoría de tormenta; **down•heart•ed** [daʊn'hɑːrtɪd] *adj* abatido; **down'hill** *adv* cuesta abajo; ***go ~*** *fig* ir cuesta abajo; **'down•hill ski•ing** descenso *m*; **'down•load** *v/t* COMPUT descargar, bajar; **'down•mark•et** *adj* barato; **'down pay•ment** entrada *f*; ***make a ~ on sth*** pagar la entrada de algo; **'down•play** *v/t* quitar importancia a; **'down•pour** chaparrón *m*, aguacero *m*; **'down•right 1** *adj lie* evidente; *idiot* completo **2** *adv dangerous* extremadamente; *stupid* completamente; **'down•side** (*disadvantage*) desventaja *f*, inconveniente *m*; **'down•size 1** *v/t car* reducir el tamaño de; *company* reajustar la plantilla de **2** *v/i of company* reajustar la plantilla; **'down•stairs 1** *adj* del piso de abajo; ***my ~ neighbors*** los vecinos de abajo **2** *adv*: ***the kitchen is ~*** la cocina está en el piso de abajo; ***I ran ~*** bajé corriendo; **down-to-'earth** *adj approach, person* práctico, realista; **'down•town 1** *n* centro *m* **2** *adj* del centro **2** *adv*: ***I'm going ~*** voy al centro; ***he lives ~*** vive en el centro; **'down•turn** *in economy* bajón *m*

'down•ward ['daʊnwərd] **1** *adj* descendente **2** *adv* a la baja

doze [doʊz] **1** *n* cabezada *f*, sueño *m* **2** *v/i* echar una cabezada

♦**doze off** *v/i* quedarse dormido

doz•en ['dʌzn] docena *f*; ***~s of*** F montonadas de F

drab [dræb] *adj* gris

draft [dræft] **1** *n of air* corriente *f*; *of document* borrador *m*; MIL reclutamiento *m*; **~ (*beer*)**, ***beer on ~*** cerveza *f* de barril **2** *v/t document* redactar un borrador de; MIL reclutar

'draft dodg•er prófugo(-a) *m*(*f*)

draft•ee [dræft'iː] recluta *m/f*

drafts•man ['dræftsmən] delineante *m/f*

draft•y ['dræftɪ] *adj*: ***it's ~ here*** hace mucha corriente aquí

drag [dræg] **1** *n*: ***it's a ~ having to ...*** F es un latazo tener que ... F; ***he's a ~*** F es un peñazo F; ***the main ~*** F la calle principal; ***in ~*** vestido de mujer **2** *v/t* (*pret & pp* **-ged**) (*pull*) arrastrar; (*search*) dragar; ***~ s.o. into sth*** (*involve*) meter a alguien en algo; ***~ sth out of s.o.*** (*get information from*) arrancar algo de alguien **3** *v/i* (*pret & pp* **-ged**) *of time* pasar despacio; *of show, movie* ser pesado

♦**drag away** *v/t*: ***drag o.s. away from the TV*** despegarse de la TV

♦**drag in** *v/t into conversation* introducir

♦**drag on** *v/i* (*last long time*) alargarse

♦**drag out** *v/t* (*prolong*) alargar

♦**drag up** *v/t* F (*mention*) sacar a relucir

drag•on ['drægn] dragón *m*; *fig* bruja *f*

drain [dreɪn] **1** *n pipe* sumidero *m*, desagüe *m*; *under street* alcantarilla *f*; ***a ~ on resources*** una sangría en los recursos **2** *v/t water, vegetables* escurrir; *land* drenar; *glass, tank, oil* vaciar; *person* agotar **3** *v/i of dishes* escurrir

D

◆**drain away** *v/i of liquid* irse
◆**drain off** *v/t water* escurrir
drain•age ['dreɪnɪdʒ] (*drains*) desagües *mpl*; *of water from soil* drenaje *m*
'**drain•pipe** tubo *m* de desagüe
dra•ma ['drɑːmə] (*art form*) drama *m*, teatro *m*; (*excitement*) dramatismo *m*; (*play*: *on TV*) drama *m*, obra *f* de teatro
dra•mat•ic [drə'mætɪk] *adj* dramático; *scenery* espectacular
dra•mat•i•cal•ly [drə'mætɪklɪ] *adv say* con dramatismo, de manera dramática; *decline*, *rise*, *change etc* espectacularmente
dram•a•tist ['dræmətɪst] dramaturgo(-a) *m*(*f*)
dram•a•ti•za•tion [dræmətaɪ'zeɪʃn] (*play*) dramatización *f*
dram•a•tize ['dræmətaɪz] *v/t also fig* dramatizar
drank [dræŋk] *pret* → ***drink***
drape [dreɪp] *v/t cloth* cubrir; ***~d in*** (*covered with*) cubierto con
drap•er•y ['dreɪpərɪ] ropajes *mpl*
drapes [dreɪps] *npl* cortinas *fpl*
dras•tic ['dræstɪk] *adj* drástico
draught *Br* → ***draft***
draw [drɒː] **1** *n in match*, *competition* empate *m*; *in lottery* sorteo *m*; (*attraction*) atracción *f* **2** *v/t* (*pret* ***drew***, *pp* ***drawn***) *picture*, *map* dibujar; *cart* tirar de; *curtain* correr; *in lottery* sortear; *gun*, *knife* sacar; (*attract*) atraer; (*lead*) llevar; *from bank account* sacar, retirar **3** *v/i* (*pret* ***drew***, *pp* ***drawn***) dibujar; *in match*, *competition* empatar; ***~ near*** acercarse
◆**draw back 1** *v/i* (*recoil*) echarse atrás **2** *v/t* (*pull back*) retirar
◆**draw on 1** *v/i* (*approach*) aproximarse **2** *v/t* (*make use of*) utilizar
◆**draw out** *v/t wallet*, *money from bank* sacar
◆**draw up 1** *v/t document* redactar; *chair* acercar **2** *v/i of vehicle* parar
'**draw•back** desventaja *f*, inconveniente *m*
draw•er[1] [drɔr] *of desk etc* cajón *m*
draw•er[2] [drɔr]: ***she's a good ~*** dibuja muy bien
draw•ing ['drɒːɪŋ] dibujo *m*
'**draw•ing board** tablero *m* de dibujo; ***go back to the ~*** *fig* volver a empezar otra vez
'**draw•ing pin** *Br* chincheta *f*
drawl [drɒːl] *n* acento *m* arrastrado
drawn [drɒːn] *pp* → ***draw***
dread [dred] *v/t* tener pavor a; ***I ~ him ever finding out*** me da pavor pensar que lo pueda llegar a descubrir; ***I ~ going to the dentist*** me da pánico ir al dentista
dread•ful ['dredfəl] *adj* horrible, espantoso; ***it's a ~ pity you won't be there*** es una auténtica pena que no vayas a estar ahí
dread•ful•ly ['dredfəlɪ] *adv* F (*extremely*) terriblemente, espantosamente F; *behave* fatal
dream [driːm] **1** *n* sueño *m* **2** *adj*: ***win your ~ house!*** ¡gane la casa de sus sueños! **3** *v/t* soñar; (*day~*) soñar (despierto) **4** *v/i* soñar; (*day~*) soñar (despierto); ***I ~t about you last night*** anoche soñé contigo
◆**dream up** *v/t* inventar
dream•er ['driːmər] (*day~*) soñador(a) *m*(*f*)
dream•y ['driːmɪ] *adj voice*, *look* soñador
drear•y ['drɪrɪ] *adj* triste, deprimente
dredge [dredʒ] *v/t harbor*, *canal* dragar
◆**dredge up** *v/t fig* sacar a relucir
dregs [dregz] *npl of coffee* posos *mpl*; ***the ~ of society*** la escoria de la sociedad
drench [drentʃ] *v/t* empapar; ***get ~ed*** empaparse
dress [dres] **1** *n for woman* vestido *m*; (*clothing*) traje *m*; ***he has no ~ sense*** no sabe vestir(se); ***the company has a ~ code*** la compañía tiene unas normas sobre la ropa que deben llevar los empleados **2** *v/t person* vestir; *wound* vendar; ***get ~ed*** vestirse **3** *v/i* (*get ~ed*) vestirse; *well*, *in black etc* vestir(se) (***in*** de)

♦**dress up** *v/i* arreglarse, vestirse elegante; (*wear a disguise*) disfrazarse (***as*** de)
'**dress cir·cle** piso *m* principal
dress·er ['dresər] (*dressing table*) tocador *f*; *in kitchen* aparador *m*
dress·ing ['dresɪŋ] *for salad* aliño *m*, *Span* arreglo *m*; *for wound* vendaje *m*
dress·ing '**down** regaño *m*; ***give s.o. a ~*** regañar a alguien; '**dress·ing room** *in theater* camerino *m*; '**dress·ing ta·ble** tocador *f*
'**dress·mak·er** modisto(-a) *m*(*f*)
'**dress re·hears·al** ensayo *m* general
dress·y ['dresɪ] *adj* F elegante
drew [dru:] *pret* → ***draw***
drib·ble ['drɪbl] *v/i of person, baby* babear; *of water* gotear; SP driblar
dried [draɪd] *adj fruit etc* seco
dri·er [draɪr] → ***dryer***
drift [drɪft] **1** *n of snow* ventisquero *m* **2** *v/i of snow* amontonarse; *of ship* ir a la deriva; (*go off course*) desviarse del rumbo; *of person* vagar
♦**drift apart** *v/i of couple* distanciarse
drift·er ['drɪftər] vagabundo(-a) *m*(*f*)
drill [drɪl] **1** *n tool* taladro *m*; *exercise* simulacro *m*; MIL instrucción *f* **2** *v/t hole* taladrar, perforar **3** *v/i for oil* hacer perforaciones; MIL entrenarse
dril·ling rig ['drɪlɪŋrɪg] (*platform*) plataforma *f* petrolífera
dri·ly ['draɪlɪ] *adv remark* secamente, lacónicamente
drink [drɪŋk] **1** *n* bebida *f*; ***a ~ of ...*** un vaso de ...; ***go for a ~*** ir a tomar algo **2** *v/t* (*pret* ***drank***, *pp* ***drunk***) beber **3** *v/i* (*pret* ***drank***, *pp* ***drunk***) beber, *L.Am.* tomar; ***I don't ~*** no bebo
♦**drink up 1** *v/i* (*finish drink*) acabarse la bebida **2** *v/t* (*drink completely*) beberse todo
drink·a·ble ['drɪŋkəbl] *adj* potable
drink '**driv·ing** conducción *f* bajo los efectos del alcohol
drink·er ['drɪŋkər] bebedor(a) *m*(*f*)
drink·ing ['drɪŋkɪŋ]: ***I'm worried about his ~*** me preocupa que beba tanto; ***a ~ problem*** un problema con la bebida
'**drink·ing wa·ter** agua *f* potable
'**drinks ma·chine** máquina *f* expendedora de bebidas
drip [drɪp] **1** *n* gota *f*; MED gotero *m*, suero *m* **2** *v/i* (*pret & pp* ***-ped***) gotear
'**drip·dry** *adj* que no necesita planchado
drip·ping ['drɪpɪŋ] *adv*: ***~ wet*** empapado
drive [draɪv] **1** *n outing* vuelta *f*, paseo *m* (en coche); (*energy*) energía *f*; COMPUT unidad *f*; (*campaign*) campaña *f*; ***it's a short ~ from the station*** está a poca distancia en coche de la estación; ***with left-/right-hand ~*** MOT con el volante a la izquierda/a la derecha **2** *v/t* (*pret* ***drove***, *pp* ***driven***) *vehicle* conducir, *L.Am.* manejar; (*own*) tener; (*take in car*) llevar (en coche); TECH impulsar; ***that noise/he is driving me mad*** ese ruido/él me está volviendo loco **3** *v/i* (*pret* ***drove***, *pp* ***driven***) conducir, *L.Am.* manejar; ***don't drink and ~*** si bebes, no conduzcas; ***I ~ to work*** voy al trabajo en coche
♦**drive at** *v/t*: ***what are you driving at?*** ¿qué insinuas?
♦**drive away 1** *v/t* llevarse en un coche; (*chase off*) ahuyentar **2** *v/i* marcharse
♦**drive in** *v/t nail* remachar
♦**drive off** → ***drive away***
'**drive-in** *n* (*movie theater*) autocine *m*
driv·el ['drɪvl] *n* tonterías *fpl*
driv·en ['drɪvn] *pp* → ***drive***
driv·er ['draɪvər] conductor(a) *m*(*f*); COMPUT controlador *m*
'**driv·er's li·cense** carné *m* de conducir
drive·thru ['draɪvθru:] *restaurante/*

banco etc en el que se atiende al cliente sin que salga del coche
'**drive·way** camino *m* de entrada
driv·ing ['draɪvɪŋ] **1** *n* conducción *f*; ***his ~ is appalling*** conduce *or L.Am.* maneja fatal **2** *adj rain* torrencial
driv·ing '**force** fuerza *f* motriz; '**driving in·struct·or** profesor(a) *m*(*f*) de autoescuela; '**driv·ing les·son** clase *f* de conducir; '**driv·ing li·cence** *Br* carné *m* de conducir; '**driv·ing school** autoescuela *f*; '**driv·ing test** examen *m* de conducir *or L.Am.* manejar
driz·zle ['drɪzl] **1** *n* llovizna *f* **2** *v/i* lloviznar
drone [droʊn] *n noise* zumbido *m*
droop [dru:p] *v/i of plant* marchitarse; ***her shoulders ~ed*** se encorvó
drop [drɑ:p] **1** *n* gota *f*; *in price, temperature* caída *f* **2** *v/t* (*pret & pp* ***-ped***) *object* dejar caer; *person from car* dejar; *person from team* excluir; (*stop seeing*) abandonar; *charges, demand etc* retirar; (*give up*) dejar; ***~ a line to*** mandar unas líneas a **3** *v/i* (*pret & pp* ***-ped***) caer, caerse; (*decline*) caer; *of wind* amainar
♦**drop in** *v/i* (*visit*) pasar a visitar
♦**drop off 1** *v/t person* dejar; (*deliver*) llevar **2** *v/i* (*fall asleep*) dormirse; (*decline*) disminuir
♦**drop out** *v/i* (*withdraw*) retirarse; ***drop out of school*** abandonar el colegio
'**drop·out** (*from school*) *alumno que ha abandonado los estudios*; *from society* marginado(-a) *m*(*f*)
drops [drɑ:ps] *npl for eyes* gotas *fpl*
drought [draʊt] sequía *f*
drove [droʊv] *pret* → ***drive***
drown [draʊn] **1** *v/i* ahogarse **2** *v/t person, sound* ahogar; ***be ~ed*** ahogarse
drow·sy ['draʊzɪ] *adj* soñoliento(-a)
drudg·e·ry ['drʌdʒərɪ]: ***the job is sheer ~*** el trabajo es terriblemente pesado
drug [drʌg] **1** *n* MED, *illegal* droga *f*; ***be on ~s*** drogarse **2** *v/t* (*pret & pp* ***-ged***) drogar
'**drug ad·dict** drogadicto(-a) *m*(*f*)
'**drug deal·er** traficante *m/f* (de drogas)
drug·gist ['drʌgɪst] farmacéutico(-a) *m*(*f*)
'**drug·store** *tienda en la que se venden medicinas, cosméticos, periódicos y que a veces tiene un bar*
'**drug traf·fick·ing** tráfico *m* de drogas
drum [drʌm] *n* MUS tambor *m*; *container* barril *m*
♦**drum into** *v/t* (*pret & pp* ***-med***): ***drum sth into s.o.*** meter algo en la cabeza de alguien
♦**drum up** *v/t*: ***drum up support*** buscar apoyos
drum·mer ['drʌmər] tambor *m*, tamborilero(-a) *m*(*f*)
'**drum·stick** MUS baqueta *f*; *of poultry* muslo *m*
drunk [drʌŋk] **1** *n* borracho(-a) *m*(*f*) **2** *adj* borracho; ***get ~*** emborracharse **3** *pp* → ***drink***
drunk·en [drʌŋkn] *voices, laughter* borracho; *party* con mucho alcohol
dry [draɪ] **1** *adj* seco; *where alcohol is banned* donde está prohibido el consumo de alcohol **2** *v/t & v/i* (*pret & pp* ***-ied***) secar
♦**dry out** *v/i* secarse; *of alcoholic* desintoxicarse
♦**dry up** *v/i of river* secarse; F (*be quiet*) cerrar el pico F
'**dry·clean** *v/t* limpiar en seco; '**dry clean·er** tintorería *f*; '**dryclean·ing** (*clothes*): ***would you pick up my ~ for me?*** ¿te importaría recogerme la ropa de la tintorería?
dry·er [draɪr] *machine* secadora *f*
DTP [di:ti:'pi:] *abbr* (= ***desk-top publishing***) autoedición *f*
du·al ['du:əl] *adj* doble
dub [dʌb] *v/t* (*pret & pp* ***-bed***) *movie* doblar
du·bi·ous ['du:bɪəs] *adj* dudoso; (*having doubts*) inseguro; ***I'm still ~ about the idea*** todavía tengo mis dudas sobre la idea
duch·ess ['dʌtʃɪs] duquesa *f*

duck [dʌk] **1** *n* pato *m*, pata *f* **2** *v/i* agacharse **3** *v/t one's head* agachar; *question* eludir
dud [dʌd] *n* F (*false bill*) billete *m* falso
due [du:] *adj* (*proper*) debido; ***the money ~ me*** el dinero que se me debe; ***payment is now ~*** el pago se debe hacer efectivo ahora; ***is there a train ~ soon?*** ¿va a pasar un tren pronto?; ***when is the baby ~?*** ¿cuando está previsto que nazca el bebé?; ***he's ~ to meet him next month*** tiene previsto reunirse con él el próximo mes; ***~ to*** (*because of*) debido a; ***be ~ to*** (*be caused by*) ser debido a; ***in ~ course*** en su debido momento
dues [du:z] *npl* cuota *f*
du·et [du:'et] MUS dúo *m*
dug [dʌg] *pret & pp* → ***dig***
duke [du:k] duque *m*
dull [dʌl] *adj weather* gris; *sound*, *pain* sordo; (*boring*) aburrido, soso
du·ly ['du:lɪ] *adv* (*as expected*) tal y como se esperaba; (*properly*) debidamente
dumb [dʌm] *adj* (*mute*) mudo; F (*stupid*) estúpido; ***a pretty ~ thing to do*** una tontería
dumb·found·ed [dʌm'faʊndɪd] *adj* boquiabierto
dump [dʌmp] **1** *n for garbage* vertedero *m*, basurero *m*; (*unpleasant place*) lugar *m* de mala muerte **2** *v/t* (*deposit*) dejar; (*dispose of*) deshacerse de; *toxic waste*, *nuclear waste* verter
dump·ling ['dʌmplɪŋ] *bola de masa dulce o salada*
dune [du:n] duna *f*
dung [dʌŋ] estiércol *m*
dun·ga·rees [dʌŋgə'ri:z] *npl* pantalones *mpl* de trabajo
dunk [dʌŋk] *v/t in coffee etc* mojar
du·o ['du:oʊ] MUS dúo *m*
du·plex (a·part·ment) ['du:pleks] dúplex *m*
du·pli·cate 1 *n* ['du:plɪkət] duplicado *m*; ***in ~*** por duplicado **2** *v/t* ['du:plɪkeɪt] (*copy*) duplicar, hacer un duplicado de; (*repeat*) repetir
du·pli·cate 'key llave *f* duplicada
du·ra·ble ['dʊrəbl] *adj material* duradero, durable; *relationship* duradero
du·ra·tion [dʊ'reɪʃn] duración *f*; ***for the ~ of her visit*** mientras dure su visita
du·ress [dʊ'res]: ***under ~*** bajo coacción
dur·ing ['dʊrɪŋ] *prep* durante
dusk [dʌsk] crepúsculo *m*, anochecer *m*
dust [dʌst] **1** *n* polvo *m* **2** *v/t* quitar el polvo a; ***~ sth with sth*** (*sprinkle*) espolvorear algo con algo
dust·er ['dʌstər] (*cloth*) trapo *m* del polvo
'dust jack·et sobrecubierta *f*
'dust·pan recogedor *m*
dust·y ['dʌstɪ] *adj* polvoriento
Dutch [dʌʧ] **1** *adj* holandés; ***go ~*** F pagar a escote F **2** *n* (*language*) neerlandés *m*; ***the ~*** los holandeses
du·ty ['du:tɪ] deber *m*; (*task*) obligación *f*, tarea *f*; *on goods* impuesto *m*; ***be on ~*** estar de servicio; ***be off ~*** estar fuera de servicio
du·ty-'free 1 *adj* libre de impuestos **2** *n* productos *mpl* libres de impuestos
du·ty-'free shop tienda *f* libre de impuestos
DVD [di:vi:'di:] *abbr* (= ***digital versatile disk***) DVD *m*
dwarf [dwɔ:rf] **1** *n* enano *m* **2** *v/t* empequeñecer
♦**dwell on** [dwel] *v/t*: ***dwell on the past*** pensar en el pasado; ***don't dwell on what he said*** no des demasiada importancia a lo que ha dicho
dwin·dle ['dwɪndl] *v/i* disminuir, menguar
dye [daɪ] **1** *n* tinte *m* **2** *v/t* teñir
dy·ing ['daɪɪŋ] *adj person* moribundo; *industry*, *tradition* en vías de desaparición
dy·nam·ic [daɪ'næmɪk] *adj* dinámico
dy·na·mism ['daɪnəmɪzm] dinamismo *m*
dy·na·mite ['daɪnəmaɪt] *n* dinamita *f*

D

dy•na•mo ['daɪnəmoʊ] TECH dinamo *f*, dínamo *f*
dy•nas•ty ['daɪnəstɪ] dinastía *f*
dys•lex•i•a [dɪs'leksɪə] dislexia *f*
dys•lex•ic [dɪs'leksɪk] **1** *adj* disléxico **2** *n* disléxico(-a) *m*(*f*)

D

E

each [i:ʧ] **1** *adj* cada **2** *adv*: ***he gave us one ~*** nos dio uno a cada uno; ***they're $1.50 ~*** valen 1.50 dólares cada uno **3** *pron* cada uno; ***~ other*** el uno al otro; ***we love ~ other*** nos queremos
ea•ger ['i:gər] *adj* ansioso; ***she's always ~ to help*** siempre está deseando ayudar
ea•ger 'bea•ver F entusiasta *m/f*
ea•ger•ly ['i:gərlɪ] *adv* ansiosamente
ea•ger•ness ['i:gərnɪs] entusiasmo *m*
ea•gle ['i:gl] águila *f*
ea•gle-eyed [i:gl'aɪd] *adj* con vista de lince
ear[1] [ɪr] *of person, animal* oreja *f*; *for music* oído *m*
ear[2] [ɪr] *of corn* espiga *f*
'ear•ache dolor *m* de oídos; **'ear•drum** tímpano *m;* **'ear•lobe** lóbulo *m*
ear•ly ['ɜ:rlɪ] **1** *adj* (*not late*) temprano; (*ahead of time*) anticipado; (*farther back in time*) primero; (*in the near future*) pronto; *music* antiguo; ***let's have an ~ supper*** cenemos temprano; ***in ~ October*** a principios de octubre; ***in the ~ hours of the morning*** a primeras horas de la madrugada; ***an ~ Picasso*** un Picasso de su primera época; ***I'm an ~ riser*** soy madrugador **2** *adv* (*not late*) pronto, temprano; (*ahead of time*) antes de tiempo; ***it's too ~ to say*** es demasiado pronto como para poder decir nada; ***earlier than*** antes que
'ear•ly bird madrugador(a) *m*(*f*)
ear•mark ['ɪrmɑ:rk] *v/t* destinar; ***~ sth for sth*** destinar algo a algo
earn [ɜ:rn] *v/t salary* ganar; *interest* devengar; *holiday, drink etc* ganarse; ***~ one's living*** ganarse la vida
ear•nest ['ɜ:rnɪst] *adj* serio; ***in ~*** en serio
earn•ings ['ɜ:rnɪŋz] *npl* ganancias *fpl*
'ear•phones *npl* auriculares *mpl*; **'ear-pierc•ing** *adj* estrepitoso; **'ear•ring** pendiente *m*; **'ear•shot**: ***within ~*** al alcance del oído; ***out of ~*** fuera del alcance del oído
earth [ɜ:rθ] (*soil*) tierra *f*; (*world, planet*) Tierra *f*; ***where on ~ …?*** F ¿dónde diablos …? F
earth•en•ware ['ɜ:rθnwer] *n* loza *f*
earth•ly ['ɜ:rθlɪ] *adj* terrenal; ***it's no ~ use*** F no sirve para nada
earth•quake ['ɜ:rθkweɪk] terremoto *m*
earth-shat•ter•ing ['ɜ:rθʃætərɪŋ] *adj* extraordinario
ease [i:z] **1** *n* facilidad *f*; ***be at*** (***one's***) ***~***, ***feel at ~*** sentirse cómodo; ***feel ill at ~*** sentirse incómodo **2** *v/t* (*relieve*) aliviar **3** *v/i of pain* disminuir
♦**ease off 1** *v/t* (*remove*) quitar con cuidado **2** *v/i of pain* disminuir; *of rain* amainar
ea•sel ['i:zl] caballete *m*
eas•i•ly ['i:zəlɪ] *adv* (*with ease*) fácilmente; (*by far*) con diferencia
east [i:st] **1** *n* este *m* **2** *adj* oriental, este; *wind* del este **3** *adv travel* hacia el este
Eas•ter ['i:stər] Pascua *f*; *period* Se-

mana *f* Santa
Eas·ter 'Day Domingo *m* de Resurrección
'Eas·ter egg huevo *m* de pascua
eas·ter·ly ['i:stərlɪ] *adj* del este
Eas·ter 'Mon·day Lunes *m* Santo
east·ern ['i:stərn] *adj* del este; (*oriental*) oriental
east·er·ner ['i:stərnər] *habitante de la costa este estadounidense*
Eas·ter 'Sun·day Domingo *m* de Resurrección
east·ward ['i:stwərd] *adv* hacia el este
eas·y ['i:zɪ] *adj* fácil; (*relaxed*) tranquilo; ***take things ~*** (*slow down*) tomarse las cosas con tranquilidad; ***take it ~!*** (*calm down*) ¡tranquilízate!
'eas·y chair sillón *m*
eas·y-go·ing ['i:zɪgoʊɪŋ] *adj* tratable
eat [i:t] *v/t & v/i* (*pret* **ate**, *pp* **eaten**) comer
♦**eat out** *v/i* comer fuera
♦**eat up** *v/t* comerse; *fig*: *use up* acabar con
eat·a·ble ['i:təbl] *adj* comestible
eat·en ['i:tn] *pp* → **eat**
eau de Co·logne [oʊdəkə'loʊn] agua *f* de colonia
eaves [i:vz] *npl* alero *m*
eaves·drop ['i:vzdrɑ:p] *v/i* (*pret & pp* **-ped**) escuchar a escondidas (***on s.o.*** alguien)
ebb [eb] *v/i of tide* bajar
♦**ebb away** *v/i fig of courage, strength* desvanecerse
e-busi·ness ['i:bɪznɪs] comercio *m* electrónico
ec·cen·tric [ɪk'sentrɪk] **1** *adj* excéntrico **2** *n* excéntrico(-a) *m*(*f*)
ec·cen·tric·i·ty [ɪksen'trɪsɪtɪ] excentricidad *f*
ech·o ['ekoʊ] **1** *n* eco *m* **2** *v/i* resonar **3** *v/t words* repetir; *views* mostrar acuerdo con
e·clipse [ɪ'klɪps] **1** *n* eclipse *m* **2** *v/t fig* eclipsar
e·co·lo·gi·cal [i:kə'lɑ:dʒɪkl] *adj* ecológico
e·co·lo·gi·cal·ly [i:kə'lɑ:dʒɪklɪ] *adv* ecológicamente
e·co·lo·gi·cal·ly 'friend·ly *adj* ecológico
e·col·o·gist [i:'kɑ:lədʒɪst] ecologista *m/f*
e·col·o·gy [i:'kɑ:lədʒɪ] ecología *f*
ec·o·nom·ic [i:kə'nɑ:mɪk] *adj* económico
ec·o·nom·i·cal [i:kə'nɑ:mɪkl] *adj* (*cheap*) económico; (*thrifty*) cuidadoso
ec·o·nom·i·cal·ly [i:kə'nɑ:mɪklɪ] *adv* (*in terms of economics*) económicamente; (*thriftily*) de manera económica
ec·o·nom·ics [i:kə'nɑ:mɪks] *nsg* (*science*) economía *f*; (*npl*: *financial aspects*) aspecto *m* económico
e·con·o·mist [ɪ'kɑ:nəmɪst] economista *m/f*
e·con·o·mize [ɪ'kɑ:nəmaɪz] *v/i* economizar, ahorrar
♦**economize on** *v/t* economizar, ahorrar
e·con·o·my [ɪ'kɑ:nəmɪ] *of a country* economía *f*; (*saving*) ahorro *m*
e'con·o·my class clase *f* turista; **e'con·o·my drive** intento *m* de ahorrar; **e'con·o·my size** tamaño *m* económico
e·co·sys·tem ['i:koʊsɪstm] ecosistema *m*
e·co·tour·ism ['i:koʊtʊrɪzm] ecoturismo *m*
ec·sta·sy ['ekstəsɪ] éxtasis *m*
ec·sta·t·ic [ɪk'stætɪk] *adj* muy emocionado, extasiado
Ec·ua·dor ['ekwədɔ:r] *n* Ecuador
Ec·ua·dore·an [ekwə'dɔ:rən] **1** *adj* ecuatoriano **2** *n* ecuatoriano(-a) *m*(*f*)
ec·ze·ma ['eksmə] eczema *f*
edge [edʒ] **1** *n of knife* filo *m*; *of table, seat, road, cliff* borde *m*; *in voice* irritación *f*; ***on ~*** tenso **2** *v/t* ribetear **3** *v/i* (*move slowly*) acercarse despacio
edge·wise ['edʒwaɪz] *adv* de lado; ***I couldn't get a word in ~*** no me dejó decir una palabra

E

edg·y ['edʒɪ] *adj* tenso
ed·i·ble ['edɪbl] *adj* comestible
ed·it ['edɪt] *v/t text* corregir; *book* editar; *newspaper* dirigir; *TV program, movie* montar
e·di·tion [ɪ'dɪʃn] edición *f*
ed·i·tor ['edɪtər] *of text, book* editor(a) *m(f)*; *of newspaper* director(a) *m(f)*; *of TV program, movie* montador(a) *m(f)*; ***sports / political*** ~ redactor(a) *m(f)* de deportes / política
ed·i·to·ri·al [edɪ'tɔːrɪəl] **1** *adj* editorial **2** *n in newspaper* editorial *m*
EDP [iːdiː'piː] *abbr* (= ***electronic data processing***) procesamiento *m* electrónico de datos
ed·u·cate ['edʒəkeɪt] *v/t child* educar; *consumers* concienciar
ed·u·cat·ed ['edʒəkeɪtɪd] *adj person* culto
ed·u·ca·tion [edʒə'keɪʃn] educación *f*; ***the ~ system*** el sistema educativo
ed·u·ca·tion·al [edʒə'keɪʃnl] *adj* educativo; (*informative*) instructivo
eel [iːl] anguila *f*
ee·rie ['ɪrɪ] *adj* escalofriante
ef·fect [ɪ'fekt] efecto *m*; ***take ~*** *of medicine, drug* hacer efecto; ***come into ~*** *of law* entrar en vigor
ef·fec·tive [ɪ'fektɪv] *adj* (*efficient*) efectivo; (*striking*) impresionante; ***~ May 1*** a partir del 1 de mayo
ef·fem·i·nate [ɪ'femɪnət] *adj* afeminado
ef·fer·ves·cent [efər'vesnt] *adj* efervescente; *personality* chispeante
ef·fi·cien·cy [ɪ'fɪʃənsɪ] *of person* eficiencia *f*; *of machine* rendimiento *m*; *of system* eficacia *f*
ef·fi·cient [ɪ'fɪʃənt] *adj person* eficiente; *machine* de buen rendimiento; *method* eficaz
ef·fi·cient·ly [ɪ'fɪʃəntlɪ] *adv* eficientemente
ef·flu·ent ['efluənt] aguas *fpl* residuales
ef·fort ['efərt] (*struggle, attempt*) esfuerzo *m*
ef·fort·less ['efərtlɪs] *adj* fácil
ef·fron·te·ry [ɪ'frʌntərɪ] desvergüenza *f*
ef·fu·sive [ɪ'fjuːsɪv] *adj* efusivo
e.g. [iː'dʒiː] p. ej.
e·gal·i·tar·i·an [ɪgælɪ'terɪən] *adj* igualitario
egg [eg] huevo *m*; *of woman* óvulo *m*
♦**egg on** *v/t* incitar
'**egg·cup** huevera *f*; '**egg·head** F cerebrito(-a) *m(f)* F; '**egg·plant** berenjena *f*; '**egg·shell** cáscara *f* de huevo; '**egg tim·er** reloj *m* de arena
e·go ['iːgoʊ] PSYCH ego *m*; (*self-esteem*) amor *m* propio
e·go·cen·tric [iːgoʊ'sentrɪk] *adj* egocéntrico
e·go·ism ['iːgoʊ'ɪzm] egoismo *m*
e·go·ist ['iːgoʊ'ɪst] egoísta *m/f*
E·gypt ['iːdʒɪpt] Egipto
E·gyp·tian [ɪ'dʒɪpʃn] **1** *adj* egipcio **2** *n* egipcio(-a) *m(f)*
ei·der·down ['aɪdərdaʊn] *quilt* edredón *m*
eight [eɪt] ocho
eigh·teen [eɪ'tiːn] dieciocho
eigh·teenth [eɪ'tiːnθ] *n & adj* decimoctavo
eighth [eɪtθ] *n & adj* octavo
eigh·ti·eth ['eɪtɪɪθ] *n & adj* octogésimo
eigh·ty ['eɪtɪ] ochenta
ei·ther ['aɪðər] **1** *adj* cualquiera de los dos; *with negative constructions* ninguno de los dos; (*both*) cada, ambos; ***he wouldn't accept ~ of the proposals*** no quería aceptar ninguna de las dos propuestas **2** *pron* cualquiera de los dos; *with negative constructions* ninguno de los dos **3** *adv* tampoco; ***I won't go ~*** yo tampoco iré **4** *conj*: ***~ … or*** *choice* o … o; *with negative constructions* ni … ni
e·ject [ɪ'dʒekt] **1** *v/t* expulsar **2** *v/i from plane* eyectarse
♦**eke out** [iːk] *v/t* (*make last*) hacer durar
el [el] → ***elevated railroad***
e·lab·o·rate 1 *adj* [ɪ'læbərət] elabo-

rado **2** *v/t* [ɪ'læbəreɪt] elaborar **3** *v/i* [ɪ'læbəreɪt] dar detalles
e·lab·o·rate·ly [ɪ'læbərəɪtlɪ] *adv* elaboradamente
e·lapse [ɪ'læps] *v/i* pasar
e·las·tic [ɪ'læstɪk] **1** *adj* elástico **2** *n* elástico *m*
e·las·ti·ca·ted [ɪ'læstɪkeɪtɪd] *adj* elástico
e·las·ti·ci·ty [ɪlæs'tɪsətɪ] elasticidad *f*
e·las·ti·cized [ɪ'læstɪsaɪzd] *adj* elástico
e·lat·ed [ɪ'leɪtɪd] *adj* eufórico
el·at·ion [ɪ'leɪʃn] euforia *f*
el·bow ['elboʊ] **1** *n* codo *m* **2** *v/t* dar un codazo a; ~ ***out of the way*** apartar a codazos
el·der ['eldər] **1** *adj* mayor **2** *n* mayor *m/f*; ***she's two years my*** ~ es dos años mayor que yo
el·der·ly ['eldərlɪ] **1** *adj* mayor **2** *n*: ***the*** ~ las personas mayores
el·dest ['eldəst] **1** *adj* mayor **2** *n* mayor *m/f*; ***the*** ~ el mayor
e·lect [ɪ'lekt] *v/t* elegir; ~ ***to do sth*** decidir hacer algo
e·lect·ed [ɪ'lektɪd] *adj* elegido
e·lec·tion [ɪ'lekʃn] elección *f*; ***call an*** ~ convocar elecciones
e'lec·tion cam·paign campaña *f* electoral
e'lec·tion day día *m* de las elecciones
e·lec·tive [ɪ'lektɪv] *adj* opcional; *subject* optativo
e·lec·tor [ɪ'lektər] elector(a) *m(f)*, votante *m/f*
e·lec·to·ral sys·tem [ɪ'lektərəl] sistema *m* electoral
e·lec·to·rate [ɪ'lektərət] electorado *m*
e·lec·tric [ɪ'lektrɪk] *adj* eléctrico; *fig atmosphere* electrizado
e·lec·tri·cal [ɪ'lektrɪkl] *adj* eléctrico
e·lec·tri·cal en·gi'neer ingeniero(-a) *m(f)* electrónico
e·lec·tri·cal en·gi'neer·ing ingeniería *f* electrónica
e·lec·tric 'blan·ket manta *f or L.Am.* cobija *f* eléctrica
e·lec·tric 'chair silla *f* eléctrica
e·lec·tri·cian [ɪlek'trɪʃn] electricista *m/f*
e·lec·tri·ci·ty [ɪlek'trɪsətɪ] electricidad *f*
e·lec·tric 'ra·zor maquinilla *f* eléctrica
e·lec·tric 'shock descarga *f* eléctrica
e·lec·tri·fy [ɪ'lektrɪfaɪ] *v/t* (*pret & pp* ***-ied***) electrificar; *fig* electrizar
e·lec·tro·cute [ɪ'lektrəkjuːt] *v/t* electrocutar
e·lec·trode [ɪ'lektroʊd] electrodo *m*
e·lec·tron [ɪ'lektrɑːn] electrón *m*
e·lec·tron·ic [ɪlek'trɑːnɪk] *adj* electrónico
e·lec·tron·ic da·ta 'pro·ces·sing procesamiento *m* electrónico de datos
e·lec·tron·ic 'mail correo *m* electrónico
e·lec·tron·ics [ɪlek'trɑːnɪks] electrónica *f*
el·e·gance ['elɪgəns] elegancia *f*
el·e·gant ['elɪgənt] *adj* elegante
el·e·gant·ly ['elɪgəntlɪ] *adv* elegantemente
el·e·ment ['elɪmənt] *also* CHEM elemento *m*
el·e·men·ta·ry [elɪ'mentərɪ] *adj* (*rudimentary*) elemental
el·e'men·ta·ry school escuela *f* primaria
el·e'men·ta·ry teacher maestro(-a) *m(f)*
el·e·phant ['elɪfənt] elefante *m*
el·e·vate ['elɪveɪt] *v/t* elevar
el·e·vat·ed 'rail·road ['elɪveɪtɪd] ferrocarril *m* elevado
el·e·va·tion [elɪ'veɪʃn] (*altitude*) altura *f*
el·e·va·tor ['elɪveɪtər] ascensor *m*
el·e·ven [ɪ'levn] once
el·e·venth [ɪ'levnθ] *n & adj* undécimo; ***at the ~ hour*** justo en el último minuto
el·i·gi·ble ['elɪdʒəbl] *adj* que reúne los requisitos; ~ ***to vote*** con derecho al voto; ***be ~ to do sth*** tener derecho a hacer algo

E

el·i·gi·ble 'bach·e·lor buen partido *m*
e·lim·i·nate [ɪ'lɪmɪneɪt] *v/t* eliminar; *poverty* acabar con; (*rule out*) descartar
e·lim·i·na·tion [ɪ'lɪmɪneɪʃn] eliminación *f*
e·lite [eɪ'liːt] **1** *n* élite *f* **2** *adj* de élite
elk [elk] ciervo *m* canadiense
el·lipse [ɪ'lɪps] elipse *f*
elm [elm] olmo *m*
e·lope [ɪ'loʊp] *v/i* fugarse con un amante
el·o·quence ['eləkwəns] elocuencia *f*
el·o·quent ['eləkwənt] *adj* elocuente
el·o·quent·ly ['eləkwəntlɪ] *adv* elocuentemente
El Sal·va·dor [el'sælvədɔːr] *n* El Salvador
else [els] *adv*: ***anything ~?*** ¿algo más?; ***if you have nothing ~ to do*** si no tienes nada más que hacer; ***no one ~*** nadie más; ***everyone ~ is going*** todos (los demás) van, va todo el mundo; ***who ~ was there?*** ¿quién más estaba allí?; ***someone ~*** otra persona; ***something ~*** algo más; ***let's go somewhere ~*** vamos a otro sitio; ***or ~*** si no
else·where ['elswer] *adv* en otro sitio
e·lude [ɪ'luːd] *v/t* (*escape from*) escapar de; (*avoid*) evitar; ***the name ~s me*** no recuerdo el nombre
e·lu·sive [ɪ'luːsɪv] *adj* evasivo
e·ma·ci·at·ed [ɪ'meɪsɪeɪtɪd] *adj* demacrado
e-mail ['iːmeɪl] **1** *n* correo *m* electrónico **2** *v/t person* mandar un correo electrónico a
'e-mail ad·dress dirección *f* de correo electrónico, dirección *f* electrónica
e·man·ci·pat·ed [ɪ'mænsɪpeɪtɪd] *adj* emancipado
e·man·ci·pa·tion [ɪmænsɪ'peɪʃn] emancipación *f*
em·balm [ɪm'bɑːm] *v/t* embalsamar
em·bank·ment [ɪm'bæŋkmənt] *of river* dique *m*; RAIL terraplén *m*
em·bar·go [em'bɑːrgoʊ] embargo *m*
em·bark [ɪm'bɑːrk] *v/i* embarcar
♦**embark on** *v/t* embarcarse en
em·bar·rass [ɪm'bærəs] *v/t* avergonzar; ***he ~ed me in front of everyone*** me hizo pasar vergüenza delante de todos
em·bar·rassed [ɪm'bærəst] *adj* avergonzado; ***I was ~ to ask*** me daba vergüenza preguntar
em·bar·rass·ing [ɪm'bærəsɪŋ] *adj* embarazoso
em·bar·rass·ment [ɪm'bærəsmənt] embarazo *m*, apuro *m*
em·bas·sy ['embəsɪ] embajada *f*
em·bel·lish [ɪm'belɪʃ] *v/t* adornar; *story* exagerar
em·bers ['embərz] *npl* ascuas *fpl*
em·bez·zle [ɪm'bezl] *v/t* malversar
em·bez·zle·ment [ɪm'bezlmənt] malversación *f*
em·bez·zler [ɪm'bezlər] malversador(a) *m*(*f*)
em·bit·ter [ɪm'bɪtər] *v/t* amargar
em·blem ['embləm] emblema *m*
em·bod·i·ment [ɪm'bɑːdɪmənt] personificación *f*
em·bod·y [ɪm'bɑːdɪ] *v/t* (*pret & pp* ***-ied***) personificar
em·bo·lism ['embəlɪzm] embolia *f*
em·boss [ɪm'bɑːs] *v/t metal* repujar; *paper* grabar en relieve
em·brace [ɪm'breɪs] **1** *n* abrazo *m* **2** *v/t* (*hug*) abrazar; (*take in*) abarcar **3** *v/i of two people* abrazarse
em·broi·der [ɪm'brɔɪdər] *v/t* bordar; *fig* adornar
em·broi·der·y [ɪm'brɔɪdərɪ] bordado *m*
em·bry·o ['embrɪoʊ] embrión *m*
em·bry·on·ic [embrɪ'ɑːnɪk] *adj fig* embrionario
em·e·rald ['emərəld] esmeralda *f*
e·merge [ɪ'mɜːrdʒ] *v/i* (*appear*) emerger, salir; *of truth* aflorar; ***it has ~d that*** se ha descubierto que
e·mer·gen·cy [ɪ'mɜːrdʒənsɪ] emergencia *f*; ***in an ~*** en caso de emergencia
emer·gen·cy 'ex·it salida *f* de emergencia; **e'mer·gen·cy land·ing**

aterrizaje *m* forzoso; **e'mer·gen·cy serv·ices** *npl* servicios *mpl* de urgencia

em·er·y board ['emərɪ] lima *f* de uñas

em·i·grant ['emɪgrənt] emigrante *m/f*

em·i·grate ['emɪgreɪt] *v/i* emigrar

em·i·gra·tion [emɪ'greɪʃn] emigración *f*

Em·i·nence ['emɪnəns] REL: ***His ~*** Su Eminencia

em·i·nent ['emɪnənt] *adj* eminente

em·i·nent·ly ['emɪnəntlɪ] *adv* sumamente

e·mis·sion [ɪ'mɪʃn] *of gases* emisión *f*

e·mit [ɪ'mɪt] *v/t* (*pret & pp* ***-ted***) emitir; *heat*, *odor* desprender

e·mo·tion [ɪ'moʊʃn] emoción *f*

e·mo·tion·al [ɪ'moʊʃənl] *adj problems*, *development* sentimental; (*full of emotion*) emotivo

em·pa·thize ['empəθaɪz] *v/i*: ***~ with*** identificarse con

em·pe·ror ['empərər] emperador *m*

em·pha·sis ['emfəsɪs] *in word* acento *m*; *fig* énfasis *m*

em·pha·size ['emfəsaɪz] *v/t syllable* acentuar; *fig* hacer hincapié en

em·phat·ic [ɪm'fætɪk] *adj* enfático

em·pire ['empaɪr] imperio *m*

em·ploy [ɪm'plɔɪ] *v/t* emplear; ***he's ~ed as a …*** trabaja de …

em·ploy·ee [emplɔɪ'iː] empleado(-a) *m*(*f*)

em·ploy·er [em'plɔɪər] empresario(-a) *m*(*f*)

em·ploy·ment [em'plɔɪmənt] empleo *m*; (*work*) trabajo *m*; ***be looking for ~*** buscar trabajo

em'ploy·ment a·gen·cy agencia *f* de colocaciones

em·press ['emprɪs] emperatriz *f*

emp·ti·ness ['emptɪnɪs] vacío *m*

emp·ty ['emptɪ] **1** *adj* vacío; *promise* vana **2** *v/t* (*pret & pp* ***-ied***) *drawer*, *pockets* vaciar; *glass*, *bottle* acabar **3** *v/i* (*pret & pp* ***-ied***) *of room*, *street* vaciarse

em·u·late ['emjʊleɪt] *v/t* emular

e·mul·sion [ɪ'mʌlʃn] *paint* emulsión *f*

en·a·ble [ɪ'neɪbl] *v/t* permitir; ***~ s.o. to do sth*** permitir a alguien hacer algo

en·act [ɪ'nækt] *v/t law* promulgar; THEA representar

e·nam·el [ɪ'næml] *n* esmalte *m*

enc *abbr* (= ***enclosure***(***s***)) documento(s) *m*(*pl*) adjunto(s)

en·chant·ing [ɪn'ʧæntɪŋ] *adj* encantador

en·cir·cle [ɪn'sɜːrkl] *v/t* rodear

encl *abbr* (= ***enclosure***(***s***)) documento(s) *m*(*pl*) adjunto(s)

en·close [ɪn'kloʊz] *v/t in letter* adjuntar; *area* rodear; ***please find ~d …*** remito adjunto …

en·clo·sure [ɪn'kloʊʒər] *with letter* documento *m* adjunto

en·core ['ɑːŋkɔːr] bis *m*

en·coun·ter [ɪn'kaʊntər] **1** *n* encuentro *m* **2** *v/t person* encontrarse con; *problem*, *resistance* tropezar con

en·cour·age [ɪn'kʌrɪdʒ] *v/t* animar; *violence* fomentar

en·cour·age·ment [ɪn'kʌrɪdʒmənt] ánimo *m*

en·cour·ag·ing [ɪn'kʌrɪdʒɪŋ] *adj* alentador

♦**en·croach on** [ɪn'kroʊʧ] *v/t land* invadir; *rights* usurpar; *time* quitar

en·cy·clo·pe·di·a [ɪnsaɪklə'piːdɪə] enciclopedia *f*

end [end] **1** *n of journey*, *month* final *m*; (*extremity*) extremo *m*; (*bottom*) fondo *m*; (*conclusion*, *purpose*) fin *m*; ***at the other ~ of town*** al otro lado de la ciudad; ***in the ~*** al final; ***for hours on ~*** durante horas y horas; ***stand sth on ~*** poner de pie algo; ***at the ~ of July*** a finales de julio; ***in the ~*** al final; ***put an ~ to*** poner fin a **2** *v/t* terminar, finalizar **3** *v/i* terminar

♦**end up** *v/i* acabar

en·dan·ger [ɪn'deɪndʒər] *v/t* poner en peligro

en'dan·gered spe·cies *nsg* especie *f* en peligro de extinción

E

en·dear·ing [ɪn'dɪrɪŋ] *adj* simpático
en·deav·or [ɪn'devər] **1** *n* esfuerzo *m* **2** *v/t* procurar
en·dem·ic [ɪn'demɪk] *adj* endémico
end·ing ['endɪŋ] final *m*; GRAM terminación *f*
end·less ['endlɪs] *adj* interminable
en·dorse [ɪn'dɔːrs] *v/t check* endosar; *candidacy* apoyar; *product* representar
en·dorse·ment [ɪn'dɔːrsmənt] *of check* endoso *m*; *of candidacy* apoyo *m*; *of product* representación *f*
end 'prod·uct producto *m* final
end re'sult resultado *m* final
en·dur·ance [ɪn'dʊrəns] resistencia *f*
en·dure [ɪn'dʊər] **1** *v/t* resistir **2** *v/i* (*last*) durar
en·dur·ing [ɪn'dʊrɪŋ] *adj* duradero
end-'us·er usuario(-a) *m*(*f*) final
en·e·my ['enəmɪ] enemigo(-a) *m*(*f*)
en·er·get·ic [enər'dʒetɪk] *adj* enérgico
en·er·get·ic·al·ly [enər'dʒetɪklɪ] *adv* enérgicamente
en·er·gy ['enərdʒɪ] energía *f*
'en·er·gy-sav·ing *adj device* que ahorra energía
'e·ner·gy sup·ply suministro *m* de energía
en·force [ɪn'fɔːrs] *v/t* hacer cumplir
en·gage [ɪn'geɪdʒ] **1** *v/t* (*hire*) contratar **2** *v/i* TECH engranar
♦ **engage in** *v/t* dedicarse a
en·gaged [ɪn'geɪdʒd] *adj to be married* prometido; ***get ~*** prometerse
en·gage·ment [ɪn'geɪdʒmənt] (*appointment*, *to be married*) compromiso *m*; MIL combate *m*
en'gage·ment ring anillo *m* de compromiso
en·gag·ing [ɪn'geɪdʒɪŋ] *adj smile*, *person* atractivo
en·gine ['endʒɪn] motor *m*
en·gi·neer [endʒɪ'nɪr] **1** *n* ingeniero(-a) *m*(*f*); NAUT, RAIL maquinista *m/f* **2** *v/t fig*: *meeting etc* tramar
en·gi·neer·ing [endʒɪ'nɪrɪŋ] ingeniería *f*
En·gland ['ɪŋglənd] Inglaterra
En·glish ['ɪŋglɪʃ] **1** *adj* inglés(-esa) **2** *n language* inglés *m*; ***the ~*** los ingleses
Eng·lish 'Chan·nel Canal *m* de la Mancha; **'En·glish·man** inglés *m*; **'En·glish·wom·an** inglesa *f*
en·grave [ɪn'greɪv] *v/t* grabar
en·grav·ing [ɪn'greɪvɪŋ] grabado *m*
en·grossed [ɪn'groʊst] *adj* absorto (***in*** en)
en·gulf [ɪn'gʌlf] *v/t* devorar
en·hance [ɪn'hæns] *v/t* realzar
e·nig·ma [ɪ'nɪgmə] enigma *m*
e·nig·mat·ic [enɪg'mætɪk] *adj* enigmático
en·joy [ɪn'dʒɔɪ] *v/t* disfrutar; ***~ o.s.*** divertirse; ***~ (your meal)!*** ¡que aproveche!
en·joy·a·ble [ɪn'dʒɔɪəbl] *adj* agradable
en·joy·ment [ɪn'dʒɔɪmənt] diversión *f*
en·large [ɪn'lɑːrdʒ] *v/t* ampliar
en·large·ment [ɪn'lɑːrdʒmənt] ampliación *f*
en·light·en [ɪn'laɪtn] *v/t* educar
en·list [ɪn'lɪst] **1** *v/i* MIL alistarse **2** *v/t*: ***I ~ed his help*** conseguí que me ayudara
en·liv·en [ɪn'laɪvn] *v/t* animar
en·mi·ty ['enmətɪ] enemistad *f*
e·nor·mi·ty [ɪ'nɔːrmətɪ] magnitud *f*
e·nor·mous [ɪ'nɔːrməs] *adj* enorme; *satisfaction*, *patience* inmenso
e·nor·mous·ly [ɪ'nɔːrməslɪ] *adv* enormemente
e·nough [ɪ'nʌf] **1** *adj pron* suficiente, bastante; ***will $50 be ~?*** ¿llegará con 50 dólares?; ***I've had ~!*** ¡estoy harto!; ***that's ~, calm down!*** ¡ya basta, tranquilízate! **2** *adv* suficientemente, bastante; ***the bag isn't big ~*** la bolsa no es lo suficientemente *or* bastante grande; ***strangely ~*** curiosamente
en·quire [ɪn'kwaɪr] → ***inquire***
en·raged [ɪn'reɪdʒd] *adj* enfurecido
en·rich [ɪn'rɪʧ] *v/t* enriquecer
en·roll [ɪn'roʊl] *v/i* matricularse
en·roll·ment [ɪn'roʊlmənt] matrícula *f*

en·sue [ɪn'suː] *v/i* sucederse
en suite ['ɑːnswiːt] *adj*: **~ *bathroom*** baño *m* privado
en·sure [ɪn'ʃʊər] *v/t* asegurar
en·tail [ɪn'teɪl] *v/t* conllevar
en·tan·gle [ɪn'tæŋgl] *v/t in rope* enredar; ***become ~d in*** enredarse en; ***become ~d with*** *in love affair* liarse con
en·ter ['entər] **1** *v/t room, house* entrar en; *competition* participar en; *person, horse in race* inscribir; (*write down*) escribir; COMPUT introducir **2** *v/i* entrar; THEA entrar en escena; *in competition* inscribirse **3** *n* COMPUT intro *m*
en·ter·prise ['entərpraɪz] (*initiative*) iniciativa *f*; (*venture*) empresa *f*
en·ter·pris·ing ['entərpraɪzɪŋ] *adj* con iniciativa
en·ter·tain [entər'teɪn] **1** *v/t* (*amuse*) entretener; (*consider*: *idea*) considerar **2** *v/i* (*have guests*): ***we ~ a lot*** recibimos a mucha gente
en·ter·tain·er [entər'teɪnər] artista *m/f*
en·ter·tain·ing [entər'teɪnɪŋ] *adj* entretenido
en·ter·tain·ment [entər'teɪnmənt] entretenimiento *m*
en·thrall [ɪn'θrɒːl] *v/t* cautivar
en·thu·si·as·m [ɪn'θuːzɪæzm] entusiasmo *m*
en·thu·si·as·t [ɪn'θuːzɪ'æst] entusiasta *m/f*
en·thu·si·as·tic [ɪnθuːzɪ'æstɪk] *adj* entusiasta; ***be ~ about sth*** estar entusiasmado con algo
en·thu·si·as·tic·al·ly [ɪnθuːzɪ'æstɪklɪ] *adv* con entusiasmo
en·tice [ɪn'taɪs] *v/t* atraer
en·tire [ɪn'taɪr] *adj* entero; ***the ~ school is going*** va a ir todo el colegio
en·tire·ly [ɪn'taɪrlɪ] *adv* completamente
en·ti·tle [ɪn'taɪtld] *v/t*: ***~ s.o. to sth*** dar derecho a alguien a algo; ***be ~d to*** tener derecho a
en·ti·tled [ɪn'taɪtld] *adj book* titulado
en·trance ['entrəns] entrada *f*; THEA entrada *f* en escena
en·tranced [ɪn'trænst] *adj* encantado
'**en·trance ex·am**(**·i·na·tion**) examen *m* de acceso
'**en·trance fee** (cuota *f* de) entrada *f*
en·trant ['entrənt] participante *m/f*
en·treat [ɪn'triːt] *v/t* suplicar; ***~ s.o. to do sth*** suplicar a alguien que haga algo
en·trenched [ɪn'trentʃt] *adj attitudes* arraigado
en·tre·pre·neur [ɑːntrəprə'nɜːr] empresario(-a) *m*(*f*)
en·tre·pre·neur·i·al [ɑːntrəprə'nɜːrɪəl] *adj* empresarial
en·trust [ɪn'trʌst] *v/t* confiar; ***~ s.o. with sth, ~ sth to s.o.*** confiar algo a alguien
en·try ['entrɪ] entrada *f*; *for competition* inscripción *f*; *in diary etc* entrada *f*; ***no ~*** prohibida la entrada; ***the winning ~ was painted by ...*** el cuadro ganador fue pintado por ...
'**en·try form** impreso *m* de inscripción; '**en·try·phone** portero *m* automático; '**en·try vi·sa** visado *m*
e·nu·me·rate [ɪ'nuːməreɪt] *v/t* enumerar
en·vel·op [ɪn'veləp] *v/t* cubrir
en·ve·lope ['envəloʊp] sobre *m*
en·vi·a·ble ['envɪəbl] *adj* envidiable
en·vi·ous ['envɪəs] *adj* envidioso; ***be ~ of s.o.*** tener envidia de alguien
en·vi·ron·ment [ɪn'vaɪrənmənt] (*nature*) medio *m* ambiente; (*surroundings*) entorno *m*, ambiente *m*
en·vi·ron·men·tal [ɪnvaɪrən'məntl] *adj* medioambiental
en·vi·ron·men·tal·ist [ɪnvaɪrən'məntəlɪst] ecologista *m/f*
en·vi·ron·men·tal·ly '**friend·ly** [ɪnvaɪrən'məntəlɪ] *adj* ecológico, que no daña el medio ambiente
en·vi·ron·men·tal pol'lu·tion contaminación *f* medioambiental
en·vi·ron·men·tal pro'tec·tion protección *f* medioambiental
en·vi·rons [ɪn'vaɪrənz] *npl* alrededo-

E

res *mpl*
en•vis•age [ɪn'vɪzɪdʒ] *v/t* imaginar
en•voy ['envɔɪ] enviado(-a) *m(f)*
en•vy ['envɪ] **1** *n* envidia *f*; ***be the ~ of*** ser la envidia de **2** *v/t* (*pret & pp* ***-ied***) envidiar; ***~ s.o. sth*** envidiar a alguien por algo
e•phem•er•al [ɪ'femərəl] *adj* efímero
ep•ic ['epɪk] **1** *n* epopeya *f* **2** *adj journey* épico; ***a task of ~ proportions*** una tarea monumental
ep•i•cen•ter, *Br* **ep•i•cen•tre** ['epɪsentr] epicentro *m*
ep•i•dem•ic [epɪ'demɪk] epidemia *f*
ep•i•lep•sy ['epɪlepsɪ] epilepsia *f*
ep•i•lep•tic [epɪ'leptɪk] epiléptico(-a) *m(f)*
ep•i•lep•tic 'fit ataque *m* epiléptico
ep•i•log, *Br* **ep•i•logue** ['epɪlɑːg] epílogo *m*
ep•i•sode ['epɪsoʊd] *of story*, *soap opera* episodio *m*, capítulo *m*; (*happening*) episodio *m*; ***let's forget the whole ~*** olvidemos lo sucedido
ep•i•taph ['epɪtæf] epitafio *m*
e•poch ['iːpɑːk] época *f*
e•poch-mak•ing ['iːpɑːkmeɪkɪŋ] *adj* que hace época
e•qual ['iːkwl] **1** *adj* igual; ***~ amounts of milk and water*** la misma cantidad de leche y de agua; ***~ opportunities*** igualdad *f* de oportunidades; ***be ~ to*** *a task* estar capacitado para **2** *n* igual *m/f* **3** *v/t* (*pret & pp* ***-ed***, *Br* ***-led***) *with numbers* equivaler; (*be as good as*) igualar; ***four times twelve ~s 48*** cuatro por doce, (igual a) cuarenta y ocho
e•qual•i•ty [ɪ'kwɑːlətɪ] igualdad *f*
e•qual•ize ['iːkwəlaɪz] **1** *v/t* igualar **2** *v/i* SP empatar
e•qual•iz•er ['iːkwəlaɪzər] SP gol *m* del empate
e•qual•ly ['iːkwəlɪ] *adv* igualmente; *share*, *divide* en partes iguales
e•qual 'rights *npl* igualdad *f* de derechos
e•quate [ɪ'kweɪt] *v/t* equiparar
e•qua•tion [ɪ'kweɪʒn] MATH ecuación *f*
e•qua•tor [ɪ'kweɪtər] ecuador *m*
e•qui•lib•ri•um [iːkwɪ'lɪbrɪəm] equilibrio *m*
e•qui•nox ['iːkwɪnɑːks] equinoccio *m*
e•quip [ɪ'kwɪp] *v/t* (*pret & pp* ***-ped***) equipar; ***he's not ~ped to handle it*** *fig* no está preparado para llevarlo
e•quip•ment [ɪ'kwɪpmənt] equipo *m*
eq•ui•ty ['ekwətɪ] FIN acciones *fpl* ordinarias
e•quiv•a•lent [ɪ'kwɪvələnt] **1** *adj* equivalente; ***be ~ to*** equivaler a **2** *n* equivalente *m*
e•ra ['ɪrə] era *f*
e•rad•i•cate [ɪ'rædɪkeɪt] *v/t* erradicar
e•rase [ɪ'reɪz] *v/t* borrar
e•ras•er [ɪ'reɪzər] *for pencil* goma *f* (de borrar); *for chalk* borrador *m*
e•rect [ɪ'rekt] **1** *adj* erguido **2** *v/t* levantar, erigir
e•rec•tion [ɪ'rekʃn] *of building etc* construcción *f*; *of penis* erección *f*
er•go•nom•ic [ɜːrgoʊ'nɑːmɪk] *adj furniture* ergonómico
e•rode [ɪ'roʊd] *v/t also fig* erosionar
e•ro•sion [ɪ'roʊʒn] *also fig* erosión *f*
e•rot•ic [ɪ'rɑːtɪk] *adj* erótico
e•rot•i•cism [ɪ'rɑːtɪsɪzm] erotismo *m*
er•rand ['erənd] recado *m*; ***run ~s*** hacer recados
er•rat•ic [ɪ'rætɪk] *adj* irregular; *course* errático
er•ror ['erər] error *m*
'er•ror mes•sage COMPUT mensaje *m* de error
e•rupt [ɪ'rʌpt] *v/i of volcano* entrar en erupción; *of violence* brotar; *of person* explotar
e•rup•tion [ɪ'rʌpʃn] *of volcano* erupción *f*; *of violence* brote *m*
es•ca•late ['eskəleɪt] *v/i* intensificarse
es•ca•la•tion [eskə'leɪʃn] intensificación *f*
es•ca•la•tor ['eskəleɪtər] escalera *f* mecánica
es•cape [ɪ'skeɪp] **1** *n of prisoner*, *animal* fuga *f*; *of gas* escape *m*, fuga *f*; ***have a narrow ~*** escaparse por los pelos **2** *v/i of prisoner*, *animal*, *gas*

escaparse **3** *v/t*: ***the word ~s me*** no consigo recordar la palabra
es'cape chute AVIA tobogán *m* de emergencia
es•cort 1 *n* ['eskɔːrt] acompañante *m/f*; (*guard*) escolta *m/f*; ***under ~*** escoltado **2** *v/t* [ɪ'skɔːrt] escoltar; *socially* acompañar
es•pe•cial [ɪ'speʃl] → ***special***
es•pe•cial•ly [ɪ'speʃlɪ] *adv* especialmente
es•pi•o•nage ['espɪənɑːʒ] espionaje *m*
es•pres•so (cof•fee) [es'presoʊ] café *m* exprés
es•say ['eseɪ] *n creative* redacción *f*; *factual* trabajo *m*
es•sen•tial [ɪ'senʃl] *adj* esencial; ***the ~ thing is …*** lo esencial es …
es•sen•tial•ly [ɪ'senʃlɪ] *adv* esencialmente
es•tab•lish [ɪ'stæblɪʃ] *v/t company* fundar; (*create, determine*) establecer; ***~ o.s. as*** establecerse como
es•tab•lish•ment [ɪ'stæblɪʃmənt] *firm, shop etc* establecimiento *m*; ***the Establishment*** el orden establecido
es•tate [ɪ'steɪt] (*area of land*) finca *f*; (*possessions of dead person*) patrimonio *m*
es'tate a•gen•cy *Br* agencia *f* inmobiliaria
es•thet•ic [ɪs'θetɪk] *adj* estético
es•ti•mate ['estɪmət] **1** *n* estimación *f*; *for job* presupuesto *m* **2** *v/t* estimar; ***~d time of arrival*** hora *f* estimada de llegada
es•ti•ma•tion [estɪ'meɪʃn] estima *f*; ***he has gone up / down in my ~*** le tengo en más / menos estima; ***in my ~*** (*opinion*) a mi parecer
es•tranged [ɪs'treɪndʒd] *adj wife, husband* separado
es•tu•a•ry ['estʃəwerɪ] estuario *m*
ETA [iːtiː'eɪ] *abbr* (= ***estimated time of arrival***) hora *f* estimada de llegada
etc [et'setrə] *abbr* (= ***et cetera***) etc (= etcétera)
etch•ing ['etʃɪŋ] aguafuerte *m*
e•ter•nal [ɪ'tɜːrnl] *adj* eterno
e•ter•ni•ty [ɪ'tɜːrnətɪ] eternidad *f*
eth•i•cal ['eθɪkl] *adj* ético
eth•ics ['eθɪks] ética *f*; ***code of ~*** código *m* ético
eth•nic ['eθnɪk] *adj* étnico
eth•nic 'group grupo *m* étnico
eth•nic mi'nor•i•ty minoría *f* étnica
EU [iː'juː] *abbr* (= ***European Union***) UE *f* (=Unión *f* Europea)
eu•phe•mism ['juːfəmɪzm] eufemismo *m*
eu•pho•ri•a [juː'fɔːrɪə] euforia *f*
eu•ro ['jʊroʊ] euro *m*
Eu•rope ['jʊrəp] Europa
Eu•ro•pe•an [jʊrə'pɪən] **1** *adj* europeo **2** *n* europeo(-a) *m*(*f*)
Eu•ro•pe•an Com'mis•sion Comisión *f* Europea; **Eu•ro•pe•an 'Par•lia•ment** Parlamento *m* Europeo; **Eu•ro'pe•an plan** media pensión *f*; **Eu•ro•pe•an 'Un•ion** Unión *f* Europea
eu•tha•na•si•a [jʊθə'neɪzɪə] eutanasia *f*
e•vac•u•ate [ɪ'vækjʊeɪt] *v/t* evacuar
e•vade [ɪ'veɪd] *v/t* evadir
e•val•u•ate [ɪ'væljʊeɪt] *v/t* evaluar
e•val•u•a•tion [ɪvæljʊ'eɪʃn] evaluación *f*
e•van•gel•ist [ɪ'vændʒəlɪst] evangelista *m/f*
e•vap•o•rate [ɪ'væpəreɪt] *v/i of water* evaporarse; *of confidence* desvanecerse
e•vap•o•ra•tion [ɪvæpə'reɪʃn] *of water* evaporación *f*
e•va•sion [ɪ'veɪʒn] evasión *f*
e•va•sive [ɪ'veɪsɪv] *adj* evasivo
eve [iːv] víspera *f*
e•ven ['iːvn] **1** *adj* (*regular*) regular; (*level*) llano; *number* par; *distribution* igualado; ***I'll get ~ with him*** me las pagará **2** *adv* incluso; ***~ bigger / better*** incluso *or* aún mayor / mejor; ***not ~*** ni siquiera; ***~ so*** aun así; ***~ if*** aunque; ***~ if he begged me*** aunque me lo suplicara **3** *v/t*: ***~ the score*** empatar, igualar el marcador
eve•ning ['iːvnɪŋ] tarde *f*; *after dark*

E

noche *f*; ***in the*** **~** por la tarde / noche; ***this*** **~** esta tarde / noche; ***yesterday*** **~** anoche *f*; ***good*** **~** buenas noches
'eve•ning class clase *f* nocturna; **'eve•ning dress** *for woman* traje *f* de noche; *for man* traje *f* de etiqueta; **eve•ning 'pa•per** periódico *m* de la tarde *or* vespertino

E

e•ven•ly ['i:vnlɪ] *adv* (*regularly*) regularmente
e•vent [ɪ'vent] acontecimiento *m*; SP prueba *f*; ***at all ~s*** en cualquier caso
e•vent•ful [ɪ'ventfəl] *adj* agitado, lleno de incidentes
e•ven•tu•al [ɪ'ventʃʊəl] *adj* final
e•ven•tu•al•ly [ɪ'ventʃʊəlɪ] *adv* finalmente
ev•er ['evər] *adv*: ***if I ~ hear you ...*** como te oiga ...; ***have you ~ been to Colombia?*** ¿has estado alguna vez en Colombia?; ***for*** **~** siempre; **~ *since*** desde entonces; **~ *since she found out about it*** desde que se enteró de ello; **~ *since I've known him*** desde que lo conozco
ev•er•green ['evərgri:n] *n* árbol *m* de hoja perenne
ev•er•last•ing [evər'læstɪŋ] *adj love* eterno
ev•ery ['evrɪ] *adj* cada; ***I see him ~ day*** le veo todos los días; ***you have ~ reason to ...*** tienes toda la razón para ...; ***one in ~ ten*** uno de cada diez; **~ *other day*** cada dos días; **~ *now and then*** de vez en cuando
ev•ery•bod•y ['evrɪbɑ:dɪ] → ***everyone***
ev•ery•day ['evrɪdeɪ] *adj* cotidiano
ev•ery•one ['evrɪwʌn] *pron* todo el mundo
ev•ery•thing ['evrɪθɪŋ] *pron* todo
ev•ery•where ['evrɪwer] *adv* en *or* por todos sitios; (*wherever*) dondequiera que
e•vict [ɪ'vɪkt] *v/t* desahuciar
ev•i•dence ['evɪdəns] *also* LAW prueba(s) *f*(*pl*); ***give*** **~** prestar declaración
ev•i•dent ['evɪdənt] *adj* evidente
ev•i•dent•ly ['evɪdəntlɪ] *adv* (*clearly*) evidentemente; (*apparently*) aparentemente, al parecer
e•vil ['i:vl] **1** *adj* malo **2** *n* mal *m*
e•voke [ɪ'voʊk] *v/t image* evocar
ev•o•lu•tion [i:və'lu:ʃn] evolución *f*
e•volve [ɪ'vɑ:lv] *v/i* evolucionar
ewe [ju:] oveja *f*
ex- [eks] *pref* ex-
ex [eks] F (*former wife, husband*) ex *m*/*f* F
ex•act [ɪg'zækt] *adj* exacto
ex•act•ing [ɪg'zæktɪŋ] *adj* exigente; *task* duro
ex•act•ly [ɪg'zæktlɪ] *adv* exactamente
ex•ag•ge•rate [ɪg'zædʒəreɪt] *v/t & v/i* exagerar
ex•ag•ge•ra•tion [ɪgzædʒə'reɪʃn] exageración *f*
ex•am [ɪg'zæm] examen *m*; ***take an*** **~** hacer un examen; ***pass / fail an*** **~** aprobar / suspender un examen
ex•am•i•na•tion [ɪgzæmɪ'neɪʃn] examen *m*; *of patient* reconocimiento *m*
ex•am•ine [ɪg'zæmɪn] *v/t* examinar; *patient* reconocer
ex•am•in•er [ɪg'zæmɪnər] EDU examinador(a) *m*(*f*)
ex•am•ple [ɪg'zæmpl] ejemplo *m*; ***for*** **~** por ejemplo; ***set a good / bad*** **~** dar buen / mal ejemplo
ex•as•pe•rat•ed [ɪg'zæspəreɪtɪd] *adj* exasperado
ex•as•pe•rat•ing [ɪg'zæspəreɪtɪŋ] *adj* exasperante
ex•ca•vate ['ekskəveɪt] *v/t* excavar
ex•ca•va•tion [ekskə'veɪʃn] excavación *f*
ex•ca•va•tor ['ekskəveɪtər] excavadora *f*
ex•ceed [ɪk'si:d] *v/t* (*be more than*) exceder; (*go beyond*) sobrepasar
ex•ceed•ing•ly [ɪk'si:dɪŋlɪ] *adj* sumamente
ex•cel [ɪk'sel] **1** *v/i* (*pret & pp* ***-led***) sobresalir (***at*** en) **2** *v/t* (*pret & pp* ***-led***): **~ *o.s.*** superarse a sí mismo
ex•cel•lence ['eksələns] excelencia *f*
ex•cel•lent ['eksələnt] *adj* excelente
ex•cept [ɪk'sept] *prep* excepto; **~ *for*** a excepción de; **~ *that*** sólo que

ex·cep·tion [ɪk'sepʃn] excepción *f*; ***with the ~ of*** a excepción de; ***take ~ to*** molestarse por
ex·cep·tion·al [ɪk'sepʃnl] *adj* excepcional
ex·cep·tion·al·ly [ɪk'sepʃnlɪ] *adv* (*extremely*) excepcionalmente
ex·cerpt ['eksɜːrpt] extracto *m*
ex·cess [ɪk'ses] **1** *n* exceso *m*; ***eat / drink to ~*** comer / beber en exceso; ***in ~ of*** superior a **2** *adj* excedente
ex·cess 'bag·gage exceso *m* de equipaje
ex·cess 'fare suplemento *m*
ex·ces·sive [ɪk'sesɪv] *adj* excesivo
ex·change [ɪks'tʃeɪndʒ] **1** *n* intercambio *m*; ***in ~*** a cambio (***for*** de) **2** *v/t* cambiar
ex'change rate FIN tipo *m* de cambio
ex·ci·ta·ble [ɪk'saɪtəbl] *adj* excitable
ex·cite [ɪk'saɪt] *v/t* (*make enthusiastic*) entusiasmar
ex·cit·ed [ɪk'saɪtɪd] *adj* emocionado, excitado; *sexually* excitado; ***get ~*** emocionarse; ***get ~ about*** emocionarse *or* excitarse con
ex·cite·ment [ɪk'saɪtmənt] emoción *f*, excitación *f*
ex·cit·ing [ɪk'saɪtɪŋ] *adj* emocionante, excitante
ex·claim [ɪk'skleɪm] *v/t* exclamar
ex·cla·ma·tion [ekskləˈmeɪʃn] exclamación *f*
ex·cla'ma·tion point signo *m* de admiración
ex·clude [ɪk'skluːd] *v/t* excluir; *possibility* descartar
ex·clud·ing [ɪk'skluːdɪŋ] *prep* excluyendo
ex·clu·sive [ɪk'skluːsɪv] *adj* exclusivo
ex·com·mu·ni·cate [ekskə'mjuːnɪkeɪt] *v/t* REL excomulgar
ex·cru·ci·a·ting [ɪk'skruːʃɪeɪtɪŋ] *adj pain* terrible
ex·cur·sion [ɪk'skɜːrʃn] excursión *f*
ex·cuse 1 *n* [ɪk'skjuːs] excusa *f* **2** *v/t* [ɪk'skjuːz] (*forgive*) excusar, perdonar; (*allow to leave*) disculpar; ***~ s.o. from sth*** dispensar a alguien de algo; ***~ me*** *to get past, interrupting* perdone, disculpe; *to get attention* perdone, oiga
e·x·e·cute ['eksɪkjuːt] *v/t criminal, plan* ejecutar
ex·e·cu·tion [eksɪ'kjuːʃn] *of criminal, plan* ejecución *f*
ex·e·cu·tion·er [eksɪ'kjuːʃnər] verdugo *m*
ex·ec·u·tive [ɪg'zekjʊtɪv] ejecutivo(-a) *m*(*f*)
ex·ec·u·tive 'brief·case maletín *m* de ejecutivo
ex·ec·u·tive 'wash·room baño *m* para ejecutivos
ex·em·pla·ry [ɪg'zemplərɪ] *adj* ejemplar
ex·empt [ɪg'zempt] *adj* exento; ***be ~ from*** estar exento de
ex·er·cise ['eksərsaɪz] **1** *n* ejercicio *m*; ***take ~*** hacer ejercicio **2** *v/t muscle* ejercitar; *dog* pasear; *caution* proceder con; ***~ restraint*** controlarse **3** *v/i* hacer ejercicio
'ex·er·cise bike bicicleta *f* estática
'ex·er·cise book EDU cuaderno de ejercicios
ex·ert [ɪg'zɜːrt] *v/t authority* ejercer; ***~ o.s.*** esforzarse
ex·er·tion [ɪg'zɜːrʃn] esfuerzo *m*
ex·hale [eks'heɪl] *v/t* exhalar
ex·haust [ɪg'zɒːst] **1** *n fumes* gases *mpl* de la combustión; *pipe* tubo *m* de escape **2** *v/t* (*tire*) cansar; (*use up*) agotar
ex·haust·ed [ɪg'zɒːstɪd] *adj* (*tired*) agotado
ex'haust fumes *npl* gases *mpl* de la combustión
ex·haust·ing [ɪg'zɒːstɪŋ] *adj* agotador
ex·haus·tion [ɪg'zɒːstʃn] agotamiento *m*
ex·haus·tive [ɪg'zɒːstɪv] *adj* exhaustivo
ex'haust pipe tubo *m* de escape
ex·hib·it [ɪg'zɪbɪt] **1** *n in exhibition* objeto *m* expuesto **2** *v/t of gallery* exhibir; *of artist* exponer; (*give evidence of*) mostrar

E

ex·hi·bi·tion [eksɪ'bɪʃn] exposición *f*; *of bad behavior, skill* exhibición *f*
ex·hi·bi·tion·ist [eksɪ'bɪʃnɪst] exhibicionista *m/f*
ex·hil·a·rat·ing [ɪg'zɪləreɪtɪŋ] *adj* estimulante
ex·ile ['eksaɪl] **1** *n* exilio *m*; *person* exiliado(-a) *m*(*f*) **2** *v/t* exiliar
ex·ist [ɪg'zɪst] *v/i* existir; **~ *on*** subsistir a base de
ex·ist·ence [ɪg'zɪstəns] existencia *f*; ***be in*** **~** existir; ***come into*** **~** crearse, nacer
ex·ist·ing [ɪg'zɪstɪŋ] *adj* existente
ex·it ['eksɪt] **1** *n* salida *f*; THEA salida *f*, mutis *m* **2** *v/i* COMPUT salir
ex·on·e·rate [ɪg'zɑːnəreɪt] *v/t* exonerar de
ex·or·bi·tant [ɪg'zɔːrbɪtənt] *adj* exorbitante
ex·ot·ic [ɪg'zɑːtɪk] *adj* exótico
ex·pand [ɪk'spænd] **1** *v/t* expandir **2** *v/i* expandirse; *of metal* dilatarse
♦**expand on** *v/t* desarrollar
ex·panse [ɪk'spæns] extensión *f*
ex·pan·sion [ɪk'spænʃn] expansión *f*; *of metal* dilatación *f*
ex·pat·ri·ate [eks'pætrɪət] **1** *adj* expatriado **2** *n* expatriado(-a) *m*(*f*)
ex·pect [ɪk'spekt] **1** *v/t* esperar; (*suppose*) suponer, imaginar(se); (*demand*) exigir **2** *v/i*: ***be ~ing*** (*be pregnant*) estar en estado; ***I ~ so*** eso espero, creo que sí
ex·pec·tant [ɪk'spektənt] *adj crowd* expectante
ex·pec·tant 'moth·er futura madre *f*
ex·pec·ta·tion [ekspek'teɪʃn] expectativa *f*
ex·pe·dient [ɪk'spiːdɪənt] *adj* oportuno, conveniente
ex·pe·di·tion [ekspɪ'dɪʃn] expedición *f*
ex·pel [ɪk'spel] *v/t* (*pret & pp* ***-led***) *person* expulsar
ex·pend [ɪk'spend] *v/t energy* gastar
ex·pend·a·ble [ɪk'spendəbl] *adj person* prescindible
ex·pen·di·ture [ɪk'spendɪtʃər] gasto *m*
ex·pense [ɪk'spens] gasto *m*; ***at great*** **~** gastando mucho dinero; ***at the company's*** **~** a cargo de la empresa; ***a joke at my*** **~** una broma a costa mía; ***at the*** **~** ***of his health*** a costa de su salud
ex'pense ac·count cuenta *f* de gastos
ex·pen·ses [ɪk'spensɪz] *npl* gastos *mpl*
ex·pen·sive [ɪk'spensɪv] *adj* caro
ex·pe·ri·ence [ɪk'spɪrɪəns] **1** *n* experiencia *f* **2** *v/t* experimentar
ex·pe·ri·enced [ɪk'spɪrɪənst] *adj* experimentado
ex·per·i·ment [ɪk'sperɪmənt] **1** *n* experimento *m* **2** *v/i* experimentar; **~ *on*** *animals* experimentar con; **~ *with*** (*try out*) probar
ex·per·i·men·tal [ɪksperɪ'mentl] *adj* experimental
ex·pert ['ekspɜːrt] **1** *adj* experto **2** *n* experto(-a) *m*(*f*)
ex·pert ad'vice la opinión de un experto
ex·pert·ise [ekspɜːr'tiːz] destreza *f*, pericia *f*
ex·pire [ɪk'spaɪr] *v/i* caducar
ex·pi·ry [ɪk'spaɪrɪ] *of lease, contract* vencimiento *m*; *of passport* caducidad *f*
ex'pi·ry date *of food, passport* fecha *f* de caducidad; ***be past its*** **~** haber caducado
ex·plain [ɪk'spleɪn] **1** *v/t* explicar **2** *v/i* explicarse
ex·pla·na·tion [eksplə'neɪʃn] explicación *f*
ex·plan·a·tor·y [ɪk'splænətɔːrɪ] *adj* explicativo
ex·plic·it [ɪk'splɪsɪt] *adj instructions* explícito
ex·plic·it·ly [ɪk'splɪsɪtlɪ] *adv state* explícitamente; *forbid* terminantemente
ex·plode [ɪk'sploud] **1** *v/i of bomb* explotar **2** *v/t bomb* hacer explotar
ex·ploit[1] ['eksplɔɪt] *n* hazaña *f*
ex·ploit[2] [ɪk'splɔɪt] *v/t person, resources* explotar

ex·ploi·ta·tion [eksplɔɪ'teɪʃn] *of person* explotación *f*
ex·plo·ra·tion [eksplə'reɪʃn] exploración *f*
ex·plor·a·to·ry [ɪk'splɑːrətərɪ] *adj surgery* exploratorio
ex·plore [ɪk'splɔːr] *v/t country etc* explorar; *possibility* estudiar
ex·plo·rer [ɪk'splɔːrər] explorador(a) *m(f)*
ex·plo·sion [ɪk'sploʊʒn] *of bomb*, *in population* explosión *f*
ex·plo·sive [ɪk'sploʊsɪv] *n* explosivo *m*
ex·port ['ekspɔːrt] **1** *n action* exportación *f*; *item* producto *m* de exportación; ***~s*** *npl* exportaciones *fpl* **2** *v/t also* COMPUT exportar
'ex·port cam·paign campaña *f* de exportación
ex·port·er ['ekspɔːrtər] exportador(a) *m(f)*
ex·pose [ɪk'spoʊz] *v/t* (*uncover*) exponer; *scandal* sacar a la luz; ***he's been ~d as a liar*** ha quedado como un mentiroso
ex·po·sure [ɪk'spoʊʒər] exposición *f*; PHOT foto(grafía) *f*
ex·press [ɪk'spres] **1** *adj* (*fast*) rápido; (*explicit*) expreso **2** *n train* expreso *m*; *bus* autobús *m* directo **3** *v/t* expresar; ***~ o.s. well / clearly*** expresarse bien / con claridad
ex'press el·e·va·tor *ascensor rápido que sólo para en algunos pisos*
ex·pres·sion [ɪk'spreʃn] *voiced* muestra *f*; *phrase*, *on face* expresión *f*; ***read with ~*** leer con sentimiento
ex·pres·sive [ɪk'spresɪv] *adj* expresivo
ex·press·ly [ɪk'spreslɪ] *adv state* expresamente; *forbid* terminantemente
ex·press·way [ɪk'spresweɪ] autopista *f*
ex·pul·sion [ɪk'spʌlʃn] *from school*, *of diplomat* expulsión *f*
ex·qui·site [ek'skwɪzɪt] *adj* (*beautiful*) exquisito
ex·tend [ɪk'stend] **1** *v/t house*, *investigation* ampliar; (*make wider*) ensanchar; (*make bigger*) agrandar; *runway*, *path* alargar; *contract*, *visa* prorrogar; *thanks*, *congratulations* extender **2** *v/i of garden etc* llegar
ex·ten·sion [ɪk'stenʃn] *to house* ampliación *f*; *of contract*, *visa* prórroga *f*; TELEC extensión *f*
ex'ten·sion ca·ble cable *m* de extensión
ex·ten·sive [ɪk'stensɪv] *adj damage* cuantioso; *knowledge* considerable; *search* extenso, amplio
ex·tent [ɪk'stent] alcance *m*; ***to such an ~ that*** hasta el punto de que; ***to a certain ~*** hasta cierto punto
ex·ten·u·at·ing cir·cum·stan·ces [ɪk'stenʊeɪtɪŋ] *npl* circunstancias *fpl* atenuantes
ex·te·ri·or [ɪk'stɪrɪər] **1** *adj* exterior **2** *n* exterior *m*
ex·ter·mi·nate [ɪk'stɜːrmɪneɪt] *v/t* exterminar
ex·ter·nal [ɪk'stɜːrnl] *adj* (*outside*) exterior, externo
ex·tinct [ɪk'stɪŋkt] *adj species* extinguido
ex·tinc·tion [ɪk'stɪŋkʃn] *of species* extinción *f*
ex·tin·guish [ɪk'stɪŋgwɪʃ] *v/t fire* extinguir, apagar; *cigarette* apagar
ex·tin·guish·er [ɪk'stɪŋgwɪʃər] extintor *m*
ex·tort [ɪk'stɔːrt] *v/t* obtener mediante extorsión; ***~ money from*** extorsionar a
ex·tor·tion [ɪk'stɔːrʃn] extorsión *f*
ex·tor·tion·ate [ɪk'stɔːrʃənət] *adj prices* desorbitado
ex·tra ['ekstrə] **1** *n* extra *m*; *in movie* extra *m/f* **2** *adj* extra; ***meals are ~*** las comidas se pagan aparte; ***that's $1 ~*** cuesta 1 dólar más **3** *adv* super; ***~ strong*** extrafuerte; ***~ special*** muy especial
ex·tra 'charge recargo *m*
ex·tract[1] ['ekstrækt] *n* extracto *m*
ex·tract[2] [ɪk'strækt] *v/t* sacar; *coal*, *oil*, *tooth* extraer; *information* sonsacar
ex·trac·tion [ɪk'strækʃn] *of oil*, *coal*, *tooth* extracción *f*

E

E

ex·tra·dite ['ekstrədaɪt] *v/t* extraditar
ex·tra·di·tion [ekstrə'dɪʃn] extradición *f*
ex·tra'di·tion trea·ty tratado *m* de extradición
ex·tra·mar·i·tal [ekstrə'mærɪtl] *adj* extramarital
ex·tra·or·di·nar·i·ly [ekstrɔːrdɪn'erɪlɪ] *adv* extraordinariamente
ex·tra·or·di·na·ry [ɪk'strɔːrdɪnerɪ] *adj* extraordinario
ex·trav·a·gance [ɪk'strævəgəns] *with money* despilfarro *m*; *of claim etc* extravagancia *f*
ex·trav·a·gant [ɪk'strævəgənt] *adj with money* despilfarrador; *claim* extravagante
ex·treme [ɪk'striːm] **1** *n* extremo *m* **2** *adj* extremo; *views* extremista
ex·treme·ly [ɪk'striːmlɪ] *adv* extremadamente, sumamente
ex·trem·ist [ɪk'striːmɪst] extremista *m/f*
ex·tri·cate ['ekstrɪkeɪt] *v/t* liberar
ex·tro·vert ['ekstrəvɜːrt] **1** *adj* extrovertido **2** *n* extrovertido(-a) *m(f)*
ex·u·be·rant [ɪg'zuːbərənt] *adj* exuberante
ex·ult [ɪg'zʌlt] *v/i* exultar
eye [aɪ] **1** *n of person, needle* ojo *m*; ***keep an ~ on*** (*look after*) estar pendiente de; (*monitor*) estar pendiente de, vigilar **2** *v/t* mirar
'eye·ball globo *m* ocular; **'eye·brow** ceja *f*; **'eye-catch·ing** *adj* llamativo; **'eye·glass·es** *npl* gafas *fpl*, *L.Am.* anteojos *mpl*, *L.Am.* lentes *mpl*; **'eye·lash** pestaña *f*; **'eye·lid** párpado *m*; **'eye·lin·er** lápiz *m* de ojos; **'eye·sha·dow** sombra *f* de ojos; **'eye·sight** vista *f*; **'eye·sore** engendro *m*, monstruosidad *f*; **'eye strain** vista *f* cansada; **'eye-wit·ness** testigo *m/f* ocular

F

F *abbr* (= ***Fahrenheit***) F
fab·ric ['fæbrɪk] (*material*) tejido *m*
fab·u·lous ['fæbjʊləs] *adj* fabuloso, estupendo
fab·u·lously ['fæbjʊləslɪ] *adv rich* tremendamente; *beautiful* increíblemente
fa·çade [fə'sɑːd] *of building, person* fachada *f*
face [feɪs] **1** *n* cara *f*; ***~ to ~*** cara a cara; ***lose ~*** padecer una humillación **2** *v/t* (*be opposite*) estar enfrente de; (*confront*) enfrentarse a
♦**face up to** *v/t* hacer frente a
'face·cloth toallita *f*; **'face·lift** lifting *m*, estiramiento *m* de piel; **'face pack** mascarilla *f* (*facial*); **face 'val·ue**: ***take sth at ~*** tomarse algo literalmente
fa·cial ['feɪʃl] *n* limpieza *f* de cutis
fa·cil·i·tate [fə'sɪlɪteɪt] *v/t* facilitar
fa·cil·i·ties [fə'sɪlətɪz] *npl* instalaciones *fpl*
fact [fækt] hecho *m*; ***in ~, as a matter of ~*** de hecho
faction ['fækʃn] facción *f*
fac·tor ['fæktər] factor *m*
fac·to·ry ['fæktərɪ] fábrica *f*
fac·ul·ty ['fækəltɪ] (*hearing etc*), *at university* facultad *f*
fad [fæd] moda *f*
fade [feɪd] *v/i of colors* desteñirse, perder color; *of memories* desvanecerse
fad·ed ['feɪdɪd] *adj color, jeans* desteñido, descolorido
fag[1] [fæg] F (*homosexual*) maricón *m* F

fag[2] [fæg] *Br* F (*cigarette*) pitillo *m* F

Fahr•en•heit ['færənhaɪt] *adj* Fahrenheit

fail [feɪl] **1** *v/i* fracasar; *of plan* fracasar, fallar **2** *v/t exam* suspender **3** *n*: ***without ~*** sin falta

fail•ing ['feɪlɪŋ] *n* fallo *m*

fail•ure ['feɪljər] fracaso *m*; *in exam* suspenso *m*; ***I feel such a ~*** me siento un fracasado

faint [feɪnt] **1** *adj line, smile* tenue; *smell, noise* casi imperceptible **2** *v/i* desmayarse

faint•ly ['feɪntlɪ] *adv smile, smell* levemente

fair[1] [fer] *n* COM feria *f*

fair[2] [fer] *adj hair* rubio; *complexion* claro; (*just*) justo

fair•ly ['ferlɪ] *adv treat* justamente, con justicia; (*quite*) bastante

fair•ness ['fernɪs] *of treatment* imparcialidad *f*

fai•ry ['ferɪ] hada *f*

'fai•ry tale cuento *m* de hadas

faith [feɪθ] fe *f*, confianza *f*; REL fe *f*

faith•ful ['feɪθfəl] *adj* fiel; ***be ~ to one's partner*** ser fiel a la pareja

faith•ful•ly ['feɪθfəlɪ] *adv* religiosamente

fake [feɪk] **1** *n* falsificación *f* **2** *adj* falso **3** *v/t* (*forge*) falsificar; (*feign*) fingir

Falk•land Is•lands ['fɒ:lklənd] *npl*: ***the ~*** las Islas Malvinas

fall[1] [fɒ:l] *n season* otoño *m*

fall[2] [fɒ:l] **1** *v/i* (*pret **fell**, pp **fallen***) *of person* caerse; *of government, prices, temperature, night* caer; ***it ~s on a Tuesday*** cae en martes; ***~ ill*** enfermar, caer enfermo; ***I fell off the wall*** me caí del muro **2** *n* caída *f*

♦**fall back on** *v/t* recurrir a

♦**fall behind** *v/i with work, studies* retrasarse

♦**fall down** *v/i* caerse

♦**fall for** *v/t person* enamorarse de; (*be deceived by*) dejarse engañar por; ***I'm amazed you fell for it*** me sorprende mucho que picaras

♦**fall out** *v/i of hair* caerse; (*argue*) pelearse

♦**fall over** *v/i* caerse

♦**fall through** *v/i of plans* venirse abajo

fal•len ['fɒ:lən] *pp* → ***fall***

fal•li•ble ['fæləbl] *adj* falible

'fall•out lluvia *f* radiactiva

false [fɑ::ls] *adj* falso

false a'larm falsa alarma *f*

false•ly ['fɑ::lslɪ] *adv*: ***be ~ accused of sth*** ser acusado falsamente de algo

false 'start *in race* salida *f* nula

false 'teeth *npl* dentadura *f* postiza

fal•si•fy ['fɑ:lsɪfaɪ] *v/t* (*pret & pp **-ied***) falsificar

fame [feɪm] fama *f*

fa•mil•i•ar [fə'mɪljər] *adj* familiar; ***get ~*** (*intimate*) tomarse demasiadas confianzas; ***be ~ with sth*** estar familiarizado con algo; ***that looks ~*** eso me resulta familiar; ***that sounds ~*** me suena

fa•mil•i•ar•i•ty [fəmɪlɪ'ærɪtɪ] *with subject etc* familiaridad *f*

fa•mil•i•ar•ize [fə'mɪljəraɪz] *v/t*: ***~ o.s. with …*** familiarizarse con …

fam•i•ly ['fæməlɪ] familia *f*

fam•i•ly 'doc•tor médico *m/f* de familia; **'fam•i•ly name** apellido *m*; **fam•i•ly 'plan•ning** planificación *f* familiar; **fam•i•ly 'plan•ning clin•ic** clínica *f* de planificación familiar; **fam•i•ly 'tree** árbol *m* genealógico

fam•ine ['fæmɪn] hambruna *f*

fam•ished ['fæmɪʃt] *adj* F: ***I'm ~*** estoy muerto de hambre F

fa•mous ['feɪməs] *adj* famoso; ***be ~ for …*** ser famoso por …

fan[1] [fæn] *n* (*supporter*) seguidor(a) *m*(*f*); *of singer, band* admirador(a) *m*(*f*), fan *m/f*

fan[2] [fæn] **1** *n electric* ventilador *m*; *handheld* abanico *m* **2** *v/t* (*pret & pp **-ned***) abanicar; ***~ o.s.*** abanicarse

fa•nat•ic [fə'nætɪk] *n* fanático(-a) *m*(*f*)

fa•nat•i•cal [fə'nætɪkl] *adj* fanático

fa•nat•i•cism [fə'nætɪsɪzm] fanatismo *m*

'fan belt MOT correa *f* del ventilador

F

'fan club club *m* de fans

fan·cy 'dress disfraz *m*

fan·cy-'dress par·ty fiesta *f* de disfraces

fang [fæŋ] colmillo *m*

'fan mail cartas *fpl* de los fans

fan·ny pack ['fænɪ] riñonera *f*

fan·ta·size ['fæntəsaɪz] *v/i* fantasear (***about*** sobre)

fan·tas·tic [fæn'tæstɪk] *adj* (*very good*) fantástico, excelente; (*very big*) inmenso

fan·tas·tic·al·ly [fæn'tæstɪklɪ] *adv* (*extremely*) sumamente, increíblemente

fan·ta·sy ['fæntəsɪ] fantasía *f*

far [fɑːr] *adv* lejos; (*much*) mucho; ***~ bigger / faster*** mucho más grande / rápido; ***~ away*** lejos; ***how ~ is it to …?*** ¿a cuánto está …?; ***as ~ as the corner / hotel*** hasta la esquina / el hotel; ***as ~ as I can see*** tal y como lo veo yo; ***as ~ as I know*** que yo sepa; ***you've gone too ~*** *in behavior* te has pasado; ***so ~ so good*** por ahora muy bien

farce [fɑːrs] farsa *f*

fare [fer] *n price* tarifa *f*; *actual money* dinero *m*

Far 'East Lejano Oriente *m*

fare·well [fer'wel] *n* despedida *f*

fare'well par·ty fiesta *f* de despedida

far·fetched [fɑːr'fetʃt] *adj* inverosímil, exagerado

farm [fɑːrm] *n* granja *f*

farm·er ['fɑːrmər] granjero(-a) *m*(*f*)

'farm·house granja *f*, alquería *f*

farm·ing ['fɑːrmɪŋ] *n* agricultura *f*

'farm·work·er trabajador(a) *m*(*f*) del campo

'farm·yard corral *m*

far-'off *adj* lejano

far·sight·ed [fɑːr'saɪtɪd] *adj* previsor; *optically* hipermétrope

fart [fɑːrt] **1** *n* F pedo *m* F **2** *v/i* F tirarse un pedo F

far·ther ['fɑːðər] *adv* más lejos; ***~ away*** más allá, más lejos

far·thest ['fɑːrðəst] *adv travel etc* más lejos

fas·ci·nate ['fæsɪneɪt] *v/t* fascinar; ***be ~d by …*** estar fascinado por …

fas·ci·nat·ing ['fæsɪneɪtɪŋ] *adj* fascinante

fas·ci·na·tion [fæsɪ'neɪʃn] fascinación *f*

fas·cism ['fæʃɪzm] fascismo *m*

fas·cist ['fæʃɪst] **1** *n* fascista *m/f* **2** *adj* fascista

fash·ion ['fæʃn] *n* moda *f*; (*manner*) modo *m*, manera *f*; ***in ~*** de moda; ***out of ~*** pasado de moda

fash·ion·a·ble ['fæʃnəbl] *adj* de moda

fash·ion·a·bly ['fæʃnəblɪ] *adv dressed* a la moda

'fash·ion-con·scious *adj* que sigue la moda; **'fash·ion de·sign·er** modisto(-a) *m*(*f*); **'fash·ion mag·a·zine** revista *f* de modas; **'fash·ion show** desfile *f* de moda, pase *m* de modelos

fast[1] [fæst] **1** *adj* rápido; ***be ~*** *of clock* ir adelantado **2** *adv* rápido; ***stuck ~*** atascado; ***~ asleep*** profundamente dormido

fast[2] [fæst] *n not eating* ayuno *m*

fas·ten ['fæsn] **1** *v/t window, lid* cerrar (*poniendo el cierre*); *dress* abrochar; ***~ sth onto sth*** asegurar algo a algo **2** *v/i of dress etc* abrocharse

fas·ten·er ['fæsnər] *for dress, lid* cierre *f*

fast 'food comida *f* rápida; **fast-food 'res·tau·rant** restaurante *f* de comida rápida; **fast 'for·ward 1** *n on video etc* avance *m* rápido **2** *v/i* avanzar; **'fast lane** *on road* carril *f* rápido; ***in the ~*** *fig: of life* con un tren de vida acelerado; **'fast train** (tren *m*) rápido *m*

fat [fæt] **1** *adj* gordo **2** *n on meat, for baking* grasa *f*

fa·tal ['feɪtl] *adj illness* mortal; *error* fatal

fa·tal·i·ty [fə'tælətɪ] víctima *f* mortal

fa·tal·ly ['feɪtəlɪ] *adv* mortalmente; ***~ injured*** herido mortalmente

fate [feɪt] destino *m*

fat·ed ['feɪtɪd] *adj*: ***be ~ to do sth*** estar predestinado a hacer algo

'fat-free *adj* sin grasas
fa·ther ['fɑːðər] *n* padre *m*; ***Father Martin*** REL el Padre Martin
fa·ther·hood ['fɑːðərhʊd] paternidad *f*
'fa·ther-in-law (*pl* ***fathers-in-law***) suegro *m*
fa·ther·ly ['fɑːðəlɪ] *adj* paternal
fath·om ['fæðəm] *n* NAUT braza *f*
♦**fathom out** *v/t fig* entender
fa·tigue [fə'tiːg] *n* cansancio *m*, fatiga *f*
fat·so ['fætsoʊ] F gordinflón (-ona) *m*(*f*) F
fat·ten ['fætn] *v/t animal* engordar
fat·ty ['fætɪ] **1** *adj* graso **2** *n* F (*person*) gordinflón (-ona) *m*(*f*) F
fau·cet ['fɒːsɪt] *Span* grifo *m*, *L.Am.* llave *f*
fault [fɒːlt] *n* (*defect*) fallo *m*; ***it's your / my ~*** es culpa tuya / mía; ***find ~ with ...*** encontrar defectos a ...
fault·less ['fɒːltlɪs] *adj* impecable
fault·y ['fɒːltɪ] *adj goods* defectuoso
fa·vor ['feɪvər] **1** *n* favor *m*; ***do s.o. a ~*** hacer un favor a alguien; ***do me a ~!*** (*don't be stupid*) ¡haz el favor!; ***in ~ of ...*** a favor de ...; ***be in ~ of ...*** estar a favor de ... **2** *v/t* (*prefer*) preferir
fa·vo·ra·ble ['feɪvərəbl] *adj reply etc* favorable
fa·vo·rite ['feɪvərɪt] **1** *n* favorito(-a) *m*(*f*); *food* comida *f* favorita **2** *adj* favorito
fa·vor·it·ism ['feɪvrɪtɪzm] favoritismo *m*
fa·vour *etc Br* → ***favor*** *etc*
fax [fæks] **1** *n* fax *m*; ***send sth by ~*** enviar algo por fax **2** *v/t* enviar por fax: ***~ sth to s.o.*** enviar algo por fax a alguien
FBI [efbiː'aɪ] *abbr* (= ***Federal Bureau of Investigation***) FBI *m*
fear [fɪr] **1** *n* miedo *m*, temor *m* **2** *v/t* temer, tener miedo a
fear·less ['fɪrlɪs] *adj* valiente, audaz
fear·less·ly ['fɪrlɪslɪ] *adv* sin miedo
fea·si·bil·i·ty stud·y [fiːzə'bɪlətɪ] estudio *m* de viabilidad
fea·si·ble ['fiːzəbl] *adj* factible, viable
feast [fiːst] *n* banquete *m*, festín *m*
feat [fiːt] hazaña *f*, proeza *f*
fea·ther ['feðər] pluma *f*
fea·ture ['fiːʧər] **1** *n on face* rasgo *m*, facción *f*; *of city, building, plan, style* característica *f*; *article in paper* reportaje *m*; *movie* largometraje *f*; ***make a ~ of ...*** destacar ... **2** *v/t*: ***a movie featuring ...*** una película en la que aparece ...
'fea·ture film largometraje *m*
Feb·ru·a·ry ['februerɪ] febrero *m*
fed [fed] *pret & pp* → ***feed***
fed·e·ral ['fedərəl] *adj* federal
fed·e·ra·tion [fedə'reɪʃn] federación *f*
fed 'up *adj* F harto, hasta las narices F; ***be ~ with ...*** estar harto *or* hasta las narices de ...
fee [fiː] *of lawyer, doctor, consultant* honorarios *mpl*; *for entrance* entrada *f*; *for membership* cuota *f*
fee·ble ['fiːbl] *adj person, laugh* débil; *attempt* flojo; *excuse* pobre
feed [fiːd] *v/t* (*pret & pp* ***fed***) alimentar, dar de comer a
'feed·back *n* reacción *f*; ***we'll give you some ~ as soon as possible*** le daremos nuestra opinión *or* nuestras reacciones lo antes posible
feel [fiːl] **1** *v/t* (*pret & pp* ***felt***) (*touch*) tocar; (*sense*) sentir; (*think*) creer, pensar; ***you can ~ the difference*** se nota la diferencia **2** *v/i* (*pret & pp* ***felt***): ***it ~s like silk / cotton*** tiene la textura de la seda / algodón; ***your hand ~s hot*** tienes la mano caliente; ***I ~ hungry*** tengo hambre; ***I ~ tired*** estoy cansado; ***how are you ~ing today?*** ¿cómo te encuentras hoy?; ***how does it ~ to be rich?*** ¿qué se siente siendo rico?; ***do you ~ like a drink / meal?*** ¿te apetece una bebida / comida?; ***I ~ like going / staying*** me apetece ir / quedarme; ***I don't ~ like it*** no me apetece
♦**feel up** *v/t sexually* manosear
♦**feel up to** *v/t* sentirse con fuerzas

F

para

feel·er ['fi:lər] *of insect* antena *f*

'feel·good fac·tor sensación *f* positiva

feel·ing ['fi:lɪŋ] sentimiento *m*; (*sensation*) sensación *f*; ***what are your ~s about it?*** ¿qué piensas sobre ello?; ***I have this ~ that …*** tengo el presentimiento de que …

feet [fi:t] *pl* → ***foot***

fe·line ['fi:laɪn] *adj* felino

fell [fel] *pret* → ***fall***

fel·low ['feloʊ] *n* (*man*) tipo *m*

fel·low 'cit·i·zen conciudadano(-a) *m*(*f*); **fel·low 'coun·try·man** compatriota *m*/*f*; **fel·low 'man** prójimo *m*

fel·o·ny ['felənɪ] delito *m* grave

felt [felt] **1** *n* fieltro *m* **2** *pret & pp* → ***feel***

felt 'tip, felt-tip 'pen rotulador *m*

fe·male ['fi:meɪl] **1** *adj animal, plant* hembra; *relating to people* femenino **2** *n of animals, plants* hembra *f*; *person* mujer *f*

fem·i·nine ['femɪnɪn] **1** *adj also* GRAM femenino **2** *n* GRAM femenino *m*

fem·i·nism ['femɪnɪzm] feminismo *m*

fem·i·nist ['femɪnɪst] **1** *n* feminista *m*/*f* **2** *adj* feminista

fence [fens] *n around garden etc* cerca *f*, valla *f*; F *criminal* perista *m*/*f*; ***sit on the ~*** nadar entre dos aguas

♦**fence in** *v/t land* cercar, vallar

fenc·ing ['fensɪŋ] SP esgrima *f*

fend [fend] *v/i*: ***~ for o.s.*** valerse por sí mismo

fend·er ['fendər] MOT aleta *f*

fer·ment[1] [fə'ment] *v/i of liquid* fermentar

fer·ment[2] ['fɜ:rment] *n* (*unrest*) agitación *f*

fer·men·ta·tion [fɜ:rmen'teɪʃn] fermentación *f*

fern [fɜ:rn] helecho *m*

fe·ro·cious [fə'roʊʃəs] *adj* feroz

fer·ry ['ferɪ] *n* ferry *m*, transbordador *m*

fer·tile ['fɜ:rtəl] *adj* fértil

fer·til·i·ty [fɜ:r'tɪlətɪ] fertilidad *f*

fer'til·i·ty drug medicamento *m* para el tratamiento de la infertilidad

fer·ti·lize ['fɜ:rtəlaɪz] *v/t* fertilizar

fer·ti·liz·er ['fɜ:rtəlaɪzər] *for soil* fertilizante *m*

fer·vent ['fɜ:rvənt] *adj admirer* ferviente

fer·vent·ly ['fɜ:rvəntlɪ] *adv* fervientemente

fes·ter ['festər] *v/i of wound* enconarse

fes·ti·val ['festɪvl] festival *m*

fes·tive ['festɪv] *adj* festivo; ***the ~ season*** la época navideña, las Navidades

fes·tiv·i·ties [fe'stɪvətɪz] *npl* celebraciones *fpl*

fe·tal ['fi:tl] *adj* fetal

fetch [fetʃ] *v/t person* recoger; *thing* traer, ir a buscar; *price* alcanzar

fe·tus ['fi:təs] feto *m*

feud [fju:d] **1** *n* enemistad *f* **2** *v/i* estar enemistado

fe·ver ['fi:vər] fiebre *f*

fe·ver·ish ['fi:vərɪʃ] *adj* con fiebre; *fig: excitement* febril

few [fju:] **1** *adj* (*not many*) pocos; ***a ~*** unos pocos; ***quite a ~, a good ~*** (*a lot*) bastantes **2** *pron* (*not many*) pocos(-as); ***a ~*** (*some*) unos pocos; ***quite a ~, a good ~*** (*a lot*) bastantes; ***~ of them could speak English*** de ellos muy pocos hablaban inglés

fewer ['fju:ər] *adj* menos; ***~ than*** menos que; *with numbers* menos de

fi·an·cé [fɪ'ɑ:nseɪ] prometido *m*, novio *m*

fi·an·cée [fɪ'ɑ:nseɪ] prometida *f*, novia *f*

fi·as·co [fɪ'æskoʊ] fiasco *m*

fib [fɪb] *n* F bola *f* F

fi·ber ['faɪbər] *n* fibra *f*

'fi·ber·glass *n* fibra *f* de vidrio; **fi·ber 'op·tic** *adj* de fibra óptica; **fi·ber 'op·tics** tecnología *f* de la fibra óptica

fi·bre *Br* → ***fiber***

fick·le ['fɪkl] *adj* inconstante,

mudable
fic·tion ['fɪkʃn] *n* (*novels*) literatura *f* de ficción; (*made-up story*) ficción *f*
fic·tion·al ['fɪkʃnl] *adj* de ficción
fic·ti·tious [fɪk'tɪʃəs] *adj* ficticio
fid·dle ['fɪdl] **1** *n* (*violin*) violín *m* **2** *v/i*: ~ ***around with*** enredar con **3** *v/t accounts, result* amañar
fi·del·i·ty [fɪ'deləti] fidelidad *f*
fid·get ['fɪdʒɪt] *v/i* moverse; ***stop ~ing!*** ¡estáte quieto!
fid·get·y ['fɪdʒɪtɪ] *adj* inquieto
field [fi:ld] *also of research etc* campo *m*; *for sport* campo *m*, *L.Am.* cancha *f*; (*competitors in race*) participantes *mpl*
field·er ['fi:ldər] *in baseball* fildeador(-a) *m*(*f*)
'**field e·vents** *npl* pruebas *fpl* de salto y lanzamiento
fierce [fɪrs] *adj animal* feroz; *wind, storm* violento
fierce·ly ['fɪrslɪ] *adv* ferozmente
fi·er·y ['faɪrɪ] *adj* fogoso, ardiente
fif·teen [fɪf'ti:n] quince
fif·teenth [fɪf'ti:nθ] *n & adj* decimoquinto
fifth [fɪfθ] *n & adj* quinto
fif·ti·eth ['fɪftɪɪθ] *n & adj* quincuagésimo
fif·ty ['fɪftɪ] cincuenta
fif·ty-'fif·ty *adv* a medias
fig [fɪg] higo *m*
fight [faɪt] **1** *n* lucha *f*, pelea *f*; (*argument*) pelea *f*; *fig*: *for survival, championship etc* lucha *f*; *in boxing* combate *m*; ***have a ~*** (*argue*) pelearse **2** *v/t* (*pret & pp* ***fought***) *enemy, person* luchar contra, pelear contra; *in boxing* pelear contra; *disease, injustice* luchar contra, combatir **3** *v/i* (*pret & pp* ***fought***) luchar, pelear; (*argue*) pelearse
♦**fight for** *v/t one's rights, a cause* luchar por
fight·er ['faɪtər] combatiente *m/f*; *airplane* caza *m*; (*boxer*) púgil *m*; ***she's a ~*** tiene espíritu combativo
fight·ing ['faɪtɪŋ] *n physical, verbal* peleas *fpl*; MIL luchas *fpl*, combates *mpl*
fig·u·ra·tive ['fɪgjərətɪv] *adj* figurado
fig·ure ['fɪgər] **1** *n* figura *f*; (*digit*) cifra *f* **2** *v/t* F (*think*) imaginarse, pensar
♦**figure on** *v/t* F (*plan*) pensar
♦**figure out** *v/t* (*understand*) entender; *calculation* resolver
'**fig·ure skat·er** patinador(a) *m*(*f*) artístico(-a)
'**fig·ure skat·ing** patinaje *m* artístico
file[1] [faɪl] **1** *n of documents* expediente *m*; COMPUT archivo *m*, fichero *m* **2** *v/t documents* archivar
♦**file away** *v/t documents* archivar
file[2] [faɪl] *n for wood, fingernails* lima *f*
'**file cab·i·net** archivador *m*
'**file man·ag·er** COMPUT administrador *m* de archivos
fi·li·al ['fɪlɪəl] *adj* filial
fill [fɪl] **1** *v/t* llenar; *tooth* empastar, *L.Am.* emplomar **2** *n*: ***eat one's ~*** hincharse
♦**fill in** *v/t form, hole* rellenar; ***fill s.o. in*** poner a alguien al tanto
♦**fill in for** *v/t* sustituir a
♦**fill out 1** *v/t form* rellenar **2** *v/i* (*get fatter*) engordar
♦**fill up 1** *v/t* llenar (hasta arriba) **2** *v/i of stadium, theater* llenarse
fil·let ['fɪlɪt] *n* filete *m*
fill·ing ['fɪlɪŋ] **1** *n in sandwich* relleno *m*; *in tooth* empaste *m*, *L.Am.* emplomadura *f* **2** *adj*: ***be ~*** *of food* llenar mucho
'**fill·ing sta·tion** estación *f* de servicio, gasolinera *f*
film [fɪlm] **1** *n for camera* carrete *m*; (*movie*) película *f* **2** *v/t person, event* filmar
'**film-mak·er** cineasta *m/f*
'**film star** estrella *f* de cine
fil·ter ['fɪltər] **1** *n* filtro *m* **2** *v/t coffee, liquid* filtrar
♦**filter through** *v/i of news reports* filtrarse
'**fil·ter pa·per** papel *m* de filtro
'**fil·ter tip** (*cigarette*) cigarrillo *m* con filtro
filth [fɪlθ] suciedad *f*, mugre *f*

F

filth·y ['fɪlθɪ] *adj* sucio, mugriento; *language etc* obsceno

fin [fɪn] *of fish* aleta *f*

fi·nal ['faɪnl] **1** *adj* (*last*) último; *decision* final, definitivo **2** *n* SP final *f*

fi·na·le [fɪ'nælɪ] final *m*

fi·nal·ist ['faɪnəlɪst] finalista *m/f*

fi·nal·ize ['faɪnəlaɪz] *v/t plans, design* ultimar

fi·nal·ly ['faɪnəlɪ] *adv* finalmente, por último; (*at last*) finalmente, por fin

F

fi·nance ['faɪnæns] **1** *n* finanzas *fpl* **2** *v/t* financiar

fi·nan·ces ['faɪnænsɪz] *npl* finanzas *fpl*

fi·nan·cial [faɪ'nænʃl] *adj* financiero

fi·nan·cial·ly [faɪ'nænʃəlɪ] *adv* económicamente

fi·nan·cial 'year *Br* ejercicio *m* económico

fi·nan·cier [faɪ'nænsɪr] financiero(-a) *m(f)*

find [faɪnd] *v/t* (*pret & pp* ***found***) encontrar, hallar; ***if you ~ it too hot/cold*** si te parece demasiado frío/caliente; ***~ s.o. innocent/guilty*** LAW declarar a alguien inocente/culpable; ***I ~ it strange that …*** me sorprende que …; ***how did you ~ the hotel?*** ¿qué te pareció el hotel?

♦**find out** **1** *v/t* descubrir, averiguar **2** *v/i* (*discover*) descubrir; ***can you try to find out?*** ¿podrías enterarte?

find·ings ['faɪndɪŋz] *npl of report* conclusiones *fpl*

fine[1] [faɪn] *adj day, weather* bueno; *wine, performance, city* excelente; *distinction, line* fino; ***how's that? – that's ~*** ¿qué tal está? – bien; ***that's ~ by me*** por mí no hay ningún problema; ***how are you? – ~*** ¿cómo estás? – bien

fine[2] [faɪn] **1** *n* multa *f* **2** *v/t* multar, poner una multa a

fine-'tooth comb: ***go through sth with a ~*** revisar algo minuciosamente

fine-'tune *v/t engine, fig* afinar, hacer los últimos ajustes a

fin·ger ['fɪŋgər] **1** *n* dedo *m* **2** *v/t* tocar

'fin·ger·nail *n* uña *f*; **'fin·ger·print** **1** *n* huella *f* digital *or* dactilar **2** *v/t* tomar las huellas digitales *or* dactilares a; **'fin·ger·tip** *n* punta *f* del dedo; ***have sth at one's ~s*** saberse algo al dedillo

fin·i·cky ['fɪnɪkɪ] *adj person* quisquilloso; *design* enrevesado

fin·ish ['fɪnɪʃ] **1** *v/t* acabar, terminar; ***~ doing sth*** acabar *or* terminar de hacer algo **2** *v/i* acabar, terminar **3** *n of product* acabado *m*; *of race* final *f*

♦**finish off** *v/t* acabar, terminar

♦**finish up** *v/t food* acabar, terminar; ***he finished up liking it*** acabó gustándole

♦**finish with** *v/t boyfriend etc* cortar con

fin·ish·ing line ['fɪnɪʃɪŋ] línea *f* de meta

Fin·land ['fɪnlənd] Finlandia

Finn [fɪn] finlandés (-esa) *m(f)*

Finn·ish ['fɪnɪʃ] **1** *adj* finlandés **2** *n language* finés *m*

fir [fɜːr] abeto *m*

fire [faɪr] **1** *n* fuego *m*; *electric, gas* estufa *f*; (*blaze*) incendio *m*; (*bonfire, campfire etc*) hoguera *f*; ***be on ~*** estar ardiendo; ***catch ~*** prender; ***set sth on ~, set ~ to sth*** prender fuego a algo **2** *v/i* (*shoot*) disparar (***on/at*** sobre/a) **3** *v/t* F (*dismiss*) despedir

'fire a·larm alarma *f* contra incendios; **'fire·arm** arma *f* de fuego; **'fire·crack·er** petardo *m*; **'fire de·part·ment** (cuerpo *m* de) bomberos *mpl*; **'fire door** puerta *f* contra incendios; **'fire drill** simulacro *m* de incendio; **'fire en·gine** coche *m* de bomberos; **'fire es·cape** salida *f* de incendios; **'fire ex·tin·guish·er** extintor *m*; **'fire fight·er** bombero (-a) *m(f)*; **'fire·guard** pantalla *f*, parachispas *m inv*; **'fire·man** bombero *m*; **'fire·place** chimenea *f*, hogar *m*; **'fire sta·tion** parque *m* de bomberos; **'fire truck** coche *m* de bomberos; **'fire•wood** leña *f*; **'fire•works** *npl* fuegos *mpl* artificiales

firm[1] [fɜːrm] *adj* firme; ***a ~ deal*** un acuerdo en firme

firm[2] [fɜːrm] *n* COM empresa *f*

first [fɜːrst] **1** *adj* primero; ***who's ~ please?*** ¿quién es el primero, por favor? **2** *n* primero(-a) *m*(*f*) **3** *adv* primero; ***~ of all*** (*for one reason*) en primer lugar; ***at ~*** al principio

first 'aid primeros *mpl* auxilios; **first-'aid box**, **first-'aid kit** botiquín *m* de primeros auxilios; **'first•born** *adj* primogénito; **'first class 1** *adj ticket, seat* de primera (clase); (*very good*) excelente **2** *adv travel* en primera (clase); **first 'floor** planta *f* baja, *Br* primer piso *m*; **first'hand** *adj* de primera mano; **First 'La•dy** *of US* primera dama *f*

first•ly ['fɜːrstlɪ] *adv* en primer lugar

first 'name nombre *m* (de pila); **first 'night** estreno *m*; **first of'fend•er** delincuente *m*/*f* sin antecedentes; **first of'fense** primer delito *m*; **first-'rate** *adj* excelente

fis•cal ['fɪskl] *adj* fiscal

fis•cal 'year año *m* fiscal

fish [fɪʃ] **1** *n* (*pl* ***fish***) **1** *n* pez *m*; *to eat* pescado *m*; ***drink like a ~*** F beber como un cosaco F; ***feel like a ~ out of water*** sentirse fuera de lugar **2** *v/i* pescar

'fish•bone espina *f* (de pescado)

fish•er•man ['fɪʃərmən] pescador *m*

fish•ing ['fɪʃɪŋ] pesca *f*

'fish•ing boat (barco *m*) pesquero *m*; **'fish•ing line** sedal *m*; **'fish•ing rod** caña *f* de pescar

'fish stick palito *m* de pescado

fish•y ['fɪʃɪ] *adj* F (*suspicious*) sospechoso

fist [fɪst] puño *m*

fit[1] [fɪt] *n* MED ataque *m*; ***a ~ of rage / jealousy*** un arrebato de cólera / un ataque de celos

fit[2] [fɪt] *adj physically* en forma; *morally* adecuado; ***he's not ~ to be President*** no está en condiciones ser Presidente; ***keep ~*** mantenerse en forma

fit[3] [fɪt] **1** *v/t* (*attach*) colocar; ***these pants don't ~ me any more*** estos pantalones ya no me entran; ***it ~s you perfectly*** te queda perfectamente **2** *v/i* (*pret & pp* ***-ted***) *of clothes* quedar bien; *of piece of furniture etc* caber **3** *n*: ***it's a good ~*** *of jacket etc* queda bien; *of piece of furniture* cabe bien; ***it's a tight ~*** no hay mucho espacio

♦**fit in 1** *v/i of person in group* encajar; ***it fits in with our plans*** encaja con nuestros planes **2** *v/t*: ***fit s.o. in*** *into schedule etc* hacer un hueco a alguien

fit•ful ['fɪtfəl] *adj sleep* intermitente

fit•ness ['fɪtnɪs] *physical* buena forma *f*

'fit•ness cen•ter, *Br* **'fit•ness cen•tre** gimnasio *m*

fit•ted 'kitch•en ['fɪtɪd] cocina *f* a medida

fit•ted 'sheet sábana *f* ajustable

fit•ter ['fɪtər] *n* técnico(-a) *m*(*f*)

fit•ting ['fɪtɪŋ] *adj* apropiado

fit•tings ['fɪtɪŋz] *npl* equipamiento *m*

five [faɪv] cinco

fix [fɪks] **1** *n* (*solution*) solución *f*; ***be in a ~*** F estar en un lío F **2** *v/t* (*attach*) fijar; (*repair*) arreglar, reparar; (*arrange*: *meeting etc*) organizar; *lunch* preparar; *dishonestly*: *match etc* amañar; ***~ sth onto sth*** fijar algo a algo; ***I'll ~ you a drink*** te prepararé una bebida

♦**fix up** *v/t meeting* organizar

fixed [fɪkst] *adj* fijo

fix•ings ['fɪkɪŋz] *npl* guarnición *f*

fix•ture ['fɪkstʃər] (*in room*) *parte fija del mobiliario o la decoración de una habitación*

♦**fiz•zle out** ['fɪzl] *v/i* F quedarse en nada

flab [flæb] *on body* grasa *f*

flab•ber•gast ['flæbərgæst] *v/t* F: ***be ~ed*** quedarse estupefacto *or Span* alucinado F

flab•by ['flæbɪ] *adj muscles etc* fofo

F

flag[1] [flæg] *n* bandera *f*
flag[2] [flæg] *v/i* (*pret & pp* ***-ged***) (*tire*) desfallecer
'**flag·pole** asta *f* (de bandera)
fla·grant ['fleɪgrənt] *adj* flagrante
'**flag·ship** *fig* estandarte *m*; '**flag·staff** asta *f* (de bandera); '**flag·stone** losa *f*
flair [fler] (*talent*) don *m*; ***have a natural ~ for*** tener dotes para
flake [fleɪk] *n of snow* copo *m*; *of skin* escama *f*; *of plaster* desconchón *m*
♦**flake off** *v/i of skin* descamarse; *of plaster*, *paint* desconcharse
flak·y ['fleɪkɪ] *adj skin* con escamas; *paint* desconchado
flak·y 'pas·try hojaldre *m*
flam·boy·ant [flæm'bɔɪənt] *adj personality* extravagante
flam·boy·ant·ly [flæm'bɔɪəntlɪ] *adv dressed* extravagantemente
flame [fleɪm] llama *f*; ***go up in ~s*** ser pasto de las llamas
fla·men·co [flə'meŋkoʊ] flamenco *m*
fla'men·co danc·er bailaor(a) *m*(*f*)
flam·ma·ble ['flæməbl] *adj* inflamable
flan [flæn] tarta *f*
flank [flæŋk] **1** *n of horse etc* costado *m*; MIL flanco *m* **2** *v/t* flanquear
flap [flæp] **1** *n of envelope*, *pocket* solapa *f*; *of table* hoja *f*; ***be in a ~*** F estar histérico F **2** *v/t* (*pret & pp* ***-ped***) *wings* batir **3** *v/i* (*pret & pp* ***-ped***) *of flag etc* ondear
flare [fler] **1** *n* (*distress signal*) bengala *f*; *in dress* vuelo *m* **2** *v/t*: ***~ one's nostrils*** hinchar las narices resoplando
♦**flare up** *v/i of violence* estallar; *of illness*, *rash* exacerbarse, empeorar; *of fire* llamear; (*get very angry*) estallar
flash [flæʃ] **1** *n of light* destello *m*; PHOT flash *m*; ***in a ~*** F en un abrir y cerrar de ojos; ***have a ~ of inspiration*** tener una inspiración repentina; ***a ~ of lightning*** un relámpago **2** *v/i of light* destellar **3** *v/t* ***~ one's headlights*** echar las luces
'**flash·back** *in movie* flash-back *m*, escena *f* retrospectiva
flash·er ['flæʃər] MOT intermitente *m*
'**flash·light** linterna *f*; PHOT flash *m*
flash·y ['flæʃɪ] *adj pej* ostentoso, chillón
flask [flæsk] (*hip ~*) petaca *f*
flat[1] [flæt] **1** *adj surface*, *land* llano, plano; *beer* sin gas; *battery* descargado; *tire* desinflado; *shoes* bajo; MUS bemol; ***and that's ~*** F y sanseacabó F **2** *adv* MUS demasiado bajo; ***~ out*** *work*, *run*, *drive* a tope **3** *n* (*~ tire*) pinchazo *m*
flat[2] [flæt] *n Br* apartamento *m*, *Span* piso *m*
flat-chest·ed [flæt'ʧestɪd] *adj* plana de pecho
flat·ly ['flætlɪ] *adv refuse*, *deny* rotundamente
'**flat rate** tarifa *f* única
flat·ten ['flætn] *v/t land*, *road* allanar, aplanar; *by bombing*, *demolition* arrasar
flat·ter ['flætər] *v/t* halagar, adular
flat·ter·er ['flætərər] adulador(a) *m*(*f*)
flat·ter·ing ['flætərɪŋ] *adj comments* halagador; *color*, *clothes* favorecedor
flat·ter·y ['flætərɪ] halagos *mpl*, adulación *f*
flat·u·lence ['flætjʊləns] flatulencia *f*
'**flat·ware** (*cutlery*) cubertería *f*
flaunt [flɒːnt] *v/t* hacer ostentación de, alardear de
flau·tist ['flɒːtɪst] flautista *m/f*
fla·vor ['fleɪvər] **1** *n* sabor *m* **2** *v/t food* condimentar
fla·vor·ing ['fleɪvərɪŋ] *n* aromatizante *m*
fla·vour *etc Br* → ***flavor*** *etc*
flaw [flɒː] *n* defecto *m*, fallo *m*
flaw·less ['flɒːlɪs] *adj* impecable
flea [fliː] pulga *f*
fleck [flek] mota *f*
fled [fled] *pret & pp* → ***flee***
flee [fliː] *v/i* (*pret & pp* ***fled***) escapar, huir

F

fleece [fli:s] *v/t* F desplumar F
fleet [fli:t] *n* NAUT, *of vehicles* flota *f*
fleet·ing ['fli:tɪŋ] *adj visit etc* fugaz; ***catch a ~ glimpse of*** vislumbrar fugazmente a
flesh [fleʃ] *n* carne *f*; *of fruit* pulpa *f*; ***meet / see s.o. in the ~*** conocer / ver a alguien en persona
flex [fleks] *v/t muscles* flexionar
flex·i·bil·i·ty [fleksə'bɪlətɪ] flexibilidad *f*
flex·i·ble ['fleksəbl] *adj* flexible
'**flex·time** ['flekstaɪm] horario *m* flexible
flew [flu:] *pret* → ***fly***
flick [flɪk] *v/t tail* sacudir; ***he ~ed a fly off his hand*** espantó una mosca que tenía en la mano; ***she ~ed her hair out of her eyes*** se apartó el pelo de los ojos
♦ **flick through** *v/t book*, *magazine* hojear
flick·er ['flɪkər] *v/i of light*, *screen* parpadear
fli·er [flaɪr] (*circular*) folleto *m*
flies [flaɪz] *npl Br on pants* bragueta *f*
flight [flaɪt] *n in airplane* vuelo *m*; (*fleeing*) huida *f*; ***not capable of ~*** incapaz de volar; ~ (***of stairs***) tramo *m* (de escaleras)
'**flight at·tend·ant** auxiliar *m/f* de vuelo; '**flight crew** tripulación *f*; '**flight deck** AVIA cabina *f* del piloto; '**flight num·ber** número *m* de vuelo; '**flight path** ruta *f* de vuelo; '**flight re·cord·er** caja *f* negra; '**flight time** *departure* hora *f* del vuelo; *duration* duración *f* del vuelo
flight·y ['flaɪtɪ] *adj* inconstante
flim·sy ['flɪmzɪ] *adj structure*, *furniture* endeble; *dress*, *material* débil; *excuse* pobre
flinch [flɪntʃ] *v/i* encogerse
fling [flɪŋ] **1** *v/t* (*pret & pp* ***flung***) arrojar, lanzar; ***~ o.s. into a chair*** dejarse caer en una silla **2** *n* F (*affair*) aventura *f*
♦ **flip over** [flɪp] *v/i* volcar
♦ **flip through** *v/t* (*pret & pp* ***-ped***) *magazine* hojear
flip·per ['flɪpər] *for swimming* aleta *f*
flirt [flɜ:rt] **1** *v/i* flirtear, coquetear **2** *n* ligón (-ona) *m*(*f*)
flir·ta·tious [flɜ:r'teɪʃəs] *adj* coqueto
float [flout] *v/i also* FIN flotar
float·ing vot·er ['floutɪŋ] votante *m/f* indeciso(-a)
flock [flɑ:k] **1** *n of sheep* rebaño *m* **2** *v/i* acudir en masa
flog [flɑ:g] *v/t* (*pret & pp* ***-ged***) (*whip*) azotar
flood [flʌd] **1** *n* inundación *f* **2** *v/t of river* inundar
♦ **flood in** *v/i* llegar en grandes cantidades
flood·ing ['flʌdɪŋ] inundaciones *fpl*
'**flood·light** *n* foco *m*
flood·lit ['flʌdlɪt] *adj match* con luz artificial
'**flood wa·ters** *npl* crecida *f*
floor [flɔ:r] *n* suelo *m*; (*story*) piso *m*
'**floor·board** *n* tabla *f* del suelo; '**floor cloth** trapo *m* del suelo; '**floor lamp** lámpara *f* de pie
flop [flɑ:p] **1** *v/i* (*pret & pp* ***-ped***) dejarse caer; F (*fail*) pinchar F **2** *n* F (*failure*) pinchazo *m* F
flop·py ['flɑ:pɪ] *adj ears* caído; *hat* blando; (*weak*) flojo
flop·py ('**disk**) disquete *m*
flor·ist ['flɔ:rɪst] florista *m/f*
floss [flɑ:s] **1** *n for teeth* hilo *m* dental **2** *v/t*: ***~ one's teeth*** limpiarse los dientes con hilo dental
flour [flaʊr] harina *f*
flour·ish ['flʌrɪʃ] *v/i of plant* crecer rápidamente; *of business*, *civilization* florecer, prosperar
flour·ish·ing ['flʌrɪʃɪŋ] *adj business*, *trade* floreciente, próspero
flow [floʊ] **1** *v/i* fluir **2** *n* flujo *m*
'**flow·chart** diagrama *m* de flujo
flow·er [flaʊr] **1** *n* flor *f* **2** *v/i* florecer
'**flow·er·bed** parterre *m*; '**flow·er·pot** tiesto *m*, maceta *f*; '**flow·er show** exposición *f* floral
flow·er·y ['flaʊrɪ] *adj pattern* floreado; *style of writing* florido
flown [floʊn] *pp* → ***fly***
flu [flu:] gripe *f*
fluc·tu·ate ['flʌktjʊeɪt] *v/i* fluctuar
fluc·tu·a·tion [flʌktjʊ'eɪʃn] fluctua-

ción *f*

flu•en•cy ['flu:ənsɪ] *in a language* fluidez *f*

flu•ent ['flu:ənt] *adj*: ***he speaks ~ Spanish*** habla español con soltura

flu•ent•ly ['flu:əntlɪ] *adv speak, write* con soltura

fluff [flʌf] *material* pelusa *f*

fluff•y ['flʌfɪ] *adj* esponjoso; ***~ toy*** juguete *m* de peluche

fluid ['flu:ɪd] *n* fluido *m*

F

flung [flʌŋ] *pret & pp* → ***fling***

flunk [flʌŋk] *v/t* F *subject* suspender, *Span* catear F

flu•o•res•cent [flʊ'resnt] *adj light* fluorescente

flur•ry ['flʌrɪ] *of snow* torbellino *m*

flush [flʌʃ] **1** *v/t*: ***~ the toilet*** tirar de la cadena; ***~ sth down the toilet*** tirar algo por el retrete **2** *v/i* (*go red in the face*) ruborizarse; ***the toilet won't ~*** la cisterna no funciona **3** *adj* (*level*): ***be ~ with …*** estar a la misma altura que …

♦**flush away** *v/t*: ***flush sth away*** *down toilet* tirar algo por el retrete

♦**flush out** *v/t rebels etc* hacer salir

flus•ter ['flʌstər] *v/t*: ***get ~ed*** ponerse nervioso

flute [flu:t] MUS flauta *f*; *glass* copa *f* de champán

flut•ist ['flu:tɪst] flautista *m/f*

flut•ter ['flʌtər] *v/i of bird, wings* aletear; *of flag* ondear; *of heart* latir con fuerza

fly[1] [flaɪ] *n insect* mosca *f*

fly[2] [flaɪ] *n on pants* bragueta *f*

fly[3] [flaɪ] **1** *v/i* (*pret* ***flew***, *pp* ***flown***) *of bird, airplane* volar; *in airplane* volar, ir en avión; *of flag* ondear; ***~ into a rage*** enfurecerse; ***she flew out of the room*** salió a toda prisa de la habitación **2** *v/t* (*pret* ***flew***, *pp* ***flown***) *airplane* pilotar; *airline* volar con; (*transport by air*) enviar por avión

♦**fly away** *v/i of bird* salir volando; *of airplane* alejarse

♦**fly back** *v/i* (*travel back*) volver en avión

♦**fly in 1** *v/i of airplane, passengers* llegar en avión **2** *v/t supplies etc* transportar en avión

♦**fly off** *v/i of hat etc* salir volando

♦**fly out** *v/i* irse (*en avión*); ***when do you fly out?*** ¿cuándo os vais?

♦**fly past** *v/i in formation* pasar volando en formación; *of time* volar

fly•ing ['flaɪɪŋ] *n* volar *m*

fly•ing 'sau•cer platillo *m* volante

foam [foʊm] *n on liquid* espuma *f*

foam 'rub•ber gomaespuma *f*

FOB [efoʊ'bi:] *abbr* (= ***free on board***) fab (= franco a bordo)

fo•cus ['foʊkəs] **1** *n of attention*, PHOT foco *m*; ***be in ~ / out of ~*** PHOT estar enfocado / desenfocado **2** *v/t*: ***~ one's attention on*** concentrar la atención en **3** *v/i* enfocar

♦**focus on** *v/t problem, issue* concentrarse en; PHOT enfocar

fod•der ['fɑ:dər] forraje *m*

fog [fɑ:g] niebla *f*

♦**fog up** *v/i* (*pret & pp* ***-ged***) empañarse

'fog•bound *adj* paralizado por la niebla

fog•gy ['fɑ:gɪ] *adj* neblinoso, con niebla; ***it's ~*** hay niebla; ***I haven't the foggiest idea*** no tengo la más remota idea

foi•ble ['fɔɪbl] manía *f*

foil[1] [fɔɪl] *n* papel *m* de aluminio

foil[2] [fɔɪl] *v/t* (*thwart*) frustrar

fold[1] [foʊld] **1** *v/t paper etc* doblar; ***~ one's arms*** cruzarse de brazos **2** *v/i of business* quebrar **3** *n in cloth etc* pliegue *m*

♦**fold up 1** *v/t* plegar **2** *v/i of chair, table* plegarse

fold[2] [foʊld] *n for sheep etc* redil *m*

fold•er ['foʊldər] *for documents*, COMPUT carpeta *f*

fold•ing ['foʊldɪŋ] *adj* plegable; ***~ chair*** silla *f* plegable

fo•li•age ['foʊlɪɪdʒ] follaje *m*

folk [foʊk] *npl* (*people*) gente *f*; ***my ~s*** (*family*) mi familia; ***evening ~s*** F buenas noches, gente F

'folk dance baile *m* popular; **'folk mu•sic** música *f* folk *or* popular; **'folk sing•er** cantante *m/f* de folk;

'**folk song** canción *m/f* folk *or* popular
fol·low ['fɑːloʊ] **1** *v/t* seguir; (*understand*) entender; **~ me** sígueme **2** *v/i logically* deducirse; ***it ~s from this that …*** de esto se deduce que …; ***you go first and I'll ~*** tú ve primero que yo te sigo; ***the requirements are as ~s*** los requisitos son los siguientes
♦**follow up** *v/t letter, inquiry* hacer el seguimiento de
fol·low·er ['fɑːloʊər] seguidor(a) *m(f)*
fol·low·ing ['fɑːloʊɪŋ] **1** *adj* siguiente **2** *n people* seguidores(-as) *mpl* (*fpl*); ***the ~*** lo siguiente
'**fol·low-up meet·ing** reunión *f* de seguimiento
'**fol·low-up vis·it** *to doctor etc* visita *f* de seguimiento
fol·ly ['fɑːlɪ] (*madness*) locura *f*
fond [fɑːnd] *adj* (*loving*) cariñoso; *memory* entrañable; ***he's ~ of travel/music*** le gusta viajar/la música; ***I'm very ~ of him*** le tengo mucho cariño
fon·dle ['fɑːndl] *v/t* acariciar
fond·ness ['fɑːndnɪs] *for s.o.* cariño *m* (**for** por); *for wine, food* afición *f* (**for** por)
font [fɑːnt] *for printing* tipo *m*; *in church* pila *f* bautismal
food [fuːd] comida *f*
'**food chain** cadena *f* alimentaria
food·ie ['fuːdɪ] F gourmet *m/f*
'**food mix·er** robot *m* de cocina
food poi·son·ing ['fuːdpɔɪznɪŋ] intoxicación *f* alimentaria
fool [fuːl] **1** *n* tonto(-a) *m(f)*, idiota *m/f*; ***you stupid ~!*** ¡estúpido!; ***make a ~ of o.s.*** ponerse en ridículo **2** *v/t* engañar
♦**fool around** *v/i* hacer el tonto; *sexually* tener un lío
♦**fool around with** *v/t knife, drill etc* enredar con algo; *sexually* tener un lío con
'**fool·har·dy** *adj* temerario
fool·ish ['fuːlɪʃ] *adj* tonto
fool·ish·ly ['fuːlɪʃlɪ] *adv*: ***I ~ …*** cometí la tontería de …
'**fool·proof** *adj* infalible
foot [fʊt] (*pl* ***feet*** [fiːt]) *also measurement* pie *m*; *of animal* pata *f*; ***on ~*** a pie, caminando, andando; ***I've been on my feet all day*** llevo todo el día de pie; ***be back on one's feet*** estar recuperado; ***at the ~ of the page/hill*** al pie de la página/de la colina; ***put one's ~ in it*** F meter la pata F
foot·age ['fʊtɪdʒ] secuencias *fpl*, imágenes *fpl*
'**foot·ball** *Br* (*soccer*) fútbol *m*; *American style* fútbol *m* americano; *ball* balón *m or* pelota *f* (de fútbol)
'**foot·ball play·er** *American style* jugador(a) *m(f)* de fútbol americano; *Br in soccer* jugador(a) *m(f)* de fútbol, futbolista *m/f*
'**foot·bridge** puente *m* peatonal
foot·er ['fʊtər] *in document* pie *m* de página
foot·hills ['fʊthɪlz] *npl* estribaciones *fpl*
'**foot·hold** *n in climbing* punto *m* de apoyo; ***gain a ~*** *fig* introducirse
foot·ing ['fʊtɪŋ] (*basis*): ***put the business back on a secure ~*** volver a afianzar la empresa; ***lose one's ~*** perder el equilibrio; ***be on the same/a different ~*** estar/no estar en igualdad de condiciones; ***be on a friendly ~ with …*** tener relaciones de amistad con …
foot·lights ['fʊtlaɪts] *npl* candilejas *fpl*; '**foot·mark** pisada *f*; '**foot·note** nota *f* a pie de página; '**foot·path** sendero *m*; '**foot·print** pisada *f*; '**foot·step** paso *m*; ***follow in s.o.'s ~s*** seguir los pasos de alguien; '**foot·stool** escabel *m*; '**foot·wear** calzado *m*
for [fər, fɔːr] *prep* ◊ *purpose, destination etc* para; ***a train ~ …*** un tren para *or* hacia …; ***clothes ~ children*** ropa para niños; ***it's too big/small ~ you*** te queda demasiado grande/pequeño; ***this is ~ you*** esto es para ti; ***what's ~ lunch?*** ¿qué hay para comer?; ***the steak is ~ me*** el filete es para mí; ***what is this ~?***

F

¿para qué sirve esto?; ***what ~?*** ¿para qué? ◊ *time* durante; ***~ three days / two hours*** durante tres días / dos horas; ***it lasts ~ two hours*** dura dos horas; ***please get it done ~ Monday*** por favor tenlo listo (para) el lunes ◊ *distance*: ***I walked ~ a mile*** caminé una milla; ***it stretches for 100 miles*** se extiende 100 millas ◊ (*in favor of*): ***I am ~ the idea*** estoy a favor de la idea ◊ (*instead of, in behalf of*): ***let me do that ~ you*** déjame que te lo haga; ***we are agents ~ …*** somos representantes de … ◊ (*in exchange for*) por; ***I bought it ~ $25*** lo compré por 25 dólares; ***how much did you sell it ~?*** ¿por cuánto lo vendiste?

for•bade [fər'bæd] *pret* → ***forbid***

for•bid [fər'bɪd] *v/t* (*pret* ***forbade***, *pp* ***forbidden***) prohibir; ***~ s.o. to do sth*** prohibir a alguien hacer algo

for•bid•den [fər'bɪdn] **1** *adj* prohibido; ***smoking / parking ~*** prohibido fumar / aparcar **2** *pp* → ***forbid***

for•bid•ding [fər'bɪdɪŋ] *adj person, tone, look* amenazador; *rockface* imponente; *prospect* intimidador

force [fɔːrs] **1** *n* fuerza *f*; ***come into ~*** *of law etc* entrar en vigor; ***the ~s*** MIL las fuerzas **2** *v/t door, lock* forzar; ***~ s.o. to do sth*** forzar a alguien a hacer algo; ***~ sth open*** forzar algo

♦ **force back** *v/t tears* contener

forced [fɔːrst] *adj* forzado

forced 'land•ing aterrizaje *m* forzoso

force•ful ['fɔːrsfəl] *adj argument* poderoso; *speaker* vigoroso; *character* enérgico

force•ful•ly ['fɔːrsfəlɪ] *adv* de manera convincente

for•ceps ['fɔːrseps] *npl* MED fórceps *m inv*

for•ci•ble ['fɔːrsəbl] *adj entry* por la fuerza

for•ci•bly ['fɔːrsəblɪ] *adv* por la fuerza

ford [fɔːrd] *n* vado *m*

fore [fɔːr] *n*: ***come to the ~*** salir a la palestra

'fore•arm antebrazo *m*; **fore•bears** ['fɔːrberz] *npl* antepasados *mpl*; **fore•bod•ing** [fər'boudɪŋ] premonición *f*; **'fore•cast 1** *n* pronóstico *m*; *of weather* pronóstico *m* (del tiempo) **2** *v/t* (*pret & pp* ***forecast***) pronosticar; **'fore•court** (*of garage*) *explanada en la parte de delante*; **fore•fa•thers** ['fɔːrfɑːðərz] *npl* ancestros *mpl*; **'fore•fin•ger** (dedo *m*) índice *m*; **'fore•front**: ***be in the ~ of*** estar a la vanguardia de; **'fore•gone** *adj*: ***that's a ~ conclusion*** eso ya se sabe de antemano; **'fore•ground** primer plano *m*; **'fore•hand** *in tennis* derecha *f*; **'fore•head** frente *f*

for•eign ['fɑːrən] *adj* extranjero; ***a ~ holiday*** unas vacaciones en el extranjero

for•eign af'fairs *npl* asuntos *mpl* exteriores; **for•eign 'aid** ayuda *f* al exterior; **for•eign 'bod•y** cuerpo *m* extraño; **for•eign 'cur•ren•cy** divisa *f* extranjera

for•eign•er ['fɑːrənər] extranjero(-a) *m(f)*

for•eign ex'change divisas *fpl*; **for•eign 'lan•guage** idioma *m* extranjero; **'For•eign Of•fice** *in UK* Ministerio *m* de Asuntos Exteriores; **for•eign 'pol•i•cy** política *f* exterior; **For•eign 'Sec•re•ta•ry** *in UK* Ministro(-a) *m(f)* de Asuntos Exteriores

'fore•man capataz *m*

'fore•most *adj* principal

fo•ren•sic 'medi•cine [fə'rensɪk] medicina *f* forense

fo•ren•sic 'sci•en•tist forense *m/f*

'fore•run•ner predecesor(a) *m(f)*; **fore'see** *v/t* (*pret* ***foresaw***, *pp* ***foreseen***) prever; **fore•see•a•ble** [fər'siːəbl] *adj* previsible; ***in the ~ future*** en un futuro próximo; **fore'seen** *pp* → ***foresee***; **'fore•sight** previsión *f*

for•est ['fɑːrɪst] bosque *m*

for•est•ry ['fɑːrɪstrɪ] silvicultura

'fore•taste anticipo *m*

fore'tell *v/t* (*pret & pp* ***foretold***) predecir
for·ev·er [fə'revər] *adv* siempre; ***I will remember this day ~*** no me olvidaré nunca de ese día
fore·word ['fɔːrwɜːrd] prólogo *m*
for·feit ['fɔːrfət] *v/t* (*lose*) perder; (*give up*) renunciar a
for·gave [fər'geɪv] *pret* → ***forgive***
forge [fɔːrdʒ] *v/t* falsificar
♦**forge ahead** *v/i* progresar rápidamente
forg·er ['fɔːrdʒər] falsificador(a) *m*(*f*)
forg·er·y ['fɔːrdʒərɪ] falsificación *f*
for·get [fər'get] *v/t* (*pret* ***forgot***, *pp* ***forgotten***) olvidar; ***I forgot his name*** se me olvidó su nombre; ***~ to do sth*** olvidarse de hacer algo
for·get·ful [fər'getfəl] *adj* olvidadizo
for'get-me-not *flower* nomeolvides *m inv*
for·give [fər'gɪv] *v/t & v/i* (*pret* ***forgave***, *pp* ***forgiven***) perdonar
for·gi·ven [fər'gɪvn] *pp* → ***forgive***
for·give·ness [fər'gɪvnɪs] perdón *m*
for·got [fər'gɑːt] *pret* → ***forget***
for·got·ten [fər'gɑːtn] *pp* → ***forget***
fork [fɔːrk] *n for eating* tenedor *m*; *for garden* horca *f*; *in road* bifurcación *f*
♦**fork out** *v/t & v/i* F (*pay*) apoquinar F
forked *adj tongue* bífido; *stick* bifurcado
fork·lift 'truck carretilla *f* elevadora
form [fɔːrm] **1** *n shape* forma *f*; (*document*) formulario *m*, impreso *m*; ***be on / off ~*** estar / no estar en forma **2** *v/t in clay etc* moldear; *friendship* establecer; *opinion* formarse; *past tense etc* formar; (*constitute*) formar, constituir **3** *v/i* (*take shape, develop*) formarse
form·al ['fɔːrml] *adj* formal; *recognition etc* oficial; *dress* de etiqueta
for·mal·i·ty [fər'mælətɪ] formalidad *f*
for·mal·ly ['fɔːrməlɪ] *adv speak, behave* formalmente; *accepted, recognized* oficialmente
for·mat ['fɔːrmæt] **1** *v/t* (*pret & pp* ***-ted***) *diskette, document* formatear **2** *n of paper, program etc* formato *m*
for·ma·tion [fɔːr'meɪʃn] formación *f*; ***~ flying*** vuelo *m* en formación
for·ma·tive ['fɔːrmətɪv] *adj* formativo; ***in his ~ years*** en sus años de formación
for·mer ['fɔːrmər] *adj* antiguo; ***the ~*** el primero; ***the ~ arrangement*** la situación de antes
for·mer·ly ['fɔːrmərlɪ] *adv* antiguamente
for·mi·da·ble ['fɔːrmɪdəbl] *adj personality* formidable; *opponent, task* terrible
for·mu·la ['fɔːrmjʊlə] MATH, CHEM, *fig* fórmula *f*
for·mu·late ['fɔːrmjʊleɪt] *v/t* (*express*) formular
for·ni·cate ['fɔːrnɪkeɪt] *v/i fml* fornicar
for·ni·ca·tion [fɔːrnɪ'keɪʃn] *fml* fornicación *f*
fort [fɔːrt] MIL fuerte *m*
forth [fɔːrθ] *adv*: ***back and ~*** de un lado para otro; ***and so ~*** y así sucesivamente; ***from that day ~*** desde ese día en adelante
forth·com·ing ['fɔːrθkʌmɪŋ] *adj* (*future*) próximo; *personality* comunicativo
'forth·right *adj* directo
for·ti·eth ['fɔːrtɪɪθ] *n & adj* cuadragésimo
fort·night ['fɔːrtnaɪt] *Br* quincena *f*
for·tress ['fɔːrtrɪs] MIL fortaleza *f*
for·tu·nate ['fɔːrtʃnət] *adj* afortunado
for·tu·nate·ly ['fɔːrtʃnətlɪ] *adv* afortunadamente
for·tune ['fɔːrtʃən] (*fate, money*) fortuna *f*; (*luck*) fortuna *f*, suerte *f*; ***tell s.o.'s ~*** decir a alguien la buenaventura
'for·tune-tell·er adivino(-a) *m*(*f*)
for·ty ['fɔːrtɪ] cuarenta; ***have ~ winks*** F echarse una siestecilla F
fo·rum ['fɔːrəm] *fig* foro *m*
for·ward ['fɔːrwərd] **1** *adv* hacia delante **2** *adj pej*: *person* atrevido **3** *n* SP delantero(-a) *m*(*f*) **4** *v/t letter*

F

reexpedir

ˈ**for·ward·ing ad·dress** [ˈfɔːrwərdɪŋ] *dirección a la que reexpedir correspondencia*

ˈ**for·ward·ing a·gent** COM transitario(-a) *m*(*f*)

ˈ**for·ward-look·ing** *adj* con visión de futuro, moderno

fos·sil [ˈfɑːsəl] fósil *m*

fos·sil·ized [ˈfɑːsəlaɪzd] *adj* fosilizado

fos·ter [ˈfɑːstər] *v/t child* acoger, adoptar (temporalmente); *attitude, belief* fomentar

ˈ**fos·ter child** niño(-a) *m*(*f*) en régimen de acogida; ˈ**fos·ter home** hogar *m* de acogida; ˈ**fos·ter par·ents** *npl* familia *f* de acogida

fought [fɒːt] *pret & pp* → ***fight***

foul [faʊl] **1** *n* SP falta *f* **2** *adj smell, taste* asqueroso; *weather* terrible **3** *v/t* SP hacer (una) falta a

found[1] [faʊnd] *v/t school etc* fundar

found[2] [faʊnd] *pret & pp* → ***find***

foun·da·tion [faʊnˈdeɪʃn] *of theory etc* fundamento *m*; (*organization*) fundación *f*

foun·da·tions [faʊnˈdeɪʃnz] *npl of building* cimientos *mpl*

found·er [ˈfaʊndər] *n* fundador(a) *m*(*f*)

found·ing [ˈfaʊndɪŋ] *n* fundación *f*

foun·dry [ˈfaʊndrɪ] fundición *f*

foun·tain [ˈfaʊntɪn] fuente *f*

ˈ**foun·tain pen** pluma *f* (estilográfica)

four [fɔːr] cuatro; ***on all ~s*** a gatas, a cuatro patas

four-let·ter ˈ**word** palabrota *f*; **four-post·er** (ˈ**bed**) cama *f* de dosel; ˈ**four-star** *adj hotel etc* de cuatro estrellas

four·teen [fɔːrˈtiːn] catorce

four·teenth [fɔːrˈtiːnθ] *n & adj* decimocuarto

fourth [fɔːrθ] *n & adj* cuarto

four-wheel ˈ**drive** MOT vehículo *m* con tracción a las cuatro ruedas; *type of drive* tracción *f* a las cuatro ruedas

fowl [faʊl] ave *f* de corral

fox [fɑːks] **1** *n* zorro *m* **2** *v/t* (*puzzle*) dejar perplejo

foy·er [ˈfɔɪər] vestíbulo *m*

frac·tion [ˈfrækʃn] fracción *f*; MATH fracción *f*, quebrado *m*

frac·tion·al·ly [ˈfrækʃnəlɪ] *adv* ligeramente

frac·ture [ˈfræktʃər] **1** *n* fractura *f* **2** *v/t* fracturar; ***he ~d his arm*** se fracturó el brazo

fra·gile [ˈfrædʒəl] *adj* frágil

frag·ment [ˈfrægmənt] *n* fragmento *m*

frag·men·tar·y [frægˈməntərɪ] *adj* fragmentario

fra·grance [ˈfreɪgrəns] fragancia *f*

fra·grant [ˈfreɪgrənt] *adj* fragante

frail [freɪl] *adj* frágil, delicado

frame [freɪm] **1** *n of picture, window* marco *m*; *of eyeglasses* montura *f*; *of bicycle* cuadro *m*; ~ ***of mind*** estado *m* de ánimo **2** *v/t picture* enmarcar; F *person* tender una trampa a

ˈ**frame-up** F trampa *f*

ˈ**frame·work** estructura *f*; *for agreement* marco *m*

France [fræns] Francia

fran·chise [ˈfræntʃaɪz] *n for business* franquicia *f*

frank [fræŋk] *adj* franco

frank·furt·er [ˈfræŋkfɜːrtər] salchicha *f* de Fráncfort

frank·ly [ˈfræŋklɪ] *adv* francamente

frank·ness [ˈfræŋknɪs] franqueza *f*

fran·tic [ˈfræntɪk] *adj* frenético

fran·ti·cal·ly [ˈfræntɪklɪ] *adv* frenéticamente

fra·ter·nal [frəˈtɜːrnl] *adj* fraternal

fraud [frɒːd] fraude *m*; *person* impostor(a) *m*(*f*)

fraud·u·lent [ˈfrɒːdjʊlənt] *adj* fraudulento

fraud·u·lent·ly [ˈfrɒːdjʊləntlɪ] *adv* fraudulentamente

frayed [freɪd] *adj cuffs* deshilachado

freak [friːk] **1** *n unusual event* fenómeno *m* anormal; *two-headed person, animal etc* monstruo *m*, monstruosidad *f*; F *strange person* bicho *m* raro F; ***a movie / jazz ~*** F un fanático del cine / jazz F **2** *adj wind,*

storm etc anormal
freck·le ['frekl] peca *f*
free [fri:] **1** *adj* libre; *no cost* gratis, gratuito; ***are you ~ this afternoon?*** ¿estás libre esta tarde?; ***~ and easy*** relajado; ***for ~*** *travel, get sth* gratis **2** *v/t prisoners* liberar
free·bie ['fri:bɪ] F regalo *m*; ***as a ~*** de regalo
free·dom ['fri:dəm] libertad *f*
free·dom of 'speech libertad *f* de expresión
free·dom of the 'press libertad *f* de prensa
free 'en·ter·prise empresa *f* libre; **free 'kick** *in soccer* falta *f*, golpe *m* franco; **free·lance** ['fri:læns] **1** *adj* autónomo, free-lance **2** *adv*: ***work ~*** trabajar como autónomo *or* free-lance; **free·lanc·er** ['fri:lænsər] autónomo(-a) *m*(*f*), free-lance *m/f*; **free·load·er** ['fri:loudər] F gorrón (-ona) *m*(*f*)
free·ly ['fri:lɪ] *adv admit* libremente
free mar·ket e'con·o·my economía *f* de libre mercado; **free-range 'chick·en** pollo *m* de corral; **free-range 'eggs** *npl* huevos *mpl* de corral; **free 'sam·ple** muestra *f* gratuita; **free 'speech** libertad *f* de expresión; **'free·way** autopista *f*; **free'wheel** *v/i on bicycle* ir sin pedalear; **free 'will** libre albedrío *m*; ***he did it of his own ~*** lo hizo por propia iniciativa
freeze [fri:z] **1** *v/t* (*pret* ***froze***, *pp* ***frozen***) *food, wages, video* congelar; *river* congelar, helar **2** *v/i* (*pret* ***froze***, *pp* ***frozen***) *of water* congelarse, helarse
♦**freeze over** *v/i of river* helarse
'freeze-dried *adj* liofilizado
freez·er ['fri:zər] congelador *m*
freez·ing ['fri:zɪŋ] **1** *adj* muy frío; ***it's ~ (cold)*** *of weather* hace mucho frío; *of water* está muy frío; ***I'm ~ (cold)*** tengo mucho frío **2** *n*: ***10 degrees below ~*** diez grados bajo cero
'freez·ing com·part·ment congelador *m*
'freez·ing point punto *m* de congelación
freight [freɪt] *n* transporte; *costs* flete *m*
'freight car *on train* vagón *m* de mercancías
freight·er ['freɪtər] *ship* carguero *m*; *airplane* avión *m* de carga
'freight train tren *m* de mercancías
French [frentʃ] **1** *adj* francés **2** *n language* francés *m*; ***the ~*** los franceses
French 'bread pan *m* de barra; **French 'doors** *npl* puerta *f* cristalera; **'French fries** *npl Span* patatas *fpl or L.Am.* papas *fpl* fritas; **'French·man** francés *m*; **'French·wom·an** francesa *f*
fren·zied ['frenzɪd] *adj attack, activity* frenético; *mob* desenfrenado
fren·zy ['frenzɪ] frenesí *m*; ***whip s.o. into a ~*** poner a alguien frenético
fre·quen·cy ['fri:kwənsɪ] *also* RAD frecuencia *f*
fre·quent[1] ['fri:kwənt] *adj* frecuente; ***how ~ are the trains?*** ¿con qué frecuencia pasan trenes?
fre·quent[2] [frɪ'kwent] *v/t bar* frecuentar
fre·quent·ly ['frɪkwentlɪ] *adv* con frecuencia
fres·co ['freskou] fresco *m*
fresh [freʃ] *adj* fresco; *start* nuevo; ***don't you get ~ with your mother!*** ¡no seas descarado con tu madre!
fresh 'air aire *m* fresco
fresh·en ['freʃn] *v/i of wind* refrescar
♦**freshen up 1** *v/i* refrescarse **2** *v/t room, paintwork* renovar, revivir
fresh·ly ['freʃlɪ] *adv* recién
'fresh·man estudiante *m/f* de primer año
fresh·ness ['freʃnɪs] frescura *f*
'fresh·wa·ter *adj* de agua dulce
fret [fret] *v/i* (*pret & pp* ***-ted***) ponerse nervioso, inquietarse
Freud·i·an ['frɔɪdɪən] *adj* freudiano
fric·tion ['frɪkʃn] PHYS rozamiento *m*; *between people* fricción *f*
'fric·tion tape cinta *f* aislante
Fri·day ['fraɪdeɪ] viernes *m inv*
fridge [frɪdʒ] nevera *f*, frigorífico *m*

fried 'egg [fraɪd] huevo *m* frito
fried po'ta•toes *npl Span* patatas *fpl or L.Am.* papas *fpl* fritas
friend [frend] amigo(-a) *m(f)*; ***make ~s*** *of one person* hacer amigos; *of two people* hacerse amigos; ***make ~s with s.o.*** hacerse amigo de alguien
friend•li•ness ['frendlɪnɪs] simpatía *f*
friend•ly ['frendlɪ] *adj atmosphere* agradable; *person* agradable, simpático; (*easy to use*) fácil de usar; *argument, match, relations* amistoso; ***be ~ with s.o.*** (*be friends*) ser amigo de alguien
'friend•ship ['frendʃɪp] amistad *f*
fries [fraɪz] *npl Span* patatas *fpl or L.Am.* papas *fpl* fritas
fright [fraɪt] susto *m*; ***give s.o. a ~*** dar un susto a alguien, asustar a alguien; ***scream with ~*** gritar asustado
fright•en ['fraɪtn] *v/t* asustar; ***be ~ed*** estar asustado, tener miedo; ***don't be ~ed*** no te asustes, no tengas miedo; ***be ~ed of*** tener miedo de
♦**frighten away** *v/t* ahuyentar, espantar
fright•en•ing ['fraɪtnɪŋ] *adj noise, person, prospect* aterrador, espantoso
fri•gid ['frɪdʒɪd] *adj sexually* frígido
frill [frɪl] *on dress etc* volante *m*; (*fancy extra*) extra *m*
frill•y ['frɪlɪ] *adj* de volantes
fringe [frɪndʒ] *on dress, curtains etc* flecos *mpl*; *Br in hair* flequillo *m*; (*edge*) margen *m*
fringe ben•e•fits *npl* ventajas *fpl* adicionales
frisk [frɪsk] *v/t* cachear
frisk•y ['frɪskɪ] *adj puppy etc* juguetón
♦**frit•ter away** ['frɪtər] *v/t time* desperdiciar; *fortune* despilfarrar
fri•vol•i•ty [frɪ'vɑːlətɪ] frivolidad *f*
friv•o•lous ['frɪvələs] *adj* frívolo
frizz•y ['frɪzɪ] *adj hair* crespo
frog [frɑːg] rana *f*
'frog•man hombre *m* rana
from [frɑːm] *prep* ◊ *in time* desde; ***~ 9 to 5 (o'clock)*** de 9 a 5; ***~ the 18th century*** desde el siglo XVIII; ***~ today on*** a partir de hoy; ***~ next Tuesday*** a partir del próximo martes ◊ *in space* de, desde; ***~ here to there*** de *or* desde aquí hasta allí; ***we drove here ~ Las Vegas*** vinimos en coche desde Las Vegas ◊ *origin* de; ***a letter ~ Jo*** una carta de Jo; ***it doesn't say who it's ~*** no dice de quién es; ***I am ~ New Jersey*** soy de Nueva Jersey; ***made ~ bananas*** hecho con plátanos ◊ (*because of*): ***tired ~ the journey*** cansado del viaje; ***it's ~ overeating*** es por comer demasiado
front [frʌnt] **1** *n of building, book* portada *f*; (*cover organization*) tapadera *f*; MIL, *of weather* frente *m*; ***in ~*** delante; *in a race* en cabeza; ***the car in ~*** el coche de delante; ***in ~ of*** delante de; ***at the ~ of*** en la parte de delante de **2** *adj wheel, seat* delantero **3** *v/t TV program* presentar
front 'cov•er portada *f*; **front 'door** puerta *f* principal; **front 'en•trance** entrada *f* principal
fron•tier ['frʌntɪr] frontera *f*; *fig*: *of knowledge, science* límite *m*
front 'line MIL línea *f* del frente; **front 'page** *of newspaper* portada *f*, primera *f* plana; **front page 'news** *nsg* noticia *f* de portada *or* de primera plana; **front 'row** primera fila *f*; **front seat 'pas•sen•ger** *in car* pasajero(-a) *m(f)* de delante; **front-wheel 'drive** tracción *f* delantera
frost [frɑːst] *n* escarcha *f*; ***there was a ~ last night*** anoche cayó una helada
'frost•bite congelación *f*
'frost•bit•ten *adj* congelado
frost•ed glass ['frɑːstɪd] vidrio *m* esmerilado
frost•ing ['frɑːstɪŋ] *on cake* glaseado *m*
frost•y ['frɑːstɪ] *adj weather* gélido; *fig*: *welcome* glacial

F

froth [frɑːθ] *n* espuma *f*
froth·y [ˈfrɑːθɪ] *adj cream etc* espumoso
frown [fraʊn] **1** *n*: ***what's that ~ for?*** ¿por qué frunces el ceño? **2** *v/i* fruncir el ceño
froze [froʊz] *pret* → ***freeze***
fro·zen [ˈfroʊzn] **1** *adj ground, food* congelado; *wastes* helado; ***I'm ~*** F estoy helado *or* congelado F **2** *pp* → ***freeze***
fro·zen ˈ**food** comida *f* congelada
fruit [fruːt] fruta *f*
ˈ**fruit cake** bizcocho *m* de frutas
fruit·ful [ˈfruːtfəl] *adj discussions etc* fructífero
ˈ**fruit juice** *Span* zumo *m or L.Am.* jugo *m* de fruta
fruit ˈ**sal·ad** macedonia *f*
frus·trate [frʌˈstreɪt] *v/t person, plans* frustrar
frus·trat·ed [frʌˈstreɪtɪd] *adj* frustrado
frus·trat·ing [frʌˈstreɪtɪŋ] *adj* frustrante
frus·tra·tion [frʌˈstreɪʃn] frustración *f*
fry [fraɪ] *v/t* (*pret & pp* ***-ied***) freír
ˈ**fry·pan** sartén *f*
fuck [fʌk] *v/t* V *Span* follar con V, *L.Am.* coger V; ***~!*** ¡joder! V; ***~ him!*** ¡que se joda! V
♦**fuck off** *v/i* V: ***fuck off!*** ¡vete a la mierda! V
fuck·ing [ˈfʌkɪŋ] **1** *adj* V puto V **2** *adv* V: ***it's ~ crazy*** es un estupidez ¡coño!; ***it was ~ brilliant!*** ¡estuvo de puta madre! V
fu·el [ˈfjʊəl] **1** *n* combustible *m* **2** *v/t fig* avivar
fu·gi·tive [ˈfjuːdʒətɪv] *n* fugitivo(-a) *m(f)*
ful·fil *Br*, **ful·fill** [fʊlˈfɪl] *v/t dream* cumplir, realizar; *task* realizar; *contract* cumplir; ***feel ~ed*** *in job, life* sentirse realizado
ful·fill·ing [fʊlˈfɪlɪŋ] *adj*: ***I have a ~ job*** mi trabajo me llena
ful·fil·ment *Br*, **ful·fill·ment** [fʊlˈfɪlmənt] *of contract etc* cumplimiento *m*; *moral, spiritual* satisfacción *f*
full [fʊl] *adj* lleno; *account, schedule* completo; *life* pleno; ***~ of*** *of water etc* lleno de; ***~ up*** *hotel etc, with food* lleno; ***pay in ~*** pagar al contado
full-ˈ**cov·er·age** (*insurance*) seguro *m* a todo riesgo; ˈ**full-grown** *adj* completamente desarrollado; ˈ**full-length** *adj dress* de cuerpo entero; ***~ movie*** largometraje *m*; **full** ˈ**moon** luna *f* llena; **full** ˈ**stop** *Br* punto *m*; **full** ˈ**time 1** *adj worker, job* a tiempo completo **2** *adv work* a tiempo completo
ful·ly [ˈfʊlɪ] *adv* completamente; *describe* en detalle
fum·ble [ˈfʌmbl] *v/t ball* dejar caer
♦**fumble around** *v/i* rebuscar
fume [fjuːm] *v/i*: ***be fuming*** F *with anger* echar humo F
fumes [fjuːmz] *npl* humos *mpl*
fun [fʌn] diversión *f*; ***it was great ~*** fue muy divertido; ***bye, have ~!*** ¡adiós, que lo paséis bien!; ***for ~*** para divertirse; ***make ~ of*** burlarse de
func·tion [ˈfʌŋkʃn] **1** *n* (*purpose*) función *f*; (*reception etc*) acto *m* **2** *v/i* funcionar; ***~ as*** hacer de
func·tion·al [ˈfʌŋkʃnl] *adj* funcional
fund [fʌnd] **1** *n* fondo *m* **2** *v/t project etc* financiar
fun·da·men·tal [fʌndəˈmentl] *adj* fundamental; (*crucial*) esencial
fun·da·men·tal·ist [fʌndəˈmentlɪst] *n* fundamentalista *m/f*
fun·da·men·tal·ly [fʌndəˈmentlɪ] *adv* fundamentalmente
fund·ing [ˈfʌndɪŋ] (*money*) fondos *mpl*, financiación *f*
fu·ne·ral [ˈfjuːnərəl] funeral *m*
ˈ**fu·ne·ral di·rec·tor** encargado(-a) *m(f)* de una funeraria
ˈ**fu·ne·ral home** funeraria *f*
fun·gus [ˈfʌŋgəs] hongos *mpl*
fu·nic·u·lar (ˈ**rail·way**) [fjuːˈnɪkjʊlər] funicular *m*
fun·nel [ˈfʌnl] *n of ship* chimenea *f*
fun·nies [ˈfʌnɪz] *npl* F *sección de humor*
fun·ni·ly [ˈfʌnɪlɪ] *adv* (*oddly*) de modo extraño; (*comically*) de for-

F

ma divertida; ~ ***enough*** curiosamente
fun·ny ['fʌnɪ] *adj* (*comical*) divertido, gracioso; (*odd*) curioso, raro; ***that's not*** ~ eso no tiene gracia
'**fun·ny bone** hueso *m* de la risa
fur [fɜ:r] piel *f*
fu·ri·ous ['fjʊrɪəs] *adj* (*angry*) furioso; (*intense*) furioso, feroz; *effort* febril; ***at a ~ pace*** a un ritmo vertiginoso
fur·nace ['fɜ:rnɪs] horno *m*
fur·nish ['fɜ:rnɪʃ] *v/t room* amueblar; (*supply*) suministrar
fur·ni·ture ['fɜ:rnɪtʃər] mobiliario *m*, muebles *mpl*; ***a piece of*** ~ un mueble
fur·ry ['fɜ:rɪ] *adj animal* peludo
fur·ther ['fɜ:rðər] **1** *adj* (*additional*) adicional; (*more distant*) más lejano; ***there's been a ~ development*** ha pasado algo nuevo; ***until ~ notice*** hasta nuevo aviso; ***have you anything ~ to say?*** ¿tiene algo más que añadir? **2** *adv walk, drive* más lejos; ***~, I want to say ...*** además, quiero decir ...; ***two miles ~ (on)*** dos millas más adelante **3** *v/t cause etc* promover
fur·ther'more *adv* es más
fur·thest ['fɜ:rðɪst] **1** *adj*: ***the ~ point north*** el punto más al norte; ***the ~ stars*** las estrellas más lejanas **2** *adv* más lejos; ***this is the ~ north I've ever been*** nunca había estado tan al norte
fur·tive ['fɜ:rtɪv] *adj glance* furtivo
fur·tive·ly ['fɜ:rtɪvlɪ] *adv* furtivamente
fu·ry ['fjʊrɪ] (*anger*) furia *f*, ira *f*
fuse [fju:z] **1** *n* ELEC fusible *m* **2** *v/i* ELEC fundirse; ***the lights have ~d*** se han fundido los plomos **3** *v/t* ELEC fundir
'**fuse·box** caja *f* de fusibles
fu·se·lage ['fju:zəlɑ:ʒ] fuselaje *m*
'**fuse wire** fusible *m* (*hilo*)
fu·sion ['fju:ʒn] fusión *f*
fuss [fʌs] *n* escándalo *m*; ***make a ~*** armar un escándalo; ***make a ~ of*** (*be very attentive to*) deshacerse en atenciones con
fuss·y ['fʌsɪ] *adj person* quisquilloso; *design etc* recargado; ***be a ~ eater*** ser un quisquilloso a la hora de comer
fu·tile ['fju:tl] *adj* inútil, vano
fu·til·i·ty [fju:'tɪlətɪ] inutilidad *f*
fu·ture ['fju:tʃər] **1** *n also* GRAM futuro *m*; ***in ~*** en el futuro **2** *adj* futuro
fu·tures ['fju:tʃərz] *npl* FIN futuros *mpl*
'**fu·tures mar·ket** FIN mercado *m* de futuros
fu·tur·is·tic [fju:tʃə'rɪstɪk] *adj design* futurista
fuze [fju:z] → ***fuse***
fuzz·y ['fʌzɪ] *adj hair* crespo; (*out of focus*) borroso

G

gab [gæb] *n*: ***have the gift of the ~*** F tener labia F
gab·ble ['gæbl] *v/i* farfullar
♦ **gad around** [gæd] *v/i* (*pret & pp* ***-ded***) pendonear
gad·get ['gædʒɪt] artilugio *m*, chisme *m*
gaffe [gæf] metedura *f* de pata
gag [gæg] **1** *n over mouth* mordaza *f*; (*joke*) chiste *m* **2** *v/t* (*pret & pp* ***-ged***) *also fig* amordazar
gain [geɪn] *v/t* (*acquire*) ganar; *victory* obtener; ***~ speed*** cobrar velocidad; ***~ 10 pounds*** engordar 10 libras

ga•la ['gælə] gala *f*
gal•ax•y ['gæləksɪ] AST galaxia *f*
gale [geɪl] vendaval *m*
gal•lant ['gælənt] *adj* galante
gall blad•der ['gɒːlblædər] vesícula *f* biliar
gal•le•ry ['gælərɪ] *for art* museo *m*; *in theater* galería *f*
gal•ley ['gælɪ] *on ship* cocina *f*
♦ **gal•li•vant around** ['gælɪvænt] *v/i* pendonear
gal•lon ['gælən] galón *m* (*en EE.UU. 3,785 litros, en GB 4,546*); **~s of tea** F toneladas de té F
gal•lop ['gæləp] *v/i* galopar
gal•lows ['gæloʊz] *npl* horca *f*
gall•stone ['gɒːlstoʊn] cálculo *m* biliar
ga•lore [gə'lɔːr] *adj*: ***apples / novels* ~** manzanas / novelas a montones
gal•va•nize ['gælvənaɪz] *v/t* TECH galvanizar; **~ *s.o. into activity*** hacer que alguien se vuelva más activo
gam•ble ['gæmbl] *v/i* jugar
gam•bler ['gæmblər] jugador(a) *m(f)*
gam•bling ['gæmblɪŋ] *n* juego *m*
game [geɪm] *n* (*sport*) partido *m*; *children's, in tennis* juego *m*
'**game re•serve** coto *m* de caza
gang [gæŋ] *of friends* cuadrilla *f*, pandilla *f*; *of criminals* banda *f*
♦ **gang up on** *v/t* compincharse contra
'**gang rape 1** *n* violación *f* colectiva **2** *v/t* violar colectivamente
gan•grene ['gæŋgriːn] MED gangrena *f*
gang•ster ['gæŋstər] gángster *m*
'**gang war•fare** lucha *f* entre bandas
'**gang•way** pasarela *f*
gap [gæp] *in wall* hueco *m*; *for parking, in figures* espacio *m*; *in time* intervalo *m*; *in conversation* interrupción *f*; *between two people's characters* diferencia *f*
gape [geɪp] *v/i of person* mirar boquiabierto
♦ **gape at** *v/t* mirar boquiabierto a
gap•ing ['geɪpɪŋ] *adj hole* enorme
gar•age [gə'rɑːʒ] *n for parking* garaje *m*; *for repairs* taller *m*; *Br for gas* gasolinera *f*
gar•bage ['gɑːrbɪdʒ] basura *f*; *fig* (*nonsense*) tonterías *fpl*; (*poor quality goods*) basura *f*, porquería *f*
'**gar•bage bag** bolsa *f* de la basura; '**gar•bage can** cubo *m* de la basura; *in street* papelera *f*; '**gar•bage truck** camión *m* de la basura
gar•bled ['gɑːrbld] *adj message* confuso
gar•den ['gɑːrdn] jardín *m*
'**gar•den cen•ter**, *Br* '**gar•den cen•tre** vivero *m*, centro *m* de jardinería
gar•den•er ['gɑːrdnər] aficionado(-a) *m(f)* a la jardinería; *professional* jardinero(-a) *m(f)*
gar•den•ing ['gɑːrdnɪŋ] jardinería *f*
gar•gle ['gɑːrgl] *v/i* hacer gárgaras
gar•goyle ['gɑːrgɔɪl] ARCHI gárgola *f*
gar•ish ['gerɪʃ] *adj color* chillón; *design* estridente
gar•land ['gɑːrlənd] *n* guirnalda *f*
gar•lic ['gɑːrlɪk] ajo *m*
gar•lic 'bread pan *m* con ajo
gar•ment ['gɑːrmənt] prenda *f* (de vestir)
gar•nish ['gɑːrnɪʃ] *v/t* guarnecer (***with*** con)
gar•ri•son ['gærɪsn] *n place* plaza *f*; *troops* guarnición *f*
gar•ter ['gɑːrtər] liga *f*
gas [gæs] *n* gas *m*; (*gasoline*) gasolina *f*, *Rpl* nafta *f*
gash [gæʃ] *n* corte *m* profundo
gas•ket ['gæskɪt] junta *f*
gas•o•line ['gæsəliːn] gasolina *f*, *Rpl* nafta *f*
gasp [gæsp] **1** *n* grito *m* apagado **2** *v/i* lanzar un grito apagado; **~ *for breath*** luchar por respirar
'**gas ped•al** acelerador *m*; '**gas pipe•line** gasoducto *m*; '**gas pump** surtidor *m* (de gasolina); '**gas sta•tion** gasolinera *f*, *S.Am.* bomba *f*; **gas stove** cocina *f* de gas
gas•tric ['gæstrɪk] *adj* MED gástrico
gas•tric 'flu MED gripe *f* gastrointestinal; **gas•tric 'juic•es** *npl* jugos

mpl gástricos; **gas•tric 'ul•cer** MED úlcera *f* gástrica
gate [geɪt] *of house, at airport* puerta *f*; *made of iron* verja *f*
'gate•crash *v/t*: **~ *a party*** colarse en una fiesta
'gate•way *also fig* entrada *f*
gath•er ['gæðər] **1** *v/t facts, information* reunir; ***am I to ~ that ...?*** ¿debo entender que ...?; **~ *speed*** ganar velocidad **2** *v/i of crowd* reunirse
♦ **gather up** *v/t possessions* recoger
gather•ing ['gæðərɪŋ] *n* (*group of people*) grupo *m* de personas
gau•dy ['gɒ:dɪ] *adj* chillón, llamativo
gauge [geɪdʒ] **1** *n* indicador *m* **2** *v/t pressure* medir, calcular; *opinion* estimar, evaluar
gaunt [gɒ:nt] *adj* demacrado
gauze [gɒ:z] gasa *f*
gave [geɪv] *pret* → ***give***
gaw•ky ['gɒ:kɪ] *adj* desgarbado
gawp [gɒ:p] *v/i* F mirar boquiabierto; ***don't just stand there ~ing!*** ¡no te quedes ahí boquiabierto!
gay [geɪ] **1** *n* (*homosexual*) homosexual *m*, gay *m* **2** *adj* homosexual, gay
gaze [geɪz] **1** *n* mirada *f* **2** *v/i* mirar fijamente
♦ **gaze at** *v/t* mirar fijamente
GB [dʒi:'bi:] *abbr* (= ***Great Britain***) GB (= Gran Bretaña)
GDP [dʒi:di:'pi:] *abbr* (= ***gross domestic product***) PIB *m* (= producto *m* interior bruto)
gear [gɪr] *n* (*equipment*) equipo *m*; *in vehicles* marcha *f*
'gear•box MOT caja *f* de cambios
'gear le•ver, 'gear shift MOT palanca *f* de cambios
geese [gi:s] *pl* → ***goose***
gel [dʒel] *for hair* gomina *f*; *for shower* gel *m*
gel•a•tine ['dʒeləti:n] gelatina *f*
gel•ig•nite ['dʒelɪgnaɪt] gelignita *f*
gem [dʒem] gema *f*; *fig* (*book etc*) joya *f*; (*person*) cielo *m*
Gem•i•ni ['dʒemɪnaɪ] ASTR Géminis *m/f inv*
gen•der ['dʒendər] género *m*
gene [dʒi:n] gen *m*; ***it's in his ~s*** lo lleva en los genes
gen•e•ral ['dʒenrəl] **1** *n* MIL general *m*; ***in ~*** en general, por lo general **2** *adj* general
gen•e•ral e'lec•tion elecciones *fpl* generales
gen•er•al•i•za•tion [dʒenrəlaɪ'zeɪʃn] generalización *f*; ***that's a ~*** eso es generalizar
gen•e•ral•ize ['dʒenrəlaɪz] *v/i* generalizar
gen•er•al•ly ['dʒenrəlɪ] *adv* generalmente, por lo general; **~ *speaking*** en términos generales
gen•e•rate ['dʒenəreɪt] *v/t* generar; *a feeling* provocar
gen•e•ra•tion [dʒenə'reɪʃn] generación *f*
gen•e'ra•tion gap conflicto *m* generacional
gen•e•ra•tor ['dʒenəreɪtər] generador *m*
ge•ner•ic drug [dʒə'nerɪk] MED medicamento *m* genérico
gen•e•ros•i•ty [dʒenə'rɑ:sətɪ] generosidad *f*
gen•e•rous ['dʒenərəs] *adj* generoso
ge•net•ic [dʒɪ'netɪk] *adj* genético
ge•net•i•cal•ly [dʒɪ'netɪklɪ] *adv* genéticamente; **~ *modified*** *crops* transgénico; ***be ~ modified*** estar modificado genéticamente
ge•net•ic 'code código *m* genético; **ge•net•ic en•gi'neer•ing** ingeniería *f* genética; **ge•net•ic 'fin•ger•print** identificación *f* genética
ge•net•i•cist [dʒɪ'netɪsɪst] genetista *m/f*, especialista *m/f* en genética
ge•net•ics [dʒɪ'netɪks] genética *f*
ge•ni•al ['dʒi:njəl] *adj* afable, cordial
gen•i•tals ['dʒenɪtlz] *npl* genitales *mpl*
ge•ni•us ['dʒi:njəs] genio *m*
gen•o•cide ['dʒenəsaɪd] genocidio *m*
gen•tle ['dʒentl] *adj person* tierno, delicado; *touch, detergent* suave; *breeze* suave, ligero; *slope* poco inclinado; ***be ~ with it, it's fragile*** ten

mucho cuidado con él, es frágil

gen·tle·man ['dʒentlmən] caballero *m*; ***he's a real ~*** es todo un caballero

gen·tle·ness ['dʒentlnɪs] *of person* ternura *f*, delicadeza; *of touch, detergent, breeze* suavidad *f*; *of slope* poca inclinación *f*

gen·tly ['dʒentlɪ] *adv* con delicadeza, poco a poco; ***a breeze blew ~*** sopla una ligera *or* suave brisa

gents [dʒents] *nsg toilet* servicio *m* de caballeros

gen·u·ine ['dʒenʊɪn] *adj antique* genuino, auténtico; (*sincere*) sincero

gen·u·ine·ly ['dʒenʊɪnlɪ] *adv* realmente, de verdad

ge·o·graph·i·cal [dʒɪə'græfɪkl] *adj features* geográfico

ge·og·ra·phy [dʒɪ'ɑːgrəfɪ] geografía *f*

ge·o·log·i·cal [dʒɪə'lɑːdʒɪkl] *adj* geológico

ge·ol·o·gist [dʒɪ'ɑːlədʒɪst] geólogo(-a) *m*(*f*)

ge·ol·o·gy [dʒɪ'ɑːlədʒɪ] geología *f*

ge·o·met·ric, ge·o·met·ri·cal [dʒɪə'metrɪk(l)] *adj* geométrico

ge·om·e·try [dʒɪ'ɑːmətrɪ] geometría *f*

ge·ra·ni·um [dʒə'reɪnɪəm] geranio *m*

ger·i·at·ric [dʒerɪ'ætrɪk] **1** *adj* geriátrico **2** *n* anciano(-a) *m*(*f*)

germ [dʒɜːrm] *also fig* germen *m*

Ger·man ['dʒɜːrmən] **1** *adj* alemán **2** *n person* alemán (-ana) *m*(*f*); *language* alemán *m*

Ger·man 'mea·sles *nsg* rubeola *f*

Ger·man 'shep·herd pastor *m* alemán

Ger·ma·ny ['dʒɜːrmənɪ] Alemania

ger·mi·nate ['dʒɜːrmɪneɪt] *v/i of seed* germinar

germ 'war·fare guerra *f* bacteriológica

ges·tic·u·late [dʒe'stɪkjʊleɪt] *v/i* gesticular

ges·ture ['dʒestʃər] *n also fig* gesto *m*

get [get] **1** *v/t* (*pret* **got**, *pp* **got, gotten**) (*obtain*) conseguir; (*fetch*) traer; (*receive*: *letter, knowledge, respect*) recibir; (*catch*: *bus, train etc*) tomar, *Span* coger; (*understand*) entender; ***you can ~ them at the corner shop*** los puedes comprar en la tienda de la esquina; ***can I ~ you something to drink?*** ¿quieres tomar algo?; ***~ tired*** cansarse; ***~ drunk*** emborracharse; ***I'm ~ting old*** me estoy haciendo mayor; ***~ the TV fixed*** hacer que arreglen la televisión; ***~ s.o. to do sth*** hacer que alguien haga algo; ***~ to do sth*** (*have opportunity*) llegar a hacer algo; ***~ one's hair cut*** cortarse el pelo; ***~ sth ready*** preparar algo; ***~ going*** (*leave*) marcharse, irse; ***have got*** tener; ***he's got a lot of money*** tiene mucho dinero; ***I have got to study / see him*** tengo que estudiar / verlo; ***I don't want to, but I've got to*** no quiero, pero tengo que hacerlo; ***~ to know*** llegar a conocer **2** *v/i* (*arrive*) llegar

♦**get along** *v/i* (*come to party etc*) ir; *with s.o.* llevarse bien; ***how are you getting along at school?*** ¿cómo te van las cosas en el colegio?; ***the patient is getting along nicely*** el paciente está progresando satisfactoriamente

♦**get around** *v/i* (*travel*) viajar; (*be mobile*) desplazarse

♦**get at** *v/t* (*criticize*) meterse con; (*imply, mean*) querer decir

♦**get away 1** *v/i* (*leave*) marcharse, irse **2** *v/t*: ***get sth away from s.o.*** quitar algo a alguien

♦**get away with** *v/t* salir impune de; ***get away with it*** salirse con la suya; ***she lets him get away with anything*** le permite todo; ***I'll let you get away with it this time*** por esta vez te perdonaré

♦**get back 1** *v/i* (*return*) volver; ***I'll get back to you on that tomorrow*** le responderé a eso mañana **2** *v/t* (*obtain again*) recuperar

♦**get by** *v/i* (*pass*) pasar; *financially* arreglárselas

♦**get down 1** *v/i from ladder etc*

bajarse (***from*** de); (*duck etc*) agacharse **2** *v/t* (*depress*) desanimar, deprimir

♦ **get down to** *v/t* (*start*: *work*) ponerse a; ***get down to the facts*** ir a los hechos

♦ **get in 1** *v/i* (*arrive*) llegar; *to car* subir(se), meterse; ***how did they get in?*** *of thieves, mice etc* ¿cómo entraron? **2** *v/t to suitcase etc* meter

♦ **get into** *v/t house* entrar en, meterse en; *car* subir(se) a, meterse en; *computer system* introducirse en

♦ **get off 1** *v/i from bus etc* bajarse; (*finish work*) salir; (*not be punished*) librarse **2** *v/t* (*remove*) quitar; *clothes, hat, footgear* quitarse; ***get off my bike!*** ¡bájate de mi bici!; ***get off the grass!*** ¡no pises la hierba!

♦ **get off with** *v/t*: ***get off with a small fine*** tener que pagar sólo una pequeña multa

♦ **get on 1** *v/i to bike, bus, train* montarse, subirse; (*be friendly*) llevarse bien; (*advance*: *of time*) hacerse tarde; (*become old*) hacerse mayor; (*make progress*) progresar; ***it's getting on*** *getting late* se está haciendo tarde; ***he's getting on*** se está haciendo mayor; ***he's getting on for 50*** está a punto de cumplir 50 **2** *v/t*: ***get on the bus*** / ***one's bike*** montarse en el autobús / la bici; ***get one's shoes on*** ponerse los zapatos; ***I can't get these pants on*** estos pantalones no me entran

♦ **get out 1** *v/i of car, prison etc* salir; ***get out!*** ¡vete!, ¡fuera de aquí!; ***let's get out of here*** ¡salgamos de aquí!; ***I don't get out much these days*** últimamente no salgo mucho **2** *v/t nail, sth jammed* sacar, extraer; *stain* quitar; *gun, pen* sacar

♦ **get over** *v/t fence etc* franquear; *disappointment* superar; *lover etc* olvidar

♦ **get over with** *v/t* terminar con; ***let's get it over with*** quitémonoslo de encima

♦ **get through** *v/i on telephone* conectarse; ***obviously I'm just not getting through*** está claro que no me estoy haciendo entender; ***get through to s.o.*** (*make self understood*) comunicarse con alguien

♦ **get up 1** *v/i* levantarse **2** *v/t* (*climb*) subir

'**get·a·way** *from robbery* fuga *f*, huida *f*

'**get·a·way car** coche *m* utilizado en la fuga

'**get-to·geth·er** reunión *f*

ghast·ly ['gæstlɪ] *adj* terrible

gher·kin ['gɜːrkɪn] pepinillo *m*

ghet·to ['getoʊ] gueto *m*

ghost [goʊst] fantasma *m*

ghost·ly ['goʊstlɪ] *adj* fantasmal

'**ghost town** ciudad *f* fantasma

ghoul [guːl] macabro(-a) *m*(*f*), morboso(-a) *m*(*f*)

ghoul·ish ['guːlɪʃ] *adj* macabro, morboso

gi·ant ['dʒaɪənt] **1** *n* gigante *m* **2** *adj* gigantesco, gigante

gib·ber·ish ['dʒɪbərɪʃ] F memeces *fpl* F, majaderías *fpl* F

gibe [dʒaɪb] *n* pulla *f*

gib·lets ['dʒɪblɪts] *npl* menudillos *mpl*

gid·di·ness ['gɪdɪnɪs] mareo *m*

gid·dy ['gɪdɪ] *adj* mareado; ***feel ~*** estar mareado

gift [gɪft] regalo *m*

gift cer·ti·fi·cate vale *m* de regalo

gift·ed ['gɪftɪd] *adj* con talento

'**gift·wrap 1** *n* papel *m* de regalo **2** *v/t* (*pret & pp* ***-ped***) envolver para regalo

gig [gɪg] F concierto *m*, actuación *f*

gi·ga·byte ['gɪgəbaɪt] COMPUT gigabyte *m*

gi·gan·tic [dʒaɪ'gæntɪk] *adj* gigantesco

gig·gle ['gɪgl] **1** *v/i* soltar risitas **2** *n* risita *f*

gig·gly ['gɪglɪ] *adj* que suelta risitas

gill [gɪl] *of fish* branquia *f*

gilt [gɪlt] *n* dorado *m*; ***~s*** FIN valores *mpl* del Estado

gim·mick ['gɪmɪk] truco *m*, reclamo *m*

gim·mick·y ['gɪmɪkɪ] *adj* superficial,

artificioso

gin [dʒɪn] ginebra *f*; **~ and tonic** gintonic *m*

gin·ger ['dʒɪndʒər] *n spice* jengibre *m*

'**gin·ger·bread** pan *m* de jengibre

gin·ger·ly ['dʒɪndʒərlɪ] *adv* cuidadosamente, delicadamente

gip·sy ['dʒɪpsɪ] gitano(-a) *m*(*f*)

gi·raffe [dʒɪ'ræf] jirafa *f*

gir·der ['gɜːrdər] viga *f*

girl [gɜːrl] chica *f*; (**young**) **~** niña *f*, chica *f*

'**girl·friend** *of boy* novia *f*; *of girl* amiga *f*

girl·ie mag·a·zine ['gɜːrlɪ] revista *f* porno

girl·ish ['gɜːrlɪʃ] *adj* de niñas

girl 'scout escultista *f*, scout *f*

gist [dʒɪst] esencia *f*

give [gɪv] *v/t* (*pret* **gave**, *pp* **given**) dar; *as present* regalar; (*supply: electricity etc*) proporcionar; *talk, lecture* dar, pronunciar; *cry, groan* soltar; **~ her my love** dale recuerdos (de mi parte); **~ s.o. a present** hacer un regalo a alguien

♦**give away** *v/t as present* regalar; (*betray*) traicionar; **give o.s. away** descubrirse, traicionarse

♦**give back** *v/t* devolver

♦**give in 1** *v/i* (*surrender*) rendirse **2** *v/t* (*hand in*) entregar

♦**give off** *v/t smell, fumes* emitir, despedir

♦**give onto** *v/t* (*open onto*) dar a

♦**give out 1** *v/t leaflets etc* repartir **2** *v/i of supplies, strength* agotarse

♦**give up 1** *v/t smoking etc* dejar de; **give o.s. up to the police** entregarse a la policía **2** *v/i* (*stop making effort*) rendirse; **I find it hard to give up** me cuesta mucho dejarlo

♦**give way** *v/i of bridge etc* hundirse

give-and-'take toma *m* y daca

giv·en ['gɪvn] *pp* → **give**

'**giv·en name** nombre *m* de pila

gla·ci·er ['gleɪʃər] glaciar *m*

glad [glæd] *adj* contento, alegre; **I was ~ to see you** me alegré de verte

glad·ly ['glædlɪ] *adv* con mucho gusto

glam·or ['glæmər] atractivo *m*, glamour *m*

glam·or·ize ['glæməraɪz] *v/t* hacer atractivo, ensalzar

glam·or·ous ['glæmərəs] *adj* atractivo, glamoroso

glam·our *Br* → **glamor**

glance [glæns] **1** *n* ojeada *f*, vistazo **2** *v/i* echar una ojeada *or* vistazo

♦**glance at** *v/t* echar una ojeada *or* vistazo a

gland [glænd] glándula *f*

glan·du·lar 'fe·ver ['glændʒələr] mononucleosis *f inv* infecciosa

glare [gler] **1** *n of sun, headlights* resplandor *m* **2** *v/i of headlights* resplandecer

♦**glare at** *v/t* mirar con furia a

glar·ing ['glerɪŋ] *adj mistake* garrafal

glar·ing·ly ['glerɪŋlɪ] *adv*: **it's ~ obvious** está clarísimo

glass [glæs] *material* vidrio *m*; *for drink* vaso *m*

glass 'case vitrina *f*

glass·es *npl* gafas *fpl*, *L.Am.* lentes *mpl*, *L.Am.* anteojos *mpl*

glaze [gleɪz] *n* vidriado *m*

♦**glaze over** *v/i of eyes* vidriarse

glazed [gleɪzd] *adj expression* vidrioso

gla·zi·er ['gleɪzɪr] cristalero(-a) *m*(*f*), vidriero(-a) *m*(*f*)

glaz·ing ['gleɪzɪŋ] cristales *mpl*, vidrios *mpl*

gleam [gliːm] **1** *n* resplandor *m*, brillo *m* **2** *v/i* resplandecer, brillar

glee [gliː] júbilo *m*, regocijo *m*

glee·ful ['gliːfəl] *adj* jubiloso

glib [glɪb] *adj* fácil

glib·ly ['glɪblɪ] *adv* con labia

glide [glaɪd] *v/i of bird, plane* planear; *of piece of furniture* deslizarse

glid·er ['glaɪdər] planeador *m*

glid·ing ['glaɪdɪŋ] *n sport* vuelo *m* sin motor

glim·mer ['glɪmər] **1** *n of light* brillo *m* tenue; **~ of hope** rayo *m* de esperanza **2** *v/i* brillar tenuamente

glimpse [glɪmps] **1** *n* vistazo *m*;

G

catch a ~ of vislumbrar **2** *v/t* vislumbrar
glint [glɪnt] **1** *n* destello *m*; *in eyes* centelleo *m* **2** *v/i of light* destellar; *of eyes* centellear
glis·ten ['glɪsn] *v/i* relucir, centellear
glit·ter ['glɪtər] *v/i* resplandecer, destellar
glit·ter·ati [glɪtə'rɑːtɪ] *npl* famosos *mpl*
gloat [gloʊt] *v/i* regodearse
♦ **gloat over** *v/t* regodearse de
glo·bal ['gloʊbl] *adj* global
glo·bal e'con·o·my economía *f* global; **glo·bal 'mar·ket** mercado *m* global; **glo·bal 'war·ming** calentamiento *m* global
globe [gloʊb] (*the earth*) globo *m*; (*model of earth*) globo *m* terráqueo
gloom [gluːm] (*darkness*) tinieblas *fpl*, oscuridad *f*; *mood* abatimiento *m*, melancolía *f*
gloom·i·ly ['gluːmɪlɪ] *adv* con abatimiento, melancólicamente
gloom·y ['gluːmɪ] *adj room* tenebroso, oscuro; *mood*, *person* abatido, melancólico
glo·ri·ous ['glɔːrɪəs] *adj weather*, *day* espléndido, maravilloso; *victory* glorioso
glo·ry ['glɔːrɪ] *n* gloria *f*
gloss [glɑːs] *n* (*shine*) lustre *m*, brillo *m*; (*general explanation*) glosa *f*
♦ **gloss over** *v/t* pasar por alto
glos·sa·ry ['glɑːsərɪ] glosario *m*
'gloss paint pintura *f* brillante
gloss·y ['glɑːsɪ] **1** *adj paper* cuché, satinado **2** *n magazine* revista *f* en color (en papel cuché *or* satinado)
glove [glʌv] guante *m*
'glove com·part·ment guantera *f*
'glove pup·pet marioneta *f* de guiñol (de guante)
glow [gloʊ] **1** *n of light*, *fire* resplandor *m*, brillo *m*; *in cheeks* rubor *m* **2** *v/i of light*, *fire* resplandecer, brillar; *of cheeks* ruborizarse
glow·er [glaʊr] *v/i* fruncir el ceño
glow·ing ['gloʊɪŋ] *adj description* entusiasta
glu·cose ['gluːkoʊs] glucosa *f*
glue [gluː] **1** *n* pegamento *m*, cola *f* **2** *v/t* pegar, encolar; ***~ sth to sth*** pegar *or* encolar algo a algo; ***be ~d to the radio / TV*** F estar pegado a la radio / televisión F
glum [glʌm] *adj* sombrío, triste
glum·ly ['glʌmlɪ] *adv* con tristeza
glut [glʌt] *n* exceso *m*, superabundancia *f*
glut·ton ['glʌtən] glotón(-ona) *m*(*f*)
glut·ton·y ['glʌtənɪ] gula *f*, glotonería *f*
GMT [dʒiːem'tiː] *abbr* (= ***Greenwich Mean Time***) hora *f* del meridiano de Greenwich
gnarled [nɑːrld] *adj* nudoso
gnat [næt] *tipo de mosquito*
gnaw [nɒː] *v/t bone* roer
GNP [dʒiːen piː] *abbr* (= ***gross national product***) PNB *m* (= producto *m* nacional bruto)
go [goʊ] **1** *n*: ***on the ~*** en marcha **2** *v/i* (*pret* ***went***, *pp* ***gone***) ir (***to*** a); (*leave*) irse, marcharse; (*work, function*) funcionar; (*come out*: *of stain etc*) irse; (*cease*: *of pain etc*) pasarse; (*match*: *of colors etc*) ir bien, pegar; ***~ shopping / jogging*** ir de compras / a hacer footing; ***I must be ~ing*** me tengo que ir; ***let's ~!*** ¡vamos!; ***~ for a walk*** ir a pasear *or* a dar un paseo; ***~ to bed*** ir(se) a la cama; ***~ to school*** ir al colegio; ***how's the work ~ing?*** ¿cómo va el trabajo?; ***they're ~ing for $50*** (*being sold at*) se venden por 50 dólares; ***hamburger to ~*** hamburguesa para llevar; ***be all gone*** (*finished*) haberse acabado; ***~ green*** ponerse verde; ***be ~ing to do sth*** ir a hacer algo
♦ **go ahead** *v/i and do sth* seguir adelante; ***can I? – sure, go ahead*** ¿puedo? – por supuesto, adelante
♦ **go ahead with** *v/t plans etc* seguir adelante con
♦ **go along with** *v/t suggestion* aceptar
♦ **go at** *v/t* (*attack*) atacar
♦ **go away** *v/i of person* irse, marcharse; *of rain*, *pain*, *clouds* desapa-

recer

♦**go back** *v/i* (*return*) volver; (*date back*) remontarse; ***we go back a long way*** nos conocemos desde hace tiempo; ***go back to sleep*** volver a dormirse

♦**go by** *v/i of car, time* pasar

♦**go down** *v/i* bajar; *of sun* ponerse; *of ship* hundirse; ***go down well / badly*** *of suggestion etc* sentar bien / mal

♦**go for** *v/t* (*attack*) atacar; ***I don't much go for gin*** no me va mucho la ginebra

♦**go in** *v/i to room, house* entrar; *of sun* ocultarse; (*fit: of part etc*) ir, encajar

♦**go in for** *v/t competition, race* tomar parte en; ***I used to go in for badminton quite a lot*** antes jugaba mucho al bádminton

♦**go off 1** *v/i* (*leave*) marcharse; *of bomb* explotar, estallar; *of gun* dispararse; *of alarm* saltar; *of milk etc* echarse a perder **2** *v/t*: ***I've gone off whiskey*** ya no me gusta el whisky

♦**go on** *v/i* (*continue*) continuar; (*happen*) ocurrir, pasar; ***go on, do it!*** (*encouraging*) ¡venga, hazlo!; ***what's going on?*** ¿qué pasa?

♦**go on at** *v/t* (*nag*) meterse con

♦**go out** *v/i of person* salir; *of light, fire* apagarse

♦**go out with** *v/t romantically* salir con

♦**go over** *v/t* (*check*) examinar; (*do again*) repasar

♦**go through** *v/t illness, hard times* atravesar; (*check*) revisar, examinar; (*read through*) estudiar

♦**go under** *v/i* (*sink*) hundirse; *of company* ir a la quiebra

♦**go up** *v/i* subir

♦**go without 1** *v/t food etc* pasar sin **2** *v/i* pasar privaciones

goad [goud] *v/t* pinchar; ~ ***s.o. into doing sth*** pinchar a alguien para que haga algo

'**go-a·head 1** *n* luz *f* verde; ***when we get the*** ~ cuando nos den la luz verde **2** *adj* (*enterprising, dynamic*) dinámico

goal [goul] SP *target* portería *f*, *L.Am.* arco *m*; SP *point* gol *m*; (*objective*) objetivo *m*, meta *f*

goal·ie ['goulɪ] F portero(-a) *m*(*f*), *L.Am.* arquero(-a) *m*(*f*)

'**goal·keep·er** portero(-a) *m*(*f*), guardameta *m/f*, *L.Am.* arquero(-a) *m*(*f*); '**goal kick** saque *m* de puerta; '**goal·mouth** portería *f*; '**goal·post** poste *m*

goat [gout] cabra *f*

gob·ble ['gɑːbl] *v/t* engullir

♦**gobble up** *v/t* engullir

gob·ble·dy·gook ['gɑːbldɪguːk] F jerigonza *f* F

'**go-be·tween** intermediario(-a) *m*(*f*)

god [gɑːd] dios *m*; ***thank God!*** ¡gracias a Dios!; ***oh God!*** ¡Dios mío!

'**god·child** ahijado(-a) *m*(*f*)

'**god·daugh·ter** ahijada *f*

god·dess ['gɑːdɪs] diosa *f*

'**god·fa·ther** *also in mafia* padrino *m*; **god·for·sak·en** ['gɑːdfərseɪkən] *adj place* dejado de la mano de Dios; '**god·moth·er** madrina *f*; '**god·pa·rent** *man* padrino *m*; *woman* madrina *f*; '**god·send** regalo *m* del cielo; '**god·son** ahijado *m*

go·fer ['goufər] F recadero(-a) *m*(*f*)

gog·gles ['gɑːglz] *npl* gafas *fpl*

go·ing ['gouɪŋ] *adj price etc* vigente; ~ ***concern*** empresa *f* en marcha

go·ings-on [gouɪŋz'ɑːn] *npl* actividades *fpl*

gold [gould] **1** *n* oro *m* **2** *adj* de oro

gold·en ['gouldn] *adj sky, hair* dorado

gold·en 'hand·shake *gratificación entregada tras la marcha de un directivo*

gold·en 'wed·ding (an·ni·ver·sa·ry) bodas *fpl* de oro

'**gold·fish** pez *m* de colores; '**gold med·al** medalla *f* de oro; '**gold mine** *fig* mina *f*; '**gold·smith** orfebre *m/f*

golf [gɑːlf] golf *m*

'**golf ball** pelota *f* de golf; '**golf club** *organization* club *m* de golf; *stick*

G

palo *m* de golf; '**golf course** campo *m* de golf
golf·er ['gɑːlfər] golfista *m/f*
gone [gɑːn] *pp* → ***go***
gong [gɑːŋ] gong *m*
good [gʊd] *adj* bueno; *food* bueno, rico; ***a ~ many*** muchos; ***he's ~ at chess*** se le da muy bien el ajedrez; ***be ~ for s.o.*** ser bueno para alguien
good·bye [gʊd'baɪ] adiós *m*, despedida *f*; ***say ~ to s.o.***, ***wish s.o. ~*** decir adiós a alguien, despedirse de alguien
'**good-for-noth·ing** *n* inútil *m/f*; **Good 'Fri·day** Viernes *m inv* Santo; **good-hu·mored**, *Br* **good-hu·moured** [gʊd'hjuːmərd] *adj* jovial, afable; **good-look·ing** [gʊd'lʊkɪŋ] *adj woman*, *man* guapo; **good-na·tured** [gʊd'neɪtʃərd] bondadoso
good·ness ['gʊdnɪs] *moral* bondad *f*; *of fruit etc* propiedades *fpl*, valor *m* nutritivo; ***thank ~!*** ¡gracias a Dios!
goods [gʊdz] *npl* COM mercancías *fpl*, productos *mpl*
good'will buena voluntad *f*
good·y-good·y ['gʊdɪgʊdɪ] *n* F: ***she's a real ~*** es demasiado buenaza F
goo·ey ['guːɪ] *adj* pegajoso
goof [guːf] *v/i* F meter la pata F
goose [guːs] (*pl* ***geese*** [giːs]) ganso *m*, oca *f*
goose·ber·ry ['gʊzberɪ] grosella *f*; '**goose bumps** *npl* carne *f* de gallina; '**goose pim·ples** *npl* carne *f* de gallina
gorge [gɔːrdʒ] **1** *n* garganta *f*, desfiladero *m* **2** *v/t*: ***~ o.s. on sth*** comer algo hasta hartarse
gor·geous ['gɔːrdʒəs] *adj weather* maravilloso; *dress*, *hair* precioso; *woman*, *man* buenísimo; *smell* estupendo
go·ril·la [gə'rɪlə] gorila *m*
gosh [gɑːʃ] *int* ¡caramba!, ¡vaya!
go-'slow huelga *f* de celo
gos·pel ['gɑːspl] *in Bible* evangelio *m*; ***it's the ~ truth*** es la pura verdad
gos·sip ['gɑːsɪp] **1** *n* cotilleo *m*; *person* cotilla *m/f* **2** *v/i* cotillear
'**gos·sip col·umn** ecos *mpl* de sociedad
'**gos·sip col·um·nist** escritor(a) *m*(*f*) de los ecos de sociedad
gossipy ['gɑːsɪpɪ] *adj letter* lleno de cotilleos
got [gɑːt] *pret & pp* → ***get***
got·ten ['gɑːtn] *pp* → ***get***
gour·met ['gʊrmeɪ] *n* gastrónomo(-a) *m*(*f*), gourmet *m/f*
gov·ern ['gʌvərn] *v/t country* gobernar
gov·ern·ment ['gʌvərnmənt] gobierno *m*
gov·er·nor ['gʌvərnər] gobernador(a) *m*(*f*)
gown [gaʊn] *long dress* vestido *m*; *wedding dress* traje *m*; *of academic*, *judge* toga *f*; *of surgeon* bata *f*
grab [græb] *v/t* (*pret & pp* ***-bed***) agarrar; *food* tomar; ***~ some sleep*** dormir
grace [greɪs] *of dancer etc* gracia *f*, elegancia *f*; ***say ~*** *at meal* bendecir la mesa
grace·ful ['greɪsfəl] *adj* elegante
grace·ful·ly ['greɪsfəlɪ] *adv move* con gracia *or* elegancia
gra·cious ['greɪʃəs] *adj person* amable; *style*, *living* elegante; ***good ~!*** ¡Dios mío!
grade [greɪd] **1** *n quality* grado *m*; EDU curso *m*; (*mark*) nota *f* **2** *v/t* clasificar
'**grade cross·ing** paso *m* a nivel
'**grade school** escuela *f* primaria
gra·di·ent ['greɪdɪənt] pendiente *f*
grad·u·al ['grædʒʊəl] *adj* gradual
grad·u·al·ly ['grædʒʊəlɪ] *adv* gradualmente, poco a poco
grad·u·ate ['grædʒʊət] **1** *n* licenciado (-a) *m*(*f*); *from high school* bachiller *m/f* **2** *v/i from university* licenciarse, *L.Am.* egresarse; *from high school* sacar el bachillerato
grad·u·a·tion [grædʒʊ'eɪʃn] graduación *f*
graf·fi·ti [grə'fiːtiː] graffiti *m*
graft [græft] **1** *n* BOT, MED injerto *m*; *corruption* corrupción *f* **2** *v/t* BOT, MED injertar

grain [greɪn] grano *m*; *in wood* veta *f*; ***go against the ~*** ir contra la naturaleza de alguien
gram [græm] gramo *m*
gram·mar ['græmər] gramática *f*
gram·mat·i·cal [grə'mætɪkl] *adj* gramatical
gram·mat·i·cal·ly [grə'mætɪklɪ] *adv* gramaticalmente
grand [grænd] **1** *adj* grandioso; F (*very good*) estupendo, genial **2** *n* F (*$1000*) mil dólares
gran·dad ['grændæd] F abuelito *m*
'**grand·child** nieto(-a) *m*(*f*)
'**grand·daugh·ter** nieta *f*
gran·deur ['grændʒər] grandiosidad *f*
'**grand·fa·ther** abuelo *m*
'**grand·fa·ther clock** reloj *m* de pie
gran·di·ose ['grændɪoʊs] *adj* grandioso
grand 'jur·y jurado *m* de acusación, gran jurado; '**grand·ma** F abuelita *f*, yaya *f* F; '**grand·moth·er** abuela *f*; '**grand·pa** F abuelito *m*, yayo *m* F; '**grand·par·ents** *npl* abuelos *mpl*; **grand pi'an·o** piano *m* de cola; **grand 'slam** gran slam *m*; '**grand·son** nieto *m*; '**grand·stand** tribuna *f*
gran·ite ['grænɪt] granito *m*
gran·ny ['grænɪ] F abuelita *f*, yaya *f* F
grant [grænt] **1** *n money* subvención *f* **2** *v/t* conceder; ***take sth for ~ed*** dar algo por sentado; ***take s.o. for ~ed*** no apreciar a alguien lo suficiente
gran·u·lat·ed sug·ar ['grænʊleɪtɪd] azúcar *m or f* granulado(-a)
gran·ule ['grænju:l] gránulo *m*
grape [greɪp] uva *f*
'**grape·fruit** pomelo *m*, *L.Am.* toronja *f*; '**grape·fruit juice** *Span* zumo *m* de pomelo, *L.Am.* jugo *m* de toronja; '**grape·vine**: ***I've heard through the ~ that …*** me ha contado un pajarito que …
graph [græf] gráfico *m*, gráfica *f*
graph·ic ['græfɪk] **1** *adj* (*vivid*) gráfico **2** *n* COMPUT gráfico *m*
graph·ic·al·ly ['græfɪklɪ] *adv describe* gráficamente
graph·ic de'sign·er diseñador(a) *m*(*f*) gráfico(-a)
♦ **grap·ple with** ['græpl] *v/t attacker* forcejear con; *problem etc* enfrentarse a
grasp [græsp] **1** *n physical* asimiento *m*; *mental* comprensión *f* **2** *v/t physically* agarrar; (*understand*) comprender
grass [græs] *n* hierba *f*
'**grass·hop·per** saltamontes *m inv*; **grass 'roots** *npl people* bases *fpl*; **grass 'wid·ow** *mujer cuyo marido está a menudo ausente durante largos periodos de tiempo*; **grass 'wid·ow·er** *hombre cuya mujer está a menudo ausente durante largos periodos de tiempo*
gras·sy ['græsɪ] *adj* lleno de hierba
grate[1] [greɪt] *n metal* parrilla *f*, reja *f*
grate[2] [greɪt] **1** *v/t in cooking* rallar **2** *v/i of sound* rechinar
grate·ful ['greɪtfəl] *adj* agradecido; ***we are ~ for your help*** (le) agradecemos su ayuda; ***I'm ~ to him*** le estoy agradecido
grate·ful·ly ['greɪtfəlɪ] *adv* con agradecimiento
grat·er ['greɪtər] rallador *m*
grat·i·fy ['grætɪfaɪ] *v/t* (*pret & pp* ***-ied***) satisfacer, complacer
grat·ing ['greɪtɪŋ] **1** *n* reja *f* **2** *adj sound, voice* chirriante
grat·i·tude ['grætɪtu:d] gratitud *f*
gra·tu·i·tous [grə'tu:ɪtəs] *adj* gratuito
gra·tu·i·ty [grə'tu:ətɪ] propina *f*, gratificación *f*
grave[1] [greɪv] *n* tumba *f*, sepultura *f*
grave[2] [greɪv] *adj* grave
grav·el ['grævl] *n* gravilla *f*
'**grave·stone** lápida *f*
'**grave·yard** cementerio *m*
♦ **grav·i·tate toward** ['grævɪteɪt] *v/t* verse atraído por
grav·i·ty ['grævətɪ] PHYS gravedad *f*
gra·vy ['greɪvɪ] jugo *m* (de la carne)
gray [greɪ] *adj* gris; ***be going ~*** encanecer

gray-haired [greɪ'herd] *adj* canoso
'gray·hound galgo *m*
graze[1] [greɪz] *v/i of cow etc* pastar, pacer
graze[2] [greɪz] **1** *v/t arm etc* rozar, arañar **2** *n* rozadura *f*, arañazo *m*
grease [gri:s] *n* grasa *f*
grease·proof 'pa·per papel *m* de cera *or* parafinado
greas·y ['gri:sɪ] *adj food, hands, plate* grasiento; *hair, skin* graso
great [greɪt] *adj* grande, *before singular noun* gran; F (*very good*) estupendo, genial F; ***how was it? – ~!*** ¿cómo fue? – ¡estupendo *or* genial!; ***~ to see you again!*** ¡me alegro de volver a verte!
Great 'Brit·ain Gran Bretaña; **great-'grand·child** bisnieto(-a) *m*(*f*); **great-'grand·daugh·ter** bisnieta *f*; **great-'grand·fa·ther** bisabuelo *m*; **great-'grand·moth·er** bisabuela *f*; **great-'grand·par·ents** *npl* bisabuelos *mpl*; **great-'grand·son** bisnieto *m*
great·ly ['greɪtlɪ] *adv* muy
great·ness ['greɪtnɪs] grandeza *f*
Greece [gri:s] Grecia
greed [gri:d] *for money* codicia *f*; *for food* gula *f*, glotonería *f*
greed·i·ly ['gri:dɪlɪ] *adv* con codicia; *eat* con gula *or* glotonería
greed·y ['gri:dɪ] *adj for food* glotón; *for money* codicioso
Greek [gri:k] **1** *adj* griego **2** *n person* griego(-a) *m*(*f*); *language* griego *m*
green [gri:n] *adj* verde; *environmentally* ecologista, verde
green 'beans *npl* judías *fpl* verdes, *L.Am.* porotos *mpl* verdes, *Mex* ejotes *mpl*; **'green belt** cinturón *m* verde; **'green card** (*work permit*) permiso *m* de trabajo; **'green·field site** terreno *m* edificable en el campo; **'green·horn** F novato(-a) *m*(*f*) F; **'green·house** invernadero *m*; **'green·house ef·fect** efecto *m* invernadero; **'green·house gas** gas *m* invernadero
greens [gri:nz] *npl* verduras *f*
green 'thumb: ***have a ~*** tener buena mano con la jardinería
greet [gri:t] *v/t* saludar
greet·ing ['gri:tɪŋ] saludo *m*
'greet·ing card tarjeta *f* de felicitación
gre·gar·i·ous [grɪ'gerɪəs] *adj person* sociable
gre·nade [grɪ'neɪd] granada *f*
grew [gru:] *pret* → ***grow***
grey *Br* → ***gray***
grid [grɪd] reja *f*, rejilla *f*
'grid·iron SP *campo de fútbol americano*
'grid·lock *in traffic* paralización *f* del tráfico
grief [gri:f] dolor *m*, aflicción *f*
grief-strick·en ['gri:fstrɪkn] *adj* afligido
griev·ance ['gri:vəns] queja *f*
grieve [gri:v] *v/i* sufrir; ***~ for s.o.*** llorar por alguien
grill [grɪl] **1** *n on window* reja *f* **2** *v/t* (*interrogate*) interrogar
grille [grɪl] reja *f*
grim [grɪm] *adj face* severo; *prospects* desolador; *surroundings* lúgubre
gri·mace ['grɪməs] *n* gesto *m*, mueca *f*
grime [graɪm] mugre *f*
grim·ly ['grɪmlɪ] *adv speak* en tono grave
grim·y ['graɪmɪ] *adj* mugriento
grin [grɪn] **1** *n* sonrisa *f* (amplia) **2** *v/i* (*pret & pp* ***-ned***) sonreír abiertamente
grind [graɪnd] *v/t* (*pret & pp* ***ground***) *coffee* moler; *meat* picar; ***~ one's teeth*** hacer rechinar los dientes
grip [grɪp] **1** *n*: ***he lost his ~ on the rope*** se le escapó la cuerda; ***be losing one's ~*** (*losing one's skills*) estar perdiendo el control **2** *v/t* (*pret & pp* ***-ped***) agarrar
gripe [graɪp] **1** *n* F queja *f* **2** *v/i* F quejarse
grip·ping ['grɪpɪŋ] *adj* apasionante
gris·tle ['grɪsl] cartílago *m*
grit [grɪt] **1** *n* (*dirt*) arenilla *f*; *for roads* gravilla *f* **2** *v/t* (*pret & pp* ***-ted***): ***~ one's teeth*** apretar los dientes

grit·ty ['grɪtɪ] *adj* F *book, movie etc* duro F, descarnado

groan [groʊn] **1** *n* gemido *m* **2** *v/i* gemir

gro·cer ['groʊsər] tendero(-a) *m(f)*

gro·cer·ies ['groʊsərɪz] *npl* comestibles *mpl*

gro·cer·y store ['groʊsərɪ] tienda *f* de comestibles *or Mex* abarrotes

grog·gy ['grɑːgɪ] *adj* F grogui F

groin [grɔɪn] ANAT ingle *f*

groom [gruːm] **1** *n for bride* novio *m*; *for horse* mozo *m* de cuadra **2** *v/t horse* almohazar; (*train, prepare*) preparar; ***well ~ed*** *in appearance* bien arreglado

groove [gruːv] ranura *f*

grope [groʊp] **1** *v/i in the dark* caminar a tientas **2** *v/t sexually* manosear

♦**grope for** *v/t door handle, the right word* intentar encontrar

gross [groʊs] *adj* (*coarse, vulgar*) grosero; *exaggeration* tremendo; *error* craso; FIN bruto

gross do·mes·tic 'prod·uct producto *m* interior bruto

gross na·tion·al 'prod·uct producto *m* nacional bruto

ground¹ [graʊnd] **1** *n* suelo *m*, tierra *f*; (*reason*) motivo *m*; ELEC tierra *f*; ***on the ~*** en el suelo **2** *v/t* ELEC conectar a tierra

ground² [graʊnd] *pret & pp* → ***grind***

'ground con·trol control *m* de tierra

'ground crew personal *m* de tierra

ground·ing ['graʊndɪŋ] *in subject* fundamento *m*; ***he's had a good ~ in electronics*** tiene buenos fundamentos de electrónica

ground·less ['graʊndlɪs] *adj* infundado

ground 'meat carne *f* picada; **'ground·nut** cacahuete *m*, *L.Am.* maní *m*, *Mex* cacahuate *m*; **'ground plan** plano *m*; **'ground staff** SP personal *m* de mantenimiento; *at airport* personal *m* de tierra; **'ground·work** trabajos *mpl* preliminares

group [gruːp] **1** *n* grupo *m* **2** *v/t* agrupar

group·ie ['gruːpɪ] F grupi *f* F

group 'ther·a·py terapia *f* de grupo

grouse [graʊs] **1** *n* F queja *f* **2** *v/i* F quejarse, refunfuñar

grov·el ['grɑːvl] *v/i fig* arrastrarse

grow [groʊ] **1** *v/i* (*pret* ***grew***, *pp* ***grown***) crecer; *of number, amount* crecer, incrementarse; ***~ old / tired*** envejecer / cansarse **2** *v/t* (*pret* ***grew***, *pp* ***grown***) *flowers* cultivar

♦**grow up** *v/i of person, city* crecer; ***grow up!*** ¡no seas crío!

growl [graʊl] **1** *n* gruñido *m* **2** *v/i* gruñir

grown [groʊn] *pp* → ***grow***

grown-up ['groʊnʌp] **1** *n* adulto(-a) *m(f)* **2** *adj* maduro

growth [groʊθ] *of person, economy* crecimiento *m*; (*increase*) incremento *m*; MED bulto *m*

grub [grʌb] *of insect* larva *f*, gusano

grub·by ['grʌbɪ] *adj* mugriento *m*

grudge [grʌdʒ] **1** *n* rencor *m*; ***bear s.o. a ~*** guardar rencor a alguien **2** *v/t*: ***~ s.o. sth*** *feel envy* envidiar algo a alguien

grudg·ing ['grʌdʒɪŋ] *adj* rencoroso

grudg·ing·ly ['grʌdʒɪŋlɪ] *adv* de mala gana

gru·el·ing, *Br* **gru·el·ling** ['gruːəlɪŋ] *adj* agotador

gruff [grʌf] *adj* seco, brusco

grum·ble ['grʌmbl] *v/i* murmurar, refunfuñar

grum·bler ['grʌmblər] quejica *m/f*

grump·y ['grʌmpɪ] *adj* cascarrabias

grunt [grʌnt] **1** *n* gruñido *m* **2** *v/i* gruñir

guar·an·tee [gærən'tiː] **1** *n* garantía *f*; ***~ period*** periodo *m* de garantía **2** *v/t* garantizar

guar·an·tor [gærən'tɔːr] garante *m/f*

guard [gɑːrd] **1** *n* (*security ~*) guardia *m/f*, guarda *m/f*; MIL guardia *f*; *in prison* guardián (-ana) *m(f)*; ***be on one's ~ against*** estar en guardia contra **2** *v/t* guardar, proteger

♦**guard against** *v/t* evitar

'guard dog perro *m* guardián

guard·ed ['gɑːrdɪd] *adj reply* cauteloso

guard·i·an ['gɑːrdiən] LAW tutor(a) *m(f)*
guard·i·an 'an·gel ángel *m* de la guardia
Gua·te·ma·la [gwætə'mɑːlə] *n* Guatemala
Gua·te·ma·lan [gwætə'mɑːlən] **1** *adj* guatemalteco **2** *n* guatemalteco(-a) *m(f)*
guer·ril·la [gə'rɪlə] guerrillero(-a) *m(f)*
guer·ril·la 'war·fare guerra *f* de guerrillas
guess [ges] **1** *n* conjetura *f*, suposición *f* **2** *v/t the answer* adivinar; ***I ~ so*** me imagino *or* supongo que sí; ***I ~ not*** me imagino *or* supongo que no **3** *v/i* adivinar
'guess·work conjeturas *fpl*
guest [gest] invitado(-a) *m(f)*
'guest·house casa *f* de huéspedes
'guest·room habitación *f* para invitados
guf·faw [gʌ'fɒː] **1** *n* carcajada *f*, risotada *f* **2** *v/i* carcajearse
guid·ance ['gaɪdəns] orientación *f*, consejo *m*
guide [gaɪd] **1** *n person* guía *m/f*; *book* guía *f* **2** *v/t* guiar
'guide·book guía *f*
guid·ed mis·sile ['gaɪdɪd] misil *m* teledirigido
'guide dog *Br* perro *m* lazarillo
guid·ed 'tour visita *f* guiada
guide·lines ['gaɪdlaɪnz] *npl* directrices *fpl*, normas *fpl* generales
guilt [gɪlt] culpa *f*, culpabilidad *f*; LAW culpabilidad *f*
guilt·y ['gɪltɪ] *adj also* LAW culpable; ***be ~ of sth*** ser culpable de algo; ***have a ~ conscience*** tener remordimientos de conciencia
guin·ea pig ['gɪnɪpɪg] conejillo *m* de Indias, cobaya *f*; *fig* conejillo *m* de Indias
guise [gaɪz] apariencia *f*; ***under the ~ of*** bajo la apariencia de
gui·tar [gɪ'tɑːr] guitarra *f*
gui'tar case estuche *m* de guitarra
gui·tar·ist [gɪ'tɑːrɪst] guitarrista *m/f*
gui'tar play·er guitarrista *m/f*
gulf [gʌlf] golfo *m*; *fig* abismo *m*; ***the Gulf*** el Golfo
Gulf of 'Mex·i·co Golfo *m* de México
gull [gʌl] *bird* gaviota *f*
gul·let ['gʌlɪt] ANAT esófago *m*
gul·li·ble ['gʌlɪbl] *adj* crédulo, ingenuo
gulp [gʌlp] **1** *n of water etc* trago *m* **2** *v/i in surprise* tragar saliva
♦**gulp down** *v/t drink* tragar; *food* engullir
gum¹ [gʌm] *in mouth* encía *f*
gum² [gʌm] *n* (*glue*) pegamento *m*, cola *f*; (*chewing ~*) chicle *m*
gump·tion ['gʌmpʃn] sentido *m* común
gun [gʌn] *pistol*, *revolver* pistola *f*; *rifle* rifle *m*; *cannon* cañón *m*
♦**gun down** *v/t* (*pret & pp* ***-ned***) matar a tiros
'gun·fire disparos *mpl*; **'gun·man** hombre *m* armado; **'gun·point**: ***at ~*** a punta de pistola; **'gun·shot** disparo *m*, tiro *m*; **'gun·shot wound** herida *f* de bala
gur·gle ['gɜːrgl] *v/i of baby* gorjear; *of drain* gorgotear
gu·ru ['guru] *fig* gurú *m*
gush [gʌʃ] *v/i of liquid* manar, salir a chorros
gush·y ['gʌʃɪ] *adj* F (*enthusiastic*) efusivo, exagerado
gust [gʌst] ráfaga *f*
gus·to ['gʌstoʊ] entusiasmo *m*
gust·y ['gʌstɪ] *adj weather* ventoso, con viento racheado; ***~ wind*** viento *m* racheado
gut [gʌt] **1** *n* intestino *m*; F (*stomach*) tripa *f* F **2** *v/t* (*pret & pp* ***-ted***) (*destroy*) destruir
guts [gʌts] *npl* F (*courage*) agallas *fpl* F
guts·y ['gʌtsɪ] *adj* F (*brave*) valiente, con muchas agallas F
gut·ter ['gʌtər] *on sidewalk* cuneta *f*; *on roof* canal *m*, canalón *m*
guy [gaɪ] F tipo *m* F, *Span* tío *m* F; ***hey, you ~s*** eh, gente
guz·zle ['gʌzl] *v/t* tragar, engullir
gym [dʒɪm] gimnasio *m*

G

gym·na·si·um [dʒɪm'neɪzɪəm] gimnasio *m*
gym·nast ['dʒɪmnæst] gimnasta *m/f*
gym·nas·tics [dʒɪm'næstɪks] gimnasia *f*
'**gym shoes** *npl Br* zapatillas *fpl* de gimnasia
gy·nae·col·o·gy *etc Br* → ***gynecology*** *etc*
gy·ne·col·ogist [gaɪnɪ'kɑːlədʒɪst] ginecólogo(-a) *m(f)*
gy·ne·col·o·gy [gaɪnɪ'kɑːlədʒɪ] ginecología *f*
gyp·sy ['dʒɪpsɪ] gitano(-a) *m(f)*

H

hab·it ['hæbɪt] hábito *m*, costumbre *m*; ***get into the ~ of doing sth*** adquirir el hábito de hacer algo
hab·it·a·ble ['hæbɪtəbl] *adj* habitable
hab·i·tat ['hæbɪtæt] hábitat *m*
ha·bit·u·al [hə'bɪtʊəl] *adj* habitual
hack [hæk] *n poor writer* gacetillero(-a) *m(f)*
hack·er ['hækər] COMPUT pirata *m/f* informático(-a)
hack·neyed ['hæknɪd] *adj* manido
had [hæd] *pret & pp* → ***have***
had·dock ['hædək] eglefino *m*
haem·or·rhage *Br* → ***hemorrhage***
hag·gard ['hægərd] *adj* demacrado
hag·gle ['hægl] *v/i* regatear; ***~ over sth*** regatear algo
hail [heɪl] *n* granizo *m*
'**hail·stone** piedra *f* de granizo
'**hail·storm** granizada *f*
hair [her] pelo *m*, cabello *m*; *single* pelo *m*; (*body* ~) vello *m*; ***have short/long ~*** tener el pelo corto/largo
'**hair·brush** cepillo *m*; '**hair·cut** corte *m* de pelo; ***have a ~*** cortarse el pelo; '**hair·do** peinado *m*; '**hair·dress·er** peluquero(-a) *m(f)*; ***at the ~*** en la peluquería; '**hair·dry·er** secador *m* (de pelo)
hair·less ['herlɪs] *adj* sin pelo
'**hair·pin** horquilla *f*; **hair·pin 'curve** curva *f* muy cerrada; **hair-rais·ing** ['hereɪzɪŋ] *adj* espeluznante; **hair re·mov·er** [herɪ'muːvər] depilatorio *m*; '**hair's breadth** *fig*: ***by a ~*** por un pelo; **hair-split·ting** ['hersplɪtɪŋ] *n* sutilezas *fpl*; '**hair spray** laca *f*; '**hair·style** peinado *m*; '**hair·styl·ist** estilista *m/f*, peluquero(-a) *m(f)*
hair·y ['herɪ] *adj arm, animal* peludo; F (*frightening*) espeluznante
half [hæf] **1** *n* (*pl* ***halves*** [hævz]) mitad *f*; ***~ past ten, ~ after ten*** las diez y media; ***~ an hour*** media hora; ***~ a pound*** media libra; ***go halves with s.o. on sth*** ir a medias con alguien en algo **2** *adj* medio; ***at ~ price*** a mitad de precio **3** *adv* a medias; ***~ finished*** a medio acabar
half-heart·ed [hæf'hɑːrtɪd] *adj* desganado; '**half note** MUS nota *f* blanca; **half 'pay** media paga *f*; **half 'time 1** *n* SP descanso *m* **2** *adj* SP: ***~ score*** marcador *m* en el descanso; **half'way 1** *adj stage, point* intermedio **2** *adv* a mitad de camino
hall [hɒːl] *large room* sala *f*; (*hallway in house*) vestíbulo *m*
Hal·low·e'en [hæloʊ'wiːn] *víspera de Todos los Santos*
halo ['heɪloʊ] halo *m*
halt [hɒːlt] **1** *v/i* detenerse **2** *v/t* detener **3** *n* alto *m*; ***come to a ~*** detenerse
halve [hæv] *v/t input, costs, effort* reducir a la mitad; *apple* partir por la mitad
ham [hæm] jamón *m*

ham•burg•er ['hæmbɜːrgər] hamburguesa *f*
ham•mer ['hæmər] **1** *n* martillo *m* **2** *v/i*: ***~ at the door*** golpear la puerta
ham•mock ['hæmək] hamaca *f*
ham•per[1] ['hæmpər] *n for food* cesta *f*
ham•per[2] *v/t* (*obstruct*) estorbar, obstaculizar
ham•ster ['hæmstər] hámster *m*
hand [hænd] *n* mano *f*; *of clock* manecilla *f*; (*worker*) brazo *m*; ***at ~, to ~*** a mano; ***at first ~*** de primera mano, directamente; ***by ~*** a mano; ***on the one ~ ..., on the other ~*** por una parte ..., por otra parte; ***the work is in ~*** el trabajo se está llevando a cabo; ***on your right ~*** a mano derecha; ***~s off!*** ¡fuera las manos!; ***~s up!*** ¡arriba las manos!; ***change ~s*** cambiar de manos; ***give s.o. a ~*** echar una mano a alguien
♦**hand down** *v/t* transmitir
♦**hand in** *v/t* entregar
♦**hand on** *v/t* pasar
♦**hand out** *v/t* repartir
♦**hand over** *v/t* entregar
'**hand•bag** *Br* bolso *m*, *L.Am.* cartera *f*; '**hand bag•gage** equipaje *m* de mano; '**hand•book** manual *m*; '**hand•cuff** *v/t* esposar; **hand•cuffs** ['hæn(d)kʌfs] *npl* esposas *fpl*
hand•i•cap ['hændɪkæp] *n* desventaja *f*
hand•i•capped ['hændɪkæpt] *adj physically* minusválido, disminuido; ***~ by lack of funds*** en desventaja por carecer de fondos
hand•i•craft ['hændɪkræft] artesanía *f*
hand•i•work ['hændɪwɜːrk] manualidades *fpl*
hand•ker•chief ['hæŋkərtʃɪf] pañuelo *m*
han•dle ['hændl] **1** *n of door* manilla *f*; *of suitcase* asa *f*; *of pan, knife* mango *m* **2** *v/t goods, difficult person* manejar; *case, deal* llevar, encargarse de; ***let me ~ this*** deja que me ocupe yo de esto
han•dle•bars ['hændlbɑːrz] *npl* manillar *m*, *L.Am.* manubrio *m*
'**hand lug•gage** equipaje *m* de mano; **hand•made** [hæn(d)'meɪd] *adj* hecho a mano; '**hand•rail** barandilla *f*; '**hand•shake** apretón *m* de manos
hands-off [hændz'ɑːf] *adj* no intervencionista
hand•some ['hænsəm] *adj* guapo, atractivo
hands-on [hændz'ɑːn] *adj* práctico; ***he has a ~ style of management*** le gusta implicarse en todos los aspectos de la gestión
'**hand•writ•ing** caligrafía *f*
hand•writ•ten ['hændrɪtn] *adj* escrito a mano
hand•y ['hændɪ] *adj tool, device* práctico; ***it might come in ~*** nos puede venir muy bien
hang [hæŋ] **1** *v/t* (*pret & pp* **hung**) *picture* colgar; *person* colgar, ahorcar (*pret & pp* **-ed**) **2** *v/i* (*pret & pp* **hung**) colgar; *of dress, hair* caer, colgar **3** *n*: ***get the ~ of sth*** F agarrarle el tranquillo a algo F
♦**hang around** *v/i*: ***he's always hanging around on the street corner*** siempre está rondando por la esquina
♦**hang on** *v/i* (*wait*) esperar
♦**hang on to** *v/t* (*keep*) conservar; ***do you mind if I hang on to it for a while?*** ¿te importa si me lo quedo durante un tiempo?
♦**hang up** *v/i* TELEC colgar
han•gar ['hæŋər] hangar *m*
hang•er ['hæŋər] *for clothes* percha *f*
hang glid•er ['hæŋglaɪdər] *person* piloto *m* de ala delta; *device* ala *f* delta
hang glid•ing ['hæŋglaɪdɪŋ] ala *f* delta
'**hang•o•ver** resaca *f*
♦**han•ker after** ['hæŋkər] *v/t* anhelar
han•kie, han•ky ['hæŋkɪ] F pañuelo *m*
hap•haz•ard [hæp'hæzərd] *adj* descuidado
hap•pen ['hæpn] *v/i* ocurrir, pasar, suceder; ***if you ~ to see him*** si por casualidad lo vieras; ***what has ~ed to you?*** ¿qué te ha pasado?
♦**happen across** *v/t* encontrar por

H

casualidad
hap·pen·ing ['hæpnɪŋ] suceso *m*
hap·pi·ly ['hæpɪlɪ] *adv* alegremente; (*luckily*) afortunadamente
hap·pi·ness ['hæpɪnɪs] felicidad *f*
hap·py ['hæpɪ] *adj* feliz, contento; *coincidence* afortunado
hap·py-go-'luck·y *adj* despreocupado
'hap·py hour *franja horaria en la que las bebidas son más baratas en los bares*
har·ass [hə'ræs] *v/t* acosar; *enemy* asediar, hostigar
har·assed [hər'æst] *adj* agobiado
har·ass·ment [hə'ræsmənt] acoso *m*
har·bor, *Br* **har·bour** ['hɑːrbər] **1** *n* puerto *m* **2** *v/t criminal* proteger; *grudge* albergar
hard [hɑːrd] *adj* duro; (*difficult*) difícil; *facts, evidence* real; ***~ of hearing*** duro de oído
'hard·back *n* libro *m* de tapas duras; **hard-boiled** [hɑːrd'bɔɪld] *adj egg* duro; **'hard cop·y** copia *f* impresa; **'hard core** *n* (*pornography*) porno *m* duro; **hard 'cur·ren·cy** divisa *f* fuerte; **hard 'disk** disco *m* duro
hard·en ['hɑːrdn] **1** *v/t* endurecer **2** *v/i of glue, attitude* endurecerse
'hard hat casco *m*; (*construction worker*) obrero(-a) *m*(*f*) (de la construcción); **hard·head·ed** [hɑːrd'hedɪd] *adj* pragmático; **hard-heart·ed** [hɑːrd'hɑːrtɪd] *adj* insensible; **hard 'line** línea *f* dura; ***take a ~ line on*** adoptar una línea dura en cuanto a; **hard'lin·er** partidario(-a) *m*(*f*) de la línea dura
hard·ly ['hɑːrdlɪ] *adv* apenas; ***did you agree? – ~!*** ¿estuviste de acuerdo? – ¡en absoluto!
hard·ness ['hɑːrdnɪs] dureza *f*; (*difficulty*) dificultad *f*
hard'sell venta *f* agresiva
hard·ship ['hɑːrdʃɪp] penuria *f*, privación *f*
hard 'up *adj*: ***be ~*** andar mal de dinero; **'hard·ware** ferretería *f*; COMPUT hardware *m*; **'hard·ware store** ferretería *f*; **hard-work·ing** [hɑːrd'wɜːrkɪŋ] *adj* trabajador
har·dy ['hɑːrdɪ] *adj* resistente
hare [her] liebre *f*
hare·brained ['herbreɪnd] *adj* alocado
harm [hɑːrm] **1** *n* daño *m*; ***it wouldn't do any ~ to buy two*** por comprar dos no pasa nada **2** *v/t* hacer daño a, dañar
harm·ful ['hɑːrmfəl] *adj* dañino, perjudicial
harm·less ['hɑːrmlɪs] *adj* inofensivo; *fun* inocente
har·mo·ni·ous [hɑːr'mounɪəs] *adj* armonioso
har·mo·nize ['hɑːrmənaɪz] *v/i* armonizar
har·mo·ny ['hɑːrmənɪ] MUS, *fig* armonía *f*
harp [hɑːrp] *n* arpa *f*
◆**harp on about** *v/t* F dar la lata con F
har·poon [hɑːr'puːn] *n* arpón *m*
harsh [hɑːʃ] *adj criticism, words* duro, severo; *color* chillón; *light* potente
harsh·ly ['hɑːrʃlɪ] *adv* con dureza *or* severidad
har·vest ['hɑːrvɪst] *n* cosecha *f*
hash [hæʃ] F: ***make a ~ of*** fastidiar
hash browns *npl Span* patatas *fpl or L.Am.* papas *fpl* fritas
hash·ish ['hæʃiːʃ] hachís *m*
'hash mark almohadilla *f*, *el signo* '#'
haste [heɪst] *n* prisa *f*
has·ten ['heɪsn] *v/i*: ***~ to do sth*** apresurarse en hacer algo
hast·i·ly ['heɪstɪlɪ] *adv* precipitadamente
hast·y ['heɪstɪ] *adj* precipitado
hat [hæt] sombrero *m*
hatch [hætʃ] *n for serving food* trampilla *f*; *on ship* escotilla *f*
◆**hatch out** *v/i of eggs* romperse; *of chicks* salir del cascarón
hatch·et ['hætʃɪt] hacha *f*; ***bury the ~*** enterrar el hacha de guerra
hate [heɪt] **1** *n* odio *m* **2** *v/t* odiar
ha·tred ['heɪtrɪd] odio *m*
haugh·ty ['hɒːtɪ] *adj* altanero
haul [hɒːl] **1** *n of fish* captura *f*; *from*

H

robbery botín *m* **2** *v/t* (*pull*) arrastrar
haul·age ['hɒːlɪdʒ] transporte *m*
haul·i·er ['hɒːlɪr] transportista *m*
haunch [hɒːntʃ] *of person* trasero *m*; *of animal* pierna *f*
haunt [hɒːnt] **1** *v/t*: ***this place is ~ed*** en este lugar hay fantasmas **2** *n* lugar *m* favorito
haunt·ing ['hɒːntɪŋ] *adj tune* fascinante
Ha·van·a [hə'vænə] *n* La Habana
have [hæv] **1** *v/t* (*pret & pp* ***had***) (*own*) tener; ***I don't ~ a TV*** no tengo televisión ◊ *breakfast, lunch* tomar ◊: ***can I ~ a coffee?*** ¿me da un café?; ***can I ~ more time?*** ¿me puede dar más tiempo? ◊ *must*: **~ (*got*) *to*** tener que ◊ *causative*: ***I'll ~ it faxed to you*** te lo mandaré por fax; ***I'll ~ it repaired*** haré que lo arreglen; ***I had my hair cut*** me corté el pelo **2** *v/aux*: ***I ~ eaten*** he comido; ***~ you seen her?*** ¿la has visto?
♦ **have back** *v/t*: ***when can I have it back?*** ¿cuándo me lo devolverá?
♦ **have on** *v/t* (*wear*) llevar puesto; ***do you have anything on for tonight?*** *have planned* ¿tenéis algo planeado para esta noche?
ha·ven ['heɪvn] *fig* refugio *m*
hav·oc ['hævək] estragos *mpl*; ***play ~ with*** hacer estragos en
hawk [hɒːk] *n also fig* halcón *m*
hay [heɪ] heno *m*
'**hay fe·ver** fiebre *f* del heno
haz·ard ['hæzərd] *n* riesgo *m*, peligro *m*
'**haz·ard lights** *npl* MOT luces *fpl* de emergencia
haz·ard·ous ['hæzərdəs] *adj* peligroso, arriesgado; **~ *waste*** residuos *mpl* peligrosos
haze [heɪz] neblina *f*
ha·zel ['heɪzl] *n tree* avellano *m*
'**ha·zel·nut** avellana *f*
haz·y ['heɪzɪ] *adj image, memories* confuso, vago; ***I'm a bit ~ about it*** no lo tengo muy claro
he [hiː] *pron* él; ***~ is French / a doctor*** es francés / médico; ***you're funny, ~'s not*** tú tienes gracia, él no
head [hed] **1** *n* cabeza *f*; (*boss, leader*) jefe(-a) *m*(*f*); *Br*: *of school* director(a) *m*(*f*); *on beer* espuma *f*; *of nail, line* cabeza *f*; ***$15 a ~*** 15 dólares por cabeza; ***~s or tails?*** ¿cara o cruz?; ***at the ~ of the list*** encabezando la lista; ***~ over heels*** *fall* rodando; *fall in love* locamente **2** *v/t* (*lead*) estar a la cabeza de; *ball* cabecear
♦ **head for** *v/t* dirigirse a *or* hacia
'**head·ache** dolor *m* de cabeza
'**head·band** cinta *f* para la cabeza
head·er ['hedər] *in soccer* cabezazo *m*; *in document* encabezamiento *m*
'**head·hunt** *v/t* COM buscar, captar
'**head·hunt·er** COM cazatalentos *m/f inv*
head·ing ['hedɪŋ] *in list* encabezamiento *m*
'**head·lamp** faro *m*; '**head·light** faro *m*; '**head·line** *n in newspaper* titular *m*; ***make the ~s*** saltar a los titulares; '**head·long** *adv fall* de cabeza; '**head·mas·ter** director *m*; '**head·mis·tress** directora *f*; **head** '**of·fice** *of company* central *f*; **head-'on 1** *adv crash* de frente **2** *adj crash* frontal; '**head·phones** *npl* auriculares *mpl*; '**head·quar·ters** *npl of party, organization* sede *f*; *of army* cuartel *m* general; '**head·rest** reposacabezas *f inv*; '**head·room** *under bridge* gálibo *m*; *in car* espacio *m* vertical; '**head·scarf** pañuelo *m* (para la cabeza); '**head·strong** *adj* cabezudo, testarudo; **head** '**teach·er** *Br* director(a) *m*(*f*); **head** '**wait·er** maître *m*; '**head·wind** viento *m* contrario
head·y ['hedɪ] *adj drink, wine etc* que se sube a la cabeza
heal [hiːl] *v/t* curar
♦ **heal up** *v/i* curarse
health [helθ] salud *f*; ***your ~!*** ¡a tu salud!
'**health club** gimnasio *m* (*con piscina, pista de tenis, sauna etc*); '**health food** comida *f* integral; '**health food store** tienda *f* de comida integral; '**health in·su·rance** seguro *m*

de enfermedad; '**health re·sort** centro *m* de reposo
health·y ['helθɪ] *adj person* sano; *food, lifestyle* saludable; *economy* saneado
heap [hiːp] *n* montón *m*
◆**heap up** *v/t* amontonar
hear [hɪr] *v/t & v/i* (*pret & pp* ***heard***) oír
◆**hear about** *v/t*: ***have you heard about Mike?*** ¿te has enterado de lo de Mike?; ***they're bound to hear about it sooner or later*** se van a enterar tarde o temprano
◆**hear from** *v/t* (*have news from*) tener noticias de
hear·ing ['hɪrɪŋ] oído *m*; LAW vista *f*; ***his ~ is not so good now*** ahora ya no oye tan bien; ***she was within ~ / out of ~*** estaba / no estaba lo suficientemente cerca como para oírlo
'**hear·ing aid** audífono *m*
'**hear·say** rumores *mpl*; ***by ~*** de oídas
hearse [hɜːrs] coche *m* fúnebre
heart [hɑːrt] *also fig* corazón *m*; *of problem* meollo *m*; ***know sth by ~*** saber algo de memoria; ***~s** in cards* corazones *mpl*
'**heart at·tack** infarto *m*; '**heart·beat** latido *m*; **heart·break·ing** ['hɑːrtbreɪkɪŋ] *adj* desgarrador; '**heart·brok·en** *adj* descorazonado; '**heart·burn** acidez *f* (de estómago); '**heart fail·ure** paro *m* cardíaco; **heart·felt** ['hɑːrtfelt] *adj sympathy* sincero
hearth [hɑːrθ] chimenea *f*
heart·less ['hɑːrtlɪs] *adj* despiadado
heart·rend·ing ['hɑːrtrendɪŋ] *adj plea, sight* desgarrador; '**heart throb** F ídolo *m*; '**heart trans·plant** transplante *m* de corazón
heart·y ['hɑːrtɪ] *adj appetite* voraz; *meal* copioso; *person* cordial, campechano
heat [hiːt] *n* calor *m*
◆**heat up** *v/t* calentar
heat·ed ['hiːtɪd] *adj swimming pool* climatizado; *discussion* acalorado
heat·er ['hiːtər] *in room* estufa *f*; ***turn on the ~*** *in car* enciende la calefacción
hea·then ['hiːðn] *n* pagano(-a) *m*(*f*)
heat·ing ['hiːtɪŋ] calefacción *f*
'**heat·proof**, '**heat-re·sis·tant** *adj* resistente al calor; '**heat·stroke** insolación *f*; '**heat·wave** ola *f* de calor
heave [hiːv] *v/t* (*lift*) subir
heav·en ['hevn] cielo *m*; ***good ~s!*** ¡Dios mío!
heav·en·ly ['hevənlɪ] *adj* F divino F
heav·y ['hevɪ] *adj* pesado; *cold, rain, accent, loss* fuerte; *smoker, drinker* empedernido; *loss of life* grande; *bleeding* abundante; ***there's ~ traffic*** hay mucho tráfico
heav·y-'du·ty *adj* resistente
'**heav·y·weight** *adj* SP de los pesos pesados
heck·le ['hekl] *v/t* interrumpir (*molestando*)
hec·tic ['hektɪk] *adj* vertiginoso, frenético
hedge [hedʒ] *n* seto *m*
hedge·hog ['hedʒhɑːg] erizo *m*
heed [hiːd] *n*: ***pay ~ to …*** hacer caso de …
heel [hiːl] *of foot* talón *m*; *of shoe* tacón *m*
'**heel bar** zapatería *f*
hef·ty ['heftɪ] *adj weight, suitcase* pesado; *person* robusto
height [haɪt] altura *f*; ***at the ~ of the season*** en plena temporada
height·en ['haɪtn] *v/t effect, tension* intensificar
heir [er] heredero *m*
heir·ess ['erɪs] heredera *f*
held [held] *pret & pp* → ***hold***
hel·i·cop·ter ['helɪkɑːptər] helicóptero *m*
hell [hel] infierno *m*; ***what the ~ are you doing / do you want?*** F ¿qué demonios estás haciendo / quieres? F; ***go to ~!*** F ¡vete a paseo! F; ***a ~ of a lot*** F un montonazo F; ***one ~ of a nice guy*** F un tipo muy simpático *or Span* legal F
hel·lo [hə'loʊ] hola; TELEC ¿sí?, *Span* ¿diga?, *S. Am.* ¿alo?, *Rpl* ¿oigo?, *Mex* ¿bueno?; ***say ~ to s.o.*** saludar a alguien

H

helm [helm] NAUT timón *m*
hel·met ['helmɪt] casco *m*
help [help] **1** *n* ayuda *f*; **~!** ¡socorro! **2** *v/t* ayudar; ***just ~ yourself*** *to food* toma lo que quieras; ***I can't ~ it*** no puedo evitarlo; ***I couldn't ~ laughing*** no pude evitar reírme
help·er ['helpər] ayudante *m/f*
help·ful ['helpfəl] *adj advice* útil; *person* servicial
help·ing ['helpɪŋ] *of food* ración *f*
help·less ['helplɪs] *adj* (*unable to cope*) indefenso; (*powerless*) impotente
help·less·ly ['helplɪslɪ] *adv* impotentemente
help·less·ness ['helplɪsnɪs] impotencia *f*
'**help screen** COMPUT pantalla *f* de ayuda
hem [hem] *n of dress etc* dobladillo *m*
hem·i·sphere ['hemɪsfɪr] hemisferio *m*
'**hem·line** bajo *m*
hem·or·rhage ['hemərɪdʒ] **1** *n* hemorragia *f* **2** *v/i* sangrar
hen [hen] gallina *f*
hench·man ['hentʃmən] *pej* sicario *m*
'**hen par·ty** despedida *f* de soltera
hen·pecked ['henpekt] *adj*: **~ *husband*** calzonazos *mpl*
hep·a·ti·tis [hepə'taɪtɪs] hepatitis *f*
her [hɜːr] **1** *adj* su; **~ *ticket*** su entrada; **~ *books*** sus libros **2** *pron direct object* la; *indirect object* le; *after prep* ella; ***I know*** **~** la conozco; ***I gave ~ the keys*** le di las llaves; ***I sold it to ~*** se lo vendí; ***this is for ~*** esto es para ella; ***who do you mean? – ~*** ¿a quién te refieres? – a ella
herb [ɜːrb] hierba *f*
herb(·al) '**tea** ['ɜːrb(əl)] infusión *f*
herd [hɜːrd] *n* rebaño *m*; *of elephants* manada *f*
here [hɪr] *adv* aquí; ***over ~*** aquí; ***~'s to you!*** *as toast* ¡a tu salud!; ***~ you are*** *giving sth* ¡aquí tienes!; ***~ we are!*** *finding sth* ¡aquí está!
he·red·i·ta·ry [hə'redɪterɪ] *adj disease* hereditario
he·red·i·ty [hə'redɪtɪ] herencia *f*
her·i·tage ['herɪtɪdʒ] patrimonio *m*
her·mit ['hɜːrmɪt] ermitaño(-a) *m*(*f*)
her·ni·a ['hɜːrnɪə] MED hernia *f*
he·ro ['hɪroʊ] héroe *m*
he·ro·ic [hɪ'roʊɪk] *adj* heroico
he·ro·i·cal·ly [hɪ'roʊɪklɪ] *adv* heroicamente
her·o·in ['heroʊɪn] heroína *f*
'**her·o·in ad·dict** heroinómano(-a) *m*(*f*)
her·o·ine ['heroʊɪn] heroína *f*
her·o·ism ['heroʊɪzm] heroísmo *m*
her·on ['herən] garza *f*
her·pes ['hɜːrpiːz] MED herpes *m*
her·ring ['herɪŋ] arenque *m*
hers [hɜːrz] *pron* el suyo, la suya; **~ *are red*** los suyos son rojos; ***that book is ~*** ese libro es suyo; ***a cousin of ~*** un primo suyo
her·self [hɜːr'self] *pron reflexive* se; *emphatic* ella misma; ***she hurt ~*** se hizo daño; ***when she saw ~ in the mirror*** cuando se vio en el espejo; ***she saw it ~*** lo vio ella misma; ***by ~*** (*alone*) sola; (*without help*) ella sola, ella misma
hes·i·tant ['hezɪtənt] *adj* indeciso
hes·i·tant·ly ['hezɪtəntlɪ] *adv* con indecisión
hes·i·tate ['hezɪteɪt] *v/i* dudar, vacilar
hes·i·ta·tion [hezɪ'teɪʃn] vacilación *f*
het·er·o·sex·u·al [hetəroʊ'sekʃʊəl] *adj* heterosexual
hey·day ['heɪdeɪ] apogeo *m*
hi [haɪ] *int* ¡hola!
hi·ber·nate ['haɪbərneɪt] *v/i* hibernar
hic·cup ['hɪkʌp] *n* hipo *m*; (*minor problem*) tropiezo *m*, traspié *m*; ***have the ~s*** tener hipo
hick [hɪk] *pej* F palurdo(-a) *m*(*f*) F, pueblerino(-a) *m*(*f*) F
'**hick town** *pej* F ciudad *f* provinciana
hid [hɪd] *pret* → ***hide***
hid·den ['hɪdn] **1** *adj meaning, treasure* oculto **2** *pp* → ***hide***
hid·den a'gen·da *fig* objetivo *m* secreto
hide[1] [haɪd] **1** *v/t* (*pret* ***hid***, *pp* ***hidden***) esconder **2** *v/i* (*pret* ***hid***, *pp* ***hidden***) esconderse

hide[2] *n of animal* piel *f*
hide-and-'seek escondite *m*
'hide·a·way escondite *m*
hid·e·ous ['hɪdɪəs] *adj* espantoso, horrendo; *person* repugnante
hid·ing[1] ['haɪdɪŋ] (*beating*) paliza *f*
hid·ing[2] ['haɪdɪŋ]: ***be in ~*** estar escondido; ***go into ~*** esconderse
'hid·ing place escondite *m*
hi·er·ar·chy ['haɪrɑːrkɪ] jerarquía *f*
hi-fi ['haɪfaɪ] equipo *m* de alta fidelidad
high [haɪ] **1** *adj* alto; *wind* fuerte; (*on drugs*) colocado P; ***have a very ~ opinion of*** tener muy buena opinión de; ***it is ~ time you understood*** ya va siendo hora de que entiendas **2** *n* MOT directa *f*; *in statistics* máximo *m*; EDU escuela *f* secundaria, *Span* instituto *m* **3** *adv*: ***~ in the sky*** en lo alto; ***that's as ~ as we can go*** eso es lo máximo que podemos ofrecer
'high·brow *adj* intelectual; **'high·chair** trona *f*; **high-'class** *adj* de categoría; **high 'div·ing** salto *m* de trampolín; **high-'fre·quen·cy** *adj* de alta frecuencia; **high-'grade** *adj* de calidad superior; **high-hand·ed** [haɪ'hændɪd] *adj* despótico; **high-heeled** [haɪ'hiːld] *adj* de tacón alto; **'high jump** salto *m* de altura; **high-'lev·el** *adj* de alto nivel; **'high life** buena vida *f*; **'high·light 1** *n* (*main event*) momento *m* cumbre; *in hair* reflejo *m* **2** *v/t with pen* resaltar; COMPUT seleccionar, resaltar; **'high·light·er** *pen* fluorescente *m*
high·ly ['haɪlɪ] *adv desirable, likely* muy; ***be ~ paid*** estar muy bien pagado; ***think ~ of s.o.*** tener una buena opinión de alguien
high per'form·ance *adj drill, battery* de alto rendimiento; **high-pitched** [haɪ'pɪtʃt] *adj* agudo; **'high point** *of life, career* punto *m* culminante; **high-pow·ered** [haɪ'paʊərd] *adj engine* potente; *intellectual* de alto(s) vuelo(s); *salesman* enérgico; **high 'pres·sure 1** *n weather* altas presiones *fpl* **2** *adj* TECH a gran presión; *salesman* agresivo; *job, lifestyle* muy estresante; **high 'priest** sumo sacerdote *m*; **'high school** escuela *f* secundaria, *Span* instituto *m*; **high so'ci·e·ty** alta sociedad *f*; **high-speed 'train** tren *m* de alta velocidad; **high-'strung** *adj* muy nervioso; **high 'tech 1** *n* alta *f* tecnología **2** *adj* de alta tecnología; **high 'tide** marea *f* alta; **high 'wa·ter**: ***at ~*** con la marea alta; **'high·way** autopista *f*; **'high wire** *in circus* cuerda *f* floja
hi·jack ['haɪdʒæk] **1** *v/t plane, bus* secuestrar **2** *n of plane, bus* secuestro *m*
hi·jack·er ['haɪdʒækər] *of plane, bus* secuestrador(a) *m(f)*
hike[1] [haɪk] **1** *n* caminata *f* **2** *v/i* caminar
hike[2] [haɪk] *n in prices* subida *f*
hik·er ['haɪkər] senderista *m/f*
hik·ing ['haɪkɪŋ] senderismo *m*
'hik·ing boots *npl* botas *fpl* de senderismo
hi·lar·i·ous [hɪ'lerɪəs] *adj* divertidísimo, graciosísimo
hill [hɪl] colina *f*; (*slope*) cuesta *f*
hill·bil·ly ['hɪlbɪlɪ] F *rústico montañés*; **'hill·side** ladera *f*; **'hill·top** cumbre *f*
hill·y ['hɪlɪ] *adj* con colinas
hilt [hɪlt] puño *m*
him [hɪm] *pron direct object* lo; *indirect object* le; *after prep* él; ***I know ~*** lo conozco; ***I gave ~ the keys*** le di las llaves; ***I sold it to ~*** se lo vendí; ***this is for ~*** esto es para él; ***who do you mean? – ~*** ¿a quién te refieres? – a él
him·self [hɪm'self] *pron reflexive* se; *emphatic* él mismo; ***he hurt ~*** se hizo daño; ***when he saw ~ in the mirror*** cuando se vio en el espejo; ***he saw it ~*** lo vio él mismo; ***by ~*** (*alone*) solo; (*without help*) él solo, él mismo
hind [haɪnd] *adj* trasero
hin·der ['hɪndər] *v/t* obstaculizar, entorpecer
hin·drance ['hɪndrəns] estorbo *m*, obstáculo *m*
hind·sight ['haɪndsaɪt]: ***with ~*** a posteriori

H

hinge [hɪndʒ] *n* bisagra *f*
♦**hinge on** *v/t* depender de
hint [hɪnt] *n* (*clue*) pista *f*; (*piece of advice*) consejo *m*; (*implied suggestion*) indirecta *f*; *of red, sadness etc* rastro *m*
hip [hɪp] *n* cadera *f*
hip 'pock•et bolsillo *m* trasero
hip•po•pot•a•mus [hɪpə'pɑːtəməs] hipopótamo *m*
hire [haɪr] *v/t* alquilar
his [hɪz] **1** *adj* su; **~ *ticket*** su entrada; **~ *books*** sus libros **2** *pron* el suyo, la suya; **~ *are red*** los suyos son rojos; ***that ticket is*** **~** esa entrada es suya; ***a cousin of*** **~** un primo suyo
His•pan•ic [hɪ'spænɪk] **1** *n* hispano(-a) *m*(*f*) **2** *adj* hispano, hispánico
hiss [hɪs] *v/i of snake, audience* silbar
his•to•ri•an [hɪ'stɔːrɪən] historiador(a) *m*(*f*)
his•tor•ic [hɪ'stɑːrɪk] *adj* histórico
his•tor•i•cal [hɪ'stɑːrɪkl] *adj* histórico
his•to•ry ['hɪstərɪ] historia *f*
hit [hɪt] **1** *v/t* (*pret & pp* ***hit***) golpear; (*collide with*) chocar contra; ***he was*** **~** ***by a bullet*** le alcanzó una bala; ***it suddenly*** **~** ***me*** (*I realized*) de repente me di cuenta; **~** ***town*** (*arrive*) llegar a la ciudad **2** *n* (*blow*) golpe *m*; MUS, (*success*) éxito *m*
♦**hit back** *v/i physically* devolver el golpe; *verbally, with actions* responder
♦**hit on** *v/t idea* dar con; (*flirt with*) intentar ligar con
♦**hit out at** *v/t* (*criticize*) atacar
hit-and-run *adj*: **~** ***accident*** *accidente en el que el vehículo causante se da a la fuga*
hitch [hɪtʃ] **1** *n* (*problem*) contratiempo *m*; ***without a*** **~** sin ningún contratiempo **2** *v/t* (*fix*) enganchar; **~** ***a ride*** hacer autoestop **3** *v/i* (*hitch-hike*) hacer autoestop
♦**hitch up** *v/t wagon, trailer* enganchar
'hitch•hike *v/i* hacer autoestop; **'hitch•hik•er** autoestopista *m/f*; **'hitch•hik•ing** autoestop *m*
hi-'tech 1 *n* alta tecnología *f* **2** *adj* de alta tecnología
'hit•list lista *f* de blancos; **'hit•man** asesino *m* a sueldo; **hit-or-'miss** *adj* a la buena ventura; **'hit squad** grupo *m* de intervención especial
HIV [eɪtʃaɪ'viː] *abbr* (= ***human immunodeficiency virus***) VIH *m* (= virus *m inv* de la inmunodeficiencia humana)
hive [haɪv] *for bees* colmena *f*
♦**hive off** *v/t* COM (*separate off*) desprenderse de
HIV-'pos•i•tive *adj* seropositivo
hoard [hɔːrd] **1** *n* reserva *f* **2** *v/t* hacer acopio de; *money* acumular
hoard•er ['hɔːrdər] acaparador(a) *m*(*f*)
hoarse [hɔːrs] *adj* ronco
hoax [hoʊks] *n* bulo *m*, engaño *m*; ***bomb*** **~** amenaza *f* falsa de bomba
hob•ble ['hɑːbl] *v/i* cojear
hob•by ['hɑːbɪ] hobby *m*, afición *f*
ho•bo ['hoʊboʊ] F vagabundo(-a) *m*(*f*)
hock•ey ['hɑːkɪ] (*ice* ~) hockey *m* sobre hielo
hog [hɑːg] *n* (*pig*) cerdo *m*, *L.Am.* chancho *m*
hoist [hɔɪst] **1** *n* montacargas *m inv*; *manual* elevador *m* **2** *v/t* (*lift*) levantar, subir; *flag* izar
ho•kum ['hoʊkəm] F (*nonsense*) tonterías *fpl*; (*sentimental stuff*) cursilería *f*
hold [hoʊld] **1** *v/t* (*pret & pp* ***held***) *in hand* llevar; (*support, keep in place*) sostener; *passport, license* tener; *prisoner, suspect* retener; (*contain*) contener; *job, post* ocupar; *course* mantener; **~** ***my hand*** dame la mano; **~** ***one's breath*** aguantar la respiración; ***he can*** **~** ***his drink*** sabe beber; **~** ***s.o. responsible*** hacer a alguien responsable; **~** ***that ...*** (*believe, maintain*) mantener que ...; **~** ***the line, please*** TELEC espere, por favor **2** *n in ship, plane* bodega *f*; ***take*** **~** ***of sth*** agarrar algo; ***lose one's*** **~** ***on sth*** *on rope* soltar algo; *on reality* perder el contacto con

algo
♦**hold against** *v/t*: ***hold sth against s.o.*** tener algo contra alguien
♦**hold back** **1** *v/t crowds* contener; *facts, information* guardar **2** *v/i* (*not tell all*): ***I'm sure he's holding back*** estoy seguro de que no dice todo lo que sabe
♦**hold on** *v/i* (*wait*) esperar; ***now hold on a minute!*** ¡un momento!
♦**hold on to** *v/t* (*keep*) guardar; *belief* aferrarse a
♦**hold out 1** *v/t hand* tender; *prospect* ofrecer **2** *v/i of supplies* durar; (*survive*) resistir, aguantar
♦**hold up** *v/t hand* levantar; *bank etc* atracar; (*make late*) retrasar; ***I was held up by the traffic*** he llegado tarde por culpa del tráfico; ***hold s.o. up as an example*** poner a alguien como ejemplo
♦**hold with** *v/t* (*approve of*): ***I don't hold with that sort of behavior*** no me parece bien ese tipo de comportamiento
hold·er ['hoʊldər] (*container*) receptáculo *m*; *of passport, ticket etc* titular *m/f*; *of record* poseedor(a) *m*(*f*)
'**hold·ing com·pa·ny** holding *m*
'**hold·up** (*robbery*) atraco *m*; (*delay*) retraso *m*
hole [hoʊl] *in sleeve, wood, bag* agujero *m*; *in ground* hoyo *m*
hol·i·day ['hɑːlədeɪ] *single day* día *m* de fiesta; *Br: period* vacaciones *fpl*; ***take a ~*** tomarse vacaciones
Hol·land ['hɑːlənd] Holanda
hol·low ['hɑːloʊ] *adj object* hueco; *cheeks* hundido; *promise* vacío
hol·ly ['hɑːlɪ] acebo *m*
hol·o·caust ['hɑːləkɒːst] holocausto *m*
hol·o·gram ['hɑːləgræm] holograma *m*
hol·ster ['hoʊlstər] pistolera *f*
ho·ly ['hoʊlɪ] *adj* santo
Ho·ly 'Spir·it Espíritu *m* Santo
'**Ho·ly Week** Semana *f* Santa
home [hoʊm] **1** *n* casa *f*; (*native country*) tierra *f*; *for old people* residencia *f*; ***New York is my ~*** Nueva York es mi hogar; ***at ~*** *also* SP en casa; (*in country*) en mi / su / nuestra tierra; ***make yourself at ~*** ponte cómodo; ***at ~ and abroad*** en el país y en el extranjero; ***work from ~*** trabajar desde casa **2** *adv* a casa; ***go ~*** ir a casa; *to country* ir a mi / tu / su tierra; *to town, part of country* ir a mi / tu / su ciudad
'**home ad·dress** domicilio *m*; **home 'bank·ing** telebanca *f*, banca *f* electrónica; '**home·com·ing** vuelta *f* a casa; **home com'put·er** *Span* ordenador *m*, *L.Am.* computadora *f* doméstica; '**home game** partido *m* en casa
home·less ['hoʊmlɪs] **1** *adj* sin casa **2** *npl*: ***the ~*** los sin casa
'**home·lov·ing** *adj* hogareño
home·ly ['hoʊmlɪ] *adj* (*homeloving*) hogareño; (*not good-looking*) feúcho
home'made *adj* casero
home 'mov·ie película *f* casera
ho·me·op·a·thy [hoʊmɪ'ɑːpəθɪ] homeopatía *f*
'**home page** *web site* página *f* personal; *on web site* página *f* inicial; '**home·sick** *adj* nostálgico; ***be ~*** tener morriña; '**home town** ciudad *f* natal
home·ward ['hoʊmwərd] *adv to own house* a casa; *to own country* a mi / tu / su país
'**home·work** EDU deberes *mpl*
'**home·work·ing** COM teletrabajo *m*
hom·i·cide ['hɑːmɪsaɪd] *crime* homicidio *m*; *police department* brigada *f* de homicidios
hom·o·graph ['hɑːməgræf] homógrafo *m*
ho·mo·pho·bi·a [hɑːmə'foʊbɪə] homofobia *f*
ho·mo·sex·u·al [hɑːmə'sekʃʊəl] **1** *adj* homosexual **2** *n* homosexual *m/f*
Hon·du·ran [hɑːn'dʊrən] **1** *adj* hondureño **2** *n* hondureño(-a) *m*(*f*)
Hon·du·ras [hɑːn'dʊrəs] *n* Honduras
hon·est ['ɑːnɪst] *adj* honrado
hon·est·ly ['ɑːnɪstlɪ] *adv* honrada-

mente; *~!* ¡desde luego!
hon·es·ty ['ɑːnɪstɪ] honradez *f*
hon·ey ['hʌnɪ] miel *f*; F (*darling*) cariño *m*, vida *f* mía
'**hon·ey·comb** panal *m*
'**hon·ey·moon** *n* luna *f* de miel
honk [hɑːŋk] *v/t horn* tocar
hon·or ['ɑːnər] **1** *n* honor *m* **2** *v/t* honrar
hon·or·a·ble ['ɑːnrəbl] *adj* honorable
hon·our *etc Br* → ***honor*** *etc*
hood [hʊd] *over head* capucha *f*; *over cooker* campana *f* extractora; MOT capó *m*; F (*gangster*) matón(-ona) *m*(*f*)
hood·lum ['huːdləm] matón(-ona) *m*(*f*)
hoof [huːf] casco *m*
hook [hʊk] gancho *m*; *to hang clothes on* colgador *m*; *for fishing* anzuelo *m*; ***off the ~*** TELEC descolgado
hooked [hʊkt] *adj* enganchado (***on*** a)
hook·er ['hʊkər] F fulana *f* F
hook·y ['hʊkɪ] F: ***play ~*** hacer novillos, *Mex* irse de pinta, *S.Am.* hacerse la rabona
hoo·li·gan ['huːlɪgən] gamberro(-a) *m*(*f*)
hoo·li·gan·ism ['huːlɪgənɪzm] gamberrismo *m*
hoop [huːp] aro *m*
hoot [huːt] **1** *v/t horn* tocar **2** *v/i of car* dar bocinazos; *of owl* ulular
hop[1] [hɑːp] *n plant* lúpulo *m*
hop[2] [hɑːp] *v/i* (*pret & pp* ***-ped***) saltar
hope [hoʊp] **1** *n* esperanza *f* **2** *v/i* esperar; ***~ for sth*** esperar algo; ***we all ~ for peace*** todos ansiamos la paz; ***I ~ so*** eso espero; ***I ~ not*** espero que no **3** *v/t*: ***I ~ you like it*** espero que te guste
hopeful ['hoʊpfəl] *adj* prometedor; ***I'm ~ that ...*** espero que ...
hope·ful·ly ['hoʊpfəlɪ] *adv say, wait* esperanzadamente; ***~ he hasn't forgotten*** esperemos que no se haya olvidado
hope·less ['hoʊplɪs] *adj position, prospect* desesperado; (*useless: person*) inútil
ho·ri·zon [hə'raɪzn] horizonte *m*
hor·i·zon·tal [hɑːrɪ'zɑːntl] *adj* horizontal
hor·mone ['hɔːrmoʊn] hormona *f*
horn [hɔːrn] *of animal* cuerno *m*; MOT bocina *f*, claxon *m*
hor·net ['hɔːrnɪt] avispón *m*
horn-rimmed 'spec·ta·cles ['hɔːrnrɪmd] *npl* gafas *fpl* de concha
horn·y ['hɔːrnɪ] *adj* F *sexually* cachondo F
hor·o·scope ['hɑːrəskoʊp] horóscopo *m*
hor·ri·ble ['hɑːrɪbl] *adj* horrible; *person* muy antipático
hor·ri·fy ['hɑːrɪfaɪ] *v/t* (*pret & pp* ***-ied***) horrorizar; ***I was horrified*** me quedé horrorizado
hor·ri·fy·ing ['hɑːrɪfaɪɪŋ] *adj* horroroso
hor·ror ['hɑːrər] horror *m*
'**hor·ror mov·ie** película *f* de terror
hors d'œu·vre [ɔːr'dɜːrv] entremés *m*
horse [hɔːrs] caballo *m*
'**horse·back**: ***on ~*** a caballo; **horse 'chest·nut** castaño *m* de Indias; '**horse·pow·er** caballo *m* (de vapor); '**horse race** carrera *f* de caballos; '**horse·shoe** herradura *f*
hor·ti·cul·ture ['hɔːrtɪkʌltʃər] horticultura *f*
hose [hoʊz] *n* manguera *f*
hos·pice ['hɑːspɪs] hospital *m* para enfermos terminales
hos·pi·ta·ble [hɑː'spɪtəbl] *adj* hospitalario
hos·pi·tal ['hɑːspɪtl] hospital *m*; ***go into the ~*** ir al hospital
hos·pi·tal·i·ty [hɑːspɪ'tælətɪ] hospitalidad *f*
host [hoʊst] *n at party, reception* anfitrión *m*; *of TV program* presentador(a) *m*(*f*)
hos·tage ['hɑːstɪdʒ] rehén *m*; ***take s.o. ~*** tomar a alguien como rehén
'**hos·tage tak·er** *persona que toma rehenes*
hos·tel ['hɑːstl] *for students* residencia *f*; (*youth ~*) albergue *m*

hos·tess ['houstɪs] *at party, reception* anfitriona *f*; *on airplane* azafata *f*; *in bar* cabaretera *f*
hos·tile ['hɑːstl] *adj* hostil
hos·til·i·ty [hɑː'stɪlətɪ] *of attitude etc* hostilidad *f*; ***hostilities*** hostilidades *fpl*
hot [hɑːt] *adj weather* caluroso; *object, water, food* caliente; (*spicy*) picante; ***it's ~*** *of weather* hace calor; ***I'm ~*** tengo calor; ***she's pretty ~ at math*** F (*good*) es una fenómena con las matemáticas F
'hot dog perrito *m* caliente
ho·tel [hoʊ'tel] hotel *m*
'hot·plate placa *f*
'hot spot *military, political* punto *m* caliente
hour [aʊr] hora *f*
hour·ly ['aʊrlɪ] *adj*: ***at ~ intervals*** a intervalos de una hora; ***an ~ bus*** un autobús que pasa cada hora
house [haʊs] *n* casa *f*; ***at your ~*** en tu casa
'house·boat barco-vivienda *f*; **'house·break·ing** allanamiento *m* de morada; **'house·hold** hogar *m*; **house·hold 'name** nombre *m* conocido; **'house hus·band** amo *m* de casa; **'house·keep·er** ama *f* de llaves; **'house·keep·ing** *activity* tareas *fpl* domésticas; *money* dinero *m* para gastos domésticos; **House of Rep·re'sent·a·tives** *npl* Cámara *f* de Representantes; **house-warm·ing (par·ty)** ['haʊswɔːrmɪŋ] fiesta *f* de estreno de una casa; **'house·wife** ama *f* de casa; **'house·work** tareas *fpl* domésticas
hous·ing ['haʊzɪŋ] vivienda *f*; TECH cubierta *f*
'hous·ing con·di·tions *npl* condiciones *fpl* de la vivienda
hov·el ['hɑːvl] chabola *f*
hov·er ['hɑːvər] *v/i of bird* cernerse; *of helicopter* permanecer inmóvil en el aire
'hov·er·craft aerodeslizador *m*, hovercraft *m*
how [haʊ] *adv* cómo; ***~ are you?*** ¿cómo estás?; ***~ about ...?*** ¿qué te parece ...?; ***~ about a drink?*** ¿te apetece tomar algo?; ***~ much?*** ¿cuánto?; ***~ much is it?*** *cost* ¿cuánto vale *or* cuesta?; ***~ many?*** ¿cuántos?; ***~ often?*** ¿con qué frecuencia?; ***~ funny / sad!*** ¡qué divertido / triste!
how'ev·er *adv* sin embargo; ***~ big / rich / small they are*** independientemente de lo grandes / ricos / pequeños que sean
howl [haʊl] *v/i of dog* aullido *m*; *of person in pain* alarido *m*; *with laughter* risotada *f*
hub [hʌb] *of wheel* cubo *m*
'hub·cap tapacubos *m inv*
♦**hud·dle together** ['hʌdl] *v/i* apiñarse, acurrucarse
hue [hjuː] tonalidad *f*
huff [hʌf]: ***be in a ~*** estar enfurruñado
hug [hʌg] *v/t* (*pret & pp* ***-ged***) abrazar
huge [hjuːdʒ] *adj* enorme
hull [hʌl] *of ship* casco *m*
hul·la·ba·loo [hʌləbə'luː] alboroto *m*
hum [hʌm] (*pret & pp* ***-med***) **1** *v/t song, tune* tararear **2** *v/i of person* tararear; *of machine* zumbar
hu·man ['hjuːmən] **1** *n* humano *m* **2** *adj* humano; ***~ error*** error *m or* fallo *m* humano
hu·man 'be·ing ser *m* humano
hu·mane [hjuː'meɪn] *adj* humano
hu·man·i·tar·i·an [hjuːmænɪ'terɪən] *adj* humanitario
hu·man·i·ty [hjuː'mænətɪ] humanidad *f*
hu·man 'race raza *f* humana
hu·man re'sources *npl* recursos *mpl* humanos
hum·ble ['hʌmbl] *adj* humilde
hum·drum ['hʌmdrʌm] *adj* monótono, anodino
hu·mid ['hjuːmɪd] *adj* húmedo
hu·mid·i·fi·er [hjuː'mɪdɪfaɪr] humidificador *m*
hu·mid·i·ty [hjuː'mɪdətɪ] humedad *f*
hu·mil·i·ate [hjuː'mɪlɪeɪt] *v/t* humillar
hu·mil·i·at·ing [hjuː'mɪlɪeɪtɪŋ] *adj*

humillante
hu•mil•i•a•tion [hju:mılı'eıʃn] humillación *f*
hu•mil•i•ty [hju:'mılətı] humildad *f*
hu•mor ['hju:mər] humor *m*; ***sense of ~*** sentido *m* del humor
hu•mor•ous ['hju:mərəs] *adj* gracioso
hu•mour *Br* → ***humor***
hump [hʌmp] **1** *n of camel, person* joroba *f*; *on road* bache *m* **2** *v/t* F (*carry*) acarrear
hunch [hʌntʃ] *n* (*idea*) presentimiento *m*, corazonada *f*
hun•dred ['hʌndrəd] cien *m*; ***a ~ dollars*** cien dólares; ***~s of birds*** cientos *or* centenares de aves; ***a ~ and one*** ciento uno; ***two ~*** doscientos
hun•dredth ['hʌndrədθ] *n & adj* centésimo
'hun•dred•weight *43 kilogramos*
hung [hʌŋ] *pret & pp* → ***hang***
Hun•gar•i•an [hʌŋ'gerıən] **1** *adj* húngaro **2** *n person* húngaro(-a) *m*(*f*); *language* húngaro *m*
Hun•ga•ry ['hʌŋgərı] Hungría
hun•ger ['hʌŋgər] *n* hambre *f*
hung-'o•ver *adj*: ***be ~*** tener resaca
hun•gry ['hʌŋgrı] *adj* hambriento; ***I'm ~*** tengo hambre
hunk [hʌŋk] cacho *m*, pedazo *m*; F *man* cachas *m inv* F
hun•ky-dor•y [hʌŋkı'dɔ:rı] *adj* F: ***everything's ~*** todo va de perlas
hunt [hʌnt] **1** *n* caza *f*, búsqueda *f* **2** *v/t animal* cazar
♦ **hunt for** *v/t* buscar
hunt•er ['hʌntər] cazador(a) *m*(*f*)
hunt•ing ['hʌntıŋ] caza *f*
hur•dle ['hɜ:rdl] SP valla *f*; *fig* obstáculo *m*
hur•dler ['hɜ:rdlər] SP vallista *m/f*
hur•dles *npl* SP vallas *fpl*
hurl [hɜ:rl] *v/t* lanzar
hur•ray [hʊ'reı] *int* ¡hurra!
hur•ri•cane ['hʌrıkən] huracán *m*
hur•ried ['hʌrıd] *adj* apresurado
hur•ry ['hʌrı] **1** *n* prisa *f*; ***be in a ~*** tener prisa **2** *v/i* (*pret & pp* ***-ied***) darse prisa
♦ **hurry up 1** *v/i* darse prisa; ***hurry up!*** ¡date prisa! **2** *v/t* meter prisa a
hurt [hɜ:rt] **1** *v/i* (*pret & pp* ***hurt***) doler; ***does it ~?*** ¿te duele? **2** *v/t* (*pret & pp* ***hurt***) *physically* hacer daño a; *emotionally* herir; ***I've ~ my hand*** me he hecho daño en la mano; ***did he ~ you?*** ¿te hizo daño?
hus•band ['hʌzbənd] marido *m*
hush [hʌʃ] *n* silencio *m*; ***~!*** ¡silencio!
♦ **hush up** *v/t scandal etc* acallar
husk [hʌsk] *of peanuts etc* cáscara *f*
hus•ky ['hʌskı] *adj voice* áspero
hus•tle ['hʌsl] **1** *n* agitación *f*; ***~ and bustle*** ajetreo *m* **2** *v/t person* empujar
hut [hʌt] cabaña *f*, refugio *m*; *workman's* cobertizo *m*
hy•a•cinth ['haıəsınθ] jacinto *m*
hy•brid ['haıbrıd] *n* híbrido *m*
hy•drant ['haıdrənt] boca *f* de riego *or* de incendios
hy•draul•ic [haı'drɒ:lık] *adj* hidráulico
hy•dro•e'lec•tric [haıdrouı'lektrık] *adj* hidroeléctrico
'hy•dro•foil ['haıdrəfɔıl] *boat* hidroplaneador *m*
hy•dro•gen ['haıdrədʒən] hidrógeno *m*
'hy•dro•gen bomb bomba *f* de hidrógeno
hy•giene ['haıdʒi:n] higiene *f*
hy•gien•ic [haı'dʒi:nık] *adj* higiénico
hymn [hım] himno *m*
hype [haıp] *n* bombo *m*
hy•per•ac•tive [haıpər'æktıv] *adj* hiperactivo
hy•per•sen•si•tive [haıpər'sensıtıv] *adj* hipersensible
hy•per•ten•sion [haıpər'tenʃn] hipertensión *f*
hy•per•text ['haıpərtekst] COMPUT hipertexto *m*
hy•phen ['haıfn] guión *m*
hyp•no•sis [hıp'nousıs] hipnosis *f*
hyp•no•ther•a•py [hıpnou'θerəpı] hipnoterapia *f*
hyp•no•tize ['hıpnətaız] *v/t* hipnotizar
hy•po•chon•dri•ac [haıpə'ka:ndrıæk] *n* hipocondríaco(-a) *m*(*f*)

H

hy·poc·ri·sy [hɪ'pɑːkrəsɪ] hipocresía *f*
hyp·o·crite ['hɪpəkrɪt] hipócrita *m/f*
hyp·o·crit·i·cal [hɪpə'krɪtɪkl] *adj* hipócrita
hy·po·ther·mi·a [haɪpoʊ'θɜːrmɪə] hipotermia *f*
hy·poth·e·sis [haɪ'pɑːθəsɪs] (*pl* ***hypotheses*** [haɪ'pɑːθəsiːz]) hipótesis *f inv*
hy·po·thet·i·cal [haɪpə'θetɪkl] *adj* hipotético
hys·ter·ec·to·my [hɪstə'rektəmɪ] histerectomía *f*
hys·te·ri·a [hɪ'stɪrɪə] histeria *f*
hys·ter·i·cal [hɪ'sterɪkl] *adj person, laugh* histérico; F (*very funny*) tronchante F; ***become ~*** ponerse histérico
hys·ter·ics [hɪ'sterɪks] *npl* ataque *f* de histeria; (*laughter*) ataque *f* de risa

I

I [aɪ] *pron* yo; ***~ am English / a student*** soy inglés / estudiante; ***you're crazy, ~'m not*** tú estás loco, yo no
ice [aɪs] *in drink, on road* hielo *m*; ***break the ~*** *fig* romper el hielo
♦ **ice up** *v/i of engine, wings* helarse
ice·berg ['aɪsbɜːrg] iceberg *m*; **'ice·box** nevera *f*, *Rpl* heladera *f*; **'ice·break·er** *ship* rompehielos *m inv*; **'ice cream** helado *m*; **'ice cream par·lor**, *Br* **'ice cream par·lour** heladería *f*; **'ice cube** cubito *m* de hielo
iced [aɪst] *adj drink* helado
iced 'cof·fee café *m* helado
'ice hock·ey hockey *m* sobre hielo; **'ice rink** pista *f* de hielo; **'ice skate** patín *m* de cuchilla; **'ice skat·ing** patinaje *m* sobre hielo
i·ci·cle ['aɪsɪkl] carámbano *m*
i·con ['aɪkɑːn] *also* COMPUT icono *m*
i·cy ['aɪsɪ] *adj road* con hielo; *surface* helado; *welcome* frío
ID [aɪ'diː] *abbr* (= ***identity***) documentación *f*; ***you got any ~ on you?*** ¿lleva algún tipo de documentación?
i·dea [aɪ'diːə] idea *f*; ***good ~!*** ¡buena idea!; ***I have no ~*** no tengo ni idea; ***it's not a good ~ to …*** no es buena idea …
i·deal [aɪ'diːəl] *adj* (*perfect*) ideal
i·deal·is·tic [aɪdiːə'lɪstɪk] *adj* idealista
i·deal·ly [aɪ'diːəlɪ] *adv*: ***~ situated*** en una posición ideal; ***~, we would do it like this*** lo ideal sería que lo hiciéramos así
i·den·ti·cal [aɪ'dentɪkl] *adj* idéntico
i·den·ti·fi·ca·tion [aɪdentɪfɪ'keɪʃn] identificación *f*; *papers etc* documentación *f*
i·den·ti·fy [aɪ'dentɪfaɪ] *v/t* (*pret & pp* ***-ied***) identificar
i·den·ti·ty [aɪ'dentətɪ] identidad *f*; ***~ card*** carné *m* de identidad
i·de·o·log·i·cal [aɪdɪə'lɑːdʒɪkl] *adj* ideológico
i·de·ol·o·gy [aɪdɪ'ɑːlədʒɪ] ideología *f*
id·i·om ['ɪdɪəm] (*saying*) modismo *m*
id·i·o·mat·ic [ɪdɪə'mætɪk] *adj natural* natural
id·i·o·syn·cra·sy [ɪdɪə'sɪŋkrəsɪ] peculiaridad *f*, rareza *f*
id·i·ot ['ɪdɪət] idiota *m/f*, estúpido(-a) *m/f*
id·i·ot·ic [ɪdɪ'ɑːtɪk] *adj* idiota, estúpido
i·dle ['aɪdl] **1** *adj not working* desocupado; (*lazy*) vago; *threat* vano; *machinery* inactivo **2** *v/i of engine* funcionar al ralentí

♦ **idle away** *v/t the time etc* pasar ociosamente
i•dol ['aɪdl] ídolo *m*
i•dol•ize ['aɪdəlaɪz] *v/t* idolatrar
i•dyl•lic [ɪ'dɪlɪk] *adj* idílico
if [ɪf] *conj* si; ***~ only I hadn't shouted at her*** ojalá no le hubiera gritado
ig•nite [ɪg'naɪt] *v/t* inflamar
ig•ni•tion [ɪg'nɪʃn] *in car* encendido *m*; ***~ key*** llave *m* de contacto
ig•no•rance ['ɪgnərəns] ignorancia *f*
ig•no•rant ['ɪgnərənt] *adj* ignorante; (*rude*) maleducado; ***be ~ of sth*** desconocer *or* ignorar algo
ig•nore [ɪg'nɔːr] *v/t* ignorar; COMPUT omitir
ill [ɪl] *adj* enfermo; ***fall ~, be taken ~*** caer enfermo; ***feel ~ at ease*** no sentirse a gusto, sentirse incómodo
il•le•gal [ɪ'liːgl] *adj* ilegal
il•le•gi•ble [ɪ'ledʒəbl] *adj* ilegible
il•le•git•i•mate [ɪlɪ'dʒɪtɪmət] *adj child* ilegítimo
ill-fat•ed [ɪl'feɪtɪd] *adj* infortunado
il•li•cit [ɪ'lɪsɪt] *adj* ilícito
il•lit•e•rate [ɪ'lɪtərət] *adj* analfabeto
ill-man•nered [ɪl'mænərd] *adj* maleducado
ill-na•tured [ɪl'neɪʧərd] *adj* malhumorado
ill•ness ['ɪlnɪs] enfermedad *f*
il•log•i•cal [ɪ'lɑːdʒɪkl] *adj* ilógico
ill-tem•pered [ɪl'tempərd] *adj* malhumorado
ill'treat *v/t* maltratar
il•lu•mi•nate [ɪ'luːmɪneɪt] *v/t building etc* iluminar
il•lu•mi•nat•ing [ɪ'luːmɪneɪtɪŋ] *adj remarks etc* iluminador, esclarecedor
il•lu•sion [ɪ'luːʒn] ilusión *f*
il•lus•trate ['ɪləstreɪt] *v/t* ilustrar
il•lus•tra•tion [ɪlə'streɪʃn] ilustración *f*
il•lus•tra•tor [ɪlə'streɪtər] ilustrador(a) *m*(*f*)
ill 'will rencor *m*
im•age ['ɪmɪdʒ] imagen *f*; ***he's the ~ of his father*** es la viva imagen de su padre
'im•age-con•scious *adj* preocupado por la imagen
i•ma•gi•na•ble [ɪ'mædʒɪnəbl] *adj* imaginable; ***the smallest size ~*** la talla más pequeña que se pueda imaginar
i•ma•gi•na•ry [ɪ'mædʒɪnərɪ] *adj* imaginario
i•ma•gi•na•tion [ɪmædʒɪ'neɪʃn] imaginación *f*; ***it's all in your ~*** son imaginaciones tuyas
i•ma•gi•na•tive [ɪ'mædʒɪnətɪv] *adj* imaginativo
i•ma•gine [ɪ'mædʒɪn] *v/t* imaginar, imaginarse; ***I can just ~ it*** me lo imagino; ***you're imagining things*** son imaginaciones tuyas
im•be•cile ['ɪmbəsiːl] imbécil *m/f*
IMF [aɪem'ef] *abbr* (= ***International Monetary Fund***) FMI *m* (= Fondo *m* Monetario Internacional)
im•i•tate ['ɪmɪteɪt] *v/t* imitar
im•i•ta•tion [ɪmɪ'teɪʃn] imitación *f*; ***learn by ~*** aprender imitando
im•mac•u•late [ɪ'mækjʊlət] *adj* inmaculado
im•ma•te•ri•al [ɪmə'tɪrɪəl] *adj* (*not relevant*) irrelevante
im•ma•ture [ɪmə'ʧʊər] *adj* inmaduro
im•me•di•ate [ɪ'miːdɪət] *adj* inmediato; ***the ~ family*** los familiares más cercanos; ***in the ~ neighborhood*** en las inmediaciones
im•me•di•ate•ly [ɪ'miːdɪətlɪ] *adv* inmediatamente; ***~ after the bank / church*** justo después del banco / la iglesia
im•mense [ɪ'mens] *adj* inmenso
im•merse [ɪ'mɜːrs] *v/t* sumergir; ***~ o.s. in*** sumergirse en
im•mer•sion heat•er [ɪ'mɜːrʃn] calentador *m* de agua eléctrico
im•mi•grant ['ɪmɪgrənt] *n* inmigrante *m/f*
im•mi•grate ['ɪmɪgreɪt] *v/i* inmigrar
im•mi•gra•tion [ɪmɪ'greɪʃn] inmigración *f*; ***Immigration*** *government department* (Departamento *m* de) Inmigración *f*
im•mi•nent ['ɪmɪnənt] *adj* inminente
im•mo•bi•lize [ɪ'moʊbɪlaɪz] *v/t factory* paralizar; *person, car* inmovi-

lizar

im·mo·bi·liz·er [ɪ'moʊbɪlaɪzər] *on car* inmovilizador *m*

im·mod·e·rate [ɪ'mɑːdərət] *adj* desmedido, exagerado

im·mor·al [ɪ'mɔːrəl] *adj* inmoral

im·mor·al·i·ty [ɪmɔː'rælɪtɪ] inmoralidad *f*

im·mor·tal [ɪ'mɔːrtl] *adj* inmortal

im·mor·tal·i·ty [ɪmɔːr'tælɪtɪ] inmortalidad *f*

im·mune [ɪ'mjuːn] *adj to illness, infection* inmune; *from ruling, requirement* con inmunidad

im'mune sys·tem MED sistema *m* inmunológico

im·mu·ni·ty [ɪ'mjuːnətɪ] inmunidad *f*

im·pact ['ɪmpækt] *n* impacto *m*; ***the warning had no ~ on him*** el aviso no le hizo cambiar lo más mínimo

im·pair [ɪm'per] *v/t* dañar

im·paired [ɪm'perd] *adj*: ***with ~ hearing / sight*** con problemas auditivos / visuales

im·par·tial [ɪm'pɑːrʃl] *adj* imparcial

im·pass·a·ble [ɪm'pæsəbl] *adj road* intransitable

im·passe ['ɪmpæs] *in negotations etc* punto *m* muerto

im·pas·sioned [ɪm'pæʃnd] *adj speech, plea* apasionado

im·pas·sive [ɪm'pæsɪv] *adj* impasible

im·pa·tience [ɪm'peɪʃəns] impaciencia *f*

im·pa·tient [ɪm'peɪʃənt] *adj* impaciente

im·pa·tient·ly [ɪm'peɪʃəntlɪ] *adv* impacientemente

im·peach [ɪm'piːtʃ] *v/t President* iniciar un proceso de destitución contra

im·pec·ca·ble [ɪm'pekəbl] *adj* impecable

im·pec·ca·bly [ɪm'pekəblɪ] *adv* impecablemente

im·pede [ɪm'piːd] *v/t* dificultar

im·ped·i·ment [ɪm'pedɪmənt] *in speech* defecto *m* del habla

im·pend·ing [ɪm'pendɪŋ] *adj* inminente

im·pen·e·tra·ble [ɪm'penɪtrəbl] *adj* impenetrable

im·per·a·tive [ɪm'perətɪv] **1** *adj* imprescindible **2** *n* GRAM imperativo *m*

im·per·cep·ti·ble [ɪmpɜːr'septɪbl] *adj* imperceptible

im·per·fect [ɪm'pɜːrfekt] **1** *adj* imperfecto **2** *n* GRAM imperfecto *m*

im·pe·ri·al [ɪm'pɪrɪəl] *adj* imperial

im·per·son·al [ɪm'pɜːrsənl] *adj* impersonal

im·per·so·nate [ɪm'pɜːrsəneɪt] *v/t as a joke* imitar; *illegally* hacerse pasar por

im·per·ti·nence [ɪm'pɜːrtɪnəns] impertinencia *f*

im·per·ti·nent [ɪm'pɜːrtɪnənt] *adj* impertinente

im·per·tur·ba·ble [ɪmpər'tɜːrbəbl] *adj* imperturbable

im·per·vi·ous [ɪm'pɜːrvɪəs] *adj*: ***~ to*** inmune a

im·pe·tu·ous [ɪm'petʃʊəs] *adj* impetuoso

im·pe·tus ['ɪmpɪtəs] *of campaign etc* ímpetu *m*

im·ple·ment 1 *n* ['ɪmplɪmənt] utensilio *m* **2** *v/t* ['ɪmplɪment] *measures etc* poner en práctica

im·pli·cate ['ɪmplɪkeɪt] *v/t* implicar; ***~ s.o. in sth*** implicar a alguien en algo

im·pli·ca·tion [ɪmplɪ'keɪʃn] consecuencia *f*; ***the ~ is that …*** implica que …

im·pli·cit [ɪm'plɪsɪt] *adj* implícito; *trust* inquebrantable

im·plore [ɪm'plɔːr] *v/t* implorar

im·ply [ɪm'plaɪ] *v/t* (*pret & pp* ***-ied***) implicar; ***are you ~ing I lied?*** ¿insinúas que mentí?

im·po·lite [ɪmpə'laɪt] *adj* maleducado

im·port ['ɪmpɔːrt] **1** *n* importación *f* **2** *v/t* importar

im·por·tance [ɪm'pɔːrtəns] importancia *f*

im·por·tant [ɪm'pɔːrtənt] *adj* importante

im·por·ter [ɪm'pɔːrtər] importador(a) *m*(*f*)

I

im·pose [ɪm'poʊz] *v/t tax* imponer; ~ ***o.s. on s.o.*** molestar a alguien
im·pos·ing [ɪm'poʊzɪŋ] *adj* imponente
im·pos·si·bil·i·ty [ɪmpɑːsɪ'bɪlɪtɪ] imposibilidad *f*
im·pos·si·ble [ɪm'pɑːsɪbəl] *adj* imposible
im·pos·tor [ɪm'pɑːstər] impostor(a) *m(f)*
im·po·tence ['ɪmpətəns] impotencia *f*
im·po·tent ['ɪmpətənt] *adj* impotente
im·pov·e·rished [ɪm'pɑːvərɪʃt] *adj* empobrecido
im·prac·ti·cal [ɪm'præktɪkəl] *adj* poco práctico
im·press [ɪm'pres] *v/t* impresionar; ***be ~ed by s.o.*** / ***sth*** quedar impresionado por alguien / algo; ***I'm not ~ed*** no me parece nada extraordinario
im·pres·sion [ɪm'preʃn] impresión *f*; (*impersonation*) imitación *f*; ***make a good*** / ***bad ~ on s.o.*** causar a alguien buena / mala impresión; ***I get the ~ that ...*** me da la impresión de que ...
im·pres·sion·a·ble [ɪm'preʃənəbl] *adj* influenciable
im·pres·sive [ɪm'presɪv] *adj* impresionante
im·print ['ɪmprɪnt] *n of credit card* impresión *f*
im·pris·on [ɪm'prɪzn] *v/t* encarcelar
im·pris·on·ment [ɪm'prɪznmənt] encarcelamiento *m*
im·prob·a·ble [ɪm'prɑːbəbəl] *adj* improbable
im·prop·er [ɪm'prɑːpər] *adj behavior* incorrecto
im·prove [ɪm'pruːv] *v/t & v/i* mejorar
im·prove·ment [ɪm'pruːvmənt] mejora *f*, mejoría *f*
im·pro·vise ['ɪmprəvaɪz] *v/i* improvisar
im·pu·dent ['ɪmpjʊdənt] *adj* insolente, desvergonzado
im·pulse ['ɪmpʌls] impulso *m*; ***do sth on an ~*** hacer algo impulsivamente
'im·pulse buy compra *f* impulsiva
im·pul·sive [ɪm'pʌlsɪv] *adj* impulsivo
im·pu·ni·ty [ɪm'pjuːnətɪ] impunidad *f*; ***with ~*** impunemente
im·pure [ɪm'pjʊr] *adj* impuro
in [ɪn] **1** *prep* ◊ en; ~ ***Washington*** en Washington; ~ ***the street*** en la calle; ***put it ~ your pocket*** méteteloen el bolsillo; ***wounded ~ the leg*** / ***arm*** herido en la pierna / el brazo ◊ ~ ***1999*** en 1999; ~ ***two hours*** *from now* dentro de dos horas; (*over period of*) en dos horas; ~ ***the morning*** por la mañana; ~ ***the summer*** en verano; ~ ***August*** en agosto ◊ ~ ***English*** / ***Spanish*** en inglés / español; ~ ***a loud voice*** en voz alta; ~ ***his style*** en su estilo; ~ ***yellow*** de amarillo ◊ ~ ***crossing the road*** (*while*) al cruzar la calle; ~ ***agreeing to this*** (*by virtue of*) al expresar acuerdo con esto ◊ ~ ***his novel*** en su novela; ~ ***Faulkner*** en Faulkner ◊ ***three ~ all*** tres en total; ***one ~ ten*** uno de cada diez **2** *adv*: ***is he ~?*** *at home* ¿está en casa?; ***is the express ~ yet?*** ¿ha llegado ya el expreso?; ***when the diskette is ~*** cuando el disquete está dentro; ~ ***here*** aquí dentro **3** *adj* (*fashionable, popular*) de moda
in·a·bil·i·ty [ɪnə'bɪlɪtɪ] incapacidad *f*
in·ac·ces·si·ble [ɪnək'sesɪbl] *adj* inaccesible
in·ac·cu·rate [ɪn'ækjʊrət] *adj* inexacto
in·ac·tive [ɪn'æktɪv] *adj* inactivo
in·ad·e·quate [ɪn'ædɪkwət] *adj* insuficiente
in·ad·vis·a·ble [ɪnəd'vaɪzəbl] *adj* poco aconsejable
in·an·i·mate [ɪn'ænɪmət] *adj* inanimado
in·ap·pro·pri·ate [ɪnə'proʊprɪət] *adj remark, thing to do* inadecuado, improcedente; *choice* inapropiado
in·ar·tic·u·late [ɪnɑːr'tɪkjʊlət] *adj*: ***be ~*** expresarse mal
in·au·di·ble [ɪn'ɒːdəbl] *adj* inaudible
in·au·gu·ral [ɪ'nɒːgjʊrəl] *adj speech* inaugural

in·au·gu·rate [ɪ'nɒːgjʊreɪt] *v/t* inaugurar
in·born ['ɪnbɔːrn] *adj* innato
in·breed·ing ['ɪnbriːdɪŋ] endogamia *f*
Inc. *abbr* (= ***Incorporated***) S.A. (= sociedad *f* anónima)
in·cal·cu·la·ble [ɪn'kælkjʊləbl] *adj damage* incalculable
in·ca·pa·ble [ɪn'keɪpəbl]] *adj* incapaz; ***be ~ of doing sth*** ser incapaz de hacer algo
in·cen·di·a·ry de'vice [ɪn'sendɪrɪ] artefacto *m* incendiario
in·cense[1] ['ɪnsens] *n* incienso *m*
in·cense[2] [ɪn'sens] *v/t* encolerizar
in·cen·tive [ɪn'sentɪv] incentivo *m*
in·ces·sant [ɪn'sesnt] *adj* incesante
in·ces·sant·ly [ɪn'sesntlɪ] *adv* incesantemente
in·cest ['ɪnsest] incesto *m*
inch [ɪntʃ] *n* pulgada *f*
in·ci·dent ['ɪnsɪdənt] incidente *m*
in·ci·den·tal [ɪnsɪ'dentl] *adj* sin importancia; ***~ expenses*** gastos *mpl* varios
in·ci·den·tal·ly [ɪnsɪ'dentlɪ] *adv* a propósito
in·cin·e·ra·tor [ɪn'sɪnəreɪtər] incinerador *m*
in·ci·sion [ɪn'sɪʒn] incisión *f*
in·ci·sive [ɪn'saɪsɪv] *adj* incisivo
in·cite [ɪn'saɪt] *v/t* incitar; ***~ s.o. to do sth*** incitar a alguien a que haga algo
in·clem·ent [ɪn'klemənt] *adj* inclemente
in·cli·na·tion [ɪnklɪ'neɪʃn] (*tendency, liking*) inclinación *f*
in·cline [ɪn'klaɪn] *v/t*: ***be ~d to do sth*** tender a hacer algo
in·close, in·clos·ure → ***enclose, enclosure***
in·clude [ɪn'kluːd] *v/t* incluir
in·clud·ing [ɪn'kluːdɪŋ] *prep* incluyendo
in·clu·sive [ɪn'kluːsɪv] **1** *adj price* total, global **2** *prep*: ***~ of*** incluyendo, incluido **3** *adv*: ***from Monday to Thursday ~*** de lunes al jueves, ambos inclusive; ***it costs $1000 ~*** cuesta 1.000 dólares todo incluido
in·co·her·ent *adj* incoherente
in·come ['ɪnkəm] ingresos *mpl*
'in·come tax impuesto *m* sobre la renta
in·com·ing ['ɪnkʌmɪŋ] *adj tide* que sube; ***~ flight*** vuelo *m* que llega; ***~ mail*** correo *m* recibido; ***~ calls*** llamadas *fpl* recibidas
in·com·pa·ra·ble [ɪn'kɑːmpərəbl] *adj* incomparable
in·com·pat·i·bil·i·ty [ɪnkəmpætɪ'bɪlɪtɪ] incompatibilidad *f*
in·com·pat·i·ble [ɪnkəm'pætɪbl] *adj* incompatible
in·com·pe·tence [ɪn'kɑːmpɪtəns] incompetencia *f*
in·com·pe·tent [ɪn'kɑːmpɪtənt] *adj* incompetente
in·com·plete [ɪnkəm'pliːt] *adj* incompleto
in·com·pre·hen·si·ble [ɪnkɑːmprɪ'hensɪbl] *adj* incomprensible
in·con·cei·va·ble [ɪnkən'siːvəbl] *adj* inconcebible
in·con·clu·sive [ɪnkən'kluːsɪv] *adj* no concluyente
in·con·gru·ous [ɪn'kɑːŋgrʊəs] *adj* incongruente
in·con·sid·er·ate [ɪnkən'sɪdərət] *adj* desconsiderado
in·con·sis·tent [ɪnkən'sɪstənt] *adj argument, behavior* incoherente, inconsecuente; *player* irregular; ***be ~ with sth*** no ser consecuente con algo
in·con·so·la·ble [ɪnkən'soʊləbl] *adj* inconsolable, desconsolado
in·con·spic·u·ous [ɪnkən'spɪkjʊəs] *adj* discreto
in·con·ve·ni·ence [ɪnkən'viːnɪəns] *n* inconveniencia *f*
in·con·ve·ni·ent [ɪnkən'viːnɪənt] *adj* inconveniente, inoportuno
in·cor·po·rate [ɪn'kɔːrpəreɪt] *v/t* incorporar
in·cor·po·rat·ed [ɪn'kɔːrpəreɪtɪd] *adj* COM: ***ABC Incorporated*** ABC, sociedad *f* anónima
in·cor·rect [ɪnkə'rekt] *adj* incorrecto
in·cor·rect·ly [ɪnkə'rektlɪ] *adv* incorrectamente

I

in·cor·ri·gi·ble [ɪn'kɑːrɪdʒəbl] *adj* incorregible
in·crease 1 *v/t & v/i* [ɪn'kriːs] aumentar **2** *n* ['ɪnkriːs] aumento *m*
in·creas·ing [ɪn'kriːsɪŋ] *adj* creciente
in·creas·ing·ly [ɪn'kriːsɪŋlɪ] *adv* cada vez más; ***we're getting ~ concerned*** cada vez estamos más preocupados
in·cred·i·ble [ɪn'kredɪbl] *adj* (*amazing, very good*) increíble
in·crim·i·nate [ɪn'krɪmɪneɪt] *v/t* incriminar; **~ *o.s.*** incriminarse
in·cu·ba·tor ['ɪŋkjʊbeɪtər] incubadora *f*
in·cur [ɪn'kɜːr] *v/t* (*pret & pp* ***-red***) *costs* incurrir en; *debts* contraer; *s.o's anger* provocar
in·cu·ra·ble [ɪn'kjʊrəbl] *adj* incurable
in·debt·ed [ɪn'detɪd] *adj*: ***be ~ to s.o.*** estar en deuda con alguien
in·de·cent [ɪn'diːsnt] *adj* indecente
in·de·ci·sive [ɪndɪ'saɪsɪv] *adj* indeciso
in·de·ci·sive·ness [ɪndɪ'saɪsɪvnɪs] indecisión *f*
in·deed [ɪn'diːd] *adv* (*in fact*) ciertamente, efectivamente; *yes, agreeing* ciertamente, en efecto; ***very much ~*** muchísimo; ***thank you very much ~*** muchísimas gracias
in·de·fi·na·ble [ɪndɪ'faɪnəbl] *adj* indefinible
in·def·i·nite [ɪn'defɪnɪt] *adj* indefinido; **~ *article*** GRAM artículo *m* indefinido
in·def·i·nite·ly [ɪn'defɪnɪtlɪ] *adv* indefinidamente
in·del·i·cate [ɪn'delɪkət] *adj* poco delicado
in·dent 1 *n* ['ɪndent] *in text* sangrado *m* **2** *v/t* [ɪn'dent] *line* sangrar
in·de·pen·dence [ɪndɪ'pendəns] independencia *f*
In·de'pen·dence Day Día *m* de la Independencia
in·de·pen·dent [ɪndɪ'pendənt] *adj* independiente
in·de·pen·dent·ly [ɪndɪ'pendəntlɪ] *adv deal with* por separado; **~ *of*** al margen de
in·de·scri·ba·ble [ɪndɪ'skraɪbəbl] *adj* indescriptible
in·de·scrib·a·bly [ɪndɪ'skraɪbəblɪ] *adv* indescriptiblemente
in·de·struc·ti·ble [ɪndɪ'strʌktəbl] *adj* indestructible
in·de·ter·mi·nate [ɪndɪ'tɜːrmɪnət] *adj* indeterminado
in·dex ['ɪndeks] *n for book* índice *m*
'in·dex card ficha *f*; **'in·dex fin·ger** (dedo *m*) índice *m*; **in·dex-'linked** *adj Br* indexado
In·di·a ['ɪndɪə] (la) India
In·di·an ['ɪndɪən] **1** *adj* indio **2** *n from India* indio(-a) *m*(*f*), hindú *m*/*f*; *American* indio(-a) *m*(*f*)
In·di·an 'sum·mer *in northern hemisphere* veranillo *m* de San Martín; *in southern hemisphere* veranillo *m* de San Juan
in·di·cate ['ɪndɪkeɪt] **1** *v/t* indicar **2** *v/i when driving* poner el intermitente
in·di·ca·tion [ɪndɪ'keɪʃn] indicio *m*
in·di·ca·tor ['ɪndɪkeɪtər] *Br on car* intermitente *m*
in·dict [ɪn'daɪt] *v/t* acusar
in·dif·fer·ence [ɪn'dɪfrəns] indiferencia *f*
in·dif·fer·ent [ɪn'dɪfrənt] *adj* indiferente; (*mediocre*) mediocre; ***are you totally ~ to the way I feel?*** ¿no te importa lo más mínimo lo que sienta yo?
in·di·ges·ti·ble [ɪndɪ'dʒestɪbl] *adj* indigesto
in·di·ges·tion [ɪndɪ'dʒestʃn] indigestión *f*
in·dig·nant [ɪn'dɪgnənt] *adj* indignado
in·dig·na·tion [ɪndɪg'neɪʃn] indignación *f*
in·di·rect [ɪndɪ'rekt] *adj* indirecto
in·di·rect·ly [ɪndɪ'rektlɪ] *adv* indirectamente
in·dis·creet [ɪndɪ'skriːt] *adj* indiscreto
in·dis·cre·tion [ɪndɪ'skreʃn] indiscreción *f*
in·dis·crim·i·nate [ɪndɪ'skrɪmɪnət]

adj indiscriminado
in·dis·pen·sa·ble [ɪndɪ'spensəbl] *adj* indispensable, imprescindible
in·dis·posed [ɪndɪ'spoʊzd] *adj* (*not well*) indispuesto; ***be ~*** hallarse indispuesto
in·dis·pu·ta·ble [ɪndɪ'spjuːtəbl] *adj* indiscutible
in·dis·pu·ta·bly [ɪndɪ'spjuːtəblɪ] *adv* indiscutiblemente
in·dis·tinct [ɪndɪ'stɪŋkt] *adj* indistinto, impreciso
in·dis·tin·guish·a·ble [ɪndɪ'stɪŋgwɪʃəbl] *adj* indistinguible
in·di·vid·u·al [ɪndɪ'vɪdʒʊəl] **1** *n* individuo *m* **2** *adj* individual
in·di·vid·u·a·list [ɪndɪ'vɪdʒʊəlɪst] *adj* individualista
in·di·vid·u·al·ly [ɪndɪ'vɪdʒʊəlɪ] *adv* individualmente
in·di·vis·i·ble [ɪndɪ'vɪzɪbl] *adj* indivisible
in·doc·tri·nate [ɪn'dɑːktrɪneɪt] *v/t* adoctrinar
in·do·lence ['ɪndələns] indolencia *f*
in·do·lent ['ɪndələnt] *adj* indolente
In·do·ne·sia [ɪndə'niːʒə] Indonesia
In·do·ne·sian [ɪndə'niːʒən] **1** *adj* indonesio **2** *n person* indonesio(-a) *m*(*f*)
in·door ['ɪndɔːr] *adj activities* de interior; *sport* de pista cubierta; *arena* cubierto; *athletics* en pista cubierta
in·doors [ɪn'dɔːrz] *adv* dentro
in·dorse → ***endorse***
in·dulge [ɪn'dʌldʒ] **1** *v/t o.s., one's tastes* satisfacer **2** *v/i*: ***~ in a pleasure*** entregarse a un placer; ***if I might ~ in a little joke*** si se me permite contar un chiste
in·dul·gent [ɪn'dʌldʒənt] *adj* indulgente
in·dus·tri·al [ɪn'dʌstrɪəl] *adj* industrial; ***~ action*** acciones *fpl* reivindicativas
in·dus·tri·al dis'pute conflicto *m* laboral
in·dus·tri·al·ist [ɪn'dʌstrɪəlɪst] industrial *m/f*
in·dus·tri·al·ize [ɪn'dʌstrɪəlaɪz] **1** *v/t* industrializar **2** *v/i* industrializarse
in·dus·tri·al 'waste residuos *mpl* industriales
in·dus·tri·ous [ɪn'dʌstrɪəs] *adj* trabajador, aplicado
in·dus·try ['ɪndəstrɪ] industria *f*
in·ef·fec·tive [ɪnɪ'fektɪv] *adj* ineficaz
in·ef·fec·tu·al [ɪnɪ'fektʃʊəl] *adj person* inepto, incapaz
in·ef·fi·cient [ɪnɪ'fɪʃənt] *adj* ineficiente
in·eli·gi·ble [ɪn'elɪdʒɪbl] *adj*: ***be ~*** no reunir las condiciones
in·ept [ɪ'nept] *adj* inepto
in·e·qual·i·ty [ɪnɪ'kwɑːlɪtɪ] desigualdad *f*
in·es·ca·pa·ble [ɪnɪ'skeɪpəbl] *adj* inevitable
in·es·ti·ma·ble [ɪn'estɪməbl] *adj* inestimable
in·ev·i·ta·ble [ɪn'evɪtəbl] *adj* inevitable
in·ev·i·ta·bly [ɪn'evɪtəblɪ] *adv* inevitablemente
in·ex·cu·sa·ble [ɪnɪk'skjuːzəbl] *adj* inexcusable, injustificable
in·ex·haus·ti·ble [ɪnɪg'zɒːstəbl] *adj supply* inagotable
in·ex·pen·sive [ɪnɪk'spensɪv] *adj* barato, económico
in·ex·pe·ri·enced [ɪnɪk'spɪrɪənst] *adj* inexperto
in·ex·plic·a·ble [ɪnɪk'splɪkəbl] *adj* inexplicable
in·ex·pres·si·ble [ɪnɪk'spresɪbl] *adj joy* indescriptible
in·fal·li·ble [ɪn'fælɪbl] *adj* infalible
in·fa·mous ['ɪnfəməs] *adj* infame
in·fan·cy ['ɪnfənsɪ] infancia *f*
in·fant ['ɪnfənt] bebé *m*
in·fan·tile ['ɪnfəntaɪl] *adj pej* infantil, pueril
in·fan·try ['ɪnfəntrɪ] infantería *f*
in·fan·try 'sol·dier soldado *m/f* de infantería, infante *m/f*
in·fat·u·at·ed [ɪn'fætʃʊeɪtɪd] *adj*: ***be ~ with s.o.*** estar encaprichado de alguien
in·fect [ɪn'fekt] *v/t* infectar; ***he ~ed everyone with his cold*** contagió el resfriado a todo el mundo; ***become ~ed*** *of wound* infectarse; *of person*

contagiarse
in·fec·tion [ɪn'fekʃn] infección *f*
in·fec·tious [ɪn'fekʃəs] *adj disease* infeccioso; *laughter* contagioso
in·fer [ɪn'fɜːr] *v/t* (*pret & pp* **-red**) inferir, deducir (***from*** de)
in·fe·ri·or [ɪn'fɪrɪər] *adj* inferior (***to*** a)
in·fe·ri·or·i·ty [ɪnfɪrɪ'ɑːrətɪ] *in quality* inferioridad *f*
in·fe·ri'or·i·ty com·plex complejo *m* de inferioridad
in·fer·tile [ɪn'fɜːrtl] *adj woman, plant* estéril; *soil* estéril, yermo
in·fer·til·i·ty [ɪnfər'tɪlɪtɪ] esterilidad *f*
in·fi·del·i·ty [ɪnfɪ'delɪtɪ] infidelidad *f*
in·fil·trate ['ɪnfɪltreɪt] *v/t* infiltrarse en
in·fi·nite ['ɪnfɪnət] *adj* infinito
in·fin·i·tive [ɪn'fɪnətɪv] infinitivo *m*
in·fin·i·ty [ɪn'fɪnətɪ] infinidad *f*
in·firm [ɪn'fɜːrm] *adj* enfermo, achacoso
in·fir·ma·ry [ɪn'fɜːrmərɪ] enfermería *f*
in·fir·mi·ty [ɪn'fɜːrmətɪ] debilidad *f*
in·flame [ɪn'fleɪm] *v/t* despertar
in·flam·ma·ble [ɪn'flæməbl] *adj* inflamable
in·flam·ma·tion [ɪnflə'meɪʃn] MED inflamación *f*
in·flat·a·ble [ɪn'fleɪtəbl] *adj dinghy* hinchable, inflable
in·flate [ɪn'fleɪt] *v/t tire, dinghy* hinchar, inflar; *economy* inflar
in·fla·tion [ɪn'fleɪʃən] inflación *f*
in·fla·tion·a·ry [ɪn'fleɪʃənərɪ] *adj* inflacionario, inflacionista
in·flec·tion [ɪn'flekʃn] inflexión *f*
in·flex·i·ble [ɪn'fleksɪbl] *adj* inflexible
in·flict [ɪn'flɪkt] *v/t* infligir (***on*** a)
'in-flight *adj*: ~ ***entertainment*** entretenimiento *m* durante el vuelo
in·flu·ence ['ɪnflʊəns] **1** *n* influencia *f*; ***be a good / bad ~ on s.o.*** tener una buena / mala influencia en alguien **2** *v/t* influir en, influenciar
in·flu·en·tial [ɪnflʊ'enʃl] *adj* influyente
in·flu·en·za [ɪnflʊ'enzə] gripe *f*
in·form [ɪn'fɔːrm] **1** *v/t* informar; ~ ***s.o. about sth*** informar a alguien de algo; ***please keep me ~ed*** por favor manténme informado **2** *v/i*: ~ ***on s.o.*** delatar a alguien
in·for·mal [ɪn'fɔːrməl] *adj* informal
in·for·mal·i·ty [ɪnfɔːr'mælɪtɪ] informalidad *f*
in·form·ant [ɪn'fɔːrmənt] confidente *m/f*
in·for·ma·tion [ɪnfər'meɪʃn] información *f*; ***a piece of ~*** una información
in·for·ma·tion 'sci·ence informática *f*; **in·for·ma·tion 'sci·en·tist** informático(-a) *m(f)*; **in·for·ma·tion tech'nol·o·gy** tecnologías *fpl* de la información
in·for·ma·tive [ɪn'fɔːrmətɪv] *adj* informativo; ***you're not being very ~*** no estás dando mucha información
in·form·er [ɪn'fɔːrmər] confidente *m/f*
in·fra·red [ɪnfrə'red] *adj* infrarrojo
in·fra·struc·ture ['ɪnfrəstrʌktʃər] infraestructura *f*
in·fre·quent [ɪn'friːkwənt] *adj* poco frecuente
in·fu·ri·ate [ɪn'fjʊrɪeɪt] *v/t* enfurecer, exasperar
in·fu·ri·at·ing [ɪn'fjʊrɪeɪtɪŋ] *adj* exasperante
in·fuse [ɪn'fjuːz] *v/i of tea* infundir
in·fu·sion [ɪn'fjuːʒn] (*herb tea*) infusión *f*
in·ge·ni·ous [ɪn'dʒiːnɪəs] *adj* ingenioso
in·ge·nu·i·ty [ɪndʒɪ'nuːətɪ] lo ingenioso
in·got ['ɪŋgət] lingote *m*
in·gra·ti·ate [ɪn'greɪʃɪeɪt] *v/t*: ~ ***o.s. with s.o.*** congraciarse con alguien
in·grat·i·tude [ɪn'grætɪtuːd] ingratitud *f*
in·gre·di·ent [ɪn'griːdɪənt] *also fig* ingrediente *m*
in·hab·it [ɪn'hæbɪt] *v/t* habitar
in·hab·it·a·ble [ɪn'hæbɪtəbl] *adj* habitable
in·hab·i·tant [ɪn'hæbɪtənt] habitante *m/f*
in·hale [ɪn'heɪl] **1** *v/t* inhalar **2** *v/i*

when smoking tragarse el humo
in·ha·ler [ɪn'heɪlər] inhalador *m*
in·her·it [ɪn'herɪt] *v/t* heredar
in·her·i·tance [ɪn'herɪtəns] herencia *f*
in·hib·it [ɪn'hɪbɪt] *v/t growth* impedir; *conversation* inhibir, cohibir
in·hib·it·ed [ɪn'hɪbɪtɪd] *adj* inhibido, cohibido
in·hi·bi·tion [ɪnhɪ'bɪʃn] inhibición *f*
in·hos·pi·ta·ble [ɪnhɑː'spɪtəbl] *adj person* inhospitalario; *city, climate* inhóspito
'in-house 1 *adj facilities* en el lugar de trabajo; ~ ***team*** equipo *m* en plantilla **2** *adv work* en la empresa
in·hu·man [ɪn'hjuːmən] *adj* inhumano
i·ni·tial [ɪ'nɪʃl] **1** *adj* inicial **2** *n* inicial *f* **3** *v/t* (*write ~s on*) poner las iniciales en
i·ni·tial·ly [ɪ'nɪʃlɪ] *adv* inicialmente, al principio
i·ni·ti·ate [ɪ'nɪʃɪeɪt] *v/t* iniciar
i·ni·ti·a·tion [ɪnɪʃɪ'eɪʃn] iniciación *f*, inicio *m*
i·ni·tia·tive [ɪ'nɪʃətɪv] iniciativa *f*; ***do sth on one's own ~*** hacer algo por iniciativa propia
in·ject [ɪn'dʒekt] *v/t drug, fuel, capital* inyectar
in·jec·tion [ɪn'dʒekʃn] *of drug, fuel, capital* inyección *f*
'in-joke: ***it's an ~*** es un chiste que entendemos nosotros
in·jure ['ɪndʒər] *v/t* lesionar; ***he ~d his leg*** se lesionó la pierna
in·jured ['ɪndʒərd] **1** *adj leg* lesionado; *feelings* herido **2** *npl*: ***the ~*** los heridos
in·ju·ry ['ɪndʒərɪ] lesión *f*; *wound* herida *f*
'in·ju·ry time SP tiempo *m* de descuento
in·jus·tice [ɪn'dʒʌstɪs] injusticia *f*
ink [ɪŋk] tinta *f*
ink·jet (**'prin·ter**) impresora *f* de chorro de tinta
in·land ['ɪnlənd] *adj* interior; *mail* nacional
in-laws ['ɪnlɒːz] *npl* familia *f* política
in·lay ['ɪnleɪ] *n* incrustación *f*
in·let ['ɪnlet] *of sea* ensenada *f*; *in machine* entrada *f*
in·mate ['ɪnmeɪt] *of prison* recluso(-a) *m*(*f*); *of mental hospital* paciente *m/f*
inn [ɪn] posada *f*, mesón *m*
in·nate [ɪ'neɪt] *adj* innato
in·ner ['ɪnər] *adj* interior; ***the ~ ear*** el oído interno
in·ner 'cit·y *barrios degradados del centro de la ciudad*; ~ ***decay*** degradación *f* del centro de la ciudad
'in·ner·most *adj feelings* más íntimo; *recess* más recóndito
in·ner 'tube cámara *f* (de aire)
in·no·cence ['ɪnəsəns] inocencia *f*
in·no·cent ['ɪnəsənt] *adj* inocente
in·no·cu·ous [ɪ'nɑːkjʊəs] *adj* inocuo
in·no·va·tion [ɪnə'veɪʃn] innovación *f*
in·no·va·tive [ɪnə'veɪtɪv] *adj* innovador
in·no·va·tor ['ɪnəveɪtər] innovador(a) *m*(*f*)
in·nu·me·ra·ble [ɪ'nuːmərəbl] *adj* innumerable
i·noc·u·late [ɪ'nɑːkjʊleɪt] *v/t* inocular
i·noc·u·la·tion [ɪnɑːkjʊ'leɪʃn] inoculación *f*
in·of·fen·sive [ɪnə'fensɪv] *adj* inofensivo
in·or·gan·ic [ɪnɔːr'gænɪk] *adj* inorgánico
'in·pa·tient paciente *m/f* interno(-a)
in·put ['ɪnpʊt] **1** *n into project etc* contribución *f*, aportación *f*; COMPUT entrada *f* **2** *v/t* (*pret & pp* ***-ted*** *or* ***input***) *into project* contribuir, aportar; COMPUT introducir
in·quest ['ɪnkwest] investigación *f* (***into*** sobre)
in·quire [ɪn'kwaɪr] *v/i* preguntar; ~ ***into sth*** investigar algo
in·quir·y [ɪn'kwaɪrɪ] consulta *f*, pregunta *f*; *into rail crash etc* investigación *f*
in·quis·i·tive [ɪn'kwɪzətɪv] *adj* curioso, inquisitivo
in·sane [ɪn'seɪn] *adj person* loco, de-

I

mente; *idea* descabellado
in·san·i·ta·ry [ɪn'sænɪterɪ] *adj* antihigiénico
in·san·i·ty [ɪn'sænɪtɪ] locura *f*, demencia *f*
in·sa·tia·ble [ɪn'seɪʃəbl] *adj* insaciable
in·scrip·tion [ɪn'skrɪpʃn] inscripción *f*
in·scru·ta·ble [ɪn'skru:təbl] *adj* inescrutable
in·sect ['ɪnsekt] insecto *m*
in·sec·ti·cide [ɪn'sektɪsaɪd] insecticida *f*
'in·sect re·pel·lent repelente *m* contra insectos
in·se·cure [ɪnsɪ'kjʊr] *adj* inseguro
in·se·cu·ri·ty [ɪnsɪ'kjʊrɪtɪ] inseguridad *f*
in·sen·si·tive [ɪn'sensɪtɪv] *adj* insensible
in·sen·si·tiv·i·ty [ɪnsensɪ'tɪvɪtɪ] insensibilidad *f*
in·sep·a·ra·ble [ɪn'seprəbl] *adj* inseparable
in·sert 1 *n* ['ɪnsɜ:rt] *in magazine etc* encarte *m* **2** *v/t* [ɪn'sɜ:rt] *coin, finger, diskette* introducir, meter; *extra text* insertar
in·ser·tion [ɪn'sɜ:rʃn] *act* introducción *f*, inserción *f*; *of text* inserción *f*
in·side [ɪn'saɪd] **1** *n of house, box* interior *m*; ***somebody on the ~*** algún de dentro; ***~ out*** del revés; ***turn sth ~ out*** dar la vuelta a algo (*de dentro a fuera*); ***know sth ~ out*** saberse algo al dedillo **2** *prep* dentro de; ***~ the house*** dentro de la casa; ***~ of 2 hours*** dentro de 2 horas **3** *adv stay, remain* dentro; *go, carry* adentro; ***we went ~*** entramos **4** *adj*: ***~ information*** información *f* confidencial; ***~ lane*** SP calle *f* de dentro; *on road* carril *m* de la derecha; ***~ pocket*** bolsillo *m* interior
in·sid·er [ɪn'saɪdər] *persona con acceso a información confidencial*
in·sid·er 'trad·ing FIN uso *m* de información privilegiada
in·sides [ɪn'saɪdz] *npl* tripas *fpl*
in·sid·i·ous [ɪn'sɪdɪəs] *adj* insidioso
in·sight ['ɪnsaɪt]: ***this film offers an ~ into local customs*** esta película permite hacerse una idea de las costumbres locales; ***full of ~*** muy perspicaz
in·sig·nif·i·cant [ɪnsɪg'nɪfɪkənt] *adj* insignificante
in·sin·cere [ɪnsɪn'sɪr] *adj* poco sincero, falso
in·sin·cer·i·ty [ɪnsɪn'serɪtɪ] falta *f* de sinceridad
in·sin·u·ate [ɪn'sɪnʊeɪt] *v/t* (*imply*) insinuar
in·sist [ɪn'sɪst] *v/i* insistir; ***please keep it, I ~*** por favor, insisto en que te lo quedes
♦**insist on** *v/t* insistir en
in·sis·tent [ɪn'sɪstənt] *adj* insistente
in·so·lent ['ɪnsələnt] *adj* insolente
in·sol·u·ble [ɪn'sɑ:ljʊbl] *adj problem* irresoluble; *substance* insoluble
in·sol·vent [ɪn'sɑ:lvənt] *adj* insolvente
in·som·ni·a [ɪn'sɑ:mnɪə] insomnio *m*
in·spect [ɪn'spekt] *v/t* inspeccionar
in·spec·tion [ɪn'spekʃn] inspección *f*
in·spec·tor [ɪn'spektər] *in factory, of police* inspector(a) *m*(*f*); *on buses* revisor(a) *m*(*f*)
in·spi·ra·tion [ɪnspə'reɪʃn] inspiración *f*
in·spire [ɪn'spaɪr] *v/t respect etc* inspirar; ***be ~d by s.o. / sth*** estar inspirado por alguien / algo
in·sta·bil·i·ty [ɪnstə'bɪlɪtɪ] *of character, economy* inestabilidad *f*
in·stall [ɪn'stɒ:l] *v/t* instalar
in·stal·la·tion [ɪnstə'leɪʃn] instalación *f*; ***military ~*** instalación *f* militar
in·stal·ment *Br*, **in·stall·ment** [ɪn'stɒ:lmənt] *of story, TV drama etc* episodio *m*; *payment* plazo *m*
in'stall·ment plan compra *f* a plazos
in·stance ['ɪnstəns] (*example*) ejemplo *m*; ***for ~*** por ejemplo
in·stant ['ɪnstənt] **1** *adj* instantáneo **2** *n* instante *m*; ***in an ~*** en un instante
in·stan·ta·ne·ous [ɪnstən'teɪnɪəs] *adj* instantáneo
in·stant 'cof·fee café *m* instantáneo
in·stant·ly ['ɪnstəntlɪ] *adv* al instante

in•stead [ɪn'sted] *adv*: ***I'll take that one ~*** me llevaré mejor ese otro; ***would you like coffee ~?*** ¿preferiría mejor café?; ***I'll have coffee ~ of tea*** tomaré café en vez de té; ***he went ~ of me*** fue en mi lugar

in•step ['ɪnstep] empeine *m*

in•stinct ['ɪnstɪŋkt] instinto *m*

in•stinc•tive [ɪn'stɪŋktɪv] *adj* instintivo

in•sti•tute ['ɪnstɪtu:t] **1** *n* instituto *m*; *for elderly* residencia *f* de ancianos; *for mentally ill* psiquiátrico *m* **2** *v/t new law* establecer; *inquiry* iniciar

in•sti•tu•tion [ɪnstɪ'tu:ʃn] institución *f*; (*setting up*) iniciación *f*

in•struct [ɪn'strʌkt] *v/t* (*order*) dar instrucciones a; (*teach*) instruir; ***~ s.o. to do sth*** (*order*) ordenar a alguien que haga algo

in•struc•tion [ɪn'strʌkʃn] instrucción *f*; ***~s for use*** instrucciones *fpl* de uso

in'struc•tion man•u•al manual *m* de instrucciones

in•struc•tive [ɪn'strʌktɪv] *adj* instructivo

in•struc•tor [ɪn'strʌktər] instructor(a) *m*(*f*)

in•stru•ment ['ɪnstrʊmənt] MUS, *tool* instrumento *m*

in•sub•or•di•nate [ɪnsə'bɔ:rdɪnət] *adj* insubordinado

in•suf•fi•cient [ɪnsə'fɪʃnt] *adj* insuficiente

in•su•late ['ɪnsəleɪt] *v/t also* ELEC aislar

in•su•la•tion [ɪnsə'leɪʃn] ELEC aislamiento *m*; *against cold* aislamiento *m* (térmico)

in•su•lin ['ɪnsəlɪn] insulina *f*

in•sult 1 *n* ['ɪnsʌlt] insulto *m* **2** *v/t* [ɪn'sʌlt] insultar

in•sur•ance [ɪn'ʃʊrəns] seguro *m*

in'sur•ance com•pa•ny compañía *f* de seguros, aseguradora *f*; **in'sur•ance pol•i•cy** póliza *f* de seguros; **in'sur•ance pre•mi•um** prima *f* (del seguro)

in•sure [ɪn'ʃʊr] *v/t* asegurar

in•sured [ɪn'ʃʊrd] **1** *adj* asegurado **2** *n*: ***the ~*** el asegurado, la asegurada

in•sur•moun•ta•ble [ɪnsər'maʊntəbl] *adj* insuperable

in•tact [ɪn'tækt] *adj* (*not damaged*) intacto

in•take ['ɪnteɪk] *of college etc* remesa *f*; ***we have an annual ~ of 300 students*** cada año admitimos a 300 alumnos

in•te•grate ['ɪntɪgreɪt] *v/t* integrar (***into*** en)

in•te•grat•ed 'cir•cuit ['ɪntɪgreɪtɪd] circuito *m* integrado

in•teg•ri•ty [ɪn'tegrətɪ] (*honesty*) integridad *f*; ***a man of ~*** un hombre íntegro

in•tel•lect ['ɪntəlekt] intelecto *m*

in•tel•lec•tual [ɪntə'lektʃʊəl] **1** *adj* intelectual **2** *n* intelectual *m/f*

in•tel•li•gence [ɪn'telɪdʒəns] inteligencia *f*; (*information*) información *f* secreta

in'tel•li•gence of•fi•cer agente *m/f* del servicio de inteligencia

in'tel•li•gence ser•vice servicio *m* de inteligencia

in•tel•li•gent [ɪn'telɪdʒənt] *adj* inteligente

in•tel•li•gi•ble [ɪn'telɪdʒəbl] *adj* inteligible

in•tend [ɪn'tend] *v/t*: ***~ to do sth*** tener la intención de hacer algo; ***that's not what I ~ed*** esa no era mi intención

in•tense [ɪn'tens] *adj sensation*, *pleasure*, *heat*, *pressure* intenso; *personality* serio

in•ten•si•fy [ɪn'tensɪfaɪ] (*pret & pp* ***-ied***) **1** *v/t effect*, *pressure* intensificar **2** *v/i* intensificarse

in•ten•si•ty [ɪn'tensətɪ] intensidad *f*

in•ten•sive [ɪn'tensɪv] *adj study*, *training*, *treatment* intensivo

in•ten•sive 'care (u•nit) MED (unidad *f* de) cuidados *mpl* intensivos

in•ten•sive 'course *of language study* curso *m* intensivo

in•tent [ɪn'tent] *adj*: ***be ~ on doing sth*** (*determined to do*) estar decidido a hacer algo; ***be ~ on sth*** (*concentrating on*) estar concentrado haciendo algo

in·ten·tion [ɪn'tenʃn] intención *f*; ***I have no ~ of ...*** (*refuse to*) no tengo intención de ...

in·ten·tion·al [ɪn'tenʃənl] *adj* intencionado

in·ten·tion·al·ly [ɪn'tenʃnlɪ] *adv* a propósito, adrede

in·ter·ac·tion [ɪntər'ækʃn] interacción *f*

in·ter·ac·tive [ɪntər'æktɪv] *adj* interactivo

in·ter·cede [ɪntər'siːd] *v/i* interceder

in·ter·cept [ɪntər'sept] *v/t* interceptar

in·ter·change ['ɪntərtʃeɪndʒ] *n of highways* nudo *m* vial

in·ter·change·a·ble [ɪntər'tʃeɪndʒəbl] *adj* intercambiable

in·ter·com ['ɪntərkɑːm] *in office, ship* interfono *m*; *for front door* portero *m* automático

in·ter·course ['ɪntərkɔːrs] *sexual* coito *m*

in·ter·de·pend·ent [ɪntərdɪ'pendənt] *adj* interdependiente

in·ter·est ['ɪntrəst] **1** *n also* FIN interés *m*; ***take an ~ in sth*** interesarse por algo **2** *v/t* interesar

in·terest·ed ['ɪntrəstɪd] *adj* interesado; ***be ~ in sth*** estar interesado en algo; ***thanks, but I'm not ~*** gracias, pero no me interesa

in·terest-free 'loan préstamo *m* sin intereses

in·terest·ing ['ɪntrəstɪŋ] *adj* interesante

'in·terest rate tipo *m* de interés

in·ter·face ['ɪntərfeɪs] **1** *n* interface *m*, interfaz *f* **2** *v/i* relacionarse

in·ter·fere [ɪntər'fɪr] *v/i* interferir, entrometerse

♦ **interfere with** *v/t* afectar a; ***the lock had been interfered with*** alguien había manipulado la cerradura

in·ter·fer·ence [ɪntər'fɪrəns] intromisión *f*; *on radio* interferencia *f*

in·te·ri·or [ɪn'tɪrɪər] **1** *adj* interior **2** *n* interior *m*; ***Department of the Interior*** Ministerio *m* del Interior

in·te·ri·or 'dec·o·ra·tor interiorista *m/f*, decorador(a) *m*(*f*) de interiores; **in·te·ri·or de'sign** interiorismo *m*; **in·te·ri·or de'sign·er** interiorista *m/f*

in·ter·lude ['ɪntərluːd] *at theater* entreacto *m*, intermedio *m*; *at concert* intermedio *m*; (*period*) intervalo

in·ter·mar·ry [ɪntər'mærɪ] *v/i* (*pret & pp* ***-ied***) casarse (*con miembros de otra raza, religión o grupo*); ***the two tribes intermarried*** los dos tribus se casaron entre sí

in·ter·me·di·ar·y [ɪntər'miːdɪərɪ] *n* intermediario

in·ter·me·di·ate [ɪntər'miːdɪət] *adj* intermedio *m*

in·ter·mis·sion [ɪntər'mɪʃn] *in theater* entreacto *m*, intermedio *m*; *in movie theater* intermedio *m*, descanso *m*

in·tern [ɪn'tɜːrn] *v/t* recluir

in·ter·nal [ɪn'tɜːrnl] *adj* interno

in·ter·nal com'bus·tion en·gine motor *m* de combustión interna

in·ter·nal·ly [ɪn'tɜːrnəlɪ] *adv* internamente

In·ter·nal 'Rev·e·nue (Ser·vice) Hacienda *f*, *Span* Agencia *f* Tributaria

in·ter·na·tion·al [ɪntər'næʃnl] *adj* internacional

In·ter·na·tion·al Court of 'Jus·tice Tribunal *m* Internacional de Justicia

in·ter·na·tion·al·ly [ɪntər'næʃnəlɪ] *adv* internacionalmente

In·ter·na·tion·al 'Mon·e·tar·y Fund Fondo *m* Monetario Internacional

In·ter·net ['ɪntərnet] Internet *f*; ***on the ~*** en Internet

in·ter·nist [ɪn'tɜːrnɪst] internista *m/f*

in·ter·pret [ɪn'tɜːrprɪt] *v/t & v/i* interpretar

in·ter·pre·ta·tion [ɪntɜːrprɪ'teɪʃn] interpretación *f*

in·ter·pret·er [ɪn'tɜːrprɪtər] intérprete *m/f*

in·ter·re·lat·ed [ɪntərrɪ'leɪtɪd] *adj facts* interrelacionado

in·ter·ro·gate [ɪn'terəgeɪt] *v/t* inte-

rrogar
in·ter·ro·ga·tion [ɪnterə'geɪʃn] interrogatorio *m*
in·ter·rog·a·tive [ɪntər'rɑːgətɪv] *n* GRAM (forma *f*) interrogativa *f*
in·ter·ro·ga·tor [ɪnterə'geɪtər] interrogador(a) *m*(*f*)
in·ter·rupt [ɪntər'rʌpt] *v/t & v/i* interrumpir
in·ter·rup·tion [ɪntər'rʌpʃn] interrupción *f*
in·ter·sect [ɪntər'sekt] **1** *v/t* cruzar **2** *v/i* cruzarse
in·ter·sec·tion ['ɪntərsekʃn] (*crossroads*) intersección *f*
in·ter·state ['ɪntərsteɪt] *n* autopista *f* interestatal
in·ter·val ['ɪntərvl] intervalo *m*; *in theater* entreacto *m*, intermedio *m*; *at concert* intermedio *m*
in·ter·vene [ɪntər'viːn] *v/i of person, police etc* intervenir
in·ter·ven·tion [ɪntər'venʃn] intervención *f*
in·ter·view ['ɪntərvjuː] **1** *n* entrevista *f* **2** *v/t* entrevistar
in·ter·view·ee [ɪntərvjuː'iː] *on TV* entrevistado(-a) *m*(*f*); *for job* candidato(-a) *m*(*f*)
in·ter·view·er ['ɪntərvjuːər] entrevistador(a) *m*(*f*)
in·tes·tine [ɪn'testɪn] intestino *m*
in·ti·ma·cy ['ɪntɪməsɪ] *of friendship* intimidad *f*; *sexual* relaciones *fpl* íntimas
in·ti·mate ['ɪntɪmət] *adj* íntimo
in·tim·i·date [ɪn'tɪmɪdeɪt] *v/t* intimidar
in·tim·i·da·tion [ɪntɪmɪ'deɪʃn] intimidación *f*
in·to ['ɪntʊ] *prep* en; ***he put it ~ his suitcase*** lo puso en su maleta; ***translate ~ English*** traducir al inglés; ***he's ~ classical music*** F (*likes*) le gusta *or Span* le va mucho la música clásica; ***he's ~ local politics*** F (*is involved with*) está muy metido en el mundillo de la política local; ***when you're ~ the job*** cuando te hayas metido en el trabajo
in·tol·e·ra·ble [ɪn'tɑːlərəbl] *adj* intolerable
in·tol·e·rant [ɪn'tɑːlərənt] *adj* intolerante
in·tox·i·cat·ed [ɪn'tɑːksɪkeɪtɪd] *adj* ebrio, embriagado
in·tran·si·tive [ɪn'trænsɪtɪv] *adj* intransitivo
in·tra·ve·nous [ɪntrə'viːnəs] *adj* intravenoso
in·trep·id [ɪn'trepɪd] *adj* intrépido
in·tri·cate ['ɪntrɪkət] *adj* intrincado, complicado
in·trigue **1** *n* ['ɪntriːg] intriga *f* **2** *v/t* [ɪn'triːg] intrigar; ***I would be ~d to know ...*** tendría curiosidad por saber ...
in·trigu·ing [ɪn'triːgɪŋ] *adj* intrigante
in·tro·duce [ɪntrə'duːs] *v/t* presentar; *new technique etc* introducir; ***may I ~ ...?*** permítame presentarle a ...; ***~ s.o. to a new sport*** iniciar a alguien en un deporte nuevo
in·tro·duc·tion [ɪntrə'dʌkʃn] *to person* presentación *f*; *to a new food, sport etc* iniciación *f*; *in book, of new techniques et* introducción *f*
in·tro·vert ['ɪntrəvɜːrt] *n* introvertido(-a) *m*(*f*)
in·trude [ɪn'truːd] *v/i* molestar
in·trud·er [ɪn'truːdər] intruso(-a) *m*(*f*)
in·tru·sion [ɪn'truːʒn] intromisión *f*
in·tu·i·tion [ɪntuː'ɪʃn] intuición *f*
in·vade [ɪn'veɪd] *v/t* invadir
in·val·id[1] [ɪn'vælɪd] *adj* nulo
in·va·lid[2] ['ɪnvəlɪd] *n* MED minusválido(-a) *m*(*f*)
in·val·i·date [ɪn'vælɪdeɪt] *v/t claim, theory* invalidar
in·val·u·a·ble [ɪn'væljʊbl] *adj help, contributor* inestimable
in·var·i·a·bly [ɪn'veɪrɪəblɪ] *adv* (*always*) invariablemente, siempre
in·va·sion [ɪn'veɪʒn] invasión *f*
in·vent [ɪn'vent] *v/t* inventar
in·ven·tion [ɪn'venʃn] *action* invención *f*; *thing invented* invento *m*
in·ven·tive [ɪn'ventɪv] *adj* inventivo, imaginativo
in·ven·tor [ɪn'ventər] inventor(-a) *m*(*f*)

in·ven·to·ry ['ɪnvəntɔːrɪ] inventario *m*

in·verse [ɪn'vɜːrs] *adj order* inverso

in·vert [ɪn'vɜːrt] *v/t* invertir

in·ver·te·brate [ɪn'vɜːrtɪbrət] *n* invertebrado *m*

in·vert·ed 'com·mas [ɪn'vɜːrtɪd] *npl* comillas *fpl*

in·vest [ɪn'vest] *v/t & v/i* invertir (**in** en)

in·ves·ti·gate [ɪn'vestɪgeɪt] *v/t* investigar

in·ves·ti·ga·tion [ɪnvestɪ'geɪʃn] investigación *f*

in·ves·ti·ga·tive 'jour·nal·ism [ɪn'vestɪgətɪv] periodismo *m* de investigación

in·vest·ment [ɪn'vestmənt] inversión *f*

in'vest·ment bank banco *m* de inversiones

in·ves·tor [ɪn'vestər] inversor(a) *m(f)*

in·vig·or·at·ing [ɪn'vɪgəreɪtɪŋ] *adj climate* vigorizante

in·vin·ci·ble [ɪn'vɪnsəbl] *adj* invencible

in·vis·i·ble [ɪn'vɪzɪbl] *adj* invisible

in·vi·ta·tion [ɪnvɪ'teɪʃn] invitación *f*

in·vite [ɪn'vaɪt] *v/t* invitar

♦ **invite in** *v/t*: ***invite s.o. in*** invitar a alguien a que entre

in·voice ['ɪnvɔɪs] **1** *n* factura *f* **2** *v/t customer* enviar la factura a

in·vol·un·ta·ry [ɪn'vɑːlənterɪ] *adj* involuntario

in·volve [ɪn'vɑːlv] *v/t hard work, expense* involucrar, entrañar; ***it would ~ emigrating*** supondría emigrar; ***this doesn't ~ you*** esto no tiene nada que ver contigo; ***what does it ~?*** ¿en qué consiste?; ***get ~d with sth*** involucrarse *or* meterse en algo; ***the police didn't want to get ~d*** la policía no quería intervenir; ***get ~d with s.o.*** *emotionally, romantically* tener una relación sentimental con alguien

in·volved [ɪn'vɑːlvd] *adj* (*complex*) complicado

in·volve·ment [ɪn'vɑːlvmənt] *in a project, crime etc* participación *f*, intervención *f*

in·vul·ne·ra·ble [ɪn'vʌlnərəbl] *adj* invulnerable

in·ward ['ɪnwərd] **1** *adj feeling, smile* interior **2** *adv* hacia dentro

in·ward·ly ['ɪnwərdlɪ] *adv* por dentro

i·o·dine ['aɪoʊdiːn] yodo *m*

IOU [aɪoʊ'juː] *abbr* (= ***I owe you***) pagaré *m*

IQ [aɪ'kjuː] *abbr* (= ***intelligence quotient***) cociente *m* intelectual

I·ran [ɪ'rɑːn] Irán

I·ra·ni·an [ɪ'reɪnɪən] **1** *adj* iraní **2** *n* iraní *m/f*

I·raq [ɪ'ræːk] Iraq, Irak

I·ra·qi [ɪ'rækɪ] **1** *adj* iraquí **2** *n* iraquí *m/f*

Ire·land ['aɪrlənd] Irlanda

i·ris ['aɪrɪs] *of eye* iris *m inv*; *flower* lirio *m*

I·rish ['aɪrɪʃ] *adj* irlandés

'I·rish·man irlandés *m*

'I·rish·wom·an irlandesa *f*

i·ron ['aɪərn] **1** *n substance* hierro *m*; *for clothes* plancha *f* **2** *v/t shirts etc* planchar

i·ron·ic(·al) [aɪ'rɑːnɪk(l)] *adj* irónico

i·ron·ing ['aɪərnɪŋ] planchado *m*; ***do the ~*** planchar

'i·ron·ing board tabla *f* de planchar

'i·ron·works fundición *f*

i·ron·y ['aɪrənɪ] ironía *f*; ***the ~ of it all is that ...*** lo irónico del tema es que ...

ir·ra·tion·al [ɪ'ræʃənl] *adj* irracional

ir·rec·on·ci·la·ble [ɪrekən'saɪləbl] *adj* irreconciliable

ir·re·cov·e·ra·ble [ɪrɪ'kʌvərəbl] *adj* irrecuperable

ir·re·gu·lar [ɪ'regjʊlər] *adj* irregular

ir·rel·e·vant [ɪ'reləvənt] *adj* irrelevante

ir·rep·a·ra·ble [ɪ'repərəbl] *adj* irreparable

ir·re·place·a·ble [ɪrɪ'pleɪsəbl] *adj object, person* irreemplazable

ir·re·pres·si·ble [ɪrɪ'presəbl] *adj sense of humor* incontenible; *person* irreprimible

ir·re·proa·cha·ble [ɪrɪ'proʊʧəbl] *adj*

irreprochable
ir•re•sis•ti•ble [ɪrɪ'zɪstəbl] *adj* irresistible
ir•re•spec•tive [ɪrɪ'spektɪv] *adv*: **~ of** independientemente de
ir•re•spon•si•ble [ɪrɪ'spɑːnsəbl] *adj* irresponsable
ir•re•trie•va•ble [ɪrɪ'triːvəbl] *adj* irrecuperable
ir•rev•e•rent [ɪ'revərənt] *adj* irreverente
ir•rev•o•ca•ble [ɪ'revəkəbl] *adj* irrevocable
ir•ri•gate ['ɪrɪgeɪt] *v/t* regar
ir•ri•ga•tion [ɪrɪ'geɪʃn] riego *m*
ir•ri•ga•tion ca'nal acequia *f*
ir•ri•ta•ble ['ɪrɪtəbl] *adj* irritable
ir•ri•tate ['ɪrɪteɪt] *v/t* irritar
ir•ri•tat•ing ['ɪrɪteɪtɪŋ] *adj* irritante
ir•ri•ta•tion [ɪrɪ'teɪʃn] irritación *f*
Is•lam ['ɪzlɑːm] (el) Islam
Is•lam•ic [ɪz'læmɪk] *adj* islámico
is•land ['aɪlənd] isla *f*
is•land•er ['aɪləndər] isleño(-a) *m(f)*
i•so•late ['aɪsəleɪt] *v/t* aislar
i•so•lat•ed ['aɪsəleɪtɪd] *adj* aislado
i•so•la•tion [aɪsə'leɪʃn] *of a region* aislamiento *m*; **in ~** aisladamente
i•so'la•tion ward pabellón *m* de enfermedades infecciosas
ISP [aɪes'piː] *abbr* (= ***Internet service provider***) proveedor *m* de (acceso a) Internet
Is•rael ['ɪzreɪl] Israel
Is•rae•li [ɪz'reɪlɪ] **1** *adj* israelí **2** *n person* israelí *m/f*
is•sue ['ɪʃuː] **1** *n* (*matter*) tema *m*, asunto *m*; *of magazine* número *m*; ***the point at ~*** el tema que se debate; ***take ~ with s.o. / sth*** discrepar de algo / alguien **2** *v/t coins* emitir; *passport, visa etc* expedir; *warning* dar; ***~ s.o. with sth*** entregar algo a alguien
IT [aɪ'tiː] *abbr* (= ***information technology***) tecnologías *fpl* de la información; ***~ department*** departamento *m* de informática
it [ɪt] *pron as object* lo *m*, la *f*; ***what color is ~? – ~ is red*** ¿de qué color es? – es rojo; ***~'s raining*** llueve; ***~'s me / him*** soy yo / es él; ***~'s Charlie here*** TELEC soy Charlie; ***~'s your turn*** te toca; ***that's ~!*** (*that's right*) ¡eso es!; (*finished*) ¡ya está!
I•tal•i•an [ɪ'tæljən] **1** *adj* italiano **2** *n person* italiano(-a) *m(f)*; *language* italiano *m*
i•tal•ic [ɪ'tælɪk] *adj* cursiva
i•tal•ics [ɪ'tælɪks] *npl* cursiva *f*
I•ta•ly ['ɪtəlɪ] Italia
itch [ɪʧ] **1** *n* picor *m* **2** *v/i* picar
i•tem ['aɪtəm] *in list, accounts,* (*article*) artículo *m*; *on agenda* punto *m*; *of news* noticia *f*
i•tem•ize ['aɪtəmaɪz] *v/t invoice* detallar
i•tin•e•ra•ry [aɪ'tɪnərerɪ] itinerario *m*
its [ɪts] *poss adj* su; ***where is ~ box?*** ¿dónde está su caja?; ***the dog has hurt ~ leg*** el perro se ha hecho daño en la pata
it's [ɪts] → ***it is, it has***
it•self [ɪt'self] *pron reflexive* se; ***the dog hurt ~*** el perro se hizo daño; ***the hotel ~ is fine*** el hotel en sí (mismo) está bien; ***by ~*** (*alone*) aislado, solo; (*automatically*) solo
i•vo•ry ['aɪvərɪ] marfil *m*
i•vy ['aɪvɪ] hiedra *f*

J

jab [dʒæb] *v/t* (*pret & pp* **-bed**) clavar
jab·ber ['dʒæbər] *v/i* parlotear
jack [dʒæk] MOT gato *m*; *in cards* jota *f*
♦ **jack up** *v/t* MOT levantar con el gato
jack·et ['dʒækɪt] (*coat*) chaqueta *f*; *of book* sobrecubierta *f*
jack·et po'ta·to *Span* patata *f or L.Am.* papa *f* asada (*con piel*)
'jack-knife *v/i* derrapar (*por la parte del remolque*)
'jack·pot gordo *m*; ***he hit the ~*** le tocó el gordo
ja·cuz·zi® [dʒə'ku:zɪ] jacuzzi *m*
jade [dʒeɪd] *n* jade *m*
jad·ed ['dʒeɪdɪd] *adj* harto; *appetite* hastiado
jag·ged ['dʒægɪd] *adj* accidentado
jag·u·ar ['dʒægʊər] jaguar *m*
jail [dʒeɪl] *n* cárcel *f*; ***he's in ~*** está en la cárcel
jam[1] [dʒæm] *n for bread* mermelada *f*
jam[2] [dʒæm] **1** *n* MOT atasco *m*; F (*difficulty*) aprieto *m*; ***be in a ~*** estar en un aprieto **2** *v/t* (*pret & pp* **-med**) (*ram*) meter, embutir; (*cause to stick*) atascar; *broadcast* provocar interferencias en; ***be ~med*** *of roads* estar colapsado; *of door, window* estar atascado; ***~ on the brakes*** dar un frenazo **3** *v/i* (*pret & pp* **-med**) (*stick*) atascarse; ***all ten of us managed to ~ into the car*** nos las arreglamos para meternos los diez en el coche
jam-'packed *adj* F abarrotado (***with*** de)
jan·i·tor ['dʒænɪtər] portero(-a) *m*(*f*)
Jan·u·a·ry ['dʒænʊerɪ] enero *m*
Ja·pan [dʒə'pæn] Japón
Jap·a·nese [dʒæpə'ni:z] **1** *adj* japonés **2** *n person* japonés(-esa) *m*(*f*); *language* japonés *m*; ***the ~*** los japoneses
jar[1] [dʒɑ:r] *n container* tarro *m*
jar[2] [dʒɑ:r] *v/i* (*pret & pp* **-red**) *of noise* rechinar; ***~ on*** rechinar en
jar·gon ['dʒɑ:rgən] jerga *f*
jaun·dice ['dʒɒ:ndɪs] *n* ictericia *f*
jaun·diced ['dʒɒ:ndɪst] *adj fig* resentido
jaunt [dʒɒ:nt] *n* excursión *f*; ***go on a ~*** ir de excursión
jaunt·y ['dʒɒ:ntɪ] *adj* desenfadado
jav·e·lin ['dʒævlɪn] (*spear*) jabalina *f*; *event* (lanzamiento *m* de) jabalina *f*
jaw [dʒɒ:] *n* mandíbula *f*
jay·walk·er ['dʒeɪwɒ:kər] peatón(-ona) *m*(*f*) imprudente
'jay·walk·ing *cruzar la calle de manera imprudente*
jazz [dʒæz] *n* jazz *m*
♦ **jazz up** *v/t* F animar
jeal·ous ['dʒeləs] *adj* celoso; ***be ~ of*** *in love* tener celos de; *of riches etc* tener envidia de
jeal·ous·ly ['dʒeləslɪ] *adv* celosamente; *relating to possessions* con envidia
jeal·ous·y ['dʒeləsɪ] celos *mpl*; *of possessions* envidia *f*
jeans [dʒi:nz] *npl* vaqueros *mpl*, jeans *mpl*
jeep [dʒi:p] jeep *m*
jeer [dʒɪr] **1** *n* abucheo *m* **2** *v/i* abuchear; ***~ at*** burlarse de
Jel·lo® ['dʒeloʊ] gelatina *f*
jel·ly ['dʒelɪ] mermelada *f*
'jel·ly bean gominola *f*
'jel·ly·fish medusa *f*
jeop·ar·dize ['dʒepərdaɪz] *v/t* poner en peligro
jeop·ar·dy ['dʒepərdɪ]: ***be in ~*** estar en peligro
jerk[1] [dʒɜ:rk] **1** *n* sacudida *f* **2** *v/t* dar un tirón a
jerk[2] [dʒɜ:rk] *n* F imbécil *m/f*, *Span*

gilipollas *m/f inv* F
jerk·y ['dʒɜːrkɪ] *adj movement* brusco
jer·sey ['dʒɜːrzɪ] (*sweater*) suéter *m*, *Span* jersey *m*
jest [dʒest] **1** *n* broma *f*; ***in ~*** en broma **2** *v/i* bromear
Je·sus ['dʒiːzəs] Jesús
jet [dʒet] **1** *n of water* chorro *m*; (*nozzle*) boquilla *f*; (*airplane*) reactor *m*, avión *m* a reacción **2** *v/i* (*pret & pp* ***-ted***) *travel* viajar en avión
jet-'black *adj* azabache; **'jet en·gine** reactor *m*; **'jet·lag** desfase *m* horario, jet lag *m*
jet·ti·son ['dʒetɪsn] *v/t also fig* tirar por la borda
jet·ty ['dʒetɪ] malecón *m*
Jew [dʒuː] judío(-a) *m*(*f*)
jew·el ['dʒuːəl] joya *f*, alhaja *f*; *fig*: *person* joya *f*
jew·el·er, *Br* **jew·el·ler** ['dʒuːlər] joyero(-a) *m*(*f*)
jew·el·lery *Br*, **jew·el·ry** ['dʒuːlrɪ] joyas *fpl*, alhajas *fpl*
Jew·ish ['dʒuːɪʃ] *adj* judío
jif·fy ['dʒɪfɪ] F: ***in a ~*** en un periquete F
jig·saw (**puz·zle**) ['dʒɪgsɒː] rompecabezas *m inv*, puzzle *m*
jilt [dʒɪlt] *v/t* dejar plantado
jin·gle ['dʒɪŋgl] **1** *n* (*song*) melodía *f* publicitaria **2** *v/i of keys, coins* tintinear
jinx [dʒɪŋks] *n* gafe *m*; ***there's a ~ on this project*** este proyecto está gafado
jit·ters ['dʒɪtərz] *npl* F: ***I got the ~*** me entró el pánico *or Span* canguelo F
jit·ter·y ['dʒɪtərɪ] *adj* F nervioso
job [dʒɑːb] (*employment*) trabajo *m*, empleo *m*; (*task*) tarea *f*, trabajo *m*; ***it's not my ~ to answer the phone*** no me corresponde a mí contestar el teléfono; ***I have a few ~s to do around the house*** tengo que hacer unas cuantas cosas en la casa; ***out of a ~*** sin trabajo *or* empleo; ***it's a good ~ you warned me*** menos mal que me aviaste; ***you'll have a ~*** (*it'll be difficult*) te va a costar Dios y ayuda
'job de·scrip·tion (descripción *f* de las) responsabilidades *fpl* del puesto
'job hunt *v/i*: ***be ~ing*** buscar trabajo
job·less ['dʒɑːblɪs] *adj* desempleado, *Span* parado
job sat·is'fac·tion satisfacción *f* con el trabajo
jock·ey ['dʒɑːkɪ] *n* jockey *m/f*
jog [dʒɑːg] **1** *n*: ***go for a ~*** ir a hacer jogging *or* footing **2** *v/i* (*pret & pp* ***-ged***) *as exercise* hacer jogging *or* footing **3** *v/t* (*pret & pp* ***-ged***) ***~ s.o.'s memory*** refrescar la memoria de alguien; ***somebody ~ged my elbow*** alguien me dio en el codo
♦**jog along** *v/i* F ir tirando P
jog·ger ['dʒɑːgər] *person* persona *f* que hace jogging *or* footing; *shoe* zapatilla *f* de jogging *or* footing
jog·ging ['dʒɑːgɪŋ] jogging *m*, footing *m*; ***go ~*** ir a hacer jogging *or* footing
'jog·ging suit chándal *m*
john [dʒɑːn] P (*toilet*) baño *m*, váter *m*
join [dʒɔɪn] **1** *n* juntura *f* **2** *v/i of roads, rivers* juntarse; (*become a member*) hacerse socio **3** *v/t* (*connect*) unir; *person* unirse a; *club* hacerse socio de; (*go to work for*) entrar en; *of road* desembocar en; ***I'll ~ you at the theater*** me runiré contigo en el teatro
♦**join in** *v/i* participar
♦**join up** *v/i Br* MIL alistarse
join·er ['dʒɔɪnər] carpintero(-a) *m*(*f*)
joint [dʒɔɪnt] **1** *n* ANAT articulación *f*, *in woodwork* junta *f*; *of meat* pieza *f*; F (*place*) garito *m* F; *of cannabis* porro *m* F, canuto *m* F **2** *adj* (*shared*) conjunto
joint ac'count cuenta *f* conjunta
joint 'ven·ture empresa *f* conjunta
joke [dʒoʊk] **1** *n story* chiste *m*; (*practical ~*) broma *f*; ***play a ~ on*** gastar una broma a; ***it's no ~*** no tiene ninguna gracia **2** *v/i* bromear
jok·er ['dʒoʊkər] *person* bromista *m/f*, F *pej* payaso(-a) *m*(*f*); *in cards* comodín *m*

J

jok·ing ['dʒoʊkɪŋ]: ~ ***apart*** bromas aparte
jok·ing·ly ['dʒoʊkɪŋlɪ] *adv* en broma
jol·ly ['dʒɑːlɪ] *adj* alegre
jolt [dʒoʊlt] **1** *n* (*jerk*) sacudida *f* **2** *v/t* (*push*) ***somebody ~ed my elbow*** alguien me dio en el codo
jos·tle ['dʒɑːsl] *v/t* empujar
♦**jot down** [dʒɑːt] *v/t* (*pret & pp* ***-ted***) apuntar, anotar
jour·nal ['dʒɜːrnl] (*magazine*) revista *f*; (*diary*) diario *m*
jour·nal·ism ['dʒɜːrnəlɪzm] periodismo *m*
jour·nal·ist ['dʒɜːrnəlɪst] periodista *m/f*
jour·ney ['dʒɜːrnɪ] *n* viaje *m*
jo·vi·al ['dʒoʊvɪəl] *adj* jovial
joy [dʒɔɪ] alegría *f*, gozo *m*
'**joy·stick** COMPUT joystick *m*
ju·bi·lant ['dʒuːbɪlənt] *adj* jubiloso
ju·bi·la·tion [dʒuːbɪ'leɪʃn] júbilo *m*
judge [dʒʌdʒ] **1** *n* LAW juez *m/f*, jueza *f*; *in competition* juez *m/f*, miembro *m* del jurado **2** *v/t* juzgar; (*estimate*) calcular **3** *v/i* juzgar; ~ ***for yourself*** júzgalo por ti mismo
judg(**e**)**·ment** ['dʒʌdʒmənt] LAW fallo *m*; (*opinion*) juicio *m*; ***an error of*** ~ una equivocación; ***he showed good*** ~ mostró tener criterio; ***against my better*** ~ a pesar de no estar convencido; ***the Last Judgment*** REL el Juicio Final
'**Judg**(**e**)**·ment Day** Día *m* del Juicio Final
ju·di·cial [dʒuː'dɪʃl] *adj* judicial
ju·di·cious [dʒuː'dɪʃəs] *adj* juicioso
ju·do ['dʒuːdoʊ] judo *m*
jug·gle [dʒʌgl] *v/t also fig* hacer malabarismos con
jug·gler ['dʒʌglər] malabarista *m/f*
juice [dʒuːs] *n Span* zumo *m*, *L.Am.* jugo *m*
juic·y ['dʒuːsɪ] *adj* jugoso; *news*, *gossip* jugoso, sabroso
juke·box ['dʒuːkbɑːks] máquina *f* de discos
Ju·ly [dʒʊ'laɪ] julio *m*
jum·ble ['dʒʌmbl] *n* revoltijo *m*
♦**jumble up** *v/t* revolver

jum·bo (**jet**) ['dʒʌmboʊ] jumbo *m*
'**jum·bo**(**-sized**) *adj* gigante
jump [dʒʌmp] **1** *n* salto *m*; (*increase*) incremento *m*, subida *f*; ***give a*** ~ *of surprise* dar un salto **2** *v/i* saltar; (*increase*) dispararse; ***you made me ~!*** ¡me diste un susto!; ~ ***to one's feet*** ponerse de pie de un salto; ~ ***to conclusions*** sacar conclusiones precipitadas **3** *v/t fence etc* saltar; F (*attack*) asaltar; ~ ***the lights*** saltarse el semáforo, pasarse un semáforo en rojo
♦**jump at** *v/t opportunity* no dejar escapar
jump·er[1] ['dʒʌmpər] *dress* pichi *m*
jump·er[2] ['dʒʌmpər] SP saltador(a) *m*(*f*); *horse* caballo *m* de saltos
jump·y ['dʒʌmpɪ] *adj* nervioso; ***get*** ~ ponerse nervioso
junc·tion ['dʒʌŋkʃn] *of roads* cruce *m*
junc·ture ['dʒʌŋktʃər] *fml*: ***at this*** ~ en esta coyuntura
June [dʒuːn] junio *m*
jun·gle ['dʒʌŋgl] selva *f*, jungla *f*
ju·ni·or ['dʒuːnjər] **1** *adj* (*subordinate*) de rango inferior; (*younger*) más joven **2** *n in rank* subalterno(-a) *m*(*f*); ***she is ten years my*** ~ es diez años más joven que yo
ju·ni·or '**high** escuela *f* secundaria (*para alumnos de entre 12 y 14 años*)
junk [dʒʌŋk] *n* trastos *mpl*
'**junk food** comida *f* basura
junk·ie ['dʒʌŋkɪ] F drogota *m/f* F
'**junk mail** propaganda *f* postal; '**junk shop** cacharrería *f*; '**junk·yard** depósito *m* de chatarra
jur·is·dic·tion [dʒʊrɪs'dɪkʃn] LAW jurisdicción *f*
ju·ror ['dʒʊrər] miembro *m* del jurado
ju·ry ['dʒʊrɪ] jurado *m*
just [dʒʌst] **1** *adj law*, *cause* justo **2** *adv* (*barely*) justo; (*exactly*) justo, justamente; (*only*) sólo, solamente; ***have ~ done sth*** acabar de hacer algo; ***I've ~ seen her*** la acabo de ver; ~ ***about*** (*almost*) casi; ***I was ~ about to leave when …*** estaba a punto de salir cuando …; ~ ***like that***

(*abruptly*) de repente; ~ ***now*** (*at the moment*) ahora mismo; ***I saw her ~ now*** (*a few moments ago*) la acabo de ver; ~ ***you wait!*** ¡ya verás!; ~ ***be quiet!*** ¡cállate de una vez!
jus·tice ['dʒʌstɪs] justicia *f*
jus·ti·fi·a·ble [dʒʌstɪ'faɪəbl] *adj* justificable
jus·ti·fi·a·bly [dʒʌstɪ'faɪəblɪ] *adv* justificadamente
jus·ti·fi·ca·tion [dʒʌstɪfɪ'keɪʃn] justificación *f*; ***there's no ~ for behavior like that*** ese comportamiento es injustificable *or* no tiene justificación
jus·ti·fy ['dʒʌstɪfaɪ] *v/t* (*pret & pp* **-ied**) *also text* justificar
just·ly ['dʒʌstlɪ] *adv* (*fairly*) con justicia; (*rightly*) con razón
♦**jut out** [dʒʌt] *v/i* (*pret & pp* **-ted**) sobresalir
ju·ve·nile ['dʒuːvənl] **1** *adj crime* juvenil; *court* de menores; *pej* infantil **2** *n fml* menor *m/f*
ju·ve·nile de'lin·quen·cy delincuencia *f* juvenil
ju·ve·nile de'lin·quent delincuente *m/f* juvenil

K

K

k [keɪ] *abbr* (= ***kilobyte***) k (= kilobyte *m*); (= ***thousand***) mil
kan·ga·roo [kæŋgə'ruː] canguro *m*
ka·ra·te [kə'rɑːtɪ] kárate *m*
ka'ra·te chop golpe *m* de kárate
ke·bab [kɪ'bæb] pincho *m*, brocheta *f*
keel [kiːl] NAUT quilla *f*
♦**keel over** *v/i of structure* desplomarse; *of person* desmayarse
keen [kiːn] *adj interest* gran; *competition* reñido
keep [kiːp] **1** *n* (*maintenance*) manutención *f*; ***for ~s*** F para siempre **2** *v/t* (*pret & pp* **kept**) guardar; (*not lose*) conservar; (*detain*) entretener; *family* mantener; *animals* tener, criar; ***you can ~ it*** (*it's for you*) te lo puedes quedar; ~ ***trying!*** ¡sigue intentándolo!; ***don't ~ interrupting!*** ¡deja de interrumpirme!; ~ ***a promise*** cumplir una promesa; ~ ***s.o. company*** hacer compañía a alguien; ~ ***s.o. waiting*** hacer esperar a alguien; ***he can't ~ anything to himself*** no sabe guardar un secreto; ***I kept the news of the accident to myself*** no dije nada sobre el accidente; ~ ***sth from s.o.*** ocultar algo a alguien; ***we kept the news from him*** no le contamos la noticia **3** *v/i* (*pret & pp* **kept**) *of food, milk* aguantar, conservarse; ~ ***calm!*** ¡tranquilízate!; ~ ***quiet!*** ¡cállate!
♦**keep away 1** *v/i*: ***keep away from that building*** no te acerques a ese edificio **2** *v/t*: ***keep the children away from the stove*** no dejes que los niños se acerquen a la cocina
♦**keep back** *v/t* (*hold in check*) contener; *information* ocultar
♦**keep down** *v/t voice* bajar; *costs, inflation etc* reducir; *food* retener; ***tell the kids to keep the noise down*** diles a los niños que no hagan tanto ruido; ***I can't keep anything down*** devuelvo todo lo que como
♦**keep in** *v/t in school* castigar (*a quedarse en clase*); ***the hospital's keeping her in*** la tienen en observación
♦**keep off 1** *v/t* (*avoid*) evitar; ***keep off the grass!*** ¡prohibido pisar el césped! **2** *v/i*: ***if the rain keeps off*** si no llueve
♦**keep on 1** *v/i* continuar; ***if you keep on interrupting me*** si no de-

jas de interrumpirme; ***keep on trying*** sigue intentándolo **2** *v/t*: ***the company kept them on*** la empresa los mantuvo en el puesto; ***keep your coat on!*** ¡no te quites el abrigo!

♦**keep on at** *v/t* (*nag*): ***my parents keep on at me to get a job*** mis padres no dejan de decirme que busque un trabajo

♦**keep out 1** *v/t*: ***it keeps the cold out*** protege del frío; ***they must be kept out*** no pueden entrar **2** *v/i*: ***I told you to keep out!*** *of a place* ¡te dije que no entraras!; ***I would keep out of it if I were you*** *of discussion etc* yo en tu lugar no me metería; ***keep out*** *as sign* prohibida la entrada, prohibido el paso

♦**keep to** *v/t path* seguir; *rules* cumplir, respetar

♦**keep up 1** *v/i when walking, running etc* seguir *or* mantener el ritmo (***with*** de); ***keep up with s.o.*** (*stay in touch with*) mantener contacto con alguien **2** *v/t pace* seguir, mantener; *payments* estar al corriente de; *bridge, pants* sujetar

keep·ing ['ki:pɪŋ] *n*: ***be in ~ with*** *decor* combinar con; ***in ~ with*** *promises* de acuerdo con

'**keep·sake** recuerdo *m*

keg [keg] barril *m*

ken·nel ['kenl] *n* caseta *f* del perro

ken·nels ['kenlz] *npl* residencia *f* canina

kept [kept] *pret & pp* → **keep**

ker·nel ['kɜ:rnl] almendra *f*

ker·o·sene ['kerəsi:n] queroseno *m*

ketch·up ['ketʃʌp] ketchup *m*

ket·tle ['ketl] hervidor *m*

key [ki:] **1** *n to door, drawer* llave *f*; *on keyboard, piano* tecla *f*; *of piece of music* clave *f*; *on map* leyenda *f* **2** *adj* (*vital*) clave, crucial **3** *v/t & v/i* COMPUT teclear

♦**key in** *v/t data* introducir, teclear

'**key·board** COMPUT, MUS teclado *m*; **key·board·er** COMPUT operador(a) *m*(*f*), *persona que introduce datos en el ordenador*; '**key·card** tarjeta *f* (de hotel)

keyed-up [ki:d'ʌp] *adj* nervioso

'**key·hole** ojo *m* de la cerradura; **key·note** '**speech** discurso *m* central; '**key·ring** llavero *m*

kha·ki ['kækɪ] *adj* caqui

kick [kɪk] **1** *n* patada *f*; ***he got a ~ out of watching them suffer*** disfrutó viéndoles sufrir; (***just***) ***for ~s*** F por diversión **2** *v/t* dar una patada a; F *habit* dejar **3** *v/i of person* patalear; *of horse, mule* cocear

♦**kick around** *v/t ball* dar patadas a; F (*discuss*) comentar

♦**kick in** *v/t* P *money* apoquinar F

♦**kick off** *v/i* comenzar, sacar de centro; F (*start*) empezar

♦**kick out** *v/t of bar, company* echar; *of country, organization* expulsar

♦**kick up** *v/t*: ***kick up a fuss*** montar un numerito

'**kick·back** F (*bribe*) soborno *m*

'**kick·off** SP saque *m*

kid [kɪd] **1** *n* F (*child*) crío *m* F, niño *m*; ***when I was a ~*** cuando era pequeño; ***~ brother*** hermano *m* pequeño; ***~ sister*** hermana *f* pequeña **2** *v/t* (*pret & pp* ***-ded***) F tomar el pelo a F **3** *v/i* (*pret & pp* ***-ded***) F bromear; ***I was only ~ding*** estaba bromeando

kid·der ['kɪdər] F vacilón *m* F

kid '**gloves**: ***handle s.o. with ~*** tratar a alguien con guante de seda

kid·nap ['kɪdnæp] *v/t* (*pret & pp* ***-ped***) secuestrar

kid·nap·(p)er ['kɪdnæpər] secuestrador *m*

'**kid·nap·(p)ing** ['kɪdnæpɪŋ] secuestro *m*

kid·ney ['kɪdnɪ] ANAT riñón *m*; *in cooking* riñones *mpl*

'**kid·ney bean** alubia *f* roja de riñón

'**kid·ney ma·chine** MED riñón *m* artificial, máquina *f* de diálisis

kill [kɪl] *v/t* matar; ***the drought ~ed all the plants*** las plantas murieron como resultado de la sequía; ***I had six hours to ~*** tenía seis horas sin nada que hacer; ***be ~ed in an accident*** matarse en un accidente, morirse en un accidente; ***~ o.s.*** suicidarse; ***~ o.s. laughing*** F morirse de risa F

kil·ler ['kɪlər] (*murderer*) asesino *m*; ***be a ~*** *of disease* ser mortal

kil·ling ['kɪlɪŋ] *n* asesinato *m*; ***make a ~*** F (*lots of money*) forrarse F

kil·ling·ly ['kɪlɪŋlɪ] *adv* F: ***~ funny*** para morirse de risa

kiln [kɪln] horno *m*

ki·lo ['ki:loʊ] kilo *m*

ki·lo·byte ['kɪloʊbaɪt] COMPUT kilobyte *m*

ki·lo·gram ['kɪloʊgræm] kilogramo *m*

ki·lo·me·ter, *Br* **ki·lo·me·tre** [kɪ'lɑ:mɪtər] kilómetro *m*

kind[1] [kaɪnd] *adj* agradable, amable

kind[2] [kaɪnd] *n* (*sort*) tipo *m*; (*make, brand*) marca *f*; ***all ~s of people*** toda clase de personas; ***I did nothing of the ~!*** ¡no hice nada parecido!; ***~ of ...*** *sad, lonely, etc* un poco ...; ***that's very ~ of you*** gracias por tu amabilidad

kin·der·gar·ten ['kɪndərgɑ:rtn] guardería *f*, jardín *m* de infancia

kind-heart·ed [kaɪnd'hɑ:rtɪd] *adj* agradable, amable

kind·ly ['kaɪndlɪ] **1** *adj* amable, agradable **2** *adv* con amabilidad; ***~ don't interrupt*** por favor, no me interrumpa; ***~ lower your voice*** ¿le importaría hablar más bajo?

kind·ness ['kaɪndnɪs] amabilidad *f*

king [kɪŋ] rey *m*

king·dom ['kɪŋdəm] reino *m*

'king-size(d) *adj* F *cigarettes* extralargo; ***~ bed*** cama *f* de matrimonio grande

kink [kɪŋk] *n in hose etc* doblez *f*

kink·y ['kɪŋkɪ] *adj* F vicioso

ki·osk ['ki:ɑ:sk] quiosco *m*

kiss [kɪs] **1** *n* beso *m* **2** *v/t* besar **3** *v/i* besarse

kiss of 'life boca *f* a boca, respiración *f* artificial; ***give s.o. the ~*** hacer a alguien el boca a boca

kit [kɪt] (*equipment*) equipo *m*; ***tool ~*** caja *f* de herramientas

kitch·en ['kɪʧɪn] cocina *f*

kitch·en·ette [kɪʧɪ'net] *cocina pequeña*

kitch·en 'sink: ***you've got everything but the ~*** F llevas la casa a cuestas F

kite [kaɪt] *for flying* cometa *f*

kit·ten ['kɪtn] gatito *m*

kit·ty ['kɪtɪ] *money* fondo *m*

klutz [klʌts] F (*clumsy person*) manazas *m* F

knack [næk] habilidad *f*; ***he has a ~ of upsetting people*** tiene la habilidad de disgustar a la gente; ***I soon got the ~ of the new machine*** le pillé el truco a la nueva máquina rápidamente

knead [ni:d] *v/t dough* amasar

knee [ni:] *n* rodilla *f*

'knee·cap *n* rótula *f*

kneel [ni:l] *v/i* (*pret & pp* **knelt**) arrodillarse

'knee-length *adj* hasta la rodilla

knelt [nelt] *pret & pp* → ***kneel***

knew [nu:] *pret* → ***know***

knick-knacks ['nɪknæks] *npl* F baratijas *fpl*

knife [naɪf] **1** *n* (*pl* **knives** [naɪvz]) *for food* cuchillo *m*; *carried outside* navaja *f* **2** *v/t* acuchillar, apuñalar

knight [naɪt] *n* caballero *m*

knit [nɪt] **1** *v/t* (*pret & pp* ***-ted***) tejer **2** *v/i* (*pret & pp* ***-ted***) tricotar

♦**knit together** *v/i of broken bone* soldarse

knit·ting ['nɪtɪŋ] punto *m*

'knit·ting nee·dle aguja *f* para hacer punto

'knit·wear prendas *fpl* de punto

knob [nɑ:b] *on door* pomo *m*; *on drawer* tirador *m*; *of butter* nuez *f*, trocito *m*

knock [nɑ:k] **1** *n on door*, (*blow*) golpe *m*; ***there was a ~ on the door*** llamaron a la puerta **2** *v/t* (*hit*) golpear; F (*criticize*) criticar, meterse con F; ***he was ~ed to the ground*** le tiraron al suelo **3** *v/i on the door* llamar

♦**knock around 1** *v/t* F (*beat*) pegar a **2** *v/i* F (*travel*) viajar

♦**knock down** *v/t of car* atropellar; *building* tirar; *object* tirar al suelo; F

K

(*reduce the price of*) rebajar

♦**knock off 1** *v/t* P (*steal*) mangar P **2** *v/i* F (*stop work for the day*) acabar, *Span* plegar F

♦**knock out** *v/t* (*make unconscious*) dejar K.O.; *of medicine* dejar para el arrastre F; *power lines etc* destruir; (*eliminate*) eliminar

♦**knock over** *v/t* tirar; *of car* atropellar

'**knock·down** *adj*: ***at a ~ price*** tirado; **knock-kneed** [nɑːk'niːd] *adj* patizambo; '**knock·out** *n in boxing* K.O. *m*

knot [nɑːt] **1** *n* nudo *m* **2** *v/t* (*pret & pp* ***-ted***) anudar

knot·ty ['nɑːtɪ] *adj problem* complicado

know [noʊ] **1** *v/t* (*pret* ***knew***, *pp* ***known***) *fact, language, how to do sth* saber; *person, place* conocer; (*recognize*) reconocer; ***will you let him ~ that …?*** ¿puedes decirle que …? **2** *v/i* (*pret* ***knew***, *pp* ***known***) saber; ***I don't ~*** no (lo) sé; ***yes, I ~*** sí, lo sé **3** *n*: ***people in the ~*** los enterados

'**know·how** pericia *f*

know·ing ['noʊɪŋ] *adj* cómplice

know·ing·ly ['noʊɪŋlɪ] *adv* (*wittingly*) deliberadamente; *smile etc* con complicidad

'**know-it-all** F sabiondo F

knowl·edge ['nɑːlɪdʒ] conocimiento *m*; ***to the best of my ~*** por lo que sé; ***have a good ~ of …*** tener buenos conocimientos de …

knowl·edge·a·ble ['nɑːlɪdʒəbl] *adj*: ***she's very ~ about music*** sabe mucho de música

known [noʊn] *pp* → ***know***

knuck·le ['nʌkl] nudillo *m*

♦**knuckle down** *v/i* F aplicarse F

♦**knuckle under** *v/i* F pasar por el aro F

KO [keɪ'oʊ] (*knockout*) K.O.

Ko·ran [kə'ræn] Corán *m*

Ko·re·a [kə'riːə] Corea

Ko·re·an [kə'riːən] **1** *adj* coreano **2** *n* coreano(a) *m*(*f*); *language* coreano *m*

ko·sher ['koʊʃər] *adj* REL kosher; F legal F

kow·tow ['kaʊtaʊ] *v/i* F reverenciar

ku·dos ['kjuːdɑːs] reconocimiento *m*, prestigio *m*

L

lab [læb] laboratorio *m*

la·bel ['leɪbl] **1** *n* etiqueta *f* **2** *v/t* (*pret & pp* ***-ed***, *Br* ***-led***) *bags* etiquetar

la·bor ['leɪbər] *n* (*work*) trabajo *m*; *in pregnancy* parto *m*; ***be in ~*** estar de parto

la·bor·a·to·ry ['læbrətoʊrɪ] laboratorio *m*

la·bor·a·to·ry tech'ni·cian técnico(-a) *m*(*f*) de laboratorio

la·bored ['leɪbərd] *adj style, speech* elaborado

la·bor·er ['leɪbərər] obrero(-a) *m*(*f*)

la·bo·ri·ous [lə'bɔːrɪəs] *adj* laborioso

'**la·bor u·ni·on** sindicato *m*

'**la·bor ward** MED sala *f* de partos

la·bour *etc Br* → ***labor*** *etc*

lace [leɪs] *n material* encaje *m*; *for shoe* cordón *m*

♦**lace up** *v/t shoes* atar

lack [læk] **1** *n* falta *f*, carencia *f* **2** *v/t* carecer de; ***he ~s confidence*** le falta confianza **3** *v/i*: ***be ~ing*** faltar

lac·quer ['lækər] *n for hair* laca *f*

lad [læd] muchacho *m*, chico *m*

lad·der ['lædər] *n* escalera *f* (de mano)

la·den ['leɪdn] *adj* cargado (***with*** de)

la·dies room ['leɪdiːz] servicio *m* de señoras
la·dle ['leɪdl] *n* cucharón *m*, cazo *m*
la·dy ['leɪdɪ] señora *f*
'**la·dy·bug** mariquita *f*
'**la·dy·like** *adj* femenino
lag [læg] *v/t* (*pret & pp* **-ged**) *pipes* revestir con aislante
♦ **lag behind** *v/i* quedarse atrás
la·ger ['lɑːgər] cerveza *f* rubia
la·goon [lə'guːn] laguna *f*
laid [leɪd] *pret & pp* → **lay**
laid·back [leɪd'bæk] *adj* tranquilo, despreocupado
lain [leɪn] *pp* → **lie**
lake [leɪk] lago *m*
lamb [læm] *animal, meat* cordero *m*
lame [leɪm] *adj person* cojo; *excuse* pobre
la·ment [lə'ment] **1** *n* lamento *m* **2** *v/t* lamentar
lam·en·ta·ble ['læməntəbl] *adj* lamentable
lam·i·nat·ed ['læmɪneɪtɪd] *adj surface* laminado; *paper* plastificado
lam·i·nat·ed '**glass** cristal *m* laminado
lamp [læmp] lámpara *f*
'**lamp·post** farola *f*
'**lamp·shade** pantalla *f* (*de lámpara*)
land [lænd] **1** *n* tierra *f*; ***by ~*** por tierra; ***on ~*** en tierra; ***work on the ~*** *as farmer* trabajar la tierra **2** *v/t airplane* aterrizar; *job* conseguir **3** *v/i of airplane* aterrizar; *of capsule on the moon* alunizar; *of ball, sth thrown* caer; ***it ~ed right on top of his head*** le cayó justo en la cabeza
land·ing ['lændɪŋ] *n of airplane* aterrizaje *m*; *on moon* alunizaje *m*; *of staircase* rellano *m*
'**land·ing field** pista *f* de aterrizaje; '**land·ing gear** tren *m* de aterrizaje; '**land·ing strip** pista *f* de aterrizaje
'**land·la·dy** *of hostel etc* dueña *f*; *of rented room* casera *f*; *Br: of bar* patrona *f*; '**land·lord** *of hostel etc* dueño *m*; *of rented room* casero *m*; *Br: of bar* patrón *m*; '**land·mark** punto *m* de referencia; *fig* hito *m*; '**land own·er** terrateniente *m/f*; **land·scape** ['lændskeɪp] **1** *n* (*also painting*) paisaje *m* **2** *adv print* en formato apaisado; '**land·slide** corrimiento *m* de tierras; **land·slide** '**vic·to·ry** victoria *f* arrolladora
lane [leɪn] *in country* camino *m*, vereda *f*; (*alley*) callejón *m*; MOT carril *m*
lan·guage ['læŋgwɪdʒ] lenguaje *m*; *of nation* idioma *f*, lengua *f*
'**lan·guage lab** laboratorio *m* de idiomas
lank [læŋk] *adj hair* lacio
lank·y ['læŋkɪ] *adj person* larguirucho
lan·tern ['læntərn] farol *f*
lap[1] [læp] *n of track* vuelta *f*
lap[2] [læp] *n of water* chapoteo *m*
♦ **lap up** *v/t* (*pret & pp* **-ped**) *drink, milk* beber a lengüetadas; *flattery* deleitarse con
lap[3] [læp] *n of person* regazo *m*
la·pel [lə'pel] solapa *f*
lapse [læps] **1** *n* (*mistake, slip*) desliz *m*; *of time* lapso *m*; ***a ~ of attention*** un momento de distracción; ***a ~ of memory*** un olvido **2** *v/i of membership* vencer; ***~ into silence / despair*** sumirse en el silencio / la desesperación; ***she ~d into English*** empezó a hablar en inglés
lap·top ['læptɑːp] COMPUT ordenador *m* portátil, *L.Am.* computadora *f* portátil
lar·ce·ny ['lɑːrsənɪ] latrocinio *m*
lard [lɑːrd] manteca *f* de cerdo
lar·der ['lɑːrdər] despensa *f*
large [lɑːrdʒ] *adj* grande; ***be at ~*** *of criminal, wild animal* andar suelto
large·ly ['lɑːrdʒlɪ] *adv* (*mainly*) en gran parte, principalmente
lark [lɑːrk] *bird* alondra *f*
lar·va ['lɑːrvə] larva *f*
lar·yn·gi·tis [lærɪn'dʒaɪtɪs] laringitis *f*
lar·ynx ['lærɪŋks] laringe *f*
la·ser ['leɪzər] láser *m*
'**la·ser beam** rayo *m* láser
'**la·ser print·er** impresora *f* láser
lash[1] [læʃ] *v/t with whip* azotar
♦ **lash down** *v/t with rope* amarrar
♦ **lash out** *v/i with fists, words* atacar (***at*** a), arremeter (***at*** contra)

L

lash[2] [læʃ] *n* (*eyelash*) pestaña *f*
last[1] [læst] **1** *adj in series* último; (*preceding*) anterior; ~ ***Friday*** el viernes pasado; ~ ***but one*** penúltimo; ~ ***night*** anoche; ~ ***but not least*** por último, pero no por ello menos importante **2** *adv* ***at*** ~ por fin, al fin
last[2] [læst] *v/i* durar
last·ing ['læstɪŋ] *adj* duradero
last·ly ['læstlɪ] *adv* por último, finalmente
latch [lætʃ] *n* pestillo *m*
late [leɪt] **1** *adj*: ***the bus is ~ again*** el autobús vuelve a llegar tarde; ***it's ~*** es tarde; ***it's getting ~*** se está haciendo tarde; ***of ~*** últimamente, recientemente; ***the ~ 19th century*** la última parte del siglo XIX; ***in the ~ 19th century*** a finales del siglo XIX **2** *adv arrive, leave* tarde
late·ly ['leɪtlɪ] *adv* últimamente, recientemente
lat·er ['leɪtər] *adv* más tarde; ***see you ~!*** ¡hasta luego!; ~ ***on*** más tarde
lat·est ['leɪtɪst] *adj news, girlfriend* último
lathe [leɪð] *n* torno *m*
la·ther ['lɑːðər] *n from soap* espuma *f*; ***in a ~*** (*sweaty*) empapado de sudor
Lat·in ['lætɪn] **1** *adj* latino **2** *n* latín *m*
Lat·in A'mer·i·ca Latinoamérica, América Latina
La·tin A'mer·i·can **1** *n* latinoamericano(-a) *m*(*f*) **2** *adj* latinoamericano
La·ti·no [læ'tiːnoʊ] **1** *adj* latino **2** *n* latino(-a)
lat·i·tude ['lætɪtuːd] *geographical* latitud *f*; (*freedom to act*) libertad *f*
lat·ter ['lætər] **1** *adj* último **2** *n*: ***Mr Brown and Mr White, of whom the ~ was …*** el Señor Brown y el Señor White, de quien el segundo *or* este último era …
laugh [læf] **1** *n* risa *f*; ***it was a ~*** F fue genial **2** *v/i* reírse
♦**laugh at** *v/t* reírse de
'**laugh·ing stock**: ***make o.s. a ~*** ponerse en ridículo; ***become a ~*** ser el hazmerreír
laugh·ter ['læftər] risas *fpl*
launch [lɒːntʃ] **1** *n small boat* lancha *f*; *of ship* botadura *f*; *of rocket, new product* lanzamiento *m* **2** *v/t rocket, new product* lanzar; *ship* botar
'**launch cer·e·mo·ny** ceremonia *f* de lanzamiento
launch(·ing) pad plataforma *f* de lanzamiento
laun·der ['lɒːndər] *v/t clothes* lavar (y planchar); *money* blanquear
laun·dro·mat ['lɒːndrəmæt] lavandería *f*
laun·dry ['lɒːndrɪ] *place* lavadero *m*; *dirty clothes* ropa *f* sucia; *clean clothes* ropa *f* lavada; ***do the ~*** lavar la ropa, *Span* hacer la colada
lau·rel ['lɑːrəl] laurel *m*
lav·a·to·ry ['lævətɔːrɪ] *place* cuarto *m* de baño, lavabo *m*; *equipment* retrete *m*
lav·en·der ['lævəndər] espliego *m*, lavanda *f*
lav·ish ['lævɪʃ] *adj* espléndido
law [lɒː] ley *f*; *subject* derecho *m*; ***be against the ~*** estar prohibido, ser ilegal
law-a·bid·ing ['lɒːəbaɪdɪŋ] *adj* respetuoso con la ley
'**law court** juzgado *m*
law·ful ['lɒːfəl] *adj* legal; *wife* legítimo
law·less ['lɒːlɪs] *adj* sin ley
lawn [lɒːn] césped *m*
'**lawn mow·er** cortacésped *m*
'**law·suit** pleito *m*
law·yer ['lɒːjər] abogado(-a) *m*(*f*)
lax [læks] *adj* poco estricto
lax·a·tive ['læksətɪv] *n* laxante *m*
lay[1] [leɪ] *v/t* (*pret & pp* ***laid***) (*put down*) dejar, poner; *eggs* poner; V *sexually* tirarse a V
lay[2] [leɪ] *pret* → ***lie***
♦**lay into** *v/t* (*attack*) arremeter contra
♦**lay off** *v/t workers* despedir
♦**lay on** *v/t* (*provide*) organizar
♦**lay out** *v/t objects* colocar, disponer; *page* diseñar, maquetar
'**lay-by** *Br*: *on road* área *f* de descanso
lay·er ['leɪər] estrato *m*; *of soil, paint* capa *f*
'**lay·man** laico *m*

'lay-off despido *m*
'lay-out diseño *m*
◆ **laze around** [leɪz] *v/i* holgazanear
la·zy ['leɪzɪ] *adj person* holgazán, perezoso; *day* ocioso
lb *abbr* (= ***pound***) libra *f* (*de peso*)
LCD [elsiː'diː] *abbr* (= ***liquid crystal display***) LCD, pantalla *f* de cristal líquido
lead¹ [liːd] **1** *v/t* (*pret & pp* ***led***) *procession, race* ir al frente de; *company, team* dirigir; (*guide, take*) conducir **2** *v/i* (*pret & pp* ***led***) *in race, competition* ir en cabeza; (*provide leadership*) tener el mando; ***a street ~ing off the square*** una calle que sale de la plaza; ***where is this ~ing?*** ¿adónde nos lleva esto? **3** *n in race* ventaja *f*; ***be in the ~*** estar en cabeza; ***take the ~*** ponerse en cabeza; ***lose the ~*** perder la cabeza
◆ **lead on** *v/i* (*go in front*) ir delante
◆ **lead up to** *v/t* preceder a; ***I wonder what she's leading up to*** me pregunto a dónde quiere ir a parar
lead² [liːd] *for dog* correa *f*
lead³ [led] *substance* plomo *m*
lead·ed ['ledɪd] *adj gas* con plomo
lead·er ['liːdər] líder *m*
lead·er·ship ['liːdərʃɪp] *of party etc* liderazgo *m*
'lead·er·ship con·test pugna *f* por el liderazgo
lead-free ['ledfriː] *adj gas* sin plomo
lead·ing ['liːdɪŋ] *adj runner* en cabeza; *company, product* puntero
'lead·ing-edge *adj company* en la vanguardia; *technology* de vanguardia
leaf [liːf] (*pl* ***leaves*** [liːvz]) hoja *f*
◆ **leaf through** *v/t* hojear
leaf·let ['liːflət] folleto *m*
league [liːg] liga *f*
leak [liːk] **1** *n in roof* gotera *f*; *in pipe* agujero *m*; *of air, gas* fuga *f*, escape *m*; *of information* filtración *f* **2** *v/i of boat* hacer agua; *of pipe* tener un agujero; *of liquid, gas* fugarse, escaparse
◆ **leak out** *v/i of air, gas* fugarse, escaparse; *of news* filtrarse
leak·y ['liːkɪ] *adj pipe* con agujeros; *boat* que hace agua
lean¹ [liːn] **1** *v/i* (*be at an angle*) estar inclinado; ***~ against sth*** apoyarse en algo **2** *v/t* apoyar
lean² [liːn] *adj meat* magro; *style, prose* pobre, escueto
leap [liːp] **1** *n* salto *m*; ***a great ~ forward*** un gran salto adelante **2** *v/i* (*pret & pp* ***-ed*** *or* ***leapt***) saltar; ***he ~t over the fence*** saltó la valla; ***they ~t into the river*** se tiraron al río
leapt [lept] *pret & pp* → ***leap***
'leap year año *m* bisiesto
learn [lɜːrn] **1** *v/t* aprender; (*hear*) enterarse de; ***~ how to do sth*** aprender a hacer algo **2** *v/i* aprender
learn·er ['lɜːrnər] estudiante *m/f*
learn·ing ['lɜːrnɪŋ] *n* (*knowledge*) conocimientos *mpl*; *act* aprendizaje *m*
'learn·ing curve curva *f* de aprendizaje; ***be on the ~*** tener que aprender cosas nuevas
lease [liːs] **1** *n* (contrato *m* de) arrendamiento *m* **2** *v/t apartment, equipment* arrendar
◆ **lease out** *v/t apartment, equipment* arrendar
lease 'pur·chase arrendamiento *m* con opción de compra
leash [liːʃ] *for dog* correa *f*
least [liːst] **1** *adj* (*slightest*) menor; ***the ~*** *amount, money, baggage* menos; ***there's not the ~ reason to …*** no hay la más mínima razón para que … **2** *adv* menos **3** *n* lo menos; ***he drank the ~*** fue el que menos bebió; ***not in the ~ surprised*** en absoluto sorprendido; ***at ~*** por lo menos
leath·er ['leðər] **1** *n* piel *f*, cuero **2** *adj* de piel, de cuero
leave [liːv] **1** *n* (*vacation*) permiso *m*; ***on ~*** de permiso **2** *v/t* (*pret & pp* ***left***) *city, place* marcharse de, irse de; *person, food, memory*, (*forget*) dejar; ***let's ~ things as they are*** dejemos las cosas tal y como están; ***how did you ~ things with him?*** ¿cómo quedaron las cosas con él?; ***~ s.o. / sth alone*** (*not touch, not interfere with*) dejar a alguien / algo en paz; ***be left***

L

quedar; ***there is nothing left*** no queda nada; ***I only have one left*** sólo me queda uno **3** *v/i* (*pret & pp* ***left***) *of person* marcharse, irse; *of plane, train, bus* salir
♦ **leave behind** *v/t intentionally* dejar; (*forget*) dejarse
♦ **leave on** *v/t hat, coat* dejar puesto; *TV, computer* dejar encendido
♦ **leave out** *v/t word, figure* omitir; (*not put away*) no guardar; ***leave me out of this*** a mí no me metas en esto
'leav·ing par·ty fiesta *f* de despedida
lec·ture ['lekʧər] **1** *n* clase *f*; *to general public* conferencia *f* **2** *v/i at university* dar clases (***in*** de); *to general public* dar una conferencia
'lec·ture hall sala *f* de conferencias
lec·tur·er ['lekʧərər] profesor(a) *m*(*f*)
LED [eli:'di:] *abbr* (= ***light-emitting diode***) LED *m* (= diodo *m* emisor de luz)
led [led] *pret & pp* → ***lead***[1]
ledge [ledʒ] *of window* alféizar *f*; *on rock face* saliente *m*
ledg·er ['ledʒər] COM libro *m* mayor
leek [li:k] puerro *m*
leer [lɪr] *n sexual* mirada *f* impúdica; *evil* mirada *f* maligna
left[1] [left] **1** *adj* izquierdo **2** *n also* POL izquierda *f*; ***on the ~*** a la izquierda; ***to the ~*** *turn, look* a la izquierda **3** *adv turn, look* a la izquierda
left[2] [left] *pret & pp* → ***leave***
'left-hand *adj* de la izquierda; ***on your ~ side*** a tu izquierda; **left-hand 'drive**: ***this car is ~*** este coche tiene el volante a la izquierda; **left-'hand·ed** *adj* zurdo; **left 'lug·gage (of·fice)** *Br* consigna *f*; **'left-o·vers** *npl food* sobras *fpl*; **'left-wing** *adj* POL izquierdista, de izquierdas
leg [leg] *of person* pierna *f*; *of animal* pata *f*; ***pull s.o.'s ~*** tomar el pelo a alguien
leg·a·cy ['legəsɪ] legado *m*
le·gal ['li:gl] *adj* legal
le·gal ad'vis·er asesor(a) *m*(*f*) jurídico(-a)
le·gal·i·ty [lɪ'gælətɪ] legalidad *f*
le·gal·ize ['li:gəlaɪz] *v/t* legalizar
le·gend ['ledʒənd] leyenda *f*
le·gen·da·ry ['ledʒəndrɪ] *adj* legendario
le·gi·ble ['ledʒəbl] *adj* legible
le·gis·late ['ledʒɪsleɪt] *v/i* legislar
le·gis·la·tion [ledʒɪs'leɪʃn] legislación *f*
le·gis·la·tive ['ledʒɪslətɪv] *adj* legislativo
le·gis·la·ture ['ledʒɪsləʧər] POL legislativo *m*
le·git·i·mate [lɪ'dʒɪtɪmət] *adj* legítimo
'leg room espacio *m* para las piernas
lei·sure ['li:ʒər] ocio *m*; ***I look forward to having more ~*** estoy deseando tener más tiempo libre; ***do it at your ~*** tómate tu tiempo para hacerlo
lei·sure·ly ['li:ʒəlɪ] *adj pace, lifestyle* tranquilo, relajado
'lei·sure time tiempo *m* libre
le·mon ['lemən] limón *m*
le·mon·ade [lemə'neɪd] limonada *f*
'le·mon juice zumo *m* de limón, *L.Am.* jugo *m* de limón
le·mon 'tea té *m* con limón
lend [lend] *v/t* (*pret & pp* ***lent***) prestar
length [leŋθ] longitud *f*; (*piece: of material etc*) pedazo *m*; ***at ~*** *describe, explain* detalladamente; (*finally*) finalmente
length·en ['leŋθən] *v/t* alargar
length·y ['leŋθɪ] *adj speech, stay* largo
le·ni·ent ['li:nɪənt] *adj* indulgente, poco severo
lens [lenz] *of camera* objetivo *m*, lente *f*; *of eyeglasses* cristal *m*; *of eye* cristalino *m*; (*contact ~*) lente *m* de contacto, *Span* lentilla *f*
'lens cov·er *of camera* tapa *f* del objetivo
Lent [lent] REL Cuaresma *f*
lent [lent] *pret & pp* → ***lend***
len·til ['lentl] lenteja *f*
len·til 'soup sopa *f* de lentejas
Le·o ['li:oʊ] ASTR Leo *m/f inv*
leop·ard ['lepərd] leopardo *m*
le·o·tard ['li:oʊtɑ:rd] malla *f*
les·bi·an ['lezbɪən] **1** *n* lesbiana *f*

2 *adj* lésbico, lesbiano
less [les] *adv* menos; ***it costs ~*** cuesta menos; ***~ than $200*** menos de 200 dólares
les•sen ['lesn] **1** *v/t* disminuir **2** *v/i* reducirse, disminuir
les•son ['lesn] lección *f*
let [let] *v/t* (*pret & pp* ***let***) (*allow*) dejar, permitir; ***~ s.o. do sth*** dejar a alguien hacer algo; ***~ me go!*** ¡déjame!; ***~ him come in!*** ¡déjale entrar!; ***~'s go / stay*** vamos / quedémonos; ***~'s not argue*** no discutamos; ***~ alone*** mucho menos; ***~ go of sth*** *of rope, handle* soltar algo; ***~ go of me!*** ¡suéltame!
♦ **let down** *v/t hair* soltarse; *blinds* bajar; (*disappoint*) decepcionar, defraudar; *dress, pants* alargar
♦ **let in** *v/t to house* dejar pasar
♦ **let off** *v/t* (*not punish*) perdonar; *from car* dejar; ***the court let him off with a small fine*** el tribunal sólo le impuso una pequeña multa
♦ **let out** *v/t of room, building* alquilar, *Mex* rentar; *jacket etc* agrandar; *groan, yell* soltar
♦ **let up** *v/i* (*stop*) amainar
le•thal ['li:θl] *adj* letal
leth•ar•gic [lɪ'θɑ:rdʒɪk] *adj* aletargado, apático
leth•ar•gy ['leθərdʒɪ] sopor *m*, apatía *f*
let•ter ['letər] *of alphabet* letra *f*; *in mail* carta *f*
'let•ter•box *Br* buzón *m*; **'let•ter•head** (*heading*) membrete *m*; (*headed paper*) papel *m* con membrete; **let•ter of 'cred•it** COM carta *f* de crédito
let•tuce ['letɪs] lechuga *f*
'let•up: ***without a ~*** sin interrupción
leu•ke•mia [lu:'ki:mɪə] leucemia *f*
lev•el ['levl] **1** *adj field, surface* nivelado, llano; *in competition, scores* igualado; ***draw ~ with s.o.*** *in race* ponerse a la altura de alguien **2** *n on scale, in hierarchy*, (*amount*) nivel *m*; ***on the ~*** F (*honest*) honrado
lev•el-head•ed [levl'hedɪd] *adj* ecuánime, sensato
le•ver ['levər] **1** *n* palanca *f* **2** *v/t*: ***~ sth open*** abrir algo haciendo palanca
lev•er•age ['levrɪdʒ] apalancamiento *m*; (*influence*) influencia *f*
lev•y ['levɪ] *v/t* (*pret & pp* ***-ied***) *taxes* imponer
lewd [lu:d] *adj* obsceno
li•a•bil•i•ty [laɪə'bɪlətɪ] (*responsibility*) responsabilidad *f*; (*likeliness*) propensión *f* (***to*** a)
li•a'bil•i•ty in•sur•ance seguro *m* a terceros
li•a•ble ['laɪəbl] *adj* (*responsible*) responsable (***for*** de); ***be ~ to*** (*likely*) ser propenso a
♦ **li•ai•se with** [lɪ'eɪz] *v/t* actuar de enlace con
li•ai•son [lɪ'eɪzɑ:n] (*contacts*) contacto *m*, enlace *m*
li•ar [laɪr] mentiroso(-a) *m*(*f*)
li•bel ['laɪbl] **1** *n* calumnia *f*, difamación *f* **2** *v/t* calumniar, difamar
lib•e•ral ['lɪbərəl] *adj* (*broadminded*), POL liberal; (*generous: portion etc*) abundante
lib•e•rate ['lɪbəreɪt] *v/t* liberar
lib•e•rat•ed ['lɪbəreɪtɪd] *adj* liberado
lib•e•ra•tion [lɪbə'reɪʃn] liberación *f*
lib•er•ty ['lɪbərtɪ] libertad *f*; ***at ~*** *of prisoner etc* en libertad; ***be at ~ to do sth*** tener libertad para hacer algo
Li•bra ['li:brə] ASTR Libra *m/f inv*
li•brar•i•an [laɪ'brerɪən] bibliotecario(-a) *m*(*f*)
li•bra•ry ['laɪbrerɪ] biblioteca *f*
Lib•y•a ['lɪbɪə] Libia
Lib•y•an ['lɪbɪən] **1** *adj* libio **2** *n* libio(-a) *m*(*f*)
lice [laɪs] *pl* → ***louse***
li•cence *Br* → ***license 1*** *n*
li•cense ['laɪsns] **1** *n* permiso *m*, licencia *f* **2** *v/t* autorizar; ***be ~d*** tener permiso *or* licencia
'li•cense num•ber (número *m* de) matrícula *f*
'li•cense plate *of car* (placa *f* de) matrícula *f*
lick [lɪk] **1** *n* lamedura *f* **2** *v/t* lamer; ***~ one's lips*** relamerse
lick•ing ['lɪkɪŋ] F (*defeat*): ***we got a ~*** nos dieron una paliza F

L

li•co•rice ['lɪkərɪs] regaliz *m*
lid [lɪd] (*top*) tapa *f*
lie[1] [laɪ] **1** *n* (*untruth*) mentira *f* **2** *v/i* mentir
lie[2] [laɪ] *v/i* (*pret* ***lay***, *pp* ***lain***) *of person* estar tumbado; *of object* estar; (*be situated*) estar, encontrarse; ***~ on your stomach*** túmbate boca abajo
♦**lie down** *v/i* tumbarse
'**lie-in**: *Br* ***have a ~*** quedarse un rato más en la cama
lieu [lu:]: ***in ~ of*** en lugar de
lieu•ten•ant [lʊ'tenənt] teniente *m/f*
life [laɪf] (*pl* ***lives*** [laɪvz]) vida *f*; *of machine* vida *f*, duración *f*; ***that's ~!*** ¡así es la vida!
'**life belt** salvavidas *m inv*; '**life•boat** *from ship* bote *m* salvavidas; *from land* lancha *f* de salvamento; '**life ex•pect•an•cy** esperanza *f* de vida; '**life•guard** socorrista *m/f*; '**life his•to•ry** historia *f* de la vida; **life im'pris•on•ment** cadena *f* perpetua; '**life in•sur•ance** seguro *m* de vida; '**life jack•et** chaleco *m* salvavidas
life•less ['laɪflɪs] *adj* sin vida
life•like ['laɪflaɪk] *adj* realista
'**life•long** de toda la vida; '**life pre•serv•er** salvavidas *m inv*; '**life-sav•ing** *adj medical equipment*, *drug* que salva vidas; '**life•sized** *adj* de tamaño natural; '**life-threat•en•ing** *adj* que puede ser mortal; '**life•time** vida *f*; ***in my ~*** durante mi vida
lift [lɪft] **1** *v/t* levantar **2** *v/i of fog* disiparse **3** *n Br* (*elevator*) ascensor *m*; ***give s.o. a ~*** llevar a alguien (en coche)
♦**lift off** *v/i of rocket* despegar
'**lift-off** *of rocket* despegue *m*
lig•a•ment ['lɪgəmənt] ligamento *m*
light[1] [laɪt] **1** *n* luz *f*; ***in the ~ of*** a la luz de; ***have you got a ~?*** ¿tienes fuego? **2** *v/t* (*pret & pp* ***-ed*** *or* ***lit***) *fire*, *cigarette* encender; (*illuminate*) iluminar **3** *adj color*, *sky* claro; *room* luminoso
light[2] [laɪt] **1** *adj* (*not heavy*) ligero **2** *adv*: ***travel ~*** viajar ligero de equipaje
♦**light up 1** *v/t* (*illuminate*) iluminar **2** *v/i* (*start to smoke*) encender un cigarrillo
'**light bulb** bombilla *f*
light•en[1] ['laɪtn] *v/t color* aclarar
light•en[2] ['laɪtn] *v/t load* aligerar
♦**lighten up** *v/i of person* alegrarse; ***come on, lighten up*** venga, no te tomes las cosas tan en serio
light•er ['laɪtər] *for cigarettes* encendedor *m*, *Span* mechero *m*
light-head•ed [laɪt'hedɪd] *adj* (*dizzy*) mareado; **light-'heart•ed** [laɪt'hɑ:rtɪd] *adj* alegre; '**light•house** faro *m*
light•ing ['laɪtɪŋ] iluminación *f*
light•ly ['laɪtlɪ] *adv touch* ligeramente; ***get off ~*** salir bien parado
light•ness[1] ['laɪtnɪs] *of room*, *color* claridad *f*
light•ness[2] ['laɪtnɪs] *in weight* ligereza *f*
light•ning ['laɪtnɪŋ]: ***a flash of ~*** un relámpago; ***they were struck by ~*** les cayó un rayo
'**light•ning con•duc•tor** pararrayos *m inv*
'**light pen** lápiz *m* óptico; '**light•weight** *n in boxing* peso *m* ligero; '**light year** año *m* luz
like[1] [laɪk] **1** *prep* como; ***be ~ s.o.*** ser como alguien; ***what is she ~?*** ¿cómo es?; ***it's not ~ him*** (*not his character*) no es su estilo **2** *conj* F (*as*) como; ***~ I said*** como dije
like[2] [laɪk] *v/t*: ***I ~ it / her*** me gusta; ***I would ~ …*** querría …; ***I would ~ to …*** me gustaría …; ***would you ~ …?*** ¿querrías …?; ***would you ~ to …?*** ¿querrías …?; ***she ~s to swim*** le gusta nadar; ***if you ~*** si quieres
like•a•ble ['laɪkəbl] *adj* simpático
like•li•hood ['laɪklɪhʊd] probabilidad *f*; ***in all ~*** con toda probabilidad
like•ly ['laɪklɪ] *adj* (*probable*) probable; ***not ~!*** ¡ni hablar!
like•ness ['laɪknɪs] (*resemblance*) parecido *m*
'**like•wise** ['laɪkwaɪz] *adv* igualmente; ***pleased to meet you – ~!*** encantado de conocerle – ¡lo mismo digo!

lik•ing ['laɪkɪŋ] afición *f* (***for*** a); ***to your ~*** a su gusto; ***take a ~ to s.o.*** tomar cariño a alguien
li•lac ['laɪlək] *flower* lila *f*; *color* lila *m*
li•ly ['lɪlɪ] lirio *m*
li•ly of the 'val•ley lirio *m* de los valles
limb [lɪm] miembro *m*
lime[1] [laɪm] *fruit, tree* lima *f*
lime[2] [laɪm] *substance* cal *f*
lime'green *adj* verde lima
'lime•light: ***be in the ~*** estar en el candelero
lim•it ['lɪmɪt] **1** *n* límite *m*; ***within ~s*** dentro de un limite; ***be off ~s*** *of place* ser zona prohibida; ***that's the ~!*** F ¡es el colmo! F **2** *v/t* limitar
lim•i•ta•tion [lɪmɪ'teɪʃn] limitación *f*
lim•it•ed 'com•pa•ny *Br* sociedad *f* limitada
li•mo ['lɪmoʊ] F limusina *f*
lim•ou•sine ['lɪməziːn] limusina *f*
limp[1] [lɪmp] *adj* flojo
limp[2] [lɪmp] *n*: ***he has a ~*** cojea
line[1] [laɪn] *n of text, on road*, TELEC línea *f*; *of trees* fila *f*, hilera *f*; *of people* fila *f*, cola *f*; *of business* especialidad *f*; ***what ~ are you in?*** ¿a qué te dedicas?; ***the ~ is busy*** está ocupado, *Span* está comunicando; ***hold the ~*** no cuelgue; ***draw the ~ at sth*** no estar dispuesto a hacer algo; ***~ of inquiry*** línea *f* de investigación; ***~ of reasoning*** argumentación *f*; ***stand in ~*** hacer cola; ***in ~ with …*** (*conforming with*) en las mismas líneas que
line[2] [laɪn] *v/t with lining* forrar
♦**line up** *v/i* hacer cola
lin•e•ar ['lɪnɪər] *adj* lineal
lin•en ['lɪnɪn] *material* lino *m*; (*sheets etc*) ropa *f* blanca
lin•er ['laɪnər] *ship* transatlántico *m*
lines•man ['laɪnzmən] SP juez *m* de línea, linier *m*
lin•ger ['lɪŋgər] *v/i of person* entretenerse; *of pain* persistir
lin•ge•rie ['lænʒəriː] lencería *f*
lin•guist ['lɪŋgwɪst] lingüista *m/f*; ***she's a good ~*** se le dan bien los idiomas
lin•guis•tic [lɪŋ'gwɪstɪk] *adj* lingüístico
lin•ing ['laɪnɪŋ] *of clothes* forro *m*; *of brakes, pipe* revestimiento *m*
link [lɪŋk] **1** *n* (*connection*) conexión *f*; *between countries* vínculo *m*; *in chain* eslabón *m* **2** *v/t* conectar
♦**link up** *v/i* encontrarse; TV conectar
li•on ['laɪən] león *m*
lip [lɪp] labio *m*
'lip•read *v/i* (*pret & pp* ***-read*** [red]) leer los labios
'lip•stick barra *f* de labios
li•queur [lɪ'kjʊr] licor *m*
liq•uid ['lɪkwɪd] **1** *n* líquido *m* **2** *adj* líquido
liq•ui•date ['lɪkwɪdeɪt] *v/t assets* liquidar; F (*kill*) cepillarse a F
liq•ui•da•tion [lɪkwɪ'deɪʃn] liquidación *f*; ***go into ~*** ir a la quiebra
liq•ui•di•ty [lɪ'kwɪdɪtɪ] FIN liquidez *f*
liq•uid•ize ['lɪkwɪdaɪz] *v/t* licuar
liq•uid•iz•er ['lɪkwɪdaɪzər] licuadora *f*
liq•uor ['lɪkər] bebida *f* alcohólica
'liq•uor store tienda *f* de bebidas alcohólicas
lisp [lɪsp] **1** *n* ceceo *m* **2** *v/i* cecear
list [lɪst] **1** *n* lista *f* **2** *v/t* enumerar; COMPUT listar
lis•ten ['lɪsn] *v/i* escuchar; ***I tried to persuade him, but he wouldn't ~*** intenté convencerle, pero no me hizo ningún caso
♦**listen in** *v/i* escuchar
♦**listen to** *v/t radio, person* escuchar
lis•ten•er ['lɪsnər] *to radio* oyente *m/f*; ***he's a good ~*** sabe escuchar
list•ings mag•a•zine ['lɪstɪŋz] guía *f* de espectáculos
list•less ['lɪstlɪs] *adj* apático, lánguido
lit [lɪt] *pret & pp* → ***light***
li•ter ['liːtər] litro *m*
lit•e•ral ['lɪtərəl] *adj* literal
lit•e•ral•ly ['lɪtərəlɪ] *adv* literalmente
lit•e•ra•ry ['lɪtərerɪ] *adj* literario
lit•e•rate ['lɪtərət] *adj* culto; ***be ~*** saber leer y escribir
lit•e•ra•ture ['lɪtrəʧər] literatura *f*; *about a product* folletos *mpl*, pros-

pectos *mpl*

li•tre *Br* → ***liter***

lit•ter ['lɪtər] basura *f*; *of animal* camada *f*

'lit•ter bas•ket *Br* papelera *f*

lit•tle ['lɪtl] **1** *adj* pequeño; ***the ~ ones*** los pequeños **2** *n* poco *m*; ***the ~ I know*** lo poco que sé; ***a ~*** un poco; ***a ~ bread / wine*** un poco de pan / vino; ***a ~ is better than nothing*** más vale poco que nada **3** *adv* poco; ***~ by ~*** poco a poco; ***a ~ better / bigger*** un poco mejor / más grande; ***a ~ before 6*** un poco antes de las 6

live[1] [lɪv] *v/i* vivir

♦ **live on 1** *v/t rice, bread* sobrevivir a base de **2** *v/i (continue living)* sobrevivir, vivir

♦ **live up**: ***live it up*** pasarlo bien

♦ **live up to** *v/t* responder a

♦ **live with** *v/t person* vivir con

live[2] [laɪv] *adj broadcast* en directo; *ammunition* real; *wire* con corriente

live•li•hood ['laɪvlɪhʊd] vida *f*, sustento *m*; ***earn one's ~*** ganarse la vida

live•li•ness ['laɪvlɪnɪs] *of person, music* vivacidad *f*; *of debate* lo animado

live•ly ['laɪvlɪ] *adj* animado

liv•er ['lɪvər] MED, *food* hígado *m*

live•stock ['laɪvstɑːk] ganado *m*

liv•id ['lɪvɪd] *adj (angry)* enfurecido, furioso

liv•ing ['lɪvɪŋ] **1** *adj* vivo **2** *n* vida *f*; ***what do you do for a ~?*** ¿en qué trabajas?; ***earn one's ~*** ganarse la vida; ***standard of ~*** estándar *m* de vida

'liv•ing room sala *f* de estar, salón *m*

liz•ard ['lɪzərd] lagarto *m*

load [loʊd] **1** *n also* ELEC carga *f*; ***~s of*** F montones de F **2** *v/t car, truck, gun* cargar; *camera* poner el carrete a; COMPUT: *software* cargar (en memoria)

load•ed ['loʊdɪd] F *adj (very rich)* forrado F; *(drunk)* como una cuba

loaf [loʊf] *n (pl* ***loaves*** [loʊvz]) pan *m*; ***a ~ of bread*** una barra de pan, un pan

♦ **loaf around** *v/i* F gandulear F

loaf•er ['loʊfər] *shoe* mocasín *m*

loan [loʊn] **1** *n* préstamo *m*; ***on ~*** prestado **2** *v/t* prestar; ***~ s.o. sth*** prestar algo a alguien

loathe [loʊð] *v/t* detestar, aborrecer

loath•ing ['loʊðɪŋ] odio *m*, aborrecimiento *m*

lob•by ['lɑːbɪ] *n in hotel, theater* vestíbulo *m*; POL lobby *m*, grupo *m* de presión

lobe [loʊb] *of ear* lóbulo *m*

lob•ster ['lɑːbstər] langosta *f*

lo•cal ['loʊkl] **1** *adj* local; ***the ~ people*** la gente del lugar; ***I'm not ~*** no soy de aquí **2** *n*: ***the ~s*** los del lugar; ***are you a ~?*** ¿eres de aquí?

'lo•cal call TELEC llamada *f* local; **lo•cal e'lec•tions** *npl* elecciones *fpl* municipales; **lo•cal 'gov•ern•ment** administración *f* municipal

lo•cal•i•ty [loʊ'kælətɪ] localidad *f*

lo•cal•ly ['loʊkəlɪ] *adv live, work* cerca, en la zona; ***it's well known ~*** es muy conocido en la zona; ***they are grown ~*** son cultivados en la región

lo•cal 'pro•duce productos *mpl* del lugar

'lo•cal time hora *f* local

lo•cate [loʊ'keɪt] *v/t new factory etc* emplazar, ubicar; *(identify position of)* situar; ***be ~d*** encontrarse

lo•ca•tion [loʊ'keɪʃn] *(siting)* emplazamiento *m*; *(identifying position of)* localización *f*; ***on ~*** *movie* en exteriores

lock[1] [lɑːk] *of hair* mechón *m*

lock[2] [lɑːk] **1** *n on door* cerradura *f* **2** *v/t door* cerrar (con llave)

♦ **lock away** *v/t* guardar bajo llave

♦ **lock in** *v/t person* encerrar

♦ **lock out** *v/t of house* dejar fuera; ***I locked myself out*** me dejé las llaves dentro

♦ **lock up** *v/t in prison* encerrar

lock•er ['lɑːkər] taquilla *f*

'lock•er room vestuario *m*

lock•et ['lɑːkɪt] guardapelo *m*

lock•smith ['lɑːksmɪθ] cerrajero(-a) *m(f)*

lo•cust ['loʊkəst] langosta *f*

lodge [lɑːdʒ] **1** *v/t complaint* presentar **2** *v/i of bullet* alojarse
lodg•er ['lɑːdʒər] húesped *m/f*
loft [lɑːft] buhardilla *f*, desván *m*
loft•y ['lɑːftɪ] *adj heights, ideals* elevado
log [lɑːg] *n wood* tronco *m*; *written record* registro *m*
♦ **log off** *v/i* (*pret & pp* ***-ged***) salir
♦ **log on** *v/i* entrar
♦ **log on to** *v/t* entrar a
'**log•book** *captain's* cuaderno *m* de bitácora; *driver's* documentación *f* del vehículo
log 'cab•in cabaña *f*
log•ger•heads ['lɑːgərhedz]: ***be at ~*** estar enfrentado
lo•gic ['lɑːdʒɪk] lógica *f*
lo•gic•al ['lɑːdʒɪkl] *adj* lógico
lo•gic•al•ly ['lɑːdʒɪklɪ] *adv* lógicamente
lo•gis•tics [lə'dʒɪstɪks] logística *f*
lo•go ['loʊgoʊ] logotipo *m*
loi•ter ['lɔɪtər] *v/i* holgazanear
lol•li•pop ['lɑːlɪpɑːp] piruleta *f*
Lon•don ['lʌndən] Londres
lone•li•ness ['loʊnlɪnɪs] *of person, place* soledad *f*
lone•ly ['loʊnlɪ] *adj person* solo; *place* solitario
lon•er ['loʊnər] solitario(-a) *m(f)*
long[1] [lɒːŋ] **1** *adj* largo; ***it's a ~ way*** hay un largo camino; ***it's two feet ~*** mide dos pies de largo; ***the movie is three hours ~*** la película dura tres horas **2** *adv* mucho tiempo; ***don't be ~*** no tardes mucho; ***5 weeks is too ~*** 5 semanas son mucho tiempo; ***will it take ~?*** ¿llevará mucho tiempo?; ***that was ~ ago*** eso fue hace mucho tiempo; ***~ before then*** mucho antes; ***before ~*** al poco tiempo; ***we can't wait any ~er*** no podemos esperar más tiempo; ***she no ~er works here*** ya no trabaja aquí; ***so ~ as*** (*provided*) siempre que; ***so ~!*** ¡hasta la vista!
long[2] [lɒːŋ] *v/i*: ***~ for sth*** *home* echar en falta algo; *change* anhelar *or* desear algo; ***be ~ing to do sth*** anhelar *or* desear hacer algo
long-'dis•tance *adj race* de fondo; *flight* de larga distancia; ***a ~ phonecall*** una llamada de larga distancia, una conferencia interurbana
lon•gev•i•ty [lɑːn'dʒevɪtɪ] longevidad *f*
long•ing ['lɒːŋɪŋ] *n* anhelo *m*, deseo *m*
lon•gi•tude ['lɑːŋgɪtuːd] longitud *f*
'**long jump** salto *m* de longitud; '**long-range** *missile* de largo alcance; *forecast* a largo plazo; **long-sight•ed** [lɒːŋ'saɪtɪd] *adj* hipermétrope; **long-sleeved** [lɒːŋ'sliːvd] *adj* de manga larga; **long-'stand•ing** *adj* antiguo; '**long-term** *adj* a largo plazo; ' **long wave** RAD onda *f* larga; '**long•wind•ed** [lɒːŋ-'wɪndɪd] *adj* prolijo
look [lʊk] **1** *n* (*appearance*) aspecto *m*; (*glance*) mirada *f*; ***give s.o. / sth a ~*** mirar a alguien / mirar algo; ***have a ~ at sth*** (*examine*) echar un vistazo a algo; ***can I have a ~?*** ¿puedo echarle un vistazo?; ***can I have a ~ around?*** *in store etc* ¿puedo echar un vistazo?; ***~s*** (*beauty*) atractivo *m*, guapura *f* **2** *v/i* mirar; (*search*) buscar; (*seem*) parecer; ***you ~ tired / different*** pareces cansado / diferente; ***he ~s about 25*** aparenta 25 años; ***how do things ~ to you?*** ¿qué te parece cómo están las cosas?; ***that ~s good*** tiene buena pinta
♦ **look after** *v/t children* cuidar (de); *property, interests* proteger
♦ **look ahead** *v/i fig* mirar hacia el futuro
♦ **look around** **1** *v/i* mirar **2** *v/t museum, city* dar una vuelta por
♦ **look at** *v/t* mirar; (*examine*) estudiar; (*consider*) considerar; ***it depends how you look at it*** depende de cómo lo mires
♦ **look back** *v/i* mirar atrás
♦ **look down on** *v/t* mirar por encima del hombro a
♦ **look for** *v/t* buscar
♦ **look forward to** *v/t* estar deseando; ***I'm looking forward to the vacation*** tengo muchas ganas de empe-

zar las vacaciones
♦**look in on** *v/t* (*visit*) hacer una visita a
♦**look into** *v/t* (*investigate*) investigar
♦**look on 1** *v/i* (*watch*) quedarse mirando **2** *v/t*: ***look on s.o./sth as*** (*consider*) considerar a alguien/algo como
♦**look onto** *v/t garden, street* dar a
♦**look out** *v/i through, from window etc* mirar; (*pay attention*) tener cuidado; ***look out!*** ¡cuidado!
♦**look out for** *v/t* buscar; (*be on guard against*) tener cuidado con
♦**look out of** *v/t window* mirar por
♦**look over** *v/t translation* revisar, repasar; *house* inspeccionar
♦**look through** *v/t magazine, notes* echar un vistazo a, hojear
♦**look to** *v/t* (*rely on*): ***we look to you for help*** acudimos a usted en busca de ayuda
♦**look up 1** *v/i from paper etc* levantar la mirada; (*improve*) mejorar **2** *v/t word, phone number* buscar; (*visit*) visitar
♦**look up to** *v/t* (*respect*) admirar
'**look·out** *person* centinela *m*, vigía *m*; ***be on the ~ for*** estar buscando
♦**loom up** [lu:m] *v/i* aparecer (***out of*** de entre)
loon·y ['lu:nɪ] **1** *n* F chalado(-a) *m*(*f*) F **2** *adj* F chalado F
loop [lu:p] *n* bucle *m*
'**loop·hole** *in law etc* resquicio *m or* vacío *m* legal
loose [lu:s] *adj connection, button* suelto; *clothes* suelto, holgado; *morals* disoluto, relajado; *wording* impreciso; ***~ change*** suelto *m*, *L.Am.* sencillo *m*; ***~ ends*** *of problem, discussion* cabos *mpl* sueltos
loose·ly ['lu:slɪ] *adv worded* vagamente
loos·en ['lu:sn] *v/t collar, knot* aflojar
loot [lu:t] **1** *n* botín *m* **2** *v/i* saquear
loot·er ['lu:tər] saqueador(a) *m*(*f*)
♦**lop off** [lɑ:p] *v/t* (*pret & pp* ***-ped***) *branch* cortar; podar
lop-sid·ed [lɑ:p'saɪdɪd] *adj* torcido; *balance of committee etc* desigual
Lord [lɔ:rd] (*God*) Señor *m*
Lord's '**Prayer** padrenuestro *m*
lor·ry ['lɑ:rɪ] *Br* camión *m*
lose [lu:z] **1** *v/t* (*pret & pp* **lost**) *object, match* perder **2** *v/i* (*pret & pp* **lost**) SP perder; *of clock* retrasarse; ***I'm lost*** me he perdido; ***get lost!*** F ¡vete a paseo!
♦**lose out** *v/i* salir perdiendo
los·er ['lu:zər] perdedor(-a) *m*(*f*); F *in life* fracasado(-a) *m*(*f*)
loss [lɑ:s] pérdida *f*; ***make a ~*** tener pérdidas; ***I'm at a ~ what to say*** no sé qué decir
lost [lɑ:st] **1** *adj* perdido **2** *pret & pp* → ***lose***
lost-and-'found, *Br* **lost 'prop·er·ty (of·fice)** oficina *f* de objetos perdidos
lot [lɑ:t]: ***a ~*** (***of***), ***~s*** (***of***) mucho, muchos; ***a ~ of books***, ***~s of books*** muchos libros; ***a ~ of butter***, ***~s of butter*** mucha mantequilla; ***a ~ better/easier*** mucho mejor/más fácil
lo·tion ['loʊʃn] loción *f*
lot·te·ry ['lɑ:tərɪ] lotería *f*
loud [laʊd] *adj voice, noise* fuerte; *music* fuerte, alto; *color* chillón
loud'speak·er altavoz *m*, *L.Am.* altoparlante *m*
lounge [laʊndʒ] *in house* salón *m*
♦**lounge around** *v/i* holgazanear
'**lounge suit** *Br* traje *m* de calle
louse [laʊs] (*pl* ***lice*** [laɪs]) piojo *m*
lous·y ['laʊzɪ] *adj* F asqueroso F; ***I feel ~*** me siento de pena F
lout [laʊt] gamberro *m*
lov·a·ble ['lʌvəbl] *adj* adorable, encantador
love [lʌv] **1** *n* amor *m*; *in tennis* nada *f*; ***be in ~*** estar enamorado (***with*** de); ***fall in ~*** enamorarse (***with*** de); ***make ~*** hacer el amor; ***make ~ to ...*** hacer el amor con; ***yes, my ~*** sí, amor **2** *v/t person, country, wine* amar; ***she ~s to watch tennis*** le encanta ver tenis
'**love af·fair** aventura *f* amorosa; '**love let·ter** carta *f* de amor; '**love·life** vida *f* amorosa

L

love·ly ['lʌvlɪ] *adj face, hair, color, tune* precioso, lindo; *person, character* encantador; *holiday, weather, meal* estupendo; ***we had a ~ time*** nos lo pasamos de maravilla
lov·er ['lʌvər] amante *m/f*
lov·ing ['lʌvɪŋ] *adj* cariñoso
lov·ing·ly ['lʌvɪŋlɪ] *adv* con cariño
low [loʊ] **1** *adj bridge, salary, price, voice, quality* bajo; ***be feeling ~*** estar deprimido; ***we're ~ on gas / tea*** nos queda poca gasolina / té **2** *n in weather* zona *f* de bajas presiones, borrasca *f*; *in sales, statistics* mínimo *m*
low·brow ['loʊbraʊ] *adj* poco intelectual, popular; **low-'cal·o·rie** *adj* bajo en calorías; **'low-cut** *adj dress* escotado
low·er ['loʊər] *v/t to the ground, hemline, price* bajar; *flag* arriar; *pressure* reducir
'low-fat *adj* de bajo contenido graso; **'low·key** *adj* discreto, mesurado; **'low·lands** *npl* tierras *fpl* bajas; **low-'pres·sure ar·e·a** zona *f* de bajas presiones, borrasca *f*; **'low sea·son** temporada *f* baja; **'low tide** marea *f* baja
loy·al ['lɔɪəl] *adj* leal, fiel (***to*** a)
loy·al·ly ['lɔɪəlɪ] *adv* lealmente, fielmente
loy·al·ty ['lɔɪəltɪ] lealtad *f* (***to*** a)
loz·enge ['lɑːzɪndʒ] *shape* rombo *m*; *tablet* pastilla *f*
Ltd *abbr* (= ***limited***) S.L. (= sociedad *f* limitada)
lu·bri·cant ['luːbrɪkənt] lubricante *m*
lu·bri·cate ['luːbrɪkeɪt] *v/t* lubricar
lu·bri·ca·tion [luːbrɪ'keɪʃn] lubricación *f*
lu·cid ['luːsɪd] *adj* (*clear, sane*) lúcido
luck [lʌk] suerte *f*; ***bad ~*** mala suerte; ***good ~!*** ¡buena suerte!
♦**luck out** *v/i* F tener mucha suerte
luck·i·ly ['lʌkɪlɪ] *adv* afortunadamente, por suerte
luck·y ['lʌkɪ] *adj person, coincidence* afortunado; *day, number* de la suerte; ***you were ~*** tuviste suerte; ***she's ~ to be alive*** tiene suerte de estar con vida; ***that's ~!*** ¡qué suerte!
lu·cra·tive ['luːkrətɪv] *adj* lucrativo
lu·di·crous ['luːdɪkrəs] *adj* ridículo
lug [lʌg] *v/t* (*pret & pp* **-ged**) arrastrar
lug·gage ['lʌgɪdʒ] equipaje *m*
luke·warm ['luːkwɔːrm] *adj water* tibio, templado; *reception* indiferente
lull [lʌl] **1** *n in storm, fighting* tregua *f*; *in conversation* pausa *f* **2** *v/t*: ***~ s.o. into a false sense of security*** dar a alguien una falsa sensación de seguridad
lul·la·by ['lʌləbaɪ] canción *f* de cuna, nana *f*
lum·ba·go [lʌm'beɪgoʊ] lumbago *m*
lum·ber ['lʌmbər] *n* (*timber*) madera *f*
lu·mi·nous ['luːmɪnəs] *adj* luminoso
lump [lʌmp] *n of sugar, earth* terrón *m*; (*swelling*) bulto *m*
♦**lump together** *v/t* agrupar
lump 'sum pago *m* único
lump·y ['lʌmpɪ] *adj liquid, sauce* grumoso; *mattress* lleno de bultos
lu·na·cy ['luːnəsɪ] locura *f*
lu·nar ['luːnər] *adj* lunar
lu·na·tic ['luːnətɪk] *n* lunático(-a) *m*(*f*), loco(-a) *m*(*f*)
lunch [lʌntʃ] *n* almuerzo *m*, comida *f*; ***have ~*** almorzar, comer
'lunch box fiambrera *f*; **'lunch break** pausa *f* para el almuerzo; **'lunch hour** hora *f* del almuerzo; **'lunch·time** hora *f* del almuerzo
lung [lʌŋ] pulmón *m*
'lung can·cer cáncer *m* de pulmón
♦**lunge at** [lʌndʒ] *v/t* arremeter contra
lurch [lɜːrtʃ] *v/i of drunk* tambalearse; *of ship* dar sacudidas
lure [lʊr] **1** *n* atractivo *m* **2** *v/t* atraer
lu·rid ['lʊrɪd] *adj color* chillón; *details* espeluznante
lurk [lɜːrk] *v/i of person* estar oculto, estar al acecho
lus·cious ['lʌʃəs] *adj fruit, dessert* jugoso, exquisito; F *woman, man* cautivador
lush [lʌʃ] *adj vegetation* exuberante
lust [lʌst] *n* lujuria *f*

lux·u·ri·ous [lʌg'ʒʊrɪəs] *adj* lujoso
lux·u·ri·ous·ly [lʌg'ʒʊrɪəslɪ] *adv* lujosamente
lux·u·ry ['lʌkʃərɪ] **1** *n* lujo *m* **2** *adj* de lujo
lymph gland ['lɪmfglænd] ganglio *m* linfático
lynch [lɪntʃ] *v/t* linchar
lyr·i·cist ['lɪrɪsɪst] letrista *m/f*
lyr·ics ['lɪrɪks] *npl* letra *f*

M

MA [em'eɪ] *abbr* (= ***Master of Arts***) Máster *m* en Humanidades
ma'am [mæm] señora *f*
ma·chine [mə'ʃi:n] **1** *n* máquina *f* **2** *v/t with sewing machine* coser a máquina; TECH trabajar a máquina
ma'chine gun *n* ametralladora *f*
ma·chine-'read·a·ble *adj* legible por *Span* el ordenador *or L.Am.* la computadora
ma·chin·e·ry [mə'ʃi:nərɪ] (*machines*) maquinaria *f*
ma·chine trans'la·tion traducción *f* automática
ma·chis·mo [mə'kɪzmoʊ] machismo *m*
mach·o ['mætʃoʊ] *adj* macho
mack·in·tosh ['mækɪntɑ:ʃ] impermeable *m*
mac·ro ['mækroʊ] COMPUT macro *m*
mad [mæd] *adj* (*insane*) loco; F (*angry*) enfadado; ***a ~ idea*** una idea disparatada; ***be ~ about*** F estar loco por; ***drive s.o. ~*** volver loco a alguien; ***go ~*** (*become insane*, *with enthusiasm*) volverse loco; ***like ~*** F *run*, *work* como un loco F; ***Pa got real ~ when I told him*** papá se puso hecho una furia cuando se lo conté
mad·den ['mædən] *v/t* (*infuriate*) sacar de quicio
mad·den·ing ['mædnɪŋ] *adj* exasperante
made [meɪd] *pret & pp* → ***make***
'mad·house *fig* casa *f* de locos
mad·ly ['mædlɪ] *adv* como loco; ***~ in love*** locamente enamorado
'mad·man loco *m*
mad·ness ['mædnɪs] locura *f*
Ma·don·na [mə'dɑ:nə] madona *f*
Ma·fi·a ['mɑ:fɪə]: ***the ~*** la mafia
mag·a·zine [mægə'zi:n] *printed* revista *f*
mag·got ['mægət] gusano *m*
Ma·gi ['meɪdʒaɪ] REL: ***the ~*** los Reyes Magos
ma·gic ['mædʒɪk] **1** *n* magia *f*; ***as if by ~, like ~*** como por arte de magia **2** *adj* mágico; ***there's nothing ~ about it*** no tiene nada de mágico
mag·i·cal ['mædʒɪkl] *adj* mágico
ma·gi·cian [mə'dʒɪʃn] *performer* mago(-a) *m*(*f*)
ma·gic 'spell hechizo *m*; **ma·gic 'trick** truco *m* de magia; **mag·ic 'wand** varita *f* mágica
mag·nan·i·mous [mæg'nænɪməs] *adj* magnánimo
mag·net ['mægnɪt] imán *m*
mag·net·ic [mæg'netɪk] *adj* magnético; *fig*: *personality* cautivador
mag·net·ic 'stripe banda *f* magnética
mag·net·ism [mæg'netɪzm] *of person* magnetismo *m*
mag·nif·i·cence [mæg'nɪfɪsəns] magnificencia *f*
mag·nif·i·cent [mæg'nɪfɪsənt] *adj* magnífico
mag·ni·fy ['mægnɪfaɪ] *v/t* (*pret & pp* ***-ied***) aumentar; *difficulties* magnificar
'mag·ni·fy·ing glass lupa *f*

mag·ni·tude ['mægnɪtu:d] magnitud *f*
ma·hog·a·ny [mə'hɑ:gənɪ] caoba *f*
maid [meɪd] (*servant*) criada *f*; *in hotel* camarera *f*
'**maid·en name** ['meɪdn] apellido *m* de soltera
maid·en 'voy·age viaje *m* inaugural
mail [meɪl] **1** *n* correo *m*; ***put sth in the ~*** echar algo al correo **2** *v/t letter* enviar (por correo)
'**mail·box** *also* COMPUT buzón *m*
'**mail·ing list** lista *f* de direcciones
'**mail·man** cartero *m*; **mail-'or·der cat·a·log**, *Br* **mail-'or·der cat·a·logue** catálogo *m* de venta por correo; **mail-'or·der firm** empresa *f* de venta por correo; '**mail·shot** mailing *m*
maim [meɪm] *v/t* mutilar
main [meɪn] *adj* principal; ***she's alive, that's the ~ thing*** está viva, que es lo principal
'**main course** plato *m* principal; **main 'en·trance** entrada *f* principal; '**main·frame** *Span* ordenador *m* central, *L.Am.* computadora *f* central; '**main·land** tierra *f* firme; ***on the ~*** en el continente
main·ly ['meɪnlɪ] *adv* principalmente
main 'road carretera *f* general
'**main street** calle *f* principal
main·tain [meɪn'teɪn] *v/t* mantener
main·te·nance ['meɪntənəns] mantenimiento *m*; ***pay ~*** pagar una pensión alimenticia
'**main·te·nance costs** *npl* gastos *mpl* de mantenimiento
'**main·te·nance staff** personal *m* de mantenimiento
ma·jes·tic [mə'dʒestɪk] *adj* majestuoso
ma·jes·ty ['mædʒestɪ] majestuosidad *f*; ***Her Majesty*** Su Majestad
ma·jor ['meɪdʒər] **1** *adj* (*significant*) importante, principal; ***in C ~*** MUS en C mayor **2** *n* MIL comandante *m*
♦**major in** *v/t* especializarse en
ma·jor·i·ty [mə'dʒɑ:rətɪ] *also* POL mayoría *f*; ***be in the ~*** ser mayoría
make [meɪk] **1** *n* (*brand*) marca *f* **2** *v/t* (*pret & pp* ***made***) hacer; *cars* fabricar, producir; *movie* rodar; *speech* pronunciar; (*earn*) ganar; MATH hacer; ***two and two ~ four*** dos y dos son cuatro; ***~ s.o. do sth*** (*force to*) obligar a alguien a hacer algo; (*cause to*) hacer que alguien haga algo; ***you can't ~ me do it!*** ¡no puedes obligarme a hacerlo!; ***~ s.o. happy/angry*** hacer feliz/enfadar a alguien; ***~ a decision*** tomar una decisión; ***made in Japan*** hecho en Japón; ***~ it*** (*catch bus, train*) llegar a tiempo; (*come*) ir; (*succeed*) tener éxito; (*survive*) sobrevivir; ***what time do you ~ it?*** ¿qué hora llevas?; ***~ believe*** imaginarse; ***~ do with*** conformarse con; ***what do you ~ of it?*** ¿qué piensas?
♦**make for** *v/t* (*go toward*) dirigirse hacia
♦**make off** *v/i* escaparse
♦**make off with** *v/t* (*steal*) llevarse
♦**make out** *v/t list* hacer, elaborar; *check* extender; (*see*) distinguir; (*imply*) pretender
♦**make over** *v/t* (*transfer*) ceder
♦**make up 1** *v/i of woman, actor* maquillarse; *after quarrel* reconciliarse **2** *v/t story, excuse* inventar; *face* maquillar; (*constitute*) suponer, formar; ***be made up of*** estar compuesto de; ***make up one's mind*** decidirse; ***make it up*** *after quarrel* reconciliarse
♦**make up for** *v/t* compensar por
'**make-be·lieve** *n* ficción *f*, fantasía *f*
mak·er ['meɪkər] (*manufacturer*) fabricante *m*
make·shift ['meɪkʃɪft] *adj* improvisado
make-up ['meɪkʌp] (*cosmetics*) maquillaje *m*
'**make-up bag** bolsa *f* del maquillaje
mal·ad·just·ed [mælə'dʒʌstɪd] *adj* inadaptado
male [meɪl] **1** *adj* (*masculine*) masculino; *animal, bird, fish* macho; ***~ bosses*** los jefes varones; ***a ~ teacher*** un profesor **2** *n man* hombre *m*, varón *m*; *animal, bird, fish*

M

macho *m*
male 'chau•vin•ism machismo *m*; **male chau•vin•ist 'pig** machista *m*; **male 'nurse** enfermero *m*
ma•lev•o•lent [mə'levələnt] *adj* malévolo
mal•func•tion [mæl'fʌŋkʃn] **1** *n* fallo *m* (*in* de) **2** *v/i* fallar
mal•ice ['mælɪs] malicia *f*
ma•li•cious [mə'lɪʃəs] *adj* malicioso
ma•lig•nant [mə'lɪgnənt] *adj tumor* maligno
mall [mɒːl] (*shopping ~*) centro *m* comercial
mal•nu•tri•tion [mælnuː'trɪʃn] desnutrición *f*
mal•treat [mæl'triːt] *v/t* maltratar
mal•treat•ment [mæl'triːtmənt] maltrato *m*
mam•mal ['mæml] mamífero *m*
man [mæn] **1** *n* (*pl* ***men*** [men]) hombre *m*; (*humanity*) el hombre; *in checkers* ficha *f* **2** *v/t* (*pret & pp* ***-ned***) *telephones, front desk* atender; *spacecraft* tripular
man•age ['mænɪdʒ] **1** *v/t business* dirigir; *money* gestionar; *suitcase* poder con; ***~ to …*** conseguir … **2** *v/i* (*cope*) arreglárselas
man•age•a•ble ['mænɪdʒəbl] *adj* (*easy to handle*) manejable; (*feasible*) factible
man•age•ment ['mænɪdʒmənt] (*managing*) gestión *f*, administración *f*; (*managers*) dirección *f*
man•age•ment 'buy•out *compra de una empresa por sus directivos*; **man•age•ment con'sult•ant** consultor(a) *m*(*f*) en administración de empresas; **'man•age•ment stud•ies** estudios *mpl* de administración de empresas; **'man•age•ment team** equipo *m* directivo
man•ag•er ['mænɪdʒər] *of hotel, company* director(a) *m*(*f*); *of shop, restaurant* encargado(a) *m*(*f*)
man•a•ge•ri•al [mænɪ'dʒɪrɪəl] *adj* de gestión; ***a ~ post*** un puesto directivo
man•ag•ing di'rec•tor director(a) *m*(*f*) gerente
man•da•rin (**or•ange**) ['mændərɪn('ɔːrɪndʒ)] mandarina *f*
man•date ['mændeɪt] (*authority*) mandato *m*; (*task*) tarea *f*
man•da•to•ry ['mændətɔːrɪ] *adj* obligatorio
mane [meɪn] *of horse* crines *fpl*
ma•neu•ver [mə'nuːvər] **1** *n* maniobra *f* **2** *v/t* maniobrar; ***she ~ed him into giving her the assignment*** consiguió convencerle para que le diera el trabajo
man•gle ['mæŋgl] *v/t* (*crush*) destrozar
man•han•dle ['mænhændl] *v/t* mover a la fuerza
man•hood ['mænhʊd] (*maturity*) madurez *f*; (*virility*) virilidad *f*
'man-hour hora-hombre *f*
'man•hunt persecución *f*
ma•ni•a ['meɪnɪə] (*craze*) pasión *f*
ma•ni•ac ['meɪnɪæk] F chiflado(-a) *m*(*f*) F
man•i•cure ['mænɪkjʊr] manicura *f*
man•i•fest ['mænɪfest] **1** *adj* manifiesto **2** *v/t* manifestar; ***~ itself*** manifestarse
ma•nip•u•late [mə'nɪpjəleɪt] *v/t person, bones* manipular
ma•nip•u•la•tion [mənɪpjə'leɪʃn] *of person, bones* manipulación *f*
ma•nip•u•la•tive [mə'nɪpjələtɪv] *adj* manipulador
man'kind la humanidad
man•ly ['mænlɪ] *adj* (*brave*) de hombres; (*strong*) varonil
'man-made *adj fibers, materials* sintético; *crater, structure* artificial
man•ner ['mænər] *of doing sth* manera *f*, modo *m*; (*attitude*) actitud *f*
man•ners ['mænərz] *npl* modales *mpl*; ***good / bad ~*** buena / mala educación; ***have no ~*** ser un maleducado
ma•noeu•vre *Br* → ***maneuver***
'man•pow•er (*workers*) mano *f* de obra; *for other tasks* recursos *mpl* humanos
man•sion ['mænʃn] mansión *f*
'man•slaugh•ter *Br* homicidio *m* sin premeditación

man·tel·piece ['mæntlpi:s] repisa *f* de chimenea
man·u·al ['mænjʊəl] **1** *adj* manual **2** *n* manual *m*
man·u·al·ly ['mænjʊəlɪ] *adv* a mano
man·u·fac·ture [mænjʊ'fæktʃər] **1** *n* fabricación *f* **2** *v/t equipment* fabricar
man·u·fac·tur·er [mænjʊ'fæktʃərər] fabricante *m*
man·u·fac·tur·ing [mænjʊ'fæktʃərɪŋ] *adj industry* manufacturero
ma·nure [mə'nʊr] estiércol *m*
man·u·script ['mænjʊskrɪpt] manuscrito *m*
man·y ['menɪ] **1** *adj* muchos; ***take as ~ apples as you like*** toma todas las manzanas que quieras; ***not ~ people / taxis*** no mucha gente / muchos taxis; ***too ~ problems / beers*** demasiados problemas / demasiadas cervezas **2** *pron* muchos; ***a great ~, a good ~*** muchos; ***how ~ do you need?*** ¿cuántos necesitas?; ***as ~ as 200 are still missing*** hay hasta 200 desaparecidos
'**man-year** año-hombre *m*
map [mæp] mapa *m*
♦**map out** *v/t* (*pret & pp* ***-ped***) proyectar
ma·ple ['meɪpl] arce *m*
mar [mɑ:r] *v/t* (*pret & pp* ***-red***) empañar
mar·a·thon ['mærəθɑ:n] *race* maratón *m or f*
mar·ble ['mɑ:rbl] *material* mármol *m*
March [mɑ:rtʃ] marzo *m*
march [mɑ:rtʃ] **1** *n* marcha *f* **2** *v/i* marchar
march·er ['mɑ:rtʃər] manifestante *m / f*
Mardi Gras ['mɑ:rdɪgrɑ:] martes *m inv* de Carnaval
mare [mer] yegua *f*
mar·ga·rine [mɑ:rdʒə'ri:n] margarina *f*
mar·gin ['mɑ:rdʒɪn] *also* COM margen *m*
mar·gin·al ['mɑ:rdʒɪnl] *adj* (*slight*) marginal
mar·gin·al·ly ['mɑ:rdʒɪnlɪ] *adv* (*slightly*) ligeramente
mar·i·hua·na, **mar·i·jua·na** [mærɪ'hwɑ:nə] marihuana *f*
ma·ri·na [mə'ri:nə] puerto *m* deportivo
mar·i·nade [mærɪ'neɪd] *n* adobo *m*
mar·i·nate ['mærɪneɪt] *v/t* adobar, marinar
ma·rine [mə'ri:n] **1** *adj* marino **2** *n* MIL marine *m/f*, infante *m/f* de marina
mar·i·tal ['mærɪtl] *adj* marital
mar·i·tal 'sta·tus estado *m* civil
mar·i·time ['mærɪtaɪm] *adj* marítimo
mar·jo·ram ['mɑ:rdʒərəm] mejorana *f*
mark [mɑ:rk] **1** *n* señal *f*, marca *f*; (*stain*) marca *f*, mancha *f*; (*sign, token*) signo *m*, señal *f*; (*trace*) señal *f*; EDU nota *f*; ***leave one's ~*** dejar huella **2** *v/t* (*stain*) manchar; EDU calificar; (*indicate, commemorate*) marcar **3** *v/i of fabric* mancharse
♦**mark down** *v/t goods* rebajar
♦**mark out** *v/t with a line etc* marcar; *fig* (*set apart*) distinguir
♦**mark up** *v/t price* subir; *goods* subir de precio
marked [mɑ:rkt] *adj* (*definite*) marcado, notable
mark·er ['mɑ:rkər] (*highlighter*) rotulador *m*
mar·ket ['mɑ:rkɪt] **1** *n* mercado *m*; (*stock ~*) bolsa *f*; ***on the ~*** en el mercado **2** *v/t* comercializar
mar·ket·a·ble ['mɑ:rkɪtəbl] *adj* comercializable
mar·ket e'con·o·my economía *f* de mercado
'**mar·ket for·ces** *npl* fuerzas *fpl* del mercado
mar·ket·ing ['mɑ:rkɪtɪŋ] marketing *m*
'**mar·ket·ing cam·paign** campaña *f* de marketing; '**mar·ket·ing de·part·ment** departamento *m* de marketing; '**mar·ket·ing mix** marketing mix *m*, *el producto, el precio, la distribución y la promoción*; '**mar·ket·ing strat·e·gy** estrategia *f* de marketing

M

mar•ket 'lead•er líder *m* del mercado; **'mar•ket•place** *in town* plaza *f* del mercado; *for commodities* mercado *m*; **mar•ket re'search** investigación *f* de mercado; **mar•ket 'share** cuota *f* de mercado
mark-up ['mɑːrkʌp] margen *m*
mar•ma•lade ['mɑːrməleɪd] mermelada *f* de naranja
mar•quee [mɑːr'kiː] carpa *f*
mar•riage ['mærɪdʒ] matrimonio *m*; *event* boda *f*
'mar•riage cer•tif•i•cate certificado *m* de matrimonio
mar•riage 'guid•ance coun•se•lor consejero(-a) *m(f)* matrimonial
mar•ried ['mærɪd] *adj* casado; ***be ~ to …*** estar casado con …
mar•ried 'life vida *f* matrimonial
mar•ry ['mærɪ] *v/t* (*pret & pp* ***-ied***) casarse con; *of priest* casar; ***get married*** casarse
marsh [mɑːrʃ] pantano *m*, ciénaga *f*
mar•shal ['mɑːrʃl] *n in police* jefe(-a) *m(f)* de policía; *in security service* miembro *m* del servicio de seguridad
marsh•mal•low [mɑːrʃ'mæloʊ] *dulce de consistencia blanda*
marsh•y ['mɑːrʃɪ] *adj* pantanoso
mar•tial arts [mɑːrʃl'ɑːrts] *npl* artes *fpl* marciales
mar•tial 'law ley *f* marcial
mar•tyr ['mɑːrtər] mártir *m/f*
mar•tyred ['mɑːrtərd] *adj fig* de mártir
mar•vel ['mɑːrvl] maravilla *f*
♦ **marvel at** *v/t* maravillarse de
mar•ve•lous, *Br* **mar•vel•lous** ['mɑːrvələs] *adj* maravilloso
Marx•ism ['mɑːrksɪzm] marxismo *m*
Marx•ist ['mɑːrksɪst] **1** *adj* marxista **2** *n* marxista *m/f*
mar•zi•pan ['mɑːrzɪpæn] mazapán *m*
mas•ca•ra [mæ'skærə] rímel *m*
mas•cot ['mæskət] mascota *f*
mas•cu•line ['mæskjʊlɪn] *adj* masculino
mas•cu•lin•i•ty [mæskjʊ'lɪnətɪ] (*virility*) masculinidad *f*
mash [mæʃ] *v/t* hacer puré de, majar
mashed po•ta•toes [mæʃt] *npl* puré *m* de patatas *or L.Am.* papas
mask [mæsk] **1** *n* máscara *f*; *to cover mouth, nose* mascarilla *f* **2** *v/t feelings* enmascarar
'mask•ing tape cinta *f* adhesiva de pintor
mas•och•ism ['mæsəkɪzm] masoquismo *m*
mas•och•ist ['mæsəkɪst] masoquista *m/f*
ma•son ['meɪsn] cantero *m*
ma•son•ry ['meɪsnrɪ] albañilería *f*
mas•que•rade [mæskə'reɪd] **1** *n fig* mascarada *f* **2** *v/i*: ***~ as*** hacerse pasar por
mass[1] [mæs] **1** *n* (*great amount*) gran cantidad *f*; (*body*) masa *f*; ***the ~es*** las masas; ***~es of*** F un montón de F **2** *v/i* concentrarse
mass[2] [mæs] REL misa *f*
mas•sa•cre ['mæsəkər] **1** *n* masacre *f*, matanza *f*; F *in sport* paliza *f* **2** *v/t* masacrar; F *in sport* dar una paliza a
mas•sage ['mæsɑːʒ] **1** *n* masaje *m* **2** *v/t* dar un masaje en; *figures* maquillar
'mas•sage par•lor, *Br* **'mas•sage par•lour** salón *m* de masajes
mas•seur [mæ'sɜːr] masajista *m*
mas•seuse [mæ'sɜːrz] masajista *f*
mas•sive ['mæsɪv] *adj* enorme; *heart attack* muy grave
mass 'me•di•a *npl* medios *mpl* de comunicación; **mass-pro'duce** *v/t* fabricar en serie; **mass pro'duc•tion** fabricación *f* en serie
mast [mæst] *of ship* mástil *m*; *for radio signal* torre *f*
mas•ter ['mæstər] **1** *n of dog* dueño *m*, amo *m*; *of ship* patrón *m*; ***be a ~ of*** ser un maestro de **2** *v/t skill, language, situation* dominar
'mas•ter bed•room dormitorio *m* principal
'mas•ter key llave *f* maestra
mas•ter•ly ['mæstəlɪ] *adj* magistral
'mas•ter•mind **1** *n* cerebro *m* **2** *v/t* dirigir, organizar; **Mas•ter of 'Arts** Máster *m* en Humanidades; **mas•ter of 'cer•e•mo•nies** maes-

tro *m* de ceremonias; **'mas·ter·piece** obra *f* maestra
'mas·ter's (de·gree) máster *m*
mas·ter·y ['mæstərɪ] dominio *m*
mas·tur·bate ['mæstərbeɪt] *v/i* masturbarse
mat [mæt] *for floor* estera *f*; *for table* salvamanteles *m inv*
match[1] [mætʃ] *for cigarette* cerilla *f*, fósforo *m*
match[2] [mætʃ] **1** *n* SP partido *m*; *in chess* partida *f*; ***be no ~ for s.o.*** no estar a la altura de alguien; ***meet one's ~*** encontrar la horma de su zapato **2** *v/t* (*be the same as*) coincidir con; (*be in harmony with*) hacer juego con; (*equal*) igualar **3** *v/i of colors, patterns* hacer juego
'match·box caja *f* de cerillas
match·ing ['mætʃɪŋ] *adj* a juego
'match stick cerilla *f*, fósforo *m*
mate [meɪt] **1** *n of animal* pareja *f*; NAUT oficial *m/f* **2** *v/i* aparearse; ***these birds ~ for life*** estas aves viven con la misma pareja toda la vida
ma·te·ri·al [mə'tɪrɪəl] **1** *n* (*fabric*) tejido *m*; (*substance*) material *m*; **~s** materiales *mpl* **2** *adj* material
ma·te·ri·al·ism [mə'tɪrɪəlɪzm] materialismo *m*
ma·te·ri·al·ist [mətɪrɪə'lɪst] materialista *m/f*
ma·te·ri·al·is·tic [mətɪrɪə'lɪstɪk] *adj* materialista
ma·te·ri·al·ize [mə'tɪrɪəlaɪz] *v/i* (*appear*) aparecer; (*come into existence*) hacerse realidad
ma·ter·nal [mə'tɜːrnl] *adj* maternal
ma·ter·ni·ty [mə'tɜːrnətɪ] maternidad *f*
ma'ter·ni·ty dress vestido *m* premamá; **ma'ter·ni·ty leave** baja *f* por maternidad; **ma'ter·ni·ty ward** pabellón *m* de maternidad
math [mæθ] matemáticas *fpl*
math·e·mat·i·cal [mæθə'mætɪkl] *adj* matemático
math·e·ma·ti·cian [mæθmə'tɪʃn] matemático(-a) *m(f)*
math·e·mat·ics [mæθ'mætɪks] matemáticas *fpl*
maths *Br* → ***math***
mat·i·née ['mætɪneɪ] sesión *f* de tarde
ma·tri·arch ['meɪtrɪɑːrk] matriarca *f*
mat·ri·mo·ny ['mætrəmoʊnɪ] matrimonio *m*
matt [mæt] *adj* mate
mat·ter ['mætər] **1** *n* (*affair*) asunto *m*; PHYS materia *f*; ***you're only making ~s worse*** sólo estás empeorando las cosas; ***as a ~ of course*** automáticamente; ***as a ~ of fact*** de hecho; ***what's the ~?*** ¿qué pasa?; ***no ~ what she says*** diga lo que diga **2** *v/i* importar; ***it doesn't ~*** no importa
mat·ter-of-'fact *adj* tranquilo
mat·tress ['mætrɪs] colchón *m*
ma·ture [mə'tʃʊr] **1** *adj* maduro **2** *v/i of person* madurar; *of insurance policy etc* vencer
ma·tu·ri·ty [mə'tʃʊrətɪ] madurez *f*
maul [mɒːl] *v/t of lion, tiger* atacar; *of critics* destrozar
max·i·mize ['mæksɪmaɪz] *v/t* maximizar
max·i·mum ['mæksɪməm] **1** *adj* máximo; ***it will cost $500 ~*** costará 500 dólares como máximo **2** *n* máximo *m*
May [meɪ] mayo *m*
may [meɪ] *v/aux* ◊ *possibility*: ***it ~ rain*** puede que llueva; ***you ~ be right*** puede que tengas razón; ***it ~ not happen*** puede que no ocurra ◊ *permission* poder; ***~ I help / smoke?*** ¿puedo ayudar / fumar?
may·be ['meɪbiː] *adv* quizás, tal vez
'May Day el Primero de Mayo
may·o, may·on·naise ['meɪoʊ, meɪə'neɪz] mayonesa *f*
may·or [mer] alcalde *m*
maze [meɪz] laberinto *m*
MB *abbr* (= ***megabyte***) MB (= megabyte *m*)
MBA [embiː'eɪ] *abbr* (= ***Master of Business Administration***) MBA *m* (= Máster *m* en Administración de Empresas)
MBO [embiː'oʊ] *abbr* (= ***management buyout***) *compra de una em-*

presa por sus directivos

MC [em'si:] *abbr* (= ***master of ceremonies***) maestro *m* de ceremonias

MD [em'di:] *abbr* (= ***Doctor of Medicine***) Doctor(a) *m*(*f*) en Medicina; (= ***managing director***) director(a) *m*(*f*) gerente

me [mi:] *pron direct & indirect object* me; *after prep* mí; ***he knows ~*** me conoce; ***he gave ~ the keys*** me dio las llaves; ***he sold it to ~*** me lo vendió; ***this is for ~*** esto es para mí; ***who do you mean, ~?*** ¿a quién te refieres?, ¿a mí?; ***with ~*** conmigo; ***it's ~*** soy yo; ***taller than ~*** más alto que yo

mead·ow ['medoʊ] prado *m*

mea·ger, *Br* **mea·gre** ['mi:gər] *adj* escaso, exiguo

meal [mi:l] comida *f*; ***enjoy your ~*** ¡que aproveche!

'**meal·time** hora *f* de comer

mean[1] [mi:n] *adj with money* tacaño; (*nasty*) malo, cruel; ***that was a ~ thing to say*** ha estado fatal que dijeras eso

mean[2] [mi:n] **1** *v/t* (*pret & pp* ***meant***) (*intend to say*) querer decir; (*signify*) querer decir, significar; ***you weren't ~t to hear that*** no era mi intención que oyeras eso; ***~ to do sth*** tener la intención de hacer algo; ***be ~t for*** ser para; *of remark* ir dirigido a; ***doesn't it ~ anything to you?*** (*doesn't it matter?*) ¿no te importa para nada? **2** *v/i* (*pret & pp* ***meant***): ***~ well*** tener buena intención

mean·ing ['mi:nɪŋ] *of word* significado *m*

mean·ing·ful ['mi:nɪŋfəl] *adj* (*comprehensible*) con sentido; (*constructive*), *glance* significativo

mean·ing·less ['mi:nɪŋlɪs] *adj* sin sentido

means [mi:nz] *npl financial* medios *mpl*; (*nsg*: *way*) medio *m*; ***a ~ of transport*** un medio de transporte; ***by all ~*** (*certainly*) por supuesto; ***by all ~ check my figures*** comprueba mis cifras, faltaría más; ***by no ~ rich/poor*** ni mucho menos rico/pobre; ***by ~ of*** mediante

meant [ment] *pret & pp* → ***mean***[2]

mean·time ['mi:ntaɪm] **1** *adv* mientras tanto **2** *n*: ***in the ~*** mientras tanto

mea·sles ['mi:zlz] *nsg* sarampión *m*

mea·sure ['meʒər] **1** *n* (*step*) medida *f*; ***we've had a ~ of success*** (*certain amount*) hemos tenido cierto éxito **2** *v/t & v/i* medir

♦ **measure out** *v/t area, drink, medicine* medir; *sugar, flour, ingredients* pesar

♦ **measure up** *v/i* estar a la altura (***to*** de)

mea·sure·ment ['meʒərmənt] medida *f*; ***system of ~*** sistema *m* de medidas

'**mea·sur·ing tape** cinta *f* métrica

meat [mi:t] carne *f*

'**meat·ball** albóndiga *f*

'**meat·loaf** *masa de carne cocinada en forma de barra de pan*

me·chan·ic [mɪ'kænɪk] mecánico(-a) *m*(*f*)

me·chan·i·cal [mɪ'kænɪkl] *adj also fig* mecánico

me·chan·i·cal en·gi'neer ingeniero(-a) *m*(*f*) industrial

me·chan·i·cal en·gi'neer·ing ingeniería *f* industrial

me·chan·i·cal·ly [mɪ'kænɪklɪ] *adv also fig* mecánicamente

mech·a·nism ['mekənɪzm] mecanismo *m*

mech·a·nize ['mekənaɪz] *v/t* mecanizar

med·al ['medl] medalla *f*

med·a·list, *Br* **med·al·list** ['medəlɪst] medallista *m/f*

med·dle ['medl] *v/i* entrometerse; ***don't ~ with the TV*** no enredes con la televisión

me·di·a ['mi:dɪə] *npl*: ***the ~*** los medios de comunicación

'**me·di·a cov·er·age** cobertura *f* informativa; '**me·di·a e·vent** acontecimiento *m* informativo; **me·di·a 'hype** revuelo *m* informativo

me·di·an strip [mi:dɪən'strɪp] mediana *f*

'**me·d·ia stud·ies** ciencias *fpl* de la

M

información

me·di·ate ['mi:dɪeɪt] *v/i* mediar

me·di·a·tion [mi:dɪ'eɪʃn] mediación *f*

me·di·a·tor ['mi:dɪeɪtər] mediador(a) *m(f)*

med·i·cal ['medɪkl] **1** *adj* médico **2** *n* reconocimiento *m* médico

'med·i·cal cer·tif·i·cate certificado *m* médico; **'med·i·cal ex·am·i·na·tion** reconocimiento *m* médico; **'med·i·cal his·to·ry** historial *m* médico; **'med·i·cal pro·fes·sion** profesión *f* médica; (*doctors*) médicos *mpl*; **'med·i·cal re·cord** ficha *f* médica

Med·i·care ['medɪker] *seguro de enfermedad para los ancianos en Estados Unidos*

med·i·cat·ed ['medɪkeɪtɪd] *adj* medicinal

med·i·ca·tion [medɪ'keɪʃn] medicamento *m*, medicina *f*

me·di·ci·nal [mɪ'dɪsɪnl] *adj* medicinal

medi·cine ['medsən] *science* medicina *f*; (*medication*) medicina *f*, medicamento *m*

'med·i·cine cab·i·net botiquín *m*

med·i·e·val [medɪ'i:vl] *adj* medieval

me·di·o·cre [mi:dɪ'oʊkər] *adj* mediocre

me·di·oc·ri·ty [mi:dɪ'ɑ:krətɪ] *of work etc*, *person* mediocridad *f*

med·i·tate ['medɪteɪt] *v/i* meditar

med·i·ta·tion [medɪ'teɪʃn] meditación *f*

Med·i·ter·ra·ne·an [medɪtə'reɪnɪən] **1** *adj* mediterráneo **2** *n*: ***the ~*** el Mediterráneo

me·di·um ['mi:dɪəm] **1** *adj* (*average*) medio; *steak* a punto **2** *n size* talla *f* media; (*means*) medio *m*; (*spiritualist*) médium *m/f*

me·di·um-sized ['mi:dɪəmsaɪzd] *adj* de tamaño medio; **me·di·um 'term**: ***in the ~*** a medio plazo; **'me·di·um wave** RAD onda *f* media

med·ley ['medlɪ] (*assortment*) mezcla *f*

meek [mi:k] *adj* manso, dócil

meet [mi:t] **1** *v/t* (*pret & pp* ***met***) *by appointment* encontrarse con, reunirse con; *by chance*, *of eyes* encontrarse con; (*get to know*) conocer; (*collect*) ir a buscar; *in competition* enfrentarse con; (*satisfy*) satisfacer; ***~ a deadline*** cumplir un plazo **2** *v/i* (*pret & pp* ***met***) encontrarse; *in competition* enfrentarse; *of committee etc* reunirse; ***have you two met?*** ¿os conocíais? **3** *n* SP reunión *f*

♦**meet with** *v/t person*, *opposition*, *approval* encontrarse con; ***my attempts met with failure*** mis intentos fracasaron

meet·ing ['mi:tɪŋ] *by chance* encuentro *m*; *of committee*, *in business* reunión *f*; ***he's in a ~*** está reunido

'meet·ing place lugar *m* de encuentro

meg·a·byte ['megəbaɪt] COMPUT megabyte *m*

mel·an·chol·y ['melənkəlɪ] *adj* melancólico

mel·low ['meloʊ] **1** *adj* suave **2** *v/i of person* suavizarse, sosegarse

me·lo·di·ous [mɪ'loʊdɪəs] *adj* melodioso

mel·o·dra·mat·ic [melədrə'mætɪk] *adj* melodramático

mel·o·dy ['melədɪ] melodía *f*

mel·on ['melən] melón *m*

melt [melt] **1** *v/i* fundirse, derretirse **2** *v/t* fundir, derretir

♦**melt away** *v/i fig* desvanecerse

♦**melt down** *v/t metal* fundir

melt·ing pot ['meltɪŋpɑ:t] *fig* crisol *m*

mem·ber ['membər] miembro *m*

Mem·ber of 'Con·gress diputado(-a) *m(f)*

Mem·ber of 'Par·lia·ment *Br* diputado(-a) *m(f)*

mem·ber·ship ['membərʃɪp] afiliación *f*; (*number of members*) número *m* de miembros; ***he applied for ~ of the club*** solicitó ser admitido en el club

'mem·ber·ship card tarjeta *f* de socio

mem·brane ['membreɪn] membrana *f*

M

me·men·to [me'mentoʊ] recuerdo *m*
mem·o ['memoʊ] nota *f*
mem·oirs ['memwɑːrz] *npl* memorias *fpl*
'mem·o pad bloc *m* de notas
mem·o·ra·ble ['memərəbl] *adj* memorable
me·mo·ri·al [mɪ'mɔːrɪəl] **1** *adj* conmemorativo **2** *n* monumento *m* conmemorativo
Me'mo·ri·al Day Día *f* de los Caídos
mem·o·rize ['meməraɪz] *v/t* memorizar
mem·o·ry ['memərɪ] (*recollection*) recuerdo *m*; (*power of recollection*), COMPUT memoria *f*; ***I have no ~ of the accident*** no recuerdo el accidente; ***have a good / bad ~*** tener buena / mala memoria; ***in ~ of*** en memoria de
men [men] *pl* → ***man***
men·ace ['menɪs] **1** *n* amenaza *f*; *person* peligro *m* **2** *v/t* amenazar
men·ac·ing ['menɪsɪŋ] *adj* amenazador
mend [mend] **1** *v/t* reparar; *clothes* coser, remendar; *shoes* remendar **2** *n*: ***be on the ~*** *after illness* estar recuperándose

M

me·ni·al ['miːnɪəl] *adj* ingrato, penoso
men·in·gi·tis [menɪn'dʒaɪtɪs] meningitis *f*
men·o·pause ['menəpɒːz] menopausia *f*
'men's room servicio *m* de caballeros
men·stru·ate ['menstrʊeɪt] *v/i* menstruar
men·stru·a·tion [menstrʊ'eɪʃn] menstruación *f*
men·tal ['mentl] *adj* mental; F (*crazy*) chiflado F, pirado F
men·tal a'rith·me·tic cálculo *m* mental; **men·tal 'cru·el·ty** crueldad *f* mental; **'men·tal hos·pi·tal** hospital *m* psiquiátrico; **men·tal 'ill·ness** enfermedad *f* mental
men·tal·i·ty [men'tælətɪ] mentalidad *f*
men·tal·ly ['mentəlɪ] *adv* (*inwardly*) mentalmente
men·tal·ly 'hand·i·capped *adj* con minusvalía psíquica
men·tal·ly 'ill *adj*: ***be ~*** sufrir una enfermedad mental
men·tion ['menʃn] **1** *n* mención *f*; ***she made no ~ of it*** no lo mencionó **2** *v/t* mencionar; ***don't ~ it*** (*you're welcome*) no hay de qué
men·tor ['mentɔːr] mentor(a) *m*(*f*)
men·u ['menuː] *for food*, COMPUT menú *m*
mer·ce·na·ry ['mɜːrsɪnərɪ] **1** *adj* mercenario **2** *n* MIL mercenario(-a) *m*(*f*)
mer·chan·dise ['mɜːrtʃəndaɪz] mercancías *fpl*, *L.Am.* mercadería *f*
mer·chant ['mɜːrtʃənt] comerciante *m*/*f*
mer·chant 'bank *Br* banco *m* mercantil
mer·ci·ful ['mɜːrsɪfəl] *adj* compasivo, piadoso
mer·ci·ful·ly ['mɜːrsɪfəlɪ] *adv* (*thankfully*) afortunadamente
mer·ci·less ['mɜːrsɪlɪs] *adj* despiadado
mer·cu·ry ['mɜːrkjʊrɪ] mercurio *m*
mer·cy ['mɜːrsɪ] clemencia *f*, compasión *f*; ***be at s.o.'s ~*** estar a merced de alguien
mere [mɪr] *adj* mero, simple
mere·ly ['mɪrlɪ] *adv* meramente, simplemente
merge [mɜːrdʒ] *v/i of two lines etc* juntarse, unirse; *of companies* fusionarse
merg·er ['mɜːrdʒər] COM fusión *f*
mer·it ['merɪt] **1** *n* (*worth*) mérito *m*; (*advantage*) ventaja *f*; ***she got the job on ~*** consiguió el trabajo por méritos propios **2** *v/t* merecer
mer·ry ['merɪ] *adj* alegre; ***Merry Christmas!*** ¡Feliz Navidad!
'mer·ry-go-round tiovivo *m*
mesh [meʃ] malla *f*
mess [mes] (*untidiness*) desorden *m*; (*trouble*) lío *m*; ***I'm in a bit of a ~*** estoy metido en un lío; ***be a ~*** *of room, desk* estar desordenado; *of hair* estar revuelto; *of situation, s.o.'s life* ser un

desastre
◆**mess around 1** *v/i* enredar **2** *v/t person* jugar con
◆**mess around with** *v/t* enredar con; *s.o.'s wife* tener un lío con
◆**mess up** *v/t room, papers* desordenar; *task* convertir en una chapuza; *plans, marriage* estropear, arruinar
mes·sage ['mesɪdʒ] *also of movie etc* mensaje *m*
mes·sen·ger ['mesɪndʒər] (*courier*) mensajero(-a) *m(f)*
mess·y ['mesɪ] *adj room, person* desordenado; *job* sucio; *divorce, situation* desagradable
met [met] *pret & pp* → ***meet***
me·tab·o·lism [məˈtæbəlɪzm] metabolismo *m*
met·al ['metl] **1** *n* metal *m* **2** *adj* metálico
me·tal·lic [mɪ'tælɪk] *adj* metálico
met·a·phor ['metəfər] metáfora *f*
me·te·or ['miːtɪər] meteoro *m*
me·te·or·ic [miːtɪ'ɑːrɪk] *adj fig* meteórico
me·te·or·ite ['miːtɪəraɪt] meteorito *m*
me·te·or·o·log·i·cal [miːtɪrə'lɑːdʒɪkl] *adj* meteorológico
me·te·or·ol·o·gist [miːtɪə'rɑːlədʒɪst] meteorólogo(-a) *m(f)*
me·te·o·rol·o·gy [miːtɪə'rɑːlədʒɪ] meteorología *f*
me·ter[1] ['miːtər] *for gas, electricity* contador *m*; (*parking* ~) parquímetro *m*
me·ter[2] ['miːtər] *unit of length* metro *m*
'**me·ter read·ing** lectura *f* del contador
meth·od ['meθəd] método *m*
me·thod·i·cal [mɪ'θɑːdɪkl] *adj* metódico
me·thod·i·cal·ly [mɪ'θɑːdɪklɪ] *adv* metódicamente
me·tic·u·lous [mə'tɪkjʊləs] *adj* meticuloso, minucioso
me·tre *Br* → ***meter***[2]
met·ric ['metrɪk] *adj* métrico
me·trop·o lis [mɪ'trɑːpəlɪs] metrópolis *f inv*
met·ro·pol·i·tan [metrə'pɑːlɪtən] *adj* metropolitano
mew [mjuː] → ***miaow***
Mex·i·can ['meksɪkən] **1** *adj* mexicano, mejicano **2** *n* mexicano(-a) *m(f)*, mejicano(-a) *m(f)*
Mex·i·co ['meksɪkoʊ] México, Méjico
Mex·i·co 'Cit·y *n* Ciudad *f* de México, *Mex* México, *Mex* el Distrito Federal, *Mex* el D.F.
mez·za·nine (floor) ['mezəniːn] entresuelo *m*
mi·aow [mɪaʊ] **1** *n* maullido *m* **2** *v/i* maullar
mice [maɪs] *pl* → ***mouse***
mick·ey mouse [mɪkɪ'maʊs] *adj pej* P *course, qualification* de tres al cuarto P
mi·cro·bi·ol·o·gy [maɪkroʊbaɪ'ɑːlədʒɪ] microbiología *f*; '**mi·cro·chip** microchip *m*; '**mi·cro·cli·mate** microclima *m*; **mi·cro·cosm** ['maɪkroʊkɑːzm] microcosmos *m inv*; '**mi·cro·e·lec·tron·ics** microelectrónica *f*; '**mi·cro·film** microfilm *m*; '**mi·cro·or·gan·ism** microorganismo *m*; '**mi·cro·phone** micrófono *m*; **mi·cro'pro·ces·sor** microprocesador *m*; '**mi·cro·scope** microscopio *m*; **mi·cro·scop·ic** [maɪkrə'skɑːpɪk] *adj* microscópico; '**mi·cro·wave** *oven* microondas *m inv*
mid·air [mɪd'er]: ***in* ~** en pleno vuelo
mid·day [mɪd'deɪ] mediodía *m*
mid·dle ['mɪdl] **1** *adj* del medio; ***the ~ child of five*** el tercero de cinco hermanos **2** *n* medio *m*; ***it's the ~ of the night!*** ¡estamos en plena noche!; ***in the ~ of*** *of floor, room* en medio de; *of period of time* a mitad *or* mediados de; ***in the ~ of winter*** en pleno invierno; ***be in the ~ of doing sth*** estar ocupado haciendo algo
'**mid·dle-aged** *adj* de mediana edad; '**Mid·dle Ages** *npl* Edad *f* Media; **mid·dle-'class** *adj* de clase media; '**middle class(es)** clases *fpl* medias; **Mid·dle 'East** Oriente *m* Medio; '**mid·dle·man** intermediario *m*;

M

mid·dle 'man·age·ment mandos *mpl* intermedios; **mid·dle 'name** segundo nombre *m*; **'mid·dle·weight** *boxer* peso *m* medio
mid·dling ['mɪdlɪŋ] *adj* regular
mid·field·er [mɪd'fiːldər] centrocampista *m/f*
midg·et ['mɪdʒɪt] *adj* en miniatura
'mid·night ['mɪdnaɪt] medianoche *f*; ***at ~*** a medianoche; **'mid·sum·mer** pleno verano *m*; **'mid·way** *adv*: ***we'll stop for lunch ~*** pararemos para comer a mitad de camino; ***~ through the meeting*** a mitad de la reunión; **'mid·week** *adv* a mitad de semana; **'Mid·west** Medio Oeste *m* (de Estados Unidos); **'mid·wife** comadrona *f*; **'mid·win·ter** pleno invierno *m*
might[1] [maɪt] *v/aux* poder, ser posible que; ***I ~ be late*** puede *or* es posible que llegue tarde; ***it ~ never happen*** puede *or* es posible que no ocurra nunca; ***he ~ have left*** a lo mejor se ha ido; ***you ~ have told me!*** ¡me lo podías haber dicho!
might[2] [maɪt] (*power*) poder *m*, fuerza *f*
might·y ['maɪtɪ] **1** *adj* poderoso **2** *adv* F (*extremely*) muy, cantidad de F
mi·graine ['miːgreɪn] migraña *f*
mi·grant work·er ['maɪgrənt] trabajador(a) *m*(*f*) itinerante
mi·grate [maɪ'greɪt] *v/i* emigrar
mi·gra·tion [maɪ'greɪʃn] emigración *f*
mike [maɪk] F micro *m* F
mild [maɪld] *adj weather*, *climate* apacible; *cheese*, *voice* suave; *curry etc* no muy picante; *person* afable, apacible
mil·dew ['mɪlduː] moho *m*
mild·ly ['maɪldlɪ] *adv say sth* con suavidad; *spicy* ligeramente; ***to put it ~*** por no decir algo peor
mild·ness ['maɪldnɪs] *of weather*, *voice* suavidad *f*; *of person* afabilidad *f*
mile [maɪl] milla *f*; ***be ~s better/easier*** F ser mil veces mejor/más fácil F
mile·age ['maɪlɪdʒ] millas *fpl* recorridas; ***unlimited ~*** kilometraje *m* ilimitado
'mile·stone *fig* hito *m*
mil·i·tant ['mɪlɪtənt] **1** *adj* militante **2** *n* militante *m/f*
mil·i·ta·ry ['mɪlɪterɪ] **1** *adj* militar **2** *n*: ***the ~*** el ejército, las fuerzas armadas
mil·i·ta·ry a'cad·e·my academia *f* militar; **mil·i·ta·ry po'lice** policía *f* militar; **mil·i·tar·y 'serv·ice** servicio *m* militar
mi·li·tia [mɪ'lɪʃə] milicia *f*
milk [mɪlk] **1** *n* leche *f* **2** *v/t* ordeñar
milk 'choc·o·late chocolate *m* con leche; **milk of mag'ne·sia** leche *f* de magnesia; **'milk·shake** batido *m*
'milk·y ['mɪlkɪ] *adj with lots of milk* con mucha leche; *made with milk* con leche
Milk·y 'Way Vía *f* Láctea
mill [mɪl] *for grain* molino *m*; *for textiles* fábrica *f* de tejidos
♦ **mill around** *v/i* pulular
mil·len·ni·um [mɪ'lenɪəm] milenio *m*
mil·li·gram, *Br* **mil·i·gramme** ['mɪlɪgræm] miligramo *m*
mil·li·me·ter, *Br* **mil·li·me·tre** ['mɪlɪmiːtər] milímetro *m*
mil·lion ['mɪljən] millón *m*
mil·lion·aire [mɪljə'ner] millonario(-a) *m*(*f*)
mime [maɪm] *v/t* representar con gestos
mim·ic ['mɪmɪk] **1** *n* imitador(a) *m*(*f*) **2** *v/t* (*pret & pp* **-ked**) imitar
mince [mɪns] *v/t* picar
'mince·meat carne *f* picada
mince 'pie *empanada de carne picada*
mind [maɪnd] **1** *n* mente *f*; ***it's uppermost in my ~*** es lo que más me preocupa; ***it's all in your ~*** son imaginaciones tuyas; ***be out of one's ~*** haber perdido el juicio; ***bear*** *o* ***keep sth in ~*** recordar; ***I've a good ~ to ...*** estoy considerando seriamente ...; ***change one's ~*** cambiar de opinión; ***it didn't enter my ~*** no se me ocurrió; ***give s.o. a piece of one's ~*** cantarle a alguien las cuarenta; ***make up one's ~*** decidirse; ***have something on one's ~*** te-

ner algo en la cabeza; ***keep one's ~ on sth*** concentrarse en algo **2** *v/t* (*look after*) cuidar (de); (*heed*) prestar atención a; ***I don't ~ what we do*** no me importa lo que hagamos; ***do you ~ if I smoke?, do you ~ my smoking?*** ¿le importa que fume?; ***would you ~ opening the window?*** ¿le importaría abrir la ventana?; ***~ the step!*** ¡cuidado con el escalón!; ***~ your own business!*** ¡métete en tus asuntos! **3** *v/i*: ***~!*** ¡ten cuidado!; ***never ~!*** ¡no importa!; ***I don't ~*** no me importa, me da igual

mind-bog·gling ['maɪndbɑːglɪŋ] *adj* increíble

mind·less ['maɪndlɪs] *adj violence* gratuito

mine[1] [maɪn] *pron* el mío, la mía; ***~ are red*** los míos son rojos; ***that book is ~*** eso libro es mío; ***a cousin of ~*** un primo mío

mine[2] [maɪn] **1** *n for coal etc* mina *f* **2** *v/i*: ***~ for*** extraer

mine[3] [maɪn] **1** *n* (*explosive*) mina *f* **2** *v/t* minar

'mine·field MIL campo *m* de minas; *fig* campo *m* minado

min·er ['maɪnər] minero(-a) *m*(*f*)

min·e·ral ['mɪnərəl] *n* mineral *m*

'min·e·ral wa·ter agua *f* mineral

'mine·sweep·er NAUT dragaminas *m inv*

min·gle ['mɪŋgl] *v/i of sounds, smells* mezclarse; *at party* alternar

min·i ['mɪnɪ] *skirt* minifalda *f*

min·i·a·ture ['mɪnɪʧər] *adj* en miniatura

'min·i·bus microbús *m*

min·i·mal ['mɪnɪməl] *adj* mínimo

min·i·mal·ism ['mɪnɪməlɪzm] minimalismo *m*

min·i·mize ['mɪnɪmaɪz] *v/t risk, delay* minimizar, reducir al mínimo; (*downplay*) minimizar, quitar importancia a

min·i·mum ['mɪnɪməm] **1** *adj* mínimo **2** *n* mínimo *m*

min·i·mum 'wage salario *m* mínimo

min·ing ['maɪnɪŋ] minería *f*

'min·i·se·ries *nsg* TV miniserie *f*

'min·i·skirt minifalda *f*

min·is·ter ['mɪnɪstər] POL ministro(-a) *m*(*f*); REL ministro(-a) *m*(*f*), pastor(a) *m*(*f*)

min·is·te·ri·al [mɪnɪ'stɪrɪəl] *adj* ministerial

min·is·try ['mɪnɪstrɪ] POL ministerio *m*

mink [mɪŋk] *animal, fur* visón *m*; *coat* abrigo *m* de visón

mi·nor ['maɪnər] **1** *adj problem, setback* menor, pequeño; *operation, argument* de poca importancia; *aches and pains* leve; ***in D ~*** MUS en D menor **2** *n* LAW menor *m/f* de edad

mi·nor·i·ty [maɪ'nɑːrətɪ] minoría *f*; ***be in the ~*** ser minoría

mint [mɪnt] *n herb* menta *f*; *chocolate* pastilla *f* de chocolate con sabor a menta; *hard candy* caramelo *m* de menta

mi·nus ['maɪnəs] **1** *n* (*~ sign*) (signo *m* de) menos *m* **2** *prep* menos; ***temperatures of ~ 18*** temperaturas de 18 grados bajo cero

mi·nus·cule ['mɪnəskjuːl] *adj* minúsculo

min·ute[1] ['mɪnɪt] *of time* minuto *m*; ***in a ~*** (*soon*) en un momento; ***just a ~*** un momento

mi·nute[2] [maɪ'nuːt] *adj* (*tiny*) diminuto, minúsculo; (*detailed*) minucioso; ***in ~ detail*** minuciosamente

'mi·nute hand ['mɪnɪt] minutero *m*

mi·nute·ly [maɪ'nuːtlɪ] *adv in detail* minuciosamente; (*very slightly*) mínimamente

min·utes ['mɪnɪts] *npl of meeting* acta(s) *f*(*pl*)

mir·a·cle ['mɪrəkl] milagro *m*

mi·rac·u·lous [mɪ'rækjʊləs] *adj* milagroso

mi·rac·u·lous·ly [mɪ'rækjʊləslɪ] *adv* milagrosamente

mi·rage ['mɪrɑːʒ] espejismo *m*

mir·ror ['mɪrər] **1** *n* espejo *m*; MOT (espejo *m*) retrovisor *m* **2** *v/t* reflejar

mis·an·thro·pist [mɪ'zænθrəpɪst] misántropo(-a) *m*(*f*)

mis·ap·pre·hen·sion [mɪsæprɪ'hen-

M

ʃn]: ***be under a ~*** estar equivocado

mis·be·have [mɪsbə'heɪv] *v/i* portarse mal

mis·be·hav·ior, *Br* **mis·be·hav·iour** [mɪsbə'heɪvɪər] mal comportamiento *m*

mis·cal·cu·late [mɪs'kælkjʊleɪt] *v/t & v/i* calcular mal

mis·cal·cu·la·tion [mɪs'kælkjʊleɪʃn] error *m* de cálculo

mis·car·riage ['mɪskærɪdʒ] MED aborto *m* (espontáneo); ***~ of justice*** error *m* judicial

mis·car·ry ['mɪskærɪ] *v/i* (*pret & pp **-ied***) *of plan* fracasar

mis·cel·la·ne·ous [mɪsə'leɪnɪəs] *adj* diverso; ***put it in the file marked "~"*** ponlo en la carpeta de "varios"

mis·chief ['mɪstʃɪf] (*naughtiness*) travesura *f*, trastada *f*

mis·chie·vous ['mɪstʃɪvəs] *adj* (*naughty*) travieso; (*malicious*) malicioso

mis·con·cep·tion [mɪskən'sepʃn] idea *f* equivocada

mis·con·duct [mɪs'kɑːndʌkt] mala conducta *f*

mis·con·strue [mɪskən'struː] *v/t* malinterpretar

M

mis·de·mea·nor, *Br* **mis·de·mea·nour** [mɪsdə'miːnər] falta *f*, delito *m* menor

mi·ser ['maɪzər] avaro(-a) *m*(*f*)

mis·e·ra·ble ['mɪzrəbl] *adj* (*unhappy*) triste, infeliz; *weather, performance* horroroso

mi·ser·ly ['maɪzərlɪ] *adj person* avaro; ***a ~ $150*** 150 míseros dólares

mis·e·ry ['mɪzərɪ] (*unhappiness*) tristeza *f*, infelicidad *f*; (*wretchedness*) miseria *f*

mis·fire [mɪs'faɪr] *v/i of joke, scheme* salir mal

mis·fit ['mɪsfɪt] *in society* inadaptado(-a) *m*(*f*)

mis·for·tune [mɪs'fɔːrtʃən] desgracia *f*

mis·giv·ings [mɪs'gɪvɪŋz] *npl* recelo *m*, duda *f*

mis·guid·ed [mɪs'gaɪdɪd] *adj person* equivocado; *attempt, plan* desacertado

mis·han·dle [mɪs'hændl] *v/t situation* llevar mal

mis·hap ['mɪshæp] contratiempo *m*

mis·in·form [mɪsɪn'fɔːrm] *v/t* informar mal

mis·in·ter·pret [mɪsɪn'tɜːrprɪt] *v/t* malinterpretar

mis·in·ter·pre·ta·tion [mɪsɪntɜːrprɪ'teɪʃn] mala interpretación *f*

mis·judge [mɪs'dʒʌdʒ] *v/t person, situation* juzgar mal

mis·lay [mɪs'leɪ] *v/t* (*pret & pp **-laid***) perder

mis·lead [mɪs'liːd] *v/t* (*pret & pp **-led***) engañar

mis·lead·ing [mɪs'liːdɪŋ] *adj* engañoso

mis·man·age [mɪs'mænɪdʒ] *v/t* gestionar mal

mis·man·age·ment [mɪs'mænɪdʒmənt] mala gestión *f*

mis·match ['mɪsmætʃ]: ***there's a ~ between the two sets of figures*** los dos grupos de cifras no se corresponden

mis·placed ['mɪspleɪst] *adj loyalty* inmerecido; *enthusiasm* inoportuno

mis·print ['mɪsprɪnt] errata *f*

mis·pro·nounce [mɪsprə'naʊns] *v/t* pronunciar mal

mis·pro·nun·ci·a·tion [mɪsprənʌnsɪ'eɪʃn] pronunciación *f* incorrecta

mis·read [mɪs'riːd] *v/t* (*pret & pp **-read*** [red]) *word, figures* leer mal; *situation* malinterpretar

mis·rep·re·sent [mɪsreprɪ'zent] *v/t* deformar, tergiversar

miss[1] [mɪs]: ***Miss Smith*** la señorita Smith; ***~!*** ¡señorita!

miss[2] [mɪs] **1** *n* SP fallo *m*; ***give sth a ~*** *meeting, party etc* no ir a algo **2** *v/t target* no dar en; *emotionally* echar de menos; *bus, train, airplane* perder; (*not notice*) pasar por alto; (*not be present at*) perderse; ***I ducked and he ~ed me*** me agaché y no me dio; ***you just ~ed her*** (*she's just left*) se acaba de marchar; ***we must have ~ed the turnoff*** nos hemos debido pasar el desvío; ***you don't ~ much!***

¡no se te escapa una!; ~ ***a class*** faltar a una clase **3** *v/i* fallar
mis·shap·en [mɪs'ʃeɪpən] *adj* deforme
mis·sile ['mɪsəl] misil *m*; (*sth thrown*) arma *f* arrojadiza
miss·ing ['mɪsɪŋ] *adj* desaparecido; ***be*** ~ *of person, plane* haber desaparecido; ***the*** ~ ***money*** el dinero que falta
mis·sion ['mɪʃn] *task* misión *f*; *people* delegación *f*
mis·sion·a·ry ['mɪʃənrɪ] REL misionero(-a) *m*(*f*)
mis·spell [mɪs'spel] *v/t* escribir incorrectamente
mist [mɪst] neblina *f*
♦**mist over** *v/i of eyes* empañarse
♦**mist up** *v/i of mirror, window* empañarse
mis·take [mɪ'steɪk] **1** *n* error *m*, equivocación *f*; ***make a*** ~ cometer un error *or* una equivocación, equivocarse; ***by*** ~ por error *or* equivocación **2** *v/t* (*pret* ***mistook***, *pp* ***mistaken***) confundir; ~ ***X for Y*** confundir X con Y
mis·tak·en [mɪ'steɪkən] **1** *adj* erróneo, equivocado; ***be*** ~ estar equivocado **2** *pp* → ***mistake***
mis·ter ['mɪstər] → ***Mr***
mis·took [mɪ'stʊk] *pret* → ***mistake***
mis·tress ['mɪstrɪs] *lover* amante *f*, querida *f*; *of servant* ama *f*; *of dog* dueña *f*, ama *f*
mis·trust [mɪs'trʌst] **1** *n* desconfianza *f* (***of*** en) **2** *v/t* desconfiar de
mist·y ['mɪstɪ] *adj weather* neblinoso; *eyes* empañado; *color* borroso
mis·un·der·stand [mɪsʌndər'stænd] *v/t* (*pret & pp* ***-stood***) entender mal
mis·un·der·stand·ing [mɪsʌndər'stændɪŋ] (*mistake*) malentendido *m*; (*argument*) desacuerdo *m*
mis·use 1 *n* [mɪs'juːs] uso *m* indebido **2** *v/t* [mɪs'juːz] usar indebidamente
miti·ga·ting cir·cum·stances ['mɪtɪgeɪtɪŋ] *npl* circunstancias *fpl* atenuantes
mitt [mɪt] *in baseball* guante *m* de béisbol
mit·ten ['mɪtən] mitón *m*
mix [mɪks] **1** *n* (*mixture*) mezcla *f*; *cooking*: *ready to use* preparado *m* **2** *v/t* mezclar; *cement* preparar; ~ ***the flour in well*** mezclar la harina bien **3** *v/i socially* relacionarse
♦**mix up** *v/t* (*confuse*) confundir (***with*** con); (*put in wrong order*) revolver, desordenar; ***be mixed up*** *emotionally* tener problemas emocionales; *of figures* estar confundido; *of papers* estar revuelto *or* desordenado; ***be mixed up in*** estar metido en; ***get mixed up with*** verse liado con
♦**mix with** *v/t* (*associate with*) relacionarse con
mixed [mɪkst] *adj feelings* contradictorio; *reactions, reviews* variado
mixed 'mar·riage matrimonio *m* mixto
mix·er ['mɪksər] *for food* batidora *f*; *drink* refresco *m* (*para mezclar con bebida alcohólica*); ***she's a good*** ~ es muy sociable
mix·ture ['mɪkstʃər] mezcla *f*; *medicine* preparado *m*
mix-up ['mɪksʌp] confusión *f*
moan [moʊn] **1** *n of pain* gemido *m* **2** *v/i in pain* gemir
mob [mɑːb] **1** *n* muchedumbre *f* **2** *v/t* (*pret & pp* ***-bed***) asediar, acosar
mo·bile ['moʊbəl] **1** *adj person* con movilidad; (*that can be moved*) móvil; ***she's a lot less*** ~ ***now*** ahora tiene mucha menos movilidad **2** *n* móvil *m*
mo·bile 'home casa *f* caravana
mo·bile 'phone *Br* teléfono *m* móvil
mo·bil·i·ty [mə'bɪlətɪ] movilidad *f*
mob·ster ['mɑːbstər] gángster *m*
mock [mɑːk] **1** *adj* fingido, simulado; ~ ***exams / elections*** exámenes *mpl* / elecciones *fpl* de prueba **2** *v/t* burlarse de
mock·er·y ['mɑːkərɪ] (*derision*) burlas *fpl*; (*travesty*) farsa *f*
mock-up ['mɑːkʌp] (*model*) maqueta *f*, modelo *m*
mode [moʊd] (*form*), COMPUT modo

M

m; **~ *of transportation*** medio *m* de transporte

mod•el ['mɑːdl] **1** *adj employee, husband* modélico, modelo; **~ *boat*/*plane*** maqueta *f* de un barco / avión **2** *n miniature* maqueta *f*, modelo *m*; (*pattern*) modelo *m*; (*fashion* ~) modelo *m/f*; ***male*** **~** modelo *m* **3** *v/t* (*pret & pp* ***-ed***, *Br* ***-led***): **~ *clothes*** trabajar de modelo; ***she ~s swimsuits*** trabaja de modelo de bañadores **4** *v/i* (*pret & pp* ***-ed***, *Br* ***-led***) *for designer* trabajar de modelo; *for artist, photographer* posar

mo•dem ['moʊdem] módem *m*

mod•e•rate 1 *adj* ['mɑːdərət] moderado **2** *n* ['mɑːdərət] POL moderado(-a) *m*(*f*) **3** *v/t* ['mɑːdəreɪt] moderar

mod•e•rate•ly ['mɑːdərətlɪ] *adv* medianamente, razonablemente

mod•e•ra•tion [mɑːdə'reɪʃn] moderación *f*; ***in*** **~** con moderación

mod•ern ['mɑːdn] *adj* moderno; ***in the ~ world*** en el mundo contemporáneo

mod•ern•i•za•tion [mɑːdənaɪ'zeɪʃn] modernización *f*

mod•ern•ize ['mɑːdənaɪz] **1** *v/t* modernizar **2** *v/i of business, country* modernizarse

M

mod•ern 'lan•guages *npl* lenguas *fpl* modernas

mod•est ['mɑːdɪst] *adj* modesto

mod•es•ty ['mɑːdɪstɪ] modestia *f*

mod•i•fi•ca•tion [mɑːdɪfɪ'keɪʃn] modificación *f*

mod•i•fy ['mɑːdɪfaɪ] *v/t* (*pret & pp* ***-ied***) modificar

mod•u•lar ['mɑːdʊlər] *adj furniture* por módulos

mod•ule ['mɑːduːl] módulo *m*

moist [mɔɪst] *adj* húmedo

moist•en ['mɔɪsn] *v/t* humedecer

mois•ture ['mɔɪstʃər] humedad *f*

mois•tur•iz•er ['mɔɪstʃəraɪzər] *for skin* crema *f* hidratante

mo•lar ['moʊlər] muela *f*, molar *m*

mo•las•ses [mə'læsɪz] *nsg* melaza *f*

mold[1] [moʊld] *on food* moho *m*

mold[2] [moʊld] **1** *n* molde *m* **2** *v/t clay, character* moldear

mold•y ['moʊldɪ] *adj food* mohoso

mole [moʊl] *on skin* lunar *m*

mo•lec•u•lar [mə'lekjʊlər] *adj* molecular

mol•e•cule ['mɑːlɪkjuːl] molécula *f*

mo•lest [mə'lest] *v/t child, woman* abusar sexualmente de

mol•ly•cod•dle ['mɑːlɪkɑːdl] *v/t* F mimar, consentir

mol•ten ['moʊltən] *adj* fundido

mom [mɑːm] F mamá *f*

mo•ment ['moʊmənt] momento *m*; ***at the*** **~** en estos momentos, ahora mismo; ***for the*** **~** por el momento, por ahora

mo•men•tar•i•ly [moʊmən'terɪlɪ] *adv* (*for a moment*) momentáneamente; (*in a moment*) de un momento a otro

mo•men•ta•ry ['moʊmənterɪ] *adj* momentáneo

mo•men•tous [mə'mentəs] *adj* trascendental, muy importante

mo•men•tum [mə'mentəm] impulso *m*

mon•arch ['mɑːnərk] monarca *m/f*

mon•ar•chy ['mɑːnərkɪ] monarquía *f*

mon•as•tery ['mɑːnəsterɪ] monasterio *m*

mo•nas•tic [mə'næstɪk] *adj* monástico

Mon•day ['mʌndeɪ] lunes *m inv*

mon•e•ta•ry ['mɑːnɪterɪ] *adj* monetario

mon•ey ['mʌnɪ] dinero *m*

'mon•ey belt faltriquera *f*; **'mon•ey-lend•er** prestamista *m/f*; **'mon•ey mar•ket** mercado *m* monetario; **'mon•ey or•der** giro *m* postal

mon•grel ['mʌŋgrəl] perro *m* cruzado

mon•i•tor ['mɑːnɪtər] **1** *n* COMPUT monitor *m* **2** *v/t* controlar

monk [mʌŋk] monje *m*

mon•key ['mʌŋkɪ] mono *m*; F *child* diablillo *m* F

♦ **monkey around with** *v/t* F enredar con

'mon•key wrench llave *f* inglesa

mon•o•gram ['mɑːnəgræm] monograma *m*

mon·o·grammed ['mɑːnəgræmd] *adj* con monograma
mon·o·log, *Br* **mon·o·logue** ['mɑːnəlɑːg] monólogo *m*
mo·nop·o·lize [mə'nɑːpəlaɪz] *v/t* monopolizar
mo·nop·o·ly [mə'nɑːpəlɪ] monopolio *m*
mo·not·o·nous [mə'nɑːtənəs] *adj* monótono
mo·not·o·ny [mə'nɑːtənɪ] monotonía *f*
mon·soon [mɑːn'suːn] monzón *m*
mon·ster ['mɑːnstər] *n* monstruo *m*
mon·stros·i·ty [mɑːn'strɑːsətɪ] monstruosidad *f*
mon·strous ['mɑːnstrəs] *adj* (*frightening, huge*) monstruoso; (*shocking*) escandaloso
month [mʌnθ] mes *m*; ***how much do you pay a ~?*** ¿cuánto pagas al mes?
month·ly ['mʌnθlɪ] **1** *adj* mensual **2** *adv* mensualmente **3** *n magazine* revista *f* mensual
mon·u·ment ['mɑːnʊmənt] monumento *m*
mon·u·ment·al [mɑːnʊ'mentl] *adj fig* monumental
mood [muːd] (*frame of mind*) humor *m*; (*bad ~*) mal humor *m*; *of meeting, country* atmósfera *f*; ***be in a good/bad ~*** estar de buen/mal humor; ***I'm in the ~ for a pizza*** me apetece una pizza
mood·y ['muːdɪ] *adj* temperamental; (*bad-tempered*) malhumorado
moon [muːn] *n* luna *f*
'**moon·light** **1** *n* luz *f* de luna **2** *v/i* F estar pluriempleado irregularmente; ***he's ~ing as a barman*** tiene un segundo empleo de camarero
'**moon·lit** *adj* iluminado por la luna
moor [mʊr] *v/t boat* atracar
moor·ing ['mʊrɪŋ] atracadero *m*
moose [muːs] alce *m* americano
mop [mɑːp] **1** *n for floor* fregona *f*; *for dishes* estropajo *m* (*con mango*) **2** *v/t* (*pret & pp* **-ped**) *floor* fregar; *eyes, face* limpiar
♦ **mop up** *v/t* limpiar; MIL acabar con
mope [moʊp] *v/i* estar abatido
mor·al ['mɔːrəl] **1** *adj* moral; *person, behavior* moralista **2** *n of story* moraleja *f*; **~s** moral *f*, moralidad *f*
mo·rale [mə'ræl] moral *f*
mo·ral·i·ty [mə'rælətɪ] moralidad *f*
mor·bid ['mɔːrbɪd] *adj* morboso
more [mɔːr] **1** *adj* más; ***there are no ~ eggs*** no quedan huevos; ***some ~ tea?*** ¿más té?; ***~ and ~ students/time*** cada vez más estudiantes/tiempo **2** *adv* más; ***~ important*** más importante; ***~ often*** más a menudo; ***~ and ~*** cada vez más; ***~ or less*** más o menos; ***once ~*** una vez más; ***he paid ~ than $100 for it*** pagó más de 100 dólares por él; ***he earns ~ than I do*** gana más que yo; ***I don't live there any ~*** ya no vivo allí **3** *pron* más; ***do you want some ~?*** ¿quieres más?; ***a little ~*** un poco más
more·o·ver [mɔː'roʊvər] *adv* además, lo que es más
morgue [mɔːrg] depósito *m* de cadáveres
morn·ing ['mɔːrnɪŋ] mañana *f*; ***in the ~*** por la mañana; ***this ~*** esta mañana; ***tomorrow ~*** mañana por la mañana; ***good ~*** buenos días
morn·ing 'sick·ness náuseas *fpl* matutinas (*típicas del embarazo*)
mo·ron ['mɔːrɑːn] F imbécil *m/f* F, subnormal *m/f* F
mo·rose [mə'roʊs] *adj* hosco, malhumorado
mor·phine ['mɔːrfiːn] morfina *f*
mor·sel ['mɔːrsl] pedacito *m*
mor·tal ['mɔːrtl] **1** *adj* mortal **2** *n* mortal *m/f*
mor·tal·i·ty [mɔːr'tælətɪ] mortalidad *f*
mor·tar¹ ['mɔːrtər] MIL mortero *m*
mor·tar² ['mɔːrtər] (*cement*) mortero *m*, argamasa *f*
mort·gage ['mɔːrgɪdʒ] **1** *n* hipoteca *f*, préstamo *m* hipotecario **2** *v/t* hipotecar
mor·ti·cian [mɔːr'tɪʃn] encargado(-a) *m(f)* de una funeraria
mor·tu·a·ry ['mɔːrtʊerɪ] depósito *m* de cadáveres
mo·sa·ic [moʊ'zeɪɪk] mosaico *m*

M

Mos·cow ['mɑːskaʊ] Moscú
Mos·lem ['mʊzlɪm] **1** *adj* musulmán **2** *n* musulmán(-ana) *m(f)*
mosque [mɑːsk] mezquita *f*
mos·qui·to [mɑːs'kiːtoʊ] mosquito *m*
moss [mɑːs] musgo *m*
moss·y ['mɑːsɪ] *adj* cubierto de musgo
most [moʊst] **1** *adj* la mayoría de **2** *adv* (*very*) muy, sumamente; ***the ~ beautiful / interesting*** el más hermoso / interesante; ***that's the one I like ~*** ése es el que más me gusta; ***~ of all*** sobre todo **3** *pron* la mayoría de; ***I've read ~ of her novels*** he leído la mayoría de sus novelas; ***at*** (***the***) ***~*** como mucho; ***make the ~ of*** aprovechar al máximo
most·ly ['moʊstlɪ] *adv* principalmente, sobre todo
mo·tel [moʊ'tel] motel *m*
moth [mɑːθ] mariposa *f* nocturna; (*clothes ~*) polilla *f*
'**moth·ball** bola *f* de naftalina
moth·er ['mʌðər] **1** *n* madre *f* **2** *v/t* mimar
'**moth·er·board** COMPUT placa *f* madre
'**moth·er·hood** maternidad *f*
Moth·er·ing '**Sun·day** → ***Mother's Day***
'**moth·er-in-law** (*pl* ***mothers-in-law***) suegra *f*
moth·er·ly ['mʌðərlɪ] *adj* maternal
moth·er-of-'pearl nácar *m*; '**Moth·er's Day** Día *f* de la Madre; '**moth·er tongue** lengua *f* materna
mo·tif [moʊ'tiːf] motivo *m*
mo·tion ['moʊʃn] **1** *n* (*movement*) movimiento *m*; (*proposal*) moción *f*; ***put*** *o* ***set things in ~*** poner las cosas en marcha **2** *v/t*: ***he ~ed me forward*** me indicó con un gesto que avanzara
mo·tion·less ['moʊʃnlɪs] *adj* inmóvil
mo·ti·vate ['moʊtɪveɪt] *v/t person* motivar
mo·ti·va·tion [moʊtɪ'veɪʃn] motivación *f*
mo·tive ['moʊtɪv] motivo *m*
mo·tor ['moʊtər] motor *m*
'**mo·tor·bike** moto *f*; '**mo·tor·boat** lancha *f* motora; **mo·tor·cade** ['moʊtəkeɪd] caravana *f*, desfile *m* de coches; '**mo·tor·cy·cle** motocicleta *f*; '**mo·tor·cy·clist** motociclista *m/f*; '**mo·tor home** autocaravana *f*
mo·tor·ist ['moʊtərɪst] conductor(a) *m(f)*, automovilista *m/f*
'**mo·tor me·chan·ic** mecánico(-a) *m(f)* (de automóviles); '**mo·tor rac·ing** carreras *fpl* de coches; '**mo·tor·scoot·er** vespa® *f*; '**mo·tor ve·hi·cle** vehículo *m* de motor; '**mo·tor·way** *Br* autopista *f*
mot·to ['mɑːtoʊ] lema *m*
mould *etc Br* → ***mold*** *etc*
mound [maʊnd] montículo *m*
mount [maʊnt] **1** *n* (*mountain*) monte *m*; (*horse*) montura *f*; ***Mount McKinley*** el Monte McKinley **2** *v/t steps* subir; *horse*, *bicycle* montar en; *campaign*, *photo* montar **3** *v/i* aumentar, crecer
♦**mount up** *v/i* acumularse
moun·tain ['maʊntɪn] montaña *f*
'**moun·tain bike** bicicleta *f* de montaña
moun·tain·eer [maʊntɪ'nɪr] montañero(-a) *m(f)*, alpinista *m/f*, *L.Am.* andinista *m/f*
moun·tain·eer·ing [maʊntɪ'nɪrɪŋ] montañismo *m*, alpinismo *m*, *L.Am.* andinismo *m*
moun·tain·ous ['maʊntɪnəs] *adj* montañoso
mount·ed po'lice ['maʊntɪd] policía *f* montada
mourn [mɔːrn] **1** *v/t* llorar **2** *v/i*: ***~ for s.o.*** llorar la muerte de alguien
mourn·er ['mɔːrnər] doliente *m/f*
mourn·ful ['mɔːrnfəl] *adj voice*, *face* triste
mourn·ing ['mɔːrnɪŋ] luto *m*, duelo *m*; ***be in ~*** estar de luto; ***wear ~*** vestir de luto
mouse [maʊs] (*pl* ***mice*** [maɪs]) *also* COMPUT ratón *m*
'**mouse mat** COMPUT alfombrilla *f*
mous·tache → ***mustache***

M

mouth [mauθ] *of person* boca *f*; *of river* desembocadura *f*
mouth·ful ['mauθfəl] *of food* bocado *m*; *of drink* trago *m*
'**mouth·or·gan** armónica *f*; '**mouth·piece** *of instrument* boquilla *f*; (*spokesperson*) portavoz *m/f*; '**mouth·wash** enjuague *m* bucal, elixir *m* bucal; '**mouth·wa·ter·ing** *adj* apetitoso
move [mu:v] **1** *n in chess, checkers* movimiento *m*; (*step, action*) paso *m*; (*change of house*) mudanza *f*; ***make the first ~*** dar el primer paso; ***get a ~ on!*** F ¡espabílate! F; ***don't make a ~!*** ¡ni te muevas! **2** *v/t object* mover; (*transfer*) trasladar; *emotionally* conmover; ***~ those papers out of your way*** aparta esos papeles; ***~ house*** mudarse de casa **3** *v/i* moverse; (*transfer*) trasladarse
♦ **move around** *v/i in room* andar; *from place to place* trasladarse, mudarse
♦ **move away** *v/i* alejarse, apartarse; (*move house*) mudarse
♦ **move in** *v/i to house, neighborhood* mudarse; *to office* trasladarse
♦ **move on** *v/i to another town* mudarse; *to another job* cambiarse; *to another subject* pasar a hablar de
♦ **move out** *v/i of house* mudarse; *of area* marcharse
♦ **move up** *v/i in league* ascender, subir; (*make room*) correrse
move·ment ['mu:vmənt] *also organization*, MUS movimiento *m*
mov·ers ['mu:vərz] *npl firm* empresa *f* de mudanzas; (*men*) empleados *mpl* de una empresa de mudanzas
mov·ie ['mu:vi] película *f*; ***go to a ~*** *o* ***the ~s*** ir al cine
mov·ie·go·er ['mu:vigouər] aficionado(a) *m/f* al cine
'**mov·ie the·a·ter** cine *m*, sala *f* de cine
mov·ing ['mu:viŋ] *adj that can move* movible; *emotionally* conmovedor
mow [mou] *v/t grass* cortar
♦ **mow down** *v/t* segar la vida de
mow·er ['mouər] cortacésped *m*
MP [em'pi:] *abbr* (= ***Member of Parliament***) *Br* diputado(-a) *m*(*f*); *abbr* (= ***Military Policeman***) policía *m* militar
mph [empi:'eitʃ] *abbr* (= ***miles per hour***) millas *fpl* por hora
Mr ['mistər] Sr.
Mrs ['misiz] Sra.
Ms [miz] Sra. (*casada o no casada*)
much [mʌtʃ] **1** *adj* mucho; ***so ~ money*** tanto dinero; ***as ~ ... as ...*** tanto ... como **2** *adv* mucho; ***I don't like him ~*** no me gusta mucho; ***he's ~ more intelligent than ...*** es mucho más inteligente que ...; ***the house is ~ too large for one person*** la casa es demasiado grande para una sola persona; ***very ~*** mucho; ***thank you very ~*** muchas gracias; ***I love you very ~*** te quiero muchísimo; ***too ~*** demasiado **3** *pron* mucho; ***what did she say? – nothing ~*** ¿qué dijo? – no demasiado; ***as ~ as ...*** tanto ... como; ***it may cost as ~ as half a million dollars*** puede que haya malversado hasta medio millón de dólares; ***I thought as ~*** eso es lo que pensaba
muck [mʌk] (*dirt*) suciedad *f*
mu·cus ['mju:kəs] mocos *mpl*, mucosidad *f*
mud [mʌd] barro *m*
mud·dle ['mʌdl] **1** *n* lío *m* **2** *v/t person* liar; ***you've gotten the story all ~d*** te has hecho un lío con la historia
♦ **muddle up** *v/t* desordenar; (*confuse*) liar
mud·dy ['mʌdi] *adj* embarrado
mues·li ['mju:zli] muesli *m*
muf·fin ['mʌfin] magdalena *f*
muf·fle ['mʌfl] *v/t* ahogar, amortiguar
♦ **muffle up** *v/i* abrigarse
muf·fler ['mʌflər] MOT silenciador *m*
mug[1] [mʌg] *for tea, coffee* taza *f*; F (*face*) jeta *f* F, *Span* careto *m* F
mug[2] [mʌg] *v/t* (*pret & pp* **-ged**) (*attack*) atracar
mug·ger ['mʌgər] atracador(a) *m*(*f*)
mug·ging ['mʌgiŋ] atraco *m*
mug·gy ['mʌgi] *adj* bochornoso

mule [mju:l] *animal* mulo(-a) *m*(*f*); (*slipper*) pantufla *f*
♦**mull over** [mʌl] *v/t* reflexionar sobre
mul·ti·lat·e·ral [mʌltɪ'lætərəl] *adj* POL multilateral
mul·ti·lin·gual [mʌltɪ'lɪŋgwəl] *adj* multilingüe
mul·ti·me·di·a [mʌltɪ'mi:dɪə] **1** *n* multimedia *f* **2** *adj* multimedia
mul·ti·na·tion·al [mʌltɪ'næʃnl] **1** *adj* multinacional **2** *n* COM multinacional *f*
mul·ti·ple ['mʌltɪpl] *adj* múltiple
mul·ti·ple 'choice ques·tion pregunta *f* tipo test
mul·ti·ple scle·ro·sis [skle'roʊsɪs] esclerosis *f* múltiple
mul·ti·pli·ca·tion [mʌltɪplɪ'keɪʃn] multiplicación *f*
mul·ti·ply ['mʌltɪplaɪ] **1** *v/t* (*pret & pp* ***-ied***) multiplicar **2** *v/i* (*pret & pp* ***-ied***) multiplicarse
mum·my ['mʌmɪ] *Br* mamá *f*
mum·ble ['mʌmbl] **1** *n* murmullo *m* **2** *v/t* farfullar **3** *v/i* hablar entre dientes
mumps [mʌmps] *nsg* paperas *fpl*
munch [mʌntʃ] *v/t & v/i* mascar
mu·ni·ci·pal [mju:'nɪsɪpl] *adj* municipal
mu·ral ['mjʊrəl] mural *m*
mur·der ['mɜ:rdər] **1** *n* asesinato *m* **2** *v/t person* asesinar, matar; *song* destrozar
mur·der·er ['mɜ:rdərər] asesino(-a) *m*(*f*)
mur·der·ous ['mɜ:rdrəs] *adj rage, look* asesino
murk·y ['mɜ:rkɪ] *adj water* turbio, oscuro; *fig* turbio
mur·mur ['mɜ:rmər] **1** *n* murmullo *m* **2** *v/t* murmurar
mus·cle ['mʌsl] músculo *m*
mus·cu·lar ['mʌskjʊlər] *adj pain, strain* muscular; *person* musculoso
muse [mju:z] *v/i* meditar, reflexionar (***on*** sobre)
mu·se·um [mju:'zɪəm] museo *m*
mush·room ['mʌʃrʊm] **1** *n* seta *f*, hongo *m*; (*button* ~) champiñón *m* **2** *v/i* crecer rápidamente
mu·sic ['mju:zɪk] música *f*; *in written form* partitura *f*
mu·sic·al ['mju:zɪkl] **1** *adj* musical; *person* con talento para la música **2** *n* musical *m*
'mu·sic(·al) box caja *f* de música
mu·sic·al 'in·stru·ment instrumento *m* musical
mu·si·cian [mju:'zɪʃn] músico(-a) *m*(*f*)
mus·sel ['mʌsl] mejillón *m*
must [mʌst] *v/aux* ◊ *necessity* tener que, deber; ***I ~ be on time*** tengo que *or* debo llegar a la hora; ***do you have to leave now? yes, I ~*** ¿tienes que marcharte ahora? – sí, debo marcharme; ***I ~n't be late*** no tengo que llegar tarde, no debo llegar tarde ◊ *probability* deber de; ***it ~ be about 6 o'clock*** deben de ser las seis; ***they ~ have arrived by now*** ya deben de haber llegado
mus·tache [mə'stæʃ] bigote *m*
mus·tard ['mʌstərd] mostaza *f*
must·y ['mʌstɪ] *adj room* que huele a humedad; *smell* a humedad
mute [mju:t] *adj animal* mudo
mut·ed ['mju:tɪd] *adj color* apagado; *criticism* débil
mu·ti·late ['mju:tɪleɪt] *v/t* mutilar
mu·ti·ny ['mju:tɪnɪ] **1** *n* motín *m* **2** *v/i* (*pret & pp* ***-ied***) amotinarse
mut·ter ['mʌtər] *v/t & v/i* murmurar
mut·ton ['mʌtn] carnero *m*
mu·tu·al ['mju:tʃʊəl] *adj* mutuo
muz·zle ['mʌzl] **1** *n of animal* hocico *m*; *for dog* bozal *m* **2** *v/t* poner un bozal a; ***~ the press*** amordazar a la prensa
my [maɪ] *adj* mi; ***~ house*** mi casa; ***~ parents*** mis padres
my·op·ic [maɪ'ɑ:pɪk] *adj* miope
my·self [maɪ'self] *pron reflexive* me; *emphatic* yo mismo(-a); ***when I saw ~ in the mirror*** cuando me vi en el espejo; ***I saw it ~*** lo vi yo mismo; ***by ~*** (*alone*) solo; (*without help*) yo solo, yo mismo
mys·te·ri·ous [mɪ'stɪrɪəs] *adj* misterioso

mys•te•ri•ous•ly [mɪ'stɪrɪəslɪ] *adv* misteriosamente
mys•te•ry ['mɪstərɪ] misterio *m*; ~ (***story***) relato *m* de misterio
mys•ti•fy ['mɪstɪfaɪ] *v/t* (*pret & pp* ***-ied***) dejar perplejo
myth [mɪθ] *also fig* mito *m*
myth•i•cal ['mɪθɪkl] *adj* mítico
my•thol•o•gy [mɪ'θɑːlədʒɪ] mitología *f*

N

nab [næb] *v/t* (*pret & pp* ***-bed***) F (*take for o.s.*) pescar F, agarrar
nag [næg] **1** *v/i* (*pret & pp* ***-ged***) *of person* dar la lata **2** *v/t* (*pret & pp* ***-ged***): ***~ s.o. to do sth*** dar la lata a alguien para que haga algo
nag•ging ['nægɪŋ] *adj person* quejica; *doubt* persistente; *pain* continuo
nail [neɪl] *for wood* clavo *m*; *on finger, toe* uña *f*
'**nail clip•pers** *npl* cortaúñas *m inv*; '**nail file** lima *f* de uñas; '**nail pol•ish** esmalte *m* de uñas; '**nail pol•ish re•mov•er** quitaesmaltes *m inv*; '**nail scis•sors** *npl* tijeras *fpl* de manicura; '**nail var•nish** esmalte *m* de uñas
na•ive [naɪ'iːv] *adj* ingenuo
naked ['neɪkɪd] *adj* desnudo; ***to the ~ eye*** a simple vista
name [neɪm] **1** *n* nombre *m*; ***what's your ~?*** ¿cómo te llamas?; ***call s.o. ~s*** insultar a alguien; ***make a ~ for o.s.*** hacerse un nombre **2** *v/t*: ***they ~d him Ben*** le llamaron Ben
♦ **name for** *v/t*: ***name s.o. for s.o.*** poner a alguien el nombre de alguien
name•ly ['neɪmlɪ] *adv* a saber
'**name•sake** tocayo(-a) *m*(*f*), homónimo(-a) *m*(*f*)
'**name•tag** *on clothing etc* etiqueta *f*
nan•ny ['nænɪ] niñera *f*
nap [næp] *n* cabezada *f*; ***have a ~*** echar una cabezada
nape [neɪp]: ***~ of the neck*** nuca *f*
nap•kin ['næpkɪn] (*table ~*) servilleta *f*; (*sanitary ~*) compresa *f*
nar•cot•ic [nɑːr'kɑːtɪk] *n* narcótico *m*, estupefaciente *m*
nar'cot•ics a•gent agente *m/f* de la brigada de estupefacientes
nar•rate [nə'reɪt] *v/t* narrar
nar•ra•tion [nə'reɪʃn] (*telling*) narración *f*
nar•ra•tive ['nærətɪv] **1** *n* (*story*) narración *f* **2** *adj poem, style* narrativo
nar•ra•tor [nə'reɪtər] narrador(a) *m*(*f*)
nar•row ['næroʊ] *adj street, bed, victory* estrecho; *views, mind* cerrado
nar•row•ly ['næroʊlɪ] *adv win* por poco; ***~ escape sth*** escapar por poco de algo
nar•row-mind•ed [næroʊ'maɪndɪd] *adj* cerrado
na•sal ['neɪzl] *adj voice* nasal
nas•ty ['næstɪ] *adj person, smell* desagradable, asqueroso; *thing to say* malintencionado; *weather* horrible; *cut, wound* feo; *disease* serio
na•tion ['neɪʃn] nación *f*
na•tion•al ['næʃənl] **1** *adj* nacional **2** *n* ciudadano(-a) *m*(*f*)
na•tion•al 'an•them himno *m* nacional
na•tion•al 'debt deuda *f* pública
na•tion•al•ism ['næʃənəlɪzm] nacionalismo *m*
na•tion•al•i•ty [næʃə'nælətɪ] nacionalidad *f*
na•tion•al•ize ['næʃənəlaɪz] *v/t industry etc* nacionalizar
na•tion•al 'park parque *m* nacional
na•tive ['neɪtɪv] **1** *adj* nativo; ~

tongue lengua *f* materna **2** *n* nativo(-a) *m*(*f*), natural *m*/*f*; *tribesman* nativo(-a) *m*(*f*), indígena *m*/*f*; ***he's a ~ of New York*** es natural de Nueva York

na·tive 'coun·try país *m* natal

na·tive 'speak·er hablante *m*/*f* nativo(-a)

NATO ['neɪtoʊ] *abbr* (= ***North Atlantic Treaty Organization***) OTAN *f* (= Organización *f* del Tratado del Atlántico Norte)

nat·u·ral ['nætʃrəl] *adj* natural

nat·u·ral 'gas gas *m* natural

nat·u·ral·ist ['nætʃrəlɪst] naturalista *m*/*f*

nat·u·ral·ize ['nætʃrəlaɪz] *v/t*: ***become ~d*** naturalizarse, nacionalizarse

nat·u·ral·ly ['nætʃərəlɪ] *adv* (*of course*) naturalmente; *behave*, *speak* con naturalidad; (*by nature*) por naturaleza

nat·u·ral 'sci·ence ciencias *fpl* naturales

nat·u·ral 'sci·en·tist experto(-a) *m*(*f*) en ciencias naturales

na·ture ['neɪtʃər] naturaleza *f*

na·ture re'serve reserva *f* natural

naugh·ty ['nɒːtɪ] *adj* travieso, malo; *photograph*, *word etc* picante

nau·se·a ['nɒːzɪə] náusea *f*

nau·se·ate ['nɒːzɪeɪt] *v/t* (*disgust*) dar náuseas a

nau·se·at·ing ['nɒːzɪeɪtɪŋ] *adj smell*, *taste* nauseabundo; *person* repugnante

nau·seous ['nɒːʃəs] *adj* nauseabundo; ***feel ~*** tener náuseas

nau·ti·cal ['nɒːtɪkl] *adj* náutico

'nau·ti·cal mile milla *f* náutica

na·val ['neɪvl] *adj* naval

'na·val base base *f* naval

na·vel ['neɪvl] ombligo *m*

nav·i·ga·ble ['nævɪgəbl] *adj river* navegable

nav·i·gate ['nævɪgeɪt] *v/i in ship*, *airplane*, COMPUT navegar; *in car* hacer de copiloto

nav·i·ga·tion [nævɪ'geɪʃn] navegación *f*; *in car* direcciónes *fpl*

nav·i·ga·tor ['nævɪgeɪtər] *on ship* oficial *m* de derrota; *in airplane* navegante *m*/*f*; *in car* copiloto *m*/*f*

na·vy ['neɪvɪ] armada *f*, marina *f* (de guerra)

na·vy 'blue 1 *n* azul *m* marino **2** *adj* azul marino

near [nɪr] **1** *adv* cerca; ***come a bit ~er*** acércate un poco más **2** *prep* cerca de; ***~ the bank*** cerca del banco; ***do you go ~ the bank?*** ¿pasa cerca del banco? **3** *adj* cercano, próximo; ***the ~est bus stop*** la parada de autobús más cercana *or* próxima; ***in the ~ future*** en un futuro próximo

near·by [nɪr'baɪ] *adv live* cerca

near·ly ['nɪrlɪ] *adv* casi

near-sight·ed [nɪr'saɪtɪd] *adj* miope

neat [niːt] *adj* ordenado; *whiskey* solo, seco; *solution* ingenioso; F (*terrific*) genial F, estupendo F

ne·ces·sar·i·ly ['nesəserəlɪ] *adv* necesariamente

ne·ces·sa·ry ['nesəserɪ] *adj* necesario, preciso; ***it is ~ to …*** es necesario …, hay que …

ne·ces·si·tate [nɪ'sesɪteɪt] *v/t* exigir, hacer necesario

ne·ces·si·ty [nɪ'sesɪtɪ] (*being necessary*) necesidad *f*; (*something necessary*) necesidad *f*, requisito *m* imprescindible

neck [nek] *n* cuello *m*

neck·lace ['neklɪs] collar *m*; **'neck·line** *of dress* escote *m*; **'neck·tie** corbata *f*

née [neɪ] *adj* de soltera

need [niːd] **1** *n* necesidad *f*; ***if ~ be*** si fuera necesario; ***in ~*** necesitado; ***be in ~ of sth*** necesitar algo; ***there's no ~ to be rude / upset*** no hace falta ser grosero / que te enfades **2** *v/t* necesitar; ***you'll ~ to buy one*** tendrás que comprar uno; ***you don't ~ to wait*** no hace falta que esperes; ***I ~ to talk to you*** tengo que *or* necesito hablar contigo; ***~ I say more?*** ¿hace falta que añada algo?

nee·dle ['niːdl] *for sewing*, *injection*, *on dial* aguja *f*

'nee·dle·work costura *f*

N

need·y ['ni:dɪ] *adj* necesitado
neg·a·tive ['negətɪv] *adj* negativo; ***answer in the ~*** dar una respuesta negativa
ne·glect [nɪ'glekt] **1** *n* abandono *m*, descuido *m* **2** *v/t garden*, *one's health* descuidar, desatender; ***~ to do sth*** no hacer algo
ne·glect·ed [nɪ'glektɪd] *adj garden* abandonado, descuidado; *author* olvidado; ***feel ~*** sentirse abandonado
neg·li·gence ['neglɪdʒəns] negligencia *f*
neg·li·gent ['neglɪdʒənt] *adj* negligente
neg·li·gi·ble ['neglɪdʒəbl] *adj quantity*, *amount* insignificante
ne·go·ti·a·ble [nɪ'goʊʃəbl] *adj salary*, *contract* negociable
ne·go·ti·ate [nɪ'goʊʃɪeɪt] **1** *v/i* negociar **2** *v/t deal*, *settlement* negociar; *obstacles* franquear, salvar; *bend in road* tomar
ne·go·ti·a·tion [nɪgoʊʃɪ'eɪʃn] negociación *f*; ***be under ~*** estar siendo negociado
ne·go·ti·a·tor [nɪ'goʊʃɪeɪtər] negociador(a) *m*(*f*)
Ne·gro ['ni:groʊ] negro(-a) *m*(*f*)
neigh [neɪ] *v/i* relinchar
neigh·bor ['neɪbər] vecino(-a) *m*(*f*)
neigh·bor·hood ['neɪbərhʊd] *in town* vecindario *m*, barrio *m*; ***in the ~ of ...*** *fig* alrededor de ...
neigh·bor·ing ['neɪbərɪŋ] *adj house*, *state* vecino, colindante
neigh·bor·ly ['neɪbərlɪ] *adj* amable
neigh·bour *etc Br* → ***neighbor*** *etc*
nei·ther ['ni:ðər] **1** *adj* ninguno; ***~ applicant was any good*** ninguno de los candidatos era bueno **2** *pron* ninguno(-a) *m*(*f*) **3** *adv*: ***~ ... nor ...*** ni ... ni ... **4** *conj*: ***~ do I*** yo tampoco; ***~ can I*** yo tampoco
ne·on light ['ni:ɑ:n] luz *f* de neón
neph·ew ['nefju:] sobrino *m*
nerd [nɜ:rd] F petardo(-a) *m*(*f*) F
nerve [nɜ:rv] nervio *m*; (*courage*) valor *m*; (*impudence*) descaro *m*; ***it's bad for my ~s*** me pone de los nervios; ***get on s.o.'s ~s*** sacar de quicio a alguien
nerve-rack·ing ['nɜ:rvrækɪŋ] *adj* angustioso, exasperante
ner·vous ['nɜ:rvəs] *adj person* nervioso, inquieto; *twitch* nervioso; ***I'm ~ about meeting them*** la reunión con ellos me pone muy nervioso
ner·vous 'break·down crisis *f inv* nerviosa
ner·vous 'en·er·gy energía *f*
ner·vous·ness ['nɜ:rvəsnɪs] nerviosismo *m*
ner·vous 'wreck manojo *m* de nervios
nerv·y ['nɜ:rvɪ] *adj* (*fresh*) descarado
nest [nest] *n* nido *m*
nes·tle ['nesl] *v/i* acomodarse
net[1] [net] *for fishing*, *tennis* red *f*
net[2] [net] *adj price*, *weight* neto
net 'cur·tain visillo *m*
net 'pro·fit beneficio *m* neto
net·tle ['netl] *n* ortiga *f*
'net·work *of contacts*, *cells*, COMPUT red *f*
neu·rol·o·gist [nu:'rɑ:lədʒɪst] neurólogo(-a) *m*(*f*)
neu·ro·sis [nu:'roʊsɪs] neurosis *f inv*
neu·rot·ic [nu:'rɑ:tɪk] *adj* neurótico
neu·ter ['nu:tər] *v/t animal* castrar
neu·tral ['nu:trl] **1** *adj country* neutral; *color* neutro **2** *n gear* punto *m* muerto; ***in ~*** en punto muerto
neu·tral·i·ty [nu:'trælətɪ] neutralidad *f*
neu·tral·ize ['nu:trəlaɪz] *v/t* neutralizar
nev·er ['nevər] *adv* nunca; ***you're ~ going to believe this*** no te vas a creer esto; ***you ~ promised, did you?*** no lo llegaste a prometer, ¿verdad?
nev·er-'end·ing *adj* interminable
nev·er·the·less [nevərðə'les] *adv* sin embargo, no obstante
new [nu:] *adj* nuevo; ***this system is still ~ to me*** todavía no me he hecho con este sistema; ***I'm ~ to the job*** soy nuevo en el trabajo; ***that's nothing ~*** no es nada nuevo
'new·born *adj* recién nacido
new·com·er ['nu:kʌmər] recién

N

llegado(-a) *m*(*f*)
new·ly ['nu:lɪ] *adv* (*recently*) recientemente, recién
new·ly-weds [wedz] *npl* recién casados *mpl*
new 'moon luna *f* nueva
news [nu:z] *nsg also* RAD noticias *fpl*; *on TV* noticias *fpl*, telediario *m*; ***that's ~ to me*** no sabía eso
'news a·gen·cy agencia *f* de noticias; **'news·cast** TV noticias *fpl*, telediario *m*; *on radio* noticias *fpl*; **'news·cast·er** TV presentador(a) *m*(*f*) de informativos; **'news·deal·er** quiosquero(-a) *m*(*f*); **'news flash** flash *m* informativo, noticia *f* de última hora; **'news·pa·per** periódico *m*; **'news·read·er** TV *etc* presentador(a) *m*(*f*) de informativos; **'news re·port** reportaje *m*; **'news·stand** quiosco *m*; **'news·ven·dor** vendedor(a) *m*(*f*) de periódicos
'New Year año *m* nuevo; ***Happy ~!*** ¡Feliz Año Nuevo!; **New Year's 'Day** Día *m* de Año Nuevo; **New Year's 'Eve** Nochevieja *f*; **New York** [jɔ:rk] **1** *adj* neoyorquino **2** *n*: ~ ***(City)*** Nueva York; **New York·er** ['jɔ:rkər] *n* neoyorquino(-a) *m*(*f*); **New Zea·land** ['zi:lənd] Nueva Zelanda; **New Zea·land·er** ['zi:ləndər] neozelandés(-esa) *m*(*f*), neocelandés(-esa) *m*(*f*)
next [nekst] **1** *adj in time* próximo, siguiente; *in space* siguiente, de al lado; ***~ week*** la próxima semana, la semana que viene; ***the ~ week he came back again*** volvió a la semana siguiente; ***who's ~?*** ¿quién es el siguiente? **2** *adv* luego, después; ***~, we're going to study ...*** a continuación, vamos a estudiar ...; ***~ to*** (*beside*) al lado de; (*in comparison with*) en comparación con
next-'door 1 *adj neighbor* de al lado **2** *adv live* al lado
next of 'kin pariente *m* más cercano
nib·ble ['nɪbl] *v/t* mordisquear
Nic·a·ra·gua [nɪkə'rɑ:gwə] Nicaragua
Nic·a·ra·guan [nɪkə'rɑ:gwən] **1** *adj* nicaragüense **2** *n* nicaragüense *m/f*
nice [naɪs] *adj trip*, *house*, *hair* bonito, *L.Am.* lindo; *person* agradable, simpático; *weather* bueno, agradable; *meal*, *food* bueno, rico; ***be ~ to your sister!*** ¡trata bien a tu hermana!; ***that's very ~ of you*** es muy amable de tu parte
nice·ly ['naɪslɪ] *adv written*, *presented* bien; (*pleasantly*) amablemente
nice·ties ['naɪsətɪz] *npl* sutilezas *fpl*, refinamientos *mpl*; ***social ~*** cumplidos *mpl*
niche [ni:ʃ] *in market* hueco *m*, nicho *m*; (*special position*) hueco *m*
nick [nɪk] *n* (*cut*) muesca *f*, mella *f*; ***in the ~ of time*** justo a tiempo
nick·el ['nɪkl] níquel *m*; (*coin*) *moneda de cinco centavos*
'nick·name *n* apodo *m*, mote *m*
niece [ni:s] sobrina *f*
nig·gard·ly ['nɪgərdlɪ] *adj amount*, *person* mísero
night [naɪt] noche *f*; ***tomorrow ~*** mañana por la noche; ***11 o'clock at ~*** las 11 de la noche; ***travel by ~*** viajar de noche; ***during the ~*** por la noche; ***stay the ~*** quedarse a dormir; ***a room for 2 ~s*** una habitación para 2 noches; ***work ~s*** trabajar de noche; ***good ~*** buenas noches; ***in the middle of the ~*** en mitad de la noche
'night·cap *drink* copa *f* (*tomada antes de ir a dormir*); **'night·club** club *m* nocturno, discoteca *f*; **'night·dress** camisón *m*; **'night·fall**: ***at ~*** al anochecer; **'night flight** vuelo *m* nocturno; **'night·gown** camisón *m*
nigh·tin·gale ['naɪtɪŋgeɪl] ruiseñor *m*
'night·life vida *f* nocturna
night·ly ['naɪtlɪ] **1** *adj*: ***a ~ event*** algo que sucede todas las noches **2** *adv* todas las noches
'night·mare *also fig* pesadilla *f*; **'night por·ter** portero *m* de noche; **'night school** escuela *f* nocturna; **'night shift** turno *m* de noche; **'night·shirt** camisa *f* de dormir;

'night·spot local *m* nocturno; **'night·time**: ***at ~***, ***in the ~*** por la noche
nil [nɪl] *Br* cero
nim·ble ['nɪmbl] *adj* ágil
nine [naɪn] nueve
nine·teen [naɪn'ti:n] diecinueve
nine·teenth [naɪn'ti:nθ] *n & adj* decimonoveno
nine·ti·eth ['naɪntɪɪθ] *n & adj* nonagésimo
nine·ty ['naɪntɪ] noventa
ninth [naɪnθ] *n & adj* noveno
nip [nɪp] *n* (*pinch*) pellizco *m*; (*bite*) mordisco *m*
nip·ple ['nɪpl] pezón *m*
ni·tro·gen ['naɪtrədʒn] nitrógeno *m*
no [noʊ] **1** *adv* no **2** *adj*: ***there's ~ coffee / tea left*** no queda café / té; ***I have ~ family / money*** no tengo familia / dinero; ***I'm ~ linguist / expert*** no soy un lingüista / experto; ***~ smoking / parking*** prohibido fumar / aparcar
no·bil·i·ty [noʊ'bɪlətɪ] nobleza *f*
no·ble ['noʊbl] *adj* noble
no·bod·y ['noʊbədɪ] *pron* nadie; ***~ knows*** nadie lo sabe; ***there was ~ at home*** no había nadie en casa
nod [nɑ:d] **1** *n* movimiento *m* de la cabeza **2** *v/i* (*pret & pp* ***-ded***) asentir con la cabeza
◆**nod off** *v/i* (*fall asleep*) quedarse dormido
no-hop·er [noʊ'hoʊpər] F inútil *m/f* F
noise [nɔɪz] ruido *m*
nois·y ['nɔɪzɪ] *adj* ruidoso
nom·i·nal ['nɑ:mɪnl] *adj amount* simbólico
nom·i·nate ['nɑ:mɪneɪt] *v/t* (*appoint*) nombrar; ***~ s.o. for a post*** (*propose*) proponer a alguien para un puesto
nom·i·na·tion [nɑ:mɪ'neɪʃn] (*appointment*) nombramiento *m*; (*proposal*) nominación *f*; ***who was your ~?*** ¿a quién propusiste?
nom·i·nee [nɑ:mɪ'ni:] candidato(-a) *m*(*f*)
non ... [nɑ:n] no ...
non·al·co'hol·ic *adj* sin alcohol
non·a'ligned *adj* no alineado
non·cha·lant ['nɑ:nʃəlɑ:nt] *adj* despreocupado
non·com·mis·sioned 'of·fi·cer suboficial *m/f*
non·com'mit·tal *adj person, response* evasivo
non·de·script ['nɑ:ndɪskrɪpt] *adj* anodino
none [nʌn] *pron*: ***~ of the students*** ninguno de los estudiantes; ***~ of the water*** nada del agua; ***there are ~ left*** no queda ninguno; ***there is ~ left*** no queda nada
non'en·ti·ty nulidad *f*
none·the·less [nʌnðə'les] *adv* sin embargo, no obstante
non·ex'ist·ent *adj* inexistente
non'fic·tion no ficción *f*
non·(in)'flam·ma·ble *adj* incombustible, no inflamable
non·in·ter'fer·ence, non·in·ter'ven·tion no intervención *f*
non-'i·ron *adj shirt* que no necesita plancha
'no-no: ***that's a ~*** F de eso nada
no-'non·sense *adj approach* directo
non'pay·ment impago *m*
non·pol'lut·ing *adj* que no contamina
non'res·i·dent *n* no residente *m/f*
non·re·turn·a·ble [nɑ:nrɪ'tɜ:rnəbl] *adj* no retornable
non·sense ['nɑ:nsəns] disparate *m*, tontería *f*; ***don't talk ~*** no digas disparates *or* tonterías; ***~, it's easy!*** tonterías, ¡es fácil!
non'skid *adj tires* antideslizante
non'slip *adj surface* antideslizante
non'smok·er *person* no fumador(a) *m*(*f*)
non'stand·ard *adj* no estándar
non'stick *adj pans* antiadherente
non'stop 1 *adj flight, train* directo, sin escalas; *chatter* ininterrumpido **2** *adv fly, travel* directamente; *chatter, argue* sin parar
non'swim·mer: ***be a ~*** no saber nadar
non'u·nion *adj* no sindicado
non'vi·o·lence no violencia *f*
non'vi·o·lent *adj* no violento

noo·dles ['nuːdlz] *npl* tallarines *mpl* (chinos)
nook [nʊk] rincón *m*
noon [nuːn] mediodía *m*; ***at ~*** al mediodía
noose [nuːs] lazo *m* corredizo
nor [nɔːr] *conj* ni; ***~ do I*** yo tampoco, ni yo
norm [nɔːrm] norma *f*
nor·mal ['nɔːrml] *adj* normal
nor·mal·i·ty [nɔːr'mælətɪ] normalidad *f*
nor·mal·ize ['nɔːrməlaɪz] *v/t relationships* normalizar
nor·mal·ly ['nɔːrməlɪ] *adv* (*usually*) normalmente; (*in a normal way*) normalmente, con normalidad
north [nɔːrθ] **1** *n* norte *m*; ***to the ~ of*** al norte de **2** *adj* norte **3** *adv travel* al norte; ***~ of*** al norte de
North Am'er·i·ca América del Norte, Norteamérica; **North Am'er·i·can 1** *n* norteamericano(-a) *m*(*f*) **2** *adj* norteamericano; **north'east** *n* nordeste *m*, noreste *m*
nor·ther·ly ['nɔːrðəlɪ] *adj* norte, del norte
nor·thern ['nɔːrðən] norteño, del norte
nor·thern·er ['nɔːrðənər] norteño(-a) *m*(*f*)
North Ko're·a Corea del Norte; **North Ko're·an 1** *adj* norcoreano **2** *n* norcoreano(-a) *m*(*f*); **North 'Pole** Polo *m* Norte
north·ward ['nɔːrðwərd] *adv travel* hacia el norte
north·west [nɔːrð'west] *n* noroeste *m*
Nor·way ['nɔːrweɪ] Noruega
Nor·we·gian [nɔːr'wiːdʒn] **1** *adj* noruego **2** *n person* noruego(-a) *m*(*f*); *language* noruego *m*
nose [noʊz] nariz *m*; *of animal* hocico *m*; ***it was right under my ~!*** ¡lo tenía delante de mis narices!
♦ **nose around** *v/i* F husmear
'**nose·bleed**: ***have a ~*** sangrar por la nariz
nos·tal·gia [nɑː'stældʒɪə] nostalgia *f*
nos·tal·gic [nɑː'stældʒɪk] *adj* nostálgico
nos·tril ['nɑːstrəl] ventana *f* de la nariz
nos·y ['noʊzɪ] *adj* F entrometido
not [nɑːt] *adv* no; ***~ this one, that one*** éste no, ése; ***~ now*** ahora no; ***~ there*** no allí; ***~ like that*** así no; ***~ before Tuesday / next week*** no antes del martes / de la próxima semana; ***~ for me, thanks*** para mí no, gracias; ***~ a lot*** no mucho; ***it's ~ ready / allowed*** no está listo / permitido; ***I don't know*** no lo sé; ***he didn't help*** no ayudó
no·ta·ble ['noʊtəbl] *adj* notable
no·ta·ry ['noʊtərɪ] notario(-a) *m*(*f*)
notch [nɑːtʃ] *n* muesca *f*, mella *f*
note [noʊt] *n written*, MUS nota *f*; ***take ~s*** tomar notas; ***take ~ of sth*** prestar atención a algo
♦ **note down** *v/t* anotar
'**note·book** cuaderno *m*, libreta *f*; COMPUT *Span* ordenador *m* portátil, *L.Am.* computadora *f* portátil
not·ed ['noʊtɪd] *adj* destacado
'**note·pad** bloc *m* de notas
'**note·pa·per** papel *m* de carta
noth·ing ['nʌθɪŋ] *pron* nada; ***~ but*** sólo; ***~ much*** no mucho; ***for ~*** (*for free*) gratis; (*for no reason*) por nada; ***I'd like ~ better*** me encantaría
no·tice ['noʊtɪs] **1** *n on bulletin board, in street* cartel *m*, letrero *m*; (*advance warning*) aviso *m*; *in newspaper* anuncio *m*; ***at short ~*** con poca antelación; ***until further ~*** hasta nuevo aviso; ***give s.o. his / her ~*** *to quit job* despedir a alguien; *to leave house* comunicar a alguien que tiene que abandonar la casa; ***hand in one's ~*** *to employer* presentar la dimisión; ***four weeks' ~*** cuatro semanas de preaviso; ***take ~ of sth*** observar algo, prestar atención a algo; ***take no ~ of s.o. / sth*** no hacer caso de alguien / algo **2** *v/t* notar, fijarse en
no·tice·a·ble ['noʊtɪsəbl] *adj* apreciable, evidente
no·ti·fy ['noʊtɪfaɪ] *v/t* (*pret & pp -ied*) notificar, informar
no·tion ['noʊʃn] noción *f*, idea *f*

no·tions ['noʊsnz] *npl* artículos *mpl* de costura
no·to·ri·ous [noʊ'tɔːrɪəs] *adj* de mala fama
nou·gat ['nuːgət] *especie de turrón*
noun [naʊn] nombre *m*, sustantivo *m*
nou·rish·ing ['nʌrɪʃɪŋ] *adj* nutritivo
nou·rish·ment ['nʌrɪʃmənt] alimento *m*, alimentación *f*
nov·el ['nɑːvl] *n* novela *f*
nov·el·ist ['nɑːvlɪst] novelista *m/f*
no·vel·ty ['nɑːvəltɪ] (*being new*) lo novedoso; (*sth new*) novedad *f*
No·vem·ber [noʊ'vembər] noviembre *m*
nov·ice ['nɑːvɪs] principiante *m/f*
now [naʊ] *adv* ahora; ***~ and again, ~ and then*** de vez en cuando; ***by ~*** ya; ***from ~ on*** de ahora en adelante; ***right ~*** ahora mismo; ***just ~*** (*at this moment*) en este momento; (*a little while ago*) hace un momento; ***~, ~!*** ¡vamos!, ¡venga!; ***~, where did I put it?*** ¿y ahora dónde lo he puesto?
now·a·days ['naʊədeɪz] *adv* hoy en día
no·where ['noʊwer] *adv* en ningún lugar; ***it's ~ near finished*** no está acabado ni mucho menos; ***he was ~ to be seen*** no se le veía en ninguna parte
noz·zle ['nɑːzl] boquilla *f*
nu·cle·ar ['nuːklɪər] *adj* nuclear
nu·cle·ar 'en·er·gy energía *f* nuclear; **nu·cle·ar fis·sion** ['fɪʃn] fisión *f* nuclear; **'nu·cle·ar-free** *adj* desnuclearizado; **nu·cle·ar 'phys·ics** física *f* nuclear; **nu·cle·ar 'pow·er** energía *f* nuclear; POL potencia *f* nuclear; **nu·cle·ar 'pow·er sta·tion** central *f* nuclear; **nu·cle·ar re'ac·tor** reactor *m* nuclear; **nu·cle·ar 'waste** residuos *mpl* nucleares; **nu·cle·ar 'weap·on** arma *f* nuclear
nude [nuːd] **1** *adj* desnudo **2** *n painting* desnudo *m*; ***in the ~*** desnudo
nudge [nʌdʒ] *v/t* dar un toque con el codo a
nud·ist ['nuːdɪst] *n* nudista *m/f*
nui·sance ['nuːsns] incordio *m*, molestia *f*; ***make a ~ of o.s.*** dar la lata; ***what a ~!*** ¡qué incordio!
nuke [nuːk] *v/t* F atacar con armas nucleares
null and 'void [nʌl] *adj* nulo y sin efecto
numb [nʌm] *adj* entumecido; *emotionally* insensible
num·ber ['nʌmbər] **1** *n* número *m*; ***a ~ of people*** un cierto número de personas **2** *v/t* (*put a ~ on*) numerar
numeral ['nuːmərəl] número *m*
nu·me·rate ['nuːmərət] *adj* que sabe sumar y restar
nu·me·rous ['nuːmərəs] *adj* numeroso
nun [nʌn] monja *f*
nurse [nɜːrs] enfermero(-a) *m*(*f*)
nur·se·ry ['nɜːrsərɪ] guardería *f*; *for plants* vivero *m*
'nur·se·ry rhyme canción *f* infantil; **'nur·se·ry school** parvulario *m*, jardín *m* de infancia; **'nur·se·ry school teach·er** profesor(a) *m*(*f*) de parvulario
nurs·ing ['nɜːrsɪŋ] enfermería *f*
'nurs·ing home *for old people* residencia *f*
nut [nʌt] nuez *f*; *for bolt* tuerca *f*; ***~s*** F (*testicles*) pelotas *fpl* F
'nut·crack·ers *npl* cascanueces *m inv*
nu·tri·ent ['nuːtrɪənt] nutriente *m*
nu·tri·tion [nuː'trɪʃn] nutrición *f*
nu·tri·tious [nuː'trɪʃəs] *adj* nutritivo
nuts [nʌts] *adj* F (*crazy*) chalado F, pirado F; ***be ~ about s.o.*** estar coladito por alguien F
'nut·shell: ***in a ~*** en una palabra
nut·ty ['nʌtɪ] *adj taste* a nuez; F (*crazy*) chalado F, pirado F
ny·lon ['naɪlɑːn] **1** *n* nylon *m* **2** *adj* de nylon

N

O

oak [oʊk] *tree, wood* roble *m*
oar [ɔːr] remo *m*
o·a·sis [oʊ'eɪsɪs] (*pl* ***oases*** [oʊ'eɪsiːz]) *also fig* oasis *m inv*
oath [oʊθ] LAW, (*swearword*) juramento *m*; ***on ~*** bajo juramento
'oat·meal harina *f* de avena
oats [oʊts] *npl* copos *mpl* de avena
o·be·di·ence [oʊ'biːdɪəns] obediencia *f*
o·be·di·ent [oʊ'biːdɪənt] *adj* obediente
o·be·di·ent·ly [oʊ'biːdɪəntlɪ] *adv* obedientemente
o·bese [oʊ'biːs] *adj* obeso
o·bes·i·ty [oʊ'biːsɪtɪ] obesidad *f*
o·bey [oʊ'beɪ] *v/t* obedecer
o·bit·u·a·ry [ə'bɪtʊerɪ] *n* necrología *f*, obituario *m*
ob·ject[1] ['ɑːbdʒɪkt] *n also* GRAM objeto *m*; (*aim*) objetivo *m*
ob·ject[2] [əb'dʒekt] *v/i* oponerse
♦ **object to** *v/t* oponerse a
ob·jec·tion [əb'dʒekʃn] objeción *f*
ob·jec·tio·na·ble [əb'dʒekʃnəbl] *adj* (*unpleasant*) desagradable
ob·jec·tive [əb'dʒektɪv] **1** *adj* objetivo **2** *n* objetivo *m*
ob·jec·tive·ly [əb'dʒektɪvlɪ] *adv* objetivamente
ob·jec·tiv·i·ty [əb'dʒektɪvətɪ] objetividad *f*
ob·li·ga·tion [ɑːblɪ'geɪʃn] obligación *f*; ***be under an ~ to s.o.*** tener una obligación para con alguien
ob·lig·a·to·ry [ə'blɪgətɔːrɪ] *adj* obligatorio
o·blige [ə'blaɪdʒ] *v/t* obligar; ***much ~d!*** muy agradecido
o·blig·ing [ə'blaɪdʒɪŋ] *adj* atento, servicial
o·blique [ə'bliːk] **1** *adj reference* indirecto **2** *n in punctuation* barra *f* inclinada
o·blit·er·ate [ə'blɪtəreɪt] *v/t city* destruir, arrasar; *memory* borrar
o·bliv·i·on [ə'blɪvɪən] olvido *m*; ***fall into ~*** caer en el olvido
o·bliv·i·ous [ə'blɪvɪəs] *adj*: ***be ~ of sth*** no ser consciente de algo
ob·long ['ɑːblɒːŋ] *adj* rectangular
ob·nox·ious [əb'nɑːkʃəs] *adj person* detestable, odioso; *smell* repugnante
ob·scene [ɑːb'siːn] *adj* obsceno; *salary, poverty* escandaloso
ob·scen·i·ty [əb'senətɪ] obscenidad *f*
ob·scure [əb'skjʊr] *adj* oscuro
ob·scu·ri·ty [əb'skjʊrətɪ] oscuridad *f*
ob·ser·vance [əb'zɜːrvns] *of festival* práctica *f*
ob·ser·vant [əb'zɜːrvnt] *adj* observador
ob·ser·va·tion [ɑːbzə'veɪʃn] *of nature, stars* observación *f*; (*comment*) observación *f*, comentario *m*
ob·ser·va·to·ry [əb'zɜːrvətɔːrɪ] observatorio *m*
ob·serve [əb'zɜːrv] *v/t* observar
ob·serv·er [əb'zɜːrvər] observador(a) *m*(*f*)
ob·sess [ɑːb'ses] *v/t* obsesionar; ***be ~ed by / with*** estar obsesionado con / por
ob·ses·sion [ɑːb'seʃn] obsesión *f*
ob·ses·sive [ɑːb'sesɪv] *adj* obsesivo
ob·so·lete ['ɑːbsəliːt] *adj* obsoleto
ob·sta·cle ['ɑːbstəkl] obstáculo *m*
ob·ste·tri·cian [ɑːbstə'trɪʃn] obstetra *m/f*, tocólogo(-a) *m*(*f*)
ob·stet·rics [ɑːb'stetrɪks] obstetricia *f*, tocología *f*
ob·sti·na·cy ['ɑːbstɪnəsɪ] obstinación *f*
ob·sti·nate ['ɑːbstɪnət] *adj* obstinado
ob·sti·nate·ly ['ɑːbstɪnətlɪ] *adv* obstinadamente

ob·struct [ɑːb'strʌkt] *v/t road* obstruir; *investigation, police* obstaculizar
ob·struc·tion [əb'strʌkʃn] *on road etc* obstrucción *f*
ob·struc·tive [əb'strʌktɪv] *adj behavior, tactics* obstruccionista
ob·tain [əb'teɪn] *v/t* obtener, lograr
ob·tain·a·ble [əb'teɪnəbl] *adj products* disponible
ob·tru·sive [əb'tru:sɪv] *adj* molesto; ***the plastic chairs are rather ~*** las sillas de plástico desentonan por completo
ob·tuse [əb'tu:s] *adj fig* duro de mollera
ob·vi·ous ['ɑːbvɪəs] *adj* obvio, evidente
ob·vi·ous·ly ['ɑːbvɪəslɪ] *adv* obviamente; ***~!*** ¡por supuesto!
oc·ca·sion [ə'keɪʒn] ocasión *f*
oc·ca·sion·al [ə'keɪʒənl] *adj* ocasional, esporádico; ***I like the ~ Scotch*** me gusta tomarme un whisky de vez en cuando
oc·ca·sion·al·ly [ə'keɪʒnlɪ] *adv* ocasionalmente, de vez en cuando
oc·cult [ə'kʌlt] **1** *adj* oculto **2** *n*: ***the ~*** lo oculto
oc·cu·pant ['ɑːkjʊpənt] ocupante *m/f*
oc·cu·pa·tion [ɑːkjʊ'peɪʃn] ocupación *f*
oc·cu·pa·tion·al 'ther·a·pist [ɑːkjʊ'peɪʃnl] terapeuta *m/f* ocupacional
oc·cu·pa·tion·al 'ther·a·py terapia *f* ocupacional
oc·cu·py ['ɑːkjʊpaɪ] *v/t* (*pret & pp* ***-ied***) ocupar
oc·cur [ə'kɜːr] *v/i* (*pret & pp* ***-red***) ocurrir, suceder; ***it ~red to me that ...*** se me ocurrió que ...
oc·cur·rence [ə'kʌrəns] acontecimiento *m*
o·cean ['oʊʃn] océano *m*
o·ce·a·nog·ra·phy [oʊʃn'ɑːgrəfɪ] oceanografía *f*
o'clock [ə'klɑːk]: ***at five / six ~*** a las cinco / seis
Oc·to·ber [ɑːk'toʊbər] octubre *m*
oc·to·pus ['ɑːktəpəs] pulpo *m*
OD [oʊ'diː] *v/i* F: ***~ on*** *drug* tomar una sobredosis de
odd [ɑːd] *adj* (*strange*) raro, extraño; (*not even*) impar; ***the ~ one out*** el bicho raro; ***50 ~*** cerca de 50
'odd·ball F bicho *m* raro F
odds [ɑːdz] *npl*: ***be at ~ with sth / s.o.*** no concordar con algo / estar peleado con alguien; ***the ~ are 10 to one*** las apuestas están en 10 a 1; ***the ~ are that ...*** lo más probable es que ...; ***against all the ~*** contra lo que se esperaba
odds and 'ends *npl objects* cacharros *mpl*; *things to do* cosillas *fpl*
'odds-on *adj favorite* indiscutible
o·di·ous ['oʊdɪəs] *adj* odioso
o·dom·e·ter [oʊ'dɑːmətər] cuentakilómetros *m inv*
o·dor, *Br* **o·dour** ['oʊdər] olor *m*
of [ɑːv], [əv] *prep possession* de; ***the name ~ the street / hotel*** el nombre de la calle / del hotel; ***the color ~ the car*** el color del coche; ***five minutes ~ twelve*** las doce menos cinco, *L.Am* cinco para los doce; ***die ~ cancer*** morir de cáncer; ***love ~ money / adventure*** amor por el dinero / la aventura; ***~ the three this is ...*** de los tres éste es ...
off [ɑːf] **1** *prep*: ***~ the main road*** (*away from*) apartado de la carretera principal; (*leading off*) saliendo de la carretera principal; ***$20 ~ the price*** una rebaja en el precio de 20 dólares; ***he's ~ his food*** no come nada, está desganado **2** *adv*: ***be ~*** *of light, TV, machine* estar apagado; *of brake, lid, top* no estar puesto; *not at work* faltar; *on vacation* estar de vacaciones; (*canceled*) estar cancelado; ***we're ~ tomorrow*** (*leaving*) nos vamos mañana; ***I'm ~ to New York*** me voy a Nueva York; ***with his pants / hat ~*** sin los pantalones / el sombrero; ***take a day ~*** tomarse un día de fiesta *or* un día libre; ***it's 3 miles ~*** está a tres millas de distancia; ***it's a long way ~*** *in distance* está muy lejos; *in future* todavía queda

mucho tiempo; ***he got into his car and drove ~*** se subió al coche y se marchó; ***~ and on*** de vez en cuando **3** *adj*: ***the ~ switch*** el interruptor de apagado
of•fence *Br* → ***offense***
of•fend [ə'fend] *v/t* (*insult*) ofender
of•fend•er [ə'fendər] LAW delincuente *m/f*
of•fense [ə'fens] LAW delito *m*; ***take ~ at sth*** ofenderse por algo
of•fen•sive [ə'fensɪv] **1** *adj behavior, remark* ofensivo; *smell* repugnante **2** *n* (MIL: *attack*) ofensiva *f*; ***go on(to) the ~*** pasar a la ofensiva
of•fer ['ɑːfər] **1** *n* oferta *f* **2** *v/t* ofrecer; ***~ s.o. sth*** ofrecer algo a alguien
off'hand *adj attitude* brusco
of•fice ['ɑːfɪs] *building* oficina *f*; *room* oficina *f*, despacho *m*; *position* cargo *m*
'of•fice block bloque *m* de oficinas
'of•fice hours *npl* horas *fpl* de oficina
of•fi•cer ['ɑːfɪsər] MIL oficial *m/f*; *in police* agente *m/f*
of•fi•cial [ə'fɪʃl] **1** *adj* oficial **2** *n* funcionario(-a) *m*(*f*)
of•fi•cial•ly [ə'fɪʃlɪ] *adv* oficialmente
of•fi•ci•ate [ə'fɪʃɪeɪt] *v/i*: ***with X officiating*** con X celebrando la ceremonia
of•fi•cious [ə'fɪʃəs] *adj* entrometido
'off-line *adv work* fuera de línea; ***be ~*** *of printer etc* estar desconectado; ***go ~*** desconectarse
'off•peak *adj rates* en horas valle, fuera de las horas punta
'off-sea•son **1** *adj rates, vacation* de temporada baja **2** *n* temporada *f* baja
'off•set *v/t* (*pret & pp* ***-set***) *losses, disadvantage* compensar
'off•shore *adj drilling rig* cercano a la costa; *investment* en el exterior
'off•side **1** *adj wheel etc* del lado del conductor **2** *adv* SP fuera de juego
'off•spring *of person* vástagos *mpl*, hijos *mpl*; *of animal* crías *fpl*
off-the-'rec•ord *adj* confidencial
'off-white *adj* blancuzco
of•ten ['ɑːfn] *adv* a menudo, frecuentemente *m*
oil [ɔɪl] **1** *n for machine, food, skin* aceite *m*; *petroleum* petróleo *m* **2** *v/t hinges, bearings* engrasar
'oil change cambio *m* del aceite; **'oil com•pa•ny** compañía *f* petrolera; **'oil•field** yacimiento *m* petrolífero; **'oil-fired** *adj central heating* de gasóleo *or* fuel; **'oil paint•ing** óleo *m*; **'oil-pro•duc•ing coun•try** país *m* productor de petróleo; **'oil re•fin•e•ry** refinería *f* de petróleo; **'oil rig** plataforma *f* petrolífera; **'oil•skins** *npl* ropa *f* impermeable; **'oil slick** marea *f* negra; **'oil tank•er** petrolero *m*; **'oil well** pozo *m* petrolífero
oil•y ['ɔɪlɪ] *adj* grasiento
oint•ment ['ɔɪntmənt] ungüento *m*, pomada *f*
ok [oʊ'keɪ] *adj, adv* F: ***can I? – ~*** ¿puedo? – de acuerdo *or Span* vale; ***is it ~ with you if …?*** ¿te parecería bien si …?; ***does that look ~?*** ¿queda bien?; ***that's ~ by me*** por mí, ningún problema; ***are you ~?*** (*well, not hurt*) ¿estás bien?; ***are you ~ for Friday?*** ¿te va bien el viernes?; ***he's ~*** (*is a good guy*) es buena persona; ***is this bus ~ for …?*** ¿este autobús va a …?
old [oʊld] *adj* viejo; (*previous*) anterior, antiguo; ***an ~ man / woman*** un anciano / una anciana, un viejo / una vieja; ***how ~ are you / is he?*** ¿cuántos años tienes / tiene?; ***he's getting ~*** está haciéndose mayor
old 'age vejez *f*
old-'fash•ioned *adj clothes, style, ideas* anticuado, pasado de moda, *word* anticuado
ol•ive ['ɑːlɪv] aceituna *f*, oliva *f*
'ol•ive oil aceite *m* de oliva
O•lym•pic 'Games [ə'lɪmpɪk] *npl* Juegos *mpl* Olímpicos
om•e•let, *Br* **om•e•lette** ['ɑːmlɪt] tortilla *f* (francesa)
om•i•nous ['ɑːmɪnəs] *adj* siniestro
o•mis•sion [oʊ'mɪʃn] omisión *f*
o•mit [ə'mɪt] *v/t* (*pret & pp* ***-ted***) omitir; ***~ to do sth*** no hacer algo
om•nip•o•tent [ɑːm'nɪpətənt] *adj*

omnipotente
om•nis•ci•ent [ɑːmˈnɪsɪənt] *adj* omnisciente
on [ɑːn] **1** *prep* en; **~ *the table / wall*** en la mesa / la pared; **~ *the bus / train*** en el autobús / el tren; **~ *TV / the radio*** en la televisión / la radio; **~ *Sunday*** el domingo; **~ *the 1st of ...*** el uno de …; ***this is ~ me*** (*I'm paying*) invito yo; ***have you any money ~ you?*** ¿llevas dinero encima?; **~ *his arrival / departure*** cuando llegue / se marche; **~ *hearing this*** al escuchar esto **2** *adv*: ***be ~*** *of light, TV, computer etc* estar encendido *or L.Am.* prendido; *of brake, lid, top* estar puesto; *of meeting etc*: *be scheduled to happen* haber sido acordado; ***it's ~ at 5 am*** *of TV program* lo dan *or Span* ponen a las cinco; ***what's ~ tonight?*** *on TV etc* ¿qué dan *or Span* ponen esta noche?; (*what's planned?*) ¿qué planes hay para esta noche?; ***with his hat ~*** con el sombrero puesto; ***you're ~*** (*I accept your offer etc*) trato hecho; **~ *you go*** (*go ahead*) adelante; ***walk / talk ~*** seguir caminando / hablando; ***and so ~*** etcétera; **~ *and ~ talk etc*** sin parar **3** *adj*: ***the ~ switch*** el interruptor de encendido
once [wʌns] **1** *adv* (*one time, formerly*) una vez; **~ *again*, ~ *more*** una vez más; ***at ~*** (*immediately*) de inmediato, inmediamente; ***all at ~*** (*suddenly*) de repente; (***all***) ***at ~*** (*together*) al mismo tiempo; **~ *upon a time there was ...*** érase una vez …; **~ *in a while*** de vez en cuando; **~ *and for all*** de una vez por todas; ***for ~*** por una vez **2** *conj* una vez que; **~ *you have finished*** una vez que hayas acabado
one [wʌn] **1** *number* uno *m* **2** *adj* un(a); **~ *day*** un día **3** *pron* uno(-a); ***which ~?*** ¿cuál?; **~ *by ~*** *enter, deal with* uno por uno; ***we help ~ another*** nos ayudamos mutuamente; ***what can ~ say / do?*** ¿qué puede uno decir / hacer?; ***the little ~s*** los pequeños; ***I for ~*** yo personalmente
one-ˈoff *n* (*unique event, person*) hecho *m* aislado; (*exception*) excepción *f*
one-par•ent ˈfam•i•ly familia *f* monoparental
oneˈself *pron* uno(-a) mismo(-a) *m*(*f*); ***do sth by ~*** hacer algo sin ayuda; ***look after ~*** cuidarse; ***be by ~*** estar solo
one-sid•ed [wʌnˈsaɪdɪd] *adj discussion, fight* desigual; **one-track ˈmind** *hum*: ***have a ~*** ser un obseso; **ˈone-way street** calle *f* de sentido único; **ˈone-way tick•et** billete *m* de ida
on•ion [ˈʌnjən] cebolla *f*
ˈon-line *adv* en línea; ***go ~ to*** conectarse a
ˈon-line serv•ice COMPUT servicio *m* en línea
on•look•er [ˈɑːnlʊkər] espectador(a) *m*(*f*), curioso(-a) *m*(*f*)
on•ly [ˈoʊnlɪ] **1** *adv* sólo, solamente; ***he was here ~ yesterday*** estuvo aquí ayer mismo; ***not ~ ... but ... also*** no sólo *or* solamente ... sino también ...; **~ *just*** por poco **2** *adj* único; **~ *son*** hijo único
ˈon•set comienzo *m*
ˈon•side *adv* SP en posición reglamentaria
on-the-job ˈtrain•ing formación *f* continua
on•to [ˈɑːntuː] *prep*: ***put sth ~ sth*** (*on top of*) poner algo encima de algo
on•ward [ˈɑːnwərd] *adv* hacia adelante; ***from ... ~*** de … en adelante
ooze [uːz] **1** *v/i of liquid, mud* rezumar **2** *v/t* rezumar; ***he ~s charm*** rezuma *or* rebosa encanto
o•paque [oʊˈpeɪk] *adj glass* opaco
OPEC [ˈoʊpek] *abbr* (= ***Organization of Petroleum Exporting Countries***) OPEP *f* (= Organización *f* de Países Exportadores de Petróleo)
o•pen [ˈoʊpən] **1** *adj also honest* abierto; ***in the ~ air*** al aire libre **2** *v/t* abrir **3** *v/i of door, shop* abrir; *of flower* abrirse
◆ **open up** *v/i of person* abrirse

O

o·pen-ˈair *adj meeting, concert* al aire libre; *pool* descubierto; **ˈo·pen day** jornada *f* de puertas abiertas; **o·pen-ˈend·ed** *adj contract etc* abierto

o·pen·ing [ˈoʊpənɪŋ] *in wall etc* abertura *f*; (*beginning*: *of film, novel etc*) comienzo *m*; (*job*) puesto *m* vacante

ˈo·pen·ing hours *npl* horario *m* de apertura

o·pen·ly [ˈoʊpənlɪ] *adv* (*honestly, frankly*) abiertamente

o·pen-mind·ed [oʊpənˈmaɪndɪd] *adj* de mentalidad abierta; **o·pen ˈplan of·fice** oficina *f* de planta abierta; **ˈo·pen tick·et** billete *m* abierto

op·e·ra [ˈɑːpərə] ópera *f*

ˈop·e·ra glass·es *npl* gemelos *mpl*, prismáticos *mpl*; **ˈop·e·ra house** (teatro *m* de la) ópera *f*; **ˈop·e·ra sing·er** cantante *m/f* de ópera

op·e·rate [ˈɑːpəreɪt] **1** *v/i of company* operar, actuar; *of airline, bus service*, MED operar; *of machine* funcionar (***on*** con) **2** *v/t machine* manejar

♦ **operate on** *v/t* MED operar; ***they operated on his leg*** le operaron de la pierna

ˈop·e·rat·ing in·struc·tions *npl* instrucciones *fpl* de funcionamiento; **ˈop·e·rating room** MED quirófano *m*; **ˈop·e·rat·ing sys·tem** COMPUT sistema *m* operativo

op·e·ra·tion [ɑːpəˈreɪʃn] MED operación *f*; *of machine* manejo *m*; ***~s*** *of company* operaciones *fpl*, actividades *fpl*; ***have an ~*** MED ser operado

op·e·ra·tor [ˈɑːpəreɪtər] TELEC operador(a) *m*(*f*); *of machine* operario(-a) *m*(*f*); (*tour ~*) operador *m* turístico

oph·thal·mol·o·gist [ɑːfθælˈmɑːlədʒɪst] oftalmólogo(-a) *m*(*f*)

o·pin·ion [əˈpɪnjən] opinión *f*; ***in my ~*** en mi opinión

oˈpin·ion poll encuesta *f* de opinión

op·po·nent [əˈpoʊnənt] oponente *m/f*, adversario(-a) *m*(*f*)

op·por·tune [ˈɑːpərtuːn] *adj fml* oportuno

op·por·tun·ist [ɑːpərˈtuːnɪst] oportunista *m/f*

op·por·tu·ni·ty [ɑːpərˈtuːnətɪ] oportunidad *f*

op·pose [əˈpoʊz] *v/t* oponerse a; ***be ~d to …*** estar en contra de …; ***John, as ~d to George …*** John, al contrario que George …

op·po·site [ˈɑːpəzɪt] **1** *adj* contrario; *views, characters, meaning* opuesto; ***the ~ side of town / end of the road*** el otro lado de la ciudad / el otro extremo de la calle; ***the ~ sex*** el sexo opuesto **2** *n*: ***the ~ of*** lo contrario de

op·po·site ˈnum·ber homólogo(-a) *m*(*f*)

op·po·si·tion [ɑːpəˈzɪʃn] *to plan*, POL oposición *f*

op·press [əˈpres] *v/t the people* oprimir

op·pres·sive [əˈpresɪv] *adj rule, dictator* opresor; *weather* agobiante

opt [ɑːpt] *v/t*: ***~ to do sth*** optar por hacer algo

op·ti·cal il·lu·sion [ˈɑːptɪkl] ilusión *f* óptica

op·ti·cian [ɑːpˈtɪʃn] óptico(-a) *m*(*f*)

op·ti·mism [ˈɑːptɪmɪzm] optimismo *m*

op·ti·mist [ˈɑːptɪmɪst] optimista *m/f*

op·ti·mist·ic [ɑːptɪˈmɪstɪk] *adj* optimista

op·ti·mist·ic·al·ly [ɑːptɪˈmɪstɪklɪ] *adv* con optimismo

op·ti·mum [ˈɑːptɪməm] **1** *adj* óptimo **2** *n*: ***the ~*** lo ideal

op·tion [ˈɑːpʃn] opción *f*

op·tion·al [ˈɑːpʃnl] *adj* optativo

op·tion·al ˈex·tras *npl* accesorios *mpl* opcionales

or [ɔːr] *conj* o; *before a word beginning with the letter o* u

o·ral [ˈɔːrəl] *adj exam, sex* oral; *hygiene* bucal

or·ange [ˈɔːrɪndʒ] **1** *adj* naranja **2** *n fruit* naranja *f*; *color* naranja *m*

or·ange·ade [ˈɔːrɪndʒeɪd] naranjada *f*

ˈor·ange juice *Span* zumo *m or L.Am.* jugo *m* de naranja

or·a·tor [ˈɔːrətər] orador(a) *m*(*f*)

O

or·bit ['ɔːrbɪt] **1** *n of earth* órbita *f* **2** *v/t the earth* girar alrededor de
or·chard ['ɔːrʧərd] huerta *f* (de frutales)
or·ches·tra ['ɔːrkɪstrə] orquesta *f*
or·chid ['ɔːrkɪd] orquídea *f*
or·dain [ɔːr'deɪn] *v/t* ordenar
or·deal [ɔːr'diːl] calvario *m*, experiencia *f* penosa
or·der ['ɔːrdər] **1** *n* (*command*) orden *f*; (*sequence, being well arranged*) orden *m*; *for goods* pedido *m*; ***take s.o.'s ~*** *in restaurant* preguntar a alguien lo que va a tomar; ***in ~ to*** para; ***out of ~*** (*not functioning*) estropeado; (*not in sequence*) desordenado **2** *v/t* (*put in sequence, proper layout*) ordenar; *goods* pedir, encargar; *meal* pedir; ***~ s.o. to do sth*** ordenar a alguien hacer algo *or* que haga algo **3** *v/i in restaurant* pedir
or·der·ly ['ɔːrdəlɪ] **1** *adj lifestyle* ordenado, metódico **2** *n in hospital* celador(a) *m*(*f*)
or·di·nal (num·ber) ['ɔːrdɪnl] (número *m*) ordinal *m*
or·di·nar·i·ly [ɔːrdɪ'nerɪlɪ] *adv* (*as a rule*) normalmente
or·di·nary ['ɔːrdɪnerɪ] *adj* común, normal
ore [ɔːr] mineral, mena *f*
or·gan ['ɔːrgən] ANAT, MUS órgano *m*
or·gan·ic [ɔːr'gænɪk] *adj food* ecológico, biológico; *fertilizer* orgánico
or·gan·i·cal·ly [ɔːr'gænɪklɪ] *adv grown* ecológicamente, biológicamente
or·gan·ism ['ɔːrgənɪzm] organismo *m*
or·gan·i·za·tion [ɔːrgənaɪ'zeɪʃn] organización *f*
or·gan·ize ['ɔːrgənaɪz] *v/t* organizar
or·gan·ized '**crime** crimen *m* organizado
or·gan·iz·er ['ɔːrgənaɪzər] *person* organizador(a) *m*(*f*)
or·gas·m ['ɔːrgæzm] orgasmo *m*
O·ri·ent ['ɔːrɪənt] Oriente
o·ri·ent ['ɔːrɪənt] *v/t* (*direct*) orientar; ***~ o.s.*** (*get bearings*) orientarse
O·ri·en·tal [ɔːrɪ'entl] **1** *adj* oriental **2** *n* oriental *m*/*f*
or·i·gin ['ɑːrɪdʒɪn] origen *m*
o·rig·i·nal [ə'rɪdʒənl] **1** *adj* (*not copied, first*) original **2** *n painting etc* original *m*
o·rig·i·nal·i·ty [ərɪdʒən'ælətɪ] originalidad *f*
o·rig·i·nal·ly [ə'rɪdʒənəlɪ] *adv* originalmente; (*at first*) originalmente, en un principio
o·rig·i·nate [ə'rɪdʒɪneɪt] **1** *v/t scheme, idea* crear **2** *v/i of idea, belief* originarse; *of family* proceder
o·rig·i·na·tor [ə'rɪdʒɪneɪtər] *of scheme etc* creador(a) *m*(*f*); ***he's not an ~*** no es un creador nato
or·na·ment ['ɔːrnəmənt] *n* adorno *m*
or·na·men·tal [ɔːrnə'mentl] *adj* ornamental
or·nate [ɔːr'neɪt] *adj style, architecture* recargado
or·phan ['ɔːrfn] *n* huérfano(-a) *m*(*f*)
or·phan·age ['ɔːrfənɪdʒ] orfanato *m*
or·tho·dox ['ɔːrθədɑːks] *adj* REL, *fig* ortodoxo
or·tho·pe·dic [ɔːrθə'piːdɪk] *adj* ortopédico
os·ten·si·bly [ɑː'stensəblɪ] *adv* aparentemente
os·ten·ta·tion [ɑːsten'teɪʃn] ostentación *f*
os·ten·ta·tious [ɑːsten'teɪʃəs] *adj* ostentoso
os·ten·ta·tious·ly [ɑːsten'teɪʃəslɪ] *adv* de forma ostentosa
os·tra·cize ['ɑːstrəsaɪz] *v/t* condenar al ostracismo
oth·er ['ʌðər] **1** *adj* otro; ***~ people might not agree*** puede que otros no estén de acuerdo; ***the ~ day*** (*recently*) el otro día; ***every ~ day/person*** cada dos días / personas **2** *n*: ***the ~*** el otro; ***the ~s*** los otros
oth·er·wise ['ʌðərwaɪz] **1** *conj* de lo contrario, si no **2** *adv* (*differently*) de manera diferente
ot·ter ['ɑːtər] nutria *f*
ought [ɒːt] *v/aux*: ***I / you ~ to know*** debo / debes saberlo; ***you ~ to have done it*** deberías haberlo hecho

O

ounce [aʊns] onza *f*
our [aʊr] *adj* nuestro *m*, nuestra *f*; **~ *brother*** nuestro hermano; **~ *books*** nuestros libros
ours [aʊrz] *pron* el nuestro, la nuestra; **~ *are red*** los nuestros son rojos; ***that book is ~*** ese libro es nuestro; ***a friend of ~*** un amigo nuestro
our·selves [aʊr'selvz] *pron reflexive* nos; *emphatic* nosotros mismos *mpl*, nosotras mismas *fpl*; ***we hurt ~*** nos hicimos daño; ***when we saw ~ in the mirror*** cuando nos vimos en el espejo; ***we saw it ~*** lo vimos nosotros mismos; ***by ~*** (*alone*) solos; (*without help*) nosotros solos, nosotros mismos
oust [aʊst] *v/t from office* derrocar
out [aʊt] *adv*: ***be ~*** *of light, fire* estar apagado; *of flower* estar en flor; (*not at home, not in building*), *of sun* haber salido; *of calculations* estar equivocado; (*be published*) haber sido publicado; (*no longer in competition*) estar eliminado; (*no longer in fashion*) estar pasado de moda; ***the secret is ~*** el secreto ha sido revelado; ***~ here in Dallas*** aquí en Dallas; ***he's ~ in the garden*** está en el jardín; (***get***) ***~!*** ¡vete!; (***get***) ***~ of my room!*** ¡fuera de mi habitación!; ***that's ~!*** (*out of the question*) ¡eso es imposible!; ***he's ~ to win*** (*fully intends to*) va a por la victoria
out·board 'mo·tor motor *m* de fueraborda
'out·break *of violence, war* estallido *m*
'out·build·ing edificio *m* anexo
'out·burst *emotional* arrebato *m*, arranque *m*
'out·cast paria *m/f*
'out·come resultado *m*
'out·cry protesta *f*
out'dat·ed *adj* anticuado
out'do *v/t* (*pret* **-did**, *pp* **-done**) superar
out'door *adj toilet, activities, life* al aire libre
out'doors *adv* fuera
out·er ['aʊtər] *adj wall etc* exterior
out·er 'space espacio *m* exterior
'out·fit (*clothes*) traje *m*, conjunto *m*; (*company, organization*) grupo *m*
'out·go·ing *adj flight* saliente; *personality* extrovertido
out'grow *v/t* (*pret* **-grew**, *pp* **-grown**) *old ideas* dejar atrás
out·ing ['aʊtɪŋ] (*trip*) excursión *f*
out'last *v/t* durar más que
'out·let *of pipe* desagüe *m*; *for sales* punto *m* de venta; ELEC enchufe *m*
'out·line 1 *n of person, building etc* perfil *m*, contorno *m*; *of plan, novel* resumen *m* **2** *v/t plans etc* resumir
out'live *v/t* sobrevivir a
'out·look (*prospects*) perspectivas *fpl*
'out·ly·ing *adj areas* periférico
out'num·ber *v/t* superar en número
out of *prep* ◊ *motion* fuera de; ***run ~ the house*** salir corriendo de la casa; ***it fell ~ the window*** se cayó por la ventana ◊ *position*: ***20 miles ~ Detroit*** a 20 millas de Detroit ◊ *cause* por; ***~ jealousy / curiosity*** por celos / curiosidad ◊ *without*: ***we're ~ gas / beer*** no nos queda gasolina / cerveza ◊ *from a group* de cada; ***5 ~ 10*** 5 de cada 10
out-of-'date *adj* anticuado, desfasado
out-of-the-'way *adj* apartado
'out·pa·tient paciente *m/f* externo(-a)
'out·pa·tients' (clin·ic) clínica *f* ambulatoria
'out·per·form *v/t* superar a
'out·put 1 *n of factory* producción *f*; COMPUT salida *f* **2** *v/t* (*pret & pp* **-ted** *or* **output**) (*produce*) producir
'out·rage 1 *n feeling* indignación *f*; *act* ultraje *m*, atrocidad *f* **2** *v/t* indignar, ultrajar; ***I was ~d to hear …*** me indignó escuchar que …
out·ra·geous [aʊt'reɪdʒəs] *adj acts* atroz; *prices* escandaloso
'out·right 1 *adj winner* absoluto **2** *adv win* completamente; *kill* en el acto
out'run *v/t* (*pret* **-ran**, *pp* **-run**) correr más que

'**out·set** principio *m*, comienzo *m*; ***from the ~*** desde el principio *or* comienzo

out'shine *v/t* (*pret & pp* ***-shone***) eclipsar

'**out·side** **1** *adj surface, wall* exterior; *lane* de fuera **2** *adv sit, go* fuera **3** *prep* fuera de; (*apart from*) aparte de **4** *n of building, case etc* exterior *m*; ***at the ~*** a lo sumo

out·side 'broad·cast emisión *f* desde exteriores

out·sid·er [aʊt'saɪdər] *in life* forastero(-a) *m*(*f*); ***be an ~*** *in election, race* no ser uno de los favoritos

'**out·size** *adj clothing* de talla especial

'**out·skirts** *npl* afueras *fpl*

out'smart → ***outwit***

out'stand·ing *adj success, quality* destacado, sobresaliente; *writer, athlete* excepcional; FIN: *invoice, sums* pendiente

out·stretched ['aʊtstretʃt] *adj hands* extendido

out'vote *v/t*: ***be ~d*** perder la votación

out·ward ['aʊtwərd] *adj appearance* externo; ***~ journey*** viaje *m* de ida

out·ward·ly ['aʊtwərdlɪ] *adv* aparentemente

out'weigh *v/t* pesar más que

out'wit *v/t* (*pret & pp* ***-ted***) mostrarse más listo que

o·val ['oʊvl] *adj* oval, ovalado

o·va·ry ['oʊvərɪ] ovario *m*

o·va·tion [oʊ'veɪʃn] ovación *f*; ***give s.o. a standing ~*** aplaudir a alguien de pie

ov·en ['ʌvn] horno *m*

'**ov·en glove**, '**ov·en mitt** manopla *f* para el horno; '**ov·en·proof** *adj* refractario; '**ov·en-read·y** *adj* listo para el horno

o·ver ['oʊvər] **1** *prep* (*above*) sobre, encima de; (*across*) al otro lado de; (*more than*) más de; (*during*) durante; ***she walked ~ the street*** cruzó la calle; ***travel all ~ Brazil*** viajar por todo Brasil; ***let's talk ~ a drink / meal*** hablemos mientras tomamos una bebida / comemos; ***we're ~ the worst*** lo peor ya ha pasado; ***~ and above*** además de **2** *adv*: ***be ~*** (*finished*) haber acabado; ***there were just 6 ~*** sólo quedaban seis; ***~ to you*** (*your turn*) te toca a ti; ***~ in Japan*** allá en Japón; ***~ here / there*** por aquí / allá; ***it hurts all ~*** me duele por todas partes; ***painted white all ~*** pintado todo de blanco; ***it's all ~*** se ha acabado; ***~ and ~ again*** una y otra vez; ***do sth ~*** (***again***) volver a hacer algo

o·ver·all ['oʊvərɒːl] **1** *adj length* total **2** *adv* (*in general*) en general; ***it measures six feet ~*** mide en total seis pies

o·ver·alls ['oʊvərɒːlz] *npl Span* mono *m*, *L.Am.* overol *m*

o·ver'awe *v/t* intimidar; ***be ~d by s.o. / sth*** sentirse intimidado por alguien / algo

o·ver'bal·ance *v/i* perder el equilibrio

o·ver'bear·ing *adj* dominante, despótico

'**o·ver·board** *adv* por la borda; ***man ~!*** ¡hombre al agua!; ***go ~ for s.o. / sth*** entusiasmarse muchísimo con alguien / algo

'**o·ver·cast** *adj day* nublado; *sky* cubierto

o·ver'charge *v/t customer* cobrar de más a

'**o·ver·coat** abrigo *m*

o·ver'come *v/t* (*pret* ***-came***, *pp* ***-come***) *difficulties, shyness* superar, vencer; ***be ~ by emotion*** estar embargado por la emoción

o·ver'crowd·ed *adj train* atestado; *city* superpoblado

o·ver'do *v/t* (*pret* ***-did***, *pp* ***-done***) (*exaggerate*) exagerar; *in cooking* recocer, cocinar demasiado; ***you're ~ing things*** te estás excediendo

o·ver'done *adj meat* demasiado hecho

'**o·ver·dose** *n* sobredosis *f inv*

'**o·ver·draft** descubierto *m*; ***have an ~*** tener un descubierto

o·ver'draw *v/t* (*pret* ***-drew***, *pp* ***-drawn***) *account* dejar al descubierto; ***be $800 ~n*** tener un descubierto

de 800 dólares
o•ver'dressed *adj* demasiado trajeado
'o•ver•drive MOT superdirecta *f*
o•ver'due *adj*: ***his apology was long ~*** se debía haber disculpado hace tiempo
o•ver'es•ti•mate *v/t abilities, value* sobreestimar
o•ver'ex•pose *v/t photograph* sobreexponer
'o•ver•flow[1] *n pipe* desagüe *m*, rebosadero *m*
o•ver'flow[2] *v/i of water* desbordarse
o•ver'grown *adj garden* abandonado, cubierto de vegetación; ***he's an ~ baby*** es como un niño
o•ver'haul *v/t engine, plans* revisar
'o•ver•head 1 *adj lights, railway* elevado **2** *n* FIN gastos *mpl* generales
o•ver'hear *v/t* (*pret & pp* ***-heard***) oír por casualidad
o•ver'heat•ed *adj* recalentado
o•ver•joyed [oʊvər'dʒɔɪd] *adj* contentísimo, encantado
'o•ver•kill: ***that's ~*** eso es exagerar
'o•ver•land 1 *adj route* terrestre **2** *adv travel* por tierra
o•ver'lap *v/i* (*pret & pp* ***-ped***) *of tiles etc* solaparse; *of periods of time* coincidir; *of theories* tener puntos en común
o•ver'leaf *adv*: ***see ~*** véase al dorso
o•ver'load *v/t vehicle*, ELEC sobrecargar
o•ver'look *v/t of tall building etc* dominar; (*not see*) pasar por alto
o•ver•ly ['oʊvərlɪ] *adv* excesivamente, demasiado
'o•ver•night *adv travel* por la noche; ***stay ~*** quedarse a pasar la noche
o•ver•night 'bag bolso *m* de viaje
o•ver'paid *adj*: ***be ~*** cobrar demasiado
'o•ver•pass paso *m* elevado
o•ver•pop•u•lat•ed [oʊvər'pɑːpjʊleɪtɪd] *adj* superpoblado
o•ver'pow•er *v/t physically* dominar
o•ver•pow•ering [oʊvər'paʊrɪŋ] *adj smell* fortísimo; *sense of guilt* insoportable
o•ver•priced [oʊvər'praɪst] *adj* demasiado caro
o•ver•rat•ed [oʊvə'reɪtɪd] *adj* sobrevalorado
o•ver•re'act *v/i* reaccionar exageradamente
o•ver'ride *v/t* (*pret* ***-rode***, *pp* ***-ridden***) anular
o•ver'rid•ing *adj concern* primordial
o•ver'rule *v/t decision* anular
o•ver'run *v/t* (*pret* ***-ran***, *pp* ***-run***) *country* invadir; *time* superar; ***be ~ with*** estar plagado de
o•ver'seas 1 *adv live, work* en el extranjero; *go* al extranjero **2** *adj* extranjero
o•ver'see *v/t* (*pret* ***-saw***, *pp* ***-seen***) supervisar
o•ver'shad•ow *v/t fig* eclipsar
'o•ver•sight descuido *m*
o•ver•sim•pli•fi'ca•tion simplificación *f* excesiva
o•ver'sim•pli•fy *v/t* (*pret & pp* ***-ied***) simplificar en exceso
o•ver'sleep *v/i* (*pret & pp* ***-slept***) quedarse dormido
o•ver'state *v/t* exagerar
o•ver'state•ment exageración *f*
o•ver'step *v/t* (*pret & pp* ***-ped***) *fig* traspasar; ***~ the mark*** propasarse, pasarse de la raya
o•ver'take *v/t* (*pret* ***-took***, *pp* ***-taken***) *in work, development* adelantarse a; *Br* MOT adelantar
o•ver'throw[1] *v/t* (*pret* ***-threw***, *pp* ***-thrown***) derrocar
'o•verthrow[2] *n* derrocamiento *m*
'o•ver•time 1 *n* SP: ***in ~*** en la prórroga **2** *adv*: ***work ~*** hacer horas extras
'o•ver•ture ['oʊvərtʃʊr] MUS obertura *f*; ***make ~s to*** establecer contactos con
o•ver'turn 1 *v/t vehicle* volcar; *object* dar la vuelta a; *government* derribar **2** *v/i of vehicle* volcar
'o•ver•view visión *f* general
o•ver'weight *adj* con sobrepeso; ***be ~*** estar demasiado gordo
o•ver'whelm [oʊvər'welm] *v/t with work* abrumar, inundar; *with emotion* abrumar; ***be ~ed by*** *by*

response estar abrumado por
o·verwhelm·ing [oʊvər'welmɪŋ] *adj feeling* abrumador; *majority* aplastante
o·ver'work 1 *n* exceso *m* de trabajo **2** *v/i* trabajar en exceso **3** *v/t* hacer trabajar en exceso
owe [oʊ] *v/t* deber; **~ s.o. $500** deber a alguien 500 dólares; ***how much do I ~ you?*** ¿cuánto te debo?
ow·ing to ['oʊɪŋ] *prep* debido a
owl [aʊl] búho *m*
own¹ [oʊn] *v/t* poseer; ***who ~s the restaurant?*** ¿de quién es el restaurante?, ¿quién es el propietario del restaurante?
own² [oʊn] **1** *adj* propio **2** *pron*: ***a car / an apartment of my ~*** mi propio coche / apartamento; ***on my / his ~*** yo / él solo
♦**own up** *v/i* confesar
own·er ['oʊnər] dueño(-a) *m*(*f*), propietario(-a) *m*(*f*)
own·er·ship ['oʊnərʃɪp] propiedad *f*
ox [ɑːks] (*pl* **oxen** ['ɑːksn]) buey *m*
ox·ide ['ɑːksaɪd] óxido *m*
ox·y·gen ['ɑːksɪdʒən] oxígeno *m*
oy·ster ['ɔɪstər] ostra *f*
oz *abbr* (= ***ounce***(***s***)) onza(s) *f*(*pl*)
o·zone ['oʊzoʊn] ozono *m*
'o·zone lay·er capa *f* de ozono

P

PA [piː'eɪ] *abbr* (= ***personal assistant***) secretario(-a) *m*(*f*) personal
pace [peɪs] **1** *n* (*step*) paso *m*; (*speed*) ritmo *m* **2** *v/i*: ***~ up and down*** pasear de un lado a otro
'pace·mak·er MED marcapasos *m inv*; SP liebre *f*
Pa·cif·ic [pə'sɪfɪk]: ***the ~*** (***Ocean***) el (Océano) Pacífico
pac·i·fi·er ['pæsɪfaɪər] chupete *m*
pac·i·fism ['pæsɪfɪzm] pacifismo *m*
pac·i·fist ['pæsɪfɪst] *n* pacifista *m/f*
pac·i·fy ['pæsɪfaɪ] *v/t* (*pret & pp* **-ied**) tranquilizar; *country* pacificar
pack [pæk] **1** *n* (*back~*) mochila *f*; *of cereal, food, cigarettes* paquete *m*; *of cards* baraja *f* **2** *v/t item of clothing etc* meter en la maleta; *goods* empaquetar; *groceries* meter en una bolsa; ***~ one's bag / suitcase*** hacer la bolsa / la maleta **3** *v/i* hacer la maleta
pack·age ['pækɪdʒ] **1** *n* paquete *m* **2** *v/t in packs* embalar; *idea, project* presentar
'pack·age deal *for holiday* paquete *m*
'pack·age tour viaje *m* organizado
pack·ag·ing ['pækɪdʒɪŋ] *of product* embalaje *m*; *of idea, project* presentación *f*; ***it's all ~*** *fig* es sólo imagen
packed [pækt] *adj* (*crowded*) abarrotado
pack·et ['pækɪt] paquete *m*
pact [pækt] pacto *m*
pad¹ [pæd] **1** *n for protection* almohadilla *f*; *for absorbing liquid* compresa *f*; *for writing* bloc *m* **2** *v/t* (*pret & pp* **-ded**) *with material* acolchar; *speech, report* meter paja en
pad² *v/i* (*pret & pp* **-ded**) (*move quietly*) caminar silenciosamente
pad·ded shoulders ['pædɪd] hombreras *fpl*
pad·ding ['pædɪŋ] *material* relleno *m*; *in speech etc* paja *f*
pad·dle ['pædəl] **1** *n for canoe* canalete *m*, remo *m* **2** *v/i in canoe* remar; *in water* chapotear
pad·dock ['pædək] potrero *m*
pad·lock ['pædlɑːk] **1** *n* candado *m* **2** *v/t gate* cerrar con candado; ***I ~ed***

P

my bike to the railings até mi bicicleta a la verja con candado
page[1] [peɪdʒ] *n of book etc* página *f*; **~ *number*** número *m* de página
page[2] [peɪdʒ] *v/t (call)* llamar; *by PA* llamar por megafonía; *by beeper* llamar por el buscapersonas *or Span* busca
pag•er ['peɪdʒər] buscapersonas *m inv*, *Span* busca *m*
paid [peɪd] *pret & pp* → ***pay***
paid em'ploy•ment empleo *m* remunerado
pail [peɪl] cubo *m*
pain [peɪn] dolor *m*; ***be in ~*** sentir dolor; ***take ~s to …*** tomarse muchas molestias por …; ***a ~ in the neck*** F una lata F, un tostón F
pain•ful ['peɪnfəl] *adj* dolorido; *blow, condition, subject* doloroso; *(laborious)* difícil; ***my arm is still very ~*** me sigue doliendo mucho el brazo
pain•ful•ly ['peɪnfəlɪ] *adv (extremely, acutely)* extremadamente
pain•kill•er ['peɪnkɪlər] analgésico *m*
pain•less ['peɪnlɪs] *adj* indoloro; ***be completely ~*** doler nada
pains•tak•ing ['peɪnzteɪkɪŋ] *adj* meticuloso
paint [peɪnt] **1** *n* pintura *f* **2** *v/t* pintar
paint•brush ['peɪntbrʌʃ] *large* brocha *f*; *small* pincel *m*
paint•er ['peɪntər] *decorator* pintor(a) *m(f)* (de brocha gorda); *artist* pintor(a) *m(f)*
paint•ing ['peɪntɪŋ] *activity* pintura *f*; *picture* cuadro *m*
paint•work ['peɪntwɜːrk] pintura *f*
pair [per] *of shoes, gloves, objects* par *m*; *of people, animals* pareja *f*
pa•ja•ma 'jack•et camisa *f* de pijama
pa•ja•ma 'pants *npl* pantalón *m* de pijama
pa•ja•mas [pə'dʒɑːməz] *npl* pijama *m*
Pa•ki•stan [pɑːkɪ'stɑːn] Paquistán, Pakistán
Pa•ki•sta•ni [pɑːkɪ'stɑːnɪ] **1** *n* paquistaní *m/f*, pakistaní *m/f* **2** *adj* paquistaní, pakistaní
pal [pæl] F *(friend)* amigo(-a) *m(f)*, *Span* colega *m/f* F; ***hey ~, got a light?*** oye amigo *or Span* tío, ¿tienes fuego?
pal•ace ['pælɪs] palacio *m*
pal•ate ['pælət] paladar *m*
pa•la•tial [pə'leɪʃl] *adj* palaciego
pale [peɪl] *adj person* pálido; ***she went ~*** palideció; **~ *pink / blue*** rosa / azul claro
Pal•e•stine ['pæləstaɪn] Palestina
Pal•e•stin•i•an [pælə'stɪnɪən] **1** *n* palestino(-a) *m(f)* **2** *adj* palestino
pal•let ['pælɪt] palé *m*
pal•lor ['pælər] palidez *f*
palm [pɑːm] *of hand* palma *f*; *tree* palmera *f*
pal•pi•ta•tions [pælpɪ'teɪʃnz] *npl* MED palpitaciones *fpl*
pal•try ['pɒːltrɪ] *adj* miserable
pam•per ['pæmpər] *v/t* mimar
pam•phlet ['pæmflɪt] *for information* folleto *m*; *political* panfleto *m*
pan [pæn] **1** *n for cooking* cacerola *f*; *for frying* sartén *f* **2** *v/t (pret & pp* ***-ned****)* F *(criticize)* poner por los suelos F
♦**pan out** *v/i (develop)* salir
Pan•a•ma ['pænəmɑː] Panamá
Pan•a•ma Ca'nal: ***the ~*** el Canal de Panamá
Pan•a•ma 'Cit•y Ciudad *f* de Panamá
Pan•a•ma•ni•an [pænə'meɪnɪən] **1** *adj* panameño **2** *n* panameño(-a) *m(f)*
pan•cake ['pænkeɪk] crepe *m*, *L.Am.* panqueque *m*
pan•da ['pændə] (oso *m*) panda *m*
pan•de•mo•ni•um [pændɪ'mounɪəm] pandemónium *m*, pandemonio *m*
♦**pan•der to** ['pændər] *v/t* complacer
pane [peɪn] *of glass* hoja *f*
pan•el ['pænl] panel *m*; *people* grupo *m*, panel *m*
pan•el•ing, *Br* **pan•el•ling** ['pænəlɪŋ] paneles *mpl*; *of ceiling* artesonado *m*
pang [pæŋ]: ***~s of hunger*** retortijones *mpl*; ***~s of remorse*** remordimientos *mpl*
'pan•han•dle *v/i* F mendigar
pan•ic ['pænɪk] **1** *n* pánico *m* **2** *v/i*

P

(*pret & pp* ***-ked***) ser preso del pánico; ***don't ~*** ¡que no cunda el pánico! **'pan·ic buy·ing** FIN compra *f* provocada por el pánico; **'pan·ic sel·ling** FIN venta *f* provocada por el pánico; **'pan·ic-strick·en** preso del pánico

pan·o·ra·ma [pænə'rɑːmə] panorama *m*

pa·no·ra·mic [pænə'ræmɪk] *adj view* panorámico

pan·sy ['pænzɪ] *flower* pensamiento *m*

pant [pænt] *v/i* jadear

pan·ties ['pæntɪz] *npl Span* bragas *fpl*, *L.Am.* calzones *mpl*

pan·ti·hose → ***pantyhose***

pants [pænts] *npl* pantalones *mpl*

pan·ty·hose ['pæntɪhouz] medias *fpl*, pantis *mpl*

pa·pal ['peɪpəl] *adj* papal

pa·per ['peɪpər] **1** *n* papel *m*; (*news~*) periódico *m*; *academic* estudio *m*; *at conference* ponencia *f*; (*examination ~*) examen *m*; ***~s*** (*documents*) documentos *mpl*; *of vehicle*, (*identity ~s*) papeles *mpl*, documentación *f*; ***a piece of ~*** un trozo de papel **2** *adj* de papel **3** *v/t room, walls* empapelar

'pa·per·back libro *m* en rústica; **pa·per 'bag** bolsa *f* de papel; **'pa·per boy** repartidor *m* de periódicos; **'pa·per clip** clip *m*; **'pa·per cup** vaso *m* de papel; **'pa·per·work** papeleo *m*

par [pɑːr] *in golf* par *m*; ***be on a ~ with*** ser comparable a; ***feel below ~*** sentirse en baja forma

par·a·chute ['pærəʃuːt] **1** *n* paracaídas *m inv* **2** *v/i* saltar en paracaídas **3** *v/t troops, supplies* lanzar en paracaídas

par·a·chut·ist ['pærəʃuːtɪst] paracaidista *m/f*

pa·rade [pə'reɪd] **1** *n procession* desfile *m* **2** *v/i* desfilar; (*walk about*) pasearse **3** *v/t knowledge, new car* hacer ostentación de

par·a·dise ['pærədaɪs] paraíso *m*

par·a·dox ['pærədɑːks] paradoja *f*

par·a·dox·i·cal [pærə'dɑːksɪkl] *adj* paradójico

par·a·dox·i·cal·ly [pærə'dɑːksɪklɪ] *adv* paradójicamente

par·a·graph ['pærəgræf] párrafo *m*

Par·a·guay ['pærəgwaɪ] Paraguay

Par·a·guay·an [pærə'gwaɪən] **1** *adj* paraguayo **2** *n* paraguayo(-a) *m*(*f*)

par·al·lel ['pærəlel] **1** *n* GEOM paralela *f*; GEOG paralelo *m*; *fig* paralelismo *m*; ***draw a ~*** establecer un paralelismo; ***do two things in ~*** hacer dos cosas al mismo tiempo **2** *adj also fig* paralelo **3** *v/t* (*match*) equipararse a

pa·ral·y·sis [pə'ræləsɪs] parálisis *f*

par·a·lyze ['pærəlaɪz] *v/t also fig* paralizar

par·a·med·ic [pærə'medɪk] *n* auxiliar *m/f* sanitario(-a)

pa·ram·e·ter [pə'ræmɪtər] parámetro *m*

par·a·mil·i·tar·y [pærə'mɪlɪterɪ] **1** *adj* paramilitar **2** *n* paramilitar *m/f*

par·a·mount ['pærəmaunt] *adj* supremo, extremo; ***be ~*** ser de importancia capital

par·a·noi·a [pærə'nɔɪə] paranoia *f*

par·a·noid ['pærənɔɪd] *adj* paranoico

par·a·pher·na·li·a [pærəfər'neɪlɪə] parafernalia *f*

par·a·phrase ['pærəfreɪz] *v/t* parafrasear

par·a·pleg·ic [pærə'pliːdʒɪk] *n* parapléjico(-a) *m*(*f*)

par·a·site ['pærəsaɪt] *also fig* parásito *m*

par·a·sol ['pærəsɑːl] sombrilla *f*

par·a·troop·er ['pærətruːpər] paracaidista *m/f* (*militar*)

par·cel ['pɑːrsl] *n* paquete *m*

♦ **parcel up** *v/t* empaquetar

parch [pɑːrtʃ] *v/t* secar; ***be ~ed*** F *of person* estar muerto de sed F

par·don ['pɑːrdn] **1** *n* LAW indulto *m*; ***I beg your ~?*** (*what did you say?*) ¿cómo ha dicho?; ***I beg your ~*** (*I'm sorry*) discúlpeme **2** *v/t* perdonar; LAW indultar; ***~ me?*** ¿perdón?, ¿qué?

pare [per] *v/t* (*peel*) pelar

par·ent ['perənt] *father* padre *m*; *mother* madre *f*; ***my ~s*** mis padres

pa·ren·tal [pə'rentl] *adj* de los padres

P

'**par·ent com·pa·ny** empresa *f* matriz
pa·ren·the·sis [pə'renθəsɪs] (*pl* ***parentheses*** [pə'renθəsi:z]) paréntesis *m inv*
par·ent-'teach·er as·so·ci·a·tion asociación *f* de padres y profesores
par·ish ['pærɪʃ] parroquia *f*
park[1] [pɑ:rk] *n* parque *m*
park[2] [pɑ:rk] *v/t & v/i* MOT estacionar, *Span* aparcar
par·ka ['pɑ:rkə] parka *f*
par·king ['pɑ:rkɪŋ] MOT estacionamiento *m*, *Span* aparcamiento *m*; ***no ~*** prohibido aparcar
'**par·king brake** freno *m* de mano; '**par·king disc** disco *m* (de aparcamiento); '**par·king ga·rage** párking *m*, *Span* aparcamiento *m*; '**par·king lot** estacionamiento *m*, *Span* aparcamiento *m* (*al aire libre*); '**par·king me·ter** parquímetro *m*; '**par·king place** (plaza *f* de) estacionamiento *or Span* aparcamiento, sitio *m* para estacionar *or Span* aparcar; '**par·king tick·et** multa *f* de estacionamiento
par·lia·ment ['pɑ:rləmənt] parlamento *m*
par·lia·men·ta·ry [pɑ:rlə'mentərɪ] *adj* parlamentario
pa·role [pə'roʊl] **1** *n* libertad *f* condicional; ***be on ~*** estar en libertad condicional **2** *v/t* poner en libertad condicional; ***be ~d*** salir en libertad condicional
par·rot ['pærət] *n* loro *m*
pars·ley ['pɑ:rslɪ] perejil *m*
part [pɑ:rt] **1** *n* (*portion, area*) parte *f*; (*episode*) parte *f*, episodio *m*; *of machine* pieza *f* (de repuesto); *in play, film* papel *m*; *in hair* raya *f*; ***take ~ in*** tomar parte en **2** *adv* (*partly*) en parte; ***~ American, ~ Spanish*** medio americano medio español; ***~ fact, ~ fiction*** con una parte de realidad y una parte de ficción **3** *v/i* separarse **4** *v/t*: ***~ one's hair*** hacerse la raya
♦**part with** *v/t* desprenderse de
'**part ex·change**: ***take sth in ~*** llevarse algo como parte del pago
par·tial ['pɑ:rʃl] *adj* (*incomplete*) parcial; ***be ~ to*** tener debilidad por
par·tial·ly ['pɑ:rʃəlɪ] *adv* parcialmente
par·ti·ci·pant [pɑ:r'tɪsɪpənt] participante *m/f*
par·ti·ci·pate [pɑ:r'tɪsɪpeɪt] *v/i* participar
par·ti·ci·pa·tion [pɑ:rtɪsɪ'peɪʃn] participación *f*
par·ti·cle ['pɑ:rtɪkl] PHYS partícula *f*; (*small amount*) pizca *f*
par·tic·u·lar [pər'tɪkjələr] *adj* (*specific*) particular, concreto; (*demanding*) exigente; *about friends, employees* selectivo; *pej* especial, quisquilloso; ***you know how ~ she is*** ya sabes lo especial que es; ***this ~ morning*** precisamente esta mañana; ***in ~*** en particular; ***it's a ~ favorite of mine*** es uno de mis preferidos
par·tic·u·lar·ly [pər'tɪkjələrlɪ] *adv* particularmente, especialmente
par·ti·tion [pɑ:r'tɪʃn] **1** *n* (*screen*) tabique *m*; *of country* partición *f*, división *f* **2** *v/t country* dividir
♦**partition off** *v/t* dividir con tabiques
part·ly ['pɑ:rtlɪ] *adv* en parte
part·ner ['pɑ:rtnər] COM socio(-a) *m*(*f*); *in relationship* compañero(-a) *m*(*f*); *in tennis, dancing* pareja *f*
part·ner·ship ['pɑ:rtnərʃɪp] COM sociedad *f*; *in particular activity* colaboración *f*
part of 'speech parte *f* de la oración; '**part own·er** copropietario(-a) *m*(*f*); '**part-time 1** *adj* a tiempo parcial **2** *adv work* a tiempo parcial; **part-'tim·er**: ***be a ~*** trabajar a tiempo parcial
par·ty ['pɑ:rtɪ] **1** *n* (*celebration*) fiesta *f*; POL partido *m*; (*group of people*) grupo *m*; ***be a ~ to*** tomar parte en **2** *v/i* (*pret & pp* ***-ied***) F salir de marcha F
pass [pæs] **1** *n for entry*, SP pase *m*; *in mountains* desfiladero *m*; ***make a ~ at*** tirarle los tejos a **2** *v/t* (*hand*) pasar; (*go past*) pasar por delante de;

P

(*overtake*) adelantar; (*go beyond*) sobrepasar; (*approve*) aprobar; ***~ an exam*** aprobar un examen; ***~ sentence*** LAW dictar sentencia; ***~ the time*** pasar el tiempo **3** *v/i of time* pasar; *in exam* aprobar; (*go away*) pasarse

♦**pass around** *v/t* repartir

♦**pass away** *v/i euph* fallecer, pasar a mejor vida

♦**pass by 1** *v/t* (*go past*) pasar por **2** *v/i* (*go past*) pasarse

♦**pass on 1** *v/t information, book* pasar; ***~ the savings to ...*** *of supermarket etc* revertir el ahorro en ... **2** *v/i* (*euph: die*) fallecer, pasar a mejor vida

♦**pass out** *v/i* (*faint*) desmayarse

♦**pass through** *v/t town* pasar por

♦**pass up** *v/t opportunity* dejar pasar

pass•a•ble ['pæsəbl] *adj road* transitable; (*acceptable*) aceptable

pas•sage ['pæsɪdʒ] (*corridor*) pasillo *m*; *from poem, book* pasaje *m*; *of time* paso *m*

pas•sage•way ['pæsɪdʒweɪ] pasillo *m*

pas•sen•ger ['pæsɪndʒər] pasajero(-a) *m*(*f*)

'**pas•sen•ger seat** asiento *m* de pasajero

pas•ser-by [pæsər'baɪ] (*pl* ***passers-by***) transeúnte *m/f*

pas•sion ['pæʃn] pasión *f*; ***a crime of ~*** un crimen pasional

pas•sion•ate ['pæʃnət] *adj lover* apasionado; (*fervent*) fervoroso

pas•sive ['pæsɪv] **1** *adj* pasivo **2** *n* GRAM (voz *f*) pasiva *f*; ***in the ~*** en pasiva

'**pass mark** EDU nota *f* mínima para aprobar; **Pass•o•ver** ['pæsoʊvər] REL Pascua *f* de los hebreos; **pass•port** ['pæspɔːrt] pasaporte *m*; '**pass•port con•trol** control *m* de pasaportes; '**pass•word** contraseña *f*

past [pæst] **1** *adj* (*former*) pasado; ***his ~ life*** su pasado; ***the ~ few days*** los últimos días; ***that's all ~ now*** todo eso es agua pasada **2** *n* pasado; ***in the ~*** antiguamente **3** *prep in position* después de; ***it's half ~ two*** son las dos y media; ***it's ~ seven o'clock*** pasan de las siete; ***it's ~ your bedtime*** hace rato que tenías que haberte ido a la cama **4** *adv*: ***run / walk ~*** pasar

pas•ta ['pæstə] pasta *f*

paste [peɪst] **1** *n* (*adhesive*) cola *f* **2** *v/t* (*stick*) pegar

pas•tel ['pæstl] **1** *n color* pastel *m* **2** *adj* pastel

pas•time ['pæstaɪm] pasatiempo *m*

past•or ['pæstər] vicario *m*

past par'ti•ci•ple GRAM participio *m* pasado

pas•tra•mi [pæ'strɑːmɪ] pastrami *m*, *carne de vaca ahumada con especias*

pas•try ['peɪstrɪ] *for pie* masa *f*; *small cake* pastel *m*

'**past tense** GRAM (tiempo *m*) pasado *m*

pas•ty ['peɪstɪ] *adj complexion* pálido

pat [pæt] **1** *n* palmadita *f*; ***give s.o. a ~ on the back*** *fig* dar una palmadita a alguien en la espalda **2** *v/t* (*pret & pp* ***-ted***) dar palmaditas a

patch [pætʃ] **1** *n on clothing* parche *m*; (*area*) mancha *f*; ***a bad ~*** (*period of time*) un mal momento, una mala racha; ***~es of fog*** zonas de niebla; ***not be a ~ on*** *fig* no tener ni punto de comparación con **2** *v/t clothing* remendar

♦**patch up** *v/t* (*repair temporarily*) hacer un remiendo a, arreglar a medias; *quarrel* solucionar

patch•work ['pætʃwɜːrk] **1** *n needlework* labor *f* de retazo **2** *adj hecho de remiendos*

patch•y ['pætʃɪ] *quality* desigual; *work, performance* irregular

pâ•té [pɑː'teɪ] paté *m*

pa•tent ['peɪtnt] **1** *adj* patente, evidente **2** *n for invention* patente *f* **3** *v/t invention* patentar

pa•tent 'leath•er charol *m*

pa•tent•ly ['peɪtntlɪ] (*clearly*) evidentemente, claramente

pa•ter•nal [pə'tɜːrnl] *relative* paterno; *pride, love* paternal

pa•ter•nal•ism [pə'tɜːrnlɪzm] pater-

P

nalismo *m*
pa·ter·nal·is·tic [pətɜːrnl'ɪstɪk] *adj* paternalista
pa·ter·ni·ty [pə'tɜːrnɪtɪ] paternidad *f*
path [pæθ] *also fig* camino *m*
pa·thet·ic [pə'θetɪk] *adj invoking pity* patético; F (*very bad*) lamentable F
path·o·log·i·cal [pæθə'lɑːdʒɪkl] *adj* patológico
pa·thol·o·gist [pə'θɑːlədʒɪst] patólogo(-a) *m(f)*
pa·thol·o·gy [pə'θɑːlədʒɪ] patología *f*
pa·tience ['peɪʃns] paciencia *f*
pa·tient ['peɪʃnt] **1** *n* paciente *m/f* **2** *adj* paciente; ***just be ~!*** ¡ten paciencia!
pa·tient·ly ['peɪʃntlɪ] *adv* pacientemente
pat·i·o ['pætɪoʊ] patio *m*
pat·ri·ot ['peɪtrɪət] patriota *m/f*
pat·ri·ot·ic [peɪtrɪ'ɑːtɪk] *adj* patriótico
pa·tri·ot·ism ['peɪtrɪətɪzm] patriotismo *m*
pa·trol [pə'troʊl] **1** *n* patrulla *f*; ***be on ~*** estar de patrulla **2** *v/t* (*pret & pp* ***-led***) *streets, border* patrullar
pa'trol car coche *m* patrulla; **pa'trol·man** policía *m*, patrullero *m*; **pa'trol wag·on** furgón *m* policial
pa·tron ['peɪtrən] *of store, movie theater* cliente *m/f*; *of artist, charity etc* patrocinador(a) *m(f)*
pa·tron·ize ['pætrənaɪz] *v/t person* tratar con condescendencia *or* como a un niño
pa·tron·iz·ing ['pætrənaɪzɪŋ] condescendiente
pa·tron 'saint santo(-a) *m(f)* patrón(-ona), patrón(-ona) *m(f)*
pat·ter ['pætər] **1** *n of rain etc* repiqueteo *m*; F *of salesman* parloteo *m* F **2** *v/i* repiquetear
pat·tern ['pætərn] *n on wallpaper, fabric* estampado *m*; *for knitting, sewing* diseño *m*; (*model*) modelo *m*; *in behavior, events* pauta *f*
pat·terned ['pætərnd] *adj* estampado
paunch [pɒːntʃ] barriga *f*
pause [pɒːz] **1** *n* pausa *f* **2** *v/i* parar; *when speaking* hacer una pausa **3** *v/t tape* poner en pausa
pave [peɪv] *with concrete* pavimentar; *with slabs* adoquinar; ***~ the way for*** *fig* preparar el terreno para
pave·ment ['peɪvmənt] (*roadway*) calzada *f*; *Br* (*sidewalk*) acera *f*
pav·ing stone ['peɪvɪŋ] losa *f*
paw [pɒː] **1** *n of animal* pata *f*; F (*hand*) pezuña *f* F **2** *v/t* F sobar F
pawn[1] [pɒːn] *n in chess* peón *m*; *fig* títere *m*
pawn[2] [pɒːn] *v/t* empeñar
'pawn·bro·ker prestamista *m/f*
'pawn·shop casa *f* de empeños
pay [peɪ] **1** *n* paga *f*, sueldo *m*; ***in the ~ of*** a sueldo de **2** *v/t* (*pret & pp* ***paid***) *employee, sum, bill* pagar; ***~ attention*** prestar atención; ***~ s.o. a compliment*** hacer un cumplido a alguien **3** *v/i* (*pret & pp* ***paid***) pagar; (*be profitable*) ser rentable; ***it doesn't ~ to ...*** no conviene ...; ***~ for*** *purchase* pagar; ***you'll ~ for this!*** *fig* ¡me las pagarás!
♦**pay back** *v/t person* devolver el dinero a; *loan* devolver
♦**pay in** *v/t to bank* ingresar
♦**pay off** **1** *v/t debt* liquidar; (*bribe*) sobornar **2** *v/i* (*be profitable*) valer la pena
♦**pay up** *v/i* pagar
pay·a·ble ['peɪəbl] *adj* pagadero
'pay check, *Br* **'pay cheque** cheque *m* del sueldo
'pay·day día *m* de paga
pay·ee [peɪ'iː] beneficiario(-a) *m(f)*
'pay en·ve·lope sobre *m* con la paga
pay·er ['peɪər] pagador(a) *m(f)* ***they are good ~s*** pagan puntualmente
pay·ment ['peɪmənt] pago *m*
'pay phone teléfono *m* público; **'pay·roll** salarios *mpl*; *employees* nómina *f*; ***be on the ~*** estar en nómina; **'pay·slip** nómina *f* (*papel*)
PC [piː'siː] *abbr* (= ***personal computer***) PC *m*, *Span* ordenador *m or L.Am.* computadora personal; (= ***politically correct***) políticamente correcto

pea [piː] *Span* guisante *m*, *L.Am.* arveja *f*, *Mex* chícharo *m*
peace [piːs] paz *f*; (*quietness*) tranquilidad
peace•a•ble ['piːsəbl] *adj person* pacífico
'**Peace Corps** *organización gubernamental estadounidense de ayuda al desarrollo*
peace•ful ['piːsfəl] *adj* tranquilo; *demonstration* pacífico
peace•ful•ly ['piːsfəlɪ] *adv* pacíficamente
peach [piːʧ] *fruit* melocotón *m*, *L.Am.* durazno *m*; *tree* melocotonero *m*, *L.Am.* duraznero *m*
pea•cock ['piːkɑːk] pavo *m* real
peak [piːk] **1** *n of mountain* cima *f*; *mountain* pico *m*; *fig* clímax *m* **2** *v/i* alcanzar el máximo
'**peak hours** *npl* horas *fpl* punta
pea•nut ['piːnʌt] cacahuete *m*, *L.Am.* maní *m*, *Mex* cacahuate *m*; ***get paid ~s*** F cobrar una miseria F; ***that's ~s to him*** F eso es calderilla para él F
pea•nut 'but•ter crema *f* de cacahuete
pear [per] pera *f*
pearl [pɜːrl] perla *f*
peas•ant ['peznt] campesino(-a) *m*(*f*)
peb•ble ['pebl] guijarro *m*
pe•can ['piːkən] pacana *f*
peck [pek] **1** *n bite* picotazo *m*; *kiss* besito *m* **2** *v/t bite* picotear; *kiss* dar un besito a
pe•cu•li•ar [pɪ'kjuːljər] *adj* (*strange*) raro; **~ *to*** (*special*) característico de
pe•cu•li•ar•i•ty [pɪkjuːlɪ'ærətɪ] (*strangeness*) rareza *f*; (*special feature*) peculiaridad *f*, característica *f*
ped•al ['pedl] **1** *n of bike* pedal *m* **2** *v/i* (*turn ~s*) pedalear; (*cycle*) recorrer en bicicleta
pe•dan•tic [pɪ'dæntɪk] *adj* puntilloso
ped•dle ['pedl] *v/t drugs* traficar *or* trapichear con
ped•es•tal ['pedəstl] *for statue* pedestal *m*
pe•des•tri•an [pɪ'destrɪən] *n* peatón(-ona) *m*(*f*)
pe•des•tri•an 'cros•sing paso *m* de peatones
pe•di•at•ric [piːdɪ'ætrɪk] *adj* pediátrico
pe•di•a•tri•cian [piːdɪə'trɪʃn] pediatra *m*/*f*
pe•di•at•rics [piːdɪ'ætrɪks] pediatría *f*
ped•i•cure ['pedɪkjʊr] pedicura *f*
ped•i•gree ['pedɪgriː] **1** *n of animal* pedigrí; *of person* linaje *m* **2** *adj* con pedigrí
pee [piː] *v/i* F hacer pis F, mear F
peek [piːk] **1** *n* ojeada *f*, vistazo *m* **2** *v/i* echar una ojeada *or* vistazo
peel [piːl] **1** *n* piel *f* **2** *v/t fruit, vegetables* pelar **3** *v/i of nose, shoulders* pelarse; *of paint* levantarse
♦**peel off 1** *v/t wrapper etc* quitar; *jacket etc* quitarse **2** *v/i of wrapper* quitarse
peep [piːp] → ***peek***
peep•hole ['piːphoʊl] mirilla *f*
peer[1] [pɪr] *n* (*equal*) igual *m*
peer[2] [pɪr] *v/i* mirar; **~ *through the mist*** buscar con la mirada entre la niebla; **~ *at*** forzar la mirada para ver
peeved [piːvd] F mosqueado F
peg [peg] *n for hat, coat* percha *f*; *for tent* clavija *f*; ***off the ~*** de confección
pe•jo•ra•tive [pɪ'dʒɑːrətɪv] *adj* peyorativo
pel•let ['pelɪt] pelotita *f*; (*bullet*) perdigón *m*
pelt [pelt] **1** *v/t*: **~ *s.o. with sth*** tirar algo a alguien **2** *v/i*: ***they ~ed along the road*** F fueron a toda mecha por la carretera F; ***it's ~ing down*** F está diluviando F
pel•vis ['pelvɪs] pelvis *f*
pen[1] [pen] *n* (*ballpoint ~*) bolígrafo *m*; (*fountain ~*) pluma *f* (estilográfica)
pen[2] [pen] (*enclosure*) corral *m*
pen[3] [pen] → ***penitentiary***
pe•nal•ize ['piːnəlaɪz] *v/t* penalizar
pen•al•ty ['penəltɪ] sanción *f*; SP penalti *m*; ***take the ~*** *in soccer* lanzar el penalti

ˈ**pen·al·ty ar·e·a** SP área *f* de castigo; ˈ**pen·al·ty clause** LAW cláusula *f* de penalización; ˈ**pen·al·ty kick** (lanzamiento *m* de) penalti *m*; **pen·al·ty** ˈ**shoot-out** tanda *f* de penaltis; ˈ**pen·al·ty spot** punto *m* de penalti
pen·cil [ˈpensɪl] lápiz *m*
pen·cil sharp·en·er sacapuntas *m inv*
pen·dant [ˈpendənt] *necklace* colgante *m*
pend·ing [ˈpendɪŋ] **1** *prep* en espera de **2** *adj* pendiente; ***be ~*** *awaiting a decision* estar pendiente; *about to happen* ser inminente
pen·e·trate [ˈpenɪtreɪt] *v/t* (*pierce*) penetrar; *market* penetrar en
pen·e·trat·ing [ˈpenɪtreɪtɪŋ] *adj stare, scream* penetrante; *analysis* exhaustivo
pen·e·tra·tion [penɪˈtreɪʃn] penetración *f*; *of defences* incursión *f*; *of market* entrada *f*
ˈ**pen friend** amigo(-a) *m*(*f*) por correspondencia
pen·guin [ˈpeŋgwɪn] pingüino *m*
pen·i·cil·lin [penɪˈsɪlɪn] penicilina *f*
pe·nin·su·la [pəˈnɪnsʊlə] península *f*
pe·nis [ˈpiːnɪs] pene *m*
pen·i·tence [ˈpenɪtəns] (*remorse*) arrepentimiento *m*
pen·i·tent [ˈpenɪtənt] *adj* arrepentido
pen·i·tent·ia·ry [penɪˈtenʃərɪ] prisión *f*, cárcel *f*
ˈ**pen name** seudónimo *m*
pen·nant [ˈpenənt] banderín *f*
pen·ni·less [ˈpenɪlɪs] *adj* sin un centavo
pen·ny [ˈpenɪ] penique *m*
ˈ**pen pal** amigo(-a) *m*(*f*) por correspondencia
pen·sion [ˈpenʃn] pensión *f*
◆**pension off** *v/t* jubilar
ˈ**pen·sion fund** fondo *m* de pensiones
ˈ**pen·sion scheme** plan *m* de jubilación
pen·sive [ˈpensɪv] *adj* pensativo
Pen·ta·gon [ˈpentəgɑːn]: ***the ~*** el Pentágono
pen·tath·lon [penˈtæθlən] pentatlón *m*
Pen·te·cost [ˈpentɪkɑːst] Pentecostés *m*
pent·house [ˈpenthaʊs] ático *m* (*de lujo*)
pent-up [ˈpentʌp] *adj* reprimido
pe·nul·ti·mate [peˈnʌltɪmət] *adj* penúltimo
peo·ple [ˈpiːpl] *npl* gente *f*; (*individuals*) personas *fpl*; (*nsg*: *race, tribe*) pueblo *m*; ***the ~*** (*citizens*) el pueblo, los ciudadanos; ***the Spanish ~*** los españoles; ***a lot of ~ think ...*** muchos piensan que ...; ***~ say ...*** se dice que ..., dicen que ...
pep·per [ˈpepər] *spice* pimienta *f*; *vegetable* pimiento *m*
pep·per·mint *candy* caramelo *m* de menta
pep talk [ˈseptɒːk]: ***give a ~*** decir unas palabras de aliento
per [pɜːr] *prep* por; ***~ annum*** al año, por año
per·ceive [pərˈsiːv] *v/t with senses* percibir; (*view, interpret*) interpretar
per·cent [pərˈsent] *adv* por ciento
per·cen·tage [pərˈsentɪdʒ] porcentaje *m*, tanto *m* por ciento
per·cep·ti·ble [pərˈseptəbl] *adj* perceptible
per·cep·ti·bly [pərˈseptəblɪ] *adv* visiblemente
per·cep·tion [pərˈsepʃn] *through senses* percepción *f*; *of situation* apreciación *f*; (*insight*) perspicacia *f*
per·cep·tive [pərˈseptɪv] *adj* perceptivo
perch [pɜːrʧ] **1** *n for bird* percha *f* **2** *v/i of bird* posarse; *of person* sentarse
per·co·late [ˈpɜːrkəleɪt] *v/i of coffee* filtrarse
per·co·la·tor [ˈpɜːrkəleɪtər] cafetera *f* de filtro
per·cus·sion [pərˈkʌʃn] percusión *f*
perˈ**cus·sion in·stru·ment** instrumento *m* de percusión
pe·ren·ni·al [pəˈrenɪəl] *n* BOT árbol *m* de hoja perenne
per·fect **1** *n* [ˈpɜːrfɪkt] GRAM pretéri-

P

to *m* perfecto **2** *adj* perfecto **3** *v/t* [pər'fekt] perfeccionar

per·fec·tion [pər'fekʃn] perfección *f*; ***do sth to ~*** hacer algo a la perfección

per·fec·tion·ist [pər'fekʃnɪst] *n* perfeccionista *m/f*

per·fect·ly ['pɜːrfɪktlɪ] perfectamente; (*totally*) completamente

per·fo·rat·ed ['pɜːrfəreɪtɪd] *adj line* perforado

per·fo·ra·tions [pɜːrfə'reɪʃnz] *npl* perforaciones *fpl*

per·form [pə'fɔːrm] **1** *v/t* (*carry out*) realizar, llevar a cabo; *of actors, musician etc* interpretar, representar **2** *v/i of actor, musician, dancer* actuar; *of machine* funcionar

per·form·ance [pə'fɔːrməns] *by actor, musician etc* actuación *f*, interpretación *f*; *of play* representación *f*; *of employee* rendimiento *m*; *of official, company, in sport* actuación *f*; *of machine* rendimiento *m*

per'form·ance car coche *m* de gran rendimiento

per·form·er [pə'fɔːrmər] intérprete *m/f*

per·fume ['pɜːrfjuːm] perfume *m*

per·func·to·ry [pər'fʌŋktərɪ] *adj* superficial

per·haps [pər'hæps] *adv* quizá(s), tal vez; ***~ it's not too late*** puede que no sea demasiado tarde

per·il ['perəl] peligro *m*

per·il·ous ['perələs] *adj* peligroso

pe·rim·e·ter [pə'rɪmɪtər] perímetro *m*

pe'rim·e·ter fence cerca *f*

pe·ri·od ['pɪrɪəd] periodo *m*, período *m*; (*menstruation*) periodo *m*, regla *f*; *punctuation mark* punto *m*; ***I don't want to, ~!*** F ¡no me da la gana y punto! F

pe·ri·od·ic [pɪrɪ'ɑːdɪk] *adj* periódico

pe·ri·od·i·cal [pɪrɪ'ɑːdɪkl] *n* publicación *f* periódica

pe·ri·od·i·cal·ly [pɪrɪ'ɑːdɪklɪ] *adv* periódicamente, con periodicidad

pe·riph·e·ral [pə'rɪfərəl] **1** *adj* (*not crucial*) secundario **2** *n* COMPUT periférico *m*

pe·riph·e·ry [pə'rɪfərɪ] periferia *f*

per·ish ['perɪʃ] *v/i of rubber* estropearse, picarse; *of person* perecer

per·ish·a·ble ['perɪʃəbl] *adj food* perecedero

per·jure ['pɜːrdʒər] *v/t*: ***~ o.s.*** perjurar

per·ju·ry ['pɜːrdʒərɪ] perjurio *m*

perk [pɜːrk] *n of job* ventaja *f*

◆**perk up** **1** *v/t* animar **2** *v/i* animarse

perk·y ['pɜːrkɪ] (*cheerful*) animado

perm [pɜːrm] **1** *n* permanente *f* **2** *v/t* hacer la permanente; ***she had her hair ~ed*** se hizo la permanente

per·ma·nent ['pɜːrmənənt] *adj* permanente

per·ma·nent·ly ['pɜːrmənəntlɪ] *adv* permanentemente

per·me·a·ble ['pɜːrmɪəbl] *adj* permeable

per·me·ate ['pɜːrmɪeɪt] *v/t* impregnar

per·mis·si·ble [pər'mɪsəbl] *adj* permisible

per·mis·sion [pər'mɪʃn] permiso *m*; ***ask s.o.'s ~ to ...*** pedir permiso a alguien para ...

per·mis·sive [pər'mɪsɪv] *adj* permisivo

per·mit ['pɜːrmɪt] **1** *n* licencia *f* **2** *v/t* (*pret & pp* ***-ted***) [pər'mɪt] permitir; ***~ s.o. to do sth*** permitir a alguien que haga algo

per·pen·dic·u·lar [pɜːrpən'dɪkjʊlər] *adj* perpendicular

per·pet·u·al *adj* perpetuo; *interruptions* continuo

per·pet·u·al·ly [pər'petʃʊəlɪ] *adv* constantemente

per·pet·u·ate [pər'petʃʊeɪt] *v/t* perpetuar

per·plex [pər'pleks] *v/t* dejar perplejo

per·plexed [pər'plekst] *adj* perplejo

per·plex·i·ty [pər'pleksɪtɪ] perplejidad *f*

per·se·cute ['pɜːrsɪkjuːt] *v/t* perseguir; (*hound*) acosar

per·se·cu·tion [pɜːrsɪ'kjuːʃn] persecución *f*; (*harassment*) acoso *m*

per·se·cu·tor [pɜːrsɪ'kjuːtər] per-

seguidor(a) *m*(*f*)
per·se·ver·ance [pɜːrsɪ'vɪrəns] perseverancia *f*
per·se·vere [pɜːrsɪ'vɪr] *v/i* perseverar
per·sist [pər'sɪst] *v/i* persistir; ~ ***in*** persistir en
per·sis·tence [pər'sɪstəns] (*perseverance*) perseverancia *f*; (*continuation*) persistencia *f*
per·sis·tent [pər'sɪstənt] *adj person, questions* perseverante; *rain, unemployment etc* persistente
per·sis·tent·ly [pər'sɪstəntlɪ] *adv* (*continually*) constantemente
per·son ['pɜːrsn] persona *f*; ***in*** ~ en persona
per·son·al ['pɜːrsənl] *adj* (*private*) personal; *life* privado; ***don't make ~ remarks*** no hagas comentarios personales
per·son·al as'sist·ant secretario(-a) *m*(*f*) personal; **'per·son·al col·umn** sección *f* de anuncios personales; **per·son·al com'put·er** *Span* ordenador *m* personal, *L.Am.* computadora *f* personal; **per·son·al 'hy·giene** higiene *f* personal
per·son·al·i·ty [pɜːrsə'nælətɪ] personalidad *f*; (*celebrity*) personalidad *f*, personaje *m*
per·son·al·ly ['pɜːrsənəlɪ] *adv* (*for my part*) personalmente; (*in person*) en persona; ***don't take it*** ~ no te lo tomes como algo personal
per·son·al 'or·gan·iz·er organizador *m* personal; **per·son·al 'pro·noun** pronombre *m* personal; **per·son·al 'ster·e·o** walkman *m* ®
per·son·i·fy [pɜːr'sɑːnɪfaɪ] *v/t* (*pret & pp* ***-ied***) *of person* personificar
per·son·nel [pɜːrsə'nel] *employees, department* personal *m*
per·son'nel man·a·ger director(a) *m*(*f*) de personal
per·spec·tive [pər'spektɪv] PAINT perspectiva *f*; ***get sth into*** ~ poner algo en perspectiva
per·spi·ra·tion [pɜːrspɪ'reɪʃn] sudor *m*, transpiración *f*
per·spire [pɜːr'spaɪr] *v/i* sudar, transpirar
per·suade [pər'sweɪd] *v/t person* persuadir; ~ ***s.o. to do sth*** persuadir a alguien para que haga algo
per·sua·sion [pər'sweɪʒn] persuasión *f*
per·sua·sive [pər'sweɪsɪv] persuasivo
per·ti·nent ['pɜːrtɪnənt] *adj fml* pertinente
per·turb [pər'tɜːrb] *v/t* perturbar
per·turb·ing [pər'tɜːrbɪŋ] *adj* perturbador
Pe·ru [pə'ruː] *n* Perú
pe·ruse [pə'ruːz] *v/t fml* leer atentamente
Pe·ru·vi·an [pə'ruːvɪən] **1** *adj* peruano **2** *n* peruano(-a) *m*(*f*)
per·va·sive [pər'veɪsɪv] *adj influence, ideas* dominante
per·verse [pər'vɜːrs] *adj* (*awkward*) terco; ***just to be*** ~ sólo para llevar la contraria
per·ver·sion [pər'vɜːrʃn] *sexual* perversión *f*
per·vert ['pɜːrvɜːrt] *n sexual* pervertido(-a) *m*(*f*)
pes·si·mism ['pesɪmɪzm] pesimismo *m*
pes·si·mist ['pesɪmɪst] pesimista *m/f*
pes·si·mist·ic [pesɪ'mɪstɪk] *adj* pesimista
pest [pest] plaga *f*; F *person* tostón *m* F
pes·ter ['pestər] *v/t* acosar; ~ ***s.o. to do sth*** molestar *or* dar la lata a alguien para que haga algo
pes·ti·cide ['pestɪsaɪd] pesticida *f*
pet [pet] **1** *n animal* animal *m* doméstico *or* de compañía; (*favorite*) preferido(-a) *m*(*f*) **2** *adj* preferido, favorito **3** *v/t* (*pret & pp* ***-ted***) *animal* acariciar **4** *v/i* (*pret & pp* ***-ted***) *of couple* magrearse F
pet·al ['petl] pétalo *m*
♦ **pe·ter out** ['piːtər] *v/i of rain* amainar; *of rebellion* irse extinguiendo; *of path* ir desapareciendo
pe·tite [pə'tiːt] *adj* chiquito(-a); *size* menudo

P

pe·ti·tion [pəˈtɪʃn] *n* petición *f*
ˈ**pet name** nombre *m* cariñoso
pet·ri·fied [ˈpetrɪfaɪd] *adj person* petrificado; *scream, voice* aterrorizado
pet·ri·fy [ˈpetrɪfaɪ] *v/t* (*pret & pp* ***-ied***) dejar petrificado
pet·ro·chem·i·cal [petroʊˈkemɪkl] *adj* petroquímico
pet·rol [ˈpetrl] *Br* gasolina *f*, *Arg* nafta *f*
pe·tro·le·um [pɪˈtroʊlɪəm] petróleo *m*
pet·ting [ˈpetɪŋ] magreo *m* F
pet·ty [ˈpetɪ] *adj person, behavior* mezquino; *details, problem* sin importancia
pet·ty ˈ**cash** dinero *m* para gastos menores
pet·u·lant [ˈpetʃələnt] *adj* caprichoso
pew [pjuː] banco *m* (*de iglesia*)
pew·ter [ˈpjuːtər] peltre *m*
phar·ma·ceu·ti·cal [fɑːrməˈsuːtɪkl] *adj* farmaceútico
phar·ma·ceu·ti·cals [fɑːməˈsuːtɪklz] *npl* fármacos *mpl*
phar·ma·cist [ˈfɑːrməsɪst] *in store* farmaceútico(-a) *m*(*f*)
phar·ma·cy [ˈfɑːrməsɪ] *store* farmacia *f*
phase [feɪz] fase *f*; ***go through a difficult*** ~ atravesar una mala etapa
♦**phase in** *v/t* introducir gradualmente
♦**phase out** *v/t* eliminar gradualmente
PhD [piːeɪtʃˈdiː] *abbr* (= ***Doctor of Philosophy***) Doctorado *m*
phe·nom·e·nal [fɪˈnɑːmɪnl] *adj* fenomenal
phe·nom·e·nal·ly [fɪˈnɑːmɪnlɪ] *adv* extraordinariamente; *stupid* increíblemente
phe·nom·e·non [fɪˈnɑːmɪnɑːn] fenómeno *m*
phil·an·throp·ic [fɪlənˈθrɑːpɪk] *adj* filantrópico
phi·lan·thro·pist [fɪˈlænθrəpɪst] filántropo(-a) *m*(*f*)
phi·lan·thro·py [fɪˈlænθrəpɪ] filantropía *f*
Phil·ip·pines [ˈfɪlɪpiːnz] *npl*: ***the*** ~ las Filipinas
phil·is·tine [ˈfɪlɪstaɪn] *n* filisteo(-a) *m*(*f*)
phi·los·o·pher [fɪˈlɑːsəfər] filósofo(-a) *m*(*f*)
phil·o·soph·i·cal [fɪləˈsɑːfɪkl] *adj* filosófico
phi·los·o·phy [fɪˈlɑːsəfɪ] filosofía *f*
pho·bi·a [ˈfoʊbɪə] fobia *f*
phone [foʊn] **1** *n* teléfono *m*; ***be on the*** ~ (*have a* ~) tener teléfono; *be talking* estar hablando por teléfono **2** *v/t* llamar (por teléfono) a **3** *v/i* llamar (por teléfono)
ˈ**phone book** guía *f* (de teléfonos); ˈ**phone booth** cabina *f* (de teléfonos); ˈ**phone·call** llamada *f* (telefónica); ˈ**phone card** tarjeta *f* telefónica; ˈ**phone num·ber** número *m* de teléfono
pho·net·ics [fəˈnetɪks] fonética *f*
pho·n(e)y [ˈfoʊnɪ] *adj* F falso
pho·to [ˈfoʊtoʊ] foto *f*
ˈ**pho·to al·bum** álbum *m* de fotos; ˈ**pho·to·cop·i·er** fotocopiadora *f*; ˈ**pho·to·cop·y 1** *n* fotocopia *f* **2** *v/t* (*pret & pp* ***-ied***) fotocopiar
pho·to·gen·ic [foʊtoʊˈdʒenɪk] *adj* fotogénico
pho·to·graph [ˈfoʊtəgræf] **1** *n* fotografía *f* **2** *v/t* fotografiar
pho·tog·ra·pher [fəˈtɑːgrəfər] fotógrafo(-a) *m*(*f*)
pho·tog·ra·phy [fəˈtɑːgrəfɪ] fotografía *f*
phrase [freɪz] **1** *n* frase *f* **2** *v/t* expresar
ˈ**phrase·book** guía *f* de conversación
phys·i·cal [ˈfɪzɪkl] **1** *adj* físico **2** *n* MED reconocimiento *m* médico
phys·i·cal ˈ**hand·i·cap** minusvalía *f* física
phys·i·cal·ly [ˈfɪzɪklɪ] *adv* físicamente
phys·i·cal·ly ˈ**hand·i·cap·ped** disminuído(-a) *m*(*f*) físico
phy·si·cian [fɪˈzɪʃn] médico(-a) *m*(*f*)
phys·i·cist [ˈfɪzɪsɪst] físico(-a) *m*(*f*)
phys·ics [ˈfɪzɪks] física *f*
phys·i·o·ther·a·pist [fɪzɪoʊˈθerə-

P

pɪst] fisioterapeuta *m/f*
phys·i·o·ther·a·py [fɪzɪoʊ'θerəpɪ] fisioterapia *f*
phy·sique [fɪ'ziːk] físico *m*
pi·a·nist ['pɪənɪst] pianista *m/f*
pi·an·o [pɪ'ænoʊ] piano *m*
pick [pɪk] **1** *n*: ***take your ~*** elige el que prefieras **2** *v/t* (*choose*) escoger, elegir; *flowers, fruit* recoger; ***~ one's nose*** meterse el dedo en la nariz **3** *v/i*: ***~ and choose*** ser muy exigente
♦**pick at** *v/t*: ***pick at one's food*** comer como un pajarito
♦**pick on** *v/t* (*treat unfairly*) meterse con; (*select*) elegir
♦**pick out** *v/t* (*identify*) identificar
♦**pick up 1** *v/t object* recoger, *Span* coger; *habit* adquirir, *Span* coger; *illness* contraer, *Span* coger; *in car, from ground, from airport etc* recoger; *telephone* descolgar; *language, skill* aprender; (*buy*) comprar; *criminal* detener; ***pick s.o. up*** *sexually* ligar con alguien **2** *v/i* (*improve*) mejorar
pick·et ['pɪkɪt] **1** *n of strikers* piquete *m* **2** *v/t* hacer piquete delante de
'pick·et fence valla *f* de estacas
'pick·et line piquete *m*
pick·le ['pɪkl] *v/t* encurtir; *fish* poner en escabeche; *meat* poner en adobo
pick·les ['pɪklz] *npl* (*dill ~*) encurtidos *mpl*
'pick·pocket carterista *m/f*
pick-up (truck) ['pɪkʌp] camioneta *f*
pick·y ['pɪkɪ] *adj* F tiquismiquis F
pic·nic ['pɪknɪk] **1** *n* picnic *m* **2** *v/i* (*pret & pp* **-ked**) ir de picnic
pic·ture ['pɪktʃər] **1** *n* (*photo*) fotografía *f*; (*painting*) cuadro *m*; (*illustration*) dibujo *m*; (*movie*) película *f*; *on TV* imagen *f*; ***keep s.o. in the ~*** mantener a alguien al día **2** *v/t* imaginar
'pic·ture book libro *m* ilustrado
pic·ture 'post·card postal *f*
pic·tur·esque [pɪktʃə'resk] *adj* pintoresco
pie [paɪ] pastel *m*
piece [piːs] (*fragment*) fragmento *m*; *component, in board game* pieza *f*; ***a ~ of pie / bread*** un trozo de pastel / una rebanada de pan; ***a ~ of advice*** un consejo; ***go to ~s*** derrumbarse; ***take to ~s*** desmontar
♦**piece together** *v/t broken plate* recomponer; *facts, evidence* reconstruir
piece·meal ['piːsmiːl] *adv* poco a poco
piece·work ['piːswɜːrk] trabajo *m* a destajo
pier [pɪr] *at seaside* malecón *m*
pierce [pɪrs] *v/t* (*penetrate*) perforar; *ears* agujerear
pierc·ing ['pɪrsɪŋ] *adj scream* desgarrador; *gaze* penetrante; *wind* cortante
pig [pɪg] *also fig* cerdo *m*; *greedy* glotón(-a) *m*(*f*)
pi·geon ['pɪdʒɪn] paloma *f*
'pi·geon·hole 1 *n* casillero *m* **2** *v/t person* encasillar; *proposal* archivar
pig·gy·bank ['pɪgɪbæŋk] hucha *f*
pig·head·ed [pɪg'hedɪd] *adj* F cabezota F; **'pig·pen** *also fig* pocilga *f*; **'pig·skin** piel *f* de cerdo; **'pig·tail** coleta *f*
pile [paɪl] montón *m*, pila *f*; ***a ~ of work*** F un montón de trabajo F
♦**pile up 1** *v/i of work, bills* acumularse **2** *v/t* amontonar
piles [paɪlz] *nsg* MED hemorroides *fpl*
pile-up ['paɪlʌp] MOT choque *m* múltiple
pil·fer·ing ['pɪlfərɪŋ] hurtos *mpl*
pil·grim ['pɪlgrɪm] peregrino(-a) *m*(*f*)
pil·grim·age ['pɪlgrɪmɪdʒ] peregrinación *f*
pill [pɪl] pastilla *f*; ***be on the ~*** tomar la píldora
pil·lar ['pɪlər] pilar *m*
pil·lion ['pɪljən] *of motor bike* asiento *m* trasero
pil·low ['pɪloʊ] *n* almohada *f*
'pill·ow·case, **'pil·low·slip** funda *f* de almohada
pi·lot ['paɪlət] **1** *n of airplane* piloto *m/f*; *for ship* práctico *m* **2** *v/t airplane* pilotar

'**pi·lot scheme** plan *m* piloto
pimp [pɪmp] *n* proxeneta *m*, *Span* chulo *m* F
pim·ple ['pɪmpl] grano *m*
PIN [pɪn] (= ***personal identification number***) PIN *m* (= número *m* de identificación personal)
pin [pɪn] **1** *n for sewing* alfiler *m*; *in bowling* bolo *m*; (*badge*) pin *m*; ELEC clavija *f*; ***safety ~*** imperdible *m* **2** *v/t* (*pret & pp* ***-ned***) (*hold down*) mantener; (*attach*) sujetar
♦**pin down** *v/t*: ***pin s.o. down to a date*** forzar a alguien a concretar una fecha
♦**pin up** *v/t notice* sujetar con chinchetas
pin·cers ['pɪnsərz] *npl of crab* pinzas *fpl*; *tool* tenazas *fpl*; ***a pair of ~*** unas tenazas *fpl*
pinch [pɪntʃ] **1** *n* pellizco *m*; *of salt, sugar etc* pizca *f*; ***at a ~*** si no queda otro remedio; *with numbers* como máximo **2** *v/t* pellizcar **3** *v/i of shoes* apretar
pine[1] [paɪn] *n tree* pino *m*; *wood* (madera *f* de) pino *m*
pine[2] [paɪn] *v/i*: ***~ for*** echar de menos
pine·ap·ple ['paɪnæpl] piña *f*, *L.Am.* ananá(s) *f*
ping [pɪŋ] **1** *n* sonido *m* metálico **2** *v/i* hacer un sonido metálico
ping-pong ['pɪŋgpɑːng] pimpón *m*, ping-pong *m*
pink [pɪŋk] *adj* rosa
pin·na·cle ['pɪnəkl] *fig* cima *f*
'**pin·point** *v/t* determinar
pins and '**nee·dles** *npl* hormigueo *m*
'**pin·stripe** *adj* a rayas
pint [paɪnt] pinta *f*, *medida equivalente a 0,473 litros en Estados Unidos o a 0,568 litros en Gran Bretaña*
'**pin-up** modelo *m/f* de revista
pi·o·neer [paɪə'nɪr] **1** *n* pionero(-a) *m*(*f*) **2** *v/t* ser pionero en
pi·o·neer·ing [paɪə'nɪrɪŋ] *adj work* pionero
pi·ous ['paɪəs] piadoso
pip [pɪp] *n of fruit* pepita *f*
pipe [paɪp] **1** *n for smoking* pipa *f*; *for water, gas, sewage* tubería *f* **2** *v/t* conducir por tuberías
♦**pipe down** *v/i* F cerrar el pico F
piped mu·sic [paɪpt'mjuːzɪk] hilo *m* musical
'**pipe·line** *for oil* oleoducto *m*; *for gas* gasoducto *m*; ***in the ~*** *fig* en trámite
pip·ing hot [paɪpɪŋ'hɑːt] *adj* muy caliente
pi·rate ['paɪrət] **1** *n* pirata *m/f* **2** *v/t software* piratear
Pis·ces ['paɪsiːz] ASTR Piscis *m/f inv*
piss [pɪs] **1** *v/i* P (*urinate*) mear P **2** *n* P (*urine*) meada *f* P
pissed [pɪst] *adj* P (*annoyed*) cabreado P; *Br* P (*drunk*) borracho, pedo F
pis·tol ['pɪstl] pistola *f*
pis·ton ['pɪstən] pistón *m*
pit [pɪt] *n* (*hole*) hoyo *m*; (*coal mine*) mina *f*; *in fruit* hueso *m*
pitch[1] [pɪtʃ] *n* MUS tono *m*
pitch[2] [pɪtʃ] **1** *v/i in baseball* lanzar la pelota **2** *v/t tent* montar; *ball* lanzar
'**pitch black** *adj* negro como el carbón
pitch·er[1] ['pɪtʃər] *baseball player* lanzador(a) *m*(*f*), pítcher *m/f*
pitch·er[2] ['pɪtʃər] *container* jarra *f*
pit·e·ous ['pɪtɪəs] *adj* patético
pit·fall ['pɪtfɒːl] dificultad *f*
pith [pɪθ] *of citrus fruit* piel *f* blanca
pit·i·ful ['pɪtɪfəl] *adj sight* lastimoso; *excuse, attempt* lamentable
pit·i·less ['pɪtɪləs] *adj* despiadado
pits [pɪts] *npl in motor racing* boxes *mpl*
'**pit stop** *in motor racing* parada *f* en boxes
pit·tance ['pɪtns] miseria *f*
pit·y ['pɪtɪ] **1** *n* pena *f*, lástima *f*; ***it's a ~ that*** es una pena *or* lástima que; ***what a ~!*** ¡qué pena!; ***take ~ on*** compadecerse de **2** *v/t* (*pret & pp* ***-ied***) *person* compadecerse de
piv·ot ['pɪvət] *v/i* pivotar
piz·za ['piːtsə] pizza *f*
plac·ard ['plækɑːrd] pancarta *f*
place [pleɪs] **1** *n* sitio *m*, lugar *m*; *in race, competition* puesto *m*; (*seat*) sitio *m*, asiento *m*; ***I've lost my ~*** *in book* no sé por dónde iba; ***at my / his ~*** en mi / su casa; ***in ~ of*** en lugar de;

feel out of ~ sentirse fuera de lugar; ***take ~*** tener lugar, llevarse a cabo; ***in the first ~*** (*firstly*) en primer lugar; (*in the beginning*) en principio **2** *v/t* (*put*) poner, colocar; ***I know you but I can't quite ~ you*** te conozco pero no recuerdo de qué; ***~ an order*** hacer un pedido

'place mat mantel *m* individual

plac·id ['plæsɪd] *adj* apacible

pla·gia·rism ['pleɪdʒərɪzm] plagio *m*

pla·gia·rize ['pleɪdʒəraɪz] *v/t* plagiar

plague [pleɪg] **1** *n* plaga *f* **2** *v/t* (*bother*) molestar

plain[1] [pleɪn] *n* llanura *f*

plain[2] [pleɪn] **1** *adj* (*clear, obvious*) claro; (*not fancy*) simple; (*not pretty*) feíllo; (*not patterned*) liso; (*blunt*) directo; ***~ chocolate*** chocolate amargo **2** *adv* verdaderamente; ***it's ~ crazy*** es una verdadera locura

'plain-clothes: ***in ~*** de paisano

plain·ly ['pleɪnlɪ] *adv* (*clearly*) evidentemente; (*bluntly*) directamente; (*simply*) con sencillez; ***he's ~ upset*** está claro que está enfadado

plain 'spo·ken *adj* directo

plain·tiff ['pleɪntɪf] demandante *m/f*

plain·tive ['pleɪntɪv] *adj* quejumbroso

plan [plæn] **1** *n* (*project, intention*) plan *m*; (*drawing*) plano *m*; ***wedding ~s*** preparaciones *fpl* para la boda **2** *v/t* (*pret & pp* ***-ned***) (*prepare*) planear; (*design*) hacer los planos de; ***~ to do sth, ~ on doing sth*** planear hacer algo **3** *v/i* (*pret & pp* ***-ned***) hacer planes

plane[1] [pleɪn] *n* (*airplane*) avión *m*

plane[2] [pleɪn] *tool* cepillo *m*

plan·et ['plænɪt] planeta *f*

plank [plæŋk] *of wood* tablón *m*; *fig*: *of policy* punto *m*

plan·ning ['plænɪŋ] planificación *f*; ***at the ~ stage*** en fase de estudio

plant[1] [plænt] **1** *n* planta *f* **2** *v/t* plantar

plant[2] [plænt] *n* (*factory*) fábrica *f*, planta *f*; (*equipment*) maquinaria *f*

plan·ta·tion [plæn'teɪʃn] plantación *f*

plaque [plæk] *on wall, teeth* placa *f*

plas·ter ['plæstər] **1** *n on wall, ceiling* yeso *m* **2** *v/t wall, ceiling* enyesar; ***be ~ed with*** estar recubierto de

plas·ter cast escayola *f*

plas·tic ['plæstɪk] **1** *n* plástico *m* **2** *adj* (*made of ~*) de plástico

plas·tic 'bag bolsa *f* de plástico; **'plas·tic (mon·ey)** plástico *m*, tarjetas *fpl* de pago; **plas·tic 'sur·geon** cirujano(-a) *m*(*f*) plástico(-a); **plas·tic 'sur·ge·ry** cirugía *f* estética

plate [pleɪt] *n for food* plato *m*; (*sheet of metal*) chapa *f*; PHOT placa *f*

pla·teau ['plætoʊ] *n* meseta *f*

plat·form ['plætfɔːrm] (*stage*) plataforma *f*; *of railroad station* andén *m*; *fig*: *political* programa *m*

plat·i·num ['plætɪnəm] **1** *n* platino *m* **2** *adj* de platino

plat·i·tude ['plætɪtuːd] tópico *m*

pla·ton·ic [plə'tɑːnɪk] *adj relationship* platónico

pla·toon [plə'tuːn] *of soldiers* sección *f*

plat·ter ['plætər] *for meat, fish* fuente *f*

plau·si·ble ['plɒːzəbl] *adj* plausible

play [pleɪ] **1** *n in theater, on TV* obra *f* (de teatro); *of children, in match*, TECH juego *m* **2** *v/i* jugar; *of musician* tocar **3** *v/t musical instrument* tocar; *piece of music* intepretar, tocar; *game* jugar; *tennis, football* jugar a; *opponent* jugar contra; (*perform*: *Macbeth etc*) representar; *particular role* interpretar, hacer el papel de; ***~ a joke on*** gastar una broma a

♦**play around** *v/i* F (*be unfaithful*) acostarse con otras personas

♦**play down** *v/t* quitar importancia a

♦**play up** *v/i of machine* dar problemas; *of child* dar guerra

play·act ['pleɪækt] *v/i* (*pretend*) fingir

play·boy ['pleɪbɔɪ] playboy *m*

play·er ['pleɪr] SP jugador(a) *m*(*f*); (*musician*) intérprete *m/f*; (*actor*) actor *m*, actriz *f*

play·ful ['pleɪfəl] *adj punch etc* de broma

play·ground ['pleɪgraʊnd] zona *f* de juegos
'**play·group** guardería *f*
play·ing card ['pleɪɪŋkɑːrd] carta *f*
play·ing field ['pleɪɪŋfiːld] campo *m* de deportes
play·mate ['pleɪmeɪt] compañero(-a) *m*(*f*) de juego
play·wright ['pleɪraɪt] autor(a) *m*(*f*)
pla·za ['plɑːzə] *for shopping* centro *m* comercial
plc [piːel'siː] *Br abbr* (= ***public limited company***) S.A. *f* (= sociedad *f* anónima)
plea [pliː] *n* súplica *f*
plead [pliːd] *v/i*: ***~ for mercy*** pedir clemencia; ***~ guilty / not guilty*** declararse culpable / inocente; ***she ~ed with me not to go*** me suplicó que no fuera
pleas·ant ['pleznt] *adj* agradable
please [pliːz] **1** *adv* por favor; ***more tea? – yes, ~*** ¿más té? – sí, por favor; ***~ do*** claro que sí, por supuesto **2** *v/t* complacer; ***~ yourself!*** ¡haz lo que quieras!
pleased [pliːzd] *adj* contento; (*satisfied*) satisfecho; ***~ to meet you*** encantado de conocerle; ***I'm very ~ to be here*** estoy muy contento de estar aquí
pleas·ing ['pliːzɪŋ] *adj* agradable
pleas·ure ['pleʒər] (*happiness, satisfaction, delight*) satisfacción *f*; *as opposed to work* placer *m*; ***it's a ~*** (*you're welcome*) no hay de qué; ***with ~*** faltaría más
pleat [pliːt] *n in skirt* tabla *f*
pleat·ed skirt ['pliːtɪd] falda *f* de tablas
pledge [pledʒ] **1** *n* (*promise*) promesa *f*; (*guarantee*) compromiso *m*; (*money*) donación *f*; ***Pledge of Allegiance*** *juramento de lealtad a la bandera estadounidense* **2** *v/t* (*promise*) prometer; (*guarantee*) comprometerse; *money* donar
plen·ti·ful ['plentɪfəl] *adj* abundante
plen·ty ['plentɪ] (*abundance*) abundancia *f*; ***~ of books / food*** muchos libros / mucha comida; ***we have ~ of room*** tenemos espacio más que suficiente; ***that's ~*** es suficiente; ***there's ~ for everyone*** hay (suficiente) para todos
pli·a·ble ['plaɪəbl] *adj* flexible
pli·ers ['plaɪərz] *npl* alicates *mpl*; ***a pair of ~*** unos alicates
plight [plaɪt] situación *f* difícil
plod [plɑːd] *v/i* (*pret & pp* **-ded**) (*walk*) arrastrarse
◆**plod on** *v/i with a job* avanzar laboriosamente
plod·der ['plɑːdər] (*at work, school*) *persona no especialmente lista pero muy trabajadora*
plot[1] [plɑːt] *n* (*land*) terreno *m*
plot[2] [plɑːt] **1** *n* (*conspiracy*) complot *m*; *of novel* argumento *m* **2** *v/t* (*pret & pp* **-ted**) tramar **3** *v/i* (*pret & pp* **-ted**) conspirar
plot·ter ['plɑːtər] conspirador(a) *m*(*f*); COMPUT plóter *m*
plough *Br*, **plow** [plaʊ] **1** *n* arado *m* **2** *v/t & v/i* arar
◆**plow back** *v/t profits* reinvertir
pluck [plʌk] *v/t eyebrows* depilar; *chicken* desplumar
◆**pluck up** *v/t*: ***pluck up courage to …*** reunir el valor para …
plug [plʌg] **1** *n for sink, bath* tapón *m*; *electrical* enchufe *m*; (*spark ~*) bujía *f*; ***give a book a ~*** dar publicidad a un libro **2** *v/t* (*pret & pp* **-ged**) *hole* tapar; *new book etc* hacer publicidad de
◆**plug away at** *v/t* F trabajar con esfuerzo en
◆**plug in** *v/t* enchufar
plum [plʌm] **1** *n fruit* ciruela *f*; *tree* ciruelo *m* **2** *adj* F: ***a ~ job*** un chollo de trabajo
plum·age ['pluːmɪdʒ] plumaje *m*
plumb [plʌm] *adj* vertical
◆**plumb in** *v/t washing machine* conectar a la red del agua
plumb·er ['plʌmər] *Span* fontanero(-a) *m*(*f*), *L.Am.* plomero(-a) *m*(*f*)
plumb·ing ['plʌmɪŋ] *pipes* tuberías *fpl*
plume [pluːm] (*feather*) pluma *f*; *of*

smoke nube *f*

plum·met ['plʌmɪt] *v/i of airplane, prices* caer en picado

plump [plʌmp] *adj* rellenito

♦ **plump for** *v/t* F decidirse por

plunge [plʌndʒ] **1** *n* salto *m*; *in prices* caída *f*; ***take the ~*** dar el paso **2** *v/i* precipitarse; *of prices* caer en picado **3** *v/t* hundir; (*into water*) sumergir; ***the city was ~d into darkness*** la ciudad quedó inmersa en la oscuridad; ***the news ~d him into despair*** la noticia lo hundió en la desesperación

plung·ing ['plʌndʒɪŋ] *adj neckline* escotado

plu·per·fect ['plu:pɜ:rfɪkt] *n* GRAM pluscuamperfecto *m*

plu·ral ['plʊərəl] **1** *n* plural *m* **2** *adj* plural

plus [plʌs] **1** *prep* más; ***I want John ~ two other volunteers …*** quiero a John y a otros dos voluntarios **2** *adj* más de; ***$500 ~*** más de 500 dólares **3** *n symbol* signo *m* más; (*advantage*) ventaja *f* **4** *conj* (*moreover, in addition*) además

plush [plʌʃ] *adj* lujoso

'**plus sign** signo *m* más

ply·wood ['plaɪwʊd] madera *f* contrachapada

PM [pi:'em] *Br abbr* (= ***Prime Minister***) Primer(a) *m*(*f*) Ministro(a)

p.m. [pi:'em] *abbr* (= ***post meridiem***) p.m.; ***at 3 ~*** a las 3 de la tarde; ***at 11 ~*** a las 11 de la noche

pneu·mat·ic [nu:'mætɪk] *adj* neumático

pneu·mat·ic 'drill martillo *m* neumático

pneu·mo·ni·a [nu:'moʊnɪə] pulmonía *f*, neumonía *f*

poach[1] [poʊtʃ] *v/t cook* hervir

poach[2] [poʊtʃ] *v/t & v/i* (*hunt*) cazar furtivamente; *fish* pescar furtivamente

poached egg [poʊtʃt'eg] huevo *m* escalfado

poach·er ['poʊtʃər] *of game* cazador(a) *m*(*f*) furtivo(-a); *of fish* pescador(a) *m*(*f*) furtivo(-a)

P.O. Box [pi:'oʊbɑ:ks] apartado *m* de correos

pock·et ['pɑ:kɪt] **1** *n* bolsillo *m*; ***line one's own ~s*** llenarse los bolsillos; ***be $10 out of ~*** salir perdiendo 10 dólares **2** *adj radio, dictionary* de bolsillo **3** *v/t* meter en el bolsillo

'**pock·et·book** (*purse*) bolso *m*; (*billfold*) cartera *f*; *book* libro *m* de bolsillo; **pock·et 'cal·cu·la·tor** calculadora *f* de bolsillo; '**pock·et-knife** navaja *f*

po·di·um ['poʊdɪəm] podio *m*

po·em ['poʊɪm] poema *m*

po·et ['poʊɪt] poeta *m/f*, poetisa *f*

po·et·ic [poʊ'etɪk] *adj* poético

po·et·ic 'jus·tice justicia *f* divina

po·et·ry ['poʊɪtrɪ] poesía *f*

poign·ant ['pɔɪnjənt] *adj* conmovedor

point [pɔɪnt] **1** *n of pencil, knife* punta *f*; *in competition, argument* punto *m*; (*purpose*) objetivo *m*; (*moment*) momento *m*; *in decimals* coma *f*; ***what's the ~ of telling him?*** ¿qué se consigue diciéndoselo?; ***the ~ I'm trying to make …*** lo que estoy intentando decir …; ***at one ~*** en un momento dado; ***that's beside the ~*** eso no viene a cuento; ***be on the ~ of*** estar a punto de; ***get to the ~*** ir al grano; ***the ~ is …*** la cuestión es que …; ***there's no ~ in waiting / trying*** no vale la pena esperar / intentarlo **2** *v/i* señalar con el dedo **3** *v/t*: ***he ~ed the gun at me*** me apuntó con la pistola

♦ **point out** *v/t sights* indicar; *advantages etc* destacar

♦ **point to** *v/t with finger* señalar con el dedo; *fig* (*indicate*) indicar

'**point-blank** **1** *adj refusal, denial* categórico; ***at ~ range*** a quemarropa **2** *adv refuse, deny* categóricamente

point·ed ['pɔɪntɪd] *adj remark* mordaz

point·er ['pɔɪntər] *for teacher* puntero *m*; (*hint*) consejo *m*; (*sign, indication*) indicador *m*

point·less ['pɔɪntləs] *adj* inútil; ***it's ~ trying*** no sirve de nada intentarlo

'point of sale *place* punto *m* de venta; *promotional material* material *m* promocional
'point of view punto *m* de vista
poise [pɔɪz] confianza *f*
poised [pɔɪzd] *adj person* con aplomo
poi•son ['pɔɪzn] **1** *n* veneno *m* **2** *v/t* envenenar
poi•son•ous ['pɔɪznəs] *adj* venenoso
poke [poʊk] **1** *n* empujón *m* **2** *v/t* (*prod*) empujar; (*stick*) clavar; ***he ~d his head out of the window*** asomó la cabeza por la ventana; ***~ fun at*** reírse de; ***~ one's nose into*** F meter las narices en F
♦ **poke around** *v/i* F husmear
pok•er ['poʊkər] *card game* póquer *m*
pok•y ['poʊkɪ] *adj* F (*cramped*) enano, minúsculo
Po•land ['poʊlənd] Polonia
po•lar ['poʊlər] *adj* polar
po•lar 'bear oso *m* polar *or* blanco
po•lar•ize ['poʊləraɪz] *v/t* polarizar
Pole [poʊl] polaco(-a) *m*(*f*)
pole[1] [poʊl] *for support* poste *m*; *for tent, pushing things* palo *m*
pole[2] [poʊl] *of earth* polo *m*
'pole star estrella *f* polar; **'pole•vault** salto *m* con pértiga; **'pole-vault•er** saltador(a) *m*(*f*) de pértiga
po•lice [pə'liːs] *n* policía *f*
po'lice car coche *m* de policía; **po'lice•man** policía *m*; **po'lice state** estado *m* policial; **po'lice sta•tion** comisaría *f* (de policía); **po'lice•wo•man** (mujer *f*) policía *f*
pol•i•cy[1] ['pɑːlɪsɪ] política *f*
pol•i•cy[2] ['pɑːlɪsɪ] (*insurance ~*) póliza *f*
po•li•o ['poʊlɪoʊ] polio *f*
Pol•ish ['poʊlɪʃ] **1** *adj* polaco **2** *n* polaco *m*
pol•ish ['pɑːlɪʃ] **1** *n* abrillantador *m*; (*nail ~*) esmalte *m* de uñas **2** *v/t* dar brillo a; *speech* pulir
♦ **polish off** *v/t food* acabar, comerse
♦ **polish up** *v/t skill* perfeccionar
pol•ished ['pɑːlɪʃt] *adj performance* brillante
po•lite [pə'laɪt] *adj* educado
po•lite•ly [pə'laɪtlɪ] *adv* educadamente
po•lite•ness [pə'laɪtnɪs] educación *f*
po•lit•i•cal [pə'lɪtɪkl] *adj* político
po•lit•i•cal•ly cor•rect [pə'lɪtɪklɪ kə'rekt] políticamente correcto
pol•i•ti•cian [pɑːlɪ'tɪʃn] político(-a) *m*(*f*)
pol•i•tics ['pɑːlətɪks] política *f*; ***I'm not interested in ~*** no me interesa la política; ***what are his ~?*** ¿cuáles son sus ideas políticas?
poll [poʊl] **1** *n* (*survey*) encuesta *f*, sondeo *m*; ***the ~s*** (*election*) las elecciones; ***go to the ~s*** (*vote*) acudir a las urnas **2** *v/t people* sondear; *votes* obtener
pol•len ['pɑːlən] polen *m*
'pol•len count concentración *f* de polen en el aire
poll•ing booth ['poʊlɪŋ] cabina *f* electoral
'poll•ing day día *m* de las elecciones
poll•ster ['pɑːlstər] encuestador(a) *m*(*f*)
pol•lu•tant [pə'luːtənt] contaminante *m*
pol•lute [pə'luːt] *v/t* contaminar
pol•lu•tion [pə'luːʃn] contaminación *f*
po•lo ['poʊloʊ] SP polo *m*
'po•lo neck *sweater* suéter *m* de cuello alto
'po•lo shirt polo *m*
pol•y•es•ter [pɑːlɪ'estər] poliéster *m*
pol•y•eth•yl•ene [pɑːlɪ'eθɪliːn] polietileno *m*
pol•y•sty•rene [pɑːlɪ'staɪriːn] poliestireno *m*
pol•y•un•sat•u•rat•ed [pɑːlɪʌn'sætʃəreɪtɪd] *adj* poliinsaturado
pom•pous ['pɑːmpəs] *adj* pomposo
pond [pɑːnd] estanque *m*
pon•der ['pɑːndər] *v/i* reflexionar
pon•tiff ['pɑːntɪf] pontífice *m*
pon•y ['poʊnɪ] poni *m*
'pon•y•tail coleta *f*
poo•dle ['puːdl] caniche *m*
pool[1] [puːl] (*swimming ~*) piscina *f*, *L.Am.* pileta *f*, *Mex* alberca *f*; *of*

water, blood charco *m*
pool[2] [puːl] *game* billar *m* americano
pool[3] [puːl] **1** *n* (*common fund*) bote *m*, fondo *m* común **2** *v/t resources* juntar
'**pool hall** sala *f* de billares
'**pool table** mesa *f* de billar americano
poop [puːp] *n* F caca *f* F
pooped [puːpt] *adj* F hecho polvo F
poor [pʊr] **1** *adj* pobre; (*not good*) mediocre, malo; ***be in ~ health*** estar enfermo; ***~ old Tony!*** ¡pobre(cito) Tony! **2** *npl*: ***the ~*** los pobres
poor·ly ['pʊlɪ] **1** *adv* mal **2** *adj* (*unwell*): ***feel ~*** encontrarse mal
pop[1] [pɑːp] **1** *n noise* pequeño ruido *m* **2** *v/i* (*pret & pp* ***-ped***) *of balloon etc* estallar **3** *v/t* (*pret & pp* ***-ped***) *cork* hacer saltar; *balloon* pinchar
pop[2] [pɑːp] **1** *n* MUS pop *m* **2** *adj* pop
pop[3] [pɑːp] F (*father*) papá *m* F
pop[4] [pɑːp] *v/t* (*pret & pp* ***-ped***) F (*put*) meter
♦**pop up** *v/i* F (*appear*) aparecer
'**pop con·cert** concierto *m* (de música) pop
pop·corn ['pɑːpkɔːrn] palomitas *fpl* de maíz
pope [poʊp] papa *m*
'**pop group** grupo *m* (de música) pop
pop·py ['pɑːpɪ] amapola *f*
Pop·sicle® ['pɑːpsɪkl] polo *m* (*helado*)
'**pop song** canción *f* pop
pop·u·lar ['pɑːpjʊlər] *adj* popular; ***contrary to ~ belief*** contrariamente a lo que se piensa
pop·u·lar·i·ty [pɑːpjʊ'lærətɪ] popularidad *f*
pop·u·late ['pɑːpjʊleɪt] *v/t* poblar
pop·u·la·tion [pɑːpjʊ'leɪʃn] población *f*
porce·lain ['pɔːrsəlɪn] **1** *n* porcelana *f* **2** *adj* de porcelana
porch [pɔːrʧ] porche *m*
por·cu·pine ['pɔːrkjʊpaɪn] puercoespín *m*
pore [pɔːr] *of skin* poro *m*
♦**pore over** *v/t* estudiar detenidamente
pork [pɔːrk] cerdo *m*
porn [pɔːrn] *n* F porno *m* F
porn(o) [pɔːrn, 'pɔːrnoʊ] *adj* F porno F
por·no·graph·ic [pɔːrnə'græfɪk] *adj* pornográfico
porn·og·ra·phy [pɔːr'nɑːgrəfɪ] pornografía *f*
po·rous ['pɔːrəs] *adj* poroso
port[1] [pɔːrt] *n town, area* puerto *m*
port[2] [pɔːrt] *adj* (*left-hand*) a babor
por·ta·ble ['pɔːrtəbl] **1** *adj* portátil **2** *n* COMPUT portátil *m*; *TV* televisión *f* portátil
por·ter ['pɔːrtər] *for luggage* mozo(-a) *m*(*f*)
port·hole ['pɔːrthoʊl] NAUT portilla *f*
por·tion ['pɔːrʃn] parte *f*; *of food* ración *f*
por·trait ['pɔːrtreɪt] **1** *n* retrato *m* **2** *adv print* en formato vertical
por·tray [pɔːr'treɪ] *of artist, photographer* retratar; *of actor* interpretar; *of author* describir
por·tray·al [pɔːr'treɪəl] *by actor* interpretación *f*, representación *f*; *by author* descripción *f*
Por·tu·gal ['pɔːrʧʊgl] Portugal
Por·tu·guese [pɔːrʧʊ'giːz] **1** *adj* portugués **2** *n person* portugués(-esa) *m*(*f*); *language* portugués *m*
pose [poʊz] **1** *n* (*pretense*) pose *f*; ***it's all a ~*** no es más que una pose **2** *v/i for artist, photographer* posar; ***~ as*** hacerse pasar por **3** *v/t*: ***~ a problem / a threat*** representar un problema / una amenaza
posh [pɑːʃ] *adj Br* F elegante, *pej* pijo
po·si·tion [pə'zɪʃn] **1** *n* posición *f*; (*stance, point of view*) postura *f*; (*job*) puesto *m*, empleo *m*; (*status*) posición *f* (social) **2** *v/t* situar, colocar
pos·i·tive ['pɑːzətɪv] *adj* positivo; ***be ~*** (*sure*) estar seguro
pos·i·tive·ly ['pɑːzətɪvlɪ] *adv* (*decidedly*) verdaderamente, sin lugar a dudas; (*definitely*) claramente
pos·sess [pə'zes] *v/t* poseer
pos·ses·sion [pə'zeʃn] posesión *f*; ***~s*** posesiones *fpl*
pos·ses·sive [pə'zesɪv] *adj person*, GRAM posesivo

pos·si·bil·i·ty [pɑːsə'bɪlətɪ] posibilidad *f*; ***there is a ~ that …*** cabe la posibilidad de que …
pos·si·ble ['pɑːsəbl] *adj* posible; ***the shortest / quickest route ~*** la ruta más corto / rápido posible; ***the best ~ …*** el mejor …
possibly ['pɑːsəblɪ] *adv* (*perhaps*) puede ser, quizás; ***that can't ~ be right*** no puede ser; ***they're doing everything they ~ can*** están haciendo todo lo que pueden; ***could you ~ tell me …?*** ¿tendría la amabilidad de decirme …?
post[1] [poʊst] **1** *n of wood, metal* poste *m* **2** *v/t notice* pegar; *on notice board* poner; *profits* presentar; ***keep s.o. ~ed*** mantener a alguien al corriente
post[2] [poʊst] **1** *n* (*place of duty*) puesto *m* **2** *v/t soldier, employee* destinar; *guards* apostar
post[3] [poʊst] *Br* **1** *n* (*mail*) correo *m* **2** *v/t letter* echar al correo
post·age ['poʊstɪdʒ] franqueo *m*
'**post·age stamp** *fml* sello *m*, *L.Am.* estampilla *f*, *Mex* timbre *m*
post·al ['poʊstl] *adj* postal
'**post·card** (tarjeta *f*) postal *f*; '**post·code** *Br* código *m* postal; '**post·date** *v/t* posfechar
post·er ['poʊstər] póster *m*, *L.Am.* afiche *m*
pos·te·ri·or [pɑː'stɪrɪər] *n* (*hum: buttocks*) trasero *m*
pos·ter·i·ty [pɑː'sterətɪ] posteridad *f*; ***for ~*** para la posteridad
post·grad·u·ate ['poʊstgrædʒʊət] **1** *n* posgraduado(-a) *m*(*f*) **2** *adj* de posgrado
post·hu·mous ['pɑːstʊməs] *adj* póstumo
post·hu·mous·ly ['pɑːstʊməslɪ] *adv* póstumamente
post·ing ['poʊstɪŋ] (*assignment*) destino *m*
post·mark ['poʊstmɑːrk] *n* matasellos *m inv*
post-mor·tem [poʊst'mɔːrtəm] *n* autopsia *f*
'**post of·fice** oficina *f* de correos
post·pone [poʊst'poʊn] *v/t* posponer, aplazar
post·pone·ment [poʊst'poʊnmənt] aplazamiento *m*
pos·ture ['pɑːstʃər] postura *f*
'**post-war** *adj* de posguerra
pot[1] [pɑːt] *for cooking* olla *f*; *for coffee* cafetera *f*; *for tea* tetera *f*; *for plant* maceta *f*
pot[2] [pɑːt] F (*marijuana*) maría *f* F
po·ta·to [pə'teɪtoʊ] *Span* patata *f*, *L.Am.* papa *f*
po·ta·to chips, *Br* **po·ta·to crisps** *npl Span* patatas *fpl* fritas, *L.Am.* papas *fpl* fritas
'**pot·bel·ly** ['pɑːtbelɪ] barriga *f*
po·tent ['poʊtənt] *adj* potente
po·ten·tial [pə'tenʃl] **1** *adj* potencial **2** *n* potencial *m*
po·ten·tial·ly [pə'tenʃəlɪ] *adv* potencialmente
pot·hole ['pɑːthoʊl] *in road* bache *m*
pot·ter ['pɑːtər] *n* alfarero(-a) *m*(*f*)
pot·ter·y ['pɑːtərɪ] *n* alfarería *f*
pot·ty ['pɑːtɪ] *n for baby* orinal *m*
pouch [paʊtʃ] *bag* bolsa *f*; *for tobacco* petaca *f*; *for amunition* cartuchera *f*; *for mail* saca *f*
poul·try ['poʊltrɪ] *birds* aves *fpl* de corral; *meat* carne *f* de ave
pounce [paʊns] *v/i of animal* saltar; *fig* echarse encima
pound[1] [paʊnd] *n weight* libra *f* (*453,6 gr*)
pound[2] [paʊnd] *n for strays* perrera *f*; *for cars* depósito *m*
pound[3] [paʊnd] *v/i of heart* palpitar con fuerza; ***~ on*** (*hammer on*) golpear en
pound 'ster·ling libra *f* esterlina
pour [pɔːr] **1** *v/t into a container* verter; (*spill*) derramar; ***~ s.o. some coffee*** servir café a alguien **2** *v/i*: ***it's ~ing*** (***with rain***) está lloviendo a cántaros
♦**pour out** *v/t liquid* servir; *troubles* contar
pout [paʊt] *v/i* hacer un mohín
pov·er·ty ['pɑːvərtɪ] pobreza *f*
pov·er·ty-strick·en ['pɑːvərtɪstrɪkn] depauperado
pow·der ['paʊdər] **1** *n* polvo *m*; *for*

P

face polvos *mpl*, colorete *m* **2** *v/t face* empolvarse
pow·er ['paʊər] **1** *n* (*strength*) fuerza *f*; *of engine* potencia; (*authority*) poder *m*; (*energy*) energía *f*; (*electricity*) electricidad *f*; ***in ~*** POL en el poder; ***fall from ~*** POL perder el poder **2** *v/t*: ***be ~ed by*** estar impulsado por
'**pow·er-as·sist·ed steering** dirección *f* asistida; '**pow·er cut** apagón *m*; '**pow·er fail·ure** apagón *m*
pow·er·ful ['paʊərfəl] *adj* poderoso; *car* potente; *drug* fuerte
pow·er·less ['paʊərlɪs] *adj* impotente; ***be ~ to …*** ser incapaz de …
'**pow·er line** línea *f* de conducción eléctrica; '**pow·er out·age** apagón *m*; '**pow·er sta·tion** central *f* eléctrica; '**pow·er steer·ing** dirección *f* asistida; '**pow·er u·nit** fuente *f* de alimentación
PR [pi:'ɑ:r] *abbr* (= ***public relations***) relaciones *fpl* públicas
prac·ti·cal ['præktɪkl] *adj* práctico; *layout* funcional
prac·ti·cal '**joke** broma *f* (*que se gasta*)
prac·tic·al·ly ['præktɪklɪ] *adv behave*, *think* de manera práctica; (*almost*) prácticamente, casi
prac·tice ['præktɪs] **1** *n* práctica *f*; (*rehearsal*) ensayo *m*; (*custom*) costumbre *f*; ***in ~*** (*in reality*) en la práctica; ***be out of ~*** estar desentrenado; ***~ makes perfect*** a base de práctica se aprende **2** *v/i* practicar; *of musician* ensayar; *of footballer* entrenarse **3** *v/t* practicar; *law*, *medicine* ejercer
prac·tise *Br* → ***practice*** *v/i & v/t*
prag·mat·ic [præg'mætɪk] *adj* pragmático
prag·ma·tism ['prægmətɪzm] pragmatismo *m*
prai·rie ['prerɪ] pradera *f*
praise [preɪz] **1** *n* elogio *m*, alabanza *f* **2** *v/t* elogiar
'**praise·wor·thy** *adj* elogiable
prank [præŋk] travesura *f*
prat·tle ['prætl] *v/i* F parlotear F
pray [preɪ] *v/i* rezar
prayer [prer] oración *f*
preach [pri:ʧ] **1** *v/i in church* predicar; (*moralize*) sermonear **2** *v/t sermon* predicar
preach·er ['pri:ʧər] predicador(a) *m*(*f*)
pre·am·ble [pri:'æmbl] preámbulo *m*
pre·car·i·ous [prɪ'kerɪəs] *adj* precario
pre·car·i·ous·ly [prɪ'kerɪəslɪ] *adv* precariamente
pre·cau·tion [prɪ'kɒ:ʃn] precaución *f*; ***as a ~*** como precaución
pre·cau·tion·a·ry [prɪ'kɒ:ʃnrɪ] *adj measure* preventivo
pre·cede [prɪ'si:d] *v/t in time* preceder; (*walk in front of*) ir delante de
pre·ce·dent ['presɪdənt] precedente *m*
pre·ce·ding [prɪ'si:dɪŋ] *adj week*, *chapter* anterior
pre·cinct ['pri:sɪŋkt] (*district*) distrito *m*
pre·cious ['preʃəs] *adj* preciado; *gem* precioso
pre·cip·i·tate [prɪ'sɪpɪteɪt] *v/t crisis* precipitar
pré·cis ['preɪsi:] *n* resumen *m*
pre·cise [prɪ'saɪs] *adj* preciso
pre·cise·ly [prɪ'saɪslɪ] *adv* exactamente
pre·ci·sion [prɪ'sɪʒn] precisión *f*
pre·co·cious [prɪ'koʊʃəs] *adj child* precoz
pre·con·ceived ['pri:kənsi:vd] *adj idea* preconcebido
pre·con·di·tion [pri:kən'dɪʃn] condición *f* previa
pred·a·tor ['predətər] *animal* depredador(a) *m*(*f*)
pred·a·to·ry ['predətɔ:rɪ] *adj* depredador
pre·de·ces·sor ['pri:dɪsesər] *in job* predecesor(a) *m*(*f*); *machine* modelo *m* anterior
pre·des·ti·na·tion [pri:destɪ'neɪʃn] predestinación *f*
pre·des·tined [pri:'destɪnd] *adj*: ***be ~ to*** estar predestinado a
pre·dic·a·ment [prɪ'dɪkəmənt] apuro *m*

pre·dict [prɪ'dɪkt] *v/t* predecir, pronosticar
pre·dict·a·ble [prɪ'dɪktəbl] *adj* predecible
pre·dic·tion [prɪ'dɪkʃn] predicción *f*, pronóstico *m*
pre·dom·i·nant [prɪ'dɑːmɪnənt] *adj* predominante
pre·dom·i·nant·ly [prɪ'dɑːmɪnəntlɪ] *adv* predominantemente
pre·dom·i·nate [prɪ'dɑːmɪneɪt] *v/i* predominar
pre·fab·ri·cat·ed [priː'fæbrɪkeɪtɪd] *adj* prefabricado
pref·ace ['prefɪs] *n* prólogo *m*, prefacio *m*
pre·fer [prɪ'fɜːr] *v/t* (*pret & pp* ***-red***) preferir; ***~ X to Y*** preferir X a Y; ***~ to do*** preferir hacer
pref·e·ra·ble ['prefərəbl] *adj* preferible; ***anywhere is ~ to this*** cualquier sitio es mejor que éste
pref·e·ra·bly ['prefərəblɪ] *adv* preferentemente
pref·e·rence ['prefərəns] preferencia *f*
pref·er·en·tial [prefə'renʃl] *adj* preferente
pre·fix ['priːfɪks] prefijo *m*
preg·nan·cy ['pregnənsɪ] embarazo *m*
preg·nant ['pregnənt] *adj woman* embarazada; *animal* preñada
pre·heat ['priːhiːt] *v/t oven* precalentar
pre·his·tor·ic [priːhɪs'tɑːrɪk] *adj* prehistórico
pre·judge [priː'dʒʌdʒ] *v/t* prejuzgar, juzgar de antemano
prej·u·dice ['predʒʊdɪs] **1** *n* prejuicio *m* **2** *v/t person* predisponer, influir; *chances* perjudicar
prej·u·diced ['predʒʊdɪst] *adj* parcial, predispuesto
pre·lim·i·na·ry [prɪ'lɪmɪnerɪ] *adj* preliminar
pre·mar·i·tal [priː'mærɪtl] *adj* prematrimonial
pre·ma·ture ['priːmətʊr] *adj* prematuro
pre·med·i·tat·ed [priː'medɪteɪtɪd] *adj* premeditado
prem·i·er ['premɪr] *n* (*Prime Minister*) primer(a) ministro(-a) *m*(*f*)
prem·i·ère ['premɪer] *n* estreno *m*
prem·is·es ['premɪsɪz] *npl* local *m*
pre·mi·um ['priːmɪəm] *n in insurance* prima *f*
pre·mo·ni·tion [premə'nɪʃn] premonición *f*, presentimiento *m*
pre·na·tal [priː'neɪtl] *adj* prenatal
pre·oc·cu·pied [prɪ'ɑːkjʊpaɪd] *adj* preocupado
prep·a·ra·tion [prepə'reɪʃn] preparación *f*; ***in ~ for*** como preparación a; ***~s*** preparativos *mpl*
pre·pare [prɪ'per] **1** *v/t* preparar; ***be ~d to do sth*** *be willing* estar dispuesto a hacer algo; ***be ~d for sth*** *be expecting, ready* estar preparado para algo **2** *v/i* prepararse
prep·o·si·tion [prepə'zɪʃn] preposición *f*
pre·pos·ter·ous [prɪ'pɑːstərəs] *adj* ridículo, absurdo
pre·req·ui·site [priː'rekwɪzɪt] requisito *m* previo
pre·scribe [prɪ'skraɪb] *v/t of doctor* recetar
pre·scrip·tion [prɪ'skrɪpʃn] MED receta *f*
pres·ence ['prezns] presencia *f*; ***in the ~ of*** en presencia de, delante de
pres·ence of 'mind presencia *f* de ánimo
pres·ent[1] ['preznt] **1** *adj* (*current*) actual; ***be ~*** estar presente **2** *n*: ***the ~*** *also* GRAM el presente; ***at ~*** en este momento
pres·ent[2] ['preznt] *n* (*gift*) regalo *m*
pre·sent[3] [prɪ'zent] *v/t* presentar; *award* entregar; ***~ s.o. with sth***, ***~ sth to s.o.*** entregar algo a alguien
pre·sen·ta·tion [prezn'teɪʃn] *to audience* presentación *f*
pres·ent-day [preznt'deɪ] *adj* actual
pre·sent·er [prɪ'zentər] presentador(a) *m*(*f*)
pres·ent·ly ['prezntlɪ] *adv* (*at the moment*) actualmente; (*soon*) pronto
'pres·ent tense tiempo *m* presente
pres·er·va·tion [prezər'veɪʃn] con-

P

servación *f*; *of standards, peace* mantenimiento *m*
pre·ser·va·tive [prɪ'zɜːrvətɪv] *n* conservante *m*
pre·serve [prɪ'zɜːrv] **1** *n* (*domain*) dominio *m* **2** *v/t standards, peace etc* mantener; *food, wood* conservar
pre·side [prɪ'zaɪd] *v/i at meeting* presidir; **~ over** *meeting* presidir
pres·i·den·cy ['prezɪdənsɪ] presidencia *f*
pres·i·dent ['prezɪdnt] POL, *of company* presidente(-a) *m*(*f*)
pres·i·den·tial [prezɪ'denʃl] *adj* presidencial
press [pres] **1** *n*: ***the ~*** la prensa **2** *v/t button* pulsar, presionar; (*urge*) presionar; (*squeeze*) apretar; *clothes* planchar **3** *v/i*: **~ for** presionar para obtener
'**press a·gen·cy** agencia *f* de prensa
'**press con·fer·ence** rueda *f or* conferencia *f* de prensa
press·ing ['presɪŋ] *adj* urgente
pres·sure ['preʃər] **1** *n* presión *f*; ***be under ~*** estar sometido a presión; ***he is under ~ to resign*** lo están presionando para que dimita **2** *v/t* presionar
pres·tige [pre'stiːʒ] prestigio *m*
pres·ti·gious [pre'stɪdʒəs] *adj* prestigioso
pre·su·ma·bly [prɪ'zuːməblɪ] *adv* presumiblemente, probablemente
pre·sume [prɪ'zuːm] *v/t* suponer; ***they were ~d dead*** los dieron por muertos; ***~ to do sth*** *fml* tomarse la libertad de hacer algo
pre·sump·tion [prɪ'zʌmpʃn] *of innocence, guilt* presunción *f*
pre·sump·tu·ous [prɪ'zʌmptʊəs] *adj* presuntuoso
pre·sup·pose [priːsə'poʊs] *v/t* presuponer
pre-tax ['priːtæks] *adj* antes de impuestos
pre·tence *Br* → ***pretense***
pre·tend [prɪ'tend] **1** *v/t* fingir, hacer como si; *claim* pretender; ***~ to be s.o.*** hacerse pasar por alguien; ***the children are ~ing to be spacemen*** los niños están jugando a que son astronautas **2** *v/i* fingir
pre·tense [prɪ'tens] farsa *f*
pre·ten·tious [prɪ'tenʃəs] *adj* pretencioso
pre·text ['priːtekst] pretexto *m*
pret·ty ['prɪtɪ] **1** *adj village, house, fabric etc* bonito, lindo; *child, woman* guapo, lindo **2** *adv* (*quite*) bastante
pre·vail [prɪ'veɪl] *v/i* (*triumph*) prevalecer
pre·vail·ing [prɪ'veɪlɪŋ] *adj* predominante
pre·vent [prɪ'vent] *v/t* impedir, evitar; ***~ s.o. (from) doing sth*** impedir que alguien haga algo
pre·ven·tion [prɪ'venʃn] prevención *f*
pre·ven·tive [prɪ'ventɪv] *adj* preventivo
pre·view ['priːvjuː] **1** *n of movie, exhibition* preestreno *m* **2** *v/t* hacer la presentación previa de
pre·vi·ous ['priːvɪəs] *adj* anterior, previo
pre·vi·ously ['priːvɪəslɪ] *adv* anteriormente, antes
pre-war ['priːwɔːr] *adj* de preguerra, de antes de la guerra
prey [preɪ] *n* presa *f*; **~ to** presa de
♦ **prey on** *v/t* atacar; *fig*: *of con man etc* aprovecharse de
price [praɪs] **1** *n* precio *m* **2** *v/t* COM poner precio a
price·less ['praɪslɪs] *adj* que no tiene precio
'**price tag** etiqueta *f* del precio
'**price war** guerra *f* de precios
price·y ['praɪsɪ] *adj* F carillo F
prick[1] [prɪk] **1** *n pain* punzada *f* **2** *v/t* (*jab*) pinchar
prick[2] [prɪk] *n* V (*penis*) polla *f* V, carajo *m* V; V *person Span* gilipollas *m inv* V, *L.Am.* pendejo *m* V
♦ **prick up** *v/t*: ***prick up one's ears*** *of dog* aguzar las orejas; *of person* prestar atención
prick·le ['prɪkl] *on plant* espina *f*
prick·ly ['prɪklɪ] *adj beard, plant* que pincha; (*irritable*) irritable
pride [praɪd] **1** *n in person, achieve-*

ment orgullo *m*; (*self-respect*) amor *m* propio **2** *v/t*: **~ o.s. on** enorgullecerse de

priest [pri:st] sacerdote *m*; (*parish ~*) cura *m*

pri·ma·ri·ly [praɪ'merɪlɪ] *adv* principalmente

pri·ma·ry ['praɪmərɪ] **1** *adj* principal **2** *n* POL elecciones *fpl* primarias

prime [praɪm] **1** *n*: **be in one's ~** estar en la flor de la vida **2** *adj example, reason* primordial; **of ~ importance** de suprema importancia

prime 'min·is·ter primer(a) ministro *m(f)*

'prime time *n* TV horario *m* de mayor audiencia

prim·i·tive ['prɪmɪtɪv] *adj* primitivo

prince [prɪns] príncipe *m*

prin·cess [prɪn'ses] princesa *f*

prin·ci·pal ['prɪnsəpl] **1** *adj* principal **2** *n of school* director(a) *m(f)*; *of university* rector(a) *m(f)*

prin·ci·pal·ly ['prɪnsəplɪ] *adv* principalmente

prin·ci·ple ['prɪnsəpl] principio *m*; **on ~** por principios; **in ~** en principio

print [prɪnt] **1** *n in book, newspaper etc* letra *f*; (*photograph*) grabado *m*; **out of ~** agotado **2** *v/t* imprimir; (*use block capitals*) escribir en mayúsculas

♦ **print out** *v/t* imprimir

print·ed mat·ter ['prɪntɪd] impresos *mpl*

print·er ['prɪntər] *person* impresor(a) *m(f)*; *machine* impresora *f*; *company* imprenta *f*

print·ing press ['prɪntɪŋpres] imprenta *f*

'print·out copia *f* impresa

pri·or [praɪr] **1** *adj* previo **2** *prep*: **~ to** antes de

pri·or·i·tize [praɪ'ɔ:rətaɪz] *v/t* (*put in order of priority*) ordenar atendiendo a las prioridades; (*give priority to*) dar prioridad a

pri·or·i·ty [praɪ'ɑ:rətɪ] prioridad *f*; **have ~** tener prioridad

pris·on ['prɪzn] prisión *f*, cárcel *f*

pris·on·er ['prɪznər] prisionero(-a) *m(f)*; **take s.o. ~** hacer prisionero a alguien

pris·on·er of 'war prisionero(-a) *m(f)* de guerra

priv·a·cy ['prɪvəsɪ] intimidad *f*

pri·vate ['praɪvət] **1** *adj* privado **2** *n* MIL soldado *m/f* raso; **in ~** en privado

pri·vate·ly ['praɪvətlɪ] *adv* (*in private*) en privado; *with one other* a solas; (*inwardly*) para sí; **~ owned** en manos privadas

'pri·vate sec·tor sector *m* privado

pri·va·tize ['praɪvətaɪz] *v/t Br* privatizar

priv·i·lege ['prɪvəlɪdʒ] (*special treatment*) privilegio *m*; (*honor*) honor *m*

priv·i·leged ['prɪvəlɪdʒd] *adj* privilegiado

prize [praɪz] **1** *n* premio *m* **2** *v/t* apreciar, valorar

prize·win·ner ['praɪzwɪnər] premiado(-a) *m(f)*

prize·win·ning ['praɪzwɪnɪŋ] *adj* premiado

pro[1] [proʊ] *n*: **the ~s and cons** los pros y los contras

pro[2] [proʊ] → **professional**

pro[3] [proʊ]: **be ~ ...** (*in favor of*) estar a favor de; **the ~ Clinton Democrats** los demócratas partidarios de Clinton

prob·a·bil·i·ty [prɑ:bə'bɪlətɪ] probabilidad *f*

prob·a·ble ['prɑ:bəbl] *adj* probable

prob·a·bly ['prɑ:bəblɪ] *adv* probablemente

pro·ba·tion [prə'beɪʃn] *in job* período *m* de prueba; LAW libertad *f* condicional; **be given ~** ser puesto en libertad condicional

pro·'ba·tion of·fi·cer *oficial encargado de la vigilancia de los que están en libertad condicional*

pro·'ba·tion pe·ri·od *in job* período *m* de prueba

probe [proʊb] **1** *n* (*investigation*) investigación *f*; *scientific* sonda *f* **2** *v/t* examinar; (*investigate*) investigar

prob·lem ['prɑ:bləm] problema *m*; **no ~!** ¡claro!

P

pro·ce·dure [prə'siːdʒər] procedimiento *m*
pro·ceed [prə'siːd] *v/i* (*go: of people*) dirigirse; *of work etc* proseguir, avanzar; ~ ***to do sth*** pasar a hacer algo
pro·ceed·ings [prə'siːdɪŋz] *npl* (*events*) actos *mpl*
pro·ceeds ['proʊsiːdz] *npl* recaudación *f*
pro·cess ['prɑːses] **1** *n* proceso *m*; ***in the*** ~ (*while doing it*) al hacerlo **2** *v/t food* tratar; *raw materials, data* procesar; *application* tramitar
pro·ces·sion [prə'seʃn] desfile *m*; *religious* procesión *f*
pro·ces·sor ['prɑːsesər] procesador *m*
pro·claim [prə'kleɪm] *v/t* declarar, proclamar
prod [prɑːd] **1** *n* empujoncito *m* **2** *v/t* (*pret & pp* **-ded**) dar un empujoncito a; *with elbow* dar un codazo a
prod·i·gy ['prɑːdɪdʒɪ]: (***child***) ~ niño(-a) *m*(*f*) prodigio
prod·uce[1] ['prɑːduːs] *n* productos *mpl* del campo
pro·duce[2] [prə'duːs] *v/t* producir; (*manufacture*) fabricar; (*bring out*) sacar
pro·duc·er [prə'duːsər] productor(a) *m*(*f*); (*manufacturer*) fabricante *m/f*
prod·uct ['prɑːdʌkt] producto *m*
pro·duc·tion [prə'dʌkʃn] producción *f*
pro'duc·tion ca·pac·i·ty capacidad *f* de producción
pro'duc·tion costs *npl* costos *mpl* de producción
pro·duc·tive [prə'dʌktɪv] *adj* productivo
pro·duc·tiv·i·ty [prɑːdʌk'tɪvətɪ] productividad *f*
pro·fane [prə'feɪn] *adj language* profano
pro·fess [prə'fes] *v/t* manifestar
pro·fes·sion [prə'feʃn] profesión *f*; ***what's your*** ~? ¿a qué se dedica?
pro·fes·sion·al [prə'feʃnl] **1** *adj* profesional; ***turn*** ~ hacerse profesional **2** *n* profesional *m/f*
pro·fes·sion·al·ly [prə'feʃnlɪ] *adv play sport* profesionalmente; (*well, skillfully*) con profesionalidad
pro·fes·sor [prə'fesər] catedrático(-a) *m*(*f*)
pro·fi·cien·cy [prə'fɪʃnsɪ] competencia *f*
pro·fi·cient [prə'fɪʃnt] competente; (*skillful*) hábil
pro·file ['proʊfaɪl] *of face* perfil *m*
prof·it ['prɑːfɪt] **1** *n* beneficio *m* **2** *v/i*: ~ ***by***, ~ ***from*** beneficiarse de
prof·it·a·bil·i·ty [prɑːfɪtə'bɪlətɪ] rentabilidad *f*
prof·i·ta·ble ['prɑːfɪtəbl] *adj* rentable
'prof·it mar·gin margen *m* de beneficios
pro·found [prə'faʊnd] *adj* profundo
pro·found·ly [prə'faʊndlɪ] *adv* profundamente, enormemente
prog·no·sis [prɑːg'noʊsɪs] pronóstico *m*
pro·gram ['proʊgræm] **1** *n* programa *m* **2** *v/t* (*pret & pp* **-med**) COMPUT programar
pro·gramme *Br* → ***program***
pro·gram·mer ['proʊgræmər] programador(a) *m*(*f*)
pro·gress 1 *n* ['prɑːgres] progreso *m*; ***make*** ~ hacer progresos; ***in*** ~ en curso **2** *v/i* [prə'gres] (*advance in time*) avanzar; (*move on*) pasar; (*make* ~) progresar; ***how is the work ~ing?*** ¿cómo avanza el trabajo?
pro·gres·sive [prə'gresɪv] *adj* (*enlightened*) progresista; (*which progresses*) progresivo
pro·gres·sive·ly [prə'gresɪvlɪ] *adv* progresivamente
pro·hib·it [prə'hɪbɪt] *v/t* prohibir
pro·hi·bi·tion [proʊhɪ'bɪʃn] prohibición *f*; ***during Prohibition*** durante la ley seca
pro·hib·i·tive [prə'hɪbɪtɪv] *adj prices* prohibitivo
proj·ect[1] ['prɑːdʒekt] *n* (*plan, undertaking*) proyecto *m*; EDU trabajo *m*; (*housing area*) barriada *f* de viviendas sociales

P

pro·ject² [prə'dʒekt] **1** *v/t movie* proyectar; *figures*, *sales* calcular **2** *v/i* (*stick out*) sobresalir
pro·jec·tion [prə'dʒekʃn] (*forecast*) previsión *f*
pro·jec·tor [prə'dʒektər] *for slides* proyector *m*
pro·lif·ic [prə'lɪfɪk] *adj writer*, *artist* prolífico
pro·log, *Br* **pro·logue** ['proulɑːg] prólogo *m*
pro·long [prə'lɒːŋ] *v/t* prolongar
prom [prɑːm] (*school dance*) *baile de fin de curso*
prom·i·nent ['prɑːmɪnənt] *adj nose*, *chin* prominente; (*significant*) destacado
prom·is·cu·i·ty [prɑːmɪ'skjuːətɪ] promiscuidad *f*
pro·mis·cu·ous [prə'mɪskjuəs] *adj* promiscuo
prom·ise ['prɑːmɪs] **1** *n* promesa *f* **2** *v/t* prometer; ***she ~d to help*** prometió ayudar; ***~ sth to s.o.*** prometer algo a alguien **3** *v/i*: ***do you ~?*** ¿lo prometes?
prom·is·ing ['prɑːmɪsɪŋ] *adj* prometedor
pro·mote [prə'mout] *v/t employee* ascender; (*encourage*, *foster*) promover; COM promocionar
pro·mot·er [prə'moutər] *of sports event* promotor(a) *m*(*f*)
pro·mo·tion [prə'mouʃn] *of employee* ascenso *m*; *of scheme*, *idea*, COM promoción *f*
prompt [prɑːmpt] **1** *adj* (*on time*) puntual; (*speedy*) rápido **2** *adv*: ***at two o'clock ~*** a las dos en punto **3** *v/t* (*cause*) provocar; *actor* apuntar **4** *n* COMPUT mensaje *m*; ***go to the c ~*** ir a c:\
prompt·ly ['prɑːmptlɪ] *adv* (*on time*) puntualmente; (*immediately*) inmediatamente
prone [proun] *adj*: ***be ~ to*** ser propenso a
pro·noun ['prounaun] pronombre *m*
pro·nounce [prə'nauns] *v/t word* pronunciar; (*declare*) declarar
pro·nounced [prə'naunst] *adj accent* marcado; *views* fuerte
pron·to ['prɑːntou] *adv* F ya, en seguida
pro·nun·ci·a·tion [prənʌnsɪ'eɪʃn] pronunciación *f*
proof [pruːf] *n* prueba(s) *f*(*pl*); *of book* prueba *f*
prop [prɑːp] **1** *v/t* (*pret & pp* ***-ped***) apoyar **2** *n* THEA accesorio *m*
◆ **prop up** *v/t* apoyar
prop·a·gan·da [prɑːpə'gændə] propaganda *f*
pro·pel [prə'pel] *v/t* (*pret & pp* ***-led***) propulsar
pro·pel·lant [prə'pelənt] *in aerosol* propelente *m*
pro·pel·ler [prə'pelər] *of boat* hélice *f*
prop·er ['prɑːpər] *adj* (*real*) de verdad; (*fitting*) adecuado; ***it's not ~*** no está bien; ***put it back in its ~ place*** vuelve a ponerlo en su sitio
prop·er·ly ['prɑːpərlɪ] *adv* (*correctly*) bien; (*fittingly*) adecuadamente
prop·er·ty ['prɑːpərtɪ] propiedad *f*; (*land*) propiedad(es) *f*(*pl*)
'prop·er·ty de·vel·op·er promotor(-a) *m*(*f*) inmobiliario(a)
proph·e·cy ['prɑːfəsɪ] profecía *f*
proph·e·sy ['prɑːfəsaɪ] *v/t* (*pret & pp* ***-ied***) profetizar
pro·por·tion [prə'pɔːrʃn] proporción *f*; ***a large ~ of North Americans*** gran parte de los norteamericanos; ***~s*** (*dimensions*) proporciones *fpl*
pro·por·tion·al [prə'pɔːrʃnl] *adj* proporcional
pro·por·tion·al rep·re·sen'ta·tion POL representación *f* proporcional
pro·pos·al [prə'pouzl] (*suggestion*) propuesta *f*; *of marriage* proposición *f*
pro·pose [prə'pouz] **1** *v/t* (*suggest*) sugerir, proponer; (*plan*) proponerse **2** *v/i* (*make offer of marriage*) pedir la mano (***to*** a)
prop·o·si·tion [prɑːpə'zɪʃn] **1** *n* propuesta *f* **2** *v/t woman* hacer proposiciones a
pro·pri·e·tor [prə'praɪətər] propietario(-a) *m*(*f*)
pro·pri·e·tress [prə'praɪətrɪs] pro-

P

pietaria *f*

prose [prouz] prosa *f*

pros·e·cute ['prɑːsɪkjuːt] *v/t* LAW procesar

pros·e·cu·tion [prɑːsɪ'kjuːʃn] LAW procesamiento *m*; *lawyers* acusación *f*; ***he's facing ~*** lo van a procesar

pros·e·cu·tor → ***public prosecutor***

pros·pect ['prɑːspekt] **1** *n* (*chance, likelihood*) probabilidad *f*; (*thought of something in the future*) perspectiva *f*; ***~s*** perspectivas *fpl* (de futuro) **2** *v/i*: ***~ for** gold* buscar

pro·spec·tive [prə'spektɪv] *adj* potencial

pros·per ['prɑːspər] *v/i* prosperar

pros·per·i·ty [prɑː'sperətɪ] prosperidad *f*

pros·per·ous ['prɑːspərəs] *adj* próspero

pros·ti·tute ['prɑːstɪtuːt] *n* prostituta *f*; ***male ~*** prostituto *m*

pros·ti·tu·tion [prɑːstɪ'tuːʃn] prostitución *f*

pros·trate ['prɑːstreɪt] *adj* postrado; ***be ~ with grief*** estar postrado por el dolor

pro·tect [prə'tekt] *v/t* proteger

pro·tec·tion [prə'tekʃn] protección *f*

pro'tec·tion mon·ey *dinero pagado a delincuentes a cambio de obtener protección*; *paid to terrorists* impuesto *m* revolucionario

pro·tec·tive [prə'tektɪv] *adj* protector

pro·tec·tive 'cloth·ing ropa *f* protectora

pro·tec·tor [prə'tektər] protector(a) *m*(*f*)

pro·tein ['proutiːn] proteína *f*

pro·test **1** *n* ['proutest] protesta *f* **2** *v/t* [prə'test] protestar, quejarse de; (*object to*) protestar contra **3** *v/i* [prə'test] protestar

Prot·es·tant ['prɑːtɪstənt] **1** *n* protestante *m/f* **2** *adj* protestante

pro·test·er [prə'testər] manifestante *m/f*

pro·to·col ['proutəkɑːl] protocolo *m*

pro·to·type ['proutətaɪp] prototipo *m*

pro·tract·ed [prə'træktɪd] *adj* prolongado, largo

pro·trude [prə'truːd] *v/i* sobresalir

pro·trud·ing [prə'truːdɪŋ] *adj* saliente; *ears, teeth* prominente

proud [praud] *adj* orgulloso; ***be ~ of*** estar orgulloso de

proud·ly ['praudlɪ] *adv* con orgullo, orgullosamente

prove [pruːv] *v/t* demostrar, probar

prov·erb ['prɑːvɜːrb] proverbio *m*, refrán *m*

pro·vide [prə'vaɪd] *v/t* proporcionar; ***~ sth to s.o., ~ s.o. with sth*** proporcionar algo a alguien; ***~d (that)*** (*on condition that*) con la condición de que, siempre que

♦ **provide for** *v/t family* mantener; *of law etc* prever

prov·ince ['prɑːvɪns] provincia *f*

pro·vin·cial [prə'vɪnʃl] *adj city* provincial; *pej*: *attitude* de pueblo, provinciano

pro·vi·sion [prə'vɪʒn] (*supply*) suministro *m*; *of law, contract* disposición *f*

pro·vi·sion·al [prə'vɪʒnl] *adj* provisional

pro·vi·so [prə'vaɪzou] condición *f*

prov·o·ca·tion [prɑːvə'keɪʃn] provocación *f*

pro·voc·a·tive [prə'vɑːkətɪv] *adj* provocador; *sexually* provocativo

pro·voke [prə'vouk] *v/t* (*cause, annoy*) provocar

prow [prau] NAUT proa *f*

prow·ess ['praʊɪs] proezas *fpl*

prowl [praul] *v/i of tiger, burglar* merodear

prowl·er ['praulər] merodeador(a) *m*(*f*)

prox·im·i·ty [prɑːk'sɪmətɪ] proximidad *f*

prox·y ['prɑːksɪ] (*authority*) poder *m*; *person* apoderado(-a) *m*(*f*)

prude [pruːd] mojigato(-a) *m*(*f*)

pru·dence ['pruːdns] prudencia *f*

pru·dent ['pruːdnt] *adj* prudente

prud·ish ['pruːdɪʃ] *adj* mojigato

prune[1] [pruːn] *n* ciruela *f* pasa

prune[2] [pruːn] *v/t plant* podar; *fig* reducir

pry [praɪ] *v/i* (*pret & pp* ***-ied***) entrometerse

♦**pry into** *v/t* entrometerse en

PS ['piːes] *abbr* (= ***postscript***) PD (= posdata *f*)

pseu·do·nym ['suːdənɪm] pseudónimo *m*

psy·chi·at·ric [saɪkɪ'ætrɪk] *adj* psiquiátrico

psy·chi·a·trist [saɪ'kaɪətrɪst] psiquiatra *m/f*

psy·chi·a·try [saɪ'kaɪətrɪ] psiquiatría *f*

psy·chic ['saɪkɪk] *adj research* paranormal; ***I'm not*** ~ no soy vidente

psy·cho·a·nal·y·sis [saɪkouən'æləsɪs] psicoanálisis *m*

psy·cho·an·a·lyst [saɪkou'ænəlɪst] psicoanalista *m/f*

psy·cho·an·a·lyze [saɪkou'ænəlaɪz] *v/t* psicoanalizar

psy·cho·log·i·cal [saɪkə'lɑːdʒɪkl] *adj* psicológico

psy·cho·log·i·cal·ly [saɪkə'lɑːdʒɪklɪ] *adv* psicológicamente

psy·chol·o·gist [saɪ'kɑːlədʒɪst] psicólogo(-a) *m*(*f*)

psy·chol·o·gy [saɪ'kɑːlədʒɪ] psicología *f*

psy·cho·path ['saɪkoupæθ] psicópata *m/f*

psy·cho·so·mat·ic [saɪkousə'mætɪk] *adj* psicosomático

PTO [piːtiː'ou] *abbr* (= ***please turn over***) véase al dorso

pub [pʌb] *Br* bar *m*

pu·ber·ty ['pjuːbərtɪ] pubertad *f*

pu·bic hair ['pjuːbɪk] vello *m* púbico

pub·lic ['pʌblɪk] **1** *adj* público **2** *n*: ***the*** ~ el público; ***in*** ~ en público

pub·li·ca·tion [pʌblɪ'keɪʃn] publicación *f*

pub·lic 'hol·i·day día *m* festivo

pub·lic·i·ty [pʌb'lɪsətɪ] publicidad *f*

pub·li·cize ['pʌblɪsaɪz] *v/t* (*make known*) publicar, hacer público; COM dar publicidad a

pub·lic 'li·bra·ry biblioteca *f* pública

pub·lic·ly ['pʌblɪklɪ] *adv* públicamente

pub·lic 'pros·e·cu·tor fiscal *m/f*; **pub·lic re'la·tions** *npl* relaciones públicas *fpl*; **'pub·lic school** colegio *m* público; *Br* colegio *m* privado; **'pub·lic sec·tor** sector *m* público

pub·lish ['pʌblɪʃ] *v/t* publicar

pub·lish·er ['pʌblɪʃər] *person* editor(a) *m*(*f*); *company* editorial *f*

pub·lish·ing ['pʌblɪʃɪŋ] industria *f* editorial

'pub·lish·ing com·pa·ny editorial *f*

pud·dle ['pʌdl] charco *m*

Puer·to Ri·can [pwertou'riːkən] **1** *adj* portorriqueño, puertorriqueño **2** *n* portorriqueño(-a) *m*(*f*), puertorriqueño(-a) *m*(*f*)

Puer·to Ri·co [pwertou'riːkou] Puerto Rico

puff [pʌf] **1** *n of wind* racha *f*; *from cigarette* calada *f*; *of smoke* bocanada *f* **2** *v/i* (*pant*) resoplar; ~ ***on a cigarette*** dar una calada a un cigarrillo

puff·y ['pʌfɪ] *adj eyes*, *face* hinchado

puke [pjuːk] **1** *n* P *substance* vomitona *f* P **2** *v/i* P echar la pota P

pull [pul] **1** *n on rope* tirón *m*; F (*appeal*) gancho *m* F; F (*influence*) enchufe *m* F **2** *v/t* (*drag*) arrastrar; (*tug*) tirar de; *tooth* sacar; ~ ***a muscle*** sufrir un tirón en un músculo **3** *v/i* tirar

♦**pull ahead** *v/i in race*, *competition* adelantarse

♦**pull apart** *v/t* (*separate*) separar

♦**pull away** *v/t* apartar

♦**pull down** *v/t* (*lower*) bajar; (*demolish*) derribar

♦**pull in** *v/i of bus*, *train* llegar

♦**pull off** *v/t* quitar; *item of clothing* quitarse; F conseguir

♦**pull out 1** *v/t* sacar; *troops* retirar; **2** *v/i* retirarse; *of ship* salir

♦**pull over** *v/i* parar en el arcén

♦**pull through** *v/i from an illness* recuperarse

♦**pull together 1** *v/i* (*cooperate*) cooperar **2** *v/t*: ***pull o.s. together*** tranquilizarse

♦**pull up 1** *v/t* (*raise*) subir; *item of clothing* subirse; *plant*, *weeds* arrancar **2** *v/i of car etc* parar

pul·ley ['pʊlɪ] polea *f*
pull·o·ver ['pʊloʊvər] suéter *m*, *Span* jersey *m*
pulp [pʌlp] *of fruit* pulpa *f*; *for paper-making* pasta *f*
pul·pit ['pʊlpɪt] púlpito *m*
pul·sate [pʌl'seɪt] *v/i of heart, blood* palpitar; *of music* vibrar
pulse [pʌls] pulso *m*
pul·ver·ize ['pʌlvəraɪz] *v/t* pulverizar
pump [pʌmp] **1** *n* bomba *f*; (*gas ~*) surtidor *m* **2** *v/t* bombear
♦ **pump up** *v/t* inflar
pump·kin ['pʌmpkɪn] calabaza *f*
pun [pʌn] juego *m* de palabras
punch [pʌntʃ] **1** *n blow* puñetazo *m*; *implement* perforadora *f* **2** *v/t with fist* dar un puñetazo a; *hole, ticket* agujerear
'**punch line** golpe *m*, punto *m* culminante
punc·tu·al ['pʌŋktʃʊəl] *adj* puntual
punc·tu·al·i·ty [pʌŋktʃʊ'ælətɪ] puntualidad *f*
punc·tu·al·ly ['pʌŋktʃʊəlɪ] *adv* puntualmente
punc·tu·ate ['pʌŋktʃʊeɪt] *v/t* puntuar
punc·tu·a·tion ['pʌŋktʃʊ'eɪʃn] puntuación *f*
punc·tu'a·tion mark signo *m* de puntuación
punc·ture ['pʌŋktʃər] **1** *n* perforación *f* **2** *v/t* perforar
pun·gent ['pʌndʒənt] *adj* fuerte
pun·ish ['pʌnɪʃ] *v/t person* castigar
pun·ish·ing ['pʌnɪʃɪŋ] *adj schedule* exigente; *pace* fuerte
pun·ish·ment ['pʌnɪʃmənt] castigo *m*
punk (rock) ['pʌŋk(rɑːk)] MUS (música *f*) punk *m*
pu·ny ['pjuːnɪ] *adj person* enclenque
pup [pʌp] cachorro *m*
pu·pil[1] ['pjuːpl] *of eye* pupila *f*
pu·pil[2] ['pjuːpl] (*student*) alumno(-a) *m*(*f*)
pup·pet ['pʌpɪt] *also fig* marioneta *f*
'**pup·pet gov·ern·ment** gobierno *m* títere
pup·py ['pʌpɪ] cachorro *m*
pur·chase[1] ['pɜːrtʃəs] **1** *n* adquisición *f*, compra *f* **2** *v/t* adquirir, comprar
pur·chase[2] ['pɜːrtʃəs] (*grip*) agarre *m*
pur·chas·er ['pɜːrtʃəsər] comprador(a) *m*(*f*)
pure [pjʊr] *adj* puro; **~ new wool** pura lana *f* virgen
pure·ly ['pjʊrlɪ] *adv* puramente
pur·ga·to·ry ['pɜːrgətɔːrɪ] purgatorio *m*
purge [pɜːrdʒ] **1** *n of political party* purga *f* **2** *v/t* purgar *f*
pu·ri·fy ['pjʊrɪfaɪ] *v/t* (*pret & pp* **-ied**) *water* depurar
pu·ri·tan ['pjʊrɪtən] puritano(-a) *m*(*f*)
pu·ri·tan·i·cal [pjʊrɪ'tænɪkl] *adj* puritano
pu·ri·ty ['pjʊrɪtɪ] pureza *f*
pur·ple ['pɜːrpl] *adj* morado
Pur·ple 'Heart MIL *medalla concedida a los soldados heridos en combate*
pur·pose ['pɜːrpəs] (*aim, object*) propósito *m*, objeto *m*; **on ~** a propósito; **what is the ~ of your visit?** ¿cuál es el objeto de su visita?
pur·pose·ful ['pɜːrpəsfəl] *adj* decidido
pur·pose·ly ['pɜːrpəslɪ] *adv* decididamente
purr [pɜːr] *v/i of cat* ronronear
purse [pɜːrs] *n* (*pocket book*) bolso *m*; *Br for money* monedero *m*
pur·sue [pər'suː] *v/t person* perseguir; *career* ejercer; *course of action* proseguir
pur·su·er [pər'suːər] perseguidor(a) *m*(*f*)
pur·suit [pər'suːt] (*chase*) persecución *f*; *of happiness etc* búsqueda *f*; (*activity*) actividad *f*; **those in ~** los perseguidores
pus [pʌs] pus *m*
push [pʊʃ] **1** *n* (*shove*) empujón *m*; **at the ~ of a button** apretando un botón **2** *v/t* (*shove*) empujar; *button* apretar, pulsar; (*pressurize*) presionar; F *drugs* pasar F, mercadear con; **be ~ed for cash** F estar pelado F, estar sin un centavo; **be ~ed for time** F ir mal de tiempo F; **be ~ing 40** F ron-

P

dar los 40 **3** *v/i* empujar

♦ **push ahead** *v/i* seguir adelante

♦ **push along** *v/t cart etc* empujar

♦ **push away** *v/t* apartar

♦ **push off** *v/t lid* destapar

♦ **push on** *v/i* (*continue*) continuar

♦ **push up** *v/t prices* hacer subir

push·er ['pʊʃər] F *of drugs* camello *m* F

push-up ['pʊʃʌp] flexión *f* (de brazos)

push·y ['pʊʃɪ] *adj* F avasallador, agresivo

puss, pus·sy (cat) [pʊs, 'pʊsɪ (kæt)] F minino *m* F

♦ **pussyfoot around** ['pʊsɪfʊt] *v/i* F andarse con rodeos

put [pʊt] *v/t* (*pret & pp* **put**) poner; *question* hacer; ~ ***the cost at …*** estimar el costo en …

♦ **put across** *v/t idea etc* hacer llegar

♦ **put aside** *v/t money* apartar, ahorrar; *work* dejar a un lado

♦ **put away** *v/t in closet etc* guardar; *in institution* encerrar; F (*consume*) consumir, cepillarse F; *money* apartar, ahorrar; *animal* sacrificar

♦ **put back** *v/t* (*replace*) volver a poner

♦ **put by** *v/t money* apartar, ahorrar

♦ **put down** *v/t* dejar; *deposit* entregar; *rebellion* reprimir; (*belittle*) dejar en mal lugar; ***put down in writing*** poner por escrito; ***put one's foot down*** *in car* apretar el acelerador; (*be firm*) plantarse; ***put sth down to sth*** (*attribute*) atribuir algo a algo

♦ **put forward** *v/t idea etc* proponer, presentar

♦ **put in** *v/t* meter; *time* dedicar; *request, claim* presentar

♦ **put in for** *v/t* (*apply for*) solicitar

♦ **put off** *v/t light, radio, TV* apagar; (*postpone*) posponer, aplazar; (*deter*) desalentar; (*repel*) desagradar; ***I was put off by the smell*** el olor me quitó las ganas; ***that put me off shellfish for life*** me quitó las ganas de volver a comer marisco

♦ **put on** *v/t light, radio, TV* encender, *L.Am.* prender; *tape, music* poner; *jacket, shoes, eye glasses* ponerse; (*perform*) representar; (*assume*) fingir; ***put on make-up*** maquillarse; ***put on the brake*** frenar; ***put on weight*** engordar; ***she's just putting it on*** está fingiendo

♦ **put out** *v/t hand* extender; *fire, light* apagar

♦ **put through** *v/t*: ***put s.o. through to s.o.*** *on phone* poner a alguien con alguien

♦ **put together** *v/t* (*assemble, organize*) montar

♦ **put up** *v/t hand, fence, building* levantar; *person* alojar; *prices* subir; *poster, notice* colocar; *money* aportar; ***put your hands up!*** ¡arriba las manos!; ***put up for sale*** poner en venta

♦ **put up with** *v/t* (*tolerate*) aguantar

putt [pʌt] *v/i* SP golpear con el putter

put·ty ['pʌtɪ] masilla *f*

puz·zle ['pʌzl] **1** *n* (*mystery*) enigma *m*; *game* pasatiempos *mpl*; (*jigsaw*) puzzle *m*; (*crossword*) crucigrama *m* **2** *v/t* desconcertar; ***one thing ~s me*** hay algo que no acabo de entender

puz·zling ['pʌzlɪŋ] *adj* desconcertante

PVC [pi:vi:'si:] *abbr* (= ***polyvinyl chloride***) PVC *m* (= cloruro *m* de polivinilo)

py·ja·mas *Br* → ***pajamas***

py·lon ['paɪlən] torre *f* de alta tensión

Q

quack[1] [kwæk] **1** *n of duck* graznido *m* **2** *v/i* graznar

quack[2] [kwæk] *n* F (*bad doctor*) matasanos *m/f inv* F

quad·ran·gle ['kwɑːdræŋgl] *figure* cuadrángulo *m*; *courtyard* patio *m*

quad·ru·ped ['kwɑːdrʊped] cuadrúpedo *m*

quad·ru·ple ['kwɑːdrʊpl] *v/i* cuadruplicarse

quad·ru·plets ['kwɑːdrʊplɪts] *npl* cuatrillizos(-as) *mpl* (*fpl*)

quads [kwɑːdz] *npl* F cuatrillizos(-as) *mpl* (*fpl*)

quag·mire ['kwɑːgmaɪr] *fig* atolladero *m*

quail [kweɪl] *v/i* temblar (***at*** ante)

quaint [kweɪnt] *adj cottage* pintoresco; (*eccentric: ideas etc*) extraño

quake [kweɪk] **1** *n* (*earthquake*) terremoto *m* **2** *v/i of earth, with fear* temblar

qual·i·fi·ca·tion [kwɑːlɪfɪ'keɪʃn] *from university etc* título *m*; ***have the right ~s for a job*** estar bien cualificado para un trabajo

qual·i·fied ['kwɑːlɪfaɪd] *adj doctor, engineer, plumber etc* titulado; (*restricted*) limitado; ***I am not ~ to judge*** no estoy en condiciones de poder juzgar

qual·i·fy ['kwɑːlɪfaɪ] **1** *v/t* (*pret & pp* ***-ied***) *of degree, course etc* habilitar; *remark etc* matizar **2** *v/i* (*pret & pp* ***-ied***) (*get degree etc*) titularse, *L.Am.* egresar; *in competition* calificarse; ***that doesn't ~ as ...*** eso no cuenta como ...

qual·i·ty ['kwɑːlətɪ] calidad *f*; (*characteristic*) cualidad *f*

qual·i·ty con'trol control *m* de calidad

qualm [kwɑːm]: ***have no ~s about ...*** no tener reparos en ...

quan·da·ry ['kwɑːndərɪ] dilema *m*

quan·ti·fy ['kwɑːntɪfaɪ] *v/t* (*pret & pp* ***-ied***) cuantificar

quan·ti·ty ['kwɑːntətɪ] cantidad *f*

quan·tum 'phys·ics ['kwɑːntəm] física *f* cuántica

quar·an·tine ['kwɑːrəntiːn] cuarentena *f*

quar·rel ['kwɑːrəl] **1** *n* pelea *f* **2** *v/i* (*pret & pp* ***-ed***, *Br* ***-led***) pelearse

quar·rel·some ['kwɑːrəlsʌm] *adj* peleón

quar·ry[1] ['kwɑːrɪ] *in hunt* presa *f*

quar·ry[2] ['kwɑːrɪ] *for mining* cantera *f*

quart [kwɔːrt] cuarto *m* de galón

quar·ter ['kwɔːrtər] cuarto *m*; *25 cents* cuarto *m* de dólar; *part of town* barrio *m*; ***a ~ of an hour*** un cuarto de hora; ***a ~ of 5*** las cinco menos cuarto, *L.Am.* un cuarto para las cinco; ***a ~ after 5*** las cinco y cuarto

'quar·ter·back SP quarterback *m*, *en fútbol americano, jugador que dirige el juego de ataque*; **quar·ter-'fi·nal** cuarto *m* de final; **quar·ter-'fi·nal·ist** cuartofinalista *m/f*

quar·ter·ly ['kwɔːrtərlɪ] **1** *adj* trimestral **2** *adv* trimestralmente

'quar·ter·note MUS negra *f*

quar·ters ['kwɔːrtərz] *npl* MIL alojamiento *m*

quar·tet [kwɔːr'tet] MUS cuarteto *m*

quartz [kwɔːrts] cuarzo *m*

quash [kwɑːʃ] *v/t rebellion* aplastar, sofocar; *court decision* revocar

qua·ver ['kweɪvər] **1** *n in voice* temblor *m* **2** *v/i of voice* temblar

quea·sy ['kwiːzɪ] *adj* mareado; ***get ~*** marearse

queen [kwiːn] reina *f*

queen 'bee abeja *f* reina

queer [kwɪr] *adj* (*peculiar*) raro, extraño

queer·ly ['kwɪrlɪ] *adv* de manera extraña

quell [kwel] *v/t protest* acallar; *riot* aplastar, sofocar

quench [kwentʃ] *v/t thirst* apagar, saciar; *flames* apagar

que•ry ['kwɪrɪ] **1** *n* duda *f*, pregunta *f* **2** *v/t* (*pret & pp* ***-ied***) (*express doubt about*) cuestionar; (*check*) comprobar; ***~ sth with s.o.*** preguntar algo a alguien

quest [kwest] busca *f*

ques•tion ['kwestʃn] **1** *n* pregunta *f*; (*matter*) cuestión *f*, asunto *m*; ***in ~*** (*being talked about*) en cuestión; (*in doubt*) en duda; ***it's a ~ of money/ time*** es una cuestión de dinero/ tiempo; ***that's out of the ~*** eso es imposible **2** *v/t person* preguntar a; LAW interrogar; (*doubt*) cuestionar, poner en duda

ques•tion•a•ble ['kwestʃnəbl] *adj* cuestionable, dudoso

ques•tion•ing ['kwestʃnɪŋ] **1** *adj look, tone* inquisitivo **2** *n* interrogatorio *m*

'ques•tion mark signo *m* de interrogación

ques•tion•naire [kwestʃə'ner] cuestionario *m*

queue [kjuː] *n Br* cola *f*

quib•ble ['kwɪbl] *v/i* discutir (*por algo insignificante*)

quick [kwɪk] *adj* rápido; ***be ~!*** ¡date prisa!; ***let's have a ~ drink*** vamos a tomarnos algo rápidamente; ***can I have a ~ look?*** ¿me dejas echarle un vistazo?; ***that was ~!*** ¡qué rápido!

quick•ly ['kwɪklɪ] *adv* rápidamente, rápido, deprisa

'quick•sand arenas *fpl* movedizas; **'quick•sil•ver** azogue *m*; **quick-wit•ted** [kwɪk'wɪtɪd] *adj* agudo

qui•et ['kwaɪət] *adj* tranquilo; *engine* silencioso; ***keep ~ about sth*** guardar silencio sobre algo; ***~!*** ¡silencio!

♦**qui•et•en down** ['kwaɪətn] **1** *v/t children, class* tranquilizar, hacer callar **2** *v/i of children* tranquilizarse, callarse; *of political situation* calmarse

quiet•ly ['kwaɪətlɪ] *adv* (*not loudly*) silenciosamente; (*without fuss*) discretamente; (*peacefully*) tranquilamente; ***speak ~*** hablar en voz baja

quiet•ness ['kwaɪətnɪs] *of voice* suavidad *f*; *of night, street* silencio *m*, calma *f*

quilt [kwɪlt] *on bed* edredón *m*

quilt•ed ['kwɪltɪd] *adj* acolchado

quin•ine ['kwɪniːn] quinina *f*

quin•tet [kwɪn'tet] MUS quinteto *m*

quip [kwɪp] **1** *n joke* broma *f*; *remark* salida *f* **2** *v/i* (*pret & pp* ***-ped***) bromear

quirk [kwɜːrk] peculiaridad *f*, rareza *f*

quirk•y ['kwɜːrkɪ] *adj* peculiar, raro

quit [kwɪt] **1** *v/t* (*pret & pp* ***quit***) *job* dejar, abandonar; ***~ doing sth*** dejar de hacer algo **2** *v/i* (*pret & pp* ***quit***) (*leave job*) dimitir; COMPUT salir

quite [kwaɪt] *adv* (*fairly*) bastante; (*completely*) completamente; ***not ~ ready*** no listo del todo; ***I didn't ~ understand*** no entendí bien; ***is that right? – not ~*** ¿es verdad? – no exactamente; ***~ !*** ¡exactamente!; ***~ a lot*** bastante; ***~ a few*** bastantes; ***it was ~ a surprise*** fue toda una sorpresa

quits [kwɪts] *adj*: ***be ~ with s.o.*** estar en paz con alguien

quit•ter ['kwɪtər] F *persona que abandona fácilmente*

quiv•er ['kwɪvər] *v/i* estremecerse

quiz [kwɪz] **1** *n* concurso *m* (*de preguntas y respuestas*) **2** *v/t* (*pret & pp* ***-zed***) interrogar (***about*** sobre)

'quiz mas•ter *presentador de un concurso de preguntas y respuestas*

'quiz pro•gram, *Br* **'quiz pro•gramme** programa *m* concurso (*de preguntas y respuestas*)

quo•ta ['kwoʊtə] cuota *f*

quo•ta•tion [kwoʊ'teɪʃn] *from author* cita *f*; (*price*) presupuesto *m*

quo'ta•tion marks *npl* comillas *fpl*

quote [kwoʊt] **1** *n from author* cita *f*; (*price*) presupuesto *m*; (*quotation mark*) comilla *f*; ***in ~s*** entre comillas **2** *v/t text* citar; *price* dar **3** *v/i*: ***~ from an author*** citar de un autor

R

rab•bi ['ræbaɪ] rabino *m*
rab•bit ['ræbɪt] conejo *m*
rab•ble ['ræbl] chusma *f*, multitud *f*
rab•ble-rous•er ['ræblraʊzər] agitador(a) *m*(*f*)
ra•bies ['reɪbiːz] *nsg* rabia *f*
rac•coon [rə'kuːn] mapache *m*
race[1] [reɪs] *n of people* raza *f*
race[2] [reɪs] **1** *n* SP carrera *f*; ***the ~s*** *horse races* las carreras **2** *v/i* (*run fast*) correr; ***he ~d through his meal / work*** acabó su comida / trabajo a toda velocidad **3** *v/t* correr contra; ***I'll ~ you*** te echo una carrera
'race•course hipódromo *m*; **'race•horse** caballo *m* de carreras; **'race riot** disturbios *mpl* raciales; **'race•track** circuito *m*; *for horses* hipódromo *m*
ra•cial ['reɪʃl] *adj* racial; ***~ equality*** igualdad *f* racial
rac•ing ['reɪsɪŋ] carreras *fpl*
rac•ism ['reɪsɪzm] racismo *m*
ra•cist ['reɪsɪst] **1** *n* racista *m/f* **2** *adj* racista
rack [ræk] **1** *n* (*for bikes*) *barras para aparcar bicicletas*; *for bags on train* portaequipajes *m inv*; *for CDs* mueble *m* **2** *v/t*: ***~ one's brains*** devanarse los sesos
rack•et[1] ['rækɪt] SP raqueta *f*
rack•et[2] ['rækɪt] (*noise*) jaleo *m*; (*criminal activity*) negocio *m* sucio
ra•dar ['reɪdɑːr] radar *m*
'ra•dar screen pantalla *f* de radar
'ra•dar trap control *m* de velocidad por radar
ra•di•al 'tire, *Br* **ra•di•al 'tyre** ['reɪdɪəl] neumático *m* radial
ra•di•ance ['reɪdɪəns] esplendor *m*, brillantez *f*
ra•di•ant ['reɪdɪənt] *adj smile, appearance* resplandeciente, brillante
ra•di•ate ['reɪdɪeɪt] *v/i of heat, light* irradiar
ra•di•a•tion [reɪdɪ'eɪʃn] PHYS radiación *f*
ra•di•a•tor ['reɪdɪeɪtər] *in room, car* radiador *m*
rad•i•cal ['rædɪkl] **1** *adj* radical **2** *n* POL radical *m/f*
rad•i•cal•ism ['rædɪkəlɪzm] POL radicalismo *m*
rad•i•cal•ly ['rædɪklɪ] *adv* radicalmente
ra•di•o ['reɪdɪoʊ] radio *f*; ***on the ~*** en la radio; ***by ~*** por radio
ra•di•o•ac•tive [reɪdɪoʊ'æktɪv] *adj* radiactivo; **ra•di•o•ac•tive 'waste** residuos *mpl* radiactivos; **ra•di•o•ac•tiv•i•ty** [reɪdɪoʊæk'tɪvətɪ] radiactividad *f*; **ra•di•o a'larm** radio *m* despertador
ra•di•og•ra•pher [reɪdɪ'ɑːgrəfər] técnico(-a) *m*(*f*) de rayos X
ra•di•og•ra•phy [reɪdɪ'ɑːgrəfɪ] radiografía *f*
'ra•di•o sta•tion emisora *f* de radio; **'ra•di•o tax•i** radiotaxi *m*; **ra•di•o'ther•a•py** radioterapia *f*
rad•ish ['rædɪʃ] rábano *m*
ra•di•us ['reɪdɪəs] radio *m*
raf•fle ['ræfl] *n* rifa *f*
raft [ræft] balsa *f*
raf•ter ['ræftər] viga *f*
rag [ræg] *n for cleaning etc* trapo *m*; ***in ~s*** con harapos
rage [reɪdʒ] **1** *n* ira *f*, cólera *f*; ***be in a ~*** estar encolerizado; ***be all the ~*** F estar arrasando F **2** *v/i of storm* bramar
rag•ged ['rægɪd] *adj* andrajoso
raid [reɪd] **1** *n by troops* incursión *f*; *by police* redada *f*; *by robbers* atraco *m*; FIN ataque *m*, incursión *f* **2** *v/t of troops* realizar una incursión en; *of police* realizar una redada en; *of robbers* atracar; *fridge, orchard* sa-

R

quear
raid·er ['reɪdər] *on bank etc* atracador(a) *m(f)*
rail [reɪl] *n on track* riel *m*, carril *m*; (*hand~*) pasamanos *m inv*, baranda *f*; *for towel* barra *f*; ***by ~*** en tren
rail·ings ['reɪlɪŋz] *npl around park etc* verja *f*
'rail·road ferrocarril *m*; **'rail·road sta·tion** estación *f* de ferrocarril *or* de tren; **'rail·way** *Br* ferrocarril *m*
rain [reɪn] **1** *n* lluvia *f*; ***in the ~*** bajo la lluvia **2** *v/i* llover; ***it's ~ing*** llueve
'rain·bow arco *m* iris; **'rain·check**: ***can I take a ~ on that?*** F ¿lo podríamos aplazar para algún otro momento?; **'rain·coat** impermeable *m*; **'rain·drop** gota *f* de lluvia; **'rain·fall** pluviosidad *f*, precipitaciones *fpl*; **'rain for·est** selva *f*; **'rain·proof** *adj fabric* impermeable; **'rain·storm** tormenta *f*, aguacero *m*
rain·y ['reɪnɪ] *adj* lluvioso; ***it's ~*** llueve mucho
'rain·y sea·son estación *f* de las lluvias
raise [reɪz] **1** *n in salary* aumento *m* de sueldo **2** *v/t shelf etc* levantar; *offer* incrementar; *children* criar; *question* plantear; *money* reunir
rai·sin ['reɪzn] pasa *f*
rake [reɪk] *n for garden* rastrillo *m*
♦ **rake up** *v/t leaves* rastrillar; *fig* sacar a la luz
ral·ly ['rælɪ] *n* (*meeting, reunion*) concentración *f*; *political* mitin *m*; MOT rally *m*; *in tennis* peloteo *m*
♦ **rally round 1** *v/i* (*pret & pp **-ied***) acudir a ayudar **2** *v/t* (*pret & pp **-ied***): ***rally round s.o.*** acudir a ayudar a alguien
RAM [ræm] COMPUT *abbr* (= ***random access memory***) RAM *f* (= memoria *f* de acceso aleatorio)
ram [ræm] **1** *n* carnero *m* **2** *v/t* (*pret & pp **-med***) *ship, car* embestir
ram·ble ['ræmbl] **1** *n walk* caminata *f*, excursión *f* **2** *v/i walk* caminar; *in speaking* divagar; (*talk incoherently*) *hablar sin decir nada coherente*
ram·bler ['ræmblər] *walker* senderista *m/f*, excursionista *m/f*
ram·bling ['ræmblɪŋ] **1** *n walking* senderismo *m*; *in speech* divagaciones *fpl* **2** *adj speech* inconexo
ramp [ræmp] rampa *f*; *for raising vehicle* elevador *m*
ram·page ['ræmpeɪdʒ] **1** *v/i* pasar arrasando con todo **2** *n*: ***go on the ~*** pasar arrasando con todo
ram·pant ['ræmpənt] *adj inflation* galopante
ram·part ['ræmpɑːrt] muralla *f*
ram·shack·le ['ræmʃækl] *adj* destartalado, desvencijado
ran [ræn] *pret* → ***run***
ranch [ræntʃ] rancho *m*
ranch·er ['ræntʃər] ranchero(-a) *m(f)*
ran·cid ['rænsɪd] *adj* rancio
ran·cor ['rænkər] rencor
R & D [ɑːrən'diː] *abbr* (= ***research and development***) I+D *f* (= investigación *f* y desarrollo)
ran·dom ['rændəm] **1** *adj* al azar; ***~ sample*** muestra *f* aleatoria **2** *n*: ***at ~*** al azar
ran·dy ['rændɪ] *adj Br* F cachondo F; ***it makes me ~*** me pone cachondo
rang [ræŋ] *pret* → ***ring***
range [reɪndʒ] **1** *n of products* gama *f*; *of gun, airplane* alcance *m*; *of voice* registro *m*; *of mountains* cordillera *f*; ***at close ~*** de cerca **2** *v/i*: ***~ from X to Y*** ir desde X a Y
rang·er ['reɪndʒər] guardabosques *m/f inv*
rank [ræŋk] **1** *n* MIL, *in society* rango *m*; ***the ~s*** MIL la tropa **2** *v/t* clasificar
♦ **rank among** *v/t* figurar entre
ran·kle ['ræŋkl] *v/i* doler; ***it still ~s*** (***with him***) todavía le duele
ran·sack ['rænsæk] *v/t* saquear
ran·som ['rænsəm] *n* rescate *m*; ***hold s.o. to ~*** pedir un rescate por alguien
'ran·som mon·ey (dinero *m* del) rescate *m*
rant [rænt] *v/i*: ***~ and rave*** despotricar
rap [ræp] **1** *n at door etc* golpe *m*; MUS rap *m* **2** *v/t* (*pret & pp **-ped***) *table etc* golpear

R

♦**rap at** *v/t window etc* golpear
rape[1] [reɪp] **1** *n* violación *f* **2** *v/t* violar
rape[2] [reɪp] *n* BOT colza *f*
'rape vic·tim víctima *m/f* de una violación
rap·id ['ræpɪd] *adj* rápido
ra·pid·i·ty [rə'pɪdətɪ] rapidez *f*
rap·id·ly ['ræpɪdlɪ] *adv* rápidamente
rap·ids ['ræpɪdz] *npl* rápidos *mpl*
rap·ist ['reɪpɪst] violador(a) *m(f)*
rap·port [ræ'pɔːr] relación *f*; ***we have a good ~*** nos entendemos muy bien
rap·ture ['ræptʃər]: ***go into ~s over*** extasiarse con
rap·tur·ous ['ræptʃərəs] *adj* clamoroso
rare [rer] *adj* raro; *steak* poco hecho
rare·ly ['rerlɪ] *adv* raramente, raras veces
rar·i·ty ['rerətɪ] rareza *f*
ras·cal ['ræskl] pícaro(-a) *m(f)*
rash[1] [ræʃ] *n* MED sarpullido *m*, erupción *f* cutánea
rash[2] [ræʃ] *adj action, behavior* precipitado
rash·ly ['ræʃlɪ] *adv* precipitadamente
rasp·ber·ry ['ræzberɪ] frambuesa *f*
rat [ræt] *n* rata *f*
rate [reɪt] **1** *n of exchange* tipo *m*; *of pay* tarifa *f*; (*price*) tarifa *f*, precio *m*; (*speed*) ritmo *m*; ***~ of interest*** FIN tipo *m* de interés; ***at this ~*** (*at this speed*) a este ritmo; (*if we carry on like this*) si seguimos así; ***at any ~*** (*anyway*) en todo caso; (*at least*) por lo menos **2** *v/t*: ***~ s.o. as …*** considerar a alguien (como) …; ***~ s.o. highly*** tener buena opinión de alguien
rather ['ræðər] *adv* (*fairly, quite*) bastante; ***I would ~ stay here*** preferiría quedarme aquí; ***or would you ~ …?*** ¿o preferiría …?
rat·i·fi·ca·tion [rætɪfɪ'keɪʃn] ratificación *f*
rat·i·fy ['rætɪfaɪ] *v/t* (*pret & pp* **-ied**) ratificar
rat·ings ['reɪtɪŋz] *npl* índice *m* de audiencia
ra·ti·o ['reɪʃɪoʊ] proporción *f*
ra·tion ['ræʃn] **1** *n* ración *f* **2** *v/t supplies* racionar
ra·tion·al ['ræʃənl] *adj* racional
ra·tion·al·i·ty [ræʃə'nælɪtɪ] racionalidad *f*
ra·tion·al·i·za·tion [ræʃənəlaɪ'zeɪʃn] racionalización *f*
ra·tion·al·ize ['ræʃənəlaɪz] **1** *v/t* racionalizar **2** *v/i* buscar una explicación racional
ra·tion·al·ly ['ræʃənlɪ] *adv* racionalmente
'rat race *vida frenética y competitiva*
rat·tle ['rætl] **1** *n noise* traqueteo *m*, golpeteo *m*; *toy* sonajero *m* **2** *v/t chains etc* entrechocar **3** *v/i of chains etc* entrechocarse; *of crates* traquetear
♦**rattle off** *v/t poem, list of names* decir rápidamente
♦**rattle through** *v/t* hacer rápidamente
'rat·tle·snake serpiente *f* de cascabel
rau·cous ['rɒːkəs] *adj laughter, party* estridente
rav·age ['rævɪdʒ] **1** *n*: ***the ~s of time*** los estragos del tiempo **2** *v/t* arrasar; ***~d by war*** arrasado por la guerra
rave [reɪv] **1** *v/i* (*talk deliriously*) delirar; (*talk wildly*) desvariar; ***~ about sth*** (*be very enthusiastic*) estar muy entusiasmado con algo **2** *n party* fiesta *f* tecno
ra·ven ['reɪvn] cuervo *m*
rav·e·nous ['rævənəs] *adj* (*very hungry*) famélico; ***have a ~ appetite*** tener un hambre canina
rav·e·nous·ly ['rævənəslɪ] *adv* con voracidad
rave re'view crítica *f* muy entusiasta
ra·vine [rə'viːn] barranco *m*
rav·ing ['reɪvɪŋ] *adv*: ***~ mad*** chalado
rav·ish·ing ['rævɪʃɪŋ] *adj* encantador, cautivador
raw [rɒː] *adj meat, vegetable* crudo; *sugar* sin refinar; *iron* sin tratar
raw ma'te·ri·als *npl* materias *fpl* primas
ray [reɪ] rayo *m*; ***a ~ of hope*** un rayo de esperanza
raze [reɪz] *v/t*: ***~ to the ground*** arra-

sar *or* asolar por completo
ra·zor ['reɪzər] maquinilla *f* de afeitar
'ra·zor blade cuchilla *f* de afeitar
re [ri:] *prep* COM con referencia a
reach [ri:tʃ] **1** *n*: ***within ~*** al alcance; ***out of ~*** fuera del alcance **2** *v/t* llegar a; *decision, agreement, conclusion* alcanzar, llegar a; ***can you ~ it?*** ¿alcanzas?, ¿llegas?
♦ **reach out** *v/i* extender el brazo
re·act [rɪ'ækt] *v/i* reaccionar
re·ac·tion [rɪ'ækʃn] reacción *f*
re·ac·tion·ar·y [rɪ'ækʃnrɪ] **1** *n* POL reaccionario(-a) *m(f)* **2** *adj* POL reaccionario
re·ac·tor [rɪ'æktər] *nuclear* reactor *m*
read [ri:d] (*pret & pp* ***read*** [red]) **1** *v/t also* COMPUT leer **2** *v/i* leer; ***~ to s.o.*** leer a alguien
♦ **read out** *v/t aloud* leer en voz alta
♦ **read up on** *v/t* leer mucho sobre, estudiar
rea·da·ble ['ri:dəbl] *adj handwriting* legible; *book* ameno
read·er ['ri:dər] *person* lector(a) *m(f)*
read·i·ly ['redɪlɪ] *adv admit, agree* de buena gana
read·i·ness ['redɪnɪs]: ***in a state of ~*** preparado par actuar; ***their ~ to help*** la facilidad con la que ayudaron
read·ing ['ri:dɪŋ] *activity* lectura *f*; ***take a ~ from the meter*** leer el contador
'read·ing mat·ter lectura *f*
re·ad·just [ri:ə'dʒʌst] **1** *v/t equipment, controls* reajustar **2** *v/i to conditions* volver a adaptarse
read-'on·ly file COMPUT archivo *m* sólo de lectura
read-'on·ly mem·o·ry COMPUT memoria *f* sólo de lectura
read·y ['redɪ] *adj* (*prepared*) listo, preparado; (*willing*) dispuesto; ***get*** (***o.s.***) ***~*** prepararse; ***get sth ready*** preparar algo
read·y 'cash dinero *m* contante y sonante; **read·y-made** *adj stew etc* precocinado; *solution* ya hecho; **read·y-to-wear** *adj* de confección
re·al [ri:l] *adj* real; *surprise, genius* auténtico; ***he's a ~ idiot*** es un auténtico idiota
're·al es·tate bienes *mpl* inmuebles
're·al es·tate a·gent agente *m/f* inmobiliario(-a)
re·al·ism ['rɪəlɪzəm] realismo *m*
re·al·ist ['rɪəlɪst] realista *m/f*
re·al·is·tic [rɪə'lɪstɪk] *adj* realista
re·al·is·tic·al·ly [rɪə'lɪstɪklɪ] *adv* realísticamente
re·al·i·ty [rɪ'ælətɪ] realidad *f*
re·al·i·za·tion [rɪəlaɪ'zeɪʃn]: ***the ~ dawned on me that …*** me di cuenta de que …
re·al·ize ['rɪəlaɪz] *v/t* darse cuenta de; FIN (*yield*) producir; (*sell*) realizar, liquidar; ***I ~ now that …*** ahora me doy cuenta de que …
re·al·ly ['rɪəlɪ] *adv in truth* de verdad; *big, small* muy; ***I am ~ ~ sorry*** lo siento en el alma; ***~?*** ¿de verdad?; ***not ~*** *as reply* la verdad es que no
're·al time *n* COMPUT tiempo *m* real
're·al-time *adj* COMPUT en tiempo real
re·al·tor ['ri:ltər] agente *m/f* inmobiliario(-a)
re·alty ['ri:ltɪ] bienes *mpl* inmuebles
reap [ri:p] *v/t* cosechar
re·ap·pear [ri:ə'pɪr] *v/i* reaparecer
re·ap·pear·ance [ri:ə'pɪrəns] reaparición *f*
rear [rɪr] **1** *n* parte *f* de atrás **2** *adj legs* de atrás; *seats, wheels, lights* trasero
rear 'end 1 *n* F *of person* trasero *m* **2** *v/t* MOT F dar un golpe por atrás a
rear 'light *of car* luz *f* trasera
re·arm [ri:'ɑ:rm] **1** *v/t* rearmar **2** *v/i* rearmarse
'rear·most *adj* último
re·ar·range [ri:ə'reɪnʒ] *v/t flowers* volver a colocar; *furniture* reordenar; *schedule, meetings* cambiar
rear-view 'mir·ror espejo *m* retrovisor
rea·son ['ri:zn] **1** *n faculty* razón *f*; (*cause*) razón *f*, motivo *m*; ***see / listen to ~*** atender a razones **2** *v/i*: ***~ with s.o.*** razonar con alguien
rea·so·na·ble ['ri:znəbl] *adj person*

R

razonable; ***a ~ number of people*** un buen número de personas

rea·son·a·bly ['ri:znəblɪ] *adv act, behave* razonablemente; (*quite*) bastante

rea·son·ing ['ri:znɪŋ] razonamiento *m*

re·as·sure [ri:ə'ʃʊr] *v/t* tranquilizar; ***she ~d us of her continued support*** nos aseguró que continuábamos contando con su apoyo

re·as·sur·ing [ri:ə'ʃʊrɪŋ] *adj* tranquilizador

re·bate ['ri:beɪt] *money back* reembolso *m*

reb·el[1] ['rebl] *n* rebelde *m/f*; ***~ troops*** tropas *fpl* rebeldes

re·bel[2] [rɪ'bel] *v/i* (*pret & pp* ***-led***) rebelarse

reb·el·lion [rɪ'belɪən] rebelión *f*

reb·el·lious [rɪ'belɪəs] *adj* rebelde

reb·el·lious·ly [rɪ'belɪəslɪ] *adv* con rebeldía

reb·el·lious·ness [rɪ'belɪəsnɪs] rebeldía *f*

re·bound [rɪ'baʊnd] *v/i of ball etc* rebotar

re·buff [rɪ'bʌf] *n* desaire *m*, rechazo *m*

re·build ['ri:bɪld] *v/t* (*pret & pp* ***-built***) reconstruir

re·buke [rɪ'bju:k] *v/t* reprender

re·call [rɪ'kɒ:l] *v/t goods* retirar del mercado; (*remember*) recordar

re·cap ['ri:kæp] *v/i* (*pret & pp* ***-ped***) recapitular

re·cap·ture [ri:'kæptʃər] *v/t* MIL reconquistar; *criminal* volver a detener

re·cede [rɪ'si:d] *v/i of flood waters* retroceder

re·ced·ing [rɪ'si:dɪŋ] *adj forehead, chin* hundido; ***have a ~ hairline*** tener entradas

re·ceipt [rɪ'si:t] *for purchase* recibo *m*; ***acknowledge ~ of sth*** acusar recibo de algo; ***~s*** FIN ingresos *mpl*

re·ceive [rɪ'si:v] *v/t* recibir

re·ceiv·er [rɪ'si:vər] *of letter* destinatario(-a) *m*(*f*); TELEC auricular *m*; *for radio* receptor *m*

re·ceiv·er·ship [rɪ'si:vərʃɪp]: ***be in ~*** estar en suspensión de pagos

re·cent ['ri:snt] *adj* reciente

re·cent·ly ['ri:sntlɪ] *adv* recientemente

re·cep·tion [rɪ'sepʃn] recepción *f*; (*welcome*) recibimiento *m*

re'cep·tion desk recepción *f*

re·cep·tion·ist [rɪ'sepʃnɪst] recepcionista *m/f*

re·cep·tive [rɪ'septɪv] *adj*: ***be ~ to sth*** ser receptivo a algo

re·cess ['ri:ses] *n in wall etc* hueco *m*; EDU recreo *m*; *of legislature* periodo *m* vacacional

re·ces·sion [rɪ'seʃn] *economic* recesión *f*

re·charge [ri:'tʃɑ:rdʒ] *v/t battery* recargar

re·ci·pe ['resəpɪ] receta *f*

're·ci·pe book libro *m* de cocina, recetario *m*

re·cip·i·ent [rɪ'sɪpɪənt] *of parcel etc* destinatario(-a) *m*(*f*); *of payment* receptor(a) *m*(*f*)

re·cip·ro·cal [rɪ'sɪprəkl] *adj* recíproco

re·cit·al [rɪ'saɪtl] MUS recital *m*

re·cite [rɪ'saɪt] *v/t poem* recitar; *details, facts* enumerar

reck·less ['reklɪs] *adj* imprudente; *driving* temerario

reck·less·ly ['reklɪslɪ] *adv* con imprudencia; *drive* con temeridad

reck·on ['rekən] *v/t* (*think, consider*) estimar, considerar; ***I ~ it won't happen*** creo que no va a pasar

♦**reckon on** *v/t* contar con

♦**reckon with** *v/t*: ***have s.o. / sth to reckon with*** tener que vérselas con alguien / algo

reck·on·ing ['rekənɪŋ] estimaciones *fpl*, cálculos *mpl*; ***by my ~*** según mis cálculos

re·claim [rɪ'kleɪm] *v/t land from sea* ganar, recuperar; *lost property, rights* reclamar

re·cline [rɪ'klaɪn] *v/i* reclinarse

re·clin·er [rɪ'klaɪnər] *chair* sillón *m* reclinable

re·cluse [rɪ'klu:s] solitario(-a) *m*(*f*)

R

rec•og•ni•tion [rekəg'nɪʃn] *of state, s.o.'s achievements* reconocimiento *m*; ***in ~ of*** en reconocimiento a; ***be changed beyond ~*** estar irreconocible

rec•og•niz•a•ble [rekəg'naɪzəbl] *adj* reconocible

rec•og•nize ['rekəgnaɪz] *v/t* reconocer

re•coil [rɪ'kɔɪl] *v/i* echarse atrás, retroceder

rec•ol•lect [rekə'lekt] *v/t* recordar

rec•ol•lec•tion [rekə'lekʃn] recuerdo *m*; ***I have no ~ of the accident*** no me acuerdo del accidente

rec•om•mend [rekə'mend] *v/t* recomendar

rec•om•men•da•tion [rekəmen'deɪʃn] recomendación *f*

rec•om•pense ['rekəmpens] *n* recompensa *f*

rec•on•cile ['rekənsaɪl] *v/t people* reconciliar; *differences, facts* conciliar; ***~ o.s. to …*** hacerse a la idea de …; ***be ~d*** *of two people* haberse reconciliado

rec•on•cil•i•a•tion [rekənsɪlɪ'eɪʃn] *of people* reconciliación *f*; *of differences, facts* conciliación *f*

re•con•di•tion [riːkən'dɪʃn] *v/t* reacondicionar

re•con•nais•sance [rɪ'kɑːnɪsns] MIL reconocimiento *m*

re•con•sid•er [riːkən'sɪdər] **1** *v/t offer, one's position* reconsiderar **2** *v/i*: ***won't you please ~?*** ¿por qué no lo reconsideras, por favor?

re•con•struct [riːkən'strʌkt] *v/t* reconstruir

rec•ord[1] ['rekɔːrd] *n* MUS disco *m*; SP *etc* récord *m*; *written document etc* registro *m*, documento *m*; *in database* registro *m*; ***~s*** archivos *mpl*; ***say sth off the ~*** decir algo oficiosamente; ***have a criminal ~*** tener antecedentes penales; ***have a good ~ for sth*** tener un buen historial en materia de algo

re•cord[2] [rɪ'kɔːrd] *v/t electronically* grabar; *in writing* anotar

'rec•ord-break•ing *adj* récord

re•cor•der [rɪ'kɔːrdər] MUS flauta *f* dulce

'rec•ord hold•er plusmarquista *m/f*

re•cord•ing [rɪ'kɔːrdɪŋ] grabación *f*

re'cord•ing stu•di•o estudio *m* de grabación

'rec•ord play•er tocadiscos *m inv*

re•count [rɪ'kaʊnt] *v/t* (*tell*) relatar

re-count ['riːkaʊnt] **1** *n of votes* segundo recuento *m* **2** *v/t* (*count again*) volver a contar

re•coup [rɪ'kuːp] *v/t financial losses* resarcirse de

re•cov•er [rɪ'kʌvər] **1** *v/t sth lost, stolen goods* recuperar; *composure* recobrar **2** *v/i from illness* recuperarse

re•cov•er•y [rɪ'kʌvərɪ] recuperación *f*; ***he has made a good ~*** se ha recuperado muy bien

rec•re•a•tion [rekrɪ'eɪʃn] ocio *m*

rec•re•a•tion•al [rekrɪ'eɪʃnl] *adj done for pleasure* recreativo

re•cruit [rɪ'kruːt] **1** *n* MIL recluta *m/f*; *to company* nuevo(-a) trabajador(a) **2** *v/t new staff* contratar

re•cruit•ment [rɪ'kruːtmənt] MIL reclutamiento *m*; *to company* contratación *f*

re'cruit•ment drive MIL campaña *f* de reclutamiento; *to company* campaña *f* de contratación

rec•tan•gle ['rektæŋgl] rectángulo *m*

rec•tan•gu•lar [rek'tæŋgjʊlər] *adj* rectangular

rec•ti•fy ['rektɪfaɪ] *v/t* (*pret & pp* **-ied**) rectificar

re•cu•pe•rate [rɪ'kuːpəreɪt] *v/i* recuperarse

re•cur [rɪ'kɜːr] *v/i* (*pret & pp* **-red**) *of error, event* repetirse; *of symptoms* reaparecer

re•cur•rent [rɪ'kʌrənt] *adj* recurrente

re•cy•cla•ble [riː'saɪkləbl] *adj* reciclable

re•cy•cle [riː'saɪkl] *v/t* reciclar

re•cy•cling [riː'saɪklɪŋ] reciclado *m*

red [red] **1** *adj* rojo **2** *n*: ***in the ~*** FIN en números rojos

Red 'Cross Cruz *f* Roja

red•den ['redn] *v/i* (*blush*) ponerse

colorado
re·dec·o·rate [riː'dekəreɪt] *v/t with paint* volver a pintar; *with paper* volver a empapelar
re·deem [rɪ'diːm] *v/t debt* amortizar; REL redimir
re·deem·ing feat·ure [rɪ'diːmɪŋ]: ***his one ~ is that …*** lo único que lo salva es que …
re·demp·tion [rɪ'dempʃn] REL redención *f*
re·de·vel·op [riːdɪ'veləp] *v/t part of town* reedificar
red-hand·ed [red'hændɪd] *adj*: ***catch s.o. ~*** coger a alguien con las manos en la masa; **'red·head** pelirrojo(-a) *m*(*f*); **red-'hot** *adj* al rojo vivo; **red-'let·ter day** día *m* señalado; **red 'light** *at traffic light* semáforo *m* (en) rojo; **red 'light dis·trict** zona *f* de prostitución; **red 'meat** carne *f* roja; **'red·neck** F *individuo racista y reaccionario, normalmente de clase trabajadora*
re·dou·ble [riː'dʌbl] *v/t*: ***~ one's efforts*** redoblar los esfuerzos
red 'pep·per *vegetable* pimiento *m* rojo
red 'tape F burocracia *f*, papeleo *m*
re·duce [rɪ'duːs] *v/t* reducir; *price* rebajar
re·duc·tion [rɪ'dʌkʃn] reducción *f*; *in price* rebaja *f*
re·dun·dant [rɪ'dʌndənt] *adj* (*unnecessary*) innecesario; ***be made ~*** *Br at work* ser despedido
reed [riːd] BOT junco *m*
reef [riːf] *in sea* arrecife *m*
'reef knot nudo *m* de rizos
reek [riːk] *v/i* apestar (***of*** a)
reel [riːl] *n of film* rollo *m*; *of thread* carrete *m*
♦ **reel off** *v/t* soltar
re-e'lect *v/t* reelegir
re-e'lec·tion reelección *f*
re-'entry *of spacecraft* reentrada *f*
ref [ref] F árbitro(-a) *m*(*f*)
re·fer [rɪ'fɜːr] *v/t* (*pret & pp* ***-red***): ***~ a decision / problem to s.o.*** remitir una decisión / un problema a alguien
♦ **refer to** *v/t* (*allude to*) referirse a; *dictionary etc* consultar
ref·er·ee [refə'riː] SP árbitro(-a) *m*(*f*); (*for job*) *persona que pueda dar referencias*
ref·er·ence ['refərəns] referencia *f*; ***with ~ to*** con referencia a
'ref·er·ence book libro *m* de consulta; **'ref·er·ence li·bra·ry** biblioteca *f* de consulta; **'ref·er·ence num·ber** número *m* de referencia
ref·e·ren·dum [refə'rendəm] referéndum *m*
re·fill ['riːfɪl] *v/t tank*, *glass* volver a llenar
re·fine [rɪ'faɪn] *v/t oil*, *sugar* refinar; *technique* perfeccionar
re·fined [rɪ'faɪnd] *adj manners*, *language* refinado
re·fine·ment [rɪ'faɪnmənt] *to process*, *machine* mejora *f*
re·fin·e·ry [rɪ'faɪnərɪ] refinería *f*
re·fla·tion ['riːfleɪʃn] reflación *f*
reflect [rɪ'flekt] **1** *v/t light* reflejar; ***be ~ed in*** reflejarse en **2** *v/i* (*think*) reflexionar
re·flec·tion [rɪ'flekʃn] *in water*, *glass etc* reflejo *m*; (*consideration*) reflexión *f*
re·flex ['riːfleks] *in body* reflejo *m*
re·flex re'ac·tion acto *m* reflejo
re·form [rɪ'fɔːrm] **1** *n* reforma *f* **2** *v/t* reformar
re·form·er [rɪ'fɔːrmər] reformador(a) *m*(*f*)
re·frain[1] [rɪ'freɪn] *v/i fml* abstenerse; ***please ~ from smoking*** se ruega no fumar
re·frain[2] [rɪ'freɪn] *n in song*, *poem* estribillo *m*
re·fresh [rɪ'freʃ] *v/t person* refrescar; ***feel ~ed*** sentirse fresco
refresh·er course [rɪ'freʃər] curso *m* de actualización *or* reciclaje
re·fresh·ing [rɪ'freʃɪŋ] *adj drink* refrescante; *experience* reconfortante
re·fresh·ments [rɪ'freʃmənts] *npl* refrigerio *m*
re·fri·ge·rate [rɪ'frɪdʒəreɪt] *v/t* refrigerar; ***keep ~d*** conservar refrigerado

re·fri·ge·ra·tor [rɪ'frɪdʒəreɪtər] frigorífico *m*, refrigerador *m*
re·fu·el [riːf'jʊəl] **1** *v/t airplane* reabastecer de combustible a **2** *v/i of airplane* repostar
ref·uge ['refjuːdʒ] refugio *m*; ***take ~ from storm etc*** refugiarse
ref·u·gee [refjʊ'dʒiː] refugiado(-a) *m*(*f*)
ref·u'gee camp campo *m* de refugiados
re·fund ['riːfʌnd] **1** *n* ['riːfʌnd] reembolso *m*; ***give s.o. a ~*** devolver el dinero a alguien **2** *v/t* [rɪ'fʌnd] reembolsar
re·fus·al [rɪ'fjuːzl] negativa *f*
re·fuse [rɪ'fjuːz] **1** *v/i* negarse **2** *v/t help, food* rechazar; ***~ s.o. sth*** negar algo a alguien; ***~ to do sth*** negarse a hacer algo
re·gain [rɪ'geɪn] *v/t* recuperar
re·gal ['riːgl] *adj* regio
re·gard [rɪ'gɑːrd] **1** *n*: ***have great ~ for s.o.*** sentir gran estima por alguien; ***in this ~*** en este sentido; ***with ~ to*** con respecto a; (***kind***) ***~s*** saludos; ***give my ~s to Paula*** dale saludos *or* recuerdos a Paula de mi parte; ***with no ~ for*** sin tener en cuenta **2** *v/t*: ***~ s.o. / sth as sth*** considerar a alguien / algo como algo; ***I ~ it as an honor*** para mí es un honor; ***as ~s*** con respecto a
re·gard·ing [rɪ'gɑːrdɪŋ] *prep* con respecto a
re·gard·less [rɪ'gɑːrdlɪs] *adv* a pesar de todo; ***~ of*** sin tener en cuenta
re·gime [reɪ'ʒiːm] (*government*) régimen *m*
re·gi·ment ['redʒɪmənt] *n* regimiento *m*
re·gion ['riːdʒən] región *f*; ***in the ~ of*** del orden de
re·gion·al ['riːdʒənl] *adj* regional
re·gis·ter ['redʒɪstər] **1** *n* registro *m*; *at school* lista *f* **2** *v/t birth, death* registrar; *vehicle* matricular; *letter* certificar; *emotion* mostrar; ***send a letter ~ed*** enviar una carta por correo certificado **3** *v/i at university, for a course* matricularse; *with police* registrarse
re·gis·tered let·ter ['redʒɪstərd] carta *f* certificada
re·gis·tra·tion [redʒɪ'streɪʃn] registro *m*; *at university, for course* matriculación *f*
re·gis'tra·tion num·ber *Br* MOT (número *m* de) matrícula *f*
re·gret [rɪ'gret] **1** *v/t* (*pret & pp* ***-ted***) lamentar, sentir **2** *n* arrepentimiento *m*, pesar *m*
re·gret·ful [rɪ'gretfəl] *adj* arrepentido
re·gret·ful·ly [rɪ'gretfəlɪ] *adv* lamentablemente
re·gret·ta·ble [rɪ'gretəbl] *adj* lamentable
re·gret·ta·bly [rɪ'gretəblɪ] *adv* lamentablemente
reg·u·lar ['regjʊlər] **1** *adj* regular; (*normal, ordinary*) normal **2** *n at bar etc* habitual *m/f*
reg·u·lar·i·ty [regjʊ'lærətɪ] regularidad *f*
reg·u·lar·ly ['regjʊlərlɪ] *adv* regularmente
reg·u·late ['regʊleɪt] *v/t* regular
reg·u·la·tion [regʊ'leɪʃn] (*rule*) regla *f*, norma *f*
re·hab ['riːhæb] F rehabilitación *f*
re·ha·bil·i·tate [riːhə'bɪlɪteɪt] *v/t ex-criminal* rehabilitar
re·hears·al [rɪ'hɜːrsl] ensayo *m*
re·hearse [rɪ'hɜːrs] *v/t & v/i* ensayar
reign [reɪn] **1** *n* reinado *m* **2** *v/i* reinar
re·im·burse [riːɪm'bɜːrs] *v/t* reembolsar
rein [reɪn] rienda *f*
re·in·car·na·tion [riːɪnkɑːr'neɪʃn] reencarnación *f*
re·in·force [riːɪn'fɔːrs] *v/t structure* reforzar; *beliefs* reafirmar
re·in·forced con·crete [riːɪn'fɔːrst] hormigón *m* armado
re·in·force·ments [riːɪn'fɔːrsmənts] *npl* MIL refuerzos *mpl*
re·in·state [riːɪn'steɪt] *v/t person in office* reincorporar; *paragraph in text* volver a colocar
re·it·e·rate [riː'ɪtəreɪt] *v/t fml* reiterar
re·ject [rɪ'dʒekt] *v/t* rechazar

re·jec·tion [rɪ'dʒekʃn] rechazo *m*; ***he felt a sense of ~*** se sintió rechazado
re·lapse ['riːlæps] *n* MED recaída *f*; ***have a ~*** sufrir una recaída
re·late [rɪ'leɪt] **1** *v/t story* relatar, narrar; ***~ sth to sth*** *connect* relacionar algo con algo **2** *v/i*: ***~ to*** *be connected with* estar relacionado con; ***he doesn't ~ to people*** no se relaciona fácilmente con la gente
re·lat·ed [rɪ'leɪtɪd] *adj by family* emparentado; *events, ideas etc* relacionado; ***are you two ~?*** ¿sois parientes?
re·la·tion [rɪ'leɪʃn] *in family* pariente *m/f*; (*connection*) relación *f*; ***business / diplomatic ~s*** relaciones *fpl* comerciales / diplomáticas
re·la·tion·ship [rɪ'leɪʃnʃɪp] relación *f*
rel·a·tive ['relətɪv] **1** *n* pariente *m/f* **2** *adj* relativo; ***X is ~ to Y*** X está relacionado con Y
rel·a·tive·ly ['relətɪvlɪ] *adv* relativamente
re·lax [rɪ'læks] **1** *v/i* relajarse; ***~!, don't get angry*** ¡tranquilízate!, no te enfades **2** *v/t muscle, pace* relajar
re·lax·a·tion [riːlæk'seɪʃn] relajación *f*; ***what do you do for ~?*** ¿qué haces para relajarte?
re·laxed [rɪ'lækst] *adj* relajado
re·lax·ing [rɪ'læksɪŋ] *adj* relajante
re·lay [riː'leɪ] **1** *v/t message* pasar; *radio, TV signals* retransmitir **2** *n*: **~** (***race***) carrera *f* de relevos
re·lease [rɪ'liːs] **1** *n from prison* liberación *f*, puesta *f* en libertad; *of CD etc* lanzamiento *m*; *CD, record* trabajo *m* **2** *v/t prisoner* liberar, poner en libertad; *parking brake* soltar; *information* hacer público
rel·e·gate ['relɪgeɪt] *v/t* relegar
re·lent [rɪ'lent] *v/i* ablandarse, ceder
re·lent·less [rɪ'lentlɪs] *adj* (*determined*) implacable; *rain etc* que no cesa
re·lent·less·ly [rɪ'lentlɪslɪ] *adv* implacablemente; *rain* sin cesar
rel·e·vance ['reləvəns] pertinencia *f*
rel·e·vant ['reləvənt] *adj* pertinente
re·li·a·bil·i·ty [rɪlaɪə'bɪlətɪ] fiabilidad *f*
re·li·a·ble [rɪ'laɪəbl] *adj* fiable; *information* fiable, fidedigna
re·li·a·bly [rɪ'laɪəblɪ] *adv*: ***I am ~ informed that*** sé de buena fuente que
re·li·ance [rɪ'laɪəns] confianza *f*, dependencia *f*; ***~ on s.o. / sth*** confianza en alguien / algo, dependencia de alguien / algo
re·li·ant [rɪ'laɪənt] *adj*: ***be ~ on*** depender de
rel·ic ['relɪk] reliquia *f*
re·lief [rɪ'liːf] alivio *m*; ***that's a ~*** qué alivio; ***in ~*** *in art* en relieve
re·lieve [rɪ'liːv] *v/t pressure, pain* aliviar; (*take over from*) relevar; ***be ~d*** *at news etc* sentirse aliviado
re·li·gion [rɪ'lɪdʒən] religión *f*
re·li·gious [rɪ'lɪdʒəs] *adj* religioso
re·li·gious·ly [rɪ'lɪdʒəslɪ] *adv* (*conscientiously*) religiosamente
re·lin·quish [rɪ'lɪŋkwɪʃ] *v/t* renunciar a
rel·ish ['relɪʃ] **1** *n sauce* salsa *f*; (*enjoyment*) goce *m* **2** *v/t idea, prospect* gozar con; ***I don't ~ the idea*** la idea no me entusiasma
re·live [riː'lɪv] *v/t the past, an event* revivir
re·lo·cate [riːlə'keɪt] *v/i of business, employee* trasladarse
re·lo·ca·tion [riːlə'keɪʃn] *of business, employee* traslado *m*
re·luc·tance [rɪ'lʌktəns] reticencia *f*
re·luc·tant [rɪ'lʌktənt] *adj* reticente, reacio; ***be ~ to do sth*** ser reacio a hacer algo
re·luc·tant·ly [rɪ'lʌktəntlɪ] *adv* con reticencia
♦**re·ly on** [rɪ'laɪ] *v/t* (*pret & pp* ***-ied***) depender de; ***rely on s.o. to do sth*** contar con alguien para hacer algo
re·main [rɪ'meɪn] *v/i* (*be left*) quedar; (*stay*) permanecer
re·main·der [rɪ'meɪndər] **1** *n also* MATH resto *m* **2** *v/t* vender como saldo
re·main·ing [rɪ'meɪnɪŋ] *adj* restante
re·mains [rɪ'meɪnz] *npl of body* restos *mpl* (mortales)

re·make ['ri:meɪk] *n of movie* nueva versión *f*

re·mand [rɪ'mænd] **1** *v/t*: ~ ***s.o. in custody*** poner a alguien en prisión preventiva **2** *n*: ***be on*** ~ *in prison* estar en prisión preventiva; *on bail* estar en libertad bajo fianza

re·mark [rɪ'mɑ:rk] **1** *n* comentario *m*, observación *f* **2** *v/t* comentar, observar

re·mar·ka·ble [rɪ'mɑ:rkəbl] *adj* notable, extraordinario

re·mark·a·bly [rɪ'mɑ:rkəblɪ] *adv* extraordinariamente

re·mar·ry [ri:'mærɪ] *v/i* (*pret & pp* ***-ied***) volver a casarse

rem·e·dy ['remədɪ] *n* MED, *fig* remedio *m*

re·mem·ber [rɪ'membər] **1** *v/t s.o., sth* recordar, acordarse de; ~ ***to lock the door*** acuérdate de cerrar la puerta; ~ ***me to her*** dale recuerdos de mi parte **2** *v/i* recordar, acordarse; ***I don't*** ~ no recuerdo, no me acuerdo

re·mind [rɪ'maɪnd] *v/t*: ~ ***s.o. of sth*** recordar algo a alguien; ~ ***s.o. of s.o.*** recordar alguien a alguien; ***you*** ~ ***me of your father*** me recuerdas a tu padre

re·mind·er [rɪ'maɪndər] recordatorio *m*; *for payment* recordatorio *m* de pago

rem·i·nisce [remɪ'nɪs] *v/i* contar recuerdos

rem·i·nis·cent [remɪ'nɪsənt] *adj*: ***be*** ~ ***of sth*** recordar a algo, tener reminiscencias de algo

re·miss [rɪ'mɪs] *adj fml* negligente, descuidado

re·mis·sion [rɪ'mɪʃn] remisión *f*; ***go into*** ~ MED remitir

rem·nant ['remnənt] resto *m*

re·morse [rɪ'mɔ:rs] remordimientos *mpl*

re·morse·less [rɪ'mɔ:rslɪs] *adj person* despiadado; *pace, demands* implacable

re·mote [rɪ'moʊt] *adj village, possibility* remoto; (*aloof*) distante; *ancestor* lejano

re·mote 'ac·cess COMPUT acceso *m* remoto

re·mote con'trol control *m* remoto; *for TV* mando *m* a distancia

re·mote·ly [rɪ'moʊtlɪ] *adv related, connected* remotamente; ***it's just*** ~ ***possible*** es una posibilidad muy remota

re·mote·ness [rɪ'moʊtnəs]: ***the*** ~ ***of the house*** la lejanía *or* lo aislado de la casa

re·mov·a·ble [rɪ'mu:vəbl] *adj* de quita y pon

re·mov·al [rɪ'mu:vl] eliminación *f*

re·move [rɪ'mu:v] *v/t* eliminar; *top, lid* quitar; *coat etc* quitarse; *doubt, suspicion* despejar; *growth, organ* extirpar

re·mu·ner·a·tion [rɪmju:nə'reɪʃn] remuneración *f*

re·mu·ner·a·tive [rɪ'mju:nərətɪv] *adj* bien remunerado

re·name [ri:'neɪm] *v/t* cambiar el nombre a

ren·der ['rendər] *v/t service* prestar; ~ ***s.o. helpless / unconscious*** dejar a alguien indefenso / inconsciente

ren·der·ing ['rendərɪŋ] *of piece of music* interpretación *f*

ren·dez-vous ['rɑ:ndeɪvu:] *romantic* cita *f*; MIL encuentro *m*

re·new [rɪ'nu:] *v/t contract, license* renovar; *discussions* reanudar; ***feel ~ed*** sentirse como nuevo

re·new·al [rɪ'nu:əl] *of contract etc* renovación *f*; *of discussions* reanudación *f*

re·nounce [rɪ'naʊns] *v/t title, rights* renunciar a

ren·o·vate ['renəveɪt] *v/t* renovar

ren·o·va·tion [renə'veɪʃn] renovación *f*

re·nown [rɪ'naʊn] renombre *m*

re·nowned [rɪ'naʊnd] *adj* renombrado; ***be*** ~ ***for sth*** ser célebre por algo

rent [rent] **1** *n* alquiler *m*; ***for*** ~ se alquila **2** *v/t apartment, car, equipment* alquilar, *Mex* rentar

rent·al ['rentl] *for apartment, TV* alquiler *m*, *Mex* renta *f*

'rent·al a·gree·ment acuerdo *m* de alquiler

'rent·al car coche *m* de alquiler
rent-'free *adv* sin pagar alquiler
re·o·pen [ri:'oupn] **1** *v/t* reabrir; *negotiations* reanudar **2** *v/i of theater etc* volver a abrir
re·or·gan·i·za·tion [ri:ɔ:rgənaɪz'eɪʃn] reorganización *f*
re·or·gan·ize [ri:'ɔ:rgənaɪz] *v/t* reorganizar
rep [rep] COM representante *m/f*, comercial *m/f*
re·paint [ri:'peɪnt] *v/t* repintar
re·pair [rɪ'per] **1** *v/t fence, TV* reparar; *shoes* arreglar **2** *n to fence, TV* reparación *f*; *of shoes* arreglo *m*; ***in a good / bad state of ~*** en buen / mal estado
re'pair·man técnico *m*
re·pa·tri·ate [ri:'pætrɪeɪt] *v/t* repatriar
re·pa·tri·a·tion [ri:'pætrɪ'eɪʃn] repatriación *f*
re·pay [ri:'peɪ] *v/t* (*pret & pp* ***-paid***) *money* devolver; *person* pagar
re·pay·ment [ri:'peɪmənt] devolución *f*; *installment* plazo *m*
re·peal [rɪ'pi:l] *v/t law* revocar
re·peat [rɪ'pi:t] **1** *v/t* repetir; ***am I ~ing myself?*** ¿me estoy repitiendo? **2** *n TV program etc* repetición *f*
re·peat 'busi·ness COM negocio *m* que se repite
re·peat·ed [rɪ'pi:tɪd] *adj* repetido
re·peat·ed·ly [rɪ'pi:tɪdlɪ] *adv* repetidamente, repetidas veces
re·peat 'or·der COM pedido *m* repetido
re·pel [rɪ'pel] *v/t* (*pret & pp* ***-led***) *invaders, attack* rechazar; *insects* repeler, ahuyentar; (*disgust*) repeler, repugnar
re·pel·lent [rɪ'pelənt] **1** *n* (*insect ~*) repelente *m* **2** *adj* repelente, repugnante
re·pent [rɪ'pent] *v/i* arrepentirse
re·per·cus·sions [ri:pər'kʌʃnz] *npl* repercusiones *fpl*
rep·er·toire ['repərtwɑ:r] repertorio *m*
rep·e·ti·tion [repɪ'tɪʃn] repetición *f*
re·pet·i·tive [rɪ'petɪtɪv] *adj* repetitivo
re·place [rɪ'pleɪs] *v/t* (*put back*) volver a poner; (*take the place of*) reemplazar, sustituir
re·place·ment [rɪ'pleɪsmənt] *person* sustituto(-a) *m(f)*; *thing* recambio *m*, reemplazo *m*
re·place·ment 'part (pieza *f* de) recambio *m*
re·play ['ri:pleɪ] **1** *n recording* repetición *f* (de la jugada); *match* repetición *f* (del partido) **2** *v/t match* repetir
re·plen·ish [rɪ'plenɪʃ] *v/t container* rellenar; *supplies* reaprovisionar
rep·li·ca ['replɪkə] réplica *f*
re·ply [rɪ'plaɪ] **1** *n* respuesta *f*, contestación *f* **2** *v/t & v/i* (*pret & pp* ***-ied***) responder, contestar
re·port [rɪ'pɔ:rt] **1** *n* (*account*) informe *m*; *by journalist* reportaje *m* **2** *v/t facts* informar; *to authorities* informar de, dar parte de; ***~ s.o. to the police*** denunciar a alguien a la policía; ***he is ~ed to be in Washington*** se dice que está en Washington **3** *v/i of journalist* informar; (*present o.s.*) presentarse (***to*** ante)
♦**report to** *v/t in business* trabajar a las órdenes de
re'port card boletín *m* de evaluación
re·port·er [rɪ'pɔ:rtər] reportero(-a) *m(f)*
re·pos·sess [ri:pə'zes] *v/t* COM embargar
rep·re·hen·si·ble [reprɪ'hensəbl] *adj* recriminable
rep·re·sent [reprɪ'zent] *v/t* representar
rep·re·sen·ta·tive [reprɪ'zentətɪv] **1** *n* representante *m/f*; POL representante *m/f*, diputado(-a) *m(f)* **2** *adj* (*typical*) representativo
re·press [rɪ'pres] *v/t revolt* reprimir; *feelings, laughter* reprimir, controlar
re·pres·sion [rɪ'preʃn] POL represión *f*
re·pres·sive [rɪ'presɪv] *adj* POL represivo
re·prieve [rɪ'pri:v] **1** *n* LAW indulto *m*; *fig* aplazamiento *m* **2** *v/t prisoner* in-

R

dultar

rep•ri•mand ['reprımænd] *v/t* reprender

re•print ['ri:prınt] **1** *n* reimpresión *f* **2** *v/t* reimprimir

re•pri•sal [rı'praızl] represalia *f*; ***take ~s*** tomar represalias; ***in ~ for*** en represalia por

re•proach [rı'proʊʧ] **1** *n* reproche *m*; ***be beyond ~*** ser irreprochable **2** *v/t*: ***~ s.o. for sth*** reprochar algo a alguien

re•proach•ful [rı'proʊʧfəl] *adj* de reproche

re•proach•ful•ly [rı'proʊʧfəlı] *adv look* con una mirada de reproche; *say* con tono de reproche

re•pro•duce [ri:prə'du:s] **1** *v/t atmosphere, mood* reproducir **2** *v/i* BIO reproducirse

re•pro•duc•tion [ri:prə'dʌkʃn] reproducción *f*

re•pro•duc•tive [rıprə'dʌktıv] *adj* reproductivo

rep•tile ['reptaıl] reptil *m*

re•pub•lic [rı'pʌblık] república *f*

re•pub•li•can [rı'pʌblıkn] **1** *n* republicano(-a) *m*(*f*); ***Republican*** POL Republicano(-a) *m*(*f*) **2** *adj* republicano

re•pu•di•ate [rı'pju:dıeıt] *v/t* (*deny*) rechazar

re•pul•sive [rı'pʌlsıv] *adj* repulsivo

rep•u•ta•ble ['repjʊtəbl] *adj* reputado, acreditado

rep•u•ta•tion [repjʊ'teıʃn] reputación *f*; ***have a good / bad ~*** tener una buena / mala reputación

re•put•ed [rep'jʊtəd] *adj*: ***be ~ to be*** tener fama de ser

re•put•ed•ly [rep'jʊtədlı] *adv* según se dice

re•quest [rı'kwest] **1** *n* petición *f*, solicitud *f*; ***on ~*** por encargo **2** *v/t* pedir, solicitar

re•qui•em ['rekwıəm] MUS réquiem *m*

re•quire [rı'kwaır] *v/t* (*need*) requerir, necesitar; ***it ~s great care*** se requiere mucho cuidado; ***as ~d by law*** como estipula la ley; ***guests are ~d to ...*** se ruega a los invitados que ...

re•quired [rı'kwaırd] *adj* (*necessary*) necesario

re•quire•ment [rı'kwaırmənt] (*need*) necesidad *f*; (*condition*) requisito *m*

req•ui•si•tion [rekwı'zıʃn] *v/t* requisar

re•route [ri:'ru:t] *v/t airplane etc* desviar

re•run ['ri:rʌn] **1** *n of TV program* reposición *f* **2** *v/t* (*pret* ***-ran***, *pp* ***-run***) *tape* volver a poner

re•sched•ule [ri:'ʃedu:l] *v/t* volver a programar

res•cue ['reskju:] **1** *n* rescate *m*; ***come to s.o.'s ~*** acudir al rescate de alguien **2** *v/t* rescatar

'res•cue par•ty equipo *m* de rescate

re•search [rı'sɜ:rʧ] *n* investigación *f*

♦ **research into** *v/t* investigar

re•search and de'vel•op•ment investigación *f* y desarrollo

re'search as•sis•tant ayudante *m/f* de investigación

re•search•er [rı'sɜ:rʧər] investigador(a) *m*(*f*)

re'search proj•ect proyecto *m* de investigación

re•sem•blance [rı'zembləns] parecido *m*, semejanza *f*

re•sem•ble [rı'zembl] *v/t* parecerse a

re•sent [rı'zent] *v/t* estar molesto por

re•sent•ful [rı'zentfəl] *adj* resentido

re•sent•ful•ly [rı'zentfəlı] *adv* con resentimiento

re•sent•ment [rı'zentmənt] resentimiento *m*

res•er•va•tion [rezər'veıʃn] reserva *f*; ***I have a ~*** *in hotel, restaurant* tengo una reserva

re•serve [rı'zɜ:rv] **1** *n* reserva *f*; SP reserva *m/f*; ***~s*** FIN reservas *fpl*; ***keep sth in ~*** tener algo en la reserva **2** *v/t seat, table* reservar; *judgment* reservarse

re•served [rı'zɜ:rvd] *adj table, manner* reservado

res•er•voir ['rezərvwɑ:r] *for water* embalse *m*, pantano *m*

re•shuf•fle ['ri:ʃʌfl] **1** *n* POL remodelación *f* **2** *v/t* POL remodelar

R

re·side [rɪ'zaɪd] *v/i fml* residir
res·i·dence ['rezɪdəns] *fml*: *house etc* residencia *f*; (*stay*) estancia *f*
'res·i·dence per·mit permiso *m* de residencia
'res·i·dent ['rezɪdənt] **1** *n* residente *m/f* **2** *adj* (*living in a building*) residente
res·i·den·tial [rezɪ'denʃl] *adj district* residencial
res·i·due ['rezɪduː] residuo *m*
re·sign [rɪ'zaɪn] **1** *v/t position* dimitir de; **~ *o.s. to*** resignarse a **2** *v/i from job* dimitir
res·ig·na·tion [rezɪg'neɪʃn] *from job* dimisión *f*; *mental* resignación *f*
re·signed [re'zaɪnd] *adj* resignado; ***we have become ~ to the fact that …*** nos hemos resignado a aceptar que …
re·sil·i·ent [rɪ'zɪlɪənt] *adj personality* fuerte; *material* resistente
res·in ['rezɪn] resina *f*
re·sist [rɪ'zɪst] **1** *v/t* resistir; *new measures* oponer resistencia a **2** *v/i* resistir
re·sist·ance [rɪ'zɪstəns] resistencia *f*
re·sis·tant [rɪ'zɪstənt] *adj material* resistente; **~ *to heat* / *rust*** resistente al calor / a la oxidación
res·o·lute ['rezəluːt] *adj* resuelto
res·o·lu·tion [rezə'luːʃn] resolución *f*; *made at New Year etc* propósito *m*
re·solve [rɪ'zɑːlv] *v/t problem, mystery* resolver; **~ *to do sth*** resolver hacer algo
re·sort [rɪ'zɔːrt] *n place* centro *m* turístico; ***as a last*** **~** como último recurso
♦**resort to** *v/t violence, threats* recurrir a
♦**re·sound with** [rɪ'zaʊnd] *v/t* resonar con
re·sound·ing [rɪ'zaʊndɪŋ] *adj success, victory* clamoroso
re·source [rɪ'sɔːrs] recurso *m*
re·source·ful [rɪ'sɔːrsfəl] *adj person* lleno de recursos; *attitude, approach* ingenioso
re·spect [rɪ'spekt] **1** *n* respeto *m*; ***show ~ to*** mostrar respeto hacia; ***with ~ to*** con respecto a; ***in this* / *that ~*** en cuanto a esto / eso; ***in many ~s*** en muchos aspectos; ***pay one's last ~s to s.o.*** decir el último adiós a alguien **2** *v/t* respetar
re·spect·a·bil·i·ty [rɪspektə'bɪlətɪ] respetabilidad *f*
re·spec·ta·ble [rɪ'spektəbl] *adj* respetable
re·spec·ta·bly [rɪ'spektəblɪ] *adv* respetablemente
re·spect·ful [rɪ'spektfəl] *adj* respetuoso
re·spect·ful·ly [rɪ'spektfəlɪ] *adv* respetuosamente, con respeto
re·spec·tive [rɪ'spektɪv] *adj* respectivo
re·spec·tive·ly [rɪ'spektɪvlɪ] *adv* respectivamente
res·pi·ra·tion [respɪ'reɪʃn] respiración *f*
res·pi·ra·tor [respɪ'reɪtər] MED respirador *m*
re·spite ['respaɪt] respiro *m*; ***without ~*** sin respiro
re·spond [rɪ'spɑːnd] *v/i* responder
re·sponse [rɪ'spɑːns] respuesta *f*
re·spon·si·bil·i·ty [rɪspɑːnsɪ'bɪlətɪ] responsabilidad *f*; ***accept ~ for*** aceptar responsabilidad de; ***a job with more ~*** un trabajo con más responsabilidad
re·spon·si·ble [rɪ'spɑːnsəbl] *adj* reponsable (***for*** de); *job* de responsabilidad
re·spon·sive [rɪ'spɑːnsɪv] *adj brakes* que responde bien; ***a ~ audience*** una audiencia que muestra interés
rest[1] [rest] **1** *n* descanso *m*; ***he needs a ~*** necesita descansar; ***set s.o.'s mind at ~*** tranquilizar a alguien **2** *v/i* descansar; **~ *on*** *of theory, box* apoyarse en; ***it all ~s with him*** todo depende de él **3** *v/t* (*lean, balance*) apoyar
rest[2] [rest]: ***the ~*** el resto
res·tau·rant ['restrɑːnt] restaurante *m*
'res·tau·rant car vagón *m or* coche *m* restaurante
'rest cure cura *f* de reposo *or* descan-

so
rest•ful ['restfəl] *adj* tranquilo, relajante
'rest home residencia *f* de ancianos
rest•less ['restlɪs] *adj* inquieto; ***have a ~ night*** pasar una mala noche
rest•less•ly ['restlɪslɪ] *adv* sin descanso
res•to•ra•tion [restə'reɪʃn] restauración *f*
re•store [rɪ'stɔːr] *v/t building etc* restaurar; (*bring back*) devolver
re•strain [rɪ'streɪn] *v/t* contener; ***~ o.s.*** contenerse
re•straint [rɪ'streɪnt] (*moderation*) moderación *f*, comedimiento *m*
re•strict [rɪ'strɪkt] *v/t* restringir, limitar; ***I'll ~ myself to ...*** me limitaré a ...
re•strict•ed [rɪ'strɪktɪd] *adj view* limitado
re•strict•ed 'ar•e•a MIL zona *f* de acceso restringido
re•stric•tion [rɪ'strɪkʃn] restricción *f*, limitación *f*; ***place ~s upon s.o.*** imponer restricciones *or* limitaciones a alguien
'rest room aseo *m*, servicios *mpl*
re•sult [rɪ'zʌlt] *n* resultado *m*; ***as a ~ of this*** como resultado de esto
♦**result from** *v/t* resultar de
♦**result in** *v/t* tener como resultado
re•sume [rɪ'zjuːm] **1** *v/t* reanudar **2** *v/i* continuar
ré•su•mé ['rezʊmeɪ] currículum *m* (vitae)
re•sump•tion [rɪ'zʌmpʃn] reanudación *f*
re•sur•face [riː'sɜːfɪs] **1** *v/t roads* volver a asfaltar **2** *v/i* (*reappear*) reaparecer
res•ur•rec•tion [rezə'rekʃn] REL resurrección *f*
re•sus•ci•tate [rɪ'sʌsɪteɪt] *v/t* resucitar, revivir
re•sus•ci•ta•tion [rɪsʌsɪ'teɪʃn] resucitación *f*
re•tail ['riːteɪl] **1** *adv*: ***sell sth ~*** vender algo al por menor **2** *v/i*: ***it ~s at ...*** su precio de venta al público es de ...
re•tail•er ['riːteɪlər] minorista *m / f*
're•tail out•let punto *m* de venta
're•tail price precio *m* de venta al público
re•tain [rɪ'teɪn] *v/t* conservar; *heat* retener
re•tain•er [rɪ'teɪnər] FIN anticipo *m*
re•tal•i•ate [rɪ'tælɪeɪt] *v/i* tomar represalias
re•tal•i•a•tion [rɪtælɪ'eɪʃn] represalias *fpl*; ***in ~ for*** como represalia por
re•tard•ed [rɪ'tɑːrdɪd] *adj mentally* retrasado mental
re•think [riː'θɪŋk] *v/t* (*pret & pp* ***-thought***) replantear
re•ti•cence ['retɪsns] reserva *f*
re•ti•cent ['retɪsnt] *adj* reservado
re•tire [rɪ'taɪr] *v/i from work* jubilarse
re•tired [rɪ'taɪrd] *adj* jubilado
re•tire•ment [rɪ'taɪrmənt] jubilación *f*
re'tire•ment age edad *f* de jubilación
re•tir•ing [rɪ'taɪrɪŋ] *adj* retraído, reservado
re•tort [rɪ'tɔːrt] **1** *n* réplica *f* **2** *v/t* replicar
re•trace [rɪ'treɪs] *v/t*: ***they ~d their footsteps*** volvieron sobre sus pasos
re•tract [rɪ'trækt] *v/t claws* retraer; *undercarriage* replegar; *statement* retirar
re•train [riː'treɪn] *v/i* reciclarse
re•treat [rɪ'triːt] **1** *v/i* retirarse **2** *n* MIL retirada *f*, *place* retiro *m*
re•trieve [rɪ'triːv] *v/t* recuperar
re•triev•er [rɪ'triːvər] *dog* perro *m* cobrador
ret•ro•ac•tive [retroʊ'æktɪv] *adj law etc* retroactivo
ret•ro•ac•tive•ly [retroʊ'æktɪvlɪ] *adv* con retroactividad
ret•ro•grade ['retrəgreɪd] *adj move, decision* retrógrado
ret•ro•spect ['retrəspekt]: ***in ~*** en retrospectiva
ret•ro•spec•tive [retrə'spektɪv] *n* retrospectiva *f*
re•turn [rɪ'tɜːrn] **1** *n to a place* vuelta *f*, regreso *m*; (*giving back*) devolución *f*; COMPUT retorno *m*; *in tennis* resto

m; (*profit*) rendimiento *m*; *Br ticket* billete *m or L.Am.* boleto *m* de ida y vuelta; ***by ~*** (***of post***) a vuelta de correo; ***many happy ~s*** (***of the day***) feliz cumpleaños; ***in ~ for*** a cambio de **2** *v/t* devolver; (*put back*) volver a colocar **3** *v/i* (*go back, come back*) volver, regresar; *of good times, doubts etc* volver

re·turn 'flight vuelo *m* de vuelta

re·turn 'jour·ney viaje *m* de vuelta

re·u·ni·fi·ca·tion [ri:ju:nɪfɪ'keɪʃn] reunificación *f*

re·u·nion [ri:'ju:njən] reunión *f*

re·u·nite [ri:ju:'naɪt] *v/t* reunir

re·us·a·ble [ri:'ju:zəbl] *adj* reutilizable

re·use [ri:'ju:z] *v/t* reutilizar

rev [rev] *n* revolución *f*; ***~s per minute*** revoluciones por minuto

♦**rev up** *v/t* (*pret & pp* ***-ved***) *engine* revolucionar

re·val·u·a·tion [ri:væljʊ'eɪʃn] revaluación *f*

re·veal [rɪ'vi:l] *v/t* (*make visible*) revelar; (*make known*) revelar, desvelar

re·veal·ing [rɪ'vi:lɪŋ] *adj remark* revelador; *dress* insinuante, atrevido

♦**rev·el in** ['revl] *v/t* (*pret & pp* ***-ed***, *Br* ***-led***) deleitarse con

rev·e·la·tion [revə'leɪʃn] revelación *f*

re·venge [rɪ'vendʒ] *n* venganza *f*; ***take one's ~*** vengarse; ***in ~ for*** como venganza por

rev·e·nue ['revənu:] ingresos *mpl*

re·ver·be·rate [rɪ'vɜ:rbəreɪt] *v/i of sound* reverberar

re·vere [rɪ'vɪr] *v/t* reverenciar

rev·e·rence ['revərəns] reverencia *f*

Rev·e·rend ['revərənd] REL Reverendo *m*

rev·e·rent ['revərənt] *adj* reverente

re·verse [rɪ'vɜ:rs] **1** *adj sequence* inverso; ***in ~ order*** en orden inverso **2** *n* (*back*) dorso *m*; MOT marcha *f* atrás; ***the ~*** (*the opposite*) lo contrario **3** *v/t sequence* invertir; ***~ a vehicle*** hacer marcha atrás con un vehículo **4** *v/i* MOT hacer marcha atrás

re·vert [rɪ'vɜ:rt] *v/i*: ***~ to*** volver a

re·view [rɪ'vju:] **1** *n of book, movie* reseña *f*, crítica *f*; *of troops* revista *f*; *of situation etc* revisión *f* **2** *v/t book, movie* reseñar, hacer una crítica de; *troops* pasar revista a; *situation etc* revisar; EDU repasar

re·view·er [rɪ'vju:ər] *of book, movie* crítico(-a) *m*(*f*)

re·vise [rɪ'vaɪz] *v/t opinion, text* revisar

re·vi·sion [rɪ'vɪʒn] *of opinion, text* revisión *f*

re·viv·al [rɪ'vaɪvl] *of custom, old style etc* resurgimiento *m*; *of patient* reanimación *f*

re·vive [rɪ'vaɪv] **1** *v/t custom, old style etc* hacer resurgir; *patient* reanimar **2** *v/i of business, exchange rate etc* reactivarse

re·voke [rɪ'voʊk] *v/t law* derogar; *license* revocar

re·volt [rɪ'voʊlt] **1** *n* rebelión *f* **2** *v/i* rebelarse

re·volt·ing [rɪ'voʊltɪŋ] *adj* (*disgusting*) repugnante

rev·o·lu·tion [revə'lu:ʃn] POL revolución *f*; (*turn*) vuelta *f*, revolución *f*

rev·o·lu·tion·ar·y [revə'lu:ʃnərɪ] **1** *n* POL revolucionario(-a) *m*(*f*) **2** *adj* revolucionario

rev·o·lu·tion·ize [revə'lu:ʃnaɪz] *v/t* revolucionar

re·volve [rɪ'vɑ:lv] *v/i* girar (***around*** en torno a)

re·volv·er [rɪ'vɑ:lvər] revólver *m*

re·volv·ing 'door [rɪ'vɑ:lvɪŋ] puerta *f* giratoria

re·vue [rɪ'vju:] THEA revista *f*

re·vul·sion [rɪ'vʌlʃn] repugnancia *f*

re·ward [rɪ'wɔ:rd] **1** *n* recompensa *f* **2** *v/t financially* recompensar

re·ward·ing [rɪ'wɔ:rdɪŋ] *adj experience* gratificante

re·wind [ri:'waɪnd] *v/t* (*pret & pp* ***-wound***) *film, tape* rebobinar

re·write [ri:'raɪt] *v/t* (*pret* ***-wrote***, *pp* ***-written***) reescribir

rhe·to·ric ['retərɪk] retórica *f*

rhe·to·ric·al 'ques·tion [rɪ'tɑ:rɪkl] pregunta *f* retórica

rheu·ma·tism ['ru:mətɪzm] reuma-

tismo *m*
rhi•no•ce•ros [raɪ'nɑːsərəs] rinoceronte *m*
rhu•barb ['ruːbɑːrb] ruibarbo *m*
rhyme [raɪm] **1** *n* rima *f* **2** *v/i* rimar
rhythm ['rɪðm] ritmo *m*
rib [rɪb] ANAT costilla *f*
rib•bon ['rɪbən] cinta *f*
rice [raɪs] arroz *m*
rich [rɪʧ] **1** *adj* (*wealthy*) rico; *food* sabroso; ***it's too ~*** es muy pesado **2** *npl*: ***the ~*** los ricos
rich•ly ['rɪʧlɪ] *adv*: ***be ~ deserved*** ser muy merecido
rick•et•y ['rɪkətɪ] *adj* desvencijado
ric•o•chet ['rɪkəʃeɪ] *v/i* rebotar
rid [rɪd]: ***get ~ of*** deshacerse de
rid•dance ['rɪdns] F: ***good ~ to her!*** ¡espero no volver a verla nunca!
rid•den ['rɪdn] *pp* → ***ride***
rid•dle ['rɪdl] **1** *n* acertijo *m* **2** *v/t*: ***be ~d with*** estar lleno de
ride [raɪd] **1** *n on horse, in vehicle* paseo *m*, vuelta *f*; (*journey*) viaje *m*; ***do you want a ~ into town?*** ¿quieres que te lleve al centro? **2** *v/t* (*pret* ***rode***, *pp* ***ridden***) *horse* montar a; *bike* montar en **3** *v/i* (*pret* ***rode***, *pp* ***ridden***) *on horse* montar; ***can you ~?*** ¿sabes montar?; ***those who were riding at the back of the bus*** los que iban en la parte de atrás del autobús
rid•er ['raɪdər] *on horse* jinete *m*, amazona *f*; *on bicycle* ciclista *m/f*; *on motorbike* motorista *m/f*
ridge [rɪdʒ] *raised strip* borde *m*; *of mountain* cresta *f*; *of roof* caballete *m*
rid•i•cule ['rɪdɪkjuːl] **1** *n* burlas *fpl* **2** *v/t* ridiculizar, poner en ridículo
ri•dic•u•lous [rɪ'dɪkjʊləs] *adj* ridículo
ri•dic•u•lous•ly [rɪ'dɪkjʊləslɪ] *adv expensive*, *difficult* terriblemente; ***it's ~ easy*** es facilísimo
rid•ing ['raɪdɪŋ] *on horseback* equitación *f*
ri•fle ['raɪfl] *n* rifle *m*
rift [rɪft] *in earth* grieta *f*; *in party etc* escisión *f*
rig [rɪg] **1** *n* (*oil ~*) plataforma *f* petrolífera; (*truck*) camión *m* **2** *v/t* (*pret & pp* ***-ged***) *elections* amañar
right [raɪt] **1** *adj* (*correct*) correcto; (*suitable*) adecuado, apropiado; (*not left*) derecho; ***it's not ~ to treat people like that*** no está bien tratar así a la gente; ***it's the ~ thing to do*** es lo que hay que hacer; ***be ~*** *of answer* estar correcto; *of person* tener razón; *of clock* ir bien; ***put things ~*** arreglar las cosas; ***that's ~!*** ¡eso es!; ***that's all ~*** *doesn't matter* no te preocupes; *when s.o. says thank you* de nada; *is quite good* está bastante bien; ***I'm all ~*** *not hurt* estoy bien; *have got enough* no, gracias; ***all ~, that's enough!*** ¡ahora sí que ya está bien! **2** *adv* (*directly*) justo; (*correctly*) correctamente; (*not left*) a la derecha; ***he broke it ~ off*** lo rompió por completo; ***~ back in 1982*** allá en 1982; ***~ now*** ahora mismo **3** *n civil*, *legal etc* derecho *m*; *not left*, POL derecha *f*; ***on the ~*** *also* POL a la derecha; ***turn to the ~***, ***take a ~*** gira a la derecha; ***be in the ~*** tener razón; ***know ~ from wrong*** distinguir lo que está bien de lo que está mal
right-'an•gle ángulo *m* recto; ***at ~s to*** en *or* formando ángulo recto con
right•ful ['raɪtfəl] *adj heir*, *owner etc* legítimo
'right-hand *adj*: ***on the ~ side*** a mano derecha; **right-hand 'drive** *n* MOT vehículo *m* con el volante a la derecha; **right-hand•ed** [raɪt'hændɪd] *adj person* diestro; **right-hand 'man** mano *f* derecha; **right of 'way** *in traffic* preferencia *f*; *across land* derecho *m* de paso; **right 'wing** *n* POL derecha *f*; SP banda *f* derecha; **right-'wing** *adj* POL de derechas; **right-'wing•er** POL derechista *m/f*; **right-wing ex'trem•ism** POL extremismo *m* de derechas
rig•id ['rɪdʒɪd] *adj* rígido
rig•or ['rɪgər] *of discipline* rigor *m*; ***the ~s of the winter*** los rigores del invierno
rig•or•ous ['rɪgərəs] *adj* riguroso

R

rig·or·ous·ly ['rɪgərəslɪ] *adv check, examine* rigurosamente
rig·our *Br* → ***rigor***
rile [raɪl] *v/t* F fastidiar, *Span* mosquear F
rim [rɪm] *of wheel* llanta *f*; *of cup* borde *m*; *of eye glasses* montura *f*
ring[1] [rɪŋ] *n* (*circle*) círculo *m*; *on finger* anillo *m*; *in boxing* cuadrilátero *m*, ring *m*; *at circus* pista *f*
ring[2] [rɪŋ] **1** *n of bell* timbrazo *m*; *of voice* tono *m*; ***give s.o. a ~*** *Br* TELEC dar un telefonazo a alguien **2** *v/t* (*pret* ***rang***, *pp* ***rung***) *bell* hacer sonar **3** *v/i* (*pret* ***rang***, *pp* ***rung***) *of bell* sonar; ***please ~ for attention*** toque el timbre para que lo atiendan
'ring·lead·er cabecilla *m/f*
'ring-pull anilla *f*
rink [rɪŋk] pista *f* de patinaje
rinse [rɪns] **1** *n for hair color* reflejo *m* **2** *v/t* aclarar
ri·ot ['raɪət] **1** *n* disturbio *m* **2** *v/i* causar disturbios
ri·ot·er ['raɪətər] alborotador(a) *m*(*f*)
'ri·ot po·lice policía *f* antidisturbios
rip [rɪp] **1** *n in cloth etc* rasgadura *f* **2** *v/t* (*pret & pp* ***-ped***) *cloth* rasgar; ***~ sth open*** romper algo rasgándolo
◆ **rip off** *v/t* F *customers* robar F, clavar F; (*cheat*) timar
◆ **rip up** *v/t letter*, *sheet* hacer pedazos
ripe [raɪp] *adj fruit* maduro
rip·en ['raɪpn] *v/i of fruit* madurar
ripe·ness ['raɪpnɪs] *of fruit* madurez *f*
'rip-off *n* F robo *m* F
rip·ple ['rɪpl] *on water* onda *f*
rise [raɪz] **1** *v/i* (*pret* ***rose***, *pp* ***risen***) *from chair etc* levantarse; *of sun* salir; *of rocket* ascender, subir; *of price, temperature, water* subir **2** *n in price, temperature* subida *f*, aumento *m*; *in water level* subida *f*; *in salary* aumento *m*; ***give ~ to*** dar pie a
ris·en ['rɪzn] *pp* → ***rise***
ris·er ['raɪzər]: ***be an early ~*** ser un madrugador; ***be a late ~*** levantarse tarde
risk [rɪsk] **1** *n* riesgo *m*, peligro *m*; ***take a ~*** arriesgarse **2** *v/t* arriesgar; ***let's ~ it*** arriesguémonos
risk·y ['rɪskɪ] *adj* arriesgado
ris·qué [rɪ'skeɪ] *adj* subido de tono
rit·u·al ['rɪtʊəl] **1** *n* ritual *m* **2** *adj* ritual
ri·val ['raɪvl] **1** *n* rival *m/f* **2** *v/t* (*pret & pp* ***-ed***, *Br* ***-led***) rivalizar con; ***I can't ~ that*** no puedo rivalizar con eso
ri·val·ry ['raɪvlrɪ] rivalidad *f*
riv·er ['rɪvər] río *m*
'riv·er·bank ribera *f*; **'riv·er·bed** lecho *m*; **Riv·er 'Plate** *n*: ***the ~*** el Río de la Plata; **'riv·er·side 1** *adj* a la orilla del río **2** *n* ribera *f*, orilla *f* del río
riv·et ['rɪvɪt] **1** *n* remache *m* **2** *v/t* remachar; ***~ sth to sth*** unir algo a algo con remaches
riv·et·ing ['rɪvɪtɪŋ] *adj* fascinante
road [roʊd] *in country* carretera *f*; *in city* calle *f*; ***it's just down the ~*** está muy cerca
'road·block control *m* de carretera; **'road hog** *conductor*(*a*) *temerario*(*-a*); **'road-hold·ing** *of vehicle* adherencia *f*, agarre *m*; **'road map** mapa *m* de carreteras; **road 'safe·ty** seguridad *f* vial; **'road·side**: ***at the ~*** al borde de la carretera; **'road·sign** señal *f* de tráfico; **'road·way** calzada *f*; **'road·wor·thy** *adj* en condiciones de circular
roam [roʊm] *v/i* vagar
roar [rɔːr] **1** *n of traffic, engine* estruendo *m*; *of lion* rugido *m*; *of person* grito *m*, bramido *m* **2** *v/i of engine, lion* rugir; *of person* gritar, bramar; ***~ with laughter*** reírse a carcajadas
roast [roʊst] **1** *n of beef etc* asado *m* **2** *v/t* asar **3** *v/i of food* asarse; ***we're ~ing*** nos estamos asando
roast 'beef rosbif *m*
roast 'pork cerdo *m* asado
rob [rɑːb] *v/t* (*pret & pp* ***-bed***) *person* robar a; *bank* atracar, robar; ***I've been ~bed*** me han robado
rob·ber ['rɑːbər] atracador(a) *m*(*f*)
rob·ber·y ['rɑːbərɪ] atraco *m*, robo *m*

robe [roʊb] *of judge* toga *f*; *of priest* sotana *f*; (*bath~*) bata *f*
rob·in ['rɑːbɪn] petirrojo *m*
ro·bot ['roʊbɑːt] robot *m*
ro·bust [roʊ'bʌst] *adj person*, *structure* robusto; *material* resistente; ***be in ~ health*** tener una salud de hierro
rock [rɑːk] **1** *n* roca *f*; MUS rock *m*; ***on the ~s*** *of drink* con hielo; ***their marriage is on the ~s*** su matrimonio está en crisis **2** *v/t baby* acunar; *cradle* mecer; (*surprise*) sorprender, impactar **3** *v/i on chair* mecerse; *of boat* balancearse
'rock band grupo *m* de rock; **rock 'bot·tom**: ***reach ~*** tocar fondo; **'rock-bot·tom** *adj prices* mínimo; **'rock climb·er** escalador(a) *m*(*f*); **'rock climb·ing** escalada *f* (en roca)
rock·et ['rɑːkɪt] **1** *n* cohete *m* **2** *v/i of prices etc* dispararse
rock·ing chair ['rɑːkɪŋ] mecedora *f*
'rock·ing horse caballito *m* de juguete
rock 'n' roll [rɑːkn'roʊl] rock and roll *m*
'rock star estrella *f* del rock
rock·y ['rɑːkɪ] *adj beach*, *path* pedregoso
rod [rɑːd] vara *f*; *for fishing* caña *f*
rode [roʊd] *pret* → ***ride***
ro·dent ['roʊdnt] roedor *m*
rogue [roʊg] granuja *m*/*f*, bribón(-ona) *m*(*f*)
role [roʊl] papel *m*
'role mod·el ejemplo *m*
roll [roʊl] **1** *n* (*bread ~*) panecillo *m*; *of film* rollo *m*; *of thunder* retumbo *m*; (*list*, *register*) lista *f* **2** *v/i of ball etc* rodar; *of boat* balancearse **3** *v/t*: ***~ sth into a ball*** hacer una bola con algo; ***~ sth along the ground*** hacer rodar algo por el suelo
♦**roll over 1** *v/i* darse la vuelta **2** *v/t person*, *object* dar la vuelta a; (*renew*) renovar; (*extend*) refinanciar
♦**roll up 1** *v/t sleeves* remangar **2** *v/i* F (*arrive*) llegar
'roll-call lista *f*
roll·er ['roʊlər] *for hair* rulo *m*
'roll·er blade® *n* patín *m* en línea; **'roll·er blind** *Br* persiana *f*; **roll·er coast·er** ['roʊlerkoʊstər] montaña *f* rusa; **'roll·er skate** *n* patín *m* (de ruedas)
roll·ing pin ['roʊlɪŋ] rodillo *m* de cocina
ROM [rɑːm] COMPUT *abbr* (= ***read only memory***) ROM *f* (= memoria *f* de sólo lectura)
Ro·man ['roʊmən] **1** *adj* romano **2** *n* romano(-a) *m*(*f*)
Ro·man 'Cath·o·lic 1 *n* REL católico(-a) *m*(*f*) romano(-a) **2** *adj* católico romano
ro·mance [rə'mæns] *n* (*affair*) aventura *f* (amorosa); *novel* novela *f* rosa; *movie* película *f* romántica
ro·man·tic [roʊ'mæntɪk] *adj* romántico
ro·man·tic·al·ly [roʊ'mæntɪklɪ] *adv*: ***be ~ involved with s.o.*** tener un romance con alguien
roof [ruːf] techo *m*, tejado *m*; ***have a ~ over one's head*** tener un techo donde dormir
'roof-rack MOT baca *f*
rook·ie ['rʊkɪ] F novato(-a) *m*(*f*)
room [ruːm] habitación *f*; (*space*) espacio *m*, sitio *m*; ***there's no ~ for …*** no hay sitio para …, no cabe …
'room clerk recepcionista *m*/*f*; **'room·mate** *sharing room* compañero(-a) *m*(*f*) de habitación; *sharing apartment* compañero(-a) *m*(*f*) de apartamento; **'room ser·vice** servicio *m* de habitaciones; **room 'tem·per·a·ture** temperatura *f* ambiente
room·y ['ruːmɪ] *adj house*, *car etc* espacioso; *clothes* holgado
root [ruːt] *n* raíz *f*; ***~s*** *of person* raíces *fpl*
♦**root for** *v/t* F apoyar
♦**root out** *v/t* (*get rid of*) cortar de raíz; (*find*) encontrar
rope [roʊp] cuerda *f*; *thick* soga *f*; ***show s.o. the ~s*** F poner a alguien al tanto
♦**rope off** *v/t* acordonar

R

ro•sa•ry ['roʊzərɪ] REL rosario *m*
rose[1] [roʊz] BOT rosa *f*
rose[2] [roʊz] *pret* → ***rise***
rose•ma•ry ['roʊzmerɪ] romero *m*
ros•ter ['rɑːstər] turnos *mpl*; *actual document* calendario *m* con los turnos
ros•trum ['rɑːstrəm] estrado *m*
ros•y ['roʊzɪ] *adj cheeks* sonrosado; *future* de color de rosa
rot [rɑːt] **1** *n in wood* putrefacción *f* **2** *v/i* (*pret & pp* **-ted**) *of food, wood* pudrirse; *of teeth* cariarse
ro•tate [roʊ'teɪt] **1** *v/i of blades, earth* girar **2** *v/t* hacer girar; *crops* rotar
ro•ta•tion [roʊ'teɪʃn] *around the sun etc* rotación *f*; ***do sth in ~*** hacer algo por turnos rotatorios
rot•ten ['rɑːtn] *adj food, wood etc* podrido; F *weather, luck* horrible; ***that was a ~ trick*** F ¡qué mala idea!
rough [rʌf] **1** *adj surface, ground* accidentado; *hands, skin* áspero; *voice* ronco; (*violent*) bruto; *crossing* movido; *seas* bravo; (*approximate*) aproximado; ***~ draft*** borrador *m* **2** *adv*: ***sleep ~*** dormir a la intemperie **3** *n in golf* rough *m* **4** *v/t*: ***~ it*** apañárselas
♦**rough up** *v/t* F dar una paliza a
rough•age ['rʌfɪdʒ] *in food* fibra *f*
rough•ly ['rʌflɪ] *adv* (*approximately*) aproximadamente; (*harshly*) brutalmente; ***~ speaking*** aproximadamente
rou•lette [ruː'let] ruleta *f*
round [raʊnd] **1** *adj* redondo; ***in ~ figures*** en números redondos **2** *n of mailman, doctor, drinks, competition* ronda *f*; *of toast* rebanada *f*; *in boxing match* round *m*, asalto *m* **3** *v/t corner* doblar **4** *adv, prep* → ***around***
♦**round off** *v/t edges* redondear; *meeting, night out* concluir
♦**round up** *v/t figure* redondear (hacia la cifra más alta); *suspects, criminals* detener
round•a•bout ['raʊndəbaʊt] **1** *adj route, way of saying sth* indirecto **2** *n Br on road* rotonda *f*, *Span* glorieta *f*;
'round-the-world *adj* alrededor del mundo; **round 'trip** viaje *m* de ida y vuelta; **round trip 'tick•et** billete *m or L.Am.* boleto *m* de ida y vuelta; **'round-up** *of cattle* rodeo *m*; *of suspects, criminals* redada *f*; *of news* resumen *m*
rouse [raʊz] *v/t from sleep* despertar; *interest, emotions* excitar, provocar
rous•ing ['raʊzɪŋ] *adj speech, finale* emocionante
route [raʊt] *n* ruta *f*, recorrido *m*
rou•tine [ruː'tiːn] **1** *adj* habitual **2** *n* rutina *f*; ***as a matter of ~*** como rutina
row[1] [roʊ] *n* (*line*) hilera *f*; ***5 days in a ~*** 5 días seguidos
row[2] [roʊ] **1** *v/t boat* llevar remando **2** *v/i* remar
row•boat ['roʊboʊt] bote *m* de remos
row•dy ['raʊdɪ] *adj* alborotador, *Span* follonero
roy•al ['rɔɪəl] *adj* real
roy•al•ty ['rɔɪəltɪ] *royal persons* realeza *f*; *on book, recording* derechos *mpl* de autor
rub [rʌb] *v/t* (*pret & pp* **-bed**) frotar
♦**rub down** *v/t to clean* lijar
♦**rub in** *v/t cream, ointment* extender, frotar; ***don't rub it in!*** *fig* ¡no me lo restriegues por las narices!
♦**rub off 1** *v/t dirt* limpiar frotando; *paint etc* borrar **2** *v/i*: ***it rubs off on you*** se te contagia
rub•ber ['rʌbər] **1** *n material* goma *f*, caucho *m*; P (*condom*) goma *f* P **2** *adj* de goma *or* caucho
rub•ber 'band goma *f* elástica
rub•ber 'gloves *npl* guantes *mpl* de goma
rub•ble ['rʌbl] escombros *mpl*
ru•by ['ruːbɪ] *jewel* rubí *m*
ruck•sack ['rʌksæk] mochila *f*
rud•der ['rʌdər] timón *m*
rud•dy ['rʌdɪ] *adj complexion* rubicundo
rude [ruːd] *adj person, behavior* maleducado, grosero; *language* grosero; ***it is ~ to ...*** es de mala educación ...; ***I didn't mean to be ~*** no pretendía faltar al respeto
rude•ly ['ruːdlɪ] *adv* (*impolitely*) gro-

seramente

rude·ness ['ruːdnɪs] mala *f* educación, grosería *f*

ru·di·men·ta·ry [ruːdɪ'mentərɪ] *adj* rudimentario

ru·di·ments ['ruːdɪmənts] *npl* rudimentos *mpl*

rue·ful ['ruːfəl] *adj* arrepentido, compungido

rue·ful·ly ['ruːfəlɪ] *adv* con arrepentimiento

ruf·fi·an ['rʌfɪən] rufián *m*

ruf·fle ['rʌfl] **1** *n on dress* volante *m* **2** *v/t hair* despeinar; *clothes* arrugar; *person* alterar; ***get ~d*** alterarse

rug [rʌg] alfombra *f*; (*blanket*) manta *f* (de viaje)

rug·by ['rʌgbɪ] rugby *m*

'rug·by match partido *m* de rugby

'rug·by play·er jugador(a) *m*(*f*) de rugby

rug·ged ['rʌgɪd] *adj scenery*, *cliffs* escabroso, accidentado; *face* de rasgos duros; *resistance* decidido

ru·in ['ruːɪn] **1** *n* ruina *f*; ***~s*** ruinas *fpl*; ***in ~s*** *city*, *building* en ruinas; *plans*, *marriage* arruinado **2** *v/t* arruinar; ***be ~ed*** *financially* estar arruinado *or* en la ruina

rule [ruːl] **1** *n of club*, *game* regla *f*, norma *f*; *of monarch* reinado *m*; *for measuring* regla *f*; ***as a ~*** por regla general **2** *v/t country* gobernar; ***the judge ~d that …*** el juez dictaminó que … **3** *v/i of monarch* reinar

♦ **rule out** *v/t* descartar

rul·er ['ruːlər] *for measuring* regla *f*; *of state* gobernante *m/f*

rul·ing ['ruːlɪŋ] **1** *n* fallo *m*, decisión *f* **2** *adj party* gobernante, en el poder

rum [rʌm] *n drink* ron *m*

rum·ble ['rʌmbl] *v/i of stomach* gruñir; *of thunder* retumbar

♦ **rum·mage around** ['rʌmɪdʒ] *v/i* buscar revolviendo

'rum·mage sale rastrillo *m* benéfico

ru·mor, *Br* **ru·mour** ['ruːmər] **1** *n* rumor *m* **2** *v/t*: ***it is ~ed that …*** se rumorea que …

rump [rʌmp] *of animal* cuartos *mpl* traseros

rum·ple ['rʌmpl] *v/t clothes*, *paper* arrugar

rump·'steak filete *m* de lomo

run [rʌn] **1** *n on foot*, *in pantyhose* carrera *f*; *Br*: *in car* viaje *m*; carrera *f*; THEA: *of play* temporada *f*; ***it has had a three year ~*** *of play* lleva tres años en cartel; ***go for a ~*** ir a correr; ***make a ~ for it*** salir corriendo; ***a criminal on the ~*** un criminal fugado; ***in the short / long ~*** a corto / largo plazo; ***a ~ on the dollar*** un movimiento especulativo contra el dólar **2** *v/i* (*pret* ***ran***, *pp* ***run***) *of person*, *animal* correr; *of river* correr, discurrir; *of paint*, *make-up* correrse; *of play* estar en cartel; *of engine*, *machine*, *software* funcionar; *in election* presentarse; ***~ for President*** presentarse a las elecciones presidenciales; ***the trains ~ every ten minutes*** pasan trenes cada diez minutos; ***it doesn't ~ on Saturdays*** *of bus*, *train* no funciona los sábados; ***don't leave the water ~ning*** no dejes el grifo abierto; ***his nose is ~ning*** le moquea la nariz; ***her eyes are ~ning*** le lloran los ojos **3** *v/t* (*pret* ***ran***, *pp* ***run***) *race* correr; *business*, *hotel*, *project etc* dirigir; *software* usar; *car* tener; (*use*) usar; ***can I ~ you to the station?*** ¿te puedo llevar hasta la estación?; ***he ran his eye down the page*** echó una ojeada a la página

♦ **run across** *v/t* (*meet*) encontrarse con; (*find*) encontrar

♦ **run away** *v/i* salir corriendo, huir; *from home* escaparse

♦ **run down 1** *v/t* (*knock down*) atropellar; (*criticize*) criticar; *stocks* reducir **2** *v/i of battery* agotarse

♦ **run into** *v/t* (*meet*) encontrarse con; *difficulties* tropezar con

♦ **run off 1** *v/i* salir corriendo **2** *v/t* (*print off*) tirar

♦ **run out** *v/i of contract* vencer; *of supplies* agotarse; ***time has run out*** se ha acabado el tiempo

♦ **run out of** *v/t time*, *supplies* quedarse sin; ***I ran out of gas*** me quedé sin

R

gasolina; ***I'm running out of patience*** se me está acabando la paciencia
♦**run over 1** *v/t* (*knock down*) atropellar; ***can we run over the details again?*** ¿podríamos repasar los detalles otra vez? **2** *v/i of water etc* desbordarse
♦**run through** *v/t* (*rehearse, go over*) repasar
♦**run up** *v/t debts, large bill* acumular; *clothes* coser
run·a·way ['rʌnəweɪ] *n persona que se ha fugado de casa*
run-'down *adj person* débil, apagado; *part of town, building* ruinoso
rung[1] [rʌŋ] *of ladder* peldaño *m*
rung[2] [rʌŋ] *pp* → ***ring***
run·ner ['rʌnər] *athlete* corredor(a) *m*(*f*)
run·ner 'beans *npl* judías *fpl* verdes, *L.Am.* porotos *mpl* verdes, *Mex* ejotes *mpl*
run·ner-'up subcampeón(-ona) *m*(*f*)
run·ning ['rʌnɪŋ] **1** *n* SP el correr; (*jogging*) footing *m*; *of business* gestión *f* **2** *adj*: ***for two days ~*** durante dos días seguidos
run·ning 'wa·ter agua *f* corriente
run·ny ['rʌnɪ] *adj mixture* fluido, líquido; *nose* que moquea
'run-up SP carrerilla *f*; ***in the ~ to*** en el periodo previo a
'run·way pista *f* (de aterrizaje / despegue)
rup·ture ['rʌptʃər] **1** *n* ruptura *f* **2** *v/i of pipe etc* romperse
ru·ral ['rʊrəl] *adj* rural
ruse [ru:z] artimaña *f*
rush [rʌʃ] **1** *n* prisa *f*; ***do sth in a ~*** hacer algo con prisas; ***be in a ~*** tener prisa; ***what's the big ~?*** ¿qué prisa tenemos? **2** *v/t person* meter prisa a; *meal* comer a toda prisa; ***~ s.o. to the hospital*** llevar a alguien al hospital a toda prisa **3** *v/i* darse prisa
'rush hour hora *f* punta
Rus·sia ['rʌʃə] Rusia
Rus·sian ['rʌʃən] **1** *adj* ruso **2** *n* ruso(-a) *m*(*f*); *language* ruso *m*
rust [rʌst] **1** *n* óxido *m* **2** *v/i* oxidarse
rus·tle ['rʌsl] **1** *n of silk, leaves* susurro *m* **2** *v/i of silk, leaves* susurrar
♦**rustle up** *v/t* F *meal* improvisar
'rust-proof *adj* inoxidable
rust re·mov·er ['rʌstrɪmu:vər] desoxidante *m*
rust·y ['rʌstɪ] *adj* oxidado; ***my French is pretty ~*** tengo el francés muy abandonado; ***I'm a little ~*** estoy un poco falto de forma
rut [rʌt] *in road* rodada *f*; ***be in a ~*** *fig* estar estancado
ruth·less ['ru:θlɪs] *adj* implacable, despiadado
ruth·less·ly ['ru:θlɪslɪ] *adv* sin compasión, despiadadamente
ruth·less·ness ['ru:θlɪsnɪs] falta *f* de compasión
rye [raɪ] centeno *m*
'rye bread pan *m* de centeno

R

S

sab·bat·i·cal [sə'bætɪkl] *n year* año *m* sabático; ***a 6 month ~*** 6 meses de excedencia
sab·o·tage ['sæbətɑ:ʒ] **1** *n* sabotaje *m* **2** *v/t* sabotear
sab·o·teur [sæbə'tɜ:r] saboteador(a) *m*(*f*)
sac·cha·rin ['sækərɪn] *n* sacarina *f*
sa·chet ['sæʃeɪ] *of shampoo, cream etc* sobrecito *m*
sack [sæk] **1** *n bag* saco *m*; *for groceries* bolsa *f* **2** *v/t* F echar

sa·cred ['seɪkrɪd] *adj* sagrado
sac·ri·fice ['sækrɪfaɪs] **1** *n* sacrificio *m*; ***make ~s*** *fig* hacer sacrificios **2** *v/t* sacrificar
sac·ri·lege ['sækrɪlɪdʒ] sacrilegio *m*
sad [sæd] *adj person, face, song* triste; *state of affairs* lamentable, desgraciado
sad·dle ['sædl] **1** *n* silla *f* de montar **2** *v/t horse* ensillar; ***~ s.o. with sth*** *fig* endilgar algo a alguien
sa·dism ['seɪdɪzm] sadismo *m*
sa·dist ['seɪdɪst] sádico(-a) *m*(*f*)
sa·dis·tic [sə'dɪstɪk] *adj* sádico
sad·ly ['sædlɪ] *adv look, say etc* con tristeza; (*regrettably*) lamentablemente
sad·ness ['sædnɪs] tristeza *f*
safe [seɪf] **1** *adj* seguro; *driver* prudente; (*not in danger*) a salvo; ***is it ~ to walk here?*** ¿se puede andar por aquí sin peligro? **2** *n* caja *f* fuerte
'safe·guard **1** *n* garantía *f*; ***as a ~ against*** como garantía contra **2** *v/t* salvaguardar
'safe·keep·ing: ***give sth to s.o. for ~*** dar algo a alguien para que lo custodie
safe·ly ['seɪflɪ] *adv arrive* sin percances; (*successfully*) sin problemas; *drive* prudentemente; *assume* con certeza
safe·ty ['seɪftɪ] seguridad *f*
'safety belt cinturón *m* de seguridad; **'safe·ty-con·scious** *adj*: ***be ~*** tener en cuenta la seguridad; **safe·ty 'first** prevención *f* de accidentes; **'safe·ty pin** imperdible *m*
sag [sæg] **1** *n in ceiling etc* combadura *f* **2** *v/i* (*pret & pp* ***-ged***) *of ceiling* combarse; *of rope* destensarse; *of tempo* disminuir
sa·ga ['sægə] saga *f*
sage [seɪdʒ] *n herb* salvia *f*
Sa·git·tar·i·us [sædʒɪ'terɪəs] ASTR Sagitario *m/f inv*
said [sed] *pret & pp* → ***say***
sail [seɪl] **1** *n of boat* vela *f*; *trip* viaje *m* (en barco); ***go for a ~*** salir a navegar **2** *v/t yacht* manejar **3** *v/i* navegar; (*depart*) zarpar, hacerse a la mar
'sail·board **1** *n* tabla *f* de windsurf **2** *v/i* hacer windsurf; **'sail·board·ing** windsurf *m*; **'sail·boat** barco *m* de vela, velero *m*
sail·ing ['seɪlɪŋ] SP vela *f*
'sail·ing ship barco de vela, velero *m*
sail·or ['seɪlər] *in the navy* marino *m/f*; *in the merchant navy*, SP marinero(-a) *m*(*f*); ***I'm a good / bad ~*** no me mareo / me mareo con facilidad
saint [seɪnt] santo *m*
sake [seɪk]: ***for my ~*** por mí; ***for the ~ of peace*** por la paz
sal·ad ['sæləd] ensalada *f*
sal·ad 'dress·ing aliño *m or* aderezo *m* para ensalada
sal·a·ry ['sælərɪ] sueldo *m*, salario *m*
'sal·a·ry scale escala *f* salarial
sale [seɪl] venta *f*; *reduced prices* rebajas *fpl*; ***for ~*** *sign* se vende; ***is this for ~?*** ¿está a la venta?; ***be on ~*** estar a la venta; *at reduced prices* estar de rebajas
sales [seɪlz] *npl department* ventas *fpl*
'sales clerk *in store* vendedor(a) *m*(*f*), dependiente(-a) *m*(*f*); **'sales fig·ures** *npl* cifras *fpl* de ventas; **'sales·man** vendedor *m*; **sales 'man·ag·er** jefe(-a) *m*(*f*) de ventas; **'sales meet·ing** reunión *f* del departamento de ventas; **'sales·wo·man** vendedora *f*
sa·lient ['seɪlɪənt] *adj* sobresaliente, destacado
sa·li·va [sə'laɪvə] saliva *f*
salm·on ['sæmən] (*pl* ***salmon***) salmón *m*
sa·loon [sə'lu:n] *Br* MOT turismo *m*; (*bar*) bar *m*
salt [sɒ:lt] **1** *n* sal *f* **2** *v/t food* salar
'salt·cel·lar salero *m*; **salt 'wa·ter** agua *f* salada; **'salt-wa·ter fish** pez *m* de agua salada
salt·y ['sɒ:ltɪ] *adj* salado
sal·u·tar·y ['sæljʊterɪ] *adj experience* beneficioso
sa·lute [sə'lu:t] **1** *n* MIL saludo; ***take the ~*** presidir un desfile **2** *v/t* saludar; *fig* (*hail*) elogiar **3** *v/i* MIL saludar
Sal·va·dor(e)·an [sælvə'dɔ:rən]

S

1 *adj* salvadoreño **2** *n* salvadoreño(-a) *m*(*f*)
sal·vage ['sælvɪdʒ] *v/t from wreck* rescatar
sal·va·tion [sæl'veɪʃn] *also fig* salvación *f*
Sal·va·tion 'Ar·my Ejército *m* de Salvación
same [seɪm] **1** *adj* mismo **2** *pron*: ***the ~*** lo mismo; ***Happy New Year – the ~ to you*** Feliz Año Nuevo – igualmente; ***he's not the ~ any more*** ya no es el mismo; ***life isn't the ~ without you*** la vida es distinta sin ti; ***all the ~*** (*even so*) aun así; ***men are all the ~*** todos los hombres son iguales; ***it's all the ~ to me*** me da lo mismo, me da igual **3** *adv*: ***the ~*** igual
sam·ple ['sæmpl] *n* muestra *f*
sanc·ti·mo·ni·ous [sæŋktɪ'moʊnɪəs] *adj* mojigato
sanc·tion ['sæŋkʃn] **1** *n* (*approval*) consentimiento *m*, aprobación *f*; (*penalty*) sanción *f* **2** *v/t* (*approve*) sancionar
sanc·ti·ty ['sæŋktətɪ] carácter *m* sagrado
sanc·tu·a·ry ['sæŋktʃʊerɪ] santuario *m*
sand [sænd] **1** *n* arena *f* **2** *v/t with sandpaper* lijar
san·dal ['sændl] sandalia *f*
'sand·bag saco *m* de arena; **'sand·blast** *v/t* arenar; **'sand dune** duna *f*
sand·er ['sændər] *tool* lijadora *f*
'sand·pa·per 1 *n* lija *f* **2** *v/t* lijar
'sand·stone arenisca *f*
sand·wich ['sænwɪtʃ] **1** *n Span* bocadillo *m*, *L.Am.* sandwich *m* **2** *v/t*: ***be ~ed between two ...*** estar encajonado entre dos ...
sand·y ['sændɪ] *adj soil* arenoso; *feet, towel etc* lleno de arena; *hair* rubio oscuro; ***~ beach*** playa *f* de arena
sane [seɪn] *adj* cuerdo
sang [sæŋ] *pret* → ***sing***
san·i·tar·i·um [sænɪ'terɪəm] sanatorio *m*
san·i·ta·ry ['sænɪterɪ] *adj conditions* salubre, higiénico; ***~ installations*** instalaciones *fpl* sanitarias
'san·i·ta·ry nap·kin compresa *f*
san·i·ta·tion [sænɪ'teɪʃn] (*sanitary installations*) instalaciones *fpl* sanitarias; (*removal of waste*) saneamiento *m*
san·i'ta·tion de·part·ment servicio *m* de limpieza
san·i·ty ['sænətɪ] razón *f*, juicio *m*
sank [sæŋk] *pret* → ***sink***
San·ta Claus ['sæntəklɒːz] Papá Noel *m*, Santa Claus *m*
sap [sæp] **1** *n in tree* savia *f* **2** *v/t* (*pret & pp* **-ped**) *s.o.'s energy* consumir
sap·phire ['sæfaɪr] *n jewel* zafiro *m*
sar·cas·m ['sɑːrkæzm] sarcasmo *m*
sar·cas·tic [sɑːr'kæstɪk] *adj* sarcástico
sar·cas·tic·al·ly [sɑːr'kæstɪklɪ] *adv* sarcásticamente
sar·dine [sɑːr'diːn] sardina *f*
sar·don·ic [sɑːr'dɑːnɪk] *adj* sardónico
sar·don·ic·al·ly [sɑːr'dɑːnɪklɪ] *adv* sardónicamente
sash [sæʃ] *on dress* faja *f*; *on uniform* fajín *m*
sat [sæt] *pret & pp* → ***sit***
Sa·tan ['seɪtn] Satán, Satanás
sat·el·lite ['sætəlaɪt] satélite *m*
'sat·el·lite dish antena *f* parabólica
sat·el·lite T'V televisión *f* por satélite
sat·in ['sætɪn] **1** *adj* satinado **2** *n* satín *m*
sat·ire ['sætaɪr] sátira *f*
sa·tir·i·cal [sə'tɪrɪkl] *adj* satírico
sat·i·rist ['sætərɪst] escritor(a) *m*(*f*) de sátiras
sat·ir·ize ['sætəraɪz] *v/t* satirizar
sat·is·fac·tion [sætɪs'fækʃn] satisfacción *f*
sat·is·fac·to·ry [sætɪs'fæktərɪ] *adj* satisfactorio; (*just good enough*) suficiente
sat·is·fy ['sætɪsfaɪ] *v/t* (*pret & pp* **-ied**) satisfacer; *conditions* cumplir; ***I am satisfied*** (*had enough to eat*) estoy lleno; ***I am satisfied that ...*** (*convinced*) estoy convencido *or* satisfecho de que ...; ***I hope you're***

S

satisfied! ¡estarás contento!
Sat·ur·day ['sætərdeɪ] sábado *m*
sauce [sɒːs] salsa *f*
'**sauce·pan** cacerola *f*
sau·cer ['sɒːsər] plato *m* (*de taza*)
sauc·y ['sɒːsɪ] *adj person, dress* descarado
Sa·u·di A·ra·bi·a [saʊdɪə'reɪbɪə] Arabia Saudí *or* Saudita
Sa·u·di A·ra·bi·an [saʊdɪə'reɪbɪən] **1** *adj* saudita, saudí **2** *n* saudita *m/f*, saudí *m/f*
sau·na ['sɒːnə] sauna *f*
saun·ter ['sɒːntər] *v/i* andar sin prisas
saus·age ['sɒːsɪdʒ] salchicha *f*
sav·age ['sævɪdʒ] **1** *adj animal, attack* salvaje; *criticism* feroz **2** *n* salvaje *m/f*
sav·age·ry ['sævɪdʒrɪ] crueldad *f*
save [seɪv] **1** *v/t* (*rescue*) rescatar, salvar; *money, time, effort* ahorrar; (*collect*), COMPUT guardar; *goal* parar; REL salvar **2** *v/i* (*put money aside*) ahorrar; SP hacer una parada **3** *n* SP parada *f*
♦ **save up for** *v/t* ahorrar para
sav·er ['seɪvər] *person* ahorrador(a) *m*(*f*)
sav·ing ['seɪvɪŋ] *amount saved, activity* ahorro *m*
sav·ings ['seɪvɪŋz] *npl* ahorros *mpl*
'**sav·ings ac·count** cuenta *f* de ahorros; **sav·ings and 'loan** caja *f* de ahorros; '**sav·ings bank** caja *f* de ahorros
sa·vior, *Br* **sa·viour** ['seɪvjər] REL salvador *m*
sa·vor ['seɪvər] *v/t* saborear
sa·vor·y ['seɪvərɪ] *adj not sweet* salado
sa·vour *etc Br* → ***savor*** *etc*
saw[1] [sɒː] **1** *n tool* serrucho *m*, sierra *f* **2** *v/t* aserrar
saw[2] [sɒː] *pret* → ***see***
♦ **saw off** *v/t* cortar (con un serrucho)
'**saw·dust** serrín *m*, aserrín *m*
sax·o·phone ['sæksəfoʊn] saxofón *m*
say [seɪ] **1** *v/t* (*pret & pp* ***said***) decir; *poem* recitar; ***that is to ~*** es decir; ***what do you ~ to that?*** ¿qué opinas de eso?; ***what does the note ~?*** ¿qué dice la nota?, ¿qué pone en la nota? **2** *n*: ***have one's ~*** expresar una opinión
say·ing ['seɪɪŋ] dicho *m*
scab [skæb] *on skin* costra *f*
scaf·fold·ing ['skæfəldɪŋ] *on building* andamiaje *m*
scald [skɒːld] *v/t* escaldar
scale[1] [skeɪl] *on fish, reptile* escama *f*
scale[2] [skeɪl] **1** *n* (*size*) escala *f*, tamaño *m*; *on thermometer, map*, MUS escala *f*; ***on a larger ~*** a gran escala; ***on a smaller ~*** a pequeña escala **2** *v/t cliffs etc* escalar
♦ **scale down** *v/t* disminuir, reducir
scale 'draw·ing dibujo *m* a escala
scales [skeɪlz] *npl for weighing* báscula *f*, peso *m*
scal·lop ['skæləp] *n shellfish* vieira *f*
scalp [skælp] *n* cuero *m* cabelludo
scal·pel ['skælpl] bisturí *m*
scal·per ['skælpər] revendedor *m*
scam [skæm] F chanchullo *m* F
scam·pi ['skæmpɪ] gambas *fpl* rebozadas
scan [skæn] **1** *v/t* (*pret & pp* ***-ned***) *horizon* otear; *page* ojear; COMPUT escanear **2** *n of brain* escáner *m*; *of fetus* ecografía *f*
♦ **scan in** *v/t* COMPUT escanear
scan·dal ['skændl] escándalo *m*
scan·dal·ize ['skændəlaɪz] *v/t* escandalizar
scan·dal·ous ['skændələs] *adj affair, prices* escandaloso
scan·ner ['skænər] MED, COMPUT escáner *m*; *for foetus* ecógrafo *m*
scant [skænt] *adj* escaso
scant·i·ly ['skæntɪlɪ] *adv*: ***be ~ clad*** andar ligero de ropa
scant·y ['skæntɪ] *adj skirt* cortísimo; *bikini* mínimo
scape·goat ['skeɪpgoʊt] cabeza *f* de turco, chivo *m* expiatorio
scar [skɑːr] **1** *n* cicatriz *f* **2** *v/t* (*pret & pp* ***-red***) cicatrizar
scarce [skers] *adj in short supply* escaso; ***make o.s. ~*** desaparecer
scarce·ly ['skerslɪ] *adv*: ***he had ~***

said it when ... apenas lo había dicho cuando ...; ***there was ~ anything left*** no quedaba casi nada; ***I ~ know her*** apenas la conozco

scar·ci·ty ['skersɪtɪ] escasez *f*

scare [sker] **1** *v/t* asustar, atemorizar; ***be ~d of*** tener miedo de **2** *n* (*panic, alarm*) miedo *m*, temor *m*; ***give s.o. a ~*** dar a alguien un susto

♦ **scare away** *v/t* ahuyentar

'**scare·crow** espantapájaros *m inv*

scare·mon·ger ['skermʌŋgər] alarmista *m/f*

scarf [skɑːrf] *around neck, over head* pañuelo *m*; *woollen* bufanda *f*

scar·let ['skɑːrlət] *adj* escarlata

scar·let 'fe·ver escarlatina *f*

scar·y ['skerɪ] *adj sight* espeluznante; ***~ music*** música de miedo

scath·ing ['skeɪðɪŋ] *adj* feroz

scat·ter ['skætər] **1** *v/t leaflets* esparcir; *seeds* diseminar; ***be ~ed all over the room*** estar esparcido por toda la habitación **2** *v/i of people* dispersarse

scat·ter·brained ['skætərbreɪnd] *adj* despistado

scat·tered ['skætərd] *adj showers, family, villages* disperso

scav·enge ['skævɪndʒ] *v/i* rebuscar; ***~ for sth*** rebuscar en busca de algo

scav·eng·er ['skævɪndʒər] *animal, bird* carroñero *m*; (*person*) *persona que busca comida entre la basura*

sce·na·ri·o [sɪ'nɑːrɪoʊ] situación *f*

scene [siːn] escena *f*; *of accident, crime etc* lugar *m*; (*argument*) escena *f*, número *m*; ***make a ~*** hacer una escena, montar un número; ***~s*** THEA decorados *mpl*; ***jazz / rock ~*** mundo del jazz / rock; ***behind the ~s*** entre bastidores

sce·ne·ry ['siːnərɪ] THEA escenario *m*

scent [sent] *n* olor *m*; (*perfume*) perfume *m*, fragancia *f*

scep·tic *etc Br* → ***skeptic*** *etc*

sched·ule ['skedjuːl] **1** *n of events, work* programa *m*; *of exams* calendario *m*; *for train, work, of lessons* horario *m*; ***be on ~*** *of work* ir según lo previsto; *of train* ir a la hora prevista; ***be behind ~*** *of work, train etc* ir con retraso **2** *v/t* (*put on ~*) programar; ***it's ~d for completion next month*** está previsto que se complete el próximo mes

sched·uled 'flight ['ʃeduːld] vuelo *m* regular

scheme [skiːm] **1** *n* (*plan*) plan *m*, proyecto *m*; (*plot*) confabulación *f* **2** *v/i* (*plot*) confabularse

schem·ing ['skiːmɪŋ] *adj* maquinador

schiz·o·phre·ni·a [skɪtsə'friːnɪə] esquizofrenia *f*

schiz·o·phren·ic [skɪtsə'frenɪk] **1** *n* esquizofrénico(-a) *m*(*f*) **2** *adj* esquizofrénico

schol·ar ['skɑːlər] erudito(-a) *m*(*f*)

schol·ar·ly ['skɑːlərlɪ] *adj* erudito

schol·ar·ship ['skɑːlərʃɪp] (*scholarly work*) estudios *mpl*; *financial award* beca *f*

school [skuːl] *n* escuela *f*, colegio *m*; (*university*) universidad *f*

'**school bag** (*satchel*) cartera *f*; '**school·boy** escolar *m*; '**school·child·ren** *npl* escolares *mpl*; '**school days** *npl*; ***do you remember your ~?*** ¿te acuerdas de cuándo ibas al colegio?; '**school·girl** escolar *f*; '**school·mate** *Br* compañero *m* de colegio; '**school·teach·er** maestro(-a) *m*(*f*), profesor(a) *m*(*f*)

sci·at·i·ca [saɪ'ætɪkə] ciática *f*

sci·ence ['saɪəns] ciencia *f*

sci·ence 'fic·tion ciencia *f* ficción

sci·en·tif·ic [saɪən'tɪfɪk] *adj* científico

sci·en·tist ['saɪəntɪst] científico(-a) *m*(*f*)

scis·sors ['sɪzərz] *npl* tijeras *fpl*

scoff[1] [skɑːf] *v/t* F (*eat fast*) zamparse F

scoff[2] [skɑːf] *v/i* (*mock*) burlarse, mofarse

♦ **scoff at** *v/t* burlarse de, mofarse de

scold [skoʊld] *v/t child, husband* regañar

scoop [skuːp] **1** *n implement* cuchara *f*; *of dredger* pala *f*; *story* exclusiva *f*

S

2 *v/t*: ***~ sth into sth*** recoger algo para meterlo en algo
♦**scoop up** *v/t* recoger
scoot•er ['sku:tər] *with motor* escúter *m*; *child's* patinete *m*
scope [skoʊp] alcance *m*; (*freedom, opportunity*) oportunidad *f*; ***he wants more ~ to do his own thing*** quiere más libertad para hacer lo que quiere
scorch [skɔ:rtʃ] *v/t* quemar
scorch•ing ['skɔ:rtʃɪŋ] *adj* abrasador
score [skɔ:r] **1** *n* SP resultado *m*; *in competition* puntuación *f*; (*written music*) partitura *f*; *of movie etc* banda *f* sonora, música *f*; ***what's the ~?*** SP ¿cómo van?; ***have a ~ to settle with s.o.*** tener una cuenta pendiente con alguien; ***keep*** (***the***) ~ llevar el tanteo **2** *v/t goal* marcar; *point* anotar; (*cut: line*) marcar **3** *v/i* marcar; (*keep the ~*) llevar el tanteo; ***that's where he ~s*** ése es su punto fuerte
'**score•board** marcador *m*
scor•er ['skɔ:rər] *of goal* goleador(a) *m*(*f*); *of point* anotador(a) *m*(*f*); (*official score-keeper*) *encargado del marcador*
scorn [skɔ:rn] **1** *n* desprecio *m*; ***pour ~ on sth*** despreciar algo, menospreciar algo **2** *v/t idea, suggestion* despreciar
scorn•ful ['skɔ:rnfəl] *adj* despreciativo
scorn•ful•ly ['skɔ:rnfəlɪ] *adv* con desprecio
Scor•pi•o ['skɔ:rpɪoʊ] ASTR Escorpio *m* / *f inv*
Scot [skɑ:t] escocés(-esa) *m*(*f*)
Scotch [skɑ:tʃ] (*whiskey*) whisky *m* escocés
Scotch '**tape®** celo *m*, *L.Am.* Durex® *m*
scot-'**free** *adv*: ***get off ~*** salir impune
Scot•land ['skɑ:tlənd] Escocia
Scots•man ['skɑ:tsmən] escocés *m*
Scots•wom•an ['skɑ:tswʊmən] escocesa *f*
Scot•tish ['skɑ:tɪʃ] *adj* escocés
scoun•drel ['skaʊndrəl] canalla *m* / *f*
scour[1] ['skaʊər] *v/t* (*search*) rastrear, peinar
scour[2] ['skaʊər] *v/t pans* fregar
scout [skaʊt] *n* (*boy ~*) boy-scout *m*
scowl [skaʊl] **1** *n* ceño *m* **2** *v/i* fruncir el ceño
scram [skræm] *v/i* (*pret & pp* ***-med***) F largarse F; ***~!*** ¡largo!
scram•ble ['skræmbl] **1** *n* (*rush*) prisa *f* **2** *v/t message* cifrar, codificar **3** *v/i* (*climb*) trepar; ***he ~d to his feet*** se levantó de un salto
scram•bled '**eggs** ['skræmbld] *npl* huevos *mpl* revueltos
scrap [skræp] **1** *n metal* chatarra *f*; (*fight*) pelea *f*; *of food* trocito *m*; *of evidence* indicio *m*; *of common sense* pizca *f* **2** *v/t* (*pret & pp* ***-ped***) *plan, project* abandonar; *paragraph* borrar
'**scrap•book** álbum *m* de recortes
scrape [skreɪp] **1** *n on paintwork etc* arañazo *m* **2** *v/t paintwork* rayar; ***~ a living*** apañarse
♦**scrape through** *v/i in exam* aprobar por los pelos
'**scrap heap**: ***be good for the ~*** *of person* estar para el arrastre; *of object* estar para tirar; **scrap** '**met•al** chatarra *f*; **scrap** '**pa•per** papel *m* usado
scrap•py ['skræpɪ] *adj work, play* desorganizado
scratch [skrætʃ] **1** *n mark* marca *f*; ***have a ~*** *to stop itching* rascarse; ***start from ~*** empezar desde cero; ***your work isn't up to ~*** tu trabajo es insuficiente **2** *v/t* (*mark: skin*) arañar; (*mark: paint*) rayar; *because of itch* rascarse **3** *v/i of cat etc* arañar; *because of itch* rascarse
scrawl [skrɒ:l] **1** *n* garabato *m* **2** *v/t* garabatear
scraw•ny ['skrɒ:nɪ] *adj* escuálido
scream [skri:m] **1** *n* grito *m*; ***~s of laughter*** carcajadas *fpl* **2** *v/i* gritar
screech [skri:tʃ] **1** *n of tires* chirrido *m*; (*scream*) chillido *m* **2** *v/i of tires* chirriar; (*scream*) chillar
screen [skri:n] **1** *n in room, hospital* mampara *f*; *protective* cortina *f*; *in movie theater* pantalla *f*; COMPUT

monitor *m*, pantalla *f* **2** *v/t* (*protect, hide*) ocultar; *movie* proyectar; *for security reasons* investigar
'**screen·play** guión *m*; '**screen sav·er** COMPUT salvapantallas *m inv*; '**screen test** *for movie* prueba *f*
screw [skru:] **1** *n* tornillo *m*; V (*sex*) polvo *m* V **2** *v/t with a screwdriver* atornillar (***to*** a); V (*have sex with*) echar un polvo con V; F (*cheat*) timar F
♦**screw up 1** *v/t eyes* cerrar; *piece of paper* arrugar; F (*make a mess of*) fastidiar F **2** *v/i* F (*make a bad mistake*) meter la pata F
'**screw·driv·er** destornillador *m*
screwed 'up [skru:d'ʌp] *adj* F *psychologically* acomplejado
'**screw top** *on bottle* tapón *m* de rosca
screw·y ['skru:ɪ] *adj* F chiflado F; *idea, film* descabellado F
scrib·ble ['skrɪbl] **1** *n* garabato *m* **2** *v/t & v/i* garabatear
scrimp [skrɪmp] *v/i*: ***~ and scrape*** pasar apuros, pasar estrecheces
script [skrɪpt] *for movie, play* guión *m*; *form of writing* caligrafía *f*
scrip·ture ['skrɪptʃər] escritura *f*; ***the*** (***Holy***) ***Scriptures*** las Sagradas Escrituras
'**script·writ·er** guionista *m/f*
scroll [skroʊl] *n* (*manuscript*) manuscrito *m*
♦**scroll down** *v/i* COMPUT avanzar
♦**scroll up** *v/i* COMPUT retroceder
scrounge [skraʊndʒ] *v/t* gorronear
scroung·er ['skraʊndʒər] gorrón(-ona) *m*(*f*)
scrub [skrʌb] *v/t* (*pret & pp* ***-bed***) *floors* fregar; *hands* frotar
scrub·bing brush ['skrʌbɪŋ] *for floor* cepillo *m* para fregar
scruff·y ['skrʌfɪ] *adj* andrajoso, desaliñado
scrum [skrʌm] *in rugby* melé *f*
♦**scrunch up** [skrʌntʃ] *v/t plastic cup etc* estrujar
scru·ples ['skru:plz] *npl* escrúpulos *mpl*
scru·pu·lous ['skru:pjələs] *adj with moral principles* escrupuloso; (*thorough*) meticuloso; *attention to detail* minucioso
scru·pu·lous·ly ['skru:pjələslɪ] *adv* (*meticulously*) minuciosamente
scru·ti·nize ['skru:tɪnaɪz] *v/t* (*examine closely*) estudiar, examinar
scru·ti·ny ['skru:tɪnɪ] escrutinio *m*; ***come under ~*** ser objeto de investigación
scu·ba div·ing ['sku:bə] submarinismo *m*
scuf·fle ['skʌfl] *n* riña *f*
sculp·tor ['skʌlptər] escultor(a) *m*(*f*)
sculp·ture ['skʌlptʃər] escultura *f*
scum [skʌm] *on liquid* película *f* de suciedad; *pej*: *people* escoria *f*
sea [si:] mar *m*; ***by the ~*** junto al mar
'**sea·bed** fondo *m* marino; '**sea·bird** ave *f* marina; **sea·far·ing** ['si:ferɪŋ] *adj nation* marinero; '**sea·food** marisco *m*; '**sea·front** paseo *m* marítimo; '**sea·go·ing** *adj vessel* de altura; '**sea·gull** gaviota *f*
seal[1] [si:l] *n animal* foca *f*
seal[2] [si:l] **1** *n on document* sello *m*; TECH junta *f*, sello *m* **2** *v/t container* sellar
♦**seal off** *v/t area* aislar
'**sea lev·el**: ***above ~*** sobre el nivel del mar; ***below ~*** bajo el nivel del mar
seam [si:m] *n on garment* costura *f*; *of ore* filón *m*
'**sea·man** marinero *m*
seam·stress ['si:mstrɪs] modista *f*
'**sea·port** puerto *m* marítimo
'**sea pow·er** *nation* potencia *f* marítima
search [sɜ:rtʃ] **1** *n* búsqueda *f*; ***be in ~ of*** estar en busca de **2** *v/t baggage, person* registrar; ***~ a place for s.o.*** buscar a alguien en un lugar
♦**search for** *v/t* buscar
search·ing ['sɜ:rtʃɪŋ] *adj look* escrutador; *question* difícil
'**search·light** reflector *m*; '**search par·ty** grupo *m* de rescate; '**search war·rant** orden *f* de registro
'**sea·shore** orilla *f*; '**sea·sick** *adj* mareado; ***get ~*** marearse; '**sea·side** costa *f*, playa *f*; ***~ resort*** centro *m* de

veraneo costero
sea·son ['si:zn] *n* (*winter*, *spring etc*) estación *f*; *for tourism etc* temporada *f*; ***plums aren't in ~ at the moment*** ahora no es temporada de ciruelas
sea·son·al ['si:znl] *adj fruit*, *vegetables* del tiempo; *employment* temporal
sea·soned ['si:znd] *adj wood* seco; *traveler*, *campaigner* experimentado
sea·son·ing ['si:znɪŋ] condimento *m*
'sea·son tick·et abono *m*
seat [si:t] **1** *n in room*, *bus*, *plane* asiento *m*; *in theater* butaca *f*; *of pants* culera *f*; ***please take a ~*** por favor, siéntese **2** *v/t* (*have seating for*): ***the hall can ~ 200 people*** la sala tiene capacidad para 200 personas; ***please remain ~ed*** por favor, permanezcan sentados
'seat belt cinturón *m* de seguridad
'sea ur·chin erizo *m* de mar
'sea·weed alga(s) *f*(*pl*)
se·clud·ed [sɪ'klu:dɪd] *adj* apartado
se·clu·sion [sɪ'klu:ʒn] aislamiento *m*
sec·ond[1] ['sekənd] **1** *n of time* segundo *m* **2** *adj* segundo **3** *adv come in* en segundo lugar **4** *v/t motion* apoyar
se·cond[2] [sɪ'kɑ:nd] *v/t*: ***be ~ed to*** ser asignado a
sec·ond·a·ry ['sekənderɪ] *adj* secundario; ***of ~ importance*** de menor importancia
sec·ond·a·ry ed·u'ca·tion educación *f* secundaria
se·cond 'best *adj*: ***be ~*** ser el segundo mejor; *inferior* ser un segundón; **sec·ond 'big·gest** *adj*: ***it is the ~ company in the area*** es la segunda empresa más grande de la zona; **sec·ond 'class** *adj ticket* de segunda clase; **sec·ond 'floor** primer piso *m*, *Br* segundo piso *m*; **'sec·ond hand** *n on clock* segundero *m*; **sec·ond-'hand 1** *adj* de segunda mano **2** *adv buy* de segunda mano
sec·ond·ly ['sekəndlɪ] *adv* en segundo lugar
sec·ond-'rate *adj* inferior
sec·ond 'thoughts: ***I've had ~*** he cambiado de idea
se·cre·cy ['si:krəsɪ] secretismo *m*
se·cret ['si:krət] **1** *n* secreto *m*; ***in ~*** en secreto **2** *adj* secreto
se·cret 'a·gent agente *m*/*f* secreto
sec·re·tar·i·al [sekrə'terɪəl] *adj tasks*, *job* de secretario
sec·re·tar·y ['sekrəterɪ] secretario(-a) *m*(*f*); POL ministro(-a) *m*(*f*)
Sec·re·tar·y of 'State *in USA* Secretario(-a) *m*(*f*) de Estado
se·crete [sɪ'kri:t] *v/t* (*give off*) segregar; (*hide away*) esconder
se·cre·tion [sɪ'kri:ʃn] secreción *f*
se·cre·tive ['si:krətɪv] *adj* reservado
se·cret·ly ['si:krətlɪ] *adv* en secreto
se·cret po'lice policía *f* secreta
se·cret 'ser·vice servicio *m* secreto
sect [sekt] secta *f*
sec·tion ['sekʃn] *of book*, *company*, *text* sección *f*; *of building* zona *f*; *of apple* parte *f*
sec·tor ['sektər] sector *m*
sec·u·lar ['sekjələr] *adj* laico
se·cure [sɪ'kjʊr] **1** *adj shelf etc* seguro; *job*, *contract* fijo **2** *v/t shelf etc* asegurar; *help* conseguir
se'cu·ri·ties mar·ket FIN mercado *m* de valores
se·cu·ri·ty [sɪ'kjʊrətɪ] seguridad *f*; *for investment* garantía *f*
se'cu·ri·ty a·lert alerta *f*; **se'cu·ri·ty check** control *m* de seguridad; **se'cu·ri·ty-con·scious** *adj* consciente de la seguridad; **se'cu·ri·ty for·ces** *npl* fuerzas *fpl* de seguridad; **se'cu·ri·ty guard** guardia *m*/*f* de seguridad; **se'cu·ri·ty risk** *person* peligro *m* (para la seguridad)
se·dan [sɪ'dæn] MOT turismo *m*
se·date [sɪ'deɪt] *v/t* sedar
se·da·tion [sɪ'deɪʃn]: ***be under ~*** estar sedado
sed·a·tive ['sedətɪv] *n* sedante *m*
sed·en·ta·ry ['sedənterɪ] *adj job* sedentario
sed·i·ment ['sedɪmənt] sedimento *m*
se·duce [sɪ'du:s] *v/t* seducir
se·duc·tion [sɪ'dʌkʃn] seducción *f*
se·duc·tive [sɪ'dʌktɪv] *adj dress* seductor; *offer* tentador
see [si:] *v/t* (*pret* ***saw***, *pp* ***seen***) ver;

(*understand*) entender, ver; *romantically* ver, salir con; ***I ~*** ya veo; ***can I ~ the manager?*** ¿puedo ver al encargado?; ***you should ~ a doctor*** deberías ir a que te viera un médico; ***~ s.o. home*** acompañar a alguien a casa; ***~ you!*** F ¡hasta la vista!, ¡chao! F

♦ **see about** *v/t* (*look into*): ***I'll see about getting it repaired*** me encargaré de que lo arreglen

♦ **see off** *v/t at airport etc* despedir; (*chase away*) espantar

♦ **see out** *v/t*: ***see s.o. out*** acompañar a alguien a la puerta

♦ **see to** *v/t*: ***see to sth*** ocuparse de algo; ***see to it that sth gets done*** asegurarse de que algo se haga

seed [si:d] semilla *f*; *in tennis* cabeza *f* de serie; ***go to ~*** *of person* descuidarse; *of district* empeorarse

seed·ling ['si:dlɪŋ] planta *f* de semillero

seed·y ['si:dɪ] *adj bar, district* de mala calaña

see·ing 'eye dog ['si:ɪŋ] perro *m* lazarillo

see·ing (that) ['si:ɪŋ] *conj* dado que, ya que

seek [si:k] *v/t* (*pret & pp* ***sought***) buscar

seem [si:m] *v/i* parecer; ***it ~s that ...*** parece que ...

seem·ing·ly ['si:mɪŋlɪ] *adv* aparentemente

seen [si:n] *pp* → ***see***

seep [si:p] *v/i of liquid* filtrarse

♦ **seep out** *v/i of liquid* filtrarse

see·saw ['si:sɒ:] *n* subibaja *m*

seethe [si:ð] *v/i*: ***be seething with anger*** estar a punto de estallar (de cólera)

'see-through *adj dress, material* transparente

seg·ment ['segmənt] segmento *m*

seg·mented [seg'məntɪd] *adj* segmentado, dividido

seg·re·gate ['segrɪgeɪt] *v/t* segregar

seg·re·ga·tion [segrɪ'geɪʃn] segregación *f*

seis·mol·o·gy [saɪz'mɑ:lədʒɪ] sismología *f*

seize [si:z] *v/t s.o., s.o.'s arm* agarrar; *opportunity* aprovechar; *of Customs, police etc* incautarse de

♦ **seize up** *v/i of engine* atascarse

sei·zure ['si:ʒər] MED ataque *m*; *of drugs etc* incautación *f*; *amount seized* alijo *m*

sel·dom ['seldəm] *adv* raramente, casi nunca

se·lect [sɪ'lekt] **1** *v/t* seleccionar **2** *adj* (*exclusive*) selecto

se·lec·tion [sɪ'lekʃn] selección *f*; (*choosing*) elección *f*

se'lec·tion pro·cess proceso *m* de selección

se·lec·tive [sɪ'lektɪv] *adj* selectivo

self [self] (*pl* ***selves*** [selvz]) ego *m*; ***my other ~*** mi otro yo

self-ad·dressed 'en·ve·lope [selfə'drest]: ***send us a ~*** envíenos un sobre con sus datos; **self-as'sur·ance** confianza *f* en sí mismo; **self-as·sured** [selfə'ʃʊrd] *adj* seguro de sí mismo; **self-ca·ter·ing a'part·ment** [self'keɪtərɪŋ] *Br* apartamento *m or Span* piso *m* sin servicio de comidas; **self-'cen·tered**, *Br* **self-'cen·tred** [self'sentərd] *adj* egoísta; **self-'clean·ing** *adj oven* con autolimpieza; **self-con'fessed** [selfkən'fest] *adj*: ***he's a ~ megalomaniac*** se confiesa megalómano; **self-'con·fi·dence** confianza *f* en sí mismo; **self-'con·fi·dent** *adj* seguro de sí mismo; **self-'con·scious** *adj* tímido; **self-'con·scious·ness** timidez *f*; **self-con·tained** [selfkən'teɪnd] *adj apartment* independiente; **self-con'trol** autocontrol *m*; **self-de'fence** *Br*, **self-de'fense** autodefensa *f*; ***in ~*** en defensa propia; **self-'dis·ci·pline** autodisciplina *f*; **self-'doubt** inseguridad *f*; **self-em·ployed** [selfɪm'plɔɪd] *adj* autónomo; **self-e'steem** autoestima *f*; **self-'ev·i·dent** *adj* obvio; **self-ex'pres·sion** autoexpresión *f*; **self-'gov·ern·ment** autogobierno *m*; **self-'in·terest** interés *m* propio

S

self·ish ['selfɪʃ] *adj* egoísta
self·less ['selflɪs] *adj* desinteresado
self-made 'man [self'meɪd] hombre *m* hecho a sí mismo; **self-'pit·y** autocompasión *f*; **self-'por·trait** autorretrato *m*; **self-pos·sessed** [selfpə'zest] *adj* sereno; **self-re'li·ant** *adj* autosuficiente; **self-re'spect** amor *m* propio; **self-right·eous** [self'raɪʧəs] *adj pej* santurrón, intolerante; **self-sat·is·fied** [self'sætɪzfaɪd] *adj pej* pagado de sí mismo; **self-'ser·vice** *adj* de autoservicio; **self-ser·vice 'res·tau·rant** (restaurante *m*) autoservicio *m*; **self-taught** [self'tɒːt] *adj* autodidacta
sell [sel] *v/t & v/i* (*pret & pp* ***sold***) vender
♦**sell out** *v/i of product* agotarse; ***we've sold out*** se nos ha(n) agotado
♦**sell out of** *v/t* agotar las existencias de
♦**sell up** *v/i* vender todo
'sell-by date fecha *f* límite de venta; ***be past its ~*** haber pasado la fecha límite de venta
sell·er ['selər] vendedor(a) *m*(*f*)
sell·ing ['selɪŋ] COM ventas *fpl*
'sell·ing point COM ventaja *f*
Sel·lo·tape® ['seləteɪp] *Br* celo *m*, *L.Am.* Durex® *m*
se·men ['siːmən] semen *m*
se·mes·ter [sɪ'mestər] semestre *m*
sem·i ['semɪ] *n truck* camión *m* semirremolque
'sem·i·cir·cle semicírculo *m*; **sem·i·'cir·cu·lar** *adj* semicircular; **semi·'co·lon** punto *m* y coma; **sem·i·con'duc·tor** ELEC semiconductor *m*; **semi'fi·nal** semifinal *f*; **semi'fi·nal·ist** semifinalista *m/f*
sem·i·nar ['semɪnɑːr] seminario *m*
sem·i'skilled *adj* semicualificado
sen·ate ['senət] senado *m*
sen·a·tor ['senətər] senador(a) *m*(*f*); ***Senator George Schwarz*** el Senador George Schwarz
send [send] *v/t* (*pret & pp* ***sent***) enviar, mandar; ***~ her my best wishes*** dale recuerdos de mi parte
♦**send back** *v/t* devolver
♦**send for** *v/t* mandar buscar
♦**send in** *v/t troops, application* enviar, mandar; *next interviewee* hacer pasar
♦**send off** *v/t letter, fax etc* enviar, mandar
send·er ['sendər] *of letter* remitente *m/f*
se·nile ['siːnaɪl] *adj* senil
se·nil·i·ty [sɪ'nɪlətɪ] senilidad *f*
se·ni·or ['siːnjər] *adj* (*older*) mayor; *in rank* superior
se·ni·or 'cit·i·zen persona *f* de la tercera edad
se·ni·or·i·ty [siːnj'ɑːrətɪ] *in job* antigüedad *f*
sen·sa·tion [sen'seɪʃn] sensación *f*
sen·sa·tion·al [sen'seɪʃnl] *adj news, discovery* sensacional
sense [sens] **1** *n* (*meaning, point, hearing etc*) sentido *m*; (*feeling*) sentimiento *m*; (*common sense*) sentido *m* común, sensatez *f*; ***in a ~*** en cierto sentido; ***talk ~, man!*** ¡no digas tonterías!; ***come to one's ~s*** entrar en razón; ***it doesn't make ~*** no tiene sentido; ***there's no ~ in waiting*** no tiene sentido que esperemos **2** *v/t s.o.'s presence* sentir, notar; ***I could ~ that something was wrong*** tenía la sensación de que algo no iba bien
sense·less ['senslɪs] *adj* (*pointless*) absurdo
sen·si·ble ['sensəbl] *adj* sensato; *clothes, shoes* práctico, apropiado
sen·si·bly ['sensəblɪ] *adv* con sensatez; ***she wasn't ~ dressed*** no llevaba ropa apropiada
sen·si·tive ['sensətɪv] *adj skin, person* sensible
sen·si·tiv·i·ty [sensə'tɪvətɪ] *of skin, person* sensibilidad *f*
sen·sor ['sensər] sensor *m*
sen·su·al ['senʃʊəl] *adj* sensual
sen·su·al·i·ty [senʃʊ'ælətɪ] sensualidad *f*
sen·su·ous ['senʃʊəs] *adj* sensual
sent [sent] *pret & pp* → **send**

sen·tence ['sentəns] **1** *n* GRAM oración *f*; LAW sentencia *f* **2** *v/t* LAW sentenciar, condenar

sen·ti·ment ['sentɪmənt] (*sentimentality*) sentimentalismo *m*; (*opinion*) opinión *f*

sen·ti·ment·al [sentɪ'mentl] *adj* sentimental

sen·ti·men·tali·ty [sentɪmen'tælətɪ] sentimentalismo *m*

sen·try ['sentrɪ] centinela *m*

sep·a·rate[1] ['sepərət] *adj* separado; ***keep sth ~ from sth*** guardar algo separado de algo

sep·a·rate[2] ['sepəreɪt] **1** *v/t* separar; ***~ sth from sth*** separar algo de algo **2** *v/i of couple* separarse

sep·a·rat·ed ['sepəreɪtɪd] *adj couple* separado

sep·a·rate·ly ['sepərətlɪ] *adv pay, treat* por separado

sep·a·ra·tion [sepə'reɪʃn] separación *f*

Sep·tem·ber [sep'tembər] septiembre *m*

sep·tic ['septɪk] *adj* séptico; ***go ~*** *of wound* infectarse

se·quel ['siːkwəl] continuación *f*

se·quence ['siːkwəns] *n* secuencia *f*; ***in ~*** en orden; ***out of ~*** en desorden; ***the ~ of events*** la secuencia de hechos

se·rene [sɪ'riːn] *adj* sereno

ser·geant ['sɑːrdʒənt] sargento *m* / *f*

se·ri·al ['sɪrɪəl] *n on TV, radio* serie *f*, serial *m*; *in magazine* novela *f* por entregas

se·ri·al·ize ['sɪrɪəlaɪz] *v/t novel on TV* emitir en forma de serie; *in newspaper* publicar por entregas

'**se·ri·al kill·er** asesino(-a) *m*(*f*) en serie; '**se·ri·al num·ber** *of product* número *m* de serie; '**se·ri·al port** COMPUT puerto *m* (en) serie

se·ries ['sɪriːz] *nsg* serie *f*

se·ri·ous ['sɪrɪəs] *adj situation, damage, illness* grave; (*person: earnest*) serio; *company* serio; ***I'm ~*** lo digo en serio; ***we'd better take a ~ look at it*** deberíamos examinarlo seriamente

se·ri·ous·ly ['sɪrɪəslɪ] *adv injured* gravemente; ***~ intend to …*** tener intenciones firmes de …; ***~?*** ¿en serio?; ***take s.o. ~*** tomar a alguien en serio

se·ri·ous·ness ['sɪrɪəsnɪs] *of person* seriedad *f*; *of situation* seriedad *f*, gravedad *f*; *of illness* gravedad *f*

ser·mon ['sɜːrmən] sermón *m*

ser·vant ['sɜːrvənt] sirviente(-a) *m*(*f*)

serve [sɜːrv] **1** *n in tennis* servicio *m*, saque *m* **2** *v/t food, meal* servir; *customer in shop* atender; *one's country, the people* servir a; ***it ~s you right*** ¡te lo mereces! **3** *v/i* servir; *in tennis* servir, sacar

♦ **serve up** *v/t meal* servir

serv·er ['sɜːrvər] *in tennis* jugador(a) *m*(*f*) al servicio; COMPUT servidor *m*

ser·vice ['sɜːrvɪs] **1** *n to customers, community* servicio *m*; *for vehicle, machine* revisión *f*; *in tennis* servicio *m*, saque *m*; ***~s*** (*~ sector*) el sector servicios; ***the ~s*** MIL las fuerzas armadas **2** *v/t vehicle, machine* revisar

'**ser·vice ar·e·a** área *f* de servicio; '**ser·vice charge** *in restaurant* servicio *m* (*tarifa*); '**ser·vice in·dus·try** industria *f* de servicios; '**ser·vice·man** MIL militar *m*; '**ser·vice pro·vid·er** COMPUT proveedor *m* de servicios; '**ser·vice sec·tor** sector *m* servicios; '**ser·vice sta·tion** estación *f* de servicio

ser·vile ['sɜːrvəl] *adj pej* servil

serv·ing ['sɜːrvɪŋ] *n of food* ración *f*

ses·sion ['seʃn] sesión *f*; *with boss* reunión *f*

set [set] **1** *n of tools* juego *m*; *of books* colección *f*; (*group of people*) grupo *m*; MATH conjunto *m*; (THEA: *scenery*) decorado *m*; *where a movie is made* plató *m*; *in tennis* set *m*; ***television ~*** televisor *m*; ***a ~ of dishes*** una vajilla; ***a ~ of glasses*** una cristalería **2** *v/t* (*pret & pp* ***set***) (*place*) colocar; *movie, novel etc* ambientar; *date, time, limit* fijar; *mechanism, alarm* poner; *clock* poner en hora; *broken limb* recomponer; *jewel* engastar; (*type~*) compo-

S

ner; ~ ***the table*** poner la mesa **3** *v/i* (*pret & pp* **set**) *of sun* ponerse; *of glue* solidificarse **4** *adj views*, *ideas* fijo; (*ready*) preparado; ***be dead ~ on sth*** estar empeñado en hacer algo; ***be very ~ in one's ways*** ser de ideas fijas; ~ ***meal*** menú *m* (del día)
♦**set apart** *v/t* distinguir
♦**set aside** *v/t material*, *food* apartar; *money* ahorrar
♦**set back** *v/t in plans etc* retrasar; ***it set me back $400*** me salió por 400 dólares
♦**set off** **1** *v/i on journey* salir **2** *v/t explosion* provocar; *bomb* hacer explotar; *chain reaction* desencadenar; *alarm* activar
♦**set out** **1** *v/i on journey* salir (***for*** hacia) **2** *v/t ideas*, *goods* exponer; ***set out to do sth*** (*intend*) tener la intención de hacer algo
♦**set to** *v/i* (*start on a task*) empezar a trabajar
♦**set up** **1** *v/t new company* establecer; *equipment*, *machine* instalar; *market stall* montar; *meeting* organizar; F (*frame*) tender una trampa a **2** *v/i in business* emprender un negocio
'**set·back** contratiempo *m*
set·tee [se'ti:] (*couch*, *sofa*) sofá *m*
set·ting ['setɪŋ] *n of novel etc* escenario *m*; *of house* ubicación *f*
set·tle ['setl] **1** *v/i of bird*, *dust* posarse; *of building* hundirse; *to live* establecerse **2** *v/t dispute*, *uncertainty* resolver, solucionar; *debts* saldar; *nerves*, *stomach* calmar; ***that ~s it!*** ¡está decidido!
♦**settle down** *v/i* (*stop being noisy*) tranquilizarse; (*stop wild living*) sentar la cabeza; *in an area* establecerse
♦**settle for** *v/t* (*take*, *accept*) conformarse con
♦**settle up with** *v/t* (*pay*) ajustar cuentas con
set·tled ['setld] *adj weather* estable
set·tle·ment ['setlmənt] *of claim* resolución *f*; *of debt* liquidación *f*; *of dispute* acuerdo *m*; (*payment*) suma *f*; *of building* hundimiento *m*
set·tler ['setlər] *in new country* colono *m*
'**set-up** (*structure*) estructura *f*; (*relationship*) relación *f*; F (*frame-up*) trampa *f*
sev·en ['sevn] siete
sev·en·teen [sevn'ti:n] diecisiete
sev·en·teenth [sevn'ti:nθ] *n & adj* décimoséptimo
sev·enth ['sevnθ] *n & adj* séptimo
sev·en·ti·eth ['sevntɪɪθ] *n & adj* septuagésimo
sev·en·ty ['sevntɪ] setenta
sev·er ['sevər] *v/t* cortar; *relations* romper
sev·e·ral ['sevrl] **1** *adj* varios **2** *pron* varios(-as) *mpl* (*fpl*)
se·vere [sɪ'vɪr] *adj illness* grave; *penalty*, *winter*, *weather* severo; *teacher* estricto
se·vere·ly [sɪ'vɪrlɪ] *adv punish*, *speak* con severidad; *injured*, *disrupted* gravemente
se·ver·i·ty [sɪ'verətɪ] severidad *f*; *of illness* gravedad *f*
Se·ville [sə'vɪl] *n* Sevilla
sew [soʊ] *v/t & v/i* (*pret* **-ed**, *pp* **sewn**) coser
♦**sew on** *v/t button* coser
sew·age ['su:ɪdʒ] aguas *fpl* residuales
'**sew·age plant** planta *f* de tratamiento de aguas residuales, depuradora *f*
sew·er ['su:ər] alcantarilla *f*, cloaca *f*
sew·ing ['soʊɪŋ] *skill* costura *f*; *that being sewn* labor *f*
'**sew·ing ma·chine** máquina *f* de coser
sewn [soʊn] *pp* → **sew**
sex [seks] (*act*, *gender*) sexo *m*; ***have ~ with*** tener relaciones sexuales con, acostarse con
sex·ist ['seksɪst] **1** *adj* sexista **2** *n* sexista *m/f*
sex·u·al ['sekʃʊəl] *adj* sexual
sex·u·al as'sault agresión *f* sexual; **sex·u·al ha'rass·ment** acoso *m* sexual; **sex·u·al 'in·ter·course** relaciones *fpl* sexuales

sex•u•al•i•ty [sekʃʊ'ælətɪ] sexualidad *f*
sex•u•al•ly ['sekʃʊlɪ] *adv* sexualmente; ~ ***transmitted disease*** enfermedad *f* de transmisión sexual
sex•y ['seksɪ] *adj* sexy *inv*
shab•bi•ly ['ʃæbɪlɪ] *adv dressed* con desaliño; *treat* muy mal, de manera muy injusta
shab•by ['ʃæbɪ] *adj coat etc* desgastado, raído; *treatment* malo, muy injusto
shack [ʃæk] choza *f*
shade [ʃeɪd] **1** *n for lamp* pantalla *f*; *of color* tonalidad *f*; *on window* persiana *f*; ***in the*** ~ a la sombra **2** *v/t from sun, light* proteger de la luz
shad•ow ['ʃædoʊ] *n* sombra *f*
shad•y ['ʃeɪdɪ] *adj spot* umbrío; *character, dealings* sospechoso
shaft [ʃæft] TECH eje *m*, árbol *m*; *of mine* pozo *m*
shag•gy ['ʃægɪ] *adj hair, dog* greñudo
shake [ʃeɪk] **1** *n* sacudida *f*; ***give sth a good*** ~ agitar algo bien **2** *v/t* (*pret* **shook**, *pp* **shaken**) agitar; *emotionally* conmocionar; ***he shook his head*** negó con la cabeza; ~ ***hands*** estrechar *or* darse la mano; ~ ***hands with s.o.*** estrechar *or* dar la mano a alguien **3** *v/i* (*pret* **shook**, *pp* **shaken**) *of voice, building, person* temblar
shak•en ['ʃeɪkən] **1** *adj emotionally* conmocionado **2** *pp* → **shake**
'**shake-up** reestructuración *f*
'**shak•y** ['ʃeɪkɪ] *adj table etc* inestable; *after illness* débil; *after shock* conmocionado; *grasp of sth, grammar etc* flojo; *voice, hand* tembloroso
shall [ʃæl] *v/aux* ◊ *future*: ***I*** ~ ***do my best*** haré todo lo que pueda ◊ *suggesting*: ~ ***we go?*** ¿nos vamos?
shal•low ['ʃæloʊ] *adj water* poco profundo; *person* superficial
sham•bles ['ʃæmblz] *nsg* caos *m*
shame [ʃeɪm] **1** *n* vergüenza *f*, *Col, Mex, Ven* pena *f*; ***bring*** ~ ***on*** avergonzar a, *Col, Mex, Ven* apenar a; ~ ***on you!*** ¡debería darte vergüenza!; ***what a*** ~***!*** ¡qué pena *or* lástima! **2** *v/t* avergonzar, *Col, Mex, Ven* apenar; ~ ***s.o. into doing sth*** avergonzar a alguien para que haga algo
shame•ful ['ʃeɪmfəl] *adj* vergonzoso
shame•ful•ly ['ʃeɪmfəlɪ] *adv* vergonzosamente
shame•less ['ʃeɪmlɪs] *adj* desvergonzado
sham•poo [ʃæm'puː] **1** *n* champú *m* **2** *v/t customer* lavar la cabeza a; *hair* lavar
shan•ty town ['ʃæntɪ] *Span* barrio *m* de chabolas, *L.Am.* barriada *f*, *Arg* villa *f* miseria, *Chi* callampa *f*, *Mex* ciudad *f* perdida, *Urug* cantegril *m*
shape [ʃeɪp] **1** *n* forma *f* **2** *v/t clay* modelar; *person's life, character* determinar; *the future* dar forma a
shape•less ['ʃeɪplɪs] *adj dress etc* amorfo
shape•ly ['ʃeɪplɪ] *adv figure* esbelto
share [ʃer] **1** *n* parte *f*; FIN acción *f*; ***I did my*** ~ ***of the work*** hice la parte del trabajo que me correspondía **2** *v/t & v/t* compartir
♦ **share out** *v/t* repartir
'**share•hold•er** accionista *m/f*
shark [ʃɑːrk] *fish* tiburón *m*
sharp [ʃɑːrp] **1** *adj knife* afilado; *mind* vivo; *pain* agudo; *taste* ácido **2** *adv* MUS demasiado alto; ***at 3 o'clock*** ~ a las tres en punto
sharp•en ['ʃɑːrpn] *v/t knife* afilar; *pencil* sacar punta a; *skills* perfeccionar
sharp 'prac•tice triquiñuelas *fpl*, tejemanejes *mpl*
shat [ʃæt] *pret & pp* → **shit**
shat•ter ['ʃætər] **1** *v/t glass* hacer añicos; *illusions* destrozar **2** *v/i of glass* hacerse añicos
shat•tered ['ʃætərd] *adj* F (*exhausted*) destrozado F, hecho polvo F; (*very upset*) destrozado F
shat•ter•ing ['ʃætərɪŋ] *adj news, experience* demoledor, sorprendente
shave [ʃeɪv] **1** *v/t* afeitar **2** *v/i* afeitarse **3** *n* afeitado *m*; ***have a*** ~ afeitarse; ***that was a close*** ~***!*** ¡le faltó un pelo!

S

♦ **shave off** *v/t beard* afeitar; *from piece of wood* rebajar
shav·en ['ʃeɪvn] *adj head* afeitado
shav·er ['ʃeɪvər] *electric* máquinilla *f* de afeitar (eléctrica)
shav·ing brush ['ʃeɪvɪŋ] brocha *f* de afeitar
'**shav·ing soap** jabón *m* de afeitar
shawl [ʃɒːl] chal *m*
she [ʃiː] *pron* ella; ~ ***is German / a student*** es alemana / estudiante; ***you're funny, ~'s not*** tú tienes gracia, ella no
shears [ʃɪrz] *npl for gardening* tijeras *fpl* (de podar); *for sewing* tijeras *fpl* (*grandes*)
sheath [ʃiːθ] *for knife* funda *f*; *contraceptive* condón *m*
shed[1] [ʃed] *v/t* (*pret & pp* ***shed***) *blood, tears* derramar; *leaves* perder; ~ ***light on*** *fig* arrojar luz sobre
shed[2] [ʃed] *n* cobertizo *m*
sheep [ʃiːp] (*pl* ***sheep***) oveja *f*
'**sheep·dog** perro *m* pastor
sheep-herd·er ['ʃiːphɜːrdər] pastor *m*
sheep·ish ['ʃiːpɪʃ] *adj* avergonzado
'**sheep·skin** *adj lining* (de piel) de borrego
sheer [ʃɪr] *adj madness, luxury* puro, verdadero; *hell* verdadero; *drop, cliffs* escarpado
sheet [ʃiːt] *for bed* sábana *f*; *of paper* hoja *f*; *of metal* chapa *f*, plancha *f*; *of glass* hoja *f*, lámina *f*
shelf [ʃelf] (*pl* ***shelves*** [ʃelvz]) estante *m*; ***shelves*** estanterías *fpl*
shell [ʃel] **1** *n of mussel etc* concha *f*; *of egg* cáscara *f*; *of tortoise* caparazón *m*; MIL proyectil *m*; ***come out of one's ~*** *fig* salir del caparazón **2** *v/t peas* pelar; MIL bombardear (*con artillería*)
'**shell·fire** fuego *m* de artillería
'**shell·fish** marisco *m*
shel·ter ['ʃeltər] **1** *n* refugio *m*; (*bus ~*) marquesina *f* **2** *v/i from rain, bombing etc* refugiarse **3** *v/t* (*protect*) proteger
shel·tered ['ʃeltərd] *adj place* resguardado; ***lead a ~ life*** llevar una vida protegida
shelve [ʃelv] *v/t fig* posponer
shep·herd ['ʃepərd] *n* pastor *m*
sher·iff ['ʃerɪf] sheriff *m/f*
sher·ry ['ʃerɪ] jerez *m*
shield [ʃiːld] **1** *n* escudo *m*; *sports trophy* trofeo *m* (*en forma de escudo*); TECH placa *f* protectora; *of policeman* placa *f* **2** *v/t* (*protect*) proteger
shift [ʃɪft] **1** *n* cambio *m*; *period of work* turno *m* **2** *v/t* (*move*) mover; *stains etc* eliminar **3** *v/i* (*move*) moverse; (*change*) trasladarse, desplazarse; *of wind* cambiar; ***he was ~ing!*** F iba a toda mecha F
'**shift key** COMPUT tecla *f* de mayúsculas; '**shift work** trabajo *m* por turnos; '**shift work·er** trabajador(a) *m*(*f*) por turnos
shift·y ['ʃɪftɪ] *adj pej* sospechoso
shim·mer ['ʃɪmər] *v/i* brillar; *of roads in heat* reverberar
shin [ʃɪn] *n* espinilla *f*
shine [ʃaɪn] **1** *v/i* (*pret & pp* ***shone***) brillar; *fig: of student etc* destacar (***at*** en) **2** *v/t* (*pret & pp* ***shone***): ***could you ~ a light in here?*** ¿podrías alumbrar aquí? **3** *n on shoes etc* brillo *m*
shin·gle ['ʃɪŋgl] *on beach* guijarros *mpl*
shin·gles ['ʃɪŋglz] *nsg* MED herpes *m*
shin·y ['ʃaɪnɪ] *adj surface* brillante
ship [ʃɪp] **1** *n* barco *m*, buque *m* **2** *v/t* (*pret & pp* ***-ped***) (*send*) enviar; *by sea* enviar por barco
ship·ment ['ʃɪpmənt] (*consignment*) envío *m*
'**ship·own·er** naviero(-a) *m*(*f*), armador(a) *m*(*f*)
ship·ping ['ʃɪpɪŋ] (*sea traffic*) navíos *mpl*, buques *mpl*; (*sending, dispatch*) envío *m*; (*sending by sea*) envío *m* por barco
'**ship·ping com·pa·ny** (compañía *f*) naviera *f*
ship·ping costs *npl* gastos *mpl* de envío
ship'shape *adj* ordenado, organiza-

do; 'ship•wreck 1 *n* naufragio *m* 2 *v/t*: ***be ~ed*** naufragar; 'ship•yard astillero *m*
shirk [ʃɜːrk] *v/t* eludir
shirk•er ['ʃɜːrkər] vago(-a) *m(f)*
shirt [ʃɜːrt] camisa *f*; ***in his ~ sleeves*** en mangas de camisa
shit [ʃɪt] **1** *n* P mierda *f* P; ***I need a ~*** tengo que cagar P **2** *v/i* (*pret & pp* ***shat***) P cagar P **3** *int* P mierda P
shit•ty ['ʃɪtɪ] *adj* F asqueroso F; ***I feel ~*** me encuentro de pena F
shiv•er ['ʃɪvər] *v/i* tiritar
shock [ʃɑːk] **1** *n* shock *m*, impresión *f*; ELEC descarga *f*; ***be in ~*** MED estar en estado de shock **2** *v/t* impresionar, dejar boquiabierto; ***I was ~ed by the news*** la noticia me impresionó *or* dejó boquiabierto; ***an artist who tries to ~ his public*** un artista que intenta escandalizar a su público
'shock ab•sorb•er [əb'sɔːrbər] MOT amortiguador *m*
shock•ing ['ʃɑːkɪŋ] *adj behavior, poverty* impresionante, escandaloso; F *prices* escandaloso; F *weather, spelling* terrible
shock•ing•ly ['ʃɑːkɪŋlɪ] *adv behave* escandalosamente
shod•dy ['ʃɑːdɪ] *adj goods* de mala calidad; *behavior* vergonzoso
shoe [ʃuː] zapato *m*
'shoe•horn calzador *m*; **'shoe-lace** cordón *m*; **'shoe•mak•er** zapatero(-a) *m(f)*; **'shoe mend•er** zapatero(-a) *m(f)* remendón(-ona); **'shoe•store** zapatería *f*; **'shoe•string**: ***do sth on a ~*** hacer algo con cuatro duros
shone [ʃɑːn] *pret & pp* → ***shine***
♦**shoo away** [ʃuː] *v/t children, chicken* espantar
shook [ʃuːk] *pret* → ***shake***
shoot [ʃuːt] **1** *n* BOT brote *m* **2** *v/t* (*pret & pp* ***shot***) disparar; *and kill* matar de un tiro; *movie* rodar; ***~ s.o. in the leg*** disparar a alguien en la pierna
♦**shoot down** *v/t airplane* derribar; *fig*: *suggestion* echar por tierra
♦**shoot off** *v/i* (*rush off*) irse deprisa
♦**shoot up** *v/i of prices* dispararse; *of children* crecer mucho; *of new suburbs, buildings etc* aparecer de repente; F *of drug addict* chutarse F
shoot•ing star ['ʃuːtɪŋ] estrella *f* fugaz
shop [ʃɑːp] **1** *n* tienda *f*; ***talk ~*** hablar del trabajo **2** *v/i* (*pret & pp* ***-ped***) comprar; ***go ~ping*** ir de compras
shop•keep•er ['ʃɑːkiːpər] tendero(-a) *m(f)*; **shop•lift•er** ['ʃɑːplɪftər] ladrón(-ona) *m(f)* (*en tienda*); **shop•lift•ing** ['ʃɑːplɪftɪŋ] *n* hurtos *mpl* (*en tiendas*)
shop•per ['ʃɑːpər] *person* comprador(a) *m(f)*
shop•ping ['ʃɑːpɪŋ] *items* compra *f*; ***I hate ~*** odio hacer la compra; ***do one's ~*** hacer la compra
'shop•ping bag bolsa *f* de la compra; **'shop•ping cen•ter**, *Br* **'shop•ping cen•tre** centro *m* comercial; **'shop•ping list** lista *f* de la compra; **'shop•ping mall** centro *m* comercial
shop 'stew•ard representante *m/f* sindical
shore [ʃɔːr] orilla *f*; ***on ~*** (*not at sea*) en tierra
short [ʃɔːrt] **1** *adj* corto; *in height* bajo; ***it's just a ~ walk*** está a poca distancia a pie; ***we're ~ of fuel*** nos queda poco combustible; ***he's not ~ of ideas*** no le faltan ideas; ***time is ~*** hay poco tiempo **2** *adv*: ***cut ~*** *vacation, meeting* interrumpir; ***stop a person ~*** hacer pararse a una persona; ***go ~ of*** pasar sin; ***in ~*** en resumen
short•age ['ʃɔːrtɪdʒ] escasez *f*, falta *f*
short 'cir•cuit *n* cortocircuito *m*; **short•com•ing** ['ʃɔːrtkʌmɪŋ] defecto *m*; **'short•cut** atajo *m*
short•en ['ʃɔːrtn] *v/t dress, hair, vacation* acortar; *chapter, article* abreviar; *work day* reducir
short•en•ing ['ʃɔːrtnɪŋ] *grasa utilizada para hacer masa de pastelería*
'short•fall déficit *m*; **'short•hand** *n* taquigrafía *f*; **short-hand•ed**

S

[ʃɔːrt'hændɪd] *adj* falto de personal; **short-lived** ['ʃɔːrtlɪvd] *adj* efímero
short·ly ['ʃɔːrtlɪ] *adv* (*soon*) pronto; ~ ***before / after*** justo antes / después
short·ness ['ʃɔːrtnɪs] *of visit* brevedad *f*; *in height* baja *f* estatura
shorts [ʃɔːrts] *npl* pantalones *mpl* cortos, shorts *mpl*; *underwear* calzoncillos *mpl*
short·sight·ed [ʃɔːrt'saɪtɪd] *adj* miope; *fig* corto de miras; **short-sleeved** ['ʃɔːrtsliːvd] *adj* de manga corta; **short-staffed** [ʃɔːrt'stæft] *adj* falto de personal; **short 'sto·ry** relato *m or* cuento corto; **short-tem·pered** [ʃɔːrt'tempərd] *adj* irascible; **'short-term** *adj* a corto plazo; **'short time**: ***be on ~*** *of workers* trabajar a jornada reducida; **'short wave** onda *f* corta
shot[1] [ʃɑːt] *from gun* disparo *m*; (*photograph*) fotografía *f*; (*injection*) inyección *f*; ***be a good / poor ~*** tirar bien / mal; ***he accepted like a ~*** aceptó al instante; ***he ran off like a ~*** se fue como una bala
shot[2] [ʃɑːt] *pret & pp* → ***shoot***
'shot·gun escopeta *f*
should [ʃʊd] *v/aux*: ***what ~ I do?*** ¿qué debería hacer?; ***you ~n't do that*** no deberías hacer eso; ***that ~ be long enough*** debería ser lo suficientemente largo; ***you ~ have heard him!*** ¡tendrías que haberle oído!
shoul·der ['ʃoʊldər] *n* ANAT hombro *m*
'shoul·der bag bolso *m* (de bandolera); **'shoul·der blade** omóplato *m*, omoplato; **'shoul·der strap** *of brassiere, dress* tirante *m*; *of bag* correa *f*
shout [ʃaʊt] **1** *n* grito *m* **2** *v/t & v/i* gritar
♦ **shout at** *v/t* gritar a
shout·ing ['ʃaʊtɪŋ] griterío *m*
shove [ʃʌv] **1** *n* empujón *m* **2** *v/t & v/i* empujar
♦ **shove in** *v/i in line* meterse empujando
♦ **shove off** *v/i* F (*go away*) largarse F
shov·el ['ʃʌvl] **1** *n* pala *f* **2** *v/t* (*pret & pp* **-ed**, *Br* **-led**): ~ ***snow off the path*** retirar a paladas la nieve del camino
show [ʃoʊ] **1** *n* THEA espectáculo *m*; *TV* programa *m*; *of emotion* muestra *f*; ***on ~*** *at exhibition* expuesto, en exposición **2** *v/t* (*pret* **-ed**, *pp* **shown**) *passport, ticket* enseñar, mostrar; *interest, emotion* mostrar; *at exhibition* exponer; *movie* proyectar; ***~ s.o. sth, ~ sth to s.o.*** enseñar *or* mostrar algo a alguien **3** *v/i* (*pret* **-ed**, *pp* **shown**) (*be visible*) verse; ***what's ~ing at ...?*** *at movie theater* qué ponen en el ...?
♦ **show around** *v/t* enseñar; ***he showed us around*** nos enseñó la casa / el edificio *etc*
♦ **show in** *v/t* hacer pasar a
♦ **show off 1** *v/t skills* mostrar **2** *v/i pej* presumir, alardear
♦ **show up 1** *v/t shortcomings etc* poner de manifiesto; ***don't show me up in public*** (*embarrass*) no me avergüences en público **2** *v/i* (*be visible*) verse; F (*arrive*) aparecer
'show busi·ness el mundo del espectáculo; **'show·case** *n* vitrina *f*; *fig* escaparate *m*; **'show·down** enfrentamiento *m*
show·er ['ʃaʊər] **1** *n of rain* chaparrón *m*, chubasco *m*; *to wash* ducha *f*, *Mex* regadera *f*; (*party*) *fiesta con motivo de un bautizo, una boda etc., en la que los invitados llevan obsequios*; ***take a ~*** ducharse **2** *v/i* ducharse **3** *v/t*: ***~ s.o. with compliments / praise*** colmar a alguien de cumplidos / alabanzas
'show·er cap gorro *m* de baño; **'show·er cur·tain** cortina *f* de ducha; **'shower·proof** *adj* impermeable
'show·jump·ing concurso *m* de saltos
shown [ʃoʊn] *pp* → ***show***
'show-off *n pej* fanfarrón(-ona) *m*(*f*)
'show·room sala *f* de exposición *f*; ***in ~ condition*** como nuevo

S

show·y ['ʃoʊɪ] *adj* llamativo
shrank [ʃræŋk] *pret* → **shrink**
shred [ʃred] **1** *n of paper etc* trozo *m*; *of fabric* jirón *m*; ***there isn't a ~ of evidence*** no hay prueba alguna **2** *v/t* (*pret & pp* ***-ded***) *paper* hacer trizas; *in cooking* cortar en tiras
shred·der ['ʃredər] *for documents* trituradora *f* (de documentos)
shrewd [ʃru:d] *adj person* astuto; *judgement*, *investment* inteligente
shrewd·ness ['ʃru:dnɪs] *of person* astucia *f*; *of decision* inteligencia *f*
shriek [ʃri:k] **1** *n* alarido *m*, chillido *m* **2** *v/i* chillar
shrill [ʃrɪl] *adj* estridente, agudo
shrimp [ʃrɪmp] gamba *f*; *larger Span* langostino *m*, *L.Am.* camarón *m*
shrine [ʃraɪn] santuario *m*
shrink[1] [ʃrɪŋk] *v/i* (*pret* ***shrank***, *pp* ***shrunk***) *of material* encoger(se); *of level of support etc* reducirse
shrink[2] [ʃrɪŋk] *n* F (*psychiatrist*) psiquiatra *m/f*
'**shrink-wrap** *v/t* (*pret & pp* ***-ped***) envolver en plástico adherente
'**shrink-wrap·ping** *material plástico adherente para envolver*
shriv·el ['ʃrɪvl] *v/i* (*pret & pp* ***-ed***, *Br* ***-led***) *of skin* arrugarse; *of leaves* marchitarse
shrub [ʃrʌb] arbusto *m*
shrub·be·ry ['ʃrʌbərɪ] arbustos *mpl*
shrug [ʃrʌg] **1** *n*: ***... he said with a ~*** ... dijo encogiendo los hombros **2** *v/i* (*pret & pp* ***-ged***) encoger los hombros **3** *v/t* (*pret & pp* ***-ged***): ***~ one's shoulders*** encoger los hombros
shrunk [ʃrʌŋk] *pp* → **shrink**
shud·der ['ʃʌdər] **1** *n of fear*, *disgust* escalofrío *m*; *of earth*, *building* temblor *m* **2** *v/i with fear*, *disgust* estremecerse; *of earth*, *building* temblar
shuf·fle ['ʃʌfl] **1** *v/t cards* barajar **2** *v/i in walking* arrastrar los pies
shun [ʃʌn] *v/t* (*pret & pp* ***-ned***) rechazar
shut [ʃʌt] *v/t & v/i* (*pret & pp* ***shut***) cerrar
♦**shut down 1** *v/t business* cerrar; *computer* apagar **2** *v/i of business* cerrarse; *of computer* apagarse
♦**shut off** *v/t* cortar
♦**shut up** *v/i* F (*be quiet*) callarse; ***shut up!*** ¡cállate!
shut·ter ['ʃʌtər] *on window* contraventana *f*, PHOT obturador *m*
'**shut·ter speed** PHOT tiempo *m* de exposición
shut·tle ['ʃʌtl] *v/i*: ***~ between*** *of bus* conectar; *of airplane* hacer el puente aéreo entre
'**shut·tle·bus** *at airport* autobús *m* de conexión; '**shut·tle·cock** SP volante *m*; '**shut·tle ser·vice** servicio *m* de conexión
shy [ʃaɪ] *adj* tímido
shy·ness ['ʃaɪnɪs] timidez *f*
Si·a·mese 'twins [saɪə'mi:z] *npl* siameses *mpl* (*fpl*)
sick [sɪk] *adj* enfermo; *sense of humor* morboso, macabro; *society* enfermo; ***be ~*** (*vomit*) vomitar; ***be ~ of*** (*fed up with*) estar harto de
sick·en ['sɪkn] **1** *v/t* (*disgust*) poner enfermo **2** *v/i*: ***be ~ing for sth*** estar incubando algo
sick·en·ing ['sɪknɪŋ] *adj stench* nauseabundo; *behavior*, *crime* repugnante
'**sick leave** baja *f* (por enfermedad); ***be on ~*** estar de baja
sick·ly ['sɪklɪ] *adj person* enfermizo; *color* pálido
sick·ness ['sɪknɪs] enfermedad *f*; (*vomiting*) vómitos *mpl*
side [saɪd] *n of box*, *house*, *field* lado *m*; *of mountain* ladera *f*, vertiente *f*; *of person* costado *m*; SP equipo *m*; ***take ~s*** (*favor one ~*) tomar partido (***with*** por); ***I'm on your ~*** estoy de parte tuya; ***~ by ~*** uno al lado del otro; ***at the ~ of the road*** al lado de la carretera; ***on the big / small ~*** un poco grande / pequeño
♦**side with** *v/t* tomar partido por
'**side·board** aparador *m*; '**sideburns** *npl* patillas *fpl*; '**side dish** plato *m* de acompañamiento; '**side ef·fect** efecto *m* secundario; '**side·light** MOT luz *f* de posición; '**side·line 1** *n*

S

actividad *f* complementaria **2** *v/t*: ***feel ~d*** sentirse marginado; **'side•step** *v/t* (*pret & pp* ***-ped***) *fig* evadir; **'side street** bocacalle *f*; **'side•track** *v/t* distraer; ***get ~ed*** distraerse; **'side•walk** acera *f*, *Rpl* vereda *f*, *Mex* banqueta *f*; **side•walk 'caf•é** terraza *f*; **side•ways** ['saɪdweɪz] *adv* de lado

siege [siːdʒ] sitio *m*; ***lay ~ to*** sitiar

sieve [sɪv] *n* tamiz *m*

sift [sɪft] *v/t flour* tamizar; *data* examinar a fondo

♦**sift through** *v/t details*, *data* pasar por el tamiz

sigh [saɪ] **1** *n* suspiro *m*; ***heave a ~ of relief*** suspirar de alivio **2** *v/i* suspirar

sight [saɪt] *n* vista *f*; (*power of seeing*) vista *f*, visión *f*; ***~s*** *of city* lugares *mpl* de interés; ***he can't stand the ~ of blood*** no aguanta ver sangre; ***I caught ~ of him just as ...*** lo vi justo cuando ...; ***know by ~*** conocer de vista; ***within ~ of*** a la vista de; ***as soon as the car was out of ~*** en cuanto se dejó de ver el coche; ***what a ~ you look!*** ¡qué pintas llevas!; ***lose ~ of*** *objective etc* olvidarse de

sight•see•ing ['saɪtsiːɪŋ]: ***we like ~*** nos gusta hacer turismo; ***go ~*** hacer turismo

'sight•see•ing tour visita *f* turística

sight•seer ['saɪtsiːər] turista *m/f*

sign [saɪn] **1** *n* señal *f*; *outside shop*, *on building* cartel *m*, letrero *m*; ***it's a ~ of the times*** es un signo de los tiempos que corren **2** *v/t & v/i* firmar

♦**sign in** *v/i* registrarse

♦**sign up** *v/i* (*join the army*) alistarse

sig•nal ['sɪgnl] **1** *n* señal *f*; ***send out all the wrong ~s*** dar a una impresión equivocada **2** *v/i* (*pret & pp* ***-ed***, *Br* ***-led***) *of driver* poner el intermitente

sig•na•to•ry ['sɪgnətɔːrɪ] *n* signatario(-a) *m*(*f*), firmante *m/f*

sig•na•ture ['sɪgnətʃər] firma *f*

sig•na•ture 'tune sintonía *f*

sig•net ring ['sɪgnɪt] sello *m* (*anillo*)

sig•nif•i•cance [sɪg'nɪfɪkəns] importancia *f*, relevancia *f*

sig•nif•i•cant [sɪg'nɪfɪkənt] *adj event etc* importante, relevante; (*quite large*) considerable

sig•nif•i•cant•ly [sɪg'nɪfɪkəntlɪ] *adv larger*, *more expensive* considerablemente

sig•ni•fy ['sɪgnɪfaɪ] *v/t* (*pret & pp* ***-ied***) significar, suponer

'sign lan•guage lenguaje *m* por señas

'sign•post señal *f*

si•lence ['saɪləns] **1** *n* silencio *m*; ***in ~*** en silencio **2** *v/t* hacer callar

si•lenc•er ['saɪlənsər] *on gun* silenciador *m*

si•lent ['saɪlənt] *adj* silencioso; *movie* mudo; ***stay ~*** (*not comment*) permanecer callado

sil•hou•ette [sɪluː'et] *n* silueta *f*

sil•i•con ['sɪlɪkən] silicio *m*

sil•i•con 'chip chip *m* de silicio

sil•i•cone ['sɪlɪkoun] silicona *f*

silk [sɪlk] **1** *n* seda *f* **2** *adj shirt etc* de seda

silk•y ['sɪlkɪ] *adj hair*, *texture* sedoso

sil•li•ness ['sɪlɪnɪs] tontería *f*, estupidez *f*

sil•ly ['sɪlɪ] *adj* tonto, estúpido

si•lo ['saɪlou] silo *m*

sil•ver ['sɪlvər] **1** *n metal*, *medal* plata *f*; (*~ objects*) (objetos *mpl* de) plata *f* **2** *adj ring* de plata; *hair* canoso

'sil•ver med•al medalla *f* de plata; **sil•ver-plat•ed** [sɪlvər'pleɪtɪd] *adj* plateado; **sil•ver•ware** ['sɪlvərwer] plata *f*; **sil•ver 'wed•ding** bodas *fpl* de plata

sim•i•lar ['sɪmɪlər] *adj* parecido, similar; ***be ~ to*** ser parecido a, parecerse a

sim•i•lar•i•ty [sɪmɪ'lærətɪ] parecido *m*, similitud *f*

sim•i•lar•ly ['sɪmɪlərlɪ] *adv* de la misma manera

sim•mer ['sɪmər] *v/i in cooking* cocer a fuego lento; ***be ~ing*** (***with rage***) estar a punto de explotar

♦**simmer down** *v/i* tranquilizarse

sim•ple ['sɪmpl] *adj* (*easy*, *not fancy*) sencillo; *person* simple

sim·ple-mind·ed [sɪmpl'maɪndɪd] *adj pej* simplón

sim·pli·ci·ty [sɪm'plɪsətɪ] *of task, design* sencillez *f*, simplicidad *f*

sim·pli·fy ['sɪmplɪfaɪ] *v/t* (*pret & pp* ***-ied***) simplificar

sim·plis·tic [sɪm'plɪstɪk] *adj* simplista

sim·ply ['sɪmplɪ] *adv* sencillamente; ***it is ~ the best*** es sin lugar a dudas el mejor

sim·u·late ['sɪmjʊleɪt] *v/t* simular

sim·ul·ta·ne·ous [saɪml'teɪnɪəs] *adj* simultáneo

sim·ul·ta·ne·ous·ly [saɪml'teɪnɪəslɪ] *adv* simultáneamente

sin [sɪn] **1** *n* pecado *m* **2** *v/i* (*pret & pp* ***-ned***) pecar

since [sɪns] **1** *prep* desde; ***~ last week*** desde la semana pasada **2** *adv* desde entonces; ***I haven't seen him ~*** no lo he visto desde entonces **3** *conj in expressions of time* desde que; (*seeing that*) ya que, dado que; ***~ you left*** desde que te marchaste; ***~ I have been living here*** desde que vivo acquí; ***~ you don't like it*** ya que *or* dado que no te gusta

sin·cere [sɪn'sɪr] *adj* sincero

sin·cere·ly [sɪn'sɪrlɪ] *adv* sinceramente; ***I ~ hope he appreciates it*** espero de verdad que lo aprecie; ***Yours ~*** atentamente

sin·cer·i·ty [sɪn'serətɪ] sinceridad *f*

sin·ful ['sɪnfəl] *adj person* pecador; *things* pecaminoso; ***it is ~ to ...*** es pecado ...

sing [sɪŋ] *v/t & v/i* (*pret* ***sang***, *pp* ***sung***) cantar

singe [sɪndʒ] *v/t* chamuscar

sing·er ['sɪŋər] cantante *m/f*

sin·gle ['sɪŋgl] **1** *adj* (*sole*) único, solo; (*not double*) único; (*not married*) soltero *m*; ***there wasn't a ~ mistake*** no había ni un solo error; ***in ~ file*** en fila india **2** *n* MUS sencillo *m*; (*~ room*) habitación *f* individual; *person* soltero(-a) *m*(*f*); *Br ticket* billete *m or L.Am.* boleto *m* de ida; ***holidays for ~s*** vacaciones para gente sin pareja; ***~s*** *in tennis* individuales *mpl*

♦ **single out** *v/t* (*choose*) seleccionar; (*distinguish*) distinguir

sin·gle-breast·ed [sɪŋgl'brestɪd] *adj* recto, con una fila de botones; **sin·gle-'hand·ed** [sɪŋgl'hændɪd] *adj & adv* en solitario; **sin·gle-mind·ed** [sɪŋgl'maɪndɪd] *adj* determinado, resuelto; **Sin·gle 'Mar·ket** (*in Europe*) Mercado *m* Único; **sin·gle 'moth·er** madre *f* soltera; **sin·gle 'pa·rent** padre *m* / madre *f* soltero(-a); **sin·gle pa·rent 'fam·i·ly** familia *f* monoparental; **sin·gle 'room** habitación *f* individual

sin·gu·lar ['sɪŋgjʊlər] **1** *adj* GRAM singular **2** *n* GRAM singular *m*; ***in the ~*** en singular

sin·is·ter ['sɪnɪstər] *adj* siniestro; *sky* amenazador

sink [sɪŋk] **1** *n in kitchen* fregadero *m*; *in bathroom* lavabo *m* **2** *v/i* (*pret* ***sank***, *pp* ***sunk***) *of ship, object* hundirse; *of sun* ponerse; *of interest rates, pressure etc* descender, bajar; ***he sank onto the bed*** se tiró a la cama **3** *v/t* (*pret* ***sank***, *pp* ***sunk***) *ship* hundir; *funds* investir

♦ **sink in** *v/i of liquid* penetrar; ***it still hasn't really sunk in*** *of realization* todavía no lo he asumido

sin·ner ['sɪnər] pecador(a) *m*(*f*)

si·nus ['saɪnəs] seno *m* (*nasal*)

si·nus·i·tis [saɪnə'saɪtɪs] MED sinusitis *f*

sip [sɪp] **1** *n* sorbo *m* **2** *v/t* (*pret & pp* ***-ped***) sorber

sir [sɜːr] señor *m*; ***excuse me, ~*** perdone, caballero

si·ren ['saɪrən] sirena *f*

sir·loin ['sɜːrlɔɪn] solomillo *m*

sis·ter ['sɪstər] hermana *f*

'sis·ter-in-law (*pl* ***sisters-in-law***) cuñada *f*

sit [sɪt] *v/i* (*pret & pp* ***sat***) estar sentado; (*~ down*) sentarse

♦ **sit down** *v/i* sentarse

♦ **sit up** *v/i in bed* incorporarse; (*straighten one's back*) sentarse derecho; (*wait up at night*) esperar levantado

S

sit·com ['sɪtkɑːm] telecomedia *f*, comedia *f* de situación
site [saɪt] **1** *n* emplazamiento *m*; *of battle* lugar *m* **2** *v/t new offices etc* situar
sit·ting ['sɪtɪŋ] *n of committee, court, for artist* sesión *f*; *for meals* turno *m*
'**sit·ting room** sala *f* de estar, salón *m*
sit·u·at·ed ['sɪtʊeɪtɪd] *adj* situado
sit·u·a·tion [sɪtʊ'eɪʃn] situación *f*
six [sɪks] seis
six·teen [sɪks'tiːn] dieciséis
six·teenth [sɪks'tiːnθ] *n & adj* decimosexto
sixth [sɪksθ] *n & adj* sexto
six·ti·eth ['sɪkstɪɪθ] *n & adj* sexagésimo
six·ty ['sɪkstɪ] sesenta
size [saɪz] tamaño *m*; *of loan* importe *m*; *of jacket* talla *f*; *of shoes* número *m*
♦ **size up** *v/t* evaluar, examinar
size·a·ble ['saɪzəbl] *adj house, order* considerable; *meal* copioso
siz·zle ['sɪzl] *v/i* chisporrotear
skate [skeɪt] **1** *n* patín *m* **2** *v/i* patinar
skate·board ['skeɪtbɔːrd] *n* monopatín *m*
skate·board·er ['skeɪtbɔːrdər] *persona que patina en monopatín*
skate·board·ing ['skeɪtbɔːrdɪŋ] patinaje *m* en monopatín
skat·er ['skeɪtər] patinador(a) *m*(*f*)
skat·ing ['skeɪtɪŋ] patinaje *m*
'**skat·ing rink** pista *f* de patinaje
skel·e·ton ['skelɪtn] esqueleto *m*
'**skel·e·ton key** llave *f* maestra
skep·tic ['skeptɪk] escéptico(-a) *m*(*f*)
skep·ti·cal ['skeptɪkl] *adj* escéptico
skep·ti·cism ['skeptɪsɪzm] escepticismo *m*
sketch [sketʃ] **1** *n* boceto *m*, esbozo *m*; THEA sketch *m* **2** *v/t* bosquejar
'**sketch·book** cuaderno *m* de dibujo
sketch·y ['sketʃɪ] *adj knowledge etc* básico, superficial
skew·er ['skjʊər] *n* brocheta *f*
ski [skiː] **1** *n* esquí *m* **2** *v/i* esquiar
'**ski boots** *npl* botas *fpl* de esquí
skid [skɪd] **1** *n of car* patinazo *m*; *of person* resbalón *m* **2** *v/i* (*pret & pp* ***-ded***) *of car* patinar; *of person* resbalar
ski·er ['skiːər] esquiador(a) *m*(*f*)
ski·ing ['skiːɪŋ] esquí *m*
'**ski in·struc·tor** monitor(a) *m*(*f*) de esquí
skil·ful *etc Br* → ***skillful*** *etc*
'**ski lift** remonte *m*
skill [skɪl] destreza *f*, habilidad *f*
skilled [skɪld] *adj* capacitado, preparado
skilled '**work·er** trabajador(a) *m*(*f*) cualificado
'**skill·ful** ['skɪlfəl] *adj* hábil, habilidoso
skill·ful·ly ['skɪlfəlɪ] *adv* con habilidad *or* destreza
skim [skɪm] *v/t* (*pret & pp* ***-med***) *surface* rozar; *milk* desnatar, descremar
♦ **skim off** *v/t the best* escoger
♦ **skim through** *v/t text* leer por encima
skimmed '**milk** [skɪmd] leche *f* desnatada *or* descremada
skimp·y ['skɪmpɪ] *adj account etc* superficial; *dress* cortísimo; *bikini* mínimo
skin [skɪn] **1** *n* piel *f* **2** *v/t* (*pret & pp* ***-ned***) despellejar, desollar
'**skin div·ing** buceo *m* (en bañador)
skin·flint ['skɪnflɪnt] F agarrado(a) *m*(*f*) F, roñoso(-a) *m*(*f*)
'**skin graft** injerto *m* de piel
skin·ny ['skɪnɪ] *adj* escuálido
'**skin-tight** *adj* ajustado
skip [skɪp] **1** *n* (*little jump*) brinco *m*, saltito *m* **2** *v/i* (*pret & pp* ***-ped***) brincar **3** *v/t* (*pret & pp* ***-ped***) (*omit*) pasar por alto
'**ski pole** bastón *m* de esquí
skip·per ['skɪpər] NAUT patrón (-ona) *m*(*f*), capitán (-ana) *m*(*f*); *of team* capitán(-ana) *m*(*f*)
'**ski re·sort** estación *f* de esquí
skirt [skɜːrt] *n* falda *f*
'**ski run** pista *f* de esquí
'**ski tow** telesquí *m*
skull [skʌl] cráneo *m*
skunk [skʌŋk] mofeta *f*
sky [skaɪ] cielo *m*
'**sky·light** claraboya *f*; '**sky·line** hori-

zonte *m*; **'sky·scrap·er** ['skaɪskreɪpər] rascacielos *m inv*
slab [slæb] *of stone* losa *f*; *of cake etc* trozo *m* grande
slack [slæk] *adj rope* flojo; *work* descuidado; *period* tranquilo; ***discipline is very ~*** no hay disciplina
slack·en ['slækn] *v/t rope, pace* aflojar
♦ **slacken off** *v/i of trading, pace* disminuir
slacks [slæks] *npl* pantalones *mpl*
slain [sleɪn] *pp* → ***slay***
slam [slæm] **1** *v/t* (*pret & pp* ***-med***) *door* cerrar de un golpe **2** *v/i* (*pret & pp* ***-med***) *of door* cerrarse de golpe
♦ **slam down** *v/t* estampar
slan·der ['slændər] **1** *n* difamación *f* **2** *v/t* difamar
slan·der·ous ['slændərəs] *adj* difamatorio
slang [slæŋ] argot *m*, jerga *f*; *of a specific group* jerga *f*
slant [slænt] **1** *v/i* inclinarse **2** *n* inclinación *f*; *given to a story* enfoque *m*
slant·ing ['slæntɪŋ] *adj roof* inclinado; *eyes* rasgado
slap [slæp] **1** *n* (*blow*) bofetada *f*, cachete *m* **2** *v/t* (*pret & pp* ***-ped***) dar una bofetada *or* un cachete a; ***~ s.o. in the face*** dar una bofetada a alguien
'slap·dash *adj* chapucero
slash [slæʃ] **1** *n cut* corte *m*, raja *f*; *in punctuation* barra *f* **2** *v/t skin etc* cortar; *prices, costs* recortar drásticamente; ***~ one's wrists*** cortarse las venas
slate [sleɪt] *n* pizarra *f*
slaugh·ter ['slɒːtər] **1** *n of animals* sacrificio *m*; *of people, troops* matanza *f* **2** *v/t animals* sacrificar; *people, troops* masacrar
'slaugh·ter·house *for animals* matadero *m*
Slav [slɑːv] *adj* eslavo
slave [sleɪv] *n* esclavo(-a) *m*(*f*)
'slave-driv·er F negrero(-a) *m*(*f*) F
slay [sleɪ] *v/t* (*pret* ***slew***, *pp* ***slain***) asesinar
slay·ing ['sleɪɪŋ] (*murder*) asesinato *m*
sleaze [sliːz] POL corrupción *f*
slea·zy ['sliːzɪ] *adj bar* sórdido; *person* de mala calaña
sled, sledge [sled, sledʒ] *n* trineo *m*
'sledge ham·mer mazo *m*
sleep [sliːp] **1** *n* sueño *m*; ***go to ~*** dormirse; ***I need a good ~*** necesito dormir bien; ***I couldn't get to ~*** no pude dormirme **2** *v/i* (*pret & pp* ***slept***) dormir; ***~ late*** dormir hasta tarde
♦ **sleep on** *v/t*: ***sleep on sth*** *decision* consultar algo con la almohada
♦ **sleep with** *v/t* (*have sex with*) acostarse con
sleep·i·ly ['sliːpɪlɪ] *adv*: ***say sth ~*** decir algo medio dormido
'sleep·ing bag ['sliːpɪŋ] saco *m* de dormir; **'sleep·ing car** RAIL coche *m* cama; **'sleep·ing pill** somnífero *m*, pastilla *f* para dormir
sleep·less ['sliːplɪs] *adj*: ***have a ~ night*** pasar la noche en blanco
'sleep·walk·er sonámbulo(-a) *m*(*f*)
'sleep·walk·ing sonambulismo *m*
sleep·y ['sliːpɪ] *adj* adormilado, somnoliento; *town* tranquilo; ***I'm ~*** tengo sueño
sleet [sliːt] *n* aguanieve *f*
sleeve [sliːv] *of jacket etc* manga *f*
sleeve·less ['sliːvlɪs] *adj* sin mangas
sleigh [sleɪ] *n* trineo *m*
sleight of 'hand [slaɪt] juegos *mpl* de manos
slen·der ['slendər] *adj figure, arms* esbelto; *income, margin* escaso; *chance* remoto
slept [slept] *pret & pp* → ***sleep***
slew [sluː] *pret* → ***slay***
slice [slaɪs] **1** *n of bread* rebanada *f*; *of cake* trozo *m*; *of salami, cheese* loncha *f*; *fig*: *of profits etc* parte *f* **2** *v/t loaf etc* cortar (en rebanadas)
sliced 'bread [slaɪst] pan *m* de molde en rebanadas
slick [slɪk] **1** *adj performance* muy logrado; (*pej*: *cunning*) con mucha labia **2** *n of oil* marea *f* negra
slid [slɪd] *pret & pp* → ***slide***
slide [slaɪd] **1** *n for kids* tobogán *m*; PHOT diapositiva *f* **2** *v/i* (*pret & pp*

slid) deslizarse; *of exchange rate etc* descender **3** *v/t* (*pret & pp* ***slid***) deslizar

slid·ing 'door ['slaɪdɪŋ] puerta *f* corredera

slight [slaɪt] *adj person, figure* menudo; (*small*) pequeño; *accent* ligero; ***I have a ~ headache*** me duele un poco la cabeza; ***no, not in the ~est*** no, en absoluto

slight·ly ['slaɪtlɪ] *adv* un poco

slim [slɪm] **1** *adj* delgado; *chance* remoto **2** *v/i* (*pret & pp* ***-med***): ***I'm ~ming*** estoy a dieta

slime [slaɪm] (*mud*) lodo *m*; *of slug etc* baba *f*

slim·y ['slaɪmɪ] *adj liquid* viscoso; *river bed* lleno de lodo

sling [slɪŋ] **1** *n for arm* cabestrillo *m* **2** *v/t* (*pret & pp* ***slung***) F (*throw*) tirar

slip [slɪp] **1** *n on ice etc* resbalón *m*; (*mistake*) desliz *m*; ***a ~ of paper*** un trozo de papel; ***a ~ of the tongue*** un lapsus; ***give s.o. the ~*** dar esquinazo a alguien **2** *v/i* (*pret & pp* ***-ped***) *on ice etc* resbalar; *of quality etc* empeorar; ***he ~ped out of the room*** se fue de la habitación sigilosamente **3** *v/t* (*pret & pp* ***-ped***) (*put*): ***he ~ped it into his briefcase*** lo metió en su maletín sigilosamente; ***it ~ped my mind*** se me olvidó

♦**slip away** *v/i of time* pasar; *of opportunity* esfumarse; (*die quietly*) morir tranquilamente

♦**slip off** *v/t jacket etc* quitarse

♦**slip on** *v/t jacket etc* ponerse

♦**slip out** *v/i* (*go out*) salir (sigilosamente)

♦**slip up** *v/i* (*make mistake*) equivocarse

slipped 'disc [slɪpt] hernia *f* discal

slip·per ['slɪpər] zapatilla *f* (*de estar por casa*)

slip·pery ['slɪpərɪ] *adj surface, road* resbaladizo; *fish* escurridizo

slip·shod ['slɪpʃɑːd] *adj* chapucero

'slip-up (*mistake*) error *m*

slit [slɪt] **1** *n* (*tear*) raja *f*; (*hole*) rendija *f*; *in skirt* corte *m* **2** *v/t* (*pret & pp* ***slit***) abrir; ***~ s.o.'s throat*** degollar a alguien

slith·er ['slɪðər] *v/i* deslizarse

sliv·er ['slɪvər] trocito *m*; *of wood, glass* astilla *f*

slob [slɑːb] *pej* dejado(-a) *m/f*, guarro(-a) *m/f*

slob·ber ['slɑːbər] *v/i* babear

slog [slɑːg] *n* paliza *f*

slo·gan ['slougən] eslogan *m*

slop [slɑːp] *v/t* (*pret & pp* ***-ped***) derramar

slope [sloup] **1** *n of roof, handwriting* inclinación *f*; *of mountain* ladera *f*; ***built on a ~*** construido en una pendiente **2** *v/i* inclinarse; ***the road ~s down to the sea*** la carretera baja hasta el mar

slop·py ['slɑːpɪ] *adj* descuidado; *too sentimental* sensiblero

slot [slɑːt] *n* ranura *f*; *in schedule* hueco *m*

♦**slot in 1** *v/t* (*pret & pp* ***-ted***) introducir **2** *v/i* (*pret & pp* ***-ted***) encajar

'slot ma·chine *for cigarettes, food* máquina *f* expendedora; *for gambling* máquina *f* tragaperras

slouch [slautʃ] *v/i*: ***don't ~*** ponte derecho

slov·en·ly ['slʌvnlɪ] *adj* descuidado

slow [slou] *adj* lento; ***be ~*** *of clock* ir retrasado

♦**slow down 1** *v/t work, progress* restrasar; *traffic, production* ralentizar **2** *v/i in walking, driving* reducir la velocidad; *of production etc* relantizarse; ***you need to slow down*** *in lifestyle* tienes que tomarte las cosas con calma

'slow·down *in production* ralentización *f*

slow·ly ['sloulɪ] *adv* despacio, lentamente

slow 'mo·tion: ***in ~*** a cámara lenta

slow·ness ['slounɪs] lentitud *f*

'slow·poke F tortuga *f* F

slug [slʌg] *n animal* babosa *f*

slug·gish ['slʌgɪʃ] *adj* lento

slum [slʌm] *n* suburbio *m*, arrabal

slump [slʌmp] **1** *n in trade* desplome *m* **2** *v/i economically* desplomarse, hundirse; (*collapse*: *of person*) desplomarse

slung [slʌŋ] *pret & pp* → **sling**

slur [slɜːr] **1** *n on s.o.'s character* difamación *f* **2** *v/t* (*pret & pp* **-red**) *words* arrastrar

slurp [slɜːrp] *v/t* sorber

slurred [slɜːrd] *adj*: ***his speech was ~*** habló arrastrando las palabras

slush [slʌʃ] nieve *f* derretida; (*pej*: *sentimental stuff*) sensiblería *f*

'slush fund fondo *m* para corruptelas

slush·y ['slʌʃɪ] *adj snow* derretido; *movie*, *novel* sensiblero

slut [slʌt] *pej* fulana *f*

sly [slaɪ] *adj* ladino; ***on the ~*** a escondidas

smack [smæk] **1** *n*: ***a ~ on the bottom*** un azote; ***a ~ in the face*** una bofetada **2** *v/t child* pegar; *bottom* dar un azote en

small [smɒːl] *adj* pequeño, *L.Am.* chico

small 'change cambio *m*, suelto *m*, *L.Am.* sencillo *m*; **small 'hours** *npl* madrugada *f*; **small·pox** ['smɒːlpɑːks] viruela *f*; **'small print** letra *f* pequeña; **'small talk**: ***make ~*** hablar de banalidades *or* trivialidades

smart[1] [smɑːrt] *adj* (*elegant*) elegante; (*intelligent*) inteligente; *pace* rápido; ***get ~ with*** hacerse el listillo con

smart[2] [smɑːrt] *v/i* (*hurt*) escocer

'smart ass F sabelotodo *m/f* F

'smart card tarjeta *f* inteligente

♦**smart·en up** ['smɑːrtn] *v/t appearance* mejorar; *room* arreglar

smart·ly ['smɑːrtlɪ] *adv dressed* con elegancia

smash [smæʃ] **1** *n noise* estruendo *m*; (*car crash*) choque *m*; *in tennis* smash *m*, mate *m* **2** *v/t break* hacer pedazos *or* añicos; ***he ~ed the toys against the wall*** estrelló los juguetes contra la pared; ***~ sth to pieces*** hacer algo añicos **3** *v/i break* romperse; ***the driver ~ed into ...*** el conductor se estrelló contra ...

♦**smash up** *v/t place* destrozar

smash 'hit F exitazo *m* F

smat·ter·ing ['smætərɪŋ] *of a language* nociones *fpl*

smear [smɪr] **1** *n of ink* borrón *m*; *of paint* mancha *f*; MED citología *f*; *on character* difamación *f* **2** *v/t character* difamar; ***~ X over Y*** untar *or* embadurnar Y de X

'smear cam·paign campaña *f* de difamación

smell [smel] **1** *n* olor *m*; ***it has no ~*** no huele a nada; ***sense of ~*** sentido *m* del olfato **2** *v/t* oler **3** *v/i unpleasantly* oler (mal); (*sniff*) olfatear; ***you ~ of beer*** hueles a cerveza; ***it ~s good*** huele bien

smell·y ['smelɪ] *adj* apestoso; ***she had ~ feet*** le olían los pies

smile [smaɪl] **1** *n* sonrisa *f* **2** *v/i* sonreír

♦**smile at** *v/t* sonreir a

smirk [smɜːrk] **1** *n* sonrisa *f* maligna **2** *v/i* sonreír malignamente

smog [smɑːg] niebla *f* tóxica

smoke [smoʊk] **1** *n* humo *m*; ***have a ~*** fumarse un cigarrillo **2** *v/t cigarettes* fumar; *bacon* ahumar **3** *v/i of person* fumar

smok·er ['smoʊkər] *person* fumador(-a) *m*(*f*)

smok·ing ['smoʊkɪŋ]: ***~ is bad for you*** fumar es malo; ***no ~*** prohibido fumar

'smok·ing car RAIL compartimento *m* de fumadores

smok·y ['smoʊkɪ] *adj room*, *air* lleno de humo

smol·der, *Br* **smoul·der** ['smoʊldər] *v/i with anger* arder de rabia; *with desire* arder en deseos; ***the fire was still ~ing*** todavía ardían los rescoldos

smooth [smuːð] **1** *adj surface*, *skin* liso, suave; *sea* en calma; (*peaceful*) tranquilo; *ride*, *drive* sin vibraciones; *transition* sin problemas; *pej*: *person* meloso **2** *v/t hair* alisar

♦**smooth down** *v/t with sandpaper etc* alisar

♦**smooth out** *v/t paper*, *cloth* alisar

♦**smooth over** *v/t*: ***smooth things over*** suavizar las cosas

S

smooth·ly ['smu:ðlɪ] *adv without any problems* sin incidentes

smoth·er ['smʌðər] *v/t flames* apagar, sofocar; *person* asfixiar; ***~ s.o. with kisses*** comerse a alguien a besos

smoul·der ['smoʊldər] *v/i Br* → ***smolder***

smudge [smʌdʒ] **1** *n of paint* mancha *f*; *of ink* borrón *m* **2** *v/t ink* emborronar; *paint* difuminar

smug [smʌg] *adj* engreído

smug·gle ['smʌgl] *v/t* pasar de contrabando

smug·gler ['smʌglər] contrabandista *m/f*

smug·gling ['smʌglɪŋ] contrabando *m*

smug·ly ['smʌglɪ] *adv* con engreimiento *or* suficiencia

smut·ty ['smʌtɪ] *adj joke* obsceno

snack [snæk] *n* tentempié *m*, aperitivo *m*

'**snack bar** cafetería *f*

snag [snæg] *n* (*problem*) inconveniente *m*, pega *f*

snail [sneɪl] caracol *m*

snake [sneɪk] *n* serpiente *f*

snap [snæp] **1** *n* chasquido *m*; PHOT foto *f* **2** *v/t* (*pret & pp* ***-ped***) *break* romper; ***none of your business, she ~ped*** no es asunto tuyo, saltó **3** *v/i* (*pret & pp* ***-ped***) *break* romperse **4** *adj decision*, *judgement* rápido, súbito

♦ **snap up** *v/t bargains* llevarse

snap fast·en·er ['snæpfæsnər] automático *m*, corchete *m*

snap·py ['snæpɪ] *adj person*, *mood* irascible; *decision*, *response* rápido; (*elegant*) elegante

'**snap·shot** foto *f*

snarl [snɑ:rl] **1** *n of dog* gruñido *m* **2** *v/i* gruñir

snatch [snætʃ] **1** *v/t* arrebatar; (*steal*) robar; (*kidnap*) secuestrar; ***~ sth from s.o.*** arrebatar algo a alguien **2** *v/i*: ***don't ~*** no lo agarres

♦ **snatch at** *v/t* intentar agarrar

snaz·zy ['snæzɪ] *adj* F vistoso, *Span* chulo F

sneak [sni:k] **1** *v/t* (*remove, steal*) llevarse; ***~ a glance at*** mirar con disimulo a **2** *v/i*: ***~ into the room*** entrar a la habitación a hurtadillas

sneak·ers ['sni:kərz] *npl* zapatillas *fpl* de deporte

sneak·ing ['sni:kɪŋ] *adj*: ***have a ~ suspicion that ...*** sospechar que ...

sneak·y ['sni:kɪ] *adj* F (*crafty*) ladino, cuco F

sneer [sni:r] **1** *n* mueca *f* desdeñosa **2** *v/i* burlarse (***at*** de)

sneeze [sni:z] **1** *n* estornudo *m* **2** *v/i* estornudar

snick·er ['snɪkər] **1** *n* risita *f* **2** *v/i* reírse (*en voz baja*)

sniff [snɪf] **1** *v/i to clear nose* sorberse los mocos; *of dog* olfatear **2** *v/t* (*smell*) oler; *of dog* olfatear

snip [snɪp] *n* F (*bargain*) ganga *f*

snip·er ['snaɪpər] francotirador(a) *m*(*f*)

snitch [snɪtʃ] F **1** *n* (*telltale*) chivato(-a) *m*(*f*) **2** *v/i* chivarse

sniv·el ['snɪvl] *v/i* gimotear

snob [snɑ:b] presuntuoso(-a) *m*(*f*)

snob·ber·y ['snɑ:bərɪ] presuntuosidad *f*

snob·bish ['snɑ:bɪʃ] *adj* presuntuoso

snoop [snu:p] *n* fisgón(-ona) *m*(*f*)

♦ **snoop around** *v/i* fisgonear

snoot·y ['snu:tɪ] *adj* presuntuoso

snooze [snu:z] **1** *n* cabezada *f*; ***have a ~*** echar una cabezada **2** *v/i* echar una cabezada

snore [snɔ:r] *v/i* roncar

snor·ing ['snɔ:rɪŋ] ronquidos *mpl*

snor·kel ['snɔ:rkl] *n* snorkel *m*, tubo *m* para buceo

snort [snɔ:rt] *v/i of bull*, *person* bufar, resoplar

snout [snaʊt] *of pig*, *dog* hocico *m*

snow [snoʊ] **1** *n* nieve *f* **2** *v/i* nevar

♦ **snow under** *v/t*: ***be snowed under*** estar desbordado

'**snow·ball** bola *f* de nieve; '**snow·bound** *adj* aislado por la nieve; '**snow chains** *npl* MOT cadenas *fpl* para la nieve; '**snow·drift** nevero *m*; '**snow·drop** campanilla *f* de invierno; '**snow·flake** copo *m* de nieve; '**snow·man** muñeco *m* de

S

nieve; **'snow•plow** quitanieves *f inv*; **'snow•storm** tormenta *f* de nieve

snow•y ['snoʊɪ] *adj weather* de nieve; *roads, hills* nevado

snub [snʌb] **1** *n* desaire **2** *v/t* (*pret & pp* **-bed**) desairar

snub-nosed ['snʌbnoʊzd] *adj* con la nariz respingona

snug [snʌg] *adj* (*tight-fitting*) ajustado; ***we are nice and ~ in here*** aquí se está muy a gusto

♦ **snug•gle down** ['snʌgl] *v/i* acurrucarse

♦ **snug•gle up to** *v/t* acurrucarse contra

so [soʊ] **1** *adv* tan; ***it was ~ easy*** fue tan fácil; ***I'm ~ cold*** tengo tanto frío; ***that was ~ kind of you*** fue muy amable de tu parte; ***not ~ much*** no tanto; ***~ much easier*** mucho más fácil; ***you shouldn't eat / drink ~ much*** no deberías comer / beber tanto; ***I miss you ~*** te echo tanto de menos; ***~ am / do I*** yo también; ***~ is she / does she*** ella también; ***and ~ on*** etcétera **2** *pron*: ***I hope / think ~*** eso espero / creo; ***you didn't tell me – I did ~*** no me lo dijiste – sí que lo hice; ***50 or ~*** unos 50 **3** *conj for that reason* así que; *in order that* para que; ***I got up late and ~ I missed the train*** me levanté tarde y por eso perdí el tren; ***~ (that) I could come too*** para que yo también pudiera venir; ***~ what?*** F ¿y qué? F

soak [soʊk] *v/t* (*steep*) poner en remojo; *of water, rain* empapar

♦ **soak up** *v/t liquid* absorber; ***soak up the sun*** tostarse al sol

soaked [soʊkt] *adj* empapado; ***be ~ to the skin*** estar calado hasta los huesos

soak•ing (**wet**) ['soʊkɪŋ] *adj* empapado

so-and-so ['soʊənsoʊ] F (*unknown person*) fulanito *m*; (*euph*: *annoying person*) canalla *m/f*

soap [soʊp] *for washing* jabón *m*

'soap (**op•e•ra**) telenovela *f*

soap•y ['soʊpɪ] *adj water* jabonoso

soar [sɔːr] *v/i of rocket etc* elevarse; *of prices* dispararse

sob [sɑːb] **1** *n* sollozo *m* **2** *v/i* (*pret & pp* **-bed**) sollozar

so•ber ['soʊbər] *adj* (*not drunk*) sobrio; (*serious*) serio

♦ **sober up** *v/i*: ***he sobered up*** se le pasó la borrachera

so-'called *adj* (*referred to as*) así llamado; (*incorrectly referred to as*) mal llamado

soc•cer ['sɑːkər] fútbol *m*

'soc•cer hoo•li•gan hincha *m* violento

so•cia•ble ['soʊʃəbl] *adj* sociable

so•cial ['soʊʃl] *adj* social

so•cial 'dem•o•crat socialdemócrata *m/f*

so•cial•ism ['soʊʃəlɪzm] socialismo *m*

so•cial•ist ['soʊʃəlɪst] **1** *adj* socialista **2** *n* socialista *m/f*

so•cial•ize ['soʊʃəlaɪz] *v/i* socializar (***with*** con)

'so•cial life vida *f* social; **so•cial 'sci•ence** ciencia *f* social; **'so•cial work** trabajo *m* social; **'so•cial work•er** asistente(-a) *m*(*f*) social

so•ci•e•ty [sə'saɪətɪ] sociedad *f*

so•ci•ol•o•gist [soʊsɪ'ɑːlədʒɪst] sociólogo(-a) *m*(*f*)

so•ci•ol•o•gy [soʊsɪ'ɑːlədʒɪ] sociología *f*

sock[1] [sɑːk] *for wearing* calcetín *m*

sock[2] [sɑːk] **1** *n* (*punch*) puñetazo *m* **2** *v/t* (*punch*) dar un puñetazo a

sock•et ['sɑːkɪt] *for light bulb* casquillo *m*; *of arm* cavidad *f*; *of eye* cuenca *f*; ELEC enchufe *m*

so•da ['soʊdə] (*~ water*) soda *f*; (*soft drink*) refresco *m*; (*ice-cream ~*) *refresco de soda con helado*

sod•den ['sɑːdn] *adj* empapado

so•fa ['soʊfə] sofá *m*

'so•fa-bed sofá cama *m*

soft [sɑːft] *adj voice, light, color, skin* suave; *pillow, attitude* blando; ***have a ~ spot for*** tener una debilidad por

'soft drink refresco *m*

'soft drug droga *f* blanda

soft•en ['sɑːfn] **1** *v/t position* ablan-

dar; *impact, blow* amortiguar **2** *v/i of butter, ice cream* ablandarse, reblandecerse
soft·ly ['sɑːftlɪ] *adv* suavemente
soft 'toy peluche *m*
soft·ware ['sɑːftwer] software *m*
sog·gy ['sɑːgɪ] *adj* empapado
soil [sɔɪl] **1** *n* (*earth*) tierra *f* **2** *v/t* ensuciar
so·lar 'en·er·gy ['soʊlər] energía *f* solar; **'so·lar pan·el** panel *m* solar; **'solar system** sistema *m* solar
sold [soʊld] *pret & pp* → ***sell***
sol·dier ['soʊldʒər] soldado *m*
♦ **soldier on** *v/i* seguir adelante; ***we'll have to soldier on without her*** nos las tendremos que arreglar sin ella
sole[1] [soʊl] *n of foot* planta *f*; *of shoe* suela *f*
sole[2] [soʊl] *adj* único
sole·ly ['soʊlɪ] *adv* únicamente
sol·emn ['sɑːləm] *adj* solemne
so·lem·ni·ty [sə'lemnətɪ] solemnidad *f*
sol·emn·ly ['sɑːləmlɪ] *adv* solemnemente
so·lic·it [sə'lɪsɪt] *v/i of prostitute* abordar clientes
so·lic·i·tor [sə'lɪsɪtər] *Br* abogado(-a) *m*(*f*) (*que no aparece en tribunales*)
sol·id ['sɑːlɪd] *adj* sólido; (*without holes*) compacto; *gold, silver* macizo; ***a ~ hour*** una hora seguida
sol·i·dar·i·ty [sɑːlɪ'dærətɪ] solidaridad *f*
so·lid·i·fy [sə'lɪdɪfaɪ] *v/i* (*pret & pp* ***-ied***) solidificarse
sol·id·ly ['sɑːlɪdlɪ] *adv built* sólidamente; *in favor of sth* unánimente
so·lil·o·quy [sə'lɪləkwɪ] soliloquio *m*
sol·i·taire [sɑːlɪ'ter] *card game* solitario *m*
sol·i·ta·ry ['sɑːlɪterɪ] *adj life, activity* solitario; (*single*) único
sol·i·ta·ry con'fine·ment prisión *f* incomunicada
sol·i·tude ['sɑːlɪtuːd] soledad *f*
so·lo ['soʊloʊ] **1** *n* MUS solo *m* **2** *adj* en solitario
so·lo·ist ['soʊloʊɪst] solista *m/f*
sol·u·ble ['sɑːljʊbl] *adj substance, problem* soluble
so·lu·tion [sə'luːʃn] (*also mixture*) solución *f*
solve [sɑːlv] *v/t problem* solucionar, resolver; *mystery* resolver; *crossword* resolver, sacar
sol·vent ['sɑːlvənt] *adj financially* solvente
som·ber, *Br* **som·bre** ['sɑːmbər] *adj* (*dark*) oscuro; (*serious*) sombrío
some [sʌm] **1** *adj*: ***would you like ~ water/cookies?*** ¿quieres agua / galletas?; ***~ countries*** algunos países; ***I gave him ~ money*** le di (algo de) dinero; ***~ people say that …*** hay quien dice … **2** *pron*: ***~ of the group*** parte del grupo; ***would you like ~?*** ¿quieres?; ***milk? – no thanks, I already have ~*** ¿leche? – gracias, ya tengo **3** *adv* (*a bit*): ***we'll have to wait ~*** tendremos que esperar algo *or* un poco
some·bod·y ['sʌmbədɪ] *pron* alguien; **'some·day** *adv* algún día; **'some·how** *adv* (*by one means or another*) de alguna manera; (*for some unknown reason*) por alguna razón; ***I've never liked him ~*** por alguna razón u otra nunca me cayó bien
'some·one *pron* → ***somebody***
'some·place *adv* → ***somewhere***
som·er·sault ['sʌmərsɒːlt] **1** *n* salto mortal **2** *v/i* dar un salto mortal
'some·thing *pron* algo; ***would you like ~ to drink / eat?*** ¿te gustaría beber / comer algo?; ***is ~ wrong?*** ¿pasa algo?
'some·time *adv*: ***let's have lunch ~*** quedemos para comer un día de éstos; ***~ last year*** en algún momento del año pasado
'some·times ['sʌmtaɪmz] *adv* a veces
'some·what *adv* un tanto
'some·where **1** *adv* en alguna parte *or* algún lugar **2** *pron*: ***let's go to ~ quiet*** vamos a algún sitio tranquilo; ***I was looking for ~ to park*** buscaba un sitio donde aparcar

son [sʌn] hijo *m*
so•na•ta [sə'nɑːtə] MUS sonata *f*
song [sɒːŋ] canción *f*
'**song•bird** pájaro *m* cantor
'**song•writ•er** cantautor(a) *m(f)*
'**son-in-law** (*pl* ***sons-in-law***) yerno *m*
'**son•net** ['sɑːnɪt] soneto *m*
son of a '**bitch** *n* V hijo *m* de puta P
soon [suːn] *adv* pronto; ***how ~ can you be ready to leave?*** ¿cuándo estarás listo para salir?; ***he left ~ after I arrived*** se marchó al poco de llegar yo; ***can't you get here any ~er?*** ¿no podrías llegar antes?; ***as ~ as*** tan pronto como; ***as ~ as possible*** lo antes posible; ***~er or later*** tarde o temprano; ***the ~er the better*** cuanto antes mejor
soot [sʊt] hollín *m*
soothe [suːð] *v/t* calmar
so•phis•ti•cat•ed [sə'fɪstɪkeɪtɪd] *adj* sofisticado
so•phis•ti•ca•tion [sə'fɪstɪkeɪʃn] sofisticación *f*
soph•o•more ['sɑːfəmɔːr] estudiante *m/f* de segundo año
sop•py ['sɑːpɪ] *adj* F sensiblero
so•pra•no [sə'prænoʊ] *n singer* soprano *m/f*; *voice* voz *f* de soprano
sor•did ['sɔːrdɪd] *adj affair, business* sórdido
sore [sɔːr] **1** *adj* (*painful*) dolorido; F (*angry*) enojado, *Span* mosqueado F; ***is it ~?*** ¿duele?; ***I'm ~ all over*** me duele todo el cuerpo **2** *n* llaga *f*
sor•row ['sɑːroʊ] *n* pena *f*
sor•ry ['sɑːrɪ] *adj day, sight,* (*sad*) triste; (***I'm***) ***~!*** *apologizing* ¡lo siento!; ***I'm ~ that I didn't tell you sooner*** lamento no habértelo dicho antes; ***I was so ~ to hear of her death*** me dio mucha pena oír lo de su muerte; (***I'm***) ***~ but I can't help*** lo siento pero no puedo ayudar; ***I won't be ~ to leave here*** no me arrepentiré de irme de aquí; ***I feel ~ for her*** siento pena *or* lástima por ella; ***be a ~ sight*** ofrecer un espectáculo lamentable
sort [sɔːrt] **1** *n* clase *f*, tipo *m*; ***~ of*** F un poco, algo; ***is it finished? – ~ of*** F ¿está acabado? – más o menos **2** *v/t* ordenar, clasificar; COMPUT ordenar
♦ **sort out** *v/t papers* ordenar, clasificar; *problem* resolver, arreglar
SOS [esoʊ'es] SOS *m*; *fig* llamada *f* de auxilio
so-'so *adv* F así así F
sought [sɒːt] *pret & pp* → ***seek***
soul [soʊl] REL, *fig*: *of a nation etc* alma *f*; *character* personalidad *f*; ***the poor ~*** el pobrecillo
sound[1] [saʊnd] **1** *adj* (*sensible*) sensato; (*healthy*) sano; *sleep* profundo **2** *adv*: ***be ~ asleep*** estar profundamente dormido
sound[2] [saʊnd] **1** *n* sonido *m*; (*noise*) ruido *m* **2** *v/t* (*pronounce*) pronunciar; MED auscultar; ***~ one's horn*** tocar la bocina **3** *v/i*: ***that ~s interesting*** parece interesante; ***she ~ed unhappy*** parecía triste
♦ **sound out** *v/t* sondear; ***I sounded her out about the idea*** sondeé a ver qué le parecía la idea
'**sound card** COMPUT tarjeta *f* de sonido
'**sound ef•fects** *npl* efectos *mpl* sonoros
sound•ly ['saʊndlɪ] *adv sleep* profundamente; *beaten* rotundamente
'**sound•proof** *adj* insonorizado
'**sound•track** banda *f* sonora
soup [suːp] sopa *f*
'**soup bowl** cuenco *m*; **souped-up** [suːpt'ʌp] *adj* F trucado; '**soup plate** plato *m* sopero; '**soup spoon** cuchara *f* sopera
sour [saʊr] *adj apple, orange* ácido, agrio; *milk* cortado; *comment* agrio
source [sɔːrs] *n* fuente *f*; *of river* nacimiento *m*
'**sour cream** nata *f* agria
south [saʊθ] **1** *adj* sur, del sur **2** *n* sur *m*; ***to the ~ of*** al sur de **3** *adv* al sur; ***~ of*** al sur de
South '**Af•ric•a** Sudáfrica; **South** '**Af•ri•can** **1** *adj* sudafricano **2** *n* sudafricano(-a) *m(f)*; **South A'mer•i•ca** Sudamérica, América del Sur; **South A'mer•i•can** **1** *adj* sudamericano **2** *n* sudamerica-

S

no(-a) *m*(*f*); **south-'east 1** *n* sudeste *m*, sureste *m* **2** *adj* sudeste, sureste **3** *adv* al sudeste *or* sureste; **~ *of*** al sudeste de; **south'·east·ern** *adj* del sudeste
south·er·ly ['sʌðərlɪ] *adj wind* sur, del sur; *direction* sur
south·ern ['sʌðərn] *adj* sureño
south·ern·er ['sʌðərnər] sureño(-a) *m*(*f*)
south·ern·most ['sʌðərnmoʊst] *adj* más al sur
South 'Pole Polo *m* Sur
south·ward ['saʊθwərd] *adv* hacia el sur
south·'west 1 *n* sudoeste *m*, suroeste *m* **2** *adj* sudoeste, suroeste **3** *adv* al sudoeste *or* suroeste; **~ *of*** al sudoeste *or* suroeste de
south'west·ern *adj* del sudoeste *or* suroeste
sou·ve·nir [su:və'nɪr] recuerdo *m*
sove·reign ['sɑ:vrɪn] *adj state* soberano
sove·reign·ty ['sɑ:vrɪntɪ] *of state* soberanía *f*
So·vi·et ['soʊvɪət] *adj* soviético
So·vi·et 'U·nion Unión *f* Soviética
sow[1] [saʊ] *n* (*female pig*) cerda *f*, puerca *f*
sow[2] [soʊ] *v/t* (*pret* ***sowed***, *pp* ***sown***) *seeds* sembrar
sown [soʊn] *pp* → ***sow***[2]
'soy bean [sɔɪ] semilla *f* de soja
soy 'sauce salsa *f* de soja
space [speɪs] *n* espacio *m*
♦ space out *v/t* espaciar
'space-bar COMPUT barra *f* espaciadora; **'space·craft** nave *f* espacial; **'space·ship** nave *f* espacial; **'space shut·tle** transbordador *m* espacial; **'space sta·tion** estación *f* espacial; **'space·suit** traje *m* espacial
spa·cious ['speɪʃəs] *adj* espacioso
spade [speɪd] *for digging* pala *f*; ***~s*** *in card game* picas *fpl*
'spade·work *fig* trabajo *m* preliminar
spa·ghet·ti [spə'getɪ] *nsg* espaguetis *mpl*
Spain [speɪn] España
span [spæn] *v/t* (*pret & pp* ***-ned***) abarcar; *of bridge* cruzar
Span·iard ['spænjərd] español(a) *m*(*f*)
Span·ish ['spænɪʃ] **1** *adj* español **2** *n language* español *m*; ***the ~*** los españoles
spank [spæŋk] *v/t* azotar
spank·ing ['spæŋkɪŋ] *n* azotaina *f*
span·ner ['spænər] *Br* llave *f*
spare [sper] **1** *v/t*: ***can you ~ me $50?*** ¿me podrías dejar 50 dólares?; ***we can't ~ a single employee*** no podemos prescindir ni de un solo trabajador; ***can you ~ the time?*** ¿tienes tiempo?; ***I have time to ~*** me sobra el tiempo; ***there were 5 to ~*** sobraban cinco **2** *adj pair of glasses, set of keys* de repuesto; ***do you have any ~ cash?*** ¿no te sobrará algo de dinero? **3** *n* recambio *m*, repuesto *m*
spare 'part pieza *f* de recambio *or* repuesto; **spare 'ribs** *npl* costillas *fpl* de cerdo; **spare 'room** habitación *f* de invitados; **spare 'time** tiempo *m* libre; **spare 'tire**, *Br* **spare 'tyre** MOT rueda *f* de recambio *or* repuesto
spar·ing ['sperɪŋ] *adj* moderado; ***be ~ with*** no derrochar
spa·ring·ly ['sperɪŋlɪ] *adv* con moderación
spark [spɑ:rk] *n* chispa *f*
spar·kle ['spɑ:rkl] *v/i* destellar
spar·kling 'wine ['spɑ:rklɪŋ] vino *m* espumoso
'spark plug bujía *f*
spar·row ['spæroʊ] gorrión *m*
sparse [spɑ:rs] *adj vegetation* escaso
sparse·ly ['spɑ:rslɪ] *adv*: ***~ populated*** poco poblado
spar·tan ['spɑ:rtn] *adj room* espartano
spas·mod·ic [spæz'mɑ:dɪk] *adj* intermitente
spat [spæt] *pret & pp* → ***spit***
spate [speɪt] *fig* oleada *f*
spa·tial ['speɪʃl] *adj* espacial
spat·ter ['spætər] *v/t*: ***the car ~ed mud all over me*** el coche me salpicó de barro

speak [spiːk] **1** *v/i* (*pret* ***spoke***, *pp* ***spoken***) hablar (***to, with*** con); (*make a speech*) dar una charla; ***we're not ~ing*** (***to each other***) (*we've quarreled*) no nos hablamos; ***~ing*** TELEC al habla **2** *v/t* (*pret* ***spoke***, *pp* ***spoken***) *foreign language* hablar; ***she spoke her mind*** dijo lo que pensaba

♦ **speak for** *v/t* hablar en nombre de

♦ **speak out** *v/i*: ***speak out against injustice*** denunciar la injusticia

♦ **speak up** *v/i* (*speak louder*) hablar más alto

speak·er ['spiːkər] *at conference* conferenciante *m/f*; (*orator*) orador(a) *m(f)*; *of sound system* altavoz *m*, *L.Am.* altoparlante *m*; *of language* hablante *m/f*

spear [spɪr] lanza *f*

spear·mint ['spɪrmɪnt] hierbabuena *f*

spe·cial ['speʃl] *adj* especial; ***be on ~*** estar de oferta

spe·cial ef·fects *npl* efectos *mpl* especiales

spe·cial·ist ['speʃlɪst] especialista *m/f*

spe·cial·ize ['speʃəlaɪz] *v/i* especializarse (***in*** en)

spe·cial·ly ['speʃlɪ] *adv* → ***especially***

spe·cial·ty ['speʃəltɪ] especialidad *f*

spe·cies ['spiːʃiːz] *nsg* especie *f*

spe·cif·ic [spə'sɪfɪk] *adj* específico

spe·cif·i·cal·ly [spə'sɪfɪklɪ] *adv* específicamente

spec·i·fi·ca·tions [spesɪfɪ'keɪʃnz] *npl of machine etc* especificaciones *fpl*

spe·ci·fy ['spesɪfaɪ] *v/t* (*pret & pp* ***-ied***) especificar

spe·ci·men ['spesɪmən] muestra *f*

speck [spek] *of dust, soot* mota *f*

specs [speks] *npl Br* F (*spectacles*) gafas *fpl*, *L.Am.* lentes *mpl*

spec·ta·cle ['spektəkl] (*impressive sight*) espectáculo *m*

spec·tac·u·lar [spek'tækjʊlər] *adj* espectacular

spec·ta·tor [spek'teɪtər] espectador(a) *m(f)*

spec'ta·tor sport deporte *m* espectáculo

spec·trum ['spektrəm] *fig* espectro *m*

spec·u·late ['spekjʊleɪt] *v/i also* FIN especular

spec·u·la·tion [spekjʊ'leɪʃn] *also* FIN especulación *f*

spec·u·la·tor ['spekjʊleɪtər] FIN especulador(a) *m(f)*

sped [sped] *pret & pp* → ***speed***

speech [spiːtʃ] (*address*) discurso *m*; *in play* parlamento *m*; (*ability to speak*) habla *f*, dicción *f*; (*way of speaking*) forma *f* de hablar

'speech de·fect defecto *m* del habla

speech·less ['spiːtʃlɪs] *adj with shock, surprise* sin habla; ***I was left ~*** me quedé sin habla

'speech ther·a·pist logopeda *m/f*;

'speech ther·a·py logopedia *f*;

'speech writ·er redactor(a) *m(f)* de discursos

speed [spiːd] **1** *n* velocidad *f*; (*promptness*) rapidez *f*; ***at a ~ of 150 mph*** a una velocidad de 150 millas por hora **2** *v/i* (*pret & pp* ***sped***) *run* correr; *drive too quickly* sobrepasar el límite de velocidad; ***we were ~ing along*** íbamos a toda velocidad

♦ **speed by** *v/i* pasar a toda velocidad

♦ **speed up 1** *v/i of car, driver* acelerar; *when working* apresurarse **2** *v/t process* acelerar

'speed·boat motora *f*, planeadora *f*

'speed bump resalto *m* (*para reducir la velocidad del tráfico*), *Arg* despertador *m*, *Mex* tope *m*

speed·i·ly ['spiːdɪlɪ] *adv* con rapidez

speed·ing ['spiːdɪŋ] *n*: ***fined for ~*** multado por exceso de velocidad

'speed·ing fine multa *f* por exceso de velocidad

'speed lim·it *on roads* límite *m* de velocidad

speed·om·e·ter [spiː'dɑːmɪtər] velocímetro *m*

'speed trap control *m* de velocidad por radar

speed·y ['spiːdɪ] *adj* rápido

spell[1] [spel] **1** *v/t word* deletrear; ***how***

S

do you ~ ...? ¿cómo se escribe ... ? **2** *v/i* deletrear

spell² [spel] *n* (*period of time*) periodo *m*, temporada *f*; ***I'll take a ~ at the wheel*** te relevaré un rato al volante

'spell•bound *adj* hechizado; **'spell•check** COMPUT: ***do a ~ on*** pasar el corrector ortográfico a; **'spell•check•er** COMPUT corrector *m* ortográfico

spell•ing ['spelɪŋ] ortografía *f*

spend [spend] *v/t* (*pret & pp* **spent**) *money* gastar; *time* pasar

'spend•thrift *n pej* derrochador(a) *m*(*f*)

spent [spent] *pret & pp* → **spend**

sperm [spɜːrm] espermatozoide *m*; (*semen*) esperma *f*

'sperm bank banco *m* de esperma

'sperm count recuento *m* espermático

sphere [sfɪr] *also fig* esfera *f*; ***~ of influence*** ámbito *m* de influencia

spice [spaɪs] *n* (*seasoning*) especia *f*

spic•y ['spaɪsɪ] *adj food* con especias; (*hot*) picante

spi•der ['spaɪdər] araña *f*

'spi•der•web telaraña *f*, tela *f* de araña

spike [spaɪk] *n* pincho *m*; *on running shoe* clavo *m*

spill [spɪl] **1** *v/t* derramar **2** *v/i* derramarse **3** *n* derrame *m*

spin¹ [spɪn] **1** *n* (*turn*) giro *m* **2** *v/t* (*pret & pp* **spun**) hacer girar **3** *v/i* (*pret & pp* **spun**) *of wheel* girar, dar vueltas; ***my head is ~ning*** me da vueltas la cabeza

spin² [spɪn] *v/t wool, cotton* hilar; *web* tejer

♦ **spin around** *v/i of person, car* darse la vuelta

♦ **spin out** *v/t* alargar

spin•ach ['spɪnɪdʒ] espinacas *fpl*

spin•al ['spaɪnl] *adj* de la columna vertebral

spin•al 'col•umn columna *f* vertebral

spin•al 'cord médula *f* espinal

'spin doc•tor F *asesor encargado de dar la mejor prensa posible a un político o asunto*; **'spin-dry** *v/t* centrifugar; **spin-'dry•er** centrifugadora *f*

spine [spaɪn] *of person, animal* columna *f* vertebral; *of book* lomo *m*; *on plant, hedgehog* espina *f*

spine•less ['spaɪnlɪs] *adj* (*cowardly*) débil

'spin-off producto *m* derivade

spin•ster ['spɪnstər] solterona *f*

spin•y ['spaɪnɪ] *adj* espinoso

spi•ral ['spaɪrəl] **1** *n* espiral **2** *v/i* (*rise quickly*) subir vertiginosamente

spi•ral 'stair•case escalera *f* de caracol

spire [spaɪr] aguja *f*

spir•it ['spɪrɪt] *n* espíritu *m*; (*courage*) valor *m*; ***in a ~ of cooperation*** con espíritu de cooperación

spir•it•ed ['spɪrɪtɪd] *adj* (*energetic*) enérgico

'spir•it lev•el nivel *m* de burbuja

spirits ['spɪrɪts] *npl* (*morale*) la moral; ***be in good / poor ~*** tener la moral alta / baja

spir•i•tu•al ['spɪrɪtʃʊəl] *adj* espiritual

spir•it•u•al•ism ['spɪrɪtʃəlɪzm] espiritismo *m*

spir•it•u•al•ist ['spɪrɪtʃəlɪst] *n* espiritista *m/f*

spit [spɪt] *v/i* (*pret & pp* **spat**) *of person* escupir; ***it's ~ting with rain*** está chispeando

♦ **spit out** *v/t food, liquid* escupir

spite [spaɪt] *n* rencor *m*; ***in ~ of*** a pesar de

spite•ful ['spaɪtfəl] *adj* malo, malicioso

spite•ful•ly ['spaɪtfəlɪ] *adv* con maldad *or* malicia

spit•ting 'im•age ['spɪtɪŋ]: ***be the ~ of s.o.*** ser el vivo retrato de alguien

splash [splæʃ] **1** *n small amount of liquid* chorrito *m*; *of color* mancha *f* **2** *v/t person* salpicar **3** *v/i* chapotear; *of water* salpicar

♦ **splash down** *v/i of spacecraft* amerizar

♦ **splash out** *v/i in spending* gastarse una fortuna

splen•did ['splendɪd] *adj* espléndido

splen·dor, *Br* **splen·dour** ['splendər] esplendor *m*
splint [splɪnt] *n* MED tablilla *f*
splin·ter ['splɪntər] **1** *n* astilla *f* **2** *v/i* astillarse
'**splin·ter group** grupo *m* escindido
split [splɪt] **1** *n damage* raja *f*; (*disagreement*) escisión *f*; (*division, share*) reparto *m* **2** *v/t* (*pret & pp* ***split***) *damage* rajar; *logs* partir en dos; (*cause disagreement in*) escindir; (*share*) repartir **3** *v/i* (*pret & pp* ***split***) (*tear*) rajarse; (*disagree*) escindirse
♦ **split up** *v/i of couple* separarse
split per·son'al·i·ty PSYCH doble personalidad *f*
split·ting ['splɪtɪŋ] *adj*: ***~ headache*** dolor *m* de cabeza atroz
splut·ter ['splʌtər] *v/i* farfullar
spoil [spɔɪl] *v/t* estropear, arruinar
'**spoil·sport** F aguafiestas *m/f inv* F
spoilt [spɔɪlt] *adj child* consentido, mimado; ***be ~ for choice*** tener mucho donde elegir
spoke[1] [spoʊk] *of wheel* radio *m*
spoke[2] [spoʊk] *pret* → ***speak***
spo·ken ['spoʊkən] *pp* → ***speak***
spokes·man ['spoʊksmən] portavoz *m*
spokes·per·son ['spoʊkspɜːrsən] portavoz *m/f*
spokes·wom·an ['spoʊkswʊmən] portavoz *f*
sponge [spʌndʒ] *n* esponja *f*
♦ **sponge off**, **sponge on** *v/t* F vivir a costa de
'**sponge cake** bizcocho *m*
spong·er ['spʌndʒər] F gorrón(-ona) *m*(*f*) F
spon·sor ['spɑːnsər] **1** *n* patrocinador *m* **2** *v/t* patrocinar
spon·sor·ship ['spɑːnsərʃɪp] patrocinio *m*
spon·ta·ne·ous [spɑːn'teɪnɪəs] *adj* espontáneo
spon·ta·ne·ous·ly [spɑːn'teɪnɪəslɪ] *adv* espontáneamente
spook·y ['spuːkɪ] *adj* F espeluznante, terrorífico
spool [spuːl] *n* carrete *m*
spoon [spuːn] *n* cuchara *f*
'**spoon·feed** *v/t* (*pret & pp* ***-fed***) *fig* dar todo mascado a
spoon·ful ['spuːnfʊl] cucharada *f*
spo·rad·ic [spə'rædɪk] *adj* esporádico
sport [spɔːrt] *n* deporte *m*
sport·ing ['spɔːrtɪŋ] *adj* deportivo; ***a ~ gesture*** un gesto deportivo
'**sports car** [spɔːrts] (coche *m*) deportivo *m*; '**sports·coat** chaqueta *f* de sport; **sports 'jour·nal·ist** periodista *m/f* deportivo(-a); '**sports·man** deportista *m*; '**sports med·i·cine** medicina *f* deportiva; '**sports news** *nsg* noticias *fpl* deportivas; '**sports page** página *f* de deportes; '**sports·wear** ropa *f* de deporte; '**sports·wom·an** deportista *f*
sport·y ['spɔːrtɪ] *adj person* deportista; *clothes* deportivo
spot[1] [spɑːt] (*pimple etc*) grano *m*; (*part of pattern*) lunar *m*; ***a ~ of ...*** (*a little*) algo de …, un poco de …
spot[2] [spɑːt] (*place*) lugar *m*, sitio *m*; ***on the ~*** (*in the place in question*) en el lugar; (*immediately*) en ese momento; ***put s.o. on the ~*** poner a alguien en un aprieto
spot[3] [spɑːt] *v/t* (*pret & pp* ***-ted***) (*notice*) ver; (*identify*) ver, darse cuenta de
spot 'check *n* control *m* al azar; ***carry out spot checks*** llevar a cabo controles al azar
spot·less ['spɑːtlɪs] *adj* inmaculado, impecable
'**spot·light** *n* foco *m*
spot·ted ['spɑːtɪd] *adj fabric* de lunares
spot·ty ['spɑːtɪ] *adj with pimples* con granos
spouse [spaʊs] *fml* cónyuge *m/f*
spout [spaʊt] **1** *n* pitorro *m* **2** *v/i of liquid* chorrear **3** *v/t* F soltar F
sprain [spreɪn] **1** *n* esguince *m* **2** *v/t* hacerse un esguince en
sprang [spræŋ] *pret* → ***spring***
sprawl [sprɒːl] *v/i* despatarrarse; *of city* expandirse; ***send s.o. ~ing*** *of*

S

punch derribar de un golpe

sprawl·ing['sprɒ:lɪŋ] *adj city, suburbs* en expansión

spray [spreɪ] **1** *n of sea water, from fountain* rociada *f*; *for hair* spray *m*; *container* aerosol *m*, spray *m* **2** *v/t* rociar; **~ *sth with sth*** rociar algo de algo

'spray·gun pistola *f* pulverizadora

spread [spred] **1** *n of disease, religion etc* propagación *f*; F (*big meal*) comilona *f* F **2** *v/t* (*pret & pp* ***spread***) (*lay*) extender; *butter, jelly* untar; *news, rumor* difundir; *disease* propagar; *arms, legs* extender **3** *v/i* (*pret & pp* ***spread***) *of disease, fire* propagarse; *of rumor, news* difundirse; *of butter* extenderse, untarse

'spread·sheet COMPUT hoja *f* de cálculo

spree [spri:] F: ***go (out) on a ~*** ir de juerga; ***go on a shopping ~*** salir a comprar a lo loco

sprig [sprɪg] ramita *f*

spright·ly ['spraɪtlɪ] *adj* lleno de energía

spring[1] [sprɪŋ] *n season* primavera *f*

spring[2] [sprɪŋ] *n device* muelle *m*

spring[3] [sprɪŋ] **1** *n* (*jump*) brinco *m*, salto *m*; (*stream*) manantial *m* **2** *v/i* (*pret* ***sprang***, *pp* ***sprung***) brincar, saltar; **~ *from*** proceder de; ***he sprang to his feet*** se levantó de un salto

'spring·board trampolín *m*; **spring 'chick·en** *hum*: ***she's no ~*** no es ninguna niña; **spring-'clean·ing** limpieza *f* a fondo; **'spring·time** primavera *f*

spring·y ['sprɪŋɪ] *adj mattress, ground* mullido; *walk* ligero; *piece of elastic* elástico

sprin·kle ['sprɪŋkl] *v/t* espolvorear; ***~ sth with sth*** espolvorear algo con algo

sprin·kler ['sprɪŋklər] *for garden* aspersor *m*; *in ceiling* rociador *m* contra incendios

sprint [sprɪnt] **1** *n* esprint *m*; SP carrera *f* de velocidad **2** *v/i* (*run fast*) correr a toda velocidad; *of runner* esprintar

sprint·er ['sprɪntər] SP esprínter *m/f*, velocista *m/f*

sprout [spraʊt] **1** *v/i of seed* brotar **2** *n*: (***Brussels***) ***~s*** coles *fpl* de Bruselas

spruce [spru:s] *adj* pulcro

sprung [sprʌŋ] *pp* → ***spring***

spry [spraɪ] *adj* lleno *m* de energía

spun [spʌn] *pret & pp* → ***spin***

spur [spɜ:r] *n* espuela *f*; *fig* incentivo; ***on the ~ of the moment*** sin pararse a pensar

♦**spur on** *v/t* (*pret & pp* ***-red***) (*encourage*) espolear

spurt [spɜ:rt] **1** *n in race* arrancada *f*; ***put on a ~*** acelerar **2** *v/i of liquid* chorrear

sput·ter ['spʌtər] *v/i of engine* chisporrotear

spy [spaɪ] **1** *n* espía *m/f* **2** *v/i* (*pret & pp* ***-ied***) espiar **3** *v/t* (*pret & pp* ***-ied***) (*see*) ver

♦**spy on** *v/t* espiar

squab·ble ['skwɑ:bl] **1** *n* riña *f* **2** *v/i* reñir

squal·id ['skwɒ:lɪd] *adj* inmundo, miserable

squal·or ['skwɒ:lər] inmunidcia *f*

squan·der ['skwɒ:ndər] *v/t money* despilfarrar

square [skwer] **1** *adj in shape* cuadrado; ***~ miles*** millas cuadradas **2** *n also* MATH cuadrado *m*; *in town* plaza *f*; *in board game* casilla *f*; ***we're back to ~ one*** volvemos al punto de partida

♦**square up** *v/i* hacer cuentas

square 'root raíz *f* cuadrada

squash[1] [skwɑ:ʃ] *n vegetable* calabacera *f*

squash[2] [skwɑ:ʃ] *n game* squash *m*

squash[3] [skwɑ:ʃ] *v/t* (*crush*) aplastar

squat [skwɑ:t] **1** *adj person, build* chaparro; *figure, buildings* bajo **2** *v/i* (*pret & pp* ***-ted***) *sit* agacharse; ***~ in a building*** ocupar ilegalmente un edificio

squat·ter ['skwɑ:tər] ocupante *m/f* ilegal, *Span* okupa *m/f* F

squeak [skwi:k] **1** *n of mouse* chillido *m*; *of hinge* chirrido *m* **2** *v/i of mouse* chillar; *of hinge* chirriar; *of shoes* crujir

squeak·y ['skwi:kɪ] *adj hinge* chirriante; *shoes* que crujen; *voice* chillón

'squeak·y clean *adj* F bien limpio

squeal [skwi:l] **1** *n* chillido; ***there was a ~ of brakes*** se oyó una frenada estruendosa **2** *v/i* chillar; *of brakes* armar un estruendo

squeam·ish ['skwi:mɪʃ] *adj* aprensivo

squeeze [skwi:z] **1** *n of hand, shoulder* apretón *m* **2** *v/t* (*press*) apretar; (*remove juice from*) exprimir

♦ **squeeze in 1** *v/i to a car etc* meterse a duras penas **2** *v/t* hacer hueco para

♦ **squeeze up** *v/i to make space* apretarse

squid [skwɪd] calamar *m*

squint [skwɪnt] *n*: ***she has a ~*** es estrábica, tiene estrabismo

squirm [skwɜ:rm] *v/t* retorcerse

squir·rel ['skwɪrl] *n* ardilla *f*

squirt [skwɜ:rt] **1** *v/t* lanzar un chorro de **2** *n* F *pej* canijo(-a) *m*(*f*) F, mequetrefe *m/f* F

St *abbr* (= ***saint***) Sto; Sta (= santo *m*; santa *f*); (= ***street***) c/ (= calle *f*)

stab [stæb] **1** *n* F intento *m*; ***have a ~ at sth*** intentar algo **2** *v/t* (*pret & pp* ***-bed***) *person* apuñalar

sta·bil·i·ty [stə'bɪlətɪ] estabilidad *f*

sta·bil·ize ['steɪbɪlaɪz] **1** *v/t prices, boat* estabilizar **2** *v/i of prices etc* estabilizarse

sta·ble¹ ['steɪbl] *n for horses* establo *m*

sta·ble² ['steɪbl] *adj* estable; *patient's condition* estacionario

S

stack [stæk] **1** *n* (*pile*) pila *f*; (*smokestack*) chimenea *f*; ***~s of*** F montones de F **2** *v/t* apilar

sta·di·um ['steɪdɪəm] estadio *m*

staff [stæf] *npl* (*employees*) personal *m*; (*teachers*) profesorado *m*; ***~ are not allowed to ...*** los empleados no tienen permitido ...

staf·fer ['stæfər] empleado(-a) *m*(*f*)

'staff·room *in school* sala *f* de profesores

stag [stæg] ciervo *m*

stage¹ [steɪdʒ] *in life, project etc* etapa *f*

stage² [steɪdʒ] **1** *n* THEA escenario *m*; ***go on the ~*** hacerse actor / actriz **2** *v/t play* escenificar, llevar a escena; *demonstration* llevar a cabo

stage 'door entrada *f* de artistas; **'stage fright** miedo *m* escénico; **'stage hand** tramoyista *m/f*

stag·ger ['stægər] **1** *v/i* tambalearse **2** *v/t* (*amaze*) dejar anonadado; *coffee breaks etc* escalonar

stag·ger·ing ['stægərɪŋ] *adj* asombroso

stag·nant ['stægnənt] *adj also fig* estancado

stag·nate [stæg'neɪt] *v/i fig* estancarse

stag·na·tion [stæg'neɪʃn] estancamiento *m*

'stag par·ty despedida *f* de soltero

stain [steɪn] **1** *n* (*dirty mark*) mancha *f*; *for wood* tinte *m* **2** *v/t* (*dirty*) manchar; *wood* teñir **3** *v/i of wine etc* manchar, dejar mancha; *of fabric* mancharse

stained-glass 'win·dow [steɪnd] vidriera *f*

stain·less 'steel ['steɪnlɪs] *n* acero *m* inoxidable

'stain re·mov·er [rɪ'mu:vər] quitamanchas *m inv*

stair [ster] escalón *m*; ***the ~s*** la(s) escalera(s)

'stair·case escalera(s) *f*(/pl)

stake [steɪk] **1** *n of wood* estaca *f*; *when gambling* apuesta *f*; (*investment*) participación *f*; ***be at ~*** estar en juego **2** *v/t tree* arrodrigar; *money* apostar; *reputation* jugarse; *person* ayudar (*económicamente*)

stale [steɪl] *adj bread* rancio; *air* viciado; *fig*: *news* viejo

'stale·mate *in chess* tablas *fpl* (*por rey ahogado*); *fig* punto *m* muerto

stalk¹ [stɒ:k] *n of fruit, plant* tallo *m*

stalk² [stɒ:k] *v/t* (*follow*) acechar; *person* seguir

stalk·er ['stɒ:kər] *persona que sigue a*

otra obsesivamente

stall[1] [stɒːl] *n at market* puesto *m*; *for cow, horse* casilla *f*

stall[2] [stɒːl] **1** *v/i of vehicle, engine* calarse; *of plane* entrar en pérdida; (*play for time*) intentar ganar tiempo **2** *v/t engine* calar; *person* retener

stal·li·on ['stæljən] semental *m*

stalls [stɒːlz] *npl* patio *m* de butacas

stal·wart ['stɒːlwərt] *adj support, supporter* incondicional

stam·i·na ['stæmɪnə] resistencia *f*

stam·mer ['stæmər] **1** *n* tartamudeo *m* **2** *v/i* tartamudear

stamp[1] [stæmp] **1** *n for letter* sello *m*, *L.Am.* estampilla *f*, *Mex* timbre *m*; *device* tampón *m*; *mark made with device* sello *m* **2** *v/t* sellar; ***~ed addressed envelope*** sobre *m* franqueado con la dirección

stamp[2] [stæmp] *v/t*: ***~ one's feet*** patear

♦**stamp out** *v/t* (*eradicate*) terminar con

'stamp collec·ting filatelia *f*; **'stamp col·lec·tion** collección *f* de sellos *or L.Am.* estampillas *or Mex* timbres; **'stamp col·lec·tor** coleccionista *m/f* de sellos *or L.Am.* estampillas *or Mex* timbres

stam·pede [stæm'piːd] **1** *n of cattle etc* estampida *f*; *of people* desbandada *f* **2** *v/i of cattle etc* salir de estampida; *of people* salir en desbandada

stance [stæns] (*position*) postura *f*

stand [stænd] **1** *n at exhibition* puesto *m*, stand *m*; (*witness ~*) estrado *m*; (*support, base*) soporte *m*; ***take the ~*** LAW subir al estrado **2** *v/i* (*pret & pp* ***stood***) *of building* encontrarse, hallarse; *as opposed to sit* estar de pie; (*rise*) ponerse de pie; ***did you notice two men ~ing near the window?*** ¿viste a dos hombres al lado de la ventana?; ***there was a large box ~ing in the middle of the floor*** había una caja muy grande en mitad del suelo; ***the house ~s at the corner of ...*** la casa se encuentra en la esquina de ...; ***~ still*** quedarse quieto; ***where do you ~ with Liz?*** ¿cual es tu situación con Liz? **3** *v/t* (*pret & pp* ***stood***) (*tolerate*) aguantar, soportar; (*put*) colocar; ***you don't ~ a chance*** no tienes ninguna posibilidad; ***~ one's ground*** mantenerse firme

♦**stand back** *v/i* echarse atrás

♦**stand by 1** *v/i* (*not take action*) quedarse sin hacer nada; (*be ready*) estar preparado **2** *v/t person* apoyar; *decision* atenerse a

♦**stand down** *v/i* (*withdraw*) retirarse

♦**stand for** *v/t* (*tolerate*) aguantar; (*represent*) significar

♦**stand in for** *v/t* sustituir

♦**stand out** *v/i* destacar

♦**stand up 1** *v/i* levantarse **2** *v/t* F plantar F

♦**stand up for** *v/t* defender; ***stand up for yourself!*** ¡defiéndete!

♦**stand up to** *v/t* hacer frente a

stan·dard ['stændərd] **1** *adj* (*usual*) habitual **2** *n* (*level of excellence*) nivel *m*; TECH estándar *m*; ***be up to ~*** cumplir el nivel exigido; ***not be up to ~*** estar por debajo del nivel exigido; ***my parents set very high ~s*** mis padres exigen mucho

stan·dard·ize ['stændərdaɪz] *v/t* normalizar

stan·dard of 'li·ving nivel *m* de vida

'stand·by 1 *n ticket* billete *m* stand-by; ***be on ~*** estar en stand-by *or* en lista de espera **2** *adv fly* con un billete stand-by

'stand·by pas·sen·ger pasajero(-a) *m*(*f*) en stand-by *or* en lista de espera

stand·ing ['stændɪŋ] *n in society etc* posición *f*; (*repute*) reputación *f*; ***a musician / politician of some ~*** un reputado músico / político; ***a relationship of long ~*** una relación establecida hace mucho tiempo

'stand·ing room: ***~ only*** no quedan asientos

stand·off·ish [stænd'ɑːfɪʃ] *adj* distante; **'stand·point** punto *m* de vista; **'stand·still**: ***be at a ~*** estar paralizado; ***bring to a ~*** paralizar

stank [stæŋk] *pret* → ***stink***
stan·za ['stænzə] estrofa *f*
sta·ple¹ ['steɪpl] *n foodstuff* alimento *m* básico
sta·ple² ['steɪpl] **1** *n* (*fastener*) grapa *f* **2** *v/t* grapar
sta·ple 'di·et dieta *f* básica
'sta·ple gun grapadora *f* industrial
sta·pler ['steɪplər] grapadora *f*
star [stɑːr] **1** *n also person* estrella *f* **2** *v/t* (*pret & pp* **-red**) *of movie* estar protagonizado por **3** *v/i* (*pret & pp* **-red**) *in movie*: ***Depardieu ~red in ...*** Depardieu protagonizó ...
'star·board *adj* de estribor
starch [stɑːrtʃ] *in foodstuff* fécula *f*
stare [ster] **1** *n* mirada *f* fija **2** *v/i* mirar fijamente; ***~ at*** mirar fijamente
'star·fish estrella *f* de mar
stark [stɑːrk] **1** *adj landscape* desolado; *reminder, picture etc* desolador; ***in ~ contrast to*** en marcado contraste con **2** *adv*: ***~ naked*** completamente desnudo
star·ling ['stɑːrlɪŋ] estornino *m*
star·ry ['stɑːrɪ] *adj night* estrellado
star·ry-eyed [stɑːrɪ'aɪd]] *adj person* cándido, ingenuo
Stars and 'Stripes *la bandera estadounidense*
start [stɑːrt] **1** *n* (*beginning*) comienzo *m*, principio *m*; *of race* salida *f*; ***get off to a good / bad ~*** empezar bien / mal; ***from the ~*** desde el principio; ***well, it's a ~!*** bueno, ¡algo es algo! **2** *v/i* empezar, comenzar; *of engine, car* arrancar; ***~ing from tomorrow*** a partir de mañana **3** *v/t* empezar, comenzar; *engine, car* arrancar; *business* montar; ***~ to do sth, ~ doing sth*** empezar *or* comenzar a hacer algo; ***he ~ed to cry*** se puso a llorar
start·er ['stɑːrtər] (*part of meal*) entrada *f*, entrante *m*; *of car* motor *m* de arranque
'start·ing point punto *m* de partida
'start·ing sal·a·ry sueldo *m* inicial
start·le ['stɑːrtl] *v/t* sobresaltar
start·ling ['stɑːrtlɪŋ] *adj* sorprendente, asombroso

S

starv·a·tion [stɑːr'veɪʃn] inanición *f*, hambre *f*
starve [stɑːrv] *v/i* pasar hambre; ***~ to death*** morir de inanición *or* hambre; ***I'm starving*** F me muero de hambre F
state¹ [steɪt] **1** *n* (*condition, country*) estado *m*; ***the States*** (los) Estados Unidos **2** *adj capital etc* estatal, del estado; *banquet etc* de estado
state² [steɪt] *v/t* declarar
'State De·part·ment Departamento *m* de Estado, *Ministerio de Asuntos Exteriores*
state·ment ['steɪtmənt] declaración *f*; (*bank* ~) extracto *m*
state of e'mer·gen·cy estado *m* de emergencia
state-of-the-'art *adj* modernísimo
states·man ['steɪtsmən] hombre *m* de estado
state 'troop·er policía *m/f* estatal
state 'vis·it visita *f* de estado
stat·ic (e·lec'tric·i·ty) ['stætɪk] electricidad *f* estática
sta·tion ['steɪʃn] **1** *n* RAIL estación *f*; RAD emisora *f*; TV canal *m* **2** *v/t guard etc* apostar; ***be ~ed in*** *of soldier* estar destinado en
sta·tion·a·ry ['steɪʃnərɪ] *adj* parado
sta·tion·er ['steɪʃənər] papelería *f*
sta·tion·er·y ['steɪʃənerɪ] artículos *mpl* de papelería
sta·tion 'man·ag·er RAIL jefe *m* de estación
'sta·tion wag·on ranchera *f*
sta·tis·ti·cal [stə'tɪstɪkl] *adj* estadístico
sta·tis·ti·cal·ly [stə'tɪstɪklɪ] *adv* estadísticamente
sta·tis·ti·cian [stætɪs'tɪʃn] estadístico(-a) *m*(*f*)
sta·tis·tics [stə'tɪstɪks] (*nsg*: *science*) estadística *f*, (*npl*: *figures*) estadísticas *fpl*
stat·ue ['stætʃuː] estatua *f*
Stat·ue of 'Lib·er·ty Estatua *f* de la Libertad
sta·tus ['stætəs] categoría *f*, posición *f*; ***women want equal ~ with men*** las mujeres quieren igualdad con

los hombres
'**sta·tus bar** COMPUT barra *f* de estado
'**sta·tus sym·bol** símbolo *m* de estatus
stat·ute ['stætu:t] estatuto *m*
staunch [stɒ:ntʃ] *adj supporter* incondicional; *friend* fiel
stay [steɪ] **1** *n* estancia *f*, *L.Am.* estadía *f* **2** *v/i in a place* quedarse; *in a condition* permanecer; ~ ***in a hotel*** alojarse en un hotel; ~ ***right there!*** ¡quédate ahí!; ~ ***put*** no moverse
♦ **stay away** *v/i*: ***tell the children to stay away*** diles a los niños que no se acerquen
♦ **stay away from** *v/t* no acercarse a
♦ **stay behind** *v/i* quedarse
♦ **stay up** *v/i* (*not go to bed*) quedarse levantado
stead·i·ly ['stedɪlɪ] *adv improve etc* constantemente
stead·y ['stedɪ] **1** *adj* (*not shaking*) firme; (*continuous*) continuo; *beat* regular; *boyfriend* estable **2** *adv*: ***they've been going ~ for two years*** llevan saliendo dos años; ~ ***on!*** ¡un momento! **3** *v/t* (*pret & pp* **-ied**) afianzar; *voice* calmar
steak [steɪk] filete *m*
steal [sti:l] **1** *v/t* (*pret* **stole**, *pp* **stolen**) *money etc* robar **2** *v/i* (*pret* **stole**, *pp* **stolen**) (*be a thief*) robar; ***he stole into the bedroom*** entró furtivamente en la habitación
'**stealth bomb·er** [stelθ] bombardero *m* invisible
stealth·y ['stelθɪ] *adj* sigiloso
steam [sti:m] **1** *n* vapor *m* **2** *v/t food* cocinar al vapor
♦ **steam up** *v/i of window* empañarse
steamed up [sti:md'ʌp] *adj* F (*angry*) enojado, *Span* mosqueado F
steam·er ['sti:mər] *for cooking* olla *f* para cocinar al vapor
'**steam i·ron** plancha *f* de vapor
steel [sti:l] **1** *n* acero *m* **2** *adj* (*made of* ~) de acero
'**steel·work·er** trabajador(a) *m*(*f*) del acero
'**steel·works** acería *f*
steep[1] [sti:p] *adj hill etc* empinado; F: *prices* caro
steep[2] [sti:p] *v/t* (*soak*) poner en remojo
stee·ple ['sti:pl] torre *f*
'**stee·ple·chase** *in athletics* carrera *f* de obstáculos
steep·ly ['sti:plɪ] *adv*: ***climb*** ~ *of path* subir pronunciadamente; *of prices* dispararse
steer[1] [stɪr] *n animal* buey *m*
steer[2] [stɪr] *v/t car* conducir, *L.Am.* manejar; *boat* gobernar; *person* guiar; *conversation* llevar
steer·ing ['stɪrɪŋ] *n* MOT dirección *f*
'**steer·ing wheel** volante *m*, *S.Am.* timón *m*
stem[1] [stem] *n of plant* tallo *m*; *of glass* pie *m*; *of pipe* tubo *m*; *of word* raíz *f*
♦ **stem from** *v/t* (*pret & pp* **-med**) derivarse de
stem[2] [stem] *v/t* (*block*) contener
'**stem·ware** ['stemwer] cristalería *f*
stench [stentʃ] peste *f*, hedor *m*
sten·cil ['stensɪl] **1** *n* plantilla *f* **2** *v/t* (*pret & pp* **-ed**, *Br* **-led**) *pattern* estarcir
step [step] **1** *n* (*pace*) paso *m*; (*stair*) escalón *m*; (*measure*) medida *f*; ~ ***by*** ~ paso a paso **2** *v/i* (*pret & pp* **-ped**): ~ ***on sth*** pisar algo; ~ ***into a puddle*** pisar un charco; ***I ~ped back*** di un paso atrás; ~ ***forward*** dar un paso adelante
♦ **step down** *v/i from post etc* dimitir
♦ **step out** *v/i* (*go out for a short time*) salir un momento
♦ **step up** *v/t* (*increase*) incrementar
'**step·broth·er** hermanastro *m*; '**step·daugh·ter** hijastra *f*; '**step·fa·ther** padrastro *m*; '**step·lad·der** escalera *f* de tijera; '**step·moth·er** madrastra *f*
step·ping stone ['stepɪŋ] pasadera *f*; *fig* trampolín *m*
'**step·sis·ter** hermanastra *f*
'**step·son** hijastro *m*
ster·e·o ['sterɪoʊ] *n* (*sound system*) equipo *m* de música
ster·e·o·type ['sterɪoʊtaɪp] *n* estereotipo *m*

S

ster·ile ['sterəl] *adj* estéril
ster·il·ize ['sterəlaɪz] *v/t woman, equipment* esterilizar
ster·ling ['stɜːrlɪŋ] *n* FIN libra *f* esterlina
stern[1] [stɜːrn] *adj* severo
stern[2] [stɜːrn] *n* NAUT popa *f*
stern·ly ['stɜːrnlɪ] *adv* con severidad
ster·oids ['sterɔɪdz] *npl* esteroides *mpl*
steth·o·scope ['steθəskoup] fonendoscopio *m*, estetoscopio *m*
Stet·son® ['stetsn] sombrero *m* de vaquero
ste·ve·dore ['stiːvədɔːr] estibador *m*
stew [stuː] *n* guiso *m*
stew·ard ['stuːərd] *n on plane* auxiliar *m* de vuelo; *on ship* camarero *m*; *at demonstration, meeting* miembro *m* de la organización
stew·ard·ess [stuːər'des] *on plane* auxiliar *f* de vuelo; *on ship* camarera *f*
stewed [stuːd] *adj apples, plums* en compota
stick[1] [stɪk] *n* palo *m*; *of policeman* porra *f*; (*walking* ~) bastón *m*; ***live out in the ~s*** F vivir en el quinto pino F, vivir en el campo
stick[2] [stɪk] **1** *v/t* (*pret & pp* ***stuck***) *with adhesive* pegar; F (*put*) meter **2** *v/i* (*pret & pp* ***stuck***) (*jam*) atascarse; (*adhere*) pegarse
♦ **stick around** *v/i* F quedarse
♦ **stick by** *v/t* F apoyar, no abandonar
♦ **stick out** *v/i* (*protrude*) sobresalir; (*be noticeable*) destacar; ***his ears stick out*** tiene las orejas salidas
♦ **stick to** *v/t of sth sticky* pegarse a; F *plan etc* seguir; F (*trail, follow*) pegarse a F
♦ **stick together** *v/i* mantenerse unidos
♦ **stick up** *v/t poster, leaflet* pegar
♦ **stick up for** *v/t* F defender
stick·er ['stɪkər] pegatina *f*
'**stick-in-the-mud** F aburrido(-a) *m*(*f*) F, soso(-a) *m*(*f*)
stick·y ['stɪkɪ] *adj hands, surface* pegajoso; *label* adhesivo
stiff [stɪf] **1** *adj cardboard, manner* rígido; *brush, penalty, competition* duro; *muscle, body* agarrotado; *mixture, paste* consistente; *drink* cargado **2** *adv*: ***be scared ~*** F estar muerto de miedo F; ***be bored ~*** F aburrirse como una ostra F
stiff·en ['stɪfn] *v/i of person* agarrotarse
♦ **stiffen up** *v/i of muscle* agarrotarse
stiff·ly ['stɪflɪ] *adv* con rigidez; *fig* forzadamente
stiff·ness ['stɪfnəs] *of muscles* agarrotamiento *m*; *fig: of manner* rigidez *f*
sti·fle ['staɪfl] *v/t yawn, laugh* reprimir, contener; *criticism, debate* reprimir
sti·fling ['staɪflɪŋ] *adj* sofocante; ***it's ~ in here*** hace un calor sofocante aquí dentro
stig·ma ['stɪgmə] estigma *m*
sti·let·tos [stɪ'letouz] *npl shoes* zapatos *mpl* de tacón de aguja
still[1] [stɪl] **1** *adj* (*not moving*) quieto; *with no wind* sin viento; ***it was very ~*** *no wind* no soplaba nada de viento **2** *adv*: ***keep ~!*** ¡estáte quieto!; ***stand ~!*** ¡no te muevas!
still[2] [stɪl] *adv* (*yet*) todavía, aún; (*nevertheless*) de todas formas; ***do you ~ want it?*** ¿todavía *or* aún lo quieres?; ***she ~ hasn't finished*** todavía *or* aún no ha acabado; ***I ~ don't understand*** sigo sin entenderlo; ***she might ~ come*** puede que aún venga; ***they are ~ my parents*** siguen siendo mis padres; ***~ more*** (*even more*) todavía más
'**still·born** *adj*: ***be ~*** nacer muerto
still 'life naturaleza *f* muerta, bodegón *m*
stilt·ed ['stɪltɪd] *adj* forzado
stim·u·lant ['stɪmjʊlənt] estimulante *m*
stim·u·late ['stɪmjʊleɪt] *v/t person* estimular; *growth, demand* estimular, provocar
stim·u·lat·ing ['stɪmjʊleɪtɪŋ] *adj* estimulante
stim·u·la·tion [stɪmjʊ'leɪʃn] estimulación *f*

stim·u·lus ['stɪmjʊləs] (*incentive*) estímulo *m*
sting [stɪŋ] **1** *n from bee, jellyfish* picadura *f* **2** *v/t* (*pret & pp* ***stung***) *of bee, jellyfish* picar **3** *v/i* (*pret & pp* ***stung***) *of eyes, scratch* escocer
sting·ing ['stɪŋɪŋ] *adj remark, criticism* punzante
sting·y ['stɪndʒɪ] *adj* F agarrado F, rácano F
stink [stɪŋk] **1** *n* (*bad smell*) peste *f*, hedor *m*; F (*fuss*) escándalo F; ***make a ~*** F armar un escándalo F **2** *v/i* (*pret* ***stank***, *pp* ***stunk***) (*smell bad*) apestar; F (*be very bad*) dar asco
stint [stɪnt] *n* temporada *f*; ***do a ~ in the army*** pasar una temporada en el ejército
♦ **stint on** *v/t* F racanear F
stip·u·late ['stɪpjʊleɪt] *v/t* estipular
stip·u·la·tion [stɪpjʊ'leɪʃn] estipulación *f*
stir [stɜːr] **1** *n*: ***give the soup a ~*** darle vueltas a la sopa; ***cause a ~*** causar revuelo **2** *v/t* (*pret & pp* ***-red***) remover, dar vueltas a **3** *v/i* (*pret & pp* ***-red***) *of sleeping person* moverse
♦ **stir up** *v/t crowd* agitar; *bad memories* traer a la memoria
stir-'cra·zy *adj* F majareta F
'stir-fry *v/t* (*pret & pp* ***-ied***) *freír rápidamente y dando vueltas*
stir·ring ['stɜːrɪŋ] *adj music, speech* conmovedor
stir·rup ['stɪrəp] estribo *m*
stitch [stɪtʃ] **1** *n in sewing* puntada *f*; *in knitting* punto *m*; ***~es*** MED puntos *mpl*; ***be in ~es** laughing* partirse de risa; ***have a ~*** tener flato **2** *v/t sew* coser
♦ **stitch up** *v/t wound* coser, suturar
stitch·ing ['stɪtʃɪŋ] (*stitches*) cosido *m*
stock [stɑːk] **1** *n* (*reserves*) reservas *fpl*; COM *of store* existencias *fpl*; (*animals*) ganado *m*; FIN acciones *fpl*; *for soup etc* caldo *m*; ***in ~*** en existencias; ***out of ~*** agotado; ***take ~*** hacer balance **2** *v/t* COM (*have*) tener en existencias; COM (*sell*) vender
♦ **stock up on** *v/t* aprovisionarse de
'stock·breed·er ganadero(-a) *m*(*f*); **'stock·brok·er** corredor(a) *m*(*f*) de bolsa; **'stock cube** pastilla *f* de caldo concentrado; **'stock ex·change** bolsa *f* (de valores); **'stock·hold·er** accionista *m/f*
stock·ing ['stɑːkɪŋ] media *f*
stock·ist ['stɑːkɪst] distribuidor(a) *m*(*f*)
'stock mar·ket mercado *m* de valores; **'stock·mar·ket crash** crack *m* bursátil; **'stock·pile 1** *n of food, weapons* reservas *fpl* **2** *v/t* acumular; **'stock·room** almacén *m*; **stock-'still** *adv*: ***stand ~*** quedarse inmóvil; **'stock·tak·ing** inventario *m*
'stock·y ['stɑːkɪ] *adj* bajo y robusto
stodg·y ['stɑːdʒɪ] *adj food* pesado
sto·i·cal ['stoʊɪkl] *adj* estoico
sto·i·cism ['stoʊɪsɪzm] estoicismo *m*
stole [stoʊl] *pret* → ***steal***
stol·en ['stoʊlən] *pp* → ***steal***
stom·ach ['stʌmək] **1** *n* estómago *m*, tripa *f* **2** *v/t* (*tolerate*) soportar
'stom·ach-ache dolor *m* de estómago
stone [stoʊn] *n* piedra *f*
stoned [stoʊnd] *adj* F (*on drugs*) colocado F
stone-'deaf *adj*: ***be ~*** estar más sordo que una tapia
'stone·wall *v/i* F andarse con evasivas
ston·y ['stoʊnɪ] *adj ground, path* pedregoso
stood [stuːd] *pret & pp* → ***stand***
stool [stuːl] (*seat*) taburete *m*
stoop[1] [stuːp] **1** *n*: ***have a ~*** estar encorvado **2** *v/i* (*bend down*) agacharse
stoop[2] [stuːp] *n* (*porch*) porche *m*
stop [stɑːp] **1** *n for train, bus* parada *f*; ***come to a ~*** detenerse; ***put a ~ to*** poner fin a **2** *v/t* (*pret & pp* ***-ped***) (*put an end to*) poner fin a; (*prevent*) impedir; (*cease*), *person in street* parar; *car, bus, train, etc*: *of driver* detener; *check* bloquear; ***~ doing sth*** dejar de hacer algo; ***it has ~ped raining*** ha parado *or* dejado de llover; ***I ~ped her from leaving*** impedí

S

que se fuera **3** *v/i* (*pret & pp* ***-ped***) (*come to a halt*) pararse, detenerse; *in a particular place: of bus, train* parar

♦ **stop by** *v/i* (*visit*) pasarse

♦ **stop off** *v/i* hacer una parada

♦ **stop over** *v/i* hacer escala

♦ **stop up** *v/t sink* atascar

'stop·gap solución *f* intermedia; **'stop·light** (*traffic light*) semáforo *m*; (*brake light*) luz *m* de freno; **'stop·o·ver** *n* parada *f*; *in air travel* escala *f*

stop·per ['stɑːpər] *for bath, bottle* tapón *m*

stop·ping ['stɑːpɪŋ]: ***no ~ sign*** prohibido estacionar

'stop sign (señal *f* de) stop *m*

'stop·watch cronómetro *m*

stor·age ['stɔːrɪdʒ] almacenamiento *m*; ***put sth in ~*** almacenar algo; ***be in ~*** estar almacenado

'stor·age ca·pac·i·ty COMPUT capacidad *f* de almacenamiento

'stor·age space espacio *m* para guardar cosas

store [stɔːr] **1** *n* tienda *f*; (*stock*) reserva *f*; (*storehouse*) almacén *m* **2** *v/t* almacenar; COMPUT guardar

'store·front fachada *f* de tienda; **'store·house** almacén *m*; **'store·keep·er** tendero(-a) *m(f)*; **'store·room** almacén *m*; **store 'win·dow** escaparate *m*, *L.Am.* vidriera *f*, *Mex* aparador *m*

sto·rey *Br* → ***story²***

stork [stɔːrk] cigüeña *f*

storm [stɔːrm] *n* tormenta *f*

'storm drain canal *m* de desagüe; **'storm warn·ing** aviso *m* de tormenta; **storm 'win·dow** contraventana *f*

storm·y ['stɔːrmɪ] *adj weather, relationship* tormentoso

sto·ry¹ ['stɔːrɪ] (*tale*) cuento *m*; (*account*) historia *f*; (*newspaper article*) artículo *m*; F (*lie*) cuento *m*

sto·ry² ['stɔːrɪ] *of building* piso *m*, planta *f*

stout [staʊt] *adj person* relleno, corpulento; *boots* resistente; *defender* valiente

stove [stoʊv] *for cooking* cocina *f*, *Col, Mex, Ven* estufa *f*; *for heating* estufa *f*

stow [stoʊ] *v/t* guardar

♦ **stow away** *v/i* viajar de polizón

'stow·a·way *n* polizón *m*

straggler ['stræglər] rezagado(-a) *m(f)*

straight [streɪt] **1** *adj line, back* recto; *hair* liso; (*honest, direct*) franco; *whiskey* solo; (*tidy*) en orden; (*conservative*) serio; (*not homosexual*) heterosexual; ***be a ~ A student*** sacar sobresaliente en todas las asignaturas; ***keep a ~ face*** contener la risa **2** *adv* (*in a straight line*) recto; (*directly, immediately*) directamente; (*clearly*) con claridad; ***stand up ~!*** ¡ponte recto!; ***look s.o. ~ in the eye*** mirar a los ojos de alguien; ***go ~*** F *of criminal* reformarse; ***give it to me ~*** F dímelo sin rodeos; ***~ ahead*** *be situated* todo derecho; *walk, drive* todo recto; *look* hacia delante; ***carry ~ on*** *of driver etc* seguir recto; ***~away***, ***~ off*** en seguida; ***~ out*** directamente; ***~ up*** *without ice* solo

straight·en ['streɪtn] *v/t* enderezar

♦ **straighten out** **1** *v/t situation* resolver; F *person* poner por el buen camino **2** *v/i of road* hacerse recto

♦ **straighten up** *v/i* ponerse derecho

straight'for·ward *adj* (*honest, direct*) franco; (*simple*) simple

strain¹ [streɪn] **1** *n on rope* tensión *f*; *on engine, heart* esfuerzo *m*; *on person* agobio *m* **2** *v/t fig: finances, budget* crear presión en; ***~ one's back*** hacerse daño en la espalda; ***~ one's eyes*** forzar la vista

strain² [streɪn] *v/t vegetables* escurrir; *oil, fat etc* colar

strain³ [streɪn] *n of virus* cepa *f*

strained [streɪnd] *adj relations* tirante

strain·er ['streɪnər] *for vegetables etc* colador *m*

strait [streɪt] estrecho *m*

strait·laced [streɪt'leɪst] *adj* mojigato

strand¹ [strænd] *n of wool, thread* he-

S

bra *f*; ***a ~ of hair*** un pelo
strand² [strænd] *v/t* abandonar; ***be ~ed*** quedarse atrapado *or* tirado
strange [streɪndʒ] *adj* (*odd, curious*) extraño, raro; (*unknown, foreign*) extraño
strange·ly ['streɪndʒlɪ] *adv* (*oddly*) de manera extraña; ~ ***enough*** aunque parezca extraño
strang·er ['streɪndʒər] (*person you don't know*) extraño(-a) *m*(*f*), desconocido(-a) *m*(*f*); ***I'm a ~ here myself*** yo tampoco soy de aquí
stran·gle ['stræŋgl] *v/t person* estrangular
strap [stræp] *n of purse, watch* correa *f*; *of brassiere, dress* tirante *m*; *of shoe* tira *f*
♦ **strap in** *v/t* (*pret & pp* **-ped**) poner el cinturón de seguridad a
♦ **strap on** *v/t* ponerse
strap·less ['stræplɪs] *adj* sin tirantes
stra·te·gic [strə'ti:dʒɪk] *adj* estratégico
strat·e·gy ['strætədʒɪ] estrategia *f*
straw¹ [strɒ:] *material* paja *f*; ***that's the last ~!*** ¡es la gota que colma el vaso!
straw² [strɒ:] *for drink* pajita *f*
straw·ber·ry ['strɒ:berɪ] *fruit* fresa *f*, *S.Am.* frutilla *f*
stray [streɪ] **1** *adj animal* callejero; *bullet* perdido **2** *n dog* perro *m* callejero; *cat* gato *m* callejero **3** *v/i of animal, child* extraviarse, perderse; *fig*: *of eyes, thoughts* desviarse
streak [stri:k] **1** *n of dirt, paint* raya *f*; *in hair* mechón *m*; *fig*: *of nastiness etc* vena *f* **2** *v/i move quickly* pasar disparado
streak·y ['stri:kɪ] *adj* veteado
stream [stri:m] **1** *n* riachuelo *m*; *fig*: *of people, complaints* oleada *f*; ***come on ~*** entrar en funcionamiento **2** *v/i*: ***there were tears ~ing down my face*** me bajaban ríos de lágrimas por la cara; ***people ~ed out of the building*** la gente salía en masa
stream·er ['stri:mər] serpentina *f*
'**stream·line** *v/t fig* racionalizar
'**stream·lined** *adj car, plane* aerodinámico; *fig*: *organization* racionalizado
street [stri:t] calle *f*
'**street·car** tranvía *f*; '**street·light** farola *f*; '**street peo·ple** *npl* los sin techo; '**street value** *of drugs* valor *m* en la calle; '**street·walk·er** F prostituta *f*; '**street·wise** *adj* espabilado
strength [streŋθ] fuerza *f*; *fig* (*strong point*) punto *m* fuerte; *of friendship etc* solidez *f*; *of emotion* intensidad *f*; *of currency* fortaleza *f*
strength·en ['streŋθn] **1** *v/t muscles, currency* fortalecer; *bridge* reforzar; *country, ties, relationship* consolidar **2** *v/i of bonds, ties* consolidarse; *of currency* fortalecerse
stren·u·ous ['strenjʊəs] *adj* agotador
stren·u·ous·ly ['strenjʊəslɪ] *adv deny* tajantemente
stress [stres] **1** *n* (*emphasis*) énfasis *m*; (*tension*) estrés *m*; *on syllable* acento *m*; ***be under ~*** estar estresado **2** *v/t* (*emphasize*: *syllable*) acentuar; *importance etc* hacer hincapié en; ***I must ~ that ...*** quiero hacer hincapié en que ...
stressed 'out [strest] *adj* F estresado
stress·ful ['stresfəl] *adj* estresante
stretch [stretʃ] **1** *n of land, water* extensión *f*; *of road* tramo *m*; ***at a ~*** (*non-stop*) de un tirón **2** *adj fabric* elástico **3** *v/t material, income* estirar; F *rules* ser flexible con; ***he ~ed out his hand*** estiró la mano; ***my job ~es me*** mi trabajo me obliga a esforzarme **4** *v/i to relax muscles, reach sth* estirarse; (*spread*) extenderse; *of fabric* estirarse, dar de sí
stretch·er ['stretʃər] camilla *f*
strict [strɪkt] *adj* estricto
strict·ly ['strɪktlɪ] *adv* con rigor; ***it is ~ forbidden*** está terminantemente prohibido
strid·den ['strɪdn] *pp* → ***stride***
stride [straɪd] **1** *n* zancada *f*; ***take sth in one's ~*** tomarse algo con tranquilidad; ***make great ~s*** *fig* avanzar a pasos agigantados **2** *v/i* (*pret*

strode, *pp* ***stridden***) caminar dando zancadas

stri•dent ['straɪdnt] *adj also fig* estridente

strike [straɪk] **1** *n of workers* huelga *f*; *in baseball* strike *m*; *of oil* descubrimiento *m*; ***be on ~*** estar en huelga; ***go on ~*** ir a la huelga **2** *v/i* (*pret & pp* ***struck***) *of workers* hacer huelga; (*attack*) atacar; *of disaster* sobrevenir; *of clock* dar las horas; ***the clock struck three*** el reloj dio las tres **3** *v/t* (*pret & pp* ***struck***) (*hit*) golpear; *fig: of disaster* sacudir; *match* encender; *oil* descubrir; ***didn't it ever ~ you that ...?*** ¿no se te ocurrió que ...?; ***she struck me as being ...*** me dio la impresión de ser ...

♦ **strike out 1** *v/t* (*delete*) tachar; *in baseball* eliminar a, *L.Am.* ponchar **2** *v/i in baseball* quedar eliminado, *L.Am.* poncharse

'**strike•break•er** esquirol(a) *m*(*f*)

strik•er ['straɪkər] (*person on strike*) huelguista *m/f*; *in soccer* delantero(-a) *m*(*f*)

strik•ing ['straɪkɪŋ] *adj* (*marked*) sorprendente, llamativo; (*eye-catching*) deslumbrante

string [strɪŋ] *n also of violin, racket etc* cuerda *f*; ***~s*** *musicians* la sección de cuerda; ***pull ~s*** mover hilos; ***a ~ of*** (*series*) una serie de

♦ **string along 1** *v/i* (*pret & pp* ***strung***) F apuntarse F **2** *v/t* (*pret & pp* ***strung***) F: ***string s.o. along*** dar falsas esperanzas a alguien

♦ **string up** *v/t* F colgar

stringed 'in•stru•ment [strɪŋd] instrumento *m* de cuerda

strin•gent ['strɪndʒnt] *adj* riguroso

'**string play•er** instrumentista *m/f* de cuerda

strip [strɪp] **1** *n of land* franja *f*; *of cloth* tira *f*; (*comic ~*) tira *f* cómica **2** *v/t* (*pret & pp* ***-ped***) (*remove*) quitar; (*undress*) desnudar; ***~ s.o. of sth*** despojar a alguien de algo **3** *v/i* (*pret & pp* ***-ped***) (*undress*) desnudarse; *of stripper* hacer striptease

'**strip club** club *m* de striptease

stripe [straɪp] raya *f*; *indicating rank* galón *m*

striped [straɪpt] *adj* a rayas

'**strip joint** F → ***strip club***

strip•per ['strɪpər] artista *m/f* de striptease

'**strip show** espectáculo *m* de striptease

strip'tease striptease *m*

strive [straɪv] *v/i* (*pret* ***strove***, *pp* ***striven***) esforzarse; ***~ to do sth*** esforzarse por hacer algo; ***~ for*** luchar por

striv•en ['strɪvn] *pp* → ***strive***

strobe (light) [stroʊb] luz *f* estroboscópica

strode [stroʊd] *pret* → ***stride***

stroke [stroʊk] **1** *n* MED derrame *m* cerebral; *when writing* trazo *m*; *when painting* pincelada *f*; (*style of swimming*) estilo *m*; ***~ of luck*** golpe de suerte; ***she never does a ~ (of work)*** no pega ni golpe **2** *v/t* acariciar

stroll [stroʊl] **1** *n* paseo *m* **2** *v/i* caminar

stroll•er ['stroʊlər] *for baby* silla *f* de paseo

strong [strɒːŋ] *adj* fuerte; *structure* resistente; *candidate* claro, con muchos posibilidades; *support, supporter, views, objection* firme; *tea, coffee* cargado, fuerte

'**strong•hold** *fig* baluarte *m*

strong•ly ['strɒːŋlɪ] *adv* fuertemente, rotundamente

strong-mind•ed [strɒːŋ'maɪndɪd] *adj* decidido; '**strong point** (punto *m*) fuerte *m*; '**strong•room** cámara *f* acorazada; **strong-willed** [strɒːŋ'wɪld] *adj* tenaz

strove [stroʊv] *pret* → ***strive***

struck [strʌk] *pret & pp* → ***strike***

struc•tur•al ['strʌktʃərl] *adj* estructural

struc•ture ['strʌktʃər] **1** *n* (*something built*) construcción *f*; *of novel, society etc* estructura *f* **2** *v/t* estructurar

strug•gle ['strʌgl] **1** *n* lucha *f* **2** *v/i with a person* forcejear; (*have a hard time*) luchar; ***he was struggling***

with the door tenía problemas para abrir la puerta; **~ *to do sth*** luchar por hacer algo

strum [strʌm] *v/t* (*pret & pp* ***-med***) *guitar* rasguear

strung [strʌŋ] *pret & pp* → ***string***

strut [strʌt] *v/i* (*pret & pp* ***-ted***) pavonearse

stub [stʌb] **1** *n of cigarette* colilla *f*; *of check* matriz *f*; *of ticket* resguardo *m* **2** *v/t* (*pret & pp* ***-bed***): **~ *one's toe*** darse un golpe en el dedo (del pie)

♦ **stub out** *v/t* apagar (apretando)

stub·ble ['stʌbl] *on man's face* barba *f* incipiente

stub·born ['stʌbərn] *adj person* testarudo, terco; *defense, refusal, denial* tenaz, pertinaz

stub·by ['stʌbɪ] *adj* regordete

stuck [stʌk] **1** *pret & pp* → ***stick*** **2** *adj* F: ***be ~ on s.o.*** estar colado por alguien F

stuck-'up *adj* F engreído

stu·dent ['stu:dnt] *at high school* alumno(-a) *m*(*f*); *at college, university* estudiante *m/f*

stu·dent 'nurse estudiante *m/f* de enfermería

stu·dent 'teach·er profesor(a) *m*(*f*) en prácticas

stu·di·o ['stu:dɪoʊ] *of artist, sculptor* estudio *m*; (*film ~, TV ~*) estudio *m*, plató *m*

stu·di·ous ['stu:dɪəs] *adj* estudioso

stud·y ['stʌdɪ] **1** *n* estudio *m* **2** *v/t & v/i* (*pret & pp* ***-ied***) estudiar

stuff [stʌf] **1** *n* (*things*) cosas *fpl* **2** *v/t turkey* rellenar; **~ *sth into sth*** meter algo dentro de algo

stuffed 'toy [stʌft] muñeco *m* de peluche

stuff·ing ['stʌfɪŋ] relleno *m*

stuff·y ['stʌfɪ] *adj room* cargado; *person* anticuado, estirado

stum·ble ['stʌmbl] *v/i* tropezar

♦ **stumble across** *v/t* toparse con

♦ **stumble over** *v/t* tropezar con; *words* trastrabillarse con

stum·bling-block ['stʌmblɪŋ] escollo *m*

stump [stʌmp] **1** *n of tree* tocón *m* **2** *v/t of question, questioner* dejar perplejo

♦ **stump up** *v/t* F aflojar, *Span* apoquinar F

stun [stʌn] *v/t* (*pret & pp* ***-ned***) *of blow* dejar sin sentido; *of news* dejar atonito *or* de piedra

stung [stʌŋ] *pret & pp* → ***sting***

stunk [stʌŋk] *pp* → ***stink***

stun·ning ['stʌnɪŋ] *adj* (*amazing*) increíble, sorprendente; (*very beautiful*) imponente

stunt [stʌnt] *n for publicity* truco *m*; *in movie* escena *f* peligrosa

'stunt·man *in movie* doble *m*, especialista *m*

stu·pe·fy ['stu:pɪfaɪ] *v/t* (*pret & pp* ***-ied***) dejar perplejo

stu·pen·dous [stu:'pendəs] *adj* extraordinario

stu·pid ['stu:pɪd] *adj* estúpido; ***what a ~ thing to say / do!*** ¡qué estupidez!

stu·pid·i·ty [stu:'pɪdətɪ] estupidez *f*

stu·por ['stu:pər] aturdimiento *m*

stur·dy ['stɜ:rdɪ] *adj person* robusto; *table, plant* resistente

stut·ter ['stʌtər] *v/i* tartamudear

sty [staɪ] *for pig* pocilga *f*

style [staɪl] *n* estilo *m*; (*fashion*) moda *f*; ***go out of ~*** pasarse de moda

styl·ish ['staɪlɪʃ] *adj* elegante

styl·ist ['staɪlɪst] (*hair ~*) estilista *m/f*

sub·com·mit·tee ['sʌbkəmɪtɪ] subcomité *m*

sub·com·pact (car) [sʌb'kɑ:mpækt] *utilitario de pequeño tamaño*

sub·con·scious [sʌb'kɑ:nʃəs] *adj* subconsciente; ***the ~ (mind)*** el subconsciente

sub·con·scious·ly [sʌb'kɑ:nʃəslɪ] *adv* inconscientemente

sub·con·tract [sʌbkɑ:n'trækt] *v/t* subcontratar

sub·con·trac·tor [sʌbkɑ:n'træktər] subcontratista *m/f*

sub·di·vide [sʌbdɪ'vaɪd] *v/t* subdividir

sub·due [səb'du:] *v/t rebellion, mob* someter, contener

sub·dued [səb'du:d] *adj* apagado

S

sub·head·ing ['sʌbhedɪŋ] subtítulo *m*
sub·hu·man [sʌb'hju:mən] *adj* inhumano
sub·ject 1 *n* ['sʌbdʒɪkt] (*topic*) tema *m*; (*branch of learning*) asignatura *f*, materia *f*; GRAM sujeto *m*; *of monarch* súbdito(-a) *m*(*f*); ***change the ~*** cambiar de tema **2** *adj* ['sʌbdʒɪkt]: ***be ~ to*** *have tendency to* ser propenso a; *be regulated by* estar sujeto a; ***~ to availability*** *goods* promoción válida hasta fin de existencias **3** *v/t* [səb'dʒekt] someter
sub·jec·tive [səb'dʒektɪv] *adj* subjetivo
sub·junc·tive [səb'dʒʌŋktɪv] *n* GRAM subjuntivo *m*
sub·let ['sʌblet] *v/t* (*pret & pp* ***-let***) realquilar
sub·ma'chine gun metralleta *f*
sub·ma·rine ['sʌbməri:n] submarino *m*
sub·merge [səb'mɜ:rdʒ] **1** *v/t* sumergir **2** *v/i of submarine* sumergirse
sub·mis·sion [səb'mɪʃn] (*surrender*) sumisión *f*; *to committee etc* propuesta *f*
sub·mis·sive [səb'mɪsɪv] *adj* sumiso
sub·mit [səb'mɪt] **1** *v/t* (*pret & pp* ***-ted***) *plan, proposal* presentar **2** *v/i* (*pret & pp* ***-ted***) someterse
sub·or·di·nate [sə'bɔ:rdɪneɪt] **1** *adj employee, position* subordinado **2** *n* subordinado(-a) *m*(*f*)
sub·poe·na [sə'pi:nə] **1** *n* citación *f* **2** *v/t person* citar
♦ **sub·scribe to** [səb'skraɪb] *v/t magazine etc* suscribirse a; *theory* suscribir
sub·scrib·er [səb'skraɪbər] *to magazine* suscriptor(a) *m*(*f*)
sub·scrip·tion [səb'skrɪpʃn] suscripción *f*
sub·se·quent ['sʌbsɪkwənt] *adj* posterior
sub·se·quent·ly ['sʌbsɪkwəntlɪ] *adv* posteriormente
sub·side [səb'saɪd] *v/i of flood waters* bajar; *of high winds* amainar; *of building* hundirse; *of fears, panic* calmarse
sub·sid·i·a·ry [səb'sɪdɪerɪ] *n* filial *f*
sub·si·dize ['sʌbsɪdaɪz] *v/t* subvencionar
sub·si·dy ['sʌbsɪdɪ] subvención *f*
♦ **sub·sist on** *v/t* subsistir a base de
sub·sis·tence 'farm·er [səb'sɪstəns] agricultor(a) *m*(*f*) de subsistencia
sub'sis·tence lev·el nivel *m* mínimo de subsistencia
sub·stance ['sʌbstəns] (*matter*) sustancia *f*
sub·stan·dard [sʌb'stændərd] *adj performance* deficiente; *shoes, clothes* con tara
sub·stan·tial [səb'stænʃl] *adj* sustancial, considerable
sub·stan·tial·ly [səb'stænʃlɪ] *adv* (*considerably*) considerablemente; (*in essence*) sustancialmente, esencialmente
sub·stan·ti·ate [səb'stænʃɪeɪt] *v/t* probar
sub·stan·tive [səb'stæntɪv] *adj* significativo
sub·sti·tute ['sʌbstɪtu:t] **1** *n for person* sustituto(-a) *m*(*f*); *for commodity* sustituto *m*; SP suplente *m/f* **2** *v/t* sustituir, reemplazar; ***~ X for Y*** sustituir Y por X **3** *v/i*: ***~ for s.o.*** sustituir a alguien
sub·sti·tu·tion [sʌbstɪ'tu:ʃn] (*act*) sustitución *f*; ***make a ~*** SP hacer un cambio *or* sustitución
sub·ti·tle ['sʌbtaɪtl] *n* subtítulo *m*
sub·tle ['sʌtl] *adj* sutil
sub·tract [səb'trækt] *v/t number* restar
sub·urb ['sʌbɜ:rb] zona *f* residencial de la periferia
sub·ur·ban [sə'bɜ:rbən] *adj housing* de la periferia; *attitudes, lifestyle* aburguesado
sub·ver·sive [səb'vɜ:rsɪv] **1** *adj* subversivo **2** *n* subversivo(-a) *m*(*f*)
sub·way ['sʌbweɪ] metro *m*
sub 'ze·ro *adj* bajo cero
suc·ceed [sək'si:d] **1** *v/i* (*be successful*) tener éxito; *to throne* suceder en el trono; ***~ in doing sth*** conseguir hacer algo **2** *v/t* (*come*

after) suceder
suc·ceed·ing [sək'siːdɪŋ] *adj* siguiente
suc·cess [sək'ses] éxito *m*; ***be a ~*** *of book, play, idea* ser un éxito; *of person* tener éxito
suc·cess·ful [sək'sesfəl] *adj person* con éxito; ***be ~ in business*** tener éxito en los negocios; ***be ~ in doing sth*** lograr hacer algo
suc·cess·ful·ly [sək'sesfəlɪ] *adv* con éxito
suc·ces·sion [sək'seʃn] sucesión *f*; ***three days in ~*** tres días seguidos
suc·ces·sive [sək'sesɪv] *adj* sucesivo
suc·ces·sor [sək'sesər] sucesor(a) *m*(*f*)
suc·cinct [sək'sɪŋkt] *adj* sucinto
suc·cu·lent ['ʃʌkjʊlənt] *meat, fruit* suculento
suc·cumb [sə'kʌm] *v/i* (*give in*) sucumbir
such [sʌʧ] **1** *adj* (*of that kind*) tal; ***~ men are dangerous*** los hombres así son peligrosos; ***I know of many ~ cases*** conozco muchos casos así; ***don't make ~ a fuss*** no armes tanto alboroto; ***I never thought it would be ~ a success*** nunca imaginé que sería un éxito tal; ***~ as*** como; ***there is no ~ word as …*** no existe la palabra … **2** *adv* tan; ***as ~*** como tal
suck [sʌk] **1** *v/t candy etc* chupar; ***~ one's thumb*** chuparse el dedo **2** *v/i* P: ***it ~s*** (*is awful*) es una mierda P
♦ **suck up 1** *v/t* absorber **2** *v/i* F: ***suck up to s.o.*** hacer la pelota a alguien
suck·er ['sʌkər] F (*person*) primo(-a) *m/f* F, ingenuo(-a) *m/f*; F (*lollipop*) piruleta *f*
suc·tion ['sʌkʃn] succión *f*
sud·den ['sʌdn] *adj* repentino; ***all of a ~*** de repente
sud·den·ly ['sʌdnlɪ] *adv* de repente
suds [sʌdz] *npl* (*soap ~*) espuma *f*
sue [suː] *v/t* demandar
suede [sweɪd] *n* ante *m*
suf·fer ['sʌfər] **1** *v/i* (*be in great pain*) sufrir; (*deteriorate*) deteriorarse; ***be ~ing from*** sufrir **2** *v/t loss, setback, heart attack* sufrir
suf·fer·ing ['sʌfərɪŋ] *n* sufrimiento *m*
suf·fi·cient [sə'fɪʃnt] *adj* suficiente
suf·fi·cient·ly [sə'fɪʃntlɪ] *adv* suficientemente
suf·fo·cate ['sʌfəkeɪt] **1** *v/i* asfixiarse **2** *v/t* asfixiar
suf·fo·ca·tion [sʌfə'keɪʃn] asfixia *f*
sug·ar ['ʃʊgər] **1** *n* azúcar *m or f*; ***how many ~s?*** ¿cuántas cucharadas de azúcar? **2** *v/t* echar azúcar a; ***is it ~ed?*** ¿lleva azúcar?
'sug·ar bowl azucarero *m*
'sug·ar cane caña *f* de azúcar
sug·gest [sə'dʒest] *v/t* sugerir
sug·ges·tion [sə'dʒesʧən] sugerencia *f*
su·i·cide ['suːɪsaɪd] suicidio *m*; ***commit ~*** suicidarse
suit [suːt] **1** *n* traje *m*; *in cards* palo *m* **2** *v/t of clothes, color* sentar bien a; ***~ yourself!*** F ¡haz lo que quieras!; ***be ~ed for sth*** estar hecho para algo
sui·ta·ble ['suːtəbl] *adj partner, words, clothing* apropiado, adecuado; *time* apropiado
sui·ta·bly ['suːtəblɪ] *adv* apropiadamente, adecuadamente
'suit·case maleta *f*, *L.Am.* valija *f*
suite [swiːt] *of rooms*, MUS suite *f*; *furniture* tresillo *m*
sul·fur ['sʌlfər] azufre *m*
sul·fur·ic acid [sʌl'fjuːrɪk] ácido *m* sulfúrico
sulk [sʌlk] *v/i* enfurruñarse; ***be ~ing*** estar enfurruñado
sulk·y ['sʌlkɪ] *adj* enfurruñado
sul·len ['sʌlən] *adj* malhumorado, huraño
sul·phur *etc Br* → ***sulfur*** *etc*
sul·try ['sʌltrɪ] *adj climate* sofocante, bochornoso; *sexually* sensual
sum [sʌm] (*total*) total *m*, suma *f*; (*amount*) cantidad *f*; *in arithmetic* suma *f*; ***a large ~ of money*** una gran cantidad de dinero; ***~ insured*** suma *f* asegurada; ***the ~ total of his efforts*** la suma de sus esfuerzos
♦ **sum up 1** *v/t* (*pret & pp* ***-med***) (*summarize*) resumir; (*assess*) catalogar **2** *v/i* (*pret & pp* ***-med***) LAW recapitular

sum·mar·ize ['sʌməraɪz] *v/t* resumir
sum·ma·ry ['sʌmərɪ] *n* resumen *m*
sum·mer ['sʌmər] verano *m*
sum·mit ['sʌmɪt] *of mountain* cumbre *f*, cima *f*; POL cumbre *f*
'**sum·mit meet·ing** → ***summit***
sum·mon ['sʌmən] *v/t staff, ministers* llamar; *meeting* convocar
♦ **summon up** *v/t*: ***he summoned up his strength*** hizo acopio de fuerzas
sum·mons ['sʌmənz] *nsg* LAW citación *f*
sump [sʌmp] *for oil* cárter *m*
sun [sʌn] sol *m*; ***in the ~*** al sol; ***out of the ~*** a la sombra; ***he has had too much ~*** le ha dado demasiado el sol
'**sun·bathe** *v/i* tomar el sol; '**sun·bed** cama *f* de rayos UVA; '**sun·block** crema *f* solar de alta protección; '**sun·burn** quemadura *f* (del sol); '**sun·burnt** *adj* quemado (por el sol)
Sun·day ['sʌndeɪ] domingo *m*
'**sun·dial** reloj *m* de sol
sun·dries ['sʌndrɪz] *npl* varios *mpl*
sung [sʌŋ] *pp* → ***sing***
'**sun·glass·es** *npl* gafas *fpl or L.Am.* anteojos *mpl* de sol
sunk [sʌŋk] *pp* → ***sink***
sunk·en ['sʌŋkn] *adj ship, cheeks* hundido
sun·ny ['sʌnɪ] *adj day* soleado; *disposition* radiante; ***it is ~*** hace sol
'**sun·rise** amanecer *m*; '**sun·set** atardecer *m*, puesta *f* de sol; '**sun·shade** sombrilla *f*; '**sun·shine** sol *m*; '**sun·stroke** insolación *f*; '**sun·tan** bronceado *m*; ***get a ~*** broncearse
su·per ['su:pər] **1** *adj* F genial F, estupendo F **2** *n* (*janitor*) portero(-a) *m*(*f*)
su·perb [sʊ'pɜ:rb] *adj* excelente
su·per·fi·cial [su:pər'fɪʃl] *adj* superficial
su·per·flu·ous [sʊ'pɜ:rflʊəs] *adj* superfluo
su·per'hu·man *adj efforts* sobrehumano
su·per·in·tend·ent [su:pərɪn'tendənt] *of apartment block* portero(-a) *m*(*f*)
su·pe·ri·or [su:'pɪrɪər] **1** *adj* (*better*) superior; *pej*: *attitude* arrogante **2** *n in organization* superior *m*
su·per·la·tive [su:'pɜ:rlətɪv] **1** *adj superb* excelente **2** *n* GRAM superlativo *m*
'**su·per·mar·ket** supermercado *m*
su·per'nat·u·ral **1** *adj powers* sobrenatural **2** *n*: ***the ~*** lo sobrenatural
'**su·per·pow·er** POL superpotencia *f*
su·per·son·ic [su:pər'sɑ:nɪk] *adj flight, aircraft* supersónico
su·per·sti·tion [su:pər'stɪʃn] superstición *f*
su·per·sti·tious [su:pər'stɪʃəs] *adj person* supersticioso
su·per·vise ['su:pərvaɪz] *v/t class* vigilar; *workers* supervisar; *activities* dirigir
su·per·vi·sor ['su:pərvaɪzər] *at work* supervisor(a) *m*(*f*)
sup·per ['sʌpər] cena *f*, *L.Am.* comida *f*
sup·ple ['sʌpl] *adj person* ágil; *limbs*, *material* flexible
sup·ple·ment ['sʌplɪmənt] (*extra payment*) suplemento *m*
sup·pli·er [sə'plaɪər] COM proveedor *m*
sup·ply [sə'plaɪ] **1** *n* suministro *m*, abastecimiento *m*; ***~ and demand*** la oferta y la demanda; ***supplies*** *of food* provisiones *fpl*; ***office supplies*** material *f* de oficina **2** *v/t* (*pret & pp* **-ied**) *goods* suministrar; ***~ s.o. with sth*** suministrar algo a alguien; ***be supplied with …*** venir con …
sup·port [sə'pɔ:rt] **1** *n for structure* soporte *m*; (*backing*) apoyo *m* **2** *v/t building, structure* soportar, sostener; *financially* mantener; (*back*) apoyar
sup·port·er [sə'pɔ:rtər] partidario(-a) *m*(*f*); *of football team etc* seguidor(a) *m*(*f*)
sup·port·ive [sə'pɔ:rtɪv] *adj* comprensivo; ***be ~*** apoyar (***toward***, ***of*** a)
sup·pose [sə'poʊz] *v/t* (*imagine*) suponer; ***I ~ so*** supongo (que sí); ***you***

S

are not ~d to … (*not allowed to*) no deberías …; ***it is ~d to be delivered today*** se supone que lo van a entregar hoy; ***it's ~d to be very beautiful*** se supone que es hermosísimo
sup·pos·ed·ly [sə'pouzɪdlɪ] *adv* supuestamente
sup·pos·i·to·ry [sə'pɑːzɪtɔːrɪ] MED supositorio *m*
sup·press [sə'pres] *v/t rebellion etc* reprimir, sofocar
sup·pres·sion [sə'preʃn] represión *f*
su·prem·a·cy [suː'preməsɪ] supremacía *f*
su·preme [suː'priːm] *adj* supremo
Su'preme Court Tribunal *m* Supremo, *L.Am.* Corte *f* Suprema
sur·charge ['sɜːrtʃɑːrdʒ] *n* recargo *m*
sure [ʃʊr] **1** *adj* seguro; ***I'm not ~*** no estoy seguro; ***be ~ about sth*** estar seguro de algo; ***make ~ that …*** asegurarse de que … **2** *adv*: ***~ enough*** efectivamente; ***it ~ is hot today*** F vaya calor que hace F; ***~!*** F ¡claro!
sure·ly ['ʃʊrlɪ] *adv* (*gladly*) claro que sí; ***~ you don't mean that!*** ¡no lo dirás en serio!; ***~ somebody knows*** alguien tiene que saberlo
sur·e·ty ['ʃʊrətɪ] *for loan* fianza *f*, depósito *m*
surf [sɜːrf] **1** *n on sea* surf *m* **2** *v/t*: ***~ the Net*** navegar por Internet
sur·face ['sɜːrfɪs] **1** *n of table, object, water* superficie *f*; ***on the ~*** *fig* a primera vista **2** *v/i of swimmer, submarine* salir a la superficie; (*appear*) aparecer
'sur·face mail correo *m* terrestre
'surf·board tabla *f* de surf
surf·er ['sɜːrfər] *on sea* surfista *m/f*
surf·ing ['sɜːrfɪŋ] surf *m*; ***go ~*** ir a hacer surf
surge [sɜːrdʒ] *n in electric current* sobrecarga *f*; *in demand etc* incremento *m* repentino
♦ **surge forward** *v/i of crowd* avanzar atropelladamente
sur·geon ['sɜːrdʒən] cirujano(-a) *m*(*f*)
sur·ge·ry ['sɜːrdʒərɪ] cirugía *f*; ***undergo ~*** ser intervenido quirúrgicamente
sur·gi·cal ['sɜːrdʒɪkl] *adj* quirúrgico
sur·gi·cal·ly ['sɜːrdʒɪklɪ] *adv* quirúrgicamente
sur·ly ['sɜːrlɪ] *adj* arisco, hosco
sur·mount [sər'maʊnt] *v/t difficulties* superar
sur·name ['sɜːrneɪm] apellido *m*
sur·pass [sər'pæs] *v/t* superar
sur·plus ['sɜːrpləs] **1** *n* excedente *m* **2** *adj* excedente
sur·prise [sər'praɪz] **1** *n* sorpresa *f*; ***it came as no ~*** no me sorprendió **2** *v/t* sorprender; ***be / look ~d*** estar / parecer sorprendido
sur·pris·ing [sər'praɪzɪŋ] *adj* sorprendente; ***it's not ~ that …*** no me sorprende que …
sur·pris·ing·ly [sər'praɪzɪŋlɪ] *adv* sorprendentemente
sur·ren·der [sə'rendər] **1** *v/i of army* rendirse **2** *v/t weapons etc* entregar **3** *n* rendición *f*; (*handing in*) entrega *f*
sur·ro·gate 'moth·er ['sʌrəgət] madre *f* de alquiler
sur·round [sə'raʊnd] **1** *v/t* rodear; ***~ed by*** rodeado de *or* por **2** *n of picture etc* marco *m*
sur·round·ing [sə'raʊndɪŋ] *adj* circundante
sur·round·ings [sə'raʊndɪŋz] *npl of village* alrededores *mpl*; (*environment*) entorno *m*
sur·vey ['sɜːrveɪ] **1** *n* ['sɜːrveɪ] *of modern literature etc* estudio *m*; *of building* tasación *f*, peritaje; *poll* encuesta *f* **2** *v/t* [sər'veɪ] (*look at*) contemplar; *building* tasar, peritar
sur·vey·or [sɜːr'veɪr] tasador(a) *m*(*f*) *or* perito (-a) *m*(*f*) de la propiedad
sur·viv·al [sər'vaɪvl] supervivencia *f*
sur·vive [sər'vaɪv] **1** *v/i* sobrevivir; ***how are you? – I'm surviving*** ¿cómo estás? – voy tirando; ***his two surviving daughters*** las dos hijas que aún viven **2** *v/t accident, operation* sobrevivir a; (*outlive*) sobrevivir
sur·vi·vor [sər'vaɪvər] superviviente

S

m/f; ***he's a ~*** *fig* es incombustible
sus·cep·ti·ble [sə'septəbl] *adj emotionally* sensible, susceptible; ***be ~ to the cold / heat*** ser sensible al frío / calor
sus·pect **1** *n* ['sʌspekt] sospechoso(-a) *m(f)* **2** *v/t* [sə'spekt] *person* sospechar de; (*suppose*) sospechar
sus·pected [sə'spektɪd] *adj murderer* presunto; *cause, heart attack etc* supuesto
sus·pend [sə'spend] *v/t* (*hang*) colgar; *from office, duties* suspender
sus·pend·ers [sə'spendərz] *npl for pants* tirantes *mpl, S.Am.* suspensores *mpl*
sus·pense [sə'spens] *Span* suspense *m, L.Am.* suspenso *m*
sus·pen·sion [sə'spenʃn] MOT, *from duty* suspensión *f*
sus'pen·sion bridge puente *m* colgante
sus·pi·cion [sə'spɪʃn] sospecha *f*
sus·pi·cious [sə'spɪʃəs] *adj* (*causing suspicion*) sospechoso; (*feeling suspicion*) receloso, desconfiado; ***be ~ of*** sospechar de
sus·pi·cious·ly [sə'spɪʃəslɪ] *adv behave* de manera sospechosa; *ask* con recelo *or* desconfianza
sus·tain [sə'steɪn] *v/t* sostener
sus·tain·able [sə'steɪnəbl] *adj* sostenible
swab [swɑ:b] *material* torunda *f*; *test* muestra *f*
swag·ger ['swægər] *n*: ***walk with a ~*** caminar pavoneándose
swal·low[1] ['swɑ:loʊ] **1** *v/t liquid, food* tragar, tragarse **2** *v/i* tragar
swal·low[2] ['swɑ:loʊ] *n bird* golondrina *f*
swam [swæm] *pret* → ***swim***
swamp [swɑ:mp] **1** *n* pantano *m* **2** *v/t*: ***be ~ed with*** estar inundado de
swamp·y ['swɑ:mpɪ] *adj* pantanoso
swan [swɑ:n] cisne *m*
swap [swɑ:p] **1** *v/t* (*pret & pp* ***-ped***) cambiar; ***~ sth for sth*** cambiar algo por algo **2** *v/i* (*pret & pp* ***-ped***) hacer un cambio
swarm [swɔ:rm] **1** *n of bees* enjambre *m* **2** *v/i*: ***the town was ~ing with ...*** la ciudad estaba abarrotada de ...
swar·thy ['swɔ:rðɪ] *adj face, complexion* moreno
swat [swɑ:t] *v/t* (*pret & pp* ***-ted***) *insect, fly* aplastar, matar
sway [sweɪ] **1** *n* (*influence, power*) dominio *m* **2** *v/i* tambalearse
swear [swer] **1** *v/i* (*pret* ***swore***, *pp* ***sworn***) (*use swearword*) decir palabrotas *or* tacos; ***~ at s.o.*** insultar a alguien; ***I ~*** lo juro **2** *v/t* (*pret* ***swore***, *pp* ***sworn***) (*promise*), LAW jurar
♦ **swear in** *v/t witnesses etc* tomar juramento a
'swear·word palabrota *f*, taco *m*
sweat [swet] **1** *n* sudor *m*; ***covered in ~*** empapado de sudor **2** *v/i* sudar
'sweat·band banda *f* (en la frente); *on wrist* muñequera *f*
sweat·er ['swetər] suéter *m, Span* jersey *m*
'sweat·shirt sudadera *f*
sweat·y ['swetɪ] *adj hands* sudoroso
Swede [swi:d] sueco(-a) *m(f)*
Swe·den ['swi:dn] Suecia
Swe·dish ['swi:dɪʃ] **1** *adj* sueco **2** *n* sueco *m*
sweep [swi:p] **1** *v/t* (*pret & pp* ***swept***) *floor, leaves* barrer **2** *n* (*long curve*) curva *f*
♦ **sweep up** *v/t mess, crumbs* barrer
sweep·ing ['swi:pɪŋ] *adj statement* demasiado generalizado; *changes* radical
sweet [swi:t] *adj taste, tea* dulce; F (*kind*) amable; F (*cute*) mono
sweet and 'sour *adj* agridulce
'sweet·corn maíz *m, S.Am.* choclo *m*
sweet·en ['swi:tn] *v/t drink, food* endulzar
sweet·en·er ['swi:tnər] *for drink* edulcorante *m*
'sweet·heart novio(-a) *m(f)*
swell [swel] **1** *v/i* (*pp* ***swollen***) *of wound, limb* hincharse **2** *adj* F (*good*) genial F, fenomenal F **3** *n of the sea* oleaje *m*
swell·ing ['swelɪŋ] *n* MED hinchazón *f*
swel·ter·ing ['sweltərɪŋ] *adj heat, day*

sofocante
swept [swept] *pret & pp* → ***sweep***
swerve [swɜːrv] *v/i of driver, car* girar bruscamente, dar un volantazo
swift [swɪft] *adj* rápido
swim [swɪm] **1** *v/i* (*pret* ***swam***, *pp* ***swum***) nadar; ***go ~ming*** ir a nadar; ***my head is ~ming*** me da vueltas la cabeza **2** *n* baño *m*; ***go for a ~*** ir a darse un baño
swim·mer ['swɪmər] nadador(a) *m(f)*
swim·ming ['swɪmɪŋ] natación *f*
'swim·ming pool piscina *f*, *Mex* alberca *f*, *Rpl* pileta *f*
'swim·suit traje *m* de baño, bañador *m*
swin·dle ['swɪndl] **1** *n* timo *m*, estafa *f* **2** *v/t* timar, estafar; ***~ s.o. out of sth*** estafar algo a alguien
swine [swaɪn] F (*person*) cerdo(-a) *m(f)* F
swing [swɪŋ] **1** *n* oscilación *f*; *for child* columpio *m*; ***~ to the Democrats*** giro favorable a los Demócratas **2** *v/t* (*pret & pp* ***swung***) balancear; *hips* menear **3** *v/i* (*pret & pp* ***swung***) balancearse; (*turn*) girar; *of public opinion etc* cambiar
swing-'door puerta *f* basculante *or* de vaivén
Swiss [swɪs] **1** *adj* suizo **2** *n person* suizo(-a) *m(f)*; ***the ~*** los suizos
switch [swɪʧ] **1** *n for light* interruptor *m*; (*change*) cambio *m* **2** *v/t* (*change*) cambiar de **3** *v/i* (*change*) cambiar
♦**switch off** *v/t lights, engine, PC, TV* apagar
♦**switch on** *v/t lights, engine, PC, TV* encender, *L.Am.* prender
'switch·board centralita *f*, *L.Am.* conmutador
'switch·o·ver cambio *m* (***to*** a)
Swit·zer·land ['swɪtsərlənd] Suiza
swiv·el ['swɪvl] *v/i* (*pret & pp* ***-ed***, *Br* ***-led***) *of chair, monitor* girar
swol·len ['swoʊlən] **1** *pp* → ***swell*** **2** *adj* hinchado
swoop [swuːp] *v/i of bird* volar en picado
♦**swoop down on** *v/t prey* caer en picado sobre
♦**swoop on** *v/t of police etc* hacer una redada contra
sword [sɔːrd] espada *f*
'sword·fish pez *f* espada
swore [swɔːr] *pret* → ***swear***
sworn [swɔːrn] *pp* → ***swear***
swum [swʌm] *pp* → ***swim***
swung [swʌŋ] *pret & pp* → ***swing***
syc·a·more ['sɪkəmɔːr] plátano *m* (árbol)
syl·la·ble ['sɪləbl] sílaba *f*
syl·la·bus ['sɪləbəs] plan *m* de estudios
sym·bol ['sɪmbəl] símbolo *m*
sym·bol·ic [sɪm'bɑːlɪk] *adj* simbólico
sym·bol·ism ['sɪmbəlɪzm] simbolismo *m*
sym·bol·ist ['sɪmbəlɪst] simbolista *m/f*
sym·bol·ize ['sɪmbəlaɪz] *v/t* simbolizar
sym·met·ri·cal [sɪ'metrɪkl] *adj* simétrico
sym·me·try ['sɪmətrɪ] simetría *f*
sym·pa·thet·ic [sɪmpə'θetɪk] *adj* (*showing pity*) compasivo; (*understanding*) comprensivo; ***be ~ toward a person / an idea*** simpatizar con una persona / idea
♦**sym·pa·thize with** ['sɪmpəθaɪz] *v/t person, views* comprender
sym·pa·thiz·er ['sɪmpəθaɪzər] POL simpatizante *m/f*
sym·pa·thy ['sɪmpəθɪ] (*pity*) compasión *f*; (*understanding*) comprensión *f*; ***don't expect any ~ from me!*** no esperes que te compadezca
sym·pho·ny ['sɪmfənɪ] sinfonía *f*
'sym·pho·ny or·ches·tra orquesta *f* sinfónica
symp·tom ['sɪmptəm] *also fig* síntoma *f*
symp·to·mat·ic [sɪmptə'mætɪk] *adj*: ***be ~ of*** *fig* ser sintomático de
syn·chro·nize ['sɪŋkrənaɪz] *v/t* sincronizar
syn·o·nym ['sɪnənɪm] sinónimo *m*
sy·non·y·mous [sɪ'nɑːnɪməs] *adj* sinónimo; ***be ~ with*** *fig* ser sinónimo de

syn·tax ['sıntæks] sintaxis *f inv*
syn·the·siz·er ['sınθəsaızər] MUS sintetizador *m*
syn·thet·ic [sın'θetık] *adj* sintético
syph·i·lis ['sıfılıs] sífilis *f*
Syr·i·a ['sırıə] Siria
Syr·i·an ['sırıən] **1** *adj* sirio **2** *n* sirio(-a) *m(f)*
sy·ringe [sı'rındʒ] *n* jeringuilla *f*
syr·up ['sırəp] almíbar *m*
sys·tem ['sıstəm] *also* COMPUT sistema *m*; ***the braking*** **~** el sistema de frenado; ***the digestive*** **~** el aparato digestivo
sys·te·mat·ic [sıstə'mætık] *adj* sistemático
sys·tem·at·i·cal·ly [sıstə'mætıklı] *adv* sistemáticamente
sys·tems 'an·a·lyst ['sıstəmz] COMPUT analista *m/f* de sistemas

T

tab [tæb] *n for pulling* lengüeta *f*; *in text* tabulador *m*; *bill* cuenta *f*; ***pick up the*** **~** pagar (la cuenta)
ta·ble ['teıbl] *n* mesa *f*; *of figures* cuadro *m*
'ta·ble·cloth mantel *m*; **'ta·ble lamp** lámpara *f* de mesa; **ta·ble of 'con·tents** índice *m* (de contenidos); **'ta·ble·spoon** *object* cuchara *f* grande; *quantity* cucharada *f* grande
ta·blet ['tæblıt] MED pastilla *f*
'ta·ble ten·nis tenis *m* de mesa
tab·loid ['tæblɔıd] *n newspaper* periódico *m* sensacionalista (*de tamaño tabloide*)
ta·boo [tə'bu:] *adj* tabú *inv*
ta·cit ['tæsıt] *adj* tácito
ta·ci·turn ['tæsıtɜ:rn] *adj* taciturno
tack [tæk] **1** *n* (*nail*) tachuela *f* **2** *v/t* (*sew*) hilvanar **3** *v/i of yacht* dar bordadas
tack·le ['tækl] **1** *n* (*equipment*) equipo *m*; SP entrada *f*; ***fishing*** **~** aparejos *mpl* de pesca **2** *v/t* SP entrar a; *problem* abordar; *intruder* hacer frente a
tack·y ['tækı] *adj paint, glue* pegajoso; F (*cheap, poor quality*) chabacano, *Span* hortera F; *behavior* impresentable
tact [tækt] tacto *m*
tact·ful ['tæktfəl] *adj* diplomático
tact·ful·ly ['tæktfəlı] *adv* diplomáticamente
tac·tic·al ['tæktıkl] *adj* táctico
tac·tics ['tæktıks] *npl* táctica *f*
tact·less ['tæktlıs] *adj* indiscreto
tad·pole ['tædpoʊl] renacuajo *m*
tag [tæg] *n* (*label*) etiqueta *f*
♦ **tag along** *v/i* (*pret & pp* ***-ged***) pegarse
tail [teıl] *n of bird, fish* cola *f*; *of mammal* cola *f*, rabo *m*
'tail light luz *f* trasera
tai·lor ['teılər] *n* sastre *m*
tai·lor-made [teılər'meıd] *adj suit, solution* hecho a medida
'tail·pipe *of car* tubo *m* de escape
'tail·wind viento *m* de cola
taint·ed ['teıntıd] *adj food* contaminado; *reputation* empañado
Tai·wan [taı'wɑ:n] Taiwán
Tai·wan·ese [taıwɑ:n'i:z] **1** *adj* taiwanés **2** *n* taiwanés(-esa) *m(f)*; *dialect* taiwanés *m*
take [teık] *v/t* (*pret* ***took***, *pp* ***taken***) (*remove*) llevarse, *Span* coger; (*steal*) llevarse; (*transport, accompany*) llevar; (*accept: money, gift, credit cards*) aceptar; (*study: maths, French*) hacer, estudiar; *photograph, photocopy* hacer, sacar; *exam, degree* hacer; *shower* darse; *stroll* dar; *medicine, s.o.'s temperature, taxi* tomar;

(*endure*) aguantar; ***how long does it ~?*** ¿cuánto tiempo lleva?; ***I'll ~ it*** *when shopping* me lo llevo; ***it ~s a lot of courage*** se necesita mucho valor

♦ **take after** *v/t* parecerse a

♦ **take apart** *v/t* (*dismantle*) desmontar; F (*criticize*) hacer pedazos; F (*reprimand*) echar una bronca a F; F *in physical fight* machacar F

♦ **take away** *v/t pain* hacer desaparecer; *object* quitar; MATH restar; ***take sth away from s.o.*** quitar algo a alguien

♦ **take back** *v/t* (*return*: *object*) devolver; *person* llevar de vuelta; (*accept back*: *husband etc*) dejar volver; ***that takes me back*** *of music, thought etc* me trae recuerdos

♦ **take down** *v/t from shelf* bajar; *scaffolding* desmontar; *trousers* bajarse; (*write down*) anotar, apuntar

♦ **take in** *v/t* (*take indoors*) recoger; (*give accommodation to*) acoger; (*make narrower*) meter; (*deceive*) engañar; (*include*) incluir

♦ **take off 1** *v/t clothes, hat* quitarse; *10% etc* descontar; (*mimic*) imitar; (*cut off*) cortar; ***take a day / week off*** tomarse un día / una semana de vacaciones **2** *v/i of airplane* despegar, *L.Am.* decolar; (*become popular*) empezar a cuajar

♦ **take on** *v/t job* aceptar; *staff* contratar

♦ **take out** *v/t from bag, money from bank* sacar; *tooth* sacar, extraer; *word from text* quitar, borrar; sacar; *insurance policy* suscribir; ***he took her out to dinner*** la llevó a cenar; ***take the dog out*** sacar al perro a pasear; ***take the kids out to the park*** llevar a los niños al parque; ***don't take it out on me!*** ¡no la pagues conmigo!

♦ **take over 1** *v/t company etc* absorber, adquirir; ***tourists took over the town*** los turistas invadieron la ciudad **2** *v/i of new management etc* asumir el cargo; *of new government* asumir el poder; (*do sth in s.o.'s place*) tomar el relevo

♦ **take to** *v/t* (*like*): ***how did they take to the new idea?*** ¿qué les pareció la nueva idea?; ***I immediately took to him*** me cayó bien de inmediato; ***he has taken to getting up early*** le ha dado por levantarse temprano; ***she took to drink*** se dio a la bebida

♦ **take up** *v/t carpet etc* levantar; (*carry up*) subir; (*shorten*: *dress etc*) acortar; *hobby* empezar a hacer; *subject* empezar a estudiar; *offer* aceptar; *new job* comenzar; *space, time* ocupar; ***I'll take you up on your offer*** aceptaré tu oferta

'take-home pay salario *m* neto

tak•en ['teɪkən] *pp* → **take**

'take•off *of airplane* despegue *m*, *L.Am.* decolaje *m*; (*impersonation*) imitación *f*; **'take•o•ver** COM absorción *f*, adquisición *f*; **'take•o•ver bid** oferta *f* pública de adquisición, OPA *f*

ta•kings ['teɪkɪŋz] *npl* recaudación *f*

tal•cum pow•der ['tælkəmpaʊdər] polvos *mpl* de talco

tale [teɪl] cuento *m*, historia *f*

tal•ent ['tælənt] talento *m*

tal•ent•ed ['tæləntɪd] *adj* con talento; ***she's very ~*** tiene mucho talento

'tal•ent scout cazatalentos *m inv*

talk [tɒ:k] **1** *v/i* hablar; ***can I talk to …?*** ¿podría hablar con …?; ***I'll ~ to him about it*** hablaré del tema con él **2** *v/t English etc* hablar; ***~ business / politics*** hablar de negocios / de política; ***~ s.o. into sth*** persuadir a alguien para que haga algo **3** *n* (*conversation*) charla *f*, *C.Am., Mex* plática *f*; (*lecture*) conferencia *f*, ***give a ~ on sth*** dar una conferencia sobre algo; ***~s*** negociaciones *fpl*; ***he's all ~*** *pej* habla mucho y no hace nada

♦ **talk back** *v/i* responder, contestar

♦ **talk down to** *v/t* hablar con aires de superioridad a

♦ **talk over** *v/t* hablar de, discutir

talk•a•tive ['tɒ:kətɪv] *adj* hablador

talk•ing-to ['tɒ:kɪŋtu:] sermón *m*, rapapolvo *m*; ***give s.o. a good ~*** echar a alguien un buen sermón *or* rapapolvo

T

'talk show programa *m* de entrevistas
tall [tɒːl] *adj* alto; ***it is ten meters ~*** mide diez metros de alto
tall 'or·der: ***that's a ~*** eso es muy difícil
tall 'sto·ry cuento *m* chino
tal·ly ['tælɪ] **1** *n* cuenta *f* **2** *v/i* (*pret & pp* ***-ied***) cuadrar, encajar
♦**tally with** *v/t* cuadrar con, encajar con
tame [teɪm] *adj animal* manso, domesticado; *joke etc* soso
♦**tam·per with** ['tæmpər] *v/t lock* intentar forzar; *brakes* tocar
tam·pon ['tæmpɑːn] tampón *m*
tan [tæn] **1** *n from sun* bronceado *m*; (*color*) marrón *m* claro; ***get a ~*** ponerse moreno **2** *v/i* (*pret & pp* ***-ned***) *in sun* broncearse **3** *v/t* (*pret & pp* ***-ned***) *leather* curtir
tan·dem ['tændəm] (*bike*) tándem *m*
tan·gent ['tændʒənt] MATH tangente *f*
tan·ge·rine [tændʒə'riːn] mandarina *f*
tan·gi·ble ['tændʒɪbl] *adj* tangible
tan·gle ['tæŋgl] *n* lío *m*, maraña *f*
♦**tangle up**: ***get tangled up*** *of string etc* quedarse enredado
tan·go ['tæŋgoʊ] *n* tango *m*
tank [tæŋk] *for water* depósito *m*, tanque *m*; *for fish* pecera *f*; MOT depósito *m*; MIL, *for skin diver* tanque *m*
tank·er ['tæŋkər] *truck* camión *m* cisterna; *ship* buque *m* cisterna; *for oil* petrolero *m*
'tank top camiseta *f* sin mangas
tanned [tænd] *adj* moreno, bronceado
Tan·noy® ['tænɔɪ] megafonía *f*
tan·ta·liz·ing ['tæntəlaɪzɪŋ] *adj* sugerente
tan·ta·mount ['tæntəmaʊnt] *adj*: ***be ~ to*** equivaler a
tan·trum ['tæntrəm] rabieta *f*
tap [tæp] **1** *n* (*faucet*) grifo *m*, *L.Am.* llave *f* **2** *v/t* (*pret & pp* ***-ped***) (*knock*) dar un golpecito en; *phone* intervenir
♦**tap into** *v/t resources* explotar
'tap dance *n* claqué *m*
tape [teɪp] **1** *n* cinta *f* **2** *v/t conversation etc* grabar; *with sticky tape* pegar con cinta adhesiva
'tape deck pletina *f*; **'tape drive** COMPUT unidad *f* de cinta; **'tape meas·ure** cinta *f* métrica
tap·er ['teɪpər] *v/i* estrecharse
♦**taper off** *v/i of production, figures* disminuir
'tape re·cor·der magnetofón *m*, *L.Am.* grabador *m*
'tape re·cor·ding grabación *f* (magnetofónica)
ta·pes·try ['tæpɪstrɪ] *cloth* tapiz *m*; *art* tapicería *f*
'tape·worm tenia *f*, solitaria *f*
tar [tɑːr] *n* alquitrán *m*
tar·dy ['tɑːrdɪ] *adj* tardío
tar·get ['tɑːrgɪt] **1** *n in shooting* blanco *m*; *for sales, production* objetivo *m* **2** *v/t market* apuntar a
tar·get 'au·di·ence audiencia *f* a la que está orientado el programa; **'tar·get date** fecha *f* fijada; **tar·get 'fig·ure** cifra *f* objetivo; **'tar·get group** COM grupo *m* estratégico; **'tar·get mar·ket** mercado *m* objetivo
tar·iff ['tærɪf] (*price*) tarifa *f*; (*tax*) arancel *m*
tar·mac ['tɑːrmæk] *for road surface* asfalto *m*; *at airport* pista *f*
tar·nish ['tɑːrnɪʃ] *v/t metal* deslucir, deslustrar; *reputation* empañar
tar·pau·lin [tɑːr'pɒːlɪn] lona *f* (*impermeable*)
tart [tɑːrt] *n* tarta *f*, pastel *m*
tar·tan ['tɑːrtn] tartán *m*
task [tæsk] tarea *f*
'task force *for a special job* equipo *m* de trabajo; MIL destacamento *m*
tas·sel ['tæsl] borla *f*
taste [teɪst] **1** *n* gusto *m*; *of food etc* sabor *m*; ***he has no ~*** tiene mal gusto **2** *v/t also fig* probar
taste·ful ['teɪstfəl] *adj* de buen gusto
taste·ful·ly ['teɪstfəlɪ] *adv* con buen gusto
taste·less ['teɪstlɪs] *adj food* insípido; *remark* de mal gusto

tast·ing ['teɪstɪŋ] *of wine* cata *f*, degustación *f*
tast·y ['teɪstɪ] *adj* sabroso, rico
tat·tered ['tætərd] *adj clothes* andrajoso; *book* destrozado
tat·ters ['tætərz]: ***in ~*** *clothes* hecho jirones; *reputation*, *career* arruinado
tat·too [tə'tuː] *n* tatuaje *m*
tat·ty ['tætɪ] *adj* F sobado, gastado
taught [tɒːt] *pret & pp* → ***teach***
taunt [tɒːnt] **1** *n* pulla *f* **2** *v/t* mofarse de
Taur·us ['tɔːrəs] ASTR Tauro *m/f inv*
taut [tɒːt] *adj* tenso
taw·dry ['tɒːdrɪ] *adj* barato, cursi
tax [tæks] **1** *n* impuesto *m*; ***before / after ~*** sin descontar / descontando impuestos **2** *v/t people* cobrar impuestos a; *product* gravar
tax·a·ble 'in·come ingresos *mpl* gravables
ta·x·ation [tæk'seɪʃn] (*act of taxing*) imposición *f* de impuestos; (*taxes*) fiscalidad *f*, impuestos *mpl*
'tax avoid·ance elusión *f* legal de impuestos; **'tax brack·et** banda *f* impositiva; **'tax-de·duct·i·ble** *adj* desgravable; **'tax eva·sion** evasión *f* fiscal; **'tax-free** *adj* libre de impuestos; **'tax haven** paraíso *m* fiscal
tax·i ['tæksɪ] *n* taxi *m*
'tax·i dri·ver taxista *m/f*
tax·ing ['tæksɪŋ] *adj* difícil, arduo
'tax in·spect·or inspector(a) *m*(*f*) de Hacienda
'tax·i rank parada *f* de taxis
'tax·pay·er contribuyente *m/f*; **'tax re·turn** *form* declaración *f* de la renta; **'tax year** año *m* fiscal
TB [tiː'biː] *abbr* (= ***tuberculosis***) tuberculosis *f*
tea [tiː] *drink* té *m*; *meal* merienda *f*
tea·bag ['tiːbæg] bolsita *f* de té
teach [tiːʧ] **1** *v/t* (*pret & pp* ***taught***) *person*, *subject* enseñar; ***~ s.o. to do sth*** enseñar a alguien a hacer algo **2** *v/i* (*pret & pp* ***taught***): ***I taught at that school*** di clases en ese colegio; ***he always wanted to ~*** siempre quiso ser profesor
tea·cher ['tiːʧər] *at primary school* maestro(-a) *m*(*f*); *at secondary school*, *university* profesor(a) *m*(*f*)
tea·cher 'train·ing formación *f* pedagógica, magisterio *m*
tea·ching ['tiːʧɪŋ] *profession* enseñanza *f*, docencia *f*
'tea·ching aid material *m* didáctico
'tea cloth paño *m* de cocina; **'tea·cup** taza *f* de té; **'tea drink·er** bebedor(a) *m*(*f*) de té
teak [tiːk] teca *f*
'tea leaf hoja *f* de té
team [tiːm] equipo *m*
'team-mate compañero(-a) *m*(*f*) de equipo
team 'spirit espíritu *m* de equipo
team·ster ['tiːmstər] camionero(-a) *m*(*f*)
'team·work trabajo *m* en equipo
'tea·pot tetera *f*
tear[1] [ter] **1** *n in cloth etc* desgarrón *m*, rotura *f* **2** *v/t* (*pret* ***tore***, *pp* ***torn***) *paper*, *cloth* rasgar; ***be torn between two alternatives*** debatirse entre dos alternativas **3** *v/i* (*pret* ***tore***, *pp* ***torn***) (*run fast*, *drive fast*) ir a toda velocidad
◆**tear down** *v/t poster* arrancar; *building* derribar
◆**tear out** *v/t* arrancar
◆**tear up** *v/t paper* romper, rasgar; *agreement* romper
tear[2] [tɪr] *in eye* lágrima *f*; ***burst into ~s*** echarse a llorar; ***be in ~s*** estar llorando
tear·drop ['tɪrdrɑːp] lágrima *f*
tear·ful ['tɪrfəl] *adj* lloroso
'tear gas gas *m* lacrimógeno
tease [tiːz] *v/t person* tomar el pelo a, burlarse de; *animal* hacer rabiar
'tea·spoon *object* cucharilla *f*; *quantity* cucharadita *f*
teat [tiːt] teta *f*
tech·ni·cal ['teknɪkl] *adj* técnico
tech·ni·cal·i·ty [teknɪ'kælətɪ] (*technical nature*) tecnicismo *m*; LAW detalle *m* técnico
tech·ni·cal·ly ['teknɪklɪ] *adv* técnicamente
tech·ni·cian [tek'nɪʃn] técnico(-a) *m*(*f*)

T

tech•nique [tek'ni:k] técnica *f*
tech•no•log•i•cal [teknə'lɑ:dʒɪkl] *adj* tecnológico
tech•no•lo•gy [tek'nɑ:lədʒɪ] tecnología *f*
tech•no•phob•i•a [teknə'foʊbɪə] rechazo *m* de las nuevas tecnologías
ted•dy bear ['tedɪber] osito *m* de peluche
te•di•ous ['ti:dɪəs] *adj* tedioso
tee [ti:] *n in golf* tee *m*
teem [ti:m] *v/i*: ***be ~ing with rain*** llover a cántaros; ***be ~ing with tourists / ants*** estar abarrotado de turistas / lleno de hormigas
teen•age ['ti:neɪdʒ] *adj fashions* adolescente, juvenil; ***a ~ boy / girl*** un adolescente / una adolescente
teen•ag•er ['ti:neɪdʒər] adolescente *m/f*
teens [ti:nz] *npl* adolescencia *f*; ***be in one's ~*** ser un adolescente; ***reach one's ~*** alcanzar la adolescencia
tee•ny ['ti:nɪ] *adj* F chiquitín F
teeth [ti:θ] *pl* → ***tooth***
teethe [ti:ð] *v/i* echar los dientes
'**teeth•ing prob•lems** *npl* problemas *mpl* iniciales
tel•e•com•mu•ni•ca•tions [telɪkəmju:nɪ'keɪʃnz] telecomunicaciones *fpl*
tel•e•gram ['telɪgræm] telegrama *m*
tel•e•graph pole ['telɪgræf] poste *m* telegráfico
tel•e•path•ic [telɪ'pæθɪk] *adj* telepático; ***you must be ~!*** ¡debes tener telepatía!
te•lep•a•thy [tɪ'lepəθɪ] telepatía *f*
tel•e•phone ['telɪfoʊn] **1** *n* teléfono *m*; ***be on the ~*** (*be speaking*) estar hablando por teléfono; (*possess a phone*) tener teléfono **2** *v/t person* telefonear, llamar por teléfono a **3** *v/i* telefonear, llamar por teléfono
'**tel•e•phone bill** factura *f* del teléfono; '**tel•e•phone book** guía *f* telefónica, listín *m* telefónico; '**tel•e•phone booth** cabina *f* telefónica; '**tel•e•phone call** llamada *f* telefónica; '**tel•e•phone con•ver•sa•tion** conversación *f* por teléfono *or* telefónica; '**tel•e•phone di•rec•to•ry** guía *f* telefónica, listín *m* telefónico; '**tel•e•phone ex•change** central *f* telefónica, centralita *f*; '**tel•e•phone mes•sage** mensaje *m* telefónico; '**tel•e•phone num•ber** número *m* de teléfono
tel•e•pho•to lens [telɪ'foʊtoʊlenz] teleobjetivo *m*
tel•e•sales ['telɪseɪlz] televentas *fpl*
tel•e•scope ['telɪskoʊp] telescopio *m*
tel•e•thon ['telɪθɑ:n] maratón *m* benéfico televisivo
tel•e•vise ['telɪvaɪz] *v/t* televisar
tel•e•vi•sion ['telɪvɪʒn] televisión *f*; *set* televisión *f*, televisor *m*; ***on ~*** en *or* por (la) televisión; ***watch ~*** ver la televisión
'**tel•e•vi•sion au•di•ence** audiencia *f* televisiva; '**tel•e•vi•sion program**, *Br* '**tel•e•vi•sion programme** programa *m* televisivo; '**tel•e•vision set** televisión *f*, televisor *m*; '**tel•e•vi•sion stu•di•o** estudio *m* de televisión
tell [tel] **1** *v/t* (*pret & pp* ***told***) *story* contar; *lie* decir, contar; ***I can't ~ the difference*** no veo la diferencia; ***~ s.o. sth*** decir algo a alguien; ***don't ~ Mom*** no se lo digas a mamá; ***could you ~ me the way to …?*** ¿me podría decir por dónde se va a …?; ***~ s.o. to do sth*** decir a alguien que haga algo; ***you're ~ing me!*** F ¡a mí me lo vas a contar! **2** *v/i* (*pret & pp* ***told***) (*have effect*) hacerse notar; ***the heat is ~ing on him*** el calor está empezando a afectarle; ***time will ~*** el tiempo lo dirá
tell•er ['telər] cajero(-a) *m(f)*
tell•ing ['telɪŋ] *adj* contundente
tell•ing '**off** regañina *f*
tell•tale ['telteɪl] **1** *adj signs* revelador **2** *n* chivato(-a) *m(f)*
temp [temp] **1** *n employee* trabajador(a) *m(f)* temporal **2** *v/i* hacer trabajo temporal
tem•per ['tempər] (*bad ~*) mal humor *m*; ***be in a ~*** estar de mal humor; ***keep one's ~*** mantener la calma; ***lose one's ~*** perder los estribos

tem·pe·ra·ment ['temprəmənt] temperamento *m*
tem·pe·ra·men·tal [temprə'mentl] *adj* (*moody*) temperamental
tem·pe·rate ['tempərət] *adj* templado
tem·pe·ra·ture ['temprətʃər] temperatura *f*; (*fever*) fiebre *f*; ***have a ~*** tener fiebre
tem·ple[1] ['templ] REL templo *m*
tem·ple[2] ['templ] ANAT sien *f*
tem·po ['tempoʊ] tempo *m*
tem·po·rar·i·ly [tempə'rerılı] *adv* temporalmente
tem·po·ra·ry ['tempərerı] *adj* temporal
tempt [tempt] *v/t* tentar
temp·ta·tion [temp'teıʃn] tentación *f*
tempt·ing ['temptıŋ] *adj* tentador
ten [ten] diez
te·na·cious [tı'neıʃəs] *adj* tenaz
te·nac·i·ty [tı'næsıtı] tenacidad *f*
ten·ant ['tenənt] *of building* inquilino(-a) *m*(*f*); *of farm, land* arrendatario(-a) *m*(*f*)
tend[1] [tend] *v/t* (*look after*) cuidar (de)
tend[2] [tend]: ***~ to do sth*** soler hacer algo; ***~ toward sth*** tender hacia algo
ten·den·cy ['tendənsı] tendencia *f*
ten·der[1] ['tendər] *adj* (*sore*) sensible, delicado; (*affectionate*) cariñoso, tierno; *steak* tierno
ten·der[2] ['tendər] *n* COM oferta *f*
ten·der·ness ['tendərnıs] (*soreness*) dolor *m*; *of kiss etc* cariño *m*, ternura *f*
ten·don ['tendən] tendón *m*
ten·nis ['tenıs] tenis *m*
'ten·nis ball pelota *f* de tenis; **'ten·nis court** pista *f* de tenis, cancha *f* de tenis; **'ten·nis pla·yer** tenista *m/f*; **'ten·nis rack·et** raqueta *f* de tenis
ten·or ['tenər] MUS tenor *m*
tense[1] [tens] *n* GRAM tiempo *m*
tense[2] [tens] *adj muscle, moment* tenso; *voice, person* tenso, nervioso
♦**tense up** *v/i* ponerse tenso
ten·sion ['tenʃn] *of rope, in movie, novel* tensión *f*; *in atmosphere, voice* tensión *f*, tirantez *f*
tent [tent] tienda *f*
ten·ta·cle ['tentəkl] tentáculo *m*
ten·ta·tive ['tentətıv] *adj move, offer* provisional
ten·ter·hooks ['tentərhʊks]: ***be on ~*** estar sobre ascuas
tenth [tenθ] **1** *adj* décimo **2** *n* décimo *m*, décima parte *f*; *of second, degree* décima *f*
tep·id ['tepıd] *adj water, reaction* tibio
term [tɜːrm] *in office etc* mandato *m*; *Br* EDU trimestre *m*; (*condition*) término *m*, condición *f*; (*word*) término *m*; ***be on good / bad ~s with s.o.*** llevarse bien / mal con alguien; ***in the long / short ~*** a largo / corto plazo; ***come to ~s with sth*** llegar a aceptar algo
ter·mi·nal ['tɜːrmınl] **1** *n at airport, for buses, containers* terminal *f*; ELEC, COMPUT terminal *m*; *of battery* polo *m* **2** *adj illness* terminal
ter·mi·nal·ly ['tɜːrmınəlı] *adv*: ***~ ill*** en la fase terminal de una enfermedad
ter·mi·nate ['tɜːrmıneıt] **1** *v/t contract* rescindir; *pregnancy* interrumpir **2** *v/i* finalizar
ter·mi·na·tion [tɜːrmı'neıʃn] *of contract* rescisión *f*; *of pregnancy* interrupción *f*
ter·mi·nol·o·gy [tɜːrmı'nɑːlədʒı] terminología *f*
ter·mi·nus ['tɜːrmınəs] *for buses* final *m* de trayecto; *for trains* estación *f* terminal
ter·race ['terəs] terraza *f*
ter·ra cot·ta [terə'kɑːtə] *adj* de terracota
ter·rain [te'reın] terreno *m*
ter·res·tri·al [te'restrıəl] **1** *n* terrestre *m* **2** *adj television* por vía terrestre
ter·ri·ble ['terəbl] *adj* terrible, horrible
ter·ri·bly ['terəblı] *adv* (*very*) tremendamente
ter·rif·ic [tə'rıfık] *adj* estupendo
ter·rif·i·cal·ly [tə'rıfıklı] *adv* (*very*)

T

tremendamente
ter·ri·fy ['terɪfaɪ] *v/t* (*pret & pp* **-ied**) aterrorizar; ***be terrified*** estar aterrorizado
ter·ri·fy·ing ['terɪfaɪɪŋ] *adj* aterrador
ter·ri·to·ri·al [terɪ'tɔːrɪəl] *adj* territorial
ter·ri·to·ri·al 'wa·ters *npl* aguas *fpl* territoriales
ter·ri·to·ry ['terɪtɔːrɪ] territorio *m*; *fig* ámbito *m*, territorio *m*
ter·ror ['terər] terror *m*
ter·ror·ism ['terərɪzm] terrorismo *m*
ter·ror·ist ['terərɪst] terrorista *m/f*
'ter·ror·ist at·tack atentado *m* terrorista
'ter·ror·ist or·gan·i·za·tion organización *f* terrorista
ter·ror·ize ['terəraɪz] *v/t* aterrorizar
terse [tɜːrs] *adj* tajante, seco
test [test] **1** *n* prueba *f*; *academic, for driving* examen *m* **2** *v/t* probar, poner a prueba
tes·ta·ment ['testəmənt] *to s.o.'s life etc* testimonio *m*; ***Old / New Testament*** REL Viejo / Nuevo Testamento *m*
'test-drive *v/t* (*pret* **-drove**, *pp* **-driven**) *car* probar en carretera
tes·ti·cle ['testɪkl] testículo *m*
tes·ti·fy ['testɪfaɪ] *v/i* (*pret & pp* **-ied**) LAW testificar, prestar declaración
tes·ti·mo·ni·al [testɪ'mounɪəl] *n* referencias *fpl*
tes·ti·mo·ny ['testɪmənɪ] LAW testimonio *m*
'test tube tubo *m* de ensayo, probeta *f*
'test-tube ba·by niño(-a) *m*(*f*) probeta
tes·ty ['testɪ] *adj* irritable
te·ta·nus ['tetənəs] tétanos *m*
teth·er ['teðər] **1** *v/t horse* atar **2** *n* correa *f*; ***be at the end of one's ~*** estar al punto de perder la paciencia
text [tekst] texto *m*
'text·book libro *m* de texto
tex·tile ['tekstəl] *n* textil *m*
tex·ture ['tekstʃər] textura *f*
Thai [taɪ] **1** *adj* tailandés **2** *n person* tailandés(-esa) *m*(*f*); *language* tailandés *m*
Thai·land ['taɪlænd] Tailandia
than [ðæn] *adv* que; ***bigger / faster ~ me*** más grande / más rápido que yo; ***more than 50*** más de 50
thank [θæŋk] *v/t* dar las gracias a; ***~ you*** gracias; ***no ~ you*** no, gracias
thank·ful ['θæŋkfəl] *adj* agradecido; ***we have to be ~ that ...*** tenemos que dar gracias de que ...
thank·ful·ly ['θæŋkfəlɪ] *adv* (*luckily*) afortunadamente
thank·less ['θæŋklɪs] *adj task* ingrato
thanks [θæŋks] *npl* gracias *fpl*; ***~!*** ¡gracias!; ***~ to*** gracias a
Thanks·giv·ing (**Day**) [θæŋks'gɪvɪŋdeɪ] Día *m* de Acción de Gracias
that [ðæt] **1** *adj* ese *m*, esa *f*; *more remote* aquel *m*, aquella; ***~ one*** ése **2** *pron* ése *m*, ésa; *more remote* aquél *m*, aquella *f*; ***what is ~?*** ¿qué es eso?; ***who is ~?*** ¿quién es ése?; ***~'s mine*** ése es mío; ***~'s tea*** es té; ***~'s very kind*** qué amable **3** *rel pron* que; ***the person / car ~ you see*** el coche / la persona que ves **4** *conj* que; ***I think ~ ...*** creo que ... **5** *adv* (*so*) tan; ***~ big / expensive*** tan grande / caro
thaw [θɒː] *v/i of snow* derretirse, fundirse; *of frozen food* descongelarse
the [ðə] el, la; *plural* los, las; ***~ sooner ~ better*** cuanto antes, mejor
the·a·ter ['θɪətər] teatro *m*
'the·a·ter crit·ic crítico *m* teatral
the·a·tre *Br* → ***theater***
the·at·ri·cal [θɪ'ætrɪkl] *adj also fig* teatral
theft [θeft] robo *m*
their [ðer] *adj* su; (*his or her*) su; ***~ brother*** su hermano; ***~ books*** sus libros
theirs [ðerz] *pron* el suyo, la suya; ***~ are red*** los suyos son rojos; ***that book is ~*** ese libro es suyo; ***a friend of ~*** un amigo suyo
them [ðem] *pron direct object* los *mpl*, las *fpl*; *indirect object* les; *after prep* ellos *mpl*, ellas *fpl*; ***I know ~*** los / las conozco; ***I gave ~ the keys*** les di las

T

llaves; ***I sold it to*** ~ se lo vendí; ***he lives with*** ~ vive con ellos / ellas; ***if a person asks for help, you should help*** ~ si una persona pide ayuda, hay que ayudarla
theme [θiːm] tema *m*
'**theme park** parque *m* temático
'**theme song** tema *m* musical
them•selves [ðem'selvz] *pron reflexive* se; *emphatic* ellos mismos *mpl*, ellas mismas *fpl*; ***they hurt*** ~ se hicieron daño; ***when they saw*** ~ ***in the mirror*** cuando se vieron en el espejo; ***they saw it*** ~ lo vieron ellos mismos; ***by*** ~ (*alone*) solos; (*without help*) ellos solos, ellos mismos
then [ðen] *adv* (*at that time*) entonces; (*after that*) luego, después; *deducing* entonces; ***by*** ~ para entonces
the•o•lo•gian [θɪə'loudʒɪən] teólogo *m*
the•ol•o•gy [θɪ'ɑːlədʒɪ] teología *f*
the•o•ret•i•cal [θɪə'retɪkl] *adj* teórico
the•o•ret•i•cal•ly [θɪə'retɪklɪ] *adv* en teoría
the•o•ry ['θɪrɪ] teoría *f*; ***in*** ~ en teoría
ther•a•peu•tic [θerə'pjuːtɪk] *adj* terapéutico
ther•a•pist ['θerəpɪst] terapeuta *m/f*
ther•a•py ['θerəpɪ] terapia *f*
there [ðer] *adv* allí, ahí, allá; ***over*** ~ allí, ahí, allá; ***down*** ~ allí *or* ahí *or* allá abajo; ~ ***is / are ...*** hay ...; ~ ***is / are not ...*** no hay ...; ~ ***you are*** *giving sth* aquí tienes; *finding sth* aquí está; *completing sth* ya está; ~ ***and back*** ida y vuelta; ***it's 5 miles*** ~ ***and back*** entre ida y vuelta hay cinco millas; ~ ***he is!*** ¡ahí está!; ~, ~***!*** ¡venga!
there•a•bouts [ðerə'baʊts] *adv* aproximadamente
there•fore ['ðerfɔːr] *adv* por (lo) tanto
ther•mom•e•ter [θər'mɑːmɪtər] termómetro *m*
ther•mos flask ['θɜːrməs] termo *m*
ther•mo•stat ['θɜːrməstæt] termostato *m*
these [ðiːz] **1** *adj* estos(-as) **2** *pron* éstos *mpl*, éstas *fpl*
the•sis ['θiːsɪs] (*pl* ***theses*** ['θiːsiːz]) tesis *f inv*
they [ðeɪ] *pron* ellos *mpl*, ellas *fpl*; ~ ***are Mexican*** son mexicanos; ***~'re going, but we're not*** ellos van, pero nosotros no; ***if anyone looks at this,*** ~ ***will see that ...*** si alguien mira esto, verá que ...; ~ ***say that ...*** dicen que ...; ~ ***are going to change the law*** van a cambiar la ley
thick [θɪk] *adj soup* espeso; *fog* denso; *wall, book* grueso; *hair* poblado; F (*stupid*) corto; ***it's 3 cm*** ~ tiene 3 cm de grosor
thick•en ['θɪkən] *v/t sauce* espesar
thick•set ['θɪkset] *adj* fornido
thick•skinned [θɪk'skɪnd] *adj fig* insensible
thief [θiːf] (*pl* ***thieves*** [θiːvz]) ladrón(-ona) *m*(*f*)
thigh [θaɪ] muslo *m*
thim•ble ['θɪmbl] dedal *m*
thin [θɪn] *adj person* delgado; *hair* ralo, escaso; *soup* claro; *coat, line* fino
thing [θɪŋ] cosa *f*; ~***s*** (*belongings*) cosas *fpl*; ***how are ~s?*** ¿cómo te va?; ***it's a good*** ~ ***you told me*** menos mal que me lo dijiste; ***what a*** ~ ***to do / say!*** ¡qué barbaridad!
thing•um•a•jig ['θɪŋʌmədʒɪg] F *object* chisme *m*; *person* fulanito *m*
think [θɪŋk] *v/t* & *v/i* (*pret* & *pp* ***thought***) pensar; *hold an opinion* pensar, creer; ***I*** ~ ***so*** creo que sí; ***I don't*** ~ ***so*** creo que no; ***I*** ~ ***so too*** pienso lo mismo; ***what do you ~?*** ¿qué piensas *or* crees?; ***what do you*** ~ ***of it?*** ¿qué te parece?; ***I can't*** ~ ***of anything more*** no se me ocurre nada más; ~ ***hard!*** ¡piensa más!; ***I'm ~ing about emigrating*** estoy pensando en emigrar
♦**think over** *v/t* reflexionar sobre
♦**think through** *v/t* pensar bien
♦**think up** *v/t plan* idear
'**think tank** grupo *m* de expertos
thin-skinned [θɪn'skɪnd] *adj* sensible
third [θɜːrd] **1** *adj* tercero **2** *n* tercero(a) *m*(*f*); *fraction* tercio *m*, tercera parte *f*
third•ly ['θɜːrdlɪ] *adv* en tercer lugar
third 'par•ty tercero *m*; **third-par•ty**

in'sur·ance seguro *m* a terceros; **third 'per·son** GRAM tercera persona *f*; **'third-rate** *adj* de tercera, de pacotilla F; **Third 'World** Tercer Mundo *m*
thirst [θɜːrst] sed *f*
thirst·y ['θɜːrstɪ] *adj* sediento; ***be ~*** tener sed
thir·teen [θɜːr'tiːn] trece
thir·teenth [θɜːr'tiːnθ] *n & adj* decimotercero
thir·ti·eth ['θɜːrtɪɪθ] *n & adj* trigésimo
thir·ty ['θɜːrtɪ] treinta
this [ðɪs] **1** *adj* este *m*, esta *f*; ***~ one*** éste **2** *pron* esto *m*, esta *f*; ***~ is good*** esto es bueno; ***~ is ...*** *introducing s.o.* éste / ésta es …; TELEC soy ... **3** *adv*: ***~ big / high*** así de grande / de alto
thorn [θɔːrn] espina *f*
thorn·y ['θɔːrnɪ] *adj also fig* espinoso
thor·ough ['θɜːroʊ] *adj search* minucioso; *knowledge* profundo; *person* concienzudo
thor·ough·bred ['θɜːroʊbred] *horse* purasangre *m*
thor·ough·ly ['θɜːroʊlɪ] *adv* completamente; *clean up* a fondo; *search* minuciosamente; ***I'm ~ ashamed*** estoy avergonzadísimo
those [ðoʊz] **1** *adj* esos *mpl*, esas *fpl*; *more remote* aquellos *mpl*, aquellas *fpl* **2** *pron* ésos *mpl*, ésas *fpl*; *more remote* aquéllos *mpl*, aquéllas *mpl*
though [ðoʊ] **1** *conj* (*although*) aunque; ***as ~*** como si **2** *adv* sin embargo; ***it's not finished ~*** pero no está acabado
thought[1] [θɒːt] *single* idea *f*; *collective* pensamiento *m*
thought[2] [θɒːt] *pret & pp* → ***think***
thought·ful ['θɒːtfəl] *adj* pensativo; *book* serio; (*considerate*) atento
thought·less ['θɒːtlɪs] *adj* desconsiderado
thou·sand ['θaʊznd] mil *m*; ***~s of*** miles de; ***a ~ and ten*** mil diez
thou·sandth ['θaʊzndθ] *n & adj* milésimo
thrash [θræʃ] *v/t* golpear, dar una paliza a; SP dar una paliza a
♦ **thrash around** *v/i with arms etc* revolverse
♦ **thrash out** *v/t solution* alcanzar
thrash·ing ['θræʃɪŋ] *also* SP paliza *f*
thread [θred] **1** *n* hilo *m*; *of screw* rosca *f* **2** *v/t needle* enhebrar; *beads* ensartar
thread·bare ['θredber] *adj* raído
threat [θret] amenaza *f*
threat·en ['θretn] *v/t* amenazar
threat·en·ing ['θretnɪŋ] *adj* amenazador
three [θriː] tres
three-'quart·ers tres cuartos *mpl*
thresh [θreʃ] *v/t corn* trillar
thresh·old ['θreʃhoʊld] *of house, new age* umbral *m*; ***on the ~ of*** en el umbral *or* en puertas de
threw [θruː] *pret* → ***throw***
thrift [θrɪft] ahorro *m*
thrift·y ['θrɪftɪ] *adj* ahorrativo
thrill [θrɪl] **1** *n* emoción *f*, estremecimiento *m* **2** *v/t*: ***be ~ed*** estar entusiasmado
thrill·er ['θrɪlər] *movie* película *f* de *Span* suspense *or L.Am.* suspenso; *novel* novela *f* de *Span* suspense *or L.Am.* suspenso
thrill·ing ['θrɪlɪŋ] *adj* emocionante
thrive [θraɪv] *v/i of plant* medrar, crecer bien; *of business, economy* prosperar
throat [θroʊt] garganta *f*
'throat loz·enge pastilla *f* para la garganta
throb [θrɑːb] **1** *n of heart* latido *m*; *of music* zumbido *m* **2** *v/i* (*pret & pp* ***-bed***) *of heart* latir; *of music* zumbar
throm·bo·sis [θrɑːm'boʊsɪs] trombosis *f*
throne [θroʊn] trono *m*
throng [θrɑːŋ] *n* muchedumbre *f*
throt·tle ['θrɑːtl] **1** *n on motorbike* acelerador *m*; *on boat* palanca *f* del gas; *on motorbike* mango *m* del gas **2** *v/t* (*strangle*) estrangular
♦ **throttle back** *v/i* desacelerar
through [θruː] **1** *prep* ◊ (*across*) a través de; ***go ~ the city*** atravesar la ciudad ◊ (*during*) durante; ***~ the winter / summer*** durante el invierno / verano; ***Monday ~ Friday*** de lu-

nes a viernes ◊ (*by means of*) a través de, por medio de; ***arranged ~ him*** acordado por él **2** *adv*: ***wet ~*** completamente mojado; ***watch a movie ~*** ver una película de principio a fin **3** *adj*: ***be ~*** *of couple* haber terminado; (*have arrived*: *of news etc*) haber llegado; ***you're ~*** TELEC ya puede hablar; ***I'm ~ with …*** (*finished with*) he terminado con …

'through flight vuelo *m* directo

through·out [θruː'aʊt] **1** *prep* durante, a lo largo de **2** *adv* (*in all parts*) en su totalidad

'through train tren *m* directo

throw [θroʊ] **1** *v/t* (*pret* ***threw***, *pp* ***thrown***) tirar; *of horse* tirar, desmontar; (*disconcert*) desconcertar; *party* dar **2** *n* lanzamiento *m*; ***it's your ~*** te toca tirar

♦ **throw away** *v/t* tirar, *L.Am.* botar

♦ **throw off** *v/t jacket etc* quitarse rápidamente; *cold etc* deshacerse de

♦ **throw on** *v/t clothes* ponerse rápidamente

♦ **throw out** *v/t old things* tirar, *L.Am.* botar; *from bar, job, home* echar; *from country* expulsar; *plan* rechazar

♦ **throw up 1** *v/t ball* lanzar hacia arriba; ***throw up one's hands*** echarse las manos a la cabeza **2** *v/i* (*vomit*) vomitar

'throw-a·way *adj remark* insustancial, pasajero; (*disposable*) desechable

'throw-in SP saque *m* de banda

thrown [θroʊn] *pp* → ***throw***

thru [θruː] → ***through***

thrush [θrʌʃ] *bird* zorzal *m*

thrust [θrʌst] *v/t* (*pret & pp* ***thrust***) (*push hard*) empujar; *knife* hundir; ***~ sth into s.o.'s hands*** poner algo en las manos de alguien; ***~ one's way through the crowd*** abrirse paso a empujones entre la multitud

thud [θʌd] *n* golpe *m* sordo

thug [θʌg] matón *m*

thumb [θʌm] **1** *n* pulgar *m* **2** *v/t*: ***~ a ride*** hacer autoestop

thumb·tack ['θʌmtæk] chincheta *f*

thump [θʌmp] **1** *n blow* porrazo *m*; *noise* golpe *m* sordo **2** *v/t person* dar un porrazo a; ***~ one's fist on the table*** pegar un puñetazo en la mesa **3** *v/i of heart* latir con fuerza; ***~ on the door*** aporrear la puerta

thun·der ['θʌndər] *n* truenos *mpl*

thun·der·ous ['θʌndərəs] *adj applause* tormenta *f*

thun·der·storm ['θʌndərstɔːrm] tormenta *f* (*con truenos*)

'thun·der·struck *adj* atónito

thun·der·y ['θʌndərɪ] *adj weather* tormentoso

Thurs·day ['θɜːrzdeɪ] jueves *m inv*

thus [ðʌs] *adv* (*in this way*) así

thwart [θwɔːrt] *v/t person, plans* frustrar

thyme [taɪm] tomillo *m*

thy·roid gland ['θaɪrɔɪdglænd] (glándula *f*) tiroides *m inv*

tick [tɪk] **1** *n of clock* tictac *m*; (*checkmark*) señal *f* de visto bueno **2** *v/i of clock* hacer tictac

tick·et ['tɪkɪt] *for bus, train, lottery* billete *m*, *L.Am.* boleto *m*; *for airplane* billete *m*, *L.Am.* pasaje *m*; *for theater, concert, museum* entrada *f*, *L.Am.* boleto *m*; *for speeding etc* multa *f*

'ti·cket col·lec·tor revisor(a) *m*(*f*); **'ti·cket in·spec·tor** revisor(a) *m*(*f*); **'ti·cket ma·chine** máquina *f* expendedora de billetes; **'ti·cket of·fice** *at station* mostrador *m* de venta de billetes; THEA taquilla *f*, *L.Am.* boletería *f*

tick·ing ['tɪkɪŋ] *noise* tictac *m*

tick·le ['tɪkl] **1** *v/t person* hacer cosquillas a **2** *v/i of material* hacer cosquillas; ***stop that, you're tickling!*** ¡para ya, me haces cosquillas!

tickl·ish ['tɪklɪʃ] *adj*: ***be ~*** *of person* tener cosquillas

ti·dal wave ['taɪdlweɪv] maremoto *m* (*ola*)

tide [taɪd] marea *f*; ***high ~*** marea alta; ***low ~*** marea baja; ***the ~ is in / out*** la marea está alta / baja

♦ **tide over** *v/t*: ***20 dollars will tide me over*** 20 dólares me bastarán

ti·di·ness ['taɪdɪnɪs] orden *m*

ti·dy ['taɪdɪ] *adj* ordenado

♦ **tidy away** *v/t* (*pret & pp* **-ied**) guardar
♦ **tidy up 1** *v/t room, shelves* ordenar; ***tidy o.s. up*** arreglarse **2** *v/i* recoger
tie [taɪ] **1** *n* (*necktie*) corbata *f*; SP (*even result*) empate *m*; ***he doesn't have any ~s*** no está atado a nada **2** *v/t knot* hacer, atar; *hands* atar; ***~ two ropes together*** atar dos cuerdas **3** *v/i* SP empatar
♦ **tie down** *v/t also fig* atar
♦ **tie up** *v/t person, laces* atar; *boat* amarrar; *hair* recoger; ***I'm tied up tomorrow*** (*busy*) mañana estaré muy ocupado
tier [tɪr] *of hierarchy* nivel *m*; *in stadium* grada *f*
ti·ger ['taɪgər] tigre *m*
tight [taɪt] **1** *adj clothes* ajustado, estrecho; *security* estricto; (*hard to move*) apretado; (*properly shut*) cerrado; (*not leaving much time*) justo de tiempo; F (*drunk*) como una cuba F **2** *adv hold* fuerte; *shut* bien
tight·en ['taɪtn] *v/t screw* apretar; *control* endurecer; *security* intensificar; ***~ one's grip on sth*** *on rope etc* asir algo con más fuerza; *on power etc* incrementar el control sobre algo
♦ **tighten up** *v/i in discipline, security* ser más estricto
tight-fist·ed [taɪt'fɪstɪd] *adj* agarrado
tight·ly ['taɪtlɪ] *adv* → ***tight***
tight·rope ['taɪtroʊp] cuerda *f* floja
tights [taɪts] *npl Br* medias *fpl*, pantis *mpl*
tile [taɪl] *on floor* baldosa *f*; *on wall* azulejo *m*; *on roof* teja *f*
till[1] [tɪl] → ***until***
till[2] [tɪl] *n* (*cash register*) caja *f* (registradora)
till[3] [tɪl] *v/t soil* labrar
tilt [tɪlt] **1** *v/t* inclinar **2** *v/i* inclinarse
tim·ber ['tɪmbər] madera *f* (de construcción)
time [taɪm] tiempo *m*; (*occasion*) vez *f*; ***~ is up*** se acabó (el tiempo); ***for the ~ being*** por ahora, por el momento; ***have a good ~*** pasarlo bien; ***have a good ~!*** ¡que lo paséis bien!; ***what's the ~?, do you have the ~?*** ¿qué hora es?; ***the first ~*** la primera vez; ***four ~s*** cuatro veces; ***~ and again*** una y otra vez; ***all the ~*** todo el rato; ***two / three at a ~*** de dos en dos / de tres en tres; ***at the same ~*** *speak, reply etc* a la vez; (*however*) al mismo tiempo; ***in ~*** con tiempo; ***on ~*** puntual; ***in no ~*** en un santiamén
'**time bomb** bomba *f* de relojería; '**time clock** *in factory* reloj *m* registrador; '**time-con·sum·ing** *adj* que lleva mucho tiempo; '**time dif·fer·ence** diferencia *f* horaria; '**time-lag** intervalo *m*; '**time lim·it** plazo *m*
time·ly ['taɪmlɪ] *adj* oportuno
'**time out** SP tiempo *m* muerto
tim·er ['taɪmər] *device* temporizador *m*; *person* cronometrador *m*
'**time·sav·ing** *n* ahorro *m* de tiempo; '**time·scale** *of project* plazo *m* (de tiempo); '**time switch** temporizador *m*; '**time·warp** salto *m* en el tiempo; '**time zone** huso *m* horario
tim·id ['tɪmɪd] *adj* tímido
tim·ing ['taɪmɪŋ] *of dancer* sincronización *f*; *of actor* utilización *f* de las pausas y del ritmo; ***the ~ of the announcement was perfect*** el anuncio fue realizado en el momento perfecto
tin [tɪn] *metal* estaño *m*; *Br* (*can*) lata *f*
tin·foil ['tɪnfɔɪl] papel *m* de aluminio
tinge [tɪndʒ] *n of color, sadness* matiz *m*
tin·gle ['tɪŋgl] *n* hormigueo *m*
♦ **tin·ker with** ['tɪŋkər] *v/t* enredar con
tin·kle ['tɪŋkl] *n of bell* tintineo *m*
tin·sel ['tɪnsl] espumillón *m*
tint [tɪnt] **1** *n of color* matiz *m*; *in hair* tinte *m* **2** *v/t hair* teñir
tint·ed ['tɪntɪd] *glasses* con un tinte; *paper* coloreado
ti·ny ['taɪnɪ] *adj* diminuto, minúsculo
tip[1] [tɪp] *n of stick, finger* punta *f*; *of mountain* cumbre *f*; *of cigarette* filtro *m*
tip[2] [tɪp] **1** *n advice* consejo *m*; *money* propina *f* **2** *v/t* (*pret & pp* **-ped**)

waiter etc dar propina a
♦**tip off** *v/t* avisar
♦**tip over** *v/t jug* volcar; *liquid* derramar; ***he tipped water all over me*** derramó agua encima mío
'**tip-off** soplo *m*
tipped [tɪpt] *adj cigarettes* con filtro
tip·py-toe ['tɪpɪtoʊ]: ***on ~*** de puntillas
tip·sy ['tɪpsɪ] *adj* achispado
tire[1] [taɪr] *n* neumático *m*, *L.Am.* llanta *f*
tire[2] [taɪr] **1** *v/t* cansar, fatigar **2** *v/i* cansarse, fatigarse; ***he never ~s of telling the story*** nunca se cansa de contar la historia
tired [taɪrd] *adj* cansado, fatigado; ***be ~ of s.o. / sth*** estar cansado de algo / alguien
tired·ness ['taɪrdnɪs] cansancio *m*, fatiga *f*
tire·less ['taɪrlɪs] *adj efforts* incansable, infatigable
tire·some ['taɪrsəm] *adj* (*annoying*) pesado
tir·ing ['taɪrɪŋ] *adj* agotador
tis·sue ['tɪʃuː] ANAT tejido *m*; (*handkerchief*) pañuelo *m* de papel, Kleenex® *m*
'**tis·sue pa·per** papel *m* de seda
tit[1] [tɪt] *bird* herrerillo *m*
tit[2] [tɪt]: ***give s.o. ~ for tat*** pagar a alguien con la misma moneda
tit[3] [tɪt] V (*breast*) teta *f* V
ti·tle ['taɪtl] *of novel, person etc* título *m*; LAW título *m* de propiedad
'**ti·tle·hold·er** SP campeón(-ona) *m*(*f*)
tit·ter ['tɪtər] *v/i* reírse tontamente
to [tuː] *unstressed* [tə] **1** *prep* a; ***~ Japan / Chicago*** a Japón / Chicago; ***let's go ~ my place*** vamos a mi casa; ***walk ~ the station*** caminar a la estación; ***~ the north / south of ...*** al norte / sur de ...; ***give sth ~ s.o.*** dar algo a alguien; ***from Monday ~ Wednesday*** de lunes a miércoles; ***from 10 ~ 15 people*** de 10 a 15 personas **2** *with verbs*: ***~ speak*** hablar; ***learn ~ swim*** aprender a nadar; ***nice ~ eat*** sabroso; ***too heavy ~ carry*** demasiado pesado para llevarlo; ***~ be honest with you ...*** para ser sincero ... **3** *adv*: ***~ and fro*** de un lado para otro
toad [toʊd] sapo *m*
toad·stool ['toʊdstuːl] seta *f* venenosa
toast [toʊst] **1** *n* pan *m* tostado; *when drinking* brindis *m inv*; ***propose a ~ to s.o.*** proponer un brindis en honor de alguien **2** *v/t when drinking* brindar por
toast·er ['toʊstər] tostador(a) *m*(*f*)
to·bac·co [tə'bækoʊ] tabaco *m*
to·bog·gan [tə'bɑːgən] *n* tobogán *m*
to·day [tə'deɪ] *adv* hoy
tod·dle ['tɑːdl] *v/i of child* dar los primeros pasos
tod·dler ['tɑːdlər] niño *m* pequeño
to-do [tə'duː] F revuelo *m*
toe [toʊ] **1** *n* dedo *m* del pie; *of shoe* puntera *f* **2** *v/t*: ***~ the line*** acatar la disciplina
toe·nail ['toʊneɪl] uña *f* del pie
to·geth·er [tə'geðər] *adv* juntos(-as); ***mix two drinks ~*** mezclar dos bebidas; ***don't all talk ~*** no hablen todos a la vez
toil [tɔɪl] *n* esfuerzo *m*
toi·let ['tɔɪlɪt] *place* cuarto *m* de baño, servicio *m*; *equipment* retrete *m*; ***go to the ~*** ir al baño
'**toil·et pa·per** papel *m* higiénico
toil·et·ries ['tɔɪlɪtrɪz] *npl* artículos *mpl* de tocador
'**toi·let roll** rollo *m* de papel higiénico
to·ken ['toʊkən] (*sign*) muestra *f*; (*gift ~*) vale *m*; (*disk*) ficha *f*
told [toʊld] *pret & pp* → ***tell***
tol·e·ra·ble ['tɑːlərəbl] *adj pain etc* soportable; (*quite good*) aceptable
tol·e·rance ['tɑːlərəns] tolerancia *f*
tol·e·rant ['tɑːlərənt] *adj* tolerante
tol·e·rate ['tɑːləreɪt] *v/t noise, person* tolerar; ***I won't ~ it!*** ¡no lo toleraré!
toll[1] [toʊl] *v/i of bell* tañer
toll[2] [toʊl] *n* (*deaths*) mortandad *f*, número *m* de víctimas
toll[3] [toʊl] *n for bridge, road* peaje *m*; TELEC tarifa *f*

'**toll booth** cabina *f* de peaje; '**toll-free** *adj* TELEC gratuito; '**toll road** carretera *f* de peaje
to•ma•to [tə'meɪtoʊ] tomate *m*, *Mex* jitomate *m*
to•ma•to 'ketch•up ketchup *m*
to•ma•to 'sauce *for pasta etc* salsa *f* de tomate
tomb [tu:m] tumba *f*
tom•boy ['tɑ:mbɔɪ] niña *f* poco femenina
tomb•stone ['tu:mstoʊn] lápida *f*
tom•cat ['tɑ:mkæt] gato *m*
to•mor•row [tə'mɔ:roʊ] *adv* mañana; ***the day after ~*** pasado mañana; ***~ morning*** mañana por la mañana
ton [tʌn] tonelada *f* (*907 kg*)
tone [toʊn] *of color*, *conversation* tono *m*; *of musical instrument* timbre *m*; *of neighborhood* nivel *m*; ***~ of voice*** tono *m* de voz
♦**tone down** *v/t demands*, *criticism* bajar el tono de
ton•er ['toʊnər] tóner *m*
tongs [tɑ:ŋz] *npl* tenazas *fpl*; *for hair* tenacillas *fpl* de rizar
tongue [tʌŋ] *n* lengua *f*
ton•ic ['tɑ:nɪk] MED tónico *m*
'**ton•ic (wa•ter)** (agua *f*) tónica *f*
to•night [tə'naɪt] *adv* esta noche
ton•sil ['tɑ:nsl] amígdala *f*
ton•sil•li•tis [tɑ:nsə'laɪtɪs] amigdalitis *f*
too [tu:] *adv* (*also*) también; (*excessively*) demasiado; ***me ~*** yo también; ***~ big / hot*** demasiado grande / caliente; ***~ much rice*** demasiado arroz; ***eat ~ much*** comer demasiado
took [tʊk] *pret* → ***take***
tool [tu:l] herramienta *f*
toot [tu:t] *v/t* F tocar
tooth [tu:θ] (*pl* ***teeth*** [ti:θ]) diente *m*
'**tooth•ache** dolor *m* de muelas
'**tooth•brush** cepillo *m* de dientes
tooth•less ['tu:θlɪs] *adj* desdentado
'**tooth•paste** pasta *f* de dientes, dentífrico *m*
'**tooth•pick** palillo *m*
top [tɑ:p] **1** *n of mountain* cima *f*; *of tree* copa *f*; *of wall*, *screen*, *page* parte *f* superior; (*lid*: *of bottle etc*) tapón *m*; *of pen* capucha *f*; *clothing* camiseta *f*, top *m*; (MOT: *gear*) directa *f*; ***on ~ of*** encima de, sobre; ***at the ~ of the page*** en la parte superior de la página; ***at the ~ of the mountain*** en la cumbre; ***be ~ of the class / league*** ser el primero de la clase / de la liga; ***get to the ~*** *of company*, *mountain* llegar a la cumbre; ***be over the ~*** (*exaggerated*) ser una exageración **2** *adj branches* superior; *floor* de arriba, último; *management*, *official* alto; *player* mejor; *speed*, *note* máximo **3** *v/t* (*pret & pp* ***-ped***): ***~ped with …*** *of cake etc* con una capa de … por encima
♦**top up** *v/t glass*, *tank* llenar
top 'hat sombrero *m* de copa
top 'heav•y *adj* sobrecargado en la parte superior
top•ic ['tɑ:pɪk] tema *m*
top•ic•al ['tɑ:pɪkl] *adj* de actualidad
top•less ['tɑ:plɪs] *adj* en topless
top•most ['tɑ:pmoʊst] *adj branches*, *floor* superior
top•ping ['tɑ:pɪŋ] *on pizza* ingrediente *m*
top•ple ['tɑ:pl] **1** *v/i* derrumbarse **2** *v/t government* derrocar
top 'se•cret *adj* altamente confidencial
top•sy-tur•vy [tɑ:psɪ'tɜ:rvɪ] *adj* (*in disorder*) desordenado; *world* al revés
torch [tɔ:rʧ] *with flame* antorcha *f*
tore [tɔ:r] *pret* → ***tear***
tor•ment 1 *n* ['tɔ:rment] tormento *m* **2** *v/t* [tɔ:r'ment] *person*, *animal* atormentar; ***~ed by doubt*** atormentado por la duda
torn [tɔ:rn] *pp* → ***tear***
tor•na•do [tɔ:r'neɪdoʊ] tornado *m*
tor•pe•do [tɔ:r'pi:doʊ] **1** *n* torpedo *m* **2** *v/t also fig* torpedear
tor•rent ['tɑ:rənt] *also fig* torrente *m*; *of lava* colada *f*
tor•ren•tial [tə'renʃl] *adj rain* torrencial
tor•toise ['tɔ:rtəs] tortuga *f*
tor•ture ['tɔ:rʧər] **1** *n* tortura *f* **2** *v/t*

T

torturar

toss [tɑːs] **1** *v/t ball* lanzar, echar; *rider* desmontar; *salad* remover; ***~ a coin*** echar a cara o cruz **2** *v/i*: ***~ and turn*** dar vueltas

to·tal ['toʊtl] **1** *n* total *m* **2** *adj sum, amount* total; *disaster* rotundo, completo; *idiot* de tomo y lomo; *stranger* completo **3** *v/t* F *car* cargarse F; ***the truck was ~ed*** el camión quedó destrozado

to·tal·i·tar·i·an [toʊtælɪ'terɪən] *adj* totalitario

to·tal·ly ['toʊtəlɪ] *adv* totalmente

tote bag ['toʊtbæg] bolsa *f* grande

tot·ter ['tɑːtər] *v/i of person* tambalearse

touch [tʌʧ] **1** *n* toque *m*; *sense* tacto *m*; ***lose ~ with s.o.*** perder el contacto con alguien; ***keep in ~ with s.o.*** mantenerse en contacto con alguien; ***we kept in ~*** seguimos en contacto; ***be out of ~*** no estar al corriente; ***the leader was out of ~ with the people*** el líder estaba desconectado de lo que pensaba la gente; ***in ~*** SP fuera **2** *v/t* tocar; *emotionally* conmover **3** *v/i* tocar; *of two lines etc* tocarse

♦**touch down** *v/i of airplane* aterrizar; SP marcar un ensayo

♦**touch on** *v/t* (*mention*) tocar, mencionar

♦**touch up** *v/t photo* retocar; *Br*: *sexually* manosear

touch·down ['tʌʧdaʊn] *of airplane* aterrizaje *m*; SP touchdown *m*, ensayo *m*

touch·ing ['tʌʧɪŋ] *adj* conmovedor

touch·line ['tʌʧlaɪn] SP línea *f* de banda

'**touch screen** pantalla *f* tactíl

touch·y ['tʌʧɪ] *adj person* susceptible

tough [tʌf] *adj person, meat, punishment* duro; *question, exam* difícil; *material* resistente, fuerte

♦**tough·en up** ['tʌfn] *v/t person* hacer más fuerte

'**tough guy** F tipo *m* duro F

tour [tʊr] **1** *n of museum etc* recorrido *m*; *of area* viaje *m* (***of*** por); *of band etc* gira *f* **2** *v/t area* recorrer **3** *v/i of band etc* estar de gira

'**tour guide** guía *m/f* turístico(-a)

tour·i·sm ['tʊrɪzm] turismo *m*

tour·i·st ['tʊrɪst] turista *m/f*

'**tour·ist at·trac·tion** atracción *f* turística; '**tour·ist in·dus·try** industria *f* turística; '**tour·i·st** (**in·for·'ma·tion**) **of·fice** oficina *f* de turismo; '**tour·ist sea·son** temporada *f* turística

tour·na·ment ['tʊrnəmənt] torneo *m*

'**tour op·er·a·tor** operador *m* turístico

tous·led ['taʊzld] *adj hair* revuelto

tow [toʊ] **1** *v/t car, boat* remolcar **2** *n*: ***give s.o. a ~*** remolcar a alguien

♦**tow away** *v/t car* llevarse

to·ward [tɔːrd] *prep* hacia; ***we are working ~ a solution*** estamos intentando encontrar una solución

tow·el ['taʊəl] toalla *f*

tow·er ['taʊər] *n* torre *m*

♦**tower over** *v/t of building* elevarse por encima de; *of person* ser mucho más alto que

town [taʊn] ciudad *f*; *small* pueblo *m*

town 'cen·ter, *Br* **town 'cen·tre** centro *m* de la ciudad / del pueblo; **town 'coun·cil** ayuntamiento *m*; **town 'hall** ayuntamiento *m*

'**tow·rope** cuerda *f* para remolcar

tox·ic ['tɑːksɪk] *adj* tóxico

tox·ic 'waste residuos *mpl* tóxicos

tox·in ['tɑːksɪn] BIO toxina *f*

toy [tɔɪ] juguete *m*

'**toy store** juguetería *f*, tienda *f* de juguetes

♦**toy with** *v/t object* juguetear con; *idea* darle vueltas a

trace [treɪs] **1** *n of substance* resto *m* **2** *v/t* (*find*) localizar; (*follow*: *footsteps of*) seguir el rastro a; (*draw*) trazar

track [træk] *n* (*path*) senda *f*, camino; *for horses* hipódromo *m*; *for dogs* canódromo *m*; *for cars* circuito *m*; *for athletics* pista *f*; *on CD* canción *f*, corte *m*; RAIL vía *f*; ***~ 10*** RAIL via 10; ***keep ~ of sth*** llevar la cuenta de algo

♦ **track down** *v/t* localizar
'**track·suit** chándal *m*
trac·tor ['træktər] tractor *m*
trade [treɪd] **1** *n* (*commerce*) comercio *m*; (*profession, craft*) oficio *m* **2** *v/i* (*do business*) comerciar; **~ *in sth*** comerciar en algo **3** *v/t* (*exchange*) intercambiar; **~ *sth for sth*** intercambiar algo por algo
♦ **trade in** *v/t when buying* entregar como parte del pago
'**trade fair** feria *f* de muestras; '**trade·mark** marca *f* registrada; '**trade mis·sion** misión *f* comercial
trad·er ['treɪdər] comerciante *m*
trade 'se·cret secreto *m* de la casa, secreto *m* comercial
trades·man ['treɪdzmən] (*plumber etc*) *electricista, fontanero / plomero etc*
tra·di·tion [trə'dɪʃn] tradición *f*
tra·di·tion·al [trə'dɪʃnl] *adj* tradicional
tra·di·tion·al·ly [trə'dɪʃnlɪ] *adv* tradicionalmente
traf·fic ['træfɪk] *n on roads, in drugs* tráfico *m*
♦ **traffic in** *v/t* (*pret & pp* ***-ked***) *drugs* traficar con
'**traf·fic cir·cle** rotonda *f*, *Span* glorieta; '**traf·fic cop** F poli *m* de tráfico F; '**traf·fic is·land** isleta *f*; '**traf·fic jam** atasco *m*; '**traf·fic light** semáforo *m*; '**traf·fic po·lice** policía *f* de tráfico; '**traf·fic sign** señal *f* de tráfico
tra·ge·dy ['trædʒədɪ] tragedia *f*
tra·gic ['trædʒɪk] *adj* tragico
trail [treɪl] **1** *n* (*path*) camino *m*, senda *f*; *of blood* rastro *m* **2** *v/t* (*follow*) seguir la pista de; (*tow*) arrastrar **3** *v/i* (*lag behind*) ir a la zaga
trail·er ['treɪlər] *pulled by vehicle* remolque *m*; (*mobile home*) caravana *f*; *of film* avance *m*, tráiler *m*
train[1] [treɪn] *n* tren *m*; ***go by ~*** ir en tren
train[2] [treɪn] **1** *v/t team, athlete* entrenar; *employee* formar; *dog* adiestrar **2** *v/i of team, athlete* entrenarse; *of teacher etc* formarse
train·ee [treɪ'niː] aprendiz(a) *m*(*f*)
train·er ['treɪnər] SP entrenador(a) *m*(*f*); *of dog* adiestrador(a) *m*(*f*)
train·ers ['treɪnərz] *npl Br shoes* zapatillas *fpl* de deporte
train·ing ['treɪnɪŋ] *of new staff* formación *f*; SP entrenamiento *m*; ***be in ~*** SP estar entrenándose; ***be out of ~*** SP estar desentrenado
'**train·ing course** cursillo *m* de formación
'**train·ing scheme** plan *m* de formación
'**train sta·tion** estación *f* de tren
trait [treɪt] rasgo *m*
trai·tor ['treɪtər] traidor(a) *m*(*f*)
tram·ple ['træmpl] *v/t* pisotear; ***be ~d to death*** morir pisoteado; ***be ~d underfoot*** ser pisoteado
♦ **trample on** *v/t person, object* pisotear
tram·po·line ['træmpəliːn] cama *f* elástica
trance [træns] trance *m*; ***go into a ~*** entrar en trance
tran·quil ['træŋkwɪl] *adj* tranquilo
tran·quil·i·ty [træŋ'kwɪlətɪ] tranquilidad *f*
tran·quil·iz·er ['træŋkwɪlaɪzər] tranquilizante *m*
trans·act [træn'zækt] *v/t deal* negociar
trans·ac·tion [træn'zækʃn] *action* transacción *f*; *deal* negociación *f*
trans·at·lan·tic [trænzət'læntɪk] *adj* transatlántico
tran·scen·den·tal [trænsen'dentl] *adj* trascendental
tran·script ['trænskrɪpt] transcripción *f*
trans·fer 1 *v/t* [træns'fɜːr] (*pret & pp* ***-red***) transferir **2** *v/i* (*pret & pp* ***-red***) *in traveling* hacer transbordo; *from one language to another etc* pasar **3** *n* ['trænsfɜːr] *also of money* transferencia *f*; *in travel* transbordo *m*
trans·fer·a·ble [træns'fɜːrəbl] *adj ticket* transferible
'**trans·fer fee** *for football player* traspaso *m*

trans·form [træns'fɔːrm] *v/t* transformar
trans·form·a·tion [trænsfər'meɪʃn] transformación *f*
trans·form·er [træns'fɔːrmər] ELEC transformador *m*
trans·fu·sion [træns'fjuːʒn] transfusión *f*
tran·sis·tor [træn'zɪstər] transistor *m*; (*radio*) transistor *m*, radio *m* transistor
tran·sit ['trænzɪt]: ***in ~*** en tránsito
tran·si·tion [træn'sɪʒn] transición *f*
tran·si·tion·al [træn'sɪʒnl] *adj* de transición
'**tran·sit lounge** *at airport* sala *f* de tránsito
'**trans·it pas·sen·ger** pasajero *m* en tránsito
trans·late [træns'leɪt] *v/t & v/i* traducir
trans·la·tion [træns'leɪʃn] traducción *f*
trans·la·tor [træns'leɪtər] traductor(a) *m*(*f*)
trans·mis·sion [trænz'mɪʃn] *of news, program* emisión *f*; *of disease*, MOT transmisión *f*
trans·mit [trænz'mɪt] *v/t* (*pret & pp* ***-ted***) *news, program* emitir; *disease* transmitir
trans·mit·ter [trænz'mɪtər] *for radio, TV* emisora *f*
trans·par·en·cy [træns'pærənsɪ] PHOT diapositiva *f*
trans·par·ent [træns'pærənt] *adj* transparente; (*obvious*) obvio
trans·plant MED **1** *v/t* [træns'plænt] transplantar **2** *n* ['trænsplænt] transplante *m*
trans·port **1** *v/t* [træn'spɔːrt] *goods, people* transportar **2** *n* ['trænspɔːrt] *of goods, people* transporte *m*
trans·por·ta·tion [trænspɔːr'teɪʃn] *of goods, people* transporte *m*; ***means of ~*** medio *m* de transporte; ***public ~*** transporte *m* público; ***Department of Transportation*** Ministerio *m* de Transporte
trans·ves·tite [træns'vestaɪt] travestí *m*, travestido *m*
trap [træp] **1** *n* trampa *f*; ***set a ~ for s.o.*** tender una trampa a alguien **2** *v/t* (*pret & pp* ***-ped***) atrapar; ***be ~ped*** *by enemy, flames, landslide etc* quedar atrapado
trap·door ['træpdɔːr] trampilla *f*
tra·peze [trə'piːz] trapecio *m*
trap·pings ['træpɪŋz] *npl of power* parafernalia *f*
trash [træʃ] (*garbage*) basura *f*; (*poor product*) bazofia *f*; (*despicable person*) escoria *f*
trash·can [træʃkæn] cubo *m* de la basura
trash·y ['træʃɪ] *adj goods* barato
trau·mat·ic [trə'mætɪk] *adj* traumático
trau·ma·tize ['traʊmətaɪz] *v/t* traumatizar
trav·el ['trævl] **1** *n* viajes *mpl*; ***do you like ~?*** ¿te gusta viajar?; ***on my ~s*** en mis viajes **2** *v/i* (*pret & pp* ***-ed***, *Br* ***-led***) viajar **3** *v/t miles* viajar, recorrer
'**trav·el a·gen·cy** agencia *f* de viajes; '**trav·el a·gent** agente *m* de viajes; '**trav·el bag** bolsa *f* de viaje
trav·el·er, *Br* **trav·el·ler** ['trævələr] viajero(-a) *m*(*f*)
'**trav·el·er's check**, *Br* '**trav·el·ler's cheque** cheque *m* de viaje
'**trav·el ex·penses** *npl* gastos *mpl* de viaje; '**trav·el in·sur·ance** seguro *m* de asistencia en viaje; '**trav·el pro·gram**, *Br* '**trav·el pro·gramme** *on TV etc* programa *m* de viajes; '**trav·el·sick** *adj* mareado
trawl·er ['trɒːlər] (barco *m*) arrastrero *m*
tray [treɪ] bandeja *f*
treach·er·ous ['tretʃərəs] *adj* traicionero
treach·er·y ['tretʃərɪ] traición *f*
tread [tred] **1** *n* pasos *mpl*; *of staircase* huella *f* (del peldaño); *of tire* dibujo *m* **2** *v/i* (*pret* ***trod***, *pp* ***trodden***) andar; ***mind where you ~*** cuida dónde pisas
♦ **tread on** *v/t s.o.'s foot* pisar
trea·son ['triːzn] traición *f*
trea·sure ['treʒər] **1** *n also person* te-

T

soro *m* **2** *v/t gift etc* apreciar mucho
trea·sur·er ['treʒərər] tesorero(-a) *m(f)*
Trea·sur·y De·part·ment ['treʒərɪ] Ministerio *m* de Hacienda
treat [tri:t] **1** *n* placer; ***it was a real ~*** fue un auténtico placer; ***I have a ~ for you*** tengo una sorpresa agradable para ti; ***it's my ~*** (*I'm paying*) yo invito **2** *v/t* tratar; ***~ s.o. to sth*** invitar a alguien a algo
treat·ment ['tri:tmənt] tratamiento *m*
treat·y ['tri:tɪ] tratado *m*
tre·ble[1] ['trebl] *n* MUS soprano *m*
tre·ble[2] ['trebl] **1** *adv*: ***~ the price*** el triple del precio **2** *v/i* triplicarse
tree [tri:] árbol *m*
trem·ble ['trembl] *v/i* temblar
tre·men·dous [trɪ'mendəs] *adj* (*very good*) estupendo; (*enormous*) enorme
tre·men·dous·ly [trɪ'mendəslɪ] *adv* (*very*) tremendamente; (*a lot*) enormemente
trem·or ['tremər] *of earth* temblor *m*
trench [trentʃ] trinchera *f*
trend [trend] tendencia *f*; (*fashion*) moda *f*
trend·y ['trendɪ] *adj* de moda; *views* moderno
tres·pass ['trespæs] *v/i* entrar sin autorización; ***no ~ing*** prohibido el paso
♦**trespass on** *v/t land* entrar sin autorización en; *privacy* entrometerse en
tres·pass·er ['trespæsər] intruso(-a) *m(f)*
tri·al ['traɪəl] LAW juicio *m*; *of equipment* prueba *f*; ***be on ~*** LAW estar siendo juzgado; ***have sth on ~*** *equipment* tener algo a prueba
tri·al 'pe·ri·od periodo *m* de prueba
tri·an·gle ['traɪæŋgl] triángulo *m*
tri·an·gu·lar [traɪ'æŋgjʊlər] *adj* triangular
tribe [traɪb] tribu *f*
tri·bu·nal [traɪ'bju:nl] tribunal *m*
tri·bu·ta·ry ['trɪbjəterɪ] *of river* afluente *m*
trick [trɪk] **1** *n* (*to deceive, knack*) truco *m*; ***play a ~ on s.o.*** gastar una broma a alguien **2** *v/t* engañar; ***~ s.o. into doing sth*** engañar a alguien para que haga algo
trick·e·ry ['trɪkərɪ] engaños *mpl*
trick·le ['trɪkl] **1** *n* hilo *m*, reguero *m*; *fig*: *of money* goteo *m* **2** *v/i* gotear, escurrir
trick·ster ['trɪkstər] embaucador(a) *m(f)*
trick·y ['trɪkɪ] *adj* (*difficult*) difícil
tri·cy·cle ['traɪsɪkl] triciclo *m*
tri·fle ['traɪfl] *n* (*triviality*) nadería *f*
tri·fling ['traɪflɪŋ] *adj* insignificante
trig·ger ['trɪgər] *n on gun* gatillo *m*; *on camcorder* disparador *m*
♦**trigger off** *v/t* desencadenar
trim [trɪm] **1** *adj* (*neat*) muy cuidado; *figure* delgado **2** *v/t* (*pret & pp* ***-med***) *hair, hedge* recortar; *budget, costs* recortar, reducir; (*decorate: dress*) adornar **3** *n* (*light cut*) recorte *m*; ***just a ~, please*** *to hairdresser* corte sólo las puntas, por favor; ***in good ~*** en buenas condiciones
trim·ming ['trɪmɪŋ] *on clothes* adorno *m*; ***with all the ~s*** *dish* con la guarnición clásica; *car* con todos los extras
trin·ket ['trɪŋkɪt] baratija *f*
tri·o ['tri:oʊ] MUS trío *m*
trip [trɪp] **1** *n* (*journey*) viaje *m* **2** *v/i* (*pret & pp* ***-ped***) (*stumble*) tropezar **3** *v/t* (*pret & pp* ***-ped***) (*make fall*) poner la zancadilla a
♦**trip up 1** *v/t* (*make fall*) poner la zancadilla a; (*cause to go wrong*) confundir **2** *v/i* (*stumble*) tropezar; (*make a mistake*) equivocarse
tripe [traɪp] *to eat* mondongo *m*, *Span* callos *mpl*
trip·le ['trɪpl] → ***treble***
trip·lets ['trɪplɪts] *npl* trillizos *mpl*
tri·pod ['traɪpɑ:d] PHOT trípode *m*
trite [traɪt] *adj* manido
tri·umph ['traɪʌmf] *n* triunfo *m*
triv·i·al ['trɪvɪəl] *adj* trivial
triv·i·al·i·ty [trɪvɪ'ælətɪ] trivialidad *f*
trod [trɑ:d] *pret* → ***tread***
trod·den ['trɑ:dn] *pp* → ***tread***
trol·ley ['trɑ:lɪ] (*streetcar*) tranvía *f*

trom·bone [trɑːmˈboʊn] trombón *m*
troops [truːps] *npl* tropas *fpl*
tro·phy [ˈtroʊfɪ] trofeo *m*
tro·pic [ˈtrɑːpɪk] trópico *m*
trop·i·cal [ˈtrɑːpɪkl] *adj* tropical
trop·ics [ˈtrɑːpɪks] *npl* trópicos *mpl*
trot [trɑːt] *v/i* (*pret & pp* ***-ted***) trotar
trou·ble [ˈtrʌbl] **1** *n* (*difficulties*) problema *m*, problemas *mpl*; (*inconvenience*) molestia *f*; (*disturbance*) conflicto *m*, desorden *m*; ***go to a lot of ~ to do sth*** complicarse mucho la vida para hacer algo; ***no ~!*** no es molestia; ***get into ~*** meterse en líos **2** *v/t* (*worry*) preocupar, inquietar; (*bother, disturb*) molestar
ˈ**trou·ble-free** *adj* sin complicaciones; ˈ**trou·ble·mak·er** alborotador(a) *m*(*f*); ˈ**trou·ble·shoot·er** *persona encargada de resolver problemas*; ˈ**trou·bleshoot·ing** resolución *f* de problemas
trou·ble·some [ˈtrʌblsəm] *adj* problemático
trou·sers [ˈtraʊzərz] *npl Br* pantalones *mpl*
trout [traʊt] (*pl* ***trout***) trucha *f*
tru·ant [ˈtruːənt]: ***play ~*** hacer novillos, *Mex* irse de pinta, *S.Am.* hacerse la rabona
truce [truːs] tregua *f*
truck [trʌk] camión *m*
ˈ**truck driv·er** camionero(-a) *m*(*f*); ˈ**truck farm** huerta *f*; ˈ**truck farm·er** horticultor(a) *m*(*f*); ˈ**truck stop** restaurante *m* de carretera
trudge [trʌdʒ] **1** *v/i* caminar fatigosamente **2** *n* caminata *f*
true [truː] *adj* verdadero, cierto; *friend, American* auténtico; ***come ~*** *of hopes, dream* hacerse realidad
trul·y [ˈtruːlɪ] *adv* verdaderamente, realmente; ***Yours ~*** le saluda muy atentamente
trum·pet [ˈtrʌmpɪt] *n* trompeta *f*
trum·pet·er [ˈtrʌmpɪtər] trompetista *m/f*
trunk [trʌŋk] *of tree, body* tronco *m*; *of elephant* trompa *f*; (*large case*) baúl *m*; *of car* maletero *m*, *C.Am.*, *Mex* cajuela *f*, *Rpl* baúl *m*
trust [trʌst] **1** *n* confianza *f*; FIN fondo *m* de inversión **2** *v/t* confiar en
trust·ed [ˈtrʌstɪd] *adj* de confianza
trust·ee [trʌsˈtiː] fideicomisario(-a) *m*(*f*)
trust·ful, **trust·ing** [ˈtrʌstfʊl, ˈtrʌstɪŋ] *adj* confiado
trust·wor·thy [ˈtrʌstwɜːrðɪ] *adj* de confianza
truth [truːθ] verdad *f*
truth·ful [ˈtruːθfəl] *adj person* sincero; *account* verdadero
try [traɪ] **1** *v/t* (*pret & pp* ***-ied***) probar; LAW juzgar; ***~ to do sth*** intentar hacer algo, tratar de hacer algo **2** *v/i* (*pret & pp* ***-ied***): ***he didn't even ~*** ni siquiera lo intentó; ***you must ~ harder*** debes esforzarte más **3** *n* intento *m*; ***can I have a ~?*** *of food* ¿puedo probar?; *at doing sth* ¿puedo intentarlo?
♦ **try on** *v/t clothes* probar
♦ **try out** *v/t new machine, new method* probar
try·ing [ˈtraɪɪŋ] *adj* (*annoying*) molesto, duro
T-shirt [ˈtiːʃɜːrt] camiseta *f*
tub [tʌb] (*bath*) bañera *f*, *L.Am.* tina *f*; *for liquid* cuba *f*; *for yoghurt, ice cream* envase *m*
tub·by [ˈtʌbɪ] *adj* rechoncho
tube [tuːb] tubo *m*
tube·less [ˈtuːblɪs] *adj tire* sin cámara de aire
tu·ber·cu·lo·sis [tuːbɜːrkjəˈloʊsɪs] tuberculosis *f*
tuck [tʌk] **1** *n in dress* pinza *f* **2** *v/t* (*put*) meter
♦ **tuck away** *v/t* (*put away*) guardar; F (*eat quickly*) zamparse F
♦ **tuck in 1** *v/t children* arropar; *sheets* remeter **2** *v/i* (*start eating*) ponerse a comer
♦ **tuck up** *v/t sleeves etc* remangar; ***tuck s.o. up in bed*** meter a alguien en la cama
Tues·day [ˈtuːzdeɪ] martes *m inv*
tuft [tʌft] *of hair* mechón *m*; *of grass* mata *f*
tug [tʌg] **1** *n* (*pull*) tirón *m*; NAUT remolcador *m* **2** *v/t* (*pret & pp* ***-ged***)

T

(*pull*) tirar de
tu·i·tion [tuːˈɪʃn] clases *fpl*
tu·lip [ˈtuːlɪp] tulipán *m*
tum·ble [ˈtʌmbl] *v/i* caer, caerse
tum·ble·down [ˈtʌmbldaʊn] *adj* destartalado
tum·bler [ˈtʌmblər] *for drink* vaso *m*; *in circus* acróbata *m/f*
tum·my [ˈtʌmɪ] F tripa *f* F, barriga *f* F
ˈtum·my ache dolor *m* de tripa *or* barriga
tu·mor, *Br* **tu·mour** [ˈtuːmər] tumor *m*
tu·mult [ˈtuːmʌlt] tumulto *m*
tu·mul·tu·ous [tuːˈmʌltʃʊəs] *adj* tumultuoso
tu·na [ˈtuːnə] atún *m*
tune [tuːn] **1** *n* melodía *f*; ***be in ~*** *of instrument* estar afinado; ***sing in ~*** cantar sin desafinar; ***be out of ~*** *of singer* desafinar; *of instrument* estar desafinado **2** *v/t instrument* afinar
♦ **tune in** *v/i Radio, TV* sintonizar
♦ **tune in to** *v/t Radio, TV* sintonizar (con)
♦ **tune up 1** *v/i of orchestra, players* afinar **2** *v/t engine* poner a punto
tune·ful [ˈtuːnfəl] *adj* melodioso
tun·er [ˈtuːnər] *hi-fi* sintonizador *m*
tune-up [ˈtuːnʌp] *of engine* puesta *f* a punto
tun·nel [ˈtʌnl] *n* túnel *m*
tur·bine [ˈtɜːrbaɪn] turbina *f*
tur·bu·lence [ˈtɜːrbjələns] *in air travel* turbulencia *f*
tur·bu·lent [ˈtɜːrbjələnt] *adj* turbulento
turf [tɜːrf] césped *m*; *piece* tepe *m*
Turk [tɜːrk] turco(-a) *m(f)*
Tur·key [ˈtɜːrkɪ] Turquía
tur·key [ˈtɜːrkɪ] pavo *m*
Turk·ish [ˈtɜːrkɪʃ] **1** *adj* turco **2** *n language* turco *m*
tur·moil [ˈtɜːrmɔɪl] desorden *m*, agitación *f*
turn [tɜːrn] **1** *n* (*rotation*) vuelta *f*; *in road* curva *f*; *junction* giro *m*; *in vaudeville* número *m*; ***take ~s in doing sth*** turnarse para hacer algo; ***it's my ~*** me toca a mí; ***it's not your ~ yet*** no te toca todavía; ***take a ~ at the wheel*** turnarse para conducir *or L.Am.* manejar; ***do s.o. a good ~*** hacer un favor a alguien **2** *v/t wheel* girar; *corner* dar la vuelta a; ***~ one's back on s.o.*** dar la espalda a alguien **3** *v/i of driver, car, wheel* girar; *of person: turn around* volverse; ***~ left / right here*** gira aquí a la izquierda / a la derecha; ***it has ~ed sour / cold*** se ha cortado / enfriado; ***it ~ed blue*** se volvió *or* puso azul; ***he has ~ed 40*** ha cumplido cuarenta años
♦ **turn around 1** *v/t object* dar la vuelta a; *company* dar un vuelco a; COM (*deal with*) procesar, preparar **2** *v/i of person* volverse, darse la vuelta; *of driver* dar la vuelta
♦ **turn away 1** *v/t* (*send away*) rechazar; ***the doorman turned us away*** el portero no nos dejó entrar **2** *v/i* (*walk away*) marcharse; (*look away*) desviar la mirada
♦ **turn back 1** *v/t edges, sheets* doblar **2** *v/i of walkers etc* volver; *in course of action* echarse atrás
♦ **turn down** *v/t offer, invitation* rechazar; *volume, TV, heating* bajar; *edge, collar* doblar
♦ **turn in 1** *v/i* (*go to bed*) irse a dormir **2** *v/t to police* entregar
♦ **turn off 1** *v/t TV, engine* apagar; *faucet* cerrar; *heater* apagar; ***it turns me off*** F *sexually* me quita las ganas F **2** *v/i of car, driver* doblar
♦ **turn on 1** *v/t TV, engine, heating* encender, *L.Am.* prender; *faucet* abrir; F *sexually* excitar F **2** *v/i of machine* encenderse, *L.Am.* prenderse
♦ **turn out 1** *v/t lights* apagar **2** *v/i*: ***it turned out well*** salió bien; ***as it turned out*** al final; ***he turned out to be …*** resultó ser …
♦ **turn over 1** *v/i in bed* darse la vuelta; *of vehicle* volcar, dar una vuelta de campana **2** *v/t* (*put upside down*) dar la vuelta a; *page* pasar; FIN facturar
♦ **turn up 1** *v/t collar* subirse; *volume, heating* subir **2** *v/i* (*arrive*) aparecer
turn·ing [ˈtɜːrnɪŋ] giro *m*

'**turn·ing point** punto *m* de inflexión
tur·nip ['tɜːrnɪp] nabo *m*
'**turn·out** *of people* asistencia *f*; '**turn·o·ver** FIN facturación *f*; ***staff*** ~ rotación *f* de personal; '**turn·pike** autopista *f* de peaje; '**turn sig·nal** *on car* intermitente *m*; '**turn·stile** torniquete *m* (*de entrada*); '**turn·ta·ble** *of record player* plato *m*,
tur·quoise ['tɜːrkwɔɪz] *adj* turquesa
tur·ret ['tʌrɪt] *of castle* torrecilla *f*; *of tank* torreta *f*
tur·tle ['tɜːrtl] tortuga *f* (marina)
tur·tle·neck '**sweat·er** suéter *m* de cuello alto
tusk [tʌsk] colmillo *m*
tu·tor ['tuːtər] *at university* tutor *m*; (***private***) ~ profesor(a) *m*(*f*) particular
tu·xe·do [tʌk'siːdoʊ] esmoquin *m*
TV [tiː'viː] televisión *f*; ***on*** ~ en la televisión
T'V din·ner menú *m* precocinado; **T'V guide** guía *f* televisiva; **T'V program**, *Br* **T'V pro·gramme** programa *m* de televisión
twang [twæŋ] **1** *n in voice* entonación *f* nasal **2** *v/t guitar string* puntear
tweez·ers ['twiːzərz] *npl* pinzas *fpl*
twelfth [twelfθ] *n & adj* duodécimo
twelve [twelv] doce
twen·ti·eth ['twentɪɪθ] *n & adj* vigésimo
twen·ty ['twentɪ] veinte
twice [twaɪs] *adv* dos veces; ~ ***as much*** el doble
twid·dle ['twɪdl] *v/t* dar vueltas a; ~ ***one's thumbs*** holgazanear
twig [twɪg] *n* ramita *f*
twi·light ['twaɪlaɪt] crepúsculo *m*
twin [twɪn] gemelo *m*
'**twin beds** *npl* camas *fpl* gemelas
twinge [twɪndʒ] *of pain* punzada *f*
twin·kle ['twɪŋkl] *v/i of stars* parpadeo *m*; *of eyes* brillo *m*
twin 'room habitación *f* con camas gemelas
'**twin town** ciudad *f* hermana
twirl [twɜːrl] **1** *v/t* hacer girar **2** *n of cream etc* voluta *f*
twist [twɪst] **1** *v/t* retorcer; ~ ***one's ankle*** torcerse el tobillo **2** *v/i of road, river* serpentear **3** *n in rope, road* vuelta *f*; *in plot, story* giro *m* inesperado
twist·y ['twɪstɪ] *adj road* serpenteante
twit [twɪt] F memo(-a) *m*(*f*) F
twitch [twɪtʃ] **1** *n nervous* tic *m* **2** *v/i* (*jerk*) moverse (ligeramente)
twit·ter ['twɪtər] *v/i of birds* gorjear
two [tuː] dos; ***the*** ~ ***of them*** los dos, ambos
two-faced ['tuːfeɪst] *adj* falso; '**two-stroke** *adj engine* de dos tiempos; **two-way** '**traf·fic** tráfico *m* en dos direcciones
ty·coon [taɪ'kuːn] magnate *m*
type [taɪp] **1** *n* (*sort*) tipo *m*, clase *f*; ***what*** ~ ***of ...?*** ¿qué tipo *or* clase de ...? **2** *v/i* (*use a keyboard*) escribir a máquina **3** *v/t with a typewriter* mecanografiar, escribir a máquina
'**type·writ·er** máquina *f* de escribir
ty·phoid ['taɪfɔɪd] fiebre *f* tifoidea
ty·phoon [taɪ'fuːn] tifón *m*
ty·phus ['taɪfəs] tifus *m*
typ·i·cal ['tɪpɪkl] *adj* típico; ***that's*** ~ ***of you*** / ***him!*** ¡típico tuyo / de él!
typ·i·cal·ly ['tɪpɪklɪ] *adv* típicamente; ~ ***American*** típicamente americano
typ·ist ['taɪpɪst] mecanógrafo(-a) *m*(*f*)
ty·ran·ni·cal [tɪ'rænɪkl] *adj* tiránico
ty·ran·nize ['tɪrənaɪz] *v/t* tiranizar
ty·ran·ny ['tɪrənɪ] tiranía *f*
ty·rant ['taɪrənt] tirano(-a) *m*(*f*)
tyre *Br* → ***tire***[1]

U

ug·ly ['ʌglɪ] *adj* feo
UK [juː'keɪ] *abbr* (= ***United Kingdom***) RU *m* (= Reino *m* Unido)
ul·cer ['ʌlsər] úlcera *f*; *in mouth* llaga *f*
ul·ti·mate ['ʌltɪmət] *adj* (*final*) final; (*fundamental*) esencial; ***the ~ car*** (*best*, *definitive*) lo último en coches
ul·ti·mate·ly ['ʌltɪmətlɪ] *adv* (*in the end*) en última instancia
ul·ti·ma·tum [ʌltɪ'meɪtəm] ultimátum *m*
ul·tra·sound ['ʌltrəsaʊnd] MED ultrasonido *m*; (*scan*) ecografía *f*
ul·tra·vi·o·let [ʌltrə'vaɪələt] *adj* ultravioleta
um·bil·i·cal cord [ʌm'bɪlɪkl] cordón *m* umbilical
um·brel·la [ʌm'brelə] paraguas *m inv*
um·pire ['ʌmpaɪr] *n* árbitro *m*; *in tennis* juez *m/f* de silla
ump·teen [ʌmp'tiːn] *adj* F miles de F
UN [juː'en] *abbr* (= ***United Nations***) ONU *f* (= Organización *f* de las Naciones Unidas)
un·a·ble [ʌn'eɪbl] *adj*: ***be ~ to do sth*** (*not know how to*) no saber hacer algo; (*not be in a position to*) no poder hacer algo
un·ac·cept·a·ble [ʌnək'septəbl] *adj* inaceptable; ***it is ~ that*** es inaceptable que
un·ac·count·a·ble [ʌnə'kaʊntəbl] *adj* inexplicable
un·ac·cus·tomed [ʌnə'kʌstəmd] *adj*: ***be ~ to sth*** no estar acostumbrado a algo
un·a·dul·ter·at·ed [ʌnə'dʌltəreɪtɪd] *adj fig* (*absolute*) absoluto
un-A·mer·i·can [ʌnə'merɪkən] *adj* poco americano; *activities* antiamericano
u·nan·i·mous [juː'nænɪməs] *adj verdict* unánime; ***be ~ on*** ser unánime respecto a
u·nan·i·mous·ly [juː'nænɪməslɪ] *adv vote*, *decide* unánimemente
un·ap·proach·a·ble [ʌnə'proʊʧəbl] *adj person* inaccesible
un·armed [ʌn'ɑːrmd] *adj person* desarmado; ***~ combat*** combate *m* sin armas
un·as·sum·ing [ʌnə'suːmɪŋ] *adj* sin pretensiones
un·at·tached [ʌnə'tæʧt] *adj* (*without a partner*) sin compromiso, sin pareja
un·at·tend·ed [ʌnə'tendɪd] *adj* desatendido; ***leave sth ~*** dejar algo desatendido
un·au·thor·ized [ʌn'ɒːθəraɪzd] *adj* no autorizado
un·a·void·a·ble [ʌnə'vɔɪdəbl] *adj* inevitable
un·a·void·a·bly [ʌnə'vɔɪdəblɪ] *adv*: ***be ~ detained*** entretenerse sin poder evitarlo
un·a·ware [ʌnə'wer] *adj*: ***be ~ of*** no ser consciente de
un·a·wares [ʌnə'werz] *adv* desprevenido; ***catch s.o. ~*** agarrar *or Span* coger a alguien desprevenido
un·bal·anced [ʌn'bælənst] *adj also* PSYCH desequilibrado
un·bear·a·ble [ʌn'berəbl] *adj* insoportable
un·beat·a·ble [ʌn'biːtəbl] *adj team* invencible; *quality* insuperable
un·beat·en [ʌn'biːtn] *adj team* invicto
un·be·knownst: [ʌnbɪ'noʊnst] *adj*: ***~ to her*** sin que ella lo supiera
un·be·lie·va·ble [ʌnbɪ'liːvəbl] *adj also* F increíble; ***he's ~*** F (*very good / bad*) es increíble
un·bi·as(s)ed [ʌn'baɪəst] *adj* imparcial
un·block [ʌn'blɑːk] *v/t pipe* desatas-

U

car

un•born [ʌn'bɔːrn] *adj* no nacido

un•break•a•ble [ʌn'breɪkəbl] *adj plates* irrompible; *world record* inalcanzable

un•but•ton [ʌn'bʌtn] *v/t* desabotonar

un•called-for [ʌn'kɒːldfɔːr] *adj*: ***be ~*** estar fuera de lugar

un•can•ny [ʌn'kænɪ] *adj resemblance* increíble, asombroso; *skill* inexplicable; (*worrying*: *feeling*) extraño, raro

un•ceas•ing [ʌn'siːsɪŋ] *adj* incesante

un•cer•tain [ʌn'sɜːrtn] *adj future*, *origins* incierto; ***be ~ about sth*** no estar seguro de algo; ***what will happen? – it's ~*** ¿qué ocurrirá? – no se sabe

un•cer•tain•ty [ʌn'sɜːrtntɪ] incertidumbre *f*; ***there is still ~ about his health*** todavía hay incertidumbre en torno a su estado de salud

un•checked [ʌn'ʧekt] *adj*: ***let sth go ~*** no controlar algo

un•cle ['ʌŋkl] tío *m*

un•com•for•ta•ble [ʌn'kʌmftəbl] *adj chair* incómodo; ***feel ~ about sth*** *about decision etc* sentirse incómodo con algo; ***I feel ~ with him*** me siento incómodo con él

un•com•mon [ʌn'kɑːmən] *adj* poco corriente, raro; ***it's not ~*** no es raro *or* extraño

un•com•pro•mis•ing [ʌn'kɑːmprəmaɪzɪŋ] *adj* inflexible

un•con•cerned [ʌnkən'sɜːrnd] *adj* indiferente; ***be ~ about s.o. / sth*** no preocuparse por alguien / algo

un•con•di•tion•al [ʌnkən'dɪʃnl] *adj* incondicional

un•con•scious [ʌn'kɑːnʃəs] *adj* MED, PSYCH inconsciente; ***knock ~*** dejar inconsciente; ***be ~ of sth*** (*not aware*) no ser consciente de algo

un•con•trol•la•ble [ʌnkən'troʊləbl] *adj anger*, *children* incontrolable; *desire* incontrolable, irresistible

un•con•ven•tion•al [ʌnkən'venʃnl] *adj* poco convencional

un•co•op•er•a•tive [ʌnkoʊ'ɑːpərətɪv] *adj*: ***be ~*** no estar dispuesto a colaborar

un•cork [ʌn'kɔːrk] *v/t bottle* descorchar

un•cov•er [ʌn'kʌvər] *v/t remove cover from* destapar; *plot*, *ancient remains* descubrir

un•dam•aged [ʌn'dæmɪdʒd] *adj* intacto

un•daunt•ed [ʌn'dɒːntɪd] *adj* impertérrito; ***carry on ~*** seguir impertérrito

un•de•cid•ed [ʌndɪ'saɪdɪd] *adj question* sin resolver; ***be ~ about s.o. / sth*** estar indeciso sobre alguien / algo

un•de•ni•a•ble [ʌndɪ'naɪəbl] *adj* innegable

un•de•ni•a•bly [ʌndɪ'naɪəblɪ] *adv* innegablemente

un•der ['ʌndər] **1** *prep* (*beneath*) debajo de, bajo; (*less than*) menos de; ***~ the water*** bajo el agua; ***it is ~ review / investigation*** está siendo revisado / investigado **2** *adv* (*anesthetized*) anestesiado

un•der'age *adj*: ***~ drinking*** el consumo de alcohol por menores de edad

'un•der•arm *adv*: ***throw a ball ~*** *lanzar una pelota soltándola por debajo de la altura del hombro*

'un•der•car•riage tren *m* de aterrizaje

'un•der•cov•er *adj agent* secreto

un•der'cut *v/t* (*pret & pp* ***-cut***) COM vender más barato que

'un•der•dog *n*: ***support the ~*** apoyar al más débil

un•der'done *adj meat* poco hecho

un•der'es•ti•mate *v/t* subestimar

un•der•ex'posed *adj* PHOT subexpuesto

un•der'fed *adj* malnutrido

un•der'go *v/t* (*pret* ***-went***, *pp* ***-gone***) *surgery*, *treatment* ser sometido a; *experiences* sufrir; ***the hotel is ~ing refurbishment*** se están efectuando renovaciones en el hotel

un•der'grad•u•ate estudiante *m/f* universitario(-a) (*todavía no licenciado(a)*)

'un•der•ground **1** *adj passages etc*

subterráneo; POL *resistance*, *newspaper etc* clandestino **2** *adv work* bajo tierra; ***go ~*** POL pasar a la clandestinidad
'un·der·growth maleza *f*
un·der'hand *adj* (*devious*) poco honrado
un·der'lie *v/t* (*pret* ***-lay***, *pp* ***-lain***) (*form basis of*) sostentar
un·der'line *v/t text* subrayar
un·der'ly·ing *adj causes*, *problems* subyacente
un·der'mine *v/t s.o.'s position*, *theory* minar, socavar
un·der·neath [ʌndər'ni:θ] **1** *prep* debajo de, bajo **2** *adv* debajo
'un·der·pants *npl* calzoncillos *mpl*
'un·der·pass *for pedestrians* paso *m* subterráneo
un·der·priv·i·leged [ʌndər'prɪvɪlɪdʒd] *adj* desfavorecido
un·der'rate *v/t* subestimar, infravalorar
'un·der·shirt camiseta *f*
un·der·sized [ʌndər'saɪzd] *adj* demasiado pequeño
'un·der·skirt enaguas *fpl*
un·der·staffed [ʌndər'stæft] *adj* sin suficiente personal
un·der·stand [ʌndər'stænd] **1** *v/t* (*pret & pp* ***-stood***) entender, comprender; *language* entender; ***I ~ that you …*** tengo entendido que …; ***they are understood to be in Canada*** se cree que están en Canadá **2** *v/i* (*pret & pp* ***-stood***) entender, comprender
un·der·stand·a·ble [ʌndər'stændəbl] *adj* comprensible
un·der·stand·a·bly [ʌndər'stændəblɪ] *adv* comprensiblemente
un·der·stand·ing [ʌndər'stændɪŋ] **1** *adj person* comprensivo **2** *n of problem*, *situtation* interpretación *f*; (*agreement*) acuerdo *m*; ***on the ~ that …*** (*condition*) a condición de que …
'un·der·state·ment *n*: ***that's an ~*** ¡y te quedas corto!
un·der'take *v/t* (*pret* ***-took***, *pp* ***-taken***) *task* emprender; ***~ to do sth*** (*agree to*) encargarse de hacer algo
un·der·tak·er ['ʌndərteɪkər] *Br* encargado *m* de una funeraria
'un·der·tak·ing (*enterprise*) proyecto *m*, empresa *f*; ***give an ~ to do sth*** compreterse a hacer algo
un·der'val·ue *v/t* infravalorar
'un·der·wear ropa *f* interior
un·der'weight *adj*: ***be ~*** pesar menos de lo normal
'un·der·world *criminal* hampa *f*; *in mythology* Hades *m*
un·der'write *v/t* (*pret* ***-wrote***, *pp* ***-written***) FIN asegurar, garantizar
un·de·served [ʌndɪ'zɜ:rvd] *adj* inmerecido
un·de·sir·a·ble [ʌndɪ'zaɪrəbl] *adj features*, *changes* no deseado; *person* indeseable; ***~ element*** *person* persona *f* problemática
un·dis·put·ed [ʌndɪ'spju:tɪd] *adj champion*, *leader* indiscutible
un·do [ʌn'du:] *v/t* (*pret* ***-did***, *pp* ***-done***) *parcel*, *wrapping* abrir; *buttons*, *shirt* desabrochar; *shoelaces* desatar; *s.o. else's work* deshacer
un·doubt·ed·ly [ʌn'daʊtɪdlɪ] *adv* indudablemente
un·dreamt-of [ʌn'dremtəv] *adj riches* inimaginable
un·dress [ʌn'dres] **1** *v/t* desvestir, desnudar; ***get ~ed*** desvestirse, desnudarse **2** *v/i* desvestirse, desnudarse
un·due [ʌn'du:] *adj* (*excessive*) excesivo
un·du·ly [ʌn'du:lɪ] *adv punished*, *blamed* injustamente; (*excessively*) excesivamente
un·earth [ʌn'ɜ:rθ] *v/t* descubrir; *ancient remains* desenterrar
un·earth·ly [ʌn'ɜ:rθlɪ] *adv*: ***at this ~ hour*** a esta hora intempestiva
un·eas·y [ʌn'i:zɪ] *adj relationship*, *peace* tenso; ***feel ~ about*** estar inquieto por
un·eat·a·ble [ʌn'i:təbl] *adj* incomible
un·e·co·nom·ic [ʌni:kə'nɑ:mɪk] *adj* antieconómico, no rentable
un·ed·u·cat·ed [ʌn'edʒəkeɪtɪd] *adj*

inculto, sin educación
un·em·ployed [ʌnɪm'plɔɪd] *adj* desempleado, *Span* parado
un·em·ploy·ment [ʌnɪm'plɔɪmənt] desempleo *m*, *Span* paro *m*
un·end·ing [ʌn'endɪŋ] *adj* interminable
un·e·qual [ʌn'i:kwəl] *adj* desigual; ***be ~ to the task*** no estar a la altura de lo que requiere el trabajo
un·er·ring [ʌn'erɪŋ] *adj judgement, instinct* infalible
un·e·ven [ʌn'i:vn] *adj quality* desigual; *surface, ground* irregular
un·e·ven·ly [ʌn'i:vnlɪ] *adv distributed, applied* de forma desigual; ***be ~ matched*** *of two contestants* no estar en igualdad de condiciones
un·e·vent·ful [ʌnɪ'ventfəl] *adj day, journey* sin incidentes
un·ex·pec·ted [ʌnɪk'spektɪd] *adj* inesperado
un·ex·pec·ted·ly [ʌnɪk'spektɪdlɪ] *adv* inesperadamente, de forma inesperada
un·fair [ʌn'fer] *adj* injusto; ***that's ~*** eso no es justo
un·faith·ful [ʌn'feɪθfəl] *adj husband, wife* infiel; ***be ~ to s.o.*** ser infiel a alguien
un·fa·mil·i·ar [ʌnfə'mɪljər] *adj* desconocido, extraño; ***be ~ with sth*** desconocer algo
un·fas·ten [ʌn'fæsn] *v/t belt* desabrochar
un·fa·vo·ra·ble, *Br* **un·fa·vou·ra·ble** [ʌn'feɪvərəbl] *adj* desfavorable
un·feel·ing [ʌn'fi:lɪŋ] *adj person* insensible
un·fin·ished [ʌn'fɪnɪʃt] *adj* inacabado; ***leave sth ~*** dejar algo sin acabar
un·fit [ʌn'fɪt] *adj*: ***be ~*** *physically* estar en baja forma; ***be ~ to eat*** no ser apto para el consumo; ***be ~ to drink*** no ser potable; ***he's ~ to be a parent*** no tiene lo que se necesita para ser padre
un·fix [ʌn'fɪks] *v/t part* soltar, desmontar
un·flap·pa·ble [ʌn'flæpəbl] *adj* impasible
un·fold [ʌn'fould] **1** *v/t sheets, letter* desdoblar; *one's arms* descruzar **2** *v/i of story etc* desarrollarse; *of view* abrirse
un·fore·seen [ʌnfɔ:r'si:n] *adj* imprevisto
un·for·get·ta·ble [ʌnfər'getəbl] *adj* inolvidable
un·for·giv·a·ble [ʌnfər'gɪvəbl] *adj* imperdonable; ***that was ~ of you*** eso ha sido imperdonable
un·for·tu·nate [ʌn'fɔ:rtʃənət] *adj people* desafortunado; *event* desgraciado; *choice of words* desafortunado, desacertado; ***that's ~ for you*** has tenido muy mala suerte
un·for·tu·nate·ly [ʌn'fɔ:rtʃənətlɪ] *adv* desgraciadamente
un·found·ed [ʌn'faʊndɪd] *adj* infundado
un·friend·ly [ʌn'frendlɪ] *adj person* antipático; *place* desagradable; *welcome* hostil; *software* de difícil manejo
un·fur·nished [ʌn'fɜ:rnɪʃt] *adj* sin amueblar
un·god·ly [ʌn'gɑ:dlɪ] *adj*: ***at this ~ hour*** a esta hora intempestiva
un·grate·ful [ʌn'greɪtfəl] *adj* desagradecido
un·hap·pi·ness [ʌn'hæpɪnɪs] infelicidad *f*
un·hap·py [ʌn'hæpɪ] *adj person, look* infeliz; *day* triste; *customer etc* descontento
un·harmed [ʌn'hɑ:rmd] *adj* ileso; ***be ~*** salir ileso
un·health·y [ʌn'helθɪ] *adj person* enfermizo; *conditions, food, economy* poco saludable
un·heard-of [ʌn'hɜ:rdəv] *adj* inaudito
un·hurt [ʌn'hɜ:rt] *adj*: ***be ~*** salir ileso
un·hy·gien·ic [ʌnhaɪ'dʒi:nɪk] *adj* antihigiénico
u·ni·fi·ca·tion [ju:nɪfɪ'keɪʃn] unificación *f*
u·ni·form ['ju:nɪfɔ:rm] **1** *n* uniforme *m* **2** *adj* uniforme
u·ni·fy ['ju:nɪfaɪ] *v/t* (*pret & pp* **-ied**) unificar

u·ni·lat·e·ral [juːnɪ'lætərəl] *adj* unilateral
un·i·ma·gi·na·ble [ʌnɪ'mædʒɪnəbl] *adj* inimaginable
un·i·ma·gi·na·tive [ʌnɪ'mædʒɪnətɪv] *adj* sin imaginación
un·im·por·tant [ʌnɪm'pɔːrtənt] *adj* poco importante
un·in·hab·i·ta·ble [ʌnɪn'hæbɪtəbl] *adj* inhabitable
un·in·hab·it·ed [ʌnɪn'hæbɪtɪd] *adj building* deshabitado; *region* desierto
un·in·jured [ʌn'ɪndʒərd] *adj*: ***be ~*** salir ileso
un·in·tel·li·gi·ble [ʌnɪn'telɪdʒəbl] *adj* ininteligible
un·in·ten·tion·al [ʌnɪn'tenʃnl] *adj* no intencionado; ***sorry, that was ~*** lo siento, ha sido sin querer
un·in·ten·tion·al·ly [ʌnɪn'tenʃnlɪ] *adv* sin querer
un·in·te·rest·ing [ʌn'ɪntrəstɪŋ] *adj* sin interés
un·in·ter·rupt·ed [ʌnɪntə'rʌptɪd] *adj sleep*, *two hours' work* ininterrumpido
u·nion ['juːnjən] POL unión *f*; (*labor ~*) sindicato *m*
u·nique [juː'niːk] *adj* único
u·nit ['juːnɪt] unidad *f*; ***~ of measurement*** unidad *f* de medida; ***power ~*** fuente *f* de alimentación
u·nit 'cost COM costo *m or Span* coste *m* unitario *or* por unidad
u·nite [juː'naɪt] **1** *v/t* unir **2** *v/i* unirse
u·nit·ed [juː'naɪtɪd] *adj* unido
U·nit·ed 'King·dom Reino *m* Unido; **U·nit·ed 'Na·tions** Naciones *fpl* Unidas; **U·nit·ed 'States** (**of A'mer·i·ca**) Estados *mpl* Unidos (de América)
u·ni·ty ['juːnətɪ] unidad *f*
u·ni·ver·sal [juːnɪ'vɜːrsl] *adj* universal
u·ni·ver·sal·ly [juːnɪ'vɜːrsəlɪ] *adv* universalmente
u·ni·verse ['juːnɪvɜːrs] universo *m*
u·ni·ver·si·ty [juːnɪ'vɜːrsətɪ] **1** *n* universidad *f*; ***he is at ~*** está en la universidad **2** *adj* universitario
un·just [ʌn'dʒʌst] *adj* injusto
un·kempt [ʌn'kempt] *adj appearance* descuidado; *hair* revuelto
un·kind [ʌn'kaɪnd] *adj* desgradable, cruel
un·known [ʌn'noʊn] **1** *adj* desconocido **2** *n*: ***a journey into the ~*** un viaje hacia lo desconocido
un·lead·ed [ʌn'ledɪd] *adj* sin plomo
un·less [ən'les] *conj* a menos que, a no ser que; ***don't say anything ~ you're sure*** no digas nada a menos que *or* a no ser que estés seguro
un·like [ʌn'laɪk] *prep* (*not similar to*) diferente de; ***it's ~ him to drink so much*** él no suele beber tanto; ***that photograph is so ~ you*** has salido completamente diferente en esa fotografía
un·like·ly [ʌn'laɪklɪ] *adj* (*improbable*) improbable; *explanation* inverosímil; ***he is ~ to win*** es improbable *or* poco probable que gane
un·lim·it·ed [ʌn'lɪmɪtɪd] *adj* ilimitado
un·list·ed [ʌn'lɪstɪd] *adj*: ***be ~*** no aparecer en la guía telefónica
un·load [ʌn'loʊd] *v/t* descargar
un·lock [ʌn'lɑːk] *v/t* abrir
un·luck·i·ly [ʌn'lʌkɪlɪ] *adv* desgraciadamente, por desgracia
un·luck·y [ʌn'lʌkɪ] *adj day*, *choice* aciago, funesto; *person* sin suerte; ***that was so ~ for you!*** ¡qué mala suerte tuviste!
un·manned [ʌn'mænd] *adj spacecraft* no tripulado
un·mar·ried [ʌn'mærɪd] *adj* soltero
un·mis·ta·ka·ble [ʌnmɪ'steɪkəbl] *adj* inconfundible
un·moved [ʌn'muːvd] *adj*: ***he was ~ by her tears*** sus lágrimas no lo conmovieron
un·mu·si·cal [ʌn'mjuːzɪkl] *adj person* sin talento musical; *sounds* estridente
un·nat·u·ral [ʌn'nætʃrəl] *adj* anormal; ***it's not ~ to be annoyed*** es normal estar enfadado
un·ne·ces·sa·ry [ʌn'nesəserɪ] *adj* innecesario

U

un·nerv·ing [ʌn'nɜːrvɪŋ] *adj* desconcertante
un·no·ticed [ʌn'noʊtɪst] *adj*: ***it went ~*** pasó desapercibido
un·ob·tain·a·ble [ʌnəb'teɪnəbl] *adj goods* no disponible; TELEC desconectado
un·ob·tru·sive [ʌnəb'truːsɪv] *adj* discreto
un·oc·cu·pied [ʌn'ɑːkjʊpaɪd] *adj building, house* desocupado; *post* vacante
un·of·fi·cial [ʌnə'fɪʃl] *adj* no oficial; ***this is still ~ but …*** esto todavía no es oficial, pero …
un·of·fi·cial·ly [ʌnə'fɪʃlɪ] *adv* extraoficialmente
un·or·tho·dox [ʌn'ɔːrθədɑːks] *adj* poco ortodoxo
un·pack [ʌn'pæk] **1** *v/t* deshacer **2** *v/i* deshacer el equipaje
un·paid [ʌn'peɪd] *adj work* no remunerado
un·pleas·ant [ʌn'pleznt] *adj* desagradable; ***he was very ~ to her*** fue muy desagradable con ella
un·plug [ʌn'plʌg] *v/t* (*pret & pp* ***-ged***) *TV, computer* desenchufar
un·pop·u·lar [ʌn'pɑːpjələr] *adj* impopular
un·pre·ce·den·ted [ʌn'presɪdentɪd] *adj* sin precedentes; ***it was ~ for a woman to …*** no tenía precedentes que una mujer …
un·pre·dict·a·ble [ʌnprɪ'dɪktəbl] *adj person, weather* imprevisible, impredecible
un·pre·ten·tious [ʌnprɪ'tenʃəs] *adj person, style, hotel* modesto, sin pretensiones
un·prin·ci·pled [ʌn'prɪnsɪpld] *adj* sin principios
un·pro·duc·tive [ʌnprə'dʌktɪv] *adj meeting, discussion* infructuoso; *soil* improductivo
un·pro·fes·sion·al [ʌnprə'feʃnl] *adj* poco profesional
un·prof·i·ta·ble [ʌn'prɑːfɪtəbl] *adj* no rentable
un·pro·nounce·a·ble [ʌnprə'naʊnsəbl] *adj* impronunciable
un·pro·tect·ed [ʌnprə'tektɪd] *adj borders* desprotegido, sin protección; ***~ sex*** sexo *m* sin preservativos
un·pro·voked [ʌnprə'voʊkt] *adj attack* no provocado
un·qual·i·fied [ʌn'kwɑːlɪfaɪd] *adj worker, doctor etc* sin titulación
un·ques·tio·na·bly [ʌn'kwestʃnəblɪ] *adv* (*without doubt*) indiscutiblemente
un·ques·tion·ing [ʌn'kwestʃnɪŋ] *adj attitude, loyalty* incondicional
un·rav·el [ʌn'rævl] *v/t* (*pret & pp* ***-ed***, *Br* ***-led***) *string, knitting* desenredar; *mystery, complexities* desentrañar
un·rea·da·ble [ʌn'riːdəbl] *adj book* ilegible
un·re·al [ʌn'rɪəl] *adj* irreal; ***this is ~!*** F ¡esto es increíble! F
un·re·al·is·tic [ʌnrɪə'lɪstɪk] *adj* poco realista
un·rea·so·na·ble [ʌn'riːznəbl] *adj person* poco razonable, irrazonable; *demand, expectation* excesivo, irrazonable; ***you're being ~*** no estás siendo razonable
un·re·lat·ed [ʌnrɪ'leɪtɪd] *adj issues* no relacionado; *people* no emparentado
un·re·lent·ing [ʌnrɪ'lentɪŋ] *adj* implacable
un·rel·i·a·ble [ʌnrɪ'laɪəbl] *adj car, machine* poco fiable; *person* informal
un·rest [ʌn'rest] malestar *m*; (*rioting*) disturbios *mpl*
un·re·strained [ʌnrɪ'streɪnd] *adj emotions* incontrolado
un·road·wor·thy [ʌn'roʊdwɜːrðɪ] *adj* que no está en condiciones de circular
un·roll [ʌn'roʊl] *v/t carpet, scroll* desenrollar
un·ru·ly [ʌn'ruːlɪ] *adj* revoltoso
un·safe [ʌn'seɪf] *adj* peligroso; ***it's ~ to drink / eat*** no se puede beber / comer
un·san·i·tar·y [ʌn'sænɪterɪ] *adj conditions, drains* insalubre
un·sat·is·fac·to·ry [ʌnsætɪs'fæktərɪ] *adj* insatisfactorio

un·sa·vo·ry [ʌn'seɪvərɪ] *adj person, reputation* indeseable; *district* desagradable
un·scathed [ʌn'skeɪðd] *adj* (*not injured*) ileso; (*not damaged*) intacto
un·screw [ʌn'skru:] *v/t top* desenroscar; *shelves, hooks* desatornillar
un·scru·pu·lous [ʌn'skru:pjələs] *adj* sin escrúpulos
un·self·ish [ʌn'selfɪʃ] *adj* generoso
un·set·tled [ʌn'setld] *adj issue* sin decidir; *weather, stock market, lifestyle* inestable; *bills* sin pagar
un·shav·en [ʌn'ʃeɪvn] *adj* sin afeitar
un·sight·ly [ʌn'saɪtlɪ] *adj* horrible, feo
un·skilled [ʌn'skɪld] *adj* no cualificado
un·so·cia·ble [ʌn'soʊʃəbl] *adj* insociable
un·so·phis·ti·cat·ed [ʌnsə'fɪstɪkeɪtɪd] *adj person, beliefs* sencillo; *equipment* simple
un·sta·ble [ʌn'steɪbl] *adj* inestable
un·stead·y [ʌn'stedɪ] *adj hand* tembloroso; *ladder* inestable; ***be ~ on one's feet*** tamblearse
un·stint·ing [ʌn'stɪntɪŋ] *adj* generoso; ***be ~ in one's efforts/generosity*** no escatimar esfuerzos / generosidad
un·suc·cess·ful [ʌnsək'sesfəl] *adj writer etc* fracasado; *candidate* perdedor; *party, attempt* fallido; ***he tried but was ~*** lo intentó sin éxito
un·suc·cess·ful·ly [ʌnsək'sesfəlɪ] *adv try, apply* sin éxito
un·suit·a·ble [ʌn'su:təbl] *adj partner, film, clothing* inadecuado; *thing to say* inoportuno
un·sus·pect·ing [ʌnsəs'pektɪŋ] *adj* confiado
un·swerv·ing [ʌn'swɜ:rvɪŋ] *adj loyalty, devotion* inquebrantable
un·think·a·ble [ʌn'θɪŋkəbl] *adj* impensable
un·ti·dy [ʌn'taɪdɪ] *adj room, desk* desordenado; *hair* revuelto
un·tie [ʌn'taɪ] *v/t knot, laces, prisoner* desatar
un·til [ən'tɪl] **1** *prep* hasta; ***from Monday ~ Friday*** desde el lunes hasta el viernes; ***I can wait ~ tomorrow*** puedo esperar hasta mañana; ***not ~ Friday*** no antes del viernes; ***it won't be finished ~ July*** no estará acabado hasta julio **2** *conj* hasta que; ***can you wait ~ I'm ready?*** ¿puedes esperar hasta que esté listo?; ***they won't do anything ~ you say so*** no harán nada hasta que (no) se lo digas
un·time·ly [ʌn'taɪmlɪ] *adj death* prematuro
un·tir·ing [ʌn'taɪrɪŋ] *adj efforts* incansable
un·told [ʌn'toʊld] *adj suffering* indecible; *riches* inconmensurable; *story* nunca contado
un·trans·lat·a·ble [ʌntræns'leɪtəbl] *adj* intraducible
un·true [ʌn'tru:] *adj* falso
un·used[1] [ʌn'ju:zd] *adj goods* sin usar
un·used[2] [ʌn'ju:st] *adj*: ***be ~ to sth*** no estar acostumbrado a algo; ***be ~ to doing sth*** no estar acostumbrado a hacer algo
un·u·su·al [ʌn'ju:ʒl] *adj* poco corriente; ***it is ~ …*** es raro *or* extraño …
un·u·su·al·ly [ʌn'ju:ʒəlɪ] *adv* inusitadamente; ***the weather's ~ cold*** hace un frío inusual
un·veil [ʌn'veɪl] *v/t memorial, statue etc* desvelar
un·well [ʌn'wel] *adj* indispuesto, mal; ***be ~*** sentirse indispuesto *or* mal
un·will·ing [ʌn'wɪlɪŋ] *adj* poco dispuesto, reacio; ***be ~ to do sth*** no estar dispuesto a hacer algo, ser reacio a hacer algo
un·will·ing·ly [ʌn'wɪlɪŋlɪ] *adv* de mala gana, a regañadientes
un·wind [ʌn'waɪnd] **1** *v/t* (*pret & pp* **-wound**) *tape* desenrollar **2** *v/i* (*pret & pp* **-wound**) *of tape* desenrollarse; *of story* irse desarrollando; (*relax*) relajarse
un·wise [ʌn'waɪz] *adj* imprudente
un·wrap [ʌn'ræp] *v/t* (*pret & pp* **-ped**) *gift* desenvolver

un•writ•ten [ʌn'rɪtn] *adj law*, *rule* no escrito

un•zip [ʌn'zɪp] *v/t* (*pret & pp* ***-ped***) *dress etc* abrir la cremallera de; COMPUT descomprimir

up [ʌp] **1** *adv position* arriba; *movement* hacia arriba; ***~ in the sky / ~ on the roof*** (arriba) en el cielo / tejado; ***~ here / there*** aquí / allí arriba; ***be ~*** (*out of bed*) estar levantado; *of sun* haber salido; (*be built*) haber sido construido, estar acabado; *of shelves* estar montado; *of prices*, *temperature* haber subido; (*have expired*) haberse acabado; ***what's ~?*** F ¿qué pasa?; ***~ to the year 1989*** hasta el año 1989; ***he came ~ to me*** se me acercó; ***what are you ~ to these days?*** ¿qué es de tu vida?; ***what are those kids ~ to?*** ¿qué están tramando esos niños?; ***be ~ to something*** (***bad***) estar tramando algo; ***I don't feel ~ to it*** no me siento en condiciones de hacerlo; ***it's ~ to you*** tú decides; ***it is ~ to them to solve it*** (*their duty*) les corresponde a ellos resolverlo; ***be ~ and about*** *after illness* estar recuperado **2** *prep*: ***further ~ the mountain*** más arriba de la montaña; ***he climbed ~ a tree*** se subió a un árbol; ***they ran ~ the street*** corrieron por la calle; ***the water goes ~ this pipe*** el agua sube por esta tubería; ***we traveled ~ to Chicago*** subimos hasta Chicago **3** *n*: ***~s and downs*** altibajos *mpl*

'up•bring•ing educación *f*

'up•com•ing *adj* (*forthcoming*) próximo

up'date¹ *v/t file*, *records* actualizar; ***~ s.o. on sth*** poner a alguien al corriente de algo

'up•date² *n* actualización *f*; ***can you give me an ~ on the situation?*** ¿me puedes poner al corriente de la situación?

up'grade *v/t computers etc* actualizar; (*replace with new versions*) modernizar; *product* modernizar; ***~ s.o. to business class*** cambiar a alguien a clase ejecutiva

up•heav•al [ʌp'hi:vl] *emotional* conmoción *f*; *physical* trastorno *m*; *political*, *social* sacudida *f*

up•hill 1 *adv* [ʌp'hɪl] *walk* cuesta arriba **2** *adj* ['ʌphɪl] *struggle* arduo, difícil

up'hold *v/t* (*pret & pp* ***-held***) *traditions*, *rights* defender, conservar; (*vindicate*) confirmar

up•hol•ster•y [ʌp'hoʊlstərɪ] (*coverings*) tapicería *f*; (*padding*) relleno *m*

'up•keep *of buildings*, *parks etc* mantenimiento *m*

'up•load *v/t* COMPUT cargar

up'mar•ket *adj restaurant*, *hotel* de categoría

up•on [ə'pɑ:n] *prep* → ***on***

up•per ['ʌpər] *adj part of sth* superior; *stretches of a river* alto; *deck* superior, de arriba

up•per 'class *adj accent*, *family* de clase alta

up•per 'clas•ses *npl* clases *fpl* altas

'up•right 1 *adj citizen* honrado **2** *adv sit* derecho

'up•right (**'pi•an•o**) piano *m* vertical

'up•ris•ing levantamiento *m*

'up•roar (*loud noise*) alboroto *m*; (*protest*) tumulto *m*

up'set 1 *v/t* (*pret & pp* ***-set***) *drink*, *glass* tirar; *emotionally* disgustar **2** *adj emotionally* disgustado; ***get ~ about sth*** disgustarse por algo; ***have an ~ stomach*** tener el estómago mal

up'set•ting *adj* triste

'up•shot (*result*, *outcome*) resultado *m*

up•side 'down *adv* boca abajo; ***turn sth ~*** *box etc* poner algo al revés *or* boca abajo

up'stairs 1 *adv* arriba **2** *adj room* de arriba

'up•start advenedizo(-a) *m*(*f*)

up'stream *adv* río arriba

'up•take FIN respuesta *f* (***of*** a); ***be quick / slow on the ~*** F ser / no ser muy espabilado F

up'tight *adj* F (*nervous*) tenso; (*inhib-*

ited) estrecho
up-to-'date *adj information* actualizado; *fashions* moderno
'up·turn *in economy* mejora *f*
up·ward ['ʌpwərd] *adv fly, move* hacia arriba; **~ of 10,000** más de 10.000
u·ra·ni·um [jʊ'reɪnɪəm] uranio *m*
ur·ban ['ɜːrbən] *adj* urbano
ur·ban·i·za·tion [ɜːrbənaɪ'zeɪʃn] urbanización *f*
ur·chin ['ɜːrtʃɪn] golfillo(-a) *m*(*f*)
urge [ɜːrdʒ] **1** *n* impulso *m*; ***I felt an ~ to hit her*** me entraron ganas de pegarle; ***I have an ~ to do something new*** siento la necesidad de hacer algo nuevo **2** *v/t*: **~ *s.o. to do sth*** rogar a alguien que haga algo
♦**urge on** *v/t* (*encourage*) animar
ur·gen·cy ['ɜːrdʒənsɪ] *of situation* urgencia *f*
ur·gent ['ɜːrdʒənt] *adj job, letter* urgente; ***be in ~ need of sth*** necesitar algo urgentemente; ***is it ~?*** ¿es urgente?
u·ri·nate ['jʊrəneɪt] *v/i* orinar
u·rine ['jʊrɪn] orina *f*
urn [ɜːrn] urna *f*
U·ru·guay ['jʊrəgwaɪ] Uruguay
U·ru·guay·an [jʊrə'gwaɪən] **1** *adj* uruguayo **2** *n* uruguayo(-a) *m*(*f*)
US [juː'es] *abbr* (= ***United States***) EE.UU. *mpl* (= Estados *mpl* Unidos)
us [ʌs] *pron* nos; *after prep* nosotros(-as); ***they love ~*** nos quieren; ***she gave ~ the keys*** nos dio las llaves; ***he sold it to ~*** nos lo vendió; ***that's for ~*** eso es para nosotros; ***who's that? – it's ~*** ¿quién es? – ¡somos nosotros!
USA [juːes'eɪ] *abbr* (= ***United States of America***) EE.UU. *mpl* (= Estados *mpl* Unidos)
us·a·ble ['juːzəbl] *adj* utilizable; ***it's not ~*** no se puede utilizar
us·age ['juːzɪdʒ] uso *m*
use 1 *v/t* [juːz] *tool, word* utilizar, usar; *skills, knowledge, car* usar; *a lot of gas* consumir; *pej: person* utilizar; ***I could ~ a drink*** F no me vendría mal una copa **2** *n* [juːs] uso *m*, utilización *f*; ***be of great ~ to s.o.*** ser de gran utilidad para alguien; ***it's of no ~ to me*** no me sirve; ***is that of any ~?*** ¿eso sirve para algo?; ***it's no ~*** no sirve de nada; ***it's no ~ trying/waiting*** no sirve de nada intentarlo / esperar
♦**use up** *v/t* agotar
used[1] [juːzd] *adj car etc* de segunda mano
used[2] [juːst] *adj*: ***be ~ to s.o./sth*** estar acostumbrado a alguien / algo; ***get ~ to s.o./sth*** acostumbrarse a alguien / algo; ***be ~ to doing sth*** estar acostumbrado a hacer algo; ***get ~ to doing sth*** acostumbrarse a hacer algo
used[3] [juːst]: ***I ~ to like him*** antes me gustaba; ***they ~ to meet every Saturday*** solían verse todos los sábados
use·ful ['juːsfəl] *adj* útil
use·ful·ness ['juːsfʊlnɪs] utilidad *f*
use·less ['juːslɪs] *adj* inútil; *machine, computer* inservible; ***be ~*** F *person* ser un inútil F; ***it's ~ trying*** (*there's no point*) no vale la pena intentarlo
us·er ['juːzər] *of product* usuario(-a) *m*(*f*)
us·er-'friend·ly *adj* de fácil manejo
ush·er ['ʌʃər] *n* (*at wedding*) *persona que se encarga de indicar a los asistentes dónde se deben sentar*
♦**usher in** *v/t new era* anunciar
u·su·al ['juːʒl] *adj* habitual, acostumbrado; ***as ~*** como de costumbre; ***the ~, please*** lo de siempre, por favor
u·su·al·ly ['juːʒəlɪ] *adv* normalmente; ***I ~ start at 9*** suelo empezar a las 9
u·ten·sil [juː'tensl] utensilio *m*
u·te·rus ['juːtərəs] útero *m*
u·til·i·ty [juː'tɪlətɪ] (*usefulness*) utilidad *f*; ***public utilities*** servicios *mpl* públicos
u·til·ize ['juːtɪlaɪz] *v/t* utilizar
ut·most ['ʌtmoʊst] **1** *adj* sumo **2** *n*: ***do one's ~*** hacer todo lo posible
ut·ter ['ʌtər] **1** *adj* completo, total **2** *v/t sound* decir, pronunciar
ut·ter·ly ['ʌtərlɪ] *adv* completamente,

totalmente
U-turn ['juːtɜːrn] cambio *m* de sentido; **do a ~** *fig*: *in policy etc* dar un giro de 180 grados

V

va•cant ['veɪkənt] *adj building* vacío; *position* vacante; *look*, *expression* vago, distraído
va•cant•ly ['veɪkəntlɪ] *adv* distraídamente
va•cate [veɪ'keɪt] *v/t room* desalojar
va•ca•tion [veɪ'keɪʃn] *n* vacaciones *fpl*; **be on ~** estar de vacaciones; **go to … on ~** ir de vacaciones a ...
va•ca•tion•er [veɪ'keɪʃənər] turista *m/f*; *in summer* veraneante *m/f*
vac•cin•ate ['væksɪneɪt] *v/t* vacunar; **be ~d against …** estar vacunado contra …
vac•cin•a•tion [væksɪ'neɪʃn] *action* vacunación *f*; (*vaccine*) vacuna *f*
vac•cine ['væksiːn] vacuna *f*
vac•u•um ['vækjʊəm] **1** *n* PHYS, *fig* vacío *m* **2** *v/t floors* pasar el aspirador por, aspirar
'vac•u•um clean•er aspirador *m*, aspiradora *f*; **'vac•u•um flask** termo *m*; **vac•u•um-'packed** *adj* envasado al vacío
vag•a•bond ['vægəbɑːnd] vagabundo(-a) *m*(*f*)
va•gi•na [və'dʒaɪnə] vagina *f*
va•gi•nal ['vædʒɪnl] *adj* vaginal
va•grant ['veɪgrənt] vagabundo(-a) *m*(*f*)
vague [veɪg] *adj* vago; **he was very ~ about it** no fue muy preciso
vague•ly ['veɪglɪ] *adv answer*, (*slightly*) vagamente; *possible* muy poco
vain [veɪn] **1** *adj person* vanidoso; *hope* vano **2** *n*: **in ~** en vano
val•en•tine ['væləntaɪn] *card* tarjeta *f* del día de San Valentín; **Valentine's Day** día de San Valentín *or* de los enamorados
val•et 1 *n* ['væleɪ] *person* mozo *m* **2** *v/t* ['vælət] *car* lavar y limpiar
'val•et ser•vice *for clothes* servicio *m* de planchado; *for cars* servicio *m* de lavado y limpiado
val•iant ['væljənt] *adj* valiente, valeroso
val•iant•ly ['væljəntlɪ] *adv* valientemente, valerosamente
val•id ['vælɪd] *adj* válido
val•i•date ['vælɪdeɪt] *v/t with official stamp* sellar; *s.o.'s alibi* dar validez a
va•lid•i•ty [və'lɪdətɪ] validez *f*
val•ley ['vælɪ] valle *m*
val•u•a•ble ['væljʊbl] **1** *adj* valioso **2** *n*: **~s** objetos *mpl* de valor
val•u•a•tion [væljʊ'eɪʃn] tasación *f*, valoración *f*
val•ue ['væljuː] **1** *n* valor *m*; **be good ~** ofrecer buena relación calidad-precio; **get ~ for money** recibir una buena relación calidad-precio; **rise / fall in ~** aumentar / disminuir de valor **2** *v/t s.o.'s friendship*, *one's freedom* valorar; **I ~ your advice** valoro tus consejos; **have an object ~d** pedir la valoración *or* tasación de un objeto
valve [vælv] válvula *f*
van [væn] camioneta *f*, furgoneta *f*
van•dal ['vændl] vándalo *m*, gamberro(-a) *m*(*f*)
van•dal•ism ['vændəlɪzm] vandalismo *m*
van•dal•ize ['vændəlaɪz] *v/t* destrozar (*intencionadamente*)
van•guard ['vængɑːrd] vanguardia *f*, **be in the ~ of** *fig* estar a la vanguardia de

va•nil•la [və'nɪlə] **1** *n* vainilla *f* **2** *adj* de vainilla
van•ish ['vænɪʃ] *v/i* desaparecer
van•i•ty ['vænətɪ] *of person* vanidad *f*
'**van•i•ty case** neceser *m*
van•tage point ['væntɪdʒ] *on hill etc* posición *f* aventajada
va•por ['veɪpər] vapor *m*
va•por•ize ['veɪpəraɪz] *v/t of atomic bomb, explosion* vaporizar
'**va•por trail** *of airplane* estela *f*
va•pour *Br* → ***vapor***
var•i•a•ble ['verɪəbl] **1** *adj* variable **2** *n* MATH, COMPUT variable *f*
var•i•ant ['verɪənt] *n* variante *f*
var•i•a•tion [verɪ'eɪʃn] variación *f*
var•i•cose 'vein ['værɪkoʊs] variz *f*
var•ied ['verɪd] *adj* variado
va•ri•e•ty [və'raɪətɪ] (*variedness, type*) variedad *f*; ***a ~ of things to do*** (*range, mixture*) muchas cosas para hacer
var•i•ous ['verɪəs] *adj* (*several*) varios; (*different*) diversos
var•nish ['vɑːrnɪʃ] **1** *n for wood* barniz *m*; *for fingernails* esmalte *m* **2** *v/t wood* barnizar; *fingernails* poner esmalte a, pintar
var•y ['verɪ] **1** *v/i* (*pret & pp* ***-ied***) variar; ***it varies*** depende **2** *v/t* (*pret & pp* ***-ied***) variar
vase [veɪz] jarrón *m*
vas•ec•to•my [və'sektəmɪ] vasectomía *f*
vast [væst] *adj desert, knowledge* vasto; *number, improvement* enorme
vast•ly ['væstlɪ] *adv* enormemente
VAT [viːeɪ'tiː, væt] *Br abbr* (= ***value-added tax***) IVA *m* (= impuesto *m* sobre el valor añanido)
Vat•i•can ['vætɪkən]: ***the ~*** el Vaticano
vau•de•ville ['vɒːdvɪl] *adj* vodevil *m*
vault¹ [vɒːlt] *n in roof* bóveda *f*; ***~s*** (*cellar*) sótano *m*; *of bank* cámara *f* acorazada
vault² [vɒːlt] **1** *n* SP salto *m* **2** *v/t beam etc* saltar
VCR [viːsiː'ɑːr] *abbr* (= ***video cassette recorder***) aparato *m* de *Span* vídeo *or L.Am.* video
VDU [viːdiː'juː] *abbr* (= ***visual display unit***) monitor *m*
veal [viːl] ternera *f*
veer [vɪr] *v/i* girar, torcer
ve•gan ['viːgn] **1** *n* vegetariano(-a) *m*(*f*) estricto (-a) (*que no come ningún producto de origen animal*) **2** *adj* vegetariano estricto
vege•ta•ble ['vedʒtəbl] hortaliza *f*; ***~s*** verduras *fpl*
ve•ge•tar•i•an [vedʒɪ'terɪən] **1** *n* vegetariano(-a) *m*(*f*) **2** *adj* vegetariano
ve•ge•tar•i•an•ism [vedʒɪ'terɪənɪzm] vegetarianismo *m*
veg•e•ta•tion [vedʒɪ'teɪʃn] vegetación *f*
ve•he•mence ['viːəməns] vehemencia *f*
ve•he•ment ['viːəmənt] *adj* vehemente
ve•he•ment•ly ['viːəməntlɪ] *adv* vehementemente
ve•hi•cle ['viːɪkl] *also fig* vehículo *m*
veil [veɪl] **1** *n* velo *m* **2** *v/t* cubrir con un velo
vein [veɪn] ANAT vena *f*; ***in this ~*** *fig* en este tono
Vel•cro® ['velkroʊ] velcro *m*
ve•loc•i•ty [vɪ'lɑːsətɪ] velocidad *f*
vel•vet ['velvɪt] *n* terciopelo *m*
vel•vet•y ['velvɪtɪ] *adj* aterciopelado
ven•det•ta [ven'detə] vendetta *f*
vend•ing ma•chine ['vendɪŋ] máquina *f* expendedora
vend•or ['vendər] LAW parte *f* vendedora
ve•neer [və'nɪr] *on wood* chapa *f*; *of politeness etc* apariencia *f*, fachada
ven•e•ra•ble ['venərəbl] *adj* venerable
ven•e•rate ['venəreɪt] *v/t* venerar
ven•e•ra•tion [venə'reɪʃn] veneración *f*
ven•e•re•al dis•ease [vɪ'nɪrɪəl] enfermedad *f* venérea
ve•ne•tian 'blind persiana *f* veneciana
Ven•e•zue•la [venɪz'weɪlə] Venezuela
Ven•e•zue•lan [venɪz'weɪlən] **1** *adj*

venezolano **2** *n* venezolano(-a) *m*(*f*)
ven•geance ['vendʒəns] venganza *f*; ***with a ~*** con ganas
ven•i•son ['venɪsn] venado *m*
ven•om ['venəm] *also fig* veneno *m*
ven•om•ous ['venəməs] *adj snake* venenoso; *fig* envenenado
vent [vent] *n for air* respiradero *m*; ***give ~ to*** *feelings* dar rienda suelta a
ven•ti•late ['ventɪleɪt] *v/t* ventilar
ven•ti•la•tion [ventɪ'leɪʃn] ventilación *f*
ven•ti'la•tion shaft pozo *m* de ventilación
ven•ti•la•tor ['ventɪleɪtər] ventilador *m*; MED respirador *m*
ven•tril•o•quist [ven'trɪləkwɪst] ventrilocuo(-a) *m*(*f*)
ven•ture ['ventʃər] **1** *n* (*undertaking*) iniciativa *f*; COM empresa *f* **2** *v/i* aventurarse
ven•ue ['venju:] *for meeting* lugar *m*; *for concert* local *m*, sala *f*
ve•ran•da [və'rændə] porche *m*
verb [vɜ:rb] verbo *m*
verb•al ['vɜ:rbl] *adj* (*spoken*) verbal
verb•al•ly ['vɜ:rbəlɪ] *adv* de palabra
ver•ba•tim [vɜ:r'beɪtɪm] *adv* literalmente
ver•dict ['vɜ:rdɪkt] LAW veredicto *m*; ***what's your ~?*** ¿qué te parece?, ¿qué opinas?
verge [vɜ:rdʒ] *n of road* arcén *m*; ***be on the ~ of*** *ruin* estar al borde de; *tears* estar a punto de
♦ **verge on** *v/t* rayar en
ver•i•fi•ca•tion [verɪfɪ'keɪʃn] (*checking*) verificación *f*; (*confirmation*) confirmación *f*
ver•i•fy ['verɪfaɪ] *v/t* (*pret & pp* **-ied**) (*check*) verificar; (*confirm*) confirmar
ver•mi•cel•li [vɜ:rmɪ'tʃelɪ] *nsg* fideos *mpl*
ver•min ['vɜ:rmɪn] *npl* bichos *mpl*, alimañas *fpl*
ver•mouth [vɜ:r'mu:θ] vermut *m*
ver•nac•u•lar [vər'nækjələr] *n* lenguaje *m* de la calle
ver•sa•tile ['vɜ:rsətəl] *adj* polifacético, versátil
ver•sa•til•i•ty [vɜ:rsə'tɪlətɪ] polivalencia *f*, versatilidad *f*
verse [vɜ:rs] verso *m*
versed [vɜ:rst] *adj*: ***be well ~ in a subject*** estar muy versado en una materia
ver•sion ['vɜ:rʃn] versión *f*
ver•sus ['vɜ:rsəs] *prep* SP, LAW contra
ver•te•bra ['vɜ:rtɪbrə] vértebra *f*
ver•te•brate ['vɜ:rtɪbreɪt] *n* vertebrado(-a) *m*(*f*)
ver•ti•cal ['vɜ:rtɪkl] *adj* vertical
ver•ti•go ['vɜ:rtɪgoʊ] vértigo *m*
ver•y ['verɪ] **1** *adv* muy; ***was it cold? – not ~*** ¿hizo frío? – no mucho; ***the ~ best*** el mejor de todos **2** *adj*: ***at that ~ moment*** en ese mismo momento; ***that's the ~ thing I need*** (*exact*) eso es precisamente lo que necesito; ***the ~ thought of*** sólo de pensar en; ***right at the ~ top / bottom*** arriba / al fondo del todo
ves•sel ['vesl] NAUT buque *m*
vest [vest] chaleco *m*
ves•tige ['vestɪdʒ] vestigio *m*
vet[1] [vet] *n* (*veterinary surgeon*) veterinario(-a) *m*(*f*)
vet[2] [vet] *v/t* (*pret & pp* **-ted**) *applicants etc* examinar, investigar
vet[3] [vet] MIL veterano(-a) *m*(*f*)
vet•e•ran ['vetərən] **1** *n* veterano(-a) *m*(*f*) **2** *adj* veterano
vet•e•ri•nar•i•an [vetərə'nerɪən] veterinario(-a) *m*(*f*)
ve•to ['vi:toʊ] **1** *n* veto *m* **2** *v/t* vetar
vex [veks] *v/t* (*concern, worry*) molestar, irritar
vexed [vekst] *adj* (*worried*) molesto, irritado; ***the ~ question of*** la polémica cuestión de
vi•a ['vaɪə] *prep* vía
vi•a•ble ['vaɪəbl] *adj* viable
vi•brate [vaɪ'breɪt] *v/i* vibrar
vi•bra•tion [vaɪ'breɪʃn] vibración *f*
vic•ar ['vɪkər] *Br* vicario *m*
vice[1] [vaɪs] vicio *m*; ***the problem of ~*** el problema del vicio
vice[2] *Br* → ***vise***

vice 'pres·i·dent vicepresidente(-a) *m(f)*
'vice squad brigada *f* antivicio
vi·ce ver·sa [vaɪs'vɜːrsə] *adv* viceversa
vi·cin·i·ty [vɪ'sɪnətɪ] zona *f*; ***in the ~ of …** the church etc* en las cercanías de …; *$500 etc* rondando ...
vi·cious ['vɪʃəs] *adj dog* fiero; *attack, temper, criticism* feroz
vi·cious 'cir·cle círculo *m* vicioso
vi·cious·ly ['vɪʃəslɪ] *adv* con brutalidad
vic·tim ['vɪktɪm] víctima *f*
vic·tim·ize ['vɪktɪmaɪz] *v/t* tratar injustamente
vic·tor ['vɪktər] vencedor(a) *m(f)*
vic·to·ri·ous [vɪk'tɔːrɪəs] *adj* victorioso
vic·to·ry ['vɪktərɪ] victoria *f*; ***win a ~ over …*** obtener una victoria sobre …
vid·e·o ['vɪdɪoʊ] **1** *n Span* vídeo *m*, *L.Am.* video *m*; ***have X on ~*** tener a X en *Span* vídeo *or L.Am.* video **2** *v/t* grabar en *Span* vídeo *or L.Am.* video
'vid·e·o cam·e·ra videocámara *f*; **vid·e·o cas'sette** videocasete *m*; **'vid·e·o con·fer·ence** TELEC videoconferencia *f*; **'vid·e·o game** videojuego *m*; **'vid·e·o·phone** videoteléfono *m*; **'vid·e·o re·cord·er** aparato *m* de *Span* vídeo *or L.Am.* video; **'vid·e·o re·cord·ing** grabación *f* en *Span* vídeo *or L.Am.* video; **'vid·e·o·tape** cinta *f* de *Span* vídeo *or L.Am.* video
vie [vaɪ] *v/i* competir
Vi·et·nam [vɪet'nɑːm] Vietnam
Vi·et·nam·ese [vɪetnə'miːz] **1** *adj* vietnamita **2** *n* vietnamita *m/f*; *language* vietnamita *m*
view [vjuː] **1** *n* vista *f*; *of situation* opinión *f*; ***in ~ of*** teniendo en cuenta; ***be on ~*** *of paintings* estar expuesto al público; ***with a ~ to*** con vistas a **2** *v/t events, situation* ver, considerar; *TV program, house* ver **3** *v/i* (*watch TV*) ver la televisión
view·er ['vjuːər] TV telespectador(a) *m(f)*
'view·find·er PHOT visor *m*
'view·point punto *m* de vista
vig·or ['vɪgər] (*energy*) vigor *m*
vig·or·ous ['vɪgərəs] *adj shake* vigoroso; *person* enérgico; *denial* rotundo
vig·or·ous·ly ['vɪgərəslɪ] *adv shake* con vigor; *deny, defend* rotundamente
vig·our *Br* → ***vigor***
vile [vaɪl] *adj smell* asqueroso; *thing to do* vil
vil·la ['vɪlə] chalet *m*; *in the country* villa *f*
vil·lage ['vɪlɪdʒ] pueblo *m*
vil·lag·er ['vɪlɪdʒər] aldeano(-a) *m(f)*
vil·lain ['vɪlən] malo(a) *m(f)*
vin·di·cate ['vɪndɪkeɪt] *v/t* (*show to be correct*) dar la razón a; (*show to be innocent*) vindicar; ***I feel ~d*** los hechos me dan ahora la razón
vin·dic·tive [vɪn'dɪktɪv] *adj* vengativo
vin·dic·tive·ly [vɪn'dɪktɪvlɪ] *adv* vengativamente
vine [vaɪn] vid *f*
vin·e·gar ['vɪnɪgər] vinagre *m*
vine·yard ['vɪnjɑːrd] viñedo *m*
vin·tage ['vɪntɪdʒ] **1** *n of wine* cosecha *f* **2** *adj* (*classic*) clásico *m*
vi·o·la [vɪ'oʊlə] MUS viola *f*
vi·o·late ['vaɪəleɪt] *v/t* violar
vi·o·la·tion [vaɪə'leɪʃn] violación *f*; (*traffic ~*) infracción *f*
vi·o·lence ['vaɪələns] violencia *f*; ***outbreak of ~*** estallido de violencia
vi·o·lent ['vaɪələnt] *adj* violento; ***have a ~ temper*** tener muy mal genio
vi·o·lent·ly ['vaɪələntlɪ] *adv react* violentamente; *object* rotundamente; ***fall ~ in love with s.o.*** enamorarse perdidamente de alguien
vi·o·let ['vaɪələt] *n color* violeta *m*; *plant* violeta *f*
vi·o·lin [vaɪə'lɪn] violín *m*
vi·o·lin·ist [vaɪə'lɪnɪst] violinista *m/f*
VIP [viːaɪ'piː] *abbr* (= ***very important person***) VIP *m*

vi·per ['vaɪpər] *snake* víbora *f*
vi·ral ['vaɪrəl] *adj infection* vírico, viral
vir·gin ['vɜːrdʒɪn] virgen *m/f*
vir·gin·i·ty [vɜːr'dʒɪnətɪ] virginidad *f*; ***lose one's ~*** perder la virginidad
Vir·go ['vɜːrgoʊ] ASTR Virgo *m/f inv*
vir·ile ['vɪrəl] *adj man* viril; *prose* vigoroso
vi·ril·i·ty [vɪ'rɪlətɪ] virilidad *f*
vir·tu·al ['vɜːrtʃʊəl] *adj* virtual
vir·tu·al·ly ['vɜːrtʃʊəlɪ] *adv* (*almost*) virtualmente, casi
vir·tu·al re'al·i·ty realidad *f* virtual
vir·tue ['vɜːrʃtuː] virtud *f*; ***in ~ of*** en virtud de
vir·tu·o·so [vɜːrtʃuː'oʊzoʊ] MUS virtuoso(-a) *m(f)*
vir·tu·ous ['vɜːrtʃʊəs] *adj* virtuoso
vir·u·lent ['vɪrʊlənt] *adj* virulento
vi·rus ['vaɪrəs] MED, COMPUT virus *m inv*
vi·sa ['viːzə] visa *f*, visado *m*
vise [vaɪs] torno *m* de banco
vis·i·bil·i·ty [vɪzə'bɪlətɪ] visibilidad *f*
vis·i·ble ['vɪzəbl] *adj object, difference* visible; *anger* evidente; ***not be ~ to the naked eye*** no ser visible a simple vista
vis·i·bly ['vɪzəblɪ] *adv different* visiblemente; ***he was ~ moved*** estaba visiblemente conmovido
vi·sion ['vɪʒn] *also* REL visión *f*
vis·it ['vɪzɪt] **1** *n* visita *f*; ***pay a ~ to the doctor / dentist*** visitar al doctor / dentista; ***pay s.o. a ~*** hacer una visita a alguien **2** *v/t* visitar
vis·it·ing card ['vɪzɪtɪŋ] tarjeta *f* de visita
'vis·it·ing hours *npl at hospital* horas *fpl* de visita
vis·it·or ['vɪzɪtər] (*guest*) visita *f*; (*tourist*), *to museum etc* visitante *m/f*
vi·sor ['vaɪzər] visera *f*
vis·u·al ['vɪʒʊəl] *adj* visual
vis·u·al 'aid medio *m* visuale
vis·u·al dis'play u·nit monitor *m*
vis·u·al·ize ['vɪʒʊəlaɪz] *v/t* visualizar; (*foresee*) prever
vis·u·al·ly ['vɪʒʊlɪ] *adv* visualmente
vis·u·al·ly im'paired *adj* con discapacidad visual
vi·tal ['vaɪtl] *adj* (*essential*) vital; ***it is ~ that …*** es vital que …
vi·tal·i·ty [vaɪ'tælətɪ] *of person, city etc* vitalidad *f*
vi·tal·ly ['vaɪtəlɪ] *adv*: ***~ important*** de importancia vital
vi·tal 'or·gans *npl* órganos *mpl* vitales
vi·tal sta'tis·tics *npl of woman* medidas *fpl*
vit·a·min ['vaɪtəmɪn] vitamina *f*
'vit·a·min pill pastilla *f* vitamínica
vit·ri·ol·ic [vɪtrɪ'ɑːlɪk] *adj* virulento
vi·va·cious [vɪ'veɪʃəs] *adj* vivaz
vi·vac·i·ty [vɪ'væsətɪ] vivacidad *f*
viv·id ['vɪvɪd] *adj color* vivo; *memory, imagination* vívido
viv·id·ly ['vɪvɪdlɪ] *adv* (*brightly*) vivamente; (*clearly*) vívidamente
V-neck ['viːnek] cuello *m* de pico
vo·cab·u·la·ry [voʊ'kæbjʊlərɪ] vocabulario *m*
vo·cal ['voʊkl] *adj to do with the voice* vocal; *expressing opinions* ruidoso; ***a ~ opponent*** un declarado adversario
'vo·cal cords *npl* cuerdas *fpl* vocales
'vo·cal group MUS grupo *m* vocal
vo·cal·ist ['voʊkəlɪst] MUS vocalista *m/f*
vo·ca·tion [və'keɪʃn] (*calling*) vocación *f*; (*profession*) profesión *f*
vo·ca·tion·al [və'keɪʃnl] *adj guidance* profesional
vod·ka ['vɑːdkə] vodka *m*
vogue [voʊg] moda *f*; ***be in ~*** estar en boga
voice [vɔɪs] **1** *n* voz *f* **2** *v/t opinions* expresar
'voice·mail correo *m* de voz
void [vɔɪd] **1** *n* vacío *m* **2** *adj*: ***~ of*** carente de
vol·a·tile ['vɑːlətəl] *adj personality, moods* cambiante; *markets* inestable
vol·ca·no [vɑːl'keɪnoʊ] volcán *m*
vol·ley ['vɑːlɪ] *n of shots* ráfaga *f*; *in tennis* volea *f*
'vol·ley·ball voleibol *m*
volt [voʊlt] voltio *m*
volt·age ['voʊltɪdʒ] voltaje *m*
vol·ume ['vɑːljəm] volumen *m*; *of*

container capacidad *f*; *of book* volumen *m*, tomo *m*
vol·ume con'trol control *m* del volumen
vol·un·tar·i·ly [vɑːlən'terılı] *adv* voluntariamente
vol·un·ta·ry ['vɑːlənterı] *adj* voluntario
vol·un·teer [vɑːlən'tır] **1** *n* voluntario(-a) *m*(*f*) **2** *v/i* ofrecerse voluntariamente
vo·lup·tu·ous [və'lʌptʃuəs] *adj figure* voluptuoso
vom·it ['vɑːmət] **1** *n* vómito *m* **2** *v/i* vomitar
♦**vomit up** *v/t* vomitar
vo·ra·cious [və'reıʃəs] *adj appetite* voraz
vo·ra·cious·ly [və'reıʃəslı] *also fig* vorazmente
vote [vout] **1** *n* voto *m*; ***have the ~*** (*be entitled to vote*) tener el derecho al voto **2** *v/i* POL votar; ***~ for / against*** votar a favor / en contra **3** *v/t*: ***they ~d him President*** lo votaron presidente; ***they ~d to stay behind*** votaron (a favor de) quedarse atrás
♦**vote in** *v/t new member* elegir en votación
♦**vote on** *v/t issue* someter a votación
♦**vote out** *v/t of office* rechazar en votación
vot·er ['voutər] POL votante *m/f*
vot·ing ['voutıŋ] POL votación *f*
'vot·ing booth cabina *f* electoral
♦**vouch for** [vautʃ] *v/t truth of sth* dar fe de; *person* responder por
vouch·er ['vautʃər] vale *m*
vow [vau] **1** *n* voto *m* **2** *v/t*: ***~ to do sth*** prometer hacer algo
vow·el [vaul] vocal *f*
voy·age ['vɔııdʒ] *n* viaje *m*
vul·gar ['vʌlgər] *adj person, language* vulgar, grosero
vul·ne·ra·ble ['vʌlnərəbl] *adj to attack, criticism* vulnerable
vul·ture ['vʌltʃər] buitre *m*

W

wad [wɑːd] *n of paper, absorbent cotton etc* bola *f*; ***a ~ of $100 bills*** un fajo de billetes de 100 dólares
wad·dle ['wɑːdl] *v/i of duck* caminar; *of person* anadear
wade [weıd] *v/i* caminar en el agua
♦**wade through** *v/t book, documents* leerse
wa·fer ['weıfər] *cookie* barquillo *m*; REL hostia *f*
'wa·fer-thin *adj* muy fino
waf·fle[1] ['wɑːfl] *n to eat* gofre *m*
waf·fle[2] ['wɑːfl] *v/i* andarse con rodeos
wag [wæg] **1** *v/t* (*pret & pp* ***-ged***) *tail, finger* menear **2** *v/i* (*pret & pp* ***-ged***) *of tail* menearse
wage[1] [weıdʒ] *v/t*: ***~ war*** hacer la guerra
wage[2] [weıdʒ] *n* salario *m*, sueldo *m*; ***~s*** salario *m*, sueldo *m*
'wage earn·er asalariado(-a) *m*(*f*); **'wage freeze** congelación *f* salarial; **'wage ne·go·ti·a·tions** *npl* negociación *f* salarial; **'wage pack·et** *fig* salario *m*, sueldo *m*
wag·gle ['wægl] *v/t hips* menear; *ears, loose screw etc* mover
wag·on ['wægən] *Br* RAIL vagón *m*; ***be on the ~*** F haber dejado la bebida
wail [weıl] **1** *n of person, baby* gemido *m*; *of siren* sonido *m*, aullido *m* **2** *v/i of person, baby* gemir; *of siren* sonar, aullar

waist [weɪst] cintura *f*
'**waist•coat** *Br* chaleco *m*
'**waist•line** cintura *f*
wait [weɪt] **1** *n* espera *f*; ***I had a long ~ for a train*** esperé mucho rato el tren **2** *v/i* esperar; ***have you been ~ing long?*** ¿llevan mucho rato esperando? **3** *v/t*: ***don't ~ supper for me*** no me esperéis a cenar; ***~ table*** trabajar de camarero(-a)
♦**wait for** *v/t* esperar; ***wait for me!*** ¡esperame!
♦**wait on** *v/t* (*serve*) servir; (*wait for*) esperar
♦**wait up** *v/i* esperar levantado
wait•er ['weɪtər] camarero *m*
wait•ing ['weɪtɪŋ] *n* espera *f*; ***no ~ sign*** señal *f* de prohibido estacionar
'**wait•ing list** lista *f* de espera
'**wait•ing room** sala *f* de espera
wait•ress ['weɪtrɪs] camarera *f*
waive [weɪv] *v/t right* renunciar; *requirement* no aplicar
wake[1] [weɪk] **1** *v/i* (*pret* **woke**, *pp* **woken**): ~ (**up**) despertarse **2** *v/t* (*pret* **woke**, *pp* **woken**): ~ (**up**) despertar
wake[2] [weɪk] *n of ship* estela *f*; ***in the ~ of*** *fig* tras; ***missionaries followed in the ~ of the explorers*** a los exploradores siguieron los misioneros
'**wake-up call**: ***could I have a ~ at 6.30?*** ¿me podrían despertar a las 6.30?
Wales [weɪlz] Gales
walk [wɒːk] **1** *n* paseo *m*; *longer* caminata *f*; (*path*) camino *m*; ***it's a long / short ~ to the office*** hay una caminata / un paseo hasta la oficina; ***go for a ~*** salir a dar un paseo, salir de paseo; ***it's a five-minute ~*** está a cinco minutos a pie **2** *v/i* caminar, andar; *as opposed to driving* ir a pie; ***she ~ed over to the window*** se acercó a la ventana **3** *v/t dog* sacar a pasear; ***~ the streets*** (*walk around*) caminar por las calles
♦**walk out** *v/i of spouse* marcharse; *from theater etc* salir; (*go on strike*) declararse en huelga
♦**walk out on** *v/t*: ***walk out on s.o.*** abandonar a alguien
walk•er ['wɒːkər] (*hiker*) excursionista *m/f*; *for baby*, *old person* andador *m*; ***be a slow / fast ~*** caminar *or* andar despacio / rápido
walk-in 'clos•et vestidor *m*, armario *m* empotrado
walk•ing ['wɒːkɪŋ] *n* (*hiking*) excursionismo *m*; ***~ is one of the best forms of exercise*** caminar es uno de los mejores ejercicios; ***it's within ~ distance*** se puede ir caminando *or* andando
'**walk•ing stick** bastón *m*
'**walk•ing tour** visita *f* a pie
'**Walk•man®** walkman *m*; '**walk•out** (*strike*) huelga *f*; '**walk•over** (*easy win*) paseo *m*; '**walk-up** *n apartamento en un edificio sin ascensor*
wall [wɒːl] *external*, *fig* muro *m*; *of room* pared *f*; ***go to the ~*** *of company* quebrar; ***drive s.o. up the ~*** F hacer que alguien se suba por las paredes
wal•let ['wɑːlɪt] (*billfold*) cartera *f*
wal•lop ['wɑːləp] **1** *n* F *blow* tortazo *m* F, galletazo *m* F **2** *v/t* F dar un golpetazo a F; *opponent* dar una paliza a F
'**wall•pa•per** **1** *n* papel *m* pintado **2** *v/t* empapelar
wall-to-wall 'car•pet *Span* moqueta *f*, *L.Am.* alfombra *f*
wal•nut ['wɒːlnʌt] nuez *f*; *tree*, *wood* nogal *m*
waltz [wɒːlts] *n* vals *m*
wan [wɑːn] *adj face* pálido *m*
wand•er ['wɑːndər] *v/i* (*roam*) vagar, deambular; (*stray*) extraviarse; ***my attention began to ~*** empecé a distraerme
♦**wander around** *v/i* deambular, pasear
wane [weɪn] *v/i of interest*, *enthusiasm* decaer, menguar
wan•gle ['wæŋgl] *v/t* F agenciarse F
want [wɑːnt] **1** *n*: ***for ~ of*** por falta de **2** *v/t* querer; (*need*) necesitar; ***~ to do sth*** querer hacer algo; ***I ~ to stay here*** quiero quedarme aquí; ***do you ~ to come too? – no, I don't ~ to***

¿quieres venir tú también? – no, no quiero; ***you can have whatever you ~*** toma lo que quieras; ***it's not what I ~ed*** no es lo que quería; ***she ~s you to go back*** quiere que vuelvas; ***he ~s a haircut*** necesita un corte de pelo **3** *v/i*: ***he ~s for nothing*** no le falta nada

'**want ad** anuncio *m* por palabras (*buscando algo*)

want·ed ['wɑːntɪd] *adj by police* buscado por la policía

want·ing ['wɑːntɪŋ] *adj*: ***the team is ~ in experience*** al equipo le falta experiencia

wan·ton ['wɑːntən] *adj* gratuito

war [wɔːr] *n also fig* guerra *f*; ***be at ~*** estar en guerra

war·ble ['wɔːrbl] *v/i of bird* trinar

ward [wɔːrd] *n in hospital* sala *f*; *child* pupilo(-a) *m*(*f*)

♦ **ward off** *v/t blow* parar; *attacker* rechazar; *cold* evitar

war·den ['wɔːrdn] *of prison* director(-a) *m*(*f*), alcaide(sa) *m*(*f*); *Br of hostel* vigilante *m*/*f*

'**ward·robe** *for clothes* armario *m*; (*clothes*) guardarropa *m*

ware·house ['werhaʊs] almacén *m*

'**war·fare** guerra *f*

'**war·head** ojiva *f*

war·i·ly ['werɪlɪ] *adv* cautelosamente

warm [wɔːrm] *adj hands, room, water* caliente; *weather, welcome* cálido; *coat* de abrigo; ***it's ~er than yesterday*** hace más calor que ayer

♦ **warm up 1** *v/t* calentar **2** *v/i* calentarse; *of athlete etc* calentar

warm·heart·ed ['wɔːrmhɑːrtɪd] *adj* cariñoso, simpático

warm·ly ['wɔːrmlɪ] *adv welcome, smile* calurosamente; ***~ dressed*** abrigado

warmth [wɔːrmθ] calor *m*; *of welcome, smile* calor *m*, calidez *m*

'**warm-up** SP calentamiento *m*

warn [wɔːrn] *v/t* advertir, avisar

warn·ing ['wɔːrnɪŋ] *n* advertencia *f*, aviso *m*; ***without ~*** sin previo aviso

warp [wɔːrp] **1** *v/t wood* combar; *character* corromper **2** *v/i of wood* combarse

warped [wɔːrpt] *adj fig* retorcido

'**war·plane** avión *m* de guerra

war·rant ['wɔːrənt] **1** *n* orden *f* judicial **2** *v/t* (*deserve, call for*) justificar

war·ran·ty ['wɔːrəntɪ] (*guarantee*) garantía *f*; ***be under ~*** estar en garantía

war·ri·or ['wɔːrɪər] guerrero(-a) *m*(*f*)

'**war·ship** buque *m* de guerra

wart [wɔːrt] verruga *f*

'**war·time** tiempos *mpl* de guerra

war·y ['werɪ] *adj* cauto, precavido; ***be ~ of*** desconfiar de

was [wʌz] *pret* → ***be***

wash [wɑːʃ] **1** *n* lavado *m*; ***have a ~*** lavarse; ***that shirt needs a ~*** hay que lavar esa camisa **2** *v/t* lavar **3** *v/i* lavarse

♦ **wash up** *v/i* (*wash one's hands and face*) lavarse

wash·a·ble ['wɑːʃəbl] *adj* lavable

'**wash·ba·sin**, '**wash·bowl** lavabo *m*

'**wash·cloth** toallita *f*

washed out [wɑːʃt'aʊt] *adj* agotado

wash·er ['wɑːʃər] *for faucet etc* arandela *f*; → ***washing machine***

wash·ing ['wɑːʃɪŋ] (*clothes washed*) ropa *f* limpia; (*dirty clothes*) ropa *f* sucia; ***do the ~*** lavar la ropa, hacer la colada

'**wash·ing ma·chine** lavadora *f*

'**wash·room** lavabo *m*, aseo *m*

wasp [wɑːsp] *insect* avispa *f*

waste [weɪst] **1** *n* desperdicio *m*; *from industrial process* desechos *mpl*; ***it's a ~ of time / money*** es una pérdida de tiempo / dinero **2** *adj* residual **3** *v/t* derrochar; *money* gastar; *time* perder

♦ **waste away** *v/i* consumirse

'**waste dis·pos·al (unit)** trituradora *f* de basuras

waste·ful ['weɪstfəl] *adj* despilfarrador, derrochador

'**waste·land** erial *m*; **waste·'pa·per** papel *m* usado; **waste·pa·per 'bas·ket** papelera *f*; '**waste pipe** tubería *f* de desagüe; '**waste**

W

prod·uct desecho *m*
watch [wɑːʧ] **1** *n timepiece* reloj *m*; ***keep ~*** hacer la guardia, vigilar **2** *v/t film*, *TV* ver; (*look after*) vigilar **3** *v/i* mirar, observar
♦ **watch for** *v/t* esperar
♦ **watch out** *v/i* (*be wary of*) tener cuidado; ***watch out!*** ¡cuidado!
♦ **watch out for** *v/t* tener cuidado con
watch·ful ['wɑːʧfəl] *adj* vigilante
'**watch·mak·er** relojero(-a) *m*(*f*)
wa·ter ['wɒːtər] **1** *n* agua *f*; ***~s*** NAUT aguas *fpl* **2** *v/t plant* regar **3** *v/i*: ***my eyes are ~ing*** me lloran los ojos; ***my mouth is ~ing*** se me hace la boca agua
♦ **water down** *v/t drink* aguar, diluir
'**wa·ter can·non** cañón *m* de agua;'**wa·ter·col·or**, *Br* '**wa·ter·col·our** acuarela *f*; '**wa·ter·cress** berro *m*
wa·tered '**down** ['wɒːtərd] *adj fig* dulcificado
'**wa·ter·fall** cascada *f*, catarata *f*
wa·ter·ing can ['wɒːtərɪŋ] regadera *f*
'**wa·ter·ing hole** *hum* bar *m*
'**wa·ter lev·el** nivel *m* del agua; '**wa·ter lil·y** nenúfar *m*; '**wa·ter·line** línea *f* de flotación; **wa·ter·logged** ['wɒːtərlɑːgd] *adj earth*, *field* anegado; *boat* lleno de agua; '**wa·ter main** tubería *f* principal; '**wa·ter·mark** filigrana *f*; '**wa·ter·mel·on** sandía *f*; '**wa·ter pol·lu·tion** contaminación *f* del agua; '**wa·ter po·lo** waterpolo *m*; '**wa·ter·proof** *adj* impermeable; '**wa·ter·shed** *fig* momento *m* clave; '**wa·ter·side** *n* orilla *f*; ***at the ~*** en la orilla; '**wa·ter·ski·ing** esquí *m* acuático; '**wa·ter·tight** *adj compartment* estanco; *fig* irrefutable; '**wa·ter·way** curso *m* de agua navegable; '**wa·ter·wings** *npl* flotadores *mpl* (*para los brazos*); **wa·ter·works** F: ***turn on the ~*** ponerse a llorar como una magdalena F
wa·ter·y ['wɒːtərɪ] *adj* aguado
watt [wɑːt] vatio *m*
wave[1] [weɪv] *n in sea* ola *f*
wave[2] [weɪv] **1** *n of hand* saludo *m* **2** *v/i with hand* saludar con la mano; ***~ to s.o.*** saludar con la mano a alguien **3** *v/t flag etc* agitar
'**wave·length** RAD longitud *f* de onda; ***be on the same ~*** *fig* estar en la misma onda
wa·ver ['weɪvər] *v/i* vacilar, titubear
wav·y ['weɪvɪ] *adj hair*, *line* ondulado
wax [wæks] *n for floor*, *furniture* cera *f*; *in ear* cera *f*, cerumen
way [weɪ] **1** *n* (*method*) manera *f*, forma *f*; (*manner*) manera *f*, modo *m*; (*route*) camino *m*; ***I don't like the ~ he behaves*** no me gusta cómo se comporta; ***can you tell me the ~ to ...?*** ¿me podría decir cómo se va a ...?; ***this ~*** (*like this*) así; (*in this direction*) por aquí; ***by the ~*** (*incidentally*) por cierto, a propósito; ***by ~ of*** (*via*) por; (*in the form of*) a modo de; ***in a ~*** (*in certain respects*) en cierto sentido; ***be under ~*** haber comenzado, estar en marcha; ***give ~*** MOT ceder el paso; (*collapse*) ceder; ***give ~ to*** (*be replaced by*) ser reemplazado por; ***have one's (own) ~*** salirse con la suya; ***OK, we'll do it your ~*** de acuerdo, lo haremos a tu manera; ***lead the ~*** abrir (el) camino; *fig* marcar la pauta; ***lose one's ~*** perderse; ***be in the ~*** (*be an obstruction*) estar en medio; ***it's on the ~ to the station*** está camino de la estación; ***I was on my ~ to the station*** iba camino de la estación; ***no ~!*** ¡ni hablar!, ¡de ninguna manera!; ***there's no ~ he can do it*** es imposible que lo haga **2** *adv* F (*much*): ***it's ~ too soon to decide*** es demasiado pronto como para decidir; ***they are ~ behind with their work*** van atrasadísimos en el trabajo
way '**in** entrada *f*; **way of** '**life** modo *m* de vida; **way** '**out** *n also fig*: *from situation* salida *f*
we [wiː] *pron* nosotros *mpl*, nosotras *fpl*; ***~ are the best*** somos los mejores; ***they're going, but ~'re not*** ellos van, pero nosotros no
weak [wiːk] *adj* débil; *tea*, *coffee* poco cargado

weak·en ['wi:kn] **1** *v/t* debilitar **2** *v/i* debilitarse
weak·ling ['wi:klɪŋ] *morally* cobarde *m/f*; *physically* enclenque *m/f*
weak·ness ['wi:knɪs] debilidad *f*; ***have a ~ for sth*** (*liking*) sentir debilidad por algo
wealth [welθ] riqueza *f*; ***a ~ of*** abundancia de
wealth·y ['welθɪ] *adj* rico
wean [wi:n] *v/t* destetar
weap·on ['wepən] arma *f*
wear [wer] **1** *n*: **~** (***and tear***) desgaste *m*; ***clothes for everyday / evening ~*** ropa *f* de diario / de noche **2** *v/t* (*pret* **wore**, *pp* **worn**) (*have on*) llevar; (*damage*) desgastar **3** *v/i* (*pret* **wore**, *pp* **worn**) (*wear out*) desgastarse; (*last*) durar
♦ **wear away** **1** *v/i* desgastarse **2** *v/t* desgastar
♦ **wear down** *v/t* agotar
♦ **wear off** *v/i of effect, feeling* pasar
♦ **wear out** **1** *v/t* (*tire*) agotar; *shoes* desgastar **2** *v/i of shoes, carpet* desgastarse
wea·ri·ly ['wɪrɪlɪ] *adv* cansinamente
wear·ing ['werɪŋ] *adj* (*tiring*) agotador
wear·y ['wɪrɪ] *adj* cansado
weath·er ['weðər] **1** *n* tiempo *m*; ***what's the ~ like?*** ¿qué tiempo hace?; ***be feeling under the ~*** estar pachucho **2** *v/t crisis* capear, superar
'**weath·er-beat·en** *adj* curtido; '**weath·er chart** mapa *m* del tiempo; '**weath·er fore·cast** pronóstico *m* del tiempo; '**weath·er·man** hombre *m* del tiempo
weave [wi:v] **1** *v/t* (*pret* **wove**, *pp* **woven**) tejer **2** *v/i* (*pret* **wove**, *pp* **woven**) *move* zigzaguear
web [web] *of spider* tela *f*; ***the Web*** COMPUT la Web
webbed '**feet** patas *fpl* palmeadas
'**web page** página *f* web
'**web site** sitio *m* web
wed·ding ['wedɪŋ] boda *f*
'**wed·ding an·ni·ver·sa·ry** aniversario *m* de boda; '**wed·ding cake** pastel *m or* tarta *f* de boda; '**wed·ding day** día *f* de la boda; '**wed·ding dress** vestido *m* de boda *or* novia; '**wed·ding ring** anillo *m* de boda
wedge [wedʒ] **1** *n to hold sth in place* cuña *f*; *of cheese etc* trozo *m* **2** *v/t*: ***~ a door open*** calzar una puerta para que se quede abierta
Wed·nes·day ['wenzdeɪ] miércoles *m inv*
weed [wi:d] **1** *n* mala hierba **2** *v/t* escardar
♦ **weed out** *v/t* (*remove*) eliminar; *candidates* descartar
'**weed-kill·er** herbicida *m*
weed·y ['wi:dɪ] *adj* F esmirriado, enclenque
week [wi:k] semana *f*; ***a ~ tomorrow*** dentro de una semana
'**week·day** día *m* de la semana
week'end fin *m* de semana; ***on the ~*** el fin de semana
week·ly ['wi:klɪ] **1** *adj* semanal **2** *n magazine* semanario *m* **3** *adv* semanalmente
weep [wi:p] *v/i* (*pret & pp* **wept**) llorar
'**weep·ing wil·low** sauce *m* llorón
weep·y ['wi:pɪ] *adj*: ***be ~*** estar lloroso
wee-wee **1** *n* F pipí *m*; ***do a ~*** hacer pipí **2** *v/i* F hacer pipí
weigh[1] [weɪ] **1** *v/t* pesar **2** *v/i* pesar; ***how much do you ~?*** ¿cuánto pesas?
weigh[2] [weɪ] *v/t*: **~ *anchor*** levar anclas
♦ **weigh down** *v/t* cargar; ***be weighed down with*** *bags* ir cargado con; *worries* estar abrumado por
♦ **weigh on** *v/t* preocupar
♦ **weigh up** *v/t* (*assess*) sopesar
weight [weɪt] peso *m*; ***put on ~*** engordar, ganar peso; ***lose ~*** adelgazar, perder peso
♦ **weight down** *v/t* sujetar (*con pesos*)
'**weight·less** ['weɪtləs] *adj* ingrávido
'**weight·less·ness** ['weɪtləsnəs] ingravidez *f*
'**weight·lift·er** levantador(a) *m*(*f*) de pesas
'**weight·lift·ing** halterofilia *f*, levantamiento *m* de pesas

W

weight•y ['weɪtɪ] *adj fig* (*important*) serio
weir [wɪr] presa *f* (*rebasadero*)
weird [wɪrd] *adj* extraño, raro
weird•ly ['wɪrdlɪ] *adv* extrañamente
weird•o ['wɪrdoʊ] *n* F bicho *m* raro F
wel•come ['welkəm] **1** *adj* bienvenido; ***you're ~!*** ¡de nada!; ***you're ~ to try some*** prueba algunos, por favor **2** *n* bienvenida *f* **3** *v/t guests etc* dar la bienvenida a; *fig*: *decision etc* acoger positivamente
weld [weld] *v/t* soldar
weld•er ['weldər] soldador(a) *m*(*f*)
wel•fare ['welfer] bienestar *m*; *financial assistance* subsidio *m* estatal; ***be on ~*** estar recibiendo subsidios del Estado
'**wel•fare check** *cheque con el importe del subsidio estatal*; **wel•fare** '**state** estado *m* del bienestar; '**welfare work** trabajo *m* social; '**welfare work•er** asistente *m/f* social
well[1] [wel] *n for water, oil* pozo *m*
well[2] **1** *adv* bien; ***as ~*** (*too*) también; ***as ~ as*** (*in addition to*) así como; ***it's just as ~ you told me*** menos mal que me lo dijiste; ***very ~*** muy bien; ***~, ~ !*** *surprise* ¡caramba!; ***~ …*** *uncertainty, thinking* bueno …; ***you might as ~ spend the night here*** ya puestos quédate a pasar la noche aquí; ***you might as ~ throw it out*** yo de ti lo tiraría **2** *adj*: ***be ~*** estar bien; ***how are you? – I'm very ~*** ¿cómo estás? – muy bien; ***feel ~*** sentirse bien; ***get ~ soon!*** ¡ponte bueno!, ¡que te mejores!
well-'bal•anced *adj person, diet* equilibrado; **well-be'haved** *adj* educado; **well-'be•ing** bienestar *m*; **well-'built** *adj also euph* fornido; **well-'done** *adj meat* muy hecho; **well-'dressed** *adj* bien vestido; **well-'earned** *adj* merecido; **well-'heeled** *adj* F adinerado, *Span* con pasta F; **well-in'formed** *adj* bien informado; **well-'known** *adj fact* conocido; *person* conocido, famoso; **well-'made** *adj* bien hecho; **well-'man•nered** *adj* educado; **well-'mean•ing** *adj* bienintencionado; **well-'off** *adj* acomodado; **well-'paid** *adj* bien pagado; **well-'read** *adj*: ***be ~*** haber leído mucho; **well-'timed** *adj* oportuno; **well-to-'do** *adj* acomodado; '**well-wish•er** admirador(a) *m*(*f*); **well-'worn** *adj* gastado
Welsh [welʃ] **1** *adj* galés **2** *n language* galés; ***the ~*** los galeses
went [went] *pret* → ***go***
wept [wept] *pret & pp* → ***weep***
were [wer] *pret* → ***be***
west [west] **1** *n* oeste *m*; ***the West*** (*Western nations*) el Occidente; (*western part of a country*) el oeste **2** *adj* del oeste; ***~ Africa*** África occidental **3** *adv travel* hacia el oeste; ***~ of*** al oeste de
West 'Coast *of USA* Costa *f* Oeste
west•er•ly ['westərlɪ] *adj wind* del oeste; *direction* hacia el oeste
west•ern ['westərn] **1** *adj* occidental; ***Western*** occidental **2** *n movie* western *m*, película *f* del oeste
West•ern•er ['westərnər] occidental *m/f*
west•ern•ized ['westərnaɪzd] *adj* occidentalizado
West 'In•di•an **1** *adj* antillano **2** *n* antillano(-a) *m*(*f*)
West In•dies ['ɪndiːz] *npl*: ***the ~*** las Antillas
west•ward ['westwərd] *adv* hacia el oeste
wet [wet] *adj* mojado; (*damp*) húmedo; (*rainy*) lluvioso; ***get ~*** mojarse; ***~ paint*** *as sign* recién pintado; ***be ~ through*** estar empapado
wet 'blan•ket F aguafiestas *m/f inv*
'**wet suit** *for diving* traje *m* de neopreno
whack [wæk] **1** *n* F (*blow*) porrazo *m* F; F (*share*) parte *f* **2** *v/t* F dar un porrazo a F
whacked [wækt] *adj* F hecho polvo F
whale [weɪl] ballena *f*
whal•ing ['weɪlɪŋ] caza *f* de ballenas
wharf [wɔːrf] *n* embarcadero *m*
what [wɑːt] **1** *pron* qué; ***~ is that?*** ¿qué es eso?; ***~ is it?*** (*what do you*

want) ¿qué quieres?; **~?** (*what do you want*) ¿qué?; (*what did you say*) ¿qué?, ¿cómo?; *astonishment* ¿qué?; **~ about some dinner?** ¿os apetece cenar?; **~ about heading home?** ¿y si nos fuéramos a casa?; **~ for?** (*why*) ¿para qué?; **so ~?** ¿y qué?; **~ is the book about?** ¿de qué trata el libro?; **take ~ you need** toma lo que te haga falta **2** *adj* qué; **~ university are you at?** ¿en qué universidad estás?; **~ color is the car?** ¿de qué color es el coche?

what·ev·er [wɑːt'evər] **1** *pron*: **I'll do ~ you want** haré lo que quieras; **~ gave you that idea?** ¿se puede saber qué te ha dado esa idea?; **~ the season** en cualquier estación; **~ people say** diga lo que diga la gente **2** *adj* cualquier; **you have no reason ~ to worry** no tienes por qué preocuparte en absoluto

wheat [wiːt] trigo *m*

whee·dle ['wiːdl] *v/t*: **~ sth out of s.o.** camelar algo a alguien

wheel [wiːl] **1** *n* rueda *f*; (*steering ~*) volante *m* **2** *v/t bicycle* empujar **3** *v/i of birds* volar en círculo

♦**wheel around** *v/i* darse la vuelta

'**wheel·bar·row** carretilla *f*; '**wheel·chair** silla *f* de ruedas; '**wheel clamp** cepo *m*

wheeze [wiːz] *n* resoplido *m*

when [wen] **1** *adv* cuándo; **~ do you open?** ¿a qué hora abren? **2** *conj* cuando; **~ I was a child** cuando era niño

when·ev·er [wen'evər] *adv* (*each time*) cada vez que; **call me ~ you like** llámame cuando quieras; **I go to Paris ~ I can afford it** voy a París siempre que me lo puedo permitir

where [wer] **1** *adv* dónde; **~ from?** ¿de dónde?; **~ to?** ¿a dónde? **2** *conj* donde; **this is ~ I used to live** aquí es donde vivía antes

where·a·bouts [werə'baʊts] **1** *adv* dónde **2** *npl*: **nothing is known of his ~** está en paradero desconocido

where·as *conj* mientras que

wher·ev·er [wer'evər] **1** *conj* dondequiera que; **sit ~ you like** siéntate donde prefieras **2** *adv* dónde

whet [wet] *v/t* (*pret & pp* **-ted**) *appetite* abrir

wheth·er ['weðər] *conj* si; **I don't know ~ to tell him or not** no sé si decírselo o no; **~ you approve or not** te parezca bien o no

which [wɪʧ] **1** *adj* qué; **~ one is yours?** ¿cuál es tuyo? **2** *pron interrogative* cuál; *relative* que; **take one, it doesn't matter ~** toma uno, no importa cuál

which·ev·er [wɪʧ'evər] **1** *adj*: **~ color you choose** elijas el color que elijas **2** *pron*: **~ you like** el que quieras; **use ~ of the methods you prefer** utiliza el método que prefieras

whiff [wɪf] (*smell*) olorcillo *m*

while [waɪl] **1** *conj* mientras; (*although*) si bien **2** *n* rato *m*; **a long ~** un rato largo; **for a ~** durante un tiempo; **I lived in Tokyo for a ~** viví en Tokio una temporada; **I'll wait a ~ longer** esperaré un rato más

♦**while away** *v/t* pasar

whim [wɪm] capricho *m*

whim·per ['wɪmpər] **1** *n* gimoteo *m* **2** *v/i* gimotear

whine [waɪn] *v/i of dog* gimotear; F (*complain*) quejarse

whip [wɪp] **1** *n* látigo *m* **2** *v/t* (*pret & pp* **-ped**) (*beat*) azotar; *cream* batir, montar; F (*defeat*) dar una paliza a F

♦**whip up** *v/t* (*arouse*) agitar

'**whipped cream** [wɪpt] nata *f* montada

whip·ping ['wɪpɪŋ] (*beating*) azotes *mpl*; F (*defeat*) paliza *f* F

'**whip·round** F colecta *f*; **have a ~** hacer una colecta

whirl [wɜːrl] **1** *n*: **my mind is in a ~** me da vueltas la cabeza **2** *v/i* dar vueltas

'**whirl·pool** *in river* remolino *m*; *for relaxation* bañera *f* de hidromasaje

whirr [wɜːr] *v/i* zumbar

whisk [wɪsk] **1** *n kitchen implement* **2** *v/t eggs* batir

♦**whisk away** *v/t* retirar rápidamente

whis·kers ['wɪskərz] *npl of man* pati-

llas *fpl*; *of animal* bigotes *mpl*
whis•key ['wɪskɪ] whisky *m*
whis•per ['wɪspər] **1** *n* susurro *m*; (*rumor*) rumor *m* **2** *v/i* susurrar **3** *v/t* susurrar
whis•tle ['wɪsl] **1** *n sound* silbido *m*; *device* silbato *m* **2** *v/t & v/i* silbar
white [waɪt] **1** *n color* blanco *m*; *of egg* clara *f*; *person* blanco(-a) *m*(*f*) **2** *adj* blanco; ***her face went ~*** se puso blanca
white 'Christ•mas Navidades *fpl* blancas; **white 'cof•fee** *Br* café *m* con leche; **white-col•lar 'work•er** *persona que trabaja en una oficina*; **'White House** Casa *f* Blanca; **white 'lie** mentira *f* piadosa; **white 'meat** carne *f* blanca; **'white-out** (*for text*) Tipp-Ex® *m*; **'white•wash 1** *n* cal *f*; *fig* encubrimiento *m* **2** *v/t* encalar; **white 'wine** vino *m* blanco
whit•tle ['wɪtl] *v/t wood* tallar
♦ **whittle down** *v/t* reducir
whiz(z) [wɪz] *n*: ***be a ~ at*** F ser un genio de
♦ **whizz by, whizz past** *v/i of time, car* pasar zumbando
'whizz•kid F joven *m/f* prodigio
who [hu:] *pron interrogative* ¿quién?; *relative* que; ***~ do you want to speak to?*** ¿con quién quieres hablar?; ***I don't know ~ to believe*** no sé a quién creer
who•dun•(n)it [hu:'dʌnɪt] *libro o película centrados en la resolución de un caso*
who•ev•er [hu:'evər] *pron* quienquiera; ***~ can that be calling at this time of night?*** ¿pero quién llama a estas horas de la noche?
whole [hoʊl] **1** *adj* entero; ***the ~ town / country*** toda la ciudad / todo el país; ***it's a ~ lot easier / better*** es mucho más fácil / mucho mejor **2** *n* totalidad *f*; ***the ~ of the United States*** la totalidad de los Estados Unidos; ***on the ~*** en general
whole-heart•ed [hoʊl'hɑ:rtɪd] *adj* incondicional; **whole-heart•ed•ly** [hoʊl'hɑ:rtɪdlɪ] *adv* incondicionalmente; **whole•meal 'bread** pan *m* integral; **'whole•sale 1** *adj* al por mayor; *fig* indiscriminado **2** *adv* al por mayor; **whole•sal•er** ['hoʊlseɪlər] mayorista *m/f*; **whole•some** ['hoʊlsəm] *adj* saludable, sano
whol•ly ['hoʊlɪ] *adv* completamente
whol•ly owned 'sub•sid•i•ar•y subsidiaria *f* en propiedad absoluta
whom [hu:m] *pron fml* quién; ***~ did you see?*** ¿a quién vio?; ***the person to ~ I was speaking*** la persona con la que estaba hablando
whoop•ing cough ['hu:pɪŋ] tos *f* ferina
whop•ping ['wɑ:pɪŋ] *adj* F enorme
whore [hɔ:r] *n* prostituta *f*
whose [hu:z] **1** *pron interrogative* de quién; *relative* cuyo(-a); ***~ is this?*** ¿de quién es esto?; ***a country ~ economy is booming*** un país cuya economía está experimentando un boom **2** *adj* de quién; ***~ bike is that?*** ¿de quién es esa bici?
why [waɪ] *adv interrogative, relative* por qué; ***that's ~*** por eso; ***~ not?*** ¿por qué no?
wick [wɪk] pabilo *m*
wick•ed ['wɪkɪd] *adj* malvado, perverso
wick•er ['wɪkər] *adj* de mimbre
wick•er 'chair silla *f* de mimbre
wick•et ['wɪkɪt] *in station, bank etc* ventanilla *f*
wide [waɪd] *adj* ancho; *experience, range* amplio; ***be 12 feet ~*** tener 12 pies de ancho
wide a'wake *adj* completamente despierto
wide•ly ['waɪdlɪ] *adv used, known* ampliamente
wid•en ['waɪdn] **1** *v/t* ensanchar **2** *v/i* ensancharse
wide-'o•pen *adj* abierto de par en par; **wide-'rang•ing** *adj* amplio; **'wide•spread** *adj* extendido, muy difundido
wid•ow ['wɪdoʊ] *n* viuda *f*
wid•ow•er ['wɪdoʊər] viudo *m*
width [wɪdθ] anchura *f*, ancho *m*
wield [wi:ld] *v/t weapon* empuñar; *power* detentar

wife [waɪf] (*pl* ***wives*** [waɪvz]) mujer *f*, esposa *f*
wig [wɪg] peluca *f*
wig·gle ['wɪgl] *v/t* menear
wild [waɪld] **1** *adj animal* salvaje; *flower* silvestre; *teenager*, *party* descontrolado; (*crazy*: *scheme*) descabellado; *applause* arrebatado; ***be ~ about …*** (*enthusiastic*) estar loco por …; ***go ~*** (*express enthusiasm*) volverse loco; (*become angry*) ponerse hecho una furia; ***run ~*** *of children* desahogarse **2** *n*: ***the ~s*** los parajes remotos
wil·der·ness ['wɪldərnɪs] desierto *m*, yermo *m*
'**wild·fire**: ***spread like ~*** extenderse como un reguero de pólvora; **wild-'goose chase** búsqueda *f* infructuosa; '**wild·life** flora *f* y fauna; ***~ program*** TV documental *f* sobre la naturaleza
wild·ly ['waɪldlɪ] *adv applaud* enfervorizadamente; ***I'm not ~ enthusiastic about the idea*** la idea no me emociona demasiado
wil·ful *Br* → ***willful***
will[1] [wɪl] *n* LAW testamento *m*
will[2] [wɪl] *n* (*willpower*) voluntad *f*
will[3] [wɪl] *v/aux*: ***I ~ let you know tomorrow*** te lo diré mañana; ***~ you be there?*** ¿estarás allí?; ***I won't be back until late*** volveré tarde; ***you ~ call me, won't you?*** me llamarás, ¿verdad?; ***I'll pay for this – no you won't*** esto lo pago yo – no, ni hablar; ***the car won't start*** el coche no arranca; ***~ you tell her that …?*** ¿le quieres decir que …?; ***~ you have some more tea?*** ¿quiere más té?; ***~ you stop that!*** ¡basta ya!
will·ful ['wɪlfəl] *adj person* tozudo, obstinado; *action* deliberado, intencionado
will·ing ['wɪlɪŋ] *adj* dispuesto
will·ing·ly ['wɪlɪŋlɪ] *adv* gustosamente
will·ing·ness ['wɪlɪŋnɪs] buena disposición *f*
wil·low ['wɪloʊ] sauce *m*
'**will·pow·er** fuerza *f* de voluntad
wil·ly-nil·ly [wɪlɪ'nɪlɪ] *adv* (*at random*) a la buena de Dios
wilt [wɪlt] *v/i of plant* marchitarse
wi·ly ['waɪlɪ] *adj* astuto
wimp [wɪmp] F enclenque *m/f* F, blandengue *m/f* F
win [wɪn] **1** *n* victoria *f*, triunfo *m* **2** *v/t & v/i* (*pret & pp* ***won***) ganar
♦**win back** *v/t* recuperar
wince [wɪns] *v/i* hacer una mueca de dolor
winch [wɪntʃ] *n* torno *m*, cabestrante *m*
wind[1] [wɪnd] **1** *n* viento *m*; (*flatulence*) gases *mpl*; ***get ~ of …*** enterarse de … **2** *v/t*: ***be ~ed*** quedarse sin respiración
wind[2] [waɪnd] **1** *v/i* (*pret & pp* ***wound***) zigzaguear, serpentear; ***~ around*** enrollarse en **2** *v/t* (*pret & pp* ***wound***) enrollar
♦**wind down 1** *v/i of party etc* ir finalizando **2** *v/t car window* bajar, abrir; *business* ir reduciendo
♦**wind up 1** *v/t clock* dar cuerda a; *car window* subir, cerrar; *speech*, *presentation* finalizar; *business*, *affairs* concluir; *company* cerrar **2** *v/i* (*finish*) concluir; ***wind up in hospital*** acabar en el hospital
'**wind·bag** F cotorra *f* F
'**wind·fall** *fig* dinero *m* inesperado
wind·ing ['waɪndɪŋ] *adj* zigzagueante, serpenteante
'**wind in·stru·ment** instrumento *m* de viento
'**wind·mill** molino *m* de viento
win·dow ['wɪndoʊ] *also* COMPUT ventana *f*; *of car* ventana *f*, ventanilla *f*; ***in the ~*** *of store* en el escaparate *or* *L.Am.* la vidriera
'**win·dow box** jardinera *f*; '**win·dow clean·er** *person* limpiacristales *m/f inv*; '**win·dow·pane** cristal *f* (*de una ventana*); '**win·dow seat** *on plane*, *train* asiento *m* de ventana; '**win·dow-shop** *v/i* (*pret & pp* ***-ped***): ***go ~ping*** ir de escaparates *or* *L.Am.* vidrieras; **win·dow·sill** ['wɪndoʊsɪl] alféizar *m*
'**wind·pipe** tráquea *f*; '**wind·screen**

Br, '**wind•shield** parabrisas *m inv*; '**wind•shield wip•er** limpiaparabrisas *m inv*; '**wind•surf•er** *person* windsurfista *m/f*; *board* tabla *f* de windsurf; '**wind•surf•ing** el windsurf
wind•y ['wɪndɪ] *adj* ventoso; ***a ~ day*** un día de mucho viento; ***it's very ~ today*** hoy hace mucho viento; ***it's getting ~*** está empezando a soplar el viento
wine [waɪn] vino *m*
'**wine bar** *bar especializado en vinos*; '**wine cel•lar** bodega *f*; '**wine glass** copa *f* de vino; '**wine list** lista *f* de vinos; '**wine mak•er** viticultor(a) *m(f)*; '**wine mer•chant** comerciante *m/f* de vinos
win•ery ['waɪnərɪ] bodega *f*
wing [wɪŋ] *n* ala *f*; SP lateral *m/f*, extremo *m/f*
'**wing•span** envergadura *f*
wink [wɪŋk] **1** *n* guiño *m*; ***I didn't sleep a ~*** F no pegué ojo **2** *v/i of person* guiñar, hacer un guiño; ***~ at s.o.*** guiñar *or* hacer un guiño a alguien
win•ner ['wɪnər] ganador(a) *m(f)*, vencedor(a) *m(f)*; *of lottery* acertante *m/f*
win•ning ['wɪnɪŋ] *adj* ganador
'**win•ning post** meta *f*
win•nings ['wɪnɪŋz] *npl* ganancias *fpl*
win•ter ['wɪntər] *n* invierno *m*
win•ter 'sports *npl* deportes *mpl* de invierno
win•try ['wɪntrɪ] *adj* invernal
wipe [waɪp] *v/t* limpiar; *tape* borrar
♦ **wipe out** *v/t* (*kill*, *destroy*) eliminar; *debt* saldar
wip•er ['waɪpər] → ***windshield wiper***
wire [waɪr] *n* alambre *m*; ELEC cable *m*
wire•less ['waɪrlɪs] radio *f*
wire 'net•ting tela *f* metálica
wir•ing ['waɪrɪŋ] *n* ELEC cableado *m*
wir•y ['waɪrɪ] *adj person* fibroso
wis•dom ['wɪzdəm] *of person* sabiduría *f*; *of action* prudencia *f*, sensatez *f*
'**wis•dom tooth** muela *f* del juicio
wise [waɪz] *adj* sabio; *action*, *decision* prudente, sensato
'**wise•crack** *n* F chiste *m*, comentario *m* gracioso
'**wise guy** *pej* sabelotodo *m*
wise•ly ['waɪzlɪ] *adv act* prudentemente, sensatamente
wish [wɪʃ] **1** *n* deseo *m*; ***best ~es*** un saludo cordial; ***make a ~*** pedir un deseo **2** *v/t* desear; ***I ~ that you could stay*** ojalá te pudieras quedar; ***~ s.o. well*** desear a alguien lo mejor; ***I ~ed him good luck*** le deseé buena suerte **3** *v/i*: ***~ for*** desear
'**wish•bone** espoleta *f*
wish•ful 'think•ing ['wɪʃfəl] ilusiones *fpl*; ***that's ~ on her part*** que no se haga ilusiones
wish•y-wash•y ['wɪʃɪwɑːʃɪ] *adj person* anodino; *color* pálido
wisp [wɪsp] *of hair* mechón *m*; *of smoke* voluta *f*
wist•ful ['wɪstfəl] *adj* nostálgico
wist•ful•ly ['wɪstfəlɪ] *adv* con nostalgia
wit [wɪt] (*humor*) ingenio *m*; *person* ingenioso(-a) *m(f)*; ***be at one's ~s' end*** estar desesperado; ***keep one's ~s about one*** mantener la calma; ***be scared out of one's ~s*** estar aterrorizado
witch [wɪʧ] bruja *f*
'**witch•hunt** *fig* caza *f* de brujas
with [wɪð] *prep* con; ***shivering ~ fear*** temblando de miedo; ***a girl ~ brown eyes*** una chica de ojos castaños; ***are you ~ me?*** (*do you understand*) ¿me sigues?; ***~ no money*** sin dinero
with•draw [wɪð'drɒː] **1** *v/t* (*pret* **-drew**, *pp* **-drawn**) *complaint*, *money*, *troops* retirar **2** *v/i* (*pret* **-drew**, *pp* **-drawn**) *of competitor*, *troops* retirarse
with•draw•al [wɪð'drɒːəl] *of complaint*, *application*, *troops* retirada *f*; *of money* reintegro *m*
with'draw•al symp•toms *npl* síndrome *m* de abstinencia
with•drawn [wɪð'drɒːn] *adj person* retraído
with•er ['wɪðər] *v/i* marchitarse

with'hold *v/t* (*pret & pp* ***-held***) *information* ocultar; *payment* retener; *consent* negar
with'in *prep* (*inside*) dentro de; *in expressions of time* en menos de; ***~ five miles of home*** a cinco millas de casa; ***we kept ~ the budget*** no superamos el presupuesto; ***it is well ~ your capabilities*** lo puedes conseguir perfectamente; ***~ reach*** al alcance de la mano
with'out *prep* sin; ***~ looking / asking*** sin mirar / preguntar
with'stand *v/t* (*pret & pp* ***-stood***) resistir, soportar
wit•ness ['wɪtnɪs] **1** *n* testigo *m/f* **2** *v/t* ser testigo de; ***I ~ed his signature*** firmé en calidad de testigo
'wit•ness stand estrado *m* del testigo
wit•ti•cism ['wɪtɪsɪzm] comentario *m* gracioso *or* agudo
wit•ty ['wɪtɪ] *adj* ingenioso, agudo
wob•ble ['wɑːbl] *v/i* tambalearse
wob•bly ['wɑːblɪ] *adj* tambaleante
wok [wɑːk] wok *m*, *sartén típica de la cocina china*
woke [woʊk] *pret* → ***wake***
wok•en ['woʊkn] *pp* → ***wake***
wolf [wʊlf] **1** *n* (*pl* ***wolves*** [wʊlvz]) *animal* lobo *m*; *fig* (*womanizer*) don juan *m* **2** *v/t*: ***~ (down)*** engullir
'wolf whis•tle *n* silbido *m*
'wolf-whis•tle *v/i*: ***~ at s.o.*** silbar a alguien (*como piropo*)
wom•an ['wʊmən] (*pl* ***women*** ['wɪmɪn]) mujer *f*
wom•an 'doc•tor médica *f*
wom•an 'driv•er conductora *f*
wom•an•iz•er ['wʊmənaɪzər] mujeriego(-a) *m*(*f*)
wom•an•ly ['wʊmənlɪ] *adj* femenino
wom•an 'priest mujer *f* sacerdote
womb [wuːm] matriz *f*, útero *m*
wom•en ['wɪmɪn] *pl* → ***woman***
wom•en's lib [wɪmɪnz'lɪb] la liberación de la mujer
wom•en's lib•ber [wɪmɪnz'lɪbər] partidario(-a) *m*(*f*) de la liberación de la mujer
won [wʌn] *pret & pp* → ***win***
won•der ['wʌndər] **1** *n* (*amazement*) asombro *m*; ***no ~!*** ¡no me sorprende!; ***it's a ~ that ...*** es increíble que ... **2** *v/i* preguntarse; ***I've often ~ed about that*** me he preguntado eso a menudo **3** *v/t* preguntarse; ***I ~ if you could help*** ¿le importaría ayudarme?
won•der•ful ['wʌndərfəl] *adj* maravilloso
won•der•ful•ly ['wʌndərfəlɪ] *adv* (*extremely*) maravillosamente
won't [woʊnt] → ***will***[3]
wood [wʊd] *n* madera *f*; *for fire* leña *f*; (*forest*) bosque *m*
wood•ed ['wʊdɪd] *adj* arbolado
wood•en ['wʊdn] *adj* (*made of wood*) de madera
wood•peck•er ['wʊdpekər] pájaro *m* carpintero
'wood•wind MUS sección *f* de viento de madera
'wood•work carpintería *f*
wool [wʊl] lana *f*
wool•en, *Br* **wool•len** ['wʊlən] **1** *adj* de lana **2** *n* prenda *f* de lana
word [wɜːrd] **1** *n* palabra *f*; ***I didn't understand a ~ of what she said*** no entendí nada de lo que dijo; ***is there any ~ from ...?*** ¿se sabe algo de ...?; ***I've had ~ from my daughter*** (*news*) he recibido noticias de mi hija; ***you have my ~*** tienes mi palabra; ***have ~s*** (*argue*) discutir; ***have a ~ with s.o.*** hablar con alguien; ***the ~s** of song* la letra **2** *v/t* *article*, *letter* redactar
word•ing ['wɜːrdɪŋ]: ***the ~ of a letter*** la redacción de una carta
word 'pro•cess•ing procesamiento *m* de textos
word 'pro•ces•sor *software* procesador *m* de textos
wore [wɔːr] *pret* → ***wear***
work [wɜːrk] **1** *n* (*job*) trabajo *m*; (*employment*) trabajo *m*, empleo *m*; ***out of ~*** desempleado, *Span* en el paro; ***be at ~*** estar en el trabajo; ***I go to ~ by bus*** voy al trabajo en autobús **2** *v/i* *of person* trabajar; *of machine*, (*succeed*) funcionar; ***how***

W

does it ~? *of device* ¿cómo funciona? **3** *v/t employee* hacer trabajar; *machine* hacer funcionar, utilizar

♦ **work off** *v/t bad mood*, *anger* desahogarse de; *flab* perder haciendo ejercicio

♦ **work out 1** *v/t problem*, *puzzle* resolver; *solution* encontrar, hallar **2** *v/i at gym* hacer ejercicios; *of relationship etc* funcionar, ir bien

♦ **work out to** *v/t* (*add up to*) sumar

♦ **work up** *v/t appetite* abrir; ***work up enthusiasm*** entusiasmarse; ***get worked up*** (*get angry*) alterarse; (*get nervous*) ponerse nervioso

work•a•ble ['wɜːrkəbl] *adj solution* viable

work•a•hol•ic [wɜːrkə'hɑːlɪk] *n* F *persona adicta al trabajo*

'work•day (*hours of work*) jornada *f* laboral; (*not a holiday*) día *f* de trabajo

work•er ['wɜːrkər] trabajador(a) *m*(*f*); ***she's a good ~*** trabaja bien

'work•force trabajadores *mpl*

'work hours *npl* horas *fpl* de trabajo

work•ing ['wɜːrkɪŋ] *n* funcionamiento *m*

'work•ing class clase *f* trabajadora; **'work•ing-class** *adj* de clase trabajadora; **'work•ing con•di•tions** *npl* condiciones *fpl* de trabajo; **work•ing 'day** → ***workday***; **'work•ing hours** → ***workhours***; **work•ing 'know•ledge** conocimientos *mpl* básicos; **work•ing 'moth•er** madre *f* que trabaja

'work•load cantidad *f* de trabajo; **'work•man** obrero *m*; **'work•man•like** *adj* competente; **'work•man•ship** factura *f*, confección *f*; **work of 'art** obra *f* de arte; **'work•out** sesión *f* de ejercicios; **'work per•mit** permiso *m* de trabajo; **'work•shop** *also seminar* taller *m*; **'work sta•tion** estación *f* de trabajo; **'work•top** encimera *f*

world [wɜːrld] mundo *m*; ***the ~ of computers / the theater*** el mundo de la informática / del teatro; ***out of this ~*** F sensacional

world-'class *adj* de categoría mundial; **World 'Cup** Mundial *m*, Copa *f* del Mundo; **world-'fa•mous** *adj* mundialmente famoso

world•ly ['wɜːrldlɪ] *adj* mundano

world 'pow•er potencia *f* mundial; **world 're•cord** récord *m* mundial *or* del mundo; **world 'war** guerra *f* mundial; **'world•wide 1** *adj* mundial **2** *adv* en todo el mundo

worm [wɜːrm] *n* gusano *m*

worn [wɔːrn] *pp* → ***wear***

worn-'out *adj shoes*, *carpet*, *part* gastado; *person* agotado

wor•ried ['wʌrɪd] *adj* preocupado

wor•ried•ly ['wʌrɪdlɪ] *adv* con preocupación

wor•ry ['wʌrɪ] **1** *n* preocupación *f* **2** *v/t* (*pret & pp* **-ied**) preocupar **3** *v/i* (*pret & pp* **-ied**) preocuparse; ***don't ~, I'll get it!*** ¡no te molestes, ya respondo yo!

wor•ry•ing ['wʌrɪɪŋ] *adj* preocupante

worse [wɜːrs] **1** *adj* peor; ***get ~*** empeorar **2** *adv* peor

wors•en ['wɜːrsn] *v/i* empeorar

wor•ship ['wɜːrʃɪp] **1** *n* culto *m* **2** *v/t* (*pret & pp* **-ped**) adorar, rendir culto a; *fig* adorar

worst [wɜːrst] **1** *adj & adv* peor **2** *n*: ***the ~*** lo peor; ***if the ~ comes to ~*** en el peor de los casos

worst-case scen'a•ri•o el peor de los casos

worth [wɜːrθ] *adj*: ***$20 ~ of gas*** 20 dólares de gasolina; ***be ~ ...*** *in monetary terms* valer ...; ***the book's ~ reading*** valer la pena leer el libro; ***be ~ it*** valer la pena

worth•less ['wɜːrθlɪs] *adj person* inútil; ***be ~*** *of object* no valer nada

worth'while *adj* que vale la pena; ***be ~*** valer la pena

worth•y ['wɜːrðɪ] *adj* digno; *cause* justo; ***be ~ of*** (*deserve*) merecer

would [wʊd] *v/aux*: ***I ~ help if I could*** te ayudaría si pudiera; ***I said that I ~ go*** dije que iría; ***I told him I ~ not leave unless ....*** le dije que no me iría a no ser que ...; ***~ you like to go to the movies?*** ¿te gustaría ir al cine?; **~ *you mind if I smoked?*** ¿le importa si fumo?; **~ *you tell her that …?*** ¿le podrías decir que …?; **~ *you close the door?*** ¿podrías cerrar la puerta?; ***I ~ have told you but …*** te lo habría dicho pero …; ***I ~ not have been so angry if …*** no me habría enfadado tanto si …

wound[1] [wuːnd] **1** *n* herida *f* **2** *v/t with weapon, remark* herir

wound[2] [waʊnd] *pret & pp* → ***wind***[2]

wove [woʊv] *pret* → ***weave***

wov·en ['woʊvn] *pp* → ***weave***

wow [waʊ] *int* ¡hala!

wrap [ræp] *v/t* (*pret & pp* ***-ped***) *parcel, gift* envolver; ***he ~ped a scarf around his neck*** se puso una bufanda al cuello

♦ **wrap up** *v/i against the cold* abrigarse

wrap·per ['ræpər] *for candy etc* envoltorio *m*

wrap·ping ['ræpɪŋ] envoltorio *m*

'**wrap·ping pa·per** papel *m* de envolver

wrath [ræθ] ira *f*

wreath [riːθ] corona *f* de flores

wreck [rek] **1** *n* restos *mpl*; ***be a nervous ~*** ser un manojo de nervios **2** *v/t ship* hundir; *car* destrozar; *plans, marriage* arruinar

wreck·age ['rekɪdʒ] *of car, plane* restos *mpl*; *of marriage, career* ruina *f*

wreck·er ['rekər] grúa *f*

wreck·ing com·pa·ny ['rekɪŋ] empresa *f* de auxilio en carretera

wrench [rentʃ] **1** *n tool* llave *f* **2** *v/t* (*pull*) arrebatar; **~ *one's wrist*** hacerse un esguince en la muñeca

wres·tle ['resl] *v/i* luchar

♦ **wrestle with** *v/t problems* combatir

wres·tler ['reslər] luchador(a) *m*(*f*) (de lucha libre)

wrest·ling ['reslɪŋ] lucha *f* libre

'**wres·tling contest** combate *m* de lucha libre

wrig·gle ['rɪgl] *v/i* (*squirm*) menearse; *along the ground* arrastrarse; *into small space* escurrirse

♦ **wriggle out of** *v/t* librarse de

♦ **wring out** *v/t* (*pret & pp* ***wrung***) *cloth* escurrir

wrin·kle ['rɪŋkl] **1** *n* arruga *f* **2** *v/t clothes* arrugar **3** *v/i of clothes* arrugarse

wrist [rɪst] muñeca *f*

'**wrist·watch** reloj *m* de pulsera

writ [rɪt] LAW mandato *m* judicial

write [raɪt] **1** *v/t* (*pret* ***wrote***, *pp* ***written***) escribir; *check* extender **2** *v/i* (*pret* ***wrote***, *pp* ***written***) escribir

♦ **write down** *v/t* escribir, tomar nota de

♦ **write off** *v/t debt* cancelar, anular; *car* destrozar

writ·er ['raɪtər] escritor(a) *m*(*f*); *of book, song* autor(a) *m*(*f*)

'**write-up** reseña *f*

writhe [raɪð] *v/i* retorcerse

writ·ing ['raɪtɪŋ] *words, text* escritura *f*; (*hand-~*) letra *f*; ***in ~*** por escrito

'**writ·ing desk** escritorio *m*

'**writ·ing pa·per** papel *m* de escribir

writ·ten ['rɪtn] *pp* → ***write***

wrong [rɒːŋ] **1** *adj answer, information* equivocado; *decision, choice* erróneo; ***be ~*** *of person* estar equivocado; *of answer* ser incorrecto; *morally* ser injusto; ***what's ~?*** ¿qué pasa?; ***there is something ~ with the car*** al coche le pasa algo; ***you have the ~ number*** TELEC se ha equivocado **2** *adv* mal; ***go ~*** *of person* equivocarse; *of marriage, plan etc* fallar **3** *n* mal *m*; ***right a ~*** deshacer un entuerto; ***he knows right from ~*** sabe distinguir entre el bien y el mal; ***be in the ~*** tener la culpa

wrong·ful ['rɒːŋfəl] *adj* ilegal

wrong·ly ['rɒːŋlɪ] *adv* erróneamente

wrote [roʊt] *pret* → ***write***

wrought 'i·ron [rɔːt] hierro *m* forjado

wrung [rʌŋ] *pret & pp* → ***wring***

wry [raɪ] *adj* socarrón

xen·o·pho·bi·a [zenoʊ'foʊbɪə] xenofobia *f*

X

X-ray ['eksreɪ] **1** *n* rayo *m* X; *picture* radiografía *f* **2** *v/t* radiografiar, sacar un radiografía de
xy·lo·phone [zaɪlə'foʊn] xilofón *m*

Y

yacht [jɑːt] yate *m*
yacht·ing ['jɑːtɪŋ] vela *f*
yachts·man ['jɑːtsmən] navegante *m/f* (*en embarcación de vela*)
Yank [jæŋk] F yanqui *m/f*
yank [jæŋk] *v/t* tirar de
yap [jæp] *v/i* (*pret & pp* **-ped**) *of small dog* ladrar (*con ladridos agudos*); F (*talk a lot*) parlotear F, largar F
yard[1] [jɑːrd] *of prison, institution etc* patio *m*; *behind house* jardín *m*; *for storage* almacén *m* (*al aire libre*)
yard[2] [jɑːrd] *measurement* yarda *f*
'yard·stick patrón *m*
yarn [jɑːrn] *n* (*thread*) hilo *m*; F (*story*) batallita *f* F
yawn [jɒːn] **1** *n* bostezo *m* **2** *v/i* bostezar
year [jɪr] año *m*; ***I've known her for ~s*** la conozco desde hace años; ***be six ~s old*** tener seis años (de edad)
year·ly ['jɪrlɪ] **1** *adj* anual **2** *adv* anualmente
yearn [jɜːrn] *v/i* anhelar
♦**yearn for** *v/t* ansiar
yearn·ing ['jɜːrnɪŋ] *n* anhelo *m*
yeast [jiːst] levadura *f*
yell [jel] **1** *n* grito *m* **2** *v/t & v/i* gritar
yel·low ['jeloʊ] **1** *n* amarillo *m* **2** *adj* amarillo
yel·low 'pag·es *npl* páginas *fpl* amarillas
yelp [jelp] **1** *n* aullido *m* **2** *v/i* aullar
yes [jes] *int* sí; ***she said ~*** dijo que sí
'yes·man *pej* pelotillero *m*
yes·ter·day ['jestərdeɪ] **1** *adv* ayer; ***the day before ~*** anteayer; ***~ afternoon*** ayer por la tarde **2** *n* ayer *m*
yet [jet] **1** *adv* todavía, aún; ***as ~*** aún, todavía; ***have you finished ~?*** ¿has acabado ya?; ***he hasn't arrived ~*** todavía *or* aún no ha llegado; ***is he here ~? – not ~*** ¿ha llegado ya? – todavía *or* aún no; ***~ bigger / longer*** aún más grande / largo; ***the fastest one ~*** el más rápido hasta el momento **2** *conj* sin embargo; ***~ I'm not sure*** sin embargo no estoy seguro
yield [jiːld] **1** *n from fields etc* cosecha *f*; *from investment* rendimiento *m* **2** *v/t fruit, good harvest* proporcionar; *interest* rendir, devengar **3** *v/i* (*give way*) ceder; *of driver* ceder el paso
yo·ga ['joʊgə] yoga *m*
yog·hurt ['joʊgərt] yogur *m*
yolk [joʊk] yema *f*
you [juː] *pron singular* tú, *L.Am.* usted, *Rpl, C.Am.* vos; *formal* usted; *plural*: *Span* vosotros, vosotras, *L.Am.* ustedes; *formal* ustedes; ***~ are clever*** eres / es inteligente; ***do ~ know him?*** ¿lo conoces / conoce?; ***~***

go, I'll stay tú ve / usted vaya, yo me quedo; **~ *never know*** nunca se sabe; **~ *have to pay*** hay que pagar; ***exercise is good for ~*** es bueno hacer ejercicio
young [jʌŋ] *adj* joven
young·ster ['jʌŋstər] joven *m/f*
your [jʊr] *adj singular* tu, *L.Am.* su; *formal* su; *plural*: *Span* vuestro, *L.Am.* su; *formal* su; **~ *house*** tu / su casa; **~ *books*** tus / sus libros
yours [jʊrz] *pron singular* el tuyo, la tuya, *L.Am.* el suyo, la suya; *formal* el suyo, la suya; *plural* el vuestro, la vuestra, *L.Am.* el suyo, la suya; *formal* el suyo, la suya; ***a friend of ~*** un amigo tuyo / suyo / vuestro; **~ ...** *at end of letter* un saludo
your·self [jʊr'self] *pron reflexive* te, *L.Am.* se; *formal* se; *emphatic* tú mismo *m*, tú misma *f*, *L.Am.* usted mismo, usted misma; *Rpl*, *C.Am.* vos mismo, vos misma; *formal* usted mismo, usted misma; ***did you hurt ~?*** ¿te hiciste / se hizo daño?; ***when you see ~ in the mirror*** cuando te ves / se ve en el espejo; ***by ~*** (*alone*) solo; (*without help*) tú solo, tú mismo, *Rpl*, *C.Am.* vos solo, vos mismo, *L.Am.* usted solo, usted mismo; *formal* usted solo, usted mismo
your·selves [jʊr'selvz] *pron reflexive* os, *L.Am.* se; *formal* se; *emphatic* vosotros mismos *mpl*, vosotras mismas *fpl*, *L.Am.* ustedes mismos, ustedes mismas; *formal* ustedes mismos, ustedes mismas; ***did you hurt ~?*** ¿os hicisteis / se hicieron daño?; ***when you see ~ in the mirror*** cuando os veis / se ven en el espejo; ***by ~*** (*alone*) solos; (*without help*) vosotros solos, *L.Am.* ustedes solos, ustedes mismos; *formal* ustedes solos, ustedes mismos
youth [ju:θ] *n* juventud *f*; (*young man*) joven *m/f*
'youth club club *m* juvenil
youth·ful ['ju:θfəl] *adj* joven; *fashion, idealism* juvenil
'youth hos·tel albergue *m* juvenil
Yu·go·sla·vi·a [ju:gə'slɑ:vɪə] Yugoslavia
Yu·go·sla·vi·an [ju:gə'slɑ:vɪən] **1** *adj* yugoslavo **2** *n* yugoslavo(-a) *m*(*f*)
yup·pie ['jʌpɪ] F yupi *m/f*

Z

zap [zæp] *v/t* (*pret & pp* **-ped**) F (COMPUT: *delete*) borrar; (*kill*) liquidar F; (*hit*) golpear; (*send*) enviar
♦ **zap along** *v/i* F (*move fast*) volar F
zapped [zæpt] *adj* F (*exhausted*) hecho polvo F
zap·per ['zæpər] *for changing TV channels* telemando *m*, mando *m* a distancia
zap·py ['zæpɪ] *adj* F *car, pace* rápido; (*lively, energetic*) vivo
zeal [zi:l] celo *m*
ze·bra ['zebrə] cebra *f*
ze·ro ['zɪroʊ] cero *m*; ***10 degrees below ~*** 10 bajo cero
♦ **zero in on** *v/t* (*identify*) centrarse en
ze·ro 'growth crecimiento *m* cero
zest [zest] entusiasmo *m*
zig·zag ['zɪgzæg] **1** *n* zigzag *m* **2** *v/i* (*pret & pp* **-ged**) zigzaguear
zilch [zɪltʃ] F nada de nada
zinc [zɪŋk] cinc *m*
zip [zɪp] *Br* cremallera *f*
♦ **zip up** *v/t* (*pret & pp* **-ped**) *dress, jacket* cerrar la cremallera de; COMPUT compactar
'zip code código *m* postal
zip·per ['zɪpər] cremallera *f*

zit [zɪt] F *on face* grano *m*
zo•di•ac ['zoʊdɪæk] zodiaco *m*; ***signs of the ~*** signos *mpl* del zodiaco
zom•bie ['zɑːmbɪ] F (*idiot*) estúpido(-a) *m*(*f*) F; ***feel like a ~*** (*exhausted*) sentirse como un zombi
zone [zoʊn] zona *f*
zonked [zɑːŋkt] *adj* P (*exhausted*) molido P
zoo [zuː] zoo *m*
zo•o•log•i•cal [zuːə'lɑːdʒɪkl] *adj* zoológico
zo•ol•o•gist [zuː'ɑːlədʒɪst] zoólogo(-a) *m*(*f*)
zo•ol•o•gy [zuː'ɑːlədʒɪ] zoología *f*
zoom [zuːm] *v/i* F (*move fast*) ir zumbando F
♦ **zoom in on** *v/t* PHOT hacer un zoom sobre
zoom 'lens zoom *m*
zuc•chi•ni [zuː'kiːnɪ] calabacín *m*

Spanish verb conjugations

In the following conjugation patterns verb stems are shown in normal type and verb endings in *italic* type. Irregular forms are indicated by **bold** type.

Notes on the formation of tenses.

The following stems can be used to generate derived forms.

Stem forms	Derived forms
I. From the **Present indicative**, *3rd pers sg* (mand*a*, vend*e*, recib*e*)	**Imperative** *2nd pers. sg* (¡mand*a*! ¡vend*e*! ¡recib*e*!)
II. From the **Present subjunctive**, *2nd* and *3rd pers sg* and all plural forms (mand*es*, mand*e*, mand*emos*, mand*éis*, mand*en* – vend*as*, vend*a*, vend*amos*, vend*áis*, vend*an* – recib*as*, recib*a*, recib*amos*, recib*áis*, recib*an*)	**Imperative** *1st pers pl*, *3rd pers sg* and *pl* as well as the negative imperative of the *2nd pers sg* and *pl* (no mand*es*, mand*e* Vd., mand*emos*, no mand*éis*, mand*en* Vds. – no vend*as*, vend*a* Vd., vend*amos*, no vend*áis*, vend*an* Vds. – no recib*as etc*)
III. From the **Preterite**, *3rd pers pl* (mand*aron*, vend*ieron*, recib*ieron*)	**a)** **Imperfect Subjunctive I** by changing ...ron to ...*ra* (mand*ara*, vend*iera*, recib*iera*) **b)** **Imperfect Subjunctive II** by changing ...ron to ...*se* (mand*ase*, vend*iese*, recib*iese*) **c)** **Future Subjunctive** by changing ...ron to ...*re* (mand*are*, vend*iere*, recib*iere*)
IV. From the **Infinitive** (mand*ar*, vend*er*, recib*ir*)	**a)** **Imperative** *2nd pers pl* by changing ...r to ...*d* (manda*d*, vende*d*, recibi*d*) **b)** **Present participle** by changing ...ar to ...*ando*, ...er and ...ir to ...*iendo* (or sometimes ...*yendo*) (mand*ando*, vend*iendo*, recib*iendo*) **c)** **Future** by adding the *Present* tense endings of ***haber*** (mand*aré*, vend*eré*, recib*iré*) **d)** **Conditional** by adding the *Imperfect* endings of ***haber*** (mand*aría*, vend*ería*, recib*iría*)
V. From the **Past participle** (mand*ado*, vend*ido*, recib*ido*)	all **compound tenses** by placing a form of ***haber*** or ***ser*** in front of the participle.

First Conjugation

<1a> mandar. No change to the written or spoken form of the stem.

Simple tenses

Indicative

	Present	Imperfect	Preterite
sg	mand*o*	mand*aba*	mand*é*
	mand*as*	mand*abas*	mand*aste*
	mand*a*	mand*aba*	mand*ó*
pl	mand*amos*	mand*ábamos*	mand*amos*
	mand*áis*	mand*abais*	mand*asteis*
	mand*an*	mand*aban*	mand*aron*

	Future	Conditional
sg	mand*aré*	mand*aría*
	mand*arás*	mand*arías*
	mand*ará*	mand*aría*
pl	mand*aremos*	mand*aríamos*
	mand*aréis*	mand*aríais*
	mand*arán*	mand*arían*

Subjunctive

	Present	Imperfect I	Imperfect II
sg	mand*e*	mand*ara*	mand*ase*
	mand*es*	mand*aras*	mand*ases*
	mand*e*	mand*ara*	mand*ase*
pl	mand*emos*	mand*áramos*	mand*ásemos*
	mand*éis*	mand*arais*	mand*aseis*
	mand*en*	mand*aran*	mand*asen*

	Future	Imperative
sg	mand*are*	—
	mand*ares*	mand*a* (no mand*es*)
	mand*are*	mand*e* Vd.
pl	mand*áremos*	mand*emos*
	mand*areis*	mand*ad* (no mand*éis*)
	mand*aren*	mand*en* Vds.

Infinitive: mand*ar*
Present participle: mand*ando*
Past participle: mand*ado*

Compound tenses

1. **Active forms:** the conjugated form of ***haber*** is placed before the *Past participle* (which does not change):

Indicative

Perfect	*he* mand*ado*	**Future perfect**	*habré* mand*ado*
Pluperfect	*había* mand*ado*	**Past conditional**	*habría* mand*ado*
Past anterior	*hube* mand*ado*		
Past infinitive	*haber* mand*ado*	**Past gerundive**	*habiendo* mand*ado*

Subjunctive

Perfect	*haya* mand*ado*	**Future perfect**	*hubiere* mand*ado*
Pluperfect	*hubiera* mand*ado* *hubiese* mand*ado*		

2. **Passive forms:** the conjugated form of ***ser*** (or ***haber***) is placed before the *Past participle* (which does not change):

Indicative

Present	*soy* mand*ado*	**Past anterior**	*hube sido* mand*ado*
Imperfect	*era* mand*ado*	**Future**	*seré* mand*ado*
Preterite	*fui* mand*ado*	**Future perfect**	*habré sido* mand*ado*
Perfect	*he sido* mand*ado*	**Conditional**	*sería* mand*ado*
Pluperfect	*había sido* mand*ado*	**Past conditional**	*habría sido* mand*ado*
Infinitive		**Gerundive**	
Present	*ser* mand*ado etc*	**Present**	*siendo* mand*ado*
Past	*haber sido* mand*ado*	**Past**	*habiendo sido* mand*ado*

Subjunctive

Present	*sea* mand*ado*	**Pluperfect**	*hubiera sido* mand*ado* *hubiese sido* mand*ado*
Imperfect	*fuera* mand*ado* *fuese* mand*ado*		
Future	*fuere* mand*ado*	**Future perfect**	*hubiere sido* mand*ado*
Past	*haya sido* mand*ado*		

	Infinitive	Present Indicative	Present Subjunctive	Preterite
<1b>	**cambiar.** Model for all *...iar* verbs, unless formed like *variar* <1c>.			
		camb*io*	camb*ie*	camb*ié*
		cambi*as*	cambi*es*	cambi*aste*
		cambi*a*	cambi*e*	cambi*ó*
		cambi*amos*	cambi*emos*	cambi*amos*
		cambi*áis*	cambi*éis*	cambi*asteis*
		cambi*an*	cambi*en*	cambi*aron*

Infinitive	Present Indicative	Present Subjunctive	Preterite
<1c> variar. *i* becomes *í* when the stem is stressed.			
	varí*o*	varí*e*	vari*é*
	varí*as*	varí*es*	vari*aste*
	varí*a*	varí*e*	vari*ó*
	vari*amos*	vari*emos*	vari*amos*
	vari*áis*	vari*éis*	vari*asteis*
	varí*an*	varí*en*	vari*aron*
<1d> evacuar. Model for all ...*uar* verbs, unless formed like *acentuar* <1e>.			
	evacu*o*	evacu*e*	evacu*é*
	evacu*as*	evacu*es*	evacu*aste*
	evacu*a*	evacu*e*	evacu*ó*
	evacu*amos*	evacu*emos*	evacu*amos*
	evacu*áis*	evacu*éis*	evacu*asteis*
	evacu*an*	evacu*en*	evacu*aron*
<1e> acentuar. *u* becomes *ú* when the stem is stressed.			
	acent**ú***o*	acent**ú***e*	acentu*é*
	acent**ú***as*	acent**ú***es*	acentu*aste*
	acent**ú***a*	acent**ú***e*	acentu*ó*
	acentu*amos*	acentu*emos*	acentu*amos*
	acentu*áis*	acentu*éis*	acentu*asteis*
	acent**ú***an*	acent**ú***en*	acentu*aron*
<1f> cruzar. Final *z* in the stem becomes *c* before *e*. Model for all ...*zar* verbs.			
	cruz*o*	cru**c***e*	cru**c***é*
	cruz*as*	cru**c***es*	cruz*aste*
	cruz*a*	cru**c***e*	cruz*ó*
	cruz*amos*	cru**c***emos*	cruz*amos*
	cruz*áis*	cru**c***éis*	cruz*asteis*
	cruz*an*	cru**c***en*	cruz*aron*
<1g> tocar. Final *c* in the stem becomes *qu* before *e*. Model for all ...*car* verbs.			
	toc*o*	to**qu***e*	to**qu***é*
	toc*as*	to**qu***es*	toc*aste*
	toc*a*	to**qu***e*	toc*ó*
	toc*amos*	to**qu***emos*	toc*amos*
	toc*áis*	to**qu***éis*	toc*asteis*
	toc*an*	to**qu***en*	toc*aron*

Infinitive	Present Indicative	Present Subjunctive	Preterite

<1h> pagar. Final *g* in the stem becomes *gu* (*u* is silent) before *e*. Model for all *...gar* verbs.

	Present Indicative	Present Subjunctive	Preterite
	pag*o*	pagu*e*	pagu*é*
	pag*as*	pagu*es*	pag*aste*
	pag*a*	pagu*e*	pag*ó*
	pag*amos*	pagu*emos*	pag*amos*
	pag*áis*	pagu*éis*	pag*asteis*
	pag*an*	pagu*en*	pag*aron*

<1i> fraguar. Final *gu* in the stem becomes *gü* before *e* (*u* with dieresis is pronounced). Model for all *...guar* verbs.

	Present Indicative	Present Subjunctive	Preterite
	fragu*o*	fragü*e*	fragü*é*
	fragu*as*	fragü*es*	fragu*aste*
	fragu*a*	fragü*e*	fragu*ó*
	fragu*amos*	fragü*emos*	fragu*amos*
	fragu*áis*	fragü*éis*	fragu*asteis*
	fragu*an*	fragü*en*	fragu*aron*

<1k> pensar. Stressed *e* in the stem becomes *ie*.

	Present Indicative	Present Subjunctive	Preterite
	piens*o*	piens*e*	pens*é*
	piens*as*	piens*es*	pens*aste*
	piens*a*	piens*e*	pens*ó*
	pens*amos*	pens*emos*	pens*amos*
	pens*áis*	pens*éis*	pens*asteis*
	piens*an*	piens*en*	pens*aron*

<1l> errar. Stressed *e* in the stem becomes *ye* (because it comes at the beginning of the word).

	Present Indicative	Present Subjunctive	Preterite
	yerr*o*	yerr*e*	err*é*
	yerr*as*	yerr*es*	err*aste*
	yerr*a*	yerr*e*	err*ó*
	err*amos*	err*emos*	err*amos*
	err*áis*	err*éis*	err*asteis*
	yerr*an*	yerr*en*	err*aron*

<1m> contar. Stressed *o* of the stem becomes *ue* (*u* is pronounced).

	Present Indicative	Present Subjunctive	Preterite
	cuent*o*	cuent*e*	cont*é*
	cuent*as*	cuent*es*	cont*aste*
	cuent*a*	cuent*e*	cont*ó*
	cont*amos*	cont*emos*	cont*amos*
	cont*áis*	cont*éis*	cont*asteis*
	cuent*an*	cuent*en*	cont*aron*

Infinitive	Present Indicative	Present Subjunctive	Preterite

<1n> **agorar.** Stressed *o* of the stem becomes *üe* (*u* with dieresis is pronounced).

ag**üe**r*o*	ag**üe**r*e*	agor*é*
ag**üe**r*as*	ag**üe**r*es*	agor*aste*
ag**üe**r*a*	ag**üe**r*e*	agor*ó*
agor*amos*	agor*emos*	agor*amos*
agor*áis*	agor*éis*	agor*asteis*
ag**üe**r*an*	ag**üe**r*en*	agor*aron*

<1o> **jugar.** Stressed *u* in the stem becomes *ue*; final *g* of the stem becomes *gu* before *e*: (*see* <1h>); *conjugar*, *enjugar* and *enjugarse* are regular.

jueg*o*	**jue**g**u***e*	jug**u***é*
jueg*as*	**jue**g**u***es*	jug*aste*
jueg*a*	**jue**g**u***e*	jug*ó*
jug*amos*	jug**u***emos*	jug*amos*
jug*áis*	jug**u***éis*	jug*asteis*
jueg*an*	**jue**g**u***en*	jug*aron*

<1p> **estar.** *Present indicative 1st pers sg* in *...oy*, otherwise regular, but note the stressed *a*; the *Present subjunctive* has a stress on the *e* in the endings (apart from *1st pers pl*); *Preterite etc* as <21>. Otherwise regular.

est**oy**	est**é**	est**uve**
est**á***s*	est**é***s*	est**uvi***ste*
est**á**	est**é**	est**uvo**
est*amos*	est*emos*	est**uvi***mos*
est*áis*	est*éis*	est**uvi***steis*
est*án*	est**é***n*	est**uvie***ron*

<1q> **andar.** *Preterite* and derived forms like *estar* as in <21>. Otherwise regular.

and*o*	and*e*	and**uve**
and*as*	and*es*	and**uvi***ste*
and*a*	and*e*	and**uvo**
and*amos*	and*emos*	and**uvi***mos*
and*áis*	and*éis*	and**uvi***steis*
and*an*	and*en*	and**uvie***ron*

<1r> **dar.** *Present indicative 1st pers sg* in *...oy*, otherwise regular. *Present subjunctive 1st* and *3rd pers sg* takes an accent. *Preterite etc* follow the regular second conjugation. Otherwise regular.

d**oy**	d**é**	di
d*as*	d*es*	di*ste*
d*a*	d**é**	di*o*
d*amos*	d*emos*	di*mos*
d*áis*	d*eis*	di*steis*
d*an*	d*en*	die*ron*

Second Conjugation

<2a> vender. No change to the written or spoken form of the stem.

Simple tenses

Indicative

	Present	**Imperfect**	**Preterite**
sg	vend*o*	vend*ía*	vend*í*
	vend*es*	vend*ías*	vend*iste*
	vend*e*	vend*ía*	vend*ió*
pl	vend*emos*	vend*íamos*	vend*imos*
	vend*éis*	vend*íais*	vend*isteis*
	vend*en*	vend*ían*	vend*ieron*

	Future	**Conditional**
sg	vender*é*	vender*ía*
	vender*ás*	vender*ías*
	vender*á*	vender*ía*
pl	vender*emos*	vender*íamos*
	vender*éis*	vender*íais*
	vender*án*	vender*ían*

Subjunctive

	Present	**Imperfect I**	**Imperfect II**
sg	vend*a*	vend*iera*	vend*iese*
	vend*as*	vend*ieras*	vend*ieses*
	vend*a*	vend*iera*	vend*iese*
pl	vend*amos*	vend*iéramos*	vend*iésemos*
	vend*áis*	vend*ierais*	vend*ieseis*
	vend*an*	vend*ieran*	vend*iesen*

	Future	**Imperative**
sg	vend*iere*	—
	vend*ieres*	vend*e* (no vend*as*)
	vend*iere*	vend*a* Vd.
pl	vend*iéremos*	vend*amos*
	vend*iereis*	vend*ed* (no vend*áis*)
	vend*ieren*	vend*an* Vds.

Infinitive: vend*er*
Present participle: vend*iendo*
Past participle: vend*ido*

Compound tenses

Formed with the *Past participle* together with ***haber*** and ***ser***; see <1a>.

	Infinitive	Present Indicative	Present Subjunctive	Preterite
<2b>	**vencer.** Final *c* of the stem becomes *z* before *a* and *o*. Model for all *...cer* verbs where the *...cer* is preceded by a consonant.			
		venzo	venza	vencí
		vences	venzas	venciste
		vence	venza	venció
		vencemos	venzamos	vencimos
		vencéis	venzáis	vencisteis
		vencen	venzan	vencieron
<2c>	**coger.** Final *g* of the stem becomes *j* before *a* and *o*. Model for all *...ger* verbs.			
		cojo	coja	cogí
		coges	cojas	cogiste
		coge	coja	cogió
		cogemos	cojamos	cogimos
		cogéis	cojáis	cogisteis
		cogen	cojan	cogieron
<2d>	**merecer.** Final *c* of the stem becomes *zc* before *a* and *o*.			
		merezco	merezca	merecí
		mereces	merezcas	mereciste
		merece	merezca	mereció
		merecemos	merezcamos	merecimos
		merecéis	merezcáis	merecisteis
		merecen	merezcan	merecieron
<2e>	**creer.** Unstressed *i* between two vowels becomes *y*. Past participle: *creído*. Present participle: *creyendo*.			
		creo	crea	creí
		crees	creas	creíste
		cree	crea	creyó
		creemos	creamos	creímos
		creéis	creáis	creísteis
		creen	crean	creyeron
<2f>	**tañer.** Unstressed *i* is omitted after *ñ* and *ll*; compare <3h> Present participle: *tañendo*.			
		taño	taña	tañí
		tañes	tañas	tañiste
		tañe	taña	tañó
		tañemos	tañamos	tañimos
		tañéis	tañáis	tañisteis
		tañen	tañan	tañeron

	Infinitive	Present Indicative	Present Subjunctive	Preterite
<2g>	**perder.** Stressed *e* in the stem becomes *ie*; model for many other verbs.			
		pierd*o*	pierd*a*	perd*í*
		pierd*es*	pierd*as*	perd*iste*
		pierd*e*	pierd*a*	perd*ió*
		perd*emos*	perd*amos*	perd*imos*
		perd*éis*	perd*áis*	perd*isteis*
		pierd*en*	pierd*an*	perd*ieron*
<2h>	**mover.** Stressed *o* in the stem becomes *ue*. *...olver* verbs form their *Past participle* with *...uelto*.			
		muev*o*	muev*a*	mov*í*
		muev*es*	muev*as*	mov*iste*
		muev*e*	muev*a*	mov*ió*
		mov*emos*	mov*amos*	mov*imos*
		mov*éis*	mov*áis*	mov*isteis*
		muev*en*	muev*an*	mov*ieron*
<2i>	**oler.** Stressed *o* in the stem becomes *hue...* (when it comes at the beginning of the word).			
		huel*o*	**huel***a*	ol*í*
		huel*es*	**huel***as*	ol*iste*
		huel*e*	**huel***a*	ol*ió*
		ol*emos*	ol*amos*	ol*imos*
		ol*éis*	ol*áis*	ol*isteis*
		huel*en*	**huel***an*	ol*ieron*
<2k>	**haber.** Many irregular forms. In the *Future* and *Conditional* the *e* after the stem *hab...* is dropped. Future: *habré*. Imperative *2nd pers sg*: *he*.			
		he	**hay***a*	**hube**
		has	**hay***as*	**hub***iste*
		ha	**hay***a*	**hubo**
		he*mos*	**hay***amos*	**hub***imos*
		hab*éis*	**hay***áis*	**hub***isteis*
		han	**hay***an*	**hub***ieron*
<2l>	**tener.** Irregular in most forms. In the *Future* and *Conditional* the *e* coming after the stem is dropped and a *d* is inserted. Future: *tendré*. Imperative *2nd pers sg*: *ten*.			
		teng*o*	**teng***a*	**tuve**
		tien*es*	**teng***as*	**tuv***iste*
		tien*e*	**teng***a*	**tuvo**
		ten*emos*	**teng***amos*	**tuv***imos*
		ten*éis*	**teng***áis*	**tuv***isteis*
		tien*en*	**teng***an*	**tuv***ieron*

	Infinitive	Present Indicative	Present Subjunctive	Preterite
<2m>	**caber.** Irregular in many forms. In the *Future* and *Conditional* the *e* coming after the stem is dropped. Future: *cabré*.			
		quep*o*	**quep***a*	**cupe**
		cab*es*	**quep***as*	**cup***iste*
		cab*e*	**quep***a*	**cupo**
		cab*emos*	**quep***amos*	**cup***imos*
		cab*éis*	**quep***áis*	**cup***isteis*
		cab*en*	**quep***an*	**cup***ieron*
<2n>	**saber.** Irregular in many forms. In the *Future* and *Conditional* the *e* coming after the stem is dropped. Future: *sabré*.			
		sé	**sep***a*	**supe**
		sab*es*	**sep***as*	**sup***iste*
		sab*e*	**sep***a*	**supo**
		sab*emos*	**sep***amos*	**sup***imos*
		sab*éis*	**sep***áis*	**sup***isteis*
		sab*en*	**sep***an*	**sup***ieron*
<2o>	**caer.** In the *Present ...ig...* is inserted after the stem. Unstressed *i* between vowels changes to *y* as with <2e>. Past participle: *caído*. Present participle: *cayendo*.			
		ca**ig***o*	ca**ig***a*	ca*í*
		ca*es*	ca**ig***as*	ca*íste*
		ca*e*	ca**ig***a*	ca**y***ó*
		ca*emos*	ca**ig***amos*	ca*ímos*
		ca*éis*	ca**ig***áis*	ca*ísteis*
		ca*en*	ca**ig***an*	ca**y***eron*
<2p>	**traer.** In the *Present ...ig...* is inserted after the stem. The *Preterite* ends in *...je*. In the *Present participle i* changes to *y*. Past participle: *traído*. Present participle: *trayendo*.			
		tra**ig***o*	tra**ig***a*	**traje**
		tra*es*	tra**ig***as*	**traj***iste*
		tra*e*	tra**ig***a*	**trajo**
		tra*emos*	tra**ig***amos*	**traj***imos*
		tra*éis*	tra**ig***áis*	**traj***isteis*
		tra*en*	tra**ig***an*	**traj***eron*
<2q>	**valer.** In the *Present ...g...* is inserted after the stem. In the *Future* and *Conditional* the *e* coming after the stem is dropped and a *...d...* inserted. Future: *valdré*.			
		val**g***o*	val**g***a*	val*í*
		val*es*	val**g***as*	val*iste*
		val*e*	val**g***a*	val*ió*
		val*emos*	val**g***amos*	val*imos*
		val*éis*	val**g***áis*	val*isteis*
		val*en*	val**g***an*	val*ieron*

Infinitive	Present Indicative	Present Subjunctive	Preterite

<2r> poner. ...*g*... is inserted in the *Present*. Irregular in the *Preterite* and *Past participle*. In the *Future* and *Conditional* the *e* coming after the stem is dropped and a ...*d*... inserted. Future: *pondré*. Past participle: *puesto*. Imperative *2nd pers sg*: *pon*.

	pong*o*	**pong***a*	**puse**
	pon*es*	**pong***as*	**pus***iste*
	pon*e*	**pong***a*	**puso**
	pon*emos*	**pong***amos*	**pus***imos*
	pon*éis*	**pong***áis*	**pus***isteis*
	pon*en*	**pong***an*	**pus***ieron*

<2s> hacer. In the *1st* person of the *Present Indicative* and *Subjunctive g* replaces *c*. Irregular in the *Preterite* and *Past participle*. In the *Future* and *Conditional* the *ce* is dropped. In the *Imperative sg* just the stem is used with ...*c* changing to ...*z*. Future: *haré*. Imperative *2nd pers sg*: *haz*. Past participle: *hecho*.

	hag*o*	**hag***a*	**hice**
	hac*es*	**hag***as*	**hic***iste*
	hac*e*	**hag***a*	**hizo**
	hac*emos*	**hag***amos*	**hic***imos*
	hac*éis*	**hag***áis*	**hic***isteis*
	hac*en*	**hag***an*	**hic***ieron*

<2t> poder. Stressed *o* in the stem changes to ...*ue*... in the *Present* and the *Imperative*. Irregular in the *Preterite* and *Present participle*. In the *Future* and *Conditional* the *e* coming after the stem is dropped. Future: *podré*. Present participle: *pudiendo*.

	pued*o*	**pued***a*	**pude**
	pued*es*	**pued***as*	**pud***iste*
	pued*e*	**pued***a*	**pudo**
	pod*emos*	**pod***amos*	**pud***imos*
	pod*éis*	**pod***áis*	**pud***isteis*
	pued*en*	**pued***an*	**pud***ieron*

<2u> querer. Stressed *e* in the stem changes to *ie* in the *Present* and *Imperative*. Irregular in the *Preterite*. In the *Future* and *Conditional* the *e* coming after the stem is dropped. Future: *querré*.

	quier*o*	**quier***a*	**quise**
	quier*es*	**quier***as*	**quis***iste*
	quier*e*	**quier***a*	**quiso**
	quer*emos*	**quer***amos*	**quis***imos*
	quer*éis*	**quer***áis*	**quis***isteis*
	quier*en*	**quier***an*	**quis***ieron*

Infinitive	Present Indicative	Present Subjunctive	Preterite

<2v> ver. *Present indicative 1st pers sg*, *Present subjunctive* and *Imperfect* are formed on the stem *ve...*, otherwise formation is regular using the shortened stem *v*... Irregular in the *Past participle*. Past participle: *visto*.

	ve*o*	ve*a*	vi
	ve*s*	ve*as*	v*iste*
	ve	ve*a*	v*io*
	v*emos*	ve*amos*	v*imos*
	v*eis*	ve*áis*	v*isteis*
	v*en*	ve*an*	v*ieron*

Infinitive	Present Indicative	Present Subjunctive	Imperfect Indicative	Preterite

<2w> ser. Totally irregular with several different stems being used. Past participle: *sido*. Imperative *2nd pers sg*: *sé*. *2nd pers pl*: *sed*.

	so**y**	se*a*	**er***a*	**fu***i*
	er*es*	se*as*	**er***as*	**fu***iste*
	es	se*a*	**er***a*	**fue**
	so*mos*	se*amos*	**ér***amos*	**fu***imos*
	so*is*	se*áis*	**er***ais*	**fu***isteis*
	so*n*	se*an*	**er***an*	**fu***eron*

<2x> placer. Used almost exclusively in the *3rd pers sg*. Irregular forms: *Present subjunctive pl***eg***a* and *pl***egue** as well as *plazca*; *Preterite pl***ugo** (or *plació*), *pl***ug***uieron* (or *placieron*); *Imperfect subjunctive pl***ug***uiera*, *pl***ug***uiese* (or *placiera*, *placiese*); *Future subjunctive pl***ug***uiere* (or *placiere*).

<2y> yacer. Used mainly on gravestones and so used primarily in the *3rd pers*. The *Present indicative 1st pers sg* and *Present subjunctive* have three forms. The *Imperative* is regular; just the stem with *c* changing to *z*. *Present indicative*: *ya***zc***o*, *ya***zg***o*, *ya***g***o*, *yaces* etc; *Present subjunctive*: *ya***zc***a*, *ya***zg***a*, *ya***g***a* etc; *Imperative yace* and *ya***z**.

<2z> raer. The regular forms of the *Present indicative 1st pers sg* and *Present subjunctive* are less common that the forms with inserted *...ig...* as in <2o>: *ra***ig***o*, *ra***ig***a*; but also *ra***y***o*, *ra***y***a* (less common). Otherwise regular.

<2za> roer. As well as their regular forms the *Present indicative 1st pers sg* and *Present subjunctive* have the less common forms: *ro***ig***o*, *ro***ig***a*, *ro***y***o*, *ro***y***a*.

Third Conjugation

<3a> recibir. No change to the written or spoken form of the stem.

Simple tenses

Indicative

	Present	**Imperfect**	**Preterite**
sg	recib*o*	recib*ía*	recib*í*
	recib*es*	recib*ías*	recib*iste*
	recib*e*	recib*ía*	recib*ió*
pl	recib*imos*	recib*íamos*	recib*imos*
	recib*ís*	recib*íais*	recib*isteis*
	recib*en*	recib*ían*	recib*ieron*

	Future	**Conditional**
sg	recibir*é*	recibir*ía*
	recibir*ás*	recibir*ías*
	recibir*á*	recibir*ía*
pl	recibir*emos*	recibir*íamos*
	recibir*éis*	recibir*íais*
	recibir*án*	recibir*ían*

Subjunctive

	Present	**Imperfect I**	**Imperfect II**
sg	recib*a*	recib*iera*	recib*iese*
	recib*as*	recib*ieras*	recib*ieses*
	recib*a*	recib*iera*	recib*iese*
pl	recib*amos*	recib*iéramos*	recib*iésemos*
	recib*áis*	recib*ierais*	recib*ieseis*
	recib*an*	recib*ieran*	recib*iesen*

	Future	**Imperative**
sg	recib*iere*	—
	recib*ieres*	recib*e* (no recib*as*)
	recib*iere*	recib*a* Vd.
pl	recib*iéremos*	recib*amos*
	recib*iereis*	recib*id* (no recib*áis*)
	recib*ieren*	recib*an* Vds.

Infinitive: recib*ir*
Present participle: recib*iendo*
Past participle: recib*ido*

Compound tenses

Formed with the *Past participle* together with ***haber*** and ***ser***, see <1a>.

	Infinitive	Present Indicative	Present Subjunctive	Preterite
<3b>	**esparcir.** Final *c* of the stem becomes *z* before *a* and *o*.			
		espar**z***o*	espar**z***a*	esparc*í*
		esparc*es*	espar**z***as*	esparc*iste*
		esparc*e*	espar**z***a*	esparc*ió*
		esparc*imos*	esparz*amos*	esparc*imos*
		esparc*ís*	espar**z***áis*	esparc*isteis*
		esparc*en*	esparz*an*	esparc*ieron*
<3c>	**dirigir.** Final *g* of the stem becomes *j* before *a* and *o*.			
		dirij*o*	dirij*a*	dirig*í*
		dirig*es*	dirij*as*	dirig*iste*
		dirig*e*	dirij*a*	dirig*ió*
		dirig*imos*	dirij*amos*	dirig*imos*
		dirig*ís*	dirij*áis*	dirig*isteis*
		dirig*en*	dirij*an*	dirig*ieron*
<3d>	**distinguir.** Final *gu* of the stem becomes *g* before *a* and *o*.			
		distin**g***o*	distin**g***a*	distingu*í*
		distingu*es*	distin**g***as*	distingu*iste*
		distingu*e*	distin**g***a*	distingu*ió*
		distingu*imos*	distin**g***amos*	distingu*imos*
		distingu*ís*	distin**g***áis*	distingu*isteis*
		distingu*en*	distin**g***an*	distingu*ieron*
<3e>	**delinquir.** Final *qu* of the stem becomes *c* before *a* and *o*.			
		delin**c***o*	delin**c***a*	delinqu*í*
		delinqu*es*	delin**c***as*	delinqu*iste*
		delinqu*e*	delin**c***a*	delinqu*ió*
		delinqu*imos*	delin**c***amos*	delinqu*imos*
		delinqu*ís*	delin**c***áis*	delinqu*isteis*
		delinqu*en*	delin**c***an*	delinqu*ieron*
<3f>	**lucir.** Final *c* of the stem becomes *zc* before *a* and *o*.			
		lu**zc***o*	lu**zc***a*	luc*í*
		luc*es*	lu**zc***as*	luc*iste*
		luc*e*	lu**zc***a*	luc*ió*
		luc*imos*	lu**zc***amos*	luc*imos*
		luc*ís*	lu**zc***áis*	luc*isteis*
		luc*en*	lu**zc***an*	luc*ieron*
<3g>	**concluir.** A *y* is inserted after the stem unless the ending begins with *i*. Past participle: *concluido*. Present participle: *concluyendo*.			
		conclu**y***o*	conclu**y***a*	conclu*í*
		conclu**y***es*	conclu**y***as*	conclu*iste*
		conclu**y***e*	conclu**y***a*	conclu**y***ó*
		conclu*imos*	conclu**y***amos*	conclu*imos*
		conclu*ís*	conclu**y***áis*	conclu*isteis*
		conclu**y***en*	conclu**y***an*	conclu**y***eron*

Infinitive	Present Indicative	Present Subjunctive	Preterite

<3h> gruñir. Unstressed *i* is dropped after *ñ*, *ll* and *ch*. Likewise *mullir*: *mulló*, *mulleron*, *mullendo*; *henchir*: *hinchó*, *hincheron*, *hinchendo* Present participle: *gruñendo*.

	gruñ*o*	gruñ*a*	gruñ*í*
	gruñ*es*	gruñ*as*	gruñ*iste*
	gruñ*e*	gruñ*a*	gruñ**ó**
	gruñ*imos*	gruñ*amos*	gruñ*imos*
	gruñ*ís*	gruñ*áis*	gruñ*isteis*
	gruñ*en*	gruñ*an*	gruñ**e***ron*

<3i> sentir. Stressed *e* of the stem becomes *ie*; unstressed *e* remains unchanged before endings starting with *i*, but before other endings it changes to *...i...*; likewise *adquirir*: stressed *i* of the stem becomes *ie*; unstressed *i* remains unchanged in all forms. Present participle: *sintiendo*.

	sient*o*	**sient***a*	sent*í*
	sient*es*	**sient***as*	sent*iste*
	sient*e*	**sient***a*	**sint***ió*
	sent*imos*	**sint***amos*	sent*imos*
	sent*ís*	**sint***áis*	sent*isteis*
	sient*en*	**sient***an*	**sint***ieron*

<3k> dormir. Stressed *o* of the stem becomes *ue*; unstressed *o* is unchanged when the ending starts with *i*; otherwise it changes to *...u...* Present participle: *durmiendo*.

	duerm*o*	**duerm***a*	dorm*í*
	duerm*es*	**duerm***as*	dorm*iste*
	duerm*e*	**duerm***a*	d**u**rm*ió*
	dorm*imos*	**durm***amos*	dorm*imos*
	dorm*ís*	**durm***áis*	dorm*isteis*
	duerm*en*	**duerm***an*	d**u**rm*ieron*

<3l> medir. The *e* of the stem is kept if the ending contains an *i*. Otherwise it changes to *...i...* whether stressed or unstressed. Present participle: *midiendo*.

	mid*o*	mid*a*	med*í*
	mid*es*	mid*as*	med*iste*
	mid*e*	mid*a*	mid*ió*
	med*imos*	mid*amos*	med*imos*
	med*ís*	mid*áis*	med*isteis*
	mid*en*	mid*an*	mid*ieron*

Infinitive	Present Indicative	Present Subjunctive	Preterite

<3m> **reír.** As *medir* <3l>; when *e* changes to *i* any second *i* belonging to the ending is dropped. Past participle: *reído*. Present participle: *riendo*.

rí*o*	rí*a*	reí
rí*es*	rí*as*	re*íste*
rí*e*	rí*a*	ri*ó*
re*imos*	ri*amos*	re*ímos*
re*ís*	ri*áis*	re*ísteis*
rí*en*	rí*an*	ri*eron*

<3n> **erguir.** As *medir* in the *Present indicative*, *Subjunctive* and *Imperative*. Other forms follow *sentir* with initial *ie*... changing to *ye*... Present participle: *irguiendo*. Imperative: *irgue*, *yergue*.

irg*o*, **yerg***o*	**irg***a*, **yerg***a*	*erguí*
irgu*es*, **yergu***es*	**irg***as*, **yerg***as*	ergu*iste*
irgu*e*, **yergu***e*	**irg***a*, **yerg***a*	irgu*ió*
ergu*imos*	**irg***amos*, **yerg***amos*	ergu*imos*
ergu*ís*	**irg***áis*, **yerg***áis*	ergu*isteis*
irgu*en*, **yergu***en*	**irg***an*, **yerg***an*	irgu*ieron*

<3o> **conducir.** Final *c* of the stem, as with *lucir* (3f), becomes *zc* before *a* and *o*. *Preterite* is irregular with *...je*.

conduzc*o*	**conduzc***a*	**conduje**
conduc*es*	**conduzc***as*	**conduj***iste*
conduc*e*	**conduzc***a*	**condujo**
conduc*imos*	**conduzc***amos*	**conduj***imos*
conduc*ís*	**conduzc***áis*	**conduj***isteis*
conduc*en*	**conduzc***an*	**conduje***ron*

<3p> **decir.** In the *Present* and *Imperative e* and *i* are changed, as with *medir*; in the *Present indicative 1st pers sg* and in the *Present subjunctive c* becomes *g*. Irregular *Future* and *Conditional* based on a shortened *Infinitive*. *Preterite* has *je*. Future: *diré*. Past participle: *dicho*. Present participle: *diciendo*. Imperative *2nd pers sg*: *di*.

dig*o*	**dig***a*	**dije**
dic*es*	**dig***as*	**dij***iste*
dic*e*	**dig***a*	**dijo**
dec*imos*	**dig***amos*	**dij***imos*
dec*ís*	**dig***áis*	**dij***isteis*
dic*en*	**dig***an*	**dij***eron*

Infinitive	Present Indicative	Present Subjunctive	Preterite

<3q> **oír.** In the *Present indicative 1st pers sg* and *Present subjunctive ...ig...* is inserted after the *o...* of the stem. Unstressed *...i...* changes to *...y...* when coming between two vowels. Past participle: *oído*. Present participle: *oyendo*.

	oi**g**_o_	oi**g**_a_	o_í_
	o**y**_es_	oi**g**_as_	o_íste_
	o**y**_e_	oi**g**_a_	o**y**_ó_
	o_imos_	oi**g**_amos_	o_ímos_
	o_ís_	oi**g**_áis_	o_ísteis_
	o**y**_en_	oi**g**_an_	o**y**_eron_

<3r> **salir.** In the *Present indicative 1st pers sg* and the *Present subjunctive* a *...g...* is inserted after the stem. In the *Future* and *Conditional* the *i* is replaced by *d*. Future: *saldré*. Imperative: *2nd pers sg*: *sal*.

	sal**g**_o_	sal**g**_a_	sal_í_
	sal_es_	sal**g**_as_	sal_iste_
	sal_e_	sal**g**_a_	sal_ió_
	sal_imos_	sal**g**_amos_	sal_imos_
	sal_ís_	sal**g**_áis_	sal_isteis_
	sal_en_	sal**g**_an_	sal_ieron_

Infinitive	Present Indicative	Subjunctive	Imperfect Indicative	Preterite

<3s> **venir.** In the *Present* two changes: either a *...g...* is inserted after the stem or *e*, *ie* and *i* follow the same changes as *sentir*. In the *Future* and *Conditional* the *i* is dropped and replaced by *d*. Future: *vendré*. Present participle: *viniendo*. Imperative *2nd pers sg*: *ven*.

	ven**g**_o_	ven**g**_a_	ven_ía_	**vine**
	v**ie**n_es_	ven**g**_as_	ven_ías_	**vin**_iste_
	v**ie**n_e_	ven**g**_a_	ven_ía_	**vino**
	ven_imos_	ven**g**_amos_	ven_íamos_	**vin**_imos_
	ven_ís_	ven**g**_áis_	ven_íais_	**vin**_isteis_
	v**ie**n_en_	ven**g**_an_	ven_ían_	**vin**_ieron_

<3t> **ir.** Totally irregular with several different stems being used. Present participle: *yendo*

	voy	**vay**_a_	i**b**_a_	**fu**i
	va_s_	**vay**_as_	i**b**_as_	**fu**_iste_
	va	**vay**_a_	i**b**_a_	**fue**
	va_mos_	**vay**_amos_	í**b**_amos_	**fu**_imos_
	vai_s_	**vay**_áis_	i**b**_ais_	**fu**_isteis_
	va_n_	**vay**_an_	i**b**_an_	**fue**_ron_

Imperative: **ve** (no **vay**_as_), **vay**_a_ Vd, **va**_mos_, *id* (no **vay**_áis_), **vay**_an_ Vds.

Notas sobre el verbo inglés

a) Conjugación

1. **El tiempo presente** tiene la misma forma que el infinitivo en todas las personas menos la 3ª del singular; en ésta, se añade una *-s* al infinitivo, p.ej. *he brings*, o se añade *-es* si el infinitivo termina en sibilante (ch, sh, ss, zz), p.ej. *he passes*. Esta *s* tiene dos pronunciaciones distintas: tras consonante sorda se pronuncia sorda, p.ej. *he paints* [peɪnts]; tras consonante sonora se pronuncia sonora, *he sends* [sendz]; *-es* se pronuncia también sonora, sea la *e* parte de la desinencia o letra final del infinitivo, p.ej. *he washes* ['wɑːʃɪz], *he urges* ['ɜːrdʒɪz]. Los verbos que terminan en *-y* la cambian en *-ies* en la tercera persona, p.ej. *he worries, he tries*, pero son regulares los verbos que en el infinitivo tienen una vocal delante de la *-y*, p.ej. *he plays*. El verbo *to be* es irregular en todas las personas: *I am, you are, he is, we are, you are, they are.* Tres verbos más tienen forma especial para la tercera persona del singular: *do-he does, go-he goes, have-he has*.

   En los demás tiempos, todas las personas son iguales. **El pretérito** y **el participio del pasado** se forman añadiendo *-ed* al infinitivo, p.ej. *I passed, passed*, o añadiendo *-d* a los infinitivos que terminan en *-e*, p.ej. *I faced, faced*. (Hay muchos verbos irregulares: v. abajo). Esta *-(e)d* se pronuncia generalmente como [t]: *passed* [pæst], *faced* [feɪst]; pero cuando se añade a un infinitivo que termina en consonante sonora o en sonido consonántico sonoro o en *r*, se pronuncia como [d]: *warmed* [wɔːrmd], *moved* [muːvd], *feared* [fɪrd]. Si el infinitivo termina en *-d* o *-t*, la desinencia *-ed* se pronuncia [ɪd]. Si el infinitivo termina en *-y*, ésta se cambia en *-ie*, antes de añadirse la *-d*: *try-tried* [traɪd], *pity-pitied* ['pɪtiːd]. **Los tiempos compuestos del pasado** se forman con el verbo auxiliar *have* y el participio del pasado, como en español: **perfecto** *I have faced*, **pluscuamperfecto** *I had faced*. Con el verbo auxiliar *will* (*shall*) y el infinitivo se forma **el futuro**, p.ej. *I shall face;* y con el verbo auxiliar *would* (*should*) y el infinitivo se forma **el condicional**, p.ej. *I should face*. En cada tiempo existe además una forma continua que se forma con el verbo *be* (= estar) y el participio del presente (v. abajo): *I am going, I was writing, I had been staying, I shall be waiting*, etc.

2. **El subjuntivo** ha dejado casi de existir en inglés, salvo en algún caso especial (*if I were you, so be it, it is proposed that a vote be taken*, etc.). En el presente, tiene en todas las personas la misma forma que el infinitivo, *that I go, that he go*, etc.

3. **El participio del presente** y **el gerundio** tienen la misma forma en inglés, añadiéndose al infinitivo la desinencia *-ing*: *painting, sending*. Pero **1)** Los verbos cuyo infinitivo termina en *-e* muda la pierden al añadir *-ing*, p.ej. *love-loving, write-writing* (excepciones que conservan la *-e*: *dye-dyeing, singe-singeing*); **2)** El participio del presente de los verbos *die, lie, vie*, etc. se escribe *dying, lying, vying*, etc.

4. Existe una clase de verbos ligeramente irregulares, que terminan en consonante simple precedida de vocal simple acentuada; en éstos, antes de añadir la desinencia *-ing* o *-ed*, se dobla la consonante:

lob	lob*bed*	lob*bing*	compel	compel*led*	compel*ling*
wed	wed*ded*	wed*ding*	control	control*led*	control*ling*
beg	beg*ged*	beg*ging*	bar	bar*red*	bar*ring*
step	step*ped*	step*ping*	stir	stir*red*	stir*ring*
quit	quit*ted*	quit*ting*			

Los verbos que terminan en *-l*, *-p*, aunque precedida de vocal átona, tienen doblada la consonante en los dos participios en el inglés escrito en Gran Bretaña, aunque no en el de Estados Unidos:

travel	travel*ed*, *Br* travel*led*,	travel*ing*, *Br* travel*led*

Los verbos que terminan en *-c* la cambian en *-ck* al añadirse las desinencias *-ed*, *-ing*:

traffic	traffi*cked*	traffi*cking*

5. **La voz pasiva** se forma exactamente como en español, con el verbo *be* y el participio del pasado: *I am obliged*, *he was fined*, *they will be moved*, etc.

6. Cuando se dirige uno directamente a otra(s) persona(s) en inglés se emplea únicamente el pronombre *you*. *You* se traduce por el *tú*, *vosotros*, *usted* y *ustedes* del español.

b) Los verbos irregulares ingleses

Se citan las tres partes principales de cada verbo: infinitivo, pretérito, participio del pasado.

alight - alighted, alit - alighted, alit
arise - arose - arisen
awake - awoke - awoken, awaked
be (**am, is, are**) - was (were) - been
bear - bore - borne
beat - beat - beaten
become - became - become
begin - began - begun
behold - beheld - beheld
bend - bent - bent
beseech - besought, beseeched - besought, beseeched
bet - bet, betted - bet, betted
bid - bid - bid
bind - bound - bound
bite - bit - bitten
bleed - bled - bled
blow - blew - blown
break - broke - broken
breed - bred - bred
bring - brought - brought
broadcast - broadcast - broadcast
build - built - built
burn - burnt, burned - burnt, burned
burst - burst - burst
bust - bust(ed) - bust(ed)
buy - bought - bought
cast - cast - cast
catch - caught - caught

choose - chose - chosen
cleave (*cut*) - clove, cleft - cloven, cleft
cleave (*adhere*) - cleaved - cleaved
cling - clung - clung
come - came - come
cost (*v/i*) - cost - cost
creep - crept - crept
crow - crowed, crew - crowed
cut - cut - cut
deal - dealt - dealt
dig - dug - dug
do - did - done
draw - drew - drawn
dream - dreamt, dreamed - dreamt, dreamed
drink - drank - drunk
drive - drove - driven
dwell - dwelt, dwelled - dwelt, dwelled
eat - ate - eaten
fall - fell - fallen
feed - fed - fed
feel - felt - felt
fight - fought - fought
find - found - found
flee - fled - fled
fling - flung - flung
fly - flew - flown
forbear - forbore - forborne
forbid - forbad(e) - forbidden
forecast - forecast(ed) - forecast(ed)
forget - forgot - forgotten
forgive - forgave - forgiven
forsake - forsook - forsaken
freeze - froze - frozen
get - got - got, gotten
give - gave - given
go - went - gone
grind - ground - ground
grow - grew - grown
hang - hung, (*v/t*) hanged - hung, (*v/t*) hanged
have - had - had
hear - heard - heard
heave - heaved, NAUT hove - heaved, NAUT hove
hew - hewed - hewed, hewn
hide - hid - hidden
hit - hit - hit
hold - held - held
hurt - hurt - hurt
keep - kept - kept
kneel - knelt, kneeled - knelt, kneeled
know - knew - known
lay - laid - laid
lead - led - led
lean - leaned, leant - leaned, leant
leap - leaped, leapt - leaped, leapt
learn - learned, learnt - learned, learnt
leave - left - left
lend - lent - lent
let - let - let
lie - lay - lain
light - lighted, lit - lighted, lit
lose - lost - lost
make - made - made
mean - meant - meant
meet - met - met
mow - mowed - mowed, mown
pay - paid - paid
plead - pleaded, pled - pleaded, pled
prove - proved - proved, proven
put - put - put
quit - quit(ted) - quit(ted)
read - read [red] - read [red]
rend - rent - rent
rid - rid - rid
ride - rode - ridden
ring - rang - rung
rise - rose - risen
run - ran - run
saw - sawed - sawn, sawed
say - said - said
see - saw - seen
seek - sought - sought
sell - sold - sold
send - sent - sent
set - set - set

sew - sewed - sewed, sewn
shake - shook - shaken
shear - sheared - sheared, shorn
shed - shed - shed
shine - shone - shone
shit - shit(ted), shat - shit(ted), shat
shoe - shod - shod
shoot - shot - shot
show - showed - shown
shrink - shrank - shrunk
shut - shut - shut
sing - sang - sung
sink - sank - sunk
sit - sat - sat
slay - slew - slain
sleep - slept - slept
slide - slid - slid
sling - slung - slung
slink - slunk - slunk
slit - slit - slit
smell - smelt, smelled - smelt, smelled
smite - smote - smitten
sow - sowed - sown, sowed
speak - spoke - spoken
speed - sped, speeded - sped, speeded
spell - spelt, spelled - spelt, spelled
spend - spent - spent
spill - spilt, spilled - spilt, spilled
spin - spun, span - spun
spit - spat - spat
split - split - split
spoil - spoiled, spoilt - spoiled, spoilt
spread - spread - spread
spring - sprang, sprung - sprung
stand - stood - stood
stave - staved, stove - staved, stove
steal - stole - stolen
stick - stuck - stuck
sting - stung - stung
stink - stunk, stank - stunk
strew - strewed - strewed, strewn
stride - strode - stridden
strike - struck - struck
string - strung - strung
strive - strove - striven
swear - swore - sworn
sweep - swept - swept
swell - swelled - swollen
swim - swam - swum
swing - swung - swung
take - took - taken
teach - taught - taught
tear - tore - torn
tell - told - told
think - thought - thought
thrive - throve - thriven
throw - threw - thrown
thrust - thrust - thrust
tread - trod - trodden
understand - understood - understood
wake - woke, waked - woken, waked
wear - wore - worn
weave - wove - woven
wed - wed(ded) - wed(ded)
weep - wept - wept
wet - wet(ted) - wet(ted)
win - won - won
wind - wound - wound
wring - wrung - wrung
write - wrote - written

Numerales – Numbers

Números cardinales – Cardinal Numbers

0	zero, *Br tb* nought *cero*
1	one *uno, una*
2	two *dos*
3	three *tres*
4	four *cuatro*
5	five *cinco*
6	six *seis*
7	seven *siete*
8	eight *ocho*
9	nine *nueve*
10	ten *diez*
11	eleven *once*
12	twelve *doce*
13	thirteen *trece*
14	fourteen *catorce*
15	fifteen *quince*
16	sixteen *dieciséis*
17	seventeen *diecisiete*
18	eighteen *dieciocho*
19	nineteen *diecinueve*
20	twenty *veinte*
21	twenty-one *veintiuno*
22	twenty-two *veintidós*
30	thirty *treinta*
31	thirty-one *treinta y uno*
40	forty *cuarenta*
50	fifty *cincuenta*
60	sixty *sesenta*
70	seventy *setenta*
80	eighty *ochenta*
90	ninety *noventa*
100	a hundred, one hundred *cien(to)*
101	a hundred and one *ciento uno*
110	a hundred and ten *ciento diez*
200	two hundred *doscientos, -as*
300	three hundred *trescientos, -as*
400	four hundred *cuatrocientos, -as*
500	five hundred *quinientos, -as*
600	six hundred *seiscientos, -as*
700	seven hundred *setecientos, -as*
800	eight hundred *ochocientos, -as*
900	nine hundred *novecientos, -as*
1000	a thousand, one thousand *mil*
1959	one thousand nine hundred and fifty-nine *mil novecientos cincuenta y nueve*
2000	two thousand *dos mil*
1 000 000	a million, one million *un millón*
2 000 000	two million *dos millones*

Notas:

i) En los números ingleses se utiliza un punto para separar los decimales:

1.25 **uno coma veinticinco** one point two five

ii) Se usa coma en los lugares en los que en español utilizaríamos un punto:

1,000,000 = 1.000.000 o 1 000 000

Números ordinales – Ordinal Numbers

1st	first	**1°**	*primero*
2nd	second	**2°**	*segundo*
3rd	third	**3°**	*tercero*
4th	fourth	**4°**	*cuarto*
5th	fifth	**5°**	*quinto*
6th	sixth	**6°**	*sexto*
7th	seventh	**7°**	*séptimo*
8th	eighth	**8°**	*octavo*
9th	ninth	**9°**	*noveno, nono*
10th	tenth	**10°**	*décimo*
11th	eleventh	**11°**	*undécimo*
12th	twelfth	**12°**	*duodécimo*
13th	thirteenth	**13°**	*decimotercero*
14th	fourteenth	**14°**	*decimocuarto*
15th	fifteenth	**15°**	*decimoquinto*
16th	sixteenth	**16°**	*decimosexto*
17th	seventeenth	**17°**	*decimoséptimo*
18th	eighteenth	**18°**	*decimoctavo*
19th	nineteenth	**19°**	*decimonoveno, decimonono*
20th	twentieth	**20°**	*vigésimo*
21st	twenty-first	**21°**	*vigésimo prim(er)o*
22nd	twenty-second	**22°**	*vigésimo segundo*
30th	thirtieth	**30°**	*trigésimo*
31st	thirty-first	**31°**	*trigésimo prim(er)o*
40th	fortieth	**40°**	*cuadragésimo*
50th	fiftieth	**50°**	*quincuagésimo*
60th	sixtieth	**60°**	*sexagésimo*
70th	seventieth	**70°**	*septuagésimo*
80th	eightieth	**80°**	*octogésimo*
90th	ninetieth	**90°**	*nonagésimo*
100th	hundredth	**10°**	*centésimo*
101st	hundred and first	**101°**	*centésimo primero*
110th	hundred and tenth	**110°**	*centésimo décimo*
200th	two hundredth	**200°**	*ducentésimo*
300th	three hundredth	**300°**	*trecentésimo*
400th	four hundredth	**400°**	*cuadringentésimo*
500th	five hundredth	**500°**	*quingentésimo*
600th	six hundredth	**600°**	*sexcentésimo*
700th	seven hundredth	**700°**	*septingentésimo*
800th	eight hundredth	**800°**	*octingentésimo*
900th	nine hundredth	**900°**	*noningentésimo*
1000th	thousandth	**1000°**	*milésimo*
2000th	two thousandth	**2000°**	*dos milésimo*
1,000,100th	millionth	**1 000 100°**	*millonésimo*
2,000,000th	two millionth	**2 000 000°**	*dos millonésimo*

Números quebrados y otros – Fractions and other Numerals

1/2	one half, a half	*medio, media*
1 1/2	one and a half	*uno y medio*
2 1/2	two and a half	*dos y medio*
1/3	one third, a third	*un tercio, la tercera parte*
2/3	two thirds	*dos tercios, las dos terceras partes*
1/4	one quarter, a quarter	*un cuarto, la cuarta parte*
3/4	three quarters	*tres cuartos, las tres cuartas partes*
1/5	one fifth, a fifth	*un quinto*
3 4/5	three and four fifths	*tres y cuatro quintos*
1/11	one eleventh, an eleventh	*un onzavo*
5/12	five twelfths	*cinco dozavos*
1/1000	one thousandth, a thousandth	*un milésimo*
	seven times as big, seven times bigger	*siete veces más grande*
	twelve times more	*doce veces más*
	first(ly)	*en primer lugar*
	second(ly) etc	*en segundo lugar*
7 + 8 = 15	seven and (*or* plus) eight are (*or* is) fifteen	*siete y* (*or más*) *ocho son quince*
10 – 3 = 7	ten minus three is seven, three from ten leaves seven	*diez menos tres resta siete, de tres a diez van siete*
2 x 3 = 6	two times three is six	*dos por tres son seis*
20 ÷ 4 = 5	twenty divided by four is five	*veinte dividido por cuatro es cinco*

Fechas – Dates

1996	nineteen ninety-six	*mil novecientos noventa y seis*
2005	two thousand (and) five	*dos mil cinco*

the 10th of November, November 10 (ten)
el diez de noviembre, el 10 de noviembre

the 1st of March, March 1 (first)
el uno de marzo, *L.Am.* el primero de marzo, el 1º de marzo

Headword in **bold** Lema en **negrita**	**A•mer•i•ca** [ə'merɪkə] *continent* América; *USA* Estados *mpl* Unidos
International Phonetic Alphabet Transcripción fonética	**in•sult 1** *n* ['ɪnsʌlt] insulto *m* **2** *v/t* [ɪn'sʌlt] insultar
Translation in normal characters with gender shown in *italics* Traducción en caracteres normales con el género en *cursiva*	'**break•down** *of vehicle, machine* avería *f*; *of talks* ruptura *f*; (*nervous ~*) crisis *f inv* nerviosa; *of figures* desglose *m*
Hyphenation points Indicación de división silábica	**con•sum•er 'con•fi•dence** confianza *f* de los consumidores; **con'sum•er goods** *npl* bienes *mpl* de consumo; **con'sum•er so•ci•e•ty** sociedad *f* de consumo
Stress shown in headwords ' identifica la sílaba acentuada	**'mov•ie thea•ter** cine *m*, sala *f* de cine
Examples and phrases in ***bold italics*** Ejemplos y frases en ***negrita y cursiva***	**i•deal•ly** [aɪ'dɪəlɪ] *adv*: ***~ situated*** en una posición ideal; ***~, we would do it like this*** lo ideal sería que lo hiciéramos así
Indicating words in *italics* Indicadores semánticos en *cursiva*	**stub•born** ['stʌbən] *adj person* testarudo, terco; *defense, refusal, denial* tenaz, pertinaz **busi•ness** ['bɪznɪs] negocios *mpl*; (*company*) empresa *f*; (*sector*) sector *m*; (*affair, matter*) asunto *m*; *as subject of study* empresariales *fpl*; ***on ~*** de negocios
Swung dash replaces the entire headword La tilde reemplaza al lema	**by•gones** ['baɪgɑːnz]: ***let ~ be ~*** lo pasado, pasado está **tran•sit** ['trænzɪt]: ***in ~*** en tránsito